Maurice und

Das Königreich der Tiere

Robert Burton

Südwest

Inhalt

Titel der englischen Originalausgabe 'Encyclopedia of The Animal Kingdom'
First published 1976 by Octopus Books Ltd. London
© 1968/69/70 Phoebus Publishing Company/BPC Publishing Ltd.
© der Zusammenstellung und Bearbeitung 1976 Phoebus Publishing Company/BPC Publishing Ltd.
Übersetzung und deutsche Bearbeitung Georg E. Siebeneicher
Wissenschaftliche Beratung Diplom-Biologe Axel Beutler
Alle Rechte der deutschsprachigen Ausgabe 1977 bei Südwest Verlag GmbH & Co. KG München
ISBN 3 517 00599 1
Produced by Mandarin Publishers Ltd. Hong Kong
Printed in Hong Kong

Einführung

In der Umgangssprache wird das Wort „Tier" oftmals mit Säugetier gleichgesetzt. Das Tierreich umfaßt jedoch die ganze Vielfalt der nichtpflanzlichen Organismen — von den einzelligen Protozoen bis zum Menschen. Es ist deshalb wichtig, sich einmal klarzumachen, durch welche wesentlichen Züge sich Tiere von Pflanzen unterscheiden: Tiere können ihre Nahrung nicht selbst erzeugen, ihre Empfänglichkeit für Sinneseindrücke ist in der Regel auf bestimmte Sinnesorgane lokalisiert, sie können sich fortbewegen, und schließlich haben sie keine Zellwände aus Zellulose.

Man sagt im allgemeinen, es gäbe eine Million Tierarten, oder genauer gesagt: eine Million bekannter Arten. Unter „bekannt" versteht man dabei, daß Arten einen wissenschaftlichen Namen haben, unter dem sie in einer anerkannten wissenschaftlichen Zeitschrift beschrieben worden sind. Darüber hinaus gibt es eine Riesenzahl noch nicht entdeckter Arten; die Schätzungen bewegen sich hier zwischen drei und zehn Millionen.

Die große Mehrzahl der eine Million bekannter Arten sind Insekten, von denen es zumindest 750 000 gibt. Sollte man jemals das Ziel erreichen, alle Insekten zu beschreiben und mit Namen zu versehen, käme man wahrscheinlich an drei Millionen heran.

Dagegen gibt es — wenn überhaupt — nur noch wenige größere unentdeckte Tiere. Unter den Säugetieren werden gelegentlich noch neue Arten entdeckt, besonders Mäuse, Spitzmäuse und Flatterer. Ein interessantes Beispiel ist Brandts Fledermaus *(Myotis brandti)*, eine Art, die sich hinter einer anderen, der Bärtigen Fledermaus *(M. mystacinus)*, „versteckt" hatte. Die Bärtige Fledermaus war seit langem bekannt; doch erst in neuerer Zeit hat man herausgefunden, daß viele zu dieser Art gezählten Fledermäuse der Gattung Mausohren in Wirklichkeit zu einer anderen Art gehören, weil sie sich in Gestalt und Größe der Prämolaren (vordere Backenzähne) von der Bärtigen Fledermaus unterscheiden. Man nannte sie Brandts Fledermaus *(Myotis brandti)*. Allgemein kann man jedoch sagen, daß es — einschließlich noch unbekannter Arten — kaum mehr als 60 000 Wirbeltiere geben dürfte.

Von den Insekten einmal abgesehen wird es noch viele unentdeckte Arten unter mikroskopisch kleinen Tieren geben, vor allem unter Protozoen sowie Schnur- und Plattwürmern. Auch viele Milben dürften noch zu beschreiben sein. Wir stehen also vor der eigenartigen Tatsache, daß diejenigen Tiere, die der Mensch als Lieferanten von Nahrungs- und Rohstoffen oder als Zug- und Lasttiere wirtschaftlich nutzt, nämlich vornehmlich Wirbeltiere, nach der Zahl der Arten und Individuen nur eine kleine Minderheit darstellen.

Die Gliederung des Tierreiches beruht auf der Evolutionslehre. Die ersten auf der Erde erschienenen Tiere müssen einzellig und winzig klein gewesen sein. Sie werden im Stamm der Protozoen zusammengefaßt (griechisch *Protos* = erste, *Zoon* = Tier) und gewöhnlich als Unterreich der Protozoen bezeichnet.

Wie aber sind aus den Protozoen die höheren Tiere hervorgegangen? Hier bewegen wir uns im Bereich der Spekulation. Die einzige vernünftige Annahme ist, daß sich im Laufe der Zeit bei manchen Protozoenarten Einzeltiere zu Kolonien zusammengeschlossen und die einzelnen Einzeller innerhalb der Kolonien verschiedene Aufgaben übernommen haben. So entstanden Gewebe, die wiederum die Grundlage für das wichtigste Unterreich der Tiere, der Vielzeller, gebildet haben. Die Vielzeller werden *Metazoa* (griechisch *meta* = nach) genannt.

Es gibt jedoch eine Seitenlinie, die Schwämme. Sie werden aus praktischen Gründen als weiteres Unterreich betrachtet und als *Parazoa* (griechisch *para* = neben) bezeichnet. Über die Entwicklungsstufen, die von den Protozoen zu den Parazoa führen, kann man nur spekulieren, genauso wie über diejenigen, die von den Einzellern zu den Vielzellern führen. Das sind ungelöste Probleme. Anfangs des Jahrhunderts glaubte man, bestimmte einfache Tiere könnten die Lücke zwischen den Einzellern (Protozoa) und Vielzellern (Metazoa) schließen; man nannte sie deshalb Mesozoa (griechisch *Meso* = Mitte). Heute vermutet man jedoch, daß es sich hier nur um degenerierte Plattwürmer handelt.

Wir haben demnach drei Unterreiche. Das größte und wichtigste ist das Reich der Vielzeller (Metazoa), das in eine Reihe von Stämmen eingeteilt wird (griechisch *Phylon* = Rasse oder Stamm). Nach einem wichtigen Merkmal unterteilt man die Vielzeller in die Wirbeltiere und die Wirbellosen, mit anderen Worten: in die Tiere ohne und in die mit Rückgrat.

Diese letztgenannte Unterteilung ergab sich mehr aus historischen als aus logischen Gründen. Zu Anfang des 19. Jahrh. wurde es immer klarer, daß bestimmte Tiere ein Rückgrat haben und daß anderen dieses stützende Knochengerüst fehlt. Auf diese Weise gewöhnte man sich an die Begriffe „Wirbellose" und „Wirbeltiere". Von diesem sehr augenfälligen Unterschied abgesehen, zeigten die beiden Gruppen auch andere, immer wiederkehrende Unterschiede. Bei den damals bekannten Wirbellosen liegt der Hauptnervenstrang immer an der Bauchseite, bei den Wirbeltieren dagegen an der Rückenseite, die Hauptblutgefäße finden sich entsprechend an der Rückenseite bzw. an der Bauchseite. Wirbeltiere sind somit „umge-

Regenbogenforelle, im Hintergrund eine Bachforelle.

drehte" Wirbellose. Viele Jahre lang hat man endlos und fruchtlos darüber diskutiert, wie sich die Wirbeltiere aus den Wirbellosen entwickelt haben. Um die Jahrhundertwende wurden schließlich die beiden „missing links" entdeckt. Doch darüber später.

Was an dieser Einteilung des Tierreiches in Wirbellose und Wirbeltiere vor allem auffällt, ist die Tatsache, daß sie reichlich unlogisch ist. Erstens rechnet man die beiden Unterreiche der Protozoa und Parazoa in der Regel zu den Wirbellosen. Zweitens: während alle Wirbeltiere denselben Bauplan zeigen und deshalb alle zu einem Stamm, den Chordatieren, gerechnet werden, gehören zu den Wirbellosen höchst verschiedene Lebewesen mit sehr unterschiedlichen Bauplänen. Diese unwissenschaftliche Einteilung hat sich für den täglichen Gebrauch jedoch als sehr praktisch erwiesen. Darüber hinaus spricht man von niederen und höheren Wirbellosen, obwohl sich die Grenze zwischen beiden nicht definieren läßt. Gewöhnlich sieht man die Einzeller, Schwämme, Hohltiere und „Würmer" als tieferstehend an, den Stamm der Arthropoda oder Gliedertiere (Insekten, Krebs- und Spinnentiere) dagegen als höherstehend.

Die heutige Gliederung des Tierreiches entstand nach einer Reihe zaghafter Versuche verschiedener Autoren, die Tiere nach ihren Bauplänen einzuteilen. Der Durchbruch kam dann mit der Annahme von Darwins Theorie der natürlichen Auslese. Damit ergab sich zwangsläufig eine Gliederung nach den Grundzügen der Evolution. Die Evolutionstheorie hatte man schon lange vor Darwin diskutiert, doch seine Theorie von der Abstammung der Arten verhalf diesem Gedanken, der zunächst nur wenige Anhänger gehabt hatte, zur öffentlichen Anerkennung.

Von nun an gründete sich die Klassifizierung vor allem auf der vergleichenden Anatomie. Die am einfachsten organisierten Lebewesen kamen damit an den Anfang, die kompliziert organisierten an das Ende des Systems. Die übrigen wurden, je nach der Differenzierung ihres Körperbaues, dazwischen angesiedelt.

Während dieser Vorgänge, die sich von der Mitte des 18. bis zur Mitte des 19. Jahrh. abgespielt hatten, war die Wissenschaft der Paläontologie entstanden und ausgebaut worden. Ein Erfolg dieser neuen Wissenschaft war folgender: Man konnte die zeitliche Aufeinanderfolge der Gesteine der Erdkruste feststellen und damit auch die Aufeinanderfolge der darin eingeschlossenen Fossilien. Es stellte sich eine wichtige Übereinstimmung heraus: die zeitliche Entstehung der Arten und ihre Anordnung im System. Die ältesten Fossilien stammten von sehr einfachen, niederen Tieren, die jüngsten von Vögeln und Säugern, also von kompliziert organisierten Tieren. Die übrigen waren, ihrem Körperbau entsprechend, in der Zwischenzeit entstanden.

Das Wort „Paläontologie" stammt aus dem Griechischen und bedeutet soviel wie „alte Abhandlung". Volkstümlich würde man das Wort einfach mit „alte Knochen" übersetzen, weil hiermit der Hauptbeitrag zur Wissenschaft gekennzeichnet wird; die Sprachkenner mögen bitte verzeihen. Oder anders gesagt: Fossilien betreffen vor allem die harten Teile des Körpers, während die Weichteile unwiederbringlich verloren sind. Günstigstenfalls hinterlassen sie Abdrücke. Das Wunderbare ist jedenfalls, daß überhaupt Reste von Lebewesen Millionen, ja Hunderte von Millionen Jahre überdauern. Noch erstaunlicher ist vielleicht, wie die Paläontologen aus dem Vergleich von Fossilien mit lebenden Tieren auf die Weichteile rückschließen und sie rekonstruieren konnten.

Dennoch fehlen uns genauere Kenntnisse über die Weichteile ausgestorbener Tiere; darauf beruhen sicherlich die größten Wissenslücken hinsichtlich der Entwicklung des Tierreiches als Ganzem. So beruht unsere Kenntnis der Vorgeschichte der Einzeller vor allem auf den erhaltenen Überresten der wenigen, die ein Skelett besaßen. Wahrscheinlich hatten die ersten Einzeller, die sich zu Gruppen zusammengeschlossen hatten und zu den Urahnen der Vielzeller geworden waren, kein Skelett. Deshalb ist es nicht verwunderlich, daß sich die Lücke zwischen beiden Gruppen nicht schließen läßt. Auch die heute lebenden Tiere wie Eichelwürmer, Seescheiden und Lanzettfischen, die als Vorläufer der Wirbeltiere gelten dürften, haben alle keine Hartteile. Es gibt hier also keine brauchbaren Fossilien, so daß wir auf Hypothesen angewiesen sind, so einleuchtend diese auch sein mögen.

Eines jedoch lehrt uns die Paläontologie, eine Erkenntnis, die wir aus dem Studium lebender Arten niemals gewinnen könnten: daß ganze Tiergruppen ins Leben getreten und wieder verschwunden sind, ohne lebende („rezente") Nachkommen zu hinterlassen. Die Trilobiten, Verwandte unserer heutigen Gliedertiere, der Insekten, Spinnen und Krebse, sind ein gutes Beispiel. Sie ähnelten den großen, im Meer lebenden Asseln. Vor 500 Millionen Jahren waren es die zahlreichsten, vielgestaltigsten und am höchsten organisierten Tiere. Hundert Millionen Jahre später jedoch waren sie praktisch ausgestorben. Die Paläontologie hat auch herausgefunden, daß es bei den Arten, Gattungen und Familien so etwas wie eine natürliche Lebensdauer gibt. Manche Gruppen kommen auf, entwickeln und verbreiten sich schnell, sterben aber ebenso schnell wieder aus. „Schnell" bedeutet in diesem Zusammenhang im Verlaufe von nicht mehr als zehn Millionen Jahren. Andererseits gibt es Gruppen, die ausgesprochen einfach gebaut und nicht zahlreich sind, jedoch Hunderte von Millionen Jahre überdauern. Sie liefern die „lebenden Fossilien".

Viele neigen dazu, die Entwicklung der Tierwelt als einen langsamen, stetigen Fortschritt in wohlgeordneter Abfolge anzusehen. Das beruht darauf, daß die riesigen Zeiträume, in welchen sich diese Entwicklung abspielt, das menschliche Vorstellungsvermögen übersteigen. Könnte man die drei oder vier Milliarden Jahre, die seit der Entstehung des Lebens auf der Erde dahingegangen sind, zusammenraffen und als Film darstellen, entstünde ein ganz anderer Eindruck: ein riesiger Strom, der einmal langsam dahinfließt, dann wieder schneller, hier und dort mit stillen Seitenarmen, mit Strudeln, die aufkommen und wieder vergehen — und sonstigen Unregelmäßigkeiten, die ein sich bewegendes, natürliches Flußsystem so abwechslungsreich machen.

Der Strom des Lebens, der Entwicklung, läßt sich also in Bild- oder Buchform nur unvollkommen wiedergeben. Hinzu kommt noch, daß eine Unzahl von Lebewesen auf der Bühne des Lebens erschienen sind, ihre Rolle gespielt haben, wieder abgetreten sind und durch andere ersetzt wurden. Oder aber sie haben sich im Verlauf langsamer Veränderungen in andere Arten verwandelt. Wollte man die heute lebenden, möglicherweise zehn Millionen Tierarten auch nur aufzählen, brauchte man einen Riesenband. Nur eine Million davon sind beschrieben und benannt. Wollte man all die Arten hinzufügen, die ausgestorben sind, wäre das Ganze noch gewaltiger.

Wir können höchstens — und das versucht dieser Band — in Wort und Bild ein dürftiges Gerüst dessen vermitteln, was wir als „das Tierreich" bezeichnen.

Auf den folgenden Seiten wird eine Auswahl der heute lebenden Tiere vorgestellt. Sie sind in Gruppen unterteilt: „Niedere Tiere", „Höhere Wirbellose" und Wirbeltiere. Die Wirbeltiere sind in vier Abschnitten dargestellt: Fische, Amphibien und Reptilien, Vögel und Säuge tiere. Mit wenigen Ausnahmen wie kleinen, zahlenmäßig unbedeutenden Stämmen wirbelloser Tiere ungeklärter Verwandtschaftsverhältnisse, die sich nur schwierig bildlich wiedergeben lassen, und die zum Gesamtbild auch nur wenig beisteuern, sind alle Stämme aufgeführt. Beim Stamm der Chordatiere, der im wesentlichen den Unterstamm der Wirbeltiere mit den höher entwickelten und uns mehr vertrauten

Tieren umfaßt, können wir dagegen Vertreter der einzelnen Klassen und Ordnungen darstellen.

Das aber ist schon ein gewisser Erfolg: Zwischen zwei Buchdeckeln einen Abriß des Tierreiches zu bieten, so wie es sich nach unserem heutigen Wissen entwickelt hat.

Auf den folgenden Seiten finden wir ein gewaltiges Angebot von Farben und Formen. Das Tierreich erstrahlt in ähnlich reicher Farbenpracht wie die Pflanzenwelt — ja es ist vielfältiger als alle Pflanzen zusammen.

Die Welt der Fossilien ist im Vergleich dazu eintönig, es sei denn, daß Künstler unter der Anleitung von Wissenschaftlern und unter Zuhilfenahme ihrer Phantasie ausgestorbene Tiere farbenprächtig darstellen. Nur sehr selten werden Fossilien aufgefunden, die noch Spuren der ursprünglichen Farben zeigen.

Vermutlich ist die Tierwelt vom Beginn an sehr farbenfreudig gewesen. Bei den Pflanzen ist es anders, denn ehe sich vor etwa hundert Millionen Jahren die Blütenpflanzen entwickelten, herrschten im Pflanzenreich die Farben braun und grün vor. Es ist ganz unmöglich, sich vorzustellen, was die Tierwelt im Verlaufe ihrer Entwicklung in Jahrmillionen an Farbenpracht hervorgebracht hat.

Oben: Waschbär — Links: Ohrwurmpärchen
Linke Seite: Westafrikanischer Schwarzschwanz-Schönbürzel.

Niedere Tiere

Zu den Wirbellosen zählen 21 Stämme, die mit einer Ausnahme in gewisser Weise als niedere Wirbellose bezeichnet werden können. Die Ausnahme bildet der Stamm der Arthropoda, der Gliedertiere. Die Zahl der bisher bekannten und beschriebenen, noch lebenden Niederen Tiere liegt bei nahezu einer Viertel Million, die Zahl der noch zu beschreibenden Arten dürfte jedoch weit darüber hinausgehen. Zu den niederen Wirbellosen gehören zum Beispiel viele kleine bis mikroskopisch kleine parasitische Würmer, diese aber sind bei weitem noch nicht gründlich erforscht. Wahrscheinlich wird jede Tierart von mehreren verschiedenen Arten parasitiert. Wenn diese Annahme richtig ist, würde das bedeuten, daß es etwa eine Million parasitische Würmer gibt, und nicht nur die bisher beschriebenen etwa 10 000.

Die niederen Wirbellosen unterscheiden sich nach Form und Körperbau stärker als die Angehörigen irgendeiner sonstigen Gruppe des Tierreiches. Ihre Überreste liefern uns die ältesten bekannten Fossilien. Diese beiden Tatsachen zusammen genommen lassen vermuten, daß sie eine Art Experimentierstufe der Entwicklung widerspiegeln. Später erst hat sich dann das Grundmuster ergeben, das zur Entwicklung der höheren Tiere führen konnte. Wenn man die verschiedenen Haupttypen der Wirbellosen betrachtet, sieht es so aus, als habe die Natur vielerlei ausprobiert: diese oder jene Gestalt, diese oder jene Lebensweise, dieses oder jenes Nervensystem — und so fort.

Im Tierreich gibt es ein paar verschiedene Ernährungs- und Verdauungssysteme, in der Hauptsache aber muß sich die Verdauung nach verhältnismäßig engen festen Grundregeln vollziehen. Die Hauptunterschiede zwischen den niederen Wirbellosen bestehen daher in ihrer Gestalt und der Entwicklung von Nervensystem und Sinnesorganen.

Bei den Protozoen, den Einzellern, laufen alle Lebensvorgänge innerhalb einer einzigen Zelle ab. Die Tiere sind reizbar, haben aber keine Nerven und somit auch kein Gehirn, die besonderen Sinnesorgane gehen nicht über ein punktförmiges „Auge", ein lichtempfindliches Pigmentkörnchen, den einfachsten Vorläufer eines Auges, hinaus. Bei der nächsten Gruppe, den Schwämmen, gibt es einige spezialisierte Zellen, nämlich einige zerstreute, sehr einfache Nervenzellen, aber keine Sinnesorgane. Bei den Hohltieren, den Seeanemonen, Quallen und Korallen, wird der Körper von einem einfachen Nervennetz gesteuert, und in einigen seltenen Fällen kommen punktförmige Augen und Gleichgewichtsorgane (Statolithen) vor, jedoch nur bei jenen Hohltieren, die sich fortbewegen können.

Die anderen Niederen Tiere haben Nerven. Bei einigen gibt es einen Nervenknoten, als Vorläufer des Gehirns, und spezielle Sinnesorgane. Bei einigen wenigen, den Tintenfischen und Kraken, sind Gehirn und Augen verhältnismäßig hoch entwickelt, wie sonst nirgends bei den Niederen Tieren.

Die meisten Tiere werden als zweiseitig symmetrisch bezeichnet: Wenn man den Körper in Längsrichtung zerschneidet, sind die beiden Hälften spiegelbildlich gleich. Viele niedere Wirbellose jedoch sind radial symmetrisch, der Körperbau ähnelt offensichtlich den Speichen eines Rades, wie bei den Seeanemonen, Quallen und Seesternen. Nur die zweiseitige Symmetrie erlaubt eine Segmentierung, die dann zu komplizierteren Bauformen führt. Die Segmentierung ist beim Regenwurm leicht zu erkennen. Sein Körper ist in Ringel eingeteilt. Dies ermöglicht die Einrichtung eines leistungsfähigen Muskelsystems und dadurch gesteuerte und zielstrebige Bewegungen, vor allem zum Zwecke der Fortbewegung.

Die niederen Wirbellosen werden wie folgt eingeteilt:

Stamm Protozoa (Protozoen)	50.000 Arten
Stamm Mesozoa (wahrscheinlich degenerierte Plattwürmer)	50 Arten
Stamm Parazoa (Schwämme)	2.500 Arten
Stamm Cnidaria (Seeanemonen, Korallen, Quallen)	9.600 Arten
Stamm Ctenophora (Rippenquallen)	80 Arten
Stamm Plathelminthes (Plattwürmer)	13.000 Arten
Stamm Nemertini (Schnurwürmer)	750 Arten
Stamm Aschelminthes (Rädertierchen, Fadenwürmer)	13.000 Arten
Stamm Entoprocta (Kelchwürmer)	60 Arten
Stamm Bryozoa (Moostierchen)	4.000 Arten
Stamm Phoronidea (Hufeisenwürmer)	15 Arten
Stamm Brachiopoda (Brachiopoden)	260 Arten
Stamm Mollusca (Schnecken, Muscheln, Kraken u. a.)	128.000 Arten
Stamm Sipunculida (Spritzwürmer)	250 Arten
Stamm Echiurida (Sternwürmer)	150 Arten
Stamm Annelida (Ringelwürmer)	8.700 Arten
Stamm Chaetognatha (Pfeilwürmer)	50 Arten
Stamm Pogonophora (Bartwürmer)	100 Arten
Stamm Echinodermata (Stachelhäuter: Seesterne, Seeigel u. a.)	12.500 Arten

Napfschneckenkolonie

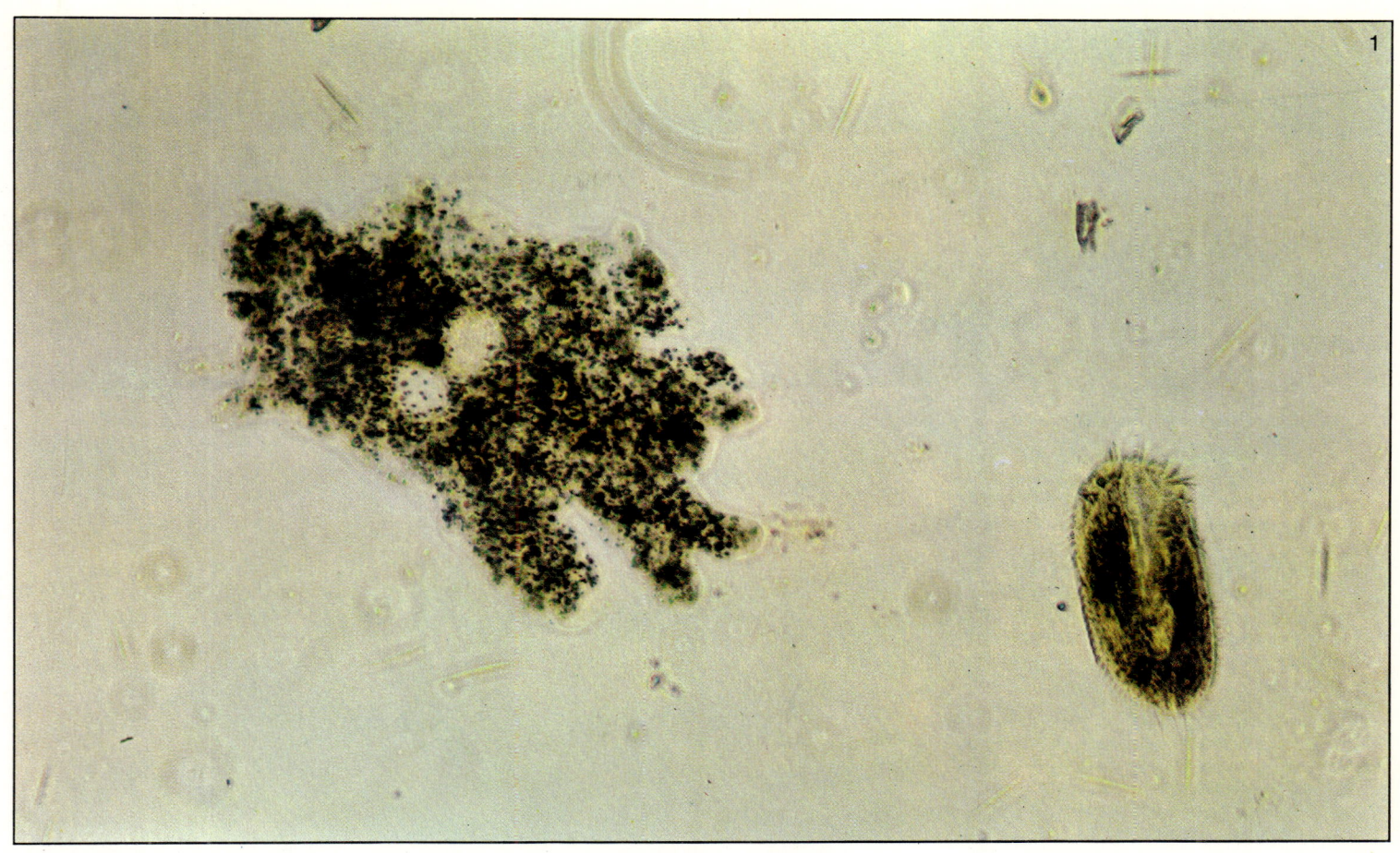

Wechseltierchen oder Amöben

Die Wechseltierchen oder Amöben bilden eine Klasse der Protozoen, einer Gruppe einzelliger Lebewesen. Der wissenschaftliche Name der Einzeller ist Protozoa und bedeutet Urtierchen. Diese Organismen sind den Pflanzen verwandt, einige sind zur Photosynthese befähigt.

Wie jede andere Zelle auch, besteht die Amöbe aus einer Hülle und dem Zellinneren, dem Protoplasma. In der Mitte der Zelle ist der Zellkern, ein Gebilde, das man sich als Steuerelement der Zellaktivitäten vorstellen kann. Wenn eine Amöbe zweigeteilt wird, kann die eine Hälfte, die den Kern enthält, überleben und sich vermehren, die andere Hälfte treibt eine Zeitlang umher, kann aber keine Nährstoffe aufnehmen; wenn ihre Reservestoffe alle sind, stirbt sie ab.

Das Protoplasma ist kein Gel, wie man früher angenommen hat; es ist sehr kompliziert aufgebaut und besteht aus Cytoplasma; dieses wiederum aus körnigem Endoplasma in den Scheinfüßchen, und an der übrigen Oberfläche aus einer helleren Schicht, dem Ektoplasma.

Es gibt viele Amöben

Amöben — so nennen wir nicht nur die Angehörigen der Gattung Amoeba, sondern eine ganze Reihe verschiedener Urtierchen mit Scheinfüßchen (sie werden gleich noch ausführlich beschrieben), wie sie im Meer, in frischem Wasser, in feuchten Böden und in den Körpern größerer Tiere leben. Zu den Amöben gehören auch die Kapseltierchen (Arcella) und ein halbes Dutzend Arten, das auf den Mund- und Darmschleimhäuten des Menschen lebt. Eine dieser Arten ist der Erreger der Amöbenruhr (Entamoeba). Einige Amöbenarten enthalten viele Zellkerne, darunter das im Verhältnis riesige Chaos carolinensis, das bis zu 5 mm groß werden kann.

Das Gewöhnliche Wechseltierchen (Amoeba proteus) mißt etwa 0,5 mm, es ist gerade noch mit bloßem Auge zu erkennen und kommt in noch einigermaßen sauberem Wasser vor. Es bewegt sich fort, indem es ein aus Protoplasma bestehendes Scheinfüßchen ausstreckt. Wenn sich das Scheinfüßchen vergrößert, wandert der Zellinhalt — Protoplasma und Zellkern — hinein, während der Rest der Zelle dahinter nachgezogen wird. Die Amöbe hat keine feste Form, dennoch ist sie kein formloser Protoplasmasack, denn sie hat ein Hinterende und bildet artspezifisch gestaltete Scheinfüßchen.

Ernährung

Amöben ernähren sich hauptsächlich von anderen Protozoen und kleinen Rädertierchen, indem sie diese völlig umfließen und in einer Nahrungsvakuole einschließen. Die Verdauung verläuft ganz ähnlich wie bei anderen Organismen: Verdauungssäfte werden in die Nahrungsvakuole abgegeben, die verdaulichen Teile des Beutetierchens aufgenommen, die restlichen zurückgelassen, während die Amöbe weiterzieht.

Dieser Vorgang wird nach dem griechischen „essen durch die Zelle" als phagozyläre (oder auch intrazelluläre) Verdauung bezeichnet. Ein ähnlicher Vorgang heißt „trinken durch die Zelle" oder Pionzytose. Hier bildet die Zelloberfläche Kanäle, die in die Zelle hineinführen. Die Verdauungssäfte

treten in die Kanäle, von deren Mundstücken die Vakuolen angezapft werden. Das Protoplasma nimmt dann die Verdauungssäfte genauso auf wie die verdaulichen Stoffe der eben beschriebenen Nahrungsvakuolen. So werden verdauliche Stoffe „in Bausch und Bogen" in die Zelle aufgenommen.

Wasser wird ständig durch die Zellmembranen aufgenommen, aber auch durch Verdauungsvorgänge. Überschüssiges Wasser wird durch die pulsierenden (kontraktilen) Vakuolen abgegeben. Sie regulieren wahrscheinlich auch den Salzhaushalt.

Vermehrung

Die Amöbe vermehrt sich, indem sie sich in zwei gleiche Teile teilt, ein Vorgang, der weniger als eine Stunde dauert und als Zellteilung allgemein bekannt ist. Zunächst nimmt die Amöbe Kugelform an, dann teilt sich der Zellkern; schließlich schnüren sich die beiden Hälften voneinander ab und trennen sich zuletzt ganz.

Einige Amöbenarten können sich auf andere Weise vermehren. Der Kern splittert sich in Hunderte von kleinen Kernen auf, jeder einzelne umgibt sich mit etwas Cytoplasma und einer zähen Haut — und dies alles innerhalb der ursprünglichen Zelle. Die so entstehenden „Zysten" können auch bei Trockenheit überleben, sich verbreiten und neue Populationen bilden. Wenn sich die ganze Zelle ohne Teilungsvorgang mit einer

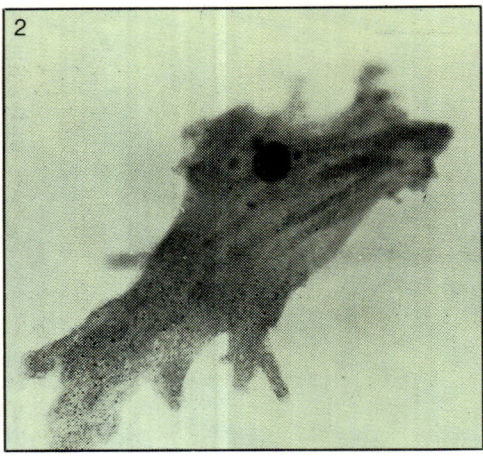

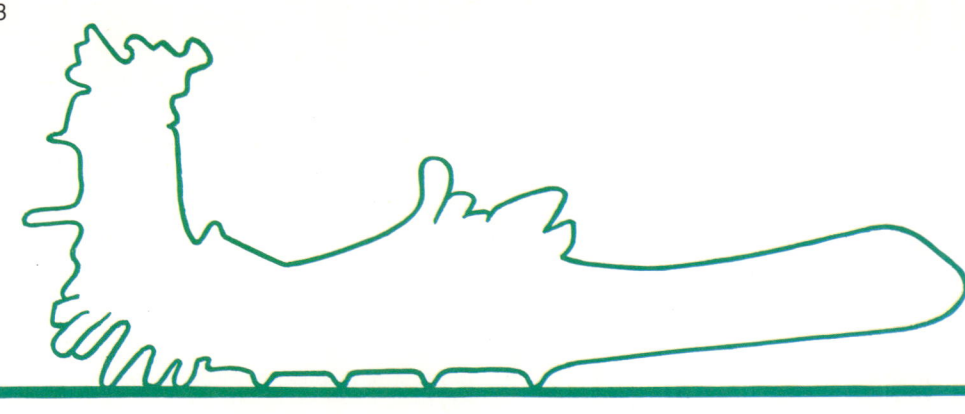

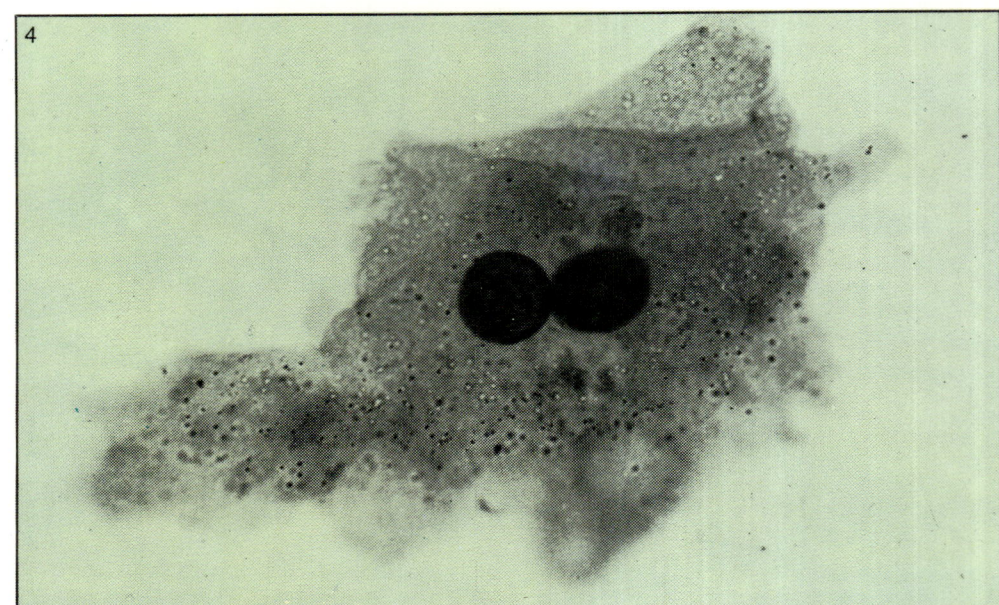

2 *So bewegen sich Amöben fort: die Scheinfüßchen in Tätigkeit, von oben gesehen.*
3 *So bewegen sich Amöben in der Richtung
nach rechts, auf kleinen Protoplasmastielchen.
Schematisch.*
4 *Zellkern, der die Amöbenzelle steuert.
Der Zellkern ist geteilt, Vorstufe zur Zellteilung.*
5 *Ausgezeichnetes Foto einer Amöbe mit
Nahrung in den Vakuolen. Aufgenommen durch
Lichtphasen-Mikroskop.*

zähen Haut umgibt, entstehen größere Zysten. Es gibt auch Amöbenarten, die sich geschlechtlich vermehren. Beim Gewöhnlichen
Wechseltierchen *(Amoeba proteus)* hat man
das aber noch niemals beobachtet.

Schieben oder Ziehen?

Früher konnte der Biologe die Amöben
nur von oben her betrachten, wie er es bei
sehr kleinen Objekten gewöhnt ist. Aus diesem Blickwinkel konnte er sehen, wie sich
die Scheinfüßchen über den Objektträger
hinwegbewegen, und zwar augenscheinlich
in engem Kontakt mit der Unterlage. In
neuerer Zeit erlaubt es die Technik, den
Vorgang auch von der Seite her zu verfolgen, und damit sind neue Einzelheiten
ans Licht gekommen. Wenn sich das Scheinfüßchen fortbewegt, wird es von Ausstül-
pungen oder Stielchen unterstützt; nur sie
berühren die Unterlage.

Die Wissenschaftler haben eine ganze
Reihe von Theorien über die Fortbewegung
der Amöben aufgestellt, und doch ist der
Vorgang noch nicht restlos aufgeklärt. Unter einem stärkeren Mikroskop kann man
sehen, wie das Protoplasma innerhalb des
Scheinfüßchens vorwärtsströmt und im Vorderteil, der „Quellzone", der man eine
größere Festigkeit zuschreibt, die Fortbewegung bewirkt. Gleichzeitig vollzieht sich am
Hinterteil, wo das Protoplasma wieder aufgenommen wird, der umgekehrte Vorgang.

Wird nun aber das sich fortbewegende
Protoplasma von hinten geschoben, etwa wie
die Zahnpasta in der Tube, oder wird es
durch Veränderungen der Eiweißstoffe in
der Quellzone gezogen? Manche unserer eigenen Zellen bewegen sich in der Art der
Amöben fort, und wenn wir wüßten, wie
sich bestimmte Eiweißmoleküle verhalten,
könnten wir eine der grundlegenden Fähigkeiten des Protoplasmas aufklären.

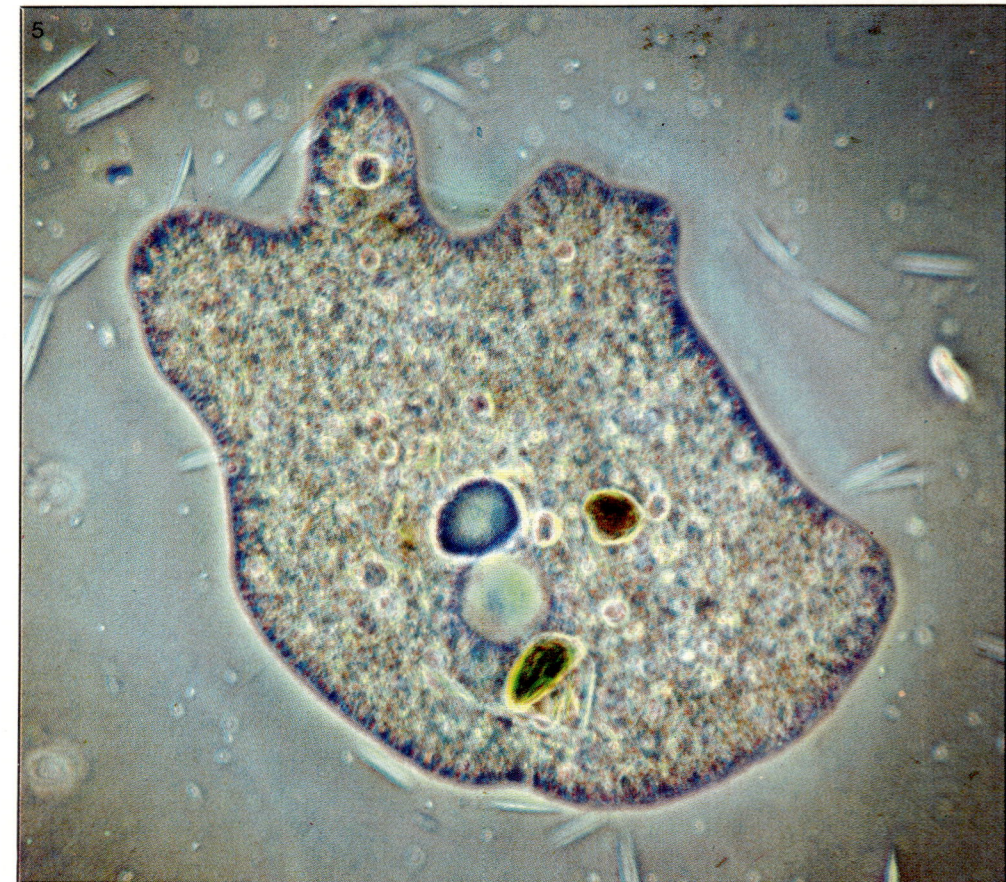

Stamm	**Protozoa**
Klasse	**Sarcodina**
Ordnung	**Amoebida**

Badeschwamm

Der aus dem Badezimmer bekannte Schwamm ist das hornige Skelett einer der ursprünglicheren Formen tierischen Lebens. Beim lebenden Schwamm sind die Zwischenräume des Skelettes mit gelblichem Fleisch ausgefüllt, und das Ganze ist von einer dunkelroten Haut überzogen. Schwämme haben keine Sinnesorgane und wenig spezialisierte sonstige Organe, außer den mit Kragengeißelzellen ausgestatteten Kammern. Allenfalls gibt es hier und da ein paar Muskelzellen und sehr einfache Nervenzellen.

Es gibt fast 3000 Arten von Schwämmen, allgemein bekannt ist aber nur das halbe Dutzend Arten von Hornschwämmen (Spongia). Diese Badeschwämme haben bekannte Handelsnamen, wie feiner Levantiner, Dalmatiner, Elefantenohr, Zinokka usw. Diese Namen kennzeichnen vor allem die unterschiedliche Faserung. Sie kommen nur in warmen Meeren in Tiefen bis zu 200 m vor, vor allem in der Osthälfte des Mittelmeeres, bei den Bahamas und bei Florida. In tropischen und subtropischen Meeren kommen ähnliche Schwämme vor, sie sind aber weniger dauerhaft und haben härtere Fasern.

Seßhafte Lebensweise

Schwämme beziehen in der Regel ihre Nahrung aus dem Meer, ohne die Stelle zu verlassen, an der sich die Larve niedergelassen hatte. Ihr Körper ist von einem Netz von Kanälen durchzogen; diese sind zu Kammern erweitert, die mit Kragengeißelzellen ausgekleidet sind. Die Geißeln erzeugen Wasserströme, die durch viele winzigkleine Poren in den Körper eintreten, die Kammern durchfließen und durch kraterähnliche abführende Kanäle wieder austreten. Auf seinem Weg durch den Schwamm liefert das Wasser Nahrungspartikel und Sauerstoff und leitet gleichzeitig Rückstände der Verdauung und Kohlendioxid ab.

Wenn sich die frei schwimmende Larve erst einmal auf einem Felsen oder großen

Badeschwamm in natürlicher Umgebung. Sie kommen nur in warmen Meeren in Tiefen bis zu 200 m vor.

Griechische Schwammverkäufer, am Platz vor dem Parlamentsgebäude in Athen.

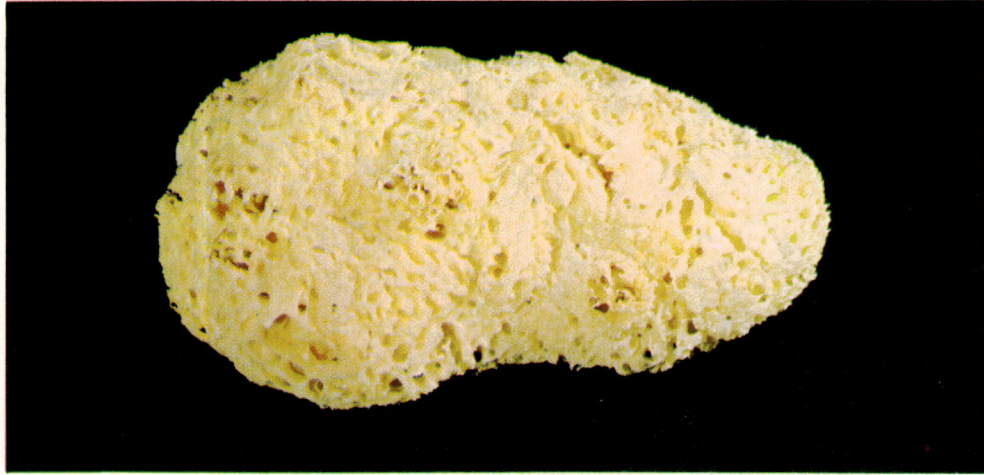

Verkaufsfertiger Badeschwamm. Heute weitgehend durch synthetische Schwämme ersetzt.

Stein niedergelassen hat, ist der Schwamm so gut wie unbeweglich. Es gibt aber Anzeichen dafür, daß sich Schwämme, besonders junge Schwämme, begrenzt bewegen können.

Nahrungslieferanten

Schwämme leben von Bakterien und von Partikeln aus dem Abbau pflanzlicher und tierischer Körper. Sie sind somit auch Abfallverwerter und so etwas wie „Straßenreiniger". Da ein spezielles Verdauungssystem fehlt, nehmen die Kragengeißelzellen die Nahrungspartikel auf, verdauen sie und verweigern gleichzeitig unverdauliche Partikel. Die Nahrung wird dann von amöbenartigen Wanderzellen zu den Körperzellen gebracht.

Larven mit Wimpern

Es gibt keine Männchen und Weibchen, sondern Ei- und Samenzellen finden sich an ein und demselben Individuum, jedoch nicht in besonderen Geschlechtsorganen. Über den ganzen Badeschwamm hinweg verstreut finden sich spezielle Körperzellen, die von Nachbarzellen ernährt werden und auffällig stark wachsen. Von den Tausenden solcher Zellen sind einige dazu ausersehen, Eizellen zu werden. Die übrigen haben eine andere Aufgabe: Sie teilen sich wiederholt, bis sich Massen winziger Zellen gebildet haben. Das sind die Samenzellen, die allmählich reifen, sich dann von ihrer Kapsel losreißen und durch die Wasserkanäle ins Meer entkommen. Sie schwimmen umher, bis sie in der Nähe eines anderen Schwammes in dessen Wasserstrom geraten und durch seine Poren in ihn hineingezogen werden. Im Innenraum wandern sie durch die Kanäle, bis sie auf eine Eizelle treffen und sie befruchten. Ist eine Eizelle befruchtet, beginnt sie sich wiederholt zu teilen und eine gelbe Masse von Zellen zu bilden — den Embryo. Einige dieser Zellen bilden Geißeln aus. Da diese gemeinsam schlagen, beginnt der Embryo sich zu drehen. Dadurch platzt seine Kapsel, aus dem Embryo ist eine frei schwimmende Larve geworden, die durch eine der Öffnungen ins Meer schwimmt. Mit Hilfe der Geißeln führt sie 24 Stunden lang spiralförmige Bewegungen aus. Dann erlahmen die Geißeln, die Larve sinkt auf den Meeresboden und verwandelt sich in ein kleines Gewebeknötchen von der Größe eines Stecknadelkopfes. Das ist ein neuer Schwamm.

Feinde

Badeschwämme haben kaum Feinde, sie werden allerdings von einer Krankheit befallen, der Schwammpest, die man 1938 entdeckte, als sie Schwämme bei den Bahamas und den angrenzenden Meeren befiel und so gut wie ausrottete.

Es dauert sieben Jahre, bis aus dem stecknadelkopf-großen Schwämmchen ein marktfähiger Badeschwamm herangewachsen ist. Dies vermittelt uns eine Vorstellung davon, wie lange ein Badeschwamm leben könnte, würde er nicht eines Tages von seinem Felsen im Meer abgeschnitten, an die Oberfläche geholt und für den Verkauf bearbeitet. Man hat Badeschwämme von 50 cm Durchmesser ans Tageslicht gebracht. Sie waren wahrscheinlich 20 Jahre alt oder noch älter.

Man kann einen Badeschwamm in zwei Teile zerschneiden. Die Schnittflächen verheilen, und aus jeder Hälfte wird ein neuer Schwamm. Dasselbe wird geschehen, wenn man vier, sechs, acht, zwölf oder sogar noch mehr Stücke schneidet. Vor hundert Jahren hat der österreichische Zoologe Oskar Schmidt gemeint, man könnte Schwämme ähnlich wie Pflanzen aus Ablegern vermehren. Fünfzig Jahre später hat das Britische Kolonialamt diesen Gedanken aufgegriffen. An den Bahamas und im Golf von Mexiko hat man experimentiert und Schwämme aus Ablegern herangezogen, indem man sie auf Scheiben befestigte und reihenweise in Meeresbecken auslegte. Ein Mißgeschick nach dem anderen verfolgte diese Versuche. Dennoch sah man 1938 die gewerbsmäßige Vermehrung von Schwämmen als praktikables Verfahren an. Allein im Golf von Mexiko wurden 600 000 Tonnen gewonnen. Das war aber auch das Jahr, in dem die Schwammpest zuschlug und 90 % der Badeschwamm-Kulturen auf den Bahamas und bei Florida vernichtete.

Stamm	**Parazoa**
Klasse	**Gelatinosa**
Ordnung	**Keratosa**
Familie	**Spongidae**
Gattung und Arten	*Spongia officinalis,* Badeschwamm u. a.

Seeanemonen

Als „Anemone" — das griechische Wort für Wind — wurde erstmals 1551 eine Blume bezeichnet. Zunächst wurden die wie Blumen aussehenden Meerestiere als „Pflanzen-Tiere" bezeichnet. Der Name „Seeanemone" wurde erstmals 1773 verwendet. Heute sprechen die Meereszoologen fast durchweg von Seeanemonen, Seerosen oder Seenelken. Daß es sich tatsächlich um Tiere handelt, wird nicht mehr angezweifelt, obwohl die Ordnung, der sie angehören, noch immer Anthozoa heißt, und das bedeutet „Pflanzen-Tiere". Die Grundunterschiede zwischen Pflanzen und Tieren sind: 1. Pflanzen erzeugen ihre Nahrung selbst, durch Photosynthese mit Hilfe des Blattgrüns; Tiere dagegen ernähren sich von anderen Lebewesen. 2. Pflanzen können sich nicht fortbewegen; Tiere aber können es. 3. Pflanzen haben keine speziellen Sinnesorgane; Tiere dagegen haben in der Regel sichtbare Sinnesorgane.

Es gibt Ausnahmen von allen drei Regeln, besonders bei den niederen Pflanzen und niederen Tieren, aber es sind gut brauchbare Richtlinien.

Seeanemonen haben einfache Sinnesorgane, nehmen fertige Nahrung auf und können sich auch fortbewegen.

Der hervorstechendste Zug der Seeanemonen aber ist die Vielfalt und Schönheit ihrer Farben und Muster. Farben dienen höheren Tieren zur Tarnung, als Warnfarben, als Erkennungszeichen und zu weiteren nützlichen Zwecken. Seeanemonen aber brauchen dies alles nicht; ihre Farben sind anscheinend reine Kunstformen.

Langlebig und beweglich

Seeanemonen kommen nur im Meer vor, hier aber weltweit, vom Rande der Gezeiten bis zu den Tiefen der Ozeane. Am üppigsten sind sie in den warmen Meeren, wo sie bis zu 1 m Durchmesser erreichen können. Die kleinsten sind wenig größer als ein Stecknadelkopf. Seeanemonen sind gefräßig, sie fressen Tiere jeder Art, soweit sie sie fangen und schlucken können; es kommt vor, daß sie Beutetiere schlucken, die so groß sind wie sie selbst. Es ist bekannt, daß eine Seeanemone eine andere verzehrt, und sie gegen ihr Gift auch nicht immun. Sie können jedoch lange Zeit ohne Nahrung überleben; sie schrumpfen dann zu kleinen Klümpchen zusammen. Dies dürfte ein Grund für ihre Langlebigkeit sein — in Aquarien sind sie über 100 Jahre alt geworden.

Seeanemonen sind keineswegs an einer Stelle „verwurzelt". Es gibt sogar Arten, die sich eingraben. Die auf Felsen sitzenden Seeanemonen bewegen sich, indem sie auf ihren Fußscheibe gleiten. Andere Arten schlagen Purzelbaum; sie beugen sich nach einer Seite, halten sich mit den Tentakeln an dem Substrat fest, lösen sich dann mit ihrer Fußscheibe, schlagen diese über und fassen jenseits wieder Fuß. Einige Arten legen sich auf die Seite und gleiten auf diese Weise, andere

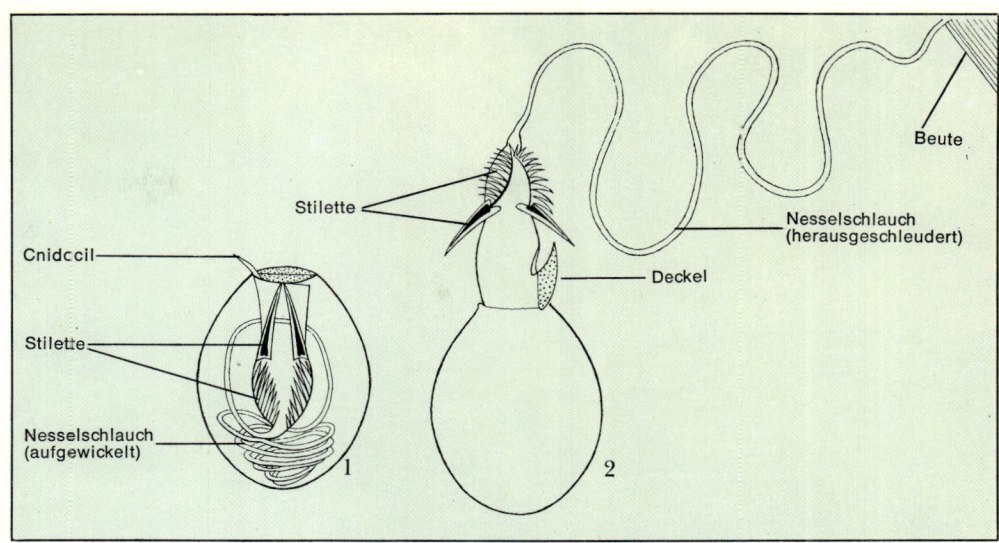

1 *Sackartige Nesselzelle, angefüllt mit lähmendem Gift und aufgerolltem Nesselschlauch.*
2 *Aktivierte Zelle: Das Cnidocil wurde durch Berührung oder chemisch gereizt. Der Deckel hat sich geöffnet, der giftgefüllte, aufgewickelte Nesselschlauch wurde herausgeschleudert und in den Körper des Opfers geschossen.*

Seenelke, Metridium senile. *Sie kann eine Höhe von über 20 cm erreichen.*

wieder lösen sich mit ihrer Fußscheibe und lassen sich treiben.

Tentakel sorgen für Nahrung

Seeanemonen bestehen aus einem zylinderförmigen Sack, dessen oberer Rand (Mund) mit einem Kranz von Tentakeln umgeben ist. Das andere Ende ist gefranst und bildet eine Fußscheibe, mit der sich das Tier an einer festen Unterlage anheftet. Das Innere des Sacks ist ein großer Magen; er ist durch Gewebewände (Mesenterien) unterteilt, meist in acht Abteilungen. Die Beute wird von den Tentakeln, die mit Nesselzellen besetzt sind, gefangen. Wenn ein kleines Tier, ein Fisch oder eine Garnele, ein Tentakel berührt, werden die Nesselzellen tätig: sie nesseln und halten es fest. Angrenzende Tentakel beugen sich hinüber, setzen das Werk fort, bis alle zusammen die Beute zum Mund hin

bewegen, wo sie verschlungen wird. Unverdauliche Rückstände einer Mahlzeit werden später durch den Mund entleert.

Nesselzellen sind für den Stamm *Cnidaria*, zu dem die Seeanemonen gehören, charakteristisch. Zum gleichen Stamm gehören die Quallen, deren Nesselzellen besser bekannt sind. Die *Cnidaria* werden deshalb auch als Nesseltiere bezeichnet. Die Nesselzellen liegen vor allem an der Oberfläche der Tentakel. Diese Zellen sondern einen Körper ab, die Nesselkapsel, die das giftige Kapselsekret enthält. In der Kapsel liegt außerdem ein Schlauch, der an der Basis meist mit Stiletten besetzt ist. Außen an der Kapsel befindet sich ein dornähnliches Cnidocil. Wird es berührt, schießt der Schlauch heraus, seine feine Spitze durchbohrt die Haut des Opfers, und das lähmende Gift durchströmt den Schlauch. Einige Arten von Nesselkapseln

Links: Bei Seeanemonen betätigt sich die Natur anscheinend künstlerisch. Diese rote Seeanemone ist Tealia crassicornis, *eine Seedahlie. —*
Rechts: Anthopleura xanthogrammica, *die Große Grüne Seeanemone, eine der wenigen Seeanemonen, die in unmittelbarem Sonnenlicht leben.*
Ihre grüne Farbe verdankt sie winzigen einzelligen Grünalgen, die in ihren Zellen leben und dort Photosynthese betreiben.

bleiben an der Beute haften, und ein dritter Typ schlingt sich mit dem Schlauch um das Opfer herum. Es gibt auch Nesselkapseln, die nicht nur durch Berührung, sondern auch durch chemische Stoffe aktiviert werden.

Der Magenschlauch von Seeanemonen wird von zwei Zellschichten gebildet, die jedoch von verschiedenartigen Muskeln durchsetzt sind: Längsmuskeln laufen von der Fußscheibe zu den Ansatzstellen der Tentakel, ringförmige um den Körper herum. Durch Anspannen und Erschlaffen der Muskeln kann der Körper ausgedehnt oder zusammengezogen werden. Es gibt außerdem eine Muskelgruppe, die das plötzliche Zurückziehen von Körper und Tentakeln unterstützt. Seeanemonen haben nur sehr einfache Sinnesorgane und ein sehr einfaches Nervensystem, ein Nervennetz.

Die Nesselkapseln werden tätig, wenn das Cnidocil berührt wird — das ist ein Reflex. Ein Nervenfortsatz läuft auch zur Ansatzstelle jeder einzelnen Nesselkapsel, und es sind diese leitenden Fortsätze, die die aufeinander abgestimmte Tätigkeit der Tentakel steuern, wenn eine Nesselkapsel „abgeschossen" worden ist. Das Nervennetz löst die Kontraktion einer Seeanemone aus, wenn sie berührt worden ist. Sie dehnt sich wieder aus, wenn man dem Wasser eine Nährlösung zufügt. Wird z. B. der Schleim einer Muschel auch nur im Verhältnis von eins zu einer Million zugefügt, dann dehnt sich der Körper wieder aus, und die Tentakel strecken sich ganz langsam — bis sie etwa nach einer Stunde wieder ganz ausgestreckt sind. Dann neigt sich der Körper, die Tentakel schwingen, als tappten sie nach Nahrung.

Geschlechtliche und ungeschlechtliche Vermehrung

Die meisten Seeanemonen sind entweder männlich oder weiblich, einige aber sind Zwitter. Einige streuen Ei- und Samenzellen in das umgebende Wasser, bei anderen wie-

der entwickelt sich die Larve innerhalb des Elterntieres. Die Eier sind sehr unterschiedlich groß: die größten sind mit 1 mm tausendmal größer als die kleinsten. Die befruchteten Eier sinken auf den Meeresboden, und es entstehen ovale Larven. Diese treiben eine Weile im Meer, kommen aber schließlich zur Ruhe und setzen sich am Grund des Meeres fest, bilden Tentakel aus und beginnen sich zu ernähren.

Seeanemonen können sich aber auch ungeschlechtlich vermehren. Sie können sich in der Längsrichtung spalten und getrennte Individuen bilden, oder sie bilden in der Mitte ihres Körpers einen Kranz von Tentakeln aus, worauf sich die obere Hälfte ablöst — und aus einer Seeanemone sind zwei geworden. Einige Arten vermehren sich auch durch Sprossung oder auch durch Laceration. Bei der Sprossung bilden sich kleine, vollständige Seeanemonen an der Basis eines Elterntieres, lösen sich ab und entfernen sich dann. Laceration kommt bei einigen „wandernden" Arten vor: Wenn das Tier über Felsstücke gleitet, werden Teile von seiner Basis abgerissen und bleiben zurück, sie regenerieren und bilden winzig kleine, ansonsten aber vollkommene Seeanemonen aus.

Feinde sind große Nacktschnecken, Meerspinnen, Fische und manchmal Seesterne und Krabben.

Ruhelose Seeanemonen

Abgesehen von ihren selten vorkommenden Ortsveränderungen sind Seeanemonen ständig in langsamer Bewegung. Dies führte zu einer wichtigen Entdeckung, und zwar an der etwa 7,5 bis 10 cm hohen Seenelke, mit einer federartigen Krone aus zahlreichen kleinen Tentakeln. Wenn verschiedene Gruppen dieser Tiere in einem großen Aquarium leben, kann man beobachten, wie sie die verschiedensten Haltungen einnehmen: Einige halten ihren Körper straff ausgestreckt, andere verkürzt und verdickt, mit in Falten ge-

worfener Oberfläche, wieder andere beugen sich nach einer Seite über. Manchmal sind einige Seeanemonen zusammengezogen, mit eingezogenen Tentakeln, so daß sie aussehen wie auf dem Felsen ankernde Ballons. Manche haben sich vielleicht so stark zusammengezogen, daß sie aussehen wie Knöpfe. Man kann sie minutenlang beobachten, ohne eine Bewegung zu bemerken. Wenn man sie aber aus der Nähe betrachtet und zwar längere Zeit und vor einem schwarzen Hintergrund und ihre Gestalt in gewissen Abständen zeichnerisch festhält, kann man sehen, daß sie sich ständig bewegen. Andere Versuchsmethoden haben das bestätigt (Zeitrafferfilm). Diese rhythmische Aktivität wird sogar dann beibehalten, wenn man die Seeanemonen bei gleichmäßiger Temperatur, in nährstofffreiem Wasser und ungestört durch irgendwelche Erschütterungen hält. Man kann die Bewegung aber unterbrechen durch Beigabe von Nährstoffen, worauf die Tiere durch stärker zweckbetonte Bewegungen reagieren. Durch diese innere rhythmische Aktivität werden sie in einem Zustand ständiger Bereitschaft gehalten, sei es zur Nahrungsaufnahme, zur Verteidigung oder zu sonstigen lebensnotwendigen Reaktionen.

Diese Bewegung ist unwillkürlich, weil sie sich selbst auslöst und selbst aufrechterhält. Wie wir jetzt wissen, ist sie allen lebenden Organismen eigen. Am bekanntesten ist der Herzschlag. Es gibt aber auch weniger augenscheinliche Anzeichen. Wenn wir schlafen, liegen wir nicht einfach still. Unser Körper ist vielmehr in ständiger, wenn auch langsamer Bewegung, ganz ähnlich wie bei den Seenelken.

Stamm	**Cnidaria**
Klasse	**Anthozoa**
Ordnung	**Actiniaria**
Gattung	*Actinia, Anemonia, Metridium* u. a.

Korallen

Korallen sind den Seeanemonen (s. Seiten 17/18) ähnliche Polypen, unterscheiden sich von ihnen jedoch durch ihr Kalkskelett. Bei abgestorbenen Tieren ist es oftmals weiß, bei lebenden mit einer Schicht von Weichteilen bedeckt, aus der die Fangarme der Polypen hervorragen. Das Ganze ist oftmals schön gefärbt. Die echten oder Steinkorallen, wie sie oft genannt werden, können einzeln oder auch in Stöcken wachsen. Im ersten Fall lebt ein Polyp für sich in einem Kalkkelch oder auf einem pilzförmigen Kalkskelett. Stockkorallen bestehen aus einer Gewebeschicht aus Hunderten oder Tausenden von Polypen, die das Kalkskelett überziehen. Sie können Baum-, Tassen- oder Kuppelform haben, aus abgeflachten Platten bestehen oder wie Geweihe verzweigt sein.

Es gibt auch weiche Korallen, darunter kostbare. Sie sind aber keine echten Korallen. Ihre Tentakel sind nicht einfach wie bei den echten Korallen und Seeanemonen, sondern gefingert; und jeder Polyp hat acht Tentakel, anstatt sechs oder ein Vielfaches von sechs, wie bei den echten Korallen. Diese achtstrahligen Korallen ähneln meist Bäumen, und die Zentren der Stämme und Zweige sind durch kalkiges Material (Gorgonin) verstärkt. Sie sind rot oder schwarz gefärbt, das macht sie — von ihrem Fleisch befreit — zu den Edelkorallen des Handels. Den Edelkorallen verwandt sind die Seefedern, die durch ein biegsames, horniges Material verstärkt sind. Weitere Verwandte sind die schönen Orgelkorallen: senkrecht stehende Röhren, die gruppenweise von flachen Platten zusammengehalten werden. Ihr Skelett ist rötlich-purpurn, die Fangarme sind hellrosa. In ausgestrecktem Zustand ähneln sie zarten Blumen.

Tropische Riffbauer

Korallen leben in allen Meeren, aber — gemessen an der Vielzahl der tropischen Korallen und besonders der Riffbauer — nur wenige in den gemäßigten und kalten Zonen. Tropische Küsten, vor allem am Indischen Ozean, sind über Tausende Kilometer von Korallenriffen gesäumt. An manchen Stellen haben sich Barriereriffs gebildet, oft viele Kilometer von der Küste entfernt, wie das Große Barriereriff, das über etwa 1900 km längs der Nordostküste Australiens verläuft. Inmitten der Ozeane, besonders im Pazifik, gibt es ringförmige Atolle aus lebenden Korallen auf Ansammlungen toter Korallenskelette, die an manchen Stellen bis in Tiefen von 1500 m reichen.

Wie ein Riff entsteht

Riffbildende Korallen gibt es nördlich und südlich des Äquators, etwa bis zum 25. Breitengrad, soweit die Temperatur nicht wesentlich unter 18 °C fallen. Ein Riff entsteht immer aus einer Larve, die sich auf dem Grund niederläßt und in einen Polypen ver-

wandelt. Seitlich bildet sich ein kleines Klümpchen — eine Knospe. Sie wird größer, an ihrem freien Ende bildet sich ein Mund und ein Tentakelkranz. Sie wächst weiter, erreicht schließlich Größe und Form des Elterntieres, trennt sich aber nicht von ihm. Dieser Vorgang wiederholt sich immer und immer wieder, und so bilden sich manchmal Kolonien von Hunderten und Tausenden von Korallen. Sie errichten ein gemeinsames Kalkskelett, das in der Höhe und im Durchmesser 1 m und darüber messen kann. Da alle Polypen in enger Verbindung miteinander stehen, ernähren sie sich gemeinsam durch ihre vielen Münder und Mägen.

Lebende Fallen

Alle Korallen, ob einzeln, riffbildend oder lederig, ernähren sich wie Seeanemonen. Die Tentakel sind mit Nesselzellen bewaffnet, die kleine schwimmende Tiere lähmen und dann in den Mund inmitten des Tentakelkranzes hineintreiben. Die Tentakel der Riffkorallen sind tagsüber eingezogen, so daß die Oberfläche mehr oder weniger glatt wirkt. Wenn aber die Nacht hereinbricht und die Tiere des Planktons an die Wasseroberfläche steigen, erzeugen die Polypen an ihren Fangarmen mit Hilfe ihrer Wimpern Wasserströme und nehmen das Wasser durch ihre Münder auf. Die angeschwollenen Polypen stehen nun aufrecht, ihre zarten Tentakel bilden halbdurchlässige Säulen, in denen viele Münder auf Beute lauern. Die scheinbar harmlose Koralle hat sich in eine riesige Falle für alle vorbeistreichenden Kleintiere verwandelt — wiederum ganz ähnlich wie bei den Seeanemonen.

Die Polypen mancher Korallen haben kurze Tentakel, die keine Nahrung zum Mund hin transportieren. Das besorgen statt dessen Wimpernsäume an den Tentakeln.

Man hat indessen immer angezweifelt, daß dies ihre einzige Ernährungsweise sei. Im Gewebe der Korallen leben mikroskopisch kleine, einzellige Pflanzen, die sogenannten Zooxanthellen. Man hat vermutet, daß beide, Polypen und Zooxanthellen, in Symbiose miteinander leben: daß die Zooxanthelle Wohnraum und überschüssige Nährstoffe von der Koralle empfängt, während diese den von den pflanzlichen Gästen abgegebenen Sauerstoff nützt. Einige Wissenschaftler behaupteten, daß sich die Korallen darüber hinaus von „überzähligen" pflanzlichen Organismen ernähren.

Man hat dies diskutiert, konnte der Wahrheit aber nur schwerlich nahekommen, weil die Verdauung sehr schnell vor sich geht. Da sich tagsüber keine tierische Nahrung in den Mägen der Korallen findet, nahm man an, sie müßten von etwas anderem leben also von den Zooxanthellen. Andererseits reagieren die Tentakel nur auf tierische Nahrung, woraus zu schließen ist, daß die Korallen wirklich reine Fleischfresser sind. Weiterhin schrumpfen Korallen, sobald man ihnen tierische Nahrung entzieht, sie zeigen dann Anzeichen von Mangelernährung. Dies sind nur einige wenige der Argumente und Gegenargumente, aber sie kennzeichnen hinreichend, warum man sich nicht einig ist.

Forschungen Goreaus in Westindien um 1960 lassen den Schluß zu, daß die Zooxanthellen das Wachstum der Korallen fördern, indem sie Kohlendioxid aus deren Gewebe entfernen. Korallen wachsen nämlich am

besten in hellem Licht; weniger gut bei schwachem Licht, wenn also die Zooxanthellen weniger zahlreich sind; und am schlechtesten in der Dunkelheit, wenn die Zooxanthellen durch Mangel an Sonnenlicht abgestorben sind. Dies schon läßt vermuten, daß zwischen dem Wachstum der Korallen und dem Vorhandensein dieser winzigen Pflanzen in ihren Geweben eine enge Beziehung besteht.

Wandernde Korallen

Die meisten Korallen sind seßhaft. Es gibt jedoch zumindest eine Koralle, die wandert, jedoch nicht durch eigene Kraft. Es handelt sich hier um ein sehr bildhaftes Beispiel der Symbiose — des Zusammenlebens zu gegenseitigem Nutzen.

Im Oktober 1967 haben Goreau und Yonge auf der Küstenseite des Großen Barriereriffs auf schlammigem Grund kleine Korallen entdeckt (mit weniger als ca. 2,5 cm Durchmesser), die sich über den Schlamm hinwegbewegten. Die Forscher konnten einige Exemplare mitnehmen und im Aquarium beobachten.

Die Koralle *Heteropsammia michelinii* lebt einzeln, mit gewöhnlich einem Polypen und seinem Kalkskelett, manchmal leben auch zwei oder drei zusammen. Diese Koralle ist eng verwandt mit jenen, die Riffe bilden, aber ihr kalkiges Skelett enthält eine basale Höhlung, in welcher ein Meereswurm lebt. Der Wurm steckt seinen Kopf in den Schlamm, um eßbare Partikel daraus zu entnehmen, wie es für Würmer typisch ist; aber bei seiner Suche nach Nahrung schleppt er die Koralle mit sich herum.

Stamm	**Coelenterata**
Klasse	**Anthozoa**
Ordnung	**Scleractinia**
Gattung	*Fungia, Porites, Heteropsammia* u. a.

Kolonie der Blaukoralle Heliopora. Rot: Form des harten, kalkigen Skelettes. Darüber der Polyp, der darauf wächst. Schematische Darstellung.

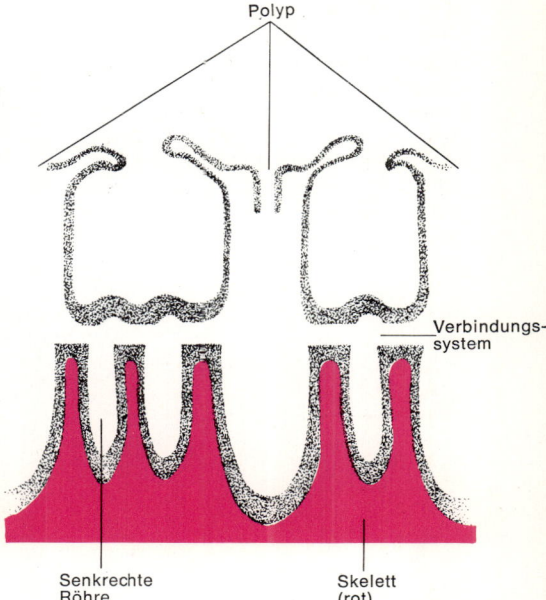

Polyp

Verbindungssystem

Senkrechte Röhre

Skelett (rot)

Oben: Alle „Systeme" arbeiten: die voll
ausgestreckten Fangarme einer Koralle auf
Nahrungssuche bei Nacht.

Links: Fangarme einer Hartkoralle beim Fressen,
aus der Nähe betrachtet: Feine, bärtige Tentakel durchsuchen das Wasser nach Nahrung.

Aus Zweigen von Geweihkorallen hervortretende lebende Polypen. Bei Mauritius.

Rechts außen: Zu Bündeln vereinigte Flachwasserkorallen bei den Seychellen.

Ein Schwarm von Fischen am Abhang eines Korallenriffs im Roten Meer.

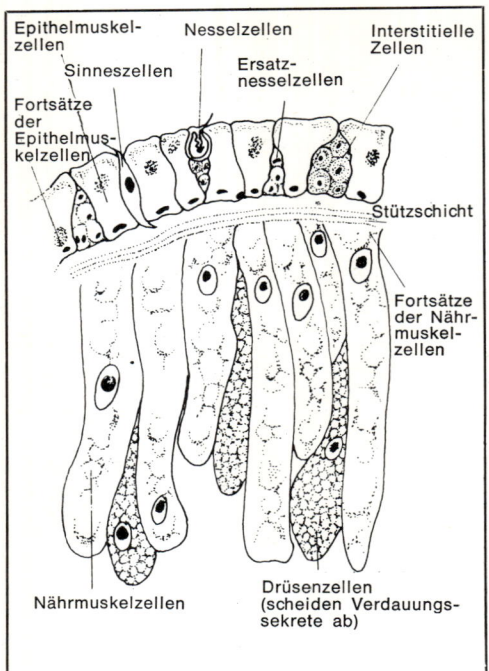

Epithelmuskelzellen · Nesselzellen · Interstitielle Zellen · Sinneszellen · Ersatznesselzellen · Fortsätze der Epithelmuskelzellen · Stützschicht · Fortsätze der Nährmuskelzellen · Nährmuskelzellen · Drüsenzellen (scheiden Verdauungssekrete ab)

Schnitt durch die Körperwand der Hydra. Sie hat nur zwei Zellagen. Die inneren Zellen bauen Nahrungsstoffe ab, die äußeren verrichten alle übrigen Funktionen.

Hydra oder Süßwasserpolyp

Der einfache, schlauchartige Körper des Süßwasserpolypen hat ihm einen bevorzugten Platz in jedem Schulbuch der Zoologie verschafft und ihn zum Gegenstand vieler Einzeluntersuchungen gemacht. Er ist eines der wenigen Nesseltiere des Süßwassers, die große Masse der Nesseltiere dagegen lebt im Meer. Der Körper der Hydra ist ein Sack, dessen Wände aus zwei Schichten von Zellen bestehen, die nur durch eine dünne Stützschicht (Mesogloea) voneinander getrennt sind. Die Tentakel — gewöhnlich 5 oder 6, oder auch weniger (4) oder mehr (12) — sind hohl und umgeben den Mund. Das andere Ende des Körpers besteht aus einer Fußscheibe, die die Hydra gewöhnlich mit Hilfe eines klebrigen Sekrets befestigt. Süßwasserpolypen ziehen sich zu einem winzigen Klümpchen zusammen, wenn sie gestört werden.

Sowohl die Tentakel als auch der Körper sind sehr elastisch, denn die Grundflächen vieler Zellen sind als Muskelfibrillen ausgebildet: jene der äußeren Zellage laufen in Längsrichtung, jene der inneren Zellage rund um den Körper herum. Das sehr einfache Nervennetz steuert die Bewegungen. Es gibt keinerlei Nervenzentrum.

In Mitteleuropa sind etwa acht Arten des Süßwasserpolypen verbreitet. Die Grüne Hydra, Chlorohydra viridissima, meist Hydra viridis genannt, hat kurze Tentakel, die niemals länger sind als der Körper. Die Graue Hydra, Hydra oligactis, hat Tentakel, die vier- bis achtmal so lang sind wie der Körper, bei dem man gewöhnlich einen Magenteil und einen schmaleren Stiel deutlich unterscheiden kann. Diese zwei weltweit verbreiteten Arten verdanken ihre Farben einzelligen Algen, die in ihren Zellen leben. Wenn tierische Nahrung knapp ist, ernährt sich die Hydra von diesen Algen. Der Körper beider Arten kann bis zu 3 cm lang werden, ist aber in der Regel viel kürzer. Die häufigste Art ist die Gewöhnliche Hydra, Hydra vulgaris. Ihr Körper ist, voll ausgestreckt, niemals viel länger als 2 cm, ein Stiel fehlt, und ihre Tentakel sind dreimal so lang wie der Körper.

Fünf Grauhydren, mit Spezialzellen in ihren Fußscheiben an Wasserpflanzen angeheftet, warten auf Beutetiere. Siebenfach vergrößert.

Die Nesselzellen

Süßwasserpolypen haben genau wie ihre Verwandten, die Seeanemonen und Quallen, Nesselzellen, mit denen sie ihre Beute fangen. Jede Nesselzelle oder Nesselkapsel, eine runde Zelle mit einem aufgewickelten Schlauch im Inneren, kann mit großer Geschwindigkeit herausgeschnellt werden (siehe Seeanemone, Seite 17). Bei der Hydra gibt es vier Typen. Bei einem Typ wird der Schlauch in die Beute hineingeschossen und ein Gift eingespritzt. Bei einem zweiten Typ rollt sich der herausgeschleuderte Schlauch wieder auf, so daß sich die Beute mit ihren Borsten darin verfängt. Der dritte Typ dient wahrscheinlich nur der Verteidigung, er wird normalerweise nicht gegenüber Beutetieren angewandt. Mit dem vierten Typ werden die Tentakel an der Unterlage befestigt, wenn sich das Tier fortbewegt.

Wird eine Nesselkapsel herausgeschnellt, dann wird der Schlauch wie ein Strumpf umgestülpt, außer wenn Kräfte innerhalb des Schlauches selbst das Herausschleudern auslösen. Die zum Beutefang bestimmten Nesselkapseln werden herausgeschnellt, wenn ein Beutetier einen kleinen Fortsatz seitlich an der Zelle berührt. Die Berührung jedoch reicht allein nicht aus, denn die Nesselzelle muß zugleich durch Geschmacksstoffe gereizt werden.

Alle Typen von Nesselzellen können nur einmal verwendet, dann müssen sie durch neue ersetzt werden, die von anderen Teilen des Körpers aus herbeikommen.

Fortbewegung durch Purzelbäume

In der Regel sitzen Süßwasserpolypen fest, sie können aber auch auf ihrer Fußscheibe langsam dahingleiten. Schneller geht es durch Überschlagen oder eine Reihe von Purzelbäumen. Hierzu biegt sich die Hydra zur Seite und gewinnt durch abgewandte Nesselzellen auf den Tentakeln Halt. Sie löst sich dann mit der Fußscheibe und schlägt sie über sich hinweg, ähnlich wie beim „Radschlagen". Hydren können auch an der Wasserfläche auf kleinen, von der Fußscheibe abgegebenen Gasbläschen dahintreiben. Charakteristisch für das Verhalten von Süßwasserpolypen ist, daß sie sich alle fünf bis zehn Minuten aus keinerlei ersichtlichem Grund plötzlich zu festen Klümpchen zusammenziehen. Das geschieht nachts seltener als tagsüber.

Wie die Beute behandelt wird

Zur Speisekarte gehören Insektenlarven, Wasserflöhe, Würmer, sogar Fischlarven und Kaulquappen. Zwischen den Mahlzeiten sind die Tentakel ausgestreckt und mehr oder weniger in Ruhestellung; sobald sich

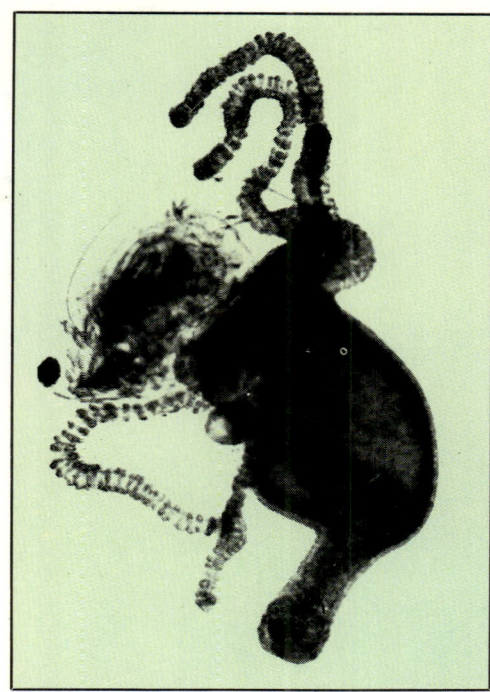

Hydra hat einen Wasserfloh mit ihren Nesselzellen gelähmt und zieht ihn jetzt mit ihren klebrigen Schläuchen und Tentakeln in den weit aufgesperrten Mund.

Zwei Grüne Hydren (Chlorohydra viridissima) *fressen Wasserflöhe* (Daphnia).

23

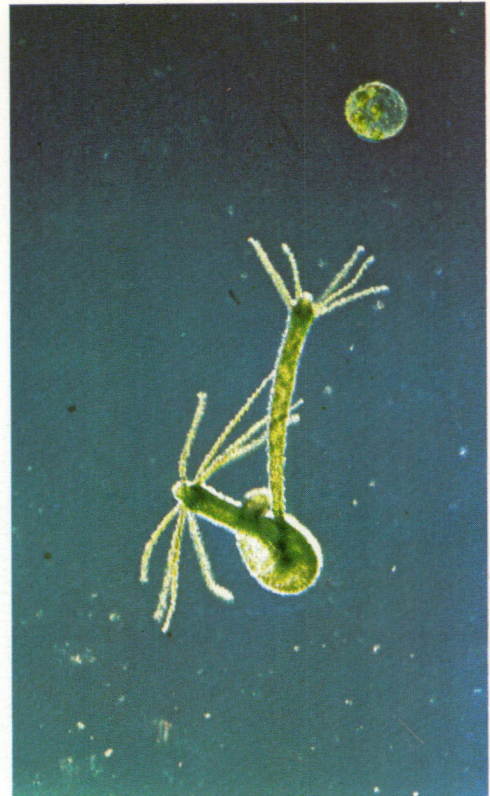

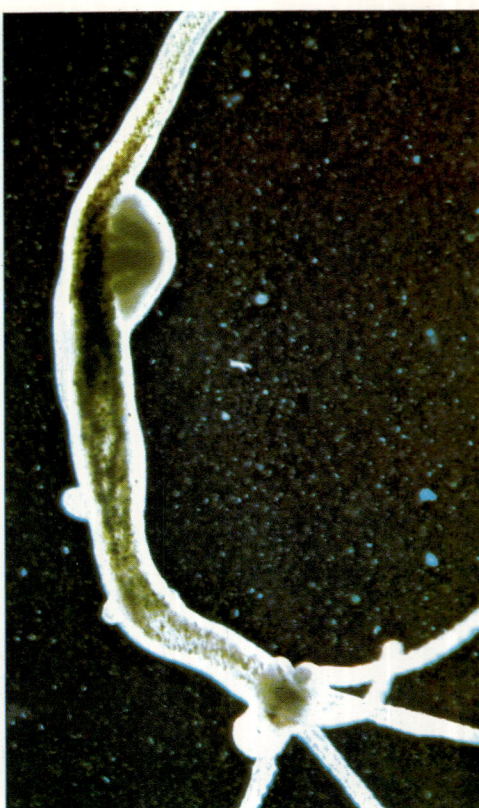

Hydra mit zwei Knospen, einer fortgeschrittenen und einer ganz jungen.

Hydra mit Knospe, kurz bevor sie sich löst, während ein „Pflanzen-Tier" gerade entkommt.

Hydren bilden unter ungünstigen Bedingungen Eizellen zur geschlechtlichen Vermehrung.

aber ein Beutetier nähert, fangen sie an sich zu krümmen und biegen sich dann in Richtung auf den Mund. Sie tun das alles auch dann, wenn nur Inhaltsstoffe anderer Tiere, ohne Feststoffe, dargeboten werden. Der Saft eines zerdrückten Wasserflohes zum Beispiel veranlaßt eine Hydra schon, alle Freßbewegungen auszuführen. Tatsächlich löst ein einziger Wirkstoff — das Glutathion — den Vorgang aus. Wenn jedoch das Beutetier die Tentakel berührt, wird der Schlauch der Nesselkapsel herausgeschnellt, es wird gefangen, festgehalten, gelähmt und zum Mund geführt. Der Mund kann sich so weit öffnen, daß er sogar Tiere aufnehmen kann, die größer sind als die Hydra selbst. Ist die Beute erst einmal im Inneren des Magensackes, wird sie von Enzymen, die die innere Zellage ausscheidet, allmählich verdaut. Kleinere abgebrochene Partikel werden bis zum Endstadium der Verdauung von Einzelzellen umschlossen, unverdauliche Teilchen wieder ausgeschieden.

Vermehrung auf zweierlei Art
Süßwasserpolypen vermehren sich sowohl geschlechtlich als auch durch Knospung. Die meisten Arten vermehren sich geschlechtlich im Herbst oder Vorwinter, manche Arten aber auch im Frühling oder Frühsommer. Eine übergroße Konzentration von Kohlendioxid löst geschlechtliche Vermehrung selbst außerhalb der bestimmten Jahreszeiten aus — also bei „Übervölkerung". Es gibt keine besonderen Geschlechtsorgane, sondern es erscheinen kleine Zellen als Beulen an der oberen Körperhälfte. Eizellen bilden sich bei den meisten Arten an einzelnen Individuen, und zwar weiter unten am Körper, wiederum als Beulen, von denen jede eine einzelne große Eizelle enthält. Die reife Eizelle durchdringt die äußere Zellage des Körpers der Hydra, und die benachbarten Zellen bilden ein kleines Polster für

die Eizelle. Männliche Zellen werden in das Wasser ausgeschieden, wo sie herumschwimmen — bis sie vielleicht eine Eizelle erreichen und das Ei befruchten. Der Embryo, der aus der befruchteten Eizelle hervorgeht, umgibt sich mit einer harten, zähen, gelben Schale von 0,5 bis 1 mm Durchmesser. Die Schale ist je nach Art glatt oder dornig. Der so geschützte Embryo kann Trockenheit und Frost überleben. Nach einer Ruhezeit von drei bis zehn Wochen durchbricht er seine Kapsel, entwickelt Tentakel und wird eine neue Hydra — ein vollkommenes Abbild der Erwachsenen im Kleinen.

Vermehrung durch Knospung
Jede Knospe beginnt als kleine Beule seitlich am Körper. Sie wächst, und an ihrem freien Ende bildet sich eine Öffnung. Um den Mund herum bilden sich Tentakel, und schließlich bricht die Knospe vom Elterntier ab, läßt sich nieder und wächst sich zu einer neuen Hydra aus. Der ganze Vorgang dauert zwei Tage. Eine Hydra kann gleichzeitig mehrere Knospen ausbilden. Bei den mit den Hydren verwandten Brackwasserpolypen (*Cordolyphora* und *Perigonimus*) bleiben die Knospen zusammen, es entstehen bis 20 cm hohe Kolonien.

Umgestülpte Hydren
In der griechischen Mythologie wird berichtet, wie Herkules versucht, ein Ungeheuer namens Hydra, das viele Köpfe hatte, zu töten. Immer wenn Herkules einen Kopf abgeschlagen hatte, wuchs an seiner Stelle ein neuer. Im Jahre 1744 erzählte Abraham Trembley, Schweizer Hauslehrer der Kinder des Grafen von Bentinck, seine Geschichte von einer anderen Hydra — dem Tier, mit dem wir uns hier befassen. Trembley hatte herausgefunden, daß sich auch aus nur einer Hälfte des Elterntieres eine vollständige Hydra entwickelt. Es gelang ihm auch,

diese Tiere umzustülpen, eine bemerkenswerte, schwierige Operation, die er ausführte, indem er sie auf Pferdehaaren überstülpte. Trembley zeigte, daß die Hydren selbst diese drastische Maßnahme überlebten. Diese Versuche wurden fortgeführt und waren eine Zeitlang bei manchen Wissenschaftlern recht beliebt. Erst in jüngerer Zeit sind sie noch viel gründlicher ausgeführt worden. Wir wissen jetzt, daß selbst winzige Stückchen von nur etwa 0,15 mm sich zu einer vollständigen Hydra auswachsen, vorausgesetzt daß Zellen aus beiden Zellagen der Körperwand des Elterntieres vorhanden sind. Selbst wenn die Zellen zu einem Brei voneinander unabhängiger Zellen vermengt werden, bilden sie eine neue Hydra.

Wir wissen jetzt auch, daß eine umgestülpte Hydra wieder zum Normalzustand zurückkehrt, weil die Zellen der beiden Schichten sozusagen aneinander vorbeiwandern und die ursprüngliche Stellung wieder einnehmen. Hydren erneuern sich ständig selbst, indem sie alte Zellen durch neue ersetzen. Wenn man das Gewebe genau unter den Tentakeln mit Farbstoff markiert, kann man sehen, wie die Zellen allmählich zur Fußscheibe hinabwandern; dabei werden sie gegebenenfalls ausgeschieden und an der Ursprungsstelle durch neue ersetzt.

Stamm	**Cnidaria**
Klasse	**Hydrozoa**
Ordnung	**Hydrida**
Familie	**Hydridae**
Gattungen und Arten	*Chlorohydra viridissima*, Grüne Hydra; *Hydra vulgaris*, Gewöhnliche Hydra; *H. oligactis*, Graue Hydra, u. a.

Quallen

Quallen sind frei schwimmende Verwandte der Seeanemonen, Korallen und Hydrozoen, sie alle gehören zum Stamm der Nesseltiere. Im Lebenszyklus vieler Nesseltiere gibt es Formen zweier Phasen: zum einen die frei lebende Qualle oder Meduse, die sich geschlechtlich vermehrt, zum anderen der seßhafte, einzeln oder in Kolonien lebende Polyp, der sich aus einem Embryo entwickelt und durch Knospung Medusen abgibt. Es gibt Arten, bei denen die eine oder die andere Phase vorherrscht oder zurücktritt oder sogar fehlt. Die großen Quallen bilden die Klasse Scyphozoa, bei welcher das Polypenstadium stark zurücktritt. Dieser Gruppe wollen wir hier unsere Aufmerksamkeit schenken.

„Umgekehrte Hydra"

Die typische Qualle ist schirmförmig, kugelig oder konisch und hat, um den Glockenrand herum angeordnet, vier oder acht oder gar einen ganzen Kranz von Tentakeln. Unter dem Schirm ist der Mund, der zum Magenraum führt. Der Mund ist an den Ecken zu vier langen Lippen ausgezogen. Die Grundform des Quallenkörpers ist am besten durch Vergleich mit derjenigen der Hydra verständlich. Der Körper der Hydra besteht im wesentlichen aus zwei Zellagen, die durch eine nur sehr dünne zellenlose Schicht (Mesogloea) voneinander getrennt sind. Bei der Qualle hingegen ist die Mesogloea sehr dick und zellhaltig. Der Quallenkörper ist zwar stärker differenziert als der Körper der Hydra, hat aber ebenso zwei Zellagen und um den Mund herum einen Kranz von Tentakeln.

Einige weitverbreitete Quallen

Weltweit verbreitet und an den Küsten Europas häufig ist die Ohrenqualle *(Aurelia aurita)*. Sie erreicht fast 0,5 m Durchmesser und hat sehr kurze Tentakel. Die gelbe und die blaue Haarqualle *(Cyanea)*, auch Feuerqualle genannt, erreicht in kalten arktischen Meeren gewöhnlich 1 m Durchmesser, kann jedoch auch bis doppelt so groß werden, bei einer Tentakellänge von 50 m. Die Kompaßqualle *(Chrysaora)* hat 24 Tentakel, die bei einer bestimmten Art 18 bis 20 m lang werden können. Rings um den Mittelpunkt ihrer weißen oder gelblichen Fußscheibe bilden sich bräunliche Ringe, von denen strahlenförmig ebenfalls bräunliche Ringe ausgehen. Eine weitere sehr bekannte Gattung bildet die Wurzelmundqualle *(Rhizostoma)*, die ihren Namen der Form ihrer Lippen verdankt. Es ist eine weißliche Kuppel mit purpurrotem Rand. Sie hat keine Tentakel, ist aber an ihren Lippen leicht zu erkennen. Einige Quallen leuchten, mit am intensivsten leuchtet die im Mittelmeer häufige Leuchtqualle *(Pelagia noctiluca)*.

Unterschiedliche Ernährungsweisen

Quallen schwimmen durch rhythmisches, langsames Schlagen ihrer Schirme oder Glocken. Es sieht so aus, als würde ein Schirm langsam geöffnet und wieder geschlossen. Diese Bewegung wird von einem einfachen Nervensystem und von Sinnesorganen gesteuert. Sie liegen am Glockenrand und reagieren

Wie alle Quallen verbringt auch die Ohrenqualle (Aurelia aurita) das Polypenstadium als kurze seßhafte Phase, hier an der Unterseite eines Felsens. Im Frühling bildet der Polyp Querrinnen aus, bis er aussieht wie ein Stapel Untertassen (Strobilisation).

auf Licht, Schwerkraft und Geruchsstoffe im Wasser. Quallen sind Fleischfresser; viele fangen Fische, Garnelen und andere Tiere mit ihren hängenden Tentakeln, lähmen sie mit ihren Nesselzellen und führen sie dann zum Mund. Als junges Tier fängt die Ohrenqualle Fische, wenn sie aber etwa 30 cm Durchmesser erreicht hat, ernährt sie sich ganz anders, nämlich von tierischem Plankton. Sie fängt diese Kleintiere mittels eines klebrigen Schleimes, mit dem ihr Körper überzogen ist, und treibt sie dann mit Wimpern an den Glockenrand. Dort sammeln sich Klümpchen, die von den vier langen Lippen aufgenommen werden. Weitere Wimpern fördern die Nahrung innerhalb von Wasserströmen in den Magenraum, von welchem ein strahlenförmiges System bewimperter Kanäle die Nährstoffe zu allen Körperteilen leitet. Die Wurzelmundqualle ernährt sich ähnlich wie ein Schwamm, indem sie

tierisches Plankton mittels bewimperter Kanäle — durch Tausende von Einzelmündern — in die stark differenzierten Mundlippen zieht. Es sind diese vielen Münder und Fühler auf den Lippen, die dieser Qualle das charakteristische blumenkohlartige Aussehen verleihen. Ein weiterer Planktonfresser ist die tropische Qualle *Cassiopeia*. Sie liegt mit dem Mund nach oben auf dem Grund flacher Meere, bewegt ihren Schirm leicht auf und ab und fängt mit ihren Lippen vorbeitreibendes Plankton. In ihren Mundlippen hat sie symbiontische Algen, die das einfallende Sonnenlicht nützen (s. auch Seeanemonen, Seite 18).

Ein Stapel Untertassen

Die gewöhnliche Ohrenqualle *(Aurelia)* ist unverwechselbar durch die vier nahezu ovalen, purpurn oder lila gefärbten Geschlechtsorgane, den Eierstöcken der Weibchen und

den Hoden der Männchen. Sie liegen in Taschen im Magenraum, scheinen aber durch die transparente Magenwand hindurch. Die Männchen schütten ihr Sperma ins Meer, es wird zu den Weibchen getragen, die es mit der Nahrung aufnehmen. Die Eier werden befruchtet und entwickeln sich eine Zeitlang in Taschen auf den Mundlippen. Sie werden dann gelegentlich als winzigkleine Planulalarven freigesetzt. Diese lassen sich auf Meerestang oder Steinen nieder und entwickeln sich zu kleinen Polypen, den Skyphopolypen, mit 16 Tentakeln. Von jedem Polypen schnüren sich zahlreiche Knospen ab, die wie Teller übereinander liegen (Strobilisation) und meist längere Zeit in Kontakt bleiben. Die Unterseite der obersten Strobola wird von der Mundscheibe des Polypen gebildet, die Tentakel des Polypen werden abgebaut, an ihre Stelle treten acht Randlappen. Je nach Art werden bis zu 30 Strobolae gebildet und gleichzeitig als Ephyralarven in das Wasser abgegeben. Diese wachsen dann zu den Quallen heran.

Ein solcher Formwandel ist für diese Quallen typisch, nur bei der Leuchtqualle *(Pelagia)* entwickeln die Eier sich unmittelbar zu Ephyralarven.

Seewespen

Echte Quallen leben alle im Meer. Strandet eine Qualle an der Meeresküste, schwindet sie unter den heißen Strahlen der Sonne bald dahin, und es zeichnet sich nur ein Fleck auf dem Sand ab. Der Körper der Quallen besteht zu fast 99 % aus einem Gel und enthält weniger als 5 % organische Masse. Und doch können Quallen äußerst giftig sein, wie jeder weiß, der einmal mit den langfädigen Tentakeln Bekanntschaft gemacht hat. Das Nesseln der Quallen kommt von den vielen Nesselzellen oder Nesselkapseln, die bei Berührung einen giftgefüllten Schlauch herausschnellen. Wie gefährlich das Gift ist, hängt stark ab von der Anzahl der ausgelösten Nesselkapseln und von der Art der Qualle. Besonders gefürchtet sind die kleinen Würfelquallen oder Seewespen *(Cubomedusae)*, von denen auch eine Art im Mittelmeer vorkommt. Aber auch die Haarquallen und die nicht zu den echten Quallen gehörende Portugiesische Galeere *(Physalia)* sind gefürchtet. Seewespen können so groß sein wie Weinbeeren, aber auch die Größe einer Birne erreichen. Sie haben vier Tentakel oder vier Gruppen von Tentakeln. Einige Arten scheinen — ähnlich wie Badende — ruhige, flache Gewässer der wärmeren Meere zu bevorzugen und sind besonders an den nördlichen Küsten Australiens, der Philippinen und Japans unangenehm.

Wenn viele Tentakel einen Schwimmer berühren, besteht die Gefahr, bewußtlos zu werden und zu ertrinken. Dieser Unfall ist glücklicherweise sehr selten. Abgesehen davon kommt es aber auch zu Todesfällen, wenn Opfer nicht rasch behandelt werden; sie können innerhalb einer Viertelstunde qualvoll sterben.

Stamm	**Cnidaria**
Klasse	**Scyphozoa**

Junge Feuerqualle (Cyanea). Der Riese unter den Quallen: manchmal bis etwa 2 m Durchmesser, mit bis zu 60 m langen Tentakeln.

Nicht etwa eine halbierte Banane, sondern Süßwasser-Plattwurm Dalyellia. 110fache nat. Größe. Diese Plattwürmer kriechen gewöhnlich auf einer Schleimspur.

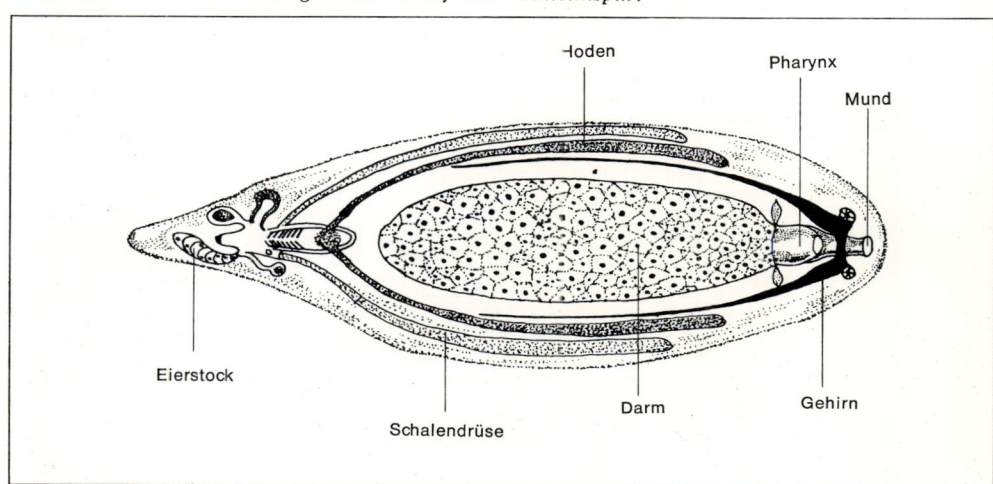

Leibesinneres eines primitiven Plattwurmes (nach von Graff). Das Nervensystem ist sehr einfach; ein solcher Plattwurm stirbt nicht, wenn er durch Verletzung sein Gehirn einbüßt.

Landplanarie auf Waldboden in Malaysia. Diese tropischen Arten werden sehr lang.

Plattwürmer

Für freilebende Plattwürmer interessieren sich die Wissenschaftler ganz besonders, weil sie an ihnen Bau und Leben niederer Tiere gut beobachten können. Es gibt drei Klassen von Plattwürmern: die freilebenden Strudelwürmer, die parasitisch lebenden Saugwürmer und die ebenfalls parasitischen Bandwürmer. Hier werden nur die freilebenden Strudelwürmer behandelt. Sie haben einen weichen Körper, sind nicht segmentiert und in der Regel abgeplattet flach. Die Planarien unserer Flüsse und Teiche sind die bekanntesten. Von mikroskopisch kleinen Arten bis zu außergewöhnlich großen, den über 30 cm langen Arten in den Böden tropischer Wälder, sind alle Größen vertreten.

Leben ohne Gehirn

Strudelwürmer leben hauptsächlich in Süß- oder Salzwasser. Die auf dem Land lebenden Arten sind auf feuchte Stellen beschränkt und ziehen tropische Gegenden vor; es gibt allerdings auch drei Arten, die in Buchenwäldern vorkommen, darunter *Rhynchodermus terrestris*: 1 bis 2,5 cm lang, dunkelschiefergrau, einer kleinen Wegschnecke ähnlich. Im Bodenlaub leben die viel kleineren *Geocentrophora*. Strudelwürmer bewegen sich auf zweierlei Art fort. Meist kriechen sie auf einer von der Unterseite ihres Körpers ausgeschiedenen Schleimspur, mit Hilfe von Wimpern. Gelegentlich kommen sie aber rascher voran, nämlich mit Hilfe ihrer Muskeln, raupenähnlich. Manche Süßwasserarten bewegen sich mit ihrem Saugorgan spannerartig auf Krustentieren oder Schnecken fort. Das Nervensystem ist sehr einfach und nicht genau bestimmbar. Es gibt vorn ein einfaches „Gehirn", dort befinden sich auch die Augen und, wenn überhaupt vorhanden, weitere Sinnesorgane. Das Gehirn ist in mancher Hinsicht verhältnismäßig unwichtig. So ernähren sich die Tiere auch dann fast normal, wenn das Gehirn durch eine Verletzung verlorengegangen ist. Nichtsdestoweniger reagieren Strudelwürmer eindeutig auf Licht, Schwerkraft, Strömungen im Wasser und chemische Reize, und gerade für diese Reaktionen hat sich die Wissenschaft interessiert, weil sie von einem so schwach entwickelten Nervensystem hervorgerufen werden. Plattwürmer sollen darüber hinaus sogar lernfähig sein, so unterscheiden sie z. B. bei bestimmten Versuchsanordnungen zwischen rechts und links. Sie haben auch die Auf-

merksamkeit erregt, weil man hoffte, durch bestimmte Versuche herauszufinden, ob das „Gedächtnis" auf chemischem Weg von einem Tier auf ein anderes übertragen werden kann. Wie wir später sehen werden, kann man einen Plattwurm in mehrere Stücke zerschneiden, und jedes Stück regeneriert sich zu einem neuen, kleinen Plattwurm. In einem Versuch hat man die Amerikanische Bachplanarie *(Dugesia dorotocephala)* „trainiert". Man hat sie dann zerschnitten, die Teile haben sich regeneriert, und man hat nun die einzelnen neuen Würmer daraufhin getestet, ob sie sich an das Training „erinnern". Die Wissenschaftler haben diese Frage bejaht. Wäre das wirklich so, dann könnte das Gedächtnis — im Gegensatz zu unserer bisherigen Annahme — eine vom Gehirn unabhängige chemische Grundlage haben. Bei anderen Planarienarten war dieser Versuch jedoch erfolglos.

Verteidigung aus zweiter Hand

Das Verdauungssystem hat nur eine Öffnung, den Mund, und die Form des Mundes dient dazu, die vier verschiedenen Ordnungen von Plattwürmern zu unterscheiden. Bei den primitiven Plattwürmern ist der Darm gerade und der Mund vorn am Körper. Bei den Planarien sitzt der mit einem herausstreckbaren Rüssel versehene Mund in der

27

Planarie, Dendrocoelum lacteum, *der mit einem herausstreckbaren Rüssel versehene Mund sitzt fest in der Körpermitte.*

Mitte des Körpers, und das Verdauungssystem hat drei Hauptzweige, die alle den Körper ausgedehnt durchziehen. Bei den marinen Polycladen hat der Darm viele Zweige, die vom Mund zum Hinterende des Tieres führen. Eine andere primitive Gruppe schließlich, die Acoela, haben einen einfachen Darm, der nicht einmal hohl ist. Die Verdauung erfolgt überwiegend in den Zellen der Darmwand.

Die Strudelwürmer sind Fleischfresser, sie leben von einer ganzen Reihe kleinerer Tiere. Viele Planarien fangen ihre Beute mit Hilfe klebriger Sekrete aus Drüsen in der Kopfregion. Wenn sich die Beute darin verfängt, stülpt die Planarie ihren Körper über sie. Sie streckt dann den Rüssel aus dem Mund und saugt kleine Partikel der Beute auf. Eine primitive Form (*Microstomum*) hat die bemerkenswerte Gewohnheit, sich von Hydren, einer Süßwasserverwandten der Seeanemonen, zu ernähren. Sie frißt Teile der Hydra, einschließlich der Nesselzellen, die in die Haut von *Microstomum* wandern und dort zur Verteidigung des neuen Besitzers dienen. Man nimmt an, daß *Microstomum* nur dann Hydren frißt, wenn es seine Bewaffnung ergänzen muß.

An den sandigen Küsten der Normandie und der Bretagne sind zwei Arten der primitiven Acoela so zahlreich, daß sie den Sand grün färben. Der Farbstoff kommt nicht von den Würmern selbst, sondern von

einzelligen Algen, die in ihren Geweben leben. Eine dieser Arten, *Convoluta roscoffensis,* bezieht als ausgereiftes Tier die gesamte Nahrung von diesen Pflanzenzellen, eine andere Art jedoch, *C. paradoxa,* nimmt genau wie die jungen Exemplare von *C. roscoffensis* auch feste Nahrung zu sich.

Kannibalismus ist bei Strudelwürmern üblich. Selbst *Convoluta* frißt Artgenossen, wenn die Tiere im Dunkeln gehalten werden. Andererseits werden sie selbst von nur wenigen anderen Tieren gefressen.

Wenn sie hungern, werden Plattwürmer immer kleiner, ihre inneren Organe schwinden in ganz bestimmter Reihenfolge: die Geschlechtsorgane zuerst und das Nervensystem zuletzt.

Regenerationsfähigkeit

Die Geschlechtsorgane der Strudelwürmer sind äußerst kompliziert gebaut. Jedes einzelne Exemplar hat gut entwickelte männliche und weibliche Geschlechtsorgane. Sie vermehren sich jedoch nicht immer geschlechtlich. Einige Frischwasserplanarien vermehren sich durch Teilung: Die vordere Hälfte entfernt sich, während der hintere Teil mittels klebriger Sekrete am Substrat fest angeheftet bleibt. Der Körper gibt längs einer bestimmten Bruchlinie nach. Die Hälften regenerieren sich alsdann wieder zu vollständigen Würmern. Auf diesem Wege vermehrt sich der amerikanische

Dugesia tigrina, und in einigen Lebensräumen gibt es offenbar überhaupt keine geschlechtliche Vermehrung. Bei einigen primitiven Formen bilden sich Ketten von Einzeltieren, jedes mit eigenem Gehirn und sonstigen Organen, später trennen sie sich. Weitere Strudelwürmer vermehren sich durch Teilung. Ein interessantes Beispiel liefert die große Landplanarie (*Bipalium kewense*), die 1878 in den Gewächshäusern im Botanischen Garten von Kew in London entdeckt wurde und auch anderswo gelegentlich in Gewächshäusern auftaucht. Sie ist auch in Gärten der Westindischen Inseln und Nordamerikas verbreitet, obwohl ihre Verwandten hauptsächlich in den Wäldern Südostasiens zu Hause sind. Sie kann bis etwa 30 cm lang werden und hat fünf dunkle Streifen auf hellerem Grund.

Strudelwürmer können Verletzungen sehr gut regenerieren. Sie waren die bevorzugten Versuchtiere bei der Erforschung dieses Gebietes, und die zoologischen Lehrbücher zeigen oftmals Bilder monströser Plattwürmer mit mehreren Köpfen oder mit je einem Kopf vorn und hinten. Bei einigen Arten können sich neue Einzeltiere aus weniger als einem Tausendstel der Körpermasse bilden.

Stamm	**Platelminthes**
Klasse	**Turbellaria**

Schnurwürmer

Der Name „Schnurwurm" kennzeichnet ganz treffend viele dieser langen, dünnen, oftmals abgeplatteten Tiere. Viele sind bunt gefärbt, besonders auf der Oberseite, mit verschiedenen Tönen von Orange, Rot, Grün oder Braun, oftmals mit kontrastierenden Streifen oder Bändern. Einige wenige Arten sind durchscheinend, und eine japanische Art leuchtet. Es gibt etwa 600 bekannte Arten — und wahrscheinlich sind es noch viel mehr, bisher noch nicht entdeckte —, die in ihrer Länge von ein paar Millimetern bis zu einigen Metern reichen. Etwa 50 m ist das Äußerste, die meisten Arten aber messen weniger als 20 cm. Kennzeichnend für alle Schnurwürmer ist ein langer, muskulöser Rüssel, der aus seiner die Körpermitte durchziehenden Scheide heraus auf die Beute geschnellt wird; dabei stülpt er sich um. Der Rüssel kann zweimal oder mehrmals so lang sein wie der Körper, er kann klebrig oder mit Dolchen bewaffnet sein. Bei der Gattung Gorgonorhynchus besteht er aus mehr als 32 Zweigen, und in ausgestrecktem Zustand sieht er aus wie ein Bündel sich krümmender Würmer. Am Vorderende des ungegliederten Körpers kann sich ein Lappen befinden, der mehrere Hundert Augen und andere Sinnesorgane trägt. Das Gehirn kann weiter hinten liegen. Die Öffnung, aus der der Rüssel auftaucht, ist genau an der Spitze des Körpers oder kurz dahinter, und zwar an der Unterseite. Der Verdauungskanal kann sich in der gleichen Öffnung befinden, meist befindet sich aber weiter hinten eine weitere Öffnung. Der Körper endet zuweilen in einem kurzen, schlanken Schwanz.

Schnurwürmer werden auch als Nemertinen bezeichnet.

Sie bevorzugen flache Meere

Die meisten Schnurwürmer leben im Meer, hauptsächlich an gemäßigten oder warmen Küsten unter Seetang, im Schlamm oder Sand. Einige Arten bewohnen schlammverfestigte Höhlen oder Röhren, während ein paar Arten in Gemeinschaft mit anderen Tieren leben, wie Carcinonemertes auf den Kiemen und Eigelegen von Krabben. In tiefem Wasser lebende Schnurwürmer sind gewöhnlich Schwimmer mit Seiten- oder Hinterflossen oder mehr gallertartige Formen, die sich treiben lassen. Es gibt einige Süßwasserarten, besonders auf der nördlichen Halbkugel, darunter die einheimische, 2 cm lange Stichostemma gracense, weiterhin eine Gattung bodenbewohnender Schnurwürmer, Geonemertes: an Küsten, unter Fels- und Holzblöcken oder in den Böden warmer Gegenden, Gebieten wie den Bermudas, Neuseeland, Australien und vielen Inseln im Pazifik.

Schnurwürmer gleiten normalerweise auf einer Schleimspur dahin, und zwar mittels der ihren Körper bedeckenden Wimpern; zuweilen bringen sie allerdings auch ihre Muskeln ins Spiel; selbst ihren Rüssel nutzen sie als Bewegungshilfe, indem sie ihn herausstrecken und sich daran vorwärts ziehen oder auch damit eingraben. Schnurwürmer fressen vorzugsweise nachts, hauptsächlich Ringelwürmer, Krebse, Weichtiere und Fische. Diese werden mit dem Rüssel gefangen, der herausgeschleudert und um sie herumgeschlungen wird. Die Beute wird entweder ganz verschlungen, oder wenn sie zu groß ist, werden ihre Eingeweide ausgesaugt. Längere Hungerzeiten werden von gefangenen Schnurwürmern in Kauf genommen.

Drei Larventypen

Es gibt zwar einige zwittrige Arten, besonders unter den Land- und Süßwasserformen, in der Regel sind die Tiere aber getrenntgeschlechtlich, und beide Geschlechter sehen gleich aus; das Männchen der schwimmenden Art Nectonemertes mirabilis allerdings unterscheidet sich vom Weibchen, denn es ist auf beiden Seiten mit einem Tentakel bewaffnet. Die Geschlechtsorgane liegen gewöhnlich in Reihen zu beiden Seiten des Körpers, jeweils mit eigener Ausfuhröffnung. Bei Carcinonemertes öffnen sie sich alle in das Hinterende des Darmes. Männchen und Weibchen können laichen, ohne einander zu berühren; oder ein Männchen kriecht über ein Weibchen und gibt seine Samenzellen ab; oder aber zwei oder mehr Würmer laichen zusammen innerhalb einer Schleimscheide. Die Befruchtung kann innerhalb oder außerhalb des Körpers erfolgen, die Eier können in Ketten oder in Gallertmassen abgelegt werden oder, wenn auch seltener, sich innerhalb des Muttertieres zu jungen Würmern entwickeln.

Einige Schnurwürmer verlassen ihre Eier als kleine Würmer, andere schlüpfen als bewimperte Pilidiumlarven; man bezeichnet sie gewöhnlich als Fechterhutlarven, weil sie aussehen wie die Pileus-Mützen altrömischer

Wer einen Stein umdreht, kann unerwartet Entdeckungen machen. Hier ein Schnurwurm der Art Lineus longissimus *an der Küste bei Ebbe.*

Sklaven. Die Pilidiumlarven schwimmen umher, ernähren sich von winzigen Pflanzen und Tieren, und irgendwann werfen sie die äußere Haut ab. Aus jeder einzelnen Larve geht dann ein Wurm hervor. Außer diesen verschiedenen Entwicklungsformen gibt es noch eine dritte: mittels der sogenannten Desorschen Larve. Das ist eine ovale, bewimperte Larve. Ihren Namen hat sie von E. Desor, der sie 1848 in den Eiern von *Lineus* beobachtete.

Einige Schnurwürmer vermehren sich ungeschlechtlich durch multiple Querteilung. Das Hinterende des Körpers teilt sich durch starke Muskelzusammenziehungen in 20 oder noch mehr Stücke auf, und aus jedem entwickelt sich ein neuer Wurm. Längere Bruchstücke können sich dabei nochmals in kürzere aufteilen, ehe sie sich regenerieren. Arten, die sich auf diesem Wege vermehren, sind zugleich diejenigen, die sich selbst aus winzigen Teilchen zu regenerieren vermögen, sofern diese Bauchmark enthalten.

Ein Topf voll Schnurwurm

Die Höchstlänge eines Schnurwurmes ist oben mit 50 m angegeben. Hier handelt es sich nicht etwa um einen Druckfehler! In einigen Büchern heißt es ein wenig zweiflerisch „mehrere Meter", dieser Skeptizismus ist aber nicht begründet. Professor McIntosh hat in einer Monographie über diese Würmer ein Riesenexemplar des in der Nordsee lebenden *Lineus longissimus* beschrieben; er hatte ihn im Jahre 1864 nach einem schweren Sturm bei St. Andrews gefunden. Der Wurm hat ein 12 cm hohes und 20 cm weites Gefäß halb ausgefüllt, und McIntosh konnte 27 m ausmessen, bevor der Wurm abriß. Augenscheinlich hörte er dann auf zu messen, doch „die Körpermasse war noch nicht zur Hälfte aufgewickelt". Wir werden nie erfahren, wie lang dieses Exemplar wirklich war; sicher ist aber, daß ein bestimmter Wurm in seiner Länge außerordentlich variabel ist, vielleicht kann er sich von mehreren Metern Länge auf einige Zentimeter zusammenziehen. Noch stärker schrumpfen können Schnurwürmer unter der Einwirkung von Alkohol. Dabei kann sich ein Teil des Körpers über den anderen hinwegstülpen. Man weiß von Exemplaren von *Lineus gesserensis*, die sich im Wasser völlig umgestülpt haben.

Stamm	**Nemertina**
Klasse	**Anopla**
Ordnung	**Palaeonemertina**
Ordnung	**Heteronemertina**
Familie	**Lineidae**
Gattung	*Lineus* *Gorgonorhynchus*
Klasse	**Enopla**
Ordnung	**Bdellonemertina**
Ordnung	**Hoplonemertina**
Familie	**Prosorochmidae**
Gattung	*Geonemertes*
Familie	**Emplectonematidae**
Gattung	*Carcinonemertes*

Tubulanus annulatus, *mit aufgewickeltem Körper, ein auffällig gezeichneter Schnurwurm.*

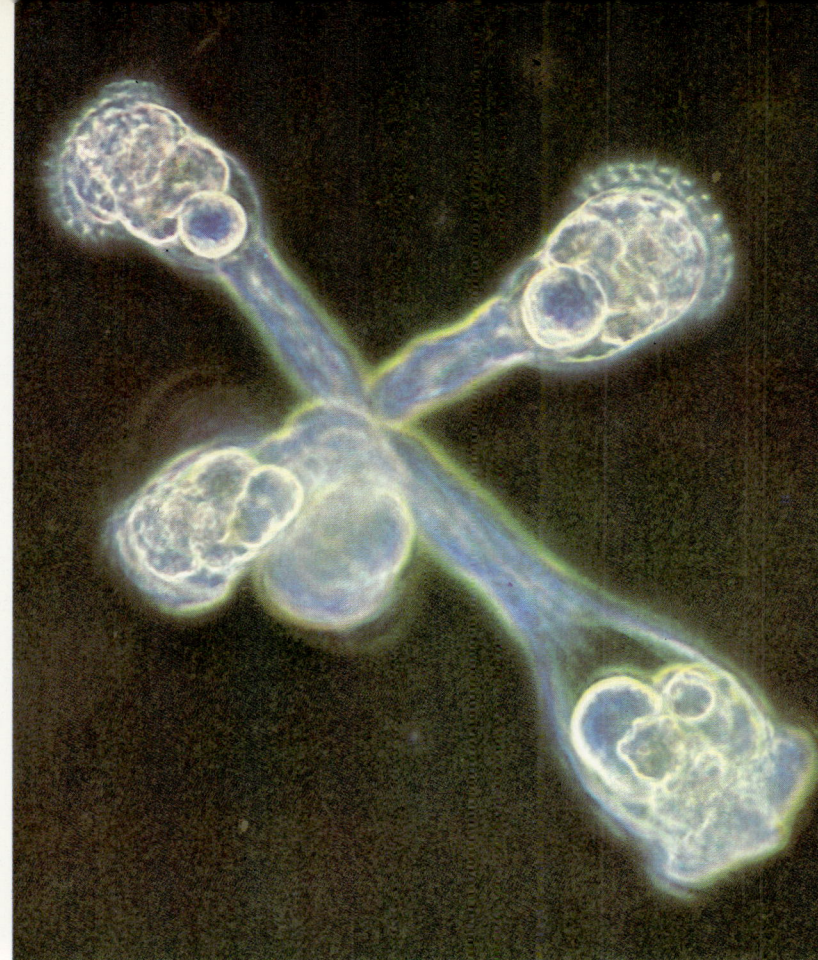

Rädertierchen

Rädertierchen waren lange Zeit bevorzugte Objekte der Mikroskopierer. Sie sind sehr zahlreich, aus fast jedem Teich leicht zu erhalten und von endloser Vielfalt. Unter den Süßwasserbewohnern gehören sie zu den am zahlreichsten vertretenen Gruppen. Im Meer leben nur wenige. Es gibt etwa 2000, meist weltweit verbreitete Arten. Ihre Größe reicht von 0,04 bis 2 mm, die meisten sind kleiner als 0,5 mm. Sie sind somit etwa so groß wie Protozoen und wurden einst mit ihnen verwechselt. Nichtsdestoweniger aber sind sie Vielzeller. Ungewöhnlich an ihnen ist, daß je nach Art jedes Einzelexemplar und hier wiederum jedes Organ aus einer ganz bestimmten Anzahl von Zellen besteht. Die ausgewachsenen Männchen von Epiphanes senta *z. B. bestehen aus 959 Zellen. Es gibt sogar ein parasitisches Rädertierchen, das mit all seinen winzigen Organsystemen innerhalb einer einzigen Protozoe lebt:* Proales latrunculus *existiert in einem Sonnentierchen* (Acanthocystis). *Rädertierchen haben ihren Namen von den Wimpern an ihrem Vorderende, die oftmals wie sich drehende Räder aussehen.*

Endlose Vielfalt

Länglich wie Würmer, abgeplattet, sackartig oder gekrümmt, symmetrisch oder gespalten, weichhäutig oder gepanzert — so verschieden können die Körper der Rädertierchen gebaut sein. Er wird gewöhnlich so unterteilt, wie man das gewohnt ist, also in Kopf, Leib und „Fuß", der in der Regel in vier „Zehen" endet. Der Körper ist von einer gelblichen Kutikula überzogen; sie ist oftmals geringelt, so daß der Körper dann aussieht, als sei er segmentiert. Die Kutikula kann verstärkt sein, besonders am Leib, und zwar durch einen oder mehrere harte, manchmal verzierte Panzer. Sie ist gewöhnlich durchsichtig, so daß man alle inneren Organe sehen kann. Der Bauplan des Körpers ist unendlich vielfältig: es gibt Arten mit stämmigen Leibern und Füßen, die den Stielen von Weingläsern ähneln, Arten mit langen, dünnen Körpern und noch längeren Füßen und eine gekrümmte Art ohne Füße (Trochosphaera). Der Leib kann verschiedenartige Fortsätze haben, darunter feste oder bewegliche Dornen, mittels welcher das Rädertierchen durch das Wasser hüpfen kann. Der Kopf trägt einen Mund, verschiedene, oftmals sinnesempfindliche Fortsätze, einzeln oder paarig stehende Augen, die wie rote Flecke aussehen, und schließlich die Wimpern des Räderorganes, das nach Form und Funktion stark wechseln kann.

Verschiedene Ernährungsweisen

Wenn wir sagen, Rädertierchen kämen vor allem im Süßwasser vor, dann einschließlich der Wasserfilme und Wassertropfen in der Oberschicht des Erdbodens und am `Moos der Mauern und Wände. Einige Arten wirbeln sich durch das Wasser mittels der Wimpern ihrer Räderorgane oder besonderer Anhängsel. Die Angehörigen der Ordnung *Digononta* sind typische Bodenbewohner und bewegen sich spannerartig wie Blutegel, indem sie abwechselnd Kopf und Zehen am Substrat anheften. Wiederum andere Rädertierchen setzen sich mit ihren oftmals verlängerten Füßen fest und umgeben sich mit Röhren oder Näpfchen von Sekreten. Die

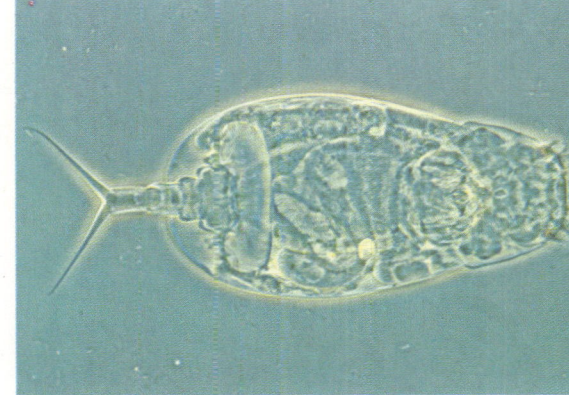

Rädertierchen der Ordnung Monogononta. 500fach vergr.

Floskularie *(Floscularia)* ist berühmt wegen ihrer Röhre aus säuberlich angeordneten kleinen Kügelchen. Diese entstehen dadurch, daß Partikel in einer besonders bewimperten Grube am Kopf des Tierchens verdichtet und dann außen an die Röhre angeklebt werden. Wenn man dem Wasser karminroten Farbstoff beifügt, erzeugt dieses Rädertierchen eine prächtig rote Röhre. Sie filtern Kleinlebewesen oder Partikelchen aus den durch die Ruderorgane erzeugten Wasserströmen, sie ergreifen oder fangen größere Beute. Sie besitzen eigenartiger-

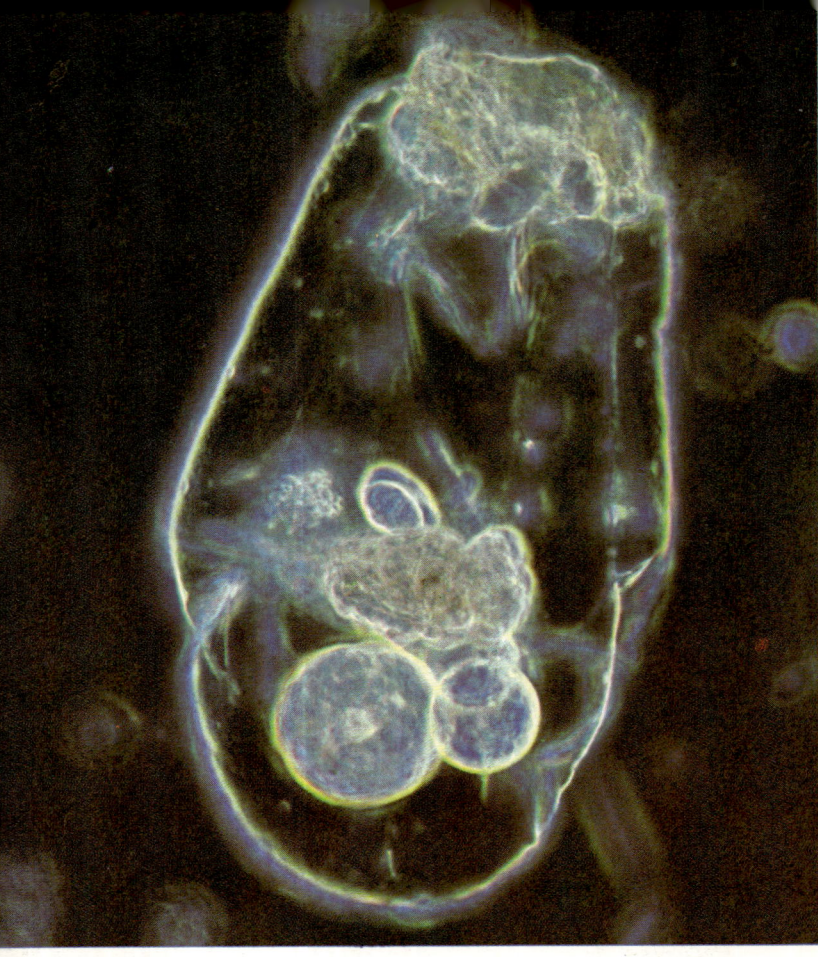
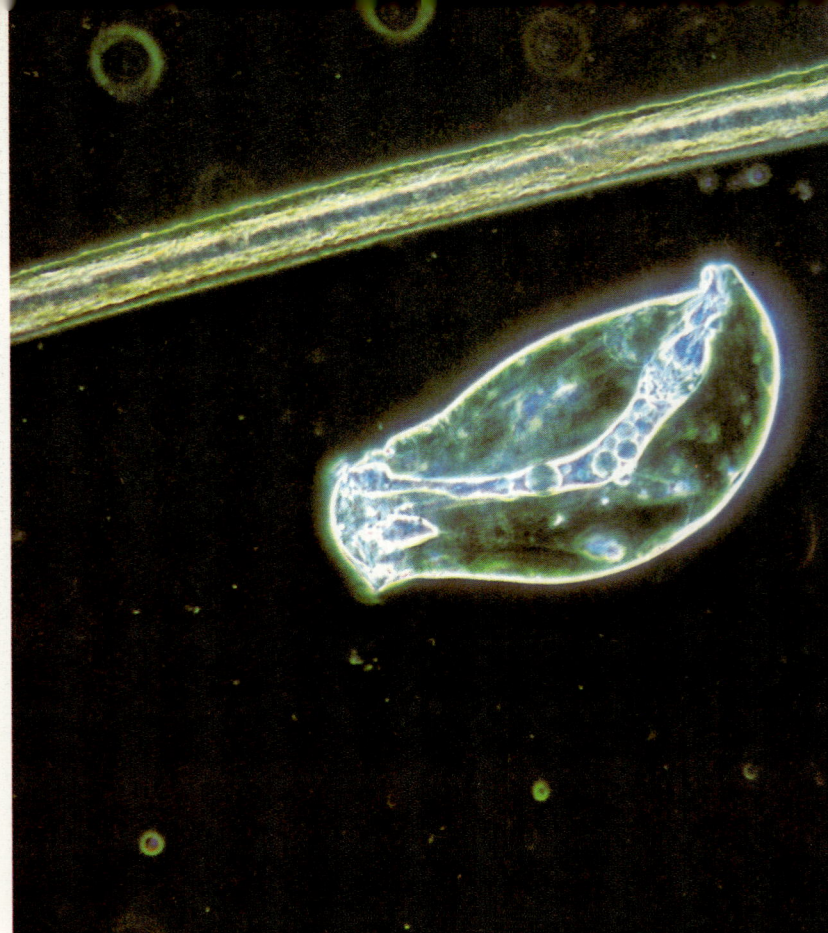

Asplanchna priodonta, *ein räuberisches Rädertierchen, das andere Rädertierchen, ganze
Kleinkrebse, aber auch koloniebildende Algen
verdauen kann. Das seltenere Männchen (rechts)
neben einem Menschenhaar, es ist viel kleiner
als das Weibchen (links). 625fach vergr.
Unten:* Fimbriatus stephanocerus *auf einer
Pflanze. 75fach vergr.*

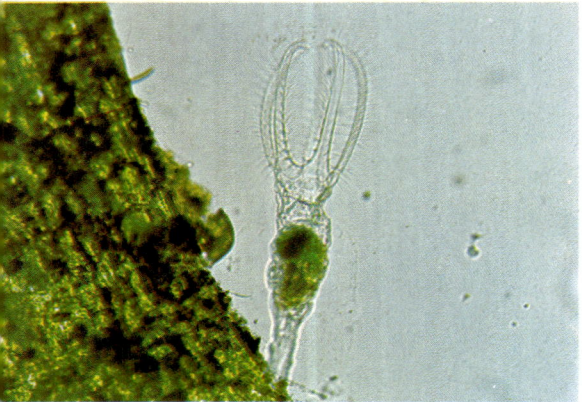

weise einen Kaumagen, genannt Mastax. Er
ist muskulös und mit mehreren zähen Abschnitten versehen, kann verschiedene Form
annehmen und zum Kauen, Saugen und
Ergreifen der Beute dienen. Zu den beute-
fangenden Räubern gehören Arten der Gattung *Collotheca*, die ihre Opfer mittels eines
weit aufgesperrten Trichters oben an ihrem
Körper fangen.

Geschlechtsreif geborene Männchen
Das bisher Gesagte gilt vor allem für die
Weibchen, denn die Männchen der meisten
Arten sind viel kleiner, vielleicht nur halb
oder ein Zehntel so groß wie die Weibchen.

Die geringe Größe der Männchen beruht
darauf, daß sie aus einem kleineren Ei hervorgehen und alsdann nicht wachsen. Sie
sind oftmals schon bei der Geburt geschlechtsreif, und es können große Mengen von Männchen in kurzer Zeit hervorgebracht werden.

Jedes Weibchen kann nur so viele Eier
erzeugen, wie es Keime in den Eierstöcken
hat — weniger als fünfzig, bei einigen Arten oftmals nur zehn. Die ovalen Eier werden auf dem Boden abgelegt oder am Körper der Mutter oder eines anderen Tieres
befestigt. Sie haben Schalen, in manchen
Fällen gallertige Hüllen oder dünne Membranen, mittels welcher sie sich treiben lassen. Bei einigen Arten haben die Eier keine
Schale, sondern entwickeln sich innerhalb
der Mutter.

Die Weibchen freischwimmender Arten
schlüpfen gewöhnlich voll entwickelt und
sind innerhalb weniger Tage geschlechtsreif.
Bei festsitzenden Arten schlüpfen die Weibchen jedoch als freischwimmende Jungtiere,
die sich dann irgendwann festsetzen und im
Hinblick auf ihre seßhafte Lebensweise er-
forderliche Wandlungen durchmachen.

Drei Typen von Eiern
Bei den meisten Rädertierchen werden drei
Arten von Eiern gelegt, allerdings nicht von
denselben Einzeltieren: dünnschalige Eier,
die nicht befruchtet zu werden brauchen
und aus denen Weibchen hervorgehen;
kleinere dünnschalige Eier, die befruchtet
werden können, anderenfalls jedoch Männchen hervorbringen; und dickschalige Eier,
die immer befruchtet werden und immer
Weibchen ergeben. Diese dickschaligen Eier
tragen oftmals Dornen, Borsten oder andere
Verzierungen. Während die beiden erstge-
nannten Typen innerhalb etwa eines Tages
schlüpfen, kann der letztgenannte monate-

lang ruhen und Trockenheit und niedrige
Temperaturen überleben. Wenn dann aus
den dickwandigen Eiern die Weibchen
schlüpfen, beginnen sie alsbald, Eier des ersten Typs zu legen, und die Population wird
durch aufeinanderfolgende Generationen
von Weibchen aufgebaut. Irgendwann erscheinen dann Weibchen, die Eier des zweiten, kleineren Typs legen. Diese sind not-
wendigerweise zunächst unbefruchtet und
ergeben Männchen. Zuletzt werden, um den
Zyklus zu schließen, wieder dickschalige,
dauerhafte, befruchtete Eier hervorgebracht,
und die Population stirbt vielleicht aus.

Die dickschaligen Dauereier sind natürlich dem Überleben der Art höchst dienlich,
aber die meisten Rädertierchen des Bodens
und der Moose gehören zu den *Digonodonta*, die diesen Typ nicht hervorbringen.
Die Digonodonten, die der Trockenheit besonders stark ausgesetzt sind, können jedoch
Trockenzeiten von bis zu vier Jahren überdauern; währenddem kann der Wind sie
verwehen und sie können neue Lebensräume erreicht haben.

In trockenem Zustand haben einige Rädertierchen Temperaturen bis zu 200 °C über
5 Minuten in einem Elektroofen und Kälte-
grade bis zu -272 °C überstanden. In Meeren
der Antarktis sind einige Arten zwangsläufig während der längsten Zeit des Jahres im
Eis eingefroren, sie nutzen dennoch die gelegentlich auftretenden wärmeren Perioden
von einigen Tagen oder Wochen. Im Gegensatz dazu verbringen einige *Digonodonta*
ihr Leben in heißen Quellen bei 46 °C.

Stamm	**Aschelminthes**
Klasse	**Rotatoria**
Ordnungen	**Digonodonta (Bdelloidea)** **Monogononta** **Seisonidea**

Moostierchen

Es gibt etwa 4000 lebende Moostierchenarten. Die meisten leben im Meer, einige wenige im Süßwasser. Im Meer bekleiden sie so gut wie alle festen Gegenstände, von den Oberflächen der Felsen und Meerespflanzen bis zu den Schiffsrümpfen und den Wracks auf dem Meeresgrunde. Trotzdem sind die Moostierchen den meisten Menschen nicht bekannt. In der Regel bilden sie Kolonien und überkrusten Muschelschalen und Seetang, einige bauen aber auch verzweigte oder fächerförmige, wie Stein- oder Lederkorallen aussehende Kolonien auf. Viele sind weiß oder hell gefärbt; diejenigen Arten, die Kiesel oder Wasserpflanzen überkrusten, sind gewöhnlich klein und schnurförmig, wenn sie auch zuweilen einen Felsen quadratmeterweise bedecken. Manche Moostierchen werden gern mit Seetang verwechselt, wie das Blättermoostierchen (Flustra). Man kann es oftmals am Strand sehen, wenn die Flut zurückgegangen ist, auch inmitten von Seetang längs der Flutlinie.

Moostierchen sind Kolonienbildner; jede Kolonie besteht aus einer Anzahl winziger Kammern, und in jeder lebt ein Zooid, eine Art Polyp. Kleine Kolonien bestehen aus Gruppen von Zooiden, große aus Hunderten oder gar Tausenden, manchmal kann eine einzige Kolonie sogar Millionen an Zooiden enthalten. Auf den ersten Blick gleichen Zooiden den Polypen von Korallen, abgesehen davon, daß sie kleiner sind; aber sie differieren beträchtlich im Körperbau, und eben deshalb nennt man sie Zooiden, um sie von den wahren Polypen zu unterscheiden. Jeder hat um den Mund herum einen Kranz von 8 bis 100 oder noch mehr bewimperter Tentakel, mit denen er die Nahrung, mikroskopisch kleine Pflanzen und Tiere, fängt. Der Körperbau der Zooiden ist sehr einfach, weil sie keine Atmungs- und Ausscheidungsorgane und auch keine Blutgefäße haben. Der Mund führt in ein einfaches, U-förmiges Darmrohr. Sie haben ein paar einfache Muskeln und Nerven. Der Zooid gliedert sich in den Tentakelteil (Polypid) und den Kammerteil (Cystid).

Von der Tiefsee bis zum Süßwasser

Die Gehäusewände einiger mariner Moostierchen sind längs der Seiten oder um die Öffnung herum mit längeren oder kürzeren Dornen verziert. Das Gehäuse selbst hat kaum mehr als 0,5 mm Durchmesser, es ist röhrenförmig, oval, quadratisch oder auch vasenförmig. Die Gehäusewände sind gewöhnlich chitinös, oftmals haben sie aber auch innen eine dicke Kalkschicht. An einem Ende eines jeden Gehäuses befindet sich eine Öffnung, durch die die Tentakel und der Vorderteil des Körpers herausgestreckt werden können. Bei einer Gruppe ist die

Süßwasser-Moostierchen Plumatella.
25fach vergr.

Pentapora foliacea. *Dieses zerbrechliche Moostierchen, etwa 7,5—10 cm Durchmesser, sieht aus wie eine Koralle. Die kleinen Krabben sind Porzellankrebse* (Porcellana longicornis).

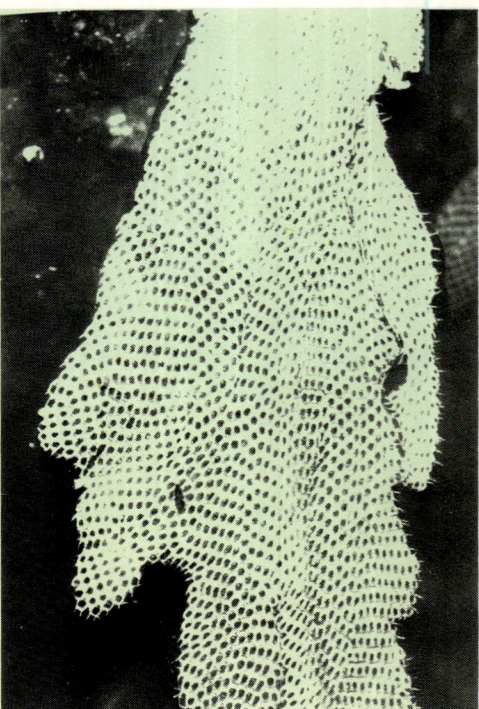

Seerinde (Membranipora membranacea). *Wird oft mit Meerestang verwechselt. 3fach vergr.*

Öffnung mit einem drehbaren, durch Muskeln betätigten Deckel versehen. Gewisse Unterschiede gibt es auch je nach Art und nach der Aufgabe, die das Einzeltier innerhalb der Kolonie zu erfüllen hat, ähnlich wie in einem Termitenstaat. Einige Zooiden sind stark zurückgebildet und bestehen nur noch aus ein paar Gewebesträhnen innerhalb des Kammerteiles. Diese zurückgebildeten Exemplare bilden die Stiele, Haltescheiben, Ausläufer oder Verzweigungen, oder sie befinden sich am Rand der Kolonie.

Moostierchen bevölkern Gewässer jeder Art, Salzwasser und Süßwasser, in warmen und kalten Zonen. Einige leben in großen Tiefen des Meeres, andere im Flachwasser oder an der Küste, und sie gehören zu den wichtigsten Organismen des Schiffsbewuchses. Nur wenige Arten bewohnen Süßwasser, wobei die meisten, etwa 50, zu einer Unterklasse gehören, bei der — mit Ausnahme einer Gattung — der Tentakelkranz hufeisenförmig ist. Diese Süßwasserformen verstopfen zuweilen Wasserleitungen, während einige von ihnen, wie *Pectinatella magnifica*, gelegentlich Gallertmassen bis zu 2 m Durchmesser bilden. Eine der gallertigen Formen, *Cristatella*, bewegt sich fort, indem sie langgestreckte Kolonien bildet, die auf ihren glatten Unterseiten an einem Tag bis zu einigen Zentimetern weit kriechen können. Andere Süßwasserarten bilden verzweigte oder buschige Kolonien.

Auf der Oberfläche der Kolonien einiger Arten sind Gebilde zu sehen ähnlich Vogelschnäbelchen, die ständig auf- und zuklappen. Diese „Avikularien" sind stark veränderte Einzeltiere, bei welchen der Deckel zum „Unterkiefer" geworden ist. Die Avikularien können fest oder beweglich sein, zuweilen kommen beide Typen in ein und derselben Kolonie vor. Diese Gebilde haben offenbar ganz ähnliche Aufgaben wie die kleinen Pedicellarien von Stachelhäutern — nämlich Kleinlebewesen, die an der Oberfläche dahintreiben, zu fangen, vor allem

aber zu verhindern, daß sich Larven anderer sessiler Tiere festsetzen. Den Avikularien verwandt und mit ähnlichen Aufgaben versehen sind die „Vibrakularien", bei welchen der Deckel in einen langen Stab verwandelt ist, der vorwärts und rückwärts über die Oberfläche hinwegfegt und sie sauberhält.

Brutpflege

Einige Moostierchen schütten ihre Eier unmittelbar in das Meer, die meisten aber treiben Brutpflege. Bei Süßwasserarten werden die Embryos in Brutbeuteln, die an die Gehäusewände der Eltern angeheftet sind, ernährt, bis sie später als Wimperlarven oder Primärzooide entlassen werden. Bei den marinen Arten ist die Brutpflege sehr unterschiedlich: sie kann innerhalb oder außerhalb der Elterntiere erfolgen. So können die Embryos außerhalb des Körpers in einer Brutkammer oder einer mützenartigen Blase aufbewahrt werden, oder innerhalb der Körperhöhle, sei es frei oder in Brutbeuteln. Oftmals zieht ein Einzeltier nur einen einzigen Embryo auf. Die Wimperlarven sind unterschiedlich gestaltet, einige haben zwei Wimpernkränze.

Die Süßwasserarten vermehren sich auch auf ungeschlechtlichem Wege. Sie erzeugen sogenannte Statoblasten, die sowohl Trokkenheit als auch extreme Temperaturen überleben können. Jeder Statoblast, kleiner als 1 mm, besteht aus einer Anzahl in einer chitinösen Schale eingeschlossener Zellen. Einige Arten sinken zu Boden, andere bleiben mit der Elternkolonie verbunden, wieder andere haben einen Kranz luftgefüllter Zellen, der als Schwimmgürtel dient. Noch andere Statoblasten verfügen über Reifen mit Haken, mit denen sie sich irgendwo anheften. Bei günstigen Bedingungen bildet sich aus den Zellen eines Statoblasten ein neuer Zooid, und so entsteht dann eine neue Kolonie.

Die Schalen der Statoblasten zerbrechen in zwei Teile und entlassen eine Masse

von Zellen. Diese Schalenhälften sind außerordentlich klein und lassen sich treiben. An den Küsten großer Seen in Michigan, USA, wurden Anschwemmungen von bis zu 1 qm mit Millionen von Statoblasten-Schalen festgestellt.

Warum Moostierchen nützlich sein können

Moostierchen sind verhältnismäßig unauffällig, und abgesehen davon daß sie Schiffsrümpfe bewachsen oder Wasserleitungen verstopfen, interessiert sich kaum jemand für sie — ausgenommen die Wissenschaft. Manchmal wird gefragt, warum es notwendig sei, soviel Zeit auf die Erforschung dieser Gruppe von Tieren zu verschwenden. Ein Vorfall aus dem Ersten Weltkrieg kann vielleicht zeigen, was an Unerwartetem passieren kann. Die Britische Kriegsmarine hatte ein Metallstück von einem gesunkenen U-Boot aufgefischt, und es war wichtig zu wissen, wie lange es auf dem Meeresboden gelegen hatte. Der einzig mögliche Schlüssel zur Aufklärung lag in den Entenmuscheln, Röhrenwürmern und vor allem Moostierchen, von denen es bewachsen war. Das Metallstück wurde einem Meeresbiologen übermittelt, der auf Grund seiner Kenntnisse der Moostierchen innerhalb weniger Tage sagen konnte, wie lange das Metall dort gelegen hatte. Dies Beispiel zeigt, welchen Maßstab man anlegen muß, um den praktischen Wert eines Forschungsgebietes abschätzen zu können: Man weiß nie im voraus, wann es nützlich sein kann.

Stamm	**Tentaculata**
Klasse	**Bryozoa**
Gattungen	*Bugula, Flustra, Membranipora, Cristatella, Fredericella, Pectinatella, Plumatella*

Brachiopoden

Brachiopoden leben im Meer, sie sehen wie Muscheln aus und wurden bis Mitte des vorigen Jahrh. zu den Mollusken gezählt. Sie werden höchstens etwa 8 cm lang, ausgestorbene Formen erreichten jedoch fast 30 cm. Ihre Schale wird aus zwei ungleichen, runden, ovalen oder dreieckigen Klappen gebildet. Bei manchen Arten bestehen sie aus Kalziumkarbonat, bei anderen aus Kalziumphosphat und Chitin. Die Klappen sind gewöhnlich dunkelgrau oder gelb, können aber auch rot oder orange sein. Brachiopoden sind Muscheln zwar ähnlich, trotzdem unterscheiden sich beide grundsätzlich. Bei den Muscheln sind die Schalen als rechte bzw. linke Schalen anzusehen, obwohl eine zuoberst liegt. Brachiopoden dagegen haben eine obere und eine untere Klappe, die man sinngemäß als Rücken- bzw. Bauchklappe ansehen kann.

Es gibt zwei Hauptgruppen: Bei den einen sind die Klappen mit einem Schloß verbunden, bei den anderen nicht. Am Schloßteil findet sich meist ein kurzer, fleischiger Stil, mit dem sich das Tier an einer Unterlage, wie Felsen oder Korallen, festsetzt. Eine Art jedoch gräbt sich damit im Schlamm ein. Der Stiel tritt entweder zwischen den Klappen oder aus einer Stielkerbe oder einem Stielloch hervor. Bei manchen Arten befindet sich das Stielloch am Ende eines schnabelförmigen Gebildes hinten an der unteren Klappe.

Der größere Teil des Körpers liegt im hinteren Drittel des Innenraumes, so daß zwischen den Klappen und dem „Mantel" Platz bleibt für die Lobophoren, das sind kompliziert gebaute Ernährungsorgane. Sie sind mit Wimpern bedeckt und bestehen aus aufgewickelten Armen; sie gleichen riesigen Schnurrbärten zu beiden Seiten des Mundes. Längs der Arme, nach denen die Tiere auch Armfüßer heißen, befinden sich Furchen und ein oder zwei Reihen Tentakel. Die Lobophoren können durch ein Gerüst aus Kalkstäben versteift sein.

Brachiopoden sind weltweit und in fast allen Meerestiefen verbreitet, vorzugsweise jedoch am Kontinentalschelf und an Felsküsten.

Lebende Filter

Die meisten Brachiopoden sind vom Larvenstadium ab festsitzend, können sich jedoch am Stiel auf- und abwärts und seitwärts bewegen. Bei ein paar Arten fehlt der Stiel, diese sitzen unmittelbar an den Felsen. Da Brachiopoden von winzigen Nahrungsteilchen, vor allem Diatomeen leben, brauchen sie sich nicht viel zu bewegen; die Wimpern der Lobophoren schlagen ständig und erzeugen einen Wasserstrom, so daß die Diatomeen hineingezogen werden. Verdauliche Partikel werden durch die Furchen zum Mund getrieben, unverdauliche Teile,

z. B. Sandkörnchen, mit dem austretenden Wasser wieder ausgeschieden. Wenn zuviel Treibsand den Innenraum verstopft, können manche Arten den Wasserstrom umkehren und den Sand ausspülen.

Brachiopoden als Schlammbohrer

Einige Brachiopoden der Gattung Zungenmuscheln (Lingula) haben einen Stiel, den sie verkürzen und verlängern und mit dem sie bohren können. Es gibt ein Dutzend solcher Arten im Indo-Pazifik, besonders um Japan, Australien und Neuseeland, in einigen Gegenden werden sie auch gegessen. Die 5 bis 25 cm tiefen Röhren im Schlamm haben oben eine schlitzartige, an die Gestalt der Brachiopoden angepaßte Öffnung. Die Zungenmuscheln liegen am oberen Rand der Röhre und filtern das Wasser wie andere Brachiopoden auch. Über die Klappenränder hinausreichende Borsten halten größere Schlamm- und Sandteilchen ab. Die Spitze des langen Stieles reicht bis zum Grund der Röhre. Wenn die Tiere gestört werden, zieht sich der Stiel zusammen, und sie verschwinden in der Tiefe der Röhre.

Einfacher Lebenslauf

Männchen und Weibchen unterscheiden sich nur wenig, einige Arten sind Zwitter. Die reichlich mit Dotter versehenen Eier und die Spermien werden durch die Nierenkanälchen ausgeschieden und ins Meer abgegeben, wo die Befruchtung stattfindet. Die befruchteten Eier entwickeln sich zu winzigen Larven, die einen Tag lang herumschwimmen, bevor sie sich am Meeresgrund festsetzen. Bei einigen Arten gleichen die Larven Miniatur-Brachiopoden mit Schalen und Stiel, der hinten im Innenraum aufgewickelt ist. Die Lobophoren der Larven sind einfach gebaut, sie dienen nicht zur Ernährung, sondern zum Schwimmen. Bei vielen Brachiopoden entwickeln sich die Larven im Innenraum, bei einigen in besonderen Taschen, bei anderen in den erweiterten Nierenkanälchen.

Lebende Fossilien

Man kennt nur knapp 300 lebende Brachiopodenarten, jedoch 30 000 fossile. In früheren Erdzeitaltern müssen sie so zahlreich gewesen sein wie heute die Muscheln, und in manchen Gebieten unserer Erde bestehen ganze Gesteinsschichten aus kaum etwas anderem als fossilen Brachiopoden. Die Brachiopoden hatten ihre Blütezeit im Ordovizium, vor 500 bis 440 Millionen Jahren. Die Zungenmuscheln gehören zu den ältesten, und sie haben sich durch die Erdzeitalter hindurch unverändert bis heute erhalten. Währenddem sind andere Tiergruppen gekommen und gegangen, sind aufgeblüht und ausgestorben, — die Zungenmuscheln aber haben sich gehalten. Ein Grund dafür ist ihre einfache Lebensweise, ein weiterer Grund ist, daß sie noch in fauligem Wasser leben können, in dem andere Tiere nicht mehr überleben. Sie haben somit wenig Nahrungskonkurrenten und sehr wenige Feinde.

Bei denjenigen Brachiopoden, die Herzmuscheln und anderen Muscheln ähneln, hat es mehr Veränderungen gegeben, vor allem ihre Schalen haben sich gewandelt, einige sind geriffelt oder konzentrisch gefaltet oder mit Dornen besetzt. Solche Wandlungen sind zwar nur äußerlich, haben je-

doch ihren Sinn. Brachiopoden sind besonders deshalb wichtig, weil sie den Geologen als Leitfossilien zur Bestimmung von Gesteinen dienen.

Geöffneter Brachiopode mit federartigen Lobophoren, die Sand und Nahrungsteilchen trennen.

Zungenmuscheln mit Befestigungsstielen.

Stamm	**Brachiopoda**
Klasse	**Articulata, Tentaculata**
Gattungen	*Lingula, Crania, Terebratulina, Terebratella*

Neopilina (Napfschaler)

Als sich im Jahre 1952 das dänische Forschungsschiff Galathea dem Ende seiner Kreuzfahrt im Pazifik näherte, wurde das Schleppnetz vor der Küste von Costa Rica aus einer Tiefe von 3599 m hochgezogen. Darin fanden sich zehn lebende, napfschneckenartige Tiere und drei leere Schalen. Sie gehörten zu einer neuen Art einer Mollusken-Gruppe, den Monoplacophora, von denen man glaubte, sie seien seit 350 Millionen Jahren ausgestorben. Die leeren Schalen waren alle napfförmig, dünn, zerbrechlich und halb durchsichtig und gelblich weiß gefärbt. Die größte war etwa 3,5 cm im Durchmesser und etwa 1 cm hoch. Die Spitze der Schale bildete einen Gipfel, dessen Apex nach einer Seite überkippte. Die Innenseite glänzte perlmuttern.

Der Körper der lebenden Neopilinen ähnelte auf den ersten Blick einer gewöhnlichen Napfschnecke. Sie hatten einen fleischigen Fuß wie eine Napfschnecke, wenn er auch etwas kleiner war; im übrigen war er an den Rändern bläulich und in der Mitte rosa. Zu beiden Seiten des Fußes fanden sich je eine Reihe von fünf Kiemen, der Mund saß inmitten eines am Vorderende gelegenen dreieckigen Fleischlappens.

Wo ist oben?

So etwas wie Neopilina hatte man vor der Mitte des 20. Jahrhunderts noch nicht gesehen, und da man das Tier aus der Tiefe des Ozeans heraufgeholt hatte, konnte man über seine Lebensweise nur Spekulationen anstellen. Der Magen war mit Strahlentierchen angefüllt, winzigen einzelligen Tieren mit wundervollen, kieselsauren Skeletten. Der Meeresboden, wo sie gelebt hatten, bestand aus dunklem, schlammigem Ton. Dr. Henning Lemche, der diese ersten Exemplare untersuchte, war der Ansicht, sie lägen normalerweise auf dem Tonboden, mit den Füßen nach oben, und sammelten die Strahlentierchen, die zu ihnen getrieben wurden. Yonge, der führende britische Meeresbiologe, war zwar auch der Meinung, der Fuß sei zu klein, als daß er ein Tier wie eine Napfschnecke über den weichen tonigen Boden tragen könne; er glaubte aber, daß sich das Tier „aufrecht" fortbewegt, dabei Nahrung vom Meeresboden aufnimmt und bei der Fortbewegung von den Kiemen unterstützt wird, die also nicht nur zum Atmen dienen. Unmittelbar hinter dem Mund befindet sich ein Paar fleischiger Tentakel, die vielleicht die Nahrungsaufnahme durch den Mund unterstützen könnten. Yonges Ansicht wird von einer weiteren Tatsache gestützt: Alle vier Exemplare, die man 1958 vor der Küste von Peru fing, hatten eine Schleimschicht am Fuß, als ob Neopilinen ähnlich Gartenschnecken auf eigener Schleimspur kriechen.

Fünf Arten wurden entdeckt

Die Entdeckung von Neopilina ist aus zwei Gründen wichtig. Zum einen sind innerhalb kurzer Zeit weitere Arten in anderen Teilen der Erde gefunden worden. Zum anderen wurden wissenschaftliche Voraussagen über die verwandtschaftlichen Beziehungen der Mollusken zu anderen Stämmen der Wirbellosen bestätigt. Seit dem Jahr 1850, als man die unvergeßliche Reise des Forschungsschiffes „Challenger" vorbereitete, hat man mit Schleppnetzen im Ozean gearbeitet; seitdem haben Dutzende von Forschungsschiffen die Ozeane mit Schleppnetzen durchstreift, dabei haben einige Schiffe bestimmte, engere Gebiete sehr intensiv, andere größere Gebiete stichprobenartig abgesucht. Jedoch schon sechs Jahre nachdem man Neopilina vor der Küste von Costa Rica entdeckt hatte, wurde vor der Küste von Peru aus 5700 m Tiefe eine weitere Art heraufgeholt, und im gleichen Jahr wurden noch zwei Arten vor Peru entdeckt. Vier Jahre später holte man eine ca. 1,5 cm lange Art mit vier Exemplaren aus rund 2500 m Tiefe vor der Küste von Kalifornien. 1967 schließlich wurde im Golf von Aden aus etwa 2700 bis 3500 m Tiefe ein einziges Exemplar einer weiteren Form gefangen, einer Unterart von *Neopilina galathea*. Aus diesen Zahlen darf man schließen, daß diese Tiere viel weiter verbreitet sind, als es durch die wenigen Funde belegt ist.

Das „missing link" ist gefunden

Man hat lange Zeit vermutet, die Vorfahren der Mollusken müßten irgendwelche Ringelwürmer gewesen sein, ähnlich den marinen Ringelwürmern, vielleicht Vielborster. Wenn wir beide Tiere nebeneinander legen, sehen sie sehr verschieden aus. Vergleichen wir darüber hinaus noch ihren Körperbau, ihre Anatomie, ergeben sich zwei markante Unterschiede. Würmer haben einen segmentierten Körper und sind bilateral (zweiseitig) symmetrisch: wenn wir also einen Ringelwurm längsteilen, haben wir zwei ungefähr gleiche Hälften. Eine Molluske ist im Gegensatz dazu nicht segmentiert, und ihr Körper ist nicht oder nur andeutungsweise bilateral symmetrisch. Statt dessen ist er gedreht, und das gilt besonders für die inneren Organe. Alles in allem genommen scheinen also Ringelwürmer und Mollusken sehr verschiedene Tiere zu sein, und doch gibt es einige Übereinstimmungen, die eine Verwandtschaft vermuten lassen. Wenn Ringelwürmer und Mollusken miteinander verwandt sind, wenn sie einen gemeinsamen Vorfahren haben, dann müßte es eine Molluske mit bilateral symmetrischem Körper gewesen sein, mit Kiemenpaaren und einer Schale wie eine Napfschnecke. Die Wissenschaftler machten sogar Zeichnungen, wie diese noch unbekannte Molluske eigentlich hätte aussehen müssen. Neopilina hat nun eine Schale, ist bilateral symmetrisch, hat Kiemen, Nieren, und die Muskeln sind in zwei Reihen angeordnet, ähnlich wie bei den Ringelwürmern.

Stamm	**Mollusca**
Klasse	**Monoplacophora**
Ordnung	**Tryblidioidea**
Familie	**Neopilinidae**
Gattung und Arten	*Galathea adanensis* *Neopilina adanensis* *N. ewingi* *N. galathea* *N. valeronis*, u. a.

Neopilina galathea. *Die Spitze der Schale bildet einen Gipfel, der etwas übersteht.*

Schemazeichnung der Unterseite von Neopilina galathea.

Von unten gesehen: Der fleischige Fuß ist kleiner als der Fuß der Napfschnecken.

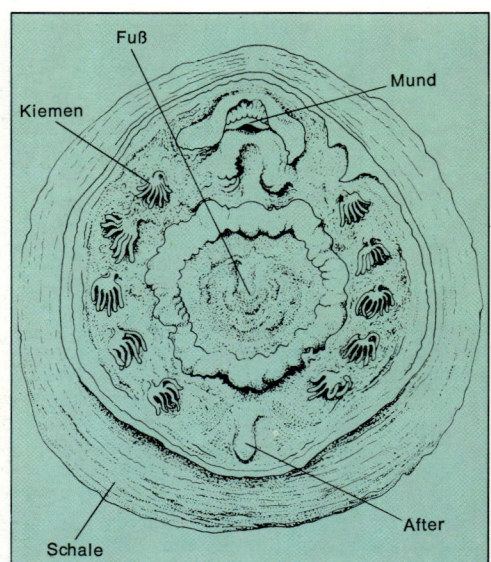

Fuß

Mund

Kiemen

Schale

After

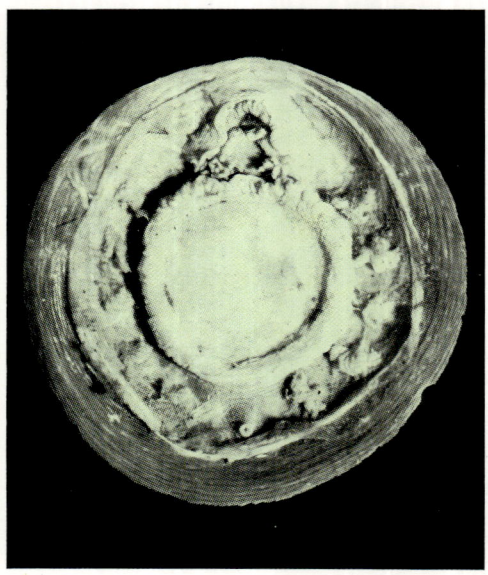

Seeohren

Eine Gattung Meeresschnecken, die mit den Napfschnecken verwandt sind. Ihr Körper besteht in der Hauptsache aus einem muskulösen Fuß; an dem einen Ende trägt er einen Kopf, mit einem Paar Augen und Tentakeln. Der Körper ist ebenfalls mit Tentakeln umsäumt. Das Tier nimmt ständig Wasser auf, führt es über seine Kiemen, um Sauerstoff zu entnehmen, und stößt es über eine Reihe von Löchern, die sich auf der Höhe der Schale befinden, wieder aus. In dem vorn nachwachsenden Teil der Schale bilden sich neue Löcher, während die alten sich weitgehend schließen, so daß immer nur ein paar der Löcher offen sind, während die übrigen als eine Reihe von Vertiefungen erhalten bleiben, durch die die Tentakel hindurchtreten.

Einige Arten der Seeohren gehören zu den größten Schalentieren: ihre Größe reicht von etwa 2,5 cm bis zum etwa 30 cm messenden kalifornischen Roten Seeohr (Haliotis rufescens).

Verbreitung, Lebensraum und Verhalten

Seeohren kommen in vielen Teilen der Erde vor: längs der Küsten des Mittelmeeres — hier das bis 8 cm lange Mittelmeerseeohr —, an den Küsten Afrikas, Australiens, Neuseelands, der Inseln des Stillen Ozeans und an der Westküste von Nordamerika. Im Atlantik lebt nördlich bis St. Malo und den Kanalinseln das Europäische Seeohr. Eine Form kommt in Tiefen bis 400 m vor. Die anderen Arten leben zwischen der äußersten Niedrigwassermarke und einer Tiefe von etwa 20 m an felsigen Küsten, wo kein Sand die Kiemen verstopfen kann, oder in felsigen Tümpeln, soweit sie ausreichend tief sind und die Sonne das Wasser nicht zu schnell erwärmt. Die zweite Ausnahme ist das Schwarze Seeohr, das in der Spritzwasserzone lebt.

Im Unterschied zu ihren Verwandten, den Napfschnecken, haben die Seeohren keinen festen Standort, keinen Stammplatz auf einem Felsen, zu dem sie nach der Nahrungssuche immer wieder zurückkehren. Sie verbergen sich in kleinen Höhlen oder unter Felsen, meiden das Licht und kommen nachts zum Vorschein. Wird ein Seeohr gestört, klammert es sich mit seinem Saugnapf am Felsen fest; die beiden Hauptmuskeln entwickeln dabei eine beträchtliche Kraft: bis zu 180 kg bei 10 cm großen Exemplaren. Ebenfalls im Unterschied zu den Napfschnecken bedeckt die Schale bei den Seeohren nicht den ganzen Körper; der Rand des Fußes mit seinem Tentakelkranz bleibt frei.

Seeohren haben die gleiche Fortbewegungsweise wie andere Schnecken. Muskelkontraktionen pflanzen sich wellenförmig über den Körper hinweg fort und schieben ihn so schrittweise nach vorn. Sie scheiden dabei einen klebrigen Schleim aus. Eines unterscheidet sie dabei jedoch von anderen Schnecken: Sie haben eine Art „zweifüßiger" Fortbewegung: während sich die eine Seite des Fußes bewegt, bleibt die andere angeheftet, so daß eine zweiseitig wechselnde Wellenbewegung entsteht. Sie erreichen

Seeohr mit dem Fußrand und Saum von Tentakel, die nach Meerestangen suchen.

Links: Die Innenseite des Seeohres ist mit dem in der Schmuckindustrie verwendeten Perlmutter ausgekleidet. Rechts: Ein schwarzes Seeohr, ohne Algenbewuchs wie er für die meisten anderen Arten typisch ist.

Einer der Hauptfeinde des Seeohres ist der Seestern. Mit seinen Hunderten von Saugfüßchen versucht er, das Seeohr von seinem Felsen abzureißen. Der Seestern stülpt dann seinen Magen über die Weichteile des Seeohres, die er so frißt.

Oben: Seeohren atmen durch die Löcher auf der Rundung der Schale. Hier ein Schwarzes Seeohr (Haliotis cracherodi). — Unten: Die auffallenden Zähne einer Radula, der Zunge der Seeohren. 1450fach vergrößert.

Auf dem Weg über die freischwimmenden Larven können sich die seßhaften Seeohren verbreiten; die Larven sind jedoch vielen Gefahren ausgesetzt, sie werden zu Millionen aufgefressen, etwa von Fischen wie Sardellen und Heringen, die von Plankton leben.

Feinde ringsum

Aber auch die erwachsenen Seeohren haben mehrere Feinde. Fische, Seevögel, Meeresvögel, Seeottern und Seesterne fressen Seeohren oder knabbern sie an. Ihr einziger Schutz besteht in ihrer Fähigkeit, sich an Felsen anzuklammern, und in der Tarnung durch Fuß und Schale. Diese Tarnung wird durch Bewuchs, der sich auf den Schalen ansiedelt, noch verstärkt. Auch hat man festgestellt, daß sich die Schale junger Seeohren rot färbt, wenn sie sich von Rotalgen ernähren.

Andererseits werden Seeohren verletzlicher, wenn Bohrschwämme (Cliona lobata) Löcher in ihre Schalen bohren; sie sind dann für Raubtiere leichter zu erbeuten. An den Kanalinseln hat man bei Stichproben festgestellt, daß 95 % der Seeohren von Bohrschwämmen befallen waren.

Zuweilen trifft man in Seeohren auf schwarze Perlen. Genau wie die echten Perlen der Perlmuschel werden sie von den Tieren selbst auf einen Reiz hin gebildet, von einer winzigen parasitischen Muschel, Pholadidea parva, verursacht, die die Schale der Seeohren durchbohrt und in ihr Gewebe eindringt.

Delikatesse und Schmuckstück

Die Schale der Seeohren ist sehr beliebt, obwohl sie eine rauhe Oberfläche hat und dunkel aussieht; aber wenn man sie reinigt, kommt ihr Glanz zum Vorschein. Dieser Glanz und die beachtliche Größe der Schale machen das Seeohr bei den Schalensammlern beliebt. Es werden auch Schmuckstücke aus ihnen hergestellt. Der Körper selbst ist als Nahrungsmittel geschätzt. Der große Fuß wird weichgeklopft, in Streifen geschnitten und dann gebraten.

Die Beliebtheit der Seeohren und die Leichtigkeit, mit der sie gesammelt werden können, haben dazu geführt, daß ihre Bestände stark gefährdet sind. In Europa sind sie auf den Kanalinseln fast ausgerottet, auch im Mittelmeer, wo ihnen Tourismus und Sporttaucher gefährlich werden, sind sie selten geworden. Da sich Seeohren erst vom sechsten Lebensjahr an und bei einer Länge von etwa 10 cm vermehren, müssen sie eine Mindestgröße erreicht haben, ehe man sie sammeln darf: beim gewöhnlichen Roten Seeohr sind das etwa 18 cm, was einem Alter von zwölf Jahren entspricht.

dabei eine für ein Schalentier hohe Geschwindigkeit: man hat 1,50 bis an 2 m je Minute gemessen. Allerdings kann kein Seeohr diese Strecke auf einmal bewältigen.

Vielzähnige Zunge als Freßwerkzeug

Seeohren sind Pflanzenfresser. Sie kriechen über die Felsen und weiden Meerestang ab, den sie mit ihren Tentakeln finden. Ihre bevorzugte Nahrung sind die wohlschmeckenden Rotalgen und grünen Meerespflanzen; sie weiden auch den Bewuchs von Kelpbruchstücken ab, die die Meereswogen abgerissen haben.

Die Nahrung wird abgeweidet und von der Radula, einer aus vielen kleinen, chitinösen Zähnen bestehenden Zunge, zerraspelt.

Sie legen 100 000 Eier

Viele Schnecken sind zwittrig, nicht aber die Seeohren. Gewöhnlich werden sie mit sechs Jahren geschlechtsreif. Die Spermien und Eier werden unmittelbar in großer Zahl ins Meer abgegeben. Das Weibchen gibt 100 000 oder noch mehr Eier ab, und wenn das Männchen seine Spermien entläßt, sieht das Meer im Umkreis von etwa 1 m milchig aus. Das Weibchen gibt seine Eier allerdings erst dann ab, wenn es sich innerhalb einer Spermienwolke befindet und auf diese Weise stimuliert wird.

Die befruchteten Eier sind von einer Gallerthülle umgeben und treiben im Meer, bis einige Stunden später winzige Trochophora-Larven schlüpfen. Diese Trochophoren sind kreiselförmig und schwimmen mittels Wimperbändern, mit denen die Larven an der dicksten Stelle besetzt sind. Innerhalb eines Tages entwickeln sich die Trochophoren zu Miniaturausgaben des erwachsenen Tieres: sie besitzen Schalen, allerdings auch noch das Wimperband. Nach zwei Tagen verlieren sie das Wimperband, sinken herab auf den Boden des Meeres und entwickeln sich im Verlauf einiger Wochen zu Erwachsenen.

Stamm	Mollusca
Klasse	Gastropoda
Unterklasse	Streptoneura
Ordnung	Diotocardia
Gattung und Arten	Haliotis rufescens, Rotes Seeohr; H. tuberculata, Gewöhnliches Seeohr; H. lamellosa, Mittelmeer-Seeohr, u. a.

Kegelschnecken

Es gibt 500 bis 600 Arten Kegelschnecken — das sind Meeresschnecken, die ihren Namen der Form ihrer Gehäuse verdanken. Das Gehäuse besteht, genau wie bei gewöhnlichen Schnecken, aus einer um eine Spindel herumgewundenen Röhre. Bei den Kegelschnecken ist die Röhre abgeflacht, so daß sie ein langes, spitz zulaufendes Gehäuse bildet. Die Kegelform wird von der großen, äußersten Windung gebildet; seitlich ist eine enge, schlitzartige Öffnung, die bis zur Spitze des Kegels reicht. Die Grundfläche dieses Kegels wird von den dünnen, manchmal beinahe platten, Außenrändern der inneren Windungen gebildet. Die Oberfläche des Gehäuses ist in der Regel glatt, mit einem Muster aus rundlichen oder zugespitzten braunen Flecken auf weißem Grund.

Kegelschnecken können etwas über 20 cm lang werden, die meisten sind aber wesentlich kleiner. Der Fuß besitzt eine kleine, schmale Fortsetzung, einen hornigen Deckel (Operculum), der die Öffnung des Gehäuses verschließt, wenn sich sein

Besitzer in das Innere zurückgezogen hat. Streckt sich die Schnecke aus, treten vorn am Körper ein Paar Fühler und ein langer Sipho hervor. Wimpernschläge strudeln Wasser durch den Sipho und über die Kiemen in die Leibeshöhle im Gehäuse.

Lebensweise

Kegelschnecken sind in tropischen und subtropischen Gewässern verbreitet, vor allem im westlichen Atlantik, rings um die Philippinen und im Malayischen Archipel, im Indischen Ozean bis Ostafrika, im Roten Meer und im Mittelmeer. Sie leben im flachen Wasser bis in Tiefen von etwa 100 m. Einige Arten leben in Korallenriffen, andere im Sand oder Schutt. Sie sind hauptsächlich nachts aktiv, dann kommen sie heraus und gehen auf Nahrungssuche, nachdem sie tagsüber in Höhlen oder unter Steinen gelegen haben; andere vergraben sich tagsüber im Sand, so daß nur der Sipho herausragt.

Jäger mit giftiger Harpune

Die meisten Kegelschnecken sind Fleischfresser, sie leben von Würmern, anderen Weichtieren oder selbst Fischen, wie Schleimfischen oder Grundeln. Jede Art bevorzugt bestimmte Beutetiere, die sie zunächst lähmt und dann ganz verschlingt. Einige Arten,

darunter der Mittelmeerkegel, benutzen zum Fangen nur ihren Rüssel, der sich über das Opfer stülpt. Andere benutzen zum Fang der Beute einen Rüssel, der mit langen Giftzähnen bewaffnet ist. Diese Zähne entsprechen der Raspelzunge (Radula) anderer Schnecken, wie der Seeohren (s. Seite 38). Die meisten Schnecken haben viele kleine Zähne, die eine Feile bilden, mit der sie Nahrungsteilchen abknabbern; die Kegelschnecken jedoch haben nur wenige Zähne, von denen jeder etwa 12 mm mißt. Jeder Zahn ist eine lange, mit Widerhaken versehene, hohle Harpune an einem beweglichen Stab und durch einen Gang mit einer Giftdrüse verbunden. Das zähflüssige, milchigweiße Gift wird durch Muskelbewegungen aus der Drüse herausgedrückt.

Kegelschnecken nehmen Geruchsstoffe wahr, die von ihren Beutetieren ausgeschieden werden, und zwar mittels eines Organes (Osphratidium), mit dem sie das durch den Sipho einströmende Wasser abriechen.

Kegelschnecken folgen der Spur ihrer Beute, wenn sie ein sich ebenfalls langsam fortbewegendes Tier ist, wie ein Wurm oder eine Schnecke — oder aber sie legen sich auf die Lauer. Wenn es soweit ist, greift die Kegelschnecke mit außerordentlicher Fertigkeit an. Der Rüssel wird aus der Scheide gestreckt, in der Schwebe gehalten und dann blitzschnell auf die Beute niedergebracht. Im

Marmorkegel, Conus marmoreus, ein weitverbreiteter Bewohner von Korallenriffs des Indischen Ozeans, wird bis 10 cm lang. Er lebt von anderen Kegelschnecken.

Der Streifenkegel, Conus striatus, benutzt seine giftigen Zähne als Miniaturharpunen, um kleine Fische, wie Schleimfische und Grundeln, zu töten.

Netzkegel, Conus textile, *eine Kegelschnecke tropischer Meere. Diese Schnecken sind Fleischfresser. Ihre Beute töten sie mittels der Zähne ihrer Radula, die mit Giftdrüsen verbunden sind.*

Noch ein Netzkegel (Conus textile). *Ein Vergleich beider Exemplare (links und rechts) zeigt, wie das Muster selbst bei Individuen derselben Art wechseln kann.*

selben Augenblick wird ein einziger Zahn hervorgestreckt und in den Körper des Opfers gestoßen. Sekunden später ist es gelähmt, und die Kegelschnecke kann es in aller Ruhe verzehren. Der Mund am Grund des Rüssels weitet sich und umschließt den Körper des Opfers, schnelle Muskelkontraktionen drängen es mit Hilfe eines Schleimsekretes in den Vorderdarm.

Der zum Beutefang verwendete Zahn bricht in der Regel ab, und für das nächste Opfer wird ein neuer Zahn hervorgestreckt. Das Gift ähnelt dem Kurare (dem berühmten Pfeilgift amerikanischer Indianer) und lähmt die Muskeln des Opfers. Wenn es sich um ein anderes Weichtier handelt, verliert es durch die Lähmung den Halt an seinem Gehäuse, und die Kegelschnecke kann es herausziehen.

Fortpflanzung

Die Eier werden in vasenförmige Kapseln aus pergamentartigem Material gelegt. Die Kapseln werden dann reihen- oder gruppenweise an Korallen oder Felsen angeheftet. Der Schlupf erfolgt nach ca. 10 Tagen.

„Ruhm des Meeres"

Ihre Schönheit hat dazu geführt, daß man Kegelschnecken ähnlich wie Kaurimuscheln als Geld verwendet hat. Rembrandt war von der marmorierten Kegelschnecke, *Conus marmoreus,* so beeindruckt, daß er sie

1650 in seiner Radierung „Das kleine Horn" darstellte. Sorgfältig wie immer brachte er die Signatur spiegelverkehrt an; er unterließ diese Technik jedoch bei der Schnecke, die sich deshalb im Abdruck in falscher Richtung dreht.

Auch Sammler haben die Gehäuse sehr geschätzt. Als kostbarstes Gehäuse galt das der seltenen *Conus gloriamarus* („Gloria Maris" = „Ruhm des Meeres"). Ihr Gehäuse zeigt ein zartes netzartiges Muster in Braunrosa auf hellem Grund. Aber nicht seine Schönheit — seine Seltenheit war es, die einen amerikanischen Sammler dazu verführte, 2000 Dollar für ein Exemplar zu zahlen. Weitere Exemplare wechselten ihren Besitzer regelmäßig für einige hundert Dollar. Der erste Nachweis von *Conus gloriamarus* findet sich in einem Katalog von 1757, als vom Zoologischen Museum von Kopenhagen ein Exemplar verkauft wurde. Später fand man noch ein paar weitere Exemplare. Aber gegen Ende des 19. Jahrhunderts nahmen einige Fachleute an, die Art sei ausgestorben, weil der einzige bekannte Fundort, ein Riff, zerstört war. In Wirklichkeit hatte man auch anderswo Exemplare gefunden, aber es hat viele Jahre gedauert, bis erstmals 1957 ein Exemplar und dann bis 1966 insgesamt über 50 gefunden wurden.

Die giftigen Zähne, mit welchen die Kegelschnecken ihre Beute lähmen, sind für

den Sammler sehr gefährlich, so daß er mit lebenden Tieren äußerst vorsichtig umgehen muß. Einige Arten, wie *C. mediterraneus,* sind zu winzig, als daß sie Sorgen bereiten könnten, der Stich anderer Arten dürfte nicht gefährlicher sein als der Stich einer Biene. Der Stich wiederum anderer Arten kann schmerzhaft, ja sogar lebensgefährlich sein; der Tod tritt in vier oder fünf Stunden ein. Eine Übersicht gibt an, daß 20 % aller von manchen Arten gestochenen Personen gestorben sind; das ist mehr als bei Kobra oder Klapperschlange. Die Kegelschnecke sticht sehr schnell, und es kann vorkommen, daß das Opfer den Angriff zunächst nicht bemerkt. Später treten Schmerzen, Benommenheit, Sehstörungen und Atembeschwerden auf. Ein von der Landkarten-Kegelschnecke (*C. geographus*) gestochener japanischer Sammler konnte noch etwa 1,5 km gehen, bis er zusammenbrach und dann an Herz- und Atemversagen starb. Auch *C. gloriamarus* und viele andere Arten sind sehr giftig.

Stamm	**Mollusca**
Klasse	**Gastropoda**
Unterklasse	**Streptoneura**
Ordnung	**Neogastropoda**
Familie	**Conidae**
Gattung	*Conus*

Achatschnecke oder Riesenschnecke

Die Achatschnecke (Achatina fulica) — in vielen Teilen der Erde eine Plage — ist eine große, in Ostafrika beheimatete Landschnecke. Zusammen mit ihrem punktierten Gehäuse wiegt sie bei einer Länge von 12 bis 20 cm etwa 200 g. Diese Art verdient den Beinamen Riesenschnecke, weil sie allbekannt, weitverbreitet und wirtschaftlich wichtig ist, obwohl es in vielen warmen Ländern noch andere große Landschnecken gibt. Die Tatsache, daß es sogar noch größere marine Arten gibt, wollen wir hier außer acht lassen.

In der Dämmerung auf Nahrungssuche

Die Riesenschnecke geht hauptsächlich nachts oder in der Dämmerung auf Nahrungssuche und kehrt danach zu ihrem Ruheplatz zurück. Bei regnerischem, trübem Wetter kommt sie jedoch auch tagsüber heraus. Nur bei ausreichender Feuchtigkeit und Temperaturen von mindestens 24 °C kann sie ununterbrochen aktiv sein. Bei Trocken- oder Kälteperioden bleibt sie inaktiv: dann verkriecht sie sich in einen hohlen Baumstamm oder unter einen Felsen, zieht sich in ihre Schale zurück und verschließt die Schalenöffnung mit einer Membran. Dieser Zustand wird als Trockenruhe bezeichnet und kann bis zu einem Jahr anhalten — eine lange Zeit, aber nichts im Vergleich zu einer Zeitspanne von sechs Jahren, wie bei einem Exemplar einer anderen Art beobachtet.

Gierige Fresser

Die Riesenschnecke lebt weitgehend von verrotteten pflanzlichen Stoffen und toten Tieren, sie frißt aber auch gierig an Blättern, Früchten, Rinden und Blüten vieler Pflanzen, leider einschließlich Kulturpflanzen wie Bohnen, Brotfruchtbaum, Kohl, Kakao, Zitrusbäumen, Melonen und Gummibäumen. Da sie zum Aufbau ihres Gehäuses Kalk braucht, erklettert sie sogar Hauswände und zerstört den Kalkanstrich.

Erbsengroße Eier

Diese Riesenschnecken werden im Alter von etwa einem Jahr fortpflanzungsfähig und sind, wie ihre kleineren Verwandten, zwittrig. Ihre Eier sind so groß wie kleine Erbsen und ähneln kleinen Vogeleiern, mit zitronengelben Schalen. Alle zwei oder drei Monate legen sie 40 bis 500 Stück auf einmal im oder auf dem Boden ab. Die Jungen schlüpfen nach ein bis zehn Tagen. Ein einzelnes Tier kann augenscheinlich ohne Paarung, auch nach monatelanger Abgeschlossenheit, Eier legen, da die Weibchen Spermien solange aufbewahren können. Deshalb kann eine einzige Schnecke eine neue Kolonie bilden, wenn sie vor der „Reise" befruchtet worden war.

Wie eine Plage entstand

In ihrer Heimat Ostafrika ist die Riesenschnecke kaum eine Plage, aber sie hat sich von dort aus in vielen wärmeren Teilen der Welt verbreitet und ist in den meisten dieser Länder zum gefährlichen Schädling geworden. Ähnlich dem Kaninchen in Australien, ist sie eines der allzu zahlreichen Beispiele für Pflanzen oder Tiere, die ursprünglich harmlos waren, aber außerhalb ihrer Heimat zu Landplagen geworden sind. Geeignetes Klima vorausgesetzt, wird die Chance, neue Lebensräume zu erobern, durch vielerlei Umstände begünstigt: Die Riesenschnecke kann von nahezu allen pflanzlichen Stoffen leben und hat nur wenige natürliche Feinde.

Die Verbreitung der Achatschnecke über weite Teile der Erde begann um 1800, als die Frau des Gouverneurs von Mauritius auf Rat ihres Arztes einige Exemplare mit auf die Insel nahm (dieser wie auch anderen Schneckenarten werden heilende Eigenschaften zugeschrieben). Sie vermehrten sich dort und wurden zur Landplage. Einige Exemplare gelangten auf die Insel Réunion und auf die Seychellen. Im Jahre 1847 schließlich wurden ein paar Stück in Kalkutta ausgesetzt. Von da an tauchte die Art in immer mehr Ländern auf — vor allem im Gebiet des Indischen und Stillen Ozeans, einschließlich Malaya, Indonesien, die Philippinen, Thailand, Vietnam, China und in jüngster Zeit Florida.

Manchmal wurden die Tiere durch Zufall verschleppt: die Schnecken saßen an Bananenstauden, an Erdklumpen oder an Motorfahrzeugen. Manchmal aber auch wurden sie vorsätzlich eingeführt. Im Jahre 1928 z. B. wurden sie nach Sarawak als Hühnerfutter eingeführt, und 1936 hat eine Frau zwei Riesenschnecken als „Haustiere" für ihren Garten auf die Inseln von Hawaii mitgenommen. Die japanischen Streitkräfte haben sie als Nahrungsmittel nach Neuguinea und anderswohin mitgenommen, weil sie schon vor dem Zweiten Weltkrieg bei Malaien und Chinesen in verschiedenen Gebieten beliebt waren. Weitere verwandte Riesenschnecken sind in manchen Gebieten Westafrikas wichtige Nahrungsmittel. In Ghana bilden sie die größte Quelle für tierisches Eiweiß. Der Nutzwert wird jedoch durch die in landwirtschaftlichen und gärtnerischen Kulturen angerichteten Schäden weit übertroffen; denn sie kann in Massen auftreten.

Gebietsweise wird der Boden durch Schleim, Kot und tote Schnecken schlüpfrig, und in Sri Lanka und Saipan haben sich Landstraßen in stinkende Pfühle verwandelt, da immer mehr Schnecken von ihren toten Artgenossen angezogen wurden. Schlimmer noch, der schleimige Schmutz bildete den Nährboden für krankheitsübertragende Fliegen. Andere wieder verschmutzen das Trinkwasser oder fressen ungestraft die Köder der Rattenfallen. Es ist deshalb nicht überraschend, daß man sich sehr anstrengt, um sie unter Kontrolle zu bekommen. Man hat sowohl Gifte als auch Raubtiere eingesetzt, darunter auch andere fleischfressende Schneckenarten; aber solche Verfahren bergen immer die Gefahr, das Gleichgewicht in der Natur auf andere Weise zu stören. So können die als Gegengewicht eingesetzten Fleischfresser harmlose Arten angreifen und so selbst zu Plagen werden. Die beste Maßnahme ist immer noch — rechtzeitiger Einsatz vorausgesetzt —, durch scharfe Kontrollen die Ausbreitung der Riesenschnecken von vornherein zu verhindern. Es ist ermutigend, daß sich die Populationen in einigen Gebieten verkleinert haben.

Stamm	**Mollusca**
Klasse	**Gastropoda**
Ordnung	**Stylommatophora**
Familie	**Achatinidae**
Gattung und Arten	*Achatina fulica*

Die Große Achatschnecke hat ein spitzes Gehäuse, wird 12 bis 20 cm lang und wiegt etwa 200 g. Ursprünglich als Nahrungsmittel in viele Länder eingeführt, ist sie zum Schädling geworden.

41

Napfschnecken

Als „Napfschnecken" werden zwei verschiedene Gruppen von Schnecken bezeichnet, die nicht gerade nahe miteinander verwandt sind, jedoch zwei Eigenschaften gemeinsam haben: Sie klammern sich fest an Felsen an, und sie haben eine mehr oder weniger zeltförmige Schale. Am bekanntesten ist die Gewöhnliche Napfschnecke. Nahe Verwandte sind die hübsche Häubchenschnecke oder Blaugebänderte Napfschnecke, die man bei Ebbe an einigen der großen, braunen Meeresalgen antreffen kann, und die Schildkrötenschnecke (Acmaea tessulata). Die Lochschnecke (Fissurella costaria) ist nach dem Loch an der Spitze ihrer kegelförmigen Schale benannt; die Schlitzschnecke (Emarginula elongata) nach dem Schlitz an der Vorderseite. Der Chinesenhut (Calyptraea chinensis) und die Pantoffelschnecke (Crepidula fornicata), die ihre Spitze etwas eingezogen haben, gehören in eine andere Ordnung (Monotocardia). Die gleiche Form wie bei den Napfschnecken hat sich auch unabhängig von ihnen bei einigen einheimischen Verwandten der Wasserlungenschnecken entwickelt (z. B. Ancylus). In der Napfform können Schnecken in der Brandungszone besser überleben.

Unter dem Schutzdach ihrer gerippten Napfschale hat die Gewöhnliche, bis etwa 7,5 cm lange Napfschnecke einen graugrünen, ovalen Fuß mit einer großen flachen Saugfläche. Vorn ist der Kopf mit den ohrenförmigen Tentakeln, von denen jedes an seiner Basis ein Auge trägt. Rings um den Rand der Schale liegt eine dünne Gewebeschicht, der Mantelrand, der auch die Schale bildet, und um diesen Saum herum, im Raum zwischen dem Mantelrand und dem Fuß, liegen die vielen kleinen, tentakelartigen Kiemen.

Napfschnecken haften fest an den Felsen

Die Gewöhnliche Napfschnecke ist an felsigen Küsten sehr verbreitet, vom Flachwasser bis über die Wasserlinie, immer vorausgesetzt, daß die Felsen ausreichend bespült, feucht und schattig sind. Sie kann große Temperaturschwankungen vertragen und gedeiht auch an Stellen, wo das Meerwasser stark mit Süßwasser vermischt ist. Hoch oben an der Felsküste sitzende Tiere entwickeln in der Regel größere und stärkere Schalen, besonders am Apex, als weiter unten oder in felsigen Tümpeln lebende. Es ist sehr schwer, Napfschnecken abzunehmen, es sei denn man überrascht sie; Réaumur hat festgestellt, daß man Gewichte bis zu etwa 12 kg an den Tieren anbringen kann, ohne daß sie ihren Halt verlieren.

Ruheplätze im Fels

Dank der starken Haltekraft können die Napfschnecken sowohl den Brandungswellen als auch Raubtieren Widerstand leisten. Dennoch sind sie bevorzugte Beute des Austernfischers, und auch Ratten nehmen sie in

Oben: Kette von Pantoffelschnecken (mit Strandkrabben). Die Pantoffelschnecke bildet Ketten aus acht oder neun Tieren, eines über dem anderen.
Unten: Abgeplattete Schale einer hübschen Napfschnecke. Rechts: Kolonie von Napfschnecken (Patella vulgata). Unten rechts: Häubchenschnecke (Patina pellucida) mit strahlenartiger, lebhaft blauer Fleckenzeichnung.

großer Anzahl, indem sie mit ihren Kiefern ganz plötzlich zugreifen. Napfschnecken haben den Spieß aber auch schon umgedreht: sie haben Ratten an ihren Lippen oder Vögel an ihren Zehen unter den Schalenrand geklemmt und so gefangen.

Napfschnecken können eine gewisse Wassermenge in ihren Kiemen einschließen, so daß sie bei Ebbe nicht austrocknen. Diese Fähigkeit, ebenso auch das feste Haften, verdanken sie dem ganz engen Schluß der Schale am Felsen. Dies beruht in erster Linie auf der Wahl eines geeigneten Stammplatzes, aber auch darauf, daß sich die Schale im Zuge ihres Wachstums an den Felsen etwas anpaßt und daß der Felsen mittels Säureabscheidungen etwas ausgehöhlt wird.

Napfschnecken verlassen ihren Stammplatz bei Flut und ruhigem Wasser, auch nachts bei Ebbe oder wenn sie durch Meerestang geschützt sind. Sie bewegen sich dann in einem gewissen Umkreis, Kopf und Tentakel herausgestreckt, und weiden die grünen Algen auf den Felsen ab. Größere Tange können sich an Napfschneckenkolonien offenbar nicht entwickeln, weil sie schon als Jungpflanzen verzehrt werden. Bei der Rückkehr an den Stammplatz folgen die Schnecken teilweise ihrer eigenen Spur. Nach neueren Untersuchungen folgen sie dabei den chemischen Reizen ihrer Schleimspur, doch spielen auch andere Mechanismen eine

Rolle. Der Ausflug kann sich auf eine Entfernung von etwa 1 m erstrecken.

Larven im Winter

Die Gewöhnliche Napfschnecke pflanzt sich während der kälteren Monate — September bis April — fort, indem sie ihre Eier ins Meer abgibt. Die winzige Trochophoren-Larve schlüpft rund 24 Stunden nach der Befruchtung. Sie hat etwa 0,2 mm Durchmesser, einen Kranz langer Wimpern um die Körpermitte, einen Wimpernschopf an der Spitze und dazwischen kurze Wimpern, die den Körper bedecken. Einen Tag später wird aus der Larve eine Veliger-Larve mit kleinen Schalen. Diese läßt sich nieder und wächst in einem Jahr etwa 2,5 cm. Napfschnecken können 15 Jahre alt werden.

Sie können ihr Geschlecht wechseln

Den Napfschnecken sehr ähnlich sind eine Reihe höher entwickelter Schnecken, die eine hutartige Schale haben, wie etwa die Pantoffelschnecke (Crepidula fornicata), die aus Nordamerika zu uns kam. Diese Tiere sind sehr interessant: sie beginnen ihr Leben als Männchen, bis sie etwa 2,5 cm lang sind, und verwandeln sich dann in Weibchen. Die Pantoffelschnecke ist mit der Gewöhnlichen Napfschnecke nicht verwandt; ihre Schale ähnelt einem abgerundeten, auf dem Rücken liegenden Pantoffel. Diese Schnecken bilden Ketten bis zu acht oder noch mehr (14) Tieren, indem sie sich übereinander legen. Sie sind erstmals im Jahrzehnt ab 1880 in Großbritannien aufgetaucht und haben sich an vielen weiteren europäischen Küsten verbreitet. Sie bilden eine Plage an Austernbänken. In solch einer Kette von Pantoffelschnecken sind die unteren Exemplare Weibchen und die oberen, jüngeren, Männchen; die dazwischen liegenden sind geschlechtlich Mitteldinge. Man nimmt an,

daß die Weibchen Substanzen an das Wasser abgeben, die junge Napfschnecken veranlassen, in der Nähe zu bleiben und sich zu Männchen zu entwickeln. Junge Männchen können die Kolonie später auch verlassen und zu Weibchen werden, oder sie bleiben unreife Einzeltiere, die sich auf Felsen anstatt auf Weibchen niederlassen, oder aber sie werden selbst Weibchen mit nur kurzer männlicher Phase.

Stamm	Mollusca
Klasse	Gastropoda
Unterklasse	Streptoneura
Ordnung	Diotocardia
Familie	Patellidae
Gattung und Arten	*Patella vulgata*, Napfschnecke; *Patina pellucida*, Häubchenschnecke, u. a.

Nacktschnecken

Nacktschnecken sind Schnecken ohne Schale. Das ist jedoch nicht ganz richtig, weil es auch Arten mit einem, meist im Körper verborgenen, Schalenrudiment gibt. Nacktschnecken gehören zu den Lungenschnecken (Pulmonata), einer großen Gruppe von Land- und Süßwasserschnecken, die durch Lungen atmen. Es gibt zwei Typen: Egelschnecken (Familie Limacidae*) und Wegschnecken (Familie* Arionidae*). Hinter dem Kopf mit seinen vier Fühlern ist der Rücken mit einem ungefähr elliptischen Mantelschild bedeckt. Am rechten Rand des Mantelschildes befindet sich das Atemloch; bei den Egelschnecken hinter der Mitte des Mantelschildes, bei den Wegschnecken weiter vorn. Die winzige, ovale, etwas Kalk enthaltende, hornartige Schale liegt bei den Egelschnecken unter dem Mantelschild; sie ist bei den Wegschnecken jedoch bis auf einige Kalkkörner zurückgebildet. Eine Ausnahme bildet die Kielegelschnecke, bei der das Gehäuse nicht völlig abgedeckt ist. Die größte Art unter den Wegschnecken dürfte der Große Schnegel (Limax maximus) sein, der in Oberitalien bis 40 cm, bei uns bis 15 cm groß wird.*

Die bis 10 cm lange Raubschnecke (Testacella haliotidea) sieht einer Nacktschnecke sehr ähnlich, weil sie nur ein kleines, mützenartiges Haus hat. Sie kommt im Westen Deutschlands vor und frißt vor allem Regenwürmer.

Baumkletterer

Nacktschnecken sind durch Raubtiere stärker gefährdet als Gehäuseschnecken; die meisten Arten sind jedoch anscheinend durch einen bitteren Schleim vor Feinden geschützt. Noch wichtiger aber dürfte sein, daß Nacktschnecken vor Trockenheit weniger geschützt sind. Andererseits muß man bedenken, daß ihr Kalkbedarf wesentlich geringer ist und daß sie viel kleinere Schlupflöcher durchkriechen können als Gehäuseschnecken. Sie leben deshalb vor allem an feuchten Stellen, einige Arten sogar vorwiegend unterirdisch. Sie sind überwiegend nachtaktiv, an regnerischen Tagen jedoch auch tagsüber unterwegs. Einige Arten kehren nach dem Fressen immer wieder an ihren Stammplatz zurück. Die meisten versorgen sich in der bodennahen Schicht, es gibt aber auch gute Kletterer, die Bäume bis in Höhen von 10 m und darüber erklettern. Die Baumschnecke (*Agriolimax agrestis*) und die Akkerschnecke (*Deroceras agreste*) gehören zu diesen Kletterern. Die silbernen Streifen an Baumstämmen zeugen von ihren Fähigkeiten. Baumabwärts jedoch wählen sie oftmals einen schnelleren Weg: sie lassen sich über mehrere Meter an einem Schleimfaden herunter.

Sie fressen nicht nur Jungpflanzen

Der Gärtner haßt die Nacktschnecken. In Wirklichkeit sind sie noch viel zahlreicher als er gewahr wird, denn bei der großen Gruppe der Nacktschnecken besteht nur ein

Oben: Eier der Egelschnecke (Limax flavus) mit sichtbaren Embryos.

Rechts: Schwarze Wegschnecke (Arion ater). Ihre Färbung wechselt stark, trotzdem wird sie Schwarze Wegschnecke genannt.

sehr kleiner Teil ihrer Nahrung aus Kulturpflanzen, es sei denn sie können nur auf wenige andere Stoffe ausweichen. Einige Arten fressen vor allem Pilze, nur wenig und selten „Grünfutter", und auch dann nur absterbende und verrottende Stoffe. Viele Schnecken sind Allesfresser, sie werden angelockt von Pilzen, grünen Blättern, Knollen, Aas, Mist, Küchenabfällen oder den aus vergifteter Kleie bestehenden Ködern, die man ausgelegt hat, um sie zu bekämpfen. Ihr Geruchssinn zeigt ihnen über Entfernungen von einem Meter und mehr solche Stoffe an. Bei gefangengehaltenen Schnecken kann es vorkommen, daß sie einander auffressen, die eigentlichen Raubschnecken aber zeigen ganz bestimmte räuberische Verhaltensweisen. Sie kommen gelegentlich in Gärten vor, leben meist unterirdisch und ernähren sich nachts von Regenwürmern, in geringerem Ausmaß von Hundertfüßlern und Nacktschneckenarten, die sie mit ihren nadelähnlichen Zähnen ergreifen und im ganzen verschlingen.

Paarung in der Luft

Nacktschnecken sind Zwitter, Selbstbefruchtung ist daher möglich. In der Regel befruchten sie sich aber wechselseitig. Im ersten Stadium der Paarung kriechen Weg- und Egelschnecken kreisförmig umeinander herum, wobei sie einander ständig ablecken und ihren Schleim gegenseitig gierig aufnehmen, bis sie sich dann seitlich nebeneinander legen. Die Große Egelschnecke (*Limax maximus*), die bis 40 cm lang wird, vollführt dieses Kreisen in besonders auffälliger Weise: die beiden Tiere erklettern zunächst einen Baum oder eine Mauer, kreisen dann eine halbe bis zweieinhalb Stunden umeinander, schlagen ihre Mantelschilder gegeneinander und fressen gegenseitig ihren Schleim. Dann winden sie sich plötzlich umeinander und stürzen sich schließlich kopfabwärts an einem dicken, etwa 50 cm langen Schleimfaden hinunter. Nun lassen beide den Penis etwa 5 cm heraus und bilden daraus einen gewundenen Knoten. Sie tauschen Samenzellen aus und lassen sich dann entweder hinunterfallen oder klettern an ihrem Seil wieder hoch und verzehren es gleichzeitig. Die Eier werden bald danach an einem feuchten Versteck abgelegt, vielleicht unter einem Stein oder zwischen Wur-

zeln. Aus den weichen, bernsteinfarbenen Eiern schlüpfen die Jungen nach etwa einem Monat.

Viele Feinde

Trotz ihres unangenehmen Schleimes werden Nacktschnecken von vielen Tieren verzehrt, darunter Fröschen, Kröten, Igeln, Enten, Amseln und anderen Vögeln. Enten sind ganz besonders geeignet, um die Zahl der Schnecken unter Kontrolle zu halten. Auch Blindschleichen und verschiedene Insekten nehmen ihren Teil.

Nacktschnecken als Allheilmittel

Viele Jahrhunderte hindurch galten Nacktschnecken im Volksglauben als überragendes Heilmittel bei den verschiedensten Krankheiten. Man aß sie lebend oder in Milch gekocht, um zum Beispiel Tuberkulose zu heilen, oder man aß die Asche, um so unterschiedliche Krankheiten wie Magengeschwüre, Ruhr oder Wasserkopf zu kurieren. Als besonders wirksam galten die innere Schale oder die kleinen Kalkkörnchen. Plinius berichtet, daß schnelle Heilung erzielen konnte, wer die Kalkkörnchen in einen hohlen Zahn legte. Besonders Warzen wurden für lange Zeit, noch bis in unser Jahrhundert, durch allerlei Wundermittel angegangen — darunter auch durch das Verfahren, die Warze mit einer Nacktschnecke zu reiben und die Schnecke dann an einem Dorn aufzuspießen. Zugleich mit der Schnecke sollte die Warze dahinschwinden.

Stamm	**Mollusca**
Klasse	**Gastropoda**
Ordnung	**Pulmonata**
Familie	**Limacidae,** Egelschnecken
Gattungen	*Limax, Agriolimax, Lehmannia, Milax, Deroceras*
Familie	**Arionidae,** Wegschnecken
Gattungen	*Geomalacus, Arion*
Familie	**Testacellidae,** Raubschnecken
Gattung	*Testacella*

Herzmuscheln

Die weitest verbreitete Art der Herzmuscheln ist die Eßbare Herzmuschel. Wissenschaftlich heißt sie jetzt Cerastoderma edule. *In vielen Büchern wird sie aber noch unter ihrem alten Namen behandelt:* Cardium edule; *er nimmt sowohl auf die herzförmige Erscheinung der beiden Schalen als auch auf den Wohlgeschmack ihres Inhaltes Bezug. Die Herzmuscheln sind viel stärker kugelförmig als die übrigen zweischaligen Weichtiere. Die beiden Schalen ähneln einander in der Form, im Gegensatz z. B. zu den Schalen der Kammmuschel; wie diese haben sie jedoch strahlenförmige Rippen.*

Es gibt zahlreiche andere europäische Arten der Herzmuschel. Die größte unter ihnen ist die Dornige Herzmuschel, sie erreicht eine Länge von 10 cm. Acanthocardia aculeata (Cardium aculeatum) *ist vor allem im Mittelmeer häufig. Ihren Namen verdankt sie den Dornen längs den Rippen auf ihren Schalen und ihrem dunkelroten Fuß. Eine weitere bedornte, jedoch kleinere und weiter verbreitete Art ist die Stachelige Herzmuschel* (A. echinata). *Weitere als Herzmuscheln bezeichnete Zweischaler gehören zu anderen Gruppen, darunter das Ochsenherz* (Glossus rubicundus) *und die Islandmuschel* (Arctica islandica).

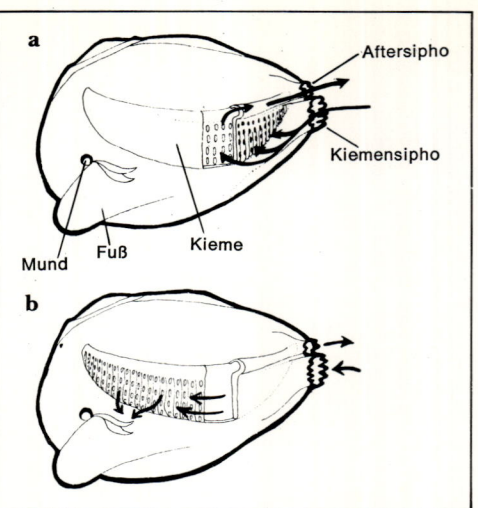

Oben rechts: Sipho der Herzmuschel. a: *Das Wasser wird vom Kiemensipho angesaugt, vom Aftersipho ausgestoßen.* b: *Mit dem Wasser aufgenommene Nahrung wird von den Wimpern zum Mund befördert. — Unten: Dornige Herzmuschel mit Sipho und rosa Fuß.*

Die etwa 200 Herzmuschel-Arten sind weltweit verbreitet, elf Arten kommen in der Nord- und Ostsee vor. Die Eßbare Herzmuschel bewohnt das Meer von der Flutmarke bis in Tiefen von 2500 m, und zwar vorzugsweise in reinem Sand, aber auch in Schlamm und schlammigem Kies, jeweils bis etwa 5 cm tief unter der Oberfläche. Die Durchschnittsgröße wächst mit der Wassertiefe — das ist jedenfalls die Regel. Die Herzmuscheln sind vor allem in den ruhigen Gewässern der Buchten und in den Flußmündungen verbreitet, wo man auf 1 qm bis zu 10 000 Exemplare gezählt hat. Sie kommen zwar auch im Brackwasser vor, die größten, bis 5 cm langen Exemplare findet man jedoch weit draußen im Meer.

Die an den europäischen Küsten weitverbreitete, bis 7,5 cm lang werdende Stachlige Herzmuschel (Cardium echinatum). Gräbt sich unterhalb der Niedrigwassermarke in den Sand ein.

Sie graben sich mit den Füßen selbst ein

Herzmuscheln hüpfen manchmal in die Höhe — ein für Muscheln auffälliges Verhalten. Dabei strecken sie ihren orangefarbigen Fuß zwischen den zwei Klappen heraus, biegen ihn ab und pressen ihn mit der Spitze in den Sand, um ihn dann plötzlich wieder zu strecken. Gewöhnlich überschlägt sich das Tier dann nur ein paarmal. Normalerweise jedoch bewegen sich Herzmuscheln fort — wenn sie gestört werden und „umziehen" müssen —, indem sie auf ihrem Fuß kriechen und sich damit wieder eingraben. Die Dornenherzmuschel kann auf der Flucht vor Seesternen bis 20 cm hohe Sprünge vollführen.

Man glaubt, daß die 20 bis 24 strahlenförmig von den Scharnieren ausgehenden Rippen den Herzmuscheln im Schlamm oder Sand einen festen Halt geben und die Kugelform die Tiere schützt, sollten sie von den Meereswellen erfaßt und umhergetrieben werden.

An der Rückseite des Körpers befindet sich ein Paar kurzer Röhren oder Siphos; durch den unteren oder Kiemensipho wird sauerstoff- und planktonreiches Wasser angesaugt, durch den oberen oder Aftersipho wird das Wasser, mitsamt Abfallstoffen, wieder ausgestoßen. Die Siphos sind die einzigen über den Sand oder Schlamm hinausragenden Körperteile und somit der geeignete Sitz für die, bei einigen Arten gestielten, Augen. Sie sind klein, aber erstaunlich entwickelt: mit versenkter Netzhaut und Linsen; bei manchen Arten finden wir Augen auch an kleinen Tentakeln des Mantels. Bei einigen Arten sind die Augen weniger kompliziert und nur zum Bewegungssehen befähigt. Die Eßbare Herzmuschel hat nur schwach entwickelte Sehorgane.

Wenn man sehen will, was das Wasser alles durch die Siphos hindurchtreibt, muß man die Klappen öffnen, indem man die Schließmuskeln durchschneidet — je einen an beiden Enden und Seiten des Scharnieres —, die die Klappen zusammenhalten. Bei toten Muscheln sind die Klappen meist durch das Schloßband (Ligament), den Gegenspieler der Schließmuskeln, schon teilweise geöffnet worden. Bei geöffneten Schalen erweisen sich die Kiemenlamellen als ein Paar von Gewebeblättern, die zu beiden Seiten des Fußes liegen und mit zahllosen winzigen Wimpern besetzt sind. Die schlagenden Wimpern setzen einen Wasserstrom in Bewegung, der die Nahrungspartikel in den Mund treibt.

Das Verdauungssystem

Herzmuscheln leben von dem im Wasser reich vertretenen Phytoplankton: einzelligen Pflanzen wie Diatomeen und Resten größerer Wasserpflanzen. Sie sind hier nicht sehr wählerisch, und ihr Magen enthält daher auch viel Sand und Schlamm. Das Wasser tritt durch den Kiemensipho ein und durch den Aftersipho wieder aus, nachdem es das Gitterwerk der Kiemenlamellen passiert hat. Die Wimpern erzeugen den Wasserstrom, gleichzeitig fördern sie propellerartig die gefangenen Nahrungsstoffe zum Mund, der seinerseits ein Paar bewimperter Lippen aufweist. Im Magen selbst findet sich eine eigenartige, nur bei Mollusken anzutreffende Einrichtung: ein sich drehender, gewundener, 20 bis 26 mm langer Stab, der Fermentstiel; die Drehbewegung wird von Wimpern längs der Spalte, aus der er hervortritt, erzeugt. Der aus Verdauungsstoffen bestehende Fermentstab löst sich von der Spitze her immer wieder auf. Mittels der Drehbewegung fördert er die Nahrungsstoffe zu den Mitteldarmdrüsen, während Sandkörner über den Mitteldarm abgehen.

Fortpflanzung durch Zufall

Die Herzmuschel ist getrenntgeschlechtlich, während einige verwandte Arten zwittrig sind. Die Fortpflanzungszeit beginnt Ende Februar oder Anfang März und endet im Juni oder Juli. Eier und Spermien werden einfach in das Wasser abgegeben. Die auf diesem zufälligen, ungewissen Weg befruchteten Eier entwickeln sich über ein Zwischenstadium schnell zu winzigen, frei schwimmenden „Veliger-Larven", die sich mit Hilfe von Wimpern fortbewegen. Diese Larven entwickeln Schalen und Füße — soweit sie so lange überleben und nicht aufgefressen werden —, und die jungen, kaum 1 mm langen Herzmuscheln lassen sich auf dem Meeresgrund nieder: einige im Geröll, andere im Sand oder Schlamm, wo sie bis zur Geschlechtsreife heranwachsen. Alle drei bis vier Jahre etwa ist die Fortpflanzungsrate besonders hoch, auf diese Weise wird der Bestand der Populationen gesichert.

Während sich die Schalen entwickeln, bilden sie feine konzentrische Rillen; sie entstehen aus dem Schalenrand des jeweils abgeschlossenen Wachstumsstadiums, an ihnen kann man das Alter des Tieres ablesen.

Viele Feinde

Selbst jene Herzmuscheln, die nicht dem Menschen zum Opfer fallen, leben gefährlich: sie können im Körperinneren von Parasiten befallen, oder auch von äußeren Feinden angegriffen werden. Es gibt Schnecken, die ihre Schalen durchbohren, Seesterne, die mit Hilfe ihrer Saugfüßchen die Klappen der Muscheln aufbrechen und die zwischen den Schalen liegenden Körper herausziehen (siehe Seite 37), Möwen, die sich bei Ebbe über die Muscheln hermachen, und schließlich Plattfische, die bei Flut auf Nahrungssuche sind. Die Muscheln können bei Hochwasser über die Flutmarke hinausgetragen oder durch den Sturm an sonstigen ungeeigneten Stellen abgesetzt werden. Außerdem gibt es Perioden außergewöhnlicher Hitze oder Kälte, wie 1904/1905, als die Küsten der englischen Grafschaft Lancashire von schwimmenden Eisdecken überzogen waren und Hunderte von Tonnen toter Herzmuscheln an den Strand geschwemmt wurden.

Riesenmuscheln

Im Indopazifik lebt eine Verwandte unserer Herzmuschel, die wahrhaft gewaltige Ausmaße erreicht: die Riesenmuschel (Tridacna gigas). Sie erreicht eine Schalenlänge von mehr als 1 m, bei einem Gewicht von 200 bis 250 kg; sie ist eigentlich nichts anderes als eine riesige Herzmuschel, die zur festsitzenden Lebensweise übergegangen ist. Sie wird auch Mördermuschel genannt, weil ihre meist weit geöffneten Schalenklappen einen Gegenstand nicht wieder loslassen und sie dadurch Tauchern, die zufällig in die geöffneten Klappen treten, sehr gefährlich werden kann. Um sich aus der Umklammerung zu lösen, muß man den Schalenrand zerbrechen und den Schließmuskel zerschneiden.

Stamm	**Mollusca**
Klasse	**Bivalvia**
Ordnung	**Heterodonta**
Familie	**Cardiidae**
Gattung und Arten	*Cerastoderma edule*, Eßbare Herzmuschel, u. a.

Miesmuschel

Wenn man von Muscheln spricht, meint man gewöhnlich die eßbare Miesmuschel (Mytilus edulis), die praktisch weltweit verbreitet ist und deren Bestände an allen Küsten wirtschaftlich genutzt werden. Sie kommt an den meisten Küsten der gemäßigten und subtropischen Zone der nördlichen Halbkugel vor, bis in Wassertiefen von etwa 10 m, und zwar sehr zahlreich. In anderen Teilen der Erde gibt es nahe Verwandte.

Die erwachsenen Miesmuscheln sind 5 bis etwa 12 cm, in Ausnahmefällen bis 20 cm lang. Sie sind meist blau oder dunkelrot gefärbt, zuweilen auch braun oder dunkelbraun oder dunkelrot gefleckt. Die beiden Klappen sind am Hinterende breit und vorn schmal. Nächst dem Vorderende befinden sich Schloß und Schloßband. Das Schloßband öffnet die Schalen stoßartig, wenn die Schließmuskeln erschlaffen. Vorn und hinten befindet sich jeweils ein Schließmuskel, der hintere ist der größere und kräftigere. Die Befestigungspunkte kann man an der Innenseite der leeren Muschel als Narben erkennen; dort sind auch Mantelmuskeln befestigt, die den Fuß zurückziehen. Wenn die Muschel untergetaucht ist, kann man sehen, wie sich der lange, braune Fuß zwischen den Klappen herausstreckt. Er dient nicht nur zur Fortbewegung, sondern er erzeugt auch die zähen Eiweißfäden, aus denen der Byssus oder die Haftfäden bestehen, mit denen sich die Miesmuschel festsetzt.

Millionen Miesmuscheln

Miesmuscheln leben an den Küsten bis zur Tiefe einiger Meter, hauptsächlich um die Niedrigwasserlinie herum, auf Felsen, an Kaimauern, auf Steinen im Schlamm oder auf Kieselsteinen, dabei sind sie immer durch ihre Byssusfäden wie durch Halteseile abgesichert. Nur wenige Mollusken sind ähnlich zahlreich wie Miesmuscheln. Man hat in Ausnahmefällen schon Ansammlungen von über 1000 Exemplaren auf einer Fläche so groß wie ein Handteller gezählt, und an bestimmten Abschnitten der Küste über 10 Millionen je km. Auf der nördlichen Halbkugel sind sie vom Weißen Meer bis zum Mittelmeer, an beiden Küsten Nordamerikas und an den Küsten Japans verbreitet, aber auch in diesem und jenem Standort außerhalb dieser Gebiete, ausgenommen das Nördliche Eismeer. Die anderen Arten, wie die Kalifornische Miesmuschel (M. californianus) und die Australische Miesmuschel (M. obscurus), sind der Gewöhnlichen Miesmuschel so ähnlich, daß nur ein Fachmann sie voneinander unterscheiden kann. Miesmuscheln können auch in stark mit Süßwasser vermischtem Meerwasser leben, sie nehmen sogar vorübergehend einen noch stärkeren Süßwassergehalt hin, indem sie ihre Schalen zuklappen. Erwachsene Miesmuscheln bewegen sich kaum noch von der Stelle; junge wechseln oft ihren Standort, mittels ihres ausstreckbaren Fußes oder frisch ausgeworfener Byssusfäden, an denen sie sich vorwärts ziehen.

Oben: Miesmuscheln — selbst von verschiedenen kleinen Organismen überzogen — bedecken die Kette eines Schiffes im Mittelmeer.

Unten: Fest miteinander verbunden: Haben erwachsene Miesmuscheln erst Fuß gefaßt, bewegen sie sich kaum mehr von der Stelle.

Sie reinigen das Wasser

Miesmuscheln ernähren sich, indem sie kleine Partikel und Mikroorganismen, wie Diatomeen, aus dem Wasser seihen. Zu beiden Seiten des Mundes befinden sich je zwei Kiemenfäden. Sie sind mit zahllosen Wimpern besetzt, die das Wasser in den Körper hinein- und durch die Kiemenfäden hindurchstrudeln und durch eine besondere Öffnung am Hinterende wieder hinausbefördern. Diese Wasserströme passieren also nicht so hoch entwickelte Organe wie die Siphos der Herzmuschel (s. Seite 47). Wenn die Nahrungsteilchen die Kiemenfäden berühren, werden sie von klebrigen Ausscheidungen der Kiemenfäden festgehalten, von den Wimpern an das Ende des Fadens und dann über Wimperkanäle in den Mund befördert. Zu beiden Seiten des Mundes finden sich zwei Mundlappen, die die Nahrungsstoffe sortieren und die unverdaulichen Teile auf besonderen Wegen ausscheiden, die verdaulichen Teile jedoch in den Mund leiten. Alles dies wird durch verschieden gestaltete Wimpern gesteuert. Wie dies im einzelnen vor sich geht, kann man beobachten, wenn man eine Miesmuschel öffnet, Puder auf die Wimpern streut und dann verfolgt, wie der Puder von den Wimpern transportiert wird.

Miesmuscheln und andere von mikroskopisch kleinen Teilchen lebende Tiere sind die „Endverbraucher" im Meer. Im Forschungsinstitut für Meeresbiologie in Millport in Schottland ist ein kleiner Vorfall passiert, der die Leistung der Miesmuscheln veranschaulicht. In einem Becken wurde eine Anzahl Miesmuscheln gehalten. Eines Tages lehnte sich ein Besucher über den Beckenrand, und um die Tiere am Grund des Beckens aus noch größerer Nähe betrachten zu können, beugte er seinen Kopf — mitten ins Wasser hinein!

Nur einen Monat lang freilebend

Der Fortpflanzungszeitraum wechselt mit dem Standort, aber auch mit der Wassertemperatur. Das einzelne Ei mißt nur 0,1 mm im Durchmesser, aber ein einziges Weibchen kann fünf bis zwölf oder sogar 25 Millionen Eier ausstoßen. Die Eier sind zunächst in kurzen, rosafarbenen Ketten angeordnet; beim Absinken auf den Meeresgrund lösen sich diese jedoch auf. Die Eier werden von ebenfalls in das Wasser abgegebenen Spermien befruchtet, und es bilden sich innerhalb von fünf Stunden freischwimmende Wimperlarven. Gegen Ende des zweiten Tages erscheinen die Schalen, zunächst sind sie gelblich wie Horn und noch ohne Schloß. In diesem Stadium bewegen und ernähren sich die Larven mit Hilfe bewimperter Segel, die aus den Schalen hervortreten. Später verlieren die jungen Muscheln diese Segel, sie schweben nun mittels kleiner Gasbläschen zwischen den Klappen. Noch später geben die Larven dieses Verfahren wieder auf, sie lassen sich auf den Meeresgrund niedersinken und setzen sich fest. Das Stadium der freien Larven dauert etwa einen Monat, bis sie etwa 0,5 bis 1 mm lang sind. Die jungen Muscheln gleiten dann entweder auf ihrem bewimperten Fuß, oder sie verankern sich mit ihren Byssusfäden. Bis zur Größe von etwa 5 mm haben sie noch diese beiden Möglichkeiten; bis dahin halten sich die Tierchen manchmal sogar an der Wasseroberfläche auf, vorausgesetzt, daß die Oberflächenspannung des Wassers sie trägt.

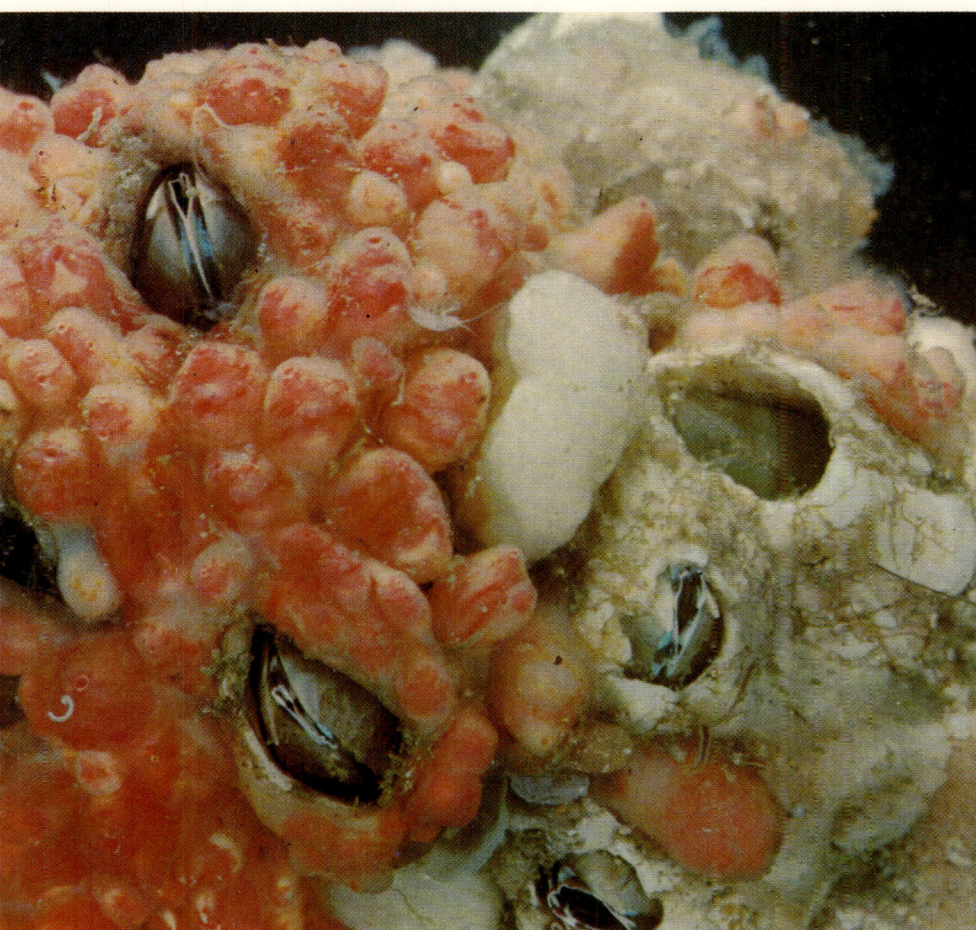

Miesmuscheln (Mytilus edulis), *Seepocken und eine Kolonie von Manteltieren.*

Eine Welt voller Feinde

Miesmuscheln haben viele Feinde, wie Heringsmöven, Austernfischer, Enten und Walrosse, aber auch Fische, wie Flundern und Schollen, und vor allem die Seesterne. Der schlimmste Feind aber ist natürlich der Mensch. Man kann die Miesmuscheln essen, wenn sie gerade 5 cm lang und wenigstens zwei Jahre alt sind. Sie werden gewöhnlich mit Schleppnetzen oder Rechen gefangen. In Frankreich werden sie auch regelrecht vermehrt: es heißt, ein schiffbrüchiger Ire habe das Verfahren im Jahre 1235 erfunden. Im Meeresschlamm werden große Hürden errichtet, um die Muscheln in Säcken aus Netzen darin anzubringen. Die Netze verrotten im Laufe der Zeit, die Muscheln haben sich indessen an den Hürden festgesetzt. Die für den Handel bestimmten Muscheln werden sorgfältig gewaschen. Wer selbst Muscheln sammelt, muß sehr vorsichtig sein, denn die Ernährungsweise der Muscheln begünstigt die Ansammlung von Bakterien, einschließlich von Typhuserregern. Manchmal erzeugen Miesmuscheln ein Gift, ein Alkaloid, das die Atmung blockieren und dadurch tödlich wirken kann.

Im Mittelmeerraum werden auch andere Miesmuschelarten gegessen, wie die bärtige Miesmuschel *(Modiolus barbatus)* und die steinbohrende Seedattel *(Lithophaga lithophaga).*

Miesmuscheln dienen aber auch als Köder beim Reihenangeln, als Dünger, als Hühnerfutter und gelegentlich zur Befestigung von Küstenstreifen, wie in St. Anne's-on-Sea, in der englischen Grafschaft Lancashire: alle zwei Jahre besiedeln Miesmuscheln dort einen kiesigen Küstenstreifen. Innerhalb der folgenden zwei Jahre bilden sie eine etwa 60 cm starke Schicht aus Muscheln und Schlamm. Dann kommt ein Hochwasser mit Sturm, rollt das Ganze auf wie einen Teppich und reißt es in Stücke, worauf die Bruchstücke der Kiesel von den Muscheln wieder besiedelt werden und der Vorgang von neuem beginnt. Auf diese Weise schützt die Miesmuschel den Küstenstreifen vor Zerstörung.

Das Goldene Vlies

Die Byssusfäden sind so fest, daß man sie zu Tuch verweben kann. In verschiedenen Museen gibt es Ausstellungsstücke, die aus den Bärten gewöhnlicher Muscheln hergestellt sind, z. B. Handschuhe. Jahrhundertelang hat die Aristokratie, besonders im Süden Europas, goldschimmernde Gewänder aus dem Tuch von Fäden größerer Muschelarten herstellen lassen. Der Byssus der Steckmuschel *(Pinna nobilis),* der größten europäischen Muschel (bis 80 cm), wird auch heute noch in einigen Mittelmeerorten versponnen. Diese Muschel findet man häufig in Andenkenläden. Eine Fleckenmiesmuschel *(Modiolaria)* lebt in einem Nest aus eigenen Byssusfäden.

Stamm	**Mollusca**
Klasse	**Bivalvia**
Ordnung	**Anisomyaria**
Familie	**Mytilidae**
Gattung und Arten	*Mytilus edulis,* Miesmuschel

Auster

Die echte Auster aus der Familie Ostreidae *ist die Europäische Auster, Ostrea edulis. Ihre allgemein bekannten Schalen sind „unordentlich" und im Umriß unregelmäßig; das kommt mehr oder weniger von sessilen Tieren und Pflanzen, die sich dort angesiedelt haben. Die örtlichen Unterschiede im Aussehen sind derartig groß, daß man bei einiger Erfahrung manchmal sagen kann, auf welcher Bank ein bestimmtes Exemplar gelebt hat. Die beiden Deckel sind asymmetrisch: der rechte ist flach und der linke erhaben. In der spitz zulaufenden Region der „Tüllen" sind sie durch das Schloß miteinander verbunden, und das Schloßband hält sie fest zusammen. Es fehlen jedoch die bei vielen Muscheln vorkommenden Schloßzähne. Jeder Deckel zeigt eine Reihe wellenförmiger Linien, die rings um die Tülle herumlaufen und gleichzeitig die Stellung der Mantelränder früherer Wachstumsabschnitte anzeigen. Der linke Deckel zeigt unregelmäßig verlaufende Rillen, der andere Deckel dagegen hornige Schuppen, die weniger fest sind als die übrige Schale; dadurch können die Deckel längs der Ränder fest schließen, wenn sie zusammengezogen werden.*

Ein Blick zwischen die aufgesperrten Klappen zeigt die Ränder des Mantels; das ist das Gewebe, das das Innere der Schale abscheidet und gleichzeitig abgrenzt. Dieser verdickte Mantelrand hat kurze Tentakel und eine Muskelfalte, die die Wasserströme steuert. Öffnet man mittels eines Messers die Schalen noch weiter, sieht man den großen unpaaren Schließmuskel, der die Deckel entgegen dem Zug des Schloßbandes schließt. Zwischen dem Schließmuskel und der Hauptkörpermasse liegen die beiden Netzkiemen.

Zur Familie der Austern gehören zwei weitere Gattungen: Pycnodonta *und* Crassostrea *(früherer Name: Gryphaea). Zur letztgenannten Gattung gehören die Amerikanische, die Portugiesische und die Riesenauster, die als Nahrungsmittel noch beliebter sind als die etwas süßer schmeckende Europäische Auster. Crassostrea ist von Ostrea leicht zu unterscheiden, da ihre Schalen mehr länglich als rund sind, außerdem ist ihr linker Deckel stärker konkav, und die Muskelnarben im Inneren sind dunkelrot.*

Beim Wort Auster denkt man sofort an Perlen. In Wirklichkeit stammen fast alle Perlen von der großen Seeperlmuschel (Pinctada margaritifera), einer Verwandten der Miesmuschel, die allerdings oft als Auster bezeichnet wird. Die durch Raubbau, Verschmutzung und Flußbegradigung fast ausgerottete, bei uns heimische Flußperlmuschel (Margaritana margaritifera) war früher Grundlage einer blühenden Perlenindustrie.

Oben: Entzücken des Gourmets: Auster in ihrem linken Deckel, weißlich rosa und glitzernd.

Unten: Stark gewölbte, fächerartige Schale — das Heim der Riesenauster (Crassastrea gigas).

Austern ernähren sich auf mehrerlei Art

Die Europäische Auster lebt längs der Atlantikküste Europas, von Norwegen (65. Breitengrad) bis Marokko, auch im Mittelmeer und im Schwarzen Meer. Die sich aus dem Laich entwickelnden Tiere heften sich zunächst mit ihrer konkaven, linken Klappe fest, später aber können sie sich lösen und umdrehen. Die erwachsene Auster bleibt dann fest sitzen und ernährt sich, indem sie aus dem Wasser kleine Partikel herausfiltert. Mittels der Wimpern an ihren kompliziert gebauten, gitterähnlichen Netzkiemen pumpt sie etwa 10 Liter Wasser je Stunde. Diese bewimperten Siebe sind mit Schleimsträngen versehen; die damit gefangenen Nahrungspartikel werden auf die Grundflächen oder die freien Enden der Netzkiemen befördert und alsdann über die zu beiden Seiten des Mundes sitzenden Mundlappen zum Mund. Die Partikel werden dabei von den Mundlappen „sortiert". Sind die Partikel erst einmal im Verdauungstrakt, werden sie von den Wimpern zu dem kompliziert gebauten Magen weiterbefördert. Wie andere Muscheln, so besitzen auch die Austern einen Fermentstab (s. S. 47).

Die Verdauung vollzieht sich aber nicht nur im Darmraum, sondern die ihn umgebenden Zellen nehmen ebenfalls Partikel auf und verdauen sie in ihrem Zytoplasma. Darüber hinaus werden einige Partikel von amöboiden Blutzellen eingeschlossen.

Zuweilen läuft die Auster Gefahr, daß sich ihre Mantelhöhle mit Rückständen verstopft; dann werden die Klappen kräftig zugeschlagen, und das Wasser wird mitsamt Rückständen ausgestoßen. Dieses plötzliche „Husten" unterscheidet sich grundsätzlich von dem andauernden Schließen der Schale, wenn von außen Gefahr droht. Der Schließmuskel besteht nämlich aus zwei Teilen, die sich sowohl mit dem bloßen Auge als auch beim Blick durch das Mikroskop deutlich voneinander abheben: der eine Teil kann sich plötzlich zusammenziehen, der andere kann lange angespannt bleiben, ohne zu erlahmen.

Männchen oder Weibchen?

Austern können ihr Geschlecht im Verlauf ihres Lebens mehrmals wechseln. Das ist bei Muscheln durchaus nicht ungewöhnlich; denn der Fortpflanzungsapparat ist so einfach, daß der Wechsel keinen großen Aufwand erfordert. Die Muscheln werden zunächst als Männchen geschlechtsreif, sie brauchen dann einige Wochen, um funktionsfähige Weibchen zu werden, werden aber wieder Männchen, wenn sie sich nach einigen Tagen ihrer Eier entledigen. Das ist wichtig, um Selbstbefruchtung zu vermeiden. Im kalten Wasser bei Norwegen wechselt eine Auster ihr Geschlecht vielleicht einmal im Jahr, in wärmeren Gewässern jedoch vielmals. Die Tiere pflanzen sich im Sommer fort, bei Wassertemperaturen von über 15 °C, vor allem bei Neumond. Die Eier wandern, dem strömenden Wasser entgegen, durch die Netzkiemen und werden in der Mantelhöhle von Spermien befruchtet, die vom einströmenden Wasser zusammen mit Nahrungspartikeln hineingetragen wurden. Es dauert mindestens acht Tage, bis sie ausgestoßen werden. Dann wird die Schale weit geöffnet und in gewissen Abständen heftig zugeschlagen, und jedesmal werden Larven wolkenartig ausgestoßen. Bis zu einer Million Larven können gleichzeitig heranreifen.

Eine Kolonie Europäischer Austern auf einem Felsen, bei Ebbe. Alle Klappen sind fest verschlossen.

Das ist jedoch immer noch geringfügig im Vergleich mit der Produktion der Amerikanischen Auster, *Crassostrea virginica,* die ihre Eier nicht beherbergt, aber über 100 Millionen Eier auf einmal abgeben kann.

Explosionsartige Vermehrung

Die frisch abgegebenen Jungen, die sogenannten Veliger-Larven, haben eine winzige Schale mit zwei Schließmuskeln, einen Wimpernlappen, auch Segel genannt, zum Schwimmen und zum Heranstrudeln von Nahrungsstoffen, und einen Fuß. Während einer Zeitspanne von ein bis zweieinhalb Wochen schwimmt die Larve im Plankton; sobald sie aber ausreichend entwickelt ist, um sich niederlassen zu können, streckt sie ihre Füße heraus und ergreift jeglichen festen Gegenstand, den sie zufällig berührt. Sie beginnt dann zu kriechen, doch wenn die Umgebung ungeeignet ist, kann sie sich wieder lösen und weiterschwimmen. Wenn sie weiterhin überlebt, scheidet die Larve jedoch irgendwann einen Tropfen Zement aus der Byssusdrüse aus und heftet sich mit der linken Klappe fest. In diesem Stadium haben die Austern etwa 1 mm Durchmesser. Die Schalen wachsen sehr schnell, und der Körper wandelt sich in erstaunlicher Weise: Füße, Segel, Augen und vorderer Schließmuskel verschwinden, die Netzkiemen werden größer, und der Mund dreht sich im rechten Winkel, um die Stellung wie bei der ausgewachsenen Auster einzunehmen.

Es ist wichtig, daß männliche und weibliche Geschlechtszellen gleichzeitig produziert werden; das wird zum Teil dadurch

erreicht, daß die Fortpflanzung von der Temperatur und den Mondphasen abhängt. Zumindest bei *Crassostrea* spielen jedoch auch chemische Reize eine wichtige Rolle.

Niedergang der Auster

Wie wichtig die Auster für die Ernährung vieler vorgeschichtlicher Stämme war, wird durch große Haufen aus Muschelschalen in den Küstengebieten der Erde bezeugt. In der Bretagne gibt es Wälle, die über 12 m hoch, etwa 600 m lang und etwa 250 m breit sind: sie bestehen aus Schalen von Austern, Kammuscheln und Miesmuscheln. Die Römer feierten Austernorgien und waren von den Austern der nordischen Küsten so begeistert, daß sie sie nach Rom importierten. Plinius erzählt, daß Sergius Orata als erster künstliche Austernbänke errichtete.

Durch Raubbau sind die deutschen Austernbänke, vor allem zwischen Sylt, Amrum und dem Festland gelegen, heute verödet. Eine sinnvolle Nutzung dieser Gebiete wäre nur durch drastische Schutzmaßnahmen möglich, etwa in Form von Austernfarmen.

Stamm	**Mollusca**
Klasse	**Bivalvia**
Ordnung	**Anisomyaria**
Familie	**Ostreidae**
Gattung und Arten	*Ostrea edulis,* Europäische Auster, u. a.

Kraken

*Mit diesem Namen wurde ursprünglich
ein ganz anderes Tier bezeichnet, nämlich
der zehnarmige Riesenkalmar (Architeuthis), ein Verwandter des Tintenfisches.
Diese wahrscheinlich bis zu 25 m langen
und bis mehrere Tonnen schweren größten Weichtiere überhaupt, von denen
eine Art — Architeuthis clarkei, 6 m
Gesamtlänge — auch in der Nordsee
vorkommt, haben mit unserem Kraken
(Octopus vulgaris) nur wenig zu tun.
Allerdings gehören beide zu den Kopf-
füßern. Im Unterschied zu den Tintenfischen sind die Kraken vorwiegend
Bodenbewohner. Dementsprechend ist
ihre Schale zurückgebildet, der Körper
nicht stromlinienförmig, sondern ein
fleischiger Sack, dem Flossen völlig
fehlen. Außerdem fehlen ihm die beiden
langen Tentakel der Kalmare und Tintenfische; die Saugnäpfe sind nicht gestielt
und nicht durch Hornringe verstärkt, und
die Fangarme sind durch Säume miteinander verbunden. Wenn der Krake auch
im Verhältnis zum Riesen „kraken" klein
erscheint, so können doch einzelne Arten
eine Spannweite von 5 bis 6 m erreichen,
wie etwa O. vulgaris und O. hong-
kongensis. Und O. dofleini erreicht eine
Armlänge von 5,6 m.*

*Neben dem gewöhnlichen Kraken
kommt in der Nordsee auch die Zirren-
krake (Ozaena cirrosa) und im Mittelmeer die Moschuskrake (Ozaena mo-
schata) vor, beide viel kleiner als ihre
Verwandten. Bei ihnen ist auf den Armen
nur eine Reihe Saugnäpfe ausgebildet.
Neben den normalen Kraken gibt es auch
eine Reihe seltsamer Tiefseeformen,
darunter den blinden Wunderschirm
(Cirrothauma), den einzigen bisher
bekannten blinden Kopffüßer überhaupt.
Zu den Kraken gehört auch das seltsame
Papierboot (Argonauta), dessen Weibchen eine dünne, aufgerollte Schale als
Brutbehälter besitzt.*

*Unten: Krake stößt Tintenwolke aus, um einen
Räuber zu täuschen und zu entkommen.*

Meister im Tarnen

Der Krake lebt zwischen Felsen im flachen
Wasser oder auch in einem Loch im Felsen
oder in einer aus Steinen errichteten „Villa".
Ansonsten kriecht er die meiste Zeit auf
dem Meeresboden herum, wobei er seine
Saugnäpfe als Greifer benutzt. Er kann allerdings auch schwimmen. Gewöhnlich
schwimmt er durch Rückstoß, die Arme läßt
er dabei hinterherschleifen. Wie Tintenfisch und Kalmar stößt er das Wasser durch
die Mantelhöhle aus; dort befinden sich auch
die Kiemen, die Nierenöffnungen, der Darm,
die Geschlechtsorgane und der Tintensack.
Und wie Tintenfisch und Kalmar kann auch
er Tintenwolken abgeben, um seine Verfolger zu täuschen.

Es gibt keine Anzeichen dafür, daß Kraken Geräusche wahrnehmen können. Mit
den Armen kann er jedoch sehr gut fühlen
und schmecken, auch die Augen sind gut
entwickelt. Wie wichtig sein Aussehen ist,
geht aus seiner außerordentlichen Fähigkeit
zum Farbwechsel hervor. Dazu benutzt er
zwei Arten von Chromatophoren, das sind
Pigmentzellen in seiner Haut, die ihre Farbe
ändern, je nachdem ob sie ausgedehnt oder
zusammengezogen sind. Die eine Art wechselt von Schwarz bis Rotbraun, die andere
von Rot bis zu einem hellen Gelborange.
Unter diesen Chromatophoren befindet sich
eine Schicht kleiner Körper (Iridozyten), die
weißes Licht zurückwerfen oder durch Strah-
lenbrechung ein Grün oder Blau hervorbringen. Der Krake verändert seine Erscheinung
jedoch nicht nur durch Farbwechsel, sondern auch durch Wechsel seiner Stellung und
allgemeinen Gestalt: Die Arme können als
Waffe ausgestreckt oder untergeschlagen
oder über den Körper hinweg nach hinten
gewunden oder geringelt sein, die Saugnäpfe können unsichtbar oder aber ausgestreckt sein, so daß die Arme wellenförmig
aussehen. Durch geeignete Anpassung in
Farbe, Haltung und Gestalt hebt sich der
Krake vom Hintergrund, von seiner Umgebung nicht mehr ab, so daß er äußerst
schwer zu erkennen ist. Kraken stellen sich
aber manchmal auch auffällig zur Schau, besonders wenn sie sich vor großen, unbekannten Gegenständen fürchten. Von Fischern,
die ihnen nachstellen, werden sie dann nicht
erkannt. Die Tiere nehmen eine abgeplattete
Form an, rollen die Arme um den Körper
und spannen den Schirm, die Schwimmhaut,

*Rechts unten: Der Mund ist von Tentakeln mit
Saugnäpfen zum Festklammern umgeben.*

aus. Der Körper wird dabei bleich, dafür
bilden sich rings um die Augen dunkle Ringe, auch der Schirmrand wird dunkel. Dies
alles soll den Verfolger vermutlich täuschen,
zumindest bis der Krake seine Farbe wechseln, Tinte ausstoßen und hinwegschießen
kann. Gehirn und Lernvermögen der Kraken
waren Gegenstand einiger aufschlußrei-
cher wissenschaftlicher Untersuchungen über
Gehirnfunktionen und Lernvermögen niederer Tiere. In Gefangenschaft werden sie
sehr schnell zahm.

Der Krake beim Angriff

Der Krake greift gewöhnlich nur sich bewegende Objekte an. Er gleitet vorsichtig nahe
an die Beute heran, verhält und macht dann
durch Rückstoß einen Satz. Kleine Beutetiere wie Fische und Krustentiere werden
unter dem zwischen den Armen ausgespannten Schirm gefangen und dann mit den
papageienschnäbeligen Hornkiefern ergriffen. Gleichzeitig wird ein Gift abgegeben,
das die Beute lähmt. Ein Krake von durch-
schnittlicher Größe verzehrt vielleicht zwei
Dutzend kleine Krabben täglich. Es gibt
einige glaubwürdige Berichte darüber, daß
Kraken auch Menschen angefallen haben;
das kommt sicherlich nur selten vor, wahrscheinlich wenn man sie belästigt. Wenn
man sich ruhig verhielte, so berichten die
Betroffenen, würde der Krake den Menschen kurze Zeit „befühlen" und dann loslassen.

Eigenartige Paarung

Bei der Paarung, die einige Stunden dauern
kann, sitzen Männchen und Weibchen getrennt voneinander. Es gibt kaum einen
Geschlechtsdimorphismus, abgesehen davon,
daß das Männchen mancher Arten ausgesprochen große Saugnäpfe am Ansatz des
zweiten Armpaares besitzt, als ob es das
Weibchen damit aufmerksam machen wollte.
Kontakt hat es mit dem Weibchen nur
durch einen einzigen Arm, den es ausstreckt,
um das Weibchen zu streicheln. Das ist immer der dritte rechte Arm, der für diesen
Zweck eigens ausgebildet ist: er hat eine
löffelförmige Spitze (Hectocotylus-Arm). Die
Spermien werden in Form von Samen-
paketen (Spermatophoren) an der Öffnung
ihrer Eileiter abgelegt.

Das Weibchen legt innerhalb einer Woche
etwa 150 000 Eier, jedes in einer ovalen

*Rechts: Ein Krake gleitet gemächlich durch
die Tiefen des Ozeans.*

Unten: Das Auge eines Kraken. Der Sipho stößt Wasser aus der Mantelhöhle aus.

Oben: Der Krake Hapalochlaena maculosa *schwimmt rückwärts.*

Oben rechts: Der Blaugeringelte Krake greift gewöhnlich nur sich bewegende Objekte an.

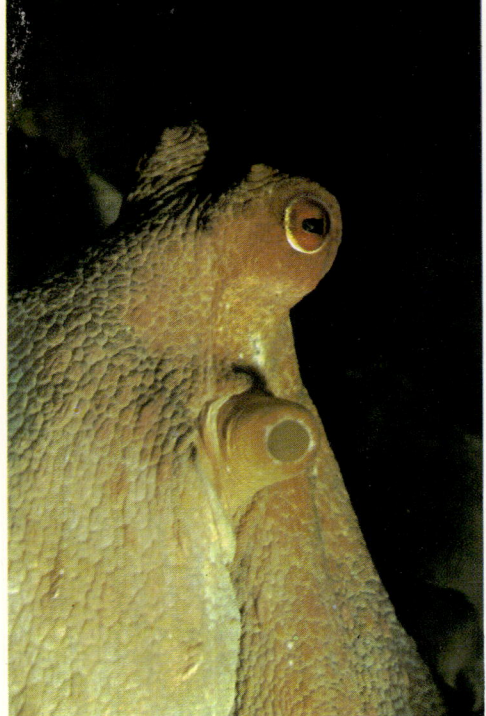

Unten: Der Krake tarnt sich als Koralle, indem er Form und Farbe zugleich ändert.

Rechts unten: Die Augen des Kraken erfassen einen Blickwinkel von 180 Grad.

Kapsel, etwas kleiner als ein Reiskorn. Sie sind durch kurze Stiele zu langen Büscheln geheftet, die das Lager der Mutter umgeben. Sie pflegt die Brut einige Wochen lang, indem sie sie mit ihren Armen säubert oder mit ihrem Trichter Wasser darüberbläst. Während dieser Zeit frißt sie wenig oder fastet sogar vier Wochen lang. In einem Aquarium hat ein brütendes Weibchen sogar neben ihr abgelegte Nahrung fortgeschafft und in gehöriger Entfernung fallen lassen. Die mit kurzen Armen ausgestatteten Jungen schlüpfen bei etwa 3 mm Länge und treiben eine Zeitlang herum, bis sie sich — rund 12 mm lang und einige Wochen alt — selbständig machen und auf dem Meeresboden niederlassen. Nach milden Wintern können Kraken sehr zahlreich und damit schädlich werden, nämlich für Krebse, Krabben und Hummern.

Wahrheit oder Dichtung?

Man sagt manchmal, Kraken könnten Muscheln verzehren, indem sie Steine zwischen die Schalen klemmen, um sie aufzusperren. Nachdem dies bereits Plinius, der römische Naturforscher, berichtet hatte, hat Jeannette Power, die französische Naturforscherin, im Jahre 1857 über einen Kraken geschrieben, der, als es ihm nicht gelang, eine große Muschel zu öffnen, einen Stein ergriff und einschob, so daß sich die Schalen öffneten. Das ist eine sehr hübsche Geschichte, nur haben mehrere Zoologen vergeblich darauf gewartet, dieses Verhalten einmal zu beobachten.

Einige haben sogar in Aquarien mit Kraken Versuche angestellt — aber ohne Ergebnis.

Immerhin sind Kraken zu erstaunlichen Dressurleistungen befähigt: man hat gefangene Kraken beobachtet, die in Nachbarquartiere kletterten, um dort ein Beutetier zu fangen. Ein Krake lernte sogar, Flaschen zu entkorken, um dort eingesperrte Beutetiere zu entnehmen.

Stamm	**Mollusca**
Klasse	**Cephalopoda**
Unterklasse	**Dibranchiata**
Ordnung	**Octopoda**
Familie	**Octopodidae**
Gattung und Arten	*Ocaena cirrosa,* Zirrenkrake *Octopus vulgaris,* Gemeiner Krake

Regenwurm

Der dem Gärtner so vertraute Regenwurm hat eine große Variabilität, und die etwa 35 einheimischen Arten sind nicht leicht auf den ersten Blick zu unterscheiden. Der Mistwurm (Eisenia foetida) ist wechselnd rotbraun und gelblich gestreift und hat einen abstoßenden Geruch. Bei Anglern ist er als wirksamer Köder begehrt. Er lebt in Mist- und Komposthaufen, ebenso wie Dendrobaena rubida.

Eine weitere an ihrer Färbung erkennbare Art ist der grünliche Allolobophora chlorotica. Die allgemein als Gewöhnlicher Regenwurm oder Tauwurm bezeichnete Art ist jedoch der große, bis 25 cm lang werdende Lumbricus terrestris (er ist kurz im Vergleich mit den über 3 m langen Regenwürmern Australiens). Die rötliche Färbung dieser und weiterer Arten beruht auf dem sauerstofftransportierenden Blutfarbstoff Haemoglobin. Der langgestreckte Körper wird in ringförmige Segmente eingeteilt (110 bis 180 bei L. terrestris). Einige der inneren Organe, darunter die Ausscheidungsorgane, sind in den meisten Segmenten paarig vertreten. Am zugespitzten Vorderende liegt der Mund mit dem überhängenden Kopflappen; er hat aber weder Zähne noch Kiefer. Der Körper zeigt (bei L. terrestris zwischen dem 32. und 37. Segment) einen Ring, ähnlich einem Zigarrenband; man hält ihn manchmal für eine Narbe, wo der Wurm zerschnitten worden und wieder zusammengewachsen sei. Es ist aber eine Drüse — Gürtel oder Clitellum —, die den Kokon ausscheidet.

Wie der Regenwurm gräbt

Der Regenwurm bewegt sich fort mittels Muskelkontraktionen, die wellenförmig den ganzen Körper entlanglaufen. Jedes einzelne Segment wirkt dabei als Einheit: unter der Einwirkung von Ringmuskeln wird es länger und enger — durch Zusammenziehen der Längsmuskeln wird es kürzer und dikker. Wenn sich nun eine Gruppe von Segmenten verkürzt und verdickt und sich auf diese Weise an dieser Stelle an der Gangwand festhält, während sich die Segmente davor strecken, bewegen sie sich damit vorwärts. Gleichzeitig werden die Segmente in der rückwärtigen hinteren Gruppe kürzer und dicker. Das setzt sich so fort, bis sich der ganze Wurm vorwärts bewegt hat.

Beim Kriechen, vor allem auf der Erdoberfläche, bekommt der Wurm besseren Halt: durch kurze rückwärts gerichtete Borsten. Jedes Segment hat vier Borstenpaare, ausgenommen der Kopflappen und das letzte Segment. Das kann man besser fühlen als sehen: man ziehe einen Wurm rückwärts zwischen den Fingern hindurch!

Regenwürmer als Baumbewohner

Regenwürmer schieben die Erde beim Kriechen zur Seite, zum Teil fressen sie aber auch Erde. Einige Arten setzen die verzehrte Erde in Form der bekannten Kothäufchen an der Erdoberfläche ab; das gilt jedoch nicht für L. terrestris, der nur selten Kothäufchen bildet. Einige Arten klettern

Oben: Kothäufchen auf einem Rasen. Der Boden erhält Humus und Nährstoffe!

Unten: Lumbricus terrestris, der Regenwurm unserer Gärten und Köder für Angler.

auch auf Bäume und sind zuweilen unter der Rinde anzutreffen. Auch der Mistwurm erklettert oftmals Bäume und Zäune. In Indien hat man nach starken Regenfällen beobachtet, wie Regenwürmer bergauf, ja selbst auf Bäume abgewandert sind, vermutlich, um nicht überspült zu werden. Sie waren jedoch wahrscheinlich nicht in Gefahr zu ertrinken, denn Regenwürmer kann man monatelang unter Wasser halten, und sie überleben dennoch. In Tümpeln tot aufgefundene Tiere sind wahrscheinlich durch andere Ursachen gestorben. Durch Trockenheit oder Sonnenlicht sind sie viel stärker gefährdet. In Regenzeiten im Winter können sich Regenwürmer weit über 2 m tief eingraben. Sie „tapezieren" dann eine Höhle mit Schleim aus und verfallen in einen Ruhezustand.

Flucht vor Maulwürfen

Regenwürmer haben weder Ohren noch Augen, doch ihr Körper — besonders an der Oberseite — ist reizempfindlich, sogar lichtempfindlich. Sie können die von einem grabenden Maulwurf ausgehenden Erschütterungen wahrnehmen, und es kann vorkommen, daß Regenwürmer in großer Zahl wie in einer Panik an die Oberfläche kommen, wenn sich ein Maulwurf heranarbeitet. Auch wenn man einen Stab in die Erde stößt und hin und her dreht, kommen Regenwürmer an die Oberfläche. Sollte ein Regenwurm einem Räuber zum Opfer fallen, verliert er unter Umständen nur einen Teil seines Körpers. Der verbleibende Teil kann sich oftmals regenerieren.

Restbestände von Intelligenz?

Die Hauptnahrung des Regenwurms besteht aus zerfallender pflanzlicher Substanz, manchmal frißt er auch kleine tote Tiere, z. B. andere Würmer, und Kotteile. Auch mit der beim Graben verschlungenen Erde nimmt er Nahrung auf. Wichtig sind aber vor allem an der Erdoberfläche, am Eingang der Röhren liegende pflanzliche Stoffe. Diese werden in die Gänge hineingezogen und bis zu einem gewissen Grade durch Verdauungssäfte des Mundes vorverdaut, ehe sie gefressen werden. Charles Darwin hat in „Die Bildung der Ackererde durch die Tätigkeit der Regenwürmer mit Beobachtungen über deren Lebensweise", einem 1881, kurz

vor seinem Tode, veröffentlichten Buch, beschrieben, wie Regenwürmer Blätter in ihre Gänge ziehen und die oberen Teile des Kanalsystems damit auskleiden. Obwohl Regenwürmer blind sind, haben sie die bei den Versuchen verwendeten Blätter und dreieckigen Papierstücke an ihrem spitzen Ende hineingezogen. Natürlich ist es leichter, ein Blatt an der Spitze als an der Basis hineinzuziehen, und Darwin schloß, dieses Verhalten zeige eine gewisse Intelligenz. Mehrere Biologen haben sich seither mit dieser Frage befaßt, und es erscheint sicher, daß Blätter auf die mechanisch einfachste Weise in die Kanäle gezogen werden — also mit der Spitze zuerst. Die Würmer ergreifen vom Kanalrand aus wahllos Blätter und ziehen daran. Wenn die Blätter Widerstand leisten, lassen sie los und versuchen es wieder. Es klappt schließlich, wenn sie zufällig die Blattspitze zu fassen bekommen. Sie probieren also einfach und handeln nicht etwa intelligent. Es spielt jedoch noch etwas anderes mit, denn die Würmer sprechen auf bestimmte chemische Stoffe in der Blattmasse an: sie bevorzugen die Stoffe in der Spitze gegenüber jenen an der Basis und im Stengel.

Regenwurmburgen

Wenn man auf einem Schotterweg geht, findet man gelegentlich Häufchen von Kieselsteinen, so als ob Regenrinnsale den Schotter ungleichmäßig ausgewaschen hätten. Wenn man jedoch genauer hinschaut, kann man unter Umständen erkennen, daß sich rings um das Hügelchen bloße Erde befindet, und darin sind Abdrücke der Kieselsteinchen der daneben liegenden Häufchens. Daraus ist zu schließen, daß jemand die Steinchen angehoben und sorgfältig zu dem Häufchen aufgeschichtet hat. Wenn man nun das Häufchen vorsichtig zur Seite nimmt, findet man mitten darunter den Auswurf eines Regenwurmes und darin einen kleinen Erdwall als Kern, als Mittelpunkt des Kieselhäufchens. Es besteht aus bis zu 200 Kieseln; sie sind erbsengroß, bis etwa 4 mm Durchmesser, mit etwa 40 g Gewicht.

Wenn man sehen möchte, wie diese Häufchen entstehen, geht man am besten nach dem Dunkelwerden nach einem leichteren Regenschauer mit einer Rotlicht-Taschenlampe hinaus. Man gehe vorsichtig, um

den Boden nicht zu erschüttern. Aus jedem Kieselhäufchen streckt sich ein, mit dem Körperende mitten darin verankerter, Regenwurm heraus — und bei etwas Glück kann man sehen, wie der Wurm seinen Mund gegen einen Kiesel drückt; dabei stülpt er das kissenartig verdickte Gewebe des Kaumagens heraus und bildet eine kleine Saugscheibe. Es ist nicht leicht exakt zu beobachten, wie der Wurm den Kiesel faßt. Wenn man sich jedoch still verhält, kann man ein leises Klimpern eines bewegten Kiesels hören, und auch aus dem schon erwähnten Abdruck eines jetzt oben auf dem Häufchen liegenden Kiesels ist zu schließen, daß er vorsichtig bewegt worden ist.

Wir wissen, daß Regenwürmer Blätter in die Röhre ziehen und auch kleine Stäbchen, Federn, sogar Wollreste hineinschleppen. Wir können nur unterstellen, daß sie den Boden säubern, um sich zu ernähren, und deshalb die Steine entfernen. Auf einem von Steinchen freien Boden kann man, wenn man sehr behutsam vorgeht, beobachten, wie Regenwürmer fressen, indem sie sich aus der Röhre herausstrecken und die Oberfläche mit dem Mund abtasten. Dabei kann man schlingende Bewegungen beobachten, als ob die Würmer aus Erdteilchen und sonstigen Stoffen Nährstoffe saugen wollten.

Sparsame Fortpflanzung

An einem warmen, stillen Abend eines nicht zu trockenen Tages kann man auf einem Rasen Regenwürmer zu Paaren vereinigt sehen, wobei ihre hinteren Enden im Bau stecken. Die Würmer sind Zwitter und tauschen während der drei bis vier Stunden dauernden Vereinigung Spermien aus. Sie liegen dabei in einer gemeinsamen Schleimhülle. Der Schleim wird vom Clitellum ausgeschieden.

Die Eier werden etwa einen Tag nach der Paarung abgelegt; das kann sich, ohne weitere Paarung, über einige Monate hin fortsetzen. Die Eier werden dann in einem vom Clitellum ausgeschiedenen Kokon eingeschlossen und befruchtet, und zwar durch Samenzellen des Partners, die in Samentaschen aufbewahrt werden; die Samenzellen stammen also nicht von dem Tier selbst. Der Kokon von *Lumbricus terrestris* ist so groß wie eine Erbse und dunkelbraun. Obwohl mehrere Eier in einem Kokon abgelegt wer-

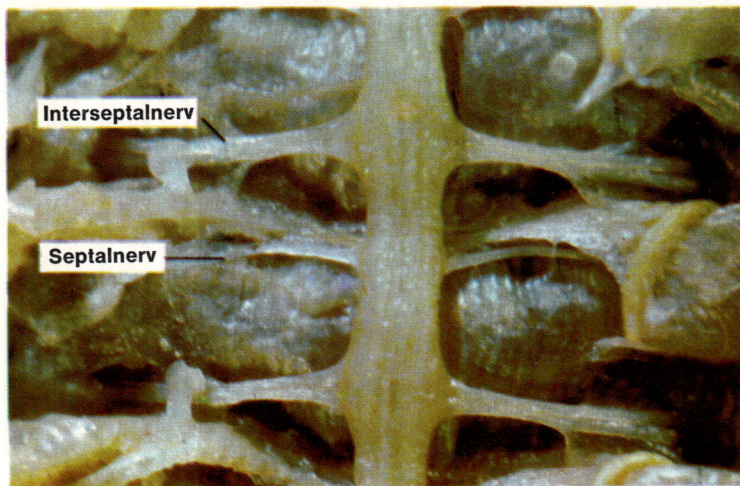
Vom Bauchmark des Regenwurmes (Mitte) gehen Seitennerven in jedes einzelne Segment. Je zwei Nerven ziehen zu den Scheidewänden der Segmente und je zwei in die Segmente hinein. Das „Gehirn" besteht aus zwei Nervenzellen-Knoten oberhalb des Schlundes.

Interseptalnerv

Septalnerv

Zwei Hauptblutgefäße durchziehen den Körper der Länge nach, eins oben, eins unten. Sie werden von Ringgefäßen miteinander verbunden. Die Ringgefäße der Segmente 7 bis 11 sind erweitert und pulsieren rhythmisch, herzähnlich (durch Kreise kenntlich gemacht).

Oben: Regenwürmer bei der Paarung, die 3 bis 4 Stunden dauert. Jeder steckt mit dem Ende in der entsprechenden Höhle.

Unten: So „konserviert" ein Regenwurm die Feuchtigkeit: Er rollt sich in einer kleinen Höhle ein und kleidet sie mit Schleim aus.

den, überlebt in der Regel nur ein Embryo. Der junge Wurm schlüpft nach 1 bis 5 Monaten und ist nach weiteren 6 bis 18 Monaten geschlechtsreif. Wie alt Regenwürmer gewöhnlich werden, ist nicht sicher bekannt. In Gefangenschaft jedenfalls hat man *L. terrestris* 6 Jahre und *Allolobophora* über 10 Jahre halten können.

Sie lockern den Boden

Die Anzahl von Regenwürmern je ha (10 000 qm) ist auf 6 Millionen bei einem Gewicht von etwa 30 Tonnen geschätzt worden. Wenn sie nicht den Boden ständig lüfteten, drainierten, wenn sie nicht ständig organische Stoffe, wie Blätter, in den Boden hineinzögen und ihre Kothäufchen aufwürfen, wäre der Boden, zumindest unkultivierter Boden, bald „kalt und hart — und folglich steril", wie Gilbert White 1877 schrieb.

Regenwürmer sind in Grasland am zahlreichsten, weil sie dort reichlich Nahrung haben und nicht gestört werden. Die Population verkleinert sich drastisch, wenn der Boden gedüngt oder gepflügt wird. Auch Bodensäure vertragen die Regenwürmer nur bis zu einem gewissen Grad.

Aus dem Gewicht von täglich eingesammeltem Regenwurmkot hat Darwin geschätzt, daß je Hektar und Jahr etwa 15 bis 36 Tonnen gewendet werden können; das entspricht einer Schicht von 2,5 bis 4 cm innerhalb von 10 Jahren. Das Ergebnis ist eine feinkrümelige obere Bodenschicht. Gleichzeitig werden große Steine nicht nur unter dem Auswurf der Würmer begraben, sondern auch unterwühlt. Das ist auch der Grund, warum einige der Steine des äußeren Ringes von Stonehenge allmählich absinken — zur Zeit mit rund etwas über 15 cm in hundert Jahren. Dies erklärt auch, warum so viele römische Altertümer jetzt begraben sind. Ein weiterer Grund ist die allmähliche Verschüttung von Tälern.

Stamm	**Annelida**
Klasse	**Oligochaeta**
Ordnung	**Prospora**
Familie	**Lumbricidae**
Gattung und Arten	*Lumbricus terrestris,* Regenwurm, u. a.

Borstenpaare (links oben) durchstoßen die Haut, um dem Wurm beim Graben und Kriechen mit Halt zu geben. Der Mitteldarm ist gekerbt, die Oberfläche dadurch vergrößert.

Der Regenwurm leitet flüssige Abfallstoffe durch Flimmertrichter (Nephridien), je Segment ein Paar. Auch das unter dem Mitteldarm liegende Bauchmark ist zu erkennen.

Im 13. Segment liegen seitlich des Bauchmarkes die Eierstöcke (Mitte des Fotos). Die Eier werden in Kokons gelegt, die bereits Spermien enthalten.

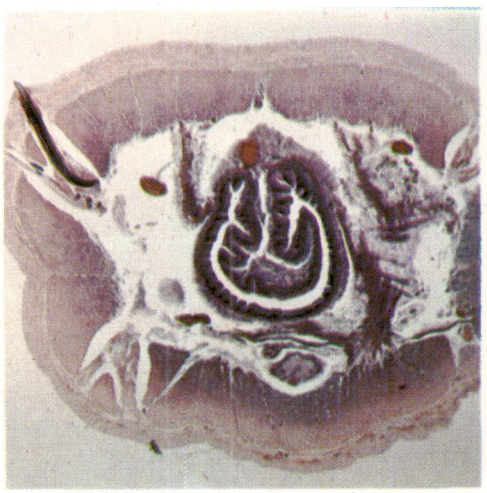

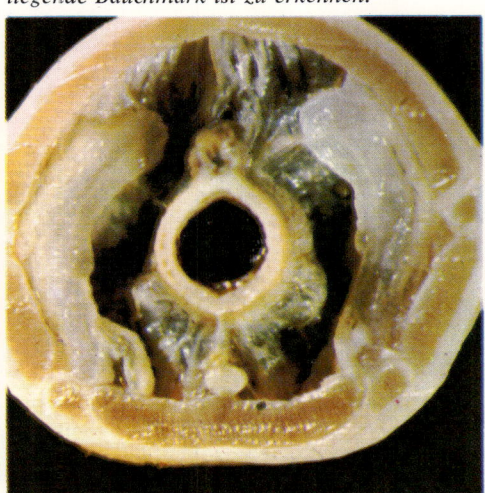

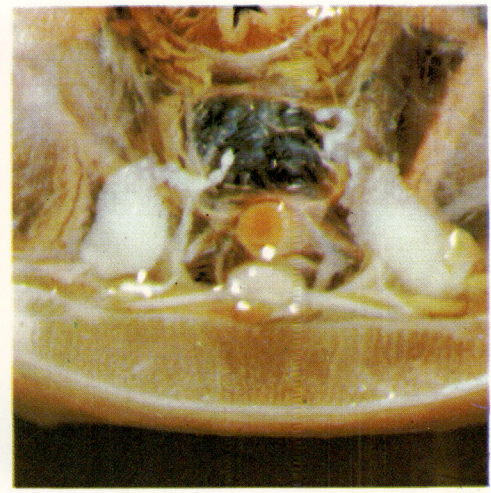

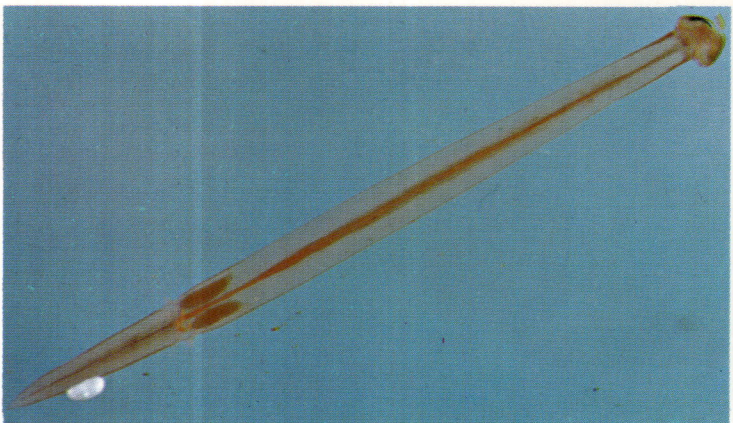

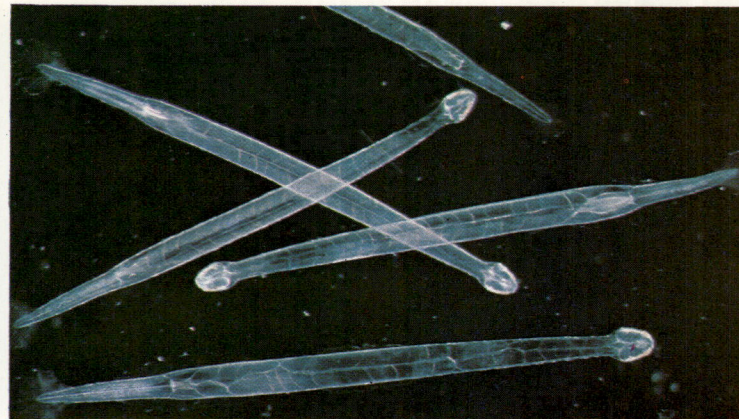

Bau des Pfeilwurmes: Kopf, langer Rumpf und Schwanz. Dornenartiger Fanghaken und zwei mit Eiern gefüllte Ovarien.

Parasagitta elegans (3,5fach vergrößert). Das silbrige Geflecht sind Nervenfäden. Pfeilwürmer treiben millionenfach im Meeresplankton.

Pfeilwürmer

Unter den Myriaden winziger Tiere, die im Meer als Plankton dahintreiben, gibt es auch einige Arten mit schmalem, durchsichtigem, 2 bis 10 cm langem Körper. Das sind Pfeilwürmer. Ein Planktonnetz fördert sie zu gewissen Zeiten des Jahres in riesigen Mengen zutage, doch wenn man ins Wasser schaut, sind sie schwer zu erkennen. Abgesehen von einem Paar kleiner, schwarzer Augen am Kopf, sind die Körper durchsichtig und nur dann zu erkennen, wenn die Tiere Nahrung aufgenommen haben.

An einem im Labor künstlich angefärbten Pfeilwurm sind deutlich drei Abschnitte zu unterscheiden: ein kurzer Kopf, ein langgestreckter Rumpf, der den weitaus größten Teil des Körpers ausmacht, und ein kurzer Schwanz. Pfeilwürmer schwimmen mittels auf- und abgehender Bewegungen von Rumpf und Schwanz, unterstützt durch Flossen. Sagitta, der gewöhnliche Pfeilwurm unserer Meere, hat zwei Flossen am Rumpf und eine zweigeteilte Flosse am Schwanz.

Der Mund ist von einer dünnen Kopfkappe umgeben, darunter sind zwei paarig angeordnete Stichelhaken, die als Kiefer dienen. An den Fanghaken und um den Mund herum befinden sich scharfe Borsten, mit denen Nahrung gefangen wird. Die Kopfkappe ist dann zurückgezogen.

In allen Meeren verbreitet

Wohl jeder Kübel Meerwasser enthält Pfeilwürmer. Die meisten Arten leben an der Oberfläche des offenen Meeres, einige an den Küsten oder in der Tiefsee, wo sie manchmal ein schönes Goldorange annehmen. Sie können durch Körperbewegungen schwimmen, aber nicht mit eigener Kraft größere Strecken zurücklegen. Gewöhnlich hängen sie passiv im Wasser und lassen sich von der Strömung treiben.

Der Ozean scheint in allen Teilen der Erde gleich zu sein. In Wirklichkeit unterscheiden sich einzelne Abschnitte wie Wüste und Dschungel auf dem Lande. Temperatur und Salzkonzentration wechseln ständig, und dementsprechend ändert sich auch die Ver-

breitung der verschiedenen Tiere, denn jede Art lebt nur dort, wo ihr die Lebensbedingungen zusagen. Das gilt zwar nicht für alle Meerestiere, z. B. nicht für die gewöhnliche Ohrenqualle, aber für die Pfeilwürmer.

Sie wandern oftmals in senkrechter Richtung: von mehr an der Oberfläche gelegenen Schichten in tiefere Schichten und wieder zurück. Dieses Verhalten ist von vielen Tieren des Planktons bekannt; man nimmt an, sie wollen so dem zu hellen Tageslicht entgehen. Pfeilwürmer lassen sich am Tag und in der Nacht absinken und kommen während der Abend- und Morgendämmerung herauf.

Gierige Fresser

Pfeilwürmer sind gefräßige Geschöpfe. Sie hängen bewegungslos im Wasser und stürzen sich plötzlich — mittels heftiger Körperbewegungen vorschnellend — auf ihre Beute. Blitzartig legen sie die mehrfache Strecke ihrer Körperlänge zurück, eine für Plankter außergewöhnliche Geschwindigkeit; denn die meisten können kaum schwimmen und lassen sich nur treiben. Die Beute wird von den Borstenkiemen ergriffen und in den Mund befördert. Aus besonderen Zellen, von denen der Mund umgeben ist, wird ein klebriges Sekret ausgeschieden, damit werden die Füße der Beute umhüllt und die Opfer so bewegungsunfähig gemacht. Das Sekret dient zugleich als Gleitmittel, das den Weg durch die Speiseröhre erleichtert.

Jegliche kleinen Tiere werden genommen, auch Angehörige der eigenen Gattung. Heringslarven, die größer sind als der Pfeilwurm selbst, werden besonders im Januar und Februar in Riesenmengen verzehrt.

Aber nicht alle Pfeilwürmer jagen ihre Beute. Die im Nordatlantik und Mittelmeer lebenden Spadella haben am Schwanz Saugnäpfe und sind an Felsen oder Meerestang angeheftet. Wenn sich ein Kleinkrebs nähert, schlägt der Pfeilwurm mit seinen Kiefern nach ihm, ohne seinen Halt am Felsen aufzugeben. Die Beute wird mit den Dornen bearbeitet, bis sie vom Kopf oder Schwanz her in den Mund gezerrt werden kann.

Fortpflanzung

Wie viele wirbellose Tiere sind auch Pfeilwürmer Zwitter: Jedes Individuum hat sowohl männliche als auch weibliche Geschlechtsorgane. Bei Pfeilwürmern liegen die Eierstöcke im Rumpf und die Hoden im Schwanz. Die Eier eines Individuums werden vermutlich vom Sperma eines anderen befruchtet, bei einigen Arten kommt aber auch Selbstbefruchtung vor. Die Eier wer-

den in das Meer abgegeben, wo sie sich zu Larven entwickeln, die sich später zu erwachsenen Tieren ausbilden. Bestimmte Wassertemperaturen sind für viele Pfeilwürmer offenbar wichtig. Wenn die Meeresströme sie zu weit nach Norden, in kühlere Meeresteile, abtreiben, vermehren sie sich nicht, sondern wachsen statt dessen bis zum Doppelten ihrer normalen Körpergröße an.

Pfeilwürmer zeigen Meeresströmungen an

In einem vom Atlantik her durch den Nordseekanal gezogenen Planktonnetz werden bestimmte Pfeilwürmer der Gattung Pseudosagitta in großer Zahl gefangen. Doch sobald sich das Schiff Plymouth nähert, verschwindet diese Art und wird durch die Vertreter von Sagitta setosa ersetzt. Der Wechsel ist so abrupt, daß ein Meereszoologe einmal am Bug des Schiffes elegans und am Heck setosa fangen konnte. Das ist eine große Hilfe für die Biologen, weil sie so leicht zwischen Wasser aus dem Kanal und vom Atlantik hereinkommendem Wasser unterscheiden können.

Es mag unwesentlich erscheinen, ob die eine oder die andere Pfeilwurmart in einem bestimmten Teil des Kanals vorkommt. In Wirklichkeit jedoch konnte diese Kenntnis zur Lösung eines weiteren Problems beitragen. Während der ersten Hälfte unseres Jahrhunderts pflegten die Fischer von Plymouth aus, jeweils im Winterhalbjahr, vor der Küste von Cornwall auf Heringsfang zu gehen. Während der Jahre ab 1920 kamen allmählich keine Heringe mehr den Kanal herauf, und bald waren keine Fangboote mehr zu sehen. Die eines Teiles ihres Lebensunterhaltes beraubten Fischer wußten nicht, wo die Schwärme geblieben waren. Einige Jahre lang hat dann die Meeresforschungs-Station Plymouth regelmäßig Plankton untersucht. Daraus ergab sich, daß Pseudosagitta nach und nach den Kanal aufwärts abgewandert war. Das konnte nur bedeuten, daß Wasser aus dem Atlantik in die Fischgründe hereingeströmt ist. Heringe sind raschem Temperaturwechsel gegenüber sehr empfindlich. Der Untergang der Heringsfischerei an der Südküste Englands war also darauf zurückzuführen, daß die Heringe durch einen Wechsel in der Meeresströmung verschwunden waren.

Stamm	Chaetognatha
Gattung und Art	Sagitta setosa; S. elegans; Parasagitta; Pseudosagitta

Bartwürmer

Der wissenschaftliche Name dieser Meeresbewohner bedeutet buchstäblich „Bartträger". Das klingt etwas merkwürdig, aber merkwürdig ist die ganze Geschichte dieser Gruppe. Die Bartträger sind Vertreter einer Gruppe des Tierreiches, die bis 1914 völlig unbekannt war und selbst bei Meeresbiologen erst seit etwa 1950 regeres Interesse fand. Heute hat es den Anschein, als seien sie die weitestverbreiteten und zahlreichsten marinen Tiere.

Die heute bekannten über 100 Arten ähneln Würmern und sind äußerst schlank; ein 12 mm langes Exemplar ist nur 0,5 mm dick. Die meisten sind etwa 10 bis 15 cm lang, die größte Art erreicht etwas über 30 cm. Jedes einzelne Tier lebt in einem durchsichtigen Gehäuse, das nur etwas weiter, aber fünfmal so lang als es selbst ist. Das Gehäuse hat über seine ganze Länge in gewissen Abständen eine ringförmige Skulpturierung. Das Tier selbst besteht aus mehreren Abschnitten, von denen jeder einzelne etwas anders geformt ist: Vorn finden sich ein oder mehrere Tentakel — bei einigen Arten sind es 200 und mehr —, die mit Fortsätzen besetzt sind. Am Hinterende sind Dornen oder kurze Borsten, die den Borsten der Regenwürmer und Seeringelwürmer ähneln. Sie helfen dem Tier wahrscheinlich, sich innerhalb des Gehäuses auf und ab zu bewegen. Das Verdauungssystem ist stark reduziert.

Diese Tiere hat man jetzt in allen Meeren aufgefunden, vor allem in großen Tiefen, bis zu 9000 m; in den letzten Jahren entdeckte man auch einige in flacheren Gewässern lebende Arten.

Geheimnisvolle Meerestiere

Aus den Meerestiefen heraufgeholte und auch nur für einige Stunden am Leben zu erhaltende Bartwürmer lassen sich schwer beobachten. Ihre Lebensweise muß vielmehr von den am toten Tier sichtbaren Merkmalen abgeleitet werden. Sie leben nur auf Meeresgrund mit feinem Schlamm und scheinen die meiste Zeit in dem durchscheinenden, wasserdurchlässigen Gehäuse zu verbringen. Das eintretende Wasser vermittelt dem Tier offenbar den Sauerstoff zum Atmen. Elektronenmikroskopische Untersuchungen haben einen komplizierten Körperbau nachgewiesen, auch ein Nervennetz, Blutgefäße mit Hämoglobin und — manchmal — eine Herzblase. Das Nervennetz ist an der Bauchseite verdichtet. Versuche an lebenden Tieren haben gezeigt, daß sie auf Berührung nur schwach reagieren.

Die Frage der Ernährungsweise

Man hat viel über die Ernährungsweise der Bartwürmer spekuliert: ob sie aus dem durch die Tentakelfortsätze gefilterten Wasser Nährstoffe aufnehmen oder ob die Fortsätze ein Sekret ausscheiden, das die Nahrungspartikel festhält. Wo die Tentakel gehäuft vorkommen, bilden sie Gehäuse oder komplizierte Spiralen, und man hat vermutet, die Nahrung würde dort aufgefangen und verdaut, also in einer Art äußeren Ver-

Unten: Eine seltene Aufnahme des Bartwurmes Oligobrachia ivanovi aus dem nordöstlichen Atlantik. Dieser große Bartwurm hat sein Gehäuse zum Teil verlassen, seine sieben Tentakel sind zu einer orangegerbenen Masse aufgewickelt. 10fach vergrößert.

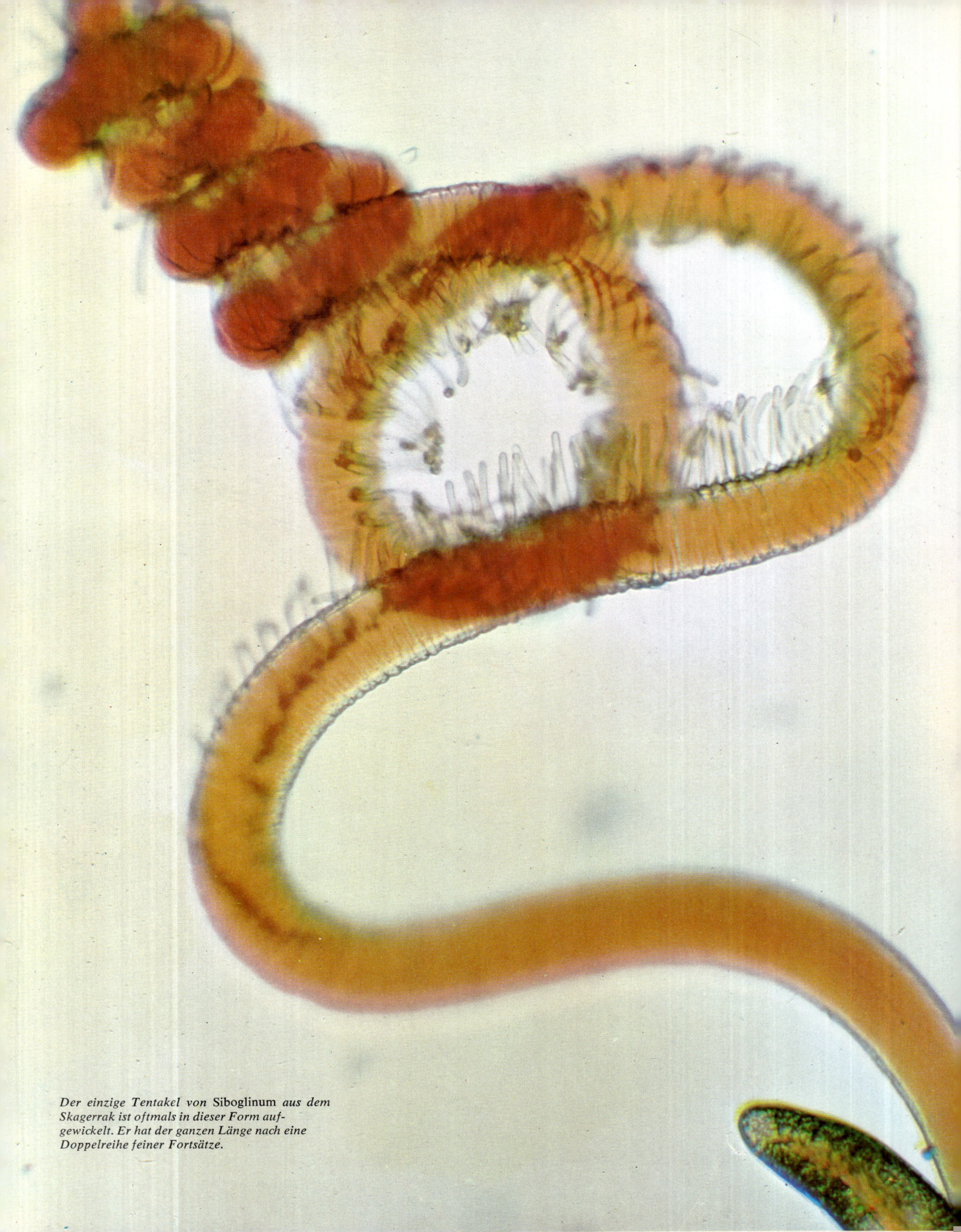

Der einzige Tentakel von Siboglinum *aus dem Skagerrak ist oftmals in dieser Form auf-gewickelt. Er hat der ganzen Länge nach eine Doppelreihe feiner Fortsätze.*

dauung. Es wurde auch die reichlich unwahrscheinliche Vermutung geäußert, die Tiere nähmen im Meerwasser gelöste Nährstoffe durch die Haut auf. Durch Untersuchungen von Nørrevang (1965) können diese Fragen jedoch einigermaßen geklärt werden. Bei *Siboglinum* weisen die Tentakelfortsätze elektronenmikroskopisch kleine Zellfortsätze (Mikrovilli) auf, ähnlich etwa dem Bürstensaum im Dünndarm. Diese Plasmafortsätze durchbrechen die Außenschicht, die Kutikula, die an dieser Stelle ohnehin besonders fein ist. Von ihnen werden die Nährstoffe in irgendeiner Form aufgenommen.

Fortpflanzungs-Mechanismus mit Rätseln

Bei manchen Bartwürmern hat man dotterreiche Eier festgestellt, bei anderen Kapseln mit Spermien oder auch Spermatophoren. Es gibt keinerlei Anhaltspunkte, die anzeigen würden, ob die Spermien einfach ins Meer abgegeben werden und durch Zufall auf Eier anderer Individuen treffen, oder ob sich Bartwürmer auf einfache Weise paaren. Man hat geschätzt, wie hoch die „Bevölkerungsdichte" sein mag. Die Annahmen gehen von 60 bis 600 je qm. Selbst bei ver-

hältnismäßig großer Dichte wäre es danach schwierig, daß Tiere aufeinandertreffen. Am einleuchtendsten ist die Annahme, daß die Spermien ins Meer entlassen werden. Die Tatsache, daß sie sich in einer Kapsel befinden, spricht jedoch dafür, daß das Männchen sie am Weibchen oder in ihrem Gehäuse ablegt. In einigen Gehäusen hat man Larven oder Embryonen gefunden. Die Larven sind rund und haben je einen Wimperngürtel vorn und hinten. Da die Wimpern sich wellenförmig bewegen, dreht sich die Larve um die eigene Achse. Später streckt sie sich und nimmt die Gestalt der Erwachsenen an.

Ein ganz neuer Tierstamm

Der erste Bartwurm wurde 1914 im Indischen Ozean gefangen, und 1933 wurde ein Bartwurm aus dem Ochotskischen Meer fälschlich als Ringelwurm beschrieben. Erst 1937 aber stellte Johansson fest, daß es sich bei diesen Tieren um eine ganz eigene, bis dahin unbekannte Tiergruppe handelt. Mittlerweile hat man Bartwürmer in fast allen Meeren in Tiefen zwischen 150 und 9900 m gefunden, und man weiß auch, daß sie in

vielen Gebieten außerordentlich häufig sind. Es kann auch gar kein Zweifel daran sein, daß Bartwürmer auch von früheren Expeditionen häufig gefangen wurden. Da sie aber wie Netzfäden aussehen und außerdem meist nur in Bruchstücken an die Oberfläche kommen, sind sie den Wissenschaftlern lange entgangen. Stammesgeschichtlich sind die Bartwürmer deshalb interessant, weil sie gewisse Beziehungen zu den Chordatieren aufweisen, zu denen auch der Mensch gehört.

Stamm	Pogonophora
Ordnung	Athecanephria
Ordnung	Thecanephria

Vorfahr der Bartwürmer: Das spitz zulaufende Gehäuse des ausgestorbenen Hyolithellus, Fossil aus dem Kambrium. Der Einschnitt über dem Gehäuse zeigt wahrscheinlich die Stellung des Tieres beim Fressen. 8fach vergr.

Ein sich entwickelnder, bewimperter Embryo von Siboglinum. Das mütterliche Gehäuse ist entfernt. Breites, bewimpertes Band am Protosoma unter dem Vorderende, schmaleres am Ende des Körpers (Pfeile). 160fach vergr.

Baumähnliches Gehäuse von Polybrachia, mittlerer Abschnitt mit häutigen Krausen. Ringförmige Zeichnung erscheint segmentiert. Das starre Gehäuse besteht aus Chitin und Eiweißen. 5fach vergr.

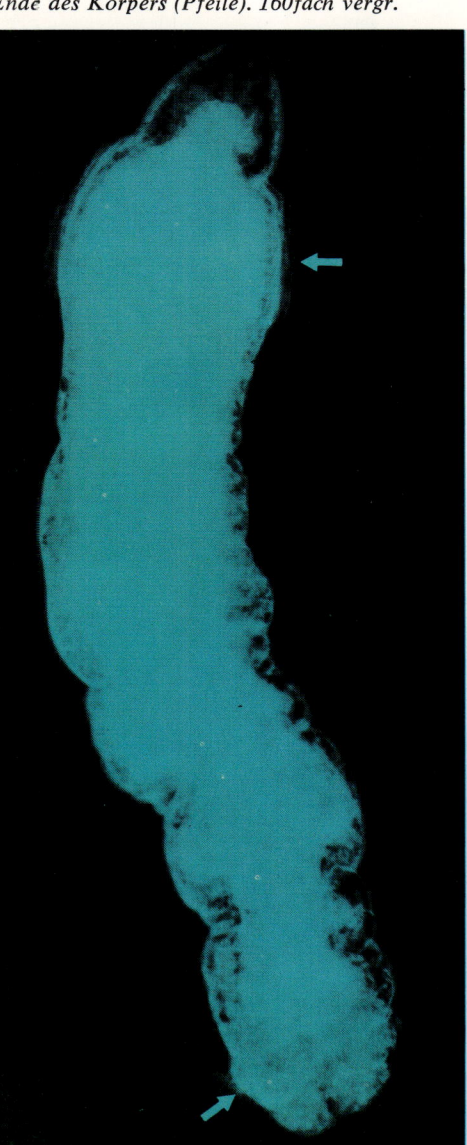

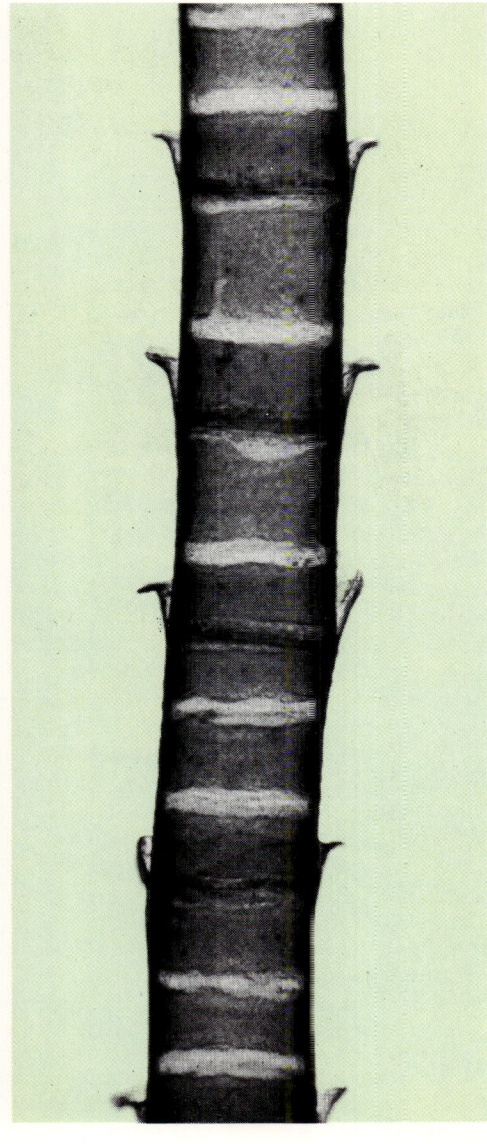

Gewöhnlicher Schlangenstern, Ophiotrix fragilis. *Der wissenschaftliche Name bezieht sich darauf, daß die Arme leicht abbrechen, wenn sie berührt werden. Die hier gezeigten Exemplare sind überdurchschnittlich groß, in der Regel sind sie nur halb so groß.*

Schlangensterne

Die Schlangensterne sind Stachelhäuter und mit den Seesternen weitläufig verwandt. Wie diese haben sie fünf in einem Rumpf zusammenlaufende Arme, einige Arten haben allerdings mehr als fünf Arme. Der meist als Körperscheibe bezeichnete Rumpf ist knopfförmig, die Arme ähneln Schlangen, daher der deutsche und auch wissenschaftliche Name Ophiuroidea, *vom griechischen ophis, Schlange.*

Einige Schlangensterne sind hellgrau gefärbt, viele haben aber sehr reizvolle Farben. Der größte Schlangenstern, ein Gorgonenhaupt (Gorgonocephalus stimpsoni), hat eine Körperscheibe von etwas mehr als 14 cm Durchmesser und 150 cm Spannweite. Eine andere Art wiederum hat eine Körperscheibe von nur 0,5 mm.

Die Arme sind mit Reihen aus harten Platten und Dornen besetzt und bestehen aus Wirbeln, sie sind daher biegsam. Die Muskeln, die die Bewegungen steuern, sind an diese Wirbel angeheftet. Längs der Unterseite der Arme finden sich Reihen schlauchförmiger Füßchen.

Weltweit verbreitet

Schlangensterne kommen in allen Meeren der Welt vor, von der Gezeitenzone bis in größere Tiefen. Eine Art ist sogar Kosmopolit, denn sie ist an den Küsten Europas und Neuseelands und der Ost- und Westküste Amerikas anzutreffen.

Viele Arten leben auf dem Meeresgrund, und wenn er schlammig ist, graben sie sich darin ein. Andere Arten leben zwischen Korallen und Meerestang, sie klettern dort zwischen den Wedeln herum, indem sie sie mit ihren biegsamen Armen ergreifen und ähnlich wie Affen sich von Baum zu Baum schwingen. Auf dem Meeresboden bewegen sie sich mittels rudernder Schwingungen der Arme fort. Jeweils zwei oder vier Arme arbeiten paarweise zusammen, der fünfte ist nach vorn ausgestreckt oder wird hinterhergeschleppt, zuweilen unterstützt er den Vorgang, als wollte er den Takt dazu schlagen. Auf diese Weise erreichen Schlangensterne eine Geschwindigkeit von etwa 2 m je Minute. Das ist schnell im Vergleich mit dem langsamen Dahinkriechen anderer Stachelhäuter, wie der Seesterne oder Seeigel, die auf ihren Füßchen dahintreiben.

Zwei Ernährungsweisen

Schlangensterne haben zwei grundverschiedene Methoden, sich zu ernähren. Sie fangen kleine Partikel mit Hilfe des Armschleimes und führen diese unmittelbar zu dem unter dem Rumpf liegenden Mund, oder sie reißen mit ihren Mundfüßchen und den um den Mund herum liegenden Zähnen von Aas oder Meerestang Fetzen ab.

Das Sammeln kleiner Partikel ist eine passive Ernährungsweise. Der Schlangenstern ruht auf dem Meeresgrund oder wühlt sich in den Schlamm ein und läßt nur die Arme draußen, von denen aus lange Strähnen klebrigen Schleimes im Wasser schweben. Organische Abfallstoffe, aber auch planktonische Tiere und Pflanzen werden so gefangen.

Die Haut der Arme trägt Wimpern (Haare aus Protoplasma), die den Schleim mitsamt den gefangenen Partikeln zu den Füßchen an der Unterseite der Arme hintreiben. Die Füßchen selbst helfen dabei mit, indem sie den in erreichbarer Nähe befindlichen Schleim „ablecken". Auf diese Weise werden sie mit einer Mischung aus Schleim und Stoffteilchen bedeckt. Diese Masse wird nun an einem Dorn bei jedem einzelnen Füßchen abgewischt und dann von allen einzelnen Füßchen immer weiter in Richtung auf die Mundöffnung übertragen. Dabei wird sie geknetet und zu einem kompakten Schleimball geformt. Schließlich landet er an der Basis des Armes, von wo er an die Mundfüßchen übertragen wird. Diese kosten den Ball, und wenn er annehmbar ist, zwingen sie ihn in den Mund; wenn er ungenießbar ist, weisen sie ihn zurück und stoßen ihn zum Arm, der ihn losläßt und abtreiben läßt.

Schlangensterne fressen auch größere Tiere oder Aas. Bis zu etwa 2,5 cm große Brocken werden von einem Arm umschlungen und zum Mund geführt. Kleinere Brocken werden vom Arm gefaßt und dann auf dem Weg über die Mundfüßchen geführt.

Schlangensterne können Nahrungsstoffe auch durch chemische Reize, die von der Nahrung ausgehen, erkennen — vorausgesetzt, die Tiere befinden sich in der Strömungsrichtung. Wenn sie herausbekommen haben, in welcher Richtung die Nahrung liegt, bewegen sich darauf zu.

Einfache Geschlechtsorgane

Die meisten Arten geben Eier und Spermien einfach ins Meer ab, wo die Befruchtung stattfindet. Es gibt deshalb nur einfache Geschlechtsöffnungen an der Basis der Arme, durch welche die Geschlechtszellen abgegeben werden. Dort befindet sich ein Sack (Bursa), genau in der Spalte, in der die Geschlechtsorgane liegen.

Die befruchteten Eier entwickeln sich zu empfindlichen Larven mit langen, durch feine Stäbchen abgesteiften Armen; sie sind ganz mit Wimpern bedeckt, die dafür sorgen, daß die Larve nicht absinkt. Die Larve wird *Ophiopluteus* genannt; *Pluteus* bedeutet staffeleiähnlich — eine treffende Beschreibung. Die Larve treibt einige Zeit dahin, entwickelt sich dann zur erwachsenen Form und läßt sich auf dem Meeresgrund nieder.

Einige Schlangensterne haben keine freischwimmenden Larven, sondern halten ihre Eier in den Bursen oder Eierstöcken zurück, wo sie sich zu richtigen kleinen Schlangensternen entwickeln, ehe sie durch die Geschlechtsöffnungen herausschlüpfen.

Verlorengegangene Arme werden ersetzt

Schlangensterne sind Beutetiere für Fische wie Zunge und Kliesche, die ihre Nahrung am Meeresgrund suchen. Die sich im Schlamm eingrabenden Arten entgehen diesem Schicksal eher, doch werden ihnen die Arme abgebissen. Das ist jedoch nicht lebensbedrohend, da sie schnell nachwachsen.

Einige Arten verfügen über leuchtende Drüsenzellen an den Dornen der Arme. Wenn nun ein Arm abgebissen wird, erzeugen die übrigen einen Lichtschein, während der Schlangenstern flüchtet. Das hindert den Räuber vermutlich daran, den Angriff fortzusetzen. Doch ist die eigentliche Bedeutung des Leuchtens noch nicht erkannt.

Schlangensterne klammern sich aneinander

An den Stränden der östlichen Küsten der Vereinigten Staaten gibt es einen Schlangenstern, der normalerweise zwischen den Stengeln des Seegrases lebt und sich mit seinen Armen an sie anklammert. Im Winter stirbt das Seegras ab, und die Schlangensterne winden nun ihre Arme umeinander und bilden ein festes Bündel. Dieses Verhalten ist im Laboratorium untersucht worden. Wann immer ihnen das Seegras entzogen wird, verankern sie sich aneinander; wenn man nun aber im Aquarium das Seegras durch Glasstäbe ersetzte, dann nahmen die Schlangensterne sie als Ersatz für das Seegras und wanden ihre Arme darum.

Es sieht also so aus, als hätten die Schlangensterne das Bedürfnis, sich um etwas herumzuwinden, und wenn sie kein Seegras oder keinen Ersatz dafür haben, umklammern sie sich gegenseitig. Das widerspricht dem sonstigen Verhalten von Tieren; normalerweise kommen sie nur bei der Paarung oder beim Fressen zusammen.

Die „Bündel" bilden sich durch zufällige Bewegungen der Einzeltiere; die aktiveren klammern sich dabei an die weniger aktiven, so als handelte es sich um Seegrasstengel. Wenn sie miteinander verbunden sind, wird das Bündel immer fester. Zu Bündeln zusammengeklammerte Schlangensterne leben länger als einzelne, und es ist auch weniger wahrscheinlich, daß sie ihre Arme abstoßen. Wenn ein Schlangenstern um einen Gegenstand herumgewunden ist, befindet er sich in einer gewissen Spannung, und die Intensität der Körperfunktionen steigt an. Aus noch nicht ganz durchsichtigen Gründen lebt er dann länger. Es ist für ihn somit vorteilhaft, sich an einen Gegenstand anzuklammern.

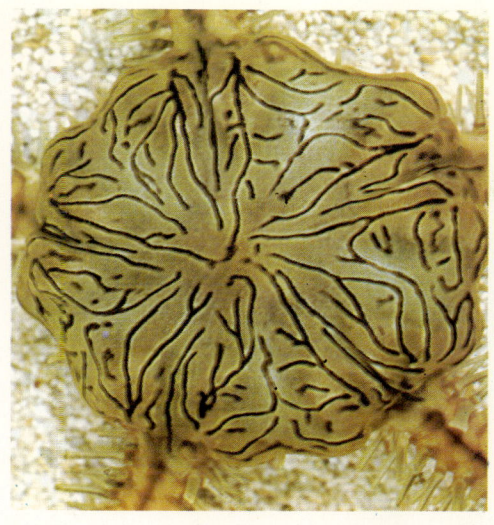

Oben: Mittelscheibe des Schlangensterns, 12fach vergr. — Unten: Der sternförmige Mund ist an der Unterseite. — Oben rechts: Großaufnahme des unmittelbar in den Magen führenden Mundes. Die Dornen dienen als Zähne.

Stamm	**Echinodermata**
Klasse	**Ophiuroidea**
Gattung	*Ophiura, Ophiothrix, Amphiura* u. a.

Seeigel

Seeigel heißen sie mit Recht, sie gehören zur selben Tiergruppe (Echinodermata) wie Seesterne, Schlangensterne, Seelilien und Seewalzen. Ihre inneren Organe befinden sich in einem Panzer, einer gewöhnlich mehr oder weniger runden, festen Kapsel aus eng aneinander gefügten Kalkplatten oder -plättchen. Es gibt jedoch auch Seeigel mit lederartigen, elastischen Panzern. Die Form der festen Panzer ist nahezu kugelig, rundlich und abgeflacht, herzförmig oder ähnlich einer ausgefransten Scheibe, wie beim Sanddollar. Bei den meisten Seeigeln ist der Panzer mit feinen Stacheln besetzt, mögen sie nun kurz und scharf, lang und dünn oder dick und weniger zahlreich sein. Wenn man die Stacheln entfernt, sieht man auf den Platten Knöpfe: das sind die halbkugeligen Gelenkköpfe, auf denen sich die Stacheln bewegen. Bei entfernten Stacheln sind auch zu je fünf in Doppelreihen angeordnete Löcher zu erkennen.

Bei dem herzförmigen Seeigel bilden sie einen Stern, bei den kugeligen Formen laufen sie vom Grund zur Spitze. Beim lebenden Seeigel treten die Saugfüßchen durch diese Löcher heraus. Zwischen den Stacheln finden sich kleine, eng aneinandergefügte Stäbchen mit drei Kiefern an der Spitze, die wie winzige Zangen arbeiten. Diese „Pedicellarien" bewegen sich genau wie die Stacheln auf einem Gelenkkopf. Aber nicht nur lebende Seeigel sind interessante Erscheinungen, auch ihre Panzer werden wegen der Schönheit ihrer Formen gesammelt. Beim lebenden Tier sind sie reizvoll gefärbt, von grünen Tönen bis Gelb, Rot, Orange und Purpurrot. Die kleinsten Seeigel haben einen Durchmesser von kaum 12 mm, die größten dagegen von 50 cm, einschließlich Stacheln.

Die 800 Arten sind weltweit verbreitet, hauptsächlich in flachen, bis 200 m tiefen Gewässern, einige Arten in Tiefen bis 450 m.

Sie zerstören selbst Stahl

Außer den Stacheln und Pedicellarien spielen die Zähne im Leben des Seeigels eine große Rolle. Auch sie sind Gebilde von bizarrer Schönheit. Vor über 2000 Jahren schrieb Aristoteles, die Zähne ähnelten einer Laterne ohne Scheiben. Der Seeigel hat fünf senkrecht stehende Zähne, die von einem Gerüst aus Kiefern und Muskeln gehalten werden. Das ganze Gebilde wird nun „Laterne des Aristoteles" genannt. Einige Seeigel bewegen sich sorglos auf dem Meeresgrund und ziehen sich mittels ihrer Saugfüßchen über den Boden hinweg: dazu schieben sie die Saugfüßchen heraus, verschaffen sich mittels der Saugnäpfchen einen Halt und ziehen sich dann nach vorn. Die Bewe-

Oben: Echinus esculentus, eßbarer Seeigel. Nur die Geschlechtsorgane werden gegessen, roh wie Kaviar, oder gekocht.

Rechts: Lanzenseeigel, Cidaris cidaris. *Viele kleine Stacheln umgeben größere Stacheln.*

gung ist zunächst regellos, weil zuerst die Saugfüßchen der einen Seite, dann die der anderen Seite benutzt werden, so daß sich jeweils eine etwas andere Richtung ergibt. Andere Arten unterstützen die Fortbewegung mit ihren Stacheln, während wieder andere Arten auf den Stacheln „gehen" und zielstrebig eine bestimmte Richtung einschlagen; von der Seite gesehen scheinen sie auf vielen Stelzen zu gehen. Weiterhin gibt es Seeigel, darunter auch die nach ihrer Form benannten Herzigel, die sich mittels ihrer Stacheln durch den Sand hindurchpflügen und darin eingraben. Der Kleine Herzigel (Echinocardium) gräbt bis zu 20 cm tiefe Schächte — das entspricht seiner zweifachen Länge. Er füttert seinen senkrechten Schacht mit Schleim aus und schiebt einige sehr dehnbare Saugfüßchen durch den Schacht an die Oberfläche, um zu atmen. Er hält mit anderen Saugfüßchen auch einen waagerechten Schacht hinter sich offen, um seine Exkremente abzuleiten. Die vorderen Saugfüßchen nehmen indessen Nahrungspartikel auf und führen sie zum Mund. Wenn der Kleine Herzigel weiterzieht, gibt

er den senkrechten Schacht auf, indem er seine Saugfüßchen daraus zurückzieht und sie nach vorn stößt, um dann einen neuen senkrechten Schacht zur Oberfläche hin zu „bauen".

Es gibt Seeigel, die sich in weichen Fels hineingraben und dazu mit ihren Stacheln die Oberfläche abkratzen, einige benutzen auch ihre Zähne. Echinostrephus molaris, eine Art aus dem Pazifik, bildet bis etwa 10 cm tiefe zylindrische Gräben. Zum Fressen kommt er zum Grabenrand. Sollte ihn irgend etwas stören, dann läßt er sich einfach in den Graben zurückfallen und keilt sich mittels seiner Stacheln darin ein. An der Küste Kaliforniens haben Steinigel (Strongylocentrotus) 12 mm starke Stahlpfosten, die Ende der zwanziger Jahre unseres Jahrhunderts eingerammt worden sind, innerhalb der letzten zwanzig Jahre völlig durchlöchert.

Reinigungszangen

Seeigel sind überwiegend Allesfresser, sie fressen Meerestang mit den Zähnen ihrer „Laterne des Aristoteles", grabende Seeigel fressen die Reste abgestorbener Pflanzen,

nehmen aber auch tierische Nahrung. Alle Arten aber nehmen auch etwas Nahrung beim Säubern ihrer Panzer zu sich. Die Zangen der Pedicellarien bewegen sich ständig und sammeln Sandkörner auf, die auf den Panzer fallen, ebenso winzige Tierchen, die sich darauf niederlassen wollen, z. B. Entenmuschellarven. Diese werden von einem Pedicellarium zum anderen bis zum Mund hin weitergereicht.

Freischwimmende Larven

Männliche und weibliche Seeigel geben ihre Spermien bzw. Eier in das Meer ab, wo die Befruchtung stattfindet. Die als Echinopluteus bezeichnete Larve ähnelt der Larve anderer Stachelhäuter: sie hat dünne, mit Wimperbändern besetzte Arme. Dann entwickeln sich Stacheln, um den Mund bilden sich einige Saugfüßchen. Die Arme werden im Verhältnis kürzer, und wenn sie schließlich zum Schwimmen zu kurz geworden sind, läßt sich der winzige kaum halbentwickelte Seeigel auf dem Grund nieder.

Schutz vor Räubern

Seeigel werden von Grundfischen gefressen, besonders wenn sie noch klein sind. Ausgewachsene Tiere dagegen haben verhältnismäßig wenige Feinde. Die Hoden von Echinus esculentus werden in den Mittelmeerländern gegessen, andere Arten werden im Karibischen Meer, in Südamerika, Malaya und Japan gefischt. Die meisten Stachelhäuter haben eine außerordentliche Regenerationskraft, nicht also Seeigel. Sie können zwar Saugfüßchen und Pedicellarien ersetzen, und wenn eine Platte des Panzers zerbrochen ist, wird sie ausgebessert. Ist aber ein Teil des Panzers eingedrückt, werden die beschädigten Platten nur ausgebessert und zusammengekittet, nicht aber wieder herausgedrückt und in ihre normale Lage gebracht. Was den Seeigeln an Regenerationskraft fehlt, das machen sie durch ihre Bewaffnung wett. Die Stacheln vieler Arten sind scharf, hohl und spröde und brechen leicht ab. Badende, die sich solche Stacheln eintreten, bekommen schmerzhafte Wunden, und stellenweise sind Seeigel so zahlreich, daß man keinen Fuß auf den Boden setzen kann, ohne einen Seeigel zu berühren.

Viele Arten graben sich im Sand ein. Andere verbergen sich tagsüber unter Felsen und kommen nur nachts zum Fressen heraus. Die Tiere wollen sich so dem Tageslicht entziehen, praktisch aber halten sie sich auf diese Weise versteckt. Andere Arten, darunter auch der Grüne Strandigel, verstecken sich nicht, sondern schützen sich vor dem Licht, indem sie Teile von Meerestang mit ihren Saugfüßchen über sich ausgebreitet halten. Diadema aus dem Karibischen Meer und Indopazifik haben über den ganzen Panzer hinweg verstreut lichtempfindliche Zellen. Sie haben auch nadelähnliche Stacheln. Wenn ein Angreifer naht und einen Schatten auf den Seeigel wirft, stellen sich alle Stacheln in Richtung auf den Angreifer.

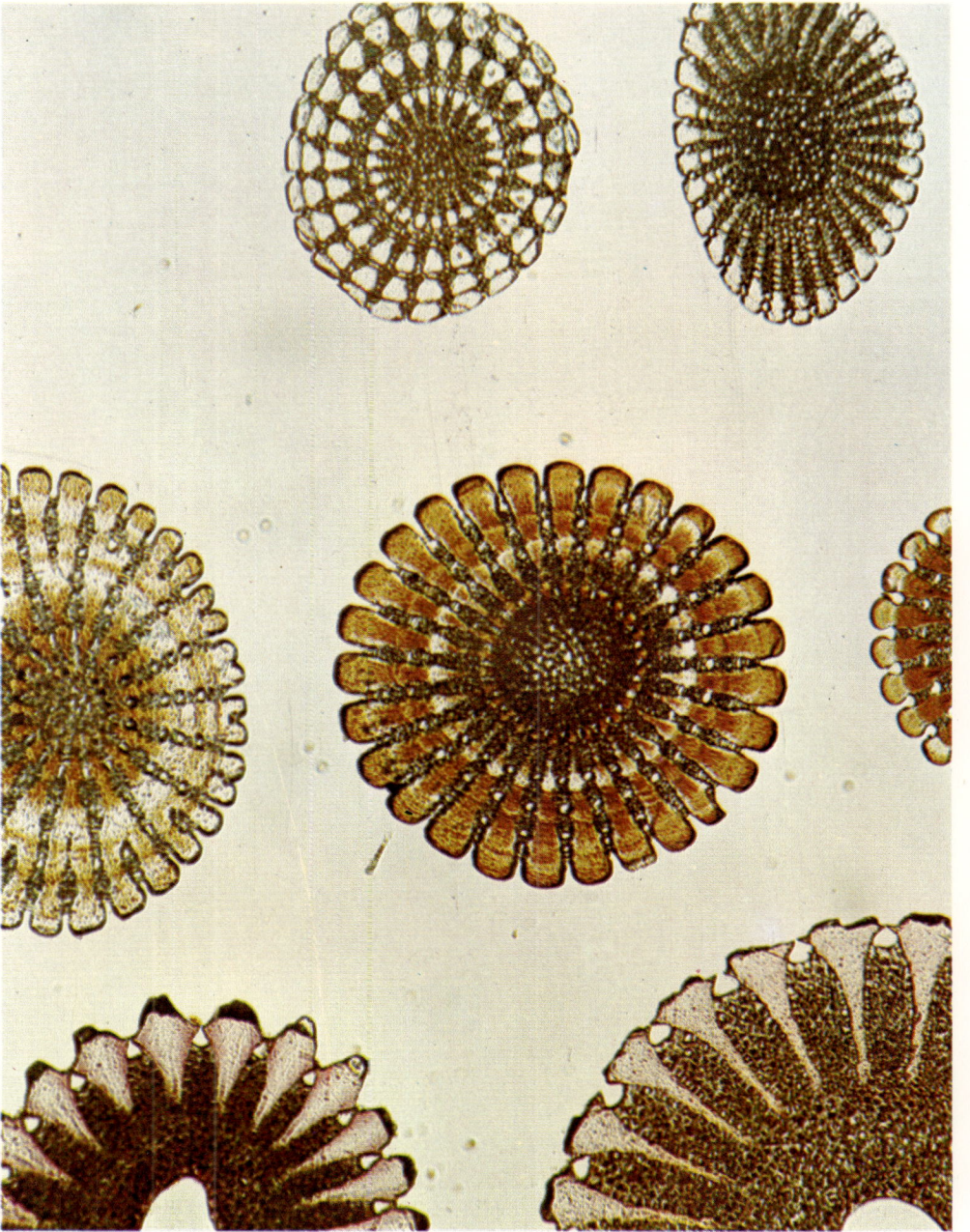

Stamm	Echinodermata
Klasse	Echinoidea

Natürliche strahlenförmige (radiale) Symmetrie: Stacheln verschiedener Seeigel im Querschnitt. Ca. 20fach vergr.

Die höheren Wirbellosen

Der Stamm, von dem auf Seite 10 gesagt wurde, er vereinige alle höheren Wirbellosen in sich, wird als Arthropoda oder Gliederfüßler bezeichnet. Zu den Gliederfüßlern gehören Insekten, Krebstiere, Tausendfüßler, Hundertfüßler, Spinnentiere und ein paar anderen Gruppen, deren Füße allesamt reich gegliedert sind. Der Stamm ist sowohl nach Arten als auch nach der Stärke der Populationen riesengroß, er umfaßt nahezu eine Million bekannte Formen.

Die Entwicklung in Richtung auf bilaterale (zweiseitige) Symmetrie, Gliederung des Körpers und ein wohlentwickeltes Nervensystem mit besonderen Sinnesorganen, von der in der Einleitung zum vorigen Hauptkapitel die Rede war, hat bei den Gliederfüßlern einen großen Sprung nach vorn getan. Die Mitglieder dieses Stammes haben in der Regel auch ein chitinöses Außenskelett; d. h. statt eines inneren Skelettes aus hartem Material, wie Knochen, hat der Körper einen festen, aus stickstoffhaltigen Kohlehydraten bestehenden, hornähnlichen Panzer. Er umhüllt und stützt den Körper nicht nur, sondern bietet an der Innenseite auch Ansatzstellen für die Muskeln.

Aus dem Körperbau der Gliederfüßler, besonders einiger ihrer Angehöriger, ergibt sich sehr deutlich, daß sie aus wurmähnlichen Vorläufern hervorgegangen sein müssen. Hundertfüßler und Tausendfüßler z. B. erinnern mit ihrem langgestreckten, aus vielen gleichartigen Segmenten bestehenden Körper an Regenwürmer. Dieser Eindruck verstärkt sich, wenn man die Gestalt des

Peripatus, eines ungewöhnlichen, primitiven Gliederfüßlers, oder auch einige primitivere Insekten beobachtet. Bei den meisten Gliederfüßlern jedoch, wie bei den sehr verbreiteten Käfern und Bienen, geht die Zahl der Segmente zurück, das gilt noch mehr für Spinnen, Zecken und Milben.

Fossilien der frühesten Gliederfüßler stammen aus den Gesteinen des Kambrium, die sich vor über 500 Millionen Jahren gebildet haben. Darunter finden sich vorwiegend Krebstiere und Trilobiten. Sie haben alle im Wasser gelebt. Etwa 150 Millionen Jahre später, im Devon, finden sich die ersten landlebenden Gliederfüßler, darunter Tausendfüßler, Milben, Spinnen und Urinsekten. Geflügelte, libellenähnliche Insekten kennen wir aus Ablagerungen des 50 Millionen Jahre jüngeren Karbon.

Die niederen Wirbellosen leben alle im Wasser, im Meer oder in Süßwasser, oder auf dem Land in sehr feuchter Umwelt. Unter den Gliederfüßlern sind die Krebse typische Wasserbewohner und im Meer am zahlreichsten; soweit sie zum Leben auf dem Land übergegangen sind, brauchen sie viel Feuchtigkeit. Insekten und Spinnen dagegen können Trockenheit ertragen, und nachdem sie nicht mehr an das Wasser gefesselt waren, konnten sie ihre Lebensmöglichkeiten wesentlich erweitern. Käfer z. B. können in der Luft leben, sie können fliegen oder auf der Wasseroberfläche leben oder sogar tauchen und ähnlich wie Schnorcheltaucher einen gewissen Luftvorrat mitnehmen und sich unter Wasser aufhalten.

In der Haupteinführung dieses Buches war von der Vielfalt tierischen Lebens die Rede. Die Gliederfüßler bieten dafür ein gutes Beispiel: Sie haben eine schier unendliche Zahl von Arten hervorgebracht, für fast jeden Lebensraum und jede Ernährungsweise. Es gibt alle möglichen Parasiten und Symbionten. Darüber hinaus haben sie uns ein Beispiel dafür geliefert, wie ein verhältnismäßig geringfügiger Ausbau des Nervensystems zur Entwicklung sozialer Gebilde führen kann, wie bei den Termiten, Bienen, Ameisen und Wespen, und einer bemerkenswerten, wenn auch nur scheinbaren Intelligenz. Eine der bedeutendsten Entdeckungen der Biologie unseres Jahrhunderts betrifft die Nachrichtenübermittlung der Honigbienen und ihre fast unglaubliche Fähigkeit, ihre Flugrichtung nach dem Sonnenstand zu bestimmen.

Einteilung der Arthropoden nach Klassen:

Onychophora (Stummelfüßler)	100 Arten
Merostoma (Pfeilschwänze)	4 Arten
Pycnogonida (Asselspinnen)	600 Arten
Symphala	120 Arten
Pauropoda	400 Arten
Diplopoda (Tausendfüßler)	8000 Arten
Chilopoda (Hundertfüßler)	2750 Arten
Crustacea (Krebstiere)	30 500 Arten
Insecta (Insekten)	750 000 Arten
Arachnida (Spinnentiere)	66 000 Arten

Gesicht eines Einsiedlerkrebses.

Peripatus

Peripatus ist eines der außergewöhnlichsten unter den heute auf der Erde lebenden Tieren. Er ist ein Überlebender aus vergangenen Erdzeitaltern, und man hielt ihn für ein Übergangsglied zwischen den Ringelwürmern, zu denen u. a. die Regenwürmer gehören, und den hartschaligen Gliederfüßern, zu denen die Insekten, Spinnentiere und Krebstiere gehören.

Sein Körper ähnelt dem der Würmer und ist nach hinten zugespitzt. Er wird bis 15 cm lang, kann aber ausgestreckt oder zusammengezogen werden und bewegt sich wellenförmig fort. Die Färbung des Peripatus ist vielfältig, je nach Art von dunklem Schiefergrau bis zu rötlichem Braun, auf dem Rücken findet sich meist ein dunkler Streifen. Die Haut ist trocken und fühlt sich samtig an. Der geringelte Körper hat je nach Art etwa 20 Paar Stummelfüße, jeder Fuß endet in einem Paar doppelhakiger Klauen. Am Kopf findet sich ein Paar biegsamer Antennen, mit jeweils einem Auge an der Basis. Die Augen sind einfach gebaut, haben aber Linsen, sie sind nach außen und oben gerichtet und können wahrscheinlich nur zwischen Helligkeitsgraden unterscheiden. Sinneshaare bedecken die Antennen und den Körper, es sind Tast- und Geschmacksorgane.

Ein Tier feuchter Wälder

Peripatus ist von ausreichend feuchter Umwelt abhängig, er ist nur in feuchten Wäldern Südafrikas, Südasiens, Australiens und Südamerikas verbreitet. Er haust unter Steinen, verrottendem Holz, der Rinde gefällter Bäume und an ähnlichen feuchten Stellen, da er keinerlei Trockenheit aushalten kann. In trockener Umgebung verliert er in weniger als vier Stunden ein Drittel seines Gewichtes und vertrocknet doppelt so schnell wie ein Regenwurm und sogar vierzigmal so schnell wie eine glatthäutige Raupe gleicher Größe. Der Grund dafür liegt in seinem Atemsystem. Insekten atmen durch verzweigte Röhrenlungen oder Tracheen, mit nur wenigen Öffnungen, die zudem, wenn notwendig, dicht geschlossen werden können. Peripatus dagegen hat unverzweigte Tracheen, und jede Trachee hat noch dazu einen eigenen Ausgang. Der Körper verliert also in trockener Umgebung sofort viel Wasser. Peripatus lebt deshalb nur in inselartigen Verbreitungsgebieten, in feuchten Bereichen, die von anderen Kolonien durch Trockenzonen getrennt sind.

Klebrige Fäden zur Verteidigung

Wenn Peripatus gestört wird, schleudert er augenblicklich ein oder zwei milchig-weiße Schleimfäden aus, und zwar aus kleinen Oralpupillen, die zu beiden Seiten des Mundes liegen; es sind umgebildete Füßchen. An der Luft erhärtet der Schleim sofort zu klebrigen, 5 bis 20 cm langen Fäden. Der Schleim kommt aus Kammern, die zu beiden Seiten des Kopfes liegen. Die Schleimfäden kleben an den Fingern, wenn man sie berührt; Insekten und andere kleinere Tiere werden damit eingefangen.

Ein kleiner Spaziergang: Peripatoides novaezealandiae, *ein Stummelfüßer auf Neuseeland.*

Das Ausschleudern der Schleimfäden dient aber mehr der Verteidigung, weniger der Ernährung. Die Tiere leben hauptsächlich von kleinen Gliedertieren wie Termiten oder auch Asseln.

Paarung durch Zufall

Das Männchen setzt Samenkapseln am Weibchen ab, offenbar aufs Geradewohl, manchmal sogar an ihren Beinen. Es kommt sogar vor, daß sie an anderen Männchen abgelegt werden. Es war lange unbekannt, wie die Spermien das Ei erreichen. Man kam dann darauf, daß Leucozyten, also weiße Blutkörperchen, die Haut des Weibchens unmittelbar an einer abgelegten Spermienkapsel durchbrechen, indem sie die Hautzellen „fressen". Gleichzeitig bricht die Innenhülle der Samenkapsel, die Spermien gelangen in die Blutgefäße des Weibchens und auf diesem Weg schließlich zu den Eierstöken. Sie durchdringen die Wand der Eierstöcke in großer Zahl. Wenn ein noch nicht geschlechtsreifes Weibchen solche Spermienzellen empfängt, ernähren sich die jungen Eizellen von Spermien und wachsen ein Jahr lang, bis sie dann bei einer zweiten Paarung befruchtet werden können. Außer bei einigen eierlegenden Arten entwickeln sich die Embryonen im Uterus, indem sie Nährstoffe aus dem Körper des Muttertieres aufnehmen. Die Entwicklung dauert 13 Monate, und da ein Weibchen jedes Jahr Junge bekommt, trägt es einen Monat lang Angehörige zweier Generationen.

Stammesgeschichtliches Zwischenglied

Die Evolutionstheorie nimmt an, alles Leben sei im Wasser entstanden; nach ihr muß es zwei hauptsächliche Übergänge zum Leben auf dem Lande geben. Der eine, innerhalb der Wirbeltiere, entspricht dem Übergang vom Atmen durch Kiemen zum Atmen durch Lungen. Wie sich das abgespielt haben könnte, ist bei den Lungenfischen, den Quastenflossern (Seite 228) und den verschiedenen Molchen und Salamandern zu sehen. Auch bei den fossilen Wirbeltieren gibt es ein ziemlich vollkommenes Beispiel für diesen Gang der Entwicklung. Der zweite Übergang zum Leben auf dem Land hat sich bei den Wirbellosen abgespielt. Der wichtigste Wechsel war hier die Entwicklung, die von den Meeresringelwürmern, wie den Vielborstern, und den Krebstieren zu den Insekten und Spinnen führte. Wenn man ein Tier entwerfen sollte, das die Kluft zwischen den Ringelwürmern und den Insekten überbrückt, könnte man auf so etwas

wie Peripatus kommen. Darüber hinaus ähnelt dieses Tier sowohl in seinem inneren Bau als auch in seiner äußeren Erscheinung einem Vorläufer der Tausendfüßer und zugleich auch der Hundertfüßer, und diese wiederum sehen aus wie Vorläufer der Insekten.

Wir wissen von Fossilien, daß es schon vor 400 Millionen Jahren Insekten gab, die unseren heutigen Tausend- und Hundertfüßern ähnelten; es muß also schon vorher Zwischenglieder gegeben haben. Das fossile, meeresbewohnende Lebewesen *Aysheaia*, das vor 500 Millionen Jahren gelebt hat, könnte nach Form, Körperbau und Beinen mit unserem heute lebenden Peripatus verwandt sein. Von *Aysheaia* oder sehr ähnlichen Tieren könnte, über viele Abwandlungen, eine Entwicklungslinie zu den Tausendfüßern, Hundertfüßern und Insekten führen; eine weitere, mit unwesentlichen Abwandlungen, jedoch zum Peripatus.

Eine überholte Theorie

Peripatus als missing-link zwischen Ringelwürmern und Arthropoden — diese Meinung wurde lange Zeit von vielen Evolutionsforschern vertreten. Heute mißt man Peripatus keine so große Bedeutung mehr bei. Zum einen ist es wohl doch einfacher, die Insekten, Tausend- und Hundertfüßer von primitiven krebsartigen Tieren abzuleiten, zum anderen kann *Aysheaia* ganz sicher nicht als Vorläufer der Arthropoden generell gelten, denn gleichzeitig mit ihm treten auch schon Trilobiten und primitive Spinnenverwandte auf. Außerdem weisen sämtliche primitiven Ringelwürmer und Gliederfüßer eine unübersehbare äußere Segmentierung auf; der Körper ist in deutlich unterscheidbare Abschnitte gegliedert, an jedem Abschnitt oder Segment sitzt ein Beinpaar oder ein Parapodienpaar. Einzelne Beinpaare bekommen Sonderaufgaben (Antennen, Kieferfüße). Bei Peripatus beschränkt sich die äußere Segmentierung auf die Gliedmaßenpaare, von denen je eins pro Segment vorhanden ist. Die Ringelung ist eine scheinbare Segmentierung. So faßt man die Stummelfüßer heute als einen Seitenzweig der Gliederfüßer auf.

Stamm	**Arthropoda**
Klasse	**Onychophora**
Gattung und Arten	*Peripatus capensis* *P. moseleyi* u. a.

67

Vogelspinnen

Zu den größten heute auf der Erde lebenden Spinnen gehören die Vogelspinnen aus der Familie der Theraphosidae. Die größte, eine Art aus dem Amazonasbecken, kann 9 cm lang werden, bei einer Spannweite der Beine von 25 cm. Körper und Beine sind behaart, die Haare reizen die menschliche Haut. Die Vogelspinnen, die zur Unterordnung der Orthognatha gehören, unterscheiden sich von den zahlreicheren und gewöhnlich kleineren Labidognatha dadurch, daß sie vier Tracheenlungen haben und nicht nur zwei, daß sie vier Spinndrüsen haben und nicht wie die anderen gewöhnlich sechs, und daß ihre Kiefer nebeneinander und nicht gegeneinander arbeiten.

Es gibt über 500 Arten, alle leben in den Tropen oder Subtropen. Aber auch große Spinnen anderer Familien werden Vogelspinnen genannt. Die echten Vogelspinnen haben ein sehr großes Verbreitungsgebiet. Von Südeuropa, wo mehrere Vertreter der Gattung Ischnocolus leben, und von Ägypten erstreckt es sich über die Tropen und Subtropen der Alten Welt, und von den Südstaaten der USA über ganz Mittel- und Südamerika. Hier leben die größten Formen, wie Theraphosa leblondi und die Arten der Gattung Avicularia. Allerdings wird die Javanische Vogelspinne (Selonocosmia javanicus) fast ebenso groß.

Behaarter Nachtjäger

Tagsüber verbirgt sich die Vogelspinne in Felshöhlen oder hohlen Bäumen, nachts aber kommt sie heraus und jagt im Dschungel des Amazonas. Mit ihren Beinen — sie haben eine Spannweite von etwa 15 cm, ungefähr wie eine menschliche Hand — spinnt sie nicht etwa ein Netz, sondern verfolgt ihre Beute, oder sie greift sie durch einen plötzlichen, kräftigen Schlag; so fängt sie kleine Säugetiere oder zerrt Kolibris aus ihrem Nest. Trotz ihrer Größe und des Abscheus, den die meisten Menschen beim Anblick dieser Spinne empfinden, ist sie für den Menschen nicht unbedingt gefährlich. Sie läßt sich nicht leicht zum Angriff herausfordern, und ihr Gift ist nicht schmerzhafter als das Bienengift. Zwar gibt es Berichte, daß einzelne Arten Todesfälle verursacht hätten; es ist jedoch schwer, hier zu klären, ob der Tod durch das Gift oder aber durch Blutvergiftung bzw. Schock eintrat. Andererseits ist der ganze Körper der Spinne von spröden Haaren bedeckt, die leicht abbrechen und dem Angreifer entgegengeweht werden. Vor allem auf den Schleimhäuten können diese Haare starke Reizungen hervorrufen.

Mit Giftzähnen auf Beutefang

Ist die Beute erst einmal gefangen, wird sie augenblicklich mit den scharf-spitzen Kiefern gestochen, und es wird ihr ein Gift eingespritzt. Es ist nicht klar, ob es ein eigentliches Gift ist oder der erste einer Reihe von Verdauungssäften. Es soll als Gift nur schwach wirken und die Beute weder töten noch lähmen, und doch kann es beim Menschen örtlich recht schmerzhaft wirken; es könnte sich also um ein eiweißspaltendes Verdauungsenzym handeln. Die meisten Spinnen verdauen ihre Beute, indem sie stark wirkende Verdauungssäfte einspritzen, die den Körper des Opfers auflösen; alsdann saugen sie die Inhaltsstoffe auf. Nach alten Berichten sollen Vogelspinnen ihre Nahrung sowohl kauen als auch einsaugen. Heute wissen wir aber, daß die fortgesetzten Bewegungen der Kiefer nicht Kaubewegungen sind, sondern daß die Vogelspinnen im Verlaufe des langanhaltenden Verdauungsprozesses wiederholt Gift einspritzen.

Die scharf zugespitzten, hohlen Kiefer (Cheliceren) der Vogelspinne. Sobald die Beute gefangen ist, wird eine Flüssigkeit durch den hohlen Kiefer abgegeben. Man weiß nicht sicher, ob es sich um ein eigentliches Gift oder nur um den ersten einer Reihe von Verdauungssäften handelt.

Vogelspinnen behüten ihre Jungen

Der Instinkt der Vogelspinnen, jegliche „handlichen" beweglichen Gegenstände anzugreifen, ist so stark ausgebildet, daß auch das Männchen bei der kurzen Hochzeit sehr wachsam sein muß. Damit es nicht aufgefressen wird, hält es die Kiefer des Weibchens mit seinen Vorderfüßen fest, macht sich nach der Paarung selbst vom Weibchen frei und zieht sich eilig zurück. Es ist nicht bekannt, ob es seine Partnerin durch Geruch oder Berührung findet, der Gesichtssinn jedenfalls ist nur schwach ausgebildet.

Jedes Weibchen legt im Sommer 500 bis 1000 Eier, und zwar in einen lockeren Kokon, den es bewacht: es legt die Vorderfüße darauf oder bleibt darauf sitzen wie eine brütende Henne auf ihren Eiern. Wird

NORDAMERIKA

Hauptverbreitungsgebiet in Südamerika

SÜDAMERIKA

Vogelspinne (Familie Theraphosidae)

die Vogelspinne gestört, nimmt sie mit ihren Kiefern Drohstellung ein. Nach drei Wochen schlüpfen aus den Eiern weiße Spinnenbabies, die aber weitere fünf Wochen in dem Kokon bleiben. Wenn sie ihn dann verlassen, sind sie braun, mit einem weißen Punkt am Abdomen. Sie verweilen noch drei bis zwölf Tage in der Nähe des Kokons, dann erst zerstreuen sie sich. Junge Vogelspinnen leben zunächst von sehr kleinen, sich langsam fortbewegenden Insekten und erreichen innerhalb der ersten drei Jahre eine Länge von 16 mm. Erwachsene Vogelspinnen sollen zwei Jahre fasten können. Sie können 30 Jahre alt werden. Im Verlauf der ersten drei Jahre häuten sie sich etwa viermal jährlich, im vierten und fünften Jahr jeweils zweimal und später einmal jährlich. Während der Häutung setzen Gesichts-, Gehör- und Tastsinn aus, und die Spinne verharrt dabei einige Stunden lang bewegungslos.

Feinde

Vogelspinnen haben nur wenige Feinde, vor allem dank der Reizwirkung ihrer Haare, so vermutet man jedenfalls. Sie sollen nämlich mit den Hinterbeinen vom Körperende Haare abkratzen und als Staubwolke abgeben, die den Verfolger blendet und erstickt. Ihre Hauptfeinde sind die Sandwespen, gegen deren lähmenden Stich sie sich nicht verteidigen können. Die Vogelspinnen können sich höchstens auf ihren Beinen erheben und die Kiefer ausbreiten und so eine Drohstellung einnehmen — die die Sandwespen aber nicht beeindruckt.

Man hat geschätzt, daß trotz aller elterlichen Fürsorge, deren sich die Vogelspinnen während der ersten Lebenswochen erfreuen, nur 0,2 % das Erwachsenenalter erreichen.

Eine Künstlerin wurde gerechtfertigt

Im Jahre 1705 hat Sibylla Maria Merian in Amsterdam ein großes Buch veröffentlicht: *Metamorphosis Insectorum Surinamensium*. Sie reiste nach Surinam und arbeitete dort als erste über die räuberische Lebensweise der Vogelspinnen. In ihrem Buch, das vor allem dem Leben der Insekten gewidmet war, befand sich ein Bild, das zeigte, wie eine große Spinne einen Kolibri aus seinem Nest zerrt. Dazu gehörte eine Beschreibung, wie diese Spinnen kleine Vögel aus dem Nest nehmen und ihr Blut aussaugen. Niemand glaubte das, und 1834 griff der australische Zoologe McLeay Sibylla Merians Buch in vernichtender Weise an. Erst 1863, als Bates am Amazonas beobachtete, daß Vogelspinnen Finken töteten, wurde Sibylla Merians Bericht voll gerechtfertigt.

Stamm	**Arthropoda**
Klasse	**Arachnida**
Ordnung	**Araneae**
Unterordnung	**Orthognatha**
Gattung	*Theraphosa* u. a.

Oben: Die Vogelspinne hat nur wenige Feinde, anscheinend aufgrund der Reizwirkung ihrer Haare. Der Hauptfeind und wahrscheinlich der einzig gefährliche Feind ist die Sandwespe, deren Stich sie lähmt.

Rechts: Vogelspinnenmutter mit ihrem im Londoner Zoo (1966) geschlüpften Baby.

Schwarze Witwen

Dieser Name wurde einer Gruppe schwarzer, glänzender Spinnen gegeben, die mit mehreren Unterarten über die ganze Erde verbreitet sind, so mit *Latrodectus mactans mactans* in Nordamerika und mit *L. m. decimguttatus* in Südeuropa. Diese Form wird auch als Karakurte, Malmignatte oder Schwarzer Wolf bezeichnet. Auf der Unterseite tragen sie eine sanduhrartige, rote Zeichnung. Die europäische Form ist außerdem noch durch rote Flecken auf der Oberseite gekennzeichnet. Beim Weibchen wird der Körper etwa 1 cm lang, das Männchen ist viel kleiner. Schwarze Witwen werden sie genannt, weil das Weibchen stets nach der Paarung das Männchen fressen soll.

Die nordamerikanische Form scheint giftiger als die anderen zu sein. Auf einigen Wärmeinseln lebt der bis 10 mm große Dornfinger (*Chiracanthium*); sein Biß ruft starke Schmerzen, Juckreiz und Schwächezustände hervor. Glaubwürdige Berichte über Todesfälle mit dieser Spinne gibt es nicht.

Schwarze Witwe im Netz. Mit den Füßen als Taster auf den Seidenfäden wartet sie auf das Signal des Opfers.
Die Spinne beginnt, ihr Opfer mit Fäden aus den Spinndrüsen einzuwickeln und zu sichern.

Unten: Oftmals wird das Opfer erst in diesem Stadium mit den Giftzähnen gestochen und gelähmt, dann wird die Ameise mit den Hinterfüßen in die klebrigen Fäden eingehüllt.

Schmerzhaft, aber nicht gefährlich

Die Schwarze Witwe webt ein unregelmäßiges, grobes Netz, im fertigen Zustand weist es auch oftmals einen seidigen Trichter auf. Das Männchen webt ein ähnlich gestaltetes, aber viel kleineres Netz. Die Spinnen wählen kühle, dunkle Stellen, in Kellern, Klosetts, zerstörten oder verlassenen Häusern, unter Toreingängen und Portalen, unter Fußbodenbrettern oder in Abfallhaufen. Zu den Klosetts gehören auch die einfachen Latrinen; soweit Menschen angegriffen worden sind, dürfte es sich dort abgespielt haben. An der Gesamtzahl der Fälle gemessen, ist die Zahl der Todesfälle überraschend klein. In den USA sind in den 217 Jahren von 1726 bis 1943 1291 Fälle bekanntgeworden, davon sind nur 55 tödlich verlaufen. In Europa ist dieses Gebiet weniger erforscht, es ist daher unmöglich, hier ähnliche Zahlen zu geben. Aber bei den genannten Zahlen aus den USA ist das immerhin nur ein Todesfall in vier Jahren und ein halbes Dutzend Verletzungen jährlich. Zudem sprechen die Umstände dafür, daß ein hoher Prozentsatz der Fälle aus ländlichen Gebieten mit primitiven Aborten stammt, und selbst dort sind die Opfer überwiegend Kinder, ältere oder kränkliche Personen. Aus alledem ist zu schließen, daß bei Todesfällen der Schock ein zusätzlicher, wenn nicht der einzige Faktor war. Nichtsdestoweniger sind die nicht tödlich wirkenden Folgen unangenehm genug. Es handelt sich um ein Nervengift, das Schmerzen, Muskelkrämpfe, Lähmung und Bluthochdruck auslöst.

Eine Familie ausgenommen, haben alle Spinnen Giftdrüsen. Sie liegen immer im Kopfbruststück, dem kleineren, vorderen Teil der beiden Teile, aus dem der Spinnenkörper besteht. Das Gift muß auf dem Weg zu den Giftzähnen immer schmale Gänge passieren. Bei den meisten Spinnen können die Giftklauen den Menschen nicht verletzen. Die Schwarzen Witwen aber können auch den Menschen verletzen.

Gelähmtes Opfer wird in Seide eingehüllt

Wie andere Spinnen auch, sitzt die Schwarze Witwe in ihrem Netz und berührt mit ihren Füßen die seidenen Fäden. Sobald ein Insekt in das Netz hineinfliegt und sich darin verfängt, gibt es Erschütterungen im Netz, die die Spinne durch ihre Füße merkt. Sofort macht sie sich auf den Weg und fesselt das Opfer sehr geschickt mit ihren Hinterfüßen mittels der klebrigen Spinnfäden aus den Spinndrüsen. Oftmals wird das Insekt erst dann gestochen und durch das Gift gelähmt — und anschließend fast vollständig in Seide eingehüllt. Inzwischen sind ein oder zwei Tropfen Speichel, die ein eiweißspaltendes Ferment enthalten, aus der Mundregion der Spinne ausgeschieden und in den Körper des Insekts gebracht worden. Die Verdauung erfolgt also außerhalb des Körpers der Spinne; sie wartet ein, zwei Stunden ab, saugt dann die „Suppe" aus dem Körper des Opfers heraus und übrig bleibt der leere Panzer der Beute. Den löst sie schließlich aus dem Netz und läßt ihn zu Boden fallen.

Pedipalpen als Spermaspeicher

Das erwachsene Männchen sucht ein Weibchen. Vorher aber spinnt es ein winziges Netz, reibt sein Abdomen daran und setzt einen Tropfen Samenflüssigkeit daran ab. Diese nimmt es dann mit den Pedipalpen auf, das ist ein Paar besonders gestalteter Mundanhängsel, die einem Beinpaar entsprechen. Bei der Paarung überträgt das Männchen lediglich die Samenflüssigkeit aus dem Vorrat an den Pedipalpen auf den Körper des Weibchens. Eine einzige Paarung reicht für mehrere Eischübe, die sich über Monate erstrecken können. Die Eier werden in seidenen Kokons abgelegt. Die daraus hervorgehenden kleinen Spinnen sind, von ihrer Farbe einmal abgesehen, mehr oder weniger vollkommene Abbilder der Eltern und von der Geburt an selbständig.

Selbst auferlegte Witwenschaft

Man glaubt fast allgemein, das Spinnenweibchen fresse seinen Gatten nach der Hochzeit ausnahmslos auf. Selbst einige derjenigen, die das Leben der Spinnen studieren, schließen sich dieser Meinung an, weil sie den Vorgang gelegentlich einmal beobachtet haben. Deshalb, so sagen sie, werde diese sehr giftige Spinne ja auch Schwarze Witwe genannt. Wer hat schon Hunderte Male Spinnen bei der Paarung beobachtet und festgestellt, ob das Männchen immer aufgefressen wird?! Die Meinung, das Weibchen fresse seinen Gatten auf, beruht auf gelegentlich vorkommendem Kannibalismus, und auch darauf, daß bei einigen Spinnenarten das Männchen tatsächlich stets gefressen wird. Im übrigen erklären viele Experten, das Männchen ersetze die Samenflüssigkeit an den Pedipalpen mehrere Male. Das entspricht auch der Feststellung, Spinnenmännchen seien polygam. Ein polygames Männchen kann offensichtlich nicht nach jeder Paarung aufs neue sterben. Wenn das Männchen dann allerdings nach mehreren Paarungen geschwächt und hinfällig ist, wird es vom Weibchen genau wie jedes andere ähnlich kleine Tier auch verschlungen.

Es ist im übrigen Tatsache, daß im Insektenhaus des Londoner Zoos, wo man Schwarze Witwen viele Jahre lang in großer Zahl gezüchtet hat, bestimmte Männchen viele Male gepaart haben.

Stamm	Arthropoda
Klasse	Arachnida
Ordnung	Araneae
Familie	Theridiidae
Gattung und Arten	*Latrodectus mactans* u. a.

Schwarze Witwe mit fertiggestelltem Kokon. Die schlüpfenden Jungspinnen sind, von der Farbe abgesehen, vollkommene Abbilder der Eltern und von Anfang an selbständig. Der Name Witwe beruht auf dem Glauben, das Weibchen fresse das Männchen nach der Paarung auf.

Krabbenspinnen

Krabbenspinnen ähneln in der Länge und im Aussehen ihrer Beine und in der Art, ganz schnell seitwärts zu verschwinden, den echten Krabben. Daher ihr Name. Wo Krabbenspinnen auch vorkommen mögen, sie sind ihrer Umgebung immer stark angepaßt. Viele leben in Blüten, deren Farbe sie vollkommen annehmen. Sie spinnen kein Netz, sondern lauern ihrer Beute auf. In Mitteleuropa sind sie überall häufig, aber oft sehr gut getarnt. Es gibt winzig kleine, aber auch bis zu etwa 6 mm große Arten. Sie gehören alle zur Familie der Thomisidae, mit einer Ausnahme, einer Vertreterin der Familie Sparassidae, der schönen, grünen Micrommata virescens. Sie ist verhältnismäßig groß, denn das Weibchen mißt 12 mm, das Männchen 8 mm.

Verborgene Schönheit

Krabbenspinnen passen sich in Form und Farbe an ihre jeweilige Umgebung an, das hilft ihnen auch beim Beutefang. Einige leben meist innerhalb von Blüten, andere sind im Bodenlaub oder in der Pflanzendecke versteckt, wieder andere liegen kopfabwärts mit ausgestreckten Beinen längs der Stengel oder der Ränder von Blättern. Viele verbinden wirksame Tarnung mit beträchtlicher Schönheit. *Thomisus onustus* z. B. ist oftmals hellrosa und somit von den Blüten der Glockenheide oder bestimmter Orchideen kaum zu unterscheiden. *Misumena vatia* kommt nur auf weißen oder gelben Blüten vor, die weißen Formen unter anderem in den Blüten der Schmetterlingsorchidee, gelbe Formen im Wollkraut oder im Ginster. Wenn eine solche Spinne auf eine anders gefärbte Blüte gesetzt wird, verläßt sie diese unverzüglich und sucht sich eine Blüte aus, wo sie mit ihrer Farbe nicht auffällt.

Gefahr in einer Blüte

Wenn die Krabbenspinne ihre Beute ergreift, spritzt sie sofort durch die Röhren ihrer scharf zugespitzten Klauen ein Gift in den Körper des Opfers. Es wirkt unmittelbar auf das Nervensystem oder das Blut des Insekts ein, oder auch auf beide. Dem gelähmten Tier werden dann durch die von den Klauen verursachten Einschnitte die Körpersäfte ausgesaugt. Der Panzer wird beseitigt. Eine Vielzahl kleiner Insekten und sonstiger Wirbelloser wird so verzehrt.

Die innerhalb von Blüten lebenden Krabbenspinnen nehmen oftmals Insekten, wie Schwebfliegen, Bienen und Schmetterlinge, die die Pflanzen des Nektars wegen aufsuchen. Der Beute wird zuweilen ein zunächst nicht tödlich wirkender Stich versetzt, z. B. in das Abdomen; sie wird dann so lange bearbeitet, bis es gelingt, ihr den „Gnadenstich" in den Kopf oder den Thorax zu geben, wo das Zentralnervensystem unmittelbar erreichbar ist.

Brautwerbung durch Gefangennahme

Ein paar Tage vor der letzten Häutung baut das Männchen ein kleines Netz, an welchem es einen Tropfen Samenflüssigkeit ablegt. Diese nimmt es dann in die beiden Pedi-

Krabbenspinne auf einer Blüte im Hochland von Transvaal: eine Honigbiene wird vom Tod überrascht. Die Spinne ist hier mit ihrer Farbe völlig angepaßt und wird vom Opfer erst zu spät bemerkt. Krabbenspinnen töten ihre Beute, indem sie in den Kopf und Thorax beißen.

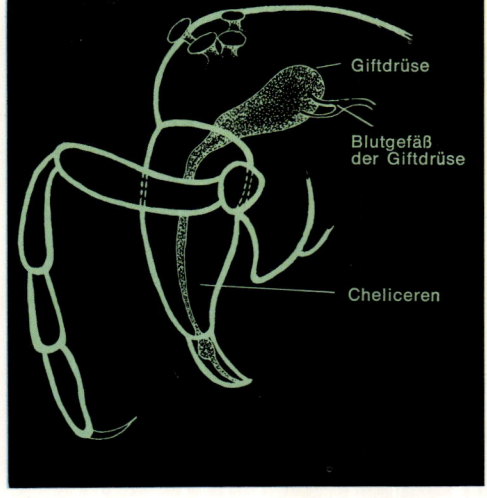

Das Gift befindet sich in der sackähnlichen Drüse, die mit sezernierenden Zellen bedeckt ist. Die Drüse ist von Muskelfibrillen umgeben; werden sie zusammengezogen, wird das Gift durch die lange Röhre gepreßt und läuft durch die Klauen.

Giftdrüse

Blutgefäß der Giftdrüse

Cheliceren

Oben: Großaufnahme einer Krabbenspinne mit ihren Augengruppen und den Pedipalpen, die die Cheliceren oder Giftklauen verbergen. Unten: Krabbenspinnen-Weibchen mit Männchen. Wie bei anderen Spinnen auch ist die Paarung für das Männchen mit Gefahr verbunden, denn oftmals wird es vom Weibchen gepackt und getötet. Bei einer Art fesselt das Männchen das Weibchen bis nach der Paarung.

palpen auf und begibt sich auf Partnersuche. Es gibt kaum ein Paarungsvorspiel, lediglich ein paar Zärtlichkeiten mit den Beinen, durch die sich die beiden Partner erkennen können und die das Weibchen veranlassen, das Männchen anzunehmen. Das Männchen faßt das Weibchen mit einem Bein und führt die Samenflüssigkeit in die Geschlechtsöffnung ein. Falls sich das Weibchen bereits gepaart hat, wehrt es das Männchen ab, droht ihm mit den Vorderbeinen und zuckt mit ihrem Körper. Gibt das Männchen nicht nach, läuft es Gefahr, ergriffen und getötet zu werden. Die Paarung kann kaum eine Minute oder auch mehrere Stunden dauern.

Bei einer Art *(Xysticus cristatus)* wendet das Männchen einen Kunstgriff an, um zu verhindern, daß es vom Weibchen gepackt werden kann: Es beginnt mit ein paar Zärtlichkeiten, um erst einmal an die weibliche Spinne heranzukommen, dann bindet es ihre Beine mit Seidenfäden am Boden fest. Nach der Paarung werden die Fesseln gerade so weit gelockert, daß sich das Weibchen selbst vollends befreien kann, während das Männchen genug Zeit hat zu entkommen.

Die meisten Krabbenspinnen legen ihre Eier im Frühsommer. Das Weibchen spinnt ein Netz, in das es die Eier hineinlegt, dann überspinnt sie es und bildet dadurch einen Kokon, zum Beispiel zwischen Bodenlaub oder auch im Blattwerk. Manchmal baut das Weibchen ein seidenes Zeltdach, unter dem es sitzt und die Eier bewacht. Viele Weibchen fressen während der Brutzeit nicht und sind dann stark ausgezehrt. Andere dagegen fangen ihre Beute wie gewohnt, ohne sich dabei weit von ihren Eiern zu entfernen. Die jungen Krabbenspinnen kommen als Abbilder ihrer Eltern zur Welt.

Viele Feinde

Spinnen haben viele Feinde. Kleine Säugetiere, Vögel, Reptilien und Amphibien, aber auch Käfer, Ameisen und Hundertfüßler fressen Spinnen. Bestimmte Arten von Sand- und Schlupfwespen legen ihre Eier in lebende Krabbenspinnen hinein. Nicht zuletzt beruht ein beträchtlicher Anteil der Spinnensterblichkeit darauf, daß sich verschiedene Arten gegenseitig töten und auffressen. Es ist sogar wahrscheinlich, daß die Spinnen die Größe ihrer Populationen wesentlich selbst mit bestimmen.

Bristone, ein ausgezeichneter Spinnenkenner, hat die Zahl der Spinnen in England und Wales einmal in der Größenordnung von wahrscheinlich zweieinfünftel Billionen (2 200 000 000 000) geschätzt — das entspricht dem Vierzig- bis Fünfzigtausendfachen der Bevölkerung Großbritanniens! Wenn jede Spinne, vorsichtig geschätzt, jährlich auch nur 100 Insekten frißt, wäre das Verdienst der Spinnen, sie in erträglichen Grenzen zu halten, unermeßlich.

Stamm	**Arthropoda**
Klasse	**Arachnida**
Ordnung	**Araneae**
Familie	**Sparassidae**
Gattung und Arten	*Micrommata virescens*
Familie	**Thomisidae**
Gattung und Arten	*Misumena vatia* u. a.

Oben: Die scharfen Kieferklauen der Krabbenspinne spritzen ein lähmendes Gift ein. Dann saugt sie dem Opfer die Körpersäfte aus.

Unten: Meisterhafte Tarnung: hier paßt sich die Krabbenspinne sogar an die gelbgepunkteten Samenfäden der Blüte an.

Skorpione

Skorpione sind wegen ihrer Giftstiche, die bei einigen Arten für den Menschen tödlich sein können, berüchtigt. Ihre Körperlänge reicht von 0,6 bis 18 cm; der größte ist der afrikanische Pandinus imperator. Der Körper ist gegliedert und trägt ein Paar mächtige, zu Greifzangen umgebildete Mundfüße (Pedipalpen), ähnlich wie die Zangen des Krebses. Es folgen vier Segmente mit je zwei Laufbeinen, sieben breitere Präabdominalsegmente und sechs schmalere Postabdominalsegmente, die spitz zulaufen und in einem Körperanhang mit einem Stachel enden. Der Stachel hat eine kleine Öffnung, in die zwei verhältnismäßig große Giftdrüsen münden.

Die Wirkung des Stiches hängt weniger ab von der Größe des Skorpions als von der Skorpionart. Während die großen Pandinus- und Scorpioarten Afrikas und auch die Heterometrusarten Südasiens verhältnismäßig harmlos sind, können die Stiche einer ganzen Reihe kleinerer Arten der Gattungen Tityus, Centruroides, Buthus u. a. tödliche Vergiftungen hervorrufen. Von den europäisch-nordafrikanischen Arten können der bis 8 cm große Feldskorpion (Buthus occitanus) und der bis 10 cm große Dickschwanzskorpion der Sahara (Androctonus australis) einen Menschen töten. Dagegen hat der Stich des bis nach Österreich und in die Schweiz verbreiteten bis 4 cm großen Hausskorpions (Euscorpius) nur die Wirkung eines Nadelstiches. Die Skorpione sind mit 650 Arten von Kanada, Österreich und dem Süden der UdSSR über die Tropen und Subtropen der ganzen Welt verbreitet.

Sie zerreißen ihre Opfer in Stücke

Die Skorpione sind besonders gefährlich wegen ihrer Gewohnheit, sich in menschlichen Wohnungen aufzuhalten und in Betten, Möbel, unter Teppiche und in Schuhe zu kriechen. Außerhalb der Häuser verbergen sie sich tagsüber unter Holzblöcken oder Felsen, oder auch in Löchern im Sand, die sie selbst mit ihren mittleren Füßen graben. Skorpione sind Einzelgänger, da sie anderen Skorpionen gegenüber feindlich eingestellt sind, Weibchen verschlingen sogar manchmal die Männchen nach der Paarung.

Skorpione jagen nachts. Die Beute besteht fast ganz aus Insekten und Spinnen. Sie packen ihre Opfer mit ihren großen Greifzangen, zerreißen sie in Stücke oder zerbrechen sie und saugen die Körpersäfte heraus. Wenn das Opfer Widerstand leistet, benutzt der Skorpion seinen Stachel, indem er das Körperende über den Rücken hinweg nach vorn biegt und den Giftstachel in seine Beute stößt. Er frißt sie dann ganz gemächlich auf, er braucht manchmal eine ganze Stunde, um

Rechts oben: Wer den Kampf aufnimmt, bekommt den Giftstachel zu spüren. — Rechts unten: Die Mutter trägt die jungen Skorpione tagelang auf dem Rücken.

nur einen einzigen Käfer zu verzehren. Skorpione können lange „fasten".

Einige Arten stridulieren (fiedeln) mit Beinen oder Stachel oder „singen", indem sie mit dem Ansatz ihrer Zangen am Ansatz des ersten Paares der Laufbeine reiben. Einige Arten haben am Ansatz jeder Zange eine Raspel und ein „Schlüsselbrett" an den Laufbeinen. Bei anderen ist das „Schlüsselbrett" an den Zangen. Bei Skorpionen dient der „Gesang" dazu, einen Angriff einzuleiten oder zu warnen und sich zu verteidigen.

„Tänze" bei der Werbung

Wie die Spinnen geben sich auch die Skorpione vor der Paarung einem Werbespiel

hin. Wenn das Weibchen bereit ist, packt das Männchen es zunächst fest mit seinen Zangen an den ihren und manövriert es in Gegenüberstellung. Wenn das Weibchen sich nicht fügt und versucht, entgegengesetzt zu ziehen, kann es vorkommen, daß das Männchen seinen Stachel erhebt und fast genau über die Greifzangen hält — und das Weibchen dann das gleiche tut. Das geschieht aber sehr selten und dann auch nur für Sekunden. Das Männchen stößt oder zieht das Weibchen dann an eine geeignete Stelle, wo es mit seinen Beinen etwas Erde wegkratzt und sein gestieltes Samenpaket absetzt. Das Männchen hält das Weibchen weiterhin mit seinen Zangen fest und bringt es darüber in Stellung, so daß das Weibchen das Samenpa-

ket mit seiner Geschlechtsöffnung aufnehmen kann. Die beiden bleiben so etwa fünf bis sechs Minuten zusammen, ehe sie auseinandergehen.

Die Entwicklung der Jungen ist bei den Skorpionen außergewöhnlich interessant, weil diese Ordnung sich entweder „ovivipor" (d. h. die Jungen schlüpfen in dem Augenblick, in dem die Eier gelegt werden) oder echt lebendgebärend fortpflanzt. Die jungen Skorpione werden, einer nach dem anderen, lebend geboren; die Weibchen gebären so einige Wochen lang. Bei einigen Arten findet sich im Körper des Muttertieres ein Gewebe, das einer Plazenta ähnelt und durch das dem werdenden Jungen Nährstoffe zugeführt und Exkrete abgeleitet wer-

den. Nach der Geburt werden die Skorpion-babies auf dem Rücken der Mutter umher-getragen.

Gereizte Skorpione sind gefährlich

Die Wildheit von Skorpionen ist sicher stark übertrieben worden, obwohl sie zweifellos gefährlich werden können. Sie benutzen ihre Giftstachel gegenüber dem Menschen jedoch nur, wenn sie stark gereizt werden. Die Gefahr besteht darin, daß sie in bestimmten Gegenden in die Häuser kommen und das Leben dann gefährlich werden kann, wenn man nicht bestimmte Vorkehrungen trifft. Man hat geschätzt, daß in den USA und in Mexiko mehr Menschen durch Skorpione als

durch Schlangen getötet worden sind. In einer brasilianischen Stadt von 200 000 Einwohnern brauchten allein im Jahre 1954 fast 200 Personen nach Skorpionstichen dringend eine Krankenhausbehandlung. Dasselbe gilt für weitere tropische Gebiete der Erde, und an einigen Orten ist die Zahl der Skorpione erstaunlich hoch, wie sich aus einem Bericht aus Bombay in Indien ergibt.

Die Wirkung des Giftes hängt sehr stark von der Lage des Stiches und vom Gesundheitszustand des Opfers ab. Bei allen von Italienischen Feldskorpionen verursachten Todesfällen waren stark durchblutete Körperteile betroffen (Gesicht, Scheide). Der Stich eines südostasiatischen Skorpions verursachte bei einem Mann nur starke Schmerzen und

Übelkeit, während Kinder dem Stich dieser Art trotz intensiver Pflege zum Opfer fallen.

Stamm	**Arthropoda**
Klasse	**Arachnida**
Ordnung	**Scorpiones**
Gattung	*Buthus, Centruroides, Pandinus, Euscorpius*

Kampf im Sand. Der überlegene Sieger dieser zwei Centruroides *hat die Greifzange seines auf dem Rücken liegenden Gegners abgerissen.*

Taranteln

Obwohl jedermann weiß, daß die Tarantel eine Spinne ist, wissen nur wenige, wie sie wirklich aussieht. Eine große Verwirrung besteht hinsichtlich ihres Namens. Ursprünglich galt er für eine kleine Spinne aus der Familie der Wolfsspinnen, die in Süditalien vorkommt. Der Name wurde von der Stadt Tarent abgeleitet, wo eine Legende erzählt wird, der Biß dieser Spinne sei gefährlich, ehe der Gebissene nicht bis zur Erschöpfung getanzt und das Gift ausgeschwitzt habe. Der Tanz wurde als Tarantella bekannt. Alles dies geschah im „dunklen" Mittelalter, jedenfalls lange bevor Columbus Amerika entdeckte.

Die echten Taranteln dürfen nicht mit der sehr gefährlichen Brasilianischen Tarantel (Lycosa erythrognatha) und den ebenfalls hochgiftigen Brasilianischen Kammspinnen (Phoneutria) verwechselt werden. Obwohl große Wolfsspinnen schon seit alters her als Taranteln bezeichnet werden, gab man den wissenschaftlichen Namen Tarantula *zuerst einer Gruppe von Geißelspinnen. Das führte dann zu dauernden Umbenennungen, und so finden wir die Tarantel unter den Namen* Tarantula inquilina, Tarantula tarentula, Tarentula tarentula, Lycosa inquilina *und* Lycosa tarentula *in den wissenschaftlichen Werken aufgeführt. Heute bezeichnet man die großen Taranteln mit dem Gattungsnamen* Lycosa, *Untergattung* Hogna.

Wissenschaftlich untersuchtes Gift

Wolfsspinnen kommen je nach Art in den verschiedensten Lebensräumen vor: von den Niederungen bis in Berglagen bis und über 600 m, in offenem Gelände, wie Mooren, Heiden und Wiesen, aber auch in bewaldeten Gebieten. Sie leben in kleinen Röhren im Boden und spinnen kein Netz, sondern verfolgen — wie Wölfe — ihre Beute, vor allem kleinere Insekten. Sie töten sie, indem sie ein Gift einspritzen. Henri Fabre, der berühmte französische Forscher, beschrieb das Gift nicht nur als für Insekten gefährlich, sondern forderte auch, man solle erforschen, ob es wirklich so gefährlich sei, wie die Legende berichtet. Er stellte fest, daß Sperlinge gelegentlich von Taranteln gebissen werden, daß aber ein junger Spatz erst nach drei Tagen starb, ein Maulwurf jedoch schon nach 36 Stunden. Daraus schloß er, das Gift könne auch dem Menschen Kummer machen, und forderte, daß Mittel gegen das Gift entwickelt werden sollten.

Die Männchen tanzen die Tarantella

Da das Werbungsverhalten bei allen Spinnen sehr entwickelt ist, ist es üblich, daß bei diesen Arten das Männchen einen Tanz aufführt. Es gibt darüber genaue Beschreibungen. Bei zwei Arten bewegt das Männchen die Kieferbeine (Pedipalpen) auf und ab, zunächst langsam, dann schneller, und es beginnt das Abdomen rhythmisch zu bewegen. Dann läuft es mit ruckartigen Schritten um das Weibchen herum, die Vorderbeine hält es dabei zusammen, schlägt mit Hinterbei-

Tarantel greift eine Heuschrecke an. Taranteln töten Insekten, indem sie ihnen ein Gift einspritzen.

nen und Abdomen und erzeugt dadurch gleichzeitig mit dem Abdomen ein klappendes Geräusch. Bei einer dritten Art scharrt das Männchen mit den Vorderbeinen auf dem Boden, ähnlich einem Pferd, dann beginnt es, um das Weibchen herumzukreisen und sich ihm dabei immer mehr zu nähern. Es bäumt sich auf, die Hinterbeine nach oben gerichtet, das erste Laufbeinpaar gekrümmt. Dann reißt es sie ruckartig hoch, ehe sie sie wieder zum Boden senkt. Es zittert dabei. Das Weibchen wird schließlich paarungsbereit, und das Männchen überträgt die Samenpaketchen zuerst von einem, dann vom anderen Kieferbein auf das Weibchen.

Soweit wir sehen können, machen diese seltsamen Verrenkungen das Weibchen schließlich paarungsbereit. Bei der oben erwähnten Legende aber soll das tanzende Opfer des Stiches einer Tarantel, das sich heilen wollte, die Zuschauer angesteckt haben. Es dürfte sich jedoch um eine Massenhysterie (Tarantismus) gehandelt haben.

Das Weibchen trägt seine Eier wie andere Wolfsspinnen in einem gewobenen Kokon, der an der Spitze des Abdomens angeheftet ist. Wenn die etwa 40 Jungspinnen schlüpfen, sitzen sie in einer Masse auf dem Rücken der Mutter.

Heilmittel

Es kann kein Zweifel daran bestehen, daß der Biß einer Tarantel nicht gefährlicher ist als ein Bienenstich und ganz bestimmt keine Tanzsucht hervorruft. Ein Zusammenhang könnte aber zwischen der Tarantella und der Pest bestehen. In vielen Gebieten gelten Spinnen als Symbole des Bösen, und im Mittelalter glaubte man vielleicht sogar in einigen Gegenden, die Pest werde durch den Biß von Spinnen verursacht. Tatsächlich gelten ekstatische Tänze als Mittel gegen die Pest, und im Spätmittelalter wurde Europa

von einer psychotischen Tanzwut ergriffen, als die große Pest ganze Landstriche entvölkerte. Bei diesen Tänzen wurde natürlich die Seuche oft übertragen — ähnlich wie der von der Tarantel Gebissene durch seinen Biß weitere Opfer infizierte, wie die Sage berichtet. In der Tarantelsage hat man vielleicht Pest und „Verursacher" mit dem vermengt, was über den „danse macabre" noch im Volksglauben erhalten war. In der Biedermeierzeit wurde die Sage wieder sehr populär, es entstand — vielleicht auch schon früher — ein Volkstanz, die Tarantella, und die Tarantel war als Motiv in der Kunst sehr beliebt. Andererseits verwendete man um 1620 die Tarantel auch als Amulett gegen Malaria.

Stamm	**Arthropoda**
Klasse	**Arachnida**
Ordnung	**Araneae**
Familie	**Lycosidae**
Gattung und Arten	*Lycosa tarentula, L. erythrognatha* u. a.

Rechte Seite: Tarantel in Drohstellung über ihrer Röhre. Ihre langen, behaarten Beine und der glasig starre Blick machen es verständlich, daß viele die Tarantel so widerwärtig finden.

Oben: Schlüpfende Tausendfüßler durchbrechen die Eischalen. — Rechts: Riesenschnurfüßler (Spirobolida) frißt an Orangenblatt. — Unten: Riesenkugler, Sphaerotherium.

Tausendfüßler

Es gibt die verschiedensten Tausendfüßler: von glatthäutigen, kaum 2 mm langen bis zu schwer gepanzerten, über 20 cm langen Formen. Viele sind giftig. Von den Hundertfüßlern, mit denen zusammen sie früher als „Myriapoda" in einer Klasse geführt wurden, unterscheiden sie sich vor allem dadurch, daß sie an den meisten Körpersegmenten zwei Beinpaare haben. Die ersten vier Segmente haben nur ein Beinpaar oder gar keines. Der Kopf hat kurze Antennen, einige Arten haben keine Augen.

Tausendfüßler sind ausgesprochen lichtscheu, es sind nachtlebende Tiere, die in feuchten Böden, verrottendem Laub und kleinen Höhlen und Bodenspalten leben. Sie ernähren sich von pflanzlicher Substanz und sind nützlich, insoweit sie diese abbauen, können aber schädlich werden, wenn sie, besonders bei Regenwetter, Kulturpflanzen angreifen. Der etwa 12 mm lange Getupfte Vielfuß (Baniulus guttulatus) zum Beispiel frißt Kartoffeln; aber wahrscheinlich nur dann, wenn die Schale bereits beschädigt ist, denn dieser und andere Tausendfüßler haben keine kräftigen Kiefer.

Chemische Waffen

Im Gegensatz zu den schnellaufenden Hundertfüßlern sind die Tausendfüßler nicht darauf eingerichtet, sich schnell fortzubewegen, sondern sich mühevoll durch den Boden oder pflanzliche Massen hindurchzuarbeiten. Beim Laufen klappen die Füße immer etwas hintereinander her, es sieht deshalb so aus, als liefe jeweils an einer Seite des Körpers eine Welle entlang. Bei Gefahr verschwinden einige Arten schnellstens, ohne ihre Füße zu gebrauchen, indem sie sich mit dem ganzen Körper durch die Vegetation krümmen und schlängeln; andere Arten rollen sich, sobald sie gestört werden, spiralig auf. Die Saftkugler wickeln sich zu kleinen Bällen auf, und in den wärmeren Zonen der Erde gibt es Tausendfüßler, die dabei so groß wie ein Golfball werden können. Die wichtigste Verteidigungswaffe der Tausendfüßler ist eine zu beiden Seiten des Körpers angeordnete Reihe von Drüsen. Das Sekret kann rot, gelb, weiß oder farblos sein, in der Regel jedoch ist es braun oder gelbbraun und riecht nach Kot, Chlor oder Blausäure. Außer Chlor und Blausäure sind wahrscheinlich auch noch Jod oder giftige Chinone und Alkaloide vorhanden; es ist deshalb nicht verwunderlich, daß man manche Arten nur widerwillig anfaßt. In Mexiko gibt es sogar eine Art, die zusammen mit bestimmten Pflanzen zu einem Pfeilgift vermahlen wird. Normalerweise sickert das Gift aus den Drüsen, einige größere tropische Arten jedoch (Chersastus) schleudern es bis zu einem Meter weit als feinen Nebel heraus. Solche Tausendfüßler können unvorsichtige Küken, von denen sie sich belästigt fühlen, blenden. Menschliche Haut wird schwarz und schält sich. Einige der großen tropischen Arten prunken mit auffälligen, hellen Warnfarben. Es gibt sogar leuchtende Arten. Eine Art fällt manchmal nachts im Sequoia-Nationalpark in Kalifornien auf (sie hat den zutreffenden Namen Luminodesmus sequoiae): sie ist blind, leuchtet jedoch ununterbrochen von Geburt an. Es handelt sich wahrscheinlich eher um Warnzeichen gegenüber möglichen Feinden als um ein Erkennungszeichen für Artgenossen. Es geht hier nicht etwa um einen Bluff: eine Biene, die zufällig mit solchen Tausendfüßlern zusammen in einem Reagenzglas gefangengehalten wurde, ist durch Blausäure vergiftet worden.

Zelte und Lehmhütten

Bei der Paarung, die einige Stunden dauern kann, „umarmt" das Männchen das Weibchen, Unterseite an Unterseite. Die Geschlechtsöffnungen befinden sich paarweise am dritten Körpersegment, die Befruchtung findet im Körper des Weibchens statt. Je nach Art legt es 10 bis 300 Eier. Einige Tausendfüßler tarnen die Eier einzeln mit Erde und Kot und lassen sie in Erdspalten

zurück, während die Weibchen anderer Arten Nester ausarbeiten und sich eng aufgerollt einige Tage in der Nähe aufhalten. Die Nester können ganz verschieden geformt sein: eine Hohlkugel aus Erde und Schleim, die mit Kot ausgekleidet ist, oder eine dünnwandige Kuppel aus Kot, die mit dem umgebenden Substrat durch einen engen, röhrenförmigen Schornstein verbunden und mit Laub abgedeckt ist. Die Mutter bewacht das Nest und ersetzt das Laub, falls es entfernt wird. Einige Tausendfüßler verbergen sich nach der Häutung, wenn sie vorübergehend sehr empfindlich sind, in Kammern oder „Zelten" aus Seidenfäden. Gewöhnlich fressen Tausendfüßler die abgeworfene Haut auf, ebenso auch das seidene Zelt. Die jungen Tausendfüßler haben anfangs nicht die volle Beinzahl, sondern erwerben sie nach und nach mit den Häutungen.

Millionen Tausendfüßler

Im Jahre 1878 ist in Ungarn ein Zug durch eine schwarze Masse von Tausendfüßlern aufgehalten worden; sie hatten den Boden mit einem Teppich überzogen, so daß die Räder auf den Schienen nicht greifen konnten. Das ist auch 1900 in Frankreich vorgekommen. Massenansammlungen von Tausendfüßlern verschiedener Arten sind in gewissen Abständen in mehreren Ländern beobachtet worden, so auch 1885 in Großbritannien, wo eine Riesenzahl eine Landstraße überquerte. Über zwanzig solcher Fälle sind in den USA verzeichnet worden. 1918 z. B. haben diese Tiere in West Virginia über 30 ha Ackerland geradezu bedeckt.

Solche Landplagen sind selten. In Trockenperioden nach feuchtem Wetter kommt es jedoch öfter vor, daß Tausendfüßler zu Schädlingen werden und Kulturpflanzen anfallen. Die Größe der Population scheint nicht durch Räuber und Parasiten begrenzt zu werden, obwohl es eine ganze Anzahl gibt, darunter Spinnen, Kröten und Vögel, besonders Stare. Die begrenzenden Faktoren dürften vor allem die Wetterverhältnisse sein. Die besten Bedingungen zum Aufbau einer Population bestehen bei viel Feuchtigkeit und viel organischer Masse im Boden, z. B. wenn Stallmist ausgebracht worden ist. Wenn der Boden dann trocken wird, suchen die Tausendfüßler Feuchtigkeit. Was könnte es dann Besseres geben als feuchte Höhlungen in Zuckerrüben?

Stamm	**Arthropoda**
Klasse	**Diplopoda**

Unten: Kopf an Kopf und Unterseite an Unterseite umeinandergeschlungen, kann die Paarung bei Tausendfüßlern mehrere Stunden dauern. Hier Tausendfüßler aus der Ordnung Iuliformia.

Oben: Tausendfüßler (Familie Strongylosonidae), *lebt in Wäldern bei Tsitsikama, Südafrika.*

Hundertfüßler

Es gibt viele Hundertfüßlerarten, da sie aber wenig beachtet werden und schon gar nicht beliebt sind, haben sie keine einzelnen volkstümlichen Namen — für die meisten sieht eben ein Hundertfüßler genau so aus wie der andere. Die Wissenschaftler haben sie jedoch in vier Ordnungen eingeteilt: Scolopendromorpha (Skolopender), Lithobiomorpha (Steinläufer oder -kriecher), Geophilomorpha (Erdläufer) und Scutigeromorpha (Spinnenläufer). Zu den ersten beiden Ordnungen gehören die nicht sehr schlanken Läufer mit 21 bis 23 bzw. 15 Beinpaaren. Die Erdläufer sind schlanke, wurmähnliche Hundertfüßler mit 31 bis 177 Beinpaaren, je nach Art, so daß manche von ihnen den Namen „Hundertfüßler" mit Recht tragen. Die häufigste deutsche Art ist der dunkelbraune, bis 32 mm lange, Gewöhnliche Steinläufer oder Steinkriecher (Lithobius forficatus), den man häufig unter Brettern oder Steinen findet.

Die Spinnenläufer sehen ganz anders und seltsam aus. Der Körper ist zigarrenförmig, er schlängelt sich nicht, die 15 Beinpaare sind sehr lang und schlank, sie befähigen die Tiere, mit beachtlicher Geschwindigkeit und Geschicklichkeit zu laufen. Atmungssystem und Sauerstoffumsatz des Blutes sind wirksamer als bei anderen Arten.

Da es keine volkstümlichen Namen gibt, müssen wir die lateinischen bzw. wissenschaftlichen verwenden. Die langen, schlanken Geophilomorpha centipedes (Erdläufer) sind in Mitteleuropa sehr häufig, man trifft sie meist an, wenn man den Garten umgräbt. Die meisten sind nur 2 bis 5 cm lang, die nordafrikanische Art Oryza barbarica *kann jedoch bis 22,5 cm lang werden. Viele Hundertfüßler aus der Ordnung der Erdläufer, wie der Leuchtende Erdläufer (Geophilus electricus), geben eine stark leuchtende Flüssigkeit ab, wenn sie gestört oder verletzt werden.*

In Mitteleuropa gibt es nur zwei kleine (2,5 cm lange) Skolopenderarten (Gattung Cryptops), *in warmen Gebieten jedoch sind sie zahlreich, es gibt dort viele, darunter auch riesengroße Formen. Etwa 17 cm erreicht der Gürtelskolopender (Scolopendra cingulata) Südeuropas.*

Die langbeinigen Spinnenläufer (Scutigera coleoptera) kommen in Südeuropa, Südwestdeutschland und in den warmen Gebieten der Erde vor.

Unliebsame Besucher

Die Kutikula der Hundertfüßler ist nicht wasserundurchlässig, sie sterben daher leicht durch Austrocknung. Sie brauchen eine feuchte Umgebung und leben vor allem in vermoderndem Laub, in Komposthaufen, unter Holzstämmen und Steinen, unter Baumrinden und im Boden; nur nachts und bei feuchter, kühler Luft kommen sie an die Oberfläche. Der deutsche Erdläufer *Scoliophanes maritimus* kommt an der Küste von

Helgoland vor, und zwar unter Steinen, die bei Flut vom Wasser bedeckt sind. Hundertfüßler kommen oftmals auch in Häuser, und der langbeinige Spinnenläufer *Scutigera forceps* wird in den warmen Gebieten der Erde als nützlicher Insektenvertilger in Wohnungen angesehen. Im tropischen Asien trifft man auch den giftigen *Scolopendra morsitans* in Gebäuden an, wo er natürlich keineswegs willkommen ist. Auch viele Kellerräume in heißen Ländern beherbergen Hundertfüßler, besonders die langbeinigen Spinnenläufer, die recht auffällig aussehen, wenn sie im Schein von Lampen oder Fakkeln über die Böden und Mauern rasen.

Aktive Jäger

Hundertfüßler sind aktive Räuber, sie jagen Insekten, Spinnen, Würmer und andere kleine Tiere. Der Gewöhnliche Steinläufer oder -kriecher *Lithobius forficatus* nimmt in Gefangenschaft bereitwillig Fliegen an, und ein großer tropischer Skolopender wurde im Londoner Zoo ein Jahr hauptsächlich mit kleinen Mäusen ernährt. In der freien Natur erbeuten diese großen Hundertfüßler große Insekten, wie Heuschrecken und Schaben, auch Gekkos und andere nachtlebende Eidechsen. Der marine Hundertfüßler *Scoliophanes maritimus* frißt auch Entenmuscheln. Einige der wurmähnlichen Erdläufer leben zum Teil auch von pflanzlichen Stoffen.

Giftfüße

Mit dem Giftbiß der Hundertfüßler wird die Beute gelähmt und getötet, er wird aber nicht von den Kiefern ausgeführt, sondern von dem Vorderpaar der Beine, die als „Giftklauen" eigens ausgebildet sind: sie sind hohl und mit Giftdrüsen verbunden. Der Biß der großen Skolopender ist äußerst schmerzhaft und manchmal auch gefährlich, obwohl sehr wenig Todesfälle bekanntgeworden sind. Dagegen wirkt der Biß unserer Skolopender oder der des Spinnenläufers höchstens wie ein Wespenstich.

Vermehrung

Die beiden Geschlechter sind einander sehr ähnlich und können gewöhnlich nur durch eine spezielle Untersuchung unterschieden werden. Alle Hundertfüßler legen Eier. Bei den Steinläufern und Spinnenläufern haben die Jungen beim Schlupf weniger Beinpaare als die Erwachsenen (sieben bei *Lithobius*), die volle Zahl wird erst im Laufe der Entwicklung erreicht.

Die meisten Hundertfüßler legen die Eier einfach in den Boden und verlassen sie, die großen Skolopender aber pflegen sie und hüten Eier und Junge, sie kämpfen gegen jeden Angreifer und schützen sie auch vor Verpilzung, indem sie sie in den Mund nehmen und ablecken. Wenn sie ernsthaft gestört werden, fressen sie Eier oder Junge auch auf oder verlassen sie; ohne Pflege vermodern die Eier dann und sterben ab.

Hundertfüßler sind langlebige Geschöpfe, selbst der kleine *Lithobius forficatus* kann fünf oder sechs Jahre alt werden. Die großen tropischen Arten erreichen wahrscheinlich erst mit vier Jahren ihre volle Größe und leben wesentlich länger.

Vor Feinden gut geschützt

Kleine Hundertfüßler werden von Vögeln schnell aufgefressen, wenn sie durch den Spaten oder den Pflug an die Oberfläche kommen, vor Feinden gleicher Körpergröße

aber sind sie durch ihren Giftbiß gut geschützt. Im Magen eines Warans in Malaya hat man allerdings viele große Skolopen gefunden. Aber nur wenige Tiere haben einen solchen Appetit, so daß die großen Hundertfüßler nur wenige Feinde haben. Soweit man Kämpfe mit Spinnen oder Skorpionen gleicher Größe beobachtet hat, waren sie ihnen fast immer gewachsen.

Flinke Läufer

Die ersten Zoologen haben daran herumgerätselt, wie Hundertfüßler die schnellen Bewegungen im einzelnen steuern. Man kam nur zum Schluß, die Tiere müßten aufhören zu denken, sonst kämen sie schwerlich vorwärts.

Das Problem ist durch Zeitlupenaufnahmen gelöst worden. Die meisten Hundertfüßler bewegen ihre Füße in rhythmischen Wellen jeweils abwechselnd auf der einen oder der anderen Körperseite; sie sind somit in einem bestimmten Augenblick auf der einen Seite abgebogen und auf der anderen ausgestreckt. Wenn sich die Beine abbiegen, überkreuzen sich die Spitzen oftmals, aber der Hundertfüßler scheint gegen das Unglück abgesichert zu sein, über die eigenen Füße zu stolpern. Bei dem langen, wurmähnlichen Erdläufer gibt es diese Art sich zu bewegen nicht; jedes Bein scheint sich unabhängig von den übrigen Beinen zu bewegen und den richtigen Rhythmus herauszufinden. Ein Gutteil der Fortbewegung der Erdläufer besteht nämlich mehr aus einem Graben als aus einem Laufen, und zu diesem planmäßigen Vorwärtsschieben des Körpers ist es besser, die Beine einzeln zu betätigen.

Stamm	**Arthropoda**
Klasse	**Chilopoda**
Ordnungen	**Geophilomorpha**
	Lithobiomorpha
	Scolopendromorpha
	Scutigeromorpha

Hundertfüßler lähmen und töten ihre Beute mittels eines Giftes aus Giftklauen, die aus dem ersten Beinpaar entstanden sind. Der riesenhafte Skolopender aus Malaya (unten rechts) kann 20 cm lang werden und sehr schmerzhafte Bißwunden verursachen, die gelegentlich auch schon Menschen getötet haben. — Die tropischen amerikanischen Arten von Scolopendra (unten links) können über 30 cm lang werden. — Der junge Lithobius (oben links) ist mit nur sieben Paar Füßen aus dem Ei geschlüpft, voll ausgewachsen wird er 15 Paar haben. Diese Art ist in Mitteleuropa verbreitet und wird nur 2,5 bis 5 cm lang, sie kann 5 bis 6 Jahre alt werden. — Hundertfüßler werden oft mit Tausendfüßlern verwechselt. Wie diese Bilder zeigen, sind sie aber leicht voneinander zu unterscheiden: Tausendfüßler haben je Segment zwei Paar Füße (oben rechts), Hundertfüßler je Segment nur ein Paar.

Diese Bilder verschiedener Hundertfüßler zeigen, wie sie laufen: Die Beine bewegen sich in rhythmischen Wellen jeweils auf der einen oder der anderen Körperseite. An einer bestimmten Körperstelle sind die Beine auf der einen Seite abgebogen, auf der anderen ausgestreckt.

Die Gewöhnliche Küchenschabe putzt sich nach jeder Brotmahlzeit. Diese Haushaltsschädlinge haben außer ihrer Freßlust die unangenehme Eigenschaft, Lebensmittel zu verschmutzen.

Frischgehäutete Schabenlarven. Bis sie erwachsen sind, häuten sie sich sechs- bis zwölfmal.

Schaben

Früher hat man Schaben zusammen mit Heuschrecken, Grillen und Ohrwürmern in einer großen Ordnung zusammengefaßt, der Ordnung Geradflügler (Orthoptera). Jetzt hat man sie in mehrere Ordnungen aufgeteilt, darunter die Ordnung Dictyoptera, die die Gottesanbeterinnen und Schaben umfaßt.

Die Schaben sind mäßig große Insekten, mit abgeplattetem Körper und zwei Paar Flügeln: Die dickeren, lederartigen Vorderflügel dienen als Flügeldecken für die zarten Hinterflügel, genau wie die Flügeldecken oder Elytren der Käfer. Die Hinterflügel der Schaben gleichen einem zusammengefalteten Fächer; wenn sie zum Fliegen ausgebreitet sind, haben sie eine sehr große Oberfläche. Bei der am meisten verbreiteten europäischen Art, der

sogenannten Kakerlake, hat das Männchen sehr kleine Flügel, das Weibchen hat lediglich Reste davon und kann nicht fliegen. Auch bei einigen weiteren Arten hat das Weibchen zurückgebildete Flügel und kann nicht fliegen.

Von den 3500 Arten der tropischen und subtropischen Gebiete sind diejenigen am bekanntesten, die Kulturfolger geworden sind. Sie nutzen die Möglichkeit, in Wohnungen und Räumlichkeiten jeder Art, wo Nahrungsmittel verarbeitet werden, Abfälle aufzunehmen, nicht zuletzt suchen sie auch die Wärme. Auf diese Weise haben sie ihr Verbreitungsgebiet auf alle gemäßigten und kalten Gebiete der Erde ausgedehnt, einige Arten sind auch über die ganze Erde hin verschleppt worden. Die große Mehrzahl der in der freien Natur lebenden Arten ist tropisch. Bei uns kommen außerhalb von Häusern nur einige Waldschaben (Ectobius) und Kleinschaben (Hololampra) vor.

Zu den bekanntesten Schaben gehören die folgenden drei Arten: Gewöhnliche Küchenschabe (Blatta orientalis), unterschiedlich groß, durchschnittlich etwa 2,5 cm, dunkelbraun (Weibchen fast schwarz), die Flügel erreichen beim Männchen nicht die Körperspitze, beim Weibchen verstümmelt; beide Geschlechter ohne Flugfähigkeit. Lästiger Mitbewohner. Heute weltweit verbreitet.

Hausschabe (Blatella germanica), etwa 1,2 cm lang, gelblichbraun, mit zwei dunkelbraunen Streifen auf dem ersten Rumpfsegment. Voll entwickelte Flügel. Häufigste deutsche Schabe.

Amerikanische Schabe (Periplaneta americana). Männchen fast 4 cm lang, rötlich braun, mit voll entwickelten Flügeln. Kommt vorzugsweise in Hafenstädten und auf Schiffen vor. In tropischen Ländern die in Häusern am meisten verbreitete Schabe. Heimat ist nicht Amerika, wahrscheinlich Nordafrika.

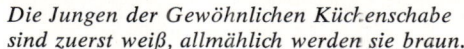

Die Jungen der Gewöhnlichen Küchenschabe sind zuerst weiß, allmählich werden sie braun.

Ein Paar der Amerikanischen Schabe. Im Gegensatz zur Gewöhnlichen Küchenschabe hat sie voll entwickelte Flügel. Ihre Heimat ist aber nicht Amerika, sie stammt wahrscheinlich aus Nordafrika.

Nachts kommen sie zum Vorschein

In der Natur leben die meisten Schaben auf dem Boden unter absterbenden Pflanzen oder hinter toter Rinde, sie sind alle braun und passen sich damit ihrer Umgebung an. Die „domestizierten" Arten haben wahrscheinlich alle einstmals so gelebt. Einige Schabenarten kommen auch auf lebenden Pflanzen vor, sie sind braun, gelb oder grün gefärbt. Die am Boden lebenden Schaben sind Nachttiere, sie verbergen sich tagsüber und kommen nachts zum Vorschein, genau wie die „häuslichen". Einige der großen tropischen Arten fliegen bei Nacht und werden von künstlichem Licht angezogen.

Ihre abgeplatteten Körper erlauben es ihnen, in Spalten und Höhlungen zu kriechen, in Häusern verstecken sich an unzugänglichen Stellen, so daß es nicht leicht ist, sie loszuwerden.

Giftköder können wirksam sein, wenn man sie andauernd anwendet, Insektizide als Stäube- und Sprühmittel müssen gut in die Verstecke eingebracht werden. Schweren Befall läßt man am besten durch den Kammerjäger bekämpfen.

Unliebsame Abfallbeseitiger

In der freien Natur sind die meisten Schaben Aas- und Pflanzenfresser; der Übergang zum Allesfresser in menschlichen Behausungen ist daher naheliegend und leicht. Einige wildlebende Arten ernähren sich von Holz, das sie mit Hilfe symbiontisch lebender Protozoen, mikroskopisch kleiner Einzeller in ihrem Magendarmkanal, verdauen. Die mit den Schaben eng verwandten Termiten verdauen Holz auf dieselbe Weise.

In Häusern fressen Schaben jegliche Nahrung, die sie erwischen können. Sie fressen auch die verschiedensten Substanzen, die normalerweise nicht als eßbar gelten, wie Bucheinbände, Schuhcreme, Tinte und Tünche. In seinem Buch über Kuriositäten in der Natur beschreibt Frank Buckland die Geschichte eines Mannes, der auf der Rückfahrt von Indien per Schiff von Schaben belästigt wurde. Als er eines Nachts schlief, „kamen sie und fraßen die schmalen Ränder weißer Haut an den Wurzeln der Fingernägel". Was den angerichteten Schaden aber wesentlich verschlimmert ist das Verhalten der Schaben, mit ihren Exkrementen alles zu verschmutzen. Soweit bekannt ist, übertragen sie keine Krankheiten. Das ist das einzig Gute, was man über sie sagen kann.

Fortpflanzung

Die Eier sind in einer taschenähnlichen Kapsel, der Oothek, eingeschlossen. Bei der Küchenschabe tritt sie aus dem Körper des Weibchens hervor, wird ein oder zwei Tage getragen und dann fallen gelassen oder in eine Höhlung gesteckt. Danach kümmert sich das Insekt nicht mehr darum. Wenn die Oothek an der Spitze des Abdomens erscheint, ist sie zunächst weiß, sie dunkelt später nach und ist, wenn sie dann abgelegt wird, fast schwarz, bei einer Größe von kaum 12 mm. Eine Oothek enthält gewöhnlich 16 Eier in zwei geraden Reihen zu je acht, es können aber auch mehr oder weniger sein. Die Eier entwickeln sich innerhalb von zwei bis drei Monaten nach der Bildung der Oothek, die alsdann aufplatzt, damit die Jungen schlüpfen können. Sie sind beim Schlupf 5 mm lang, weiß gefärbt und dunkeln im Verlauf des Wachstums nach. Die Jungen gleichen ihren Eltern, haben allerdings noch keine Flügel. Es braucht zehn Monate bis ein Jahr, ehe sie geschlechtsreif sind. Während des Wachstums häuten sie sich sechs- bis zwölfmal. Das Fortpflanzungsverhalten der Amerikanischen Schabe ist ähnlich.

Bei der Hausschabe trägt das Weibchen die Oothek bis einen Tag vor dem Schlupf.

Als Haushaltsschädling ist die Schabe verhaßt, weil sie Lebensmittel verschmutzt; aber sie ist eines der besten Beispiele für die Kunst des Überlebens und ein wichtiges Objekt zum Studium der Insekten. Diese Nahaufnahme zeigt ihre Sinnesorgane: die aus vielen kleinen Elementen zusammengesetzten Augen, die als Tastorgane dienenden Kiefertaster und Fühler. An den hochbeweglichen Fühlern sitzen die Geruchsorgane. Hinter dem Rückenschild sind die durchscheinenden Elytren oder Flügeldecken zu erkennen.

oder sogar noch länger, ja, die Jungen können sogar schlüpfen, wenn die Oothek sich noch am Weibchen befindet. Es ist kastanienbraun, ein paar Tage vor dem Schlupf erscheint längs beider Seiten des Körpers ein grünes Band. Die Oothek enthält gewöhnlich 35 bis 45 Eier, der Schlupf findet in der Regel vier bis sechs Wochen nach der Bildung der Oothek statt.

Lebende Fossilien

Es erregte allgemein großes Aufsehen, als der erste Quastenflosser, ein lebendes Fossil, entdeckt wurde. Würde ein weiteres lebendes Fossil entdeckt, gäbe es erneut allerlei „Aufregung". Um die Schaben indessen kümmern sich nur einige Wissenschaftler. Und doch sind es außergewöhnlich interessante, primitive Insekten.

Von Versteinerungen her wissen wir, daß es schon vor 300 Millionen Jahren, als die Steinkohlenlager entstanden, viele Schabenarten gab, und zwar in großer Zahl. Diese Schaben aus dem Karbon sehen so ähnlich aus wie viele der heutigen Arten. Es muß sich also um eine Insektenfamilie handeln, die schon in einem frühen Abschnitt der Erdgeschichte eine einfache und Sicherheit

gewährende Lebensweise angenommen hat, von der sie niemals abgewichen ist. Dank ihrer Anpassungsfähigkeit konnte sie alle Zeiten überdauern, gehört sie sozusagen zum Erbgut unserer Erde. Durch ihre Anspruchslosigkeit ist die Erde ihrerseits zu ihrem Erbe geworden. Hinsichtlich der Überlebenskraft gibt es nur wenige, die es ihnen gleichtun; da sie sich uns gegenüber aber unerfreulich bemerkbar machen, sind nur wenige bereit, sie mit Ehrfurcht zu betrachten. Dennoch gibt es einige Menschen, die ihr Leben der Lebensweise von Schaben gewidmet haben.

Schaben werden viel dazu benutzt, Studierende in die Wissenschaft der Insektenkunde einzuführen, teils weil man sie so leicht bekommen kann, teils weil ihr Körperbau und ihre Anatomie so einfach und allgemeingültig sind. Schaben zu vermehren, ist eine der mit am wenigsten bekannten menschlichen Berufsaufgaben.

Stamm	**Arthropoden**
Klasse	**Insecta**
Ordnung	**Dictyoptera**
Familie	**Blattidae**

Heuschrecken

Wie schon der Name andeutet, leben die meisten Heuschrecken zwischen Gräsern und Kräutern am Erdboden. Sie sind verschieden gefärbt, meist grün und braun, und somit durch Farbanpassung an ihre Umgebung geschützt — solange sie sich still verhalten. Heuschrecken sind Tagtiere; wenn sie gestört werden, springen sie plötzlich und kraftvoll mittels ihrer stark entwickelten Hinterbeine. Mit Hilfe der zwei Beinpaare können sie auch kriechen.

Bei den Heuschrecken oder auch Grashüpfern handelt es sich um zwei völlig verschiedene Gruppen: die mit den Grillen verwandten, meist räuberischen Heupferde (Tettigonidae) und die nicht näher verwandten, pflanzenfressenden Feldheuschrecken (Acrididae). Wie bei allen Geradflüglern dienen die lederartigen Vorderflügel als Decken für die geäderten Hinterflügel. Nur sie sind, bei den fliegenden Arten, Flugorgane.

Feldheuschrecken leben überwiegend am Boden, während die meisten Heupferde im Blattwerk von Bäumen und Sträuchern leben.

Musiker im Gras

Das bekannte Zirpen draußen auf den Wiesen und Feldern und in den Hecken kommt von der „Stridulation" der Grashüpfer: Eine Reihe gleichmäßig angeordneter, winziger Zähnchen am größten Glied der Hinterbeine wird an der am weitesten vorstehenden Ader der Vorderflügel gerieben. Gewöhnlich können nur Männchen zirpen — aber Ausnahmen bestimmen auch hier die Regel. Jede Art hat ihren eigenen Gesang. Man kann es lernen, die Geräusche der Heuschreckenarten voneinander zu unterscheiden und danach, genau wie beim Gesang der Vögel, die Art zu bestimmen.

Die Flügel dienen im übrigen natürlich zum Fliegen. Bei den meisten weitverbreiteten Arten sind sie bei beiden Geschlechtern voll entwickelt. Eine Ausnahme bildet die Grashüpferart *Chorthippus parallelus,* bei der die Hinterflügel reduziert sind; aber selbst bei dieser Art gibt es gelegentlich Individuen, bei der die Flügel voll entwickelt und auch voll funktionsfähig sind. Bei Geradflüglern ist es durchaus nicht ungewöhnlich, daß eine Art in zwei Formen vorkommt, also mit voll entwickelten oder auch reduzierten Flügeln. Der häufigste Fall ist indes der eben beschriebene, daß nämlich bei einer normalerweise kurzflügeligen Art gelegentlich Individuen mit Flügeln vorkommen.

Oben: Laubheuschrecke Leptophyes punctatissima, *mit langen, fadenförmigen Fühlern. Diese fast flügellose Art hat außergewöhnlich lange Hinterbeine, die Flügel sind zu kleinen, einander überdeckenden Lappen zurückgebildet.*
Mitte: Zwitscherheupferd (Tettigonia cantans). — Unten rechts: Grashüpfer (Chorthippus parallelus).

Laubheuschrecken als Kriechtiere

Die meisten Laubheuschrecken sind im Blätterwerk der Bäume und Sträucher zu Hause, einige Arten leben aber auch auf dem Erdboden. Die Laubbewohner sind überwiegend grün, während die Bodenbewohner zu braunen oder schwärzlichen Tönen neigen. Zum Unterschied von den meisten Heuschrecken lieben die Laubheuschrecken das Sonnenlicht nicht, sie werden erst am späten Nachmittag aktiv oder sind gar Nachttiere.

Gesang der Laubheuschrecken

Sie sind ebenfalls laut und locken durch „Stridulation", aber der Mechanismus unterscheidet sich ganz wesentlich von dem der Feldheuschrecken. Am linken Vorderflügel haben sie eine von den Flügeladern gebildete Schrillader, die mit einer Reihe winziger Zähnchen besetzt ist und gegen die Schrillkante am Hinterende des rechten Vorderflügels gerieben wird. Das ist dieselbe Einrichtung wie beim Heimchen, nur daß die Rollen der rechten und linken Vorderflügel miteinander vertauscht sind. Auch bei den Laubheuschrecken hat jede Art ihren eigenen Gesang, und das hat seinen guten Grund: Sowohl bei den Laubheuschrecken als auch bei den Feldheuschrecken ist der Gesang vor allem Brautwerbung, und es ist wichtig, daß die Weibchen den Ruf von Männchen ihrer Art erkennen können.

Das große Grüne Heupferd *(Tettigonia viridissima)* ist in Europa, Asien und Nordafrika verbreitet. Das Weibchen ist einschließlich des geraden, blattähnlichen Legstachels 5 cm lang und hellgrün gefärbt. Das Männchen ist etwas kleiner, sein sehr lauter, anhaltender Gesang ertönt des Nachts.

Zwei verschiedene Wege der Eiablage

Beide Familien, Feldheuschrecken und Laubheuschrecken, legen Eier. Bei den Feldheuschrecken sind sie in eine Schaummasse, das Eipaket, eingeschlossen, das das Weibchen im Boden eingräbt. Jedes Paket enthält fünf oder sechs oder auch bis zu vierzehn Eier, das ist zum Teil artbedingt. Die Eier der Laubheuschrecken dagegen haben keinerlei Hülle und werden einzeln gelegt. Einige Arten stecken sie in den Boden oder in Rindenspalten, andere wieder bringen sie in Stengel oder Blätter ein, indem sie mit den Legstacheln kleine Schlitze schneiden. Bei beiden Familien verlassen die Jungen die Eier als winzige, wurmähnliche Larven, die sich sofort häuten. Danach ähneln sie ihren Eltern, haben jedoch noch keine Flügel. Mit jeder Häutung wachsen sie und entwickeln auch die Flügel, bei den flugfähigen Arten werden sie mit der letzten Häutung voll funktionsfähig. Die meisten häufigeren Arten haben jährlich eine Generation.

Vorwiegend Pflanzenfresser

Feldheuschrecken sind reine Pflanzenfresser, in Gefangenschaft kann man sie mit Grasbüscheln ernähren, die man an Schnüren in den Käfigen aufhängt. Der Boden sollte etwa 4 cm stark mit feuchtem Sand bedeckt sein. Bei diesen Haltungsbedingungen werden sie schnell zur Fortpflanzung schreiten.

Rechts: Masse von Heuschreckenlarven (Phymateus).

Laubheuschrecken leben zumindest teilweise räuberisch, eine Art, die Eichenschrecke *(Meconema thalassinum)*, ist sogar reiner Fleischfresser, sie jagt Raupen und andere an Eichen vorkommende Insekten. Die übrigen leben teilweise von Gras und Blättern und teilweise von Insekten. In der Gefangenschaft brauchen sie viel Platz; wenn sie zusammengepfercht leben müssen, kommt Kannibalismus vor. Salatblätter scheinen den meisten zuzusagen, aber sie sollten auch etwas tierische Nahrung bekommen. Kleine Raupen kann man leicht beschaffen, indem man Sträucher und Bäume schüttelt und die Tiere mit einem aufgespannten Regenschirm auffängt.

Bestimmung nach der Farbe unmöglich

Einige Feldheuschrecken sind in der Färbung und Zeichnung von Beinen und Körper außerordentlich verschieden. Beim linierten Grashüpfer *(Stenobothrus lineatus)* und bei *Omocestus viridulus* gibt es einige wenige, aber deutlich zu erkennende Farbunterschiede. Beim Gewöhnlichen Grashüpfer *(Chorthippus brunneus)* und bei der Gefleckten Keulenschrecke *(Myrmeleotettix maculatus)* jedoch kommen fast alle Farbschattierungen vor. Alles in allem ist es aussichtslos zu versuchen, Feldheuschrecken nach ihrer Farbe zu bestimmen.

Oben: Die in Europa weitverbreitete Feldheuschrecke Omocestus viridulus. Überwiegend grün oder braun gefärbt. Fliegt nur kurze Strecken. — Rechts: Rhapsodie in Purpur: Südafrikanische Feldheuschrecke, natürliche Größe etwa 2,5 cm.

Klasse	**Insecta**
Ordnung	**Orthoptera**
Familie	**Acrididae**
Gattungen	*Chorthippus, Omocestus, Stenobothrus, Myrmeleotettix, Tetrix*
Familie	**Tettigoniidae**
Gattungen	*Tettigonia, Decticus, Meconema*

Wanderheuschrecken

Die Wanderheuschrecken bilden riesige, wandernde Schwärme, die an der Vegetation, besonders an Kulturpflanzen, verheerenden Schaden anrichten können. Früher kamen Wanderheuschreckenschwärme auch nach Mitteleuropa; seitdem die Fortpflanzungsareale dieser Formen aber landwirtschaftlich stark genutzt werden, treten keine Wandertiere mehr auf.

Vor allem Afrika leidet ernstlich unter Wanderheuschreckenschwärmen, dabei sind drei Arten besonders wichtig: die Wüstenwanderheuschrecke, die Rote Wanderheuschrecke und die Afrikanische Wanderheuschrecke. Sowohl für die Rote als auch für die Afrikanische Wanderheuschrecke gibt es örtliche Überwachungsorganisationen, die den Ausbruch explosionsartiger Vermehrungen wirksam verhindern. Die Wüstenwanderheuschrecke jedoch ist ein echtes internationales Problem und Hauptgegenstand von Untersuchungen des Forschungszentrums zur Bekämpfung der Wanderheuschrecken in London.

Wanderheuschrecke
Durch Wanderheuschrecken und Grashüpfer gefährdete Gebiete

Wüstenwanderheuschrecke
Fortpflanzungs-gebiete   Rückzugs-gebiete

Verbreitungsgebiet der Wanderheuschrecken. In Nordamerika und Europa, wo die Fortpflanzungsareale in Kultur genommen wurden, sind die Vermehrungszahlen stark gesunken. In Afrika jedoch ist die Wüstenwanderheuschrecke noch Feind Nummer 1. Andere Wanderheuschrecken ziehen sich nach ihren Wanderzügen auf kleine Gebiete zurück; die Fortpflanzungsgebiete der Wüstenheuschrecken dagegen sind weltweit.

Wanderheuschrecken

Die riesigen Schwärme von Wanderheuschrecken, die in gewissen Abständen in vielen Entwicklungsländern solche Verwüstungen anrichten, sind mehr oder weniger nur Horden wandernder Grashüpfer. Wanderheuschrecken können nämlich in zwei Formen leben: in einer solitären Phase oder in einer Wanderphase. Wenn die Heuschrecken zusammengepfercht sind, ändern sie ihr Verhalten, und wenn diese Lebensverhältnisse über eine Generation hinweg oder noch darüber hinaus andauern, verändern sich auch Gestalt und Farbe — die Phase der Wanderform ist erreicht.

Solitäre Wanderheuschrecken kommen nur zur Paarung zusammen und verhalten sich im übrigen weitgehend so wie andere Heuschrecken auch. Die Eier sind so groß wie Reiskörner und werden 10 cm tief in den Erdboden gelegt. Sie werden durch ein schaumiges Sekret zusammengehalten. Es erhärtet, und es bilden sich 4 bis 5 cm lange Eipakete mit gewöhnlich 80 bis 100 Eiern. Über dem Paket bildet der Schaum einen Pfropfen, damit die Eier nicht austrocknen, kein Sand in das Loch fällt und die Jungen den Weg ins Freie finden. Das Eistadium dauert in den wichtigsten Vermehrungsgebieten mit sommerlichem Klima 10 bis 15 Tage, kann in den Gebieten Nordafrikas mit kühlerem Frühling jedoch bis zu 70 Tagen dauern. Die geschlüpften Jungtiere häuten sich mehrere Male und werden so allmählich zu ausgewachsenen Wanderheuschrecken; bei den letzten beiden Häutungen nehmen auch

die Flügel Gestalt an und werden mit der letzten Häutung funktionsfähig. Das dauert ganz nach Temperaturverhältnissen 30 bis 50 Tage. Im Schwarm sind die erwachsenen Tiere zunächst rosa, nach ein paar Wochen oder Monaten aber, meist im Verlauf der Regenzeit, werden sie geschlechtsreif und färben sich gelb.

Frisch geschlüpfte junge Wanderheuschrecken der Solitärphase zerstreuen sich, und wenn nicht mehrere Umweltfaktoren sie zwingen, sich zusammenzutun, tritt keine Schwarmbildung ein.

Der Phasenwechsel

Unter bestimmten, von vielen veränderlichen Faktoren abhängigen Bedingungen — das Wetter spielt dabei nicht zuletzt eine Rolle — können einzeln und zerstreut lebende Wanderheuschrecken an günstigen Brutplätzen zusammenkommen. Wenn jedes Weib-

Links: Rosafarbenes, erwachsenes, aber noch nicht fortpflanzungsfähiges Weibchen. Sie bilden riesige Schwärme, fliegen mit dem Wind und treffen nach Regenfällen in neuen Fortpflanzungsarealen ein. — Rechts: Ansammlung von Wanderheuschreckenlarven.

chen zwei oder drei Pakete mit je 70 bis 80 Eiern legt, hat sich die Zahl dieser Kolonie nach dem Schlüpfen zumindest verhundertfacht. Wenn sich die Zahl der Larven in demselben Gebiet verdichtet und sich die Gruppen vereinigen, sind sie auf dem besten Wege, die entscheidende Phase zu erreichen, wo aus den solitär lebenden Typen wandernde Typen werden, die dann gegebenenfalls zur Schwarmbildung schreiten und Schwärme von Wanderheuschrecken bilden.

Wenn sie zu Massen zusammengedrängt sind, verwandelt sich ihre Farbe zu einem auffälligen Muster aus schwarzen und orangefarbenen oder gelben Streifen, was wahrscheinlich dazu beiträgt, daß sie sich besser erkennen und somit besser zusammenhalten. Die hell gemusterten Larven wachsen sich zu rosafarbenen Erwachsenen aus, die mit der Geschlechtsreife gelb werden, während die Erwachsenen des solitären Types sandfarben sind.

Gegenseitige Stimulation führt zu größerer Aktivität, die Tiere beginnen zu „marschieren". Da mit der Entwicklung zur Wanderphase ein Zwang zum Zusammenhalt veranlagt wird, marschieren sie in Kolonnen.

Als Erwachsene wandern sie weiterhin, auch der Zwang sich zusammenzuschließen bleibt aufrechterhalten, aber sie leben jetzt in der Luft und bewegen sich wesentlich schneller fort. Auch die Wetterbedingungen können zur Entwicklung von Wandertieren und Schwarmbildung führen. Einzeln fliegende Wanderheuschrecken fliegen mit dem Wind, geraten so in Luftströmungen, die sich aufeinander zu bewegen, und können sich somit leicht in Regengebieten vereinigen. Die Wüstenwanderheuschrecken leben vorwiegend in Gebieten mit Trockenklima; wenn sie ständig mit dem Wind fliegen, ist es deshalb wahrscheinlich, daß sich Riesenzahlen von Wanderheuschrecken in Gebieten einfinden, wo es Niederschläge gibt und wo sie dann durch eine Fülle von Wüstenpflanzen, die nach dem Regen schnell sprießen, mit Nahrung versorgt werden. Der Nachwuchs entwickelt sich wiederum in der Wanderphase.

Wanderheuschrecken als Plagen

Wenn sich der Schwarm niederläßt, fallen die Wanderheuschrecken über jeglichen Pflanzenwuchs her. Nach der Paarung legt jedes Weibchen einige hundert Eier. Die schlüpfenden Jungen sind noch immer in Massen zusammengedrängt und verhalten

sich unverändert, nur kann der sich ergebende Schwarm vielfach größer sein. Dieser Schwarm wandert weiter, läßt sich wieder nieder und vervielfacht seine Zahl. Auf diese Weise können riesige Gebiete bedeckt werden, können sich Tausende Tonnen von Wanderheuschrecken bilden und zu einer wahren Landplage werden. Solche Plagen können zu Ende gehen, wenn das Wetter umschlägt. Die wenigen Überlebenden kehren in die Solitärphase zurück, in der sie verhältnismäßig harmlos sind.

Die Wüstenwanderheuschrecke ist die in der Bibel genannte Wanderheuschrecke und heute die weitaus gefährlichste. Sie läßt sich schwer unter Kontrolle halten, weil sie keine geographisch bestimmbaren Ausbruchsgebiete hat. Sie kommt in einem riesigen Gebiet vor, es reicht von Spanien, ganz Nordafrika und Vorderasien über den Iran bis Bangla Desh und Indien — ein Gebiet, das etwa 60 Länder umfaßt. Zwischen Plagen, die sechs Jahre und länger anhalten können, gibt es gleich lange Zeitabschnitte, in denen nur solitäre Heuschrecken vorkommen. Die letzte Wanderung war von 1950 bis 1962.

Natürliche Feinde

Wenn alle Wanderheuschrecken eines Schwarmes von nur 5 qkm Umfang sich erfolgreich fortpflanzen könnten, wäre in nur vier Generationen die ganze Erdoberfläche mit ihren rund 500 Millionen qkm ernsthaft bedroht. Glücklicherweise gibt es aus natürlichen Gründen eine hohe Sterblichkeitsrate. Sei es, daß der Wind die Heuschrecken nicht in ein geeignetes Fortpflanzungsgebiet trägt, oder der Boden nicht feucht genug ist und die Eier sich nicht entwickeln können. Oder die Jungen kommen zwar zur Welt, finden aber nicht genügend Pflanzenwachstum, um sich zu ernähren und sich vor der brennenden Mittagssonne zu schützen. Die Wanderheuschrecken haben auch viele Räuber, Parasiten und Krankheiten. Eine kleine Fliege (Stomorhina) legt ihre Eier auf die frisch gelegten Eiballen der Wanderheuschrecken, und die Maden der Fliege fressen sie auf. Auch Larven eines Käfers (Trox) können ein Feld von Eiablagen völlig zerstören, man hat auch schon beobachtet, wie Ameisen auf dem Pfropfen eines Eierschaumklumpens gewartet und die jungen Wanderheuschrecken fortgeschleppt haben. Vogelschwärme begleiten manchmal sowohl die Larvenkolonnen als auch die Heuschreckenschwärme und zeigen sie somit

deutlich an. In diesem Stadium sind die Larven besonders gefährdet und ihre Räuber machen sich ein Festmahl daraus.

Bekämpfung durch den Menschen

In gewaltigen Bekämpfungsmaßnahmen hat man Insektizide sowohl durch Luft- als auch durch Landfahrzeuge gegen Wüstenwanderheuschrecken angewendet. Eine sehr wirksame, weil billige und einfache Maßnahme besteht darin, mittels der Auspuffgase eines geländegängigen Fahrzeuges einen feinen Insektizidspray zu erzeugen. Er legt sich über die Pflanzendecke auf dem Wanderweg der Larven. Das ist ein sehr schneller, wirtschaftlicher Weg, Larvenkolonnen abzutöten. Flugzeuge überwachen größere Gebiete, machen Schwärme ausfindig und besprühen sie, wenn sie morgens und abends tief fliegen.

Schwärme von Wanderheuschrecken legen gewöhnlich 1500 bis 5000 km zwischen aufeinanderfolgenden Fortpflanzungsarealen zurück und überqueren dabei natürlich viele Landesgrenzen. Regionale Organisationen zur Bekämpfung der Wanderheuschrecken innerhalb der Verbreitungsgebiete der Wüstenwanderheuschrecke stimmen den Bedarf an Hilfsmitteln und ihren Transport über die Grenzen hinweg miteinander ab. Diese Organisationen sind ihrerseits verbunden mit der Ernährungs- und Landwirtschaftsorganisation der Vereinten Nationen (FAO) in Rom. Die FAO arbeitet mit dem Informationsdienst des Forschungszentrums zur Bekämpfung der Wanderheuschrecken zusammen.

Stamm	**Arthropoda**
Klasse	**Insecta**
Ordnung	**Orthoptera**
Familie	**Acrididae** u. a.
Gattungen und Arten	*Locusta migratoria manilensis,* Östliche Wanderheuschrecke *Locusta migratoria migratorioides,* Afrikanische Wanderheuschrecke *Melanoplus spretus,* Felsengebirgswanderheuschrecke *Nomadacris septemfasciata,* Rote Wanderheuschrecke *Schistocerca gregaria,* Wüstenwanderheuschrecke u. a.

Links: Nahaufnahme einer gelb und schwarz gefärbten Heuschrecke. — Rechts: Drei Wanderheuschreckenlarven. Sie kommen zusammen, um feste Gruppen zu bilden, denen sich weitere anschließen und dann eine große Kolonie bilden.

Gottesanbeterin hält eine Motte in ihren bedornten Vorderbeinen und frißt das lebende Opfer geschickt und gemächlich auf.

Gottesanbeterinnen

Der Name bezieht sich auf die ständig eingenommene Haltung der Gottes-anbeterin: sie steht regungslos auf ihren vier Hinterbeinen, hat die Vorderbeine wie zum Gebet nach vorn erhoben und wartet auf unvorsichtige Insekten, die in der Bereich ihrer Fangorgane geraten könnten. Die Vorderbeine sind bedornt, und das „Schienbein" kann gegen den Oberschenkel geklappt werden, ähnlich wie die Schneide eines Taschenmessers in den Griff einschnappt; so entstehen ein Paar Fangorgane, die das Opfer ergreifen und dann festhalten.

Die Gottesanbeterin oder Mantis lebt hauptsächlich von anderen Insekten und kommt vorzugsweise in tropischen und subtropischen Ländern vor. Die meisten kleineren Arten messen etwa 2,5 cm. Sie haben schmale, lederartige Vorderflügel und große, fächerförmige Hinterflügel, die in Ruhestellung unter den Vorder-flügeln gefaltet sind. Die meisten Gottes-anbeterinnen können fliegen, aber sie fliegen offenbar nicht gern und nur selten über größere Strecken.

Man kennt rund 1800 Arten. Die bekannteste ist die Gewöhnliche Gottes-anbeterin (Mantis religiosa), die im Mit-telmeerraum vorkommt und in das östliche Nordamerika eingeschleppt

worden ist. Bei uns ist sie am Kaiserstuhl, im Saargebiet und bei Weil am Rhein anzutreffen.

Terror im Verborgenen

Gottesanbeterinnen sitzen meist regungslos im Blattwerk oder auf der Rinde von Bäumen und warten auf Insekten, die sich leicht-sinnig in Reichweite des blitzartig schnellen Zugriffs ihrer bedornten Fangbeine begeben. Fast alle Arten sind in Form und Farbe ihrer Umgebung angepaßt. Viele sind grün oder braun und entsprechen damit der Far-be der lebenden oder abgestorbenen Blätter ihrer Umgebung, manche sind aber noch weit besser getarnt — aus zwei Gründen: Erstens darf die Beute sie nicht bemerken, weil sie ihre Beute nicht verfolgen, sondern

Links: Während das Weibchen von Sphodro-mantis gastrica ihre Eier legt, scheidet sie eine Flüssigkeit ab, die sie durch ihre Körper-bewegungen zu Schaum schlägt. Diese schnell erhärtende Substanz umschließt dann die Eier. Die Pakete werden gewöhnlich an Zweige angeheftet und enthalten 80 bis 100 Eier. Ein Weibchen vermag während ihres Lebens etwa 20 solcher Ootheken zu produzieren.

Links unten: Schnitt durch die Oothek einer Sphodromantis-Art. Die Eikammern sind er-kenntlich. Die Struktur der Kapsel ist porös, schützt die Eier aber gut vor hungrigen Vögeln.

Unten: Junge Gottesanbeterinnen verlassen die Oothek. Bis zu zwölfmal häuten sie sich, ehe sie erwachsen sind. Ihre zunächst winzigen Flügel werden mit jeder Häutung größer.

Nächste Seite: Kopf einer Gottesanbeterin in Großaufnahme.

als Lauerjäger warten, bis sie sich in ihre Reichweite begibt. Zweitens müssen sie gut getarnt sein gegenüber dem Zugriff von Vögeln oder Eidechsen.

Gottesanbeterinnen nehmen keine pflanzliche Nahrung zu sich. Sie ergreifen ihre Opfer mit ihren bedornten Vorderbeinen und verzehren sie lebend, genüßlich und in aller Ruhe. Einige der größeren Arten fangen und fressen auf die gleiche Weise gelegentlich sogar kleine Vögel und Eidechsen.

Außergewöhnliche Paarungsbräuche

Für ein Gottesanbeterin-Weibchen ist ein Männchen nichts anderes als ein Beutetier. Das Männchen muß sich deshalb sehr vorsichtig nähern, wenn es sich paaren will, ohne dabei gefressen zu werden. Wenn ein Männchen ein begehrenswertes Weibchen sieht, erstarrt es verständlicherweise, dann kriecht es so langsam an das Weibchen heran, daß man die Bewegung mit dem bloßen Auge nicht wahrnehmen kann; es braucht unter Umständen mehr als eine Stunde für etwa einen Meter. Ist es dann erst einmal in greifbarer Nähe, macht es einen Satz, umfaßt das Weibchen und paart sich. Wenn das Paar gestört wird oder das Weibchen ihren Bewerber erkennt, versucht sie, ihn aufzufressen, und beißt ihm als erstes den Kopf ab. Bei Gottesanbeterinnen wird die Paarung

durch das Nervenzentrum im Kopf gesteuert, es hemmt den Paarungswillen, solange nicht ein Weibchen umfaßt ist. Wenn dieses Nervenzentrum (im Experiment oder durch den Biß des Weibchens) entfernt wird, werden alle Hemmungen aufgehoben, und der Körper setzt die Paarung fort. Das Weibchen kann also nur gewinnen, wenn es das Männchen bei der Paarung auffrißt: es sichert die Befruchtung der Eier und die Ernährung der Brut.

Die Eier befinden sich in einem Sack

Das Weibchen legt 80 bis 100 Eier auf einmal in eine zähe, poröse Kapsel, die sie an einen Zweig anheftet; im Verlauf ihres Lebens erzeugt sie bis zu 20 Kapseln. Während sie die Eier legt, gibt sie eine Flüssigkeit ab, die sie durch Körperbewegungen zu einem Schaum schlägt. Die Eier werden darin eingeschlossen, alsdann erhärtet der Schaum sehr schnell und trocknet.

Die jungen Gottesanbeterinnen schlüpfen alle zusammen und hängen zunächst an gewebten Fäden, die sich am Abdomen bilden, von der Kapsel herunter. Nach der ersten Häutung können sie keine Fäden mehr bilden. Sie machen während ihres Wachstums eine unvollständige Verwandlung durch und häuten sich bis zu zwölfmal.

Die Eikapseln schützen gegen insektenfressende Tiere und Vögel, nicht aber gegen parasitäre Schlupfwespen.

Gefährliche Blüten

Manche Gottesanbeterinnen sind noch raffinierter: sie nehmen das Aussehen von Blüten an und locken so Insekten, wie Bienen und Schmetterlinge, in den Bereich ihrer Fangbeine. Die in Malaysia und Indonesien vorkommende *Hymenopus* ist als Jungtier rosa und breitet die Oberschenkel ihrer vier Hinterbeine weit aus, so daß sie wie Blütenblätter aussehen, während der rosafarbene Körper dem Blüteninneren ähnelt. Im Erwachsenenstadium jedoch wird der Körper dieser Gottesanbeterin weiß und nimmt längliche Form an, wie bei jeder anderen Gottesanbeterin. Sie hat die Beine zwar noch wie Blütenblätter gestellt, die Ähnlichkeit mit einer Blüte ist aber verlorengegangen.

Klasse	**Insecta**
Ordnung	**Dictyoptera**
Unterordnung	**Mantodea**
Familie	**Mantidae**
Gattungen und Arten	*Hymenopus coronetus* *Mantis religiosa,* Gottesanbeterin *Idolum diabolicum,* Afrikanische Teufelsblume u. a.

Diese Stabheuschrecke ist frisch aus dem winzig kleinen Ei geschlüpft und hat gerade die Spitze des Eies, das Operculum, abgestreift.

Stabheuschrecken

Stabheuschrecken werden heute als Haustiere wahrscheinlich öfter gehalten als irgendein anderes Insekt. Sie leben im Blattwerk von Bäumen und Sträuchern oder zwischen niedrigen Kräutern und vertrauen auf ihre Tarnung. Sie sind immer lang und schlank, ihr Körper ist meist glatt, es gibt allerdings auch einige dornige Arten. Die größeren Arten sehen aus wie kleine Zweige und können grün oder braun gefärbt sein; die kleineren Arten und die Jungen größerer Arten gleichen den Mittelrippen von Blättern oder den Stielen und Blattscheiden von Gräsern. Einige Arten sind sehr groß, darunter die asiatische Art Palophus titan *— das längste lebende Insekt, es kann bis zu 33 cm lang werden.*

Einige Stabheuschrecken haben Flügel, viele aber sind flügellos, so daß sie Zweigen noch ähnlicher sehen.

Stabheuschrecken bilden zusammen mit den Wandelnden Blättern die Ordnung Phasmida, die früher zusammen mit den Heuschrecken, den Gottesanbeterinnen, Fangschrecken, Schaben und anderen zur Ordnung der Orthoptera gehörte; diese Gruppe ist aber in verschiedene Ordnungen aufgeteilt worden. Es gibt rund 2000 Gespenstschrecken; die Mehrzahl ist in der orientalischen Region verbreitet. Eine Art, Bacillus rossii, *ist in Europa beheimatet, ihr Verbreitungsgebiet reicht bis zum mittleren Frankreich. Zwei Arten*

aus Neuseeland haben sich im äußersten Südwesten der Britischen Inseln niedergelassen: Acanthoxyla prasina *in der Grafschaft Devonshire und auf Tresco, einer Kanalinsel,* Clitarchus hookeri *ebenfalls auf Tresco und auf einer Insel vor der irischen Grafschaft Kerry. Die sogenannte* Laboratoriumsstabheuschrecke (Carausius morosus) *wird in Schulen und Laboratorien gehalten und immer mehr auch als Haustier. Sie läßt sich sehr leicht halten und vermehren und kann mit Liguster-, Efeu- oder Fliederblättern ernährt werden.*

Lebensregel: Nicht auffallen!

Die meisten Stabheuschrecken verlassen ihren Ruheplatz nur bei Nacht. Tagsüber verhalten sie sich ruhig und wirken oftmals wie scheintot (Phytomimese). Wenn man ihre Glieder in diesem Zustand in irgendeine Stellung bringt, behalten sie diese bei, so als seien sie aus Wachs. Einige der geflügelten Arten sind tagaktiv, bei vielen sind die Hinterflügel — nur diese sind als Flugorgane entwickelt — hell gefärbt, sie werden in Ruhestellung aber völlig verdeckt gehalten. Wenn sie gestört werden, breiten sie die Flügel plötzlich aus, und das Aufscheinen der hellen Farbe irritiert den neugierigen Räuber. Wenn die Flügel wieder geschlossen werden, verschwindet die helle Färbung plötzlich, so daß die Stelle, von der das Insekt aufgeflogen war, verborgen bleibt.

Alle Stabheuschrecken sind Pflanzenfresser, und gelegentlich vermehren sie sich so stark, daß sie Waldgebiete entlauben können. In Australien gibt es zwei Arten, die in Sumpfgebieten leben, aber auch landwirtschaftliche Kulturen anfallen, wo sie manchmal bedeutende Schäden anrichten.

Es regnet Eier

Alle Geradflügler legen ziemlich große, hartschalige Eier, die wie kleine Samenkörner aussehen. In manchen Fällen ähneln sie sogar den Samen, von denen sich die Tiere ernähren. Die Weibchen lassen die Eier aufs Geratewohl fallen. Bei gefangenen Stabheuschrecken kann man oft hören, wie die Eier auf den Boden des Käfigs fallen, und bei der sehr zahlreichen nordamerikanischen Art *Diapheromera femorata* hört es sich an, als ob es regnete, wenn die Eier zu Tausenden auf den Waldboden fallen.

In der Regel werden täglich ein paar Eier gelegt, nach und nach einige Hundert. Es braucht lange, bis die Jungen schlüpfen, bei der „Laboratoriumsstabheuschrecke" dauert es bei gewöhnlicher Zimmertemperatur vier bis sechs Monate; die Zeitspanne kann durch höhere Raumtemperatur auf zwei Monate verkürzt oder durch kühlere Temperatur im Winter auch auf acht Monate verlängert werden.

Die Jungen sind Abbilder der Erwachsenen, wenn wir von der Größe und, bei geflügelten Arten, von den Flügeln, die sich erst im Zuge des Wachstums entwickeln, absehen.

Viele Stabheuschrecken entwickeln sich parthogenetisch, d. h. die Weibchen legen fruchtbare Eier. Bei solchen Arten sind die Männchen selten, bei der „Laboratoriumsstabheuschrecke" z. B. kommt auf je 4000 Weibchen nur ein Männchen. Bei einer der beiden schon erwähnten australischen Arten, bei *Acanthoeyla*, ist das Männchen nicht bekannt, vielleicht existiert es gar nicht. Auf Neuseeland sind die Männchen von *Clitarchus* fast genauso zahlreich wie die Weibchen, bei den kleinen Kolonien der gleichen Art in Großbritannien jedoch hat man noch keine Männchen feststellen können, und die Eier entwickeln sich ohne Befruchtung.

Seltsame Farben

Die „Laboratoriumsstabheuschrecke" kommt in verschiedenen Farbtönen vor, von grünen bis bräunlichen. Die Farbe wird durch grüne, braune, orangerote und gelbe Farbkörper in den Zellen der Oberhaut hervorgerufen. Rein grüne Exemplare können ihre Farbe nicht wechseln, die anders gefärbten jedoch wechseln ihre Farbe regelmäßig: nachts werden sie dunkler und tags heller. Der Wechsel wird durch Bewegungen der Farbkörper innerhalb der Zellen hervorgerufen. Wenn braune Farbkörper an die Oberfläche wandern und sich ausdehnen, nimmt das Insekt einen dunkleren Ton an, wenn sie sich dagegen zusammenziehen und in das Innere der Zelle wandern, wird das Insekt heller. Auch die orangeroten Farbkörper können auf diese Weise wandern, nicht aber die grünen und gelben.

Der Farbwechsel wird durch den normalen Wechsel von Tag zu Nacht begründet und dann als 24-Stunden-Rhythmus beibehalten. Wenn man also eine Stabheuschrecke an den normalen Lichtwechsel gewöhnt, dann aber ständig im Dunkeln hält, wechselt sie einige Wochen lang weiterhin alle 24 Stunden die Farbe. Wenn man sie tagsüber im Dunkeln hält und nachts künstlichem Licht aussetzt, entwickelt sich ein diesen Haltungsbedingungen entsprechender, also ein dem Tag- und Nachtwechsel entgegengesetzter Rhythmus.

Stamm	**Arthropoda**
Klasse	**Insecta**
Ordnung	**Phasmida**
Familien	**Bacteriidae**, Stabheuschrecken; **Phasmiidae**, Wandelblätter

Oben: Bemerkenswerte Tarnung: Kopf einer Bactrododema aculiferum mit ohrähnlichen Fortsätzen, die wie Blatttriebe aussehen.

Unten: Mit starr gehaltenen Fühlern und eingezogenen Beinen sehen Stabheuschrecken aus wie Zweige oder Stengel.

Termiten

Die meisten der 1700 Arten leben in den
Tropen, nur zwei Arten in Südeuropa:
die Gelbhalstermite (Kalotermes flavicollis) und die Lichtscheue Termite (Reti-
culitermes lucifuga). Im nördlichen Europa fehlen sie ganz.
  Termiten und Ameisen sind soziale
Insekten, die in Kolonien von Hunderten oder Tausenden von Individuen
leben. Bei beiden bestehen die Kolonien
aus einer großen Zahl von Arbeitern und
Soldaten, die nicht fortpflanzungsfähig
sind, und aus ein paar fruchtbaren Königen und Königinnen. Sie sind die Eltern
aller anderen und können sehr langlebig
sein. Manchmal ist es sogar nur ein

König und eine Königin. Bei beiden,
Ameisen und Termiten, haben Arbeiter
und Soldaten keine Flügel. Die Ge-
schlechtstiere aber haben Flügel, und sie
fliegen in Schwärmen aus dem Nest.
Bevor sie neue Kolonien gründen oder
sich bestehenden anschließen, verlieren
sie ihre Flügel. Ameisen und Termiten
kennen beide die Trophallaxis, den Nah-
rungsaustausch. Die „königlichen" Individuen werden ganz auf diesem Wege
ernährt.
  Der Lebenslauf beider Insekten jedoch
ist sehr verschieden. Bei Ameisen gibt es
jeweils ein Larven- und ein Puppenstadium, wobei die Larven hilflos sind
und von den Arbeitern ernährt werden
müssen. Bei den Termiten dagegen
schlüpfen die Jungen als Miniaturausgaben der Erwachsenen und verändern

Oben: Ein geflügeltes Geschlechtstier, zwei
Soldaten und zwei weiße Arbeiter der Art
Calotermes flavicollis in friedlicher Gemein-
schaft. 15fach vergrößert.

Rechts: Reges Leben im Bau der Erntetermiten
(Trinervitermes trinervoides). Man beachte die
langen Rüssel am Kopf der Soldaten, durch den
sie Feinde mit einer giftigen Flüssigkeit
bespritzen können.

während des Wachstums ihre Gestalt
kaum noch. Sie werden anfangs durch
Trophallaxis ernährt, lernen aber bald,
sich selbst zu ernähren, und können
lange, bevor sie ausgewachsen sind, an der
Arbeit der Kolonie voll teilnehmen. Bei
Ameisen sind die Arbeiter und Soldaten
alle nicht fortpflanzungsfähige Weibchen;
bei den Termiten dagegen setzen sich alle

Kasten aus Angehörigen beider Geschlechter zusammen. Die Ameisenkönigin paart sich nur auf ihrem Brautflug, und das Männchen folgt ihr nicht, wenn sie einen Staat gründet. Bei den Termiten hingegen arbeiten König und Königin bei der Staatsgründung zusammen, sie leben zusammen im Nest, paaren sich in gewissen Abständen und werden von den Arbeitern ernährt.

Ein Termitenbau

Eine der am besten bekannten Termitenarten ist die von Skaife in der Kapprovinz Südafrikas erforschte *Amitermes atlantica.* Die Bauten bestehen aus schwarzen, runden Erdwällen von höchstens 65 cm Durchmesser, sie werden aus Zement aus den Exkrementen der Termiten errichtet. Der Bau ist wasserdicht und sehr fest: um ihn aufzubre-

chen, braucht man Spitzhacke oder Hammer. Der aufgebrochene Bau sieht aus wie ein Schwamm, er besteht aus unzähligen, etwa 2 bis 3 cm großen Zellen; sie sind durch Öffnungen miteinander verbunden, die gerade so groß sind, daß die Termiten hindurchschlüpfen können. Die Bewohner des Baues leben in einem gleichmäßig warmen, feuchten Substrat, die Luft enthält 5 bis 15 % Kohlendioxid. Ein in dieser Atmosphäre eingeschlossener Mensch würde sofort bewußtlos werden. Die Temperatur schwankt weit weniger als die Außentemperatur. Bei extremer Wärme oder Kälte drängen sich die Termiten in der Mitte zusammen. Wenn die Sonne einen abgekühlten Bau wieder erwärmt oder an einem Sommerabend ein überhitzter Bau wieder abkühlt, kriechen sie an den Rand. Bei der Gattung *Amitermes* sind König und Königin nicht, wie bei einigen Termiten, in einer Königinnenkammer eingeschlossen, sondern sie wandern durch

die deshalb vergrößerten, von den Arbeitern hergestellten Röhren.

Die äußere Schicht des Baues besteht aus Sandkörnern, die mit Exkrementen zusammengeklebt sind; jegliche Beschädigungen werden mit dem gleichen Material sofort beseitigt. Während der Schlüpfzeit in den Monaten August und September wird der Bau um etwa 5 cm (im Durchmesser) vergrößert.

Arbeitsteilung

Die Königin ist je nach Alter 12 bis 18 mm lang, sie kann 15 Jahre alt werden. Der König mißt nur 6 mm. Beide hatten Flügel, haben ihre Flügel aber abgelegt, als sie die Kolonie gründeten. Außer diesen echten Geschlechtstieren gibt es noch Ersatzgeschlechtstiere, das sind Individuen beider Geschlechter mit zurückgebildeten Flügeln, die Eier hervorbringen können, wenn den echten Geschlechtstieren etwas zustößt oder wenn diese alt und dann unfruchtbar werden. Ihr Verhalten wird durch eine besondere Ernährung ausgelöst; diese Tiere werden aber nicht so fruchtbar wie die ursprüngliche Königin, ihr Platz wird auch nicht von nur einer, sondern von mehreren Ersatzköniginnen eingenommen. In manchen Bauten gibt es einen dritten, völlig flügellosen Typ fortpflanzungsfähiger Tiere, dieser tritt aber selten auf. Die anderen, nicht fortpflanzungsfähigen sind entweder Arbeiter oder Soldaten. Sie gehen nachts auf Nahrungssuche, die Nahrung besteht aus abgestorbener pflanzlicher Substanz. Die Soldaten wehren angreifende Ameisen ab.

Ein Turm für zwei Millionen Termiten
Die primitiveren Termitenarten, einschließlich Darwin's Termiten (Mastotermes) und Kalotermiten, leben in Holz, in das sie Stollen und Kammern hineingraben und von dem sie fressen. Ihre natürliche Aufgabe ist es, umgestürzte Bäume zu zerfressen und dem Boden wieder zuzuführen; wenn sie sich aber den Holzbalken von Gebäuden und dem Kistenlager von Industriefirmen zuwenden, werden sie schädlich und in allen tropischen Ländern ein ernstes Problem. Einige der entwickelteren Termitentypen errichten gewaltige Bauten, die sich bis etwa 7 m über den Boden erheben und vielleicht eine Million Bewohner beherbergen. Wenn im tropischen Afrika Bauplätze hergerichtet werden, trotzen Termitenbauten manchmal sogar den Bulldozern, so daß sie gesprengt werden müssen. Im nördlichen Australien errichten die bemerkenswerten Meridiantermiten (Amitermes meridionalis) 3 bis 4 m hohe Bauten.

Einige Termiten errichten unterirdische Bauten, die oberirdisch kaum oder gar nicht zu erkennen sind, andere wieder errichten ganz leichte Bauten aus zerkautem Holzstoff innerhalb von Bäumen, die Wespennestern sehr ähneln.

Verdauungsgehilfen
Termiten sind vorzugsweise Pflanzenfresser. Die im Holz lebenden Arten, die sich auch von Holz ernähren, haben in ihrem Darm Mikroorganismen (Geißeltierchen), die Zellulosenahrung zur Verdauung durch die Termiten vorbereiten. Die unterirdisch lebenden und nesterbauenden Arten ernähren sich von pflanzlicher Substanz jeder Art: lebender, toter und zerfallender. Die auf verrottendem Holz auftretenden Pilze sind wahrscheinlich für viele, wenn nicht sogar für die meisten Termiten wichtig, und viele betreiben in unterirdischen Kammern regelrechte Pilzkulturen, genauso wie die Blattschneiderameise.

In Termitenbauten vom Typ der Meridiantermiten kommt nichts um. Die Leiber der Toten werden verschlungen, und Exkremente werden immer wieder aufgefressen, bis alle Nährstoffe herausgezogen sind. Was übrigbleibt, wird zum Bauen verwendet.

Ein Volksfest
Wenn die geflügelten Männchen und Weibchen schwärmen, haben sie alle insektenfressenden Geschöpfe, wie Vögel, kleine Säugetiere, Eidechsen und Kröten zu Feinden, selbst für viele Menschen sind sie ein Festessen. Nur ein winziger Teil der flatternden, zerbrechlichen Prinzen und Prinzessinnen überlebt und wird zu Königen und Königinnen. Einige hochspezialisierte Säugetiere wie Ameisenbären, Schuppentiere (Pangoline) und Erdferkel können mit ihren kräftigen Klauen in den Termitenbau einbrechen und die Tiere mit ihren langen, klebrigen Zungen aufnehmen. Die Erzfeinde der Termiten jedoch sind die Ameisen: zwischen diesen beiden Insektengruppen besteht immer Kriegszustand. Die Termitensoldaten sind auf die Bekämpfung der Ameisen spezialisiert. Manche haben kräftige Klauen, mit denen sie Ameisen zerbeißen können. Andere haben zwar keine Klauen, dafür aber können sie den Mund zu einer Art Düse formen und einen stark klebrigen Saft herausspritzen, an dem jede Ameise, die damit in Berührung kommt, hängenbleibt. Trotz ihrer wirksamen Waffen stellen sich die Termiten den Ameisen nicht im offenen Kampf, sie verlassen sich vielmehr auf die massive Verteidigung innerhalb ihrer Bauten, um so ihr Überleben sicherzustellen.

Langlebige Königin
Viele wissen, wie eine Termitenkönigin aussieht — wie eine große wurstförmige Eierfabrik. Termitenköniginnen wachsen noch nach der letzten Häutung, das ist einzigartig unter Insekten. Die Haut zwischen den Abdominalsegmenten streckt sich, und die ursprünglichen, braunen Segmentteile bleiben wie Inseln auf dem aufgeblähten Rücken zurück. Die Königinnen bestimmter Arten können 15 Jahre und sogar noch älter werden. In Australien wurde 1872 der Oberteil eines Termitenbaues beim Bau einer Telegrafenleitung abgetragen. 1913 und nochmals 1935 hat man den Bau untersucht und beide Male eine blühende Population festgestellt, obwohl der seinerzeit abgetragene Oberteil des Baues nicht ersetzt worden war. Man hat in Bauten dieser Art (Eutermes triodiae) auch niemals Ersatzköniginnen festgestellt, so daß die Begründer eines Baues, der 1872 bereits 4,50 m hoch war, wahrscheinlich 1935 noch gelebt haben. Es ist möglich, daß die ursprüngliche Population ausgestorben und der Bau neu besiedelt worden ist, wahrscheinlich aber liegt hier der Fall vor, daß ein Insekt ein Menschenalter erreicht hat.

Ameisensoldat | Termitensoldat

Links: Vergleich zwischen einem Soldaten der Ameise Pheidole (links) und einem Soldaten der Termite Archotermopsis. Beide sind soziale Insekten, beide bilden Staaten, jede Kaste hat eine bestimmte Aufgabe. Wie schon ihr Name sagt, verteidigen die Soldaten den Staat. Der auffälligste Unterschied zwischen diesen beiden Soldaten ist, daß das Abdomen der Ameise tailliert ist.
Unten: Die Herrscher des Staates: Termitenkönig und -königin, die längstlebigen Mitglieder dieser Gesellschaft (Macrotermes natalensis). Der König wirkt schwächlich neben der Königin, deren Leib durch die Eier unverhältnismäßig stark angeschwollen ist. Ist sie erst einmal befruchtet, legt die Königin nur noch Eier. Entgegen dem sonst bei Insekten üblichen Verhalten bleibt der König bei ihr und hilft, den Staat auszubauen. Etwa zweifach vergrößert.

Stamm	**Arthropoda**
Klasse	**Insecta**
Ordnung	**Isoptera**

Links: „Aufgepaßt!" — ein Männchen glaubt sich bedroht und erhebt seine Zangen. — Rechts: Frisch gehäutetes Weibchen mit seiner alten Haut. — Oben: Ohrwurm (Forficula auricularia). Männchen und Weibchen paaren sich im Spätsommer und überwintern gemeinsam in Höhlungen im Boden oder unter Steinen.

Ohrwürmer

Auf die furchterregenden Zangen des Gewöhnlichen Ohrwurmes nimmt der wissenschaftliche Name Bezug: Forficula auricularia, *denn „forficula" heißt lateinisch „kleine Zangen". Die beim Männchen gebogenen und beim Weibchen geraden Zangen sitzen am Hinterende des abgeplatteten, braunen Körpers, bei Gefahr werden sie drohend erhoben. Sie sind zwar nicht so gefährlich wie sie aussehen, das Insekt benutzt sie aber zur Verteidigung und auch etwas zum Kneifen. Die Länge der Zangen wechselt bei den Männchen, es gibt zwei mehr oder weniger deutlich unterscheidbare Gruppen.*

Auf den ersten Blick scheinen die Ohrwürmer keine Flügel zu haben, tatsächlich aber haben sie ein Paar durchaus brauchbarer Flügel, sie sind säuberlich unter winzigen Flügeldecken, die über den vorderen Teil des Abdomens hinwegreichen, zusammengefaltet. Diese Flügeldecken oder Elytren sind, ähnlich wie bei den Käfern, die hart gewordenen Vorderflügel, die bei Libellen, Schmetterlingen und sonstigen Insekten noch zum Fliegen benutzt werden.

Der Zwergohrwurm (Labia minor) ist nur halb so groß wie die Erwachsenen des Gewöhnlichen Ohrwurmes, unterscheidet sich aber sonst kaum. In Mitteleuropa gibt es einige weitere Arten, darunter zwei eingeschleppte, sie sind jedoch weit weniger häufig. Der Sandohrwurm (Labidura riparia) der Strände und Flußufer ist fast doppelt so groß wie der Gewöhnliche Ohrwurm. Insgesamt gibt es auf der Erde einige 900 Ohrwurmarten. Sie sind 0,6 bis ca. 3,6 cm lang und unterscheiden sich sonst wenig, wenn wir davon absehen, daß einige Arten flügellos sind.

Sie fliegen selten

Ohrwürmer verstecken sich tagsüber meist in trockenen, gewöhnlich senkrechten Spalten, man trifft sie auch oft unter lockerer Baumrinde an. Der Gewöhnliche Ohrwurm versteckt sich auch gern zwischen den Blütenblättern von Dahlien. Man streitet darüber, ob sie viel Schaden anrichten, wenn sie gelegentlich Blütenblätter und Blätter fressen. Gärtner bieten ihnen oftmals ein Ausweichquartier in Form eines umgestülpten, mit Zeitungspapier oder Stroh ausgestopften Blumentopfes an. Ohrwürmer sind nachtaktive Tiere, deshalb sieht man sie selten fliegen, obwohl einige Arten, darunter der Zwergohrwurm, sich an heißen Tagen oft in die Luft begeben. Auch wenn man Ohrwürmer an über Nacht herausgehängten Kleidern oder Wäschestücken findet, ist eher anzunehmen, daß sie dahin geflogen als hinaufgeklettert sind.

Der Gewöhnliche Ohrwurm ist in Europa weit verbreitet und ist auch in die Vereinigten Staaten eingeschleppt worden, wo er hier und dort schon lästig geworden ist.

Ohrwürmer fressen Blattläuse

Ihre Speisekarte weist eine große Zahl pflanzlicher und tierischer Stoffe auf. Sie ernähren sich weitgehend von Aas und Abfällen, fressen zuweilen aber auch beträchtliche Mengen von Blattläusen, man hat auch schon gesehen, daß sie mit ihren Zangen größere Insekten, wie Schmeißfliegen, fangen. Sie fressen auch Früchte, Blätter, Blüten und Pilze.

Ein Insekt als „Glucke"

Der auffälligste Zug im Verhalten der Ohrwürmer ist ihr Familiensinn und daß das Weibchen ähnlich wie eine Glucke „brütet". Die beiden Geschlechter kommen im Herbst zusammen, man findet sie bis in den Winter hinein paarweise etwa 2 bis 3 cm tief in kleinen Spalten im Erdboden oder in der Pflanzendecke. Zwischen Ende Januar und Ende März verlassen die Männchen das Nest oder sie werden daraus vertrieben, die Weibchen beginnen dann, ihre ovalen, perlenartigen Eier zu legen. In zwei Tagen kommen sie auf 20 bis 80, je größer das Weibchen ist, um so mehr Eier legt es. Zunächst werden die Eier auf dem Boden der Kammer verstreut, aber bald schiebt sie das Weibchen zu einem Haufen zusammen und widmet sich ihnen dann ständig. Eines nach dem anderen nimmt sie die Eier in den Mund und leckt sie ab. Während dieser Zeit ist sie sehr reizbar, ihre einzige Nahrung besteht aus diesem oder jenem abgestorbenen Ei. Die übrigen Eier entwickeln sich innerhalb drei bis vier Wochen bis zum Schlupf der Jungen.

Das Brutverhalten der Mütter ist wissenschaftlich erforscht worden. Man hat z. B. herausgefunden, daß sie beim Aufsammeln der gelegten Eier zwischen Eiern und Wachsbällchen oder rundlichen Steinchen unterscheiden können. Wachsbällchen und Steinchen werden zwar zunächst mit aufgesammelt, später aber wieder ausgeschieden, weil sie nicht „richtig" schmecken oder riechen.

Man hat weiterhin festgestellt, daß die Eier abgeleckt werden müssen, wenn Junge schlüpfen sollen. Der Drang der Weibchen, sie abzulecken, verschwindet innerhalb weniger Tage, wenn man die Eier entfernt, und er kann dann auch nicht wiederhergestellt werden. Er hält sich jedoch über drei Monate, wenn man die fertig entwickelten Eier immer wieder durch neue ersetzt.

Die jungen Ohrwürmer sind keine Raupen oder Maden, sondern Nymphen, sie gleichen den Eltern, sind nur etwas kleiner und untersetzter, die Zangen sind gerade. Wie Küken bleiben sie einige Zeit unter dem Körper der Mutter. Während dieser Zeit häuten sie sich zweimal und fressen die alte

Haut auf. Nach der zweiten Häutung machen sie sich selbständig, um sich bis gegen Ende Juli zu voll ausgewachsenen Tieren zu entwickeln. Dieses rührende Familienbild ändert sich jedoch, falls die Mutter stirbt, dann wird sie nämlich von ihren eigenen Jungen (zusammen mit den Häuten) aufgefressen.

Das Familienleben der Ohrwürmer verkörpert ein frühes Stadium in der Entwicklung der Brutpflege, die bei Ameisen, Bienen, Wespen und Termiten viel weiter entwickelt ist. Ein Verwandter der Ohrwürmer (Hemimerus) schützt seine Eier auf eine ganz andere Weise. Die Eier werden im Körper in einer Art Plazenta, wie bei Säugetieren, zurückgehalten und ernährt, und die Jungen werden lebend geboren.

Kriechen Ohrwürmer in menschliche Ohren?

Manche Leute ekeln sich vor Ohrwürmern, andere fürchten sich vor ihnen, weil man ihnen nachsagt, sie würden dem Menschen in die Ohren kriechen. Dieser Glaube spiegelt sich schon im Namen der Ohrwürmer, nicht nur im Deutschen, auch in anderen Sprachen. Auf Englisch heißen sie *earworm*, auf Französisch *perceoreille*, um nur diese beiden Beispiele zu geben. Man sagt auch, der Name komme daher, daß der ausgebreitete Flügel irgendwie die Gestalt eines Ohres habe.

Insektenkenner scheinen die Meinung, Ohrwürmer kröchen in menschliche Ohren, zurückzuweisen; es gibt darüber aber glaubwürdige Berichte in medizinischen Zeitschriften und in Tagebüchern praktischer Ärzte. Die Patienten berichten einhellig von unangenehmem „Donnerlärm" im Ohr. Es

ist den Skeptikern zuzugeben, daß Ohrwürmer keine ausgesprochene Leidenschaft für menschliche Ohren haben, da sie aber zweifellos einen ausgeprägten Instinkt für Spalten und Höhlungen haben — warum sollten sie sich dann nicht auch gelegentlich in das Ohr eines unachtsamen Campers verirren, oder in die Ohren unserer Vorfahren, die ein naturnäheres Leben führten, gekrochen sein? Besorgte Gemüter sollten, wenn sie z. B. im Zelt schlafen, etwas Watte in den Gehörgang stopfen. Anderenfalls bestünde die Erste Hilfe darin, das Insekt mit etwas Öl herauszuschwemmen.

Es ist interessant, daß Ohrwürmer ihrerseits als Heilmittel verwendet worden sind. Nach dem Grundsatz „Gleiches heilt Gleiches" hat man versucht, Taubheit zu heilen: Der Ohrwurm wurde getrocknet, gemahlen und mit dem Urin eines Hasen verrührt.

Stamm	**Arthropoda**
Klasse	**Insecta**
Ordnung	**Dermaptera**
Familie	**Forficulidae**
Gattungen u. Arten	*Forficula auricularia*, Gewöhnlicher Ohrwurm; *Labia minor*, Zwergohrwurm, u. a.

Unten links: Ohrwurmpärchen. Männchen unterscheiden sich von Weibchen durch die gekrümmten Zangen, die Zangen der Weibchen sind gerade. — Unten: Weibchen mit ausgespannten Flügeln. Ohrwürmer können ganz gut fliegen.

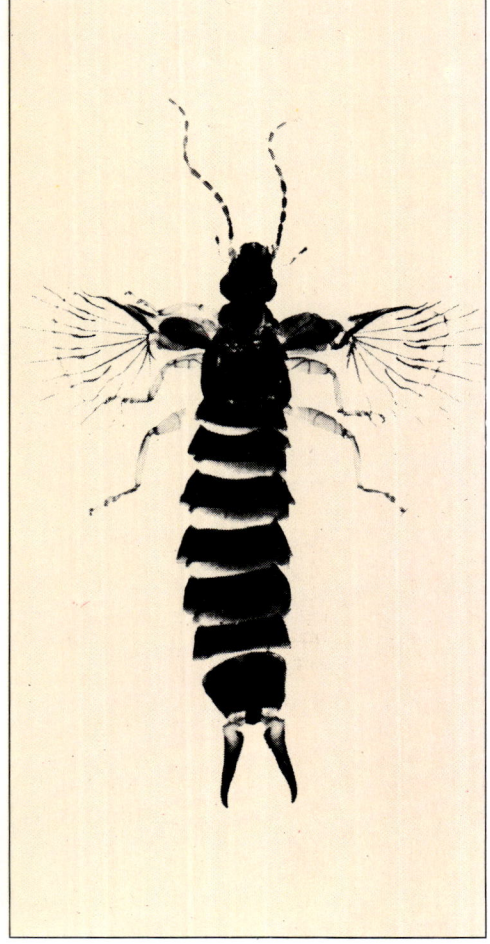

Links: Stark geschädigte Getreideähren. Thripse schädigen nicht nur unmittelbar, viele Thripsarten übertragen auch Viren und andere Krankheitserreger von Pflanze zu Pflanze. — Rechts: Thripse einer südafrikanischen Art auf einem Gänseblümchen. Die 4 mm langen Insekten ähneln Läusen,
denen Flügel gewachsen sind.

Thripse

Thripse sind ungewöhnliche Insekten, sowohl im Bau ihrer Flügel als auch in ihrer Entwicklung, vor allem aber weil sie weder sehen noch hören, obwohl sie weitverbreitete landwirtschaftliche Schädlinge sind und auch sonst unangenehm werden können. Sie bilden eine kleinere Insektenordnung mit rund 4300 Arten. Fast alle sind sehr klein, 1 bis 2 mm, der Riese unter ihnen, eine australische Art, ist 13 mm lang. Unter dem Mikroskop gleichen sie Läusen, denen federartige Flügel gewachsen sind. Sie haben zwei Paar Flügel, jeder besteht aus einem schmalen, vorn und hinten mit Fransen besetzten Band. Der Name ihrer Ordnung, Thysanoptera, bedeutet „Fransenflügler". Auf beiden Seiten werden die Flügel an der Basis jeweils von einer Reihe Haken zusammengehalten. Im Ruhezustand sind sie auf dem Rücken zusammengefaltet. Eine Reihe von Arten hat keine Flügel.

Es gibt zwei Unterordnungen. In der Unterordnung Terebrantia ist der Legestachel gesägt, mit ihm werden die Eier in das Pflanzengewebe hineingelegt; bei der Unterordnung Tubulifera ist der Legestachel einfach und hohl, mit ihm werden die Eier in Spalten oder offen auf die Blätter abgelegt.

Die Macht der Zahl

Die meisten Thripse leben auf Pflanzen, besonders auf Blüten und Früchten; sie ernähren sich, indem sie Pflanzensäfte aussaugen. Dazu benutzen sie ihre hochspezialisierten Mundwerkzeuge, die aus einem vom Ober- und Unterkiefer gebildeten stechend-saugenden Rüssel bestehen. Der Oberkiefer ist leicht asymmetrisch, im Unterkiefer ist nur die linke Hälfte voll funktionsfähig, die rechte ist reduziert oder fehlt überhaupt.

Thripse sind sehr verbreitet, sie schädigen die Pflanzen unmittelbar, indem sie an den Blüten Mißwuchs hervorrufen, die Früchte zerstören und die Spitzen der Gräser befallen, so daß sie schrumpfen („Silberglanz"). Bei Früchten, z. B. Birnen, ist die Entwicklung von Anfang an gestört, wenn Thripse zahlreich auftreten. Der Gewächshausthrips scheidet rote Tröpfchen aus, die später schwarz werden und das Blattwerk von Zierpflanzen zerstören. Einige der schädlichen Arten haben Namen, die vermuten lassen, sie befielen nur bestimmte Pflanzen. Der Zwiebelthrips z. B. befällt eine große Zahl von Pflanzen, Thrips flavus befällt sowohl die Blüten als auch die Früchte von Brombeeren und Himbeeren. Der Getreidethrips jedoch ist treffend benannt, weil er Getreidearten und Gräser befällt. Viele Thripsarten übertragen auch Viren und sonstige Krankheitserreger von Pflanze zu Pflanze. Ihre Flugfähigkeiten sind gering; befinden sie sich aber erst einmal in der Luft, werden sie vom Wind über große Entfernungen getragen, so daß sie Krankheiten in weiten Gebieten verbreiten können.

Die Ernteschädlinge gehören meist zu den Bohrfransenflüglern. Viele der Röhrenfransenflügler ernähren sich von abgestorbenen Blättern und Pilzen, viele bilden Pflanzengallen, in welchen sie leben. Ein paar Arten sind räuberisch, sie fressen Blattläuse; eine in Florida lebende Art wird sogar als Nützling angesehen, weil sie auf eine schädliche Mottenschildlaus Jagd macht.

Durcheinandergebrachte Metamorphose

Der Lebenslauf der Thripse ist genauso absonderlich wie ihre Erscheinung und ihre Gestalt. In den ersten beiden Abschnitten ihres Larvendaseins ähneln die jungen Thripse den Erwachsenen, abgesehen von der Größe und der Tatsache, daß die Flügel noch fehlen. Sie sind jedoch aktiv und fressen eifrig. Mit der dritten Häutung werden sie dann träge und oftmals in einer Zelle oder einem Korn eingeschlossen. Bevor sie erwachsen werden, machen sie zwei weitere Häutungen durch, die Tubilifera sogar drei. Das letzte Stadium vor der Reife ist das der Halbpuppe (Nymphe), die beiden Stadien davor heißen Vorpuppe (Pronymphe). Es gibt sonst keine Insekten mit ähnlich außergewöhnlichem Lebenslauf.

Unsichtbare Übeltäter

Thripse tun kaum etwas anderes, als mit ihrem in das Pflanzengewebe versenkten Rüssel den Saft aufzunehmen. Werden sie gestört, kriechen manche gemächlich umher, andere bewegen sich schnell, einige springen sogar in die Luft. Manche können fliegen, wenn sie davon auch kaum Gebrauch machen. Kleinere Thripse die oftmals kaum Stäubchengröße erreichen können von Wärmeströmen aufgefangen werden, bei Gewitter insbesondere können Schwärme von Thripsen in der Atmosphäre herumgetrieben werden und manchmal auch auf der Haut eines Menschen landen. Sie sind praktisch unsichtbar, verursachen aber ein störendes Kitzeln auf den Händen oder im Gesicht, wenn sie über die Haut kriechen. Der eine empfindet solche Störungen mehr, der andere weniger; wer sie aber spürt, für den sind sie unangenehmer als echter Schmerz.

Stamm	**Arthropoda**
Klasse	**Insecta**
Ordnung	**Thysanoptera**
Gattung u. Arten	Heliothrips haemorrhoidalis, Gewächshausthrips; Idolothrips spectrum; Limothrips cerealium Getreidethrips; Thrips flavus; Th. tabaci, Tabak- oder Zwiebelthrips, u. a.

Eintagsfliegen

Die Eintagsfliegen bilden eine der ausgeprägtesten und sonderbarsten Insektenordnungen. Sie haben Eigenarten, die sich bei keiner sonstigen Insektengruppe finden.

Die Erwachsenen haben große Vorderflügel und kleine Hinterflügel, manchmal fehlen sie überhaupt. Alle Flügel weisen ein feines Adernetz auf, im Ruhezustand werden alle vier Flügel auf dem Rücken eng zusammengehalten, so wie bei den Schmetterlingen. Die Beine sind klein und dünn, der Schwanz endet in drei, manchmal auch zwei, langen Fäden oder

einmal, die Männchen versammeln sich in tanzenden Schwärmen am Land. Die geschlossene Masse sich bewegender Insekten erregt die Aufmerksamkeit der Weibchen, die in den Schwarm hineinfliegen. Jedes einzelne Weibchen wird sofort von einem Männchen ergriffen, und das Paar verläßt den Schwarm. Die Männchen sterben sofort nach der Paarung, die Weibchen bald nachdem sie ihre Eier gelegt haben; dabei können die Tiere mehrere Jahre als Nymphen im Wasser gelebt haben.

Die Weibchen legen ihre Eier im Wasser ab, einige Arten lassen sie allerdings beim Flug flach über der Wasseroberfläche hinunterfallen. Bei vielen Arten haben die Eier feine Fäden, mit denen sie sich an Wasserpflanzen oder Kieselsteinen festmachen. Ein paar Arten bringen lebende Junge zur Welt, sie schlüpfen aus Eiern, die im Körper des

Cerci. Die Augen sind groß, vor allem bei den Männchen. Bei einigen Gattungen, bei Cloeon z. B., haben die Männchen zwei Paar Facettenaugen, und zwar ein Paar mit kleinen Facetten seitlich, und ein Paar mit großen Facetten oben am Kopf. Die Antennen sind zu winzigen Borsten reduziert, das Insekt nimmt die Umgebung also vor allem durch den Gesichtssinn wahr. Kiefer und Mundpartie sind rudimentär, erwachsene Tiere fressen nicht. Sie schlucken nur gierig Luft, bis der Magen wie ein Ballon aufgeblasen ist. Auf diese Weise wird das spezifische Gewicht des Tieres herabgesetzt und der Hochzeitsflug erleichtert. — Man kennt etwa 1000 Arten, aber nur die in Europa und Nordamerika vorkommenden sind wirklich erforscht.

Sie orientieren sich am Licht

Das Leben der ausgewachsenen Eintagsfliegen ist mit der Fortpflanzung ausgefüllt. Sie schlüpfen fast immer in großer Anzahl auf

Weibchens zurückgehalten werden. Bei den eierlegenden Arten kann ein einziges Weibchen Hunderte oder gar Tausende Eier legen.

Die Larven leben immer im Wasser, sie atmen zusätzlich durch Kiemen, die seitlich am Abdomen angebracht sind. Im Gegensatz zu den Erwachsenen sind die Larven von Art zu Art recht verschieden. Einige Arten sind darauf eingerichtet, zwischen Wasserpflanzen umherzuschwimmen, andere leben am Grund und graben sich in den Schlamm ein, wieder andere heften sich in schnell strömendem Wasser fest an die Felsen. Fast alle Arten sind Pflanzenfresser, sie brauchen je nach Art ein bis vier Jahre, um sich voll zu entwickeln. Bis vor kurzem hatte man angenommen, die im Wasser lebenden Larven würden sich auf Grund des Gleichgewichtssinnes, also nach der Schwerkraft orientieren. Neuere Forschungen haben ergeben, daß sie sich nach den ihre Augen erreichenden Lichtstrahlen richten. In Aquarien mit Glasboden, die von unten her beleuchtet werden, schwimmen sie nämlich in Rückenlage.

Linke Seite außen: Eierpakete der Kleinen Eintagsfliege (Baetis) unter einem Felsen, in einem Bach unter Wasser. Links: Nymphe von Ephemera danica. *Etwa 8fache nat. Größe.*

*Oben: Larve eines Subimago (*Ephemera danica*). Unten: Subimago häutet sich und wird zum Imago: Kleine Eintagsfliege (*Baetis rhodani*).*

Liebe und Tod an Land

Das entscheidende Ereignis im Leben der Eintagsfliegen ist die Verwandlung vom Subimago zum Imago; dadurch unterscheiden sich diese Ephemeroptera, wie sie zusammenfassend genannt werden, von allen anderen Insekten. Bevor dies geschieht, steigt die voll entwickelte Larve jedoch an die Wasseroberfläche und läßt sich dort an Steine oder Schilf treiben oder kriecht auch. Die Haut platzt dann auf, und ein geflügeltes Insekt kriecht heraus. Es ruht eine Zeitlang, bis es einen kurzen, ziemlich mühevollen Flug bis zu einem Strauch, einem Zaun oder einem Gebäude in Wassernähe vollführt. Obwohl dieses mühsam aus dem Wasser hervorgehende Insekt geflügelt ist, stellt es noch nicht die endgültige Form, das „Imago", dar. Nach ein paar Minuten oder Stunden — das ist je nach Art verschieden — häutet sich dieses „Subimago" nochmals, indem es vom ganzen Körper, einschließlich Beinen und sogar Flügeln, eine zarte Haut abstreift. Es fliegt nun davon, wesentlich behender als vorher. Sein Leben währt aber nur Tage oder gar Stunden.

Die Fliege der Angler

Eintagsfliegen haben große Bedeutung für die Angler, erstens weil sie einen gewichtigen Beitrag zur Ernährung der Fische leisten, zweitens wegen des unmittelbaren Zusammenhanges mit dem Fliegenangeln. Der Schlupf eines Schwarmes von Eintagsfliegen erregt die Fische, besonders Forellen, er fördert ihre Freßlust, so daß sie Köder schneller annehmen als sonst. Sie ernähren sich sowohl von Fliegen und Larven, die an die Wasseroberfläche schwimmen, als auch von Subimagos, die ins Wasser fallen oder die Oberfläche berühren.

Eintagsfliegen sind aber viel zu zerbrechlich, als daß sie wie eine Made oder ein Wurm als Köder benutzt werden könnten; die Angler verwenden deshalb „Doppelgänger" der Eintagsfliegen, indem sie sorgfältig gestaltete kleine Federn am Angelhaken anbringen. Diese werfen sie dann aus und lassen sie über der Wasseroberfläche schweben (Trockenköder); es gibt auch künstliche Köder, die ins Wasser sinken (Naßköder).

Wenn eine gut gestaltete künstliche Fliege mittels Rute und Leine ausgeworfen wird, und zwar mitten in den Schwarm von Männchen einer Art, die dem Köder entspricht, folgen die Fische ihm — bis sie feststellen, daß sie mitleidlos getäuscht worden sind und am Haken zappeln.

Mit den im Volksmund häufig als Eintagsfliegen bezeichneten Essigfliegen (Drosophila), den kleinen, schwarzen Fliegen, die man häufig an Fenstern sieht, haben die echten Eintagsfliegen nicht das Geringste zu tun. Die Essigfliegen gehören zur großen Ordnung der Dipteren oder Zweiflügler.

Klasse	**Insecta**
Ordnung	**Ephemeroptera**
Familien	**Ephemeridae, Caenidae,** u. a.

Nach einjährigem Larvendasein wird diese ausgewachsene Gewöhnliche Eintagsfliege (Ephemera vulgata) gerade noch Zeit haben, sich fortpflanzen zu können.

Großlibellen

Die farbprächtigen, flugtüchtigen Großlibellen gehören zu den schnellsten Insekten. Die meisten Arten sind verhältnismäßig groß, sie halten auch beim Ruhen die Flügel ausgespannt, während die meisten anderen Insekten sie auf dem Rücken zusammenfalten. Die Flügel können sich nur einfach auf- und abwärts bewegen, es gibt keine Koppelung zwischen Vorder- und Hinterflügel, wie bei den höher entwickelten Insekten, z. B. den Schmetterlingen. Die Flügelhaut ist durch „Adern" verstärkt. Die Mundwerkzeuge sind ursprünglich gebaut. Die Entwicklung ist unvollkommen (hermimetabol). Es gibt kein Puppenstadium. Libellen sind sehr alte Insekten; die ersten, darunter Formen von 70 cm Spannweite, stammen aus dem Oberkarbon, einer Erdperiode, die über 300 Millionen Jahre zurückliegt. Großlibellen, die unseren heutigen Formen ähneln, gab es schon im Jura, vor 150 Millionen Jahren.

Der Name Libellen wird auch oftmals für die Insektenordnung der Odonata verwendet, die Kleinlibellen unterscheiden sich im Aussehen von den beiden anderen Unterordnungen jedoch beträchtlich. Von den typischen Libellen gibt es zwei Unterordnungen, die Anisoptera, zu denen die wohlbekannten Großlibellen gehören, und die Anisozygoptera, von denen man nur zwei Arten kennt, je eine in Japan und im Himalaya.

Wie bei ihren Verwandten, den Kleinlibellen, sind die Flügel der Libellen gewöhnlich durchsichtig und farblos, sie können allerdings auch schwarz getönt oder gemustert sein, der Körper ist oft hell gefärbt. Von den Kleinlibellen unterscheiden sie sich deutlich durch ihren schnellen, kräftigen Flug. Es ist schwer zu schätzen, wie schnell sie tatsächlich fliegen, man nimmt an zwischen 50 bis an 100 Stundenkilometer; jedenfalls gehören sie zu den schnellsten Insekten überhaupt. Die Antennen sind winzig, die Augen aber riesig und sie nehmen den größten Teil des Kopfes ein. Jedes Facettenauge kann aus bis zu 30 000 Einzelaugen bestehen.

Besitzinstinkte

Libellen führen über bestimmten Gebieten so etwas wie „Kontrollflüge" aus. Man sieht sie zwar meist in der Nähe des Wassers, wo sich ihre Brutplätze befinden, sie können aber weit fliegen, und man sie überall antreffen, wo sie sich auf Bäumen oder Sträuchern ausruhen können. Einzelne Libellen fliegen manchmal auf einem bestimmten Areal hin und her und haben dort auch Ruheplätze. Das Areal kann aus einem Gebiet bestehen, auf dem sich der Beutefang besonders lohnt, oder aber es handelt sich — besonders über Wasserflächen — um das Territorium eines Männchens, wo es sich mit jedem Weibchen der gleichen Art, das in dieses Gebiet einfliegt, paart. Diese Männchen verteidigen ihre Territorien eifrig gegenüber anderen Männchen der gleichen

Männchen des Blaupfeils (Orthetrum coerulescens).

Afrikanische Wasserjungfer. Die Flügel zeigen die bei allen Libellen vorhandene Netzaderung.

Art. Nach einer gewissen Zeit zeigen sich die Folgen von Kämpfen in Form abgebrochener Flügel und verstümmelter Beine. Sowohl beim Jagen als auch beim Kämpfen spielt der Gesichtssinn die wichtigste Rolle; Libellen können auf etwa 12 m Entfernung jede Bewegung wahrnehmen.

Einige Libellenarten vollführen auch Wanderzüge, sie können große Entfernungen über Land und Meer zurücklegen. Der Vierfleck *(Libellula quadrimaculata)* bildet manchmal auffällige Schwärme. Im Jahre 1862 hat man in Deutschland einen auf zweieinhalb Millionen Exemplare geschätzten Schwarm beobachtet, und im Juni 1900 war der Himmel über Antwerpen von Libellen dieser Art wie verdunkelt. Im Jahre 1947 ist über der Südküste von Irland ein riesiger Schwarm von Weidelibellen *(Sympetrum striolatum)* gesichtet worden.

Mörder mit Maske
Großlibellen leben in allen Entwicklungsstadien räuberisch. Die Erwachsenen fangen andere Insekten im Flug, sie ergreifen sie mit den nach vorn gestreckten Beinen und zerbeißen sie mit den kräftigen Kiefern. Im Südosten der Vereinigten Staaten erweisen sich zwei Arten *(Anax junius* und *Coryphaeshna ingens)* als Feinde der Honigbienen.

Flach über dem Wasser taucht ein Libellenweibchen das Abdomen ein, um Eier abzulegen.

Die Larven fangen ihre Beute mittels einer sogenannten Maske, das ist eine Einrichtung, die sie mit den Kleinlibellen gemeinsam haben, ansonsten im Insektenreich aber unbekannt ist. Die Unterlippe ist stark vergrößert und mit einem Paar Haken bewaffnet. Während der Ruhe ist die „Maske" unter dem Kopf zusammengefaltet, sie kann jedoch ausgefahren und vorn am Kopf herausgeschossen werden, wobei die Haken die Beute wie ein Paar Zangen ergreifen. Das Opfer wird dann in Reichweite der Kiefer gezogen. Andere Insekten, Kaulquappen und kleine Fische bilden die Beute von Libellenlarven, und die Larven größerer Arten bringen in Teichen, wo Jungfische aufwachsen, diesen größere Verluste bei. Andererseits erweisen sich Großlibellenlarven auch als nützlich, da sie große Mengen im Wasser lebender Moskitolarven vernichten.

Paarungskette

Bei der Paarung taucht dasselbe eigenartige Verfahren wie bei den Kleinlibellen auf: das Männchen überträgt die Spermien zunächst von den Geschlechtsorganen auf einen Samenbehälter. Es läßt sich dann auf dem Rücken eines Weibchens nieder und windet sein Abdomen unter den eigenen Körper, um Kopf und Thorax des Weibchens (nicht nur den Thorax wie bei den Kleinlibellen) mit den Hinterleibsanhängen zu umklammern. Nun läßt es die Beine los, hält sich aber weiterhin mit den Hinterleibsanhängen fest, während das Weibchen ihr Abdomen so herumwindet, daß es mit dem männlichen Geschlechtsglied und den Samentaschen Kontakt bekommt. Sowohl vor als auch nach der Paarung können beide so zusammengeklammert fliegen, in der sogenannten Paarungskette. Es kann sogar vorkommen, daß sie diese Stellung beibehalten, während die Eier gelegt werden.

Libellen legen ihre Eier fast ausnahmslos im Wasser. Es gibt zwei Möglichkeiten. Einige bringen die Eier genau wie die Kleinlibellen in die Stengel von Wasserpflanzen ein, darunter auch die großen Schlankjungfern *(Aechna)*, andere, wie die Quelljungfer *(Cordulegaster boltoni)*, mischen die Eier zwischen die Sandkörnchen und Kieselsteine am Rand flacher Flüsse. Die zweite Möglichkeit besteht darin, flach über der Wasseroberfläche zu fliegen, wiederholt mit der Spitze des Körpers aufzutippen und gleichzeitig Eier abzugeben, so daß sie abgewaschen werden und auf den Grund sinken.

Düsentriebwerk

Die meisten Großlibellen verbringen ihre Jugend im Wasser. Die Larvenform ist je nach Art sehr verschieden. Die Larven der im Schlamm lebenden Arten sind kurz, untersetzt und mit einem dichten Haarkleid umgeben, mit dem sie sich im Schlamm festsetzen. Im Ruhezustand schauen nur Augen und Abdomenspitze heraus, der übrige Körper ist vom Schlamm bedeckt. Die Larve der Quelljungfer gehört zu diesem Typ. Die Larven der zwischen Wasserpflanzen lebenden Arten sind schlanker und lebhafter, aber nicht so fein gebaut und so geschickt wie diejenigen der Kleinlibellen. Die meisten europäischen Arten sind nach zwei Jahren ausgewachsen, sie kriechen dann an einer Wasserpflanze empor, klettern auf die Oberfläche —, häuten sich zum letztenmal und werden erwachsene Libellen.

Der Lebensraum der Libellen wird weltweit zerstört, durch Verschmutzung und Trockenlegung von Gewässern, durch Auffüllung von Teichen und Begradigungen. Ihre Hauptfeinde sind Fische, deren eigene Junge von frisch geschlüpften Libellenlarven gejagt werden. Libellenlarven bilden sicherlich einen Großteil der Nahrung unserer Süßwasserfische. Solange sie noch klein sind, werden sie auch von anderen räuberischen Insekten gefressen, auch von größeren Libellenlarven, sogar von der eigenen Art.

Oben: Vierfleck (Libellula quadrimaculata). Männchen und Weibchen mit ähnlichen Flecken auf Abdomen und Flügeln. — Unten: Ruhende Libelle in Transvaal, Südafrika. Libellen sind flugtüchtig und gehören zu den schnellsten Insekten.

Die größten Insekten der Erde

Im tropischen Amerika gibt es „Kleinlibellen" von etwa 12 cm Körperlänge mit etwa 18 cm Spannweite. Diese schlanken, zerbrechlichen Geschöpfe werden hinsichtlich der Körpermasse von einer Art auf Borneo übertroffen *(Tetracanthagyna plagiata)*, ihre Flügelspannweite ist ebenfalls 18 cm, ihr dickerer Körper ist aber auch 12 cm lang.

Unsere heutigen Libellen können sich jedoch in der Körpergröße nicht mit einigen Arten messen, die vor 300 Millionen Jahren in den Wäldern der Steinkohlenzeit lebten. Bei Commentry in Frankreich hat man fossile Überreste gefunden, darunter auch Abdrucke von Flügeln. Die Spannweite der größten Art *(Meganeura monyi)* betrug etwa 70 cm, entsprach also der Spannweite einer Krähe. Das sind die bei weitem größten bekannten Insekten, die unsere Erde jemals bewohnt haben.

Klasse	**Insecta**
Ordnung	**Odonata**
Unterordnung	**Anisoptera, Anisozygoptera**

Läuse

Läuse sind kleine flügellose Insekten, die außen an Säugetieren oder Vögeln leben. Die Insektenkundler unterscheiden zwei Unterordnungen: Die Echten Läuse (Anoplura) leben nur als Blutsauger an Säugern, die Kieferläuse (Mallophaga) parasitieren hauptsächlich Vögel, einige Arten auch Säugetiere, leben aber in erster Linie von den Federn oder Haaren des Wirtes. Die Angehörigen beider Unterordnungen ähneln einander, beide sind klein, hell gefärbt und abgeplattet und haben ein zähes, lederartiges Außenskelett. Die Wirte versuchen, sie durch Kratzen oder sonstwie zu entfernen; die zuletzt genannten Eigenschaften der Parasiten stellen Anpassungen dar, mit denen sie sich dagegen zu schützen suchen. Der Körperbau der Läuse ist überhaupt an das parasitische Leben angepaßt. Beine und Fühler sind kurz, die Augen sind klein, manchmal fast völlig rückgebildet. Der Körper anderer Insekten ist stark gegliedert, besonders ausgeprägt ist das am Abdomen; nicht so bei den Läusen. Bei ihnen gibt es auch keine Metamorphose, beide Grundtypen verbringen ihr ganzes Leben am Körper des Wirtes, viele sind sogar auf bestimmte oder nah verwandte Vogel- oder Säugetierarten beschränkt.

Echte Läuse

Diese Unterordnung von nur 270 bekannten Arten zeichnet sich aus durch den hohlen Stechrüssel und die Klauen der Beine, mit denen sie sich an Haaren festklammern. Die Kopflaus mag als typisches Beispiel gelten. Als Wirt dient lediglich der Mensch; es gibt zwei Varietäten: die Kleiderlaus und die eigentliche Kopflaus. Die Kleiderlaus lebt in Kleidern, und zwar so nahe wie möglich am Körper, die eigentliche Kopflaus in den Haaren. Beide unterscheiden sich etwas in Körperbau und Lebensweise. Man kann sie künstlich kreuzen, es gibt aber keinerlei An-

zeichen dafür, daß sie sich in der Natur mischen. Ihr Lebenszyklus ist sehr ähnlich. Die Eier, die sogenannten Nissen, werden an Haare oder Fasern der Kleidung angeheftet. Ausgewachsene Läuse legen täglich etwa zehn Eier, im Laufe ihres Lebens etwa 300. Bei Körpertemperatur schlüpfen die Miniaturausgaben der Elterntiere etwa nach einer Woche. Sie ernähren sich ausschließlich dadurch, daß sie mit ihrem hohlen Stechrüssel die Haut des Wirtes durchbohren und Blut saugen. Bis sie ganz ausgewachsen sind, häuten sie sich dreimal, sie leben etwa sieben Wochen. Es gibt nur noch eine andere Menschen parasitierende Laus, die Filzlaus, die an den Schamhaaren lebt. Ernährungsweise und Lebenszyklus sind ähnlich wie bei der Kopflaus.

Kratzen kann tödlich wirken

Die Filzlaus überträgt keine Krankheiten — trotz aller gegenteiliger Gedankenverbindungen. Das gilt aber durchaus nicht für andere Arten. Die bei weitem gefährlichste von der Kopflaus übertragene Seuche ist der Flecktyphus, der von einem virusähnlichen Mikroorganismus, der *Rickettsia*, erregt wird. Die Krankheit wird aber nicht durch den Biß der Laus übertragen, sondern durch Exkremente infizierter Läuse und durch die Körpersäfte zerdrückter Läuse, die an verletzte Stellen der Haut geraten. Wo Typhusgefahr besteht, ist es deshalb gefährlich, sich zu kratzen und Läuse abzusuchen und zu zerquetschen. Typhusgefahr besteht immer dort, wo Menschen in Massen zusammengepfercht sind und wo es nicht Brauch oder unmöglich ist, sich regelmäßig zu waschen und Kleider und Wäsche zu wechseln.

Blumen und Seuchen

Besonders in Gefängnissen, wo Menschen dicht gedrängt eingesperrt waren und auf ihren Prozeß warteten, sind früher immer wieder Typhusepidemien ausgebrochen. Der Zufall wollte es, daß durch infizierte Läuse aus den zerlumpten Kleidern der Gefangenen auch Angehörige der Gefängnis- und Gerichtsverwaltungen, Zeugen und sonstige Personen angesteckt wurden. Über die Gefahr war man sich klar, niemand brachte sie aber mit den Läusen in Zusammenhang, und

man versorgte die Richter mit Blumensträußen, weil man annahm, ihr Duft könnte die „bösen Geister" der Seuche fernhalten. Auch die schrecklichen Lebensbedingungen von Schiffsbesatzungen, besonders auf Kriegsschiffen, führten früher zu Typhusepidemien. Deshalb wurde die Krankheit u. a. „Gerichtsfieber" oder „Schiffsfieber" genannt.

Als im Ersten Weltkrieg die Lebensverhältnisse in den Schützengräben die Verbreitung von Läusen sehr begünstigten, trat eine seltsame Krankheit auf, das „Schützengrabenfieber". Es wurde durch Läuse übertragen und war eine milde und selten tödlich verlaufende Aberration des sogenannten Flecktyphus. In der Sowjetunion trat in den Jahren von 1918 bis 1922 Flecktyphus nochmals auf und forderte 3 000 000 Menschenleben. Danach ist er verschwunden, so daß diese Krankheit mit modernen Methoden niemals genau erforscht worden ist.

Der Gedanke, selbst Läuse zu haben, ist heutzutage schrecklich. Diese Einstellung ist natürlich vernünftig, aber verhältnismäßig „modern". Im Mittelalter war ein Heiliger um so angesehener, je verlauster er war. Als man den Körper des ermordeten Thomas Beckett entkleidete, war sein Gewand so verlaust, daß ein zeitgenössischer Chronist schrieb: „Es kochte über, wie Wasser in einem siedenden Kessel". Die Zuschauer waren aber durchaus nicht entsetzt, sondern es überkam sie „die Freude, solch einem Heiligen begegnet zu sein".

Die Abwesenheit von Körperläusen wurde auch als Zeichen fehlender Widerstandsfähigkeit angesehen, und selbst heute verbietet es die Religion vieler Völker noch, Läuse zu töten, während es erlaubt ist, eine unversehrte Laus bei sich zu entfernen und bei einem Nachbarn anzubringen. So wird es noch eine Zeit dauern, bis der Flecktyphus verschwindet.

Klasse	**Insecta**
Ordnung	**Phthiraptera**
Unterordnung	**Anoplura**
Gattungen und Arten	*Pediculus humanus*, Kopflaus; *Phthirius pubis*, Filzlaus, u. a.

Weibchen einer Kopflaus. Mikroaufnahme.

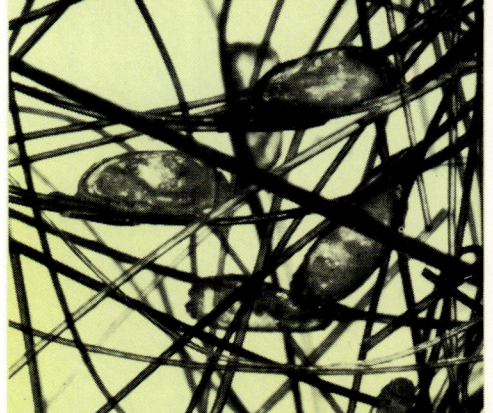

Nissen am Menschenhaar. (25fach vergr.)

Entlausung im 15. Jahrhundert.

Flöhe

Flöhe sind kleine, flügellose, parasitisch lebende Insekten. Mit ihrem dünnen, seitlich zusammengedrückten Körper können sie gut durch Fell oder Federn der Wirte schlüpfen. Ihre Beine sind so gestaltet, daß sie sich in dieser Umwelt schnell bewegen, aber auch weit springen können; ihr harter Panzer schützt sie wirksam, wenn sich der Wirt kratzt, um sie loszuwerden.

Als Flöhe werden alle Angehörigen der Insektenordnung Siphonaptera bezeichnet, es gibt rund 1100 bekannte Arten. Diese Ordnung unterscheidet sich deutlich von anderen Ordnungen, es gibt aber geflügelte Ahnen, und eine Verwandtschaft mit Fliegen und Mücken (Diptera) ist wahrscheinlich. Alle erwachsenen Flöhe leben als Blutsauger an Säugetieren oder Vögeln. Ihre Larven leben vom Abfall und Schmutz in den Lagern und Nestern der Wirte des erwachsenen Insekts. Die weißen Eier sind mit 0,5 mm verhältnismäßig groß. Die Larven sind kleine, weißliche, beinlose Maden, mit einem Paar kurzer Antennen und beißenden Mundwerkzeugen. Sie verpuppen sich in Kokons. Bei ein paar Arten ist das Weibchen seßhaft, es saugt sich irgendwo fest. Oder es bohrt sich sogar in die Haut des Wirtes ein, wie der Sandfloh Tunga penetrans.

Die Wahl der Wirte

Flöhe parasitieren gewöhnlich nur Säugetiere und Vögel, die ein Lager oder ein Nest haben, in dem sie leben und sich fortpflanzen oder die, wie die Hühner auf der Hühnerstange, zusammenhocken. Die Mehrzahl der bekannten Arten lebt an Nagern, die meist in Nestern oder Höhlen wohnen, auch Insektenfresser und Fiedertiere werden viel befallen. Von den Primaten wird nur der Mensch von Flöhen befallen, Ausnahmen bestätigen die Regel. An Affen kennt man Flöhe überhaupt nicht. Auch im Wasser lebende Säugetiere, wie Ottern, werden von Flöhen nicht parasitiert, und unter den Huftieren ist das Schwein eines der wenigen Tiere, die regelmäßig befallen werden.

Was die Vögel betrifft, so sind Flöhe am stärksten bei Höhlenbewohnern verbreitet, z. B. den Spechten. Die Felsentaube und ihre Abkömmlinge, die Haustauben, haben ihren „eigenen" Floh: Ceratophyllus columbae, der aber nicht an Ringel- und Hohltauben vorkommt, vielleicht weil Felsen- und Haustauben in Nestern und auf Simsen an Gebäuden leben, während Ringel- und Hohltauben auf Bäumen ihre offenen Nester bauen. Dies bestätigt die Grundvoraussetzung für den Befall durch Flöhe, daß nämlich die nicht parasitierenden, von Abfall lebenden Larven eine geeignete Umwelt vorfinden.

Flöhe beschränken sich gewöhnlich nicht auf einen bestimmten Wirt. Der eben genannte Ceratophyllus, der Floh der Felsentaube, ist eine der wenigen Ausnahmen. Die meisten leben und vermehren sich an einer Reihe verschiedener Wirte. Der Menschenfloh (Pulex irritans) kommt auch an Schwei-

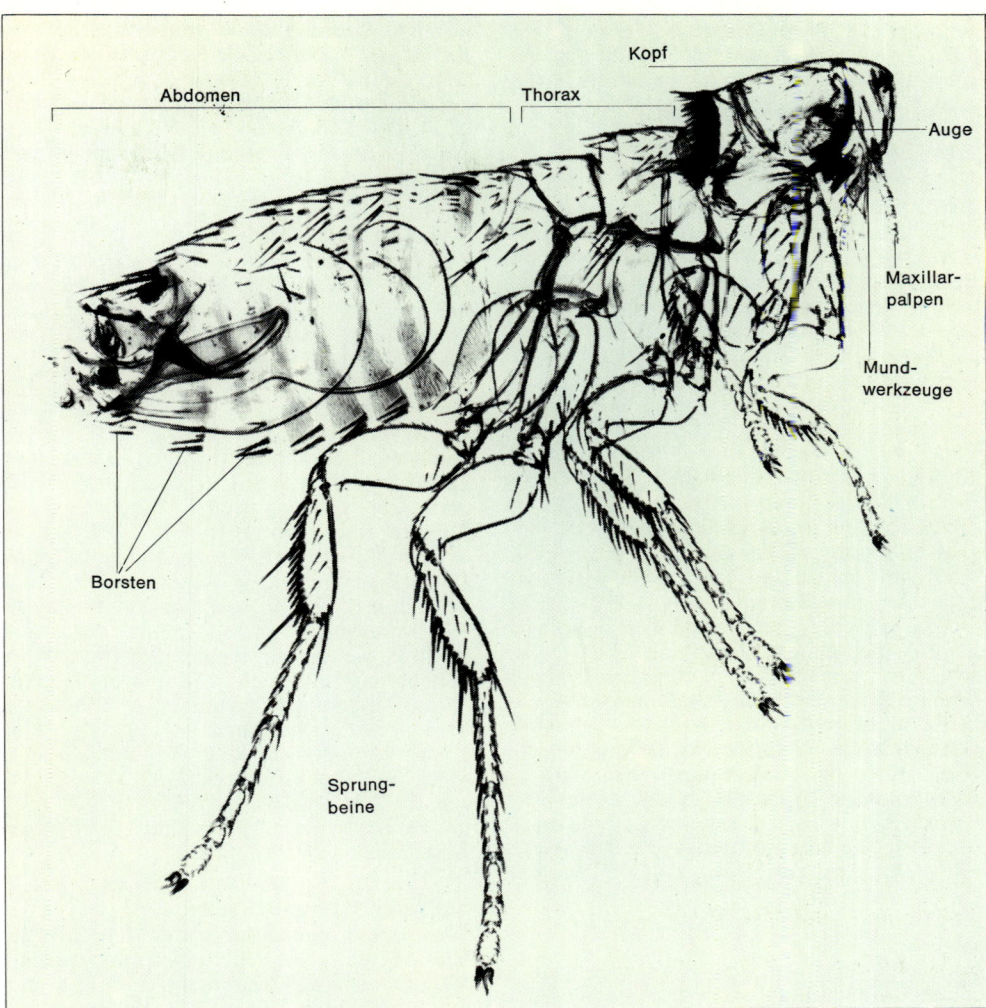

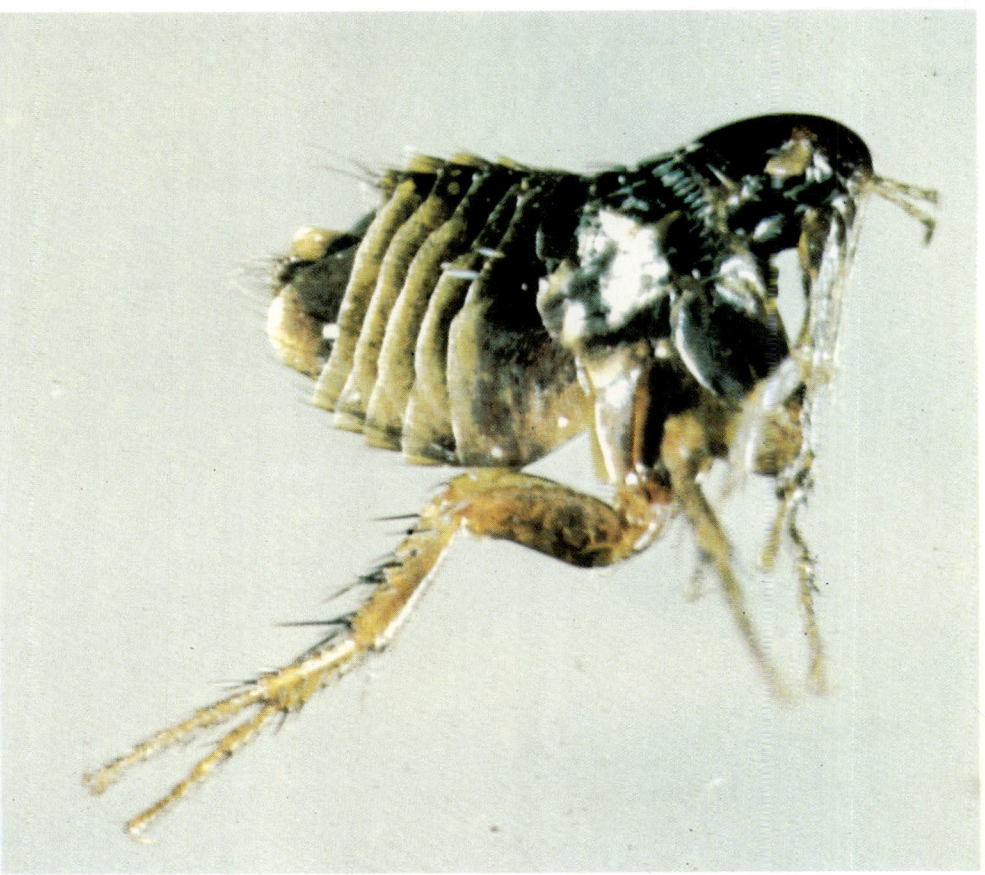

Oben: Floh mit hartem, borstenbewehrtem Panzer, Schutz gegen kratzende oder beißende Wirte. (80fach vergr.) — Unten: Präpariertes Exemplar.

nen vor, und der Hühnerfloh *(Ceratophyllus gallinae)* parasitiert eine große Zahl von Vögeln, er kann sogar von Säugetierblut, Menschenblut nicht ausgenommen, leben.

Wie Seuchen verbreitet werden

Flöhe befallen gelegentlich auch Wirte, an denen sie sich nicht fortpflanzen. Katzenflöhe, die an Menschen geraten, beißen sofort. Das Auftreten der Schwarzen Pest oder Beulenpest beruht hauptsächlich auf einem bestimmten Floh *(Xenopsylla cheopis)*, der an Ratten lebt, diese aber verläßt, wenn sie an der Pest gestorben sind; er befällt dann Menschen in unhygienischen Häusern, in denen auch zahlreiche Ratten hausen. Die Bakterie *Pasteurella pestis*, der Erreger der Pest, befällt Ratten und Menschen gleich schlimm und wird durch den Schleim von Flöhen übertragen. Im Mittelalter gab es praktisch kein Haus ohne Ratten, und den großen Seuchenzügen, der „Schwarzen Pest" oder dem „Schwarzen Tod", fielen Millionen Menschen zum Opfer.

Das Weibchen des Sandflohes bohrt sich in die menschliche Haut ein. Beide Geschlechter beginnen ihr Leben als Erwachsene im Staub menschlicher Behausungen, in dem sie herumhüpfen. Nach der Paarung bohrt sich das Weibchen in die menschliche Haut unter den Zehennägeln ein, wird so groß wie eine Erbse und bildet Zysten. Sie verursachen starke Schmerzen, und es ist schwierig, sie zu entfernen, ohne daß Secundärinfektionen entstehen. Der in warmen

Schwertkampf der Flöhe. Darunter Kampfwagen.

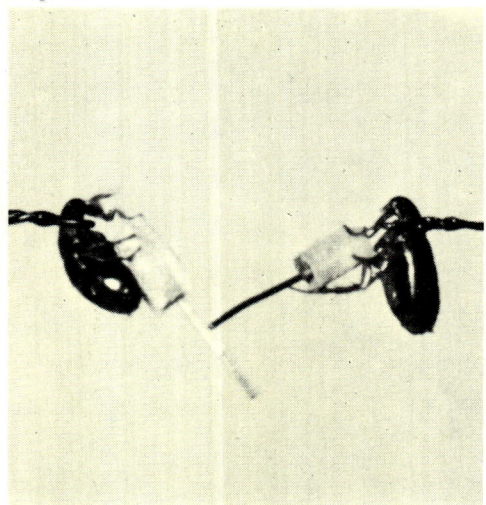

Ländern vorkommende Hühnerfloh *Echidnophaga gallinacea* befällt Geflügel. Die Wirtswahl dieses Flohes ist sehr ungewöhnlich: er befällt sowohl Geflügel als auch verschiedene kleine Säugetiere und findet sich haufenweise an ihren Ohren ein, besonders gern an Igeln.

Verspäteter Schlupf

Flöhe legen ihre Eier in die Nester der Wirte oder in ihr Fell oder Federkleid, dort werden sie dann abgeschüttelt und fallen in das Nest. Fast alle Flöhe brauchen eine Blutmahlzeit, ehe sie sich entwickeln und ihre Eier legen können. Die winzigen madenartigen Larven ernähren sich im Nest des Wirtstieres von Staub und Abfall, auch von getrocknetem Blut, oder sie leben in staubigen, verschmutzten Ecken menschlicher Wohnungen. Die ausgewachsenen Maden spinnen Kokons und verpuppen sich. Die Puppen können lange Zeit in ruhendem Zustand überstehen; bei vielen Arten, darunter auch beim Menschenfloh, reagiert die Puppe auf Erschütterungen — es kommt dann zum Schlupf. Wer in ein länger nicht bewohntes, verstaubtes Haus zieht und schwere Gepäckstücke absetzt, wird unter Umständen bald von vielen Flöhen begrüßt; durch die Erschütterungen werden die Puppen aktiviert, und die Flöhe schlüpfen. Damit passen sie sich an das Erscheinen neuer Wirte an, es gibt wieder „Blutspender", an denen Erwachsene leben können.

Spezielle Mundwerkzeuge

Wie andere blutsaugende Insekten auch, haben Flöhe spezielle saugend-stechende Mundwerkzeuge. Der wichtigste Teil besteht aus einer engen Röhre, die von drei nadelähnlichen Stiletten, einem inneren und zwei seitlichen, gebildet wird; sie sind nach der Spitze zu gesägt, so daß sie um so besser stechen können. Bevor der Floh zu saugen beginnt, spritzt er einen die Blutgerinnung hemmenden Speichel ein. Dies verursacht die mit dem Flohbiß verbundene Reizung, auf diese Weise werden durch infizierte Flöhe auch die Krankheitserreger auf den Wirt übertragen.

Flöhe sind arge Fresser, sie verdauen und verwerten aber nur einen Teil des aufgenommenen Blutes, der Rest verläßt ihren Verdauungstrakt unverändert. Man vermutet, diese scheinbare Verschwendung dient dazu, die im Nest des Wirtes lebende Larve mit einem Vorrat an geronnenem Blut zu versorgen. Das wäre ein Beispiel dafür, wie Elterntiere für ihre Larven sorgen, ähnlich, jedoch wesentlich primitiver, wie bei Wespen und Bienen; denn die Larven ernähren sich auf die sonst übliche Weise, indem sie ihre Umgebung nach verwertbaren Partikeln absuchen.

Parasiten fressen Parasiten

In geringer Zahl werden Flöhe von ihren Wirten aufgefressen, gewöhnlich beim Ablecken, Säubern und Glätten des Felles. Das begünstigt wiederum einen anderen Parasiten. Der gewöhnliche, bei Katzen und Hunden vorkommende Bandwurm *(Dipylidium caninum)* verbringt eine Phase seines Lebenszyklus in Hundeflöhen, und nur durch die von Wirtstieren aufgefressenen Flöhe gelangt er von einem Wirt auf den anderen. Weit gefährlichere Feinde der Flöhe aber sind bestimmte Milben, die in Nestern le-

ben und auf Flöhe jedes Entwicklungsstadiums Jagd machen. Auch kleine Käfer der Gattung *Gnathoncus* sind in Vogelnestern häufig, auch sie erbeuten Flöhe und ihre Larven.

Der Flohzirkus

Eine zeitlang waren Flohzirkusse auf Jahrmärkten allgemein verbreitet. Bis vor 50 bis 100 Jahren war *Pulex irritans* ein häufiges Insekt. Heute fände der Inhaber eines Flohzirkus schwerlich genügend Publikum, und er hätte wahrscheinlich Schwierigkeiten, ausreichend Menschenflöhe für seine Vorstellungen aufzutreiben. Er müßte sich deshalb mit Hunde- oder Katzenflöhen begnügen, diese aber sind in Gefangenschaft schwer zu füttern.

Bei den Besitzern von Flohzirkussen war es Brauch, die Flöhe am eigenen Arm zu halten. Ein ganz wesentlicher Teil ihrer Kunstfertigkeit bestand darin, kleine Dreiräder und „Kampfwagen" zu bauen und die Flöhe mit feinen Gold- oder Silberfäden anzuspannen. Natürlich behaupteten die Besitzer, es sei auch eine große Kunst, die Flöhe zu dressieren. In Wirklichkeit nutzten sie nur die natürlichen Bewegungen der Insekten, wenn diese auf irgendeine Weise behindert wurden. Die einzige Kunst bestand darin, geeignete „Fahrzeuge" herzustellen, z. B. einen winzigen, bis in alle Einzelheiten ausgearbeiteten Kutschwagen, der dann von einigen Flöhen, einem „team", gezogen wurde.

Seit Sokrates haben die Naturwissenschaftler an der Weite und Geschwindigkeit der Sprünge des Flohes herumgerätselt. Erst neuerdings hat man festgestellt, daß die kräftigen Beinmuskeln und Sehnen durch eine Kappe aus Resilin, einem gummiartigen Eiweißstoff ergänzt werden; wenn Resilin zusammengepreßt und dann freigelassen wird, entwickelt es stärkere Kräfte als ein bis zum äußersten angespannter Muskel. Resilin ist im allgemeinen ein Bestandteil der Flügelbänder bei Fluginsekten, wie Libellen und Heuschrecken. Wenn es auch im Thorax von Flöhen vorkommt, dann läßt das vermuten, daß sie einen Flugapparat angepaßt und abgewandelt haben, um bei dem Leben in Fellen und Federkleidern beweglicher zu sein. Anders gesagt, Flöhe sind Insekten, die mit ihren Beinen fliegen.

Erwachsene Flöhe sind ziemlich langlebig. Ein Menschenfloh, der regelmäßig mit Blut ernährt wurde, hat 513 Tage gelebt, und ein Exemplar einer anderen Art soll 1487 Tage oder etwas mehr als vier Jahre gelebt haben.

Klasse	**Insecta**
Ordnung	**Siphonaptera**
Gattungen	*Pulex, Tunga, Echidnophaga* u. a.

Schildwanzen

Schildwanzen werden auch Stinkwanzen genannt — und zwar aus gutem Grund. Sie bilden mehrere Familien der pflanzensaugenden Wanzen der Ordnung Heteroptera. Alle haben eine abgeplattete Gestalt, und viele ähneln im Umriß einem heraldischen Schild. Die meisten sind 6 bis 12 mm lang, der prächtig rot, schwarz, orange und blau gefärbte Oncomeris flavicornis Australiens jedoch erreicht 5 cm. Schildwanzen gehören zur großen Überordnung der Hemiptera mit den Wanzen und Zikaden, die alle durch stechend-saugende Mundteile ausgezeichnet sind. Zu Erwachsenen werden sie über eine unvollkommene Entwicklung.

Die meisten Schildwanzen erinnern an Käfer. Diese aber machen eine vollkommene Entwicklung durch, mit Larven- und Puppenstadium, und haben beißende Mundwerkzeuge. Wie Käfer fliegen Schildwanzen mit den Hinterflügeln und benutzen die Vorderflügel als Schutzdecken für die Hinterflügel. Nicht alle Schildwanzen können fliegen, und soweit sie es überhaupt können, fliegen sie nur bei warmem Wetter. Bei den Schildwanzen bestehen die Vorderflügel aus zwei Teilen, einem dicken, lederartigen Vorderteil am Grund und aus einer Membrane an der Spitze. Typisch für die Schildwanzen ist das stark vergrößerte Schildchen, durch das man sie von den Käfern sofort unterscheiden kann.

Schildwanzen leben vorzugsweise im warmen Klima und sind am zahlreichsten in tropischen Gebieten. In Deutschland z. B. gibt es rund 50 Arten, wesentlich mehr schon in Südeuropa, und im tropischen Afrika wächst die Zahl stark an.

Nützliche und schädliche Arten

Fast alle Schildwanzen kriechen auf dem Blattwerk von Bäumen und Sträuchern oder auf Kräutern, manche sind auch an bestimmte Pflanzenarten gebunden, von deren Saft oder Früchten sie leben. Die Getreide-, Kohl- und Beerenwanzen haben ihren Namen von ihren Nahrungspflanzen. Eine Kräuterwanze (Eurygaster integriceps) ist in der Sowjetunion und im Nahen Osten ein gefährlicher Getreideschädling. Die grüne Nezare viridula ist in wärmeren Ländern, einschließlich Südeuropa, weltweit verbreitet und richtet großen Schaden an Bohnen, Tomaten und anderen Gemüsearten an. Sie wird durch Importgemüse auch in nordeuropäische Länder verschleppt, kann sich dort aber offenbar nicht verbreiten. Einige Schildwanzen leben räuberisch und können nützlich sein, weil sie schädliche Insekten fressen, z. B. die Arten der in Nordamerika vorkommenden Gattung Podisus, die von Kartoffelkäfern leben.

Australisch-Asiatischer Catacanthus punctum mit Warnfarben. Scheidet wie die meisten Schildwanzen stinkendes Sekret aus.

Brütende Schildwanzen

Schildwanzen legen ihre Eier an die Nahrungspflanzen oder auf den Erdboden, und zwar schubweise. Sie ähneln den Eiern der Schmetterlinge und entwickeln sich in der Regel zu je 14 im Körper des Insekts, die Schübe können auch das Vielfache davon betragen. Ein paar Arten entwickeln ihre Eier dutzendweise und legen sie säuberlich nebeneinander in zwei Reihen zu je sechs ab. Bei vielen Arten öffnet sich beim Schlupf oben am Ei ein regelrechter Deckel, so daß die Eikapseln unter dem Mikroskop wie kleine leere Fässer aussehen.

Die Jungen häuten sich fünfmal, ehe sie die endgültige Größe erreicht haben. Wenn das Erwachsenenstadium erreicht ist, gibt es jedoch oft einen auffälligen Wechsel in Farbe und Zeichnung. Der Blauling *(Sehirus dubius),* eine interessante, in Mitteleuropa weitverbreitete Art, wechselt die Farbe. Bei einer Form sind die Jungen am Vorderteil schwarz und am Hinterteil rot mit schwarzen Flecken. Nach der letzten Häutung sind die Erwachsenen zunächst glänzend rot, diese Färbung bleibt aber nur für ein paar Stunden, sie dunkelt dann nach bis zu einem stahlfarbenen Schwarz.

Eine Anzahl Schildwanzenarten treibt Brutpflege, sie bewachen und beschützen die Eier bis zum Schlupf. Die in Birkenwäldern lebende Fleckige Brutwanze *(Elasmucha grisea)* geht sogar noch weiter. Das Weibchen setzt auf einem Birkenblatt einen Schub von 40 Eiern ab, dabei ist das Gelege wie ein Diamant geformt, die Form entspricht genau der Größe des Weibchens, so daß es die Eier bedecken kann. Sie „bebrütet" sie ganz ähnlich wie eine Henne, bis in zwei bis drei Wochen die Jungen schlüpfen. Mutter und Larven bleiben ein paar Tage bei den leeren Eiern und begeben sich dann zusammen auf die Suche nach Blütenkätzchen von Birken, die ihre Hauptnahrung bilden.

Warum Stinkwanze?

Viele Schildwanzen haben Drüsen, aus denen sie eine übel riechende und schlecht schmeckende Flüssigkeit ausscheiden können. Wer eine von einer Schildwanze befallene Beere ißt, spürt einen unangenehmen Geschmack im Mund. Der Geruch ist so stark und verbreitet sich so schnell, daß der in Nordamerika außer Schildwanze vielfach gebrauchte Name Stinkwanze durchaus treffend ist. Einige Arten leben von Früchten und Beeren und machen sie ungenießbar, wenn sie sie auch nur berühren. Die Baumwanze *(Pentatoma rufipes)* befällt Kirschenplantagen und verdirbt auf diese Weise ein Gutteil der Ernte. Wenn man im Frühling die Baumstämme mit Leimringen versieht, kann man die Tiere abfangen, so daß sie die Bäume nicht erklettern können.

Einige dieser stinkenden Arten sind sehr auffällig gefärbt, gewöhnlich schwarz mit weißer, gelber oder roter Zeichnung. Zweifellos ein Beispiel für Warnfarben! Durch diese auffällige Färbung schützen sie sich vor Räubern, besonders Vögeln, wenn ein Vogel einige Exemplare dieser Wanzen gekostet hat, wird er sich an die auffällige Farbe erinnern und sie meiden. Das Einzeltier wird geopfert, aber die Art hat den Nutzen.

Schildwanzen ohne diesen Schutz werden viel von Vögeln gefressen, besonders von Meisen, die die überwinternden Wanzen herauspicken. Ein weit gefährlicherer Feind aber sind die Raupenfliegen, deren Larven als Parasiten im Körper der sich entwickelnden Wanzen leben und sie töten, kurz bevor sie ausgewachsen sind. Diese Parasiten werden in keiner Weise durch die widerlichen Säfte oder die Warnfarben abgewehrt.

Stamm	Arthropoda
Klasse	Insecta
Ordnung	Hemiptera
Unterordnung	Heteroptera
Familien	Acanthosomidae, Cydnidae, Scutelleridae, Pentatomidae

Linke Seite: Weißdorn-Schildwanze (Acanthosoma haemorrhoidale). *Sie lebt u. a. auch auf Eichen. — Unten:* Lyramorpha *mit Jungen. Die harlekinähnlichen Jungen häuten sich mehrmals, bis sie erwachsen sind.*

Blattläuse

Die Blattläuse sind eine Gruppe aus der Ordnung der Pflanzensauger (Homoptera), zu ihr gehören die bekanntesten und verbreitetsten Schädlinge landwirtschaftlicher und gärtnerischer Kulturpflanzen, und zwar schaden sie unmittelbar als Pflanzensauger und mittelbar als Überträger verschiedener Viruskrankheiten, wie der Blattrollkrankheit der Kartoffel und der Vergilbungskrankheit der Zuckerrübe. Es gibt sehr viele Arten, allein in Mitteleuropa über 800. Allgemein bekannt sind u. a. die Kohlblattlaus, die Schwarze Rüben- und Bohnenblattlaus und die Grüne Pfirsichblattlaus, die oftmals in riesiger Anzahl vorkommen. Blattläuse haben einen weichhäutigen, ovalen Körper, einen kleinen Kopf, Facettenaugen, sechs- oder siebengliedrige Antennen und einen gebogenen Stechrüssel zum Anstechen pflanzlicher Gewebe. Einige Arten haben durchsichtige Flügel, das erste Paar ist wesentlich länger als das zweite. Blattläuse sind gewöhnlich etwa 2 bis 3 mm lang, selten länger als 5 mm.

Wolken von Insekten

Man kennt Blattläuse allgemein als Schädlinge an Kulturpflanzen, sie beginnen ihren Lebenszyklus jedoch an verschiedenen Bäumen und Sträuchern der freien Natur, von denen sie schubweise auf andere Wild- und Kulturpflanzen übergehen. Die Schwarze Rüben- und Bohnenblattlaus (Aphis fabae) z. B. legt ihre Eier im Spätsommer oder Herbst am Pfaffenhütchen ab. Im Frühjahr schlüpfen dann geflügelte Weibchen, die zu Bohnen oder anderen krautigen Pflanzen fliegen. Dort vermehren sie sich parthogenetisch, d. h. ohne Paarung. Diese Stammütter bilden den Anfang einer neuen Population. Obwohl oft nur ein einziges Exemplar eine Bohnen- oder Rübenpflanze erreicht, bilden sich riesige Kolonien. So erklärt es sich, daß plötzlich, von einem Tag zum anderen, ein Befall vorhanden sein kann.

Erst in den letzten Jahren ist im einzelnen erforscht worden, wie ein so schwaches, empfindliches Geschöpf wie die Blattlaus so erfolgreich von der Wirtspflanze auf andere Pflanzen überwechseln kann. Die geflügelten Weibchen verlassen die Pflanzen, an denen sie geschlüpft sind, in je einer Welle morgens und nachmittags, günstige Flugbedingungen vorausgesetzt. Die Tiere fliegen niemals nachts und bei Temperaturen unter 17 Grad C. Sind sie erst einmal in der Luft, werden sie von Höhenwinden fortgetragen, oftmals bis in große Höhe. Nach einigen Stunden werden sie von Fallwinden wieder zum Boden gebracht, wo sie sich geeignete Pflanzen suchen. Mit Hilfe von Luftballons und Netzen in 600 m Höhe ausgeführte Probefänge haben ergeben, daß 30 % der in dieser Höhe treibenden Insektenwolken aus Blattläusen bestehen. Sie werden unter Umständen 150 bis 200 km weit über Land und Meer fortgetragen.

Es scheint, als ob die Blattläuse vor dem Flug regelrechte Startvorbereitungen treffen; das kann wiederholt geschehen, ehe sie tatsächlich starten. Das mittlere Beinpaar wird

Geflügelte Schwarze Bohnenblattlaus wird von Ameise gepflegt. Ameisen halten sich Blattläuse und „melken" den Honigtau, den sie ausscheiden. Etwa 12fach vergr.

angehoben und in der Höhlung zwischen Thorax und Abdomen untergeschlagen. Die Blattlaus balanciert alsdann auf den verbleibenden vier Beinen, entfaltet ihre Flügel und startet. Trotz ihrer offensichtlichen Zerbrechlichkeit sind Blattläuse nicht leicht von Pflanzen wegzublasen.

Die geflügelten Weibchen lassen sich auf den anderen Pflanzen nieder und bringen hauptsächlich ungeflügelte Junge hervor, die vereinzelt hervorgebrachten geflügelten Tiere verlassen die Kolonie täglich und suchen sich noch nicht befallene Pflanzen.

Stechend-saugende Ernährungsweise

Die Familie der Blattläuse ernährt sich an den verschiedensten Pflanzen, dabei sind einige Arten nicht wählerisch, während andere nur an ganz bestimmten Pflanzen leben können. Die Mundwerkzeuge sind dazu eingerichtet, das Pflanzengewebe zu durchstechen und den Zellsaft herauszusaugen, und zwar aus dem Siebteil (Phloem), dem Organ der Nährstoffversorgung der Pflanze. Die Mundteile (Mandibeln und Maxillen) arbeiten wie außerordentlich feine, nadelgleiche Stilette zusammen und werden tief in das Pflanzengewebe eingeführt. Die „Zunge" wirkt bei dem Vorgang nicht mit, sondern dient als Stechrüsselscheide. Ehe der Freßvorgang beginnt, wird in die von den Stiletten gestochene Wunde ein Speichel eingespritzt, damit der an den Stiletten entlanglaufende Saft nicht gerinnt.

Während viele Blattläuse außen an den Pflanzen fressen, bilden andere, weit weniger häufige Arten Gallen oder abgeschlossene Behälter, in denen sie fressen können und die sie vor Räubern schützen. Solche Gallen gibt es an Pappeln, Ulmen, Linden, Fichten und auch an Johannisbeeren. Oftmals bilden die Gallen einen Winterschutz. Es kann dabei durchaus sein, daß die neue Generation im Frühling und Sommer eine ganz andere Nahrungspflanze sucht, ohne eine Galle zu bilden. Einige Arten ziehen sich nur einfach von den Blättern und Trieben in den Wurzelbereich zurück. Allgemein bekannt sind auch die Blutläuse an Apfelbäumen mit ihren typischen flockigen Gebilden, innerhalb welcher sie sich ernähren.

Sehr seltsam und zweifellos die auffälligste Eigenart der Blattläuse sind ihre Ausscheidungen. Sie saugen große Mengen Pflanzensaft auf, um genügend Eiweiß zu bekommen. Das Übrige, den zuckerreichen Pflanzensaft, scheiden sie, oftmals in großen Mengen, durch den After als Honigtau aus; er ist bei Ameisen und vielen anderen Insekten sehr begehrt.

Nachwuchs ohne Paarung

Den größten Teil des Jahres über bestehen die Blattlauskolonien nur aus Weibchen, die sich parthogenetisch stark vermehren. Gegen Jahresende dann fliegen geflügelte Weibchen auf ihre ursprünglichen Wirtspflanzen — das sind in der Regel Bäume — zurück und legen Eier, aus denen Männchen und Weibchen schlüpfen. Diese paaren sich und legen Eier in Risse in der Baumrinde, aus denen im Frühjahr dann ausschließlich Weibchen hervorgehen.

Ein einziges sich parthogenetisch vermehrendes Weibchen kann an einem Tag bis zu 25 Töchter zur Welt bringen, und da diese wiederum in etwa 8 bis 10 Tagen fortpflanzungsfähig sind, kann die von einem einzigen Weibchen innerhalb einer Saison hervorgebrachte Zahl von Blattläusen astronomische Größen erreichen. Man hat ausgerechnet: Wenn alle Nachkommen einer Blattlaus überlebten und sich regelmäßig vermehrten, entspräche das „dem Gewicht von 500 000 000 kräftigen Menschen". Die Fortpflanzung wird aber durch verschiedene Umstände, insbesondere Kälte, herabgedrückt. Wenn man Blattläuse bei Gewächshaustemperatur hält, bringen sie tagtäglich parthogenetische Weibchen hervor, ohne daß jemals ein Männchen das Licht der Welt erblickt.

Rundum Feinde

Meisen und Fliegenschnäpper und viele andere kleine, insektenfressende Vögel fressen Blattläuse. Marienkäfer, Wanzen, Spinnen und Schwebfliegenlarven ebenso. Darüber hinaus legen Blattlaus-Schlupfwespen ihre Eier in Blattläusen ab. Die Larven leben vom Körpergewebe ihrer Wirte und verpuppen sich sogar manchmal in der leeren Hülle.

Einige Blattlausarten haben jedoch Abwehrmechanismen ausgebildet, um sich vor den Angriffen dieser Wespen zu schützen. Die Blutzellen der Blattläuse scheiden eine Kapsel ab, die die parasitierende Larve einschließt und ihre Entwicklung innerhalb 24 Stunden stoppt. Andere bilden keine Kapsel, sondern scheiden offenbar ein Sekret aus, das in kurzer Zeit dieselbe Wirkung erzielt.

Auch können Blattläuse Feinde abschrecken, indem sie wachsbeladene Blutströpfchen aus Röhren oder Siphonen ausscheiden. Auf diese Weise wird der Angreifer vorübergehend gelähmt. Schließlich schmecken einige Blattlausarten offenbar so schlecht, daß Marienkäferlarven sie wieder ausspeien.

Ameisen halten sich Blattläuse wegen des Honigtaues, sie schützen ihre Pfleglinge vor Räubern. So fressen sie z. B. die Eier möglicher Feinde, wie Marienkäfer- und Schlupfwespeneier, die an Blattlauskolonien abgelegt werden.

Die Blattlauskulturen der Ameisen

Schon in vorgeschichtlicher Zeit hat der Mensch Tiere gezähmt und zu Haustieren gemacht: als Zugtiere, als Helfer bei der Jagd, zur Gesellschaft, vor allem aber als Nahrungsquellen. Ameisen haben dasselbe mit Blattläusen gemacht — nur schon viel früher. Sie ziehen sie auf, zumindest aber leben sie mit ihnen eng zusammen, fressen den Honigtau und bringen ihn in die Nester zu den Larven. Genau wie der Mensch bei Kühen und Ziegen die Milcherzeugung fördert, so begünstigen Ameisen die Abgabe von Honigtau bei Blattläusen, indem sie ihre Lebensbedingungen verbessern. So zwingen sie ihre „Nutztiere", sich an den nährstoffreichen Pflanzentrieben festzusetzen und fördern so Wachstum, Vermehrung und somit auch die Erzeugung von Honigtau. Wenn keine Ameisen da sind, bedeckt der Honigtau unter Umständen große Teile der Pflanzen, so daß sie ersticken oder schädliche Pilze angezogen werden.

Ameisen tragen auch Blattläuse in ihre Nester, wo sie Eier legen können, oder aber sie holen die Eier von den Pflanzen, wo sie abgelegt worden sind. Die jungen Blattläuse werden sorgfältig „gemolken", während sie an den Wurzeln verschiedener Pflanzen saugen. Einige Blattlausarten leben überhaupt in Ameisennestern, sie sehen niemals Tageslicht. Oder aber die Ameisen schaffen „Unterkünfte" für die Blattläuse, wo sie fressen können und vor Feinden geschützt sind. Der Vergleich mit menschlicher Viehhaltung ist unabweisbar.

Eine große Blattlaus kann in einer Stunde etwa 2 cmm Honigtau erzeugen. Man hat geschätzt, daß ein Staat der Glänzendschwarzen Holzameise (Lasius fuliginosus) in hundert Tagen etwa 1,2 bis 2,5 kg Honigtau sammeln kann.

Die Bekämpfung von Blattläusen ist unerläßlich, aber immer schwierig, und wenn dann noch Ameisen hinzukommen, wird die Aufgabe doppelt schwer. Ameisen können die durch Blattläuse verursachten Ernteverluste schätzungsweise mittelbar verdoppeln, da sie die Pflanzensauger vor ihren natürlichen Feinden schützen.

Klasse	Insecta
Ordnung	Homoptera
Unterordnung	Aphidina
Familie	Aphididae

Die Grüne Pfirsichblattlaus bringt lebende Junge zur Welt. Ein Junges löst sich gerade von der Mutter. Etwa 20fach vergr.

117

Ameisenlöwen

Die Ameisenlöwen gehören zur Familie Myrmeleontidae in der Ordnung der Netzflügler; sie ähneln ein wenig den Libellen, die erwachsenen Tiere in Aussehen und Verhalten vor allem den Schmetterlingshaften. Die Erwachsenen haben lange, dünne Körper und zwei Paar schlanke, etwa gleich große Flügel. Ihr Kopf ist klein, mit mäßig langen, fadenähnlichen, vorn keulenförmigen Antennen. Die größten Arten werden etwa 7,5 cm lang. Die Larve ist kurz, dick, fleischig und hat unverhältnismäßig große dolchartige Kiefer, mit harten Dornen und hohlen Borsten, die mit einer Giftdrüse in Verbindung stehen. Damit sticht sie ihre Beutetiere an, vor allem Ameisen, die sie dann aussaugt. Daher der Name Ameisenlöwe. Es gibt mehr als 600 Arten. Die typische europäische Art ist Myrmeleon formicarius *("Ameisenjungfer"), erwachsen ist sie bei einer Spannweite von 5 cm etwa 2,5 cm lang.*

Lebensweise

Ameisenlöwen kommen in Gehölzen, Wäldern und Plantagen auf sandigen Böden vor. Die Larven vieler Arten graben trichterförmige, etwa 5 cm tiefe Gruben mit etwa 7,5 cm oberem Durchmesser. Im südlichen Europa, in feinem, trockenem Sand, sind solche Gruben viel zu sehen, aber nur an geschützten Stellen, denn ein Regenschauer würde die Gruben zerstören und die Ameisenlöwen würden ersticken. Geeignete Plätze sind Eingänge zu Höhlen, unter vorspringenden Felsen und unter Bäumen, unter Dachtraufen und ähnliche.

Die „Ameisenjungfern" sind von Juni bis August unterwegs, gewöhnlich in der Abenddämmerung und nachts. Sie fliegen etwas unsicher und flatternd. Die Tiere werden aber meist nach der Larve als Ameisenlöwe bezeichnet; dies kommt auch daher, daß die Erwachsenen selten zu sehen sind, denn sie fliegen nur bei einbrechender Dunkelheit oder überhaupt im Dunkeln, wo sie dann nur gelegentlich zu sehen sind, wenn sie vom Licht angezogen werden.

Opfer in Fallgruben

Die erwachsenen Ameisenlöwen sind verhältnismäßig wenig erforscht. Sie sollen von Früchten und kleinen Fliegen leben, vielleicht auch vom Honigtau der Blattläuse (s. Seite 117). Die Larve baut und verwendet eine der erstaunlichsten Fallen des ganzen Tierreiches. Sie sitzt am Grund ihrer Grube, Kopf getarnt, die Kiefer bereitgehalten, und wartet gespannt darauf, daß eine Ameise oder eine Spinne vorbeikommt, ein Sandkörnchen loslöst — und damit den Mechanismus der Falle auslöst: sofort schaufelt der Ameisenlöwe mit den Kiefern Sand auf seinen Kopf und schleudert durch kräftiges Vorwärts-Aufwärts-Werfen des Kopfes einen Strom von Sand auf das Opfer. Dieses „Sperrfeuer", die steilen Wände der Grube und der durch das Schaufeln des Ameisenlöwen ins Rutschen kommende Sand — alles dies wirkt zusammen, daß das Insekt sich nicht mehr halten kann und in Reichweite der Klauen des Ameisenlöwen kommt und sofort ergriffen wird.

Oben: Ameisenlöwe packt eine Ameise mit seinen dolchartigen Klauen.

Links: Die zerbrechliche Schönheit der harmlosen Ameisenjungfer steht in krassem Gegensatz zu ihrer räuberischen Larve.

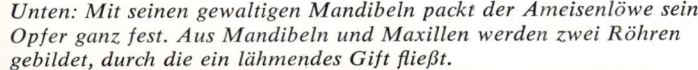

Unten: Mit seinen gewaltigen Mandibeln packt der Ameisenlöwe sein Opfer ganz fest. Aus Mandibeln und Maxillen werden zwei Röhren gebildet, durch die ein lähmendes Gift fließt.

Manchmal erwischt er seine Beute nicht richtig, dann wirft er sie nochmals gegen die Wand der Grube, um sie endgültig zu packen. Sollte das Opfer zu entkommen drohen, wird erneut Sand darauf geschleudert. Ist es fest gepackt, wird es in den Sand gezerrt, und die zweite Funktion der dolchartigen Kiefer setzt ein. Sie sind an der Unterseite mit tiefen Nuten versehen. Wenn die Unterkiefer oder Maxillen dagegen gepreßt werden, bilden sie zwei Röhren. Ein lähmendes Gift läuft durch die Röhren und wird dem Opfer eingespritzt. Sobald sein Todeskampf beendet ist, werden auf die gleiche Weise Verdauungssäfte injiziert; sie lösen das Körpergewebe des Opfers auf, die der Ameisenlöwe aufsaugt. Den leeren Panzer des Insekts wirft er dann hoch und über den Rand der Grube hinaus.

Die Augen der Larve sind zwar gut entwickelt, dürften aber beim Aufspüren der Beutetiere keine Rolle spielen. Wenn nämlich nur ein paar Sandkörner am Rand des Trichters losgelöst werden und die Wand herunterrollen, beginnt der unten wartende Ameisenlöwe sofort, Sand heraufzuschleudern. Da er sich auch dann so verhält, wenn kein Opfer in Sicht ist, darf man wohl annehmen, daß die Augen kaum beteiligt sind.

Manchmal liegen die Grubentrichter der Ameisenlöwen so dicht beieinander, daß die Besitzer kaum eine Chance haben, alle ausreichend Nahrung zu fangen. Das wird aber dadurch wettgemacht, daß die Larven bis zu acht Monaten fasten können.

Nicht alle Arten bauen Gruben. Einige fangen ihre Opfer durch Verfolgungsjagd, andere lauern ihnen auf oder überraschen sie, wobei sie sich gegebenenfalls unter Steinen oder Bodenstreu versteckt halten. Es ist interessant, daß die auf den Fang durch Fallgruben spezialisierten und weitgehend seßhaften Arten nur rückwärts laufen können, während die aktiveren Arten voll beweglich sind.

Dreijähriger Lebenszyklus

Nach der Paarung legt die Ameisenjungfer ihre weißen, ovalen Eier einzeln in den Sand. Da sie klebrig sind, werden sie sofort mit Sand überkrustet, sie sind somit gut getarnt. Schon einen Tag nach dem Schlupf hat der junge Ameisenlöwe eine seiner Körpergröße entsprechende Trichtergrube gegraben. Von nun an macht die Larve drei Entwicklungsstadien durch. Am Ende eines jeden Abschnittes verläßt sie die Grube für sechs bis zehn Tage und häutet sich. Dann gräbt sie eine neue Grube und wartet wieder auf Nahrungstiere. Die Dauer des Larvendaseins hängt wahrscheinlich weitgehend vom Nahrungsangebot ab. Aber selbst bei reichlich Nahrung dürfte der Zyklus vom Ei bis zum Erwachsenen ein bis drei Jahre dauern, bei ungünstigen Umständen viel länger. Die ausgewachsene Larve verpuppt sich dann im Boden am Grund einer Grube in einem selbstgesponnenen Kokon. Wie bei allen Angehörigen der Planipennia, werden die Fäden von den Malpighischen Gefäßen hervorgebracht; sie sind nach dem Italiener Malpighi benannt, der diese Einrichtung im 17. Jahrhundert erstmals beschrieben hat. Die Fäden werden vom After abgegeben; Schmetterlingsraupen dagegen bringen sie durch Drüsen am Kopf hervor. Sobald die Fäden mit der Luft in Berührung kommen, erhärten sie; die äußeren, an der Oberfläche des Kokons gelegenen Fäden nehmen Sand

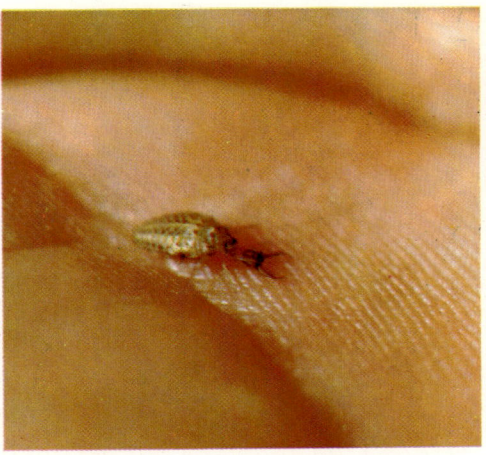

Die sehr räuberischen Ameisenlöwen sind nur klein. Auf dem Handteller gehalten, ist ihre wirkliche Größe gut zu erkennen.

an, und die Kokons sind dadurch getarnt. Erst wenn der Kokon fertiggestellt ist, häutet sich der Ameisenlöwe zum letztenmal, und die cremefarbene Puppe kommt zum Vorschein. Von der Verpuppung bis zum Auftauchen des geflügelten Vollinsekts dauert es gewöhnlich etwa einen Monat. Kurz davor beißt die Puppe mit ihren Mandibeln ein Loch in den Kokon und kriecht mit den „freien" Puppenbeinen zunächst teilweise aus dem Kokon heraus, bis sie schließlich ganz daraus hervorgeht. In diesem Stadium platzt die Puppenhaut, und das erwachsene Tier arbeitet sich hoch zur Bodenoberfläche, klettert auf einen Strauch oder Baum, wo es dann hängt, während der Körper fest wird und die Flügel ausgestülpt werden und trocknen.

Angeborene Fähigkeiten

Bevor der Mensch seßhafter Ackerbauer wurde, war er Jäger und Tierfänger. Zweifellos lernte er sehr früh, Gruben zu bauen und damit Jagdbeute zu fangen. Wir werden niemals erfahren, ob er zufällig darauf kam oder ob er darüber nachgedacht hat. Sicher ist jedoch, daß er die Fallgrube auf verschiedene Weise nützte. Er tarnte sie mit Zweigen, er rammte am Boden der Grube angespitzte Pfähle ein oder legte sich in der Nähe auf die Lauer, um das Opfer mit dem Speer zu töten. Diese und viele ähnliche Verfahren sind jahrtausendelang angewandt worden, in manchen Gebieten der Erde werden sie auch heute noch angewandt. Alle aber ähneln sie in gewisser Weise der Taktik des Ameisenlöwen. Einige Züge im Verhalten des Ameisenlöwen scheinen die menschlichen Verfahren sogar zu übertreffen und eine gewisse Intelligenz zu verraten. Der Mensch verwendete Fallgruben, weil er denken konnte und ihre Vorteile erkannte, so wandte er sie im Laufe der Zeit auch immer besser an. Hier aber liegt der wesentliche Unterschied im Verhalten der Insekten und des Menschen. Das Insekt folgt nur dem erblich festgelegten Verhaltensmuster. Wenn wir die Gruben Tausender Ameisenlöwen derselben Art untersuchten, würden wir sicherlich feststellen, daß alle Einzeltiere dieser Art ihre Beute auf genau dieselbe Art fangen. Jedes Exemplar praktiziert dieselbe Methode während seines ganzen Larvendaseins, ohne sie irgendwie zu verbessern. Was es auch tut, es ist angeboren.

Nichtsdestoweniger, wer auch immer das Leben der Insekten beobachtet, muß zugeben, daß sie ihr Verhalten je nach den gegebenen Umständen und den von Augenblick zu Augenblick sich wandelnden Notwendigkeiten etwas anpassen müssen. Wie wenig entwickelt ihre Intelligenz auch sein mag, etwas Intelligenz ist offenbar vorhanden. Die Wissenschaftler sprechen deshalb bei Insekten von einem gewissen „flexiblen Verhalten".

Fallgruben des Ameisenlöwen. Sollte eine Ameise oder Spinne diesen abschüssigen Wänden zu nahe kommen, rutscht sie ab und wird von den Kieferklauen gepackt.

Klasse	**Insecta**
Ordnung	**Neuroptera**
Unterordnung	**Planipennia**
Familie	**Myrmeleontidae,** Ameisenlöwen, Ameisenjungfern
Gattungen	*Myrmeleon, Palpares, Hesperoleon,* u. a.

Köcherfliegen

Köcherfliege ist der volkstümliche Name für die Insektenordnung Trichoptera, zu der etwa 5000 weltweit verbreitete Arten gehören. Ihre nächsten Verwandten sind die Schmetterlinge (Lepidoptera). Die Antennen sind lang und vielgliedrig. Die Erwachsenen sehen Motten sehr ähnlich und fliegen vor allem nachts, sie werden dann von künstlichen Lichtquellen stark angezogen.

Die Larven der meisten Arten sind Wassertiere, sie leben in Süßwasser und atmen durch Außenkiemen, die seitlich an den Hinterleibsegmenten sitzen. Das sind die allgemein wohlbekannten Larven der Köcherfliegen. Sie bauen zum Schutz ihrer Körper röhrenförmige Köcher als Schutzhüllen, allerdings nicht alle Arten. Ausnahmslos alle aber können spinnen.

Unterwasserbauten

Das bei weitem Interessanteste an den Köcherfliegen ist die Lebensweise der Larven: Sie leben im Wasser und unterscheiden sich je nach Familie und Gattung. Man kennt zwei Typen: erstens die Arten mit tragbaren Köchern, sie sind meist Pflanzenfresser; zweitens die freilebenden Arten, sie sind zumindest teilweise Räuber. Die „Hausbauer" verwenden vielerlei Materialien auf unterschiedlichste Weise, um ihre Röhren herzustellen. Frühlingsfliegen *(Phryganea)*, darunter die größten Köcherfliegenarten, schneiden aus Blättern Stücke heraus und heften sie mit Fäden zusammen. Die bekanntesten Köcher sind wahrscheinlich diejenigen der Köcherjungfern *(Limnophilus)*, sie bestehen aus kleinen Steinen und Resten von Pflanzenstengeln oder Schneckengehäusen. Wenn man sie aus ihren Röhren herausnimmt und ihnen Perlen oder ähnliches künstliches Material zur Verfügung stellt, bauen sich einige dieser Köcherfliegenarten daraus neue Röhren. Andere Köcherjungfern *(Heliopsyche* und *Stenophylax)* bauen ihre Köcher aus feinen Sandkörnern, und zwar zylinderförmig oder auch spiralig.

Alle Köcher sind röhrenförmig, an dem offenen Ende steckt die Larve Kopf und Thorax heraus, um sich fortzubewegen oder Nahrung aufzunehmen. Das Hinterende ist mit einem Maschennetz versehen, so daß Wasser hindurchströmen und die Kiemen belüften kann. Alle Köcherfliegenlarven haben hinten ein Paar Haken, mit denen sie sich im Gehäuse so stark festhalten, daß man sie bei dem Versuch, sie herauszuziehen, unweigerlich verletzt. Man kann sie jedoch ganz leicht dazu bringen, die Röhre zu verlassen, indem man einen passend großen Stecknadelkopf am Hinterende durch das Maschennetz stößt.

Die meisten Arten ohne tragbares Gehäuse leben in gewobenen Röhren in fließendem Wasser, einige unter Steinen in schnell fließenden Gebirgsbächen. Bei der Gattung *Plectronemia* weben die 2,5 cm langen Larven eine Röhre, bei der das offene Ende stromaufwärts gerichtet ist und ein weites, trichterförmiges Netz bildet. Was der Wasserstrom an kleinen Tieren oder pflanzlichen Stoffen in diese Falle hineinträgt, wird ergriffen und verzehrt. Die Larven ernähren sich also ganz ähnlich wie Spinnen im Netz.

Oben: Köcherfliegen bauen röhrenförmige Schutzgehäuse aus Resten von Pflanzen, Schneckengehäusen und Sandkörnchen. 3fach natürl. Größe. — Unten: Die Larve von Lepidostoma hirtum ist zum Fressen teilweise aus ihrer Röhre herausgekrochen. 16fach vergr.

Oben: Erwachsene Köcherfliege Stenophylax permistus. *Das Erwachsenenstadium macht nur einen Bruchteil des einjährigen Zyklus aus. 3fach natürl. Größe. — Unten: Kopf einer Köcherfliege, etwa 20fach vergr. Die Einzelaugen der Facettenaugen sind zu erkennen.*

Erwachsene leben von Nektar

Die Mundwerkzeuge erwachsener Köcherfliegen sind reduziert, und soweit die Erwachsenen überhaupt noch Nahrung zusichnehmen, dann nur in flüssiger Form. In der freien Natur ernähren sie sich wahrscheinlich von Blüten mit Nektarien, in der Gefangenschaft aber nehmen sie auch Zuckerwasser an. So können sie zwei oder drei Monate am Leben erhalten werden, mit Wasser allein aber kaum zwei Wochen. Die Arten mit tragbarer Röhre fressen hauptsächlich Blätter und Stengel lebender Pflanzen; sie können schädlich werden, wenn man z. B. versucht, Seerosen in einem Teich einzupflanzen. Wenn man ein Kohlblatt an einem Bindfaden einige Stunden lang in einen Teich hängt und dann vorsichtig wieder herauszieht, ist es oftmals mit Köcherfliegenlarven besetzt. Die meisten der in Röhren oder frei lebenden Arten sind Allesfresser.

Lebenslauf der Köcherfliegen

Die Weibchen legen ihre Eier im Frühling und Sommer. Einige Arten lassen sie aus dem Flug auf die Wasseroberfläche fallen, andere begeben sich unter Wasser und befestigen sie in einer gallertigen Masse an Steinen oder Pflanzen. Einige Larven bauen erst dann Gehäuse oder Röhren, wenn sie sich mehrere Male gehäutet haben, andere machen gleich nach dem Schlupf winzige Gehäuse. Ein Jahr später, wenn die Larven ausgewachsen sind, verpuppen sich die Arten mit tragbarem Gehäuse in diesem Gehäuse, die übrigen in einem Kokon. Im Endstadium der Entwicklung zerbeißt die Puppe mit ihren scharfen Mandibeln das Gehäuse und schwimmt an die Wasseroberfläche. Dort schlüpft die erwachsene Köcherfliege, die meist sofort fliegen kann. Es braucht gewöhnlich ein Jahr, bis sich das Tier voll entwickelt hat — das Dasein als erwachsene Köcherfliege währt nur einen Bruchteil dieser Zeit.

Die Angler und die Köcherfliegen

Aus zwei Gründen interessieren sich die Angler für diese Insekten. Die aus den Gehäusen genommenen Larven bilden ausgezeichnete Angelköder. Wenn die erwachsenen Köcherfliegen in großer Zahl schlüpfen, treten besonders viele Forellen auf, weil die Fische an die Oberfläche kommen um zu fressen, und daran sind die Angler natürlich interessiert.

Köcherfliegenlarven stellen einen hohen Anteil unserer Wasserinsekten, und sie spielen eine große Rolle als Futtertiere. Vor allem die Arten, die in langsam fließenden Gewässern leben — das sind insbesondere die Formen, die Köcher bauen — sind lohnende Objekte für Kaltwasseraquarianer. Köcherfliegenlarven kann man durch Keschern leicht erhalten, man kann sie auch als Futter für größere Aquarienfische verwenden.

Die Insektenkundler verwenden bei Köcherfliegen gewöhnlich die wissenschaftlichen Artnamen, im Volksmund aber haben sie viele Namen, wie Köcherjungfern, Wassermotten, Weißwürmer, Frühlings- und Köcherfliegen.

Klasse	**Insecta**
Ordnung	**Trichoptera**
Gattungen	*Limnophilus, Phryganea,* u. a.

Kartoffelkäfer

Viele kennen den Kartoffelkäfer von den in Gemeindeämtern und Landwirtschaftsschulen ausgehängten Merkblättern zur Bekämpfung dieses Schädlings, andere aus den Lehrbüchern über Schädlingsbekämpfung. Dieser gefürchtete Kartoffelschädling ist 7 mm lang, etwas größer als ein Marienkäfer. Der gewölbte, glänzende Rücken ist abwechselnd schwarz und gelb längsgestreift, und der Thorax, der Abschnitt kurz hinter dem Kopf, schwarz und gelb gefleckt.

Der wissenschaftliche Artname decemlineata bedeutet zehnstreifig, denn jede Flügeldecke hat fünf schwarze Streifen. Die Larve ist ebenso auffällig, sie ist gelborange, mit schwarzer Zeichnung auf dem Kopf, schwarzen Beinen und drei Reihen schwarzer Flecke längs der Körperseiten. Sie sieht ausgesprochen bucklig aus.

Kartoffelschädling

Der Kartoffel- oder Coloradokäfer ist ein gefährlicher Schädling, Larve und Vollinsekt fressen Kartoffelblätter, gelegentlich gehen sie auch an andere Nachtschattengewächse.

Er überwintert als erwachsener Käfer 25 bis 30 cm tief im Boden. Im späten Frühling kriecht er heraus, und wenn er sich nicht inmitten von Kartoffelpflanzen befindet, begibt er sich auf die Suche danach und fliegt oftmals viele Kilometer weit. Das Weibchen legt die Eier gewöhnlich an der Unterseite der Blätter ab; sie sind gelb und werden schubweise gelegt. Nach ein paar Tagen schlüpfen die Larven, sie fressen gierig an den Blättern und sind nach drei Wochen ausgewachsen. Dann graben sie sich im Boden ein, um sich zu verpuppen, und nach 10 bis 15 Tagen erscheint die neue Generation von Käfern, meist Ende Juli oder im August. Bei warmem Wetter kann es auch noch eine dritte Generation geben. Bei schlechtem Wetter dagegen graben sich die Käfer im Boden ein und überwintern.

Der Schaden tritt an den oberirdischen Teilen der Pflanzen ein, zuweilen werden sie vollständig entblättert, so daß sich keine Knollen entwickeln können. Die große Anzahl der von jedem einzelnen Weibchen gelegten Eier und die schnelle Aufeinanderfolge der Generationen machen den Kartoffelkäfer zu einem so gefährlichen Schädling. Ein einziges im Frühling erscheinendes Individuum kann bis zum Herbst Tausende Nachkommen haben.

33 Insekten als Feinde

Der Kartoffelkäfer scheint in Europa keine natürlichen Feinde zu haben, die seine Zahl wirksam herabdrücken könnten. Es gibt zwar wenigstens 33 Insektenarten, die ihn zum Beutetier haben, darunter Wanzen, Käfer, Hautflügler und Fliegen, eine Fliege legt ihre Eier in die Kartoffelkäferlarve. Doch sie alle zusammen schaffen nur etwa ein Fünftel des Gesamtbestandes, da in Europa natürliche Feinde weitgehend fehlen. Die übliche Bekämpfung besteht heute in der Spritzung des Kartoffelkrautes mit Insektiziden. Entscheidend ist offenbar, den geringsten Befall sofort zu erkennen und örtliche Populationen zu vernichten, bevor sie sich ausbreiten können. Diese Überwachung

Oben: Die Weibchen des Kartoffelkäfers legen schubweise gelbe Eier an die Unterseite von Kartoffelblättern.

Unten: Ausgewachsene, ca. 3 Wochen alte Larve. Sie gräbt sich im Boden ein, verpuppt sich, und nach ca. 15 Tagen erscheint der Käfer.

hat sich als wirksam erwiesen. Eine biologische Bekämpfung des Schädlings ist bisher noch nicht entwickelt worden. Chemische Bekämpfungsmethoden haben natürlich den Nachteil, daß sie alle Insekten, auch die Feinde des Kartoffelkäfers, vernichten.

Ein Sonderfall

Wie viele Insekter., die zu Schädlingen geworden sind, ist auch der Coloradokäfer ausgesprochen interessant. Fast alle Insektenarten sind an bestimmte Klimagebiete angepaßt. Wenn sich das Klima von demjenigen ihrer natürlichen Umwelt unterscheidet, sterben sie auf einer Stufe ihrer Entwicklung ab. Der Kartoffelkäfer ist eine auffällige Ausnahme von dieser Regel. Er verträgt das Klima Kanadas mit extrem kalten Wintern, das Klima der heißen Wüsten von Texas und Mexiko und auch das kühlfeuchte Klima Westeuropas. Der Käfer überwintert als erwachsenes Tier tief im Boden. Diese Lebensweise ist wahrscheinlich der entscheidende Faktor für die ungewöhnliche Fähigkeit, sich an alle Klimagebiete anzupassen, wo der Mensch Kartoffeln anbaut.

Eine „Kartoffelbrücke"

Unter den Entdeckungen, die der amerikanische Forscher Long in den Jahren ab 1820 machte, war auch ein hübsch schwarz-gelb gestreifter Käfer, der sich von einem Nachtschattengewächs ernährte, von *Solanum rostratum*. Weder der Käfer noch seine Nahrungspflanze waren besonders stark verbreitet, es handelte sich einfach um ein auffälliges Insekt, das mit seiner Umgebung in natürlichem Gleichgewicht lebte.

Solanum rostratum ist ein Mitglied der Familie der Nachtschattengewächse, zu der auch die Kartoffel gehört. Die Kartoffel ist in Peru und Ekuador in Südamerika beheimatet. Die Spanier haben sie nach Europa gebracht, und im Zuge der Besiedlung des nordamerikanischen Westens in den Jahren nach 1850 wurden Kartoffeln von den Pionieren eingeführt und angebaut. 1859 stellte man in Nebraska fest, daß sich der Käfer von *Solanum rostratum* der Kartoffel zuwandte. Er nahm an Zahl rasch zu und breitete sich stark aus. Man kannte damals keine Bekämpfungsverfahren, und der Käfer wanderte von Kartoffelfeld zu Kartoffelfeld und zerstörte häufig die gesamte Ernte. 1864 tauchte er in Illinois auf, 1869 in Ohio, 1874 erreichte er die Atlantikküste. Danach ist er durchschnittlich jährlich rund 130 km gewandert. Die Kartoffelfelder hatten eine Brücke gebildet, auf der der Käfer von West nach Ost wandern konnte. Der Atlantik bildete ein Hindernis — aber nur bis 1877.

Dann tauchte der Schädling in Liverpool und Rotterdam und merkwürdigerweise auch in Torgau auf. Die Invasion konnte nur durch Abbrennen der Kartoffelfelder mit Petroleum gestoppt werden. Auch in den Jahren danach tauchte er sporadisch immer wieder auf, konnte aber stets unter Kontrolle gebracht werden. In den Kriegs- und Nachkriegsjahren ließ die Kontrolle nach. Während dieser Zeit errichtete der Kartoffelkäfer ein geschlossenes Wohngebiet um Bordeaux. Er verbreitete sich über ganz Frankreich, erreichte 1938/39 den Rhein, 1945 die Elbe, 1950 die Oder und 1960 Weißrußland. Erfolgreicher verlief die Bekämpfung in England.

Klasse	**Insecta**
Ordnung	**Coleoptera**
Familie	**Chrysomelidae**
Gattung und Arten	*Leptinotarsa decemlineata*, Kartoffelkäfer

Erwachsene und Larven des lebhaft hellgefärbten Kartoffelkäfers leben oftmals gleichzeitig an derselben Pflanze. Ein weltweit verbreiteter Schädling! Wenn Kolonien frühzeitig erkannt werden, hat sofortige Bekämpfung in der Regel Erfolg.

Glühwürmchen

Das „Glühwürmchen" ist ein Käfer aus der Familie der Lampyridae, Leuchtkäfer. Viele Jahrhunderte lang wurden alle langgestreckten, kriechenden Lebewesen Würmer genannt. Das Weibchen ist zudem flügellos, so daß es bei dem wurmähnlichen Ansehen leicht zur Bezeichnung „Wurm" kommen konnte.

Männchen und Weibchen des Großen europäischen Leuchtkäfers (Lampyris noctiluca) *sind gelblich graubraun. Das Männchen hat große Augen und am Ende des Abdomens zwei winzige Leuchtorgane. Es hat Flügel, die von Flügeldecken bedeckt sind. Das Männchen ist ungefähr 12 mm lang, das Weibchen ist etwas länger, es unterscheidet sich auch in der Gestalt der Larve, und die letzten drei Segmente sind unterseits gelblich und leuchten stark. Zwei andere, kleinere Arten sind in Europa weit verbreitet: das Johanniswürmchen* (Phausis splendicula) *und der Kleine Leuchtkäfer* (Phosphaenus hemipterus).

«Licht lockt Männchen» sagen sich die Weibchen der Glühwürmchen. An den letzten drei Körpersegmenten sitzen die Leuchtorgane.

Unten: Weibchen aus der nahe verwandten Käferfamilie Phengodidae *erwartet Antwort auf ihre Leuchtzeichen.*

Lockende Lichter

Erwachsene Glühwürmchen sind im Juni und Juli am aktivsten. Da sie etwas feuchte Stellen bevorzugen, kommen sie vor allem in Hecken an Bachufern, an Berghängen und ungepflegten Wiesen vor, besonders wenn es zugleich viele Schnecken gibt. Tagsüber verbergen sie sich in Spalten und Höhlungen. Nach Einbruch der Dunkelheit kriecht das Weibchen an eine freiliegende Stelle im Blattwerk und sitzt dort mit dem Kopf nach unten, so daß das leuchtende Körperende weithin zu sehen ist. Die Leuchtorgane der Glühwürmchen oder Leuchtkäfer sind aus dem Fettkörper entstanden. Beim Leuchten der Glühwürmchen entsteht kaum Wärme, sie nutzen fast die gesamte Energie zum Leuchten. Die Leuchtorgane bestehen aus drei Abschnitten: der Reflektorschicht, die eine Abstrahlung in das Körperinnere weitgehend ausschaltet, den eigentlichen Leuchtzellen und einer durchsichtigen Haut. Die Zellen der Reflektorschicht sind vollgepackt mit Salzkristallen, die die eigentlichen Organe der Reflexion sind. In den Leuchtzellen finden sich massenhaft Mitochondrien, die Organellen der Zellatmung. Sie liefern Energie. Das Leuchten selbst wird von einem Stoff verursacht, der auch den Erregungszustand von Nerven beeinflußt. Das geflügelte Männchen wird vom Leuchten des Weibchens zur Paarung gelockt. Das Licht ist bei günstigen Bedingungen bis 100 m weit zu sehen, es wird aber oftmals „ausgelöscht", wenn man sich nähert, und nach einer Weile wieder „eingeschaltet". Im Gegensatz dazu leuchten die Larven gerade dann auf, wenn sie gestört werden, das Leuchten dient also offenbar zur Verteidigung, weil es einige Feinde abschreckt. Das Licht der Larven unterscheidet sich auch etwas vom Licht der Erwachsenen, es ist etwas intensiver grün gefärbt.

Glühwürmchenlarve stopft sich mit dem vorverdauten Körper einer Gartenschnecke voll. Als Erwachsene ist sie zum Hungertod verurteilt.

Kurzlebige Erwachsene

Die hellgelben Eier haben gut 1 mm Durchmesser. Gewöhnlich werden sie zu jeweils ein oder zwei Stück im Verlauf einiger Tage abgelegt, und zwar an Grasstengel oder an Moos, in oder auf die Erde. Die nach zwei Wochen schlüpfenden Larven sind Miniaturausgaben der Erwachsenen, nur die Beine sind noch nicht voll entwickelt. Die Larve häutet sich wiederholt und ist nach drei Jahren ausgewachsen. Die Puppen der Männchen unterscheiden sich von denen der Weibchen, genau wie sich die Erwachsenen im Aussehen unterscheiden. Die Erwachsenen gehen nach ungefähr acht oder neun Tagen aus den Puppen hervor, sie paaren sich, legen Eier, leben aber nur kurze Zeit. Während der Paarung leuchten die beiden Geschlechter nicht.

Sie genießen die Jugend

Die Erwachsenen vieler Arten nehmen keine Nahrung zu sich, bei anderen Arten jedoch Nektar. Die Larven leben von Schnecken, deren Schleimspur sie folgen. Sie treiben ihre hohlen, gebogenen Oberkiefer (Mandibeln) in das Weichtier und spritzen ihm eine dunkle Flüssigkeit ein, die teils lähmend, teils verdauend wirkt. Sie verwandelt das Gewebe der Molluske schnell in eine vorverdaute, suppige Flüssigkeit, die die Larve dann aufsaugt. Frisch geschlüpfte Glühwürmchen sind nur etwa 5 mm lang. Sie fressen kleinere Schnecken. Manchmal fressen mehrere Larven gemeinsam, sie drängen sich dann nebeneinander am Rand der Schale. Nach den Mahlzeiten scheiden Glühwürmchen aus dem After einen schwammigen Stoff ab, mit dem sie Kopf und Rücken von Schneckenschleim befreien können.

Das Glück des Überlebens

Glühwürmchen fallen trotz der Leuchtorgane an ihrem Körper allen Insektenfressern zum Opfer, vor allem aber Kröten und Igeln, die beide nachts auf Nahrungssuche gehen. Auch Frösche und Spinnen nehmen Glühwürmchen, und es gibt auch einige Milben, die die weichen Membranen zwischen den Körpersegmenten der Larven durchdringen und von den Körpersäften leben. Besonders frisch gehäutete Larven sind Milben gegenüber sehr anfällig, sie sind mit ihrer weichen Haut ein gefundenes Fressen für diese Parasiten.

Die Geschichte eines Niederganges

Die blinkenden Lichter einer modernen Großstadt bilden für Jung und Alt eine Attraktion. Welche künstliche Illumination aber wäre so schön und stimmungsvoll wie das Leuchten einer Glühwürmchenkolonie in einer Neumondnacht?! Kein Wunder, daß viele Dichter diese Szene besungen haben. Leider hat man heute aber kaum noch Gelegenheit sie zu erleben. Diese nützlichen und reizvollen Insekten sind heute selten geworden. Die Gründe für diesen Rückgang sind vielfältig: die Landschaft wird immer mehr mit Wohn- und Industriegebäuden zugebaut, die intensiv betriebene Landwirtschaft arbeitet mit vielerlei Insektiziden, und schließlich spielt die weitgehend durchgeführte Trockenlegung des Bodens eine Rolle. Dagegen gibt es keinen Zweifel, daß die natürlichen Feinde der Glühwürmchen an ihrem Rückgang nicht schuld sind, denn auch Kröten und Igel sind heute viel weniger zahlreich als früher.

Es kann jedoch eine Rolle spielen, daß Glühwürmchen auf der Suche nach Weibchen bisweilen von künstlichen Lichtquellen angelockt werden, wie bereits einer der ersten Naturforscher, G. White, mittels einer flackernden Kerze feststellte. Solche „Irrtümer" sind allerdings eher selten, da die Leuchtkäfer gewöhnlich auf ganz bestimmte Wellenlängen oder auf spezielle Folgen von Lichtreizen eingestellt sind.

Stamm	**Arthropoda**
Klasse	**Insecta**
Ordnung	**Coleoptera**
Familie	**Lampyridae**
Gattung und Arten	*Lampyris noctiluca* u. a.

Marienkäfer

Die kleinen, lustig bunten, ovalen oder auch fast runden Marienkäfer waren immer schon beliebt, lange bevor man erkannte, daß sie nicht nur hübsch, sondern auch nützlich sind. Der Name Marienkäfer geht auf das Mittelalter zurück, damals waren sie der Jungfrau Maria geweiht. Sie sind gewöhnlich rot oder gelb gefärbt, mit schwarzen Punkten, die Zeichnung ist mehr oder weniger verschieden. Ein paar Arten, wie unser Coccidula rufa, sind rotbraun und haben keine auffälligen Flecke, sie werden gewöhnlich nicht als Marienkäfer erkannt. Die bunten Arten riechen streng und unangenehm, und so schmecken sie auch. Die lebhaften Farben sind zweifellos Warnfarben, sie sollen Räuber davon abhalten, sie zu fressen. Erwachsene Marienkäfer und ihre Larven machen Jagd auf Blattläuse und vernichten sie in großer Zahl.

Die vier in Europa verbreitetsten Arten sind der Zweipunkt, der Zehnpunkt, der Siebenpunkt und der Zweiundzwanzigpunkt. Der Zweipunkt ist rot und hat auf jeder Flügeldecke nur einen schwarzen Punkt, aber auch schwarze Spielarten mit vier roten Flecken sind häufig, manchmal ist der Käfer auch gelb mit schwarzen Punkten. Unterseite und Beine sind schwarz. Der Zehnpunkt ist rötlich oder gelb und hat gewöhnlich fünf schwarze Punkte auf jeder Flügeldecke, wie bei der vorigen Art kann die Grundfarbe aber auch schwarz sein. Die Unterseite ist braun, die Beine sind gelblich. Der Siebenpunkt ist größer als die beiden ersten Arten, und seine Grundfarbe wechselt so gut wie überhaupt nicht. Er ist orangerot und hat einen schwarzen Punkt auf der Mittellinie, die die beiden Flügel teilt, sowie je drei Punkte seitlich auf beiden Seiten. Der letztgenannte ist viel kleiner und hat auf jeder Flügeldecke, auf gelbem Grund, je elf schwarze Punkte. Eine der größten und reizvollsten Arten ist der sehr hübsche Augenmarienkäfer (Anatis ocellata): er hat schwarze Punkte mit

Oben: Marienkäfer Chilomenes lunata legt die Eier säuberlich in zwei Reihen ab. Ein Schub besteht aus 5—50 Stück, ein Weibchen kommt auf etwa 150 und mehr. Larven schlüpfen nach ca. 3 Wochen.

Mitte: Marienkäferlarven fallen über Blattläuse her. Selbst nach der Verpuppung geht das Massaker weiter. Eine Marienkäferlarve kann 90 Erwachsene und 3000 Larven der Schildlaus vertilgen. Durch diesen Appetit und die hohe Vermehrungsrate ist der Marienkäfer so nützlich.

Rechts: Geißel der Blattläuse: Larven des südafrik. Marienkäfers Cryptolaemus. Durch Wachsabscheidungen und Warnfarben sind sie wirksam geschützt. Erwachsene schützt auch der widerliche Geschmack.

weißen Ringen auf rotem Grund. Er kann 1 cm groß werden und lebt auf Kiefernnadeln.

Die wissenschaftlichen Namen der ersten vier sind Adalia bipunctata, A. decempunctata, Coccinella septempunctata und Thea vigintiduopunctata. Da selbst Wissenschaftler zuweilen wegen zu langer Namen jammern, schreiben sie auch 2punctata usw.

Die Überwinterung

Im Sommer fliegen die Marienkäfer eifrig im Blattwerk umher. Den Winter verbringen sie als Erwachsene, oftmals zusammen in großen Gruppen. Manchmal findet man 50 oder gar 100 dicht zusammengedrängt unter einem Stück Baumrinde, an einem Pfahl oder auf einer Veranda. Sie versammeln sich oftmals in Gebäuden und werden erst bemerkt, wenn sie im Frühjahr zum Vorschein kommen. In Kalifornien versammeln sich Marienkäfer zu Tausenden auf bestimmten Bergen, wo sie in Löchern und Höhlen ihre Winterquartiere haben.

Herden von Marienkäfern

Marienkäfer legen ihre Eier gewöhnlich in Schüben von 3 bis 50 an der Unterseite von Blättern ab, ein Weibchen kann bis 200 und manchmal auch noch mehr Eier legen. Sie bevorzugen Stellen, wo auch Blattläuse ihre Eier ablegen, so daß die Marienkäferlarven von Anfang an aus dem vollen schöpfen können. Die Eier werden nach 5 bis 8 Tagen grau, gleich danach schlüpfen die Larven. Sie sind beweglich, behaart und zeigen die verschiedensten Zeichnungen in Schwarz, Orange, Blau und Rot. Genau wie die fertigen Käfer fressen sie Blattläuse; da sie aber schnell wachsen, sind sie viel gefräßiger. Während des dreiwöchigen Larvenstadiums werden einige Hundert Blattläuse verzehrt.

Wenn Tausende solcher Blattlausfresser jeweils 100 Eier legen und jede Larve wiederum Hunderte Blattläuse frißt, kann man sich gut vorstellen, welche Riesenmengen z. B. der Grünen Pfirsichblattlaus vernichtet werden, und wie groß der Nutzen sowohl für wilde als auch für Kulturpflanzen ist. Die Puppen werden im allgemeinen an Blätter angeheftet. Der ganze Zyklus dauert vier bis sieben Wochen, so daß in einem Sommer mehrere Marienkäfer-Generationen hervorgebracht werden können.

Eine kleine Gruppe unter den Marienkäfern lebt nicht räuberisch, sondern ihre Larven sind Pflanzenfresser. So lebt z. B. der Vierundzwanzig-Punkt-Marienkäfer (Subcoccinella 24-punctata) von Klee.

Oben: Nur als Puppe legt der Marienkäfer beim Fressen eine Pause ein.

Mitte: Erwachsene Chilomenes lunata fressen in einem dichten Besatz von Blattläusen. Der Mensch hat seit Jahrhunderten zum bequemen Dasein der Marienkäfer beigetragen: Er erkannte die Notwendigkeit, sie zu schützen. In Marienkäferversen von Volksliedern werden schon die Kinder auf das nützliche Tierchen aufmerksam gemacht.

Links: Einer der wenigen Pflanzenfresser unter den Marienkäfern: Epilachna dregei lebt von Kartoffelblättern.

Marienkäfer-Farmen

Der Grundgedanke, eine Insektenart durch eine andere unter Kontrolle zu halten, ist als Biologische Schädlingsbekämpfung bekannt geworden und empfiehlt sich gegenüber den giftigen, chemischen Bekämpfungsmitteln. Als eines der ersten Beispiele dafür gilt die Verwendung von Marienkäfern gegen Ende des vorigen Jahrhunderts in Kalifornien, wo Zitrusfruchtplantagen von der aus Australien eingeschleppten Wollsackschildlaus befallen waren. Der bunte Marienkäfer *Rhodalia cardinalis* erwies sich als natürlicher Feind dieser Schildlaus, und 1889 wurden einige nach Kalifornien gebracht und in den Obstplantagen ausgesetzt. Sie haben die Schildlaus wirksam bekämpft und sind daraufhin dann auch nach Südafrika eingeführt worden.

Die kalifornischen Zitrusanbauer hatten auch Kummer mit Blattläusen und anderen Pflanzensaugern. Gegen sie hat man einen heimischen Marienkäfer eingesetzt, eine Art der Gattung *Hippodamia,* die in den Höhlen der dortigen Berge überwintert. Sie wurden gesammelt und literweise (8000 bis 10 000 Käfer je Liter) an die Zitrusanbauer verkauft. Diese Bekämpfungsmethode setzte 1910 ein, wurde dann aufgegeben, im Zweiten Weltkrieg aber wieder aufgegriffen.

Ein weiteres Kapitel biologischer Schädlingsbekämpfung mit Marienkäfern spielt in den Jahren ab 1920, ebenfalls in Kalifornien. Die Obstplantagen wurden damals von einer anderen Schildlaus heimgesucht, von

Pseudococcus. Wieder wurde aus Australien ein Marienkäfer eingeführt, diesmal *Cryptolaemus montrouzieri.* Da er sich unter natürlichen Bedingungen im westlichen Amerika nicht fortpflanzte, wurde er in riesigen „Marienkäfer-Fabriken" vermehrt; Temperatur und sonstige Bedingungen wurden genau eingehalten, als Nahrungstiere dienten an Kartoffelkeimen vermehrte *Pseudococcus.* Allein 1928 sind 48 Millionen Marienkäfer dieser Art in kalifornischen Obstplantagen ausgesetzt worden.

1 Propylea 14-punctata *sucht alle Winkel und Ritzen eines Felsens nach Beute ab.*
2 *Schriftzeichen auf den Flügeldecken: die ungewöhnliche Zeichnung von* Coccinella hieroglyphica.
3 *So schön wie nützlich: der schwarz-gelbe* Thea 22-punctata.
4 *Die heller gefärbte Spielart von* Calvia 14-guttata.
5 *Eine dunkel gefärbte Spielart von* Calvia 14-guttata *säubert ein Blatt von Parasiten.*
6 *Nicht alle Marienkäfer haben Punkte:* Paramysia oblongoguttata.
7 *Einer der bekanntesten Marienkäfer,* Adalia bipunctata, *der Zweipunkt.*

Klasse	**Insecta**
Ordnung	**Coleoptera**
Familie	**Coccinellidae**

Der schöne Apollo Parnassius phoebus, *in Ruhestellung mit ausgebreiteten Flügeln.*

Apollo mit lebhafter Fleckenzeichnung.

Apollo

Ein Angehöriger der als Schwalben-schwänze bekannten Schmetterlings-familie. Er ist den echten Schwalben-schwänzen ähnlich, es fehlen ihm aber die schwanzförmigen Fortsätze an den Hinterflügeln, denen die Familie ihren Namen verdankt. Der Apollo und seine Verwandten sind nicht bunt gefärbt, die meisten sind weiß, aber mit prachtvollen Flecken und schwarz-roten Augenflecken. Sie sind elegant und schön.

Verbreitung und Lebensraum
Der Rote Apollo kommt in den Gebirgen Europas vor, von Skandinavien bis zu den Pyrenäen. Er fliegt in verhältnismäßig niedrigen Höhenlagen. Eine verwandte Art jedoch, der Alpenapollo, kommt in größerer Höhe vor. Man kennt etwa 30 Apolloarten, die in ganz Europa und Asien bis Nordamerika verbreitet sind. Darunter sind viele Hochgebirgsarten. Einige der zentralasiatischen Arten sind äußerst selten, sie werden deshalb von Sammlern teuer bezahlt.

Lebenslauf
Die Raupe des Roten Apollo lebt von weißer Fetthenne, einem Dickblattgewächs. Die Raupe ist schwarz, mit roten Flecken; wenn sie ausgewachsen ist, spinnt sie einen Kokon, in dem sie sich verpuppt. Sie wächst langsam und braucht zwei Jahre, um ihren Lebenskreis zu vollenden. Soweit man weiß, verlaufen die ersten Lebensabschnitte aller Arten ähnlich, die Larven leben an Dickblatt- und Steinbrechgewächsen. Das für Schmetterlinge sehr ungewöhnliche Verhalten, einen Kokon zu spinnen, hängt zweifellos damit zusammen, daß sie sich in großen Höhenlagen vor der Kälte schützen müssen.

Nur der Rote Apollo fliegt auch in niedrigeren Lagen. Manches spricht dafür, daß bestimmte Eigenheiten im Körperbau der Apollos dem alpinen Leben angepaßt sind. Der Körper ist mit Haaren bedeckt, ähnlich einem Fell. Er ist schwarz, so daß die Wärme der Sonnenstrahlen besser aufgenommen werden kann. Die Flügel sind schwarz gefleckt, mit roten Ozellen, die aber auch fehlen können, wie etwa bei der dritten heimischen Art, dem Schwarzen Apollo *(P. mnemosyne),* der seine Eier an Lerchenspornarten ablegt.

Göttergleiche Schmetterlinge
In den Alpen lassen sich Apollos an den Berghängen, mit ausgebreiteten Flügeln, regungslos, von Luftströmungen emportragen. Der bei Vögeln allgemein übliche Gleitflug ist bei Insekten selten. Apollo war ein griechischer Gott der Berge und der Pflanzenwelt, später der Sonnengott. Alles in allem ist der für diese Schmetterlinge gewählte Name daher sehr treffend. Ihre „Gottähnlichkeit" wird jedoch durch eine nordamerikanische Art, *Parnassius autocrator,* beeinträchtigt. Seine glänzend orange gefärbte Raupe gibt bei Gefahr an einer hinter dem Kopf gelegenen Stelle einen unangenehmen Geruch ab. Alle Apollo- und Schwalbenschwanzlarven können hinter dem Kopf ein gabelartiges Organ ausstülpen, das einen schwachen, für menschliche Nasen nicht unangenehmen Geruchsstoff abgibt.

In den Pyrenäen ist der Alpenapollo in großen Höhen anzutreffen. Der Rote Apollo ist in geringeren Höhen der Gebirge von Skandinavien bis zu den Alpen und Pyrenäen anzutreffen.

Klasse	**Insecta**
Ordnung	**Lepidoptera**
Familie	**Papilionidae**
Gattung	*Parnassius*

Männchen des Vogelfalters Ornithoptera priamus *beim Fressen. Nur die Männchen haben die schillernde Flügelzeichnung. Die nicht so bevorzugten Weibchen müssen sich mit weniger auffälliger Zeichnung begnügen.*

Vogelfalter

Man stelle sich einen Schmetterling mit bis über 25 cm Flügelspanne vor, dann hat man ungefähr einen Begriff von der Größe der Vogelfalter. Diese erstaunliche Flügelspanne einiger Gattungen hat Naturwissenschaftler dazu bewogen, sie „Ornithoptera" — mit Flügeln wie Vögel — zu taufen. Die Männchen sind etwas kleiner als die Weibchen. Ihre Flügel sind groß, samtig und gewöhnlich schwarz oder purpurn schattiert. Ihre Schönheit wird noch gesteigert durch eine blau, grün, rosa, orange oder golden schillernde Zeichnung, jedenfalls beim Männchen. Das Weibchen muß sich mit einer weniger auffälligen Zeichnung begnügen. Seine Flügel sind nur eintönig weißlich gesprenkelt.

Flügelspanne und Größe der Vogelfalter ergeben sich aus den langen, anmutigen Vorderflügeln. Die Hinterflügel sind vergleichsweise klein. Ein Kennzeichen der Schwalbenschwänze, zu welchen die Vogelfalter gehören, sind die langen, schwanzartigen Fortsätze der Hinterflügel. Diese „Schwänze" haben nur Ornithoptera paradisea *und ein oder zwei andere Arten. Schmetterlingssammler haben*

einige Arten nach Größen ihrer Zeit benannt. Eine wurde nach Königin Victoria benannt: Ornithoptera victoriae. *Einem Engländer namens Brooke, der Sultan von Sarawak wurde, wurde die Ehre zuteil, daß man einen der schönsten Vogelfalter,* Troides brookiana, *nach ihm benannte. Vogelfalter kommen vom südlichen Indien und Sri Lanka bis zum nördlichen Australien, Neuguinea und den Salomoninseln in Wäldern vor.*

Vogelfalter narren Insektenkundler

Über die einzelnen Arten weiß man recht wenig. Erst in neuester Zeit zum Beispiel ist der Lebenszyklus von *Troides brookiana* beschrieben worden. Niemandem ist es bisher gelungen, in der freien Natur die Raupe zu finden; ein Entomologe in Sumatra konnte sie aber schließlich in Gefangenschaft vermehren.

Daß Weibchen von *Troides brookiana* selten seien, haben die Wissenschaftler lange als feststehende Tatsache angesehen. Sie sind sogar zum Schluß gekommen, auf 1000 Männchen komme 1 Weibchen. Diese Zahl beruhte auf Auszählungen, die sie an Stellen vorgenommen hatten, wo Ansammlungen von Vogelfaltern vorkommen, zum Beispiel an Flußufern, an der Küste oder an ähnlichen Stellen hoher Luftfeuchtigkeit.

Dann dämmerte es jemandem, dieses ungewöhnliche Zahlenverhältnis beruhe vielleicht darauf, daß sich nur die Männchen dieser Arten an diesen Stellen einfinden; denn bei anderen Arten war man zu einem Mengenverhältnis von annähernd 50 : 50 zwischen Männchen und Weibchen gekommen. Aus anderen Quellen ergab sich sogar die Tatsache, daß bei *Troides helena* die Weibchen etwas zahlreicher sind als die Männchen.

Vogelfalter leben an Bäumen, besonders im Blätterdach an der Spitze größerer Bäume. Als die Insektenforscher das herausgefunden hatten, war das Rätsel der „seltenen" Weibchen aufgeklärt. Sie waren überhaupt nicht selten.

Nur kamen eben die Weibchen von *Troides brookiana* und bei einigen anderen Arten beide Geschlechter nicht an Küsten oder sonstigen Stellen hoher Luftfeuchtigkeit vor, und auf bestimmte Köder, zum Beispiel Aas, sprachen sie nicht an. Deshalb wurde es sehr schwierig, sie zu fangen. Die Sammler mußten schließlich dazu übergehen, die Vogelfalter wie Vögel mit feinem Schrot zu schießen. Wenn Vogelfalter jedoch niedrig fliegen, lassen sie sich leicht fangen, denn sie fliegen langsam und geradeaus und sind nicht scheu. Eine willkommene Abwechslung für Schmetterlingssammler, die durch den sprungweisen, wellenförmigen, unberechenbaren Flug vieler anderer Arten ständig enttäuscht werden!

Oben: Vogelfalter Troides brookiana. *Meist sind nur Männchen zu sehen, die Weibchen bleiben in den Wipfeln der Bäume. — Rechts: Gelungener Schnappschuß des Vogelfalters* Troides rhadamantus *beim Landen auf einem Blütenkopf. Der Saugrüssel ist ausgestreckt, um Nektar zu saugen.*

Wovon sie leben

Die Raupen der Vogelfalter fressen an Pflanzen aus der Familie der Pfeifenstrauchgewächse, die Erwachsenen saugen Nektar. Auch die Raupen einiger eng verwandter Schwalbenschwänze fressen von Pflanzen derselben Familie. Diese Gewächse sind durch einen bestimmten Inhaltsstoff ungenießbar, man weiß aber nicht, ob die Vogelfalter für ihre Räuber ebenfalls ungenießbar sind.

Der Lebenszyklus eines Vogelfalters

Die Eier des Vogelfalters werden einzeln auf der Oberseite von Blättern abgelegt. Aus den Eiern schlüpfen Raupen, die über den ganzen Körper hinweg sechs Reihen fleischiger Knötchen aufweisen. Die Raupen haben auch ein seltsames, Y-förmiges Organ, das Osmeterium. Es sitzt am Kopf und ist mit Körperdrüsen verbunden. Wenn Gefahr droht, wird das Osmeterium ausgestülpt und ein unangenehmer Geruch verbreitet.

Die Raupen fressen etwa einen Monat lang, dann verpuppen sie sich am Stengel der Pflanze, an der sie gelebt haben. Die Puppen haben die typische Form aller Puppen der Schwalbenschwänze: Das untere Ende ist mit einem Seidenkissen am Pflanzenstengel verankert, Körper und oberes Ende sind durch einen Seidenfaden verstärkt, der mit um den Stengel der Pflanze herumläuft. Nach drei Wochen geht der fertige Schmetterling aus der Puppe hervor.

Was Seltenheit und Schönheit kosten

Viele sammeln Schmetterlinge, von den Schuljungen mit kleinen Sammlungen weitverbreiteter Arten bis zu den Berufsentomologen mit sorgfältig präparierten Exemplaren in Glaskästen mit der Aufschrift „Nicht berühren!". Wir kennen alle die spannenden Szenen, wenn in Auktionshäusern Gemälde oder Briefmarken für Tausende oder gar Hunderttausende unter den Hammer kommen. So mancher Laie kann nur schwer verstehen, warum Gemälde, um die sich über viele Jahre niemand gekümmert hatte, plötzlich so überaus wertvoll werden.

Wie kommt der Preis für Gemälde oder Briefmarken zustande, die eigentlich nur das Material wert sind, aus dem sie bestehen? Zwei der wichtigsten Maßstäbe sind zweifellos Seltenheit und Schönheit. Man nehme nun den Fanatismus einiger Käufer, die Spannung und den Konkurrenzneid hinzu, die bei Auktionen üblich sind, dann hat man einige Gründe beisammen, warum wahrhaft inflatorische Preise gezahlt werden.

Schmetterlinge sind wie Gemälde oder Briefmarken. Ernsthafte Sammler sind immer bereit gewesen, für außergewöhnliche Exemplare, die sie selbst nicht fangen können, und deren Preis durch Schönheit und zugleich Seltenheit mitbestimmt wird, etwas anzulegen. Wenn Schmetterlinge überragend schön und selten sind, können sie wertvoll sein. Umgekehrt sind kleine, unscheinbare, auch wenn sie sehr selten sind, nicht viel wert. Schmetterlingshandel hat es immer gegeben, und es werden auch eigens für Handelszwecke Schmetterlinge vermehrt. Es ist nicht überraschend, daß immer Nachfrage bestanden hat. Viele „Freizeit-Sammler" schaffen sie aus Neuguinea, von den Salomonen und Nordaustralien herbei. Einwandfreie Exemplare der verbreiteteren Arten kosten etwa 6,— bis 12,— Mark, seltenere können 150,— oder auch 200,— Mark kosten.

1966 ist in Paris eine große Schmetterlingssammlung versteigert worden, ein Sammler hat für ein Exemplar des sehr seltenen *Troides allotei* von den Salomonen 1785,— US-Dollar bezahlt!

Klasse	**Insecta**
Ordnung	**Lepidoptera**
Familie	**Papilionidae**
Gattungen	*Troides, Trogonoptera, Ornithoptera*

Widderchen

Durch ihre lebhaften Farben sind Widderchen sehr auffällig. Sie sind klein, haben einen verhältnismäßig dicken, starken Körper, lange Vorder- und kurze Hinterflügel. Ihre Antennen werden nach der Spitze zu stärker. Die meisten Arten sind lebhaft gefärbt, die Vorderflügel sind dunkelblau oder dunkelgrün, mit metallischem Glanz, scharlachroten Abzeichen und Flecken, die Hinterflügel sind schwarz gerandet. Dies gilt für die in Mitteleuropa vorkommenden Arten, in Südeuropa gibt es auch Arten mit gelben und weißen Punkten. Bei dem schönen Zygaena carniolica, der im südlichen Europa und westlichen Asien beheimatet ist, sind die roten Flecken von weißen Ringen umgeben. Gelegentlich auftauchende gelb gefleckte Formen sind seltene Spielarten der gewöhnlich schwarz-roten Arten.

In den Mittelmeerländern sind die Widderchen sehr zahlreich und in großer Vielfalt verbreitet. Ihr Verbreitungsgebiet erstreckt sich, wenn auch mit abnehmender Anzahl, bis in die gemäßigte Zone Asiens, bis zum südlichen Afrika und auch bis zum nördlichen Europa. Sie gehören zur Familie der Zygaenidae, die viele Arten mit metallisch glänzenden Farben und oftmals bizarr geformten Flügeln aufweist. In einer Unterfamilie gibt es Arten, bei denen die Hinterflügel nicht wie gewöhnlich rundlich sind, sondern aus dünnen, flatternden Bändern bestehen.

Viele der lebhaft gefärbten Arten fliegen am Tage, ihre Farben warnen Räuber vor ihrem sehr unangenehmen Geschmack. In Europa sind einige Arten nur örtlich verbreitet, viele sind auf Gebiete mit Kalkböden, auf denen ihre Nahrungspflanzen gedeihen, beschränkt.

Verbreitungsgebiet

Widderchen haben gewöhnlich Siedlungsgebiete, die oftmals nur einen Teil eines Berghanges oder gar nur eine einzige Wiese einnehmen, die Kolonien können nur ein paar Jahre lang bestehen, dann sterben sie aus. In einem geeigneten Lebensraum sind die Tiere überaus zahlreich, manchmal findet sich ein halbes Dutzend auf einem Blütenkopf.

Widderchen fliegen tagsüber, vor allem bei Sonnenschein sind sie unterwegs. Sie fliegen langsam und surrend, beim Ruhen sind sie träge, man kann sie ganz leicht auch ohne Netz fangen. Fliegende Widderchen sind zu verschiedenen Zeitabschnitten von Juni bis August unterwegs.

Auf Nektarsuche

Die ausgewachsenen Widderchen leben vom Nektar der Blüten, sie sitzen auf den Blütenköpfen und suchen mit ihren langen, röhrenförmigen Zungen die Nektarien. Die Raupen fressen die Blätter niedrigwachsender Pflanzen. Einige Arten sind auf Klee als Nahrungspflanze angewiesen, eine in nördlichen Gebieten vorkommende Art auf Thymian.

Oben: Blutströpfchen Zygaena trigonellae *läßt die Flügel trocknen.*
Unten: *Das schöne* Zygaena carniolica.

Im Kreislauf des Jahres

Der Lebenszyklus erstreckt sich gewöhnlich über ein Jahr. Die Raupen fressen im Spätsommer, überwintern und vollenden ihre Entwicklung im Frühling und Frühsommer des folgenden Jahres. Das Bergwidderchen bildet eine Ausnahme, es braucht mehr als ein Jahr, manchmal bis zu vier Jahren, um seine Entwicklung abzuschließen. Das Puppendasein währt nur kurz, und das ausgewachsene Widderchen lebt wahrscheinlich nur zwei oder drei Wochen.

Die Raupen sind dick und schneckenförmig, grün oder gelb gefärbt und tragen ein regelmäßiges Muster aus schwarzen Flecken. Die Puppe steckt in einem gelb- oder weißglänzendem spindelförmigen Kokon aus pergamentähnlicher Seide. Die Kokons sind gewöhnlich an einen Grasstengel oder an sonstigen Pflanzen angeheftet, soweit es sich um Kokons der gewöhnlichen Arten handelt, sind sie leicht zu finden.

Geschützt durch widerlichen Geschmack

Die langsamfliegenden, auffälligen Widderchen, die auch keine Anstalten machen sich zu verbergen und bei Gefahr wegzufliegen, müßten für andere Insekten und Vögel eigentlich eine leichte Beute sein. Sie schmecken jedoch sehr schlecht, manche sind sogar giftig, und ein Vogel, der einmal ein Widderchen aufgepickt hat, wird sicherlich nie

Sechs-Punkt-Widderchen, eine in Europa verbreitete Art.

Krähe pickte den Schmetterling auf, zerstückelte ihn wie es ihre Art ist, indem sie die Flügel abriß und den Kopf abbiß. Dann nahm sie den Körper in den Schnabel — aber nur für einen Augenblick. Ein paar Sekunden später schon rannte sie wie wahnsinnig im Kreis herum, hielt immer wieder an, um in frisches Gras zu beißen oder den Schnabel an Gras, an der nackten Erde oder an einem Stein zu reiben, währenddessen floß Speichel aus dem Schnabel. Von Zeit zu Zeit breitete sie die Flügel aus, wie das Vögel tun, die etwas Saures oder Beißendes im Schnabel haben.

Stamm	**Arthropoda**
Klasse	**Insekten**
Ordnung	**Lepidoptera**
Familie	**Zygaenidae**
Gattung	*Zygaena*, Widderchen oder Blutströpfchen

Vorstehende Seite: Grünwidderchen (Procris statices).

Fünf-Punkt-Widderchen paaren sich auf einem leeren Kokon.

mehr eines probieren. Da das auffällige Aussehen mit diesem Abwehrmittel verbunden ist, sind die lebhaften Farben zu ihrem Vorteil, jeder Räuber kann die Widderchen leicht erkennen und wird sie sehr bald meiden. *Callimorpha jacobaeae*, ein in Europa und im westlichen Asien vorkommender, mit den Widderchen nicht verwandter Schmetterling, ist ähnlich schwarz und rot gemustert und ebenfalls durch einen ekelerregenden Geschmack geschützt.

Erfahrungen einer Krähe

Einer Saatkrähe, die mit einer Elster zusammen in einer Voliere gehalten wurde, hat man versuchsweise ein Widderchen angeboten, um zu sehen, ob es angenommen oder zurückgewiesen werden würde. Die

Raupe des Widderchens frißt an Klee, einer ihrer Nahrungspflanzen. Achtfach vergrößert.

Feuerfalter

Die Flügel dieser Schmetterlinge ähneln in Glanz und Farbe poliertem Kupfer und sind mit dunklen Flecken und Bändern gezeichnet, manchmal auch mit blauen oder purpurroten. Sie bilden eine Gruppe kleiner Schmetterlinge in der Familie der Bläulinge (Lycaenidae), sind also mit den Echten Bläulingen und Zipfelfaltern eng verwandt. Sie sind in der gemäßigten und kalten Zone der Nordhalbkugel der Alten und Neuen Welt weit verbreitet. Drei Arten gibt es jedoch auch im gemäßigten Neuseeland. Ihre Vorfahren haben denselben Ursprung wie die Arten der Nordhalbkugel, sind jedoch schon vor langer Zeit abgetrennt worden.

Die Raupen ähneln Nacktschnecken, die Mehrzahl der Arten lebt von Ampfer oder Sauerampfer. Wie die Larven vieler Bläulingsarten werden auch die Larven einiger Arten der Feuerfalter wegen eines Sekretes, das sie ausscheiden, von Ameisen aufgesucht. Bei den Feuerfaltern wird es längs des ganzen Körpers ausgeschieden, während es bei vielen anderen Arten dieser Familie nur durch eine einzige, mit einer speziellen Drüse verbundenen Öffnung heraustritt.

In Europa und Nordafrika gibt es fast ein Dutzend Arten, in Deutschland sind sieben verbreitet, eine davon ist in der offenen Landschaft häufig, andere sind leider selten geworden. Sie sind unter den Namen Feuerfalter und Dukatenvögel bekannt.

Kleiner Feuerfalter

Ein hübscher, lebhafter und sogar ziemlich angriffslustiger kleiner Schmetterling! Die Männchen begründen Territorien und versuchen, alle anderen Schmetterlinge zu verjagen, sie fliegen sogar auch außerhalb ihres Territoriums und greifen Einzeltiere der eigenen und auch fremder, sogar größerer Arten an. Sie haben keine Waffen und können sich gegenseitig nicht verletzen.

Das gewaltige Verbreitungsgebiet des Kleinen Feuerfalters reicht von Europa durch ganz Asien bis nach Japan, es erstreckt sich über einen großen Teil Nordamerikas und nordwärts bis über den Polarkreis hinaus. Innerhalb dieses Verbreitungsgebietes gibt es allerdings verschiedene Unterarten, aber sie sind einander alle sehr ähnlich. Einige dieser Unterarten bewohnen auch Afrika, eine andere ist so weit im Norden anzutreffen wie sonst kein anderer Schmetterling: auf der Ellesmere-Insel westlich von Grönland. Es handelt sich um eine der fünf auf Grönland vorkommenden Arten.

Jährlich drei Generationen

Die Larven ernähren sich von Ampfer und Sauerampfer, der Lebenszyklus verläuft so schnell, daß es in Sommern mit gutem Wetter zu drei Generationen kommen kann. Die Raupe ist grün, mit braunem Rückenstreifen, und kurzen, graugetönten Haaren. Sie wird nicht von Ameisen aufgesucht. Die Puppe

Kleiner Feuerfalter. Diese weit verbreitete Art kommt oft auf drei Generationen im Jahr.

Der Große Feuerfalter

Bei dieser Art beträgt die Spannweite der Flügel etwa 4 cm, Männchen und Weibchen sind sehr verschieden. Beim Männchen sind alle vier Flügel auf der Oberseite leuchtend kupferrot, mit schmalen, schwarzen Rändern und kleinen Flecken. Das Weibchen ist dunkel gezeichnet, ähnlich wie der Kleine Feuerfalter.

Die meisten Arten sind heute selten geworden, da sie an Sumpfwiesen, Moore und Brachflächen gebunden sind, an Lebensräume (Biotope) also, die in der europäischen Landschaft immer mehr verschwinden. Besonders schlimm erging es dabei dem Großen Feuerfalter, der vor allem in Moorgebieten anzutreffen war. Durch das Trockenlegen der Moore ist er in Mitteleuropa nur noch sporadisch anzutreffen; die größte und schönste Unterart, nämlich die typische Form, der Englische Große Feuerfalter (*L. d. dispar*), wurde vollkommen vernichtet. Aber auch andere Arten, wie der prächtige Dukatenfalter *(Heodes virgauteae),* sind heute in ihrem Bestand bedroht. Er bewohnt Wiesen und Waldlichtungen, ein Biotop, das durch die Fichtenaufforstung bei uns ebenso verschwindet wie das des Großen Feuerfalters. Ähnlich wie dem Großen Feuerfalter erging es dem Ampferfeuerfalter *(Palaeochrysophanus hippothoe).*

Der Große Feuerfalter kommt noch in vielen Teilen Europas und Asiens vor, die in Großbritannien vorkommende Unterart aber war größer und schöner als irgendeine der kontinentalen Formen. Es gibt nur noch rund 1000 Exemplare in Sammlungen, als lebende Art ist er jedoch für immer ausgelöscht. Der große Wasserampfer ist die Nahrungspflanze des Großen Feuerfalters. Die Raupe ist grün und ähnelt einer stark abgeplatteten Schnecke, sie wird von Ameisen aufgesucht. Die noch junge Raupe überwintert, frißt im Frühling, und im Juli und August erscheinen die Schmetterlinge.

Schmetterlinge werden eingebürgert

Das Aussterben des Britischen Großen Feuerfalters veranlaßte englische Entomologen zu einem interessanten Experiment, das man heute als halbwegs geglückt bezeichnen kann. 1915 wurde in den Niederlanden eine neue Unterart des Großen Feuerfalters entdeckt. Dieser *L. d. batavus* genannte Schmetterling ähnelt dem ausgestorbenen englischen Feuerfalter sehr stark, er erreicht auch fast die gleiche Größe. So kam man auf den Gedanken, diese Form anstelle der ausgestorbenen in England einzubürgern. 1927 wurden die ersten Tiere in einem Naturschutzgebiet in Huntingdon eingebürgert. Um den Bestand zu erhalten, müssen jedes Jahr Raupen künstlich aufgezogen werden; die Schmetterlinge werden dann freigelassen.

Oben: Kleiner Feuerfalter an Heidekraut. — Unten: Einer der in England eingeführten holländischen Großen Feuerfalter an einer Wasserpflanze.

Raupen des Kleinen Feuerfalters.

ist hellbraun oder grünlich und an ein Blatt oder einen Stengel der Nahrungspflanze angeheftet. Der Kleine Feuerfalter überwintert als Larve, nicht jedoch, wie die meisten als Larven überwinternden Arten, auf einer bestimmten Stufe der Larvenentwicklung. Der Schmetterling fliegt durchgehend von Mai bis Oktober.

Der Kleine Feuerfalter ist außerordentlich variabel, und ausgefallene Varietäten werden von Sammlern eifrig gesucht. Die meisten Abweichungen entstehen dadurch, daß sich die Zeichnung der Bänder und Flecken zurückbildet oder verändert; bei einer der seltensten und begehrtesten Abweichungen ist die kupferne Grundfarbe durch ein Silberweiß ersetzt.

Stamm	**Arthropoda**
Klasse	**Insecta**
Ordnung	**Lepidoptera**
Familie	**Lycaenidae**
Gattungen und Arten	*Lycaena dispar,* Großer Feuerfalter; *Palaeochrysophanus hippothoe,* Kleiner Ampferfeuerfalter; *Lycaenae phlaeas,* Feuerfalter; *Heodes virgauteae,* Dukatenfalter

Großer Schillerfalter

Der Große Schillerfalter ist ein großer, prächtiger, nicht sehr häufiger Schmetterling. Seinen Namen hat er von dem schillernden Purpur der Flügel des Männchens, es ist nur sichtbar, wenn man es unter einem bestimmten Winkel ansieht. Ansonsten sind die Flügel dunkelbraun, ja fast schwarz, mit einer Reihe weißer Flecken und einem unauffälligen Augenfleck auf jedem Hinterflügel. Manchmal, wenn auch sehr selten, fehlen die weißen Flecke, solche Großen Schillerfalter sind als Spielart iole bekannt. Die Unterseite des Flügels hat ein kompliziertes Muster aus Braun und Grau, mit weißen Bändern. Das Weibchen ist ganz ähnlich gemustert, es schillert aber nicht, und vor allem ist es größer. Ihre Flügelspanne ist 7,5 cm, die des Männchens nur 6,2 bis 6,8 cm. Große Schillerfalter sind örtlich in vielen Teilen Europas und Asiens verbreitet.

Er lebt auf zwei Bäumen

Große Schillerfalter bevorzugen Eichenwälder. Das ist einer der Gründe, weshalb sie nur örtlich verbreitet sind, denn Eichenwälder sind durch die Fichtenaufforstungen seltener geworden. Sie fliegen im Juli und in der ersten Augusthälfte, sind aber selbst bei schönem Wetter und an Stellen, wo sie bekanntermaßen vorkommen, nicht leicht zu sehen. Das kommt daher, daß sie nicht von Blüten angezogen werden, und daß sie sich meist in der Krone von Eichen aufhalten. Die matter gefärbten Weibchen sind leichter aufzufinden, weil sie herunterkommen, um ihre Eier an Salweiden abzulegen. Die Männchen thronen meist auf Blättern und fliegen nur gelegentlich hoch über einer Lichtung oder steigen mit ihren kräftigen Flügeln in größere Höhen außer Sichtweite auf. Manchmal jagen sich auch Männchen im Rundflug.

Nacktschneckenähnliche Raupe

Große Schillerfalter legen ihre Eier auf der Oberseite von Blättern der Salweide ab. Jedes Weibchen hat ein verhältnismäßig großes Gebiet als Wohnraum und legt an jedes Blatt ein Ei. Es kann natürlich vorkommen, daß es eine Pflanze ein zweites Mal aufsucht und dann noch ein Ei auf ein Blatt legt, das schon ein Ei aufweist. Auch andere Weibchen können dasselbe Blatt benutzen, so daß man durchaus mehrere Eier an einem Blatt vorfinden kann. Die Eier sind wie ein winziger Pudding: 1 mm hoch, fast halbkugelig, mit etwa 14 strahlenförmigen Rillen. Zuerst sind sie grün, dann werden sie unten rot, und kurz vor dem Schlupf werden sie schwarz. Die Raupen schlüpfen nach etwa 14 Tagen, sie sind gelb, mit schwarzem Kopf, und sind gut 2,5 mm groß.

Die Raupen fressen zehn Tage an dem Blatt, an dem sie geschlüpft sind, dann häuten sie sich. Sie sind nun grün, genau so wie das Salweidenblatt, sie sehen jetzt fast so aus wie Schnecken. Am Kopf sitzt ein Paar Hörner, der Körper verjüngt sich nach hinten.

Die Raupen fressen den ganzen Sommer über und bis zum Herbst, sie werden 12 mm lang und werden dann braun und passen sich

somit der Farbe der Herbstblätter an. Wenn sie nicht fressen, liegen sie längs der Mittelrippe des Blattes, so daß sie sehr unauffällig sind. Im Oktober ziehen sich die Raupen auf einen Zweig oder auf eine Astgabel zwischen zwei Zweigen zurück und bilden ein Gespinst, in dem sie überwintern. Im April des nächsten Jahres wechseln sie ihre Farbe wieder, sie werden wieder grün und beginnen, von den jungen Blättern zu fressen. So erreichen sie eine Größe von 4 bis 4,5 cm, bis sie sich im Juni verpuppen. Das erfolgt an der Unterseite des Weidenblattes, wo sie ein Seidenpolster bilden, auch Blattstiel und Zweig werden noch umsponnen, vermutlich um das Ganze zu verankern. Die Sturzpuppe hängt mit mehreren kleinen Haken an dem Seidenpolster. Kurz vor der Verpuppung werden die Raupen zart hellgrün, sie passen sich damit der Unterseite des Weidenblattes an und sind sehr schwer zu finden. Etwa drei Wochen später erscheinen die fertigen Schmetterlinge.

Fang mit Köder

Die Männchen des Großen Schillerfalters verbringen die längste Zeit ihres kurzen Lebens in den Kronen der Bäume, manchmal aber kommen sie herunter und nehmen faulende und gärende Säfte von Bäumen auf oder auch den Honigtau von Blattläusen (s. S. 117). Sie gehen auch auf den Erdboden, um in Pfützen zu trinken oder von Tierkadavern oder Pferdeäpfeln zu fressen. Frü-

Prächtiger Großer Schillerfalter sonnt sich auf Eichenblättern. Dieser bezaubernde Schmetterling ist leider nicht stark verbreitet und umso weniger zu sehen, als er sich meist im Wipfel von Eichen aufhält. Er kommt zwar auch in Jungbäumen fort, doch werden alte, hohe Eichen leider immer seltener.
Nur die Männchen des Großen Schillerfalters zeigen die purpurrote Färbung, und zwar nur auf einem Flügel. Bei bestimmter Beleuchtung schillern beide Flügel, der Purpurton wechselt je nach Lichteinfall. Es gibt auch Exemplare mit dunklen Pigmenten.

her hat man Große Schillerfalter gefangen, indem man Kadaver von Kaninchen oder anderen Tieren an Waldschneisen auslegte; diese Methode hat heute aber keinen Erfolg mehr, wahrscheinlich weil der Große Schillerfalter selten geworden ist. Er wird auch von glitzernden Gegenständen angezogen, es gibt einige Berichte, nach denen Große Schillerfalter sich auf Autokühlern niedergelassen haben.

Stamm	**Arthropoda**
Klasse	**Insecta**
Ordnung	**Lepidoptera**
Familie	**Nymphalidae**
Gattung und Arten	*Apatura iris*

Fleckenfalter

Die typischen, früher in der Gattung Vanessa *vereinigten Tagfalter stellen den größten Teil unserer farbenprächtigen Tagschmetterlinge. Der wissenschaftliche Name* Vanessa *ist jetzt dem Admiral vorbehalten, obwohl alle diese Arten zur selben Familie (Nymphalidae) gehören. Bei den Fleckenfaltern sind die Vorderbeine zu Putzbeinen umgebildet, nur die beiden hinteren Beinpaare dienen noch zum Laufen. Alle diese Schmetterlinge sind verhältnismäßig groß und flugtüchtig. Die meisten der im nördlichen Europa heimischen Arten überwintern als Schmetterlinge, andere vermehren sich im Mittelmeergebiet und ziehen im Sommer nach Norden. Ihre Raupen sind mit gegabelten Dornen bewehrt, und die Puppen, die am Hinterende befestigt sind und kopfüber hängen, sind mit metallisch glänzenden Flecken verziert. Durch diese Stellung kamen sie zu dem Namen Stürz- oder Hängepuppe.*

Fleckenfalter kommen in allen Erdteilen vor. Im allgemeinen sind sie sehr flugtüchtig. Viele tropische Arten leben von reifen Früchten oder auch von Tierkadavern.

Tagpfauenauge

Das Verbreitungsgebiet dieses schönen Schmetterlings reicht von Großbritannien ostwärts bis Japan. Er ist in Mitteleuropa heimisch und überwintert an dunklen, geschützten Stellen, oftmals in Mansarden und Schuppen. Es ist ganz leicht, Tagpfauenaugen zu vermehren, indem man sie im Winter im Käfig in einem kühlen, dunklen Raum hält. Man kann sie „zähmen", ehe man sie im Frühling freiläßt, sie bleiben den Sommer über im Garten, wenn man sie mit Zuckerwasser ernährt. Tagpfauenaugen haben jährlich nur eine Generation; die Art der Überwinterung führt dazu, daß die Schmetterlinge im geflügelten Stadium außergewöhnlich lange leben. In Gefangenschaft wurde ein Tagpfauenauge elf Monate alt. Futterpflanze der Raupen sind Brennesseln.

Admiral, Landkärtchen, Trauermantel

Admiral ist der volkstümliche Name für einen Schmetterling, von dem es mehrere Unterarten gibt. Eine Unterart ist in Europa fast allgemein verbreitet. Früher nahm man an, sie käme auch in den USA vor, dort kommt aber eine Form vor. Sie ist von Kanada bis Mexiko und auf einigen Westindischen Inseln verbreitet und nach Hawaii eingeführt worden. Es gibt außerdem eine bestimmte Unterart, die nur auf Hawaii vorkommt, auch in Indien und im Fernen Osten gibt es eigene Unterarten.

Das Europäische Landkärtchen ist in Frank-

reich und auch anderswo in Europa weitverbreitet. Versuche jedoch, es in Großbritannien einzuführen, sind fehlgeschlagen. Es ist bemerkenswert, daß es zwei verschiedene jahreszeitliche Formen gibt. Im Unterschied zu den meisten Fleckenfaltern überwintert das Landkärtchen als Puppe, die im Mai schlüpfenden Schmetterlinge sind gelb und schwarz gewürfelt. Die Larven dieser Schmetterlinge wachsen schnell, verpuppen sich und bringen im Juli eine Generation schwarzweißer Schmetterlinge hervor, die ihren Eltern überhaupt nicht ähnlich sehen. Welche Form die fertigen Schmetterlinge annehmen,

hängt von der Tageslänge während des Larvenstadiums ab: Wenn man die Larven mittels künstlichen Lichtes langen oder kurzen „Tagen" aussetzt, kann man Folgegenerationen dieser oder jener Form erzielen. Genau wie der Admiral ist der Trauermantel auf der Nordhalbkugel verbreitet, aber auch in den Anden. Offenbar braucht er die trockenen kontinentalen Winter, um diese Jahreszeit zu überstehen. Futterpflanzen der Raupen sind Pappeln, Weiden und Birken.

Weißes C

Wie die anderen in Mitteleuropa heimischen Fleckenfalter überwintert er als Schmetterling, er bleibt jedoch im Freien, in Wäldern und Hecken und sucht im Blattwerk unter

derdrang dieses Schmetterlings ist so mächtig und beständig, daß sich seine Populationen immer wieder untereinander mischen und sich Lokalrassen somit nicht bilden können. In Deutschland und Nordeuropa wandert der Distelfalter in jedem Sommer neu ein, genau wie der Admiral. Unsere Distelfalter kommen aus Nordafrika; Reisende können bezeugen, wie die Falter dort in den

Endglieder und ähneln Bürsten. Bei den Weibchen sind diese Füße schlanker, haben vier Endglieder und sind nur spärlich behaart. Sie dienen als Sinnesorgane, und die Endglieder werden als Geschmacksorgane benutzt. Der Admiral kann durch Berührung mit seinen Vorderbeinen zwischen reinem Wasser und Zuckerwasser unterscheiden, und zwar schmeckt er noch ein Zwei-

Oben: Der Trauermantel überwintert als Erwachsener, er lebt von Pflanzensäften, wenn er im frühen Frühjahr auftaucht. — Oben rechts: Kleiner Fuchs von oben gesehen. — Rechts: Der verbreitetste Schmetterling der Welt, der Distelfalter. Im Frühling wandert er in Riesenzahlen von Nordafrika nach Europa. — Links: Der farbenfreudige Fleckenfalter des europäischen Sommers: Der Admiral fliegt zur Eiablage aus dem Mittelmeerraum in den Norden. — Links unten: Tagpfauenauge auf Buddleia, einer bevorzugten Nahrungspflanze von Schmetterlingen.

hundertstel der Konzentration, die die menschliche Zunge feststellen kann.

Schützt die Brennesseln!

Landwirte und Sauberkeitsfanatiker kämpfen ständig gegen Brennesseln an, indem sie sie rücksichtslos mit Unkrautbekämpfungsmitteln (Herbiziden) besprühen, wo immer sie welche vorfinden. Außerhalb der Felder und Weiden sollte man sie aber wachsen lassen. Fünf der hier beschriebenen Fleckenfalter sind von Brennesseln, den Nahrungspflanzen ihrer Raupen, abhängig. Wenn diejenigen, die diese Pflanze ausrotten wollen, ihr Ziel erreichten, bekämen wir noch weniger prächtige Schmetterlinge zu sehen.

Blättern Schutz, nicht wie andere Arten in natürlichen Höhlen oder Gebäuden. Bei geschlossenen Flügeln sieht das Weiße C in Farbe und unregelmäßigem Umriß wie ein vertrocknetes Blatt aus. Anderenfalls würde der Schmetterling sofort Beute hungriger Vögel. Im Sommer gibt es zwei Generationen, die Raupe lebt von Nesseln, Johannisbeeren, Stachelbeeren und Ulmen.

In Großbritannien hat sich die Population dieses attraktiven Schmetterlings ganz anders entwickelt wie die des Großen Fuchses. Bis etwa 1920 war er auf ein kleineres Gebiet in Südwales beschränkt, von da an hat er sich über das ganze südliche und mittlere England ausgebreitet und dieses größere Verbreitungsgebiet auch gehalten.

Kleiner Fuchs

Der fröhliche Kleine Fuchs ist auf dem ganzen eurasiatischen Kontinent und in Japan verbreitet. In Deutschland ist er eine der verbreitetsten Arten, in Gärten ist er fast immer im Frühjahr und Sommer anzutreffen, da es jährlich zwei Generationen gibt.

Distelfalter und Großer Fuchs

Er ist einer der am weitesten verbreiteten Schmetterlinge der Welt überhaupt und fehlt nur in Südamerika, dabei bildet er keine bestimmten Rassen oder Unterarten heraus. Der Grund dafür ist folgender: Der Wan-

Sanddünen zu Tausenden aus den Puppen geschlüpft und massenhaft Richtung Mittelmeer abgeflogen sind. Futterpflanzen sind Disteln.

In Zentral- und Südeuropa ist der Große Fuchs häufig. Die Raupe frißt an Ulmen, Kirschen und Weiden. Noch während der ersten beiden Jahrzehnte unseres Jahrhunderts war der Große Fuchs auch im südlichen England nicht selten, er ist aber stark zurückgegangen und ist jetzt der bei weitem seltenste unter den in Großbritannien heimischen Fleckenfaltern.

Sie schmecken mit den Zehen

Alle Fleckenfalter (Schillerfalter, Admirale, Tagpfauenaugen usw.) sind „Vierfüßler", die Vorderfüße sind zu „Putzpfoten" geworden, sie werden nicht zum Laufen verwendet. Die Putzfüße der Männchen haben nur zwei

Stamm	**Arthropoda**
Klasse	**Insecta**
Ordnung	**Lepidoptera**
Familie	**Nymphalidae**
Gattungen und Arten	*Aglais urticae*, Kleiner Fuchs; *Araschina levana*, Landkärtchen; *Nymphalis antiopa*, Trauermantel; *Inachis io*, Tagpfauenauge; *Nymphalis polychloros*, Großer Fuchs; *Polygonia c-album*, Weißes C; *Vanessa atalanta*, Admiral; *V. cardui*, Distelfalter, u. a.

Stechmücken

Es gibt 2000 Stechmückenarten, sie sind überall verbreitet, von den Tropen bis zur Arktis, oftmals in riesigen Zahlenmengen. Nicht alle Arten sind dem Menschen lästig, einige aber sind berüchtigte Blutsauger, die quälende Krankheiten übertragen, wie Malaria, Gelbfieber, Elephantiasis und Filarien.

Stechmücken haben einen schlanken, etwa 6 mm langen Körper, ein Paar schmale Flügel und lange, dünne Beine. Bei den meisten Arten sind die Adern der Flügel und die Hinterenden der Flügel mit kleinen Schuppen verziert. Die Fühler sind beim Weibchen behaart und beim Männchen reichlich befiedert, außer bei Angehörigen der Unterfamilie Dixinae. Bei den meisten Arten hat das Weibchen einen scharfen, röhrenförmigen Rüssel, der zum Stechen und Aufsaugen von Flüssigkeiten, in der Regel Blut, geeignet ist. Ausnahmen finden sich wieder bei den Dixinae, deren Larven auch entgegen der Regel durchsichtig sind.

Die Wörter „Moskito" und „Mücke" bedeuten grundsätzlich dasselbe, das erste kommt aus dem Spanischen. Man nennt heute oftmals kleine tropische, stechende Insekten „Moskitos" und ähnliche, ebenfalls stechende, einheimische Insekten aber „Mücken". Ein systematisch-zoologischer Unterschied besteht hier nicht.

Es gibt zwei Hauptgruppen von Stechmücken: die eigentlichen Stechmücken und die Fiebermücken, sie werden durch die Gattungen Culex bzw. Anopheles vertreten. Die Flügel der eigentlichen Stechmücken sind durchsichtig oder leicht getönt, während die Flügel der Fiebermücken gewöhnlich mit dunklen und hellen Punkten oder Flecken gezeichnet sind. Ein weiterer Unterschied besteht darin, daß die Weibchen der eigentlichen Stechmücken ein Paar sehr kurze Taster seitlich an dem langen Rüssel haben, während die Taster der weiblichen Fiebermücken genau so lang sind wie die Rüssel. Am besten lassen sie sich beim Ruhen unterscheiden: Die eigentlichen Stechmücken halten ihren Körper parallel zur Unterlage, die Fiebermücken aber aufwärts gerichtet.

Fiebermücken kommen auch bei uns vor, doch während einige südeuropäische Stämme Malariaerreger auf Menschen übertragen, stechen unsere Stämme hauptsächlich Mäuse. Sie übertragen dabei ebenfalls Malariaerreger, nämlich die für uns harmlose Mäusemalaria.

Oben rechts: Bluttransfusion. Erwachsene Stechmücke (Culex pipiens) saugt Blut durch ihren Stechrüssel. Die meisten Arten sind auch als Erwachsene auf bestimmte Wirte spezialisiert. 14fache natürliche Größe. — Rechts: Mit Blut aufgefüllt! Weibchen derselben Art hat vor der Eiablage nochmals Blut aufgenommen.

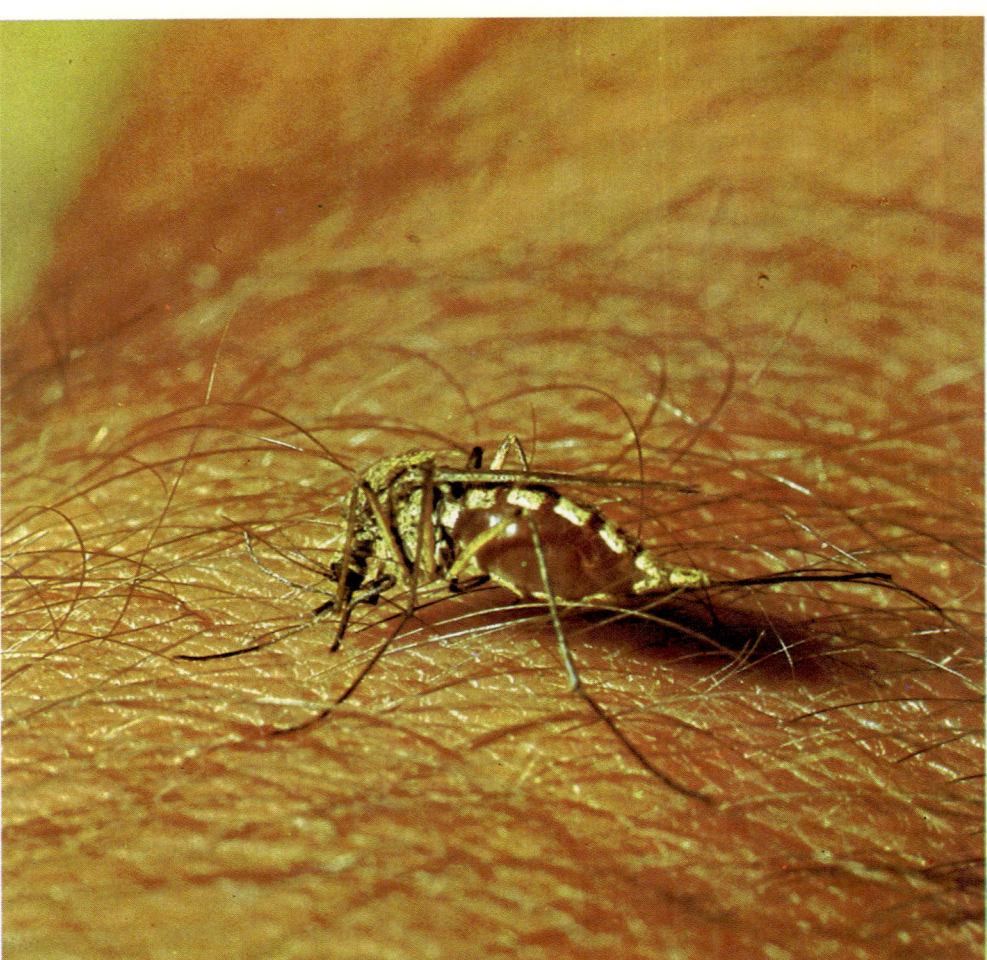

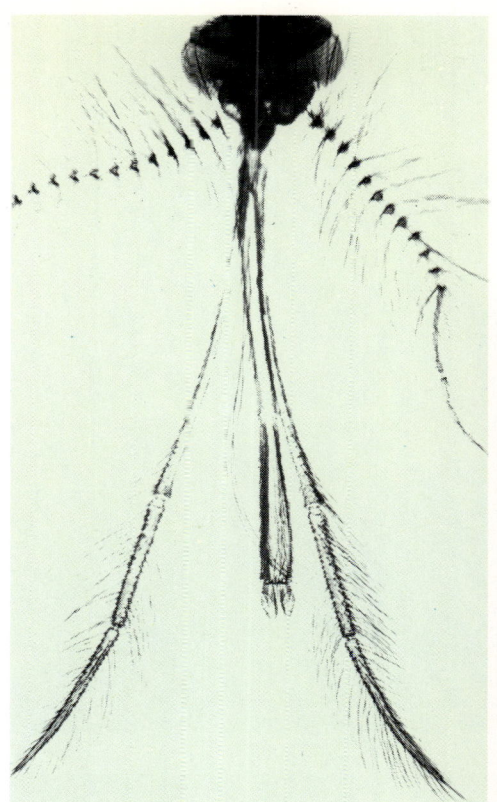

Die befiederten Antennen des Männchens (60fach vergr.) können nur bei aufgerichteten Haaren Schwingungen ertönen lassen. Bei einigen Arten sind sie ständig aufgerichtet, sie sind immer paarungsbereit. — Rechts: Naht das Jüngste Gericht? Ein Stechmückenschwarm.

In jeglichem Gewässer Stechmückeneier!

Stechmücken legen ihre schwimmfähigen Eier je nach Art in Süß-, Brack- oder Salzwasser ab. Mit nur wenigen Ausnahmen sucht sich jede Art ein bestimmtes Gewässer, eine bestimmte „Wassersituation" aus, z. B. am Rand von Teichen oder Seen, in Gräben, am Strand, in wassergefüllten Wagen- oder Hufspuren, verschmutzte Gewässer, im Wasser, das sich in Astgabeln von Bäumen oder in Epiphyten angesammelt hat. Auch in Regenwassertonnen oder gar in Wasserschalen von Haustieren finden sich Stechmückeneier. *Anopheles* legt die Eier einzeln, *Culex* jedoch in ganzen Paketen oder „Schiffchen" ab.

Die Larve hat einen großen Thorax, in dem die ersten drei Segmente verschmolzen sind, und ein Abdomen mit neun Segmenten. Am Kopf sitzen die einfachen Larvenaugen und ein Paar sich entwickelnder Facettenaugen. Zu beiden Seiten des Mundes sitzen Borsten, die feine Teilchen tierischer oder pflanzlicher Nahrung in den Mund hineintreiben. Es gibt aber auch Larven, die im Wasser gelöste Nährstoffe aufnehmen oder räuberisch von anderen Insektenlarven, gewöhnlich Stechmückenlarven, leben. Auch Thorax und Abdomen sind mit langen Borsten besetzt. An der Spitze des Abdomens sitzen vier Kiemen und ein Atemsipho, der durch den Oberflächenfilm des Wassers hindurchgestoßen wird. Manche Larven fressen mehr am Grund, andere mehr an der Oberfläche. Beim Schwimmen macht der Körper Drehbewegungen, krampfartig rollt er sich zusammen und dann wieder auf. Stechmücken ruhen unter der Oberfläche des Wassers, sie hängen mehr oder weniger senkrecht. Bei der geringsten Störung im Wasser schwimmen sie schnell nach unten, müssen zum Atmen aber bald wieder hochkommen.

Bewegliche Puppen

Das Larvenstadium dauert bei den meisten Arten etwa eine Woche, das hängt von der Temperatur ab; bei den räuberischen Arten währt es aber länger. Gewöhnlich gibt es jährlich nur eine Generation. Die Puppen sind beweglich, fressen aber nicht, das Puppenstadium dauert höchstens ein paar Tage. Die Puppen sind dicklich, der große Kopf und der Thorax bilden eine Einheit, mit einem Paar Siphonen an der Spitze, das Abdomen ist mehr oder weniger darum herumgelegt. Im letzten Stadium ihrer Entwicklung steigt die Puppe an die Wasseroberfläche, ihre harte Außenhaut platzt auf, und die erwachsene Stechmücke zieht sich selbst aus der Puppenhülle heraus und erhebt sich in die Luft.

Werbungsverhalten

Bald nachdem sie die Hüllen der Puppe verlassen haben, paaren sich die Erwachsenen, das Männchen stirbt danach. Um ihre Eier entwickeln zu können, brauchen die Weibchen eine Mahlzeit, die aus Blut oder, bei einigen Arten, aus Nektar oder Pflanzensaft besteht. Ein paar Arten können mit der Nahrung auskommen, die sie im Larvenstadium angesammelt haben. Einige Arten nehmen das Blut von Säugetieren, andere das von Vögeln oder gar Amphibien. Manchmal nehmen die Weibchen nach dem Legen noch eine Mahlzeit zu sich.

Vor der Paarung brauchen die Stechmücken ein gewisse Ruhezeit. Wenn nämlich ein Männchen zu früh zu fliegen versucht, schlagen seine Flügel noch nicht kräftig genug, und es wird nicht als Männchen anerkannt, so daß andere Männchen versuchen, sich mit ihm zu paaren. Dabei kann es einige Beine verlieren. Wenn Weibchen zu früh starten, sind ihre Flügelschläge so schwach,

daß sie von den Männchen zunächst nicht erkannt werden.

So überlebt man schwere Zeiten . . .

In der gemäßigten Zone verbringen die Weibchen einiger Arten den Winter an geschützten Stellen, zum Beispiel in Höhlen, hohlen Bäumen oder Häusern, vor allem in Kellern. Ein paar Arten legen ihre Eier an trockenen Stellen ab, die im Spätwinter oder Frühling überflutet werden. Solche Eier können Trockenheit und Kälte überstehen, manchmal kommt es sogar ohne solche Perioden nicht zum Schlupf. In Wüstengebieten saugt sich das Weibchen des Malaria-Überträgers *Anopheles gambinae* mit Blut voll, dann sucht es in Hütten, Felsspalten oder Höhlen von Nagetieren bis zur Regenzeit Unterschlupf. Die Trockenheit verzögert das Legen der Eier. Andere Arten von Wüstenstechmücken legen dickschalige Eier, die noch nach ein bis zwei Jahren fruchtbar sind, manchmal sogar noch nach zehn Jahren.

Krieg den Stechmücken

Stechmücken haben viele Feinde. Wenn sie fliegen, werden sie von Vögeln gefressen, wie Schwalben und Fliegenschnäppern, die im Flug auf Jagd sind. Larven und Puppen werden von Fischen gefressen. Der Guppy wird zur Bekämpfung von Stechmückenlarven eingesetzt, man hat ihn in befallenen Gebieten in die Flüsse eingebürgert, damit er die Stechmückenbestände herabdrückt. Eine weitere Methode besteht darin, auf Teichen und Sümpfen Öl zu versprühen, weil schon eine kleine Menge Öl ein großes Gebiet mit einem feinen Film überziehen kann, so daß Stechmückenlarven an der Wasseroberfläche nicht mehr atmen können. Aber diese Maßnahme ist bedenklich, sie trifft natürlich auch viele andere Tiere!

Wie Stechmücken ihre Opfer angehen

Hat ein Stechmückenweibchen einen Malariakranken gestochen, überträgt es mit dem Speichel die Malariakeime auf das nächste Opfer, bei dem es Blut saugt. Dasselbe gilt für Gelbfieber, Elephantiasis und andere Krankheiten, die von Stechmücken übertragen werden, wobei jeweils andere Arten beteiligt sind. Es gibt mehrere Abwehrmaßnahmen, wie Netze oder chemische Abschreckungsmittel, man kann auch die Stechmückenlarven bekämpfen oder ihre Wohngebiete verändern, vor allem drückt man die Zahl der Krankheitsfälle und damit die Quellen für weitere Ansteckungen herunter. Die Verwendung von Insektenmitteln hängt davon ab, wie sich die Stechmücken verhalten, wenn sie ihre Opfer befallen. Ein ansteigender Kohlensäuregehalt in der Atemluft des Menschen veranlaßt das Stechmückenweibchen, reißaus zu nehmen und wegzufliegen. Wenn es sich seinem Opfer nähert, steigen Temperatur und Luftfeuchtigkeit leicht an, es wird dadurch zum Ziel geleitet, bis es schließlich erkennen kann, wo es sich niederlassen muß. Bei diesen letzten Stationen des Anfluges steigt natürlich ebenfalls der Kohlensäuregehalt der Luft, hier wird das Tier aber durch entgegengesetzt wirkende chemische Reize abgelenkt.

Rätselhafte Seuchenzüge

Das Wechselfieber war früher in Europa eine weitverbreitete Krankheit, durch die Trockenlegung von Sümpfen ist es aber weitgehend ausgerottet worden. Als nach dem Ersten Weltkrieg die malariakranken Soldaten aus den Tropen heimkehrten, befürchtete man, sie könnten zur Infektionsquelle für Malaria oder Wechselfieber werden. Mit dem modernen Luftverkehr trat die Sorge auf, ob nicht infizierte Stechmücken in malariafreie Länder eingeschleppt würden, und man dachte an Gegenmaßnahmen. Vor einigen Jahrzehnten war nämlich die afrikanische Fiebermücke *Anopheles gambiae* nach Brasilien eingeschleppt worden, und es waren 60 000 Menschen gestorben, bevor man die Malaria eindämmen konnte. Im Zweiten Weltkrieg war in Kolumbien in bestimmten Dörfern plötzlich Gelbfieber ausgebrochen, wo es bis dahin unbekannt gewesen war. Man konnte es auf hoch in den Bäumen lebende Affen zurückführen, die als Überträger wirkten, und zwar auf dem Weg über eine Stechmücke, deren Larven sich im Wasser von Epiphyten (baumbewohnenden Pflanzen) entwickelten. Waldarbeiter, die einige dieser Bäume fällten, wurden von Stechmücken, die sich in diesen Baumbewohnern entwickelt hatten, gestochen. Die Krankheit wurde dann durch eine zu ebener Erde lebende Stechmückenart verbreitet.

Seltsames Verhalten

Nicht alle Stechmückenarten sind gefährlich. Die Larven von *Mansonia* brauchen zum Atmen nicht an die Wasseroberfläche zu schwimmen. Sie verfügen über ein sägeähnliches „Gerät", mit dem sie die Wurzeln von Wasserpflanzen anschneiden und die in den Wurzeln enthaltene Luft herausziehen. Die Weibchen einer anderen Art *(Leicesteria)* legen ihre Eier an ihre Hinterbeine ab, die sie dann durch kleine Löcher in Bambusstengeln, in denen sich Wasser angesammelt hat, hindurchstecken. Die Eier fallen in das Wasser und entwickeln sich, es kommt schließlich zum Schlupf. Ein ganz außergewöhnliches Paarungsverhalten zeigt die neuseeländische Stechmücke *Opifex*. Die Männchen fliegen über das Wasser und warten auf an die Oberfläche kommende Larven, um die darin enthaltenen Weibchen zu „befreien" und sich mit ihnen zu paaren. Die in Afrika und Südasien lebende Stechmücke *Harpagomyia* läßt sich auf Baumstämmen nieder und wartet auf vorbeikommende Ameisen. Sie fliegt dann über einer Ameise hin, hält sie mit ihren Vorderfüßen fest und läßt sie erst passieren, wenn die Ameise einen Tropfen ihres eingebrachten Nährsaftes abgegeben hat. Die verrückteste Geschichte aber ist die einer tropischen Gelbfieber-Überträgerin aus Amerika: Sie scheint ihre Eier vorzugsweise im Wasser von Blumenvasen abzulegen, sogar in Krankenhäusern. Als man in New Orleans dem Ursprung einer Gelbfieberseuche nachging, stellte man fest, daß sich die Stechmücken im Wasser von Blumenvasen auf den Gräbern von Opfern des Gelbfiebers fortpflanzten.

Oben: Puppe und Larve einer europäischen Art der Stechmücke (Culex sp.)
Darunter: Frisch aus der Puppe geschlüpftes Männchen der Stechmücke (Culex sp.)

Stamm	**Arthropoda**
Klasse	**Insecta**
Ordnung	**Diptera**
Familie	**Culicidae**, Stechmücken

Stubenfliegen reinigen sich, indem sie sich mit dem ersten Beinpaar abreiben.

Stubenfliege

Die verschiedensten Fliegen sind in Wohnhäusern anzutreffen. Manche haben sich nur verflogen und summen dann an den Fensterscheiben und suchen einen Ausgang, um wieder ins Freie zu kommen. Andere kommen im Herbst in Gebäude, um unter Veranden und Vordächern zu überwintern. Vor allem zwei Arten jedoch sind in Wohnhäusern heimisch: die Stubenfliege und die Kleine Stubenfliege. Die Stubenfliege ist kräftig gebaut, bei beiden Geschlechtern ist das Abdomen gelblich oder rötlich gelb. Die Kleine Stubenfliege ist kleiner und schlanker, die Weibchen sind eintönig gräulich, die Männchen sind ähnlich, haben aber am Ansatz des Abdomens ein Paar durchscheinender gelber Flecke. Beide Arten unterscheiden sich auch in der Aderung der Flügel, was mittels einer Lupe deutlich zu erkennen ist; hier lassen sich beide Arten voneinander unterscheiden, das Geschlecht spielt dabei keine Rolle. Stubenfliege und Kleine Stubenfliege sind weltweit verbreitet, die Stubenfliege ist überall in den Tropen genauso anzutreffen wie in fast allen bewohnten Gebieten der gemäßigten Zonen.

Typische Flugweise der Kleinen Stubenfliege

Die Stubenfliegen leben als Erwachsene in Wohnhäusern, sie fliegen in den Stuben herum und kriechen über nicht abgedeckte Lebensmittel. Beide Arten vermehren sich in Abfällen, die sich in Wohnungen ansammeln, wo keine angemessene Sauberkeit herrscht; ihre Lebensweise unterscheidet sich aber in Einzelheiten. Die Kleine Stubenfliege erscheint im Frühjahr vor der Stubenfliege, deren Populationen sich nach dem Winter langsamer entwickeln, erst ab Juli wird sie zahlreicher. Die Männchen der Klei-

nen Stubenfliege fliegen ganz anders: Sie suchen sich einen markanten Punkt im Zimmer, vielleicht unter der Lampe, und fliegen dann in Form von Dreiecken oder Vierecken, sie verhalten an den Ecken einen Augenblick und machen dann scharf kehrt; eine bestimmte Fliege hält diesen Kurs oftmals eine ganze Weile bei. Zuweilen treiben sich mehrere Fliegen an derselben Stelle herum, die eine schneidet der anderen den Weg ab, beide wirbeln miteinander herum und trennen sich dann wieder. Dieses Verhalten ist typisch für die Kleine Stubenfliege.

Wo sind die Fliegen im Winter?

Die Fortpflanzung verläuft bei beiden Arten ähnlich, die Larven der Kleinen Stubenfliege ziehen aber stickstoffreiche Stoffe vor, wie Urin oder Vogelkot. Wo Hühner gehalten werden, sind sie deshalb meist reichlich vertreten. Die Larven der Stubenfliege sind weniger wählerisch. Mist- und Komposthaufen, der Kot altmodischer Aborte und Hausabfall jeder Art sind beliebte Stellen für die Eiablage.

Die Eier werden also abgelegt, wo die Larven gleich fressen können, auch die erwachsenen Fliegen halten sich dort auf. Die Eier sind weiß, etwa 1 mm lang, das Weibchen einer Stubenfliege legt etwa 900 Eier, in Schüben zu ungefähr 150. Wenn es sehr warm ist, schlüpfen die Larven schon nach acht Stunden, sonst in ein bis drei Tagen. Die weißen, beinlosen Maden wachsen sehr schnell, schon nach zwei Tagen können sie ausgewachsen sein; wenn es kälter ist und bei überhaupt weniger günstigen Umständen, kann es bis zu acht Wochen dauern. Bei 15 Grad C vermehren sich Stubenfliegen das ganze Jahr über, es dauert drei Wochen vom Ei bis zum Erwachsenen, in den Tropen aber verläuft der Zyklus innerhalb einer Woche. Die Puppe bildet sich in einer ovalen, braunen Kapsel, dem Puparium, es besteht aus der letzten Hülle der Larve; sie wird nicht abgeworfen und spielt eine ähnliche Rolle wie der Kokon mancher Schmetterlinge.

Die Kleine Stubenfliege hat einen ähnlichen Lebenszyklus, nur sieht ihre Larve

ganz anders aus, sie ist abgeplattet und hat zwei Reihen fühlerartiger, gegabelter Fortsätze an der Oberseite des Körpers.

Den Winter über verschwinden die Fliegen, und man fragt oft, wo sie geblieben sind. Die Antwort ist nicht ganz einfach. Stubenfliegen können als Erwachsene überwintern oder, bei ausreichender Wärme, sich auch weiterhin fortpflanzen, besonders in Viehställen. Wahrscheinlich passen sie sich hier an die jeweiligen Umweltverhältnisse an. In warmen Gebieten jedenfalls pflanzen sie sich das ganze Jahr über fort.

Flüssige Nahrung

Die Erwachsenen beider Arten lassen sich auf feuchten, organischen Stoffen jeder Art nieder und saugen die gelösten Nährstoffe heraus. Wenn das Material trocken ist, gibt die Fliege einen Tropfen Flüssigkeit ab und saugt die sich dann ergebende Lösung auf. Roher Schlamm und eine Zuckerschale — beides ist gleich attraktiv, die Insekten fliegen unmittelbar vom einen zum anderen. Die Freßwerkzeuge bestehen aus einem kurzen Saugrüssel, der sich am Ende zu einem schwammartigen Gebilde erweitert, mit dem die Fliege ihre flüssige Nahrung aufnimmt. Fliegen, die sich „überfressen" haben, geben den Überschuß wieder ab — und lassen dann die bekannten kleinen Schmutzflecke zurück.

Manchmal behauptet jemand, er sei von einer Stubenfliege gebissen worden. Der Irrtum ist verzeihlich, denn der Wadenstecher (*Stomoxys calcitrans*) sieht fast genauso aus wie eine Stubenfliege. Seine Freßwerkzeuge unterscheiden sich allerdings erheblich, sie bestehen aus einem steifen Stechrüssel. Wadenstecher ernähren sich wie Bremsen, sie saugen Blut. Ihr Biß ist schmerzhaft, und sie können die Haut auch durch einen dicken Strumpf hindurch anstechen.

Krankheitsüberträger

Die wichtigsten krankheitsübertragenden Insekten sind die Blutsauger, die Mikroorganismen bei infizierten Personen aufnehmen und sie in den Kreislauf Gesunder übertragen. Beispiele sind die Tsetse und einige

Stechmücken. Stubenfliegen ernähren sich anders; da sie aber von Exkrementen und nicht abgedeckten Nahrungsmitteln fressen, können sie Magendarmkrankheiten übertragen, z. B. Dysenterie. Man hat festgestellt, daß Stubenfliegen in Slums durchschnittlich 3,5 Millionen Bakterien an sich haben, in hygienisch einwandfreien Bezirken über 1 Million. Nicht alle sind Krankheitserreger, wahrscheinlich aber ein Teil. Säuglinge und Kleinkinder scheinen am meisten unter solchen von Fliegen übertragenen Krankheiten zu leiden. In einem Dorf in den Tropen konnte die Säuglingssterblichkeit innerhalb eines Jahres von 22,7 auf 11,5 % herabgedrückt werden, indem man die Fliegen durch ein Insektizid bekämpfte. Man sollte dabei jedoch nicht übersehen, daß die Zahl von Bakterien, die etwa bei einem Kuß übertragen wird, durchaus ähnliche Dimensionen hat.

Stubenfliegen lassen sich am besten bekämpfen, indem man sie ihrer Brutstellen beraubt. Durch Einführung der Wasserspülung hat die moderne Zivilisation hier schon einen beträchtlichen Erfolg erzielt.

Klasse	**Insecta**
Ordnung	**Diptera**
Familie	**Muscidae**
Gattungen und Arten	*Musca domestica*, Stubenfliege; *Fannia canicularis*, Kleine Stubenfliege

Oben: Mikroaufnahme eines Beines. Das letzte Segment hat ein Paar Klauen und zwei Saugnäpfe, die die Fliege befähigen, auch auf glatten Unterlagen zu laufen. (60fach vergr.) — Unten rechts: Stubenfliege beim Landen. — Unten: Flügel der Stubenfliege (oben) und der Kleinen Stubenfliege (unten). An der Aderung kann man sie unterscheiden.

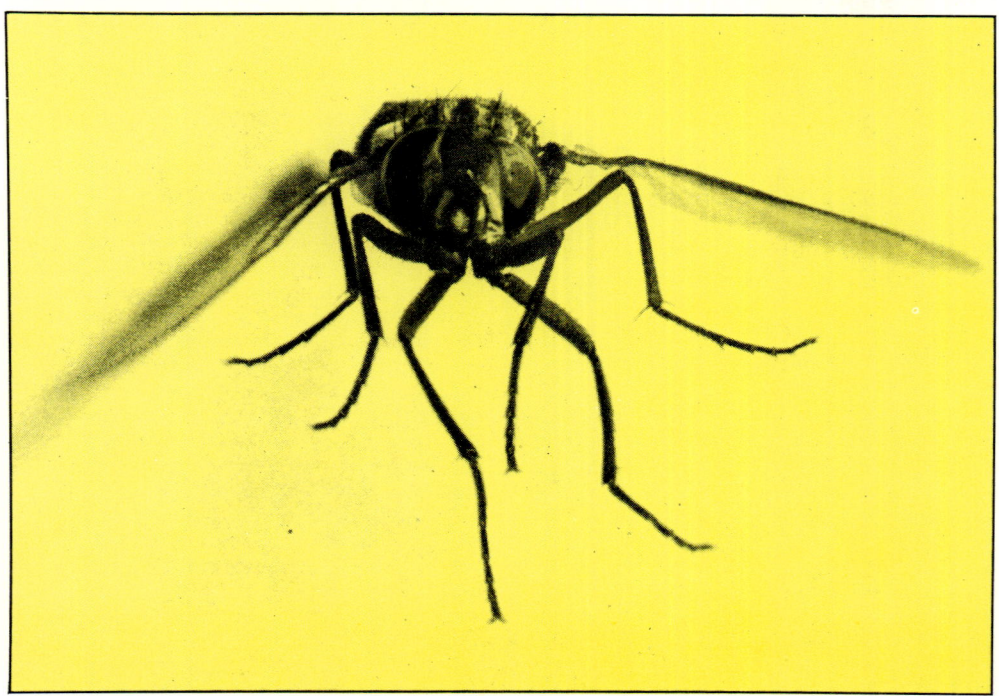

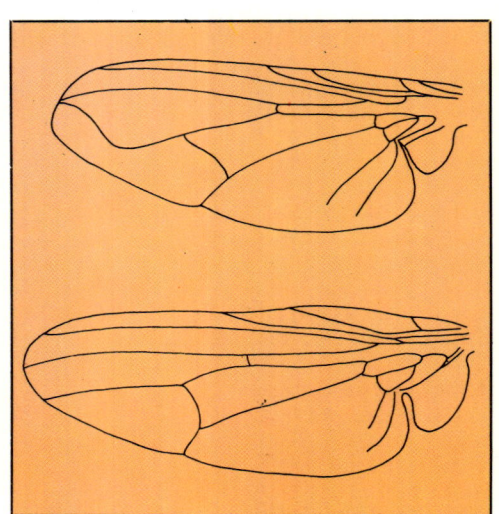

Hummeln

Hummeln sind den Honigbienen ziemlich ähnlich (s. Seite 149), haben aber einen größeren, mit steifen gelben, orangefarbenen oder roten Haaren bedeckten Körper. Hummeln haben auch einen Stachel, mit dem sie jeglichem Feind Gift einspritzen können. Der Stachel ist ein abgewandelter Legestachel, ein röhrenförmiges Organ, mit dem andere Insekten ihre Eier ablegen.

Hummeln gibt es in der ganzen Welt. Die meisten Arten leben in den kühlen Zonen; in den Tropen bevorzugen sie vor allem Höhenlagen. In Australien sind sie nicht heimisch, sondern eingeführt worden. Die ersten Siedler stellten fest, daß die Bienenarten den von ihnen mitgebrachten Rotklee nicht bestäubten. So wurde die Hummel eingeführt, die die Aufgabe übernahm.

Summend von Blüte zu Blüte
Unter dem Mikroskop bieten die Hinterbeine der Hummel einen interessanten Anblick. Die Oberfläche des Metatarsus ist flach und glänzend, an jeder Seite befindet sich jedoch eine Reihe steifer Borsten. Diese Borsten bilden das sogenannte Pollenkörbchen. Wenn man beobachtet, wie eine Hummel von Blüte zu Blüte fliegt, kann man gut sehen, wie die großen, gelben Pollenbällchen an ihre Hinterbeine angeheftet werden. Wenn sich die Hummel in eine Blüte hineindrängt, wird der Pollen an die Körperhaare abgestreift. Die Hummel bürstet den Pollen dann von ihrem Körper ab, feuchtet ihn mit etwas Nektar an und befestigt ihn am Pollenkörbchen. Wenn sie ins Nest zurückkommt, entfernt sie den Pollen mit den Vorderbeinen wieder vom Körbchen und bringt ihn in die Brutzellen.

Durch den Nektar werden die Hummeln von den Blüten angezogen. Mit ihrem ausstreckbaren Saugrüssel nehmen sie den Nektar auf und lagern die Ernte dann im Honigmagen ab.

Blüten und Bienen sind aufeinander angewiesen. Die Bienen bekommen den Pollen, und die Blüten werden befruchtet. Die Befruchtung findet statt, wenn etwas Pollen von der einen Blüte an einer anderen abgerieben wird. Aus diesem Grund haben die Blumen ihre attraktiven Farben und Gerüche ausgebildet: um Bienen anzuziehen, nicht etwa den Menschen zuliebe.

Der Lebenszyklus einer Königin
Es ist reiner Zufall, wenn Insekten mit ihren Nachkommen zusammentreffen. Das kommt daher, daß Insekten ihre Eier legen und sie dann sich selbst überlassen.

Einige Insekten jedoch verhalten sich anders, vor allem die staatenbildenden Insekten. Sie bleiben bei ihrem Nachwuchs, dieser wiederum kümmert sich um die nächste Generation. Wespen, Honigbienen und Ameisen — allesamt wohlbekannte Beispiele staatenbildender Insekten. Sie leben zu Tausenden in einem Nest. Die meisten sind nicht fortpflanzungsfähige Weibchen. Diese Arbeiterinnen sorgen für das Geschlechtstier, die Königin, ihre Eier und ihre Larven. Auch Hummeln sind staatenbildende Insekten; in ihrem Staat gibt es aber weniger Arbeiterinnen, und sie sterben alle vor Einbruch des Winters.

Der Lebenszyklus eines Hummelstaates beginnt im Herbst. Ein junges Weibchen verläßt das Nest, paart sich und findet einen geschützten Platz, wo es überwintern kann. Wenn der Frühling kommt — der Zeitpunkt ist je nach Art verschieden —, schlüpft die junge Königin, sie sonnt sich, bis sie ganz entwickelt ist. Dann fliegt sie fort und sammelt an den Frühlingsblumen Pollen und Nektar. Die Königin braucht Pollen, weil er viel Eiweiß enthält, das sie zum Aufbau der Eier in ihren Eierstöcken verwendet.

Bald geht die Königin auf die Suche nach einem geeigneten Platz für ihr Nest. Sie könnte das verlassene Nest einer Feldmaus, einer Wühlmaus oder eines Igels übernehmen — oder sich etwas anderes aussuchen: ein nichtbenutztes Vogelnest, ein Strohdach, einen Heuballen oder sogar eine weggeworfene Matratze. Sie bevorzugt Plätze an Hecken oder Dämmen oder in vernachlässigten Ecken in der Feldflur oder in Gärten.

In der Regel baut die Königin ihr Nest am Ende eines Tunnels. Wenn sie ein altes Mäusenest ausgewählt hat, kann der Tunnel einen Meter lang sein, manche Arten bevorzugen aber ganz kurze, vielleicht 10 bis 20 cm lange Tunnel. Die Acker- und Mooshummeln bauen ihre Nester sogar am Erdboden, indem sie Gras und Moos zu einem festen, dichten Ballen verweben.

Wenn die Königin das Nest von einem Vorbesitzer übernommen hat, ist immer reichlich Nestbaumaterial verfügbar. Sie formt es zu einer kleinen, inneren Kammer, die nur mit feinstem Gras und zarten Wurzeln ausgekleidet ist. Hier hält sie sich ein, zwei Tage auf, um sie mit ihrer Körperwärme zu trocknen. Insekten sind zwar „Kaltblüter", die größeren entwickeln aber genügend Wärme, besonders mit ihren Flugmuskeln, um den Körper ein paar Grad über der Lufttemperatur außerhalb des Nestes zu halten.

Nahrung im Vorratstopf
Von nun an entwickeln sich die Eier in der Königin. Sie beginnt, eine Brutzelle aus Wachs zu bauen. Das Wachs wird zwischen den Platten an der Unterseite des Abdomens ausgeschieden. Sie sucht draußen Pollen, den sie in der Brutzelle ablagert, in die sie acht bis vierzehn Eier legt. Die Zelle wird dann mit Wachs bedeckt. Die Königin sitzt eine Zeitlang oben auf der Brutzelle, um die Eier warm zu halten. Zum Fressen geht sie heraus, bringt aber auch so viel Nektar wie möglich mit nach Hause und bewahrt ihn in einem Vorratstopf am Eingang zum Nest

Männchen paart sich mit der Königin (Bombus agrorum). Männchen werden gegen Ende des Sommers hervorgebracht. Nach der Paarung geht die Königin an einem geschützten Ort in Winterschlaf.

Gartenhummel (B. hortorum) brütet den ersten Schub aus, der das Puppenstadium erreicht hat. Überschüssigen Nektar bewahrt sie am Eingang des Nestes in einer Honigzelle auf.

auf. Der Vorratstopf besteht aus Wachs und ist knapp 2 cm hoch bei gut 1 cm Durchmesser. Er bietet Nahrung, wenn das Wetter zu schlecht ist, um Futter zu suchen.

Die Larven schlüpfen als hilflose Maden, die kaum den Ansatz von Beinen oder Sinnesorganen aufweisen. Sie tun nichts, als von dem in der Brutzelle angesammelten Pollen und von der Mischung aus Pollen und Nektar, die die Mutter ihnen darbietet, zu fressen. Bei dieser Ernährung wachsen sie aber erstaunlich schnell. Sie häuten sich wiederholt, spinnen einen Kokon und verpuppen sich dann.

An diesem Punkt der Entwicklung entfernt die Königin sorgfältig das Wachs von den Kokons, macht neue Brutzellen daraus, setzt sie auf die Kokons und legt den nächsten Schub von Eiern hinein. Zu gegebener Zeit geht die erste Brut aus ihren Kokons als voll entwickelte Arbeiter hervor. Es dauert ein, zwei Tage, bis sie trocken sind, die Flügel ausgebreitet haben und diese hart geworden sind. Dann können sie ausfliegen, Nahrung sammeln und sich um den nächsten Larvenschub kümmern.

Es dauert nicht lange, bis ein ganzer Staat von einigen hundert Arbeitern aufgebaut ist. Die Königin jedoch wird niemals zur hilflosen „Eierlegemaschine", wie bei Ameisen und Termiten. Sie kann immer noch Brutzellen machen und Larven füttern.

Gegen Ende des Sommers gehen aus einigen Eiern Männchen und neue Königinnen hervor. Die Männchen entwickeln sich parthogenetisch, d. h. aus unbefruchteten Eiern. Die Weibchen, die neue Generation von Königinnen scheinen den Arbeiterinnen völlig gleich zu sein, sie wachsen aber viel schneller, und zu gegebener Zeit verlassen sie das Nest, um sich mit den Männchen zu paaren. Die Männchen unterscheiden sich von anderen Hummeln durch ihre größeren Fühler, mit denen sie die Weibchen auffinden. Sie haben keinen Stachel.

Wenn die alte Königin die Männchen und die neuen Königinnen hervorgebracht hat, hört sie auf, Eier zu legen. Allmählich stirbt der ganze Staat aus. Nach der Paarung sterben auch die Männchen. Es ist wieder Winter, und nur die jungen Königinnen sind übrig geblieben, um den nächsten Frühling zu erleben.

Wie Hummeln um ihr Leben kämpfen

Hummeln haben viele Feinde, große und kleine. Die schlimmsten sind die insektenfressenden Vögel, wie die Bienenfresser. Dachse und andere Marder graben die Nester wegen des Honigs, aber auch wegen der Hummeln selbst aus.

Auch Feld- und Spitzmäuse greifen Hummelnester an, und von den kleineren Tieren gehören Jagdfliegen zu den Feinden der Hummeln. Sie packen die Hummeln mit ihren Beinen und saugen ihnen das Blut aus. Es gibt auch Milben, die in den Tracheenlungen der Hummeln leben und an ihren Körpersäften saugen. Ein weiterer Feind ist die Wachsmotte. Sie legt ihre Eier in Hummelnester, und ihre Raupe zerstört die Wachszellen, indem sie sich hindurchfrißt.

Die Schmarotzerhummel ist mit der Hummel eng verwandt, gleichzeitig aber ihr Feind. Schmarotzerhummeln haben kein Pollenkörbchen, mit welchem sie Pollen sammeln könnten. Statt dessen überfallen sie die Hummelnester und legen ihre Eier hinein. Sie entwickeln sich zu Männchen und Weibchen, aber nicht zu Arbeitern, und sie werden von den Arbeitern der Hummeln mit ernährt.

Beim Kampf verteidigen sich Hummeln, indem sie beißen und stechen. Sie legen sich auf den Rücken, mit offenen Kiefern und herausgestrecktem Stachel, und manchmal spritzen sie Gift in die Luft. Ihr Stachel hat keine Widerhaken, wie der Stachel der Honigbienen, er kann also aus dem Körper des Feindes wieder herausgezogen werden.

Ihre wirtschaftliche Bedeutung

Durch sein berühmtes Buch „Über den Ursprung der Arten" hat Charles Darwin viele Streitgespräche ausgelöst. Einer der in seinem Buch erwähnten Punkte betraf die Tatsache, daß nur Hummeln die Blüten des Rotklees aufsuchen. Der Rotklee hat lange, enge Blütenkelche; die Zungen der Bienen sind nicht lang genug, um den am Grunde des Kelches liegenden Nektar erreichen zu können.

Darwin führte nun aus: Wenn die Hummeln selten würden oder gar ausstürben, würde auch der Rotklee aussterben. Dies aber hätte ernste wirtschaftliche Folgen, sagte er, denn das Vieh werde mit Rotklee gefüttert. Er ging noch weiter und zitierte H. Newman, der gesagt habe, über zwei Drittel der Hummelnester würden in England durch Mäuse zerstört. Er meinte, in der Umgebung von Dörfern und Städten, wo viele Katzen gehalten würden, gäbe es mehr Hummelnester. Viele Katzen brächten somit eine bessere Klee-Ernte, weil Katzen Mäuse fressen, die wiederum Hummeln töten.

Ein deutscher Wissenschaftler hat dann später ironischerweise bemerkt, ein großer Katzenbestand fördere Englands Wirtschaft, weil seiner Ansicht nach Englands Wohlstand auf seinem Viehbestand beruhe. Ganz im Geiste Darwins hat schließlich T. H. Huxley der Kette das letzte Glied angefügt: Da alte Jungfern Katzen sehr gern hätten, meinte er, sei es der vernünftigste Weg, die Wirtschaft des Landes zu stärken, indem man die Zahl alter Jungfern erhöhe. Weniger Hochzeiten, mehr alte Jungfern — nach Huxley die einfachste Lösung.

Klasse	**Insecta**
Ordnung	**Hymenoptera**
Familie	**Apidae**
Gattung	*Bombus*

Eine Gruppe Kokons. Zwei sind aufgeschnitten, um das Innere zu zeigen. Aus den Kokons kommen vollentwickelte Arbeiter heraus; sie trocknen dann ein bis zwei Tage. Währenddem breiten sich ihre Flügel aus und erhärten.

Wenn es im Nest zu warm wird, fächeln einige Arbeiter mit ihren Flügeln Luft zum Kühlen herein. (B. agrorum.)

Von links: Nest wilder Bienen in einem Baum. — Königin befreit sich aus der Zelle. — Jedes Ei kommt in eine sechseckige Zelle.

Honigbiene

Die vier Arten staatenbildender Bienen der Gattung Apis könnten alle als Honigbienen bezeichnet werden, der Name ist aber in der Regel der Hausbiene, Apis mellifera, vorbehalten. Im Gegensatz zu allen anderen staatenbildenden Bienen und Wespen der gemäßigten Zonen bildet sie Staaten, die den Winter überleben, indem sie sich von Nahrungsreserven ernähren, sie behalten daher eine Wohnung oder ein Nest für unbestimmte Zeit. Bei den staatenbildenden Wespen und Hummeln sterben mit Ausgang des Sommers alle Angehörigen des Staates, nur die fruchtbaren Weibchen oder Königinnen überleben und gründen im nächsten Frühling neue Staaten.

In den Staaten der Bienen, Wespen und Ameisen gibt es zwei Arten von Weibchen. Die fruchtbaren Weibchen sind die „Königinnen" und die unfruchtbaren die „Arbeiterinnen". Die Arbeiterinnen verrichten alle zur Aufrechterhaltung des Staates notwendigen Arbeiten. Bei den Wespen, den meisten Bienen und einigen Ameisen ist der Legestachel beider Weibchentypen zu einem mit einer Giftdrüse verbundenen Wehrstachel umgewandelt. Die Königinnen geben die Eier aus einer Öffnung am Grunde des Stachels ab.

Viele Jahrhunderte lang schon hält man Bienen ihres Honigs wegen. Im Laufe der Geschichte war es meist nur eine Frage, wie man sie veranlassen konnte, in irgendwelchen Behältnissen, wie Bienenkörben oder -kästen, Staaten zu gründen und sie dann ihres Honigs zu berauben. Noch bis vor kurzer Zeit ging ihre Fortpflanzung völlig unkontrolliert vonstatten, und auch heute sind sie nicht so völlig zu Haustieren geworden wie Hunde, Rinder oder selbst Seidenspinner.

Häusliche Pflichten

Die große Mehrzahl der Europäischen Honigbienen lebt heute in Bienenstöcken, wildlebende Staaten findet man meist in hohlen Baumstämmen vor. Im Hochsommer besteht ein starker Staat gewöhnlich aus einer Königin, 50 000 bis 60 000 Arbeiterinnen und ein paar hundert Männchen oder Drohnen. Die Lebenserwartung einer Arbeiterin beträgt dann nur vier bis sechs Wochen, und diese Spanne besteht aus zwei Perioden. Während der ersten drei Wochen, nachdem sie aus der Puppe hervorgegangen ist, liegen die Pflichten der Arbeiterin im Stock, wo sie zunächst von älteren Bienen ernährt wird, aber später selbst von den Vorräten an Pollen und Honig frißt. Zuerst arbeitet sie als Kindermädchen bei den sich entwickelnden Larven, denen sie Nahrung übermittelt, teils indem sie von der eigenen Nahrung wieder abgibt, teils indem sie ein geleeartiges Sekret aus einer Drüse am Kopf ausscheidet („Gelée Royale"). Im Alter von zwölf Tagen haben sich ihre Wachsdrüsen entwickelt, und sie wendet sich dem Bau und der Ausbesserung der geometrisch angeordneten Waben zu. In den Waben werden die Larven aufgezogen und Nahrung gesammelt. Jetzt begibt sie sich auch auf kurze Erkundungsflüge in der Nähe des Stockes, um die Wegweiser kennenzulernen, wenn sie sich dann weg wagt.

Im Alter von zwölf Tagen bis drei Wochen übernimmt sie Nektar und Pollen von den von ihren Futterflügen zurückkehrenden Arbeiterinnen, wandelt den Nektar in Honig um und bringt ihn ins Nest. Gleichzeitig hilft sie, den Stock sauberzuhalten, indem sie tote Bienen und anderen Abfall herausschafft. Wenn sie drei Wochen alt ist, kann sie selbst ausfliegen und Nektar, Pollen, Wasser und Harz, die vier Wirtschaftsgüter des Stockes, einbringen. Das Harz wird gebraucht, um eine Art lackartigen Zement zu erzeugen, mit dem Höhlungen und kleine Löcher verschlossen werden.

Auf der Suche nach Nektar

Auf der Suche nach nektarreichen Blüten wird die Arbeitsbiene von ihrem Geruchs- und Gesichtssinn geleitet. Bienen haben einen guten Farbensinn, aber einen anderen wie wir Menschen. Rot können sie überhaupt nicht wahrnehmen, jedoch die ultra- violetten Strahlen, die für uns nur mittels der Ultraviolett-Photographie sichtbar werden. Bienen richten sich beim Flug vom und zum Stock nach dem Sonnenwinkel oder nach dem polarisierten Licht, sie haben auch eine innere Uhr, mit der sie den ständigen Wechsel der Sonnenstellung ausgleichen.

Die Futtersuche ist eine sehr schwere Arbeit, und nach zwei bis drei Wochen ist die Arbeiterin erschöpft und stirbt. Im Herbst geschlüpfte Arbeiterinnen haben ein wesentlich längeres Leben vor sich, da sie im eigenen Körper Nahrungsreserven anlegen und ihr Energieumsatz während des Winters herabgesetzt ist. Sie halten sich warm, indem sie in Haufen zusammenhocken und mit den Flügeln schlagen; sie leben vom eingebrachten Honig.

Die Königin beherrscht die riesige Zahl ihrer Töchter, indem sie ein Sekret ausscheidet, dessen Vorhandensein oder Fehlen das Verhalten der Töchter bestimmt. Ihre Hauptaufgabe ist es jedoch, Eier zu legen, im Hochsommer kommt sie auf 1500 Eier täglich, eine Menge, die ihr Körpergewicht mehr als aufwiegt. Diese gewaltige Fruchtbarkeit ist notwendig, um die geringe Lebensdauer einer Arbeiterin wettzumachen.

Müßige Drohnen

Sich mit den Königinnen zu paaren und sie zu befruchten ist die einzige nützliche Tätigkeit der Drohnen im Gemeinwesen der Honigbienen. Während des Sommers leben sie gewöhnlich vier bis fünf Wochen, währenddem suchen sie nicht einmal für sich selbst die notwendige Nahrung in Blüten, sondern werden von Arbeiterinnen gefüttert. Im Herbst werden die im Stock verbliebenen Drohnen hinausgeworfen, so daß sie verhungern oder erfrieren.

Neue Staaten entstehen durch das Schwärmen. Als Vorstufe werden im Stock neue Königinnen erzeugt, dann verläßt eine große Zahl von Arbeiterinnen zusammen mit einigen Drohnen und in der Regel nur einer Königin den Stock, und sie fliegen ein Stück weit zusammen. Sie lassen sich in einem großen Schwarm nieder und suchen einen geeigneten Platz, wo einige der Arbeiterinnen einen neuen Staat gründen. In diesem Stadium ist es leicht, sie zu veranlassen, sich in irgendeinem künstlichen Quartier niederzulassen, man braucht den Schwarm mit seiner künftigen Königin nur in ein geeignetes Behältnis, zum Beispiel einen Bienenstock, zu schütteln.

Natürliche und künstliche Fortpflanzung

Königinnen werden in einem Bienenstock gebildet, wenn die „Königinmutter" alt geworden ist oder wenn es ans Schwärmen geht. In beiden Fällen begeben sie sich im Alter von etwa einer Woche auf den Hochzeitsflug und suchen sich Männchen. Drohnen, die sich mit einer Königin paaren, verurteilen sich selbst zum Tode. Das beruht darauf, daß sich die Geschlechtsorgane so fest mit dem Körper der Königin verbinden, daß sie abbrechen, wenn sich die beiden Bienen trennen, und die Drohnen fast sofort sterben. Die Königin speichert den Samen in einem Beutel, dem sogenannten Receptaculum seminis, aus dem sie ihn jeweils freigibt, um die frisch gelegten Eier zu befruchten. Und hier gibt es nun eine seltsame Abweichung von dem im Tierreich Normalen: Alle befruchteten Eier bringen Weibchen hervor, entweder Arbeiterinnen oder Königinnen; Drohnen dagegen entwickeln sich nur aus unbefruchteten Eiern.

Das zusammenfassend als Brut bezeichnete Larven- und Puppenstadium der Honigbienen wird in den Wachszellen verbracht, in die die Eier gelegt wurden, jeweils ein Ei in eine Zelle. Die Larven sind völlig hilflos, sie werden von den Arbeiterinnen gefüttert. Die Entwicklung einer Arbeiterin dauert 21 Tage: 3 Tage Ei-, 6 Tage Larven- und 12 Tage Puppenstadium.

Das natürliche Paarungsverhalten von Königin und Drohn macht eine selektive Züchtung durch den Imker unmöglich. In den letzten Jahren hat man aber ein Verfahren zur künstlichen Befruchtung entwickelt. Dabei werden unter dem Mikroskop ausgewählte Königinnen mit dem Samen ausgewählter Drohnen befruchtet.

Ernährung, Feinde, Krankheiten

Die natürliche Nahrung der Bienen besteht aus Nektar und Pollen, der Nektar liefert die Energiequelle Zucker und der Pollen das notwendige Eiweiß. Aus dem Nektar machen die Bienen auch Honig und stapeln ihn als Nahrung. Es ist falsch, zu sagen, die Bienen saugten Honig aus den Blüten, denn Nektar und Honig sind chemisch verschieden, Honig ist viel konzentrierter. Die Larven werden zum Teil mit einer Mischung aus Nektar oder Honig und Pollen, zum Teil mit einem Sekret aus verschiedenen Drüsen der jungen Arbeiterinnen ernährt; diese Substanz ist das oft erwähnte „Gelée royale". Wird ein befruchtetes Ei in eine Zelle normaler Größe gelegt und die Larve zuerst mit Gelée royale und später mit Pollen und Honig gefüttert, entwickelt sich eine Arbeiterin. Sollen Königinnen hervorgebracht werden, machen die Arbeiterinnen größere Zellen (Weiselzellen), in welche die Königin normal befruchtete Eier legt. Die Larven dieser Eier jedoch werden ausschließlich mit Gelée royale gefüttert, und sie entwickeln sich zu Königinnen. Drohnenlarven werden ähnlich wie die Larven der Arbeiterinnen gefüttert. Trotz ihrer Wehrstachel werden Bienen von Vögeln, Libellen und einigen Wespen erbeutet. Wachsmotten legen ihre Eier in Bienenstöcke, und ihre Larven leben von Wachs, Pollen und dem Abfall im Bienenstock; sofern sie überhaupt zahlreich auftreten, können sie viel Schaden anrichten. Die größte Bedrohung für Honigbienen sind jedoch Krankheit und Hunger.

Die lieben Verwandten

Man kennt nur vier Arten der Gattung *Apis*. Eine davon, die Indische Honigbiene (*Apis indica*), ist *Apis mellifera* so ähnlich, daß sie manchmal als Unterart angesehen wird.

Die beiden anderen Arten sind in den östlichen Tropen beheimatet. Die Riesenhonigbiene (*Apis dorsata*) ist eine große Biene, die im Freien eine einzelne, freihängende Wabe bildet. Dazu wählt sie eine überstehende Kante in beträchtlicher Höhe über dem Erdboden. Große, überhängende Felsen und Gebäudeteile, besonders Wassertürme, sind bevorzugte Plätze zur Staatengründung. Die Dyaks auf Borneo steigen nachts mit rauchenden Fackeln hinauf, werfen die Waben hinunter und sammeln den Honig.

Die Zwerghonigbiene (*Apis florea*) ist hingegen ein friedliches, kleines Insekt, das nur selten seinen Stachel benutzt. Ein Staat besteht aus einer einzigen Wabe, so groß wie die Handfläche einer menschlichen Hand, mit nur 30 bis 60 g Honig.

Die stachellosen Bienen der Gattung *Trigona* sind mit den Honigbienen nicht eng verwandt, sie bilden große Staaten in hohlen Baumstämmen und an ähnlichen Stellen. Die Maya Mexikos hielten sie wegen ihres Honigs.

Stamm	**Arthropoda**
Klasse	**Insecta**
Ordnung	**Hymenoptera**
Familie	**Apidae**

Drohne verbeugt sich vor der von Arbeitern umgebenen Königin. Sie scheidet ein Sekret aus, durch das sie das Verhalten ihrer Töchter, die den Stock versorgen, steuert.

Tanzsprache der Bienen: Um sich mitzuteilen, wo Blütennektar zu finden ist, haben die Arbeiterinnen den Rundtanz für nahe und den Schwänzeltanz für ferne Fundstellen entwickelt.

Wespen

Unter Wespen versteht man meist schwarz-gelbe Hautflügler, die im Sommer oftmals so zahlreich auftreten, daß sie lästig werden. Im weiteren Sinne des Wortes handelt es sich aber um eine Bezeichnung für die Hautflügler allgemein. Die bekannten Wespen sind die echten Wespen (Vespinae) und die Feldwespen (Polistinae). Zu den häufigsten Arten zählen die Deutsche Wespe (Paravespula germanica) und die Gewöhnliche Wespe (P. vulgaris), die überall in Europa verbreitet sind. Die Arbeiterinnen sind einander sehr ähnlich, während die Königinnen an der unterschiedlichen Färbung zu erkennen sind. Der folgende Text bezieht sich vor allem auf diese beiden Arten.

Daneben gibt es bei uns eine ganze Reihe weiterer Arten. Ebenso wie die beiden genannten baut die Rote Wespe (P. rufa) unterirdische Nester, während die Waldwespe (Dolichovespula sylvestris), die Norwegische Wespe (D. norvegica) und die Mittlere Wespe (D. media) ihre Nester in Geäst und Gezweig hängen. Die Sächsische Wespe (D. saxonica) baut ihre Nester in Baumhöhlen. Drei andere Arten bauen keine eigenen Nester, sondern leben als Brutparasiten bei anderen Arten, und zwar die Österreichische Wespe (Vespula austriaca) bei der sehr ähnlichen Roten Wespe, und Pseudovespula adulterina und P. ormissa bei der Sächsischen bzw. bei der Waldwespe. Die Königin der

Sie lieben Süßigkeiten. Erwachsene Wespen leben von Nektar und dem Saft von Früchten und Pflanzen.

Von Furcht erregte Deutsche Wespe. Wespen stechen nur, wenn sie belästigt werden.

Schmarotzerwespe dringt in das Nest der Wirtsart ein, tötet die Königin und nimmt deren Platz ein. Aus den Larven gehen nur Königinnen und Männchen hervor. Sie werden von den Wirtsarbeiterinnen aufgezogen.

Nahe verwandt mit den Wespen ist die riesige Hornisse (Vespa crabo), die ihr Nest vor allem in Räumen unter Gebälk errichtet, und etwas weiter entfernt steht die Feldwespe (Polistes).

Hochentwickelte Papierbauten

Die Entstehungsgeschichte eines Wespennestes beginnt schon im Herbst des Jahres vor seiner Errichtung, wenn die jungen Königinnen das Nest verlassen, in dem sie geschlüpft sind. Sie paaren sich dann und verbringen den Winter in hohlen Bäumen, Schuppen oder Veranden.

Im späten Frühling kommt die Königin wieder hervor und sucht eine Bodenspalte oder ein altes Mauseloch, das unter eine Baumwurzel führt. Genau darunter gräbt sie eine Kammer, indem sie die Erde mit den Kiefern wegschaufelt. Dann fliegt sie wiederholt an einen Zaunpfahl oder einen toten Baum und bringt jedesmal ein Kügelchen aus Paste mit; sie besteht aus eingespeicheltem Holz. Diese Substanz wird an die Unterseite der Wurzel geklebt, wo sie erhärtet und zu einer Art Pappe oder Papier wird. An dieser Unterlage wird ein kleines rundes Dach befestigt und dann ein Papierstiel hergestellt, der vom Mittelpunkt des Daches aus nach unten weist. Um den Stiel herum wird nun ein Haufen sechseckiger, ebenfalls aus Papier bestehender, mit der Öffnung nach unten weisender Zellen gebaut. Die Königin legt in jede Zelle ein Ei und schließt dann diese erste Wabe in einen Papiersack, etwa von der Größe eines Golfballes, ein. Am unteren Ende hat der Sack ein Loch.

Eine Stadt wird gebaut

Während dieser Zeit hat die Königin von Nektar gelebt. Wenn dann aus den Eiern die weißen Larven geschlüpft sind, muß sie ihre Zeit gut einteilen: die Larven mit einem Brei aus zerkauten Insekten füttern — sie wachsen und brauchen deshalb Eiweiß —

und an die Wabe neue Zellen anfügen und gleichzeitig den umschließenden Papiersack vergrößern. Inzwischen haben die Larven aus den ersten Eiern das Puppenstadium hinter sich, und die ersten Arbeiter gehen daraus hervor. Die Königin hat nun ihrem Haus eine Wabe angefügt, sie hängt an kleinen Papierstielen unter der ersten.

Wenn die Arbeiter — das sind nicht fortpflanzungsfähige Weibchen — sehr zahlreich erscheinen, nehmen sie der Königin die Arbeit der Ausdehnung und Vergrößerung ihres Nestes ab. Neue Waben werden angefügt, eine unter der anderen; sie werden immer größer, bis das Nest seine endgültige Gestalt erreicht hat; dann werden sie wieder kleiner, so daß annähernd eine Kugelform entsteht. Die Arbeiter tragen große Mengen Erde ab und bringen Holzbrei als Baumaterial zurück. Die Verankerung wird mit dem wachsenden Umfang und Gewicht des Baues verstärkt, und zwischen dem Bau und der umgebenden Erde werden Streben und Stützen eingefügt. Die Königin bleibt zu Hause, sie wird von ihren nicht fortpflanzungsfähigen Töchtern, die auch tierische Nahrung für die wachsenden Larven heranschaffen müssen, gefüttert. Sobald eine Zelle fertig ist, legt sie ein Ei hinein, bis schließlich eine Population von 5000 Wespen, in großen Nestern bis 100 000, aufgebaut ist.

Bauen und Ausbessern

Das fertige Nest besteht aus einer Kugel von 20 bis 50 cm Durchmesser mit 6 bis 10 waagerechten Waben. Es ist einem Haus aus Ziegel und Mörtel vergleichbar, nur mit einem Unterschied: Das Nest hat zwar eine feste äußere Grundform, innen wird aber ständig etwas abgeknabbert, wieder aufgeweicht, umgeformt und frischer Papierstoff angesetzt, um Waben und Außenwand zu erweitern. Der ganze Bau befindet sich somit in ständigem Wandel.

Gegen Ende des Sommers wird eine Generation von Männchen und fortpflanzungsfähigen Weibchen hervorgebracht. Letztere sind die Königinnen, sie ähneln den Arbeitern, sind aber größer. Die Männchen sind genauso groß wie die Arbeiter, haben jedoch viel längere Fühler. Diejenigen Eier, die Arbeiter und Königinnen hervorbringen, werden durch Spermien aus dem Vorrat,

den die Königin bei der Paarung angelegt hatte, befruchtet. Männchen gehen jedoch aus nicht befruchteten Eiern hervor, hier hält das Weibchen beim Legen die Spermien zurück. Bald nach der Paarung sterben die Männchen, und die Weibchen begeben sich zum Winterschlaf. Zu Ausgang des Sommers werden die Arbeiter faul und hören auf, die Wirtschaft des Nestes ingangzuhalten, sie und die Königin sterben mit Eintritt der ersten Herbstfröste. Die Arbeiter leben von Nektar und Fruchtsäften, nehmen aber auch flüssige Ausscheidungen der Larven zu sich. Die Larven und die Königin werden von den Arbeitern mit dem Brei aus gefangenen Insekten gefüttert.

Die Larven sind weiße, beinlose Maden, sie halten sich in den unten offenen Zellen, indem sie sich seitlich gegen die Wände der Zellen pressen. Wenn sie ausgewachsen sind, schließen sie die Zellen mit einem Gespinstdeckel. Die während ihres Lebens anfallenden Exkremente sammeln sich am Ende des Magen-Darm-Kanales, sie werden bei der letzten Häutung, wenn sich die Larve in eine weiche, weiße Puppe verwandelt, mit ausgeschieden. Drei bis vier Wochen nach der Eiablage sind die Wespen dann völlig entwickelt.

Gäste und Parasiten

Die Hummel-Schwebfliege *Volucella* kommt in das Wespennest und legt ihre Eier ab, ohne von den Wespen gehindert zu werden. Ihre eigenartig stachligen Larven spielen eine nützliche Rolle als Abfallbeseitiger, sie wohnen mitten unten im Nest, wo sich Schmutz und tote Körper ansammeln, sie gehen auch in verlassene Zellen, säubern sie und entfernen die Exkremente. So tragen sie dazu bei, die Zellen wieder bewohnbar zu machen. Auch die Larven der Motte *Aphomia sociella* betätigen sich als Abfallbeseitiger in Wespennestern. Gegen Ende der Saison, wenn das Leben im Nest allmählich erlahmt, dringen sie in die Waben ein und verschlingen Larven und Puppen.

Der Wespenstachel

Diese beachtliche Waffe ist in Wirklichkeit ein Legestachel, der in eine feine, unter die Haut gehende, mit einer Giftdrüse verbundene Nadel umgewandelt wurde. Die Eier werden aus einer Öffnung am Grund des Stachels abgegeben. Wespen stechen, wenn sie zufällig jemandem in die Kleider gekrochen sind und dann gequetscht werden oder eingesperrt sind. Auch wenn das Nest gestört wird oder wenn sich auch nur jemand dem Nest nähert, greifen sie an und stechen. Die Bewohner großer, stark bevölkerter Nester sind angriffslustiger als die Bewohner kleinerer Nester. Die Hauptbestandteile des Giftes sind Serotonin, Acetylcholin und Histamin. Altmodische Heilmittel, wie Waschsoda und Ammoniumsalze, beruhten auf der irrtümlichen Annahme, das Gift sei irgendeine Säure. Sie sind deshalb wirkungslos, allenfalls wirken sie als Beruhigungsmittel. Wirkliche Hilfe bei Wespenstichen verschaffen Antihistamine.

Stamm	**Arthropoda**
Klasse	**Insecta**
Ordnung	**Hymenoptera**
Familie	**Vespidae**

Entenmuscheln oder Rankenfüßer

T. H. Huxley hat die Entenmuscheln, die zu den Rankenfüßern gehören, einmal als Tiere bezeichnet, die „auf dem Kopf stehen und sich mit dem Fuß Futter in den Mund treiben". Nichts könnte die Eigenart der Entenmuscheln treffender beschreiben.

Rankenfüßer sind weitverbreitete Meerestiere, die Felsen und Pfeiler von Hafenanlagen überkrusten oder Schiffsrümpfe bewachsen. Man hält sie oftmals für Mollusken, da sie Muscheln oder Napfschnecken ähneln, bis Anfang des 19. Jahrhunderts war das auch die Meinung der Zoologen. 1829 entdeckte jedoch der Arzt Vaughan Thompson, daß Rankenfüßer ähnlich wie Krebstiere freischwimmende Larven haben; sie sind deshalb mit den Flohkrebsen, Garnelen und Hummern verwandt.

Entenmuscheln sind mit dem Kopf durch Ausscheidungen am ersten Paar der Antennen an Felsen oder Holzbalken angeklebt. Der Körper ist in Kalkplatten eingeschlossen, so daß die Tiere äußerlich Mollusken gleichen; in der von diesen Platten und vom Körper gebildeten Höhlung liegen sechs Paar gespaltener Füße, die dicht mit Borsten besetzt sind. Diese Füße oder Zirren entsprechen den von anderen Krebstieren zum Laufen oder Schwimmen benutzten Füßen; sie schlagen rhythmisch, indem sie zwischen den Platten hervorschnellen und sich dann wieder zurückziehen. Das Futter wird von den Borsten gesammelt oder aus dem von den schlagenden Zirren erzeugten Wasserstrom herausgesogen. So werden zugleich die Kiemen mit sauerstoffreichem Wasser zum Atmen umspült.

Eine Million auf den Meter

Es gibt zwei Haupttypen von Rankenfüßern. Die Seepocken gleichen auf den ersten Blick kleinen Napfschnecken, ihre Schale besteht jedoch aus mehreren Platten. Die Gemeine Seepocke der Nordsee, *Balanus balanoides*, erreicht fast 2 cm Durchmesser, der amerikanische *Balanus nubilis* jedoch fast 30 cm. Seepocken sind sowohl an der Küste als auch an Schiffen verbreitet, sie können während der Gezeiten auch verhältnismäßig lange der Luft ausgesetzt sein. Ein um den ganzen Körper herumlaufender Muskel zieht die Platten zusammen, damit die Seepocke während der Ebbe nicht zuviel Feuchtigkeit verliert; daher kommt es auch, daß es so aussieht, als hätten die Tiere eine feste Schale. Bei Flut werden die Platten wieder geöffnet, und die Rankenfüße fangen erneut an, ständig nach Nahrung zu strudeln. Solange die Seepocken der Luft ausgesetzt sind, bleiben die Platten jedoch völlig geschlossen. Es bleibt nur ein kleines Loch, damit die Luft zirkulieren, und das Wasser in der Höhlung zwischen den Platten Sauerstoff aufnehmen kann.

Der andere Typ, die Entenmuscheln, hängen an dicken, am Vorderteil des Kopfes herausgebildeten Stielen. Gelegentlich wer-

Seepocken (Balanus) *stoßen ihre gefiederten Rankenfüße durch die Mantelöffnung und ziehen sie mit Greifbewegungen in den Mund zurück. (14fach natürl. Größe.)*

Oben: Entenmuscheln (Lepas anatifera) *hängen verkehrt herum an langen Stielen. — Unten: Sehr seltene Aufnahme junger Gemeiner Seepocken (Balanus balanoides) und Cypridenlarven inmitten erwachsener Sternseepocken (Chthamalus stellatus).*

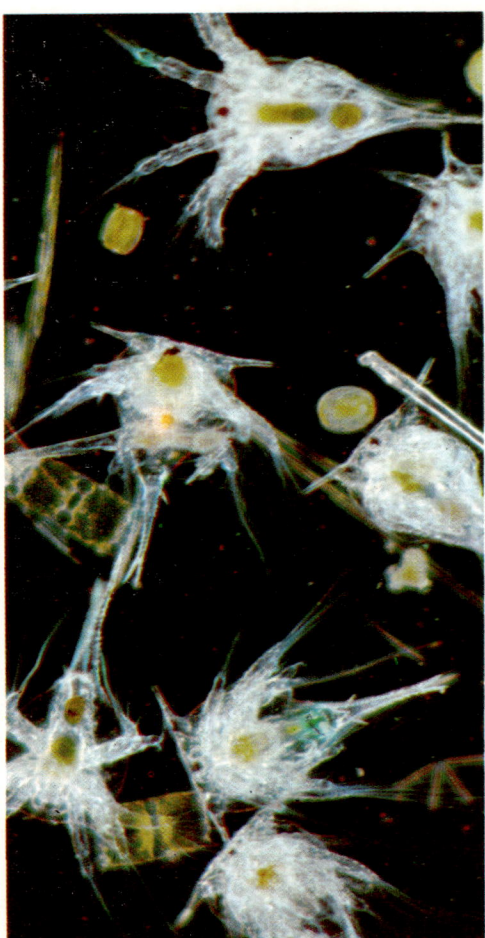

Oben: Seepocken-Naupliuslarven und Diatomeen im Plankton. Nach mehreren Häutungen erreichen sie das Cyprusstadium. (100fach vergr.) — Unten: Cyprislarve in zweilappiger Schale mit Saugnäpfchen an den Antennen oben am Kopf. (100fach natürl. Größe.)

den sie an den Strand getrieben, gewöhnlich leben sie aber an Treibholz, Bojen oder Schiffsböden. Man findet sie auch an Treibgut, wie Flaschen oder Benzinkanistern. Einige Arten bilden eine Schleimblase, die dann erhärtet und mehreren Entenmuscheln als Floß dient.

Sowohl Seepocken als auch Entenmuscheln können an anderen Tieren leben, z. B. an Schildkröten oder Walen und Haien. Die Seepocke *Coronula* kommt viel an Walen vor. Sie wird bis 8 cm groß und kann selbst wieder mit mehreren Entenmuscheln verbunden sein.

Rankenfüßer setzen sich an Metallplatten und Holz fest und werden dadurch zu Schädlingen, denn eine Schicht von Rankenfüßern auf dem Boden eines Schiffes setzt seine Geschwindigkeit stark herab. Von jeher war es deshalb üblich, die Schiffe auf Kiel zu legen und alle Krusten abzukratzen. Ein bewachsenes Schiff wird unwirtschaftlich, weil sich die Reisezeit verlängert. Heutzutage werden Rankenfüßer durch Spezialfarben von vornherein daran gehindert, sich festzusetzen.

Die Nahrung wird herausgefiltert

Wie andere festsitzende Tiere auch, können Entenmuscheln kaum mehr tun, als auf die ihnen zutreibende Nahrung zu warten. Sie lassen sich im allgemeinen an Wasserströmungen nieder, wo dann die Rankenfüße die vorbeitreibenden Futterstoffe heranstrudeln können. Wenn sich die Rankenfüße in die Klappen zurückziehen, falten sie sich wie eine zugreifende Hand, so daß sie jegliche Beute fest in ihren „Netzen" haben. Die Mundanhänge übernehmen die Beute dann und sortieren gleichzeitig nach genießbaren und ungenießbaren Partikeln. Eßbares wird in den Mund gestoßen, der Rest abgewiesen.

Bis zu 1 mm lange Lebewesen werden im Netz der Rankenfüße gefangen. Dazu gehören Larven von Krebstieren und anderen Lebewesen. Auch einzellige Phytoplankter werden gefangen und gefressen, z. B. Bakterien von nur $1/500$ mm Länge. Die Bakterien sind zwar zu klein, als daß sie von den schlagenden Zirren gefangen werden könnten, sie werden aber von dem durch die Zirren erzeugten Wasserstrom mit in die Körperhöhle geschwemmt. Dort werden sie dann von einem extrem feinen, inneren Zirrennetz aus Borsten, mit nur $1/1000$ mm Maschenweite, gefangen.

Bemerkenswertes Befruchtungsverfahren

Entenmuscheln sind Zwitter, jedes Individuum hat männliche und weibliche Organe. Die Eier werden in der aus Platten und Körper gebildeten Höhlung befruchtet, und zwar durch eine benachbarte Entenmuschel oder durch Ersatzmännchen: Sie führt einen etwa 3,5 cm langen Penis durch die Öffnung ihrer eigenen Schale aus und in die ihres Nachbarn ein und gibt Spermien ab. Gewöhnlich bilden Entenmuscheln dichte Gruppen von Tieren, so daß es nicht schwierig ist, einen Paarungspartner zu finden. Gelegentlich finden sich auch alleinlebende Tiere, die Junge hervorbringen. Wahrscheinlich durch Selbstbefruchtung oder „Komplementärmännchen".

Die Entwicklung der Eier dauert etwa vier Monate, aber die Eltern lassen die Larven erst dann frei, wenn die Wachstumsbedingungen günstig erscheinen. Sie geben dann eine sogenannte Schlupfsubstanz ab, und zwar wenn sich die Erwachsenen in gutem Futterzustand befinden, wenn also auch für die Larven ausreichend Futter vorhanden sein wird. In der Nordsee ist das im Frühling, wenn mikroskopisch kleine Algen reichlich vertreten sind.

Die frisch geschlüpften Larven sind winzige Geschöpfe, sogenannte Nauplien. Sie haben einen runden Kopf, der sich verjüngt, einen bedornten Schwanz und drei Paar Körperglieder, mit welchen sie in charakteristisch zuckender Art und Weise rudern. Die Naupliuslarven fressen und wachsen, häuten sich wiederholt und verwandeln sich schließlich in eine Cyprislarve, die einer winzigen Muschel ähnelt. Die Cyprislarven haben sechs Paar Körperglieder. Sie fressen nicht, sondern lassen sich von der Flut treiben und suchen mit dem ersten Paar ihrer Glieder nach einem geeigneten Platz, wo sie sich festsetzen können. Sie versuchen es an Felsen und Holzstücken und hier und dort. Wenn die Verhältnisse annehmbar erscheinen, drehen sie sich schneller, bis sie zuletzt fast kreiselnd den besten Platz finden. Dann verankern sie sich und verwandeln sich sehr schnell in Erwachsene: Die Kalkplatten werden ausgeschieden, und die Körperglieder wandeln sich in zirrenartige Rankenfüße um.

Entenmuscheln „denken" an die Zukunft

Die Wahl des Platzes ist für eine junge Entenmuschel doppelt wichtig, weil sie sich später nicht mehr fortbewegen kann und für die restlichen Jahre ihres Lebens dort verbleiben muß. Sie brauchen deshalb eine Stelle mit rauher Oberfläche, im Schatten, und wo die Strömung ausreichend Futter bringt. An einigen amerikanischen Arten hat man festgestellt, daß die Strömung etwa dreiviertel bis eineinhalb Stundenkilometer betragen muß.

Versuche haben ergeben, daß Rankenfüßer sich gern niederlassen, wo sie mit ihresgleichen in Kontakt kommen, oder wo auch früher Rankenfüßer gesessen hatten. Weitere Untersuchungen haben ergeben, daß sie ein Eiweiß namens Arthropodin ausscheiden. Diese Substanz scheiden Krustentiere durch ihre Haut aus, z. B. Krabben, aber auch Insekten. Wenn dieser Eiweißstoff mit Luft in Berührung kommt, wird er hart. Wenn ein Rankenfüßer stirbt, bleiben an der Stelle in einem Film Spuren dieser Substanz zurück; und nach diesem Film sucht nun die Cyprislarve mit ihren Antennen. Er mag zu fein sein, als daß man ihn unter dem Mikroskop erkennen könnte, die Cyprislarve erfühlt ihn mehr, als daß sie ihn riecht.

Dieses Verhalten ist wichtig, denn wenn die Larve Arthropodin auffinden kann, ist sie sicher, daß dort vorher schon Rankenfüßer gesessen hatten, die Lebensverhältnisse also geeignet sein müssen; dabei kann sie zwischen Arthropodin der eigenen Art und fremder Arten unterscheiden. Darüberhinaus bedeutet dies, daß sich noch andere Rankenfüßer an der Stelle niederlassen werden und wechselseitige Befruchtung gesichert ist.

Stamm	**Arthropoda**
Klasse	**Crustacea**
Unterklasse	**Cirripedia**
Ordnung	**Thoracica**
Gattungen und Arten	*Balanus balanoides,* Gemeine Seepocke; *B. nubilis,* Riesenseepocke; *Lepas anatifera,* Entenmuschel

Flußkrebs

Der Flußkrebs gehört zu den Süßwasserkrebsen. Er sieht aus wie ein kleiner Hummer, wird bis 25 cm groß und ist gelblich, grün oder dunkelbraun gefärbt. Kopf und Thorax sind von einem Panzer bedeckt, dem Carapax, der im scharf zugespitzten Rostrum endet. Der Krebs hat zusammengesetzte, gestielte Augen. Auf dem Kopf befindet sich ein Paar kurzer, reich mit Sinnesorganen ausgestatteter Antennen und ein Paar langer Antennen, die als Fühler dienen. An ihrem Grund sitzen Ausscheidungsorgane. Der Flußkrebs hat ein Paar kräftige Kiefer (Mandibeln) und zwei Paar kleine Kiefer (Maxillen). Das zweite Paar der Maxillen treibt Wasser über 20 Paar Fiederkiemen an den Rumpfgliedmaßen.

Am Thorax sitzen drei Paar Kieferfüße, die Nahrung zu den Kiefern führen, ein Paar kräftige Scheren und vier Paar Schreitfüße, mit denen der Flußkrebs vorwärts läuft. Das Abdomen besteht aus Segmenten und hat an der Unterseite fünf Paar Gliedmaßen. Das erste Paar ist bei den Männchen geriefelt und dient dazu, beim Weibchen Spermien einzuführen. Die anderen vier Paare sind Schwimmfüße. Der Flußkrebs kann schnell rückwärts schwimmen, indem er mit seinem Abdomen, das in einem Fächerschwanz endet, schnell nach vorn schlägt. Auf diese Weise flüchtet er.

Lebt in kühleren Gewässern

Die drei Familien des Flußkrebses sind fast ganz auf die gemäßigten Zonen beschränkt: die *Astacidae* auf der Nordhalbkugel, die *Parastacidae* auf Madagaskar und in Südamerika, und die *Austroastacidae* in Australien. Im größten Teil Asiens gibt es keine, nur in Korea und auf den nördlichen Inseln Japans. Der größte Flußkrebs, *Astacopsis franklinii*, lebt in Tasmanien und wiegt immerhin bis zu 4,5 kg. Noch größer werden einige Seekrebse, wie etwa der bis 15 kg schwere Hummer. Eine tasmanische Art, die „Landkrabbe", verläßt regelmäßig das Wasser und gräbt sich in feuchten Waldböden ein. In Kentucky in den USA leben mehrere Flußkrebsarten in den unterirdischen Gewässern der Mammoth-Höhle. Sie sind farblos und blind; die Augen haben sich zurückgebildet, nur die Stiele sind zurückgeblieben.

Einwanderer

In Mitteleuropa gibt es vier Flußkrebsarten aus der Gattung *Astacus*. Da die mitteleuropäischen Flußkrebsbestände durch die Krebspest, eine Pilzkrankheit, um 1870 fast ausgerottet wurden, hat man eine nordamerikanische Art, den bis 10 cm großen Amerikanischen Flußkrebs (*Orconectes limosos*), bei uns eingeführt. Dieser Krebs ist gegen die Krebspest resistent und kann auch in stark verschmutzten Gewässern, die die *Astacus*-Arten meiden, noch existieren.

Die Süßwasserkrebse leben in Flüssen und Seen, besonders in solchen mit hartem Wasser, das den für ihren Panzer notwendigen Kalk enthält. Sie fressen hauptsächlich nachts, tagsüber bleiben sie im Schlamm eingegraben oder unter Steinen, manchmal sind sie jedoch auch am Tage unterwegs.

Sie fressen kleinere Wassertiere, wie Insektenlarven, Würmer und Kaulquappen, in geringerem Maße auch pflanzliche Nahrung.

Ungewöhnliches Fortpflanzungsverfahren

Flußkrebse paaren sich im Herbst. Das Männchen legt sich über das Weibchen und gießt seine Milch durch das erste Paar der Afterfüße auf ihr Abdomen, wo sie haften bleibt. Die Eier werden an Borsten der Schwimmfüße befestigt und reifen am Hinterleib des Weibchens. Die Jungen schlüpfen im folgenden Frühling. Daß es kein Larvenstadium gibt, ist für Krebstiere ungewöhnlich. Die frisch geschlüpften Süßwasserkrebse sind durchsichtig, es sind winzige Abbilder der Erwachsenen.

Leben und Tod der Flußkrebse

In vielen Ländern der Erde gelten Flußkrebse als Delikatesse. Manchmal werden sie sogar roh gegessen, was sich allerdings als gefährlich erweisen kann, denn Flußkrebse sind Wirtstiere der Larve eines Saugwurmes. Wenn diese mit verzehrt wird, wandert sie durch die Speiseröhre in die Lunge, wo sie zur erwachsenen Larve heranreift. Zu gegebener Zeit legt sie Eier, die mit dem Auswurf ausgeschieden werden. Aus den Eiern entwickeln sich Larven, die Schnecken befallen. Der Zyklus ist geschlossen, wenn die Schnecke von einem Süßwasserkrebs gefressen wird.

Eine interessante Seite im Leben der Süßwasserkrebse ist, daß sie sich beim Heranwachsen häuten. Die meisten Krustentiere und Insekten wachsen auf diese Weise. Dieser in der Regel nur einfach festgestellte Vorgang ist in Wirklichkeit sehr kompliziert. Beim Süßwasserkrebs vollzieht er sich in vier Abschnitten. Zuerst werden die Kalksalze des alten Panzers in den Blutkreislauf zurückgenommen und bereit gehalten, bis sie in den neuen Panzer, der unter dem alten gebildet wird, wieder eingelagert werden können. Dann wird der alte Panzer, der nur noch aus einer zähen Kutikula besteht, abgestoßen, und der Körper nimmt Wasser auf und schwillt an. Nun werden die Kalziumsalze in den neuen Panzer eingebaut, und es braucht seine Zeit, bis er erhärtet.

Die Häutung eines Süßwasserkrebses dauert sechs Stunden. Währenddem fastet er und hält sich versteckt. Es ist eine gefährliche Periode, nicht nur weil er leicht verletzbar ist, besonders durch Feinde, sondern auf Grund der mit dem Vorgang selbst verbundenen Schwierigkeiten. Erst in neuester Zeit hat man festgestellt, daß bei diesem komplizierten Häutungsprozeß viele Süßwasserkrebse sterben.

Der Braten wird zubereitet: Flußkrebs frißt einen männlichen Stichling.

Stamm	**Arthropoda**
Klasse	**Crustacea**
Ordnung	**Decapoda**
Familien	**Astacidae, Parastacidae, Austroastacidae**
Gattungen und Arten	*Astacus fluviatilis; Orconectes limosos,* u. a.

Einsiedlerkrebse

Einsiedlerkrebse leben in verlassenen Schneckengehäusen und passen ihre Körperform entsprechend an. Das bananenförmige, durch die „Wohnung" geschützte Abdomen ist weich und nach rechts gewunden, um das Innere des Schneckenhauses auszufüllen. Der Vorderteil des Körpers hat den für Krebse, Krabben und Hummern typischen harten Panzer, die rechte Schere ist größer als die linke, mit ihr wird der Eingang der Schale verschlossen. Die zwei Paar Beine nach den Scheren sind Laufbeine, die folgenden zwei Beinpaare sind klein und dienen nur dazu, sich im Gehäuse festzuhalten. Das letzte Paar

der Körperglieder am Abdomen — es ist ähnlich wie beim Hummer ein Teil des Fächerschwanzes — ist sichelförmig, mit ihnen verankert sich das Tier im Mittelgang der Schale.

Der Palmendieb (Birgus latro) der Südseeinseln ist ein auf dem Lande lebender Einsiedlerkrebs, er ist weit über 1 kg schwer und erreicht etwa 15 cm Durchmesser. Das erwachsene Tier hat die Lebensweise in der Schale aufgegeben, das Abdomen ist zwar noch gewunden, besitzt aber einen harten Panzer und wird unter den Thorax gesteckt. Die Steinkrabben der Gattung Lithodes aus dem Nordatlantik sehen zwar wie echte Krabben aus, zeigen ihre Abstammung vom Einsiedlerkrebs aber noch in Form des kleinen, asymmetrischen Abdomens.

Seltsame Häuser

Der bekannte Einsiedler der europäischen Meere ist der Bernharduskrebs (Eupagurus bernhardus). Normalerweise kommen an der Küste nur die Jungen vor, ihre vorderen Körperteile schauen aus den Schalen von Strand- oder Kreiselschnecken heraus. Trotz ihrer Last sind sie behende, und vor dem Druck der Wellen und der Gefahr des Austrocknens bei Ebbe sind sie gut geschützt. Die Erwachsenen erreichen eine Länge von 12 bis 15 cm, leben in größerer Wassertiefe und bewohnen die größeren Schalen der Wellhornschnecken. Zahlreiche andere Ar-

Gesicht des Einsiedlerkrebses Pagurus megistos. Die gewaltige rechte Klaue dient als „Tür", wenn sich der Krebs ins Gehäuse zurückzieht. Nur die beiden Beinpaare hinter den Klauen dienen zum Gehen, die übrigen klammern sich im Gehäuse fest.

ten bewohnen Mittelmeer und Nordsee. An tropischen Küsten sind amphibisch lebende Landeinsiedler der Gattung *Coenobita* verbreitet. Sie bewohnen meist die Gehäuse von Landschnecken oder auch seltsame Gegenstände, wie Bambusstücke, Kokosnußschalen oder sogar zerbrochene Zylinder von Petroleumlampen. *C. diogenes* der Bermudas lebt in fossilen oder halbfossilen Gehäusen der auf den Bermudas jetzt ausgestorbenen Schnecke *Livona pica*. Das Gehäuse des Einsiedlerkrebses *Pylopagurus* wird von Moostierchen bewachsen; die Schneckenschale löst sich auf, und nur das Kalkskelett des Moostierchens bleibt bestehen, das den Einsiedler bedeckt und mit ihm wächst.

Der in größeren Tiefen des Indischen Ozeans vorkommende Einsiedlerkrebs *Pylocheles* lebt in Bambusstücken. Sein Abdomen ist gerade. Der westindische *Xylopargus* lebt in 180 bis 350 m Tiefe in hohlen Holzstücken. Sein Hinterende hat die Form eines Stöpsels. Einige marine Arten haben weniger bewegliche Behausungen, sie leben in den Höhlungen von Korallen oder Schwämmen. Dieses Verhalten haben sie bis zu einem gewissen Grad mit Hummern gemeinsam, es weist vielleicht auf den Ursprung der Lebensweise des Einsiedlerkrebses hin. Der Palmendieb macht Höhlungen am Stamm von Kokospalmen und säumt sie mit Kokosnußschalen.

Sie leben von Sago und Kokosnüssen

Einsiedlerkrebse sind hauptsächlich allesfressende Abfallbeseitiger, sie nehmen mit ihren linken, kleineren Scheren Futter auf und führen es zum Mund. *E. bernhardus*, der Bernharduskrebs, verzehrt auch kleine Tiere und Pflanzen, die er mit der linken Schere erfaßt. Einige andere Arten können mit den Borsten der Antennen Nahrungspartikel aus dem Wasser herausfiltern. Immer wenn sie die Antennen am Mund abwischen, nehmen sie die gesammelte Nahrung auf. Landeinsiedler erklettern oftmals Sträucher, um pflanzliche Nahrung aufzunehmen, sie nehmen sogar junge Vögel. Der Palmendieb öffnet mit seinen Scheren Kokosnüsse, er frißt auch Aas, Sagomark und Früchte. Auch er klettert und kann die Stämme von Sagopalmen und anderen Bäumen besteigen. Das Volk glaubt, wenn ein Palmendieb einen Baum erklettert habe, könne man ihn leicht fangen, indem man Gras um den Stamm herumbindet. Wenn der Einsiedler dann herabklettert und das Gras berührt, soll er angeblich glauben, den Boden erreicht zu haben und den Stamm loslassen, herunterstürzen und betäubt sein. In Wirklichkeit gehört mehr als ein solcher Sturz dazu, um ihn zu betäuben.

Fortpflanzung und Wachstum

Der Bernharduskrebs pflanzt sich das ganze Jahr über fort, fast immer kann man Weibchen mit 10 000 bis 15 000 dunkelvioletten Eiern an den Schwimmfüßen des Abdomens antreffen. Solche Einsiedlerkrebse verlassen ab und zu teilweise ihre Behausung und fächeln die Schwimmfüße, um die Eier zu belüften. Wenn die Larven schlüpfen, häuten sie sich sofort und werden zu Zoëa-Larven. Die Mutter ist teilweise aus ihrer Schale herausgekommen und streift vorsichtig mit den Borsten des kleinen, vierten Beinpaares über die Schwimmfüße. Die winzige garnelenartige Zoëa-Larve häutet sich viermal, vor der vierten Häutung aber sucht sie sich zu-

Freie Kost und Mitfahrgelegenheit gegen Gewährung von Schutz: Einsiedlerkrebse tragen Seerosen auf dem Rücken, so schützen sie sich vor Kraken, ihren Hauptfeinden.

nächst eine Schneckenschale als „Wohnung". Dieses Stadium dauert vier bis fünf Tage. Fortpflanzungsfähig wird sie jedoch erst nach einem Jahr oder noch später. Die Geschlechter unterscheiden sich nur in der Form der Schwimmfüße, die unterschiedliche Aufgaben haben, oftmals ist das Männchen jedoch größer als das Weibchen.

In gewissen Abständen wirft der wachsende Einsiedlerkrebs sein Außenskelett ab. Am Abdomen erscheint ein Spalt, und der Einsiedler windet sich aus der alten Haut heraus. Wenn der Einsiedlerkrebs aus seinem Haus herausgewachsen ist, muß es durch ein größeres ersetzt werden. Der Krebs prüft die neue Schale mit seinen Scheren mehrere Minuten lang von allen Seiten. Wenn sie ihm dann annehmbar erscheint und von außen keine Gefahr droht, wechselt er mit seinem Hinterteil schnell von der alten Schale in die neue über. Manchmal versuchen Einsiedlerkrebse auch, andere aus ihrer Behausung zu vertreiben.

Eigenartige Partnerschaften

Wie alle festen Gegenstände werden auch die Schalen des Einsiedlerkrebses von Tangen, Schwämmen, Seepocken und Polypen überzogen. Bestimmte Seeanemonen jedoch „verbünden" sich regelmäßig mit Einsiedlerkrebsen und bilden eine enge Partnerschaft mit ihnen. Große Exemplare des Bernharduskrebses tragen oftmals die Seerose *Calliactis parasitica* auf ihrer Schale, manchmal sogar mehrere. Wenn der Einsiedler frißt, fegt die Seerose mit ihren ausgestreckten Tentakeln den Grund ab und sammelt die

vom Krebs übriggelassenen Reste. Der Einsiedler profitiert seinerseits manchmal von der Nahrung der Seerose. Ein anderer Einsiedlerkrebs, der rötlichbraune, 5 cm lange Anemoneneinsiedler *(Eupagurus prideauxi)*, trägt regelmäßig die Seerose *Adamsia palliata*, die zum Unterschied von *Calliactis* nur auf Einsiedlerschalen zu finden ist. Die Fußscheibe der Seerose deckt sich fest um die Schale und hüllt sie vollständig ein. Die Seerose wächst zusammen mit dem Krustentier und erweitert so den Wohnraum der Schale, die somit nicht ausgewechselt zu werden braucht. Der Mund der Seerose liegt in diesem Fall unmittelbar hinter dem des Einsiedlers. Seerosen sind mit Nesselzellen bewaffnet und tragen so zum Schutz der Einsiedler bei, sie wehren z. B. die Angriffe von Kraken und Tintenfischen ab. Der Anemoneneinsiedler selbst ist immun gegenüber dem Gift der Nesselzellen.

Stamm	**Arthropoda**
Klasse	**Crustacea**
Unterklasse	**Malacostraca**
Ordnung	**Decapoda**
Familie	**Paguridae**
Gattung und Arten	*Eupagurus bernhardus*, Bernharduskrebs; *E. prideauxi*, Anemoneneinsiedler
Familie	**Coenobitidae**
Gattungen und Arten	*Coenobita; Birgus latro*, Palmendieb

Fische — die ersten Wirbeltiere

Was die Klassifikation des Tierreiches angeht, so gibt es eine herrschende Auffassung: Man beginnt mit den Protozoen, den einzelligen Lebewesen, mit den Amöben als typischen Vertretern, und endet mit den Säugetieren, zu denen auch der Mensch zählt. So kam es zu dem — früher häufiger, in neuerer Zeit seltener gebrauchten — Schlagwort „von der Amöbe zum Menschen". Wird eine solche Einteilung zu Papier gebracht, gewinnt man den Eindruck, es gebe eine stetige und ununterbrochene Entwicklung von den Protozoen über die niederen und höheren Wirbellosen bis zu den Wirbeltieren. Man kommt der Wahrheit jedoch näher, wenn man annimmt, daß sich die Entwicklungslinien irgendwo bei den höher organisierten Wirbellosen geteilt haben. Ein Zweig führt zu den höheren Wirbellosen, der andere zu den Wirbeltieren. Unsere Kenntnisse weisen hier jedoch eine deutliche Lücke auf, und man könnte sie nur durch Spekulationen, die auf bruchstückhaftem Wissen beruhen, schließen. Diese Fragen können wir hier nicht behandeln.

Es genügt festzustellen, daß die kieferlosen Fische die ersten echten Wirbeltiere waren, und daß es heute noch einen „Vorläufer" der Wirbeltiere gibt: das Lanzettfischchen. Es verkörpert den Urahn der Wirbeltiere. Wie es sich aus den Wirbellosen entwickelt hat, ist jedoch noch ziemlich in Dunkel gehüllt. Daß es als Vorläufer der Fische ein Lebewesen wie das Lanzettfischchen gegeben haben muß, erscheint indessen wahrscheinlich.

Die ältesten Fische hat man in 450 Millionen Jahre alten Formationen des Ordoviziums gefunden. Sie werden als Fische bezeichnet, obwohl sie keine Kiefer hatten. Man hat verhältnismäßig wenig Arten sol-cher kieferloser Fische entdeckt, und noch weniger Arten leben heute noch. Aus dem Bestand an Vorfahren gehen jedoch zwei Entwicklungslinien hervor: Die Knorpelfische, deren Vertreter, die Haie, Spöken und Rochen, fast ausschließlich Meerestiere sind, und die Knochenfische, das sind die allgemein bekannten Fische unserer Flüsse und Seen, aber auch fast alle Meeresfische. Die Knochenfische übertreffen die Knorpelfische zahlenmäßig im Verhältnis von über dreißig zu eins. Die Knorpelfische zeichnen sich jedoch dadurch aus, daß sie eines der größten Tiere überhaupt hervorgebracht haben, den Rauhhai, mit einer Länge von 18 m und einem Gewicht von 20 Tonnen oder noch darüber. Dieser Leviathan wird nur von den größeren Arten der Wale, besonders vom Blauwal, übertroffen. Andererseits gehört zu den Knochenfischen das kleinste aller Wirbeltiere, eine Grundel aus dem Süßwasser der Philippinen, die ausgewachsen nur etwas über 1 cm lang ist.

Die ersten primitiven kieferlosen Fische des Ordoviziums lebten in einer von Wirbellosen bewohnten Umwelt, in der nur die Tintenschnecken, das sind die Ammoniten und Belemniten, die Vorfahren unserer heutigen Sepia, Kraken und Kalmare, mit ihnen in Größe und Wendigkeit vergleichbar waren. Es bestand so etwas wie eine ökologische Nische, und sie nutzten die Vorteile dieser Situation voll aus. In der Mitte des Devon, etwa 50 Millionen Jahre später, hatten sie viele Arten entwickelt und sich sowohl im Süß- als auch im Salzwasser der Erde verbreitet, und zwar so stark, daß das Devon das Zeitalter der Fische wurde. Die Kieferlosen, die als erste erschienen waren, gingen zahlenmäßig bald zurück, heute werden sie nur noch von den Neunaugen und Ingern vertreten. Den Knorpelfischen erging es besser, doch sind sie heute längst nicht so artenreich wie in jenen fernen Zeiten. Die Knochenfische, die als letzte der drei Gruppen erschienen waren, wurden schließlich vorherrschend und sind es bis heute geblieben.

Hinsichtlich der eingangs erwähnten Entwicklungslinien ist es wichtig festzustellen, wie diese drei Gruppen hier einzuordnen sind. Die kieferlosen Fische brachten verhältnismäßig wenige Arten hervor, und es gab keine aufsehenerregenden Entwicklungen. Soweit wir wissen, waren sie unauffällig gefärbt, wenn nicht sogar ausgesprochen eintönig. Dasselbe gilt weitgehend für die Knorpelfische. Sie veränderten jedoch ihre Gestalt, so daß es hauptsächlich zwei Formen gibt: den typisch torpedoartigen Hai und die abgeplatteten Rochen und Haie. Die eine dieser Gruppen ist freischwimmend, die andere lebt am Grund; im übrigen unterscheiden sie sich in Verhalten, Nutzung der Umwelt und Farbe nur wenig. Die Knochenfische dagegen, besonders unsere heutigen, unterscheiden sich sehr in Größe, Farben und Gestalt, auch nutzen sie Gewässer jeder Art als Lebensraum.

Die Hauptgruppen der Fische:

Klasse Agnatha, Kieferlose   45 Arten
Klasse Chondrichthyes, Knorpelfische
                                   600 Arten
Klasse Osteichthyes, Knochenfische
                       20 000—30 000 Arten

Piranha

Lanzettfischchen

Das Lanzettfischchen, ein durchscheinendes, langgestrecktes, gewöhnlich knapp 6 cm langes Meerestier ähnelt in seiner Gestalt einem Fisch; es schwimmt auch wie ein Fisch, mittels wellenförmiger, schlängelnder Bewegungen seines an beiden Enden zugespitzten Körpers. Es fehlen aber die paarigen Flossen, und es kann nicht als Wirbeltier eingestuft werden. Die verschiedenen Arten sind in allen Meeren der Welt verbreitet. An der Küste von Amoy, China, werden jährlich 35 Tonnen Lanzettfischchen gefangen.

Lanzettfischchen kommen in Meeren der Tropen und der gemäßigten Zone vor, auch in der Nordsee und im Mittelmeer, meist in Küstennähe. Ursprünglich hießen sie wissenschaftlich Amphioxus, was soviel bedeutet wie „an beiden Enden scharf zugespitzt", jetzt heißen sie Branchiostoma. Die Geschichte der Namengebung wird am Ende dieses Abschnittes erzählt.

Ausweichbewegungen

Das Lanzettfischchen ist meist mit dem Hinterende im Sand vergraben, der Kopf ist mehr oder weniger senkrecht nach oben gerichtet. Die um das Maul herum angeordneten Zirren erzeugen einen Wasserstrom, durch den Wasser in das Maul und dann durch eine Art Sieb, den Kiemendarm, gesogen wird. Das Wasser passiert das Sieb und tritt durch eine Ausströmöffnung, mitten an der Unterseite des Körpers, wieder aus. Wenn das Lanzettfischchen gestört wird, verläßt es den Sand, macht schnell ein paar zick-zack-förmige Bewegungen rundum im Wasser und gräbt sich nach ein paar Sekunden wieder ein.

Raffinierte Ernährung

Der Kiemendarm ist ein längliches Oval mit senkrechten Schlitzen an beiden Seiten. Er nimmt wie ein Paar Kiemen aus dem durchströmenden Wasser Sauerstoff auf, er fängt aber auch Futter. Am Grund des Kiemendarmes läuft eine Vertiefung, die Hypobranchialrinne. Sie scheidet ständig Schleim ab, der an den Innenwänden des Kiemendarmes durch das Schlagen von Wimpern heraufbefördert wird, so daß sich eine Art Schleier bildet. Dieser Schleier aus Schleim ist vielfach unterbrochen, so daß das Wasser durch die Kiemenschlitze nach außen treten kann. Nahrungsteilchen, wie Diatomeen, werden jedoch an dem ständig von den Wimpern nach oben bewegten Schleimschleier festgehalten, bis sie eine zweite Rinne (Epibranchialrinne) am oberen Rand am Dach des Kiemendarmes erreichen. Von hier aus treibt ein anderer Wimpernsatz den Schleim nach hinten in die verdauenden Darmabschnitte.

Asymmetrische Larven

Die Lanzettfischchen werden je nach Art ein bis vier Jahre alt. Eier und Spermien werden in das Meer abgegeben, damit dort die Befruchtung stattfindet. Etwa acht bis zwölf Stunden nach der Befruchtung des Eies ist ein Embryo entstanden, der ein Geißelkleid trägt; er treibt umher, und es entsteht unter Vermehrung der Körpersegmente eine langgestreckte Larve. Daraus wird im Laufe der Zeit das erwachsene Lanzettfischchen. Die Larve ist 8 bis 16 mm lang, manchmal jedoch viel größer; sie wird fortpflanzungsfähig, ohne sich zum Erwachsenen zu entwickeln (Neotonie).

Wirbellos oder Wirbeltier?

Im Jahre 1774 wurde am Strand der englischen Grafschaft Cornwall ein seltsames, kleines Tier aufgelesen und, in Alkohol konserviert, dem berühmten russischen Zoologen Pallas übermittelt. Pallas beschrieb das Tier kurz, in lateinischer Sprache, als Fußnote in einem Buch, das er gerade herausbrachte, und er gab ihm den Namen *Limax lanceolatus*, da er es für eine Schnecke hielt. Ein halbes Jahrhundert später, am 21. Dezember 1831, ging J. Couch, einer der führenden Zoologen seiner Zeit, nach einem Sturm am Strand an der Küste bei Polperro in Cornwall spazieren. Unter Naturwissenschaftlern ist es zum Teil Brauch, nach Sturmfluten Strandwanderungen zu machen, um zu sehen, was alles angetrieben worden sein mag. Zufällig drehte er, etwa 15 m von der Niedrigwassermarke, einen flachen Kiesel um und sah darunter einen winzigen Schwanz, der aus dem Sand herausragte. Er grub das Tier aus und konnte es in einem Meerwasseraquarium beobachten. Schließlich sandte er das Exemplar an den englischen Zoologen W. Yarrell, der es 1836 in seinem Buch „Entwicklungsgeschichte der Fische Großbritanniens" als einen sehr einfach gebauten Fisch beschrieb, dem er den Namen *Amphioxus* gab. Er erkannte es auch als das gleiche Tier, das Pallas beschrieben hatte. Vorher schon, 1834, hatte der italienische Naturwissenschaftler Costa eine Beschreibung des gleichen, an der Küste bei Neapel aufgelesenen Tieres veröffentlicht und ihm den Namen *Branchiostoma lubricum* gegeben. Diese kurze Geschichte erzählt vom Wechsel der Namen dieses Tieres. Es war als *Amphioxus* allgemein bekannt geworden, weil man Costas Beschreibung übersehen hatte; erst um 1930 ist sie wieder ans Licht gekommen. Die internationalen Regeln der Namengebung (Nomenklatur) bestimmen, daß der für ein Tier zuerst vorgeschlagene Name als einziger benutzt werden muß, auch wenn er jahrelang übersehen worden ist.

Die verwandtschaftlichen Beziehungen des Lanzettfischchens innerhalb des Tierreiches sind auch heute noch eine der interessantesten Seiten dieses Tieres. Das Lanzettfischchen ähnelt den Wirbeltieren insofern, als es ein Zentralnervensystem, das Neuralrohr, hat; es liegt oberhalb der Rückenseite, der Chorda dorsalis. Auch die Anordnung der Schwanzmuskeln ist wie bei den Fischen. Andererseits fehlen Wirbelsäule, Kiefer, überhaupt jegliche Knochen, ebenso ein den Wirbeltieren vergleichbares Gehirn oder Auge und sonstige mit dem Gehirn verbundene Sinnesorgane. Somit ist es kein Wirbeltier, es steht den Wirbeltieren jedoch sehr nahe. Nach herrschender Meinung haben sich Lanzettfischchen und Wirbeltiere aus denselben Ahnen entwickelt wie die Manteltiere, die sich ganz ähnlich wie das Lanzettfischchen ernähren, jedoch als Erwachsene an einer festen Unterlage verankert sind und dem Lanzettfischchen auch äußerlich überhaupt nicht ähneln. Sie haben jedoch kaulquappenähnliche, freischwimmende Larven. Wenn diese, genau wie die Larve des Lanzettfischchens, fortpflanzungsfähig und dabei nicht als Erwachsene seßhaft würden, dann hätten wir ein Lebewesen, das sowohl Urahn des Lanzettfischchens als auch der Wirbeltiere sein könnte.

Stamm	**Chordata**
Unterstamm	**Acrania**
Familie	**Branchiostomidae**
Gattung und Art	*Branchiostoma lanceolatum*, Lanzettfischchen

Mit den Köpfen nach oben durchsiebt ein Paar Lanzettfischchen das Wasser nach Nahrung. Längs des Körpers sind die ähnlich wie bei Fischen angeordneten Muskeln zu erkennen.

159

Neunaugen oder Lampreten

Neunaugen sehen Aalen ähnlich, sie sind jedoch kieferlos, wie die Inger, ihre nächsten Verwandten. Und wie die Inger sind sie keine echten Fische, sondern unmittelbare Abkömmlinge kieferloser Panzerfische (Ostracodermi). Es gibt etwa 30 Arten, darunter sowohl Meeres- als auch Süßwassertiere. Einige parasitieren Fische, andere nicht. Neunaugen sind in den gemäßigten Zonen der Nord- und Südhalbkugel verbreitet. Das am besten bekannte Meerneunauge kommt auf beiden Seiten des Nordatlantik vor. Angehörige der Gattung Lampreta *gibt es sowohl in Europa und Asien als auch in Nordamerika. Auf der Südhalbkugel sind Arten der Gattungen* Geotria *und* Mordacia *an den Küsten von Chile, Australien und Neuseeland verbreitet.* Geotria *hat einen Kehlsack von unbekannter Funktion, der sein Maul fast ganz verdeckt.*

Pumpenähnliche Kiemen

Der aalähnliche Körper der Neunaugen hat eine schuppenlose, schleimige Haut. Die Flossen liegen auf der Mittellinie des Körpers. In der Mitte des Kopfes ist ein Nasenloch, das in einen Sack ohne Ausgang führt. Die Augen sind gut entwickelt. Der Kopf läuft vorn in einem trichterförmigen Maul aus, das mit Hornzähnen besetzt ist; einige Zähne sitzen auf einem am Grund des Trichters hervorstehenden Zungenkopf. Hinter dem Kopf sitzt zu beiden Seiten des Körpers eine Reihe kleiner, runder Kiemenöffnungen. Innen finden sich sieben Paar mit blutroten Kiemenblättchen besetzter Kiemensäcke, die in eine Röhre münden; sie ist an einem Ende geschlossen und führt mit dem anderen Ende in das Maul. Neunaugen können atmen, indem sie Wasser durch das Maul aufnehmen und über die Kiemen führen. Da das Maul so stark zum Saugen benutzt wird, atmen Neunaugen jedoch dadurch, daß sie die Muskeln der Kiemensäcke zusammenziehen und so das Wasser herausdrücken. Wenn die Muskeln erschlaffen, tritt wieder Wasser ein. Diese pumpende Tätigkeit scheint durch Bewegungen des Knorpelgebildes, des Kiemenkorbes, der die Kiementaschen umgibt, unterstützt zu werden. Ihren volkstümlichen Namen haben die Neunaugen daher, daß sie jederseits sieben Kiemenlöcher aufweisen. Zusammen mit dem Auge und dem unpaaren Nasenloch ergibt das neun „Augen".

Neunaugen pressen ihr Saugmaul gegen den Körper von Fischen, drücken die Zunge hervor und verletzen die Haut der Fische mit ihren Raspelzähnen, so daß die Fische anfangen zu bluten; die Neunaugen saugen nun das Blut auf. Auch ein paar Fleischfetzen werden mit aufgenommen, entscheidend aber ist das Blut. Nicht alle erwachsenen Neunaugen ernähren sich auf diese Weise; die Zwergpricke lebt als Erwachsene nur von Reservestoffen.

Wie Neunaugen laichen

In Europa kommen drei Neunaugenarten vor. Man spricht gewöhnlich von Meerneunaugen, Flußneunaugen und Bachneunaugen.

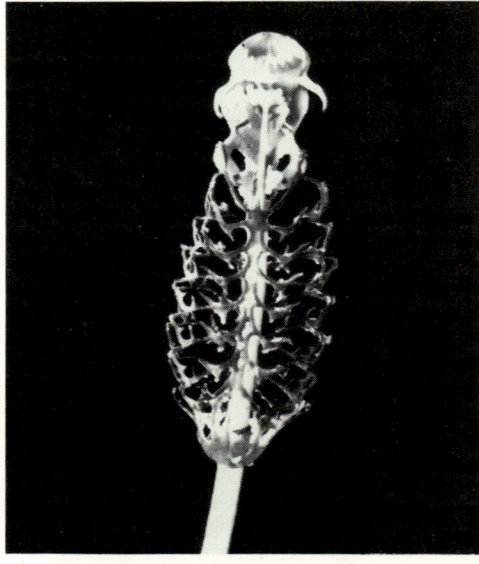

Von oben: Querderlarve eines Bachneunauges. — Skelett eines Neunauges mit Kiemenkorb und gefährlich bezahntem, rundem Knorpelmund. — Der kräftige Saugmund eines Bachneunauges.

Das Flußneunauge sollte man besser mit seinem zweiten Namen, Lamprete, bezeichnen, weil es als Erwachsene ebenfalls im Meer lebt. Das Bachneunauge heißt auch Zwergpricke. Sie lebt ausschließlich im Süßwasser. Die im Meer lebenden Neunaugen wandern zum Laichen in die Flüsse. Die Wanderung beginnt im Winter, im Frühling sind sie bereits in den Flüssen und bauen ihre Nester. Sie sind gute Schwimmer und können auch Felsen und senkrechte Wände überwinden, indem sie sich mit dem Saugmaul emporziehen. Das Männchen macht ein Nest, es nimmt Kiesel mit dem Saugmaul auf trägt sie flußabwärts, um einen kleinen Staudamm zu errichten; im stilleren Wasser oberhalb davon werden später die Eier abgelegt.

Die Weibchen treffen nach den Männchen ein und helfen dann beim Nestbau, beide zusammen bewegen sie größere Steine. Nach dem Laichen treiben die Erwachsenen flußabwärts und sterben. Die Eier sind 1 mm groß, nach zwei Wochen erfolgt der Schlupf.

Erwachsene Neunaugen, die Lampreten, gelten als Delikatesse. Sie werden auf der Laichwanderung, bei der Pricke besonders im April, gefangen. Heute sind die europäischen Bestände durch die Gewässerverschmutzung stark reduziert. Ganz anders ist dies beim amerikanischen Meerneunauge.

Die Querderlarve wird in drei bis fünf Jahren 10 bis 12 cm groß und wandelt sich dann zum erwachsenen Neunauge. Das haubenförmige Maul wird trichterförmig, die Zirren werden durch Knochenzähne ersetzt, das Nasenloch wandert von der Vorderseite der Schnauze auf die Spitze des Kopfes, und die Augen werden größer. Meerneunaugen werden silberfarben und begeben sich weiter ins Meer hinaus. Auch die Flußneunaugen oder Lampreten begeben sich jetzt ins Meer, doch sie parasitieren nicht nur Fische, sondern fressen auch Mollusken, Krebstiere und Würmer. Das Bachneunauge, auch Zwergpricke genannt, bleibt in den Flüssen und nimmt keine Nahrung mehr auf.

Neunaugen als Schädlinge

In Amerika hat es im Gebiet der Großen Seen in letzter Zeit durch Neunaugen Probleme gegeben. Im Laufe der Jahre sind sie den Barge- und den Wellandkanal hinaufgewandert, bis sie sich schließlich in den Großen Seen niederließen. Dort ruinierten sie die Handelsfischerei, die jährlich über 5000 Tonnen Seeforellen und andere Fische gefangen hatte. Man setzte ein Forschungsprogramm in Gang, um festzustellen wie man die Neunaugen töten könne. Man baute Wehre, um die weitere Einwanderung der Neunaugen in die Großen Seen zu stoppen, sie wurden vergiftet oder durch Elektroschock getötet. Diese Maßnahmen hatten einen gewissen Erfolg; neuerdings wurde jedoch ein Gift entdeckt, das die Larven tötet, so daß die Neunaugen vernichtet worden sind und sich die Fischerei wieder entwickelt.

Klasse	**Agnatha**
Ordnung	**Petromyzoniformes**
Familie	**Petromyzonidae**
Gattungen und Arten	*Petromyzon marinus*, Meerneunauge; *Lampreta fluviatilis*, Flußneunauge, Pricke; *L. planeri*, Bachneunauge, Zwergpricke

Weißer Hai

Nur eine bestimmte Art des großen Haies trägt den unheilvollen Namen Menschenhai oder Weißer Hai. Er erreicht eine Rekordlänge von 12 m, an der Oberseite ist er blaugrau bis schiefergrau gefärbt, nach der Unterseite zu geht die Farbe allmählich in Weiß über, seine Flossen werden nach dem Rand zu dunkler. Genau hinter der Stelle, wo die Brustflosse am Körper ansetzt, hat er einen auffälligen, schwarzen Fleck. Die Schnauze ist zugespitzt, und sie überragt ein gewaltiges, halbmondförmiges Maul, das mit einem furchterregenden Aufgebot dreieckiger Sägezähne bewaffnet ist. Bei großen Exemplaren können die größten Zähne bis 7,5 cm lang sein. Die Brustflossen sind groß, die Bauchflossen, die zweite Rückenflosse und die Afterflossen, die einander gegenüberliegen, dagegen klein. Der obere Lappen der Schwanzflosse ist nicht größer als bei den meisten anderen Arten.

Der Menschenhai gehört zur Familie der Makrelenhaie, zu der außerdem die Heringshaie und Makos gehören. Diese ähneln dem Menschenhai, sind aber kleiner, 3,6 m sind etwa die obere Grenze. Sie leben von Fischen, wie Makrelen, Heringen, Kabeljau, Seehechten und Hundshaien. Hochseeanglern bieten sie Gelegenheit zu sportlicher Betätigung, denn sie kämpfen um ihr Leben, wenn sie an einen Angelhaken geraten. Die meisten Makrelenhaie sind für den Menschen gefährlich.

Der Menschenhai kommt in allen warmen Meeren vor, einschließlich Mittelmeer, gelegentlich verirrt er sich auch in Gewässer der gemäßigten Zonen. Er lebt im offenen Meer, in Küstennähe kommt er nur, wenn die Flachsee größeren Tiefen unmittelbar benachbart ist. Vor Kuba ist ein Menschenhai in 1250 m Tiefe gefangen worden; auch aus anderen Anzeichen ist zu schließen, daß der Hai ein Tiefwasserfisch ist.

Nicht so groß wie angenommen

Menschenhaie dürften stark verleumdete Ungeheuer sein. Sie sind weder so groß noch so gefräßig, wie im allgemeinen gesagt wird. Über ihre Lebensweise weiß man sehr wenig, man kann nur Schlüsse ziehen aus ihrer Größe und aus dem Mageninhalt einzelner Exemplare, die man gefangen und zerlegt hat. Nach ihrer Form wäre anzunehmen, daß sie schnell schwimmen können, doch auf Grund der mit Angelgeräten gefangenen Tiere ist zu schließen, daß der Menschenhai nicht so schnell ist wie der kleinere Mako. Da man in Weibchen Junge angetroffen hat, ist anzunehmen, daß die Art lebendgebärend ist. Man sagt, der Menschenhai sei unberechenbar; Taucher, d. h. Froschmänner, berichten jedoch, daß er vorsichtig und sogar ängstlich ist. Wahrscheinlich ist er weniger gefährlich als der Mako, von dem man weiß, daß er sowohl kleinere Boote als auch Schwimmer angreift. Der schlechte Ruf des Menschenhaies beruht wahrscheinlich auf seiner Größe, seinen furchterregenden Zähnen und gelegentlich vorkommenden Angriffen. Über die Größe läßt sich wenig Zuverlässiges sagen. Der größte Menschenhai, über den es bestätigte Berichte gibt, maß knapp 12 m und ist vor rund einem Jahrhundert bei Port Fairey, Australien, gefangen worden. Die meisten anderen sind 6 bis 7,5 m lang.

Nichts wird verschont

Ende der sechziger und Anfang der siebziger Jahre sind mehrere Bücher mit Einzelheiten über Angriffe durch Menschenhaie veröffentlicht worden. Zwei davon sind ausschließlich diesem Thema gewidmet: „Haie greifen an" von V. M. Coppleson, einem australischen Arzt, der Krankengeschichten auf Grund von Verletzungen durch Haie gesammelt hat, und „Gefahr Hai!" von J. C. Butler, dessen Darstellung auf der Hai-Konferenz New Orleans 1958 beruht, bei der Hai-Forscher ihre Erfahrungen ausgetauscht hatten. Faßt man die Informationen aus diesen und anderen Quellen zusammen, bekommt man den Eindruck, daß Haie und besonders die Menschenhaie alles fressen, was eßbar aussieht. Sie schnappen nach lebenden Tieren, einschließlich Badenden oder Menschen, die bei Unglücksfällen ins Wasser gefallen sind, aber auch nach Leichen und Aas, sogar nach ungenießbaren Gegenständen wie Blechkanistern. Angriffe auf Boote beruhen wahrscheinlich mehr auf Mißverständnissen als auf Bösartigkeit, wie auch der Angriff auf den 5 m langen Kabeljaufänger an der Küste von Neuschottland im Jahre 1953, bei dem der Menschenhai einen Zahn im Holz zurückgelassen hatte. Wiederholt hat man vollständige Leichen in den Mägen von Menschenhaien vorgefunden; es hat sich jedoch herausgestellt, daß sie von Ertrunkenen stammten. In mehreren Fällen haben sich in Menschenhaien unverletzte Körper anderer Tiere angefunden, darunter ein Seelöwe von 50 kg, ein Seehund von 25 kg und 1,80 bis 2,10 m lange Haie. Menschen sind zwar schlimm gebissen worden und haben fürchterliche, zum Teil tödliche Wunden davongetragen, es gibt aber keine Anhaltspunkte dafür, daß ihnen Gliedmaßen abgerissen oder gar daß sie lebendigen Leibes verschlungen worden sind.

Mildernde Umstände

Wenn man über die Bösartigkeit angreifender Haie spricht, geht man nur von der Haltung aus, die Seeleute diesen Raubtieren gegenüber einnehmen. Sie werden als ganze Gruppe gehaßt. Es gibt viele Berichte, wie gefangene Haie barbarisch behandelt worden sind; so hat man sie ausgeweidet und dann lebend wieder ins Meer geworfen. In der Lebensgemeinschaft des Meeres sind sie jedoch eher Abfallbeseitiger als bösartige Raubtiere. Darüber hinaus gibt es guten Grund anzunehmen, daß der Mensch in Gebieten mit häufigen Haiangriffen nicht unschuldig ist. In der Nähe des Hafens von Sydney, Australien, und auch in Florida wird z. B. das Blut von Schlachthöfen ins Meer geleitet, Haie aber werden von Blutgeruch angezogen.

Diese Dinge mindern weder das Mitgefühl mit Opfern von Haien noch die eigene Furcht vor ihnen, sie vermitteln aber die angemessene zoologische Perspektive.

Schweigende Zeugen

Das klassische Beispiel ist hier der Fall der Brigg *Nancy* der USA, die am 3. Juli 1799 von dem britischen Kutter *Sparrow* aufgebracht und nach Port Royal auf Jamaica gebracht worden war. Großbritannien und die USA befanden sich damals im Kriegszustand miteinander, das Schiff sollte zur Prise erklärt werden. Der Kapitän der *Nancy* brachte in der Verhandlung Papiere bei, und er wäre beinahe entlastet worden, als ein anderes britisches Kriegsschiff im Hafen anlegte und Papiere mitbrachte, die man in einem am 30. August gefangenen Hai gefunden hatte. Sie erwiesen sich als die Schiffspapiere, die der Kapitän der *Nancy* über Bord geworfen hatte, als die Gefangennahme unvermeidbar schien. Die in der Verhandlung beigebrachten Papiere waren gefälscht. Es kam zur Beschlagnahme der Brigg und ihrer Ladung.

Klasse	**Chondrichthyes**
Ordnung	**Pleurotremata**
Familie	**Isuridae**
Gattung und Art	*Carcharodon carcharias*, Weißer Hai

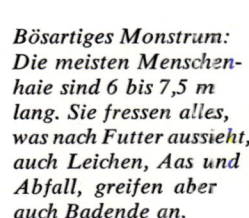

Bösartiges Monstrum: Die meisten Menschenhaie sind 6 bis 7,5 m lang. Sie fressen alles, was nach Futter aussieht, auch Leichen, Aas und Abfall, greifen aber auch Badende an.

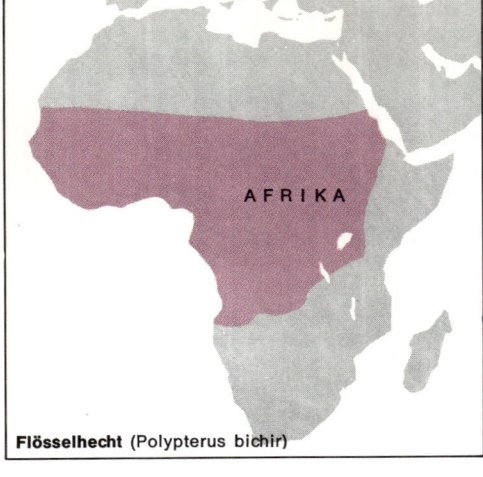

Flösselhecht (Polypterus bichir)

Dieser seltsame Fisch benutzt seine Vorderfüße, um Beute zu beschleichen. Er stirbt, wenn er nicht an der Oberfläche Luft schnappen kann. Dazu schwimmt er langsam an die Oberfläche, nimmt schnell einen Schluck und schwimmt zurück zum Grund.

Flösselhecht

Ein bis über 1,20 m lang werdender Süßwasserfisch des oberen Nils, des Rudolf- und Tschadsees und der mit diesen Seen verbundenen Flußgebiete. Es gibt vier weitere, verwandte Arten, alle im tropischen Afrika. Der Flösselhecht hat einen langen Körper, einen kleinen, aber breiten Kopf und einen abgerundeten Schwanz. Sein Hauptmerkmal aber ist eine Reihe von Flösselchen entlang des Rückens. Sie können sich heben und senken, jedes Flösselchen besteht aus einem Stachel, mit dem mehrere Flossenstrahlen verbunden sind. Auch die Brustflossen sind eigenartig, sie gleichen Fächern, sie sind beinahe gestielt. Der Körper ist durch harte Ganoidschuppen geschützt. Flösselhechte haben viele primitive Züge, sie sind überlebende Altfische.

Luftatmer

Der Flösselhecht lebt in den Dickichten großer Wasserpflanzen am Rand von Flüssen und Seen, aus welchen er nachts zum Fressen herauskommt. Obwohl er außer der lungenähnlichen Schwimmblase auch Kiemen hat, stirbt er, wenn ihm auch nur für kurze Zeit atmosphärische Luft fehlt. Um Luft aufzunehmen, schwimmt der Flösselhecht langsam an die Oberfläche, schluckt kurz Luft und schwimmt schnell wieder hinunter zum Grund. Bei den meisten Fischen, selbst bei jenen, die Luft schnappen, ist die Schwimmblase einteilig. Beim Flösselhecht ist sie paarig.

An seinem Verhalten ist seltsam, daß er die Brustflossen fast wie Füße, als Körperstütze, benutzt. Der Fisch kann, auf diese Flossen gestützt, mit erhobenem Kopf stehen bleiben, fast wie Vierfüßer auf dem Land, z. B. Eidechsen. Bei der Jagd nach Nahrung verhält er sich ganz anders wie andere Fische. Er streift umher, bewegt sich langsam Zentimeter für Zentimeter vorwärts, hält an und erhebt den Kopf, als ob er schnüffelt; dann bewegt er sich wieder

vorwärts. Seine ungewöhnlichen, röhrenförmigen Nasenlöcher sind mit den kleinen Augen verbunden; das läßt vermuten, daß er den Geruchssinn bei der Nahrungssuche verwendet. Das katzenähnliche Umherstreifen zeigt der Flösselhecht auch, wenn er mit irgendeinem neuen Gegenstand zusammentrifft. Er bewegt sich ähnlich wie eine Katze, die sich an eine Maus heranschleicht, doch flattern die Brustflossen, und die Flösselchen auf dem Rücken sind aufgerichtet — alles ist bereit, rückwärts zu schwimmen, wenn es notwendig werden sollte. Wenn der Flösselhecht mit seitlichen, aalähnlichen Körperbewegungen schnell durch das Wasser eilt, sind die Flösselchen zurückgelegt und die Brustflossen eng an den Körper angelegt.

Die Nahrung besteht hauptsächlich aus kleinen Fischen, er nimmt aber auch andere kleine Wassertiere.

Springende Brautleute

Das Laichen erfolgt bei Hochwasser, meist im August und September, wenn die Flüsse und Seen über ihre Ufer treten und Marschen und Sümpfe bilden. Der Flösselhecht wandert da hinein. Zwei Flösselhechte springen aus dem Wasser — so beginnt die Brautwerbung. Die beiden jagen sich dann und bleiben nahe beisammen. Nach einer Weile wird die Verfolgungsjagd abgebrochen. Es folgt eine kurze Rast, dann steigt das Männchen auf das Weibchen, er stößt sie mit dem Kopf oder streichelt sie mit der Afterflosse, die während der Brutzeit angeschwollen und gefaltet sein soll. Über das Laichen selbst bis zum Larvenstadium ist nichts bekannt. Die Larven sind winzige Miniaturausgaben der Erwachsenen, jedoch mit äußeren, federartigen Kiemen, wie bei den Larven der Molche.

Ein „missing link"

Der Flösselhecht ist für anatomische und stammesgeschichtliche Studien als höchst aufschlußreich bezeichnet worden. Vor etwa einem halben Jahrhundert galten alle Lebewesen, die wie Fische aussahen und Kiemen hatten, als Fische; und das war auch richtig, ob es sich nun um Störe, Haie oder Stichlinge handelte. Dann wandelten sich die Anschauungen. Jemand brachte den Gedanken auf, Haie seien keine Fische. Sie sind in der

Tat keine echten Fische, denn sie haben ein Skelett aus Knorpel anstatt aus Knochen. Man unterschied von da an zwei Gruppen: Haie oder Knorpelfische und echte oder Knochenfische.

Wer nicht gerade Zoologe ist, braucht sich über diesen Punkt jedoch nicht aufzuregen; die alte Vorstellung, was als Fisch anzusehen sei, ist immer noch brauchbar. An dieser Trennung kann aber heute dennoch kein Zweifel mehr sein. Allerdings hat man erkannt, daß der wesentliche Unterschied nicht in der Ausbildung des Skelettes liegt. Ursprünglich besaßen wahrscheinlich alle Fischgruppen Knochenskelette. Bei den Haien wurde aber in Anpassung an das Hochseeleben die Knochensubstanz durch Knorpel ersetzt; die Lunge, die ebenfalls bei den meisten kiefertragenden Panzerfischen ausgebildet war, verschwand. Bei den Knochenfischen verlief die Entwicklung im allgemeinen anders, obwohl es auch hier — und sogar bei den Amphibien — Formen ohne Lungen oder Schwimmblasen gibt. Hier wurde die ursprünglich unpaare Schwanzflosse in eine symmetrische Schwanzflosse umgebildet, aus der Lunge entstand die Schwimmblase, die Flossen wurden durch Strahlen gestützt, die Spritzlöcher — Reste der ersten Kiemenspalte — und die Spiralklappe des Darmtraktes verschwanden. Der Flösselhecht ist sozusagen auf halbem Wege stehengeblieben: Er besitzt eine asymmetrische Schwanzflosse, Spritzlöcher und Spiralklappe sowie eine Lunge, aber seine Flossen werden bereits durch Strahlen gestützt. Damit erinnert er in mancher Hinsicht an die Lungenfische und Quastenflosser, doch ist dies weniger auf die nahe Verwandtschaft zurückzuführen als darauf, daß alle drei Gruppen Wirbeltiere sind, die der Wurzel sehr nahestehen.

Klasse	**Osteichthyes**
Ordnung	**Cladista**
Familie	**Polypteridae**
Gattung und Arten	*Polypterus bichir*, Nilflösselhecht, u. a.

Bedrohlich aussehender, aber harmloser Löffelstör. Lebt von Organismen des Planktons, die er mit der langen Schnauze ortet.

Löffelstör

Der Löffelstör, ein großer Knochenfisch des Süßwassers, ist mit den Stören verwandt. Er hat einen langgestreckten Körper und sieht den Haien ähnlich. Die Haut ist nackt, abgesehen von einigen Knochenkörnchen und Ganoidschuppen an der Schwanzflosse. Er hat einen ziemlich großen Kopf, der vorn zu einer flachen, wie ein Kanupaddel gestalteten Schnauze ausgezogen ist. Die Schnauze macht ein Drittel, ja bis zur Hälfte der Gesamtlänge aus. Am Grund der Schnauze sitzen die kleinen Augen und darunter das riesige Maul. Die großen, dreieckigen Kiemendeckel zeigen mit der Spitze nach hinten. Brust- und Bauchflossen sind mittelgroß, ebenso die Rückenflosse, die weit hinten, gegenüber der Afterflosse sitzt. Die Schwanzflosse ist nur leicht gegabelt.

Es gibt nur zwei Arten: Die eine, als Löffelstör bezeichnete Art kommt im Mississippital in Nordamerika vor, die andere im Flußgebiet des Jangtsekiang in China. Die erstgenannte wird bis 1,82 m groß und erreicht ein Gewicht von 80 kg. Die chinesische, auch Schwertstör genannte Art soll bis 7 m lang werden.

Mit dem Paddel auf Nahrungssuche

Manche sagen, der Löffelstör durchwühle den Schlamm mit dem Paddel nach Nahrung, andere meinen, er wühle den Schlamm damit auf, wieder andere halten das für unwahrscheinlich, weil das Organ dafür zu empfindlich und zu verletzbar sei. Sie behaupten vielmehr — und das erscheint wahrscheinlicher — der Löffelstör schwimme langsam durch das Wasser und drehe dabei das hochempfindliche Paddel hin und her, um Futtertiere auszumachen. Wenn er sein großes Maul öffnet, sieht es so aus, als falle der rückwärtige Teil des Kopfes vom Kör-

per ab, da sich die Kiemendeckel öffnen und die geräumigen Kiemenhöhlen freigeben. Wenn Maul und Kiemenhöhlen plötzlich geöffnet werden, entsteht offenbar ein Sog, der Kleinlebewesen oder Plankton hineinzieht. Beim Vorwärtsschwimmen wird das Plankton von den langen Dornfortsätzen auf der Innenseite der Kiemen abgeseiht.

Ein gelöstes Rätsel

Obwohl der Löffelstör in Gebieten lebt, wo viel gefischt wird und wo viele Naturwissenschaftler sein Verhalten beobachten konnten, waren Fortpflanzungs- und Laichgewohnheiten bis vor wenigen Jahren unbekannt. Erst 1960 hat C. A. Purkett Löffelstöre während eines Hochwassers auf einer Sandbank im Osage beobachtet. Er konnte sehen, wie sie flach über dem sandigen, kieseligen Grund schwammen, hin und wieder an die Oberfläche kamen und auf den Grund zurückkehrten. Er konnte einwandfrei feststellen, wie sie laichten und später darüber berichten, und so ein altes Rätsel lösen.

Die Eier haben 3 mm Durchmesser. Die frisch gelegten Eier sinken auf den Grund und heften sich an Kieseln fest. Bei normalen sommerlichen Temperaturen schlüpfen die Larven nach sieben Tagen, sie sind 8 mm lang, haben einen großen Kopf, keine Augen, kein Paddel und keine Barteln. Sie ernähren sich von ihrem großen Dottersack, mit dem sie umgeben sind, bis er aufgebraucht ist. Sie schwimmen plötzlich zur Oberfläche und wieder auf den Grund, und wenn das Hochwasser sinkt, werden sie stromabwärts getrieben oder unter die Felsen gespült. Jetzt wissen wir, warum der Laichvorgang bisher der Aufmerksamkeit entgangen war. Er spielt sich während des Hochwassers ab, und wenn sich das Wasser verlaufen hat, ist von dem Geschehen nichts mehr zu sehen.

Schon ein paar Stunden nach dem Schlupf beginnen Augen und Barteln zu wachsen, das Paddel wächst jedoch erst von der zweiten oder dritten Woche an. Zunächst besteht es nur aus einem kleinen Höcker auf der Schnauze, dann aber wächst es sehr schnell. Purkett hat an einem bestimmten Einzeltier

festgestellt, daß das 8 mm lange Paddel in 29 Tagen eine Länge von 5 cm erreicht hatte. In Teichen gehaltene Löffelstöre wachsen jährlich 15 bis 30 cm, manche bis zu 60 cm, sie werden aber erst mit sieben bis acht Jahren fortpflanzungsfähig.

Primitive Knochenfische

Die ersten nordamerikanischen Siedler haben den Löffelstör nicht als Speisefisch angesehen. Selbst heute gilt er nur als zweitrangig, die grünlich-schwarzen Eier werden allerdings als Kaviar gegessen. Das Hauptinteresse an diesem Fisch bezieht sich auf die verwandtschaftlichen Beziehungen zu anderen Fischen. Er wird zu den Knochenfischen gezählt, obwohl sein Skelett, wie das der Haie, aus Knorpel besteht. Er hat, ebenfalls wie die Haie, einen kurzen, geraden Magendarmkanal mit einer Spiralklappe. Es gibt noch andere Einzelheiten des Körperbaues, bei denen die Löffelstöre mit den Haien übereinstimmen, doch beruhen diese Ähnlichkeiten vor allem darauf, daß es sich bei den Löffelstören um sehr primitive Knochenfische handelt. Auf Grund ihrer starken Spezialisation kann man sie schlecht als „missing link" bezeichnen. Zusammen mit den Stören sind sie die einzigen Überlebenden einer etwa 100 Millionen Jahre alten Ordnung. Es gibt nur zwei Arten, jeweils eine in zwei weit auseinander liegenden Teilen der Erde; das läßt vermuten, daß es sich um eine aussterbende Gattung handelt. Wenn das stimmt, wird dieser Prozeß sogar noch beschleunigt, zumindest in Nordamerika, wo ihr Lebensraum durch den Bau von Staudämmen und durch Gewässerverschmutzung noch weiter eingeschränkt worden ist.

Klasse	**Osteichthyes**
Ordnung	**Acipenseriformes**
Familie	**Polyodontidae**
Gattungen und Arten	*Polyodon spatula*, Löffelstör; *Psephurus gladius*, Schwertstör

Lebendes Fossil: Der Schlammfisch ist der einzige Überlebende einer Familie, die vor 130 Millionen Jahren in Blüte stand.

Schlammfisch

Durch seine vielen primitiven Züge ist der Schlammfisch ein lebendes Fossil; seine Ahnen waren vor 130 Millionen Jahren sehr zahlreich. Eine einzige Art bildet heute eine Familie, ja eine ganze Ordnung. Dieser Süßwasserfisch kommt nur an den Seen und Flüssen der östlichen USA vor. Seine Ahnen waren jedoch weltweit in Nordamerika und Europa, wo man ihre Fossilien vorfindet, verbreitet. Er ist gewöhnlich 60 cm lang, kann aber auch 90 cm erreichen. Der langgestreckte, hechtähnliche Körper trägt eine weichstrahlige Rückenflosse, einen abgerundeten Schwanz und dünne Schuppen mit emailleartigem Zahnschmelz. Das Männchen hat am Schwanzansatz einen dunklen, runden, weiß oder orange umrandeten Fleck. Beim Weibchen ist er nicht umrandet oder fehlt ganz.

Er atmet atmosphärische Luft

Der Schlammfisch atmet atmosphärische Luft und ist insofern ein außergewöhnlicher Fisch. Er lebt in stillen Gewässern und trägen Flüssen, selbst in sauerstoffarmem oder gar sauerstofffreiem Wasser. Wie einige andere primitive Fische hat er eine reich mit Blutgefäßen ausgestattete Kammerung, die Schwimmblase, die als Lunge dient, so daß der Schlammfisch an die Oberfläche schwimmt und Luft schnappt. Er kann auch bis zu 24 Stunden außerhalb des Wassers leben. Man sagt, er gebe einen glockenähnlichen Ton von sich; der Ton entsteht möglicherweise, wenn er ausatmet, bevor er neue Luft aufnimmt. Ein weiterer primitiver Zug, der bei Haien noch ausgeprägter ist, ist die Spiralklappe im Magendarmkanal. Sie ist beim Schlammfisch stark zurückgebildet, aber dennoch bei Knochenfischen, zu denen der Schlammfisch gehört, ungewöhnlich.

Charakteristisch für primitive Knochenfische ist noch die große, knochige Kehlplatte zwischen den beiden Unterkieferästen.

Ein gefräßiger Fisch

Der Schlammfisch frißt Krebstiere, Würmer, Frösche und Fische, aber auch Aas. Er ist so gefräßig und nimmt eine solche Vielfalt an Futtertieren, daß man ihn als Schädling betrachtet und auszurotten versucht, wo er häufig ist. In den Südstaaten der USA wird er getrocknet oder geräuchert und als Speisefisch verzehrt. Das Fischen von Schlammfischen gilt als aufregender Sport, weil sie nach Ködern jeglicher Art schnappen, doch werden meist Frösche und Köderfische benutzt. Seine starken Kiefer, scharfen Zähne und räuberische Lebensweise haben dem Schlammfisch die Namen Süßwasserhai oder auch Süßwasserwolf eingetragen.

Das Männchen treibt Brutpflege

Laichzeit ist von Mai bis Juni, wenn der dunkle, umrandete Fleck des Männchens intensivere Färbung annimmt. Das Männchen sucht einen geeigneten Platz in stark verkrauteten Uferzonen von Seen oder Flüssen. Hier baut er innerhalb eines Bestandes an Wasserpflanzen ein rundes Nest; man sagt, er schwimme immer im Kreis herum und drücke die Vegetation herunter, ähnlich wie Vögel ihr Nest formen, indem sie sich ständig darin umdrehen. Mehrere Weibchen legen ihre Eier in diesem Nest ab, das Männchen schüttet seine Spermien darüber aus, befruchtet sie so und bewacht das Nest, bis innerhalb von acht bis zehn Tagen die Jungen schlüpfen. Die Eier kleben an den Stengeln und Blättern der Wasserpflanzen. Das Männchen schwimmt ständig um das Nest herum und erzeugt so eine Strömung, die die Eier belüftet. Er bewacht die Jungen auch, bis sie etwa 10 cm lang sind, dann erlischt sein väterlicher Instinkt. Eine derartige elterliche Fürsorge ist zweifellos in trägen, sauerstoffarmen Gewässern besonders vorteilhaft. Die Jungfische haben eine eigene

Schutzeinrichtung, ein Haftorgan, mit dem sie sich an Wasserpflanzen festklammern können.

Verbindungsglied zur Vergangenheit

Der Schlammfisch ist nur eines von vielen Tieren, die man als „lebende Fossilien" bezeichnet hat. Diesen Ausdruck hat Darwin geprägt, als er einen Baum, den Ginkgo, beschrieb: Er war im Erdmittelalter, vor 200 Millionen Jahren, als riesige Saurier die Erde bevölkerten, weltweit verbreitet; Europäer stellten im 18. Jahrh. fest, daß er in China und Japan noch überlebt. Etwa zur gleichen Zeit, ebenfalls im Erdmittelalter, erschienen die ersten, mit großen Mäulern ausgestatteten Raubfische. Damals entstand die Familie, zu der der Schlammfisch gehört. Sie hat vor etwa 150 Millionen Jahren ihren Höhepunkt erreicht und ist dann zurückgegangen, nur die heute noch in den östlichen USA vorkommende Art ist übriggeblieben. Andere Arten hatten sich bis vor 50 Millionen Jahren in Europa gehalten und sind dann ausgestorben. Somit ist dieser Fisch ein typisches „lebendes Fossil", er verbindet sozusagen die Schmelzschupper mit den höheren Knochenfischen. Er ist der einzige Überlebende einer vergangenen Blütezeit.

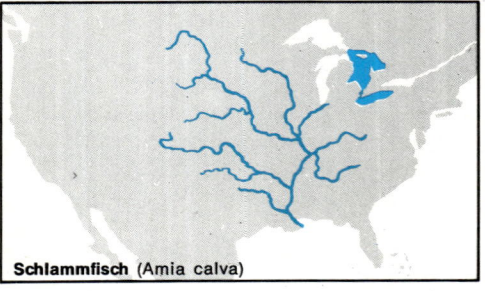

Schlammfisch (Amia calva)

Klasse	**Osteichthyes**
Ordnung	**Protospondyli**
Familie	**Amiidae**
Gattung und Art	*Amia calva*, Schlammfisch

Trotz ihres hechtähnlichen Aussehens sind Störe langsam. Hier zwei Sterlets aus der Wolga, sie kreuzen gemächlich über den sandigen Grund und suchen Nahrung. Sie orten das Futter hauptsächlich mit den hochempfindlichen Barteln.

Störe

Der Stör ist als Lieferant des Kaviars, der Luxusnahrung, die bald der Vergangenheit angehören könnte, allgemein bekannt. Interessanter ist jedoch die Tatsache, daß die zwei Dutzend Arten Überreste einer Gruppe primitiver Fische sind. Trotz zahlreicher Sonderanpassungen vermitteln sie in mancher Hinsicht zwischen den Ursprungsformen von Knochen- und Knorpelfischen. Im Äußeren erinnern sie stark an Haie. Wie alle primitiven Fische haben sie eine asymmetrische Schwanzflosse. Die Schnauze ist bei Jungfischen zugespitzt, bei Erwachsenen lang und breit, unterm Maul befinden sich vier Barteln. Der Körper ist schuppenlos, abgesehen von fünf Reihen großer, scharf zugespitzter Platten, die von den Kiemendeckeln bis zur Schwanzflosse reichen.

Die größte Art ist der Hausen im Kaspischen und Schwarzen Meer, in der Donau, Wolga, im Don, Dnjepr und anderen Flüssen Rußlands. Er wird bis 8,50 m lang und bis 1500 kg schwer und ist damit der größte Süßwasserfisch überhaupt. Ein knapp 4 m langes und etwa 1000 kg schweres Exemplar war 75 Jahre alt. Es lieferte rund 200 kg Kaviar. Der an den Küsten des Nordatlantik vorkommende Stör wird 6 m lang, somit der größte einheimische Süßwasserfisch. Der in Flüssen der UdSSR vorkommende Sterlet wird 1 m lang. Der Glattdick (Acipenser nudiventris) bewohnt die Nebenflüsse der Donau bis zur Drau. Außerdem hat man versucht, diesen bis 2 m langen Fisch in Eider und Oste einzubürgern. Andere Arten bewohnen die gemäßigten Zonen der Nordhalbkugel.

Bestände gehen überall zurück

Störe bewegen sich langsam fort, meist graben sie am Grund nach Nahrung. Einige Arten jedoch wandern über weite Strecken. In Nordamerika hat man an markierten Exemplaren festgestellt, daß sie über 1400 km weit wandern. Die meisten Arten leben im Meer und wandern zum Laichen in die Flüsse. Heute sind die Bestände aller Störe geringer als noch vor ein oder zwei Jahrhunderten, teils als Folge des Überfischens, teils als Folge der Verschmutzung der Flüsse; ihre Laichgründe sind zerstört worden. Im 17. Jahrh. bestand in den Neuenglandstaaten der USA eine blühende Störfischerei. Auch in der Mitte des 19. Jahrh. wurden noch Störe gefangen, weil man ihren Kaviar und die hohe Qualität des aus ihrem Fleisch gewonnenen Lampenöles schätzte. Ein Jahrhundert später waren die jährlichen Fänge um 90 % gesunken. An der Atlantikküste Europas waren die Störe einst zahlreich.

Heute sind sie hauptsächlich an der Girondemündung im westlichen Frankreich, im Guadalquivir in Spanien und im Ladogasee in der UdSSR verbreitet. Ein paar werden noch an den Küsten der britischen Inseln, an der deutschen Küste und in der Elbe gefangen. Im Gebiet des Schwarzen und Kaspischen Meeres ist die Störfischerei durch Überfischen an einem Tiefpunkt angelangt; man versucht heute, Brutanstalten zu gründen, junge Störe aufzuziehen und so die Bestände wieder aufzufüllen. Man hat geschätzt, daß in den genannten Meeren und den zugehörigen Flußgebieten täglich nicht weniger als 15 000 Störe gefangen worden sind.

Ein junger Sterlet bewegt sich langsam vorwärts, seine empfindlichen Barteln spüren Nahrung auf.

Er durchsucht den Schlamm nach Nahrung

Störe finden ihr Futter, indem sie es mit ihren empfindlichen Barteln aufspüren. Sie haben auch Tastorgane; bei anderen Fischen sitzen sie normalerweise an der Zunge oder innen im Maul, beim Stör aber außen am Maul. Störe fressen mäßig, sie können auch mehrere Wochen ohne Futteraufnahme auskommen. Im Süßwasser fressen sie Insektenlarven, Würmer, Krebse, Schnecken und kleine Fische. Im Meer nehmen sie Muscheln, Garnelen und andere kleine Krustentiere, Würmer und viel mehr kleine Fische als im Süßwasser.

Wenn es beim Kaviar zum Schlupf kommt

Störe laichen in Tiefen von 5,50 bis 6 m. Die Eier sind schwärzlich, haben 2,5 mm Durchmesser und sind klebrig, so daß sie an Wasserpflanzen und Steinen haften bleiben oder auch massenweise Klumpen bilden. Ein einziges Weibchen vermag in einer Saison zwei bis drei Millionen Eier zu legen. Nach drei bis sieben Tagen schlüpfen die 12 mm großen Larven, die jedoch schon im ersten Sommer 20 cm erreichen können.

Alle Störe laichen im Süßwasser. Die großen Formen — Hausen und Stör — bewohnen außerhalb der Laichzeit die Meere, der Stör besonders Nord- und Ostsee und Atlantik, die Hausen Kaspisches und Schwarzes Meer und Adria. Bei den kleineren Arten gibt es Formen, die das Süßwasser nie verlassen, z. B. die Donaupopulation des Glattdicks.

Wie die Schwimmblase verwertet wird

Störe sind sowohl des Fleisches und Öles als auch des Kaviars wegen gefischt worden. Sie liefern aber auch Fischleim, und zwar wird er aus der Schwimmblase hergestellt. Gebrauchsfertig sieht er wie durchscheinende Plastikplatten aus, er besteht fast ganz aus Gelatine. Auch heute noch wird er zur Herstellung von Spezialklebstoffen und wasserdichten Werkstoffen verwendet, vor allem aber zur Klärung von Weißwein; etwa 30 g dieses Fischleims reichen aus, um über 1300 Liter zu klären.

Der Stör in der Geschichte

Im Alten Rom wurde der Stör, mit Blumen garniert, von Sklaven, die mit den gleichen Blumen geschmückt waren, zum Bankett aufgetragen. In der Elbe war der Stör früher so häufig, daß im Vertrag Hamburger Dienstmädchen aufgeführt wurde, daß sie nicht mehr als zweimal in der Woche Stör essen mußten. Heute gibt es praktisch keine Elbstöre mehr. Auch der Sterlet, der früher bis Ulm vorkam, ist im Oberlauf der Donau heute kaum noch zu finden. Nur gelegentlich werden einzelne Exemplare bei Passau gefangen. Der Rückgang der Störe ist weniger auf Überfischung als auf die Gewässerverschmutzung und die Flußregulierung zurückzuführen. Man sieht dies sehr deutlich, wenn man Störe als Aquarienfische hält. Sie sind verhältnismäßig leicht zu pflegen, brauchen aber klares, sauerstoffreiches Wasser.

Klasse	**Osteichthyes**
Ordnung	**Chondrostei**
Familie	**Acipensenidae**
Gattungen und Arten	*Acipenser ruthenus*, Sterlet; *A. sturio*, Stör; *Huso huso*, Hausen, u. a.

Schaufelstör (Scaphirhynchus platorhynchus). *Mit der bizarren Schnauze gräbt er Schnecken, Kleinkrebse und andere Kleintiere aus.*

Knochenhechte

Diese schlanken, hechtähnlichen Fische sind lebende Fossilien einer Familie, die im Erdmittelalter, vor 70 bis 220 Millionen Jahren, ihren Höhepunkt erreicht hatte. In Nord- und Mittelamerika leben noch sieben Arten.

Die verbreitetste dieser Arten ist der Schlanke Knochenhecht, der von den Großen Seen aus südwärts vorkommt. Er wird bis 1,50 m lang, sein schlanker Körper ist mit einem Panzer aus lückenlos aneinander gesetzten, rautenförmigen Ganoidschuppen besetzt; sie überlappen sich nicht wie sonst die Schuppen der Fische. Die lange Schnauze ist ein „Schnabel", die langen Kiefer sind mit kleinen, scharfen Zähnen besetzt, der Schnabel ist doppelt so lang wie der übrige Kopf. Rücken- und Afterflosse sitzen weit hinten am Körper. Der Rücken ist olivgrün bis silberfarben, die Unterseite weiß.

Der Kurznasen-Knochenhecht der Großen Seen wird 1,80 m lang. Der Alligatorfisch Mexikos soll 3 m oder gar 3,60 m lang werden.

Träge Fische

Die Knochenhechte bewohnen vor allem ruhige Gewässer, wo sie fast bewegungslos zwischen den Wasserpflanzen liegen, sie sehen eher aus wie dahintreibende Holzstäbe, weniger wie Fische. Sie bewegen sich ruhig und langsam, um vorbeikommenden Beutetieren aufzulauern; sie ergreifen sie, indem sie von der Seite her mit der Schnauze plötzlich zuschlagen. Obwohl sie augenscheinlich träge sind, können Knochenhechte notwendig auch schnell sein. Ihre Nahrung besteht hauptsächlich aus anderen Fischen, aber auch andere Futtertiere weisen sie kaum zurück. Frösche, Salamander und Würmer nehmen sie gern an, junge Knochenhechte leben weitgehend von Wasserinsekten. Bald gehen sie jedoch dazu über, Fische zu nehmen; ein junger, 5 cm langer Knochenhecht hat einmal einen Rekord aufgestellt und schnell hintereinander 16 kleine Elritzen gefressen. Daraus kann man leicht auf die räuberische Natur des Knochenhechtes schließen und auch verstehen, warum die Fischer den Knochenhecht, der ihnen auch Köder von den Haken reißt, hassen. Knochenhechte können mit einem einzigen Schlag ihrer Kiefer ganze Schwärme kleiner Fische greifen.

Eier und Jungfische an Felsen

Die Männchen werden in drei bis vier Jahren, die Weibchen in sechs Jahren fortpflanzungsfähig. Gelaicht wird von März bis Mai in flachen Gewässern, jedes Weibchen ist von drei oder vier Männchen begleitet. Ein Weibchen legt durchschnittlich etwa 28 000 Eier, die Zahl schwankt aber zwischen 4000 bis 60 000, je nach seiner Größe. Die klebrigen Eier werden an Felsen und Wasserpflanzen angeheftet. Nach ein paar Tagen schlüpfen die Jungfische, die sich mit scheibenförmigen Saugorganen vorn an der Schnauze an Wasserpflanzen festhalten; sie bleiben hängen, bis der Dottersack aufgebraucht ist. Dann schwimmen sie frei herum und leben zuerst von Mückenlarven.

Schnelles Wachstum

Trotz des Rufes der Gefräßigkeit — er ist durch nichts als die haiähnlichen Zähne gerechtfertigt — brauchen Knochenhechte wenig Futter, sie fressen unregelmäßig und verdauen langsam. Dennoch gehören sie zu den am schnellsten wachsenden Süßwasserfischen. Im ersten Jahr wachsen junge Männchen durchschnittlich gerade etwas über 2,5 mm täglich und erreichen bis Ende der Saison eine Länge von 50 cm, Weibchen von 55 cm. Von da an verlangsamt sich das Wachstum auf 2,5 cm jährlich, hält allerdings bei Weibchen, die die Männchen überleben, 13 bis 14 Jahre an.

Schuppenpanzer

Daß Knochenhechte so träge dahinleben, beruht sehr wahrscheinlich auf den eng aneinanderliegenden Schuppen, die eine feste, starre Decke bilden. Dieser zähe Schuppenpanzer hat sich jedoch als sehr nützlich erwiesen, er wird vom Menschen auf die verschiedenste Weise verwertet. Die Ureinwohner der Karibischen Inseln sollen aus der Haut des Knochenhechtes mit den rautenförmigen, dicht schließenden Schuppen Brustpanzer gemacht haben. Einige nordamerikanische Indianer haben die Schuppen abgetrennt und als Pfeilspitzen verwendet. Die Pioniere der USA hielten die Schuppen des Knochenhechtes für ausreichend hart, um die Schare ihrer Holzpflüge damit zu bestücken.

Der Kurznasenknochenhecht ist unter Wasserpflanzen schwer zu erkennen.

Klasse	**Osteichthyes**
Ordnung	**Ginglymodi**
Familie	**Lepisosteidae**
Gattung und Arten	*Lepisosteus osseus*, Schlanker Knochenhecht; *L. platystomus*, Kurznasen-Knochenhecht; *L. spatula*, Kaimanfisch; *L. tristoechus*, Alligatorfisch

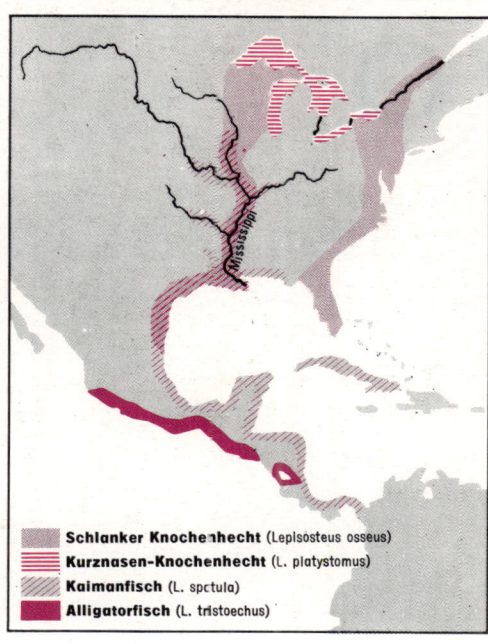

Schlanker Knochenhecht (Lepisosteus osseus)
Kurznasen-Knochenhecht (L. platystomus)
Kaimanfisch (L. spatula)
Alligatorfisch (L. tristoechus)

Die Eier des Lachses sind normalerweise von Sand bedeckt.

Lachse

Zu dieser Gruppe zählt man alle großen, forellenartigen Fische: den Atlantischen Lachs, bis 1,50 m lang und 45 kg schwer, und die Pazifischen Lachse, von denen Blaurückenlachs, Quinnat und Keta am bekanntesten sind. Alle diese Arten laichen im Süßwasser, leben aber als Erwachsene im Meer. Der Quinnat wird über 50 kg, der Blaurückenlachs bis 12 kg, der Keta bis annähernd 15 kg schwer. Dagegen verläßt der Huchen oder Donaulachs das Süßwasser nie. Er wird bis 2 m lang. Solche Riesen dürften Gewichte von 80 kg erreicht haben; heute sind allerdings selbst 1 m lange Huchen eine Seltenheit.

Riesenweite Laichwanderungen

Lachse kehren zum Laichen in denselben Fluß zurück, in dem sie geschlüpft sind. Ihr Rücken wird dann dunkler, die Seiten bläulich, der Bauch rötlich. Die Unterränder der Flossen werden rot, besonders bei Männchen. Die Männchen bekommen lange Hakenschnauzen, nicht jedoch die Weibchen; im Maul wachsen lange Zähne. Je nach Art und Ernährungsbedingungen bleiben Lachse zwei bis acht Jahre im Meer, atlantische Lachse allerdings gewöhnlich drei Jahre. Beim Atlantischen Lachs kann man vier Haupttypen unterscheiden: große und kleine Sommer-, große und kleine Herbst- und Winterlachse. Die ersteren steigen bereits im Sommer auf und laichen im Herbst. Dabei steigen die großen Formen weit auf, z. B. die Rheinlachse bis in die Schweiz, während die kleinen in der Nähe der Flußmündungen geeignete Laichplätze aufsuchen. Die Winterlachse überwintern bei Frosteintritt an geeigneten Stellen im Strom

und laichen erst im nächsten Herbst ab. Pazifische Lachse wandern bis zu etwa 3600 km in Binnengewässer ein. Bei ihren Wanderungen überwinden Lachse Stromschnellen und Wasserfälle. Während der Wanderung nehmen sie keine Nahrung auf.

Die Paarung endet im Tod

Wenn sich die Lachse dann den Laichgründen nähern, bestehen sie nur noch aus Säcken mit Knochen und Eiern oder Spermien. Das Kleid der Männchen sieht oftmals noch abgetragener aus, weil sie miteinander kämpfen. Die Weibchen halten Ausschau nach einem geeigneten Platz an sandigen oder kieseligen Flachstellen, wo das Wasser klar und sauerstoffreich ist. Sie fangen dann an, im Flußbett Mulden zu graben; dazu liegen sie auf der Seite und schlagen mit dem Schwanz. Wenn die Mulde tief genug ist, legt sich das Weibchen zum Laichen hinein, ihr Männchen schwimmt darüber und gibt die Spermien ab, um die Eier zu befruchten. Die Weibchen legen die Eier in Schüben, insgesamt zehn- bis zwanzigtausend in mehrere Mulden. Zum Schluß sind sie völlig erschöpft.

Die meisten Lachse überleben die erste Wanderung nicht, doch findet man gelegentlich auch Tiere, die zum zweiten oder gar dritten Mal ablaichen.

Als Jungfisch ins Meer

Jedes Gelege wird mit Sand abgedeckt, der beim Graben neuer Mulden gelockerte Sand wird vom Wasser darübergeschwemmt. Aus den so geschützten Eiern schlüpfen im April/ Mai die Jungen; sie bleiben zunächst in dem Sandbett und leben einige Wochen vom Dottersack, bis sie sich als Fischbrut an die Oberfläche schlängeln. Sie fressen tüchtig Wasserinsekten und andere kleine Tiere, und im Frühling werden sie dann von der Strömung flußabwärts getragen. Nach zwei, manchmal auch erst nach fünf Jahren ver-

lassen die Lachse das Süßwasser, ähnlich wie der Blaurückenlachs und der Quinnat, während der Keta kurz nach der Geburt ins Meer wandert.

Wie Lachse den Heimweg finden

Man hat sich immer dafür interessiert, wie Lachse in die Flüsse, in denen sie geschlüpft sind, zurückfinden. Der Vorgang ist noch nicht insgesamt aufgeklärt, man weiß aber heute genügend, um viele Einzelheiten darstellen zu können. Lachse bevorzugen Wasser verschiedenen Salzgehaltes; man hat herausgefunden, daß die Schilddrüse dabei eine Rolle spielt. Spritzt man einer Lachsart ein bestimmtes Hormon ein, sucht sie Salzwasser auf, hört man mit der Injektion auf, sucht sie Süßwasser auf. Beim Buckellachs wurde der entgegengesetzte Effekt erzielt. Wahrscheinlich sind auch andere Drüsen hier beteiligt, ebenso Tageslänge und Ernährung. Im Meer orientieren sich die Lachse vermutlich vorwiegend am Sonnenstand, gekoppelt mit einer „inneren Uhr". In den Flüssen finden sie ihr Geburtsgewässer durch den Geruchssinn.

Wasserspezialisten

Bei der Orientierung der Lachse spielen also die verschiedensten Faktoren mit. Verhältnismäßig leicht läßt sich der Einfluß des Geruchssinnes testen, oder auch der Geschmack des Wassers, aus dem der Lachs stammt. Wissenschaftliche Untersuchungen haben zweifelsfrei ergeben, daß Fische, und darunter auch Lachse, Wasserproben mit den geringsten Geschmacksunterschieden genau unterscheiden können; dabei sind Geruchs- und Geschmackssinn eng gekoppelt. Das ist nicht so überraschend, da „Wasserprüfer" oder „Wasserschmecker", die sich beruflich mit der Reinigung von Trinkwasser befassen, auf fast unheimliche Weise durch Geschmacksproben sagen können, wo ein bestimmtes Glas Wasser herkommt. Die gleichen Versuche haben gezeigt, daß das

Weibchen des Blaurückenlachses (Oncorhynchus nerka) *gräbt im Flußbett ein Nest, indem es mit dem Schwanz schlägt und eine Mulde bildet.*

Ein Paar Blaurückenlachse ist aus dem Pazifik in den Oberlauf des Flusses geschwommen, in dem sie vier oder fünf Jahre zuvor zur Welt gekommen sind. Jetzt werden sie laichen — und dann sterben, denn sie sind ausgehungert und erschöpft.

Erinnerungsvermögen an eine bestimmte Wasserart bei Fischen lange Zeit fortbesteht, und daß es wahrscheinlich um so länger fortbesteht, je jünger der Fisch ist.

Geordnete Fischwirtschaft

Lachse waren früher in deutschen Flüssen außerordentlich häufig. Um 1880 fischte man am Rhein jährlich 70 000 Lachse. In den Verträgen der Dienstboten aus dieser Zeit finden sich ähnliche Bestimmungen wie bei den Hamburger Dienstmädchen in Bezug auf Störfleisch. Durch die Gewässerverschmutzung sanken diese Erträge fast auf den Nullpunkt. Ähnlich verhält es sich mit

dem riesigen Donaulachs oder Huchen, der das Süßwasser nie verläßt. Er unternimmt nur kurze Wanderungen. Durch die Flußbegradigung gingen die Nasen, die Hauptbeutefische der Huchen, so stark zurück, daß die Huchen heute zu den Seltenheiten zählen. Anders sieht es in Schweden aus; hier bemüht man sich seit Jahren um eine vernünftige Bewirtschaftung der Lachsbestände, doch ist auch diese durch die zunehmende Verschmutzung gefährdet. Der größte Teil der Lachse kommt heute aus den pazifischen Gebieten, wo man seit Jahren eine ausgewogene, den Beständen gerechte Befischung treibt, wo die Wasserverschmutzung noch

kein so hohes Maß erreicht hat wie bei uns, und man bei Flußregulierungen dafür sorgt, daß die Lachse ihre Laichwanderungen durchführen können.

Klasse	**Osteichthyes**
Ordnung	**Salmoniformes**
Familie	**Salmonidae**
Gattungen und Arten	*Salmo salar*, Lachs; *Huso huso*, Hausen; *Oncorhynchus nerka*, Blaurückenlachs; *O. tshawytscha*, Quinnat

Forellen

Die recht unterschiedlich gefärbte Echte Forelle hat drei Namen. Die Bachforelle ist klein, dunkel und sie wandert nicht. Sie kann 50 cm lang werden und lebt in kleineren Bächen und Teichen. Die Seeforelle erreicht 140 cm und ist heller gefärbt. Sie lebt in größeren Seen und Flüssen und wandert auch. Die bis 150 cm lange Meerforelle ist silberfarben und wird bis etwa 50 kg schwer, sie ist ausgesprochen wanderfreudig. Alle drei sind wahrscheinlich als eine Art anzusehen.

Bachforelle und Seeforelle sind grünlichbraun, die Seiten sind heller als der Rücken, der Bauch ist gelblich. Sie sind mit vielen roten und schwarzen Punkten übersät, die schwarzen sind hell umrandet. Sogar die Kiemendeckel sind mit Punkten bedeckt. Beide, Bach- und Seeforelle, ähneln in Gestalt und Aussehen dem Lachs, nur reichen die Kieferöffnungen bis hinter die Augen, und die Fettflosse ist orange gefärbt.

Die Regenbogenforelle hat längs der Seiten ein rötliches Band. Die Seeforelle kommt in Tiefen bis 120 m vor.

Die Temperatur ist wichtig

Forellen gedeihen am besten in klarem, gut durchlüftetem Wasser; soweit sie auch in trübem Wasser vorkommen, müssen die oberen Schichten ausreichend sauerstoffreich sein. Schlamm beeinträchtigt ihr Befinden: sei es daß er die Laichplätze verschmutzt,

Rechts: Eine große Regenbogenforelle springt aus ihrem Schwarm nach einem vorüberfliegenden Leckerbissen.
Unten: Ungleiches Paar. Regenbogenforelle, dahinter Bachforelle. Durch das Glas des Aquariums ist der rote Seitenstreifen der Regenbogenforelle nicht zu erkennen.

das Nahrungsangebot schmälert oder die Fische unmittelbar schädigt. Versuche haben bewiesen, daß Aufschwemmungen selbst im Verhältnis von 270 per 1 Million die Kiemen schädigen. Das Wachstum hängt, oftmals in beachtlichem Ausmaß, von weiteren Faktoren ab, besonders von der Umwelt. Die Temperatur z. B. ist sehr wichtig, das zeigt sich daran, wann die Forellen nach der winterlichen Fastenzeit wieder mit der Nahrungsaufnahme beginnen. Normalerweise stellen sie die Nahrungsaufnahme im Herbst ein und beginnen damit wieder im Frühling bei Wassertemperaturen ab 2 °C. In milden Wintern aber fressen sie unter Umständen schon wieder ab Dezember und dann ununterbrochen bis zum ersten Kälteeinbruch im nächsten Herbst.

Das Wachstum wechselt auch vom einen Fluß zum anderen oder vom Fluß zur See. In kleineren Flüssen wachsen Forellen langsamer als in großen Strömen, und in großen Süßwassersystemen langsamer als im Meer. In kleinen Flüssen wachsen Forellen im ersten, zweiten und dritten Jahr 6,5 bzw. 13 bzw. 20 cm. Die entsprechenden Zahlen für das Meer sind 7 bis 13 bzw. 10 bis 12,5 bzw. 25 bis 27,5 cm.

Wechsel in der Ernährung

Die Futtertiere wechseln mit dem Alter der Forellen. Jungfische fressen große Mengen an Larven von Wasserinsekten, Erwachsene jedoch nur wenig. Später fangen sie große Mengen geflügelter Insekten, aber auch Wasserflöhe und Kleinkrebse. Erwachsene fressen vor allem kleine Fische, Kleinkrebse, Insektenlarven und Vollinsekten, besonders geflügelte. Seeforellen nehmen Sprotten, junge Heringe und Sandaale, aber auch viele Kleinkrebse und Garnelen.

Spezielle Laichplätze

Die männlichen Forellen werden mit zwei Jahren fortpflanzungsfähig, sie wandern dann dahin zurück, wo sie geschlüpft sind. Dieser Heimatsinn ist durch wissenschaftliche Untersuchungen bestätigt worden: Man hat markierte Forellen in andere Teile eines Flußsystems gebracht und sie später in ihren „heimatlichen Gefilden" wieder aufgefunden. Das Brutgeschäft läuft von Oktober bis Februar, der Zeitpunkt wechselt je nach Örtlichkeit. Gelaicht wird gewöhnlich in fließendem Wasser; in Seen lebende Forellen wandern in die Zuflüsse oder in tiefere Wasserschichten mit Grundquellen.

Zum Laichen macht das Weibchen eine „Grube" an kieseligen Flachstellen, indem sie mit Schlägen ihres Schwanzes eine Vertiefung gräbt. Sobald das Weibchen ihre Eier abgelegt hat, werden sie von dem sie begleitenden Männchen befruchtet. Nach ca. 40 Tagen schlüpfen die Jungen, sie sind beim Schlupf 12 bis 25 mm groß, der Dottersack ist in vier bis sechs Wochen aufgebraucht.

Von Feinden umgeben

Frost und Brown haben in ihrem Buch „Die Forelle" festgestellt, daß 94 % der Jungfische während der ersten drei bis vier Monate zugrundegehen. Danach sinkt die Sterblichkeitsrate auf 20 %. Aale sollen Forellen töten und besonders die Laichgründe verwüsten, doch gibt es dafür keine Belege. Die Hauptfeinde sind Wasserspitzmaus, Nerz, Wasserratte, Otter und Reiher. Weitere Feinde der Forellen sind größere Forellen. In den Mägen größerer Exemplare hat man 12 bis 15 cm lange Forellen gefunden. Bei der Bachforelle wird hier ein Rekord aus Neuseeland, wo der Fisch eingeführt wurde, gemeldet. 1967 hatte eine etwa 10 kg schwere Forelle eine 30 cm lange Forelle im Magen. Im Kannibalismus wetteifert die Forelle also mit dem Hecht, der von jeher als ihr Feind gilt. Hechte nehmen jedoch, mit wenigen Ausnahmen, nur mittelgroße bis große Forellen.

Es gibt noch zwei wichtige Umstände, die zur Minderung der Forellenbestände beitragen — wenn man einmal vom Menschen absieht. Zahlreiche andere Tiere sind Nahrungskonkurrenten, darunter einige Wasservögel; einer der schlimmsten Nahrungskonkurrenten ist wahrscheinlich der Aal, vor allem in Flüssen, weniger in Seen. Der zweite natürliche „Feind" ist Sauerstoffmangel, besonders im Winter. Wenn Teiche und Seen zugefroren sind, müssen die Forellen mit dem unter der Eisdecke eingeschlossenen Sauerstoff auskommen. Dieser Bestand wird durch den von Wasserpflanzen abgegebenen Sauerstoff aufgefüllt. Wenn jedoch das Eis mit Schnee zugedeckt ist, kann kein Licht einfallen, die Wasserpflanzen können nicht „arbeiten" — die Forellen ersticken.

Viele Arten

Die große Vielfalt in Größe und Färbung der Bachforelle schlägt sich in der Geschichte der Artbestimmung nieder. 1758 hatte Linné drei Arten bestimmt: Schwedische Flußforelle, Meerforelle und Seeforelle. Lange Zeit hat man in Europa zahlreiche Arten von Forellen unterschieden, da die Bachforelle je nach Lebensraum (Habitat) stark variiert. Heute rechnet man alle zu einer Art, sieht man einmal von der Gardaseeforelle ab; doch steht eine endgültige Klärung dieser Frage noch aus. Eine zweite Art, die auch bei geringem Sauerstoffgehalt noch leben kann, wurde in Europa eingebürgert: die Regenbogenforelle. Zu den prachtvollsten europäischen Fischen gehört der Wandersaibling, der noch höhere Anforderungen an die Wasserqualität stellt als die Forellen. Gemeinsam mit der Regenbogenforelle wurde der Bachsaibling bei uns eingeführt.

Klasse	Osteichthyes
Ordnung	Salmoniformes
Familie	Salmonidae
Gattungen und Arten	*Salmo trutta*, Bachforelle, Gardaseeforelle; *S. gairdneri*, Regenbogenforelle; *Salvelinus fontinalis*, Bachsaibling; *S. alpinus*, Wandersaibling

Junge Bachforelle in klarem Flußwasser. An den roten Punkten ist sie leicht zu erkennen.

Tiefsee-Beilfische

Winzige Fische von seltsamer Gestalt, die wie zerknittertes Stanniol aussehen — das ist die beste Beschreibung der 15 Arten Tiefsee-Beilfische; alle sind entfernte Verwandte des Lachses. Die meisten sind 2,5 bis 5 cm, die größten 8 cm lang. Von den kleineren gehen 500 Exemplare auf 1 Pfund. Tiefsee-Beilfische haben einen hohen, seitlich abgeplatteten Körper, sie ähneln einem von vorn gesehenen Beil, die Unterseite des Körpers entspricht der scharfen Schneide des Beilblattes. Sie sind mit großen Schuppen bedeckt, bei einigen Arten fehlen sie an Brust und Bauch, so daß sie dort durchsichtig sind. Alle Arten sind silberfarben und schillern. Die Augen sind groß, die Flossen sind mäßig groß und, von den Strahlen abgesehen, durchscheinend; längs des unteren Körperrandes und auf der Unterseite des Schwanzes finden sich dicht an dicht Leuchtorgane. Sie geben gewöhnlich blaues Licht ab.

Die im Meer lebenden Tiefsee-Beilfische sollten nicht mit den Beilbauchfischen des Süßwassers, die zu den Karpfenartigen gehören, verwechselt werden (siehe S. 178).

Teleskopartige Augen

Die Tiefsee-Beilfische leben in der Dämmerungszone der Ozeane, die nur noch von den blauen und grünen Wellen des Lichtes erreicht werden. Sie kommen in Tiefen von 90 bis 450 m aller Meere der Tropen und gemäßigten Zonen vor. Das menschliche Auge kann in diesen Tiefen noch Licht wahrnehmen, und mittels sehr empfindlicher photographischer Platten hat man festgestellt, daß ein klein wenig Licht selbst noch in Tiefen von 900 m vorhanden ist. Da das menschliche Auge in 450 m Tiefe noch einen schwachen Lichtschimmer wahrnehmen kann, darf man vermuten, daß die großen Augen des Tiefsee-Beilfisches mit ihren großen Linsen und der nur aus langen Stäbchen bestehenden Netzhaut zumindest ebenso empfindlich sind.

Inwieweit die am unteren Körperende sitzenden Leuchtorgane die Augen unterstützen, ist fraglich. Wahrscheinlich wenig, weil die Augen oben am Kopf angeordnet sind, bei mehreren Arten sind sie auch nach oben gerichtet. Bei einigen dieser zuletzt genannten Arten sind die Augen teleskopartig. Man hat sogar schon gesagt, daß sie tatsächlich wie Teleskope arbeiten, d. h. die Gegenstände, die der Fisch sieht, vergrößern.

Schwerelos in der Tiefsee

Tiefsee-Beilfische sind sehr leicht, sie wiegen durchschnittlich nur etwa 1 g. Sie haben eine gut entwickelte Schwimmblase. Aus diesen beiden Umständen ergibt sich, daß sie dieselbe Dichte aufweisen wie das Wasser, daß sie weder aufsteigen noch sinken, sondern schweben. Von der Weltraumfahrt her ist der Begriff der Schwerelosigkeit bekannt.

Links: Konservierte Exemplare einer Sammlung.

Gleiche Dichte bedeutet ungefähr dasselbe. Tiefsee-Beilfische können somit leicht schwimmen, sie wandern täglich große Strecken auf und ab, sie kommen tags fast bis an die Wasseroberfläche und schwimmen nachts wieder hinunter. Bei diesen Wanderungen folgen sie ihrer aus Plankton bestehenden Nahrung, wie Copepoden, und den Jungfischen anderer Fische.

Inseln unter Wasser

Seit Ende des Zweiten Weltkrieges ist die Echolottechnik stark verfeinert worden, und Beobachter auf Kriegsschiffen der USA haben festgestellt, daß ihre Geräte über dem Meeresgrund eine zweite, manchmal auch noch eine dritte und vierte Ebene orteten. Tagsüber wurden diese sich noch ausdehnenden Schichten in Tiefen von rund 200 bis 700 m festgestellt. Mit Einbruch der Nacht näherten sie sich der Oberfläche und waren dann weniger scharf abgegrenzt. Es stellte sich heraus, daß diese Schichten von den größeren Tieren des Planktons gebildet wurden. Sie müssen reichlich 5 cm lang sein, damit die Echolot-Geräte darauf ansprechen; die Anzeichen für die Schichten gingen von Tieren wie Quallen, Garnelenmassen und größeren Pfeilwürmern aus. In Verbindung mit diesen Schichten wurden Tropfen und Formen wie ein umgekehrtes V festgestellt. Man bezeichnete sie zunächst als Tropfenfische und Zeltfische, später kam man jedoch darauf, daß die Formen von Tiefsee-Beilfischen und Laternenfischen gebildet wurden. Dies beweist, wie zahlreich diese beiden Gruppen von Tiefseefischen sind. Als man anfing, mit Echolotgeräten zu arbeiten, zeigten sie oftmals Untiefen an, wo man Tiefsee erwartet hatte. Diese versunkenen Inseln erwiesen sich als bewegliche, sich ausdehnende Planktonschichten mit Tiefsee-Beilfischen und Laternenfischen.

Klasse	**Osteichthyes**
Ordnung	**Salmoniformes**
Familie	**Sternoptychidae**, Tiefsee-Beilfische
Gattungen und Arten	*Argyropelecus gigas*; *Sternoptyx diaphana*, u. a.

Oben: Tiefsee-Beilfische tragen dazu bei, einen vom Echolot festgestellten, scheinbaren Meeresboden zu bilden.

Unten: Beilbauchfische vollführen ähnlich wie Schmetterlinge Werbungstänze. Hier Zwergbeilbauchfische (Carnegiella marthae).

Arapaima

Der Arapaima, der als einer der größten Süßwasserfische gilt, ähnelt in vieler Hinsicht dem Hecht. Er hat einen langen, zylindrischen Körper, die unpaarigen Flossen sitzen weit hinten zum Schwanz zu, der Kopf ist flach, der Unterkiefer springt vor. Der Fisch ist vorn grün gefärbt, die hintere Hälfte wird jedoch zunehmend rötlich, der Schwanz ist karmesinrot. In Brasilien heißt er Pirarucu: pirá bedeutet Fisch, und urucú ist der Name eines Strauches, aus dessen flammend roten Samen ein Lebensmittelfarbstoff gewonnen wird. Der Arapaima kommt auch in Peru und Guayana, wahrscheinlich auch in Venezuela und Kolumbien vor.

Süßwasserfische sind in der Regel kleiner als Meeresfische, und nur wenige werden riesengroß. Der Arapaima ist einer der größten. Er soll bis 4,5 m lang und bis 200 kg schwer werden, wird aber gewöhnlich nur 1 bis 2 m lang. Er gehört zur Familie der Knochenzüngler. Charakteristisch für die Angehörigen dieser Familie sind kräftige Knochenschuppen, jede einzelne enthält einen Kanal, so daß der Fisch eine mosaikartige Zeichnung aufweist. Ringe auf den Schuppen zeigen sein Alter an. Der Arapaima wird im Alter von vier bis fünf Jahren fortpflanzungsfähig und kann 18 Jahre oder sogar noch etwas älter werden.

Der Stammbaum der Knochenzüngler kann über 100 Millionen Jahre zurückverfolgt werden. Der Arapaima ist somit ein lebendes Fossil. Zu den primitiveren Zügen gehören der knochige Kopf, die fleischigen Flossen, der lappige Schwanz und die lungenähnliche Schwimmblase.

Oben: Riesiger Arapaima schnappt einen schmackhaften Fisch. Die Kiemendeckel sind angehoben, so daß die Kiemenbögen zu sehen sind. Die Zahl der Ringe auf den großen Schuppen zeigt das Alter des Fisches an. Arapaimas können über 18 Jahre alt werden.

Rechts: In den ersten fünf Lebensjahren können Arapaimas über 1,50 m lang werden. Gewisse Züge, wie Kopf, Flossenform, lappenartiger Schwanz und lungenähnliche Schwimmblase, weisen auf einen primitiven Fisch hin. Die Familie kann über 100 Millionen Jahre zurückverfolgt werden.

Luftatmer

Der Arapaima hält sich im Flachwasser auf, wo er sich träge fortbewegt und regelmäßig an die Oberfläche kommt, um Luft zu schlucken; die Schwimmblase, die durch eine Röhre mit dem rückwärtigen Schlund verbunden ist, dient als Lunge. Die Schwimmblase ist verhältnismäßig groß und nimmt den gesamten Raum oberhalb des Darmes ein. Sie besteht aus gekammertem, lungenähnlichem Gewebe und ist unmittelbar mit der Speiseröhre verbunden. Dieses Atmungssystem wird wahrscheinlich durch große rote Blutkörperchen unterstützt. (Das Blut gerinnt auch, wenn es der Luft ausgesetzt ist — ein Zeichen, das ebenfalls auf die Entwicklung in Richtung zum Leben auf dem Lande hinweist.) Diese Art, atmosphärische Luft zu atmen, erinnert an die Lungenfische; es ist auch interessant, daß die Knochenzüngler fast dasselbe Verbreitungsgebiet haben wie die Lungenfische (siehe Karte), und daß beide die — heute durch geologische und tiergeographische Tatsachen bewiesene — Theorie der Kontinentalverschiebung von Wegner bestätigen.

Allesfresser

Der Arapaima frißt vor allem Fische, scheint aber überhaupt nichts zu verschmähen, denn die Untersuchung von 5000 Mägen hat die Reste vieler anderer Dinge zutage gefördert, darunter Wasserschnecken, Garnelen, Schildkröten, Schlangen, Frösche, Krabben, Grashüpfer, Kieselsteine, Sand, Schlamm und sogar Kohle. Die Jungfische leben von Kleinplankton, später nehmen sie jegliches Plankton und mit zunehmender Größe auch kleine Fische. Wenn die Jungen dieses Stadium erreicht haben, laufen sie Gefahr, von ihren Eltern aufgefressen zu werden. Interessant ist, wie sich die Funktion des vierten Kiemenbogens gewandelt hat; bei einer der fünf Arten dieser Familie wirkt er als Filter, der aus dem die Kiemen überströmenden Wasser kleine Partikel absiebt. Sie werden von Schleim festgehalten und alsdann durch die Speiseröhre zum Magen befördert. Bei niedrigem Wasserstand, in der trockenen Jahreszeit, ist diese Nahrung wichtig.

Die Brutzeit

Die Brutzeit dauert von Dezember bis Mai. Gelaicht wird in flachem Wasser, in Tiefen von 0,75 bis 1,5 m. Im April und Mai, wenn die Flüsse Hochwasser führen und über die Ufer treten, wandert der Arapaima in dieses Flachwasser, sucht sich sandige Stellen ohne Pflanzenwuchs und gräbt mit Schnauze, Kinn und Flossen Nester von 50 cm Durchmesser und bis zu 20 cm Tiefe.

Normalerweise unterscheiden sich Männchen und Weibchen wenig, doch während der Brutzeit ist das Weibchen kastanienbraun schattiert, der Kopf des Männchens wird schwarz, und der Schwanz zeigt eine helle Vermikulierung. Die Weibchen legen bis zu 180 000 Eier, und zwar klumpenweise jeweils in ein einzelnes Nest. Aus den 3 bis 6 mm großen Eiern schlüpfen nach fünf Tagen die Jungen. Die 12 mm langen, schwarzen Larven wimmeln haufenweise über dem Kopf des Männchens an der Wasseroberfläche. So wimmeln sie auch um den schwarzen Kopf des Männchens herum, wenn es Luft schluckt, sie sind auf diese Weise gut getarnt. Dasselbe gilt, wenn sie gestört werden. Das Weibchen schwimmt indessen um Männchen und Nachwuchs herum und ist bereit, Störenfriede abzuwehren.

Feinde

Der Arapaima wird gefangen und viel gegessen, das Fleisch wird gesalzen oder getrocknet. Die amerikanischen Indianer erlegen ihn im Flachwasser mit Pfeil und Bogen oder fangen ihn auch. Der Jaguar soll den Arapaima ebenfalls fangen. Die Bestände sind durch Überfischung bedroht.

Umstrittene Körpergröße

Während es hinsichtlich Gestalt und Körperbau des Arapaima kaum Zweifel gibt, ist über seine Größe viel spekuliert worden. Fast in jedem Buch über Fische und in allen Lexika heißt es, der Arapaima werde bis 4,50 m lang und bis 200 oder gar 300 kg schwer. Das dürfte jedoch ein Mythos sein. Der Fisch wird viel gegessen und muß somit genau bekannt sein. Die Fangzahlen sind sehr hoch, das zeigt die Angabe des Forschers, der innerhalb kurzer Zeit den Mageninhalt von 5000 Exemplaren hat untersuchen können. Bis heute hat jedoch niemand auf Grund neuerer Messungen eine Länge von wesentlich über 2 m und ein Gewicht von 150 kg melden können.

Der Naturforscher Schomburgk hatte 1836 über seinen Besuch in Guayana geschrieben und festgestellt, „die Eingeborenen hätten ihm erzählt, der Fisch werde 4,50 m lang und 200 kg schwer". Seitdem haben alle Schriftsteller diese Zahlen übernommen, ohne zu bedenken, daß sie nur auf Hörensagen beruhen. Seit Schomburgks Tagen sind Hunderttausende Arapaimas gefangen und verspeist und viele Tausend durch Wissenschaftler untersucht worden. Doch der bisher größte ist bis heute 2,32 m lang und 133 kg schwer.

Klasse	**Osteichthyes**
Ordnung	**Osteoglossiformes**
Familie	**Osteoglossidae**
Gattung und Arten	*Arapaima gigas* u. a.

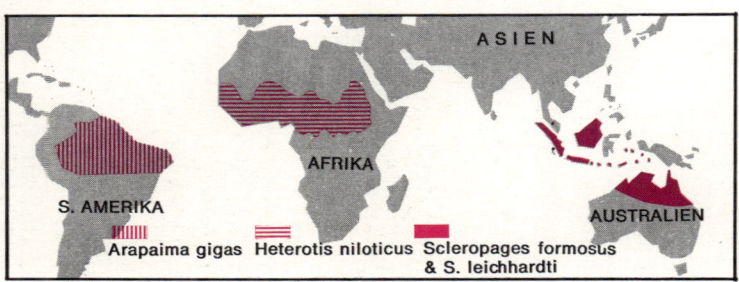

Verbreitungsgebiete der Familie der Knochenzüngler (Osteoglossidae). Man beachte, daß in Südamerika, Afrika und auf dem Malaiischen Archipel mit Australien jeweils verschiedene Gattungen beheimatet sind.

Schmetterlingsfische

Es ist eigentlich unmöglich, über Schmetterlingsfische zu reden, ohne Verwirrung zu stiften, da der Name allgemein für ganz verschiedene, miteinander nicht verwandte Fische verwendet wird. Es sei deshalb auf Seite 202 verwiesen, wo marine Schmetterlingsfische beschrieben werden, und zwar zusammen mit ihren nahen Verwandten, den marinen Kaiserfischen. Hier dagegen befassen wir uns mit einem Süßwasserfisch, der auch Schmetterlingsfisch heißt. Gleichzeitig können wir ihn den ebenfalls als Schmetterlingsfische bezeichneten Bewohnern der Korallenriffe gegenüberstellen. Auf den folgenden Seiten sind die zur Familie der Chaetodontidae gehörenden Fische in einer Reihe faszinierender, schöner Fotos wiedergegeben.

Dieser Schmetterlingsfisch des Süßwassers ist so außergewönlich, daß er unsere ganze Aufmerksamkeit verdient. Er bewohnt die Flüsse des tropischen Westafrika und wird nie größer als 15 cm. Kopf und Körper sind bootförmig, oben abgeflacht, unten stumpf rundlich. Er ist grau-grün bis bräunlich-silbern gefärbt und mit Flecken und Streifen gezeichnet. Das große Maul ist oberständig, die Nasenlöcher sind röhrenförmig verlängert. Ein weiterer auffälliger Zug sind seine Flossen. Die Brustflossen sind groß und flügelartig. Jede einzelne Bauchflosse hat vier sehr lange, fadenförmig verlängerte Strahlen, die nicht miteinander verbunden sind, die unpaaren Flossen sind groß, durchsichtig und durch lange Strahlen verstärkt.

Lange war man sich über die verwandtschaftlichen Beziehungen dieses erstmals 1876 entdeckten Fisches im Zweifel. Heute aber wird er in einer besonderen Familie in der Nähe des großen südamerikanischen Arapaima geführt.

Ein fliegender Fisch

Dieser merkwürdige Fisch soll über dem Wasser fliegen und dabei wie eine Fledermaus oder ein Vogel mit den Flügeln schlagen. Der Schmetterlingsfisch hält sich meist kurz unter der Oberfläche ruhiger oder stehender Gewässer des Kongo- und Niger-

Der Schmetterlingsfisch ist nicht mit den Schmetterlingsfischen tropischer Meere verwandt.

Unten: Vieraugen-Schmetterlingsfisch (Chaetodon capistratus).

Lebhaft gestreifte marine Schmetterlingsfische (Chaetodon´striatus).

beckens auf, in verkrauteten Seitenarmen und Teichen. Am häufigsten wird er aber erwähnt, weil er aus dem Wasser heraus und etwa 1,80 m weit springen kann und dabei seine großen Brustflossen im Gleitflug benutzt, wie die echten fliegenden Fische. Er soll mit diesen Flossen aber auch schlagen und mit eigener Kraft fliegen können, wie Fledermäuse und Vögel. Etwa 1960 jedoch war man sich einig, daß das nicht stimmt.

Dann kam allerdings ein beachtliches Nachspiel. Greenwood und Thomson haben den Körperbau dieses Fisches untersucht. Sie stellten einen ungewöhnlichen Schultergürtel fest; das sind die Knochen, an denen die Brustflossen befestigt sind. Die beiden Forscher beschrieben diesen Schultergürtel als für Fische einzigartig. Die Knochen waren so dünn, daß sie sehr vorsichtig sein mußten, um sie beim Zerlegen nicht zu verletzen. Der

Schultergürtel ist breit und flach, so daß er ein hochentwickeltes Muskelsystem tragen kann; es ist mit den Brustmuskeln, die die Flügel der Vögel betätigen, vergleichbar. Die beiden Wissenschaftler stellten weiter fest, daß die Flossen nicht wie sonst bei Fischen an den Körper angelegt, sondern auf und ab bewegt werden konnten. Sie kamen kurz gesagt zu dem Schluß, es sei zwar nicht bewiesen, daß der Schmetterlingsfisch mit eigener Kraft fliegen könne, auf Grund des Schultergürtels und Muskelsystems aber sei es nicht ausgeschlossen. Der Fisch bewege die Flossen auf und ab, wenn man ihn in der Hand hält. Man hat nun aber vermutet, daß sich der Schmetterlingsfisch auf diese Weise nur eine Starthilfe gibt, wenn er sich zum Sprung oder Gleitflug in die Luft begibt. Das letzte Wort zur Frage, ob der Schmetterlingsfisch mit eigener Kraft fliegt, ist noch nicht gesprochen.

Der Lebenslauf

Die Nahrung besteht fast ausschließlich aus kleinen Insekten, wie Fliegen, die auf die Wasseroberfläche fallen.

Über die Fortpflanzung weiß man nur einige Einzelheiten von den wenigen Tieren, die sich in Gefangenschaft fortgepflanzt haben. Man hat zahlreiche Paarungsversuche beobachtet: das Männchen reitet auf dem Rücken des Weibchens und hält es, manchmal stundenlang ununterbrochen, mit den langen Strahlen der Bauchflossen fest. Die Paarung wird schließlich vollzogen, indem die beiden ihre Körper miteinander verdrehen, um die After zusammenzubringen. Es gibt jedoch wohl keine innere Befruchtung. Sobald die Eier gelegt sind, treiben sie an die Oberfläche, und drei Tage später schlüpfen die Jungen. Sie bleiben an der Wasseroberfläche und ernähren sich von den

Unten: Der Schmetterlingsfisch (Chaetodon) lebt in Korallenriffen flacher tropischer Meere.

Der Wimpelfisch (Heniochus acuminatus) aus den warmen Meeren der Philippinen. Er ist sehr hoch gebaut, besonders durch die hochgeschwungene Rückenflosse.

Schmetterlingsfisch Pantodon buchholzi *aus den Binnengewässern Westafrikas, einer der seltsamsten sog. Fliegenden Fische. Er schwimmt meist genau unter der Wasseroberfläche und kann etwa 1,80 m weit über das Wasser hinwegspringen.*

winzigsten Insekten, die es überhaupt gibt, wie Springschwänzen und Blattläusen, die auf die Wasseroberfläche fallen.

Fliegen oder Gleiten

Die Fähigkeit, sich im Gleitflug oder mit eigener Kraft durch die Luft zu bewegen, ist unter Fischen selten; daß sie aus dem Wasser herausspringen, ist jedoch nicht ungewöhnlich. Jahrelang haben die Wissenschaftler darüber diskutiert, ob die fliegenden Meeresfische in der Luft mit den Flügeln schlagen oder nicht. Nach unseren heutigen Kenntnissen tun sie es offenbar nicht. So mag es noch einige Jahre dauern, bis man sicher weiß, ob der westafrikanische Schmetterlingsfisch nun wirklich mit den Flügeln schlägt. Es gibt jedoch eine Gruppe von Süßwasserfischen, die mit den Flossen

schlagen, um mit eigener Kraft durch die Luft zu fliegen. Das sind die Beilbauchfische des nördlichen Südamerika, die vom Rio de la Plata bis Panama vorkommen.

Die Beilbauchfische schlagen schnell mit den Brustflossen, wenn sie zum Start über die Oberfläche laufen, bevor sie sich in die Luft erheben, und sie schlagen die Flossen auch weiterhin beim Flug.

Um die Verwirrung komplett zu machen, sei noch erwähnt, daß die Beilbauchfische bei ihrer Werbung ähnlich wie Schmetterlinge tanzen. Glücklicherweise können wir die wissenschaftlichen Namen angeben, so daß es keinen Zweifel gibt, von welchem Tier die Rede ist. Jedes Tier hat einen aus zwei Teilen bestehenden Namen, jeweils einen für Gattung und Art, ganz ähnlich wie man Menschen nach Familiennamen und Vornamen unterscheidet.

Klasse	**Osteichthyes**
Ordnung	**Osteoglossiformes**
Familie	**Pantodontidae,** Schmetterlingsfische
Gattung und Art	*Pantodon buchholzi,* Süßwasser-Schmetterlingsfisch

Natterers Sägesalmler (Serrasalmus nattereri)

Piranhas

Kaum ein Reisebericht aus Süd- oder Mittelamerika versäumt es, auf die angeblich sehr gefährlichen Piranhas oder Sägesalmler hinzuweisen. Dieser Flußfisch ist in einigen Gebieten so zahlreich, daß er zur Plage geworden ist; durch die Piranhas wird es entweder sehr gefährlich oder unmöglich, die Flüsse an den Furten zu durchqueren oder darin zu baden.

Der Name Piranhas gilt für etwa 18 Arten, von denen nur vier für den Menschen gefährlich sind. Alle gehören zur Gattung Serrasalmus und ähneln einander in Lebensweise und Aussehen. Einige Wissenschaftler machen allerdings Unterteilungen. Die meisten Arten sind durchschnittlich 20 cm lang. Serrasalmus piraya jedoch, eine im Osten Brasiliens vorkommende, sehr gefährliche Art, kann 60 cm erreichen. Die meisten sind oben olivgrün oder blauschwarz und an den Seiten und am Bauch silbern oder dunkelgrün. Einige Arten haben rötlich oder gelblich gefärbte Flossen. Die Farben scheinen je nach Örtlichkeit und Alter zu wechseln. So sind ältere Exemplare des Gefleckten Sägesalmler (Serrasalmus rhombeus) des Amazonasgebietes und des nordöstlichen Südamerika oftmals so dunkel gefärbt, daß man sie Schwarze Piranhas nennt.

Der Körper ist hoch, kurz und wirkt wie seitlich zusammengedrückt. Ein großer, knochiger Kamm auf dem Schädel geht in einen Rückenkiel über, und am Bauch wird ein ähnlicher Kiel durch eine Reihe vergrößerter Schuppen mit scharfen, nach hinten gerichteten Spitzen verstärkt. Auf dem Rücken sitzt zwischen Rücken- und Schwanzflosse eine Fettflosse. Der schlanke, muskulöse Schwanz und die breite, zähe Schwanzflosse treiben den Körper mit großer Kraft durch das Wasser. Die Schuppen sind sehr klein. Die auffälligste Einzelheit ist jedoch das Maul: Der kräftige Unterkiefer wird von gewaltigen Muskeln betätigt. Die unteren

179

Links: Tor zur Hölle? Piranha zeigt seine rasiermesserscharfen Zähne, die einen Kadaver bequem skelettieren können.

Rechte Seite: Natterers Sägesalmler — eine der kleineren, bei Aquarianern beliebten Piranha-Arten.

Weibchen legt die Eier an Wasserpflanzen oder Wurzeln ab. Die frisch geschlüpften Jungfische hängen haufenweise an Wasserpflanzen, bis sie den Dottersack aufgebraucht haben, dann schwimmen sie frei herum. *Serrasalmus spilopleura* ist eine der wenigen Arten, die sich in Aquarien fortgepflanzt haben. Das Weibchen legte die Eier sorgfältig an Wasserpflanzen ab; während das Laichverhalten der meisten anderen Arten dieser Familie recht unberechenbar ist. Das Männchen bewacht die Eier und frisch geschlüpften Jungfische. Nach etwa fünf Tagen schwimmen sie dann frei herum.

Gefährliche Bestien?
Die Wildheit der Piranhas ist schon fast legendär geworden. Man erzählt, in Flüsse gefallene Kühe oder Schweine würden innerhalb weniger Minuten skelettiert. Eine der berühmtesten Geschichten berichtet, wie ein Mann zu Pferde einen Fluß durchquert habe und von Piranhas heruntergerissen und getötet worden sei. Später habe man die säuberlich abgenagten Knochen von Pferd und Reiter gefunden, die Kleidung des Mannes aber sei nicht beschädigt gewesen. Wahrscheinlich sind viele Geschichten übertrieben. Einige Reisende sagen heute, sie hätten Flüsse mit Schwärmen von Piranhas durchquert oder durchschwommen, seien aber niemals angegriffen worden; andere wieder berichten von Dörfern, wo fast jeder Einwohner den Verlust einer Zehe oder eines Fingers zu beklagen habe. Man weiß nicht, was man glauben soll, immerhin muß an der Gefährlichkeit dieser Fische etwas dran sein.

Es ist möglich, daß ihre Wildheit je nach Art und Örtlichkeit wechselt, und daß sie zu Beginn der Regenzeit, wenn die Männchen die Brut bewachen, angriffslustiger sind. Das könnte auch erklären, warum Badende an bestimmten Stellen eines Flusses, wo nämlich Eier abgelegt sind, angegriffen werden, während andere nicht weit entfernt davon unbelästigt bleiben. Nichtsdestoweniger geben die in Aquarien mit Piranhas umgehenden Pfleger zu, daß sie sich sehr vorsehen beim Füttern, oder wenn sie sie mit dem Netz von einem Becken in ein anderes umsetzen.

Zähne sind groß, flach und dreieckig, mit sehr scharfen Spitzen. Diese Spitzen durchdringen die Haut, den Rest besorgen die buchstäblich rasiermesserscharfen Schneiden. Die Zähne des Oberkiefers sind ähnlich, aber viel kleiner. Die Zähne beider Kiefer schließen exakt. Die Kiefer sind so stark und die Zähne so scharf, daß sie Fleisch so sauber wie eine Rasierklinge zerschneiden können. Wie leistungsfähig das Gebiß ist, zeigt die Tatsache, daß ein 45 kg schweres Wasserschwein in weniger als einer Minute skelettiert wird.

Einige der kleineren Arten werden gern in Aquarien gehalten; in Tierhandlungen und Aquarien findet man am häufigsten Natterers Sägesalmler (Serrasalmus nattereri), er wird bis 30 cm lang und ist an Unterseite und Flossen rot gefärbt.

Einige Piranhas kommen nur in bestimmten Flußsystemen vor, wie im Gebiet des Rio Sao Francisco, des Rio Paraguay oder des Orinoco. Andere dagegen haben ein sehr großes Verbreitungsgebiet.

Das Wasser wimmelt vor Fischen
Die Sägesalmler jagen gemeinsam in Schwärmen, manchmal zu Tausenden, so daß das Wasser stellenweise zu kochen scheint. Kleinere Fische bilden ihre Hauptnahrung, aber auch sonstige Tiere, die im Wasser leben oder zufällig hineingeraten, können angegriffen werden. Oftmals fallen sie sich auch gegenseitig an. Es heißt, daß Blut im Wasser sie augenblicklich anzieht, das gilt aber offenbar für alle außergewöhnlichen Objekte.

Wasserpflanzen als Kindergarten
Man nimmt an, daß die Brutzeit mit der Regenzeit im Januar/Februar einsetzt. Das

Klasse	**Osteichthyes**
Ordnung	**Cypriniformes**
Familie	**Serrasalmidae**
Gattung und Arten	*Serrasalmus nattereri,* Natterers Sägesalmler; *S. piraya,* Piranhas; *S. rhombeus,* Gefleckter Piranhas; *S. spilopleura,* u. a.

Der Zitteraal gibt starke Stromstöße ab, die Fische oder Frösche lähmen oder töten können. Getötete Tiere frißt er auf.

Zitteraal

Der südamerikanische Zitteraal, der Pferde durch elektrische Schläge töten kann, ist mit dem Aal nicht verwandt, er gehört zu den Messeraalen (Gymnotidae). Wahrscheinlich erzeugen alle diese tropischen Amerikaner bis zu einem gewissen Grad Elektrizität, am ausgeprägtesten und auffälligsten ist dies jedoch beim Zitteraal, der als Erwachsener Schläge bis zu 650 Volt austeilen kann.

Der Körper des Zitteraales ist zylindrisch, er ist eintönig oliv-braun, wird 1,80 m lang oder mehr — die längsten Exemplare messen 3 m — und läuft in zugespitztem Schwanz aus. Er hat keine Rückenflosse, nur sehr kleine paarige Flossen hinter den Kiemen und eine auffällige Afterflosse, die von der Schwanzspitze bis fast zur Kehle läuft. Seine Augen sind sehr klein. Etwa sieben Achtel des Körpers werden vom Schwanz eingenommen, die inneren Organe sind auf kleinem Raum hinter dem Kopf zusammengedrängt. Der Schwanzteil enthält die elektrischen Organe, die aus 5000 bis 6000 wie Elemente einer Trockenbatterie geschalteten Platten bestehen. Dazu kommen noch zwei kleine Batterien und die Hauptbatterie. Der Pluspol liegt am Kopfende, der Minuspol am Schwanzende — umgekehrt wie beim Zitterwels.

Schwach entwickelte Kiemen, keine Lungen

Der Zitteraal lebt in sauerstoffarmen Gewässern, er kommt von Zeit zu Zeit an die Oberfläche, um Luft zu schlucken. Im Maul hat er Ansammlungen von Blutgefäßen, die aus der geschluckten Luft Sauerstoff aufnehmen, und so Hilfsorgane der Atmung bilden.

Er schwimmt mittels undulierender Bewegungen der langen Afterflosse; es heißt, er könne vor- oder rückwärts, auf- oder abwärts schwimmen — alles falle ihm gleich leicht. Solange er ruht, arbeitet zumindest das elektrische Hauptorgan nicht, die kleine Batterie im Schwanz arbeitet jedoch ständig. Sobald sich der Zitteraal in Bewegung setzt, gibt er je Sekunde 20 bis 30 Stromstöße ab, die Zahl steigt später auf 50 an. Auf diese Weise bestimmt er die Richtung seiner Be-

wegungen, er bildet jedoch kein elektrisches Feld wie der Nilhecht.

Stromstöße mit hoher Spannung

Die zweite der kleineren Batterien soll die größere Batterie speisen. Diese gibt alle $^{5}/_{1000}$ Sekunden eine Folge von drei bis sechs Stromstößen ab, jede Folge dauert $^{2}/_{1000}$ Sekunden. Dies sind die Schläge hoher Spannung, die Fische oder Frösche lähmen oder töten können. Die in der Nähe des Zitteraales sterbenden Tiere frißt er auf. Größere mit Zitteraalen in Berührung kommende Tiere werden gelähmt. Gelähmte Pferde stürzen und können dann ertrinken. Menschen können diese Stromstöße aushalten, jedoch nicht mehrere Male hintereinander.

Unbekannte Laichplätze

Über die Fortpflanzung weiß man wenig, die Laichplätze sind nicht bekannt. Zwischen den Geschlechtern besteht kein merkbarer Unterschied. Mit Beginn der Laichzeit verschwinden die Zitteraale von ihren gewohnten Schlupfwinkeln. Wenn sie zurückkommen, bringen sie die 10 bis 15 cm langen, weiterhin von den Eltern bewachten Jungen mit. Junge Aale sind hellbraun und gestreift. Später werden sie marmoriert und zuletzt oliv-braun, mit leuchtend orangefarbener Kehle.

Jahrmillionen voraus

Noch bemerkenswerter als der Zitteraal selbst ist vielleicht die Geschichte, wie der Mensch die Stromabgabe erstmals feststellte. Von Beginn des 16. Jahrh. an hatten die Spanier allen Nichtspaniern den Besuch ihrer amerikanischen Kolonien verwehrt. Als im Jahre 1800 die Erforschung der Elektrizität mit Riesenschritten vorwärtsging, beantragte der deutsche Naturforscher von Humboldt eine Einreisegenehmigung für Südamerika, und er bekam sie auch. Mit einem Begleiter kam er in den Bereichen des oberen Orinoco und Calabozo in einem Verbannungsort an.

Von Humboldt hatte eine große Zahl wissenschaftlicher Geräte bei sich. Der Sauerstoff war gerade entdeckt worden, und von Humboldt analysierte die in den Schwimmblasen von Fischen enthaltenen Gase. Auch die modernsten elektrischen Apparate hatte er bei sich, mußte jedoch feststellen, daß Carlos del Pozo, ein Einwohner des Verbannungsortes, tausende Kilometer von den Zentren der europäischen Forschung entfernt gerade angefangen hatte, ähnliche

Geräte zu bauen — ein seltsames Zusammentreffen. Und von Humboldt entdeckte dort auch große Fische, die ihre eigenen elektrischen Apparate entwickelt hatten, jedoch Millionen Jahre vor del Pozo und den Wissenschaftlern Europas.

Dieser begabte Deutsche vermittelte der Welt die ersten wissenschaftlichen Erkenntnisse über das Verhalten des Zitteraales. Er trat auf einen dieser Fische und stellte eine unangenehme Taubheit fest, auch fühlte er den ganzen Tag noch heftige Schmerzen in den Knien und übrigen Gliedmaßen. Nachdem er den Zitteraal erforscht hatte, machte er eine bemerkenswerte Prophezeiung: „Die Entdeckung des elektrischen Bewegungsapparates dieser Fische wird sich auf alle Erscheinungen der willentlich ausgelösten Muskelbewegungen ausdehnen. Es wird sich vielleicht ergeben, daß bei den meisten Tieren jeder Kontraktion einer Muskelfaser ein Befehl vom Nerv zum Muskel vorhergeht." Er hat weiterhin behauptet, Elektrizität sei die Quelle des Lebens und der Bewegung aller lebenden Materie.

Klasse	**Osteichthyes**
Ordnung	**Cypriniformes**
Familie	**Gymnotidae**
Gattung und Arten	*Electrophorus electricus*, Zitteraal

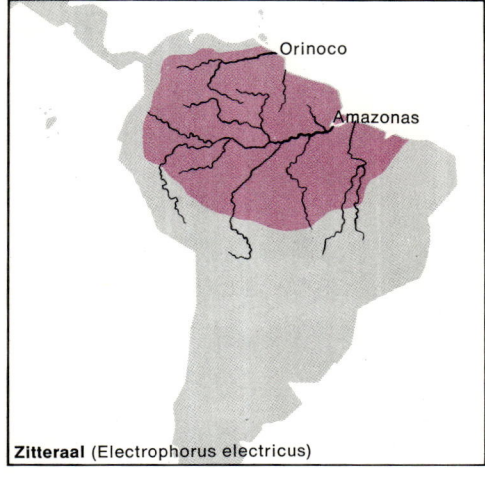

Zitteraal (Electrophorus electricus)

Kofferfische

Die Kofferfische ähneln eher Schildkröten als Fischen. Ihr Körper ist in einem sechsseitigen Kasten aus fest miteinander verwachsenen Knochenplatten eingeschlossen, nur Schwanz und Flossen bleiben draußen. Die vierzehn Wirbel der kurzen Wirbelsäule sind fest miteinander verbunden.

Die typischen Kofferfische haben einen mehr oder weniger konischen Kopf, das Gesicht fällt in stumpfem Winkel zu dem kleinen Maul ab. Im Maul sitzen kräftige Zähne, die zum Zerquetschen der Nahrung dienen. Die großen Augen schauen aus einer kleinen Öffnung der Kiemenhöhle heraus. Kofferfische sind selten länger als etwa 30 cm. Die einzige Rücken- und die Afterflosse sind verhältnismäßig groß, ebenso die Brustflossen, Bauchflossen fehlen jedoch. Der fleischige, nackte Schwanz endet in einer großen, fächerförmigen Schwanzflosse; er ragt nach hinten aus dem Kofferkasten heraus und ist — abgesehen von den anderen Flossen — der einzige Körperteil, der Bewegungen ausführen kann. Der den Körper einschließende Kasten ist unterseits flach, im Querschnitt ist er drei-, vier- oder fünfeckig, eine oder auch mehrere Kanten können mit kräftigen Dornen besetzt sein.

Kofferfische leben am oder nahe über dem Boden warmer Meere rings um den Erdball, besonders in den Tropen.

Geometrische Fische: Ein Vergleich des obigen und des Fisches der nächsten Seite zeigt, daß das Außenskelett der Kofferfische drei- oder vierkantig sein kann. Die Gestalt wechselt je nach Art, sie dient zur groben Klassifikation.

Oben: Die durchsichtigen, fächerförmigen Flossen schlagen schnell, dennoch schwimmt der Glatte Kofferfisch (Lactophrys triqueter) nur langsam. Im Gegensatz zu den meisten anderen Fischen schwimmen Kofferfische fast nur mittels ihrer schnell schlagenden Flossen.

Links: Vorbeischwimmende Schönheit: Ostracion meleagris im Hawaii-Riff. Wie andere Kofferfische auch, hat er starken Farbdimorphismus. Geschlechter und Jungtiere derselben Art sind oftmals verschieden gezeichnet und gefärbt.

Sie bewegen sich langsam

Kofferfische bewegen sich ähnlich langsam wie Landschildkröten, und zwar weitgehend aus denselben Gründen. Normale Fische schwimmen mittels kräftiger seitlicher Bewegungen des ganzen Körpers, besonders des muskulösen Schwanzes. Kofferfische dagegen können ihren Schwanz nur in geringem Maße bewegen. Sie schwimmen wie ein kleines Boot, das mit nur einem Ruder vom Heck aus gerudert wird. Nur sind beim Kofferfisch die hydrodynamischen Verhältnisse komplizierter, weil der Schwanz flexibel ist und als Steuer dient. Die Schwimmkraft wird hauptsächlich durch Wellenbewegungen der Rücken- und Schwanzflosse sowie der Brustflossen erzeugt. Kofferfische sind alles andere als stromlinienförmig — besonders das breite Gesicht dürfte der Vorwärtsbewegung gegenüber Widerstand leisten —, und man hat den Eindruck, daß die sich schnell bewegenden Flossen sehr viel Energie aufwenden und den Fisch doch nur langsam vorwärtsbringen.

Starker Farbdimorphismus

Schnelle Bewegungen also sind für den Kofferfisch nicht lebensnotwendig, denn er ist schwer gepanzert, kann sich hinsichtlich seiner Sicherheit auf seine Warnfarben verlassen, und nicht zuletzt auf seine Fähigkeit, andere Fische zu vergiften. Ein auf beiden Seiten des tropischen Atlantik weitverbreiteter Kofferfisch ist der Kuhfisch. Seinen Namen hat er von zwei spitzen, nach vorn gerichteten Dornen an der Stirn, die Kuhhörnern ähneln. Er ist hellgrün, mit blauen Flecken und Linien gezeichnet, er kann die Farben aber wechseln: gelb mit blauen Flecken oder braun mit einem Muster aus hellblauen Flecken, oder auch einfach weiß. Die Geschlechter unterscheiden sich auch in den Farben. Der Blaue Kofferfisch des Indo-Pazifik ist ein Beispiel dafür: Weibchen und Jungfische sind rötlich-blau, mit zahlreichen kleinen weißen, dicht gestreuten Flecken (Weißpunkt-Kofferfisch). Das Männchen sieht ganz anders aus: rötlich-blau mit hellblauer Zeichnung, ausgenommen die flache Oberfläche, die bräunlich-purpurrot ist, mit kleinen weißen, ziegelrot eingefaßten Punkten. Sogar die Augen unterscheiden sich: Bei den Weibchen und Jungfischen sind sie blau, bei den Männchen sind sie rot eingefaßt.

Giftabscheider

Man hat gemeint, die grellen Farben seien Warnfarben, sie sollten möglichen Feinden anzeigen, daß sich die Kofferfische nicht auf ihren Panzer verlassen, sondern noch andere unangenehme Eigenschaften haben. Man weiß noch nicht genau, wie es funktioniert, sicher ist aber, daß Kofferfische Gift ausscheiden können. Wenn man einen Kofferfisch in ein Aquarium setzt, dauert es nicht lange, bis andere Fische Anzeichen von Erschöpfung aufweisen, an die Oberfläche kommen, um Luft zu schlucken, und bald darauf sterben. Die einzigen nicht betroffenen Fische sind zähe Burschen, wie Muränen, Riesen-Zackenbarsche und andere Kofferfische. Das Gift wirkt sogar noch, wenn der Kofferfisch wieder entfernt worden ist.

Auf Futtersuche in Korallenriffs

Kofferfische leben unter den Korallen, die sie nach Nahrung absuchen, sie beißen Stücke ab, um die Polypen zu verzehren.

Dadurch bringen sie gleichzeitig Würmer und andere kleine Wirbellose zum Vorschein, die in den Korallen Schutz suchen. Einige Kofferfischarten blasen mit ihren tüllenartigen Mäulern Wasser auf den sandigen Boden, um Würmer, Mollusken und Krebschen aufzustöbern, die sie dann sofort wegschnappen. Das Fortpflanzungsverhalten des Kuhfisches der amerikanischen Tropenküsten ist wahrscheinlich typisch für die ganze Familie. Sie legen 0,8 mm große Eier, die leichter sind als das Wasser, aus denen in zwei bis drei Tagen Larven schlüpfen. Innerhalb etwa einer Woche beginnt sich der harte Koffer zu bilden, die Larven nehmen eine rundliche Gestalt an; und erst wenn die Jungfische allmählich erwachsen werden, bilden sich die kofferähnlichen Kanten deutlich heraus. Im Frühstadium suchen junge Kofferfische unter treibendem Meerestang Schutz. So jung haben sie Engelsgesichter: große Augen, kleine Mäuler und Pausbacken.

Kofferfische eine Delikatesse?
Die höchste Sterblichkeit besteht in den Frühstadien, denn Eier, Larven und Jungfische werden viel gefressen. Wenn sie erst einmal die Geschlechtsreife erreicht haben, wehren Schutzkästen und bei einigen Arten auch das Gift die Räuber ab. Da sie so langsam sind, fehlen ihnen auch Muskeln, die ihr Fleisch für andere Fische wertvoll machen würden. Dennoch werden Kofferfische verzehrt, auch von Menschen, in manchen Gegenden gelten sie sogar als Delikatesse. Sie werden in ihrem eigenen Panzer gekocht, einige Stämme des Südpazifik sollen sie auch „wie Kastanien rösten". Andere meinen indessen, das bißchen Fleisch schmecke nicht gerade besonders, wenn auch die Leber verhältnismäßig groß und fett sei.

Klasse	**Osteichthyes**
Ordnung	**Tetraodontiformes**
Familie	**Ostraciontidae**
Gattungen und Arten	*Lactophrys triqueter*, Glatter Kofferfisch; *Ostracion lentiginosus*, Blauer Kofferfisch; *O. meleagris*; *Lactoria cornutus*, Langhorn-Kofferfisch; *Lactophrys quadricomis*, Kuhfisch

Die vollkommene Decke aus ineinandergreifenden, sechseckigen Platten des Langhorn-Kofferfisches (L. cornutus) bildet einen festen Schutzschild über den ganzen Körper, nur der biegsame Schwanz bleibt frei.

Karpfen

Der Karpfen ist das am weitesten verbreitete Mitglied der riesigen Familie der Karpfenfische (Cyprinidae). Beheimatet ist er wahrscheinlich in Japan, China, Zentralasien von Turkestan bis zum Schwarzen Meer, im Donaubecken und in Osteuropa bis zur Oder. In viele europäische Länder, in die USA und auch in die Tropen ist er eingeführt worden. Von den anderen Mitgliedern der Familie unterscheidet er sich durch die ungewöhnlich lange Rückenflosse, mit ihren 17 bis 22 Weichstrahlen, die letzten verknöcherten Strahlen der Rücken- und Afterflosse, und die vier Barteln, je zwei an den Ecken der leicht vorstreckbaren Schnauze. In der Schnauze hat der Karpfen keine Zähne, er hat jedoch Schlundzähne. Die Wildformen sind am Rücken oliv bis gelbgrün, an den Seiten grünlich gelb bis bronzegelb und an der Unterseite gelblich. Die Flossen sind graugrün bis braun, manchmal leicht rötlich.

Der Karpfen in seiner Heimat

Karpfen bevorzugen flache, sonnige Gewässer mit schlammigem Grund und reichlich Wasserpflanzen („Karpfenregion"). Sie meiden klare, schnellfließende oder kalte Gewässer. Wildkarpfen kommen in großen Flüssen, vor allem aber in Teichen vor. Ihre Nahrung besteht aus Insektenlarven, Floh- und Kleinkrebsen, Würmern und Schnecken,

aber auch aus etwas pflanzlicher Substanz. Mit den Barteln — als Tastorganen — und der leicht vorstreckbaren Schnauze wühlen die Karpfen im Schlamm. Sie nehmen auch allerlei Schlamm auf, den sie wieder ausscheiden, wenn sie die verdaulichen Teile aussortiert haben. Im Winter nehmen sie kein Futter mehr auf, sie treten in eine Ruhezeit, eine Art Winterschlaf ein. Im Mai/ Juni begeben sie sich in flache Gewässer um zu laichen, die Eier legen sie auf die Blätter von Wasserpflanzen. Jedes Weibchen legt bis 250 000 Eier je kg Körpergewicht. Die Larven schlüpfen nach zwei bis drei Tagen, die Erwachsenen kehren in tiefere Gewässer zurück, während die Jungfische im Flachwasser bleiben. Sie werden in drei bis fünf Jahren geschlechtsreif. Kleine Karpfen werden von fast allen anderen größeren Fischen, Karpfen nicht ausgenommen, gefressen.

Zuchtformen

Wie bei vielen anderen domestizierten Tieren gibt es auch beim Karpfen eine Anzahl Zuchtformen, darunter sind zwei Haupttypen: Lederkarpfen und Spiegelkarpfen. Ersterer ist schuppenlos, letzterer hat auf jeder Körperseite zwei Reihen großer Schuppen. Beide können in die Urform zurückschlagen. Die Körperform wechselt, von verhältnismäßig schlanken zu hoch gebauten Formen mit Buckelrücken. Manche Teichwirte behaupten, das hänge mit der Ernährung zusammen.

Wie alt können Karpfen werden?

Karpfen sind wahrscheinlich schon seit Jahrhunderten domestiziert und als Zier- oder Speisefische in alle Welt gebracht worden.

Karpfenfische, wie Plötzen, Schleie und einige Karpfenarten, bringen oft rote Spielarten hervor, die ihre Farbe vererben — zur Freude der Aquarianer: hier Japanische Goldkarpfen Hi-goi.

Man müßte daher mit allen Einzelheiten vertraut sein; überraschenderweise gibt es aber hinsichtlich wichtiger Punkte Meinungsverschiedenheiten — z. B. was Lebensalter und Höchstgewicht angeht. Vor allem ist man sich überhaupt nicht einig, wann der Karpfen in Europa eingeführt worden ist.

Gesner, der Schweizer Naturforscher des 16. Jahrhunderts, erwähnt einen 150 Jahre alten Karpfen. In den Seen von Fontainebleau in Frankreich soll es bis zu 400 Jahre alte Karpfen gegeben haben. Bingley schreibt 1805 von einem Karpfen, der über 70 Jahre einen Teich des Parks des Emmanuel College in Cambridge, England, bewohnt hat. Regan hingegen, während der ersten Hälfte unseres Jahrhunderts in Großbritannien Autorität in fischkundlichen Fragen, war der Meinung, Karpfen könnten unter künstlichen Lebensbedingungen ein Alter von 50 Jahren erreichen, in der Natur seien jedoch wahrscheinlich 15 Jahre das Maximum.

Ein Grund für diese auseinandergehenden Ansichten ist vielleicht die außerordentliche Lebenskraft der Karpfen, wenn sie aus dem Wasser herausgenommen werden. Daher kommt es auch, daß dieser Fisch vom Menschen so weit verbreitet werden konnte. Wird er in feuchtes Moos oder Wasserpflanzen eingewickelt, übersteht er den Transport über lange Entfernungen. Pennant

"Clarissa", der größte jemals in Großbritannien gefangene Karpfen. Sie wog im Alter von 15 Jahren (1952) 29 kg und hat bis 1972 in einem Aquarium gelebt.

Oben: Der Spiegelkarpfen ist an den großen Schuppen längs Rücken und Seiten erkennnbar.

Unten: Silberkarausche oder Giebel (Carassius auratus gibelio), der Urahn des Goldfisches.

berichtet in der Zeitschrift „British Zoology" von einem Karpfen, den man in Moos eingewickelt — nur das Maul war frei — und in einem Netz in einem Keller aufgehängt hatte. Er war mit Brot und Milch gefüttert worden und hatte vierzehn Tage gelebt. Hinzuzufügen ist allerdings, daß „er oft in Wasser getaucht" worden war.

In den USA werden Karpfen gewöhnlich 6 bis 7 kg schwer, in Europa, vor allem im Osten, sind 30 kg schwere und 70 cm lange Tiere nicht selten. Es sollen auch Karpfen von 1 m Länge vorkommen. Solche Exemplare sind nach verbürgten Angaben 70 bis 100 Jahre alt geworden. Aber auch Gewichte von 180 kg werden behauptet. Friedrich II. von Preußen hat in Frankfurt/Oder einen 35 kg und einen 63 kg schweren Karpfen gefangen.

Der wichtigste Süßwasserfisch

Von allen einheimischen Fischen haben der Karpfen und seine Verwandten die größte Bedeutung. Mit Schleie, Barbe und Brasse stellen sie gemeinsam vier unserer wichtigsten Speisefische, und Schleie und Karpfen sind die wichtigsten Fische unserer Teichwirtschaften. Zur Familie der Karpfen gehören ein großer Teil unserer Süßwasserfische, darunter fast alle der als „Weißfische" bezeichneten Formen, wie Ukelei, Aland, Nase, Döbel und Hasel. Diese Formen werden nicht direkt genutzt, sind aber die Nahrungsgrundlage anderer wichtiger Speisefische, wie Hecht, Huchen, Wels, Zander und Barsch. Schließlich waren es Karpfenfische, die als erste, in China und Japan, Objekte der Aquaristik wurden, nämlich goldene und weiße Spielformen von Karpfen und Giebel, dessen Zuchtform als Goldfisch (Carassius auratus) bezeichnet wird.

Wo kommt der Karpfen her?

Diese Frage läßt sich nicht eindeutig beantworten, da der Karpfen in viele Länder schon lange vor dem Beginn fischkundlicher (ichthyologischer) Forschungen angesiedelt wurde. Schon Griechen und Römer hielten Karpfen in Fischteichen. Während des Tertiär und der Warmzeiten des Quartär waren Karpfen allgemein in Europa verbreitet. In der Würmeiszeit verschwanden sie aus weiten Teilen Europas, dehnten aber in der Nacheiszeit ihr Verbreitungsgebiet wieder aus und dürften auf natürliche Weise die Zuflüsse des Schwarzen Meeres und wohl auch die Oder, wo noch heute Wildkarpfen vorkommen sollen, besiedelt haben. Nach Sterba (1962) soll der Karpfen England 1512, Dänemark 1560, Preußen 1585, Leningrad 1729 und Nordamerika (Kalifornien) 1872 erreicht haben. Nach Frankreich und Westdeutschland wurde er sicher schon viel früher eingeführt. Dabei dürften die Mönchsorden, die fast überall Teichwirtschaften anlegten, eine bedeutende Rolle gespielt haben, und natürlich auch die kirchlichen Fastengebote, die einen Absatz der Fische garantierten.

Klasse	**Osteichthyes**
Ordnung	**Cypriniformes**
Familie	**Cyprinidae**
Gattungen und Arten	*Cyprinus carpio*, Karpfen; *Tinca tinca*, Schlei, u. a.

Schwertträger

Der Schwertträger ist einer der wichtigsten und zugleich beliebtesten Aquariumfische, nicht nur wegen seiner Schönheit, sondern auch weil er sich für Zuchtversuche gut eignet. Schwertträger gehören zu den lebendgebärenden Zahnkarpfen und zeigen die typische Gestalt der Angehörigen dieser Familie. Die Rückenflosse ist verhältnismäßig groß, ebenso die am Grund breite und am Ende gerundete Schwanzflosse. Die Bauchflossen sitzen etwa an der Mitte des Körpers. Die Weibchen werden bis 12 cm, die Männchen bis 8 cm lang, ungerechnet das Schwert, das aus stark verlängerten Strahlen des unteren Teiles der Schwanzflosse besteht. Die Haupteigenart der Schwertträger aber sind ihre Farben. Sie sind in so vielen Farben und Farbvariationen gezüchtet worden, daß wir hier nur die am häufigsten vorkommenden Färbungen aufzählen können. Der Rücken ist olivgrün, an den Seiten geht die Färbung allmählich in Grüngelb und

am Bauch in Gelb über. Die Schuppen sind braun gerandet, so daß der ganze Körper mit einem Netz gezeichnet ist. Die Flossen sind gelblich-grün, die Rückenflosse ist mit rötlichen Flecken und Streifen gezeichnet. Von der Spitze der Schnauze bis zum Ansatz der Schwanzflosse läuft ein Band aus Regenbogenfarben: Es besteht aus Zick-Zack-Linien in Karmin, Grün, Zinnober, Purpur oder Violett. Das Schwert des Männchens ist an der Basis gelb, es wird allmählich orange und ist oben und unten schwarz eingefaßt.

Schwertträger sind in Binnengewässern, im südlichen Mexiko, in Britisch Honduras und Guatemala, zu Hause.

Männchen als Tyrannen

Wie bei den meisten volkstümlichen Aquarienfischen, stammen auch bei den Schwertträgern allerlei Kenntnisse über ihre Lebensweise mehr von Tieren in Aquarien als von Tieren in der freien Natur. Sie suchen meist nach Nahrung — oder sie tyrannisieren sich gegenseitig. Ihr Maul ist leicht oberständig,

so daß sie bequem jegliche an der Oberfläche schwimmende Nahrung aufnehmen können. Sie können auch auf dem Grund herumstöbern, der Körper steht dabei fast senkrecht, mit dem Kopf nach unten. Sie schnappen auch kleine schwimmende Wirbellose. Praktisch sind sie Allesfresser, denn sie nehmen alles, was an kleinen tierischen oder pflanzlichen Stoffen oder Lebewesen dahintreibt.

In der Gemeinschaft von Schwertträgern scheint es eine strenge soziale Struktur oder Hackordnung zu geben; das zeigt sich sogar im Aquarium, wo ein Männchen versucht, alle anderen zu tyrannisieren. Diese Fische sind wirklich übertrieben „boshaft", besonders in kleinen Aquarien. Bei allen Arten wird die Vorherrschaft durch Kampf errungen und aufrechterhalten, zumindest aber durch Drohverhalten, und sie ist mit der Stärke der Geschlechtshormone eng verbunden. Versuche haben jedoch gezeigt, daß Weibchen ihre Stellung in der Hackordnung noch ein bis drei Monate aufrechterhalten, nachdem sie sterilisiert worden sind; kastrierte Männchen halten sie noch ein bis sechseinhalb Monate lang aufrecht. Das ist ungewöhnlich, denn in der Regel sinken Einzeltiere, bei denen die Gonaden und damit auch die Geschlechtshormone entfernt wurden, sofort in der Rangordnung ab.

Schwertträger-Männchen mit schwarzgerandetem, gelbem Schwert neben Weibchen. — Linke Seite: Rote und Grüne Schwertträger, zwei Männchen mit Weibchen und Jungen.

Geschlechtsumwandlung?

Schwertträger sind erstmals um 1910 als Aquariumfische gehalten worden, und bald danach kam auch die Vorstellung auf, sie machten Geschlechtsumwandlungen durch. 1926 hat Essenberg berichtet, daß Weibchen nach mehreren Bruten voll funktionsfähige Männchen geworden seien. Aus vielen späteren Berichten hat man den Eindruck bekommen, es handele sich hier um etwas Alltägliches. So sind z. B. nach Essenbergs Bericht mehrere anerkannte Bücher über Süßwasser- oder Aquariumfische erschienen, und alle haben dieser Vorstellung Nachdruck verliehen. G. Sterba spricht in seinem erstmals 1959 erschienenen Buch über die außergewöhnliche, erstaunliche Geschlechtsumwandlung bei Schwertträgern. Er behauptet, bei einigen Stämmen verwandelten sich nicht weniger als 30 % der Weibchen später in Männchen. Doch schon 1957 hatte M. Gordon, der die Art genau studiert hatte, festgestellt, solche Geschlechtsumwandlungen seien äußerst selten.

Vererbungsversuche an Schwertträgern

Wenn die augenblickliche Geschlechtsumwandlung auch zweifelhaft ist, so sind die Angaben hinsichtlich der Fortpflanzung sehr verläßlich. Schwertträger sind fast völlig domestiziert, und durch gezielte Zucht ist eine Unzahl von Farbvarietäten entstanden. Sie werden gewöhnlich nach ihren Farben benannt, wie der Grüne, der Rote, der Rotäugige Rote, der Schwarze, der Goldene und der Albonio.

Schwertträger werden viel für Vererbungsstudien benutzt, indem man die Farbvarietäten kreuzt. Außerdem hat man viele Hybriden mit dem Platy hervorgebracht, so daß sich nicht nur die Vielzahl der Farbvarietäten, sondern auch das Material für Vererbungsversuche vermehrt hat. Diese Bastarde zeigen schwarze Wucherungen an der Schwanzflosse, die krebsartig sind (Melanom) und von den Tieren — die Bastarde sind voll fruchtbar — vererbt werden. Da Schwertträger klein, leicht zu halten und die Geschlechter gut zu unterscheiden sind, sind sie in der Vererbungslehre (Genetik) sozusa-

gen das Gegenstück zur Taufliege geworden. Außerdem sind sie leicht zu vermehren. Männchen von Schwertträger und Platy besitzen ein Begattungsorgan, das Gonopodium, mit dessen Hilfe das Weibchen innerlich befruchtet wird. Schwertträger vermehren sich rasch; die etwa 200 Jungen schwimmen sofort nach der Geburt und begeben sich an die Oberfläche, um ihre Schwimmblase zu füllen. Schwertträger werden etwa zwei bis drei Jahre alt, somit besteht ein rascher Generationswechsel in den Populationen.

Hybridisierung

Der bemerkenswerteste Zug im Geschlechtsleben des Schwertträgers ist die Leichtigkeit, mit der er sich im Aquarium mit Platys paart, obwohl man in den Binnengewässern von Mexiko und Guatemala, wo beide Arten buchstäblich nebeneinander leben, noch keine Bastarde aufgefunden hat. Das ist um so erstaunlicher, als ihr Paarungsverhalten ähnlich ist. Allerdings gibt es einige kleine Unterschiede, die sich nur bei genauer Beobachtung herausstellen: Platys brauchen etwa fünf Minuten vom Beginn des Liebesspiels bis zur eigentlichen Paarung, während Schwertträger nur eine Minute brauchen. Die eigentliche Paarung dauert bei Platys

nur halb so lange wie bei Schwertträgern. Und schließlich ist das ganze Paarungsverhalten beim Platy viel lebhafter. Die Unterschiede sind gering, und wahrscheinlich würde kein einzelner ausreichen, zwischen den Arten eine Schranke zu bilden, alle zusammen aber bilden sie eine Schranke. Unter künstlichen Bedingungen, wie im Aquarium, wo die Gelegenheit zu Paarungen in jeder Weise beschränkt ist, wird sie bereitwillig überwunden. In der freien Natur jedoch, bei reichlicher Auswahl von Partnern, zählen selbst kleine Einzelheiten.

Klasse	**Osteichthyes**
Ordnung	**Cyprinodontiformes**
Familie	**Poeciliidae**
Gattung und Arten	*Xiphophorus maculatus*, Platy; *X. helleri*, Schwertträger

Gezielte Zuchtversuche haben eine Riesenzahl farbiger Spielarten ergeben. Hier ein Ergebnis neuerer Züchtung.

Zebrabärbling

Mehrere Fische enthalten in ihrem Namen das Wort „Zebra". Der bemerkenswerteste unter ihnen ist ein kleiner, in Bengalen und Ostindien beheimateter Süßwasserfisch. Der 5 bis 6 cm lange, zur Familie der Karpfenfische gehörende Zebrabärbling ist als Aquariumfisch außerordentlich beliebt.

Der Körper dieses schlanken Fisches ist nur leicht seitlich zusammengedrückt. Rücken- und Afterflosse sind mittelgroß, die Schwanzflosse ist verhältnismäßig groß, Brust- und Bauchflosse dagegen sind wieder klein. Er hat zwei Paar Barteln. Der Rücken ist bräunlicholiv, der Bauch gelblichweiß, die Seiten sind preußischblau, mit vier goldenen Streifen, die vom Kiemendeckel bis zum Schwanz reichen. Auch die Rückenflosse ist blau, mit gelber Spitze. After- und Schwanzflosse wiederum sind blau-gold abgesetzt. Durch die Streifen wirkt der Fisch stärker stromlinienförmig, als er tatsächlich ist, und selbst im Ruhezustand wirkt er, als bewege er sich.

Stromlinieneffekt

Außerordentlich schön gefärbte und deshalb bei Aquarianern sehr beliebte Fische sind oftmals zoologisch nicht übermäßig interessant. Sie fesseln den Blick vor allem dadurch, daß sie in Schwärmen alle in gleicher Richtung schwimmen, selbst bei größerem Abstand schwimmen sie in Formation. W. T. Innes kam in seinem 1935 erschienenen, umfassenden Buch „Exotische Aquariumfische" der Wahrheit sehr nahe, wenn er über diese Fische schrieb, besonders im Schwarm wirkten die dann bei jedem Fisch wiederkehrenden Streifen sehr schön, es gäbe einen Stromlinieneffekt, der den Neid unserer besten Automobilgestalter erregen könne.

Besondere Vorsichtsmaßnahmen

Zebrabärblinge sind Fleischfresser, sie fressen jegliche Kleintiere, die sie erwischen können, gewöhnlich Insektenlarven, Krebschen und Würmer. Nach der Färbung ist diese ausgesprochene Vorliebe für Fleischnahrung einer ihrer interessantesten Züge. Sie sind Laichräuber, und wer Zebrabärblinge im Aquarium hält, muß Vorsichtsmaßnahmen treffen, um Erfolg zu haben.

Die Geschlechter unterscheiden sich kaum voneinander, nur wirken die Weibchen, besonders vor dem Ablaichen, etwas plumper als die Männchen, und ihre Streifen sind mehr silbern und gelb, die Streifen der Männchen dagegen mehr golden. Was das Laichverhalten angeht, so führt das Männchen das Weibchen zwischen Wasserpflanzen; die beiden stehen seitlich nebeneinander, sie gibt die Eier ab, er schüttet die Spermien darüber, um die Eier zu befruchten. Während die Eier langsam zu Boden sinken, haben die beiden die Neigung, sie wegzuschnappen. Der Aquarianer muß deshalb als erstes für ein flaches Aquarium sorgen, in dem die Fische keine Chance haben, die Eier zu erwischen, bevor sie in den Zwischenräumen der Kieselsteine am Boden in Sicherheit sind. Die Kiesel müssen die richtige Größe haben, sonst können sich die Erwachsenen dazwischen verklemmen. Man hat auch schon Murmeln verwendet, um eine Art Gitter zu bilden. Oder man hat flach über dem Boden ein Gitter aus Glasstäben angebracht. Später ging man dann zu Draht- oder Nylonmaschen über.

Jedes Weibchen legt etwa 200 Eier, die innerhalb von zwei Tagen zum Schlupf kommen. Die Larven sind zuerst hilflos und inaktiv, aber schon in zwei Tagen können sie schwimmen, und sie fangen an, mikroskopisch kleine Planktontiere zu fressen. Mit einem Jahr werden sie fortpflanzungsfähig. Mit zwei Jahren sind sie alt; drei Jahre alte oder noch ältere Zebrabärblinge sind eine große Seltenheit.

Die Frage der Streifung

Der Name „Zebra" kommt aus dem Amharischen oder Äthiopischen und wurde in Europa um 1600 erstmals geläufig. Anfang des 19. Jahrhunderts wurde das Wort dann nicht nur auf allerlei gestreifte Tiere angewandt, sondern auch auf verschiedene Materialien und Artikel mit Streifen, besonders auf gestreifte Schals und Schärpen. Bei den Fischen gleichen die weißen und schwarzen Streifen des Zebrahaies mehr den Streifen des Tigers. So kommt es, daß der volkstümliche Name Zebrahai und der wissenschaftliche Name *Stegostoma tigrinum* nicht übereinstimmen. Die auffallend schwarzweißen Muränen werden als Zebramuränen *(Echidna zebra)* bezeichnet. Das Wort „Zebra" kommt aber vor allem im Namen von Aquariumfischen vor: Zebrafundulus *(Fundulus heteroclitus)*, Zebra- oder Grünflossenbuntbarsch *(Cichlasoma nigrofasciatum)*. In Südeuropa lebt ein kleiner, eilegender Zahnkarpfen, der Zebrakärpfling *(Aphanius fasciatus)*. Einige dieser Fische sind horizontal gestreift, andere vertikal. Daraus war eine Diskussion entstanden, welche nun treffender mit dem Namen „Zebra" belegt würden. Ein Blick auf Fotos vom Zebra zeigt jedoch, daß die Streifen in verschiedenen Richtungen um die verschiedenen Körperteile des Zebras laufen, und somit kein Grund bestehen dürfte, den Namen nicht auf beide Gruppen anzuwenden.

Klasse	Osteichthyes
Ordnung	Cypriniformes
Familie	Cyprinidae
Gattung und Arten	*Brachydanio rerio*, Zebrabärbling

Der beliebte Zebrabärbling beweist, daß sich Parallelen nicht schneiden.

Welse

Der Europäische Wels wird in den Flüssen Mittel- und Osteuropas sowie des westlichen Asiens, besonders in der Donau, 3 m ja vielleicht 5 m lang. Er ist das bekannteste Mitglied einer großen Gruppe, der sogenannten Echten Welse. Er hat einen großen, breiten Kopf, sein Maul hat eine weite Öffnung und ist mit drei Paar Barteln, dem Erkennungszeichen aller Welse, besetzt. Die echten Welse können die Barteln, von denen ein Paar sehr lang ist, rundherum bewegen. Die Augen sind klein. Der Körper ist kräftig, vorn nahezu zylindrisch, am Hinterende seitlich abgeflacht. Die Haut ist schleimig und nicht beschuppt. Die Flossen sind klein, ausgenommen die lange Afterflosse. Die Färbung ist auf dem Rücken dunkelolivgrün bis blauschwarz, die Seiten sind heller, mit rötlichem Schein, der Bauch ist weißlich, der ganze Körper ist mit Tupfen und Klecksen gezeichnet.

Der Wels hat viele volkstümliche Namen, wie Waller, Weller, Wellerfisch, Wallerfisch, Schade, Schait, Scharn.

Nachtjäger

Der Europäische Wels lebt in Flüssen oder tiefen Seen mit reichlich Wasserpflanzen. Tagsüber hält er sich unter überhängenden Uferrändern auf, oder er durchstöbert den schlammigen Grund mit seinen Barteln nach kleinen Wirbellosen. Nachts geht er auf Jagd, er ist gierig auf Fische, Krustentiere und Frösche. Größere Welse nehmen auch kleine Wasservögel und Säugetiere.

Von Mai bis Juni, während der Brutzeit, wandert der Wels in flache Gewässer, wo das Weibchen seine Eier in eine, durch Schläge mit dem Schwanz ausgeformte Vertiefung legt. Große Weibchen legen bis zu 100 000 Eier, die vom Männchen bewacht werden. Die Larven sind schwarz und kaulquappenartig.

Sagenhaft schlechter Ruf

Es wäre überraschend, wenn ein großer, mit herzhaftem Appetit ausgestatteter Fisch, der an dunklen Örtlichkeiten herumstreut, keinen schlechten Ruf bekäme. Welse hat man schon beschuldigt, Lämmer, ja sogar Kinder verschlungen zu haben. Im 16. Jahrhundert hat Gesner berichtet, im Magen eines großen Welses habe man einen menschlichen Kopf und eine menschliche Hand mit goldenen Ringen vorgefunden.

Viele seltene Verhaltensweisen

Obwohl sie miteinander verwandt sind, zeigen die verschiedenen Welse auffällige Unterschiede in Gestalt und Verhalten. Die Bratpfannenwelse Südamerikas leben in Flüs-

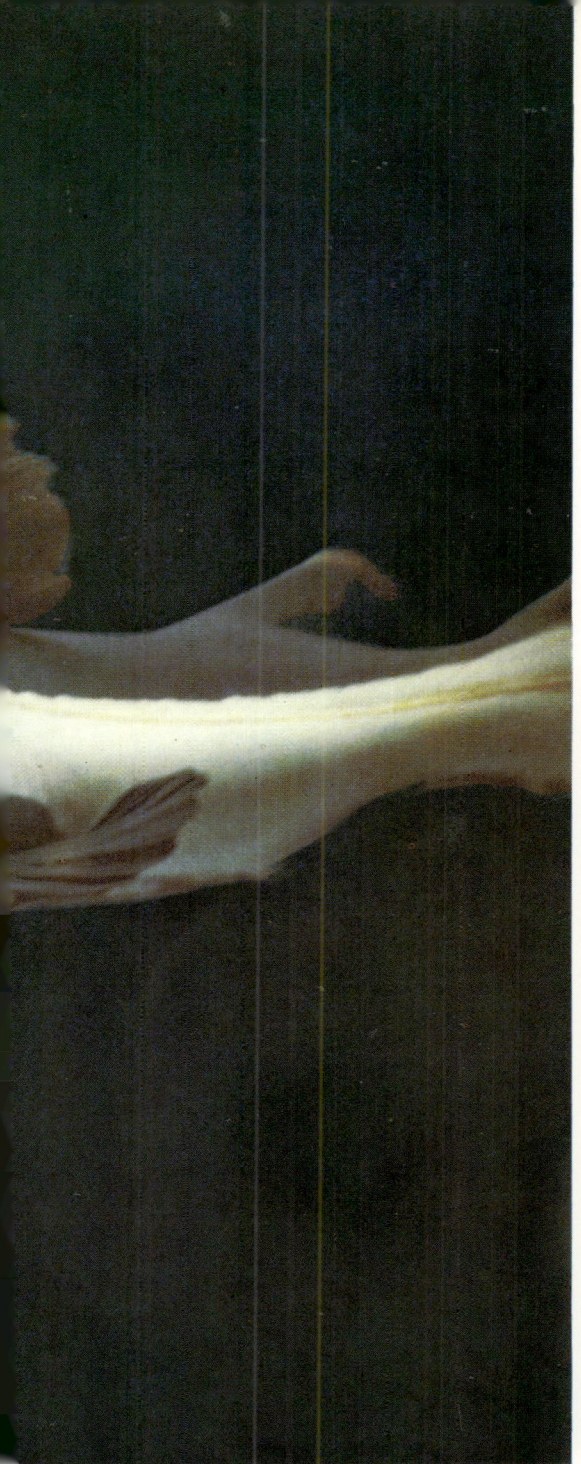

Links: Die meisten Welsarten haben am Maul drei Paar Barteln. — Ober.: Wie viele Welse hat auch der Glaswels keine Schuppen. — Unten: Mit den Barteln suchen sie im Schlamm Nahrung.

sen und brackigen Mündungsgebieten, einige Arten auch im Meer. Bei *Aspredinichthys tibicen* ist der Schwanz dreimal so lang wie der Körper. Während der Brutzeit bilden sich am Abdomen der Weibchen dieser Art fleischige Tentakel, an denen ihre Eier sitzen.

Die marinen Welse der Familie Ariidae sind Maulbrüter: Das Männchen hält die Eier, die bei einigen Arten fast 2,5 cm groß sind, im Maul, und nach dem Schlupf schützt er die Brut weiterhin in seinem Maul. Er muß also einen Monat fasten. Diese Welse heißen auch Kreuzwelse, weil sich auf der Schädeldecke, wenn man sie freilegt, deutlich ein von den Knochen gebildetes Kruzifix abzeichnet.

Eine andere Familie mariner Welse, die Korallenwelse (Plotosidae) zählt zu ihren Mitgliedern einen der gefährlichsten Fische der Korallenriffe. Rücken- und Brustflosse tragen mit Giftdrüsen ausgestattete Dornen. Wer auch nur seine Haut an diesen Dornen streift, kann schmerzhafte Wunden davontragen.

Gleich gefährlich sind die Parasitenwelse. Einige Angehörige dieser Familie (Trichomycteridae) leben für sich, manche aber klammern sich an anderen Fischen fest, indem sie sich mit den Dornen ihrer Kiemendeckel an ihnen einhaken, die Haut anstechen und sich mit Blut vollsaugen. Wieder andere dringen in die Kiemenhöhlen ein und fressen die Kiemen. Der Candiru *(Vandellia cirrhosa)* neigt dazu, in die Harnleiter von Menschen einzudringen, die nackt ins Wasser kommen, anscheinend besonders beim Wasserlassen. Unter Umständen kann der Fisch nur durch einen chirurgischen Eingriff wieder entfernt werden. Die Ureinwohner abgelegener Gebiete Brasiliens tragen deshalb einen Schutz aus Palmfasern, wenn sie Flüsse durchqueren.

In Nordamerika ist der Plattkopfwels verbreitet (Familie Ictaluridae), ein nützlicher, 1,70 m lang und 45 kg schwer wer-

der Wels; er ist als Speisefisch äußerst wertvoll. Bekannter ist der auch bei uns eingebürgerte Zwergwels. In Nordamerika kommen jedoch auch die mit Brustflossenstacheln und Giftdrüsen ausgerüsteten, bis etwa 12,5 m großen Steinwelse vor.

Im übertragenen Sinne „verrückt" sind die Rückenschwimmenden Welse tropischer afrikanischer Flüsse. Diese Welse schwimmen ganz normal und drehen sich aus nicht erkenntlichen Gründen plötzlich um und schwimmen auf dem Rücken. Beim Liebesspiel schwimmen diese Welse aufeinander zu und stoßen alle 30 Sekunden ihre Köpfe gegeneinander.

Klasse	**Osteichthyes**
Ordnung	**Siluriformes**
Familie	**Siluridae**
Gattung und Arten	*Silurus glanis,* Europäischer Wels, u. a.

Seepferdchen

Das Seepferdchen ist ein seltsames Tier: Es sieht aus wie der Springer im Schachspiel, aber damit fangen die Seltsamkeiten erst an. Es kann seinen Schwanz um Wasserpflanzen herumschlingen, wie ein Neuweltaffe um einen Baumstamm. Die Augen sitzen jeweils auf drehbaren Stielchen und können sich unabhängig voneinander bewegen. Zwar können auch andere Fische ihre Augen unabhängig voneinander bewegen, aber bei den Seepferdchen ist diese Fähigkeit stärker ausgeprägt. Seltsam ist auch, daß das Männchen die Jungen zur Welt bringt.

Das Seepferdchen hat einen großen Kopf mit einem röhrenförmigen Maul, einen beweglichen Hals, einen gerundeten Körper und einen langen, spitz zulaufenden, schlanken Schwanz. Es mißt bis zu 20 cm. Hals, Körper und Schwanz sind mit Längs- und Querrillen versehen, mit knochigen Skulpturen, so daß der Fisch an eine Holzschnitzerei erinnert. Er hat ein Paar kleine Brustflossen und eine etwas größere Rückenflosse. Die Färbung wechselt sehr, ist aber meist bräunlich, mit weißen Sprenkeln, oft finden sich auch noch dekorative rötliche Flecke.

Es gibt zwanzig Arten, von denen die Hälfte in den tropischen Bereichen des Indopazifik lebt. Die übrigen leben an den Atlantikküsten Europas (bis zum Ärmelkanal, aber nicht in der Ostsee), an den Küsten Afrikas und Nordamerikas, und zwei an der Pazifikküste Amerikas.

Sie schwimmen aufrecht

Seepferdchen leben in flachen Küstengewässern zwischen dem Meerestang oder in Flußmündungen zwischen Wasserpflanzen. Sie schwimmen aufrecht und bewegen sich durch schnelles Schlagen der Rückenflosse fort. Bei voller Geschwindigkeit kann die Flosse 35 Schläge je Sekunde erreichen, so daß sie aussieht wie ein sich drehender Propeller: die Brustflossen schlagen ebenso schnell. Der Fisch wendet den Kopf in die jeweils gewünschte Richtung, auf diese Weise wird gesteuert. Auch wenn sich ein Seepferdchen mit dem Schwanz fest an einen Gegenstand anklammert, hält es den Körper weiterhin aufrecht. Verletzte Flossen regenerieren sich verhältnismäßig schnell.

Das Seepferdchen frißt alle schwimmenden Tiere, soweit es sie in das winzige Maul hineinbekommt. Die Beute wird mit den Augen ausgemacht und schnell geschnappt oder aus 2 bis 3 cm Entfernung angesaugt. Meist sind es winzige Krebschen oder auch Jungfische.

Männchen werben um Männchen

Zu Beginn der Fortpflanzung zeigt das Männchen ein Verhalten, das einem Werbungsverhalten ähnelt; man hat sogar beobachtet, wie Männchen einer Art um Männchen einer anderen Art geworben haben. Durch die Werbung kommt das Männchen wahrscheinlich in die Verfassung, die Eier aufnehmen zu können. Es paart sich mit einem Weibchen, schwimmt vor das Weibchen, Vorderseite an Vorderseite, ohne es jedoch zu berühren. Es sieht so aus, als verbeuge sich das Männchen vor dem Weibchen, in Wirklichkeit drückt es nur das Wasser aus der Bruttasche an seinem Bauch. Das Weibchen führt ihre lange Legeröhre in die Öffnung der Bruttasche ein, um ihre Eier abzulegen — bis zu 200 bei einigen Arten. Währenddem ist die Bruttasche weit geöffnet, danach aber schließt sie sich wieder, es bleibt nur eine winzige Öffnung, bis in vier bis fünf Wochen die Jungen geboren werden. Sie sind etwa 12 mm groß; vollkommene Abbilder der Eltern. Als erstes schwimmen sie an die Oberfläche, um Luft zu schnappen und ihre Schwimmblasen zu füllen. Sie verschlingen Krebschen, Krebs- und Garnelenlarven und wachsen schnell.

Placentafische

Das Innere der Bruttasche verändert sich kurz vor und während der Werbung. Die Wände schwellen an, werden porös und reichern sich mit einer risigen Zahl von Blutgefäßen an. Das Weibchen legt die Eier, das Männchen befruchtet sie, alsdann werden sie in diesen porösen Wänden der Bruttasche eingebettet: sie dient als Placenta.

Männliche Geburtswehen

Es ist uns geläufig, daß immer das Weibchen die Jungen auszutragen habe. Bei Seepferdchen ist es umgekehrt. Während ein Schub von Eiern in seine Bruttasche gelegt wird, erleidet das Männchen jedesmal heftige Muskelkontraktionen, durch die die Eier auf den Grund der Bruttasche gelangen. Wenn die Jungen geschlüpft sind und die Bruttasche verlassen können, öffnet sie sich weit. Das Männchen beugt und streckt sich abwechselnd in heftigen „Wehen", bis endlich ein Junges aus der Öffnung der Bruttasche herausgeschleudert wird. Nach jeder „Geburt" ruht sich das Männchen aus, und wenn schließlich alle Babies „geboren" sind, ist es äußerst erschöpft. In Aquarien sterben die Männchen oftmals, wenn sie sich von der Brut befreit haben, wohl aber nicht in der Natur, weil das Männchen hier sofort nach einem Weibchen Ausschau hält, das seine Bruttasche wieder mit Eiern füllt.

Man hat gesagt, Seepferdchen hätten einen Kopf wie ein Pferd, einen Schwanz wie ein Affe, eine Bruttasche wie ein Känguruh, ein hartes Außenskelett wie ein Insekt und voneinander unabhängige Augen wie ein Chamaeleon. Es fällt jedoch schwer, einen passenden Vergleich für die „Geburtswehen" des Vaters zu finden.

Klasse	**Osteichthyes**
Ordnung	**Gasterosteiformes**
Familie	**Syngnathidae**
Gattung und Arten	*Hippocampus antiquoram,* Kurzschnauziges Seepferdchen; *H. hudsoni,* Nordatlantisches Seepferdchen

Links: Auffällig blaß gefärbte Seepferdchen — ein Zeichen der Fortpflanzungsbereitschaft. Rechte Seite: Das Ballett der Seepferdchen.

Petersfisch oder Heringskönig

Dieser Fisch von seltsamer Gestalt und eigenartiger Lebensweise gehört zu einer früher Zeomorphi, jetzt aber Zeiformes benannten Ordnung. Man möge dem Verfasser nachsehen, wenn er diese Namen mit „gottähnlich" übersetzt.

Der Petersfisch hat einen sehr hoch und schmal gebauten Körper, er ist seitlich stark abgeplattet und hat einen rundlichen Umriß. Der große Kopf hat einen traurigen Ausdruck, auf Grund des schlaff herunterhängenden Maules. Die Kieferknochen sind so gebaut, daß das Maul nach vorn schießen kann, um die Beute zu packen. Die Rückenflosse besteht aus zwei Teilen, der vordere Teil ist höher und hat kräftige Dornen, bei älteren Exemplaren sind sie lang und nach hinten gerichtet; der hintere Teil der Rückenflosse und die gegenüberliegende Afterflosse sind weich und biegsam. Längs der Basen von Rücken- und Afterflosse sitzen Dornen, die Körperschuppen sind klein und dornenlos, die Haut ist weich. Am Bauch finden sich acht bis neun dornige Platten. Der Petersfisch ist grau bis rehbraun oder goldgelb mit langen, rötlich purpurnen Flecken; kurz hinter den Kiemendeckeln sitzt auf beiden Seiten ein großer schwarzer, gelbgeranderter Fleck. Die Höchstlänge ist etwa 1 m, das Gewicht kann 20 kg erreichen.

Er lebt im Mittelmeer und Ostatlantik, bis zum Südwesten der Britischen Inseln. In der Nordsee ist er selten.

Der Petersfisch sieht nie das Tageslicht, er schwimmt immer mit grimmigem Gesichtsausdruck umher. Auffällig sind außer dem „Schmollmund" die stark bedornten Rückenflossen und die großen, schwarzen Flecken an beiden Seiten. — Mit seinem hohen, tellerförmigen Körper kann der Petersfisch die Beute nicht jagen, er beschleicht sie und ergreift sie mit dem schnell vorschießenden, zahnlosen Maul.

Er schleicht wie eine Katze

Der Petersfisch mit seinem tellerförmigen Körper kann seine Beute nicht jagen. Stattdessen beschleicht er seine Beutetiere, er hält den Körper starr, schwimmt mittels undulierender Bewegungen von zweiter Rücken- und Analflosse und steuert mit der Schwanzflosse. Dank der tellerförmigen Gestalt kann er auf kurze Entfernungen rasch sprinten. Die Augen auf die Beute gerichtet, zieht er sich immer näher heran, um zuletzt das vorstülpbare, zahnlose Maul vorzuschießen. Während er sich anschleicht, zeigt er sich erregt: Die Rückenflosse ist aufgerichtet, die Flossen beben, die Farben werden intensiver und wechseln. Diese Anzeichen scheinbarer Erregung könnten einen bestimmten Wert haben. Von vorn gesehen gleicht der hohe und sehr schmale Körper einem dünnen, senkrechten Streifen. Die Farben kommen und gehen und das Beben der Flossen verwischt selbst diesen Streifen noch, so daß die kleinen Fische, die der Petersfisch beschleicht, die bevorstehende Gefahr nicht gewahrwerden und überhaupt nicht versuchen, wegzuschwimmen.

Der Petersfisch lebt in Tiefen bis zu 90 m, über seine Lebensweise ist im einzelnen aber wenig bekannt, man hat nur Einzeltiere in Aquarien beobachten können. Er frißt fast ausschließlich kleine Fische, besonders junge Heringe, Sandaale und Sardinen, in Gefangenschaft nimmt er gelegentlich auch Garnelen. Doch er frißt nur lebende Nahrung; im Aquarium hat ein Petersfisch einen toten Fisch, den er gegriffen hatte, wieder ausgespien. Nichtsdestoweniger konnte Dr. Wilson im Aquarium von Plymouth einen gefangenen Petersfisch allmählich dazu bringen, Streifen vom Tintenfisch anzunehmen; sie sehen wie Fische aus, wenn man sie ins Wasser wirft und sie dann langsam niedersinken.

Geschlechtsbestimmung

Die Geschlechter sind äußerlich nicht zu unterscheiden, nur durch Sektion und Untersuchung der Geschlechtsorgane. Auf diesem Wege hat man auch festgestellt, daß die Eier 2.5 mm groß sind und eine Ölkugel enthalten. Sie sind pelagisch, d. h. sie treiben im Wasser, meist zwischen 100 und 200 m Tiefe. Auch die Jungfische leben pelagisch. Die Eier werden irgendwann zwischen Juni und August gelegt. Dabei gibt es regionale Unterschiede. Die englischen Petersfische laichen von Mai bis Juni oder August, die im Mittelmeer dagegen von März bis Mai.

Wo der Name herkommt

Der Petersfisch wird als Speisefisch genutzt. Was die Qualität des Fleisches angeht, so sind die Meinungen allerdings geteilt. Während manche den Petersfisch für einen ausgezeichneten Speisefisch halten, behaupten andere, er sei nur zur Gewinnung von Fischmehl geeignet. Auch hinsichtlich des Namens gibt es Meinungsverschiedenheiten. Da gibt es die Legende, die schwarzen Flecken an den Seiten seien die Abdrücke von Daumen und Finger des Petrus, als er dem Fisch den Zinsgroschen aus dem Maul nahm. Daher der deutsche Name Petersfisch. Dieselbe Legende gibt es aber auch beim Schellfisch und bei einigen Tilapien (Tilapia), also Süßwasserfischen. Der wissenschaftliche Name ist *Zeus faber*, wobei Zeus der Name des höchsten griechischen Gottes ist und faber im Lateinischen Grobschmied bedeutet.

Kopf des Petersfisches mit eingezogenem (links) und vorgestrecktem (rechts) Maul.

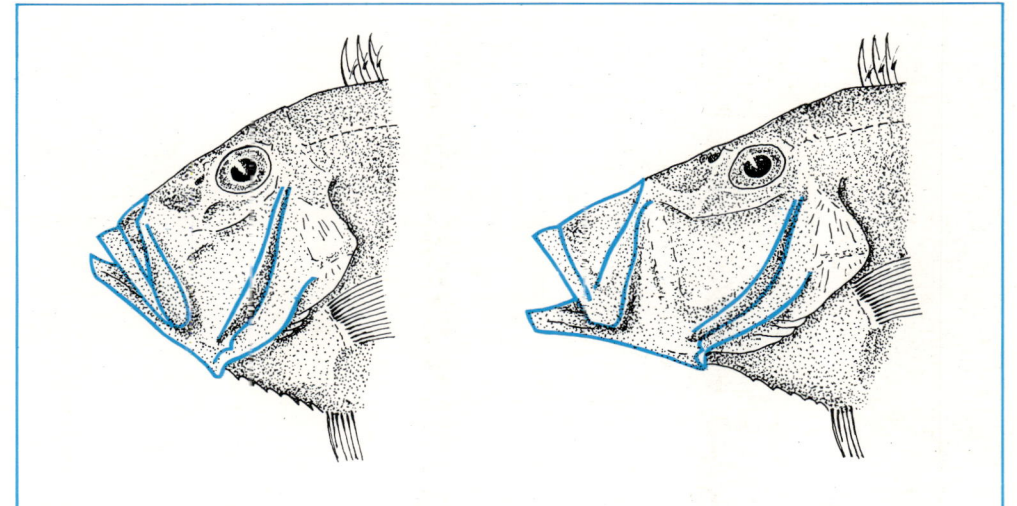

Klasse	**Osteichthyes**
Ordnung	**Zeiformes**
Familie	**Zeidae**
Gattung u. Arten	*Zeus faber*, Petersfisch, Heringskönig

Kardinalfische

Die Kardinalfische sind eine artenreiche Familie kleiner, roter oder rot gezeichneter, hauptsächlich in den Korallenriffen tropischer Meere lebender Fische. Einige Arten kommen auch in Mangrovesümpfen pazifischer Inseln vor. Außer einigen Tiefseeformen leben sie alle im Flachwasser. Die meisten werden bis 10 cm lang, ein paar Arten der Mangrovesümpfe bis 20 cm. Im Mittelmeer lebt der orangerote Meerbarben-König (Apogon rex-mullorum). Kardinalfische kommen in großen Mengen vor, es ist daher anzunehmen, daß sie eine Hauptnahrungsquelle vieler Raubfische bilden.

Schutz in Schneckengehäusen

Am bekanntesten sind zwei Arten des Karibischen Meeres, Floridas und der Bermuda-Inseln, die bei Flügelschnecken (Strombus) Unterschlupf suchen; sie halten sich in deren Mantelhöhlen auf und kommen nachts heraus, um kleine Krebse zu jagen. Nicht alle Flügelschnecken aber beherbergen Kardinalfische, und nicht alle Kardinalfische finden bei Flügelschnecken Unterkunft; manche bewohnen Schwämme, leere Muschelschalen oder sonst irgendeinen geeigneten hohlen Gegenstand oder natürliche Höhlungen.

Amerikanische Naturforscher haben in einem kleinen Gebiet abgestorbener Korallen über tausend Exemplare des Kardinalfisches A. brachygrammas gesammelt. Das zeigt, wie sich dieser Fisch tagsüber versteckt und nachts auf Jagd geht. Wer eine Flügelschnecke fängt, stößt meist auch auf einen Kardinalfisch: Wenn der Mollusk dann im Boot liegt, öffnet er seine Mantelhöhle und ein Kardinalfisch plumpst heraus.

Seeigel als Gastgeber

Der Kardinalfisch Siphamia versicolor der Nicobar-Inseln des Indischen Ozeans lebt in Gemeinschaft mit einem dunkelroten Seeigel. Solange nichts den Frieden stört, hokken die Seeigel zusammen und bilden traubenförmige Pyramiden, die Kardinalfische schwimmen hindurch und halten die Haut der Seeigel sauber. Sobald aber auch nur die geringste Störung auftritt — es genügt ein auf die Seeigel treffender Schatten — spreizen sie ihre Stacheln und nehmen Abwehrstellung ein; die Kardinalfische suchen weiterhin zwischen den Seeigeln Schutz und stehen dann gewöhnlich kopfabwärts.

Nachts gehen die Fische auf Nahrungssuche. Wenn sie von ihrem Gastgeber vertrieben werden, suchen sie sich einen anderen, und wenn dieser anders gefärbt ist, nehmen sie dessen Farbe an, um sich zu tarnen.

Maulbrüter

Wenn das Weibchen seine Eier gelegt hat, nimmt das Männchen die Eier ins Maul, und dort bleiben sie bis zum Schlupf. Manchmal hält nur das Weibchen die Eier im Maul, bei anderen Arten wieder teilen sich beide in die Elternpflichten. Bei einigen Arten nimmt das Männchen die Eier nur auf, wenn Gefahr droht. Bei einer australischen Art legt das Weibchen 5 mm große Eier, und das Männchen nimmt 150 Stück ins

Oben: Kardinalfische sind meist rot. — Rechte Seite: Gruppe von Kardinalfischen im Schutz von Seeigeln. Sie kommen im klaren Wasser des Großen Barriereriffs nördlich Australiens vor. — Unten: Durchgehende Längsstreifen verwischen den Umriß des Kardinalfisches recht wirksam.

Maul. Beim Meerbarben-König des Mittelmeeres haben die Eier 0,5 mm Durchmesser, und das Männchen nimmt 22 000 ins Maul.

Bei dieser Mittelmeerart werden die Eier im Weibchen befruchtet, der Paarungsvorgang wird hier in eigenartiger Weise umgekehrt. Das Weibchen hat eine lange Genitalpapille, die es in den Körper des Männchens einführt, um die Spermien zur Befruchtung ihrer Eier zu entnehmen. Zu dieser „Weiberherrschaft" gehört dann noch, wie eben geschildert, daß das Männchen sich weiterhin um die Eier kümmert.

Scheintod als Waffe

Über die Feinde der Kardinalfische ist wenig bekannt, man muß aber annehmen, daß sie von vielen kleinen und mittelgroßen Raubfischen gefressen werden. Diese Vermutung wird durch das Verhalten des Einfleck-Kardinalfisches (Apogonichthyoides uninotatus) bestätigt. In der Gewalt eines Feindes benutzen sie oftmals den Trick, sich scheintot zu stellen. Der 7 cm große, nach dem schwarzen Fleck über den Brustflossen benamte Fisch, läßt sich auf eine Seite fallen, und wirkt wie tot, wenn man ihn zu fangen versucht.

Gespenstische Leuchtorgane

Viele Tiere und auch manche Pflanzen sind lebende Lichtquellen. Bei einigen ist das augenscheinlich vorteilhaft, so wenn das weibliche Glühwürmchen durch den Leuchtkörper am Abdomen das Männchen anlockt. In anderen Fällen ist der Zweck schwer

einzusehen, z. B. bei Pilzen in hohlen Bäumen, die zu gewissen Jahreszeiten gespenstisch leuchten. Ähnlich ist bei einigen Bakterienarten der Sinn des Leuchtens nicht zu erkennen. Es gibt in Küstennähe lebende Fische, die bei ihren Leuchtorganen von solchen Bakterien abhängig sind, im Gegensatz zu Tiefseefischen, die selbst Licht erzeugen. Dazu gehören auch einige Kardinalfische, wie der in südostasiatischen Meeren vorkommende Apogon ellioti, der nicht nur über Leuchtbakterien verfügt, sondern auch über ein in einem Reflektor angebrachtes Leuchtorgan. Darüberhinaus sind die unter der Drüse sitzenden Muskeln durchsichtig und dienen als Linsen. Dieser kleine Kardinalfisch schwimmt also nachts mit einer Lampe an der Kehle herum. Der Zweck dieses gespenstischen Leuchtorgans ist unbekannt.

Noch bemerkenswerter ist ein Kardinalfisch, der drei solcher, jeweils aus Leuchtbakterien, Reflektor und Linsen bestehender, Lampen im Magendarmkanal hat. Das absurdeste daran ist, daß diese Lampen dem Darminneren zugerichtet sind.

Klasse	**Osteichthyes**
Ordnung	**Perciformes**
Familie	**Apogonidae**
Gattungen	*Apogon*, u. a.

Das durchscheinende Gewebe der Glasbarsche läßt ihren Knochenbau erkennen. Oben Indischer Glasbarsch, rechts Thai-Glasbarsch.

Glasbarsche

Glasbarsche — ein naheliegender Name für durchsichtige Fische, bei denen Skelett und einige innere Organe deutlich sichtbar sind. Obwohl sie durchsichtig sind, sind sie nicht farblos. Eine ganze Reihe von Fischen ist durchsichtig oder lichtdurchlässig, der Name Glasbarsch aber ist bestimmten kleinen, als Aquariumfischen beliebten Fischen vorbehalten. Früher nahm man an, große Sport- und Handelsfische, darunter auch Snook und Nilbarsch seien miteinander eng verwandt. Sie haben aber nur einen unten geschilderten Zug gemeinsam, so daß man sie der derselben Familie zuordnet.

Der Körper ist hoch gebaut und seitlich stark zusammengedrückt. Die Rückenflosse besteht aus zwei Teilen, der vordere Teil besitzt Hartstrahlen, der hintere einen Hartstrahl und bis zu 18 Weichstrahlen. Die Schwanzflosse ist entweder rund oder tief gegabelt.

Die acht oder mehr Arten sind in Ostafrika, im südlichen Asien und östlichen Australien verbreitet, die meisten in Südostasien.

Der Snook kommt im tropischen West- und Ostatlantik und Ostpazifik vor. Er wandert auch in Flüsse ein und kann 1,40 m lang und 23 kg schwer werden. Der Nilbarsch wird etwas über 2 m lang und über 120 kg schwer, er gehört zu einer Reihe miteinander verwandter afrikanischer Sportfische. Snooks und Nilbarsche sehen durchaus nicht glasartig aus!

Lebende Edelsteine als Dünger

Der Indische Glasbarsch gleicht einem Stück Kristall, das im Wasser treibt und farbiges Licht reflektiert. Er wird 7 cm lang, ist grünlich bis gelblich, im Gegenlicht aber scheint er golden oder schillernd bläulichgrün. Die Seiten sind mit Spangen aus winzigen, schwarzen Punkten gezeichnet, mit zartem, violettem Streifen vom Kiemendeckel bis zur Schwanzwurzel. Die Flossen sind gelblich bis rostrot, Rücken- und Schwanzflosse haben schwarze Strahlen und sind hellblau eingefaßt. Die Strahlen der paarigen Flossen sind rot oder bläulich.

Er ist der bekannteste der kleinen Glasbarscharten und lebt im Süß- und Brackwasser Indiens, Burmas und Thailands. Er verbringt sein Leben zwischen Wasserpflanzen und ernährt sich von Insektenlarven, Krebschen und Würmern. Die Fortpflanzung verläuft ebenfalls wenig dramatisch. Nach F. Sterba wird das Laichen in Aquarien wie folgt ausgelöst: Wenn die Morgensonne das Wasser allmählich erwärmt, trennt man beide Geschlechter kurz, indem man sie in verschiedene Becken setzt und bald darauf wieder zusammenbringt. Das Paar steht seitlich nebeneinander und zittert. Wenn das Weibchen seine Eier legt, nimmt das Paar Rückenlage ein. Das Weibchen heftet seine Eier an Wasserpflanzen fest. Es legt jeweils vier bis sechs Stück, insgesamt etwa 200. Danach kümmern sich die Eltern nicht mehr darum. Der Schlupf erfolgt in 8 bis 24 Stunden, je nach Temperatur. Die Jungfische hängen während der ersten drei, vier Tage an den Wasserpflanzen, dann schwimmen sie frei herum. Die Nahrung besteht aus winzigen Krebstierchen, wie Wasserflöhen. Die jungen Glasbarsche gehen nicht auf Nahrungssuche, sondern schnappen, was gerade an ihnen vorüber treibt.

Man darf annehmen, daß viele Jungfische verhungern, wenn es in dem betreffenden Gebiet gerade wenig zu fressen gibt. Nichtsdestoweniger überlebt dieser kleine, von Aquarianern geschätzte Edelstein in Riesenmengen, denn wie W. T. Innes in „Exotische Aquarienfische" feststellt, wird er in Indien und Burma viel als Dünger verwendet.

Familienähnlichkeit

Einander auch nur entfernt Verwandte zeigen oftmals eine gewisse Familienähnlichkeit. Sie können in Größe, Stärke, Haarfarbe und auch sonst in fast jeder Hinsicht verschieden sein, dennoch gehören sie nach bestimmten Kennzeichen zur selben Familie. Das kann z. B. die Gangart, die Form der Unterlippe sein. Sinngemäß dasselbe gibt es bei der Klassifikation der Tiere, die Familie der Glasbarsche ist ein gutes Beispiel. Zu dieser Familie gehören sowohl die kleinen, durchsichtigen, zarten Arten, als auch die großen, kräftigen, nicht durchsichtigen Snooks und die etwa 2 m großen Riesen, die Nilbarsche. Auf den ersten Blick sehen sie höchst verschieden aus, alle aber haben fast den gleichen Umriß und alle zumindest einen Zug gemeinsam, eben die Familienähnlichkeit. Bei allen läuft die Seitenlinie, eine aus Sinnesknospen bestehende Linie längs der Seite bis zum Ende der Schwanzflosse. Das aber ist höchst ungewöhnlich.

Klasse	**Osteichthyes**
Ordnung	**Perciformes**
Familie	**Centropomidae**
Gattungen und Arten	*Chanda ranga,* Indischer Glasbarsch; *Centropomus unidecimalis,* Snook, u. a.

Kaiserfische (Holacanthus) leben in Korallenriffen tropischer Meere und fallen durch vielfältige Zeichnung und Farben auf.

Kaiserfische

Der Name Kaiserfische kommt den wohl auffallendsten und buntesten Fischen der Korallenriffe zu. Zwar gibt es auch unter den Doktor-, Koffer-, Drücker- und Lippfischen eine Reihe außerordentlich auffallender Arten, aber nur wenige erreichen die Farbenpracht der Kaiserfische und der ihnen nahe verwandten Schmetterlingsfische (s. S. 176), mit denen sie die Familie der Chaetodontidae (Borstenzähner) bilden. Von den Schmetterlingsfischen unterscheiden sie sich durch einen Dorn am unteren Rand des Kiemendeckels. Kaiserfische sind über alle tropischen Meere verbreitet. Die meisten sind klein, höchstens 18 cm, aber einige werden auch 70 cm lang. Es gibt eine Fülle von Kaiserfischarten, die zum Teil sehr schwer zu unterscheiden sind, zumal bei vielen Formen die Jungtiere völlig anders aussehen als die Erwachsenen.

Arten, Farben, Verhalten

Die Kaiserfische leben vor allem im flachen Wasser, einige gehen sogar ins Brackwasser. Sie leben einzeln, in Paaren oder in kleinen Gruppen in Riffen, Atollen und an Felsküsten.

Das Besondere an diesen Fischen ist ihre außergewöhnliche Vielfalt an Farben und Zeichnungsmustern. Bei vielen Arten sehen die Jungtiere genauso aus wie die Erwachsenen, bei anderen aber sind die Unterschiede zwischen jung und alt so groß, daß bei vielen Formen die Jungtiere als eigene Art beschrieben wurden, und selbst heute noch

ist die Systematik dieser Gruppe sehr unklar. Auch im Verhalten unterscheiden sie sich. Sehr kleine, bis etwa 10 cm lange Kaiserfische leben einzeln. Jedes Tier hat ein Revier mit eigenem Versteck: eine Höhle, ein überhängender Felsen oder ein Tangbüschel, aber auch eine Konservendose, die auf dem Grund herumliegt. Untereinander sind sie sehr unverträglich, so daß man im Aquarium immer nur einen Vertreter einer Art halten kann. Die Arten erkennen sich an der Färbung; Vertreter anderer Arten werden meist nicht belästigt. Auch die Erwachsenen sind sehr unverträglich untereinander, leben aber in Paaren. Weil sie so unverträglich sind, werden sie in Aquarien bisher sehr selten gehalten.

Eine der schönsten und zugleich größten Arten ist der westindische Herzogfisch (*Holacanthus tricolor*). Die jungen Tiere sind vorwiegend gelb, mit schwarzem Fleck, die Erwachsenen dagegen schwarz mit gelbem Schwanz und gelben, rotgefleckten Flossen. Der Pfauenkaiserfisch (*Pygoplites discanthus*) des Indopazifik zeigt eine orange Färbung mit weißen, glitzernden, bläulich und schwarz gesäumten Binden und blauer Kopfzeichnung, mit hellgelber Schwanzflosse, purpurner Rückenflosse und violett-rosa gestreifter Afterflosse. Der Samtschwarze Kaiserfisch (*Pomacanthus arcuatus*) Westindiens ist als Erwachsener samtschwarz. Jede seiner Schuppen ist gelb gerandet (s. Abb. S. 204).

Ernährung, Fortpflanzung

Kaiserfische haben kleine, enge Mäuler, die mit vielen borstenartigen Zähnen besetzt sind. Das Maul ist vorzüglich dazu geeignet, Algen und Polypen von den Riffen abzuweiden. — Über das Fortpflanzungsverhalten der Kaiserfische ist nur sehr wenig bekannt.

Was bedeuten die Farbmuster?

Alle Kaiserfische — und auch alle Schmetterlingsfische — sind auffallend gefärbt. Auch unter Wasser fallen die prachtvollen Farben sofort ins Auge. Man kann also ohne weiteres sagen, daß diese Farbmuster nicht zur Tarnung dienen. Viele Tiere, die sich durch auffallende Farben auszeichnen, warnen damit ihre Gegner. Es handelt sich dabei meist um giftige oder stark bewaffnete Formen. Solche Warnfarben sind zum Beispiel schwarz/gelb oder schwarz/rot. Bei den Insekten finden wir ganze Ringe giftiger oder ungenießbarer Arten, die sich durch sehr ähnliche Farbmuster auszeichnen, obwohl sie überhaupt nicht miteinander verwandt sind. Für die Kaiserfische gilt dies ganz sicher nicht. Sie werden überall gegessen. Zu solchen oben genannten Waffenringen treten oft völlig harmlose Tiere, die giftige Arten nachahmen (Mimikry) und dadurch denselben Schutz genießen. Für die Korallenfische gibt es solche Vorbilder nicht; auch Mimikry ist hier also auszuschließen. Sehr wahrscheinlich haben die bunten Farbmuster eine ganz andere Aufgabe. Da alle Kaiserfische territorial und sehr aggressiv sind, muß der Kaiserfisch Angehörige derselben Art erkennen können, um sie aus seinem Revier vertreiben zu können.

Klasse	**Osteichthyes**
Ordnung	**Perciformes**
Familie	**Chaetodontidae**
Gattungen u. Arten	Herzogsfisch (*Holacanthus tricolor*) u. a.

Oben: Skalare oder Segelflosser sind streng an ihr Territorium gebunden. Mit ihren Farben zeigen sie die Zugehörigkeit zum Territorium an. Eindringlinge der gleichen Art weisen sie ab. Der eine Skalar gibt dem anderen mit einem Schneller der hellen Brustflosse eine Art Lichtsignal. — Unten: Skalare — bei Aquarianern beliebt, weil sie leicht zu halten und sehr attraktiv sind.

Skalare

Skalare oder Segelflosser gehören zu unseren beliebtesten Aquarienfischen, und zwar mit dem Großen Segelflosser oder Blattflosser (Pterophyllum scalare). Sie können bis 15 cm lang und bis 25 cm hoch werden. Sie bewohnen das mittlere Amazonasgebiet, hier sind sie vor allem in den Nebenflüssen häufig. Sie treten meist in Schulen von zehn bis zwanzig Tieren auf. Gelegentlich vergesellschaften sie sich auch mit anderen Buntbarschen. In Aquarien halten sie sich gut, brauchen allerdings lebendes Futter. Neben der gewöhnlichen Stammform gibt es auch eine Reihe von Zuchtformen, so den schwarzen Trauerskalar, den dunklen Rauchskalar und den Schleierskalar mit stark vergrößerten Flossen.

Bizarrer Süßwasserfisch

Heute sieht man den Skalar so häufig, daß man sich an seine eigenartige Gestalt längst gewöhnt hat. Dennoch ist der Skalar auch heute noch der Süßwasserfisch mit dem merkwürdigsten Körperbau. Nur bei manchen Meeresfischen, wie etwa bei den Borstenzähnern und den Halfterfischen, finden sich ähnlich abenteuerliche Gestalten. Der Skalar ist fast doppelt so hoch wie lang, und der Körper ist nicht breiter als ein Heft. Dabei sind die Bauchflossen stark verlängert und laufen in lange, oft geteilte Strahlen aus.

Interessantes Familienleben

Wie bei fast allen Buntbarschen (Cichliden) — siehe die folgenden Seiten —, so finden wir auch bei den Skalaren eine gut entwickelte Brutpflege. Ein Blatt oder ein Stengel wird von Vater und Mutter geputzt. Hier legt das Weibchen dann seine Eier ab, und das Männchen befruchtet sie. Die nach etwa zwei Tagen schlüpfenden Jungen werden von den Eltern mit dem Mund aufgenommen und am Gelege oder einer anderen geputzten Pflanze angeheftet, wo die Jungtiere mit Klebfäden haften. Die Jungen werden von beiden Eltern bewacht. Sie sind anfangs langgestreckt und nehmen erst im Laufe der Zeit die typische Skalarengestalt an.

Klasse	Osteichthyes
Ordnung	Perciformes
Familie	Cichlidae
Gattung und Art	Skalar (Petrophyllum scalare)

Samtschwarzer Kaiserfisch — typisch für die bizarren Formen und Zeichnungen dieser Fische. Von vorn und von der Seite sehen sie ganz verschieden aus.

Diskus-Buntbarsche

Dieser Fisch aus den Flüssen des Amazonasbeckens ist als edelster Aquariumfisch bezeichnet worden. Er heißt auch Pompadourfisch, doch nach der Form heißt er Diskus. Der echte Diskus und seine Verwandten — es gibt mehrere Unterarten: Grüner, Brauner und Blauer Diskus — sind als Erwachsene fast ganz scheibenförmig und bis zu 20 cm lang. Rücken- und Afterflossen sind sehr lang und geben dem an sich ovalen Körper ein nahezu kreisförmiges Aussehen. Der Körper ist mit kleinen Schuppen bedeckt, Wangen und Kiemendeckel aber sind auffälliger beschuppt. Das Maul ist klein, mit dicken Lippen. In der Mitte der Kiefer sitzt eine einfache Reihe kleiner, konischer Zähne, nicht wie gewöhnlich zwei Reihen. Der Diskus hat ein Paar Nasenlöcher.

Die Farben sind nicht leicht zu beschreiben, weil sie mit dem Alter wechseln. Junge Diskus-Buntbarsche sind braun, beiderseits mit mehreren dunklen Querbändern. Mit sechs Monaten erscheinen an Kopf und Kiemendeckeln blaue Flecken; diese werden größer, bis die Seiten abwechselnd blau und rötlichbraun gestreift sind, außerdem finden sich neun senkrechte, dunkle Bänder, das erste läuft über das Auge. Die Flossen werden am Ansatz blau und an den Außenrändern hellblau und orange, dazwischen sind blaue und orange Streifen. Die Bauchflossen sind rot, mit orangen Punkten. Der Grüne Diskus ist überwiegend grün, mit neun dunklen senkrechten

Der Grüne Diskus (Symphysodon aequifasciata) wird mit zunehmendem Alter blau. Mit 6 Monaten werden Kopf und Kiemendeckel gesprenkelt, allmählich auch die Seiten.

Bändern, der Braune Diskus überwiegend braun, mit neun dunklen Binden, und der Blaue Diskus braun mit neun blauen Balken.

An Fäden aufgehängt

Soweit sie nicht fressen, suchen Diskus-Buntbarsche tagsüber meist Schutz unter Wasserpflanzen, sie fliehen direktes Sonnenlicht. Sie ernähren sich von Wasserinsekten, besonders Larven von Mücken und kleinen Libellen, kleinen Würmern, vor allem *Tubifex*, und ähnlichen Wirbellosen. Während der kurzen Werbung säubert das Paar ein breites Wasserpflanzenblatt. Sobald das geschehen ist, legt das Weibchen reihenweise Eier darauf ab. Zuweilen wird auch ein Stein benutzt, aber erst nachdem er peinlich genau gesäubert worden ist. Das Männchen schwimmt dann über die Eier und befruchtet sie. Die Eltern befächern sie abwechselnd, und nach etwa 50 Stunden erfolgt der Schlupf. Die Babyfische kommen einer nach dem anderen aus dem Ei und werden von den Eltern mit dem Maul auf ein Blatt gesetzt, wo sie 60 Stunden lang an kurzen Fäden hängen. Die Eltern fächern weiterhin mit ihren Flossen, und wenn die Jungfische dann schwimmen können, bleiben sie an der Seite eines Elters und scheinen sich dort festzuhalten. Nach einiger Zeit schüttelt das Elterntier die Jungfische ab, und zwar in Richtung auf das ganz nahebei schwimmende andere Elterntier. Im Alter von drei bis vier Wochen werden die Jungfische selbständig und leben von kleinem, tierischem Plankton, wie sehr kleinen Wasserflöhen oder deren Larven.

Zunächst haben sie die normale Fischform, mit dem Alter kommt dann die Diskusform.

Ernährung der Jungfische

In den fünfziger und sechziger Jahren haben Hildemann, Wagner und Winkler über Beobachtungen berichtet, nach welchen die Jungfische durch ein von den Eltern ausgeschiedenes, eiweißhaltiges Sekret ernährt werden, nachdem sie ihren Dottersack aufgezehrt haben. 1969 haben McInerny und Gerard nicht nur festgestellt, daß die Elterntiere einen weißlichen Schleim abscheiden, sondern daß die Jungtiere außerdem nichts fressen. Sie zitieren R. Skipper, der „mehrere Bruten erfolgreich aufgezogen hat" und behauptet, daß sie bei anderer Nahrung nicht gedeihen. Er behauptet sogar, die einzige Chance sie durchzubringen bestehe darin, sie mit ihren Eltern zusammenzulassen. Wenn auf einem Elter nicht mehr genug Nahrung vorhanden ist, schwimmen sie zum

anderen. Die Eltern werden abwechselnd abgeweidet. Erst nach einigen Wochen nehmen sie auch Kleintiere.

Ein Grund, warum Diskus-Buntbarsche nur selten in Aquarien gehalten werden, besteht darin, daß sie sehr anfällig sind gegen Qualitätsänderungen des Wassers. Dagegen scheinen Tiere aus Aquarien-Nachzuchten wesentlich widerstandsfähiger zu sein.

Klasse	**Osteichthyes**
Ordnung	**Perciformes**
Familie	**Cichlidae**
Gattung und Arten	*Symphysodon aequifasciata,* Brauner, Grüner, Blauer Diskus; *S. discus,* Pompadourfisch oder Echter Diskus

Echter Diskus (Symphysodon discus) — *im Schatten von Wasserpflanzen treibende Farbscheiben.*

Tilapien

Tilapia ist der Name für etwa 100 Arten von Süßwasserfischen aus der großen Familie der Buntbarsche (Cichliden). Eine Art, der Prachtmaulbrüter (Tilapia galilaea), liegt wahrscheinlich dem in der Bibel erwähnten wunderbaren Fischzug zugrunde. Auch andere Arten werden als Speisefische genutzt und sind in viele Länder der Erde eingeführt worden. Tilapien werden auch als Aquariumfische gehalten, und ihr Studium hat einige ungewöhnliche Züge im Verhalten der Fische ans Licht gebracht.

Der Kopf ist groß, der Körper hoch gebaut und seitlich stark zusammengedrückt. Die lange Rückenflosse ist vorn bedornt und im hinteren Abschnitt, der sich gewöhnlich am Ende zu einem Punkt erhebt, weichstrahlig. Die Afterflosse ist größer und hinten zugespitzt. Die Brustflossen sind mäßig groß, ähnlich auch die Bauchflossen. Die meisten Arten werden 20 bis 30 cm lang, einige können 45 bis 50 cm erreichen. Die Färbung wechselt von Art zu Art, oftmals sogar innerhalb einer Art. Der Rücken ist gelblich bis olivbraun, grün, bronzefarben, blau oder violett, die Seiten sind silbern, der Bauch noch etwas heller. Gewöhnlich zeigt sich ein metallischer Glanz, bronze- oder goldfarben oder violett, und Körper sowie Flossen sind oft mit dunkleren Flecken und Balken gezeichnet.

Tilapien sind in Afrika südlich der Sahara und vom Nilbecken bis Israel, Jordanien und Syrien verbreitet.

Tilapien „wandern"

Tilapien leben in Seen und trägen Flüssen, Mündungsgebieten und brackigen Lagunen, vor allem wo sich Schutz unter Uferrändern oder Wasserpflanzen bietet. *Tilapia grahami* lebt in großen Beständen im Magadi-Sodasee in Kenia bei Wassertemperaturen von 28 bis 45 Grad C. Tilapien passen sich schnell an das Klima an, mehrere Arten sind in ganz Zentral- und Ostafrika eingeführt worden; viele haben sich dann in Flüssen niedergelassen, wo sie an sich nicht beheimatet waren. So gibt es jetzt zum Beispiel im Viktoria-See fünf Arten, zwei heimische und drei eingeführte. Der genaue Ablauf dieser Verpflanzungen ist nicht immer bekannt, deshalb sagt man gewöhnlich, die Fische seien „verschleppt". Der Mosambik-Tilapia *(T. mossambica)* z. B. ist 1939 in Java aufgetaucht. Auf verschiedenste, zum Teil nur vermutbare Weise ist er jetzt auch in Sumatra, Celebes, auf den Philippinen, Taiwan und Südkorea, aber auch in Malaya, Thailand und Sri Lanka heimisch geworden. Im Westen hat er sich in Trinidad, St. Lucia, Haiti und Texas niedergelassen.

Von oben: Maulbrüter: Weibchen eines Paratilapia multicolor mit Jungfischen in den Bruttaschen. Wenn sie schwimmfähig sind, werden sie herausgelassen. — Männchen von T. variabilis kämpfen, indem sie sich mit den Mäulern stoßen. — Elterntier mit jungen Tilapien im klaren Wasser der Quellen des Mzima in Kenia.

207

Wie Tilapien „wandern"

1961 hat ein Journalist von Tilapien berichtet, die in weiten Gebieten Floridas „aufgetaucht" seien. Anscheinend hatte ein Zoologe angeregt, sie als Sportfische in einem Teich einzusetzen; das erklärt aber noch nicht, daß sie in 16 Seen, vier Bächen und zwei Flüssen Südfloridas vorkommen. Der Pressebericht macht jedoch klar, was passiert, wenn es so weitergeht, daß Fischliebhaber ihrer Tilapien überdrüssig werden und sie einfach — obwohl es verboten ist — aus ihrem Aquarium herausnehmen und in das nächste Gewässer werfen. Da Tilapien „wie Elefanten fressen und sich wie Kaninchen vermehren", dauert es gar nicht lange, bis sie einen Teich von der für andere Fische unerläßlichen Nahrung „befreit" haben. Diese Gefahr ist zu bedenken; an einigen Orten sind heimische Fische nach der Einführung von Tilapien ausgerottet worden. Andererseits sind einige der größeren Arten, wie auch der Mosambik-Tilapia, eine wichtige Eiweißquelle, sie werden in Teichwirtschaften gehalten.

Künstliche Teiche

1951 ist *T. melanopleura* in Teichwirtschaften auf Madagaskar eingeführt worden, und zwar so erfolgreich, daß immer mehr Fischteiche angelegt wurden, so daß es 1958 schon 40 000 und 1960 60 000 waren. Man kann an einem Tag 5 kg fangen, sogar Kinder bringen es auf 2 kg. In Südafrika werden sie eingesetzt, um Klärbecken von Mückenlarven zu befreien, gleichzeitig vermehren sie sich derartig, daß man andere Teiche und Flüsse mit Futterfischen versorgen kann. Die sich so stark vermehrenden Tilapien fressen Wasserpflanzen und Insektenlarven auf, verdrängen die anderen Fische, und zum Schluß ist der Teich mit nicht ausge-

Junge Niltilapien (T. nilotica) *bleiben nahe bei der Mutter. Bei Gefahr huschen sie in ihr Maul zurück.*

wachsenen Tilapien übersetzt. Als Gegenmittel wird empfohlen, Brutanstalten einzurichten und die Geschlechter voneinander zu trennen. Versuchsweise hat man den Mosambik-Tilapia mit anderen Tilapia-Arten gekreuzt und als Hybriden ausschließlich Männchen erzielt, die nun als Futterfische aufgezogen werden können, ohne daß sich eine Bevölkerungsexplosion ergäbe.

Tilapien sind vorzugsweise Pflanzenfresser. Einige Arten durchsieben das Phytoplankton, andere weiden Kleinalgen von Steinen ab, ein paar Arten ernähren sich auf beiden Wegen. Viele aber scheinen sich schnell tierischer Nahrung zuzuwenden, wie Wasserinsekten und ihren Larven oder Jungfischen — selbst Tilapia-Jungfischen.

Maulbrüter

Einige Tilapien legen ihre klebrigen Eier auf Steinen ab, die Männchen und Weibchen vorher aber sorgfältig gesäubert haben. Das Männchen schwimmt über die Eier und gibt seine Milch ab, um sie zu befruchten. Die Eltern belüften die Eier dann, indem sie mit den Schwänzen fächern. Die geschlüpften Jungfische hält das Weibchen in kleinen Schwärmen beisammen und führt sie durch bestimmte Zeichen, bis sie groß genug sind, um sich selbständig machen zu können. Die meisten Tilapien jedoch sind Maulbrüter. Zuerst gräbt das Paar im sandigen Grund eine 5 cm tiefe Grube mit 12 bis 30 cm Durchmesser; Sand und kleine Kieselsteine werden mit dem Maul ausgeschaufelt und in der Nähe des Nestes wieder ausgespien. Dann schwimmt das Männchen kopfabwärts in die Grube und bearbeitet den Boden mit dem Maul, zuletzt glättet es die Grube mit dem Bauch. Das Weibchen schließt sich an, beide schwimmen im Nest rundherum. Schließlich legt das Weibchen die Eier ab, und das Männchen gibt seine Spermien darüber. Das wiederholt sich mehrere Male. Wenn dann alle Eier gelegt sind, nimmt gewöhnlich das Weibchen, manchmal auch das Männchen

oder beide — das wechselt je nach Art — die Eier ins Maul. Die Eier entwickeln sich im Maul, und nach 8 bis 20 Tagen kommen die Jungfische heraus. Bei manchen Arten nimmt das Weibchen die unbefruchteten Eier auf und dann die Spermien, die das Männchen gerade abgibt, so daß die Eier in ihrem Maul befruchtet werden.

Sorgfältige Versuche an einer Art haben ergeben, daß die Eier von Krankheiten befallen werden, wenn man sie einem Maulbrüter wegnimmt. Man fand auch heraus warum: Im Maul werden die Eier gegeneinander und gegen die Innenwände des Schlundes geschüttelt, so daß sie von allen schädlichen Mikroorganismen gesäubert werden.

Zählungen haben ergeben, daß Tilapien im Alter von zwei bis drei Monaten erstmals und dann sechs- bis elfmal jährlich laichen. Einige Arten können sich innerhalb von zwei bis drei Monaten tausendfach vermehren.

Wunderbare Fischzüge

Tilapien sind heute eine wichtige Nahrungsquelle tropischer Länder. Zeichnungen auf ägyptischen Altertümern zeigen, daß sie schon vor Jahrtausenden gefischt wurden. Der wunderbare Fischzug der Bibel rührte fast mit Sicherheit von Tilapien her. C. Tristan hat vor hundert Jahren berichtet, wie er „einen tausende Quadratmeter großen Schwarm von Prachtmaulbrütern gesehen hat, so dicht, daß sich die Fische kaum bewegen konnten und mit den Rückenflossen aus dem Wasser herausragten. Sie werden sowohl von Booten als auch vom Ufer aus in Netzen gefangen. Sie bilden große, feste Massen, und sehr oft brechen die Netze."

Klasse	**Osteichthyes**
Ordnung	**Perciformes**
Familie	**Cichlidae**
Gattung	*Tilapia*

Halfterfische

Einer der eindrucksvollsten kleinen Korallenfische! Er hat Künstler, Designer und Dekorateure angeregt und ist auf Tapeten und Dekorationsstoffen dargestellt worden. Er wird in nahezu allen Büchern über Fische behandelt und abgebildet, obwohl man über Lebenslauf und Lebensweise praktisch wenig weiß.

Es soll zwei oder drei Arten geben, aber vielleicht handelt es sich auch nur um verschiedene Altersstadien derselben Art. Sie werden bis 20 cm lang, 10 cm aber sind die Regel. Der Körper ist stark abgeplattet, von der Seite aus gesehen ist er nahezu kreisförmig. Die Erwachsenen haben jedoch eine hohe Rücken- und eine dreieckige Afterflosse, so daß ein beinahe rautenförmiger Umriß entsteht. Die Schnauze ist nach vorn zu ausgezogen und endet in einem kleinen Maul mit kleinen, sehr feinen Zähnen im Ober- und Unterkiefer. Über den Augen können sich zwei knochige Hörner bilden. Der kurze Schwanz hat eine fast dreieckige Schwanzflosse. Der eindrucksvollste Zug jedoch ist die farbige Zeichnung: Der Körper ist weiß und hellgelb, mit breiten, von der Spitze bis zum Ende laufenden, braunschwarzen Bändern. Die Haut ist wie Chagrinleder, nämlich mit kleinen, scharfen Schuppen besetzt, so daß sie sich wie Sandpapier anfühlt.

Halfterfische sind in tropischen Meeren von Ostafrika, rings um die Küsten des Indischen Ozeans bis Ostindien, Melanesien, Mikronesien und Polynesien bis zu den Küsten Japans und den Inselgruppen der Pazifikküste Mexikos verbreitet.

In Korallenriffen versteckt

Halfterfische sind viel an küstennahen, flachen Stellen anzutreffen, ihr eigentlicher Lebensraum aber sind die Korallenriffe tieferer Stellen, besonders die Kanäle in der Brandungszone des Randes der Riffe. Äußere Erscheinung und Farben, Flossenformen und andere Eigenarten sind immer wieder bis in alle Einzelheiten in wissenschaftlichen Blättern beschrieben worden, über ihre Schwimmweise und ihre Ernährung war jedoch lange nichts bekannt. Sie schwimmen mittels wellenförmiger Bewegungen von Schwanz, Rücken- und Afterflosse und steuern mit der Schwanzflosse. Darin ähneln sie den marinen Schmetterlings- und Kaiserfischen, mit welchen sie nicht verwandt sind. So schwimmen Fische, die in unregelmäßig gebauten Riffen und Korallen leben, wo schnelle, kurze Bewegungen und scharfe Wendungen wichtiger sind als schnelle geradlinige Vorwärtsbewegung.

Pinzettenartige Kiefer

Die schmalen Kiefer mit ihren kleinen Zähnen arbeiten so ähnlich wie Pinzetten. Die Schnauze ähnelt sehr der Schnauze der ihnen nicht näher verwandten Schmetterlingsfische. Aus Beobachtungen in Aquarien und aus der Form der Kiefer und Zähne kann man schließen, daß sie mit ihren „Pinzetten" Krebschen und andere kleine Wirbellose aus Spalten herauspicken.

Messerähnliche Dornen

Laichzeiten und Paarungsverhalten sind unbekannt. Die Larven ähneln denen der Seebader. Jugendstadien sind selten zu sehen, wahrscheinlich weil es so schwer ist, sie in den Korallenriffs zu fangen. Die paar, die man jemals gefangen hat, waren bis etwa 1,2 cm groß; sie haben fast dieselbe Gestalt wie die Erwachsenen, aber mit langer, niedriger Rücken- und Afterflosse und nur einem schwarzen Band, das von der Spitze des Kopfes durch das große Auge zur Kehle,

Unter farbigen Korallen ist der Halfterfisch zu Hause. Farbmuster und Beflossung sind auffallend und außergewöhnlich.

zum Ansatz der Bauchflosse läuft. Die kleinen Brustflossen sitzen genau hinter den Augen. Vorn an der Rückenflosse finden sich drei Dornen, zwei sind sehr kurz, der dritte Dorn aber ist lang und dünn, etwa eineinhalb mal so lang wie der Körper, und flattert hinten nach. Wenn die Fische wachsen, wird dieser Dorn kürzer, und die Rückenflosse nimmt schließlich die bekannte dreieckige Form an. Eine weitere Eigenart der Jungfische sind die messerähnlichen Dornen an den Wangen, die später, wenn etwa 7,5 cm Körperlänge erreicht sind, verschwinden.

Kämpfe der Halfterfische

In Freiheit sieht man Halfterfische mit steil aufragenden Rückenflossen nebeneinander schwimmen. In Aquarien schließen sie sich oft an die überhaupt nicht näher verwandten, ihnen aber sehr ähnlichen Wimpelfische an. In Aquarien sind sie nicht leicht zu halten. Aus unbekannten Gründen kommt es oft zu heftigen Kämpfen zwischen den Tieren. Lorenz berichtet, daß der Verlierer dabei häufig an Schock stirbt, ohne daß Verletzungen sichtbar wären. Bei sehr hoher Erregung stehen die Tiere Kopf an Kopf, wobei sich Stirndornen und Einbuchtungen des Schnauzenrückens ineinander verhaken. Dann wirbeln sie heftig im Kreise herum. Wie die Wimpelfische reißen sie sich dabei manchmal die langen Anhänger der Rückenflossen ab. Weiter stellte Lorenz fest, daß sie anderen Fischen gegenüber völlig friedlich sind.

Klasse	Osteichthyes
Ordnung	Perciformes
Familie	Acanthuridae
Gattung und Arten	*Zanclus canescens* u. a.

Schwarm Großer Thune wandert durch den Florida-Bermuda-Kanal nordwärts.

Thunfische

Der Gemeine Thunfisch (Thunnus thynnus) *ist einer der größten Knochenfische überhaupt, er wird bis 5 m lang und bis 820 kg schwer, doch nur wenige werden länger als 2,50 m. Seine Gestalt ist stromlinienförmig, er hat einen großen Kopf, ein großes Maul und große Augen. Die erste Rückenflosse ist hartstrahlig, dicht dahinter sitzt eine zweite, weichstrahlige. Die Afterflosse ist ähnlich groß und gestaltet wie die zweite Rückenflosse, zwischen diesen beiden und der halbmondförmigen Schwanzflosse sitzen oben neun und unten acht Flößchen. Brust- und Bauchflossen sind mittelgroß. Der Rücken ist dunkelblau, die Seiten sind weiß, mit silbrigen Flecken, der Bauch ist weiß. Die Flossen sind dunkelblau bis schwarz, ausgenommen die rotbraune zweite Rückenflosse und die gelbliche Afterflosse und die Flößchen.*

Der Gemeine Thun kommt in allen warmen und gemäßigten Meeren, einschließlich Mittelmeer, Nord- und Ostsee und Schwarzem Meer, vor.

Schwärme gleich großer Tiere
Thune sind Hochseebewohner, die gelegentlich in Küstennähe auftauchen, offenbar aber niemals in Flüssen. Sie wandern in Schwärmen, in welchen alle Tiere etwa gleich groß sind. Je größer die Fische, desto kleiner der Schwarm, die Riesenexemplare sind mehr oder weniger Einzelgänger. Im Sommer schwimmen sie an der Oberfläche, im Winter in Tiefen von 30 bis 180 m. Thune sind ausgesprochen wanderfreudig, sie richten sich dabei nach ihren Futterfischen und der Wassertemperatur. Temperaturen unter 10 bis 12 Grad C mögen sie nicht, so daß sie nur im Sommer in nördlichen Meeren auftauchen, im Herbst aber in wärmere Meere zurückwandern. In kalten Sommern wandern sie weniger weit nördlich. Sie scheinen auch den Atlantik zu überqueren. Im Juli 1954

an der Insel Marthas Vineyard an der Ostküste der USA markierte Thune wurden fünf Jahre später im Golf von Biskaya gefangen. Gelegentlich tauchen auch Exemplare aus mittelamerikanischen Gewässern an den Küsten Norwegens auf: Zwei im September und Oktober 1951 bei Florida markierte Thune wurden 120 Tage später bei Bergen, Norwegen, gefangen, sie waren 7200 km gereist.

Wie ihre Verwandten, die Makrelen, schwimmen auch die Thune mit leicht geöffnetem Maul, so daß das Wasser die Kiemen überströmen muß. Sie haben einen hohen Sauerstoffbedarf, ihre intensive Muskeltätigkeit hängt von entsprechend reichlicher Versorgung ab, sie sind in gewisser Weise „warmblütig". Wegen des hohen Sauerstoffbedarfs schwimmen sie auch mehr oder weniger ununterbrochen. Sie sollen bis 80 Stundenkilometer erreichen können.

„Blutrausch"
Ganz junge Thune leben weitgehend von Krebstieren, besonders Leuchtgarnelen, später mehr von kleinen Schwarmfischen, wie Heringen, Makrelen, Sprotten, Wittlingen, Fliegenden Fischen und Sandaalen. Sie fressen auch einige Kalmare und Tintenfische. Wenn eine Gruppe Thunfische auf einen Schwarm Futterfische trifft, wird sie von einer Art „Blutrausch" erfaßt. Sie greift an, die Thune drehen und wenden sich, durchstoßen die Wasseroberfläche, ja sie springen manchmal ganz aus dem Wasser heraus. Der Aufruhr zieht gewöhnlich Schwärme von Meeresvögeln an, die dann die kleineren, an der Oberfläche treibenden Fische fressen.

Schnelle Gewichtszunahme
Gelaicht wird im Mittelmeer und südwestlich von Spanien im Juni/Juli, bei Florida und den Bahamas im Mai/Juni. Die kleinen Eier schweben in der Nähe der Oberfläche, sie sind planktonisch. Die nach etwa zwei Tagen schlüpfenden Larven sind etwa 5 mm groß. Die Jungfische wachsen schnell und wiegen nach drei Monaten 0,5 kg, mit einem Jahr knapp 5 kg, mit zwei Jahren 10 kg, mit drei Jahren etwa 17 kg und mit vier Jahren etwa 27 kg. Mit 13 Jahren erreichen Thun-

fische eine Länge von 2,50 m bei einem Gewicht von rund 200 kg. Zwei bei Marthas Vineyard, USA, markierte, zwei Jahre alte und 8 kg schwere Thune wogen 68 kg, als sie später siebenjährig im Golf von Biskaya gefangen wurden.

Altbewährte Fangmethoden
Der Thun wird in der klassischen Literatur viel erwähnt; das zeigt, daß er für die Völker des Mittelmeeres so wichtig war wie der Hering für die Völker Nordwesteuropas. Die Fangmethoden sind durch die Jahrhunderte hindurch beibehalten worden. Man hat den Fisch mit Speeren oder Harpunen gefangen, mit beköderten Haken und Stellnetzen, sog. Tonnaren: Man spannt sehr lange Netze auf, um die Wanderschwärme aufzufangen; die Netze haben ein Kammersystem, das in eine „Todeskammer" führt. Wenn sie mit dagegen anrennenden Fischen gefüllt ist, schließen sich die wartenden Boote zusammen, das Netz wird hochgezogen, die Fische werden mit Keulen getötet, aufgespießt und in die Boote gezerrt. In Amerika und Großbritannien ist die Thunfischerei in den letzten fünfzig Jahren zum Volkssport geworden. Große Tiere werden als „Meerestiger" bezeichnet; sie liefern Sportlern unter Umständen einen Kampf: Sie schleppen ein Boot an einer ihnen entgegengehaltenen Stange stundenlang und meilenweit, bis sie schließlich erschöpft sind. Ein Hauptfeind des Thuns ist der Mörderwal.

Riesige Verbreitungsgebiete
Man hat lange gezweifelt, ob der Thun der amerikanischen Seite des Atlantiks zur selben Art gehört wie der Thun der europäischen Seite. Sie unterscheiden sich etwas in Einzelheiten des Körperbaues und der Laichzeiten. Heute neigt man dazu, sie als verschiedene Populationen derselben Art anzusehen. Andere verwandte Arten haben ähnliche Verbreitungsgebiete. Ein naher Verwandter, der Weiße Thun des Atlantik, wird etwa 1,20 m lang und bis 30 kg schwer, er hat lange, sensenähnliche Brustflossen; sein Gegenstück ist der Weiße Thun, der im Pazifik von Nordamerika bis Hawaii und Japan vorkommt. Beim Gelbflossenthun oder Albacore, der bis 2,70 m lang und etwa 180 kg schwer wird, sind auch zweite Rücken- und Afterflossen lang und sensenartig. Eine Art bewohnt den ganzen tropischen und subtropischen Atlantik, eine andere den Pazifik bis in den Indischen Ozean hinein. Es ist schwierig, Thune zu bestimmen, weil sie — wie viele große Fische — nur wenig in Naturkundemuseen gelangen, wo man sie wirklich studieren könnte.

Klasse	**Osteichthyes**
Ordnung	**Perciformes**
Familie	**Scombridae**, Makrelen
Gattung und Arten	*Thunnus alalunga*, Weißer Thun; *T. albacares*, Gelbflossenthun oder Albacore; *T. atlanticus*; *T. obesus*, Großaugenthun; *T. thynnus*, Gemeiner Thun; *T. tonggol*

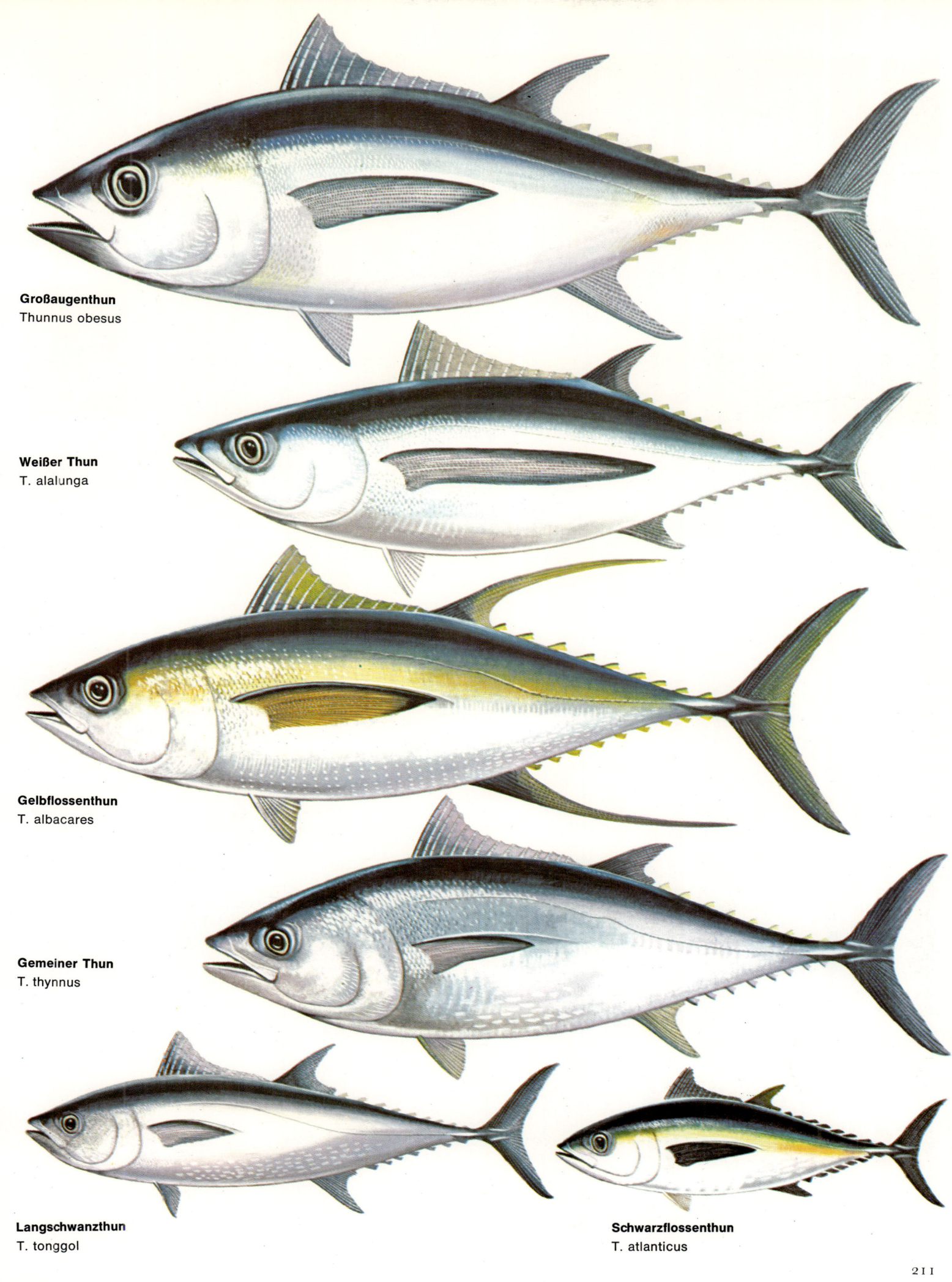

Großaugenthun
Thunnus obesus

Weißer Thun
T. alalunga

Gelbflossenthun
T. albacares

Gemeiner Thun
T. thynnus

Langschwanzthun
T. tonggol

Schwarzflossenthun
T. atlanticus

Mit stromlinienförmigem Körper und kräftigem Schwanz durcheilen Makrelenschwärme oberflächennahe Wasserschichten und suchen Nahrung.

Makrelen

Als kleinere Verwandte der riesigen Thune sind die Makrelen ebenso stromlinienförmig gebaut, gefräßig und schwimmtüchtig, und ebenfalls bei Fischern und Anglern weltweit beliebt.

Der Körper der gewöhnlichen Makrele ist prall, jedoch stromlinienförmig, am Rücken blaugrün, unten silberweiß. Der Rücken ist mit dunklen, verwaschenen Streifen gezeichnet, doch tauchen zwei Spielarten auf: Bei der einen sind die verwaschenen Streifen durch Flecke ersetzt, bei der anderen sind die Streifen feiner, wie leicht marmoriert. Die erste der beiden Rückenflossen ist hartstrahlig, Brust- und Bauchflossen sitzen weit vorn. Zwischen zweiter Rückenflosse und Schwanzflosse sitzen Flößchen, ähnlich an der Unterseite. Die Gewöhnliche Makrele bewohnt alle europäischen Meere vom Nordkap bis zu den Kanaren. Dieselbe Art kommt im westlichen Atlantik von der Chesapeake-Bai bis zum Golf von Maine vor.

Die Wohngebiete der Mittelmeer- oder Blasenmakrele reichen nicht so weit nach Norden. Das Verbreitungsgebiet der Pazifischen Makrele erstreckt sich von Alaska bis zum Golf von Kalifornien, das entsprechende Gebiet auf der anderen Pazifikseite bewohnt die Japanische Makrele.

Die Zwergmakrele ist von Indonesien bis Australien verbreitet. Sie ist ähnlich, aber höher gebaut und bis 37 cm lang. *Rastrelliger kanagurta* wird in Riesenmengen rings um den Indischen Ozean herum gefischt. Die sehr ähnliche Bastardmakrele unserer Küsten gehört nicht zu den Makrelen, sondern in die Verwandtschaft des Flußbarsches.

Das Laichen im Kreislauf des Jahres
Makrelen leben in Schwärmen, aber nicht so ausgesprochen wie z. B. die Heringe. Ende Oktober verlassen sie die oberflächennahen Gewässer, begeben sich auf den Grund und liegen dort dicht beieinander in Mulden und Gräben. Gegen Ende Dezember leben sie dann zerstreut auf dem umliegenden Meeresboden. Ende Januar begeben sie sich an die Oberfläche, bilden Schwärme und schwimmen in die Laichgründe, z. B. an den Rand des Festlandsockels im Süden Irlands. Laichzeit ist von März bis Juni, danach schwimmen sie in kleineren Schwärmen in küstennahe Gewässer, wo sie bis Oktober bleiben und dann wieder zum Meeresgrund wandern, um den Kreislauf zu wiederholen.

Ernährung je nach Jahreszeit
Am Meeresboden leben die Makrelen von Garnelen und kleineren Krustentieren, Ringelwürmern und kleinen Fischen. Wenn sie im Januar an die Oberfläche zurückkehren, wechseln sie das Futter und nehmen tierisches Plankton, vor allem Copepoden (*Calanus*), die sie ähnlich schnappen wie Schwalben die Fliegen. Während sie sich von Juni bis Oktober in Küstennähe aufhalten, fressen sie kleinere Fische, besonders junge Heringe, Sprotten und Sandaale. Makrelen finden ihre Beute hauptsächlich durch den Geruchssinn; deshalb schütten bretonische Fischer abgestandenes Blut über Bord und scheffeln dann die dadurch angezogenen Makrelen. Auf kurze Entfernungen müssen sie jedoch auch den Gesichtssinn einsetzen. Mittels ihrer Bauchflossen können sie sich auf engstem Kreis drehen und so Beute fangen, die genauso schnell aber weniger wendig ist.

Herniedersinkende Eier
Das Weibchen legt rund eine halbe Million etwa 1 mm große Eier. Die Eier haben innen einen winzigen Öltropfen und treiben zwei Tage in Oberflächennähe. Dann sinken sie langsam in mittlere Wassertiefen ab, wo sie kurze Zeit schweben. Bei Temperaturen von 15 Grad C schlüpfen 2,5 mm lange Makrelenlarven mit Dottersack. Der Dottersack hält ungefähr neun Tage vor, dann fangen die Jungen an, Mikroplankton zu jagen. Nach 2 Jahren sind sie ca. 30 cm groß.

Wichtige Nahrungsfische
Makrelen werden von schnellen Raubfischen erbeutet, besonders in den ersten beiden Lebensjahren. Nach den Heringen sind sie die zweitwichtigsten Hochseefische. Von März bis Juni werden sie mit Schleppnetzen und von Juli bis Oktober mit Reihenangeln gefangen.

Was ein Taucher entdeckt hat
T. Jenkins berichtet, daß Fischer annehmen, junge Makrelen seien zunächst blind, sie hätten eine Haut über den Augen, die erst im Sommer verschwindet. Dieser Glaube beruht zum Teil darauf, daß die Makrelen vor dem Sommer keine Köder annehmen. Meeresbiologen vermuten, daß Makrelen Plankton filtern, ähnlich wie Bartenwale; das schien gut begründet, weil Makrelen an den Kiemen feine Dornen haben, die einen wirksamen Filterapparat darstellen. Doch beide Annahmen wurden 1921 berichtigt, als ein Offizier der Britischen Marine im Taucheranzug bei Reparaturarbeiten unter einem Schiff hing. Im Schatten des Schiffes leuchteten die Planktontiere als dunkle Silhouetten vor dem Sonnenlicht auf. Die Makrelen nutzten diesen Vorteil, und der Taucher konnte deutlich beobachten, wie sie einzelne Copepoden wegschnappten, während sie eigentlich noch blind sein sollten.

Rechte Seite: Makrelen gehören an allen Küsten rings um den Indischen Ozean zu den begehrtesten Speisefischen.

Klasse	**Osteichthyes**
Ordnung	**Perciformes**
Familie	**Scombridae**
Gattung und Arten	*Scomber scombrus*, Gewöhnliche Makrele; *S. japonicus*, Japanische Makrele, u. a.

Schlammspringer

Schlammspringer sind Fische, die sich bei Ebbe nicht ins Meer zurückziehen, sondern auf dem der Luft ausgesetzten Schlamm verbleiben. Sie können atmosphärische Luft atmen und sich mittels ihrer Brustflossen auf dem Schlamm schnell fortbewegen. Zu ihnen gehören einige der größten Mitglieder der Familie der Grundeln, sie leben auf Schlammflächen und in Mangrovesümpfen von Westafrika bis Südostasien und zum südwestlichen Pazifik.

Schlammspringer sind 12 bis 30 cm lang, kaulquappenartig gebaut, mit schwerem Kopf und langem, seitlich zusammen-

Südafrika, bis zum Roten Meer, weiterhin an den Küsten rings um den Indischen Ozean und bis nach Indonesien und Australien.

Drei Schlammbewohner

Der Lebensraum der Schlammspringer erstreckt sich von der Tiefe der Mangrovesümpfe bis hinauf auf die Bäume, vom schlammigen Grund der Mangrovewälder bis zur Mittelwasserlinie. Es gibt drei Grundtypen von Schlammspringern. Die Grünen Glotzaugen (Scartelaos) haben lange, schlanke Körper, sie leben mitten im weichen Schlamm bei mittlerem Wasserstand im Mündungsgebiet der Flüsse (Estuarien) und entfernen sich niemals weit vom Wasser. Über ihre Lebensweise ist wenig bekannt. Die zweite Gruppe, die Glotzaugen (Boleophthal-

Oben: An den tropischen Küsten Australiens ist der Schlammspringer häufig. — Links: Der Schwemmland-Schlammspringer verfügt über einen Wasservorrat in der Kiemenhöhle.

gepreßtem Körper. Ihre auffälligen, glotzäugigen Augen sitzen mitten auf dem Kopf, sie können diese rundherum bewegen. Die vordere Rückenflosse ist hoch und hartstrahlig, die Brustflossen sind mittelgroß und ähneln Gliedmaßen. Die Bauchflossen sind vereinigt und bilden eine Art Saugnapf. Die Körperfarbe wechselt von blaugrau bis bräunlich, oftmals mit vielen kleinen blauen Flecken. Die Flossen, vor allem die Rückenflossen, sind je nach Art mit verschiedenfarbigen Flecken gezeichnet.

Im westlichen Afrika leben sie von den Küsten der Sahara im Norden bis zu den Küsten Namibias im Süden, an der Ostküste von East London bei Port Elizabeth,

mus), leben sehr zahlreich auf der Meerseite der Mangrovewälder. Sie begeben sich bis in den Rand der Wälder, unter die Bäume, aber nicht weiter. Sie fressen auf der Schlammoberfläche Kieselalgen (Diatomeen) und andere Algen. Auf einem bisher noch nicht ganz aufgeklärten Weg trennen sie im Maul Algen und Wasser, sie fressen die Algen und speien das Wasser wieder aus. Die dritte Gruppe umfaßt die Gattung Periophthalmus, die echten Schlammspringer, sie bewohnen Flußufer und die gesamten Mangrovewälder. Sie ernähren sich von Insekten, die in den Schlamm gefallen sind, Krabben, Würmern und kleineren Schlammspringern.

Die Periophthalmus-Arten zerfallen in zwei Gruppen: die Gemeinen Schlammspringer (P. vulgaris), bei denen die Bauchflossen wieder zu Armen umgebildet sind, und die

Schwemmland-Schlammspringer *(P. chrysospilos)* bei denen die Bauchflossen noch vereinigt sind und einen Saugnapf bilden. Schlammspringer der ersten Gruppe können nur die freiliegenden Wurzeln der Mangroven erklettern, während die der zweiten Gruppe mit ihren Saugnäpfen senkrechte Triebe und Stämme erklettern können.

Freiluftleben

Alle Schlammspringer leben viel außerhalb des Wassers, aber sie suchen regelmäßig die von der Flut zurückgelassenen Pfützen und Teiche auf. Die Kiemenhöhlen sind stark vergrößert, sie enthalten immer einen Vorrat an Wasser, der ständig ersetzt werden muß. Die Tiere können aber auch mittels der stark mit Blutgefäßen besetzten Membranen des Maules und Schlundes unmittel-

zellen, die das Farbensehen vermitteln. Es ist anzunehmen, daß die Schlammspringer mit dem oberen Teil der Augen Insekten und andere kleine Tiere wahrnehmen, ihre Artgenossen aber auf Grund der Farben beobachten, denn sie geben Farbsignale. Wenn Grüne Glotzaugen aufeinander treffen, öffnen sie ihre Mäuler und zeigen einander das indigoblaue Innere. Auch heben und senken sie den langen Dorn der Rückenflosse. Diese Bewegungen stellen eine Herausforderung dar, es kann dann zu einem „Schlagabtausch" kommen, nach dem sich die beiden trennen.

Die meisten, wenn nicht alle Schlammspringer geben Signale, während sie sich auf den Schlammflächen aufhalten. Gewöhnlich heben und senken sie die lebhaft gefärbte erste Rückenflosse alle paar Sekun-

Rechts und unten: Bei dieser in Malaya heimischen Art haben sich die Bauchflossen zu einem Saugnapf vereinigt, mit dem die Tiere die Stämme von Mangroven erklettern.

bar Luft atmen. Schlammspringer tauchen angeblich den Schwanz ins Wasser, weil sie durch den Schwanz atmen. Das ist überhaupt nicht wahr. Sie müssen ihre Haut feucht halten, deshalb bespritzen sie sich mittels einer Brustflosse oftmals mit Wasser. Auch die Augen müssen sie feucht halten. Der Mensch hat Tränendrüsen, und bei jedem Blinzeln zieht er die Lider über die Augen und befeuchtet sie. Fische haben aber keine Tränendrüsen, und der Schlammspringer befeuchtet seine Augen, indem er sie in den Kopf zurückzieht.

Zweifaches Sehen

Die Augen haben zwei Aufgaben: Die obere Hälfte der Netzhaut ist reich an Stäbchenzellen, dadurch sind kleine Bewegungen wahrnehmbar; die untere Hälfte hat Zapfen-

den. Eine Art erhebt sich für den Bruchteil einer Sekunde auf die Schwanzspitze und plumpst dann wieder in den Schlamm zurück. Damit wollen sie offenbar die in der Nähe befindlichen Artgenossen von ihrem Territorium abhalten; somit haben alle ihre eigenen „Jagdgründe". Schon unter den Wirbellosen gibt es Tiere, die Territorien begründen, wie die Großlibelle, s. S. 107.

Die Brustflossen der Schlammspringer sind breit und bilden eine Art Arm. Wenn sie sich auf dem Schlamm fortbewegen, benutzen sie sie als Krücken. Ihr Körper ruht auf der Afterflosse, mit den Brustflossen drücken sie nach unten und hinten, so daß sie sich ähnlich Seelöwen fortbewegen. Im Wasser schwimmen sie wie gewöhnlich, nämlich durch Schlängeln des Schwanzes. Den Kopf halten sie dabei meist über Wasser.

Werbungsverhalten

Nur während der Fortpflanzungsperiode, wenn das Männchen lebhafter gefärbt ist, kann man die Geschlechter unterscheiden, sonst nur durch Sektion. Während der Fortpflanzungsperiode sind Kinn und Kehle des Männchens goldglänzend gefärbt. Wenn das Männchen auf Weibchen trifft, stellt es diese Färbung zur Schau, bis es eins bekommt. Das Weibchen folgt ihm ins Nest. Auch die Eier werden im Nest gelegt.

Pioniere des Schlammes

Die ersten Fische, die zum Landleben übergegangen sind, die Ahnen der Salamander, waren die Quastenflosser (s. Seite 228). Die Schlammspringer demonstrieren, wie diese ersten Land-Wasser-Wirbeltiere gelebt haben müssen. Sie leben echt amphibisch, einige Arten halten sich meist an Land auf, eine Art hat sogar trockene Haut, andere Arten wieder sind meist im Wasser und können bis zu zwei Stunden untergetaucht bleiben. Sie haben die Probleme, an Land zu atmen und sich an Land fortzubewegen, gelöst; auch das Problem eines schützenden Obdachs: Sie bilden untertassenförmige Mulden, die in einen senkrechten Tunnel führen. Die Mulden von einem Durchmesser zwischen 15 und 60 cm sind von einem Wall aus Schlamm umgeben. Die Fische graben und schaffen Schlamm mit dem Maul heraus, speien ihn aus und bauen damit den Wall.

Ein echter Springer

Eine bestimmte Art jedoch tut wahrscheinlich mehr als alle anderen, um den volkstümlichen Namen dieser Verwandten der Grundeln zu rechtfertigen: Der Mangroven-Schlammspringer *(Periophthalmus koelreuteri)*, der in Indien weit verbreitet ist, thront bei Ebbe am Rand von Pfützen in den Mangrovesümpfen und hat die Schwanzspitze dabei im Wasser. Er ist gewöhnlich 12 bis 15 cm lang. Wenn er gestört wird, springt er zur nächsten Pfütze, die bis gut 0,5 m entfernt sein kann. Dabei verfehlt er nur selten sein Ziel. Solche Sprünge führt er aus, indem er den Körper beugt und dann plötzlich wieder ausstreckt.

Klasse	**Osteichthyes**
Ordnung	**Perciformes**
Familie	**Gobiidae**

Linke Reihe: Der Große Schlammspringer (Periophthalmus) hebt und senkt auffällig Rücken- und Schwanzflosse. Er lebt an Flußufern in Malaya und baut „Burgen": kleine Mulden mit Wall aus Schlamm und manchmal einem Tunnel, in den sich die Tiere zurückziehen können. Der Große Schlammspringer ist zweimal so groß wie das Grüne Glotzauge (Scartelaos), über 20 cm lang, und auch fetter. Er sitzt auf dem Wall der „Burg" und weist Rivalen ab.

Rechte Reihe: Dieses Grüne Glotzauge (Scartelaos viridis) ist an der Mündung eines kleinen Flusses in Malaya gefilmt worden. Es lebt auf den Schlammflächen und ist nur bei extremem Niedrigwasser der Luft ausgesetzt. So oft wie die Bildserie zeigt, wirft es sich hoch, bis es fast auf der Schwanzspitze steht, und plumpst dann wieder in den Schlamm. Anscheinend will es damit sein Territorium anzeigen und andere warnen. Sie haben alle ausreichend Nahrungsraum.

Im Ring: Zwei Männchen umkreisen sich in einer Kampfpause und suchen eine Gelegenheit anzugreifen.

Kampffische

Viele Fische kämpfen, der berühmteste Kampffisch aber ist der Schleierkampffisch (Betta splendens) aus Thailand. Er ist eine von sieben in Südostasien, von Thailand bis Borneo, verbreiteten Arten. Seine kämpferischen Eigenschaften sind durch Züchtung verstärkt worden. In Thailand veranstaltet man mit Wetten verbundene Turniere.

Die in der freien Natur vorkommenden Ahnen der Zuchtformen sind 5 cm lang, mit verschwommenen, dunklen Streifen längs der Flanken. Während der Fortpflanzungsperiode werden die Männchen dunkler, die metallisch grünen Schuppen an den Flanken aber werden heller. Die Rückenflosse ist mittelgroß, metallisch grün, mit roten Spitzen. Die große Afterflosse ist rot, mit blauem Rand, die kleinen Bauchflossen sind rot, mit weißen Spitzen. Die Schwanzflosse ist gerundet. Das Weibchen ist kleiner, weniger lebhaft gefärbt, überwiegend gelblichbraun.

Kurzlebige Fische

Kampffische leben in klaren Flüssen und Seen mit viel Pflanzenwuchs, in Bewässerungsgräben und Teichen, zwei Arten auch in Gebirgsbächen. Sie werden bald geschlechtsreif und wachsen auch schnell, sie werden nicht älter als zwei Jahre. Auf Grund ihres schnellen Wachstums fressen sie begierig jegliche kleinen Wassertiere, wie Wasserflöhe, Mückenlarven, Würmer oder auch Aas.

Ihre Ausdauer wird getestet

Männliche Kampffische sind untereinander streitsüchtig. Eine Art, der Maulbrütende Kampffisch, hat den wissenschaftlichen Namen *Betta pugnax*. Ihre Streitsucht steht aber in keinem Vergleich mit der kämpferischen Ausdauer der Zuchtformen. In der freien Natur kämpfen Kampffische höchstens 15 Minuten lang. Zuchtformen gelten als schwächliche Exemplare, wenn sie weniger als eine Stunde durchhalten, manche setzen ihre Angriffe über sechs Stunden fort.

Ein Floß aus Schaumblasen

Vor der Paarung schwimmt das Männchen mit gespreizten Flossen um das Weibchen herum. Dabei glüht es förmlich, so groß ist seine Farbenpracht. Dann folgen „Tanz und Umarmung". Vorher jedoch hat das Männchen ein Nest, ein Floß aus Schaumblasen, gebaut. Es schluckt an der Oberfläche Luft und umhüllt die Luft im Maul mit Schleim, so daß sich haltbare Luftblasen ergeben.

Zum Schluß der Werbung dreht das Männchen das Weibchen auf die Seite und schlingt sich herum. Dann verstärkt er die Umarmung, bringt sie in Rückenlage, läßt sie aber bald wieder los — und während sie weiter in Rückenlage bleibt, stellt er sich unter ihr auf. Sie beginnt Eier zu legen, in Schüben von drei bis sieben, insgesamt einige hundert.

Während sie langsam heruntersinken, fängt das Männchen eins nach dem anderen mit dem Maul auf, umgibt es mit Schleim und schwimmt zu seinem Floß, um es dort an der Unterseite festzukleben. Das wiederholt sich, bis alle Eier gelegt sind, wobei sich das Männchen jedesmal um das Weibchen herumschlingt, um die Eier zu befruchten. Zum Schluß vertreibt das Männchen das Weibchen und bewacht das Nest. 24 bis 30 Stunden später schlüpfen die Jungen.

Mit den Köpfen gegeneinander

In Europa wurde *B. splendens* erstmals 1893 in Frankreich gezüchtet, schon wenige Jahre später wurde er von Aquarianern in großen Teilen der Erde gehalten. Eine der frühesten Varietäten war cremefarben, mit flatternden roten Flossen. Dann kam der berühmte Blaue Schleierkampffisch. Danach tauchten verschiedene Tönungen in Blau, Lavendel, Grün und Rot auf, zuletzt der wohl bekannteste, der Purpurrot-Blaue. Alle diese Zuchtformen haben segelartige Schleierflossen und rote, herabhängende Bauchflossen.

Es waren viele, phantasievoll ausgeschmückte Geschichten über die Kämpfe der Männchen im Umlauf, die Tatsachen sind

Oben: Männchen (rechts) mustert ein Weibchen. — Unten: Unter dem Nest aus Schaumbläschen paaren sich Männchen und Weibchen.

aber dramatisch genug. Werden zwei Männchen in ein Aquarium gesetzt, verstärken sich ihre Farben, und sie stellen sich in gleicher Richtung nebeneinander auf, einer etwas vorgeschoben. Ihre Flossen sind aufgerichtet, ihre Kiemendeckel geöffnet. Dann greifen sie blitzschnell an. Sie versuchen, sich in die Flossen zu beißen, bis zum Schluß die Flossen des einen zerfetzt sind. Sie beißen sich auch Stücke aus den Seiten heraus oder krachen mit den Köpfen zusammen und verhaken sich mit den Kiefern.

Vor Erregung zerplatzt

In seinem Buch „Exotische Aquariumfische" bringt W. T. Innes eine der übertriebensten, von dem hervorragenden amerikanischen Fischkenner H. M. Smith aufgezeichneten Geschichten: In Thailand fangen zwei Männer jeweils einen Kampffisch und bringen ihn in Flaschen nach Hause. Sie stellen die Flaschen nebeneinander. Die beiden Fische sehen sich, lassen ihre Farben aufleuchten und blasen sich auf. Sie schleudern sich vergeblich gegeneinander, bis schließlich einer von beiden vor Aufregung buchstäblich platzt. Der Besitzer dieses Fisches hat die Wette verloren!

Klasse	**Osteichthyes**
Ordnung	**Perciformes**
Familie	**Anabantidae**
Gattung und Arten	*Betta splendens,* Schleierkampffisch; *B. pugnax* u. a.

Küssender Gurami

Dieser volkstümliche Aquariumfisch ist durch eine bestimmte, vom Menschen her bekannte Verhaltensweise berühmt geworden. Das „Küssen" ist keineswegs auf diesen Gurami beschränkt, er wird hier nur als Beispiel herangezogen, um einen interessanten Zug im Verhalten der Tiere aufzuzeigen.

Es gibt mehrere Guramis; alle sind in Südostasien beheimatet, darunter der bis 60 cm lange Große Gurami, ein geschätzter Teichfisch. Der Küssende Gurami kann 30 cm lang werden, im Aquarium bleibt er jedoch gewöhnlich wesentlich kleiner. Sein Körper ist seitlich abgeflacht, sein Umriß ist oval, der zugespitzte Kopf endet in einem Paar dicker Lippen. Die grünlichen bis graugelben Rücken- und Afterflossen sind lang und werden von vorn nach hinten zunehmend breiter. Die normale Körperfarbe ist silbrig grün mit dunklen Längsstreifen an der Seite. Es gibt aber noch eine weißliche Farbvarietät.

Dicke Lippen — zum Atmen und Fressen
Der küssende und andere Guramis gehören zu den Labyrinthfischen, d. h. sie besitzen zusätzliche Atemorgane in den Kiemen, um an der Oberfläche Luft schlucken zu können, genauso wie der Kampffisch. Der Küssende Gurami steigt aber nicht nur von Zeit zu Zeit an die Oberfläche, um Luft zu schlucken — deshalb kann er auch in leicht fauligem Wasser leben —, sondern auch, um dort Nahrung aufzunehmen. Die verdickten Lippen sind wahrscheinlich in beiderlei Hinsicht

vorteilhaft. Die Nahrung besteht aus tierischen und pflanzlichen Stoffen, und als Aquariumfische fressen küssende Guramis auch feines Trockenfutter. Bis zu einem gewissen Grad weiden sie die kleinen Algen an den Wänden der Aquarien ab.

Weitgehend unbekannter Lebenslauf
Viele Labyrinthfische bauen Schaumnester für ihre Eier, nicht aber die Guramis, sie legen 200 bis 400 Eier, die von Öltröpfchen gehalten an der Oberfläche treiben. Sie kümmern sich weder um die Eier noch um die nach 24 Stunden schlüpfenden Jungen. Die Jungfische fressen in der ersten Woche Wimpertierchen, später Wasserflöhe und gehen allmählich zu gemischter Kost über. Fortpflanzungsfähig werden sie bei 7,5 bis 12,5 cm Länge, sie erreichen 30 cm.

Geheimnisvolles Küssen
Niemand weiß sicher, ob es eine Aggressionshandlung ist oder zum Werbungsverhalten gehört. Wahrscheinlich spielt beides mit. Werden mehrere küssende Guramis in einem Aquarium gehalten, belästigen die größeren die kleineren, indem sie an ihren Flanken „saugen". Das tun sie auch bei anderen Arten, dies ist wahrscheinlich aggressiv. Wenn jedoch ein Paar beisammen ist, stehen sie einander gegenüber und bewegen sich wiegend rhythmisch vorwärts und rückwärts, als hingen sie an unsichtbaren Fäden, dann kommen sie Maul an Maul zusammen und halten die dicken Lippen fest aneinander, als ob sie sich intensiv küßten. Wie bei anderen Labyrinthfischen schlingt sich das Männchen bei der Paarung um das Weibchen herum. Vorher schwimmen die beiden im Kreis herum und umrunden sich gegenseitig, dann kommen sie wieder mit den Lippen zusammen, als ob sie sich küßten.

Zwei Guramis „küssen sich". Was dieses, dem Menschen so vertraute Verhalten bei dem beliebten Aquariumfisch bedeutet, ist noch nicht ganz geklärt. Sie messen zunächst ihre Kräfte, gehen dann aber zum Liebesspiel über.

Ringkampf mit den Mäulern
Das Maul zu Kraftproben zu benutzen, ist bei höheren Tieren weit verbreitet. Bei Aquarienfischen ist es vor allem bei Buntbarschen und Labyrinthfischen häufig. Daß sich Fische mit dem Maul gegenseitig stoßen, gehört besonders bei kleineren Süßwasserfischen oftmals zur Werbung, und es ist naheliegend, daß das Ringen und Stoßen mit dem Maul zum Küssen führte. Auf alle Fälle kommt van der Nieuwenhuizen in seinem Buch über tropische Aquarienfische zum Schluß, daß bei dem Buntbarsch *Aequidens latifrons* das Ringen mit dem Maul sowohl dazu dient, einen Gegner zu besiegen als auch um einen Partner zu werben. Er behauptet, wenn sich ein Paar dem Ringen mit den Mäulern hingibt und es dann zum Patt, zum Stillstand, kommt, bedeute dies, daß die beiden zueinander paßten und gute Fortpflanzungschancen bestünden. Er spricht vom „Seilziehen" mit den Mäulern, es könne stundenlang dauern und werde tagelang wiederholt, um dann in echter Liebeswahl zu enden. Es ist also gut möglich, daß das Küssen der Guramis genauso wichtig ist wie ein echter Liebeskuß.

Klasse	**Osteichthyes**
Ordnung	**Perciformes**
Familie	**Helostomatidae**
Gattung u. Art	*Helostoma temmincki*

sehende Fisch die Größe des Menschen und damit auch die Gefahr überschätzen und dadurch angreifen könnte. Gegenstände aus Metall, die in klarem Wasser aufblitzen, halten Barrakudas für Fische, sie regen sie zum Angriff an. Auch Unterwasserjäger, die einen Fisch am Speer haben, könnten in Schwierigkeiten kommen; es ist weiterhin bekannt, daß Barrakudas Tauchern gefangene Fische vom Gürtel wegschnappen.

Abgesehen von seinem Wert als Nahrungsfisch, hat sich das diesem Fisch entgegengebrachte Interesse ganz auf sein Verhalten gegenüber dem Menschen konzentriert. Amerikanische Forscher, die alle Berichte über Angriffe von Barrakudas auf Menschen gesammelt haben, kommen auf weniger als 40, so daß sie alles in allem weniger gefährlich wären als Haie. Der Ruf dieser Fische beruht zum Teil auf ihrer unersättlichen Neugier. Sie folgen Tauchern und beobachten ihre Bewegungen — und erwecken in ihnen ein unbehagliches Gefühl. Augenscheinlich sind Barrakudas am gefährlichsten, wenn sie herausgefordert werden, manche sagen sogar: Nur dann seien sie gefährlich. Dennoch gibt es Berichte, daß jemand in nur 30 cm tiefem Wasser gestanden hatte und ihm das Fleisch vom Unterschenkel gerissen oder das Schienbein fast zerrissen worden sei.

Unerklärlich ist, daß Barrakudas in bestimmten Gebieten gefährlich sein können, in anderen wieder nicht. An den Antillen z. B. sollte man sie meiden, bei Hawaii dagegen scheinen sie harmlos zu sein. Barrakudas laichen an tiefen Stellen des Karibischen Meeres. Meeresströmungen verbreiten die Larven und die Jungfische.

Barrakudas

Barrakudas sind hechtähnliche Fische; sie sind mit dem Hecht nicht verwandt, haben aber einen ähnlich langgestreckten Körper, mit vorspringendem Unterkiefer und speziellen Fangzähnen. Selbst Fischer, die nur mit toten Barrakudas zu tun haben, sehen sich bei diesen Fangzähnen vor. Es gibt 18 Arten Barrakudas, die meisten sind aber harmlos. Der schlechte Ruf ist vielleicht übertrieben, man weiß nicht recht, was man glauben soll. Ein bedeutender Fachmann spricht von der Furcht, die die Fischer der Westindischen Inseln vor Barrakudas haben, und von den Kämpfen, die dort zwischen dem Menschen und Barrakudas im Schatten der Mangroven ausgetragen worden sind. Das widerspricht allem, was man von Tauchern hört, ebenso auch allem, was über die Geschwindigkeit, mit der sie angreifen, berichtet wird. Jedenfalls gibt es authentische Berichte von Angriffen seitens des Großen oder Atlantischen Barrakuda, zusammen mit dem Indomalaiischen Barrakuda, einer der Riesen der Familie. Er kann 3,60 m lang werden. Sie sind in den warmen und tropischen Meeren verbreitet. Der Nördliche Barrakuda des westlichen Nord-

atlantik wird nur 45 cm groß, doch der Europäische Barrakuda oder Pfeilhecht, der auch Badende angegriffen haben soll — er ist im Mittelmeer und östlichen Atlantik verbreitet —, kann 1,50 m groß werden. Andere Arten sind der 2 m lange Picuda der Karibik und der bis 1,50 m lange Kalifornische Barrakuda.

Der gefräßigste aller Fische

Die größeren Barrakudas gehören zu den gefräßigsten Raubfischen, manche fürchten ihn mehr als den Hai. Die mittels ihres torpedoförmigen Körpers schnell schwimmenden Barrakudas sind besonders auf Friedfische versessen, sie brechen in ihre Schwärme ein und greifen heftig zuschnappend an. Wenn ein Rudel Barrakudas genug gefressen hat, soll er Berichten zufolge den Rest des angegriffenen Schwarmes in flachere Gewässer treiben und bis zur nächsten Mahlzeit bewachen.

Kleine oder halberwachsene Barrakudas schwimmen in Schwärmen, die größeren Exemplare sind Einzelgänger. Solche Einzelgänger greifen schnell an, ihr Biß ist glattrandig, und sie wiederholen den Angriff nicht (Barrakudas in Schwärmen greifen selten Menschen an). Barrakudas jagen mehr mittels des Gesichtssinnes, weniger mittels des Geruchssinnes, wie etwa die Haie. Davon gehen auch die Anweisungen aus, die man Badenden und Tauchern gibt. Trübes Wasser z. B. sollte man meiden, weil der gut

Schlechter Ruf durch Vorurteile

Alle Barrakudas gelten als gute Speisefische, aber es gibt einige Vorurteile, weil ihr Fleisch gelegentlich hochgiftig ist. Diese Gefahr könnte zu bestimmten Jahreszeiten bestehen, es könnte auch sein, daß man Fleisch vor dem Kochen hat schlecht werden lassen. Es kann sich aber auch um eine tropische Fischvergiftung (Ciguatera) handeln, die auf giftige Einzeller zurückgeht; die Stoffe konzentrieren sich in der Nahrungskette von Kleintieren und Friedfischen bis zu räuberischen Fischen. Das Gift kann bei Menschen, die den Raubfisch verzehren, z. B. den Barrakuda, Krankheiten verursachen oder gar tödlich wirken. Im Karibischen Meer sind nur die Fischarten von einer Seite bestimmter Inseln gesundheitlich unbedenklich.

Die Vorurteile sind aber nicht auf den Fisch begrenzt. 1707 behauptete H. Sloane, Barrakudas bevorzugten das Fleisch von Hunden, Pferden und Schwarzen gegenüber dem von Weißen. Und 1742 trieb Pater Labat dieses Vorurteil noch weiter. Er behauptete, wenn Barrakudas die Wahl zwischen einem Engländer und einem Franzosen hätten, würden sie immer den letzteren wählen. Das komme daher, daß Engländer starke Fleischesser seien und deshalb im Wasser eine stärkere „Ausdünstung" erzeugten, während die Ausschwitzungen der Franzosen auf Grund ihrer wählerischeren Ernährung schwächer seien.

Schädel des Großen Barrakuda, mit bösartig aussehenden Fängen und vorspringendem Unterkiefer.

Klasse	**Osteichthyes**
Ordnung	**Perciformes**
Familie	**Sphyraenidae**
Gattung u. Arten	*Sphyraena barrakuda,* Großer Barrakuda; *S. borealis,* Nördlicher Barrakuda; *S. sphyraena,* Europäischer Barrakuda

Barrakudas vom Großen Barriereriff nördlich Australiens. Barrakuda-Schwärme greifen selten Menschen an.

Scholle

Die Scholle ist einer der bekanntesten Plattfische und einer der wichtigsten Handelsfische dieser Gruppe. Ihr Körper ist abgeflacht, die Rückenflosse reicht vom Kopf bis fast zur Schwanzflosse, entsprechend lang ist die hinter dem Kiemendeckel ansetzende Afterflosse. Die bräunliche obere oder auch rechte Seite ist mit roten Flecken gezeichnet, bei den Erwachsenen sind die Flecke weiß gerandet. Wenn der Fisch auf weißlichem Kieselgrund gelegen hat, können sie auch hell sein. Die Unterseite ist perlweiß, kann aber auch teilweise oder ganz gefärbt sein. Auf der weißen Unterseite können sich verstreute braune oder schwarze Flecken oder Tupfer bilden. Oder aber nur das hintere Ende ist wie die Oberseite gefärbt, die roten Flecke nicht ausgenommen. Die untere Seite des Maules ist stärker entwickelt und mit mehr Zähnen besetzt. Zwischen den Augen finden sich Knochenhöcker. Die kleinen Schuppen sind in die Haut eingebettet. Schollen können fast 80 cm lang werden, sind aber gewöhnlich nur knapp 30 cm lang.

Das Verbreitungsgebiet reicht von Island und dem Weißen Meer, längs der skandinavischen Küsten, durch die Nordsee bis zu den Küsten Frankreichs und des westlichen Mittelmeeres. Schollen sehen je nach Lebensraum, Zeit und Ort des Laichens und Pigmentation etwas verschieden aus.

Lebende Teppiche

Schollen leben auf sandigem, kieseligem oder schlammigem Grund, sie sind flach eingegraben und schwimmen nur immer wieder einmal, tags oder nachts, an die Oberfläche, kurz gesagt, sie gehören zu den Bodenfischen. Sie schwimmen mittels Bewegungen des abgeflachten Körpers, wie lebende Wunderteppiche, und lassen sich dann mit steifem Körper wieder heruntersinken. Wenn sie den Boden berühren, bewegen sie die Flossen, um Sand oder Schlamm aufzurühren, der sich dann auf den Tieren wieder absetzt und so ihren Umriß verwischt. In dieser Lage atmen die Fische mittels der wie Saugpumpen arbeitenden Kiemendeckel.

Junge Schollen scheinen in flachen Gewässern, etwas mit Sand bedeckt, eine Art Winterschlaf zu halten. Zu gegebener Zeit wandern sie wieder in tieferes Wasser.

Meißeln und Mahlen

Die Vorderzähne der Schollen sind meißelähnlich, die Schlundzähne jedoch flache Mahlzähne. Ihre Nahrung besteht vorzugsweise aus kleinen Mollusken, aber auch aus kleinen, am Boden lebenden Wirbellosen, wie Würmern. Bei Flut schwimmen sie in Küstennähe, um in den Herzmuschel- und Miesmuschelbänken zu fressen. Sie jagen mit dem Gesichtssinn und schießen waagerecht genau auf die Beute zu. Sehr kleine Mollusken verschlingen sie ganz, größere zermahlen sie mit den Schlundzähnen. Sie beißen auch die Siphonen von Mollusken und die Köpfe von Würmern ab, die in Röhren leben.

Oben: Gesicht einer erwachsenen Scholle: Das Maul ist verzerrt und das Auge versetzt. Jetzt liegt sie auf der linken Seite und bleibt am Meeresgrund. Die Oberseite dieser Scholle ist hellgrau gesprenkelt, sie paßt sich so dem Untergrund mit Muschelschalen an. — Unten: Die Scholle liegt auf verschiedenfarbigen Kieseln und ist braun gefleckt. Schollen können Färbung und Zeichnung ändern, um sich der Umgebung anzupassen. Ein Hormon regelt Form und Farben der Zeichnung.

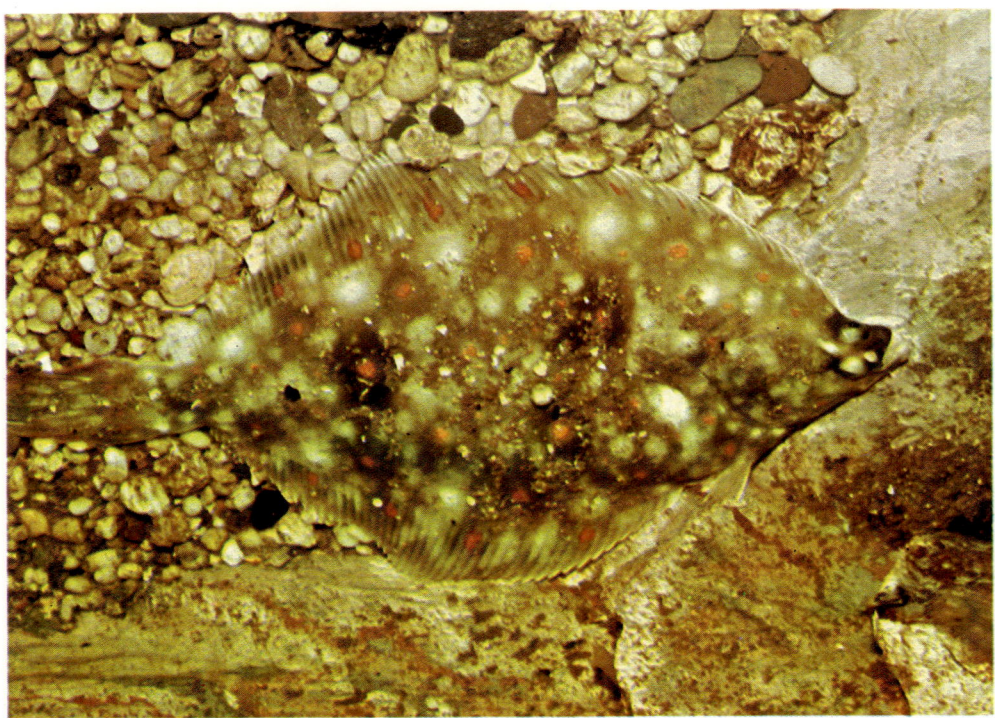

Zahlreiche Eier

Äußerlich sind Männchen und Weibchen schwer voneinander zu unterscheiden, doch im Gegenlicht zeichnen sich der Rogen des Weibchens als kleines, dunkles Dreieck und die Milch des Männchens als rundliches Gebilde ab. Die Männchen treffen vor den Weibchen in den Laichgründen ein, und sie bleiben auch länger als die Weibchen. Laichzeit ist an der Ostküste Schottlands von Anfang Januar bis Mai, mit einem Höhepunkt im März, in der Mündung des Clyde an der Westküste Schottlands von Februar bis Juni, in der südlichen Nordsee von Oktober bis März.

Zum Laichen schwimmen zwei Schollen etwa 0.75 m unter die Oberfläche, das Weibchen legt sich diagonal über das Männchen und gibt einen Strom von Eiern ab, das Männchen einen Strom von Milch. Das dauert kaum eine Minute, dann schwimmen beide zum Boden zurück. Die Weibchen legen je nach Körpergröße 50 000 bis 400 000 Eier. Die durchsichtigen, in einer zähen Hülle befindlichen Eier haben knapp 2 mm Durchmesser. Sie treiben an der Oberfläche, viele werden vor dem je nach Wassertemperatur nach 8 bis 21 Tagen erfolgenden Schlupf aufgefressen. Die etwa 6 mm großen Larven haben weder Maul noch Kiemen, der

Dottersack versorgt sie noch mit Nahrung. Dies ist der gefährdetste Abschnitt im Leben der Schollen. Nur eine von hunderttausend Larven überlebt die ersten paar Wochen, oder anders gesagt zwei bis fünf je Elternpaar. Das erscheint katastrophal wenig, man muß jedoch bedenken, daß allein zwischen England und Holland, im Flämischen Graben, alle Jahre 60 Millionen Schollen laichen. Die Erwachsenen sind wahrscheinlich durch Farbe und die oben geschilderte Lebensweise am Boden geschützt, doch Robben und Raubfische, wie Kabeljau, finden sie und fressen kleinere Exemplare.

Schollen haben hohen wirtschaftlichen Wert, doch von den -zig Millionen jährlich in Europa verzehrten Schollen werden nur wenige zum rechten Zeitpunkt gegessen. Sie schmecken am besten sofort nach dem Fang. Die Seezunge dagegen bekommt ihren typischen Geschmack, auf Grund der Umwandlung bestimmter Inhaltsstoffe, erst zwei bis drei Tage nach dem Fang.

Säuglingsnahrung

Wenn der Inhalt des Dottersacks aufgebraucht ist, geht die Larve zu Kieselalgen über. In diesem Stadium sieht sie wie ein gewöhnlicher Fisch aus, sie zeigt noch nichts von der künftigen Gestalt der Erwachsenen. Mit zunehmender Größe geht sie von kleineren zu größeren Kieselalgen, dann zu Larven von Kleinkrebschen und Mollusken über. Nach zwei Monaten verwandelt sich die Larve in zweieinhalb Wochen allmählich in einen jungen Plattfisch. Der Körper wird seitlich abgeflacht, die junge Scholle beginnt seitlich liegend zu schwimmen, der Schädel wächst auf der einen Seite schneller als auf der anderen, so daß das linke Auge auf die rechte Seite überwechseln muß. In diesem Abschnitt ihrer Entwicklung verläßt die junge Scholle das oberflächennahe Wasser und läßt sich am Boden auf der linken Körperseite nieder, also mit der rechten Seite und beiden Augen nach oben. Währenddem sind die immer noch kleinen, nur 12 mm langen jungen Schollen von Meeresströmungen in küstennahe Stellen getragen worden, wo sie nun aufwachsen. Die obigen Angaben über das Futter sind grob verallgemeinernd, es wechselt je nach Umwelt: In den schottischen Küstengewässern fressen die Schollen hauptsächlich Larven von Würmern, Krebseier und Molluskenlarven, an der englischen Südküste, bei Plymouth, Copepoden und Algensporen, in der südlichen Nordsee vor allem *Oikopleura*. Die Überlebenschance der Schollenlarven wird stark gefährdet, wenn diese Hauptanteile des Futters in den jeweiligen Gebieten knapp sind.

Wie sie wachsen

Nachdem sich die 12 mm großen jungen Schollen am Boden niedergelassen haben, erreichen sie mit 1 Jahr 7 cm Länge, mit 2 Jahren 12,5 cm, mit 3 Jahren fast 20 cm, mit 4 Jahren etwa 26 cm und mit 5 Jahren 32.5 cm. Diese Zahlen gelten für Weibchen, die Männchen sind kleiner. Die Männchen werden durchschnittlich mit zwei bis drei Jahren fortpflanzungsfähig, die Weibchen mit vier bis fünf Jahren. Die obigen Zahlen sind Annäherungswerte, weil die Durchschnittsgrößen wechseln: 42.5 cm in der Nordsee, 37.5 cm im Ärmelkanal, 26 cm im Kattegat und 25 cm in der Ostsee. Auch diese Zahlen sollen nur zeigen, wie die Größen mit den Umweltverhältnissen wechseln. 60 cm große Schollen sind 20 Jahre alt oder noch älter, und eine der größten jemals festgestellten Schollen von über 80 cm dürfte etwa 40 Jahre alt gewesen sein.

Klasse	**Osteichthyes**
Ordnung	**Pleuronectiformes**
Familie	**Pleuronectidae**
Gattung u. Art	*Pleuronectes platessa*, Gemeine Scholle

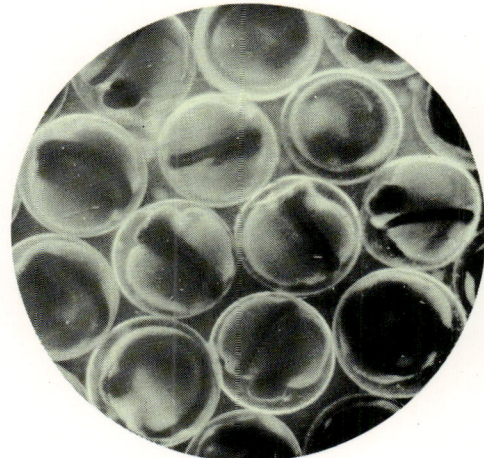

Eier der Scholle mit Embryos.

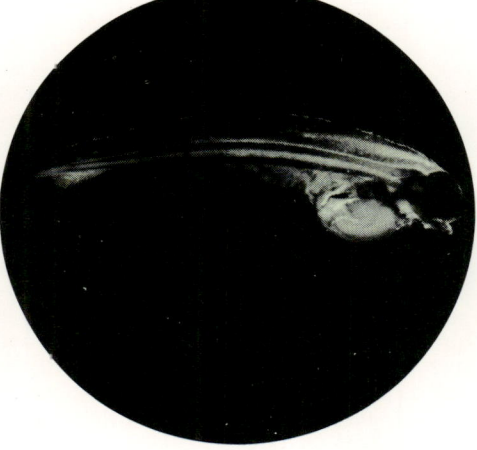

Die mit Dottersack versehene Larve lebt im Plankton.

Wenn der Dottersack aufgebraucht ist, entwickelt sich das Maul.

Schollen legen, wie viele Meeresfische, Riesenmengen von Eiern, um die Verluste durch Räuber auszugleichen. Im Alter von zwei Monaten, beim Übergang zum Leben am Meeresgrund, kommt ein dramatischer Lebensabschnitt: Der Körper plattet sich ab, der Schädel verzerrt sich, weil das linke Auge auf die rechte Seite wandert. Wenn beide Augen oben sind, läßt sich die junge Scholle am Grund nieder.

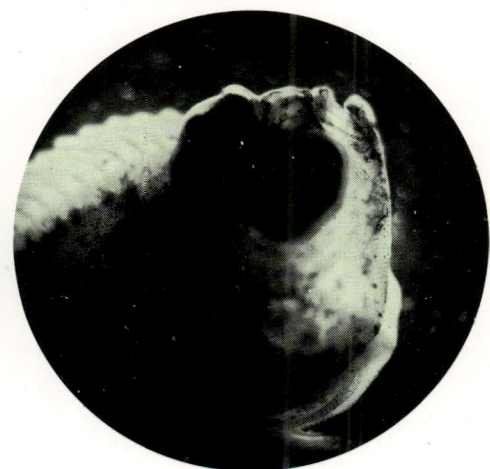

Das linke Auge wandert, wenn die Larve auf der Seite liegend schwimmt.

Das Auge ist gewandert, die Scholle läßt sich am Grund nieder.

Hippoglossus hippoglossus. *Der Heilbutt ist ein Mittelding zwischen gewöhnlichen Fischen und echten Plattfischen.*

Heilbutt

Der Heilbutt steht gewissermaßen zwischen gewöhnlichen Fischen und vollentwickelten Plattfischen. Sein Körper ist länger und draller als der der meisten Plattfische wie Scholle und Flunder. Seine Kiefer haben die ursprüngliche Form beibehalten, sie sind nicht verdreht, mit einem stärkeren und einem schwächeren Kiefer, und sie sind mit scharfen Zähnen bewaffnet. Die Flossensäume (Rücken- und Afterflosse) sind nahezu dreieckig, Schwanz und Schwanzflosse sind deutlich und kräftig ausgebildet. Die Oberseite, ursprünglich die rechte, ist einheitlich olivbraun, dunkelbraun oder schwarz, die Unterseite perlweiß.

Es gibt je eine Art im Nordatlantik und im Nordpazifik. Außergewöhnlich schwere Exemplare haben eine Länge von 4,70 m und ein Gewicht von 330 kg erreicht. Jungtiere leben im Flachwasser; wenn sie herangewachsen sind, begeben sie sich in tiefere Gewässer, vorzugsweise an Sandbänken, in Tiefen von rund 360 m oder mehr.

Gut getarnt

Heilbutte leben am Meeresgrund, wo sie auf Grund ihrer Farbe von Beutetieren nicht bemerkt werden. Sie verlassen den Grund, um kleinere Fische zu jagen. Die meisten Plattfische schwimmen mittels Wellenbewegungen ihrer Flossensäume, der Heilbutt aber mittels kräftiger Bewegungen des Körpers und des mächtigen Schwanzes. Am Boden ist die Oberseite wie der Meeresgrund gefärbt. Auf Schlamm ist er schwarz. Wenn er sich auf sandige Stellen begibt, wird er heller. Wenn er mit dem Kopf auf einer sandigen Stelle und mit dem Körper im Schlamm liegt, ist der Kopf hell und der Körper schwarz. Diese Farbanpassungen werden mit den Augen gesteuert. Durch Verletzungen erblindete Plattfische behalten auf jedwedem Untergrund dieselbe Farbe bei. In Aquarien kann man beobachten, wie die Augen deutlich aus dem Kopf hervortreten und sich unabhängig voneinander bewegen und die Umgebung am Meeresgrund rundherum überblicken können.

Erschlagene Beutefische?

Heilbutte fressen Krabben, Mollusken und andere bodenbewohnende Wirbellose, ihre Hauptnahrung aber sind Fische, vor allem Heringe, auch Flundern, Kabeljau, Rochen und viele andere. G. B. Goode, ehemals Leiter des Fischereiwesens der USA, hat geäußert, daß Fischer erklären, Heilbutte töten andere Fische mittels Schwanzschlägen. Ob das nun stimmt oder nicht, es zeigt jedenfalls, was Fischer dem Heilbutt zutrauen.

Treibende Eier

Gelaicht wird im Atlantik von Mai bis Juli in Tiefen von etwa 360 m, im Pazifik im Winter in Tiefen von 270 m. Der Rogen ist groß, bei 110 bis 120 kg schweren Exemplaren kann er 60 cm lang sein und 18 kg wiegen. Erwachsene Weibchen können zwei-dreiviertel Millionen Eier von 3 mm Durchmesser legen. Sie schweben in einer Tiefe von 600 bis 800 m. Nach wenigen Tagen schlüpfen die Jungfische, die zunächst die Gestalt gewöhnlicher Fische haben, die Augen liegen zu beiden Seiten des Kopfes. Sie bleiben an der Oberfläche und werden von der Strömung in Flachwässer getrieben. Nach einer Zeit beginnt das linke Auge über die Spitze des Kopfes zu wandern, bis es neben das rechte zu liegen kommt. Gleichzeitig drehen sich die jungen Heilbutte immer mehr auf die linke Seite, während Rücken- und Afterflosse wachsen und die Form von Flossensäumen annehmen. Während diese Umwandlungen vonstatten gehen, sinken die Fische zum Grund ab, bis sie mit der linken Seite nach unten zu liegen kommen. Bei einem von 5000 wandert das rechte Auge, so daß der Fisch dann auf die rechte Seite zu liegen kommt. Die jungen Heilbutte sind zuerst durchscheinend, erst am Meeresgrund wird die Oberseite braun oder schwarz. Heilbutte sind verhältnismäßig langlebig. 1,20 m lange Exemplare dürften etwa 12 Jahre alt sein, bis zu 35 Jahre alte Tiere sind festgestellt worden.

Die Entwicklung der Plattfische

Die Ebarmen *(Psettodes)*, Plattfische des Indischen Ozeans, sehen mehr wie Zackenbarsche aus. Das wandernde Auge macht kurz vor dem Scheitel des Kopfes halt, die Rückenflosse setzt weiter hinten an als bei anderen Plattfischen; und sowohl Rücken- als auch Afterflosse haben Hartstrahlen. Sie liegen am Meeresgrund auf der Seite und schwimmen genau wie die Heilbutte herauf, um Beute zu fangen. Auch einige Zackenbarsche liegen am Meeresgrund auf der Seite, obwohl sie die Gestalt gewöhnlicher Fische haben. Diese Zackenbarsche und die Ebarmen vermitteln eine Vorstellung davon, wie der Bau der Plattfische im Zuge der Evolution entstanden sein könnte.

Heilbuttfeinde?

Über Feinde des Heilbutts ist wenig bekannt. Man kann aus der Riesenzahl von Eiern nur schließen, daß es bei Eiern, frisch geschlüpften und jungen Fischen gewaltige Verluste gibt. Die heranwachsenden Heilbutte werden unter anderen räuberischen Fischen zu leiden haben, zweifellos aber auch unter Braunfischen, Delphinen und Seehunden. Außerdem wird ihr Bestand ständig durch die gewerbliche Fischerei gemindert. Der Heilbutt wird mit Schleppnetzen und Langleinen gefangen.

Name aus dem Mittelalter

Der Name Heilbutt ist eigentlich irreführend, denn er ist kein Butt, wie etwa der Steinbutt, sondern ein riesiger Schollenverwandter. Er muß schon seit langer Zeit gefischt werden, denn der Name stammt aus dem Mittelalter, er soll etwa Heiliger Steinbutt bedeuten, nach dem skandinavischen *butta* für Steinbutt. Captain Smith, der Begründer von Virginia, schrieb von „dem großen Heilbutt, oder Steinbutt", und er fügte die seltsame Bemerkung an, einige Exemplare seien so groß, „daß die Fischer nur Kopf und Flossen essen und die Körper wegwerfen". Später wurde der Heilbutt nicht nur als Speisefisch, sondern auch für medizinische Zwecke verwendet. Wie wir wissen, wurde seit den zwanziger Jahren unseres Jahrhunderts aus der Leber des Kabeljaus Lebertran gewonnen. Etwa ein Jahrzehnt später hat dann Lebertran vom Heilbutt den vom Kabeljau fast ganz verdrängt.

Klasse	**Osteichthyes**
Ordnung	**Pleuronectiformes**
Familie	**Pleuronectidae**
Gattung u. Arten	*Hippoglossus hippoglossus,* Atlantischer Heilbutt; *H. stenolepis,* Pazifischer Heilbutt

Igelfische

Gewöhnlich hat der Igelfisch die normale Form der Fische, wenn er sich aber aufbläst, wird der Körper fast kugelig und ist rundum mit Stacheln besetzt. Schwanz und Maul wirken dann gegenüber dem stark aufgeblähten Körper sehr klein. Er hat große Augen; Rücken-, After- und Brustflossen sind mittelgroß. Igelfische sind etwa 30 cm lang, können aber auch 75 cm erreichen. Bei den kleineren, kurzstacheligen Arten, z. B. dem Gestreiften Igelfisch (Chilomycterus schoepfi) sind die Stacheln stets aufgerichtet.

Ihre Bewaffnung

Wenn sie gestört werden oder ernst gefährdet sind, blasen sich Igelfische auf, indem sie Wasser einziehen. Der Körper schwillt an, die Dornen, die sonst flach angelegt sind, richten sich dann auf und stehen fast senkrecht am Körper. Werden Igelfische aus dem Wasser genommen, blasen sie sich plötzlich mit Luft auf. Die etwa 5 cm langen Dornen sind scharf, wer einen Igelfisch in die Hand nimmt, sollte Handschuhe anziehen. Jede einzelne der langen, kräftigen Dornen hat eine dreiteilige Basis, jeweils zwei benachbarte Basen überlappen sich, so daß eine mehr oder weniger geschlossene Kette entsteht. Bei einigen Arten haben die Basen nur zwei Arme, sie können gehoben und gesenkt werden, auch ohne daß sich der Fisch selbst aufbläst.

Igelfische tropischer Meere können nur langsam schwimmen; sie bewegen Rücken- und Afterflosse wellenförmig, die Brustflossen betätigen sie nur wenig, mit der Schwanzflosse steuern sie.

Korallenfresser

Die Zähne der Igelfische bestehen aus durchgehenden Leisten im Ober- und Unterkiefer. Beide Leisten haben scharfe Ränder und dahinter mahlende Flächen. Die Fische ernähren sich, indem sie Mollusken aufbrechen

Diodon hystrix, *Gemeiner Igelfisch, mit Wasser aufgebläht.*

und von Korallen Stücke abbeißen und zermahlen. Das Fleisch der Korallen wird im Magen verdaut, das von den Zahnleisten zermahlene steinige Material aber sammelt sich an; ein zerlegter Igelfisch hatte über ein halbes Kilo zermahlenen Korallenkalk im Magen.

Aus dem Haimagen entkommen

Über Fortpflanzung und Feinde ist nichts bekannt. Was passiert, wenn Igelfische angegriffen werden? Darüber gibt es nur wenige Berichte. Beebe, der ausgezeichnete amerikanische Meeresbiologe, hat einmal beobachtet, wie sich einige, von einem 1.20 m langen Hornhecht bedrohte Igelfische zum Schutz zusammengeschlossen hatten. Sie sahen aus wie ein einziger großer, stacheliger Fisch. Aus nicht ersichtlichem Grund haben dann einzelne Igelfische diesen Verbund verlassen — und wurden prompt vom Hornhecht gepackt und aufgefressen. Im Gegensatz dazu vertritt R. Hegner in seinem Buch über die Tierwelt die Ansicht, wenn ein Hai so närrisch sei und einen Igelfisch verschlinge, müsse er teuer dafür bezahlen; der stachelige Igelfisch gebe im Magen des Haies einen von Darwin als „sehr schön karminrot und faserig" beschriebenen Stoff ab, der den Fisch vor den Verdauungssäften des Haies schützt. Der so geschützte Igelfisch beginne damit, Magen- und Körperwand des Haies zu zerschneiden und zu zermahlen, bis er das Meer und die Freiheit erreicht.

Man hat beobachtet, daß Haie Igelfische verschlungen haben, aber man kann nur vermuten, was dann in ihnen passiert ist. C. Phillips sagt, Netze könne man am sichersten kaputtmachen, wenn man Igelfische damit fange. Je fester sich die Igelfische im Netz gefangen fühlen, um so stärker blasen sie sich auf. Phillips führt den Igelfischen dann eine Plastikröhre in den Schlund ein, durch die sie entleert werden. Erleiden Haie das Schicksal des Netzes, wie Hegner meint, oder verfügen sie über einen Trick, ihr stachliges Opfer zu entleeren?

Sie können giftig sein

Südsee-Insulaner benutzten getrocknete Igelfische als Kriegshelme. Im Fernen Osten werden sie als Laternen verwendet; die getrockneten, mit einer Kerze versehenen Häute werden aufgehängt, heutzutage auch mit elektrischen Glühbirnen. In Südengland war es früher weit verbreitet, getrocknete Igelfische als eine Art Handelsmarke an Fischgeschäften aufzuhängen. Nur in wenigen Gegenden der Erde werden Igelfische auch gegessen. Sie haben als Speisefisch einen schlechten Ruf, denn es gehören Sorgfalt und Kenntnis dazu, sie zuzubereiten, weil ein in Leber und Haut enthaltener Giftstoff das Fleisch verderben kann.

Klasse	**Osteichthyes**
Ordnung	**Tetraodontiformes**
Familie	**Diodontidae**
Gattung u. Arten	*Diodon holacanthus; D. hystrix* u. a.

Oben: Gemächlich, mit angelegten Stacheln am Meeresboden schwimmender Igelfisch. Die Dornen sind nur aufgerichtet, wenn sich der Fisch aufbläht. — Unten: Vorsicht mit Igelfischen! Die Dornen werden bis 5 cm lang.

Anglerfische

Es gibt 225 Arten Anglerfische. Da sie sich jedoch deutlich voneinander unterscheiden, hat man sie in drei Gruppen eingeteilt: Angler oder Seeteufel, Fühlerfische und Tiefsee-Anglerfische. Alle zeigen die für Anglerfische typische Verhaltensweise: Sie sitzen meist still und benutzen „Rute und Leine", um kleine Fische zu fangen. Die Rute besteht aus einem abgewandelten, dornigen Strahl der Rückenflosse. Da sie sich wenig bewegen, brauchen sie entsprechend wenig Energie und Sauerstoff. Sie haben daher nur kleine Kiemen und Kiemenöffnungen.

„Pediculati", der frühere Name der Anglerfische, bedeutet soviel wie „Kleinfuß" und bezieht sich auf die gegliederten Brustflossen, mit denen sie sich wie auf Füßen in kleinen Sprüngen auf dem Grund fortbewegen. Auch die Bauchflossen ähneln Füßen, aber sie sind nur klein und meist unter den stärker entwickelten Brustflossen verborgen. Auf Grund ihrer zusammengekauerten Gestalt und eigenartigen Fortbewegungsweise haben Anglerfische bildkräftige volkstümliche Namen: Krötenfische, Froschfische, Fühlerfische oder Seefledermäuse. Eine der bekanntesten Arten ist unser Seeteufel (Lophius piscatorius). Er wird über 2 m lang, hat einen großen Kopf und ein weites Maul. Das Fleisch des häßlichen Fisches ist sehr schmackhaft, es wird als „Forellenstör" gehandelt.

Getarnt und unbeweglich

Anglerfische kommen in allen Tiefen tropischer, warmer Meere vor. Der Körper dieser Bodenbewohner weist eine Reihe Warzen, Hautanhängsel und Hautlappen auf. Insgesamt tarnen diese gewöhnlich düster gefärbten und unregelmäßig angeordneten Gebilde den unbeweglich zwischen Felsbrocken und Wasserpflanzen hockenden Fisch. Der Sargassofisch (Histrio) ist noch besser getarnt als die anderen Anglerfische. Er lebt ausschließlich im Meerestang der Sargasso-See und umfaßt mit seinen Brustflossen den Tang, so daß er nur schwer aus dieser Stellung zu vertreiben ist.

Sie angeln ihr Futter

Meist locken Angler durch eine Art Köder, die um ihr Maul herum angebracht sind, kleine Fische an. Bei den Seeteufeln ist es ein fleischiger Hautlappen, den sie in Maulnähe langsam hin und her bewegen. Bei anderen Arten ist diese „Angel" in einer Rinne oder Röhre versteckt, sie wird nur zeitweilig herausgestoßen oder erhoben, zwei- oder dreimal hin und her bewegt und dann wieder eingezogen. Der „Köder" ist oftmals rot gefärbt und wurmförmig. Kleine Fische sehen ihn, schwimmen näher und sind dann plötzlich verschwunden!

Fortpflanzung

Mehrere Tiefsee-Anglerfische weisen eine höchst seltsame Beziehung zwischen Männchen und Weibchen auf: Zwerghafte, nur etwa 1,5 cm große Männchen sind so eng

Der Angler ist gut getarnt: mit Hautfetzen, die dem Meerestang der Umgebung ähneln.

Der Angler lockt kleine Fische mit Ködern in die Nähe seines Maules und schnappt sie weg.

mit den bis über 1 m großen Weibchen verbunden, daß sie gemeinsam wachsen, ja selbst ein gemeinsames Kreislaufsystem haben. Die Weibchen sind dann praktisch „Zwitter", die Männchen sind zu „Hoden" zurückgebildet.

Ein weiterer außergewöhnlicher Zug im Fortpflanzungsgeschehen einiger Anglerfische ist die Größe der Eier. Das Weibchen des Seeteufels legt seine Eier in Form bis zu 12 m langer und 60 cm breiter Gallertschläuche; sie zerreißen dann, und die Eier treiben an die Oberfläche. Die verhältnismäßig großen, birnenförmigen Eier werden mit dem schmalen Ende an Laichschichten angeheftet, die an der Oberfläche treiben und bis zu 1,5 Millionen Eier enthalten können.

Die Larven bilden noch vor dem Schlupf ein schwarzes Pigment, so daß der Laich von oben gesehen als dunkler Fleck auf dem Wasser erscheint; die eingeschlossenen Larven sehen aus wie Rosinen im Kuchen. Die Larven schlüpfen erst in fortgeschrittenem Stadium und haben dann bereits die Ansätze ihrer Angelruten. Später bilden sich am Rücken weitere Dornen und an der Kehle abwärts hängende, verzweigte Flossen, so daß die Larven sehr ungewöhnlich aussehen.

Perfekte Angler

Es wäre ein interessantes Hobby festzustellen, wie viele menschliche Erfindungen im Tierreich schon vorweggenommen sind. So haben Anglerfische Rute und Leine bzw. Köder schon lange vor dem Menschen benutzt. Soviel über das Thema auch schon geschrieben worden ist, niemand hat sich anscheinend mit dem zweiten Teil des Vorganges befaßt: mit der Art, wie diese beiden Angler ihre Beutefische „an Land" bringen. Beide, Tier und Mensch, täuschen die Fische, doch der Anglerfisch gestattet seiner Beute nicht, den Köder zu nehmen. Statt dessen winkt er mit dem Köder, bis sich ein Fisch nähert, dann lockt er ihn zum Maul heran. Wenn sich das Opfer nähert, werden Rute und Köder plötzlich weggezogen, das große Maul wird weit geöffnet, das Wasser strömt in die geräumige Öffnung, der Fisch gerät in den Sog — und das Maul schnappt zu. Das geht alles blitzschnell. Nur wenn bei größeren Fischen nach dem ersten Biß der Schwanz noch aus dem Maul des Anglers herausschaut, kann man sehen, was passiert ist. Die Fähigkeit der

Anglerfische, ihre Beute blitzartig zu schnappen, ist beachtlich. Von einem Augenblick zum anderen ist der vor dem Maul des Anglers befindliche Fisch verschwunden; die Kiefer des Anglers bewegen sich schneller als das menschliche Auge folgen kann.

Seefledermäuse treiben ihr Spiel sogar noch weiter. Eine Art im Karibischen Meer z. B. hat an der Haut Auswüchse, die bestimmten kleinen Algen und Polypen, die dort Steine überwachsen, täuschend ähnlich sehen. Kleine Fische werden derartig irregeführt, daß sie näher schwimmen und versuchen, an der Hautläppchen zu knabbern. Das Meisterstück dieser Täuschung besteht darin, daß diese Seefledermäuse ihre Hautläppchen langsam rhythmisch hin und her bewegen, genau wie Nesseltiere und Algen sich mit der Strömung des Wassers sanft vorwärts und rückwärts bewegen. Dieses Verhalten ist so eingefleischt, daß diese Seefledermäuse es selbst im Aquarium inmitten klaren Wassers beibehalten.

Wenn auf diese Weise getäuschte kleine Fische näher schwimmen, kommt die Angelrute mit dem wie ein zappelnder Wurm aussehenden Köder heraus. Die Seefledermaus wedelt nun mit dem Köder vor dem Fisch, zieht ihn dann zurück und verführt ihn, sich weiter zu nähern. Sie wechselt sogar mit den Bewegungen des „zappelnden Wurmes"; einmal wedelt sie lebhaft, dann wieder ganz langsam. Das gleicht einem Katze- und Maus-Spiel mit dem kleinen Fisch, bis — „Schnapp" — nur noch der größere, bewegungslose Anglerfisch, mit seinem sturen Gesichtsausdruck, zu sehen ist.

Klasse	Osteichthyes
Ordnung	Lophiiformes
Familien	Lophiidae, Antennariidae, Ogcocephalidae

Quastenflosser

Der über 1,50 m lange und bis 73 kg schwere Quastenflosser gehört zu einer Ordnung, von der man annahm, sie sei seit 60 Millionen Jahren ausgestorben. Nach seinen hohlen Flossenstrahlen wird er auch Coelacanth genannt. Der Fisch wurde erstmals 1938 vor der südafrikanischen Küste bei East London gefangen, später auch an der Inselgruppe der Komoren. Er ist kräftig gebaut, braun bis dunkelblau und zeigt schon äußerlich einige Merkwürdigkeiten. Die Brustflossen sitzen nicht unmittelbar am Körper, sondern an beinartigen, muskulösen Fortsätzen, es sind Mitteldinge zwischen normalen Flossen und Gliedern primitiver Landtiere. Hintere Rücken- und Afterflosse sind ähnlich gebaut. Der Schwanz besteht nur aus einem schmalen Streifen, der die Strahlen der Schwanzflosse in zwei gleich große Abschnitte, einen oberen und einen unteren Abschnitt, unterteilt. Die Schuppen schließlich bestehen aus einzelnen, mit Hautzähnchen besetzten Knochenplättchen, ähnlich wie beim Hai.

Wissenschaftliche Voraussage eingetroffen

Nicht nur in der äußeren Erscheinung, auch im inneren Bau zeigt er einige seiner Primitivität entsprechende Züge. Die Wirbelsäule besteht fast ganz aus einer großen, zähen Knorpelröhre, der Chorda dorsalis; sie bleibt zeitlebens erhalten. Entwicklungsgeschichtlich ist die Chorda dorsalis älter als die Wirbelsäule, und beim Embryo der Wirbeltiere erscheint sie zunächst, wird dann von den Wirbeln eingeschlossen und verschwindet dann wieder, ausgenommen bei einigen sehr primitiven Wirbeltieren, z. B. den Neunaugen. Das Herz des Quastenflossers ist noch einfacher gebaut als das anderer Fische. Interessanterweise entspricht es dem von Anatomen angenommenen Bau, als sie zu erklären versuchten, wie sich das Herz entwickelt haben könnte. Die Nieren liegen nicht paarig an der Wirbelsäule, sondern zusammen unten im Hinterleib. Das ist auch nach der Entwicklungslehre völlig außergewöhnlich. Der Magen besteht nur aus einem großen Sack. Der Darm hat eine Spiralklappe, wie bei Haien und anderen primitiven Fischen.

Gepanzerte „Lungen"

Die überraschendste Eigenart des Quastenflossers ist vielleicht die Schwimmblase, ein langgestreckter Sack, ein Auswuchs der Speiseröhre. Sie entwickelte sich wahrscheinlich in erster Linie als Atemorgan. Die fossilen Quastenflosser, die vor 400 Millionen Jahren ihre Blütezeit hatten, verfügten über eine Schwimmblase und über Flossen, wie oben beschrieben wurden. Vor allem unter diesen Fischen hatten die Wissenschaftler nach einem möglichen Vorfahren der Landwirbeltiere Ausschau gehalten. Das trifft allerdings nicht für den heutigen, noch lebenden Quastenflosser zu. Er gehört einer Gruppe an, die sich im Erdmittelalter, vor etwa 200 bis 60 Millionen Jahren, auf das Leben im Meer spezialisierte. Dementsprechend dient seine „Fischlunge" nicht mehr

29. Dezember 1952 — ein großer Tag in der Geschichte der Naturwissenschaft: Prof. Smith mit „Malania", dem zweiten gefangenen Quastenflosser, den Piloten der südafrikanischen Luftwaffe, Captain Goosens Mannschaft und dem französischen Gouverneur der Komoren.

als Atemorgan. Sie ist ein mit Knochenplatten bedeckter, von Bindegeweben und Fett erfüllter Sack.

Enttäuschte Hoffnungen

Als man sich klargemacht hatte, daß ein lebender Quastenflosser aufgefunden worden war, hofften die nüchterneren Wissenschaftler auf einigen Aufschluß über das Rätsel der Evolution der Schwimmblase. Die phantasievolleren dagegen spekulierten auf ein überragend wichtiges „missing link". Das erwies sich jedoch als Seifenblase. Auch die Schwimmblase erwies sich als Enttäuschung. Der erste 1938 gefangene Quastenflosser hatte sich schon fast zersetzt, ehe ein Zoologe ihn untersuchen konnte, zudem hatte man ihn noch ausgeweidet, in der Hoffnung, ihn so besser erhalten zu können. Als dann weitere Quastenflosser gefangen und zerlegt wurden, stellte sich heraus, daß die Schwimmblase aus einem schmächtigen, mit Fett gefüllten Organ bestand. Sie kann also weder als Lunge noch als hydrostatisches Organ dienen.

Es gibt noch andere Sonderheiten im Bau des Quastenflossers. Insgesamt führten sie die Spezialisten zu dem Schluß, es handele sich um eine Abirrung von der Hauptent-

wicklungslinie der fossilen Quastenflosser. Sie sind mit Haien, Spöken, Lungenfischen und anderen primitiven Fischen verwandt. Vor allem ergab sich, daß die fossilen Quastenflosser einen eigenen Entwicklungszweig verkörperten und ausstarben — mit dem heutigen Quastenflosser als einzigem Überlebenden.

Eine der lehrreichen Besonderheiten ist sein Schädel mit großer Hirnhöhle. Er ist wie bei den fossilen Quastenflossern in der Mitte gelenkig. Es war ein Rätsel, wie das Gehirn arbeiten könne, wenn der es umgebende Schädel gelenkig ist. Der lebende Quastenflosser zeigte, daß das Gehirn nur klein und auf den hinteren Teil des Schädels beschränkt ist. Es liegt in Fett eingebettet, ist von zwei großen Blutgefäßen umgeben und, an der Gehirnhöhle gemessen, recht klein.

Glücksfang eines Fischers

Ein nachdenklicher, neugieriger Seemann, ein geistesgegenwärtiger Kurator eines kleinen Museums und ein Forscher, der nichts auf sich beruhen ließ: Diese drei brachten eines der aufsehenerregendsten Tiere unseres Jahrhunderts ans Licht. Am 22. 12. 1938 warf ein Fischerboot das Schleppnetz vor der Mündung des Chalumna, etwa 5 km westlich der südafrikanischen Stadt East London, aus. Die Stelle war für die Schleppnetzfischerei etwas ungewöhnlich, aber das Netz brachte aus etwa 40 m Tiefe 3 t Fische herauf, und es wurde wie üblich an Deck geleert. Nach einer halben Stunde gelangten die Fischer an den letzten Fisch, einen 1,50 m langen, blauen, mit merkwürdigen Schuppen, eine Art, die sie noch nie gesehen hatten. Er lebte vier Stunden.

Captain Goosen begriff, daß er etwas Außergewöhnliches gefangen hatte, und schickte den Fisch an Miß Courtenay-Latimer, Kurator am Naturkundemuseum von East London. Sie schrieb an Professor Smith im 650 km entfernten Grahamstown. Doch da gerade Weihnachten war, verzögerte sich die Post, und Smith sah den Fisch erst einige Tage nach dem Fang. Obwohl sich das Tier in schlechter Verfassung befand, erkannte Smith seine Bedeutung, und so hat dank Smith, Miß Courtenay-Latimer und Captain Goosen die Welt der Wissenschaft von einem unbezahlbaren Schatz Kenntnis bekommen.

Am 20. 12. 1952 hat dann der Fischer Ahmed Hussein an einer Komoren-Insel, westlich von Madagaskar, aus etwa 20 m Wassertiefe mit Angelleine und Haken einen 1.50 m langen, 45 kg schweren Fisch an Land gebracht. Prof. Smith wurde unterrichtet, und er kam mit einer Dakota der Luftwaffe Südafrikas, mit dem damaligen Ministerpräsidenten Dr. Malan an Bord, auf die Komoren. Smith taufte den Fisch nach dem Ministerpräsidenten *Malania anjouane*. Es stellte sich jedoch heraus, daß es sich um dieselbe, bereits nach Miß Courtenay-Latimer benannte Art, *Latimeria chalumnae*, handelte. Dieser zweite Fang war der Höhepunkt eines vierzehnjährigen Werbefeldzuges, bei dem Smith ganz Ostafrika mit Flugblättern in Englisch, Französisch und Portugiesisch überschwemmt und für das zweite Exemplar eines Quastenflossers 100 £ Belohnung ausgesetzt hatte.

Glücklicher Zufall

Madagaskar und die Komoren waren damals unter französischer Verwaltung, und französische Forscher nahmen nun die Suche auf. Ein drittes Exemplar wurde im September 1953 und zwei weitere am 28. und 31. Januar 1954 gefangen. Seitdem sind noch andere gefangen worden.

Dieser vielleicht interessanteste lebende Fisch ist inzwischen an vielen toten Exemplaren von Zoologen untersucht und auch an einigen Exemplaren, die in Aquarien kurz überlebt haben, beobachtet worden. Auf Grund der veränderten Druckverhältnisse und der wärmeren Wassertemperatur sind die Tiere jeweils bald gestorben. Etwas deprimierend war es für die Zoologen festzustellen, daß der Quastenflosser auf den Komoren wohlbekannt ist und als „Kombessa" gegessen wird. Er gilt aber nur getrocknet und gesalzen als eßbar. Man schätzt vor allem aber seine rauhen Schuppen, um damit reparaturbedürftige Fahrradschläuche aufzurauhen!

Klasse	**Osteichthyes**
Ordnung	**Crossopterygii**
Familie	**Coelacanthidae**
Gattung u. Art	*Latimeria chalumnae*

PREMIO   £ 100   REWARD
RÉCOMPENSE

Examine este peixe com cuidado. Talvez lhe dê sorte. Repare nos dois rabos que possui e nas suas estranhas barbatanas. O único exemplar que a ciência encontrou tinha, de comprimento, 160 centimetros. Mas já houve quem visse outros. Se tiver a sorte de apanhar ou encontrar algum NÃO O CORTE NEM O LIMPE DE QUALQUER MODO — conduza-o imediatamente, inteiro, a um frigorífico ou peça a pessoa competente que dele se ocupe. Solicite, ao mesmo tempo, a essa pessoa, que avise imediatamente, por meio de telegrama, o professor J. L. B. Smith, da Rhodes University, Grahamstown, União Sul-Africana.

Os dois primeiros especimes serão pagos à razão de 10.000$, cada, sendo o pagamento garantido pela Rhodes University e pelo South African Council for Scientific and Industrial Research. Se conseguir obter mais de dois, conserve-os todos, visto terem grande valor, para fins científicos, e as suas canseiras serão bem recompensadas.

COELACANTH

Look carefully at this fish. It may bring you good fortune. Note the peculiar double tail, and the fins. The only one ever saved for science was 5 ft (160 cm.) long. Others have been seen. If you have the good fortune to catch or find one DO NOT CUT OR CLEAN IT ANY WAY but get it whole at once to a cold storage or to some responsible official who can care for it, and ask him to notify Professor J. L. B. Smith of Rhodes University Grahamstown, Union of S. A., immediately by telegraph. For the first 2 specimens £ 100 (10.000 Esc.) each will be paid, guaranteed by Rhodes University and by the South African Council for Scientific and Industrial Research. If you get more than 2, save them all, as every one is valuable for scientific purposes and you will be well paid.

Veuillez remarquer avec attention ce poisson. Il pourra vous apporter bonne chance, peut-être. Regardez les deux queux qu'il possède et ses étranges nageoires. Le seul exemplaire que la science a trouvé avait, de longueur, 160 centimètres. Cependant d'autres ont trouvés quelques exemplaires en plus.

Si jamais vous avez la chance d'en trouver un NE LE DÉCOUPEZ PAS NI NE LE NETTOYEZ D'AUCUNE FAÇON, conduisez-le immédiatement, tout entier, a un frigorifique ou glacière en demandat a une personne competente de s'en occuper. Simultanement veuillez prier a cette personne de faire part, telegraphiquement à Mr. le Professeus J. L. B. Smith, de la Rhodes University, Grahamstown, Union Sud-Africaine.

Le deux premiers exemplaires seront payés à la raison de £100 chaque dont le payment est garanti par la Rhodes University et par le South African Council for Scientific and Industrial Research.

Si, jamais il vous est possible d'en obtenir plus de deux, nous vous serions très grés de les conserver vu qu'ils sont d'une très grande valeur pour fins scientifiques, et, neanmoins les fatigues pour obtention seront bien recompensées.

Oben: Das Flugblatt, das den Fischern Ostafrikas 200 £ für die ersten zwei gefangenen Quastenflosser bot. Taucher hatten an den Küsten Madagaskars und der umliegenden Inseln, vor allem an den Steilhängen, wo der Meeresgrund plötzlich tief abfällt, gesucht. — Unten: Schwanzskelett eines Quastenflossers. Der typische Doppelschwanz besteht aus hohlen Knorpelstrahlen. Der Quastenflosser ist ein Modell für die vor 320 Millionen Jahren lebenden Rhipidistier, den vermutlichen Vorfahren der Landtiere.

Amphibien und Reptilien

Aus den verschiedensten Gründen hat es sich eingebürgert, in einem Atemzug von Amphibien und Reptilien zu sprechen, so als ob die beiden Gruppen eng zusammengehörten. Tatsächlich jedoch ist der Abgrund zwischen den lebenden Vertretern beider Gruppen tiefer als zwischen Vögeln und Säugetieren. Beide, Amphibien und Reptilien, sind kaltblütige, luftatmende Wirbeltiere. Die Hauptunterschiede aber sind folgende: Amphibien haben, mit wenigen Ausnahmen, glatte, schuppenlose Haut, während Reptilien Schuppen haben; Amphibien legen ihre Eier, mit wenigen Ausnahmen, im Wasser, während sämtliche Reptilien, selbst die im Wasser lebenden, soweit sie nicht lebendgebärend sind, ihre Eier an Land ablegen.

Das Wort „Amphibien" bedeutet wörtlich so viel wie die „Doppellebigen". Typische Amphibien leben als Larven zuerst im Wasser und als Erwachsene dann auf dem Land. Wie immer bei Lebewesen gibt es viele Ausnahmen: Es gibt sowohl Salamander als auch Kröten, also Amphibien, die im Wasser leben, nämlich Olm bzw. Wabenkröte; andererseits gibt es einige Frösche, also Amphibien, die ihre Eier auf dem Land legen. Einige Frösche leben unter Geröll und legen ihre Eier in feuchtem Boden ab. Aus den Eiern gehen voll entwickelte kleine Frösche hervor, die das Kaulquappenstadium innerhalb der Eier verbracht haben.

Das Wort Reptilien kommt aus dem Lateinischen und heißt — etwas frei und volkstümlich übersetzt — so viel wie „Kriech-Schleicher". Darunter sind eigentlich mehr Geschöpfe wie Hundertfüßler, Regenwürmer und Schnecken zu verstehen. Echte Kriechtiere unter den Reptilien sind die Schlangen und die wenigen beinlosen Eidechsen, wie die Blindschleichen. Die meisten Reptilien aber können regelrecht laufen, ja sogar rennen, und es wäre falsch, die rezenten (d. h. heute noch lebenden) Komodovarane oder die Riesensaurier vergangener Erdzeitalter als „Kriech-Schleicher" zu bezeichnen.

Daß man Amphibien und Reptilien in einem Atemzug nennt, beruht vielleicht auf dem Gefühl, daß beide bei der Erstbesiedlung der Landmassen unserer Erde eine wichtige Rolle gespielt haben. Zu den verschiedenen Formen, die aus der Riesenzahl von Knochenfischen hervorgegangen sind, gehören auch diejenigen, die sowohl durch Lungen als auch durch Kiemen atmen können. Sie lebten zwar überwiegend im Wasser, da sie aber gliedmaßenähnliche Flossen hatten, konnten sie auch auf dem Land leben. Es gibt keinen Zweifel, daß die Amphibien aus derartigen Fischen hervorgegangen sind.

Die ersten versteinerten Amphibien sind in den 300 Millionen Jahren alten Schichten des unteren Karbon entdeckt worden. Und zwar sind das geschwänzte Amphibien vom Typ unserer heutigen Salamander und Molche. Schwanzlose Amphibien, also Frösche und Kröten, erscheinen erst 150 Millionen Jahre später im Jura. Inzwischen waren im Oberkarbon die ersten Reptilien auf der Bildfläche erschienen; und während sich Frösche und Kröten weiterentwickelt hatten, hatten die Reptilien auf dem Lande die beherrschende Stellung erobert. Das ist bis zum Zeitalter der Kreide, das zusammen mit Trias und Jura auch als Zeitalter der Reptilien bezeichnet wird, so geblieben.

Der Übergang von den luftatmenden Fischen zu den echten Amphibien ist an Fossilien fast lückenlos abzulesen. Nicht ganz so lückenlos sind die fossilen Belege über die Entwicklung von den Amphibien zu den Reptilien, dennoch ist an dieser Entwicklung nicht zu zweifeln.

Es ist eine verbreitete, falsche Vorstellung, im Zeitalter der Reptilien habe es nur Riesenreptilien gegeben, wie Dinosaurier auf dem Lande, Flugsaurier in der Luft und Plesio- und Ichthyosaurier im Wasser. In Wirklichkeit gab es viele andere Reptilien: kleine, mittelgroße und große, darunter die Schnabelköpfe, von denen nur die Tuatara

überlebt hat, die Krokodile und Schildkröten, von denen einige ebenfalls Riesengrößen erreicht haben. Eidechsen und Schlangen, die die heute artenreichsten Reptiliengruppen, entwickelten sich später. Inzwischen aber hatten sich innerhalb der ersten Reptilien Tiere entwickelt, die teilweise Warmblüter (homoiotherm) waren. Bei einer Gruppe hat die zu den Vögeln, bei einer anderen die zu den Säugetieren führende Entwicklungslinie ihren Anfang genommen — schon lange bevor die Reptilien den Höhepunkt ihrer Entwicklung im Zeitalter der Reptilien erreicht hatten.

Hauptgruppen der Amphibien und Reptilien:

KLASSE AMPHIBIEN	3000 Arten
Ordnung Gymnophiona (Blindwühlen)	ca. 165 Arten
Ordnung Caudata oder Urodela (Salamander, Molche)	ca. 250 Arten
Ordnung Anura oder Salientia (Frösche und Kröten bzw. Froschlurche)	ca. 2700 Arten
KLASSE REPTILIEN	6000 Arten
Ordnung Rhynchocephalia (Brückenechsen)	1 Art
Ordnung Crocodilia (Krokodile)	ca. 20 Arten
Ordnung Testudines (Schildkröten)	ca. 250 Arten
Ordnung Squamata (Schuppenkriechtiere) Unterordnung Sauria (Echsen)	ca. 3000 Arten
Unterordnung Serpentes (Schlangen)	ca. 3000 Arten

Bambusotter

Leopardfrosch

Blindwühlen

Blindwühlen sind Amphibien ohne Gliedmaßen, mit langgestrecktem, schlangenartigem, geringeltem Körper. Sie leben unterirdisch. Die etwa 165 Arten sind je nach Größe wurm- oder schlangenähnlich; die kleinste Blindwühle ist nur 6,5 cm lang, die größte etwa 1,50 m. Blindwühlen sind gewöhnlich schwärzlich, können aber auch fleischfarben sein. Ihre Haut ist glatt und schleimig, bei den meisten Arten sind kleine Schuppen eingelagert. Die kleinen Augen sind meist mit Haut bedeckt, also nutzlos. Sie haben aber ein eigenartiges Sinnesorgan: in einer beidseitig von den Augen zur Spitze des Maules laufenden Rinne liegt ein Fühler. Wie bei den Schlangen ist nur ein Lungenlappen voll entwickelt, der andere ist zu einem kleinen Lappen zurückgebildet.

Blindwühlen sind in warmen Klimagebieten verbreitet, in Amerika von Mexiko bis zum nördlichen Argentinien, im südlichen und südöstlichen Asien, auf den Seychellen und in einigen Teilen Afrikas. Sie kommen in Höhen bis etwa 1800 m über dem Meer vor.

Alte Höhlenbewohner

Die Blindwühlen sind wahrscheinlich direkte Abkömmlinge von Schlangenlurchen der unteren Steinkohlenzeit, vor etwa 350 Millionen Jahren. Sie graben ihre Röhren in weichem Boden und kommen nur selten an die Oberfläche, es sei denn die Röhren werden bei schweren Regenfällen überflutet. Zumindest eine Art, die Schwimmwühle, lebt im Wasser, ein paar Arten leben in der Laubstreu tropischer Regenwälder.

Ernährung

Die meisten Arten ernähren sich hauptsächlich von Regenwürmern, einige Arten dürften auch Termiten fressen. Die Ceylonwühle frißt auch erdbewohnende Schlangen, und sie wird ihrerseits von großen grabenden Schlangen erbeutet.

Ihre Lebensgeschichte

Männchen und Weibchen unterscheiden sich äußerlich nicht. Einige Arten legen Eier, die meisten bringen lebende Junge zur Welt. Bei einer 35 bis 40 cm langen Art legt das Weibchen zwei Dutzend, in einem gallertigen Streifen eingeschlossene, 6 mm große Eier. Sie werden in Wassernähe abgelegt, und das Weibchen schlingt ihren Körper um das Gelege herum, bis die Jungen schlüpfen. Die Larven, die sich sofort ins Wasser begeben, haben an beiden Seiten des Kopfes Atmungsöffnungen, die zu Innenkiemen führen, die — wie bei Fischen — mit dem Schlund verbunden sind. Der Embryo weist Außenkiemen auf, sie gehen aber vor dem Schlupf wieder verloren. Blindwühlen haben normale Augen, einen abgeflachten, platten Schwanz zum Schwimmen und einen Kopf ähnlich wie Molche. Mit dem Ende des Larvendaseins schließen sich die Kiemenlöcher, es bilden sich Lungen, und die jungen Blindwühlen leben von nun an auf dem Land unterirdisch im Boden. Im Wasser lebende Arten schwimmen ähnlich wie Aale.

Dreifaches Verbindungsglied

Blindwühlen sind erstmal 1735 von Seba erwähnt worden. Er beschrieb sie als Schlangen. 1811 wurden sie von Oppel mit Fröschen, Kröten und Salamandern zusammengestellt, die jedoch allesamt noch 1859 als Reptilien angesehen wurden. Von da an hielt man die Blindwühlen für degenerierte Salamander. Von 1908 an wurden anatomische Untersuchungen angestellt. Schließlich glaubte man, Blindwühlen seien spezialisierte Abkömmlinge der ersten Landwirbeltiere, die an der Grenze von Devon und Karbon auftraten, und zwar auf Grund ihrer Knochenschuppen und ihres Schädelbaues.

Selbst heute sind unsere Kenntnisse über die Blindwühlen noch unzulänglich. Sie galten immer als seltene Tiere; heute weiß man jedoch, daß sie in geeigneten Lebensräumen häufig sind. Wie bei allen unterirdisch lebenden Tieren ist es schwierig, sie genau zu beobachten. Wir können aber ihre Entwicklungsgeschichte studieren. Innerhalb der Stammamphibien gibt es eine Gruppe, der Gliedmaßen völlig fehlen. Diese Tiere traten vor etwa 350 bis 250 Millionen Jahren auf, im Karbon und Perm. Es ist nicht unwahrscheinlich, daß diese Tiere unmittelbare Vorfahren der ebenfalls gliedmaßenlosen Blindwühlen sind. Diese Schlangenlurche genannten Tiere gehören in die Verwandtschaft der Ursalamander. Vielleicht sind sie direkt aus devonischen Quastenflossern hervorgegangen.

Von einer anderen primitiven Amphibiengruppe, den Labyrinthzähnern, sind nicht nur die heutigen Frösche, sondern auch die Reptilien abzuleiten. Sie verbinden somit Fische, Amphibien und Reptilien miteinander. Diese Verwandtschaft ergibt sich nicht nur aus dem Panzern, sondern auch aus dem Schädelbau dieser Riesenamphibien, der dem der Blindwühlen ähnelt. Die Knochenschüppchen der Blindwühlen könnten Relikte der Knochenplatten dieser ausgestorbenen Tiere sein. Die Blindwühlen sind vielleicht ihre überlebenden Nachkommen.

Es bleibt abzuwarten, ob in der Zukunft noch fossile Blindwühlen auftauchen, die man mit den lebenden vergleichen könnte. Bis jetzt jedenfalls sind noch keine Reste bekannt.

Klasse	**Amphibia**
Ordnung	**Gymnophiona**
Familie	**Caeciliidae**
Gattungen	*Caecilia, Typhlonectes, Ichthyophis,* u. a.

Regenwürmer dürften auf der Speisekarte der Blindwühlen eine wichtige Rolle spielen, wie bei dieser Ringelwühle (Siphonops annulatus).

Axolotl

Der Axolotl ist ein Sonderling unter den Amphibien: Er ist schon als wasserbewohnende Larve fortpflanzungsfähig. Das ist anders als bei Fröschen, Kröten und Molchen, die als Larven, oder Kaulquappen, an Süßwasser gebunden sind, als Erwachsene im Wasser oder auf dem Land leben und sich zur Fortpflanzung in der Laichzeit ins Wasser begeben. Einige wenige Amphibien aber — der Mexikanische Axolotl ist der berühmteste unter ihnen — können ihren Lebenslauf vollenden, ohne jemals das Wasser zu verlassen.

Der Axolotl ist ein Schwanzlurch, er ist 10 bis 17,5 cm lang, gewöhnlich schwarz oder dunkelbraun mit schwarzen Flecken; doch auch Albinos sind nicht selten. Beine und Füße sind klein und schwach, der Schwanz ist lang, vom Hinterkopf bis zum Schwanz und längs der Unterseite des Schwanzes läuft eine Flosse. Er atmet durch drei Paar seitlich am Kopf liegende Federkiemen.

Lebensweise und Lebensraum

Axolotl werden viel in Aquarien gehalten. Das ist einigermaßen überraschend, da es ziemlich langweilige Tiere sind, die sich meist am Boden des Aquariums aufhalten und nur gelegentlich etwas träge herumschwimmen. Wahrscheinlich hält man sie gern, weil sie sich im Wasser fortpflanzen können, während die meisten Molche, die in Gefangenschaft gehalten werden, Wasser und einen Landteil und gute Pflege brauchen, wenn sie gedeihen und sich fortpflanzen sollen. Mehrere Axolotls können allerdings nicht zusammen gehalten werden, da sie dazu neigen, sich gegenseitig Kiemen, Füße und Schwanzstücke abzubeißen. Wenn das jedoch passiert, und man die Tiere trennt, regenerieren sich die Teile wieder.

In der freien Natur kommen Axolotl nur in bestimmten Seen in der Umgebung von Mexiko City vor. Sie gelten dort, geröstet oder gebraten, als Leckerbissen. Axolotl bedeutet „Wassermonstrum". Die Zoologen konnten sich lange Zeit nicht entscheiden, wie der Axolotl systematisch einzuordnen sei, bis das Problem 1865 im Botanischen Garten zu Paris gelöst wurde. Einige Exemplare hatten sich fortgepflanzt, als man eines Tages bemerkte, daß die Jungen eines bestimmten Geleges Kiemen und Schwänze verloren und die Farbe gewechselt hatten. Sie hatten sich in Salamander verwandelt! Und das war das Geheimnis des Axolotl: Er gehört zu den verschiedenen Salamander- und Molcharten, die normalerweise eine wasserbewohnende, dem Axolotl ähnelnde Kaulquappe hervorbringen, die sich dann zur Landform, dem Salamander, umwandelt. Der Axolotl jedoch wird schon als Larve fortpflanzungsfähig, und deshalb kommt es nicht zur Metamorphose.

Spermatophoren

Bei den meisten Fröschen und Kröten gibt das Weibchen die Eier ins Wasser ab, und das Männchen schüttet in der Nähe die Spermien aus, die dann selbst den Weg zu den Eiern finden und sie befruchten. Die den höheren Salamandern und Molchen verwandten Axolotl verfügen über eine besondere Form der inneren Befruchtung: Die Männchen bilden ein Spermienpaket, eine sog. Spermatophore. Diese sinkt auf den Seegrund, und das Weibchen nimmt sie mit der Kloakenöffnung auf.

Das Männchen zieht das Weibchen durch einen „Hochzeitstanz" an, scheidet aus einer Drüse am Abdomen ein Sekret aus und

Ein Albino des Axolotl (Ambystoma mexicanum). Äußerlich ist er noch im Larvenstadium, trotzdem bereits geschlechtsreif. Erst als man beobachtet hatte, daß er sich in einen erwachsenen Salamander verwandeln kann, wußte man ihn systematisch einzuordnen.

schlägt mit dem Schwanz, vermutlich um das Sekret zu verbreiten, damit ein Weibchen es wahrnimmt und zu ihm hinschwimmt.

Eine Woche später, im April/Mai, werden 200 bis 600 Eier gelegt. Sie sind klebrig, und das Weibchen heftet sie mit ihren Hinterfüßen an Pflanzen fest. Je nach Wassertemperatur schlüpfen nach zwei oder drei Wochen die jungen Axolotl, die 1,2 bis 1,5 cm lang sind. Zunächst bleiben sie an der Pflanze, wo sie geschlüpft sind. Nach einer Woche etwa gehen sie auf Nahrungssuche, und wenn das Wasser warm genug und das Futterangebot ausreichend ist, werden sie bis zum Winter 12 bis 17,5 cm lang. Wenn die Wassertemperatur unter 10 Grad C sinkt, verfallen sie in Winterschlaf.

Fleischfresser

Die jungen Axolotl ernähren sich von planktonischen Mikroorganismen, später gehen sie zu Wasserflöhen über, z. B. Daphnien, bis sie dann als Erwachsene Würmer, Kaulquappen, Insektenlarven, Krebschen und verletzte Fische fressen. Die Beute muß sich jedoch bewegen! Axolotl nehmen Trockenfutter nicht an, schnappen allerdings nach Nahrung, die im Wasser bewegt wird.

„Frühreife" Amphibien

Die Fortpflanzungsweise des Axolotl, d. h. die Fortpflanzung im Larvenstadium, wird als Neotenie bezeichnet; anders gesagt, die Erwachsenenform behält Züge des Jugendstadiums bei. „Erwachsen" bedeutet dabei geschlechtsreif. Auch andere Amphibien, darunter auch Salamander, neigen manchmal zur Neotenie; sie gehen nicht an Land, sondern wachsen in der Larvenform weiter.

Die Grundursache der Neotenie dürfte Thyroxinmangel sein. Thyroxin, das Hormon der Schilddrüse, regelt die Umwandlung. Beim Menschen vergrößert sich bei Thyroxinmangel die Schilddrüse, es bildet sich ein Kropf. Verabreichung von Thyroxin kann Kropf heilen, und Axolotl verwandeln sich in erwachsene Salamander, wenn man ihnen Schilddrüsenhormone gibt.

Es sieht somit so aus, als ob sowohl Axolotl als auch Menschen mit Kropf mangelhaft ernährt werden. Im USA-Staat Wyoming und in den Rocky Mountains weist der Tigersalamander (A.tigrinum) allgemein Neotenie auf, und die Menschen neigen dort zu Kropfbildung. Das ließ sich auf Jodmangel im Trinkwasser zurückführen, denn Jod ist ein Hauptbestandteil des Thyroxin. In diesem Fall genügt schon die Verabreichung von Jod, um sowohl Neotenie als auch Kropfbildung zu heilen. Eine Jodgabe ist jedoch nicht der einzige Weg, die Metamorphose einzuleiten. Manchmal verwandeln sich Axolotl aus Lieferungen an Großhändler oder Institute bald nach dem Eintreffen in Erwachsene. Offenbar genügte das Rütteln während der Reise, um den Wechsel einzuleiten.

Durch langsames „Austrocknenlassen" des Aquariums kann man den Axolotl auch im Laboratorium zur Umwandlung bringen.

Zoologen fragen bei solchen Erscheinungen immer, was sie für das Tier für einen Vorteil haben könnten. Wasserlebende Tiere haben gegenüber Landtieren den Vorteil, daß sie im Körper keinen Wasservorrat brauchen. Das könnte der Grund für die Neotenie des Axolotl sein. Die Seen seines Lebensraumes trocknen nicht aus, somit ist es vorteilhafter, im Wasser zu leben und sich dort fortzupflanzen, als auf dem umliegenden trockenen, dürren Land zu leben. Wenn aber die Seen austrocknen sollten, kann sich der Axolotl immer noch zum Salamander verwandeln. Er zieht somit seinen Vorteil aus beiden Lebensräumen.

Oben: Einzelne Arten aus den verschiedensten Salamanderfamilien sind schon im Larvenstadium fortpflanzungsfähig, z. B. der Lungenlose Schlammsalamander (Pseudotriton montanus).

Unten: Erwachsener Axolotl (Ambystoma mexicanum). Die Verwandlung der Larvenform zum Salamander kann durch Thyroxingaben oder physikalische Reize ausgelöst werden.

Klasse	Amphibia
Ordnung	Caudata
Familie	Ambystomatidae
Gattung und Arten	*Ambystoma mexicanum,* Axolotl; *A.tigrinum,* Tigersalamander

Wassermolche

Die Wassermolche gehören zu den Echten Salamandern. Ihre Lebensgeschichte ähnelt sehr derjenigen der Frösche und Kröten, da sie genau wie diese meist auf dem Land leben, zur Fortpflanzung aber in das Wasser zurückkehren. In der Gestalt jedoch unterscheiden sie sich, denn sie haben lange, schlanke Körper, ähnlich wie Eidechsen, mit langem, seitlich abgeflachtem Schwanz.

Die Ausdrücke „Molche" und „Salamander" kennzeichnen nur in Deutschland systematische Gruppen. Bei uns gehören die Formen mit seitlich abgeplattetem Körper und Schwanz zu den Molchen (Triturus), diejenigen mit wal-zenförmigem Körper und rundem Schwanz zu den Salamandern (Salamandra). Beide gehören zur Familie Salamandridae. Ansonsten sind diese Ausdrücke nur ökologische Begriffe: Salamander sind in der Regel landbewohnende Schwanzlurche, Molche dagegen verbringen einen Teil ihres Lebens im Wasser.

Wassermolche (Triturus) sind über weite Teile Europas und Asiens verbreitet. Bei uns leben vier Arten. Die häufigste ist der Teichmolch, braun mit rotem Bauch. Der ganze Körper ist gefleckt, und am Kopf finden sich dunkle Linienzeichnungen. Im Hochzeitskleid trägt das Männchen einen hohen, gezackten Rückenkamm. Beim Fadenmolch ist während der Fortpflanzungszeit nur eine flache Rückenleiste ausgebildet; außerdem trägt es dann einen langen Schwanzfaden, und der Bauch des Fadenmolches ist nie gefleckt. Unsere größte Art ist der bis 18 cm lange Kammolch. Seine Oberseite ist schwarz, der Bauch rot und schwarz gefleckt. Auch beim Kammolch trägt das Männchen einen hohen Rückenkamm. Ähnlich sieht der kleinere Bergmolch aus, doch hat bei ihm das Männchen nur eine flache Rückenleiste. Mit seiner weiß-schwarzen Rückenleiste, schwarzem Rücken und blauen, weiß und schwarz marmorierten Flanken und dem leuchtend roten Bauch ist er unser schönster Molch. Nahe verwandt sind

Männchen des Teichmolchs (Triturus vulgaris) mit gefleckter Unterseite, von unten gesehen.

die Salamander. Mit 32 cm Länge ist unser gelb-schwarzer Feuersalamander (S. salamandra) eine der größten Arten. Der Alpensalamander (S. atra) bringt lebende Junge zur Welt.

Winterschlaf an Land

Wenn sie im Frühling aus dem Winterschlaf erwachen, begeben sich Wassermolche in Teiche und andere stille Gewässer mit starkem Pflanzenwuchs. Sie schwimmen mittels Schwanzschlägen, halten sich aber viel auf dem Schlamm und an Pflanzenstengeln auf. Sie können durch die Haut atmen, begeben sich aber immer wieder einmal an die Oberfläche, um Luft zu schlucken. Erwachsene Wassermolche gehen nicht gleich nach der Laichzeit wieder an Land, sondern bleiben bis zum Sommer im Wasser. Wenn die Männchen an Land kommen, wird der Kamm rückgebildet, und die Haut wird rauher. Der Kammolch hält seine Haut mittels der zahlreichen, über den Körper verstreuten

Schleimdrüsen feucht. Einige Exemplare bleiben das ganze Jahr über im Wasser und behalten ihr Hochzeitskleid.

Der Winterschlaf beginnt im Herbst, wenn die Wassermolche in Höhlungen im Boden oder unter Baumstämmen und Steinen kriechen. Sie können zwar nicht unterirdisch graben, zwängen sich aber sehr geschickt in Bodenspalten.

Zwei Reihen Zähne

Die Kiefer der Wassermolche sind mit winzigen Zähnen besetzt, und dann haben sie noch zwei Reihen Zähne im Gaumen; diese dienen aber nicht zum Zerschneiden oder Kauen der Nahrung, sondern ausschließlich dazu, die schlüpfrigen, oftmals zappelnden Beutetiere festzuhalten. Sie fressen eine Vielzahl kleiner Tiere, wie Würmer, Schnecken und Insekten, und im Wasser dann Krebschen, Kaulquappen und Insektenlarven. Schnecken werden ganz verschlungen, Köcherfliegen mitsamt den Köchern, und Kammolche fressen Teichmolche.

Oben links: Furchungsstadium eines Kammolchs. — Rechts: Beinlose Larve des Kammolchs. Unten: Bergmolch (Triturus alpestris).

Innere Befruchtung

Die innere Befruchtung geht auf ungewöhnlichem Weg vonstatten. Das Männchen bringt das Weibchen in Brutstimmung: Er stößt sie mit der Schnauze und schlägt das Wasser mit dem Schwanz. Er stellt sich vor oder neben sie, faltet den Schwanz und vibriert damit, um so auch das Wasser zum Vibrieren zu bringen. Das Weibchen wird auch durch Sekrete aus den Hautdrüsen des Männchens stimuliert. Zum Schluß der Werbung scheidet das Männchen eine Spermatophore ab, die auf den Grund sinkt. Das Weibchen setzt sich dann darüber, preßt den Körper darauf und nimmt sie so in die Kloake auf.

Nach der Befruchtung werden die 200 bis 300 Eier gewöhnlich einzeln an Wasserpflanzen abgelegt; dazu prüft das Weibchen erst, ob die Pflanzen nach Geruch und Oberfläche geeignet sind; dann faßt sie das Blatt mit den Hinterfüßen, faltet es zu einer Röhre und legt ein Ei hinein. Die das Ei umgebende, klebrige Gallerte hält das Blatt als röhrenförmige Schutzhülle in Form.

Nach etwa drei Wochen schlüpft eine stromlinienförmige Larve, mit Außenkiemen, aber ohne Beine. Sie entwickelt sich langsamer als die Kaulquappe des Frosches, doch gegen Ende des Sommers erscheinen die jungen Molche. Ein Teil der Larven allerdings überwintert im Wasser; sogar unter der Eisdecke überleben sie.

Ähnlich ist es bei unseren Salamandern. Sie paaren sich aber an Land, nur das Weibchen des Feuersalamanders geht ins Wasser, um hier seine Larven zu gebären. Der Alpensalamander ist lebendgebärend und geht nie ins Wasser.

Unangenehme Ausscheidungen

Wassermolche haben viele Feinde: Die Jungen werden von Wasserinsekten gefressen, die Alten von Fischen, Wasservögeln, Wieseln, Igeln und vielen anderen Tieren. Der Kammolch hat ein unangenehmes Sekret, das von den Rücken- und Schwanzdrüsen erzeugt und bei Druck auf die Drüsen ausgeschieden wird. Man weiß, daß Ringelnattern durch diese Sekrete davon abgehalten werden, Kammolche zu fressen.

Das Gift der Schwanzlurche

In der Haut des Feuersalamanders liegen zahlreiche granolöse Drüsen, die ihren Namen nach dem Aussehen haben, das sie bei Behandlung mit bestimmten Farbstoffen annehmen. Besonders häufig sind sie in den Parotiden. Sie erzeugen ein Sekret, das vor allem auf Schleimhäute höchst unangenehm wirken kann; es enthält Alkaloide, die dem Digitalin verwandt sind. Sie verursachen im Magen der Wirbeltiere Übelkeit und Atemschwäche, ja sogar Muskellähmungen. Kleine Tiere können an diesen Giften ohne weiteres sterben.

Klasse	**Amphibia**
Ordnung	**Caudata**
Familie	**Salamandridae**
Gattung und Arten	*Triturus cristatus,* Kammolch; *T. helveticus,* Fadenmolch; *T. vulgaris,* Teichmolch; *T. alpestris,* Bergmolch, u. a.

Lungenlose Salamander

Zur Gruppe der Lungenlosen Salamander gehören 180, in Mittel- und Nordamerika und Asien verbreitete Arten, die weder Lungen noch Kiemen haben und durch die Haut und die Mundschleimhäute atmen. Eine weitere Besonderheit: Einige Arten können den Unterkiefer nicht bewegen. Außerhalb Amerikas und Asiens gibt es nur eine Gattung (Hydromantes), von der zwei Arten in Europa vorkommen: der Sardische Höhlensalamander und der Italienische Höhlensalamander in Südfrankreich und Italien.

Die Lungenlosen Salamander sind 3,75 bis etwa 21 cm lang. Ein paar Arten leben ständig im Wasser, die meisten aber sind Landtiere. Sie sind vorwiegend dunkel gefärbt — schwarz, grau oder braun —, einige sind rot gefleckt. Der Rotrückensalamander kommt in zwei Farbphasen vor: rot und grau, der Bauch ist jeweils schwarz-weiß gesprenkelt. Der Anteil roter und grauer Exemplare ist bei jedem Larvenschub verschieden. Die meisten Lungenlosen Salamander haben die übliche Form der Salamander: langer runder Körper mit etwa ebenso langem Schwanz, kurze Beine, Vorderfüße mit vier, Hinterfüße mit fünf Zehen. Der Vierzehen-Salamander hat an allen Füßen vier Zehen. Beim Langschwanzsalamander ist der Schwanz länger als der Körper. Beim schlangenähnlichen Kalifornischen Wurmsalamander sind die Füße rudimentär (rückgebildet), er liegt — wie eine Uhrfeder aufgewickelt — unter Baumstämmen.

Einige Arten sind weit verbreitet: Der Bachsalamander vom Nordosten der USA südlich bis Georgia und Alabama und westlich bis Oklahoma und Texas. Andere Arten wieder kommen nur örtlich begrenzt vor, wie der Ocoeemolch in feuchten Höhlungen von Felsen oder unter Felsen der Wasserfälle in der Ocoeschlucht in Tennessee. Einige Formen, darunter die europäischen, sind Höhlenbewohner.

Relikt der Vergangenheit

Der Sardische und der Italienische Höhlensalamander sind die beiden einzigen außerhalb Amerikas und Ostasiens lebenden Lungenlosen Salamander. Ihre nächsten Verwandten leben in Kalifornien. Auch diese kalifornischen Höhlensalamander leben nur unterirdisch. Man hat lange Zeit gerätselt, wie diese eigenartige Verbreitung wohl zustande gekommen ist. Die Lösung ist recht einfach. Vor etwa 50 Millionen Jahren waren Europa und Nordamerika ein Kontinent, und überall auf diesem Kontinent lebten Lungenlose Salamander. Auch nach der Trennung kamen sie lange Zeit in ganz Europa vor. Durch die dauernde Klimaverschlechterung und vielleicht auch durch Konkurrenz der Echten Salamander starben sie dann in Europa aus, mit Ausnahme der beiden hochspezialisierten Höhlensalamander.

Tiefe Brunnen, hohe Bäume

Lungenlose Salamander leben meist in feuchter Umgebung: unter Steinen oder Baumstämmen, zwischen Moos, in der Laubstreu, an Bächen oder Seeufern oder auch in Spalten feuchter Böden. Der Schaufelmolch lebt durchgehend in Gebirgsbächen, wo er sich tagsüber unter Steinen versteckt hält. Andere Arten leben zwar am Land, begeben sich aber auf der Flucht vor Feinden ins Wasser. Der Baumsalamander jedoch erklettert bis 18 m hohe Bäume und haust dort manchmal in verlassenen Vogelnestern.

Ihre Beutetiere

Alle Lungenlosen Salamander fressen kleine Wirbellose. Die wasserbewohnenden ernähren sich hauptsächlich von den Larven von Wasserinsekten, die landbewohnenden erbeuten Nacktschnecken, Würmer und Insektenlarven. Die Waldsalamander (Plethodon) leben in Felshöhlen oder Bodenspalten und fressen Würmer, Käfer und Ameisen. Auch der Silbersalamander frißt Würmer, Käfer,

Oben: Der Allegheny-Bachsalamander (Desmognathus ochrophaeus) lebt in der Nähe von Quellen und Bächen mit festem Grund.
Rechts: Der Rotrückensalamander bewohnt Biotope mit verrottenden Baumstümpfen und feuchter Bodenstreu.

Ameisen und Hundertfüßler, aber ebenso Schildwanzen — ungeachtet ihres scheußlichen Geruchs und unangenehmen Geschmacks. Die europäischen Arten fangen ihre Nahrung mit der klebrigen, auf etwa 2,5 cm herausstreckbaren Zunge.

Verschiedene Fortpflanzungsarten

Die Fortpflanzungsarten sind ebenso unterschiedlich wie die Lebensweisen. Einige Arten legen die Eier im Wasser ab, und die Larven sind rein wasserbewohnend; andere legen sie auf dem Land, darunter gibt es Arten, bei denen das Weibchen sich um die aus zwei bis drei Dutzend Eiern bestehenden Gelege herumwindet, als ob sie sie ausbrüte. Bei einigen Arten bleibt das Weibchen

*Links: Der Schwanz des Langschwanzsala-
manders ist fast doppelt so lang wie sein Körper.*

bis zum Schlupf bei den Eiern, ohne sich aber weiter darum zu kümmern. Die Wald-salamander legen ihre Eier in Schüben in Moos oder unter Baumstämmen ab, und die Larven verwandeln sich noch, bevor sie die Eier verlassen. Beim Bachsalamander gibt das Männchen eine Spermatophore ab. Dann reiben Männchen und Weibchen mit der Na-se aneinander, und ein Drüsensekret des Männchens stimuliert das Weibchen, die Spermatophore mit der Kloake aufzuneh-men. Die Eier werden in Schüben von je-weils zwei Dutzend im Frühling oder Früh-sommer unter Baumstämmen oder Steinen abgelegt. Die Eier sind 0,5 cm und die Lar-ven beim Schlupf 1,5 cm groß. Die Larve hat Außenkiemen, sie bleibt bis zum nächs-ten Frühling im Wasser und verwandelt sich dann. Der junge Salamander ist zuerst zie-gelrot, mit cremefarbenen Flecken, als aus-gewachsenes Tier ist er dunkelbraun oder

grau, mit hellem Band auf dem Rücken und heller Linie von den Augen zum Mundwin-kel.

Nicht ganz wehrlos!

Lungenlose Salamander wie auch Echte Sa-lamander und Wassermolche haben in der Regel keine Waffen; eine Ausnahme bildet vielleicht der Baumsalamander mit seinen klauenähnlichen Zähnen im Unterkiefer. Wer mit ihm umgeht, kann in den Finger gebissen werden. Der Silbersalamander gibt ein stark klebriges Sekret ab, wenn man ihn in die Hand nimmt; das schreckt Räuber möglicherweise ab. Feinde sind kleine Schlangen und Frösche, die von den Larven und Jungtieren ihren Anteil nehmen. Wenn der Bachsalamander manchmal 5 bis 10 cm in die Höhe springt, dann ist das vielleicht ein Versuch, solchen Feinden zu entkom-men. Der Gelbfleckensalamander erhebt sich auf die Zehenspitzen, schaukelt mit dem Körper vor und zurück, biegt den Schwanz und schlägt ihn nach rechts und links. Auch

gibt er am Schwanz eine milchige, zusammen-ziehende Flüssigkeit ab — und er quietscht wie eine Maus.

Seltsame Züge

Das Seltsame bei diesen Salamandern ist, daß die wachsenden Larven ihre Kiemen verlieren, ohne daß Lungen entstehen. Statt dessen werden Haut und Mundschleimhäu-te zu Atmungsorganen. Die Mundschleim-haut hat ähnliche Blutgefäße wie eine Lunge. Der Baumsalamander wiederum hat ver-gleichbare Blutgefäße in den Zehenhäuten, die die Funktion von Lungen ausüben. Ein anderer seltsamer Zug ist, daß einige Arten, wie der Gelbfleckensalamander, quietschen können, obwohl sie weder Lungen noch Kehlkopf haben: Sie ziehen den Schlund zusammen und pressen Luft durch Lippen oder Nase.

Den Verlust der Lungen bei den Lungen-losen Salamandern muß man als Folgeer-scheinung betrachten. Die ursprünglichen Sa-lamander hatten Lungen und haben sie im Zug der Evolution verloren. Die einleuch-tendste Erklärung besteht darin, daß sie sich an das Leben in Bächen angepaßt haben. Bei den Echten Salamandern dienen die Lungen nicht nur als Atmungs-, sondern auch als Organe zum Druckausgleich, als hy-drostatische Organe also. Sie setzen das spe-zifische Gewicht des Tieres herab, so daß es dem spezifischen Gewicht des Wassers nahe-zu gleicht. Der Salamander braucht nur einen schwachen Schlag mit dem Schwanz oder eine Bewegung seiner Körperglieder, und er schießt durch das Wasser, insbeson-dere an die Oberfläche. Wenn er dann die Bewegungen einstellt, sinkt er nicht schnell wieder herunter, sondern ganz langsam. Mit dem Verlust der Lungen ist das spezifische Gewicht der Lungenlosen Salamander höher geworden, und sie können sich besser am Grund schnell fließender Gewässer aufhal-ten.

Der Verlust der Lungen wird durch den höheren Sauerstoffgehalt fließenden Wassers ausgeglichen, die Atmungsfunktion ist weni-ger wichtig geworden.

Klasse	**Amphibia**
Ordnung	**Caudata**
Familie	**Plethodontidae**
Gattungen und Arten	*Aneides lugubris*, Baumsala-mander; *Batrachoseps attenuatus*, Kalifornischer Wurmsalamander; *Desmognathus fuscus*, Bachsalamander; *D. ocoee*, Ocoee-Molch; *D. wrighti*, Zwergmolch; *Ensatina eschscholtzii*, Gelbfleckensalamander; *Eurycea longicauda*, Langschwanzsalamander; *Hemidactylium scutatum*, Vierzehensalamander; *Leurognathus marmoratus*, Schaufelmolch; *Plethodon cinereus*, Rotrückensalamander; *P. glutinosus*, Silbersalamander; *Hydromantes genei*, Sardischer Höhlensalamander; *H. italicus*, Italienischer Höhlensalamander.

237

Olme

Die weißlichen, bis 30 cm langen Olme sind sicher die merkwürdigsten Schwanzlurche. Zeit ihres Lebens bewohnen sie unterirdische Grotten und Flüsse, und zwar nur im Dinarischen Karst. Ihre Gliedmaßen sind stark zurückgebildet, die Augen liegen unter der Haut. Während ihres ganzen Lebens verharren sie im Larvenstadium. Auf beiden Seiten des Kopfes stehen Büschel roter, federartiger Außenkiemen. Obwohl sie keine Pigmentierung zeigen, kann man die Tiere im Labor langsam an das Tageslicht gewöhnen. Dann bilden auch Olme Körperpigmente aus. Ihre Beine sind stark reduziert; trotzdem gehen Olme häufig an Land, und sie fressen dort auch.

Im Gegensatz zum Olm bewohnen die nordamerikanischen Furchenmolche oberirdische Gewässer. Ein naher Verwandter von ihnen, sozusagen ein Urolm, kam im Eozän auch bei uns vor. Ebenso wie die Höhlensalamander (s. Seite 236) sind die Olme Überlebende (Relikte) der alttertiären europäisch-nordamerikanischen Tierwelt.

Werden nie erwachsen
Olme sind neotenisch (s. Seite 233), d. h. sie werden nie erwachsen, sondern behalten lebenslang Kiemen; trotzdem werden sie geschlechtsreif. Bei den Furchenmolchen ist die Größe der Kiemen variabel: In kaltem, frischem, sauerstoffreichem Wasser ziehen sie sich zusammen, doch in trägerem, sauerstoffarmem Wasser dehnen sie sich aus, sie bekommen mehr Büschel, so daß sie mehr Sauerstoff aufnehmen können.

Im Gegensatz zum Axolotl kann man bei Olmen weder durch Hormonbeigabe noch durch andere Stoffe eine Umwandlung erreichen.

Der Furchenmolch (oben u. unten) ist neotenisch, er behält lebenslang Kiemen.

Verspätete Laichzeit
Bevor sich Furchenmolche in eine Art Winterschlaf begeben, paaren sie sich; es kann vorkommen, daß Männchen und Weibchen einen Unterschlupf miteinander teilen. Im Frühling legt das Weibchen dann 18 bis 880 gelbliche Eier; die Anzahl hängt davon ab, wie groß es ist. Die Eier haben 6 mm Durchmesser, jedes einzelne hat eine gallertige Hülle. Das Weibchen befestigt sie dann eng beieinander an der Unterseite eines Baumstammes, großen Steines oder Felsblockes in etwa 1.50 m Wassertiefe. Manchmal werden sie auch in eine Vertiefung im Sand des Flußbettes gelegt. Das Weibchen bleibt bei den Eiern, bis sie, je nach Wassertemperatur, nach 38 bis 63 Tagen schlüpfen.

Furchenmolche sehen harmlos aus, wenn man sie aber in die Hand nimmt, können sie kräftig beißen. Die frisch geschlüpften Jungtiere haben an der Unterseite einen Dottersack, der vorhält, bis sie 3.5 cm lang und etwa zwei Monate alt sind. Sie werden in 5 bis 7 Jahren mit etwa 20 cm erwachsen und können bis zu 20 Jahre alt werden.

Sehr ähnlich ist das Laichverhalten des Olms, doch kommt es bei ihm zu interessanten Paarungskämpfen. Das brünstige Männchen besetzt ein Paarungsrevier, aus dem es alle anderen Männchen vertreibt. Nach der Paarung beansprucht das Weibchen ein Laichrevier, aus dem es Störenfriede vertreibt.

Furchenmolche sind überwiegend nachtaktiv, tagsüber halten sie sich unter Steinen verborgen oder im Schlamm vergraben; doch in dichtem Pflanzenwuchs kommen sie manchmal auch tagsüber zum Vorschein. Sie fressen Würmer, Insektenlarven, Fischlaich, Flußkrebse, kleine Fische und Froschlaich.

Unerwünschter Fang
Furchenmolche sind langsam und träge, sie nehmen auch oftmals Köder von Angelhaken und fangen sich damit selbst — zum Mißfallen der Angler, die dadurch nicht nur ihren Köder einbüßen, sondern sich auch noch mit einem schlüpfrigen, schleimbedeckten Burschen abgeben müssen. Auch haben Furchenmolche Giftdrüsen in ihrer Haut; das Gift ist aber nicht stark genug, um Menschen ernstlich zu gefährden.

Winselnde Olme
Wassermolche haben einen Kehlkopf und können leise quaken; es hört sich so an, wie wenn man mit nassem Finger über Glas hinwegzieht. Da Wassermolche Lungen haben, wird der Ton wahrscheinlich mit der Ausatmungsluft und den Stimmbändern erzeugt. Die Lunglosen Salamander (S. 236) quieken ähnlich wie Mäuse, indem sie die Kehle zusammenziehen und die Luft entweder durch die halboffenen Kiefer oder die Nasenlöcher pressen. Man erzählt die nette Geschichte, Furchenmolche könnten bellen wie Hunde. Wenn man einen Furchenmolch aus dem Wasser nimmt, gibt er ein Geräusch von sich, wie wenn ein junger Hund winselt. Aus dem Winseln ist in der Geschichte dann sehr schnell Hundegebell geworden.

Klasse	**Amphibia**
Ordnung	**Caudata**
Familie	**Proteidae**
Gattungen u. Arten	*Proteus anguineus, Necturus maculosus*

Gelbbauchunke (Bombina variegata) schaut in die Kamera und zeigt ihre lebhaft gefärbte Kehle und Unterseite. Wenn ein Angriff droht, wirft sie sich auf den Rücken, zeigt die gelben Flecken als Warnfarbe, schlägt die Vorderbeine über die geschlossenen Augen und hält den Atem an, bis die Gefahr vorüber ist. Wird sie bedrängt, gibt sie jedoch eine ätzende, giftige, weiße Flüssigkeit ab.

Unken

Die Unken sind Froschlurche, die sich ihrer Feinde auf ungewöhnliche Weise erwehren. Sie sind 4,5 cm groß, dabei sind die Männchen kleiner als die Weibchen; sie erreichen manchmal nur 2,5 cm. Ihr Rücken ist dunkelgrau, mit schwarzen Flecken, die Unterseite blaugrau bis blauschwarz, mit weißen Tupfern und orangen oder roten Flecken. Wenn sie gestört oder bedroht werden, werfen sie den Kopf in die Höhe, krümmen den Rücken und erheben sich auf steifen Beinen, um ihren lebhaft feuerrot gefärbten Bauch hervorzukehren. Bei unmittelbar drohender Gefahr — z. B. wenn man sie aufheben will — wirft sich die Rotbauchunke auf den Rücken und zeigt ihre rotleuchtenden Flecken; gleichzeitig geben die Hautdrüsen eine weiße giftige, ätzende und streng riechende Flüssigkeit ab. So bleibt sie mit geschlossenen Augen und angehaltenem Atem liegen, bis

die Gefahr vorüber ist. Die Pfoten schlägt sie dabei über den Augen zusammen, so als ob sie den Anblick ihres Peinigers nicht ertragen könne.

Bei uns kommen Rotbauch- und Gelbbauchunke vor, nahe Verwandte sind die Chinesische Rotbauchunke und die größte Art, die 8 cm erreichende Riesenunke. Die Rotbauchunke ist von Südschweden und Dänemark, durch ganz Deutschland und den Balkan, bis zum Ural verbreitet. Die Gelbbauchunke ähnelt in Größe und Verhalten der Rotbauchunke, ist aber nicht rot-, sondern gelbgefleckt, ihr Verbreitungsgebiet reicht von den Niederlanden durch Frankreich, Deutschland und die Schweiz bis zum Balkan; sie lebt aber in höher gelegenen Gebieten, in den Teichen der Mittel- und Hochgebirge.

Froschlurche mit melodischer Stimme

Rotbauch- und Gelbbauchunke — beide haben melodische Stimmen. Das musikalische „unk-unk" der Rotbauchunke ertönt oftmals

die ganze Nacht über. Die Laute der Gelbbauchunke klingen wie weiches, entferntes Glockenläuten.

Die Unken leben von Insekten, Schnecken und Würmern. Sie gehören zur Familie der Scheibenzüngler (Discoglossidae). Bei den Scheibenzünglern ist die runde Zunge mit dem Mundboden verwachsen, so daß sie ihre Beute nicht mit der Zunge fangen, sondern mit dem Maul danach schnappen müssen. Sie fressen hauptsächlich nachts, wenn sie an Land kommen. Tagsüber sind Unken meist inaktiv, sie lassen sich zwischen Wasserpflanzen in Teichen und Gräben treiben. Sie können aber gut laufen und schwimmen. Zum Winterschlaf in weichem Boden verlassen sie das Wasser.

Bescheidene Eizahlen

Zur Laichzeit erscheinen auf den Vorderfüßen und den ersten beiden Zehen des Männchens der Rotbauchunke schwarze Polster. Dann ertönt das „unk-unk", das durch innere Schallblasen verstärkt wird. Laichzeit ist von Mai bis Juni, während dieser Zeit legt das Weibchen etwa zwei- oder dreimal. Die Legezeit dauert jeweils rund drei Tage.

Das Männchen umfaßt dann das Weibchen an den Lenden und befruchtet die auf einmal oder in kleinen Schüben erscheinenden Eier.

Im ganzen sind es nur ein paar Dutzend, bestimmt nicht mehr als 100, im Gegensatz zu den Tausenden der Erdkröte. Die Eier werden an Wasserpflanzen oder pflanzlichem Abfall am Grund angeheftet. Sie haben 8 mm Durchmesser. Die Kaulquappen schlüpfen nach sieben Tagen und werden bis zum Herbst 5 cm lang. Dann verwandeln sie sich unter starker Schrumpfung in 1.5 cm große Fröschchen. Die jungen Unken haben zuerst keine Warnfarben; sie erscheinen erst nach und nach, bis die Unke dann im dritten Jahr erwachsen ist.

Vor Feinden geschützt

Unken haben wahrscheinlich keine ernsthaften Feinde, deshalb sind sie an bestimmten Stellen auch so zahlreich. Dennoch sind sie selten zu sehen, weil sie bei der geringsten Störung zum Grund tauchen und sich im Schlamm vergraben. Der Rücken sieht dann genau so aus wie der Schlamm, so daß die Unke sehr schwer zu erkennen ist. So-lange ist sie also bestens getarnt. Um so erstaunlicher sind die auffallenden Warnfarben auf der Unterseite.

Diese Farben sind kein Bluff! Die weiße, während der Warnstellung abgegebene Flüssigkeit ist scharf, ätzend und zersetzend. Zoologen haben folgendes festgestellt: Wenn sie einen Laubfrosch zusammen mit einer nur halb so großen Unke in einen Behälter tun, ist er zum Tode verurteilt. Frisch gefangene Unken umhüllen sich bald mit einem weißen Schaum, wenn man mit ihnen hantiert. Schon allein der sich daraus bildende Dunst verursacht Nießanfälle und Augentränen.

Klasse	**Amphibia**
Ordnung	**Salientia**
Familie	**Discoglossidae**
Gattung und Arten	*Bombina bombina,* Rotbauchunke; *B.variegata,* Gelbbauchunke; *B.orientalis,* Chin. Rotbauchunke; *B. maxima,* Riesenunke

Chinesische Rotbauchunke (Bombina orientalis), eine nahe Verwandte unserer heimischen Rotbauch- und Gelbbauchunke.

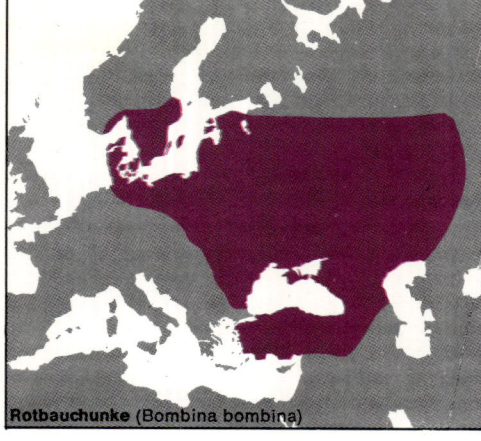

Rotbauchunke (Bombina bombina)

240

Geburtshelferkröte

Die Geburtshelferkröte hat ihren Namen nach dem höchst seltsamen Fortpflanzungsverhalten, bei welchem das Männchen offensichtlich dem Weibchen hilft, seine Eier zu legen. Ihre Gesamtlänge ist 3,5 bis 6 cm, das Weibchen ist etwas größer als das Männchen. Der Kopf ist verhältnismäßig klein, die Schnauze zugespitzt, der Rücken mit kleinen, runden Warzen bedeckt, die Zehen sind bis zu etwa einem Drittel ihrer Länge mit Schwimmhäuten verbunden. Die Oberseite ist gräulich oder hellbraun, mit einem dunkleren Fleck zwischen den Augen. Die Unterseite ist schmutzig weiß, mit dunkelgrauen Flecken an Kehle und Brust. Die Weibchen haben seitlich Reihen rötlicher Warzen.

Das Verbreitungsgebiet der Geburtshelferkröten erstreckt sich in Westeuropa von Belgien bis etwa zur mittleren Weser in Deutschland, südlich bis Spanien und Portugal, in östlicher Richtung bis zur Schweiz. Sie leben auch in Höhenlagen von 1500 bis 1800 m in den Pyrenäen, wo über 6 Monate Schnee liegt.

Sie läßt sich selten sehen

Gegen Abend geben diese scheuen Nachttiere sich durch einen Pfeifruf zu erkennen, er klingt wie Glockengeläut; daher haben sie auch noch den Namen Glockenfrösche. Obwohl sie in einigen Lebesräumen häufig sind, sind sie selten zu sehen; tagsüber halten sie sich in Löchern auf, die sie mit Vorderbeinen und Schnauze selbst graben, oder auch in Höhlungen zwischen Steinen oder verlassenen Nestern kleiner Säuger. Geburtshelferkröten gehen auch in die Städte, wo sie sich z. B. in Kellern verbergen.

Wenn sie nachts hervorkommen, kriechen sie mehr, als daß sie hüpfen, sie suchen dann Insekten, Nackt- und Gehäuseschnecken. Selbst wenn sie gestört werden, können sie nur plump hüpfen. Vor Feinden sind sie durch das von den Hautwarzen ausgeschiedene Gift geschützt. Eine Geburtshelferkröte verfügt über genügend Gift, innerhalb weniger Stunden eine Kreuzotter zu töten.

Der Vater trägt die Eier

Das Fortpflanzungsverhalten hat zwei Eigenheiten: Das Männchen stimuliert das Weibchen zum Eierlegen, indem es ihre Kloake berührt; das Männchen wickelt später die Eischnüre um die Hinterbeine und trägt sie bis zum Schlupf mit sich. Die Laichzeit beginnt im April und dauert bis zum Sommer. Die Weibchen werden durch Rufe in die Bauten der Männchen gelockt. Es ist schwierig, die Paarung zu beobachten, weil sie nachts und unterirdisch stattfindet und nicht lange dauert. Bei anderen Froschlurchen dauert die Paarung einen ganzen Tag, bei der Geburtshelferkröten jedoch höchstens eine Stunde.

Das Männchen ergreift das Weibchen an der Taille, streichelt die Kloake mit den Hinterfüßen oder stößt auch mit den Zehen hinein. Nach längstens 20 Minuten hören diese Bewegungen plötzlich auf, das Weibchen streckt die Hinterfüße aus, und die Eier werden daran ausgestoßen. Das Männchen bewegt sich vorwärts, greift den Nacken des Weibchens und befruchtet die Eier. Gleichzeitig uriniert es und durchfeuchtet die Gallerte der Eier, so daß sie anschwellen.

Nach der Befruchtung wickelt das Männchen die aus 20 bis 100 gelblichen Eiern bestehenden Eischnüre um seine Hinterbeine und zieht damit ab. Während der dann folgenden drei Wochen trägt es die Eier mit sich herum, bleibt tagsüber in seiner Höhle und geht nachts auf Futtersuche. Die Eier werden vom Tau feucht gehalten, doch in trockenen Nächten geht es ins Wasser und taucht sie unter. Wenn es sich noch mit einem anderen Weibchen paart, trägt es dann eben zwei oder noch mehr Eischnüre mit sich herum. Auch die Weibchen paaren sich wiederholt, sie können in einer Saison drei oder vier Eigelege abgeben. Kurz vor dem Schlupf begibt sich das Männchen ins Wasser, die Kaulquappen bahnen sich den Weg durch die Gallertmasse und schwimmen davon.

Schon beim Schlupf sind die Kaulquappen etwas über 12 mm lang, auf jeder Seite

haben sie eine Kieme. Die meisten entwickeln sich noch vor dem Herbst zu Froschlurchen, einige aber verbringen den Winter noch als Kaulquappen.

Aufbeißen oder auflösen?

Früher nahm man an, daß sich Kaulquappen durch die Eihülle hindurchbeißen. Offenbar aber löst sich die Schale an einer Stelle auf, so daß sich ein Loch bildet. Der ganze Vorgang des Schlupfes dauert etwa eine halbe Stunde. Sobald sich die Kaulquappe bewegt, stößt sie mit der Schnauze gegen die Eikapsel, die sich dann zuspitzt. Nach 15 bis 20 Minuten wird die Hülle an der Stelle, wo die Kaulquappe mit dem Maul dagegendrückt, weich und schließlich flüssig. Dann erzwingt sich die Kaulquappe den Weg ins Freie.

Zwischen den Nasenlöchern der Kaulquappe befindet sich eine Drüse, die ein Enzym sezerniert, das die Eikapsel auflöst. Die am Land zum Schlupf kommenden dagegen, z. B. der Gewächshausfrosch, beißen sich durch die „Eischale" hindurch.

Klasse	**Amphibia**
Ordnung	**Salientia**
Familie	**Discoglossidae**
Gattung, Art	*Alytes obstetricans*

Kröten

Trotz oberflächlicher Ähnlichkeit mit einem Frosch ist eine Kröte leicht zu erkennen; und doch erschrecken viele sogar, wenn sie eine sehen. Im Vergleich zum Frosch ist die Kröte platter, ihre Beine sind kürzer. Ihre Haut ist nicht feucht und glatt wie die des Frosches, sondern trocken und warzig. Ihre Bewegungen sind langsam, und obwohl sie kurze Sprünge machen kann, watschelt sie gewöhnlich schwerfällig dahin.

Alle einheimischen Kröten sind gut getarnt; dies gilt besonders für die Erdkröte, die man leicht mit einem Erdklumpen verwechseln kann. Besonders die Wechsel-, aber auch die Erdkröte kann ihre Färbung an den Untergrund anpassen. Ihre juwelenartigen, goldenen Augen sind wohl das Schönste an ihr. Am Nacken sitzen die mächtigen Parotiddrüsen, die Gift ausscheiden.

Bei uns werden die Männchen der Erdkröte bis 8 cm, die Weibchen bis 13 cm lang, in Südeuropa dagegen bis zu 20 cm. Die Erdkröte ist von Nordafrika an über die gemäßigte Zone der alten Welt verbreitet. Bunter als die braune Erdkröte sind die beiden kleineren bei uns heimischen Kröten, nämlich die weißgrau und grün gesprenkelte Wechselkröte, und die grüngelbe Kreuzkröte, die einen gelben Längsstrich und leuchtend rote Warzen zeigt.

Erdkröten bei der Paarung.

Wo überwintern Kröten?

Ebenso wie Frösche überwintern auch Erdkröten, aber an trockenen Plätzen, vor allem in verlassenen Bauten von Kleinsäugern. Manchmal findet man welche in Kellern oder Ställen. Im Frühling wandern sie zu ihren Laichgewässern, wobei sie stehende oder ganz träge fließende Gewässer vorziehen. Diese Laichwanderungen sind sehr auffällig. Kröten sind langsame Wanderer, und ihre Wanderwege kann man an den Überresten von Kröten, die irgendwelchen Feinden zum Opfer gefallen sind, leicht erkennen; besonders gut natürlich dort, wo Kröten eine Straße passiert haben und von Autos überfahren wurden.

Obwohl ihnen das Wandern sichtlich Mühe bereitet, sind sie äußerst ausdauernd. Beim Wandern legen sie Entfernungen von bis zu 5,5 km zurück, und zwar in Etappen von mehr als 1 km pro Tag. Steinmauern und andere Hindernisse werden mühselig überklettert.

Außerhalb der Laichzeit leben die Kröten in Löchern, die sie mit ihren Hinterbeinen graben. Bei weichem Boden können diese Löcher sehr tief sein, ist der Boden aber hart, dann graben sie sich nur einen flachen Gang unter einen Baumstumpf oder einen Stein. Gewöhnlich bleiben sie immer am selben Ort; Tag für Tag kehren sie zu ihrem Ruheplatz zurück. Man hat nachgewiesen, daß eine Kröte 36 Jahre lang unter einer Steinstufe lebte, bis sie von einem Raben getötet wurde. Manche haben „Wohnungen", die ihnen einige Mühe bereiten: Man hat schon welche in Zäunen und in Vogelnestern, hoch über dem Boden, gefunden.

Gelegentlich hört man Geschichten von noch merkwürdigeren Verstecken. Steinhauer und Bergleute berichteten, sie hätten beim Arbeiten in einem Steinblock eine Höhle gefunden, in der eine Kröte lag, die dann mit einem kräftigen Sprung heraussprang.

Eine andere Geschichte berichtet von zwei wurden Kröten gesetzt. Die Kröten in den kompakten Sandsteinen starben bald, die in den porösen Kalksteinen überlebten immerhin ein Jahr und länger. Dieses etwas makabre Experiment beweist, daß die Kröten, die man in Steinblöcken oder Stämmen findet, noch nicht lange an diesem Ort gewesen sein können. Wahrscheinlich sind sie in einen Spalt oder eine Höhlung gekrabbelt, die später verschüttet wurde; oder die Arbeiter spalteten einen Block, der eine Höhlung aufwies, und schreckten dabei eine in der Nähe versteckte Kröte auf. Diese sprang dann plötzlich hoch und vermittelte so den Eindruck, sie sei aus dem Felsblock gekommen.

Sie nehmen nur lebende Beute
In der Nacht und bei Regen kommen die Kröten hervor, um kleine Tiere zu jagen. Sie sind nicht wählerisch, nehmen aber nur Objekte an, die sich bewegen. Alle möglichen Insekten und andere kleine Wirbellose ihrem Magen, eine andere den Kopf einer Kreuzotter im Maul.

Laichschnüre
Frösche und Kröten unterscheiden sich nur wenig im Laichverhalten. Erdkröten laichen etwa zur selben Zeit wie Grasfrösche, oft zusammen im selben Teich, Wechsel- und Kreuzkröten etwas später. Die ersten Männchen erscheinen etwas früher als die Weibchen; später können die Männchen bereits auf den Weibchen reitend an den Teich gelangen.

Der Laich wird in Schnüren, nicht in Klumpen, abgelegt. Die Eier sind in gallertigen Strähnen eingebettet, die bis 10 m lang sein können. Jedes Weibchen legt 3000 bis 7000 Eier, die kleiner als Froscheier sind, mit 1,5 mm Durchmesser. Die Gallerte nimmt Wasser auf, aber der Laich treibt nicht, weil die Schnüre um Wasserpflanzen gewickelt werden.

Das goldene Auge der Kröte, das Schönste an ihr: mit geöffneter (links) und verengter (rechts) Pupille.

Arbeitern einer Sägemühle, die — vor etwa 90 Jahren — den Stamm einer Eiche zersägten und plötzlich feststellten, daß Blut aus dem Stamm tropfte. Als sie der Sache nachgingen, stellten sie in einer Höhle des Stammes die verstümmelten Reste einer Kröte fest. Bei diesen Geschichten wurde viel spekuliert, wie die Kröte in dieses Gefängnis gekommen sei. Es ist kaum möglich, daß die Kröte eingesperrt wurde, als der Stamm heranwuchs, oder, beim obigen Fall, als vor Jahrmillionen der Fels sich bildete!

Schon vor hundert Jahren machte man ein Experiment: Löcher wurden in Sandsteine und Kalksteine gebohrt; in die Löcher, die danach mit Glasplatten verschlossen wurden, werden gefressen, Ameisen scheinen sie besonders zu mögen. Im Magen einer Kröte fand man einmal 363 Ameisen.

Einige wenig schmackhafte Tiere wie Widderchen-Raupen oder Raupen mit vielen Borsten werden verschmäht; aber man weiß, daß Kröten gerne neben Bienenhäusern sitzen, um die Arbeiterinnen, die in der Dämmerung nach Hause kommen, zu fangen. Gehäuseschnecken werden zermalmt, und Regenwürmer förmlich eingesogen, wobei die Vorderbeine etwa anheftende Erdteilchen abstreifen. Junge Molche, Frösche, Kröten, ja sogar junge Blindschleichen und Ringelnattern werden gefressen. Eine Kröte hatte fünf eben geschlüpfte Ringelnattern in die Jungen schlüpfen nach zehn bis zwölf Tagen als Kaulquappen, die sich in derselben Weise wie beim Frosch weiterentwickeln und sich nach etwa drei Monaten in kleine schwärzliche „Fröschchen" verwandeln. Noch bevor sie voll ausgewachsen sind, werden sie im Alter von vier Jahren geschlechtsreif.

Das Gift der Kröten
Trotz der Gifte, die ihre Parotiddrüsen abscheiden, fallen Kröten denselben Feinden zum Opfer wie Frösche. Das Gift wirkt wohl auf Hunde, die heftig spucken und alle Anzeichen von Ekel zeigen, wenn sie in eine Kröte gebissen haben.

Bei der Paarung winden sich die Laichschnüre durch das Wasser und wickeln sich um Wasserpflanzen und Steine.

Kröten reagieren heftiger auf Gefahrenzeichen als Frösche, wahrscheinlich weil sie als schlechte Springer leichter verwundbar sind und sich deshalb vor Feinden durch zusätzliche Maßnahmen schützen müssen. Eine Gegenmaßnahme ist es, die Lunge stärker zu füllen und so den Körper um 50% über das natürliche Volumen hinaus anschwellen zu lassen. Schlangen — ihre Hauptfeinde — wissen ziemlich genau, wann ein Beutetier zu groß ist; aber es wurde noch nie untersucht, ob aufgeblähte Kröten sie abschrecken.

Dieser Verteidigungsmechanismus, sich bei Gefahr aufzublähen, ist instinktiv. Dies zeigt das folgende Experiment: Jedes gestreckte, runde Objekt, etwa ein Gummischlauch, der in das Sehfeld der Kröte geschoben wird, veranlaßt das Tier dazu, sich aufzublähen. Die Reaktion wird schwächer, wenn man das Experiment wiederholt; und nach mehreren Wiederholungen bleibt sie ganz aus.

Kröte und Aberglaube

Kröten werden oft mit Ekel betrachtet, und im Volksmythos spielen sie meist die Rolle des Bösewichts. Schon ihre Anwesenheit sollte den Ackerboden verderben, und es gab besondere Gegenmaßnahmen, die Kröten vertreiben sollten. Versäumte man diese, so konnte es zu einer Tragödie kommen, wie sie etwa einem mittelalterlichen Brautpaar widerfuhr, das im Garten spazierenging. Der junge Mann pflückte einige Blätter vom Salbeistrauch, nahm sie in den Mund und fiel tot um. Das Mädchen wurde des Mordes beschuldigt. Um ihre Unschuld zu beweisen, führte sie die Richter in den Garten und zeigte ihnen, wie sich der Vorfall abgespielt hatte. Als sie die Salbeiblätter in den Mund nahm, fiel sie um und war ebenfalls tot. Daraufhin ließ der Richter den Salbeibusch ausgraben, und man fand eine Kröte, die unter ihm im Boden lebte.

Dagegen erklärte der Schriftsteller J. Lyly im 16. Jahrh., die böse Kröte trüge einen schönen Stein in ihrem Kopf. Um dieses Juwel zu erlangen, mußte man die Kröte auf ein rotes Tuch setzen, das ihr so gut gefiel, daß sie den Stein ausspie. Der Krötenstein wurde dann in einen Ring gefaßt, weil er die erstaunliche Fähigkeit hatte, durch Veränderung seiner Farbe jedes Gift anzuzeigen, das ein Feind in Speise oder Trank gegeben hatte. Außerdem war er ein gutes Heilmittel gegen Schlangenbisse und Wespenstiche.

Klasse	**Amphibia**
Ordnung	**Salientia**
Familie	**Bufonidae**
Gattung und Arten	*Bufo bufo,* Erdkröte; *B. viridis,* Wechselkröte; *B. calamita,* Kreuzkröte

Farbfrösche

Farbfrösche gibt es nur in Mittel- und Südamerika. Die Indianer haben dort schon seit langer Zeit Pfeilgifte aus ihnen gewonnen; man bezeichnet sie deshalb auch als Pfeilgiftfrösche. Viele Amphibien haben Gifte in ihrem Körper oder sezernieren solche aus Hautdrüsen, aber nur wenige können dem Menschen Schmerzen zufügen, wenn er sie berührt. Nur die Farbfrösche und ein oder zwei andere Gattungen sezernieren ein Gift, das stark genug ist, einen Menschen zu töten.

Die meisten Farbfrösche kann man an den paarigen, nagelartigen Platten der Zehen erkennen. Viele Arten sind prächtig gefärbt. Der Zweifarbenblattsteiger ist leuchtend rot mit blauschwarzen Flecken auf den Beinen. Noch prächtiger ist der Dreistreifenbaumsteiger: gelb mit schwarzen Längsstreifen am Körper und schwarzen Ringen an den Beinen. Bei manchen Arten werden beim Sprung besonders auffallende Farbsignale sichtbar. Man glaubt, diese Farbsignale sollen andere Tiere warnen: Achtung! Gift!

Eine kubanische Art dieser Gruppe, das Kubafröschchen (Sminthillus limbatus), ist mit einer Länge von höchstens 1 cm der kleinste bekannte Froschlurch. Das Weibchen legt nur ein Ei. Mit den Maßen der Mutter verglichen, ist es groß, es wird an Land an einem feuchten Ort abgesetzt. Aus dem Ei schlüpfen fertige Fröschchen, sie machen also Larvalentwicklung und Metamorphose im Ei durch. Diese eigenartigen Frösche sind keineswegs selten. Ihre geringe Fortpflanzungsrate steht im krassen Gegensatz zu der anderer Froschlurche, die ihre Art dadurch erhalten, daß sie Unmengen von Eiern legen.

Biotope
Die verschiedenen Farbfroscharten leben in den Wäldern von Zentral- und Südamerika, wobei man zwischen baum- und bodenbewohnenden Arten unterscheiden kann.

Ernährung
Farbfrösche fressen dasselbe wie andere Amphibien auch. Als Erwachsene sind alle Amphibien Räuber. Sie jagen Insekten und andere kleine Wirbellose und erhalten so alles, was sie für ihren Stoffwechsel brauchen: Eiweiße, Fette, Vitamine, Salze und Wasser. Sie brauchen auch Kohlehydrate, die sie aus überschüssigen Eiweißen aufbauen.

Männchen treiben Brutpflege
Farbfrösche zeigen mehrere eigenartige Verhaltensweisen bei der Fortpflanzung. Liebesspiele bei oder vor der Paarung finden sich bei Fröschen und Kröten nur selten, doch der Goldbaumsteiger und wahrscheinlich auch andere Farbfrösche werben zwei oder drei Stunden lang um den Partner. Wiederholt springen sie aufeinander zu, als würden sie kämpfen. Dabei landen sie manchmal auf dem Rücken des Partners. Nach diesem Spiel laichen sie ab; aber es gibt keine Umklammerung wie bei den Grasfröschen, bei denen das Männchen auf den Rücken des Weibchens klettert und die Eier befruchtet, wenn sie die Geschlechtsöffnung des Weibchens verlassen. Das Weibchen des Farbfrosches legt die Eier auf den Boden, und das Männchen, das in der Nähe gewartet hat, klettert darüber und befruchtet sie.

Vielleicht ist die Umklammerung nicht nötig, weil ein Liebesspiel praktiziert wird. Bei Fröschen, deren Männchen das Weibchen bei der Paarung umklammert, ist es oft dieser mechanische Reiz, der das Weibchen veranlaßt, abzulaichen. Bei den Farbfröschen wird der Laichakt durch das gemeinsame Umherhüpfen der Partner eingeleitet.

Nach der Befruchtung lädt das Männchen die Eier auf seinen Rücken, wo sie an der Haut haften. Wie dies geschieht, ist bisher noch unbekannt. Nach dem Schlupf bleiben die Kaulquappen auf dem Rücken des Vaters, wo sie nur durch den Regen Feuchtigkeit erhalten. Bis zu zwanzig Kaulquappen kann man auf dem Rücken eines Farbfrosches finden. Wenn sie wachsen und wachsen, muß der Vater sich immer größere Löcher als Versteck suchen. Schließlich trägt er sie zum Wasser. Die Kaulquappen schwimmen davon und werden nun selbständig.

Abschreckungsmittel gegen Feinde
Schlangen, Raubvögel und manche Raubtiere machen Jagd auf fast alle Froscharten. Die Farbfrösche dagegen besitzen ausgezeichnete Abschreckungsmittel, vielleicht die besten in der Tierwelt. Ihre leuchtenden Farben warnen den Angreifer davor, sie zu fressen; diese Warnfarben sorgen dafür, daß die Farbfrösche ein sicheres Leben in der vielen Zufällen unterworfenen Welt des Dschungels führen können.

Es ist ganz normal für giftige oder in irgendeiner Weise gefährliche oder ungenießbar Tiere, leuchtend rote, gelbe oder schwarze Farben zu tragen, oder irgendeine Kombination davon. Unter den Farbfröschen, die so hochgiftig sind, überwiegen diese Farben, und diese werden, wie wir gesehen haben, durch weitere Farbsignale, die sie beim Springen abgeben, unterstrichen. Deshalb erscheint es rätselhaft, daß eine Art, der Zwerg-Panamabaumsteiger *(Dendrobates pumilio)*, dunkelblau ist und in den schattigen Wäldern, in denen er zu Hause ist, nur sehr schwer zu sehen ist. Die Warnfarben Rot, Gelb und Schwarz sind sehr auffällig, und dies ist auch ihre Aufgabe, weil sie den Räuber warnen sollen. Doch der Zwerg-Panamabaumsteiger scheint alles zu versuchen, sich zu verstecken, obwohl er achtmal soviel Gift in seiner Haut hat als jene Farbfrösche, die prächtig rot gefärbt und sehr auffällig sind.

Getarnte Verwandte
Obwohl man die Farbfrösche oft als die Gruppe der Pfeilgiftfrösche bezeichnet, sind nicht alle giftig. Es ist interessant, den brasilianischen *Dendrophryniscus brevipollicatus* mit anderen Mitgliedern dieser Gruppe zu vergleichen, die hier behandelt werden. Anscheinend hat gerade dieser Frosch kein Gift oder nur sehr wenig. Er ist hell- und dunkelbraun gefärbt und lebt zwischen dem Falllaub des Waldbodens. Wenn er belästigt wird, macht er seinen abgeflachten Körper steif, und der Vorderkörper biegt sich nach oben und nach hinten, so daß er wie ein totes Blatt aussieht.

Oben: Goldbaumsteiger (Dendrobates auratus).

Nächste Seite: Ein Farbfrosch (Dendrobates leucomelas). Das Gift dieser Frösche ist sehr stark und wirkt sehr schnell. Ihre prächtigen Farben sollen andere Tiere davor warnen, sie zu fressen.

Giftpfeile
Die Indianer Südamerikas sind wegen ihrer Giftpfeile berüchtigt, von denen man sagt, sie seien tödlich, selbst wenn sie nur die Haut des Opfers ritzen. Das bekannteste dieser Pfeilgifte ist Curare, das aus verschiedenen Pflanzen gewonnen wird. In bestimmten Gebieten aber benutzt man das Gift aus Pfeilfröschen.

Die Indianer gewinnen das Gift, indem sie einen spitzen Stock in den Frosch stoßen und ihn dann über ein Feuer halten. Die Hitze treibt das Gift aus der Haut, auf der es sich in Tröpfchen sammelt. Diese werden in einem Krug aufgefangen. Je nach Art des Frosches sind Menge und Stärke des gewonnenen Giftes verschieden. Soweit bekannt ist, sezerniert eine Art aus Kolumbien das stärkste Gift. Diese Substanz wird Batrachotoxin genannt; es wurde erst kürzlich gezeigt, daß es zehnmal so stark ist wie Tetrodotoxin, das Gift der Japanischen Kugelfische, das den Rekord als stärkstes tierisches Gift gehalten hatte. 0,0003 g Batrachotoxin genügen, um einen Mann zu töten.

Einer dieser nur 2,5 cm langen Frösche kann genug Gift enthalten, um 50 tödliche Pfeile herzustellen. Aber die Pfeilgiftfrösche werden nun für friedlichere Zwecke gesucht. Ebenso wie Curare zu einem wichtigen Heilmittel wurde, weil es die Fähigkeit hat, die Muskeln zu entspannen, wird nun das Gift der Farbfrösche im Laboratorium für Studien am Nervensystem benutzt. Man hat herausgefunden, daß es in derselben Weise wie das Hormon der Nebennierenrinde wirkt. Es hemmt die Übertragung von Botschaften zwischen Nerv und Muskel. Große Mengen führen sofort zum Tod, aber in kleinen Dosen kann es durchaus Heilwirkung haben.

Klasse	**Amphibia**
Ordnung	**Salientia**
Familie	**Ranidae**
Gattungen	*Sminthillus, Dendrobates, Phyllobates* u. a.

Pyxicephalus adspersus *wird in Afrika als Ochsenfrosch bezeichnet.*

Ochsenfrosch

Der Ochsenfrosch ist ein großer, nordamerikanischer Frosch. Alte Exemplare können bis zu 25 cm lang werden. Die Haut ist gewöhnlich glatt, wie beim Grasfrosch, doch manchmal ist sie auch von kleinen Tuberkeln bedeckt. Die Farbe wechselt; auf der Oberseite ist der Ochsenfrosch gewöhnlich grünlich bis schwarz, manchmal mit schwarzen Flecken, die Unterseite ist weißlich-gelb. Die Weibchen sind bräunlicher und stärker gefleckt als die Männchen. Am besten kann man die Geschlechter am Größenverhältnis zwischen Auge und Trommelfell unterscheiden. Bei den Weibchen sind beide gleich groß, bei den Männchen ist das Trommelfell größer.

Die Heimat der Ochsenfrösche sind die USA östlich der Rocky Mountains, etwa bis zur mexikanischen Grenze. In den Weststaaten, in Kuba, Hawai und Kanada wurden sie eingebürgert.

Ist schon der Ochsenfrosch ein Riese unter den Froschlurchen, so übertrifft ihn der afrikanische Goliathfrosch (Gigantorana goliath) noch; mit einer Länge von 40 cm ist er der größte Froschlurch der Welt.

Der Ochsenfrosch und seine feuchte Welt
Ochsenfrösche findet man kaum außerhalb des Wassers, außer bei extrem feuchtem Wetter. Sie leben vor allen an Teichen und Sumpfwiesen oder langsam fließenden Strömen, wo sie träge in Ufernähe oder im Schatten von Sträuchern und Schilf hocken. Sie überwintern unter Stubben, Steinen oder in Uferlöchern, stets in Wassernähe. Die Länge der Winterruhe hängt vom Klima ab. Gewöhnlich sind sie die ersten Lurche eines Lebensraumes, die sich zurückziehen, und im Frühling kommen sie fast als letzte wieder hervor. Im Nordteil ihres Verbreitungsgebietes erscheinen sie gewöhnlich um Mitte Mai, aber in Texas z. B. können sie bei mildem Wetter auch schon im Februar herauskommen. In den südlichen Teilen ihres Verbreitungsgebietes schließlich brauchen sie sich keine Gedanken um den Winterschlaf zu machen.

Sie haben einen guten Appetit
Der Ochsenfrosch frißt vor allem Insekten, Regenwürmer, Spinnen, Krebse und Schnecken. Viele Insektenarten werden erbeutet, darunter Grashüpfer, Käfer, Fliegen, Wespen und Bienen. Die langsamen Larven und die unbeweglichen Puppen werden genauso genommen wie die aktiven Imagines. Libellen werden bei der Eiablage zur leichten Beute.

Solche kleinen, raschen Tiere fängt der Ochsenfrosch, indem er ihnen auflauert. Kommt ein Futtertier vorbei, dann springt er hoch, schleudert die Zunge heraus und wickelt sie um die Beute. Dann taucht der Frosch unter, um die Beute zu verschlingen.

Seine Speisekarte wird jedoch gewöhnlich durch größere Beute ergänzt. Dazu gehören Kaulquappen und andere Frösche, junge Schildkröten und Alligatoren. Er frißt sogar Schlangen, kleine Strumpfbandnattern und Korallenottern nicht ausgenommen. Die Tatsache, daß er diese Schlangen frißt, beweist seine Gefräßigkeit. Die Strumpfbandnattern fressen selbst hauptsächlich Lurche, und Korallenottern sind giftig. In einem nachgewiesenen Fall wurde eine 42 cm lange Korallenotter von einem Ochsenfrosch gefangen. Er frißt sogar kleine Säuger und Vögel, vor allem Entchen. Selbst Schwalben, die dicht über dem Wasser fliegen, sind nicht vor ihm sicher.

Ungewöhnliche Hochzeitsrufe
Wenn die Wassertemperatur etwa 21 ° C erreicht hat, findet die Hochzeit statt. Dies kann in den südlichen Gebieten im Februar sein, in den nördlichen im Juni oder Juli. In der Nacht entfernen sich die Männchen vom Ufer um zu rufen, während die Weibchen dort bleiben. Erst wenn ihre Eier gereift sind, schließen sie sich den Männchen an.

Nach dem amerikanischen Zoologen C. Pope ist der Ton, der entsteht, wenn man mit möglichst tiefer Stimme das Wort „Rum" in ein leeres Faß hineinbrüllt, dem Paarungsruf des Ochsenfrosches sehr ähnlich. Man hat auch geschrieben, der Ruf klinge wie „jug o' rum" („Ein Krug Rum!") oder „more rum" („mehr Rum!"). Auf Grund dessen bezeichnet man die Ochsenfrösche in einigen Gegenden auch als „Rumkrüge".

Der Ochsenfrosch läßt diesen eigenartigen Ruf drei- bis viermal innerhalb weniger Sekunden ertönen. Dann, nach etwa fünf Minuten, ruft er wieder. Das Geräusch wird

Der Ochsenfrosch (Rana catesbeiana) *ist mit 20 cm der größte Frosch Nordamerikas. Er lebt vorwiegend im Wasser, wo er Krebse, andere Frösche, Libellen, kleine Schlangen und selbst junge Alligatoren jagt.*

durch Luft erzeugt, die von der Lunge durch die Luftröhre in den Mund strömt, wobei die Nasenlöcher geschlossen sind. Etwas Luft gelangt in die Schallblasen im Hintergrund des Mundes, und diese schwellen an wie Ballons und dienen als Verstärker, so daß der Ruf einen Kilometer weit zu hören ist.

Nach der Paarung legt das Weibchen 10 000 bis 25 000 Eier, die in einer Schicht zwischen Wasserpflanzen an der Oberfläche treiben. Mit seiner Gallerthülle hat jedes Ei etwa 1,5 cm Durchmesser. Oben ist es schwarz, unten weiß. Die Larven schlüpfen gewöhnlich innerhalb einer Woche. Ist die Temperatur niedrig, so brauchen sie jedoch zwei bis drei Jahre — manchmal auch mehr —, bis sie sich zum Frosch verwandeln. Dann sind sie etwa 5 bis 7 cm lang. Die Larven fressen Algen und abgestorbene Wasserpflanzen, gelegentlich auch kleine Wassertierchen. Nach etwa zwei weiteren Jahren sind die jungen Ochsenfrösche fast ausgewachsen und fortpflanzungsfähig.

Viele Feinde
Sowohl Kaulquappe als auch erwachsener Ochsenfrosch haben viele Feinde. Fische, Schlangen, Vögel und Säuger, etwa Skunk und Waschbär, fordern ihren Zoll. Ein spezieller Feind der Kaulquappe ist der Rückenschwimmer, der mit ihr ringt, sie mit seinem Rüssel ansticht und ihre Körpersäfte aussaugt. Die Ochsenfrösche können sich vor ihren Feinden nur schützen, indem sie sich am Boden des Gewässers verstecken oder ihre gewaltige Sprungkraft nutzen, um ihre Feinde einige Meter hinter sich zu lassen.

Ein weiterer Feind des Ochsenfrosches ist der Mensch. Er fängt die Frösche wegen ihrer Schenkel, die als eine fast ebenso große Delikatesse gelten wie die vom Wasserfrosch. In Kalifornien, wo sie sich nach ihrer Einbürgerung vor einem halben Jahrhundert rasch vermehrt haben, mußte man Fangquoten festsetzen, um zu verhindern, daß sie völlig aussterben. Gewöhnlich jagt man sie nach Eintritt der Dunkelheit, blendet sie mit Taschenlampen und schießt sie ab, bevor sie wegspringen können.

Wettkampf der Frösche
Es gibt viele alte Geschichten über Froschturniere. Mark Twain schrieb eine der besten Froschgeschichten. Die Hauptrolle spielt ein Jim Smiley aus Angel's Camp, Kalifornien. Jim Smiley fängt einen Frosch. Er nennt ihn „Daniel Webster". Der Frosch ist ein ausgezeichneter Springer, und Jim macht eine Menge Geld, indem er bei Froschturnieren auf ihn wettet. Dann kommt ein Fremder und sagt, er glaube nicht, daß Daniel ein so guter Springer sei. Er sei bereit, 40 Dollar darauf zu setzen. Als Fremder hat er leider jedoch keinen Frosch. Jim Smiley, der sich 40 so leicht verdiente Dollar nicht entgehen lassen will, geht los, um einen Frosch zu suchen. Seinen Daniel läßt er bei dem Fremden.

Schließlich werden der neue Frosch und Daniel Webster auf eine Linie nebeneinander gesetzt. Das Startsignal ertönt, und beide Frösche werden angeschupst. Der neue Frosch springt davon. Daniel Webster bewegt sich um keinen Zentimeter. Der Fremde streicht seine 40 Dollar ein und macht sich davon. Jim Smiley ist blamiert und wütend.

Er kann nicht verstehen, was mit seinem Champion passiert ist. Vielleicht ist er krank. So hebt er ihn auf, um ihn sich anzusehen.

„Bei meinem Seelenheil", schreit er plötzlich „wenn der nicht soviel wiegt wie zwei Handvoll Schrot". So dreht er Daniel Webster, den Froschchampion, um, und heraus rieseln mehrere Pfund Schrot.

Mark Twains Geschichte war ein Riesenerfolg. Es ist daher kein Wunder, daß 1928 bei einem Stadtfest in Angel's Camp ein Froschhüpfen veranstaltet wurde, bei dem der Gewinner, der „Springfrosch von San Joaquin", mit einer Weite von 1 m den Sieg errang.

Dieses Turnier wurde sehr populär, und es wird nun jedes Jahr abgehalten. Sogar der unberechenbare Charakter der Frösche wird berücksichtigt. Da der erste Sprung sehr kurz, der zweite aber ein Rekordsprung sein kann, wird der Wettkampf über drei Sprünge ausgetragen. Der Rekord steht nun bei etwa 4 m. So viele „Sportler" werden jedes Jahr aufgestellt, daß ausführliche Wettkampfregeln erlassen werden mußten. Man kann sich vorstellen, daß alle Akteure gewogen werden, bevor sie springen, um ihren Besitzern die schreckliche Erfahrung von Jim Smiley zu ersparen, dessen gequälter Geist noch heute in der Arena umgehen soll.

Klasse	**Amphibia**
Ordnung	**Salientia**
Familie	**Ranidae**
Gattung und Art	*Rana catesbeiana*, Ochsenfrosch u. a.

Unten: Der Ochsenfrosch verläßt kaum einmal das Wasser, außer bei sehr nassem Wetter. Er lebt in Teichen, Flüssen und Sümpfen, und man sieht ihn oft im Schilf in Ufernähe sitzen.

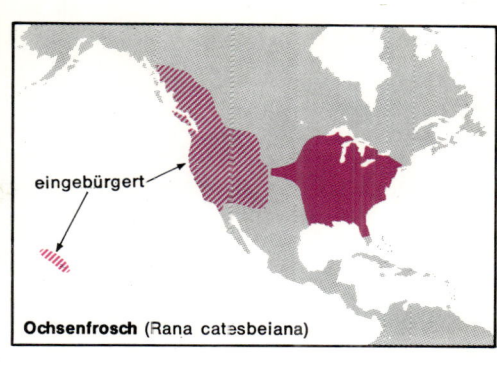

Ochsenfrosch (Rana catesbeiana)

eingebürgert

*Links: Der australische Sumpffrosch
(Limnodynastes dorsalis) wird in seiner Heimat
ebenfalls als Ochsenfrosch bezeichnet. Hier ein
Weibchen mit Eiern.*

Wasserfrösche

Wasserfrösche sind etwas größer als Grasfrösche, nämlich etwa 10 cm lang, wenn sie ausgewachsen sind. Auch die Zeichnung ist auffallender als beim Grasfrosch, vor allem die gelb-schwarze Marmorierung der hinteren Körperpartien. Der Kopf ist schlanker, und es fehlt auch der schwarze Seitenstreifen am Kopf, der für die Braunfrösche typisch ist. Vom Grasfrosch unterscheidet er sich darüber hinaus auch durch die Marmorierung der Oberseite der Schenkel und einen hellen Längsstreifen auf dem Rücken. Sonst wechselt die Farbe sehr stark; Wasserfrösche sind gewöhnlich grün, wenn sie der Sonne ausgesetzt sind, und braun, wenn das Ende der Überwinterung naht.

Der Hauptunterschied findet sich nur bei den Männchen. Dicht hinter dem Ohr liegen äußere Schallblasen, die bis zur Größe einer großen Erbse anschwellen, wenn der Frosch quakt. Sie dienen als Verstärker. Die Lautstärke hängt von der Luftmenge in den Schallblasen ab.

Die Verbreitungsgebiete des Wasserfrosches und des nahe verwandten Seefrosches überschneiden sich bei uns, wo der Seefrosch gewöhnlich etwa zwei Wochen vor dem Wasserfrosch ablaicht. Wenn ihn jedoch schlechtes Wetter dazu zwingt, erst später zu laichen, kann es zu Bastarden kommen. Trotz dieser Verbastardierung betrachtet man sie heute allgemein als zwei verschiedene Arten, und viele Wissenschaftler meinen, es gäbe noch eine dritte Art dieser allgemein als Grünfrösche bezeichneten Gruppe: den Kleinen Teichfrosch. Der Seefrosch wird bis 17 cm lang, ist also viel größer als der Wasserfrosch; der Kleine Teichfrosch aber ist kleiner als die beiden anderen Arten. Ansonsten sind die Unterschiede gering.

Außer den Grünfröschen kommen bei uns noch drei andere, braune Froscharten vor: der Grasfrosch (Rana temporaria), der Kleine Moorfrosch (R. arvalis) und der Springfrosch (R. dalmatina), der Sprünge von 2 m Weite und 1 m Höhe vollführen kann und damit einer der besten Springer unter den Fröschen überhaupt ist. Fünf weitere Braunfroscharten besiedeln Südeuropa. Im Gegensatz zu den Grünfröschen sind diese Formen weniger an das Wasser gebunden.

Verbreitung und Biotop

Die Heimat des Wasserfrosches ist das europäische Festland (siehe Karte). Man hat mehrmals versucht, ihn in England einzubürgern, aber ohne großen Erfolg. Es scheint, daß die Bedingungen in England aus irgendwelchen Gründen für den Wasserfrosch nicht sehr günstig sind.

Wasserfrösche leben mehr im Wasser als Grasfrösche. Wenn ihre Teiche austrocknen, wandern sie zu anderen Wasserflächen, sie kommen manchmal bei Nacht an Land, um zu fressen. Oft sonnen sie sich auch am Rand ihrer Gewässer, und bei feuchtem Wetter trifft man sie auf nassen Wiesen.

Erwachsene Wasserfrösche überwintern im Schlamm am Boden der Teiche oder am Uferrand, junge aber kommen an Land und kriechen unter Baumstubben und Steine oder in Spalten. Sie erwachen aus ihrer Winterruhe im April, das genaue Datum hängt vom Wetter ab.

Wasserfrosch bei der Paarung. Das Männchen zeigt die für diese Art typischen Schallblasen, die dicht hinter den Ohren liegen. Sie schwellen zur Größe einer Erbse an, wenn der Frosch quakt. Sie wirken als Verstärker.

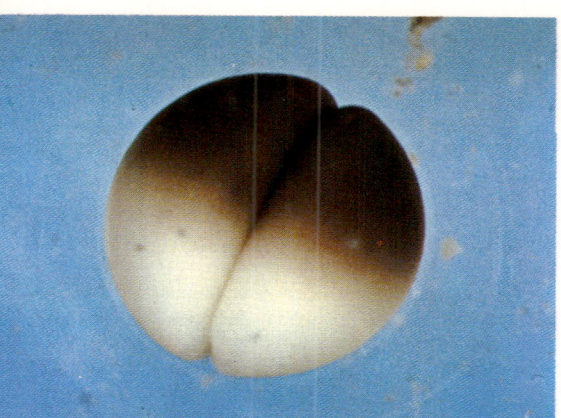

Oben: Beginn des Lebens. Ein Froschei teilt sich zum ersten Mal nach der Befruchtung.
Unten: Kaulquappen des Wasserfrosches wachsen oft rasch und verwandeln sich schon nach drei bis vier Monaten in Frösche.

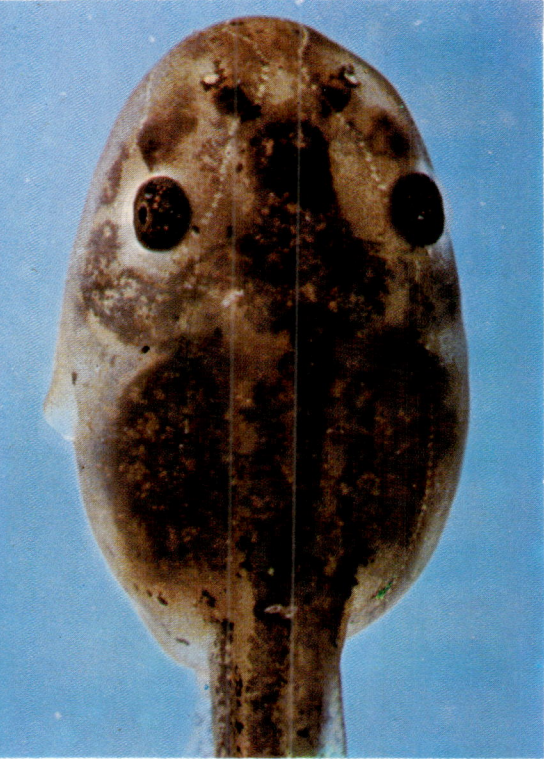

Sie springen ihre Beute an

Die Beute, besonders von jüngeren Fröschen, besteht vor allem aus Insekten, Ameisen, Wespen, Fliegen, Käfern und Schmetterlingen. Die Frösche lauern, versteckt unter Wasserpflanzen, springen nach ihrer Beute und fangen so Fluginsekten. Die Schleuderzunge wird benutzt, um kleine Beutetiere zu fangen; aber große, wie Libellen, und auch noch größere Beutetiere, nämlich Molche, kleine Fische, Vögel und Säuger, werden mit den Kiefern gepackt und mit den Armen in das Maul gestopft.

Riesenkaulquappen

Der Lebenslauf des Wasserfrosches ähnelt dem des Grasfrosches. Die Paarung findet etwa ein bis zwei Monate nach der Winterruhe statt. Vor allem zu dieser Zeit hört man sie quaken, aber auch während des restlichen Sommers. Ein Chor mehrerer hundert Froschmännchen klingt wie das Quaken vieler Enten und ist zwei Kilometer weit zu hören.

Am Laichteich ist die Anzahl der Männchen acht- bis zehnmal so groß wie die der Weibchen. Es gibt jedoch keine Kämpfe zwischen den Männchen, wie man nach dem Paarungsverhalten zahlreicher anderer Tiere erwarten könnte. Ein kopulierendes Paar kann seinen Laichakt innerhalb Hunderter unbeweibter Männchen vollenden, ohne in irgendeiner Weise gestört zu werden. Sollte jedoch ein Paar während des Laichaktes getrennt werden, wird das Weibchen sofort von einem anderen Männchen gepackt.

Die Frösche laichen im Niedrigwasser am Rande der Teiche. Ein Weibchen kann bis zu 10 000 Eier legen; der Laich besteht aus Klumpen von je 250 Eiern, nicht aus so großen Massen wie bei den Grasfröschen. Er treibt nicht an die Oberfläche, da er zwischen Wasserpflanzen abgelegt wird. Die Kaulquappen schlüpfen nach etwa 10 Tagen, später bilden sich die Hinter-, dann die Vorderbeine. Die Entwicklungsrate schwankt außerordentlich: Einige Kaulquappen entwickeln sich rasch und verwandeln sich bereits drei bis vier Monate nach dem Schlupf in 2 bis 3 cm große Fröschchen, andere aber vollenden ihre Entwicklung nicht vor Einbruch des Winters. Viele sterben, aber manche überleben und wachsen auf Längen von 6,5 cm und mehr, bevor sie sich in Fröschchen verwandeln. Bei manchen fällt die Metamorphose völlig weg, und diese leben als Kaulquappen weiter. Dies ist ein Fall von Neotenie (s. Axolotl, S. 233).

Wasserfrösche werden mit zwei Jahren geschlechtsreif, sind aber erst mit vier oder fünf Jahren voll ausgewachsen.

Angeln nach Fröschen

Wasserfrösche haben dieselben Feinde wie andere Frösche auch, aber sie haben einen weiteren Feind, nämlich den Menschen, der sie als Delikatesse preist. Allerdings sind Wasserfrösche keineswegs die einzigen Frösche, die gegessen werden. Grasfrösche werden gefangen, solange der Teichfrosch noch nicht aus der Winterruhe erwacht ist, und in anderen Teilen der Welt werden verschiedene andere Arten gegessen, z. B. in den USA der Ochsenfrosch. Der Teichfrosch aber versorgt die Gourmets mit Froschschenkeln, die wie Weißfisch knusprig gebraten oder mit Saucen oder auch Reis serviert werden.

Gewöhnlich werden die Frösche geangelt. Man braucht keinen Haken, sondern einen leuchtenden, farbigen Köder, den man vor der Nase der Frösche baumeln läßt. Dieser muß in Bewegung gehalten werden, damit die Frösche ihn annehmen. Sie werden dann aus dem Wasser geschleudert, bevor sie den Köder auslassen können.

Der traditionelle Köder besteht aus einem roten Flanellstreifen oder einem um den Finger aufgerollten Faden von ein paar Meter Länge. Die Farbe ist unwichtig, aber der Köder muß dauernd in Bewegung sein. Frösche reagieren nur auf bewegte Objekte. Weil das normale Freßverhalten des Teichfrosches darin besteht, aus dem Wasser zu springen, um Insekten zu fangen, die dicht über der Oberfläche fliegen, führt fast jeder kleine, tanzende Köder zu dieser Reaktion. Der Frosch springt, schnappt den Köder mit seinen Kiefern und muß augenblicklich herausgezogen werden, um gefangen zu werden.

Das Angeln von Fröschen ist am einfachsten an warmen Sommertagen, weil Frösche — wie alle wechselwarmen Tiere — um so aktiver sind und um so besser beißen, je

Im Osten und Westen überlappt sich das Verbreitungsgebiet des Wasserfrosches mit dem des Seefrosches. Der Seefrosch laicht jedoch zwei Wochen früher als der Wasserfrosch. Bei schlechtem Wetter allerdings können die Laichzeiten zusammentreffen, und es kann zu Bastardisierungen kommen.

höher die Temperatur ist. Der erfahrene Froschfänger kann dann einen Frosch nach dem anderen fangen, so rasch, wie er seine Leine auswerfen und wieder einholen kann.

Man hat geschätzt, daß 15 bis 20 Frösche benötigt werden, um eine Mahlzeit für eine Person zu bekommen. Ein einziger Fänger kann bei schönem Wetter Hunderte an einem Tag fangen.

Frösche und Elektrizität

Im Jahre 1786 hat Galvani, ein italienischer Physiologe, bemerkt, daß die enthäuteten Beine eines Wasserfrosches zuckten, wenn sie mit einem elektrisch geladenen Skalpell berührt wurden. Manchmal wird die Geschichte ausgeschmückt: Frau Galvani soll diese Entdeckung gemacht haben, als sie eine Froschschenkelsuppe zubereitete und dazu ein Skalpell benutzte, das zufällig bei einem der Versuche ihres Mannes elektrisch geladen worden war. Die Wahrheit ist, daß Galvani schon einige Jahre vorher von diesem Effekt wußte, seit er einige Wasserfrösche an Kupferhaken von einem Eisengeländer hatte herabhängen lassen, und sie zu „tanzen" begannen. Nach Galvani wurden die Muskelkontraktionen von einer „tierischen Elektrizität" bestimmt, die durch die beiden Metalle von Nerv zu Muskel geführt wurde. Überzeugt davon, fuhr Galvani für den Rest seines Lebens fort, diese eigenartige Stromquelle zu untersuchen, obwohl andere Forscher zeigten, daß die Verbindung der beiden Metalle die Basis einer elektrischen Ladung war, die die Muskeln zur Kontraktion reizte. Der einzige Beitrag, den die Froschbeine leisteten, bestand darin, daß sie einen guten Leiter für die Elektrizität darstellten. Der Wasserfrosch jedoch hatte seinen Ruhm in der Geschichte der Wissenschaft, wenn sein Verhalten auch mißverstanden worden war.

Klasse	**Amphibia**
Ordnung	**Salientia**
Familie	**Ranidae**
Gattung und Arten	*Rana esculenta*, Wasserfrosch; *R. ridibunda*, Seefrosch; *R. lessonae*, Kleiner Teichfrosch

Nasenfrosch

Der Nasenfrosch, der in Argentinien auch Vaquero genannt wird, ist vielleicht das bemerkenswerteste aller Amphibien. Zuerst von Darwin entdeckt, ist er nur 2,5 cm lang, und seine Kaulquappen reifen in den Schallblasen des Vaters zu kleinen Fröschchen heran.

Dieser kleine Frosch ist unauffällig grünbraun mit dunklen Streifen und Flekken und einer dunklen Linie auf den Flanken. Auf Körper und Beinen stehen zahlreiche Warzen in unregelmäßigen Reihen. Vor den Augen verjüngt sich die Schnauze rasch zu einer spitzen „Nase". Die Nasenlöcher liegen auf halbem Weg zwischen den großen Augen und der Spitze dieses „Rüssels". Die Vorderbeine sind ziemlich kurz, mit langen, schlanken Zehen, die Hinterbeine sind so lang wie bei anderen Fröschen auch.

Der Nasenfrosch wurde von Darwin während seiner berühmten „Beagle"-Reise in Argentinien entdeckt; später fand man, daß er sowohl über Südchile als auch über Südargentinien verbreitet ist.

Schwache Stimme

Die Heimat dieses Frosches sind die Buchenwälder, wo er lebhaft herumhüpft. Bevor er einen kurzen Sprung nach vorn macht, richtet er sich auf seinen Hinterbeinen auf. Das Männchen hat eine schwache, glockenartige Stimme — schwach vor allem im Verhältnis zur Größe der Schallblasen, die, wie wir noch sehen werden, eine wichtigere Funktion haben. Sie bilden große Taschen unter der Kehle, die sich nach hinten unter dem Bauch bis in die Leistengegend ziehen und nach oben bis fast unter das Rückgrat. Im Mund sind zwei Schlitze, einer auf jeder Seite, die in die zwischen der Haut und der Körpermuskulatur liegenden Schallblasen führen.

Eigenartige Brutpflege

In der Fortpflanzungszeit legt das Weibchen zwanzig bis dreißig Eier, die vom Männchen zehn bis zwanzig Tage bewacht werden. Kurz bevor die Larven schlüpfen, nimmt das Männchen sie mit der Zunge auf, und zwar mehrere auf einmal. Sie gleiten nun durch die Schlitze in die Schallblasen, die dadurch stark anschwellen. Das Männchen hat bis zu 17 große Eier in seinen Schallblasen und ist jetzt natürlich stumm. Es braucht nicht zu hungern, während sich die Kaulquappen entwickeln. Die Kaulquappen bekommen jedoch keine Nahrung, mit Ausnahme des Dottervorrates ihrer Eier, der nun in ihrem Gedärm eingeschlossen wird. Wenn sie etwa 1 cm lang sind und nur noch einen kurzen Schwanzstummel haben, verlassen sie die Schallblasen. Im Körper des Männchens normalisiert sich nun wieder alles. Die Schallblasen schrumpfen, und sein Schultergürtel und seine inneren Organe, die verschoben wurden, damit Platz für die heranwachsenden Kaulquappen ist, nehmen wieder ihre frühere Lage ein.

Die Männchen pflegen nicht unbedingt ihren eigenen Nachwuchs. Viele Weibchen legen ihre Eier gemeinsam ab, und die Männchen nehmen die Eier, die ihnen am nächsten sind.

Die erste Stimme

Die erste Stimme in der Geschichte der Erde war wahrscheinlich die eines Frosches, und sie dürfte vor etwa 200 Millionen Jahren erklungen sein. Viele andere Tiere, z. B. die Heimchen und Grashüpfer, machen Geräusche, genauso wie viele Fische. Sogar die Schwanzlurche, die Salamander und Molche, die hören können, obwohl man sie früher für taub hielt, haben trotz Larynx nur eine sehr schwache Stimme. Man hat die Rufe der Kröten und Frösche aufgenommen und sie dann, sowohl zur Fortpflanzungszeit als auch außerhalb der Saison, den Tieren vorgespielt — so hat man die Bedeutung der Rufe erkannt. In erster Linie handelt es sich wohl um Paarungsrufe. Die Frösche und Kröten reagieren vor allem dann auf die Rufe, wenn sie paarungsbereit sind. Männchen bewegen sich auf jede Lautquelle zu, die sie als möglichen Laichplatz ansehen. Haben die Weibchen abgelaicht, so reizen die Rufe der Männchen sie nicht mehr. So leidet das Männchen des Nasenfrosches wenig darunter, stumm zu werden, weil die Weibchen bereits vorher abgelaicht haben. Wenn die Stimme außerhalb der Fortpflanzungszeit gebraucht wird, dann um die Territorien der Einzeltiere abzugrenzen.

Klasse	**Amphibia**
Ordnung	**Salientia**
Familie	**Leptodactylidae**
Gattung und Art	*Rhinoderma darwinii*, Nasenfrosch

Der Nasenfrosch wurde zuerst von Darwin entdeckt. Er ist etwa 2,5 cm lang und hat eine eigenartige, falsche Nase. Färbung und Zeichnung dieses kleinen Frosches wechseln stark von einem zum anderen Exemplar, wie Abb. 1—3 zeigen.

1

2

3

Riedfrösche

Es gibt vielleicht 200 Arten von Riedfröschen, die alle in Afrika leben. Viele sind schön gefärbt und gezeichnet und können je nach Temperatur oder Untergrund die Farbe wechseln. Sie sind klein, etwa 25 mm lang. Der von Angola bis Tansania verbreitete Fünfstreifen-Ried-frosch ist hell, fast goldbraun, mit fünf malvenbraunen Streifen entlang dem Rük-ken. Diese Streifen sind beim Männchen deutlicher als beim Weibchen. Der Mar-morriedfrosch hat unregelmäßige Muster auf seinem Rücken. Die Muster und ihre Färbung wechseln von Frosch zu Frosch und mit dem Untergrund. Marmorried-frösche können schwarz und weiß, schwarz und gelb, braun und gelb gefärbt sein oder

Ein kleiner Marmorriedfrosch haftet an einem Zweig mit Hilfe der Saugscheiben an seinen Fingern und Zehen. Die hübsche, rosarote Bauchfärbung und die Abzeichen auf Kopf und Armen sind typisch für diesen Frosch, der oft nur schwer zu bestimmen ist, weil Färbung und Zeichnung sehr stark variieren.

auch andere Farbkombinationen zeigen. Der Marmorriedfrosch ist vom Kap bis nach Angola und Rhodesien verbreitet.

Insekten übersehen, die vom Duft des Aronstabes angelockt und so zur Beute des Frosches werden. Wenn der Aronstab nicht blüht, wandert der Frosch zu anderen Pflanzen und wird dunkelbraun, um sich dem neuen Untergrund anzupassen.

Beim Sonnen zieht der Aronstabfrosch seine Beine unter den Körper, aber er kann sie plötzlich ausstrecken und weghüpfen. Wird er jedoch nur ein wenig gestört, dann dreht er sich herum und verschwindet hinter seinem Aronstab.

Klasse	**Amphibia**
Ordnung	**Salientia**
Familie	**Rhacophoridae**
Gattungen und Arten	*Afrixalus fornasinii; Hyperolius horstocki,* Aronstabfrosch; *H. marmoratus,* Marmorriedfrosch; *H. tuberilinguis; H. quinquevittatus,* Fünfstreifen-Riedfrosch

Im südlichen Teil seines Verbreitungsgebietes ist er grün oder braun mit hellgrünen Tupfen, die jeweils schwarz gerandet sind. Im Gegensatz dazu ist der Körper beim seltenen Hyperolius tuberilinguis leuchtend grün ohne Zeichnung, aber mit weißer Unterseite und rosa Zeichnung auf den Hinterbeinen.

Bei den Vertretern der Gattung Afrixalus kann man mit Hilfe einer starken Lupe kleine Dornen auf dem Kopf und dem Rücken sehen. Von den anderen Riedfröschen unterscheiden sie sich durch die Pupillenstellung, die waagerecht statt senkrecht ist.

Sonnenliebende Frösche
Abgesehen von den Vertretern der Gattung *Afrixalus*, die sich am Tage verstecken, sonnen sich Riedfrösche gern; selbst bei praller Sonne kann man sie auf Schilf oder anderen Pflanzen finden. Sie sind jedoch stets bereit, sich mit einem Sprung in Sicherheit zu bringen. Gewöhnlich heißt das, daß sie zurück in einen Teich springen, aber der Marmorriedfrosch, der oft kilometerweit vom nächsten Wasser entfernt lebt, flüchtet mit langen, weiten Sprüngen. Während der Trockenzeit verschwinden Riedfrösche in Spalten und Rissen oder vergraben sich im Erdboden. Riedfrösche fressen Moskitos und andere fliegende Insekten.

Unterschiede im Laichverhalten
Die Lebensgeschichte der Riedfrösche wurde vor allem durch die Studien von Vincent Wager, dem südafrikanischen Froschexperten, erforscht. Während die Mehrheit wahrscheinlich eine ähnliche Lebensgeschichte hat wie andere Frösche auch, wie etwa Gras-,

Teich- oder Ochsenfrosch, haben einige Riedfrösche ungewöhnliche Verhaltensweisen. Die Lebensgeschichte des Aronstabfrosches erscheint normal. Die Eier werden in Gruppen von 30 Stück zwischen Wasserpflanzen abgesetzt, und die sie umgebende Gallertschicht ist so klebrig, daß die Eier durch Schlammteilchen getarnt werden.

Eine andere Art dagegen legt ihre Eier auf die Wasseroberfläche. Etwa 300 bis 400 werden in einem klebrigen Klumpen abgesetzt, auf treibende Wasserpflanzen oder an Blätter von Pflanzen, die über dem Wasserspiegel hängen. Zuerst ist die Gallertschicht steif, dann wird sie weicher und hängt herab. Die Kaulquappen schlüpfen in dieser Masse und zappeln herum, bis sich die Gallerte verflüssigt, dann schlüpfen sie aus ihr heraus und fallen ins Wasser. Der Marmorriedfrosch legt seine Eier gewöhnlich unter Wasser in Klumpen ab, auf Steine oder auf Pflanzen; aber die südliche, gefleckte Form setzt ihre Eier manchmal auf ungewöhnliche Weise ab. Das Brautpaar springt auf einen Pflanzenstengel am Ufer und biegt ihn durch sein Gewicht, bis seine Spitze im Wasser hängt. Einige Eier werden an dem untergetauchten Teil abgelegt, der sich manchmal wieder aufrichtet, wenn die Frösche ihn losgelassen haben. Dann trocknen die Eier in der Sonne aus und sterben ab. Das Laichverhalten der Gattung *Afrixalus* erinnert an das der Molche (Seite 235). Die Eier werden an einem Blatt befestigt, das zu einer Schutzhülle gefaltet wird. Einer von ihnen legt seine Eier unter Wasser, zwei andere aber an Sumpfpflanzen, die bis zu 1 m über Wasser stehen.

Blumenfrosch
Der Aronstabfrosch lebt in den „Blüten" des Aronstabes, wo ihn seine Elfenbeinfarbe tarnt, wenn er sich sonnt. Er wird auch von

Tuatara

Die Tuatara, auch Brückenechse genannt, ist die einzige Überlebende der Schnabelköpfe, einer Gruppe sehr altertümlicher Reptilien, deren Blütezeit vor 220 bis 120 Millionen Jahren lag. Als einzige Reptilienart vertritt sie sowohl eine eigene Familie als auch eine eigene Ordnung. Äußerlich sieht sie wie ein großer Leguan aus, aber in der Anatomie zeigt sie zahlreiche deutliche Unterschiede gegenüber modernen Echsen. Mit einer Länge von 60 cm und mehr ist sie durch einen relativ großen Kopf, bezahnte Kiefer — die Zähne stehen am Rand — und stark vergrößerte „Schneidezähne" im Oberkiefer ausgezeichnet. Sie verfügt über doppelte Nasenlöcher, und sie hat keine äußeren Ohröffnungen. Rumpf und Beine sind plump gebaut, und an den teilweise verwachsenen, fünfzehigen Füßen trägt sie mächtige Krallen. Entlang Kopf, Rücken und Schwanz steht eine Reihe großer Dornen; Rücken und Flanken sind von Granulaschuppen bedeckt, die von vergrößerten Tuberkeln durchsetzt sind. Die Schuppen der Unterseite sind größer und regelmäßiger angeordnet. Wie viele echte Echsen kann auch die Tuatara ihren Schwanz regenerieren, aber nicht so gut wie diese. Die Grundfarbe der Tuatara wechselt von Schwarzbraun bis Olivgrün oder Grau mit kleinen gelben Flecken auf jeder Schuppe, die beim frischgehäuteten Exemplar am leuchtendsten sind und mit zunehmendem Alter verblassen. Die Kammschuppen sind grün.

Nur wenn man die Anatomie der Tuatara untersucht, findet man die Unterschiede, die dazu führten, daß man sie in eine eigene Ordnung versetzt hat, und die sie für den Zoologen so interessant machen. Besonders auffallend ist der Schädel, der viel stärker und fester ist als der von Eidechsen und mit seinen durch Knochenbrücken verbundenen Teilen mehr dem eines Krokodiles ähnelt. Die Wirbelsäule ist primitiv gebaut, die Wirbel sind an beiden Enden konkav. Die Rippen tragen auf etwa halber Länge Hakenfortsätze, die als Ansätze für die Muskeln dienen. Diese findet man auch bei Vögeln und einigen ausgestorbenen Reptilien. Bauchrippen sind wohl entwickelt und bilden einen Schild.

Bis zur Mitte des 19. Jahrh. war die Tuatara auf den Hauptinseln Neuseelands häufig, heute aber ist sie auf ein paar felsige Inseln an der Nordostküste der Nordinsel und in der Cook-Straße zwischen der Nord- und der Südinsel beschränkt. Auf einigen dieser Inseln ist sie nun zahlreich, dank des strengen Schutzes durch die neuseeländische Regierung.

Von den vielen Arten der Schnabelköpfe — Reptilien, deren Blütezeit mehr als 120 Millionen Jahre zurückliegt — hat nur die Tuatara auf einigen kleinen Inseln Neuseelands überlebt.

Oben: Eine Tuatara wacht vor ihrer Höhle.
Rechts: Ein Blick auf das Meer. Tuatara mit
einem Jungen.

Eine dreiäugige Echse

Das Merkmal, das die Zoologen vielleicht
am meisten an der Tuatara interessiert, ist
das Scheitelauge, ein Kennzeichen vieler fos-
siler Wirbeltiere. Dieses Scheitelauge ist allerdings keineswegs nur bei den Schnabel-
köpfen vorhanden, sondern auch bei vielen
Eidechsen; aber bei erwachsenen Tuataras
ist es besser entwickelt als bei jedem anderen lebenden Tier. Sein Vorhandensein bei
vielen Tuatara-Embryos verwässert frühe
Theorien von dem Zusammenhang zwischen
Abstammungslehre und Embryonalentwick-
lung. Es liegt oberhalb des Gehirns, mit einer
Schädelöffnung genau unter ihm, und enthält Rudimente einer Linse und der Retina,
aber keine Iris. Es ist mit einer Drüse im
Gehirn verbunden; doch bei den Erwachsenen verdickt sich die Haut über der Schädelöffnung, und es ist unwahrscheinlich, daß irgendwie Licht zum Gehirn geführt wird. Das
Scheitelauge war wahrscheinlich ein wichtiges
Sinnesorgan für die primitiven Reptilien,
aber es ist nicht sicher bekannt, welchen
Zweck es bei der Tuatara erfüllt.

Ein Atemzug pro Stunde

Die Tuatara gräbt sich eine Höhle, oder sie
teilt diese mit dem Sturmvogel. Soweit bekannt, bewohnt die Tuatara nur Inseln, wo
die obere Bodenschicht so stark vom Sturmvogel bearbeitet worden ist, daß durch die
zahlreichen Bauten dieses Vogels eine lockere Erdschicht von 45 bis 60 cm Tiefe entstanden ist. Man kann die Tuatara oft am
Morgen oder Abend beim Sonnen beobachten, aber den größten Teil des Tages verbringt sie in ihrem Bau. Nur während der
Nacht jagt sie nach Beute. Sie ist bei sehr
niedrigen Temperaturen aktiv, manchmal
schon bei 7° C, die niedrigste Temperatur,
die bei Reptilien bekannt ist. Ihre Stoffwech-
selrate ist sehr langsam. Normalerweise atmet sie, sogar in Bewegung, in sieben Sekunden nur ein einziges Mal, aber es kann auch
vorkommen, daß der Abstand zwischen zwei
Atemzügen fast eine Stunde beträgt.

Obwohl sie gutmütig ist, wenn man sie gut
behandelt, kann sie beißen und kratzen,
wenn sie sich bedroht glaubt. Ihre Stimme

ist ein heiseres Quaken, das an das wohlbekannte Quaken der Frösche erinnert.

Die Nahrung der Tuatara besteht vornehmlich aus Spinnen, Käfern, Heimchen und anderen Insekten, obwohl auch Schnekken und Regenwürmer angenommen werden. Im Gegensatz zu dem weitverbreiteten Glauben vom friedlichen Zusammenleben zwischen Sturmvogel und Brückenechse frißt die Tuatara gelegentlich Eier und Küken des Sturmvogels, ja sogar Erwachsene, auf.

Ungewöhnlich lange Entwicklungszeit

Über das Paarungsverhalten der Tuatara ist nichts bekannt. Die Paarung findet im Januar statt, aber die Spermien werden im Körper des Weibchens bis zum nächsten Oktober oder Dezember gespeichert, wenn 5 bis 15 weiße, ovale, weichschalige Eier gelegt werden. Diese werden in eine flache, vom Weibchen ausgegrabene Mulde gelegt und dann mit Erde zugedeckt. Die Eltern widmen den Eiern keinerlei Aufmerksamkeit. Die Jungen schlüpfen frühestens nach 12 bis 15 Monaten. Das ist die längste Reifedauer, die für Reptilieneier bekannt ist. Die jungen Tuataras, die braunrosa gefärbt sind, zerbrechen ihre Eischalen und wühlen sich durch die Erde an die Oberfläche. Sie sind dann etwa 11 cm lang, ihre Wachstumsrate ist sehr gering. Sie pflanzen sich erst im Alter von mehr als zwanzig Jahren fort. Das Wachstum hält bis zum fünfzigsten Lebensjahr an.

Die Tuatara wurde gelegentlich in Gefangenschaft gehalten. Ein Exemplar in Neuseeland hielt mehr als 50 Jahre lang aus. In der Natur wird sie mehr als 50 Jahre alt, aber manche behaupten, daß sie 100 bis 300 Jahre alt wird.

Refugien auf den Inseln

Die Tuatara starb wahrscheinlich auf den Hauptinseln Neuseelands aus, weil die vielen Nager, Katzen und Schweine, die von den englischen Einwanderern nach Neuseeland gebracht wurden und nun hier die Wildnis bewohnen, Jagd auf sie machten. Auf den kleineren Inseln Neuseelands dagegen konnte und kann die Tuatara ohne größere Störungen leben und sich fortpflanzen.

Zeitgenossen der Dinosaurier

Die Schnabelköpfe entfalteten sich im Zeitalter der Reptilien, noch bevor die ersten Schildkröten und Riesensaurier die Erde be-

traten. Sie entwickelten eine bemerkenswerte Formenvielfalt, die durch Fossilien belegt ist. Nur ein einziges Mitglied dieser Gruppe, die Tuatara, konnte bis heute überleben. Erst 1867 erkannte A. Günther, daß es sich um einen Vertreter der altertümlichen Schnabelköpfe, also um ein lebendes Fossil handelt. Zwar ist sie kein direkter Ahn lebender Reptilien, aber sie steht einer Reptiliengruppe sehr nahe, von der einerseits Eidechsen und Schlangen, andererseits Krokodile, Vögel und Dinosaurier abstammen.

Klasse	**Reptilia**
Ordnung	**Rhynchocephalia**
Familie	**Sphenodontidae**
Gattung und Art	*Sphenodon punctatus*, Brückenechse oder Tuatara

Die Inseln, auf denen die Tuataras leben, haben eine bemerkenswerte Vegetation. Unter einem Baldachin von niedrigen Bäumen der Gattung Coprosoma liegt eine tiefe Schicht von weichem Humus, die vor allem durch die Grabtätigkeit der Sturmvögel erzeugt wird. Sie vermischen Exkremente, Zweige und Blätter. Die Inseln haben sehr unter der Einführung von Ziegen gelitten. Ihre Anzahl ist glücklicherweise geringer geworden.

Diamantschildkröte

Die Diamantschildkröte gehört zur Familie der Sumpf- oder Süßwasserschildkröte, der artenreichsten Gruppe der Schildkröten. Nahe mit ihr verwandt sind die nordamerikanischen Höcker- und Landkartenschildkröten (Graptemys), die häufig in den Tierhandel kommen. Zur selben Familie gehören auch die Rotwangenschildkröte (Pseudemys scripta elegans) und die Floridaschildkröte (Ps. floridana), die am häufigsten aus Nordamerika importierten Schildkröten. Sie werden im Handel als „Babyschildkröten" angeboten. Man lasse sich jedoch weder durch diesen Namen noch durch die Winzigkeit dieser nur markstückgroßen „Babyschildkröten" täuschen. Sie können erstaunlich schnell wachsen und innerhalb weniger Jahre Längen von 15, ja 25 cm erreichen, und es ist dann sehr schwer, einen passenden Behälter für sie zu finden oder sie wieder loszuwerden.

Ein Vertreter dieser Familien lebt auch bei uns, nämlich die schwarze, gelb gesprenkelte Sumpfschildkröte (Emys orbicularis), die bis 25 cm lang wird. Sie ist sporadisch über fast ganz Mitteleuropa verbreitet, aber durch die Vernichtung ihrer Biotope bei uns vom Aussterben bedroht. In Südeuropa kommt neben ihr noch die Kaspische Schildkröte (Mauremys caspica) vor, die sich im Gegensatz zur Sumpfschildkröte vor allem von Wasserpflanzen ernährt. Der Panzer ist braungrau, die Weichteile je nach Unterart rot, weiß oder gelb mit schwarzgrünen Streifen. Sie wird etwa 35 cm lang.

Zahlreiche andere Arten kommen in Südostasien vor, darunter die hübsche Amboina-Scharnierschildkröte (Cuora amboinensis), die häufig in den Tierhandel kommt.

Die Diamantschildkröte ist als Delikatesse in Amerika wohlbekannt, und wegen ihrer wirtschaftlichen Bedeutung als Nahrungsmittel ist ihre Biologie genau studiert worden. Ihren Namen erhielt sie wegen der scharfen, rhombenartigen Grate, die die einzelnen Platten des Rückenpanzers umranden. Die kleinen Schilder, die den Rückenpanzer begrenzen, sind gezackt, etwas konkav und heller als die anderen. Der Bauchpanzer ist gelb mit kleinen schwarzen Flecken und Punktlinien, genauso wie die Weichteile. Weibchen werden bis über 20 cm, Männchen nur 15 cm lang, und bis 1 kg schwer. Sie sind von Cape Cod, Massachusetts bis nach Florida, Texas und Mexiko verbreitet.

Sie brauchen Salz zum Wohlbefinden

Die Diamantschildkröte findet man nie weit von der Küste entfernt, und sie ist auf Brackwasser wie in Gezeitentümpeln und Salzsümpfen oder Meerwasser wie in Meerbusen beschränkt. In Flüssen kommt sie nur in der Gezeitenzone vor. Es scheint eigenartig, daß sie auf Brackwasser beschränkt ist; wenn man aber Tiere in reinem Süßwasser hält, so werden sie von einem Pilz befallen; durch den Zusatz von etwas Salz zum Wasser werden sie geheilt.

Die Diamantschildkröte — so nach der Skulpturierung ihrer Panzerplatten benannt — galt in den USA lange Zeit als Delikatesse.

Diamantschildkröten klettern auf die Felsen, um sich zu sonnen, aber die meiste Zeit schwimmen sie mit Hilfe ihrer Schwimmhäute. Oft lassen sie sich auch senkrecht an der Wasseroberfläche treiben, so daß nur der Kopf aus dem Wasser schaut; sie bewegen ihre Hinterfüße gerade soviel, daß sie ihre Stellung behalten. Im Winter ruhen sie im Schlamm ihres Wohngebietes.

Sie zerquetschen ihre Beute
Diamantschildkröten fressen vor allem Kleintiere, Krabben, Kleinkrebse, Insekten und Würmer, die sie mit ihren kräftigen Kiefern zerquetschen. Gelegentlich fressen sie Wasserpflanzen.

Männchen sind nicht immer nötig
Das meiste, was wir über das Fortpflanzungsverhalten von Diamantschildkröten wissen, stammt von Beobachtungen aus Schildkrö-tenfarmen, wo sie wegen ihres Fleisches in großem Stil gehalten werden. In der Natur legen sie ihre Eier in Nester, nicht weit oberhalb der Hochwasserlinie. Die Weibchen, und wohl auch die Männchen, sind mit etwa sieben Jahren geschlechtsreif. Sie können ein bis fünf Gelege im Jahr legen; jedes enthält 7 bis 24 längliche, weiße Eier, 37 mm lang und von 18 mm Durchmesser.

Beobachtungen in Schildkrötenfarmen haben gezeigt, daß die Weibchen auch dann fruchtbare Eier legen können, wenn sie seit mehreren Jahren von Männchen getrennt gehalten wurden. Es scheint, daß die Spermien gespeichert werden; man weiß jetzt, daß dies auch bei vielen anderen Schildkröten und Schlangen geschieht.

Schildkröte des Gourmets
Die Bedeutung der Diamantschildkröte für die Ernährung hat gewechselt. War sie im 18. Jahrh. billiges „Futter" für Sklaven, so wurde sie im Laufe des 19. Jahrh. eine Delikatesse, weil man meinte, sie übertreffe alle anderen Schildkröten an Wohlgeschmack. „Terrapin à la Maryland" ist ein reiches Mahl von Schildkrötenfleisch, in Weinsauce gekocht und mit Früchten und Eiern garniert. 1920 kosteten 12 Diamantschildkröten 450 Mark. Daher sank ihre Zahl stark ab, und Schutzmaßnahmen wurden nötig. Seither haben Preis und Nachfrage ständig abgenommen.

Klasse	**Reptilia**
Ordnung	**Testudines**
Familie	**Emydinidae**
Gattung und Art	*Malaclemys terrapin*, Diamantschildkröte

Porträt der Diamantschildkröte.

Landschildkröten

Landschildkröten sind wegen ihrer Langsamkeit und ihrer Lebensdauer berühmt. Sie leben länger als jedes andere Tier unserer Zeit, und sie sind wohl die am stärksten gepanzerten Tiere. Es gibt etwa 35 Arten Landschildkröten, von denen die kleinen Landschildkröten des Tierhandels und die Riesenschildkröten die bekanntesten sind. Da sie sich in der Lebensweise ziemlich ähnlich sind, wollen wir uns hier vor allem mit der Griechischen und der Maurischen Landschildkröte beschäftigen. Sie haben hohe, helmförmige Panzer und werden 20 bis 30 cm lang. Die Beine sind mit harten, oft verknöcherten Hornschildern bedeckt, und die fünf Finger der Hand und die vier Zehen des Fußes tragen kräftige Krallen. Wird eine Schildkröte gestört, so zieht sie sich in ihren von Hornplatten bedeckten Knochenpanzer zurück. Der Kopf wird völlig eingezogen. Die Vorderbeine werden zurückgezogen, bis sie sich in der Mitte treffen, so daß sie den Eingang mit ihren Hornplatten schützen. Hinterbeine und Schwanz werden in ähnlicher Weise eingezogen, so daß die Sohlen der Hinterfüße die Öffnung verschließen.

· Landschildkröten leben von den Tropen bis in die gemäßigten Zonen. Die Maurische Landschildkröte besiedelt Nordafrika, Spanien, den Balkan und Vorderasien, die Griechische Landschildkröte Ostspanien, die Balearen, Italien und die Balkanhalbinsel. Die größte europäische Landschildkröte ist die bis 35 cm lange Breitrandschildkröte Griechenlands, die vielleicht aber auch nur eine Unterart der Maurischen ist. Alte Tiere sind fast schwarz, mit einem gelben Fleck auf jedem Schild. Die Vierzehenschildkröte bewohnt die Wüsten Westturkestans. Sie trägt nur vier Zehen an den Vorderbeinen, der Panzer ist nicht helmförmig, sondern flach. Maurische Landschildkröten kann man von den Griechischen leicht an den beiden großen Höckerschuppen auf den Oberschenkeln unterscheiden. Die Sternschildkröte Südasiens hat eine helle Strahlenzeichnung auf ihrem Panzer. Andere Arten gibt es in Asien, Afrika, Madagaskar, Südamerika, auf den Seychellen und Galapagos.

Je wärmer, desto schneller

Landschildkröten leben in sandigen oder felsigen Gegenden oder in Parkwäldern. Sie sind tagaktiv, und ihre Bewegungen sind allgemein langsam, doch können sie manchmal über kurze Strecken eine Geschwindigkeit von 4 Stundenkilometern erreichen. Das mag im Vergleich zu anderen Vierfüßlern langsam erscheinen, aber es ist fast die Wandergeschwindigkeit eines Mannes und schneller, als man meist glaubt. Das Verhalten der Landschildkröten hängt von der Lufttemperatur ab. Ihre Bewegungen sind schneller bei warmer Temperatur, aber genau wie andere Reptilien können sie keine Übertemperaturen ertragen. Schildkröten verbringen jeden

Pantherschildkröte (Geochelone pardalis) *labt sich an einem erfrischenden Bissen Kaktus.*

Tag einige Zeit in der Sonne. In gemäßigten Zonen halten sie von Oktober bis März Winterschlaf. Vorher fasten sie eine Weile und graben sich dann in weicher Erde oder unter abgestorbenen Pflanzen ein.

Sämlinge sind ein begehrtes Mahl

Der Glaube war einst weit verbreitet, die kleineren Landschildkröten fräßen Insekten und Nacktschnecken, deshalb kauften sich Leute Schildkröten, um sie in ihren Gärten zu halten. Dieser Glaube ist auch heute noch nicht völlig ausgerottet. Es kann sein, daß eine Landschildkröte manchmal Ungeziefer im Garten frißt, aber wer gesehen hat, wie eine Landschildkröte an einer Reihe Sämlinge entlangwandert, braucht kaum überzeugt zu werden, daß Landschildkröten vorwiegend oder ausschließlich Vegetarier sind. Sie fressen an niedrigwachsenden Pflanzen, wie Sämlingen, an Sukkulenten, Blumen und auch Fallobst. Gelegentlich nehmen sie Insekten.

Rammkämpfe bei der Hochzeit

Männchen und Weibchen sehen sich ähnlich, aber bei den meisten Arten gibt es einige Unterschiede im Körperbau. Bei den Weibchen ist der Bauchpanzer gewöhnlich flach, bei den Männchen dagegen konkav. Bei der Maurischen Landschildkröte ist der Hinterrand des Panzers bei alten Männchen oft aufgebogen. Ein anderes Kennzeichen ist, daß ein paarungsbereites Männchen dem Weibchen in die Flanke stößt, wobei es gleichzeitig leise zischt. Landschildkrötenmännchen rammen auch die Schuhe von Leuten, die im Garten sitzen, oder die Beine von Gartenstühlen, wenn sie kein Weibchen sehen. Die Weibchen legen 4 bis 12 weiße, sphärische Eier von 38 mm Durchmesser in ein Loch, das sie in den weichen Boden graben. Die Jungen schlüpfen nach 3 bis 4 Monaten.

Heute ist der Mensch ihr Hauptfeind

Der feste Knochenpanzer mit seinen Hornplatten und das Verhalten der Schildkröte, sich bei der geringsten Störung sofort in diesen Schutz zurückzuziehen, scheint die bestmögliche Verteidigungsart gegen Feinde zu sein. Der Bartgeier ist einer ihrer natürlichen Feinde; er packt sie, fliegt mit ihnen in die Höhe und läßt sie dann fallen, um ihre Schale zu zerbrechen. Ratten greifen sie an und fressen sie, und größere Raubtiere zerbeißen ihre Panzer. Ansonsten aber ist die Zahl natürlicher Feinde begrenzt. Auf der anderen Seite fallen Schildkröten wahrscheinlich sehr leicht Naturkatastrophen wie

Steppen- und Waldbränden zum Opfer. Ihr größter Feind sind jedoch Industrialisierung und Zersiedelung ihrer Biotope, neben dem Schildkrötenhandel. Wenn man eine Schildkröte gekauft und im Garten eingesetzt hat, sollte man sie mit größter Sorgfalt behandeln.

... und in der Vergangenheit

Die vier Formen der nordamerikanischen Gopherschildkröten *(Gopherus polyphemus et al.),* die bis 30 cm lang werden, hatten auch unter dem Schildkrötenhandel zu leiden. Zwei Formen sind jetzt gesetzlich geschützt, aber die mexikanische ist nun sehr selten und vielleicht ausgestorben. Die Riesenschildkröten, die auf den Galapagos-Inseln und den Inseln des Indiks leben, wurden ebenfalls in Massen getötet, aber aus einem anderen Grunde. Die größten erreichten eine Länge von 1,5 m, waren 75 cm hoch und bis zu 250 kg schwer. Besonders die Galapagos-Schildkröten wurden von den Walfängern, den Robbenschlägern und Piraten als Frischfleischvorrat mitgenommen. Zwischen 1811 und 1844 wurden von nur 105 Walfängern 15 000 Stück gefangen. Die Riesenschildkröten des Indik, die wahrscheinlich zu mehreren Arten gehörten, litten noch mehr.

Sehr hohes Alter

Die Haltung von Landschildkröten als Haustiere ist die einzige mögliche Methode, um festzustellen, wie lange sie leben können.
Den Rekord hält eine der Riesenschildkröten, „Marion's Schildkröte". Sie wurde auf Mauritius als voll erwachsenes Tier von Marion de Fresne 1766 gefangen. 1810 besetzten die Engländer die Insel, und die Schildkröte lebte in den Artilleriekasernen bis 1918 weiter. Sie war daher mindestens 152 Jahre alt, wahrscheinlich 180 Jahre oder noch mehr. Ein anderer berühmter Riese ist die „Tonga-Schildkröte", die von Cook 1774 überreicht wurde, als sie bereits ein „bemerkenswertes Alter" hatte. Die Geschichte ist etwas zweifelhaft, weil es in Tonga nur mündliche Überlieferungen gibt, aber es gibt keinen Grund, anzunehmen, daß die dort lebende Schildkröte nicht die von Cook überreichte ist.

Klasse	**Reptilia**
Ordnung	**Testudines**
Familie	**Testudinidae**
Gattungen und Arten	*Testudo hermanni,* Griechische Landschildkröte; *T. graeca,* Maurische Landschildkröte; *T. marginata,* Breitrandschildkröte; *Agrionemys horsfieldi,* Vierzehenschildkröte; *Chelonoidis elephantopus,* Galapagos-Schildkröte; *Aldabrachelys giganteus,* Seychellen-Schildkröte

Galapagos-Schildkröten — einige der wenigen Überlebenden einer Art, die einst so zahlreich war, daß diese Inseln nach ihr benannt wurden, nun aber weitgehend ausgerottet ist. Im 19. Jahrh. wurden die Schildkröten eine leichte Beute der Seeleute, wegen ihrer Widerstandsfähigkeit nahm man sie als lebende Fleischtöpfe mit.

In der Morgendämmerung hat der Luth seine Aufgabe beendet, indem er die in das Nest gelegten Eier mit Sand bedeckt. Diese seltene Meeres-schildkröte hält sich länger in der Hochsee auf als jede andere, und nur die Weibchen kommen — meist bei Nacht — bis zu viermal in einer Saison an Land, um Eier zu legen.

Luth

Die Lederschildkröte, auch Luth genannt, ist die größte Schildkröte überhaupt. Von den anderen Schildkröten unterscheidet sie sich im Panzerbau. Der Rücken-panzer besteht aus zahlreichen Knochen-plättchen, die von einer lederartigen Haut an Stelle der für Schildkröten sonst üb-lichen Hornplatten bedeckt sind. Entlang des Rückenpanzers laufen sieben, manch-mal gekerbte Kiele, und fünf entlang des Bauchpanzers. Lederschildkröten sind dunkelbraun oder schwarz, mit gelben oder weißen Tupfen auf der Kehle und an den Flossen. Sie können 3 m lang werden, von denen der Panzer 2,30 m ein-nimmt, vielleicht aber auch mehr, und ein Gewicht von 600, vielleicht auch 1000 kg
erreichen. Die Vorderflossen sind sehr groß; 2 m lange Lederschildkröten kön-nen eine Spannweite von fast 3 m haben.

Seltene Wanderer

Der Luth ist die seltenste Seeschildkröte und bewohnt alle Meere, mit Ausnahme der kal-ten, wobei er wohl mehr an die Hochsee gebunden ist als andere Schildkröten. Über seine Lebensweise wissen wir wenig, selbst seine Brutplätze sind nur wenig bekannt. Be-kannt sind Brutplätze des Luth aus West-indien, Florida, der Karibik, von Senegal, Natal, Madagaskar, Sri Lanka und Malaya. Die Populationen sind sehr klein, und Eier-raub durch Menschen und Hunde gefährden die Bestände mancher Gebiete. Obwohl sie im großen und ganzen auf die wärmeren Meere beschränkt sind, findet man gelegent-lich welche in kühleren Meeren oder gestran-dete Tiere an nördlichen Stränden, bei-spielsweise in der Nord- und Ostsee.

Im Gegensatz zu anderen Seeschildkröten tragen Lederschildkröten keinen Bewuchs von Rankenfüßlern oder Algen. Dies mag mit der sehr öligen Haut zusammenhängen. Man stellte fest, daß dieses Öl antibiotische Eigenschaften hat, aber es ist nicht bekannt, ob dies andere Organismen daran hindert, sich auf der Haut anzusiedeln. Wie andere Seeschildkröten auch, sind sie schnelle Schwimmer. Luthe werden regelmäßig von Pilotfischen eskortiert, die häufiger mit Haien vergesellschaftet sind.

Obwohl die Lederschildkröte hier als die seltenste Seeschildkröte bezeichnet worden ist, ist festzustellen, daß die Anzahl von Be-obachtungen in jüngster Zeit angestiegen ist, besonders im Nordatlantik. Der vielleicht wichtigste Grund dafür ist, daß Fischer zu schnelleren, motorisierten Schiffen überge-gangen sind.

Schwabbelige Nahrung

Der Mageninhalt von Lederschildkröten zeigt, daß sie Quallen, Salpen, Flügelschnekken und andere schwabbelige, langsame Lebewesen fressen, eingeschlossen die Krebschen und andere Lebewesen, die in den Körpern von Quallen und Salpen leben. Man hat gesehen, wie sich Lederschildkröten um Quallenschwärme versammelten, und die 5 bis 8 cm langen Hornstacheln in der Kehle und im Mund sind wahrscheinlich eine große Hilfe beim Festhalten solch schlüpfriger Tiere.

Eiablage in Gruppen

Weibchen des Luth kommen in kleinen Gruppen an den Strand, um ihre Eier abzulegen, und zwar gewöhnlich nachts. Sie wandern geradeaus vom Strand weg, bis sie zu trockenem Sand kommen, wo sie anfangen, ein Nest zu graben. Sie wählen keinen speziellen Platz aus, wie etwa die Suppenschildkröten, die Probelöcher graben und den Sand untersuchen. Mit Hilfe aller vier Paddel, die rhythmisch arbeiten, buddeln sie eine Mulde, bis sie verdeckt sind. Sie graben dann die Neströhre — wobei sie mit den Hinterbeinen Sand herausschaufeln — so tief wie nur irgend möglich. Etwa 60 bis 100 Eier, jedes von 5 bis 6 cm Durchmesser, werden abgelegt; dann füllen sie das Nest mit Sand und planieren es. Schließlich tarnen sie ihre Nester, indem sie den Sand pflügen und umherstreuen. Dann nehmen sie ihren Weg zurück zum Meer. Jedes Weibchen kommt etwa viermal an Land, um abzulegen.

Das Ungeheuer von Soay

Im September 1959 wurde ein großes Tier im Meer bei Soay gesehen, einem kleinen Inselchen vor der Insel Skye, westlich von Schottland. Es wurde viel darüber spekuliert, um was es sich handeln könnte. Die beiden Männer, die es sahen, machten eine Beschreibung, und jeder zeichnete eine grobe Skizze. Sollte es sich um ein Seeungeheuer handeln, vielleicht um eine der verschiedenen Formen von Seeschlangen, von denen immer wieder einmal berichtet wurde? All dies schien möglich, wenn man eine künstlerische Darstellung ansah, die veröffentlicht worden war. Prof. Brongersma hatte wenig Schwierigkeiten, zu zeigen, daß dieses Tier höchstwahrscheinlich nichts anderes war als ein großer Luth. Darin stimmte er mit der Ansicht von J. Frazer aus Aberdeen überein, die im März 1960, wenige Monate nach der Beobachtung, veröffentlicht worden war.

Wenn die Darstellung des Künstlers irreführend war, so können wir ihm keinen Vorwurf machen. Ihm standen nur die mündlichen Berichte zusammen mit zwei groben Skizzen zur Verfügung. Die Moral von der Geschichte ist, daß man dem englischen Philosophen William of Occam mehr Aufmerksamkeit widmen sollte. Er hatte schon im 14. Jahrh. folgende Lehre aufgestellt: Wenn es über irgend etwas zwei oder mehrere Theorien gibt, wähle man die einfachste!

Klasse	**Reptilia**
Ordnung	**Testudines**
Familie	**Dermochelidae**
Gattung, Art	*Dermochelys coriacea*, Luth oder Lederschildkröte

Oben: Warum weint der Luth? Vielleicht, weil er damit den Sand aus den Augen entfernt, wahrscheinlicher aber werden mit den „Tränen" Salzüberschüsse abgegeben.
Unten (Karte): Der Luth kommt häufiger auch in kühleren Meeren vor als andere Meeresschildkröten.

Lederschildkröte (Dermochelys coriacea)

Mit einer Panzerlänge von kaum mehr als 10 cm gehört diese kleine Schildkröte, die Pennsylvania-Klappschildkröte, zu den kleinsten Arten.

Die Moschusschildkröte hat einen viel stärker reduzierten Bauchpanzer ohne Gelenke.

Schlammschildkröten

Die Schlammschildkröten der Familie Kinosternonidae gehören zu den kleinsten Schildkröten: Die erwachsene Pennsylvania-Klappschildkröte hat einen braunen oder oliven Panzer von kaum mehr als 10 cm Länge. Die Jungen dieser Art haben drei Kiele auf dem Rückenpanzer, aber diese verschwinden, wenn sie herangewachsen sind. Der Bauchpanzer ist hellbraun oder gelb, und die Schildkröten haben gelbgrüne Flecken am Kopf. Das Mittelstück des Bauchpanzers ist mit dem Rückenpanzer fest verbunden, während der vordere und der hintere Teil bewegliche Lappen bilden, die mit jenem Mittelstück durch kräftiges Gewebe gelenkig verbunden sind. Wenn die Schildkröte Kopf, Beine und Schwanz einzieht, klappt sie diese Lappen über die Öffnungen und schließt sich vollständig ein. Moschusschildkröten sind den Klappschildkröten ähnlich, abgesehen davon, daß ihr Bauchpanzer im Verhältnis zum Rückenpanzer viel kleiner ist. Beide gleichen sich aber darin, daß sie Moschusdrüsen entlang der Körperseiten haben. Der Moschusduft ist bei den Moschusschildkröten viel stärker; sie werden deshalb in Amerika oft „Stinktöpfe" genannt.

Es gibt etwa 17 Klappschildkrötenarten, fünf in den USA, die übrigen in Mittel- und Südamerika. Mehrere große südamerikanische Arten haben vergrößerte Bauchpanzerlappen, die einen vollständigen Verschluß mit den Rändern des Rückenpanzers bilden, so daß die Schildkröte im Inneren vollkommen geschützt ist. Die Moschusschildkröten bewohnen die USA.

Ruhiges Leben

Klapp- und Moschusschildkröten leben in Teichen und trägen Strömen, wo viele Wasserpflanzen sind. Sie kriechen über den Grund, und gelegentlich spazieren sie über Land oder sonnen sich an Ufern oder auf Baumstümpfen. Die Gewöhnliche Moschusschildkröte sieht man kaum außerhalb des

„Stinktopf" — 3 Tage alte Moschusschildkröte.

Wassers, aber die Dach-Moschusschildkröte der südöstlichen USA kommt oft heraus, um sich zu sonnen. Klappschildkröten kann man eher an Land finden, und sie bewohnen oft sehr kleine Tümpel und Straßengräben.

Ein unwillkommener Fang

Klapp- und Moschusschildkröten fressen Kaulquappen, Schnecken, Würmer, Wasserinsekten und Fische. Sie fressen auch große Mengen Aas und sind bei den Anglern unbeliebt, weil sie oft den Köder annehmen. Nachdem die Schildkröte den Angler glauben gemacht hat, daß er einen Fisch an der Angel hat, verärgert sie ihn auch noch, indem sie, aus dem Wasser gezogen, ihren übelriechenden Moschusgeruch entläßt.

Gemächliche Hochzeit

Die Hochzeit der Klappschildkröten findet gewöhnlich im Wasser statt; aber das Weibchen kommt an Land, um seine Eier zu legen. Bei der Paarung nähert sich das Männchen von hinten dem Weibchen und beschnüffelt den Schwanz, um das Geschlecht festzustellen. Dann schwimmt er neben ihr und stößt sie gerade hinter dem Auge. Sie schwimmt mit ihm eine Strecke weit, dann hält sie plötzlich an. Das ist das Signal für das Männchen, auf ihren Rücken zu klettern, die Ränder ihres Panzers mit seinen Krallen zu packen und ihren Schwanz mit den Tuberkeln eines Hinterfußes zur Seite zu schieben. Mehrere fruchtbare Gelege können nach einer Paarung abgelegt werden, und Weib-

chen, die drei bis vier Jahre isoliert wurden, haben befruchtete Eier gelegt. Die Eier werden unter faulende Baumstämme oder -stümpfe gelegt oder in Nester, die in den Sand gegraben wurden. Bis zu sieben Eier mit harten, spröden Schalen bilden ein Gelege. Die Jungen schlüpfen nach 60 bis 90 Tagen, je nach Temperatur in der Sonne oder in verrottenden Pflanzenteilen. Die frisch geschlüpften Schildkröten haben etwa 25 mm lange Panzer. Männchen werden nach vier bis sieben Jahren geschlechtsreif, Weibchen nach fünf bis acht. In Gefangenschaft haben Klappschildkröten bis zu 40 Jahre gelebt, in der Wildnis aber fallen sie vielen Räubern zum Opfer.

Der Körperbau der Schildkröte

Bei manchen Arten ist der Brustpanzer so klein, daß er nur sehr wenig Schutz bieten kann. Selbst dann hat er immer noch eine wichtige Aufgabe. Bei allen Schildkröten sind die Rippen mit dem Rückenpanzer verwachsen, und der Bauchpanzer übernimmt in gewisser Weise die Aufgabe der Rippen, indem er den Körper stützt und Ansatzstellen für die Muskeln des Schulter- und Beckengürtels bietet. Bei den Schnappschildkröten z. B., bei denen der Bauchpanzer sehr stark reduziert ist, haben Wissenschaftler errechnet, daß gerade dieser kleine Bauchpanzer notwendig ist, um dem Körper den nötigen Halt und die nötige Kraft zu geben. Es ist fast dasselbe bei den jungen Klapp- und Moschusschildkröten; sie haben einen weichen Rückenpanzer und einen soliden Bauchpanzer, der den Körper verfestigt. Wenn die Schildkröte älter wird und der Rückenpanzer sich verfestigt, ist der Bauchpanzer von dieser Aufgabe befreit. Dann entwickeln sich bei Klappschildkröten die Gelenke im Bauchpanzer, die es ihnen ermöglichen, den Panzer völlig zu verschließen, wenn sie sich zurückziehen.

Klasse	**Reptilia**
Ordnung	**Testudines**
Familie	**Kinosternonidae**
Gattungen und Arten	*Kinosternon subrubrum*, Pennsylvania-Klappschildkröte; *Sternotherus carinatus*, Dach-Moschusschildkröte; *St. odoratus*, Moschusschildkröte

Krokodile

Die Krokodile und ihre Verwandten, die Alligatoren, Kaimane und Gaviale, sind die einzigen Überlebenden einer Reptiliengruppe, der Archosaurier, die die wohlbekannten und schreckenerregenden Dinosaurier einschließt. Die Familie der Krokodile selbst umfaßt die Stumpfkrokodile und den Sunda-Gavial zusammen mit den etwa ein Dutzend Arten echter Krokodile.

Krokodile werden oft nach der Form ihrer Schnauze unterschieden. Sie ist lang und breit beim Nilkrokodil, der bekanntesten Art, kurz beim indischen Sumpfkrokodil oder Maghar, und lang und schmal beim Sunda-Gavial. Die Unterschiede zwischen Krokodil und Alligator werden beim Kapitel „Alligator" besprochen (S. 272).

Wie bei vielen großen, furchterregenden Tieren wurde ihre Größe oft übertrieben. Es gibt glaubwürdige Berichte, daß ein Nilkrokodil 7 m erreichen kann, und Spitz- und Orinokokrokodil werden bis 7,20 m lang, während das Leistenkrokodil Längen von 7 bis 10 m erreicht. Auf Madagaskar fand man jedoch Reste von Nilkrokodilen, die eine Länge von mindestens 10 m gehabt haben müssen. Auf der anderen Seite hat man noch nie ein Ituri-Stumpfkrokodil von mehr als 1,20 m Länge gefunden. Da Krokodile so stark gejagt werden, sind große Exemplare nun sehr selten geworden.

Unten: Ein kleiner Verwandter mit abweichendem Kieferbau: Das Stumpfkrokodil Westafrikas wird nur 1,85 m lang und ist harmlos.

Oben: Das Leistenkrokodil, eine der gefährlichsten Arten, kann eine Länge von mehr als 7 m erreichen.

Kaltblütige Sonnenanbeter

Krokodile finden wir in den wärmeren Regionen der Welt, in Afrika, Asien, Australien und Amerika. Anders als Alligatoren findet man sie oft im brackigen Wasser, und manchmal schwimmen sie auch ins offene Meer. Leistenkrokodile besiedeln die Gewässer um die Sundainseln, und gestrandete hat man schon auf den Fidschi-Inseln und anderen entlegenen Eilanden gefunden.

Reptilien werden als „kaltblütig" bezeichnet, weil sie nicht so gut wie Säugetiere und Vögel ihre Körpertemperatur innerhalb enger Grenzen halten können. Die Körpertemperatur eines Reptiles schwankt gewöhnlich um ein paar Grad um die der Umgebung. Viele Reptilien können jedoch ihre Körpertemperatur einigermaßen konstant halten, indem sie einen bestimmten Tageslauf einhalten, um extreme Temperaturen zu vermeiden. Dazu gehören auch Krokodile. Sie kommen aus dem Wasser bei Sonnenaufgang und liegen an den Ufern, um sich zu sonnen. Wenn sie ihre Körper aufgeheizt haben, gehen sie entweder in den Schatten oder wieder ins Wasser, um der Sonnenhitze am Mittag zu entgehen. Dann, am späten Nachmittag, sonnen sie sich wieder, und kehren in der Dämmerung in das Wasser zurück. Dadurch, daß sie in der Nacht im Wasser bleiben, erhalten sie ihre Körpertemperatur ziemlich konstant, weil Wasser weniger starken Temperaturschwankungen als Luft unterworfen ist.

Steine im Magen

Wenn Krokodile aus dem Wasser kommen, bleiben sie im allgemeinen in Ufernähe, obwohl sie gelegentlich über einige Entfernung wandern, um Wasserstellen zu suchen, und große Verwunderung auslösen können, wenn sie in Städten erscheinen. Sie sind im allgemeinen langsam; aber trotz ihres massigen Körpers und ihrer relativ kurzen Beine sind sie zu unerwarteten, explosionsartigen Spurts befähigt. Sie haben drei verschiedene Gangarten. Einmal den normalen Gang, wobei der Körper hoch über dem Boden steht und die Beine den Körper tragen — eine Gangweise, die der volkstümlichen Auffassung über die Gangart der Krokodile kaum entspricht. Wohlbekannt ist dagegen das Gleiten, das gebraucht wird, wenn sie ins Wasser stürzen. Das Krokodil rutscht in das Wasser und benutzt seine Beine als Paddel. Die dritte Methode wird von jungen Krokodilen verwandt: wie springende Eichhörnchen, die gelegentlich galoppieren können, wobei Vorder- und Hinterbeine zusammenwirken.

Im Wasser treiben Krokodile dicht unter der Wasseroberfläche, wobei kaum mehr als die Nasenlöcher und die Augen zu sehen sind. Sie tragen gewöhnlich mehrere Pfund Steine in ihrem Magen, die ihnen helfen, ihren Körper zu stabilisieren. Die Steine liegen im Magen, unterhalb des Schwerpunktes, und wirken gegen den Auftrieb der luftgefüllten Lungen. Dies ist besonders wichtig, wenn die Krokodile sehr jung sind. In diesem Alter sind sie kopflastig und können sich nicht einfach an der Oberfläche treiben lassen.

Menschenfresser: Tatsachen und Legenden

In ihrem ersten Lebensjahr fressen junge Krokodile Kleintiere, Frösche, Libellen, Krabben und sogar Mückenlarven. Man hat gesehen, wie junge Krokodile die Larven in die Enge getrieben haben, indem sie sie mit Körper und Schwanz einschließen. Größere Tiere werden beschlichen. Das Krokodilkind schwimmt heimlich auf die Beute zu und stürzt sich dann auf sie, wobei es mit seitlichen Bewegungen der Kiefer nach ihr schnappt. Das ist notwendig, weil die Krokodilaugen an den Seiten des Kopfes liegen.

Wächst das Krokodil heran, dann sinkt der Anteil von Insekten in seiner Nahrung, und es wendet sich Schnecken und Fischen zu. Die erwachsenen Krokodile fahren fort, Fische zu fangen, wenden sich aber im stärkeren Maße Vögeln und Säugetieren zu. Sie fangen ihre Beute, indem sie ihnen an Wasserstellen oder Tierfurten auflauern. Wenn sich ein Opfer nähert, packt das Krokodil zu und zieht es unter Wasser oder schlägt es mit einem Kopfstoß oder mit dem Schwanz nieder. Ist das Opfer erst einmal ins Wasser gezogen, dann hat das Krokodil einen entscheidenden Vorteil. Mit dem Ertrinken endet die Abwehr des Opfers, und durch rasche Drehungen, wobei das Krokodil ein Bein des Opfers festhält, kann es die Beute in Stücke reißen.

Wie in Starpose für einen Film über die ersten wasserbewohnenden Reptilien kommt hier ein junges Leistenkrokodil an die Küste von Queensland. Im Gegensatz zu Alligatoren kommen Krokodile auch in Brack- und Meerwasser vor.

Krokodile sind als Menschenfresser wohlbekannt. Aber ist dieser Ruf berechtigt? Ihr Verhalten wechselt, und es scheint, daß nur bestimmte Individuen den Menschen angreifen. In manchen Teilen Afrikas werden Krokodile jedenfalls nicht als Gefahr betrachtet, während in anderen Palisaden am Wasserrand errichtet werden mußten, damit die Frauen in Sicherheit Wasser holen konnten. Es scheint, daß Krokodile angriffslustiger sind, wenn ihre Ströme und Teiche austrocknen, so daß sie nicht flüchten können, oder wenn sie ihre Jungen bewachen.

Im Krokodilsnest

Das Nilkrokodil pflanzt sich mit fünf bis zehn Jahren fort. Dann ist es 2 bis 3 m lang. Die ausgewachsenen Männchen errichten Reviere entlang der Ufer, die sie mit jungen Männchen und Weibchen teilen. Sie verteidigen ihre Reviere durch Kämpfe, die bisweilen mit dem Tod eines Tieres enden können.

Ein Krokodilmännchen nähert sich einem Weibchen und versucht, ihm zu imponieren, indem es das Wasser mit Schwanz und Kopf aufpeitscht. Sie schwimmen im Kreis herum, das Männchen an der Außenseite. Es versucht, in ihre Nähe zu kommen, so daß es ein Vorderbein über ihren Körper schieben und sie begatten kann.

Während der Trockenzeit werden bis zu 90 Eier abgelegt. Die Jungen schlüpfen vier Monate später, in der Regenzeit, wenn zahlreiche Insekten vorhanden sind, die von den Jungen gefressen werden.

Das Nil- und das Sumpfkrokodil graben als Nester 60 cm tiefe Löcher, aber das Leistenkrokodil aus Nordaustralien und Indonesien baut einen Blätterhaufen. Die Nester werden in Wassernähe im Schatten gebaut, wo die Weibchen ihre Jungen bewachen und sich im Schatten aufhalten können.

Vor dem Schlupf fangen die Jungen zu quaken an. Das ist für die Mutter das Signal, die Decke des Nestes abzutragen. Die Jungen klettern heraus und bleiben bei ihr; sie bellen, wenn sie verlorengehen. Sie folgen ihr wie Entenküken ihrer Mutter und jagen Insekten, wobei sie sogar auf Bäume klettern, quaken und nacheinander schnappen. Nach einigen Tagen zerstreuen sie sich.

Die jungen Nilkrokodile sind beim Schlupf etwa 30 cm lang; während der ersten sieben Jahre wachsen sie jährlich etwa 25 cm.

Oben: Beim Schlupf: Noch im Ei quaken die Nilkrokodil-Kinder, ein Signal für die Mutter, das Nest abzudecken.

Unten: Mit seiner Beute in den kräftigen Kiefern kehrt das Krokodil ins Wasser zurück, wo es in Ruhe fressen kann.

Kannibalen

Die Krokodilmutter muß während der ganzen Zeit stets auf der Hut sein, weil viele Tiere auf die Chance warten, Eier oder Junge zu ergattern. Ihr Hauptfeind ist der Waran. Er ist so kühn, daß er unter dem Krokodil gräbt, wenn es auf dem Nest liegt; einmal hat man sogar beobachtet, wie ein Waranmännchen das Krokodil vom Nest weglockte, während das Weibchen die Eier stahl. Andere Krokodile, Reiher, Schleichkatzen, Schildkröten, Adler und Raubfische fressen ebenfalls Jungkrokodile. Erwachsene Krokodile sind schon Löwen, Elefanten und Leoparden zum Opfer gefallen.

Krokodile sind Kannibalen. Deshalb sind Gruppen sonnender Tiere immer nach Größenordnung getrennt: die kleineren halten sich weit von den größeren entfernt.

J. Hawkins erklärte Krokodilstränen folgendermaßen: Das Krokodil weint, um jemanden irrezuführen, und dasselbe gilt auch für eine Frau, wenn sie weint! Die Hinterlist des heimtückischen, grausamen Krokodiles bestehe darin, daß es unwissende Reisende in seine Nähe locke, die herausfinden wollen, was der Grund für die Tränen sei. Man sagt auch, daß das Krokodil Tränen vergießt, wenn es seine Beute verschlingt.

Die Geschichte kann, wie viele Legenden, einen wahren Kern haben. Sie kann von dem klagenden Heulen herrühren, das Krokodile von sich geben. Außerdem haben Krokodile Tränendrüsen, um ihre Augen feucht zu halten, und Tränen — oder Wasser, das sich unter den Lidern gesammelt hat — können aus den Augenwinkeln rinnen. Zusammen mit dem dauernden „Grinsen" ihrer Mäuler kann dies zu ihrer mythischen Einschätzung als Heuchler geführt haben.

Klasse	**Reptilia**
Ordnung	**Crocodylia**
Familie	**Crocodylidae**
Gattungen und Arten	*Crocodylus niloticus*, Nilkrokodil; *Cr. porosus*, Leistenkrokodil; *Cr. palustris*, Maghar; *Osteolaemus tetraspis*, Stumpfkrokodil; *Tomistoma schlegeli*, Sunda-Gavial

Ein Nilkrokodil (Crocodylus niloticus) *durchbricht gerade die Eischale. Zululand-Vermehrungsstation Natal, Südafrika.*

Unten: Obwohl Krokodile in manchen Teilen Afrikas nicht als Menschenfresser angesehen werden, hat das Nilkrokodil einen sehr schlechten Ruf. Von einem fast fünf Meter langen Krokodil aus dem Kihange in Zentralafrika wird behauptet, daß es im Laufe der Jahre 400 Menschen gefressen hat.

Wird er belästigt, öffnet der Alligator sein Maul und brüllt. Alligatorbullen brüllen auch während ihrer Brunftkämpfe und um Weibchen anzulocken.

Alligator

Zwei Reptilienarten, die nahe mit den Krokodilen verwandt sind, gehören mit den Kaimanen zu einer eigenen Familie. Alligatoren und Krokodile sehen sich sehr ähnlich, der Hauptunterschied liegt in der Bezahnung. Beim Krokodil greifen die Zähne von Ober- und Unterkiefer ineinander, beim Alligator aber greifen die Zähne des Oberkiefers außen über die des Unterkiefers. Bei beiden ist der vierte Unterkieferzahn merklich größer als die anderen; bei den Krokodilen paßt er in eine Kerbe am Oberkiefer und ist bei geschlossenem Maul von außen zu sehen, während bei den Alligatoren, wo der Oberkiefer über den Unterkiefer greift, dieser Zahn in ein Loch im Oberkiefer paßt und bei geschlossenem Maul nicht zu sehen ist. Außerdem ist der Alligatorenkopf breiter und kürzer und die Schnauze dementsprechend gedrungener. Andererseits, vor allem in ihren Spezialanpassungen an das Wasserleben, sind die Alligatoren den Krokodilen sehr ähnlich.

Eine der beiden Arten lebt in Nordamerika, die andere in China. Der Chinaalligator erreicht 2 m Länge und hat keine Schwimmhäute zwischen den Zehen, der Mississippi- oder Hechtalligator ist viel größer, mit einer Maximallänge von 6 m. Solche Längen werden jedoch heute nicht mehr erreicht, weil der Hechtalligator wegen seiner Haut stark dezimiert wurde. Wann immer ein Tier intensiv verfolgt wird, werden die großen Individuen rasch eliminiert, und die Durchschnittsgröße der Überlebenden sinkt langsam, wenn sich die Verfolgung verstärkt.

Verwandt mit den Alligatoren sind die Kaimane, die nur in Südamerika leben. Die größte und gefährlichste Art ist der dunkle Mohrenkaiman (Melanosuchus niger) des Amazonasgebietes. Er wird 4,70 m lang. Von Mittelamerika bis zum Rio Parana ist der Brillenkaiman (Caiman crocodilus) verbreitet, und in Ostbrasilien lebt der Breitschnauzenkaiman (C. latirostris). Beide sind harmlos. Speziell an das Leben in schnellfließenden Gewässern angepaßt sind die höchstens 1,40 m langen Zwergkaimane (Paleosuchus).

Langes, träges Leben

Alligatoren sind schwerfälliger als Krokodile; das kann möglicherweise der Grund für ihre Langlebigkeit sein. Den Rekord hält ein Hechtalligator, der 56 Jahre erreichte. Den größten Teil ihres Lebens liegen sie faul an den Ufern in der Sonne.

Der Hechtalligator ist auf den Südosten der USA beschränkt und dringt nicht über den 35. Breitengrad nach Norden vor. Der Chinaalligator besiedelt nur das Yangtse-Becken.

Fleischfresser

Die Nahrung der Alligatoren wechselt mit dem Alter. Die Jungen fressen Insekten, Flohkrebse und Wasserasseln. Wenn sie heranwachsen, fangen sie Frösche, Schlangen und Fische; geschlechtsreife Tiere fressen vor allem Fisch, erbeuten aber auch Bisamratten und Kleinsäuger, die zum Trinken zum Ufer kommen. Auch Wassergeflügel bildet einen gewissen Teil ihrer Nahrung. Sehr große Exemplare können gelegentlich Großsäuger wie Hirsche oder Kühe in das Wasser ziehen und ertränken.

Alligatoren bauen Nester

Es scheint, daß Alligatorenweibchen den aktiveren Teil bei der Hochzeit und bei der Revierverteidigung übernehmen. Die Männchen verbringen einen großen Teil der Fortpflanzungszeit mit Kämpfen gegeneinander, bei denen es auch zu Verletzungen kommen kann. Dabei brüllen sie. Das Brüllen lockt die Weibchen an; ebenso auch ein nach Moschus duftendes Sekret von Drüsen an der Kehle und dem After des Männchens. Die Hochzeit findet gewöhnlich bei Nacht statt, das Paar schwimmt schneller und immer schneller im Kreis und paart sich endlich im Wasser mit verschlungenen Kiefern, das Männchen über das Weibchen gebeugt.

Für die Aufnahme der Eier wird ein großes Nest gebaut. Das Weibchen schaufelt mit seinen Kiefern Schlamm herbei und vermischt ihn mit Pflanzenteilen. Das Gemisch wird dann am Nistplatz deponiert, bis ein 1 m hoher Haufen entstanden ist. Die 15 bis 80 Eier sind hartschalig und werden in einer Vertiefung an der Spitze des Haufens abgelegt und mit weiteren Pflanzenteilen bedeckt. Das Weibchen bleibt bei den Eiern, bis nach zwei oder drei Monaten die Jungen schlüpfen; die Wärme der verrottenden Pflanzenteile brütet die Eier aus.

Die schlüpfenden Alligatoren piepsen laut, und das Weibchen entfernt die Pflanzenteile über dem Nest, um ihnen zu helfen. Alligatorenbabies sind beim Schlupf 20 cm lang und wachsen etwa 30 cm je Jahr; mit sechs Jahren werden sie geschlechtsreif.

Oben: Das Alligatorenweibchen baut ein Nest aus Pflanzenteilen. Sie bewacht es bis zum Schlupf der Jungen. — Unten: Alligatoren sonnen sich die meiste Zeit an den Ufern der Dschungelflüsse.

Ein Selbstbetrug

Junge Alligatoren werden eine leichte Beute von Raubfischen, -vögeln und -tieren, und auf allen Wachstumsstufen werden sie von größeren Alligatoren angegriffen und gefressen. Diese natürlichen Feinde reichten gerade aus, um den Bestand der Alligatoren konstant zu halten. Dann wurde es Mode, Damenschuhe, Handtaschen und andere Gegenstände aus Alligatorenleder herzustellen. So lange wie diese Artikel Mode sind und hohe Preise erzielen, werden Menschen bereit sein, sowohl Gefängnisstrafen auf Grund der zum Schutz der Alligatoren erlassenen Gesetze als auch Verletzungen durch die Alligatoren selbst in Kauf zu nehmen, um reich zu werden.

Es gibt eine weitere „Industrie", die sowohl dem Alligator selbst als auch der Lederindustrie schadet: denn es besteht außerdem ein Bedarf an Alligatoren als Haustiere, wenn vielleicht auch nicht mehr in dem Maße wie früher. „Baby"-Alligatoren werden immer noch in großer Zahl für Tierhandlungen gefangen, aber — wie so oft im Tierhandel —, es werden nicht alle dieser Tiere auch verkauft. Von einem Kontingent von 1000 Alligatorenbabies, das 1967 New Jersey erreichte, waren 200 bereits tot und in Verwesung übergegangen, und viele andere waren geschwächt und zum Tode verurteilt.

Noch mehr als die Verfolgung hat die Trockenlegung von Gewässern die Anzahl der Hechtalligatoren vermindert. Dem China-Alligator erging es ähnlich. Sein Bestand ist stark zurückgegangen, er steht aber jetzt unter strengstem Schutz. Der New Yorker Zoo hat in jüngster Zeit Pläne bekanntgegeben, ihn in Gefangenschaft zu vermehren und zu versuchen, auch außerhalb Chinas eine Zuchtgruppe zu begründen.

Unerwünschte Haustiere

Die Mode, Alligatoren und Kaimane als Haustiere zu halten, hat sowohl für die Eigentümer als auch für die Tiere selbst große Nachteile, wenn auch die Bedrohung der Arten durch Trockenlegungen, die den gesamten Bestand eines Gebietes vernichten, und durch die Lederindustrie, die vor allem die für die Erhaltung der Population wichtigen geschlechtsreifen Tiere betrifft, weit größer ist. Selbst wenn man von dem Größenrekord von 6 m für den Hechtalligator absieht, erreicht er immer noch eine Größe, die ihn für moderne Wohnungen ungeeignet macht; viele Leute, die sich einen Alligator zulegen, versuchen bald, ihn wieder loszuwerden. Jeder Zoo besitzt eine große Sammlung solch unerwünschter Haustiere, und unglückliche Alligatoren werden oft einfach in den Straßengully geworfen. Ein Ergebnis ist, daß immer wieder — trotz offizieller Dementis — Berichte in der Presse erscheinen, in den Abwässerkanälen von New York wimmele es von Alligatoren, die von Ratten leben.

Klasse	**Reptilia**
Ordnung	**Crocodilia**
Familie	**Alligatoridae**
Gattung und Arten	*Alligator mississippiensis,* Hecht- oder Mississippi-alligator; *A. sinensis,* China-alligator

273

Gekkos

Die Gekkos bilden eine artenreiche Eidechsenfamilie. Berühmt sind sie wegen ihres Fußbaues, ihrer Rufe, der eigenartigen Schwanzbildungen bei manchen Formen und weil einige Arten in Häusern leben. Der kleinste mißt kaum 4 cm, der größte, der Tokee, bis 35 cm.

Gekkos findet man in allen warmen Ländern, vom Südosten der USA und Westindien bis nach Südamerika, von Südeuropa bis nach Afrika, Australien, Neuseeland und den polynesischen Inseln. Der Mauergekko (Tarentola mauritanica) bewohnt Spanien, Südfrankreich, Dalmatien, Kreta, Italien und die Ionischen Inseln. Er trägt ähnliche Haftlamellen wie der Tokee. Überall in Südeuropa ist der Halbzeher (Hemidactylus turcicus) verbreitet. Der Nacktfinger (Cyrtodactylus kotschyi) trägt keine Haftlamellen an Zehen und Fingern. Er bewohnt Südosteuropa und Vorderasien.

Eine Vorliebe für Häuser

Viele Gekkos leben auf Bäumen, manche zwischen Felsen, andere auf Sandböden und in Wüsten. Viele Arten finden in menschlichen Bauten ähnliche oder sogar bessere Bedingungen als in ihrem natürlichen Biotop: „Höhlungen", in denen sie ruhen oder in die sie flüchten und viele Insekten fangen können, vor allem nachts, wenn diese vom Licht angezogen werden. Da Gekkos an den Wänden haften und viele sich sogar von der Decke herabhängen lassen können, sind sie im Stande, diese beliebten Insekten-Ruheplätze voll zu nutzen; und so werden heute viele als „Hausgekkos" bezeichnet.

An der Decke festgehakt

Die meisten Gekkos können an glatten Oberflächen haften. Ihre Zehen können breit oder an den Spitzen verbreitert sein, mit quer oder fächerartig angeordneten Hautlappen, den Lamellen. Die Unterseite der Zehen tragen Polster, die mit zahlreichen mikroskopisch kleinen Borstenhäkchen besetzt sind, welche sich in den kleinsten Unregelmäßigkeiten verhaken, selbst in Glas; oder mit Borsten, die in winzigen Saugnäpfen enden. So kann ein Gekko überall haften, mit Ausnahme von feinpolierten Flächen. Die Häkchen sind nach hinten und abwärts gekrümmt, und um sie zu lösen, muß der Zeh von der Spitze an gehoben werden. Deshalb muß ein Gekko, der auf einem Baum, einer Mauer oder an einer Decke entlangläuft, seine Zehen mit einer Geschwindigkeit ver- und enthaken, der das Auge nicht zu folgen vermag. Einige der Häkchen sind so klein, daß man sie nur bei stärkster Vergrößerung unter dem Mikroskop sehen kann; doch ein

Oben: Auf Jagd. So sicher wie die Fliege, die er jagt, hält ein Taggekko (Phelsuma vinsoni) auf einem senkrechten Baumstamm inne.
Unten links: Lebende Krampen. Gekkos bekommen durch winzige Häkchen auf ihren Haftlamellen festen Halt.
Unten rechts: Durch doppelten, unvollständigen Schwanzverlust entstand dieser dreischwänzige Gekko.

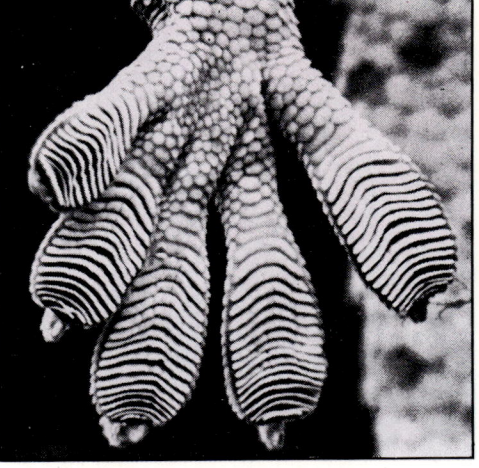

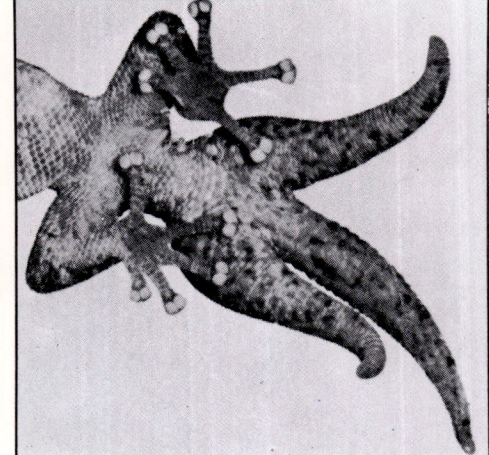

274

einziger, mit zahlreichen dieser Häkchen be- stückter Zeh kann ein Vielfaches des Kör- pergewichts eines Gekkos tragen. Zusätzlich zu den Borsten haben die meisten Arten Krallen an den Zehenspitzen, die ebenfalls zum Festhalten gebraucht werden können. Auch an der Schwanzspitze sind bei man- chen Arten winzige Häkchen, mittels wel- cher sie haften können.

Blätterartige Schwänze
Je nach Art ist der Schwanz lang und schlank, rund oder leicht abgeflacht und mit Schuppen besetzt, oder aber auch flach und blattartig. Ein südamerikanischer Gekko hat einen geschwollenen, rübenartigen Schwanz; er wird als Rübenschwanzgekko (*Thecadactylus rapicaudus*) bezeichnet; *rapi*

für Rübe und *caudus* für Schwanz. Der Fal- tengekko Südostasiens hat einen blattarti- gen Schwanz, breite Hautsäume an beiden Flanken, kleinere an beiden Kopfseiten und ähnliche Säume an den Hinterrändern der Gliedmaßen. Wenn der Gekko fällt, spreizt er seine Beine und Hautsäume und gleitet sicher zur Erde.

Gekkos können ihre Schwänze abwerfen, wie unsere Eidechsen auch, und es wachsen ihnen dann wieder neue. Bei manchen Ar- ten haben 80 Prozent der Individuen rege- nerierte Schwänze. Manchmal wird der Schwanz nicht völlig vom Körper getrennt und hängt an einem Hautlappen. Wenn ein neuer Schwanz gebildet wird und der alte wieder heilt, entsteht ein zweischwänziger Gekko. Sogar dreischwänzige Gekkos hat

Die Pupillen sind auf vier stecknadelgroße Löcher zusammengeschrumpft, um zu starken Lichteinfall zu verhindern.

man schon beobachtet. Bei der Regenera- tion spielt die Temperatur eine große Rolle. Man hat festgestellt, daß der Mauergekko aus Südeuropa und Nordafrika bei einer Lufttemperatur von 28° C einen kurzen, von großen, dachziegelartigen Schuppen be- deckten Schwanz ausbildet, bei einer Luft- temperatur von 35° C dagegen einen langen, von kleinen Schuppen bedeckten Schwanz.

Katzenaugen
Ein Unterschied zwischen Eidechsen und Schlangen besteht darin, daß Schlangen keine Augenlider haben. Bei den meisten

Gekkos sind die Augenlider verwachsen, und im unteren Augenlid befindet sich ein Fenster. Viele Gekkos haben schlitzartige Pupillen wie Katzen. Bei manchen Arten sind die Ränder der Pupillen viermal gelappt oder gekerbt; wenn sich die Pupillen verengen, hinterlassen sie vier stecknadelkopfgroße Öffnungen, von denen jede ein Abbild auf die Netzhaut wirft.

Überraschend kleine Gelege

Alle Gekkos mit Ausnahme einiger weniger neuseeländischer Arten, die lebende Junge zur Welt bringen, legen weiße, hartschalige Eier. Die meisten Gekkos legen zwei Eier, manche auch nur eins. Die Eier werden unter Rinde oder unter Steinen abgelegt und brauchen mehrere Monate bis zum Schlupf.

Harmlose Kreaturen

Gekkos fressen ausschließlich Insekten, Würmer, Spinnen, Tausendfüßler und auch kleinere Echsen, selbst Junge der eigenen Art. Sie sind harmlos und dem Menschen nützlich, allerdings können die großen Arten kräftig zwicken, und fast alle verteidigen sich durch Bisse.

Die Wüstengekkos in den Sanddünen Namibias benutzen ihre durch „Schwimmhäute" verbundenen Zehen nicht nur, um über losen Sand zu laufen, sondern auch um zu graben. Sie scharren den Sand mit einem Vorderfuß weg und schaufeln ihn mit dem Hinterfuß derselben Seite nach hinten. Sie sind braunrosa mit zitronengelbem Seitenstreifen. Das Auge hat leuchtend gelbe Lider, die Iris ist schwarz, golden und kup-

Der regenerierte Schwanz zeigt, daß trotz ausgezeichneter Tarnung nur eine verzweifelte Maßnahme das Leben dieses Gekkos rettete.

ferbarben schattiert, die Ränder der senkrechten Pupille sind weiß. Die Haut ist so durchscheinend, daß man das Rückgrat und manche inneren Organe sehen kann.

Klasse	**Reptilia**
Ordnung	**Squamata**
Unterordnung	**Sauria**
Familie	**Gekkonidae**
Gattung, Art	*Gekko gecko*, Tokee, u. a.

Oben: Verteidigung: Eine in die Enge getriebene Kragenechse spreizt ihren Kragen.

Kragenechse

Die Kragenechse, eine der australischen Agamen, wird etwa 1 m lang, mit schlankem Körper und langem Schwanz. Sie ist hellbraun, entweder einfarbig oder mit gelben und dunkelbraunen Flecken. Ihr auffälligstes Kennzeichen ist der Kragen an ihrem Hals.

Neben ihrer Größe ist der Kragen das einzig Besondere an dieser Eidechse. Gewöhnlich liegt er wie ein Cape zusammengefaltet auf den Schultern. Er ist ein großer Hautlappen, der von Knorpelfortsätzen des Zungenbeines gestützt wird, die wie die Stäbe in einem Regenschirm wirken. Bei Erregung spannen sich die Muskeln an diesen Stäben an, und der Kragen wird aufgerichtet. Seine Spannweite kann dann 20 cm und mehr, d. h. etwa die Kopfrumpflänge erreichen.

Die Kragenechse lebt vor allem in sandigen, trockeneren Gebieten Nordaustraliens.

Sie können auf den Hinterbeinen laufen

Die Kragenechse lebt auf Bäumen mit rissiger Borke und kommt nach Regengüssen zum Fressen auf den Boden. Wenn sie hier überrascht wird, läuft sie auf den Hinterbeinen, wobei sie den Kragen über die Schultern legt, den Schwanz aufrichtet und die Vorderbeine eng an den Körper preßt. Sie kann über eine beachtliche Strecke spurten oder sich auch auf einen Baum in Sicherheit bringen. Wenn sie stark gereizt wird, öffnet sie ihr Maul weit und spannt ihren Kragen. Die beste Beschreibung stammt hier von H. Frauca aus seinem Buch über australische Wildtiere. Sie hebt ihren Schwanz nicht an, wie oft berichtet wurde und wie es auch von einigen ähnlichen Echsen bekannt ist, sondern hält ihn flach am Boden. Sie schwingt von Seite zu Seite, und mit dem weit geöffneten, dunkelblauen, gelbrötlich gerandeten Maul, das von dem grüngelben, rot, braun, weiß und schwarz gesprenkelten Kragen umgeben ist, sieht sie wie eine große Blume zwischen den Blättern aus.

Das offene Maul und der gespreizte Kragen sind Warnzeichen. Wird diese Warnung ignoriert, so zeigt die Kragenechse Aggressionsverhalten. Sie stapft kühn auf den Eindringling zu, mit weit geöffnetem Maul und gespreiztem Kragen, und aus dem Maul kommt ein tiefes Zischen. Bemerkenswert ist, daß selbst Menschen, die sehr gut wissen, daß die Echse ihnen nichts Böses zufügen kann, sich von dieser „Show" einschüchtern lassen. Selbst Hunde, die größere Echsen angreifen, weichen vor ihr zurück.

Mahlzeit aus Ameisen und Eiern

Die Kragenechse frißt Insekten, einschließlich großer Mengen Ameisen, ebenso wie Spinnen und Kleinsäuger. Sie wird auch als Eiräuber bezeichnet. Eine der vielen Schwierigkeiten bei der Haltung dieses Tieres ist, ausreichende Mengen von Futtertieren zu besorgen. 1893, als man für die Reise von Australien nach Europa weit länger brauchte als heute, brachte der Naturforscher Kent eine Kragenechse nach London, die erste, die Europa lebendig erreichte. Man sagt, ein berühmter Zoologe sei ihr in seiner Aufregung auf Händen und Knien gefolgt, um sie beim Umherrennen und Spreizen ihres Kragens zu beobachten, als sie einem Auditorium Gelehrter vorgestellt wurde. Leider wird nicht berichtet, wie es Kent gelang, die Kragenechse zu füttern; aber wahrscheinlich kann sie — wie viele andere Reptilien auch — mehrere Monate ohne Nahrung auskommen.

Schirmtrick

Keiner hat festgehalten, ob einer der gelehrten Herren einen Vergleich zwischen der Echse und einer Frau anstellte. Damals trugen vornehme Damen Sonnenschirme, und es war nicht ungewöhnlich, daß eine Frau, die beim Überqueren eines Feldes plötzlich einer Kuh gegenüberstand, die Kuh verscheuchte, indem sie schnell dicht vor deren Kopf den Schirm öffnete. In seinem Buch „Er sprach mit den Tieren, den Vögeln und den Fischen" erzählt Lorenz, wie seine Frau Gänse daran hinderte, ihre frischbepflanzten Blumenbeete zu verwüsten. Sie lief mit einem großen, roten Schirm auf die Gänse zu und spannte ihn dann plötzlich auf, und die Gänse flogen mit donnerndem Flügelschlag auf. Es scheint fast „instinktiv" für Frauen, Schirme in solchen Situationen so zu verwenden. Es ist von nicht geringem Interesse, daß eine Eidechse ein ebenso effektives Verteidigungsverhalten entwickelt hat.

Klasse	**Reptilia**
Ordnung	**Squamata**
Unterordnung	**Sauria**
Familie	**Agamidae**
Gattung und Art	*Chlamydosaurus kingii*

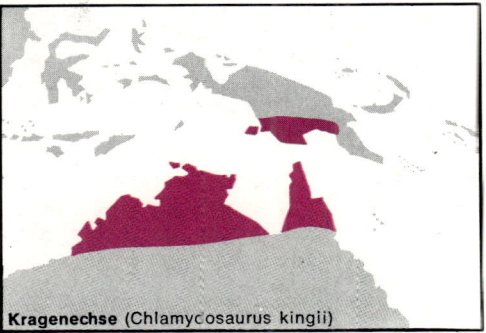

Kragenechse (Chlamydosaurus kingii)

277

Moloch

Moloch war ein kanaäischer Gott, dem Kinder geopfert wurden, und auch einer der Teufel des englischen Dichters Milton. Es ist daher nicht überraschend, daß man dieser bizarren Echse aus der Verwandtschaft der Agamen diesen Namen gegeben hat. Der Moloch macht jedoch — trotz seiner „teuflischen" Gestalt — seinem Namen wenig Ehre. Er ist eine völlig harmlose Echse, wenn die australischen Eingeborenen ihn auch für gefährlich halten und ihn mit Vorsicht behandeln. Der zweite Name des Moloch ist „Dornteufel", er ist mehr beschreibender Art. Der Moloch ist von Dornenstacheln an Kopf, Rumpf, Schwanz und Beinen bedeckt, sie sind im Querschnitt dreieckig und so spitz wie Rosendornen. Die Gesamtlänge der Echse beträgt 15 cm. Der Körper ist abgerundet, so daß der Moloch wie eine große, wandelnde Kastanienfrucht aussieht.

Der Moloch ist über weite Teile Nord-, West- und Südaustraliens verbreitet.

Echse mit Buckel

Moloche sind stachelige Eidechsen, die sich nur langsam bewegen. Bei Bedrohung stecken sie den Kopf zwischen die Vorderbeine und zeigen einen dornigen Buckel, der auf dem Nacken steht. Es ist jedoch schwer einzusehen, inwiefern dieser den stacheligen Gesamteindruck einem Räuber gegenüber verstärkt. Man hat auch angenommen, der Buckel diene als Speicherorgan, aber da er nicht schrumpft, wenn der Moloch hungert, scheint dies unwahrscheinlich.

Moloche leben in Wüsten und Halbwüsten, und wie bei so vielen Wüstentieren ist ihr Verhalten darauf eingestellt, die größte Sonnenhitze zu meiden, obwohl sie tagaktiv sind. Sie können auch die Farbe wechseln, aber diese Fähigkeit wird oft übertrieben. Wenn sie von einem Untergrund auf einen anderen gesetzt werden, dauert es mehrere Minuten, bis sich ihre Farbe geändert hat. Auf einem sandigen Untergrund werden sie hellgrau, aber auf andersfarbenem Untergrund zeigen sie manchmal prächtige Farben mit oranger, kastanienbrauner oder schwarzer Zeichnung.

Eifrige Ameisenfresser

Die bevorzugte Ernährungsweise des Molochs ist es, an einer Ameisenstraße zu sitzen und mit der Zunge die vorbeimarschierenden Ameisen aufzusammeln. Man hat geschätzt, daß einer 30 bis 45 Ameisen je Minute fressen kann, und daß ein Moloch bei einer Mahlzeit 1000 bis 5000 Ameisen aufnimmt, wobei er jede einzeln mit der Zunge fängt, so daß eine Mahlzeit sehr lange dauert. Moloche fressen kaum etwas anderes als Ameisen, und zwar nur stachellose. Ihre Kiefer sind weich, aber ihre Zähne haben komplizierte, gesägte Kronen, die hervorragend geeignet sind, die harten Panzer der Ameisen zu zerbrechen, so daß der weiche Körper verdaut werden kann.

Außerordentlich große Eier

Das Fortpflanzungsverhalten des Molochs ist von Exemplaren bekannt, die in Gefangenschaft Eier gelegt haben. Die Paarung findet im Oktober und November statt, und die Eier werden im Januar gelegt. Das größte bekannte Gelege enthielt 10 Eier, von denen jedes 2,5 cm lang war und einen Durchmesser von mehr als 1 cm hatte — eine außerordentliche Größe bei einer so kleinen Echse wie dem Moloch.

Vor der Eiablage verbringt das Molochweibchen zwei bis drei Tage damit, sein Nest in weiche, sandige Erde zu graben. Dies geschieht nach einem bestimmten Muster. Nachdem es begonnen hat, ein Loch zu graben und einen kleinen Sandhaufen aufzuschütten, entfernt es die überflüssige Erde, indem es sie nach hinten scharrt und sich so langsam in das Loch hineingräbt. Das wiederholt sich mehrmals. Auf diese Weise schafft sie dauernd die Erde weg und hält Eingang und Tunnel sauber. Der fertige Tunnel ist 60 cm lang und endet etwa

Unten: Ein wandernder Dornbusch. Der an sich harmlose Moloch ist für Feinde eine stachelige Masse.

Der Moloch (Moloch horridus) *ist nicht gerade hübsch, hat aber seinen Namen nicht verdient, denn er lebt vorzugsweise von Ameisen, die er schnell und gewandt mit der Zunge aufnimmt.*

25 cm unter dem Erdboden. Es dauert lange, bis das Weibchen fertig ist, weil es oft ausruht. Wenn es sein Werk vollendet hat, legt es die Eier am Grunde des Tunnels und füllt ihn wieder mit Erde. Dabei bleibt eine Höhle rund um die Eier frei, damit die sich entwickelnden Moloche atmen können. Dann wird der Erdboden geglättet. Nach zehn bis zwölf Wochen schlüpfen die etwa 4 cm langen Jungen und graben sich aus dem Erdboden.

Wasseraufnahme durch die Haut

Man hat behauptet, Moloche könnten Wasser durch die Haut aufnehmen, weil Tropfen auf ihren Rücken rasch verschwinden. Wenn dies so wäre, müßte die Haut höchst ungewöhnlich sein, weil sie gleichzeitig verhindern muß, daß Wasser entweicht. Sonst könnte der Moloch unmöglich in Wüsten leben. Man weiß nun, daß der Tropfen in feinen Hautrinnen verschwindet. Taucht man die Schwanzspitze eines Molochs in Wasser, so wird die ganze Haut in wenigen Sekun-

den feucht. Wenn das Wasser seine Lippen erreicht, fängt der Moloch an, es aufzuschlürfen. Noch niemand hat diesen Mechanismus näher untersucht, aber es mag ein Weg sein, Tau zu sammeln, der sich während der kalten Wüstennächte am Körper des Molochs sammelt.

Klasse	**Reptilia**
Ordnung	**Squamata**
Unterordnung	**Sauria**
Familie	**Agamidae**
Gattung und Art	*Moloch horridus*

Chamäleon

Chamäleons bilden eine Echsenfamilie, die wegen mehrerer eigenartiger Merkmale berühmt ist. Der Körper ist hoch und extrem schmal. Der Schwanz ist bei den meisten Arten als Greifschwanz ausgebildet und wird meist zusammengeringelt getragen, er kann um einen Zweig geschlungen werden, um dem Chamäleon zusätzlich Halt zu geben. Die Zehen sind verwachsen, jeweils drei an der Innenseite und zwei an der Außenseite der Vorderbeine und je drei an der Außenseite der Hinterbeine und zwei an deren Innenseite. Dadurch entstehen Zangen, die einen ausgezeichneten Halt im Gezweig verleihen. Darüber hinaus ist das Chamäleon wegen dreier Merkmale bekannt: seiner Fähigkeit, die Farbe zu wechseln, seiner Augen, die unabhängig voneinander bewegt werden können, und seiner mehr als körperlangen Schleuderzunge, die es mit hoher Geschwindigkeit „abschießen" kann. Zusätzlich sind viele Arten mit Tuberkelreihen an Rücken, Helmen, Kragenlappen wie beim Lappenchamäleon oder Hörnern wie beim Jackson-Chamäleon ausgestattet.

Manche Arten werden bis 63 cm lang, während Zwergchamäleons knapp 5 cm erreichen.

Es gibt etwa 80 Chamäleonarten, von denen die meisten in Afrika südlich der Sahara und auf Madagaskar leben. Eine Art, das Gewöhnliche Chamäleon, ist von Südspanien, Kreta und einigen kleinasiatischen Inseln bis nach Nordafrika, Südarabien, Indien und Ceylon verbreitet.

Chamäleons leben in Zeitlupe

Chamäleons leben vorwiegend in Bäumen und im Gebüsch und scheinen die meiste Zeit an einem Ort festzusitzen. Die einzige Bewegung ist die der Augen, die unabhängig voneinander herumwandern und nach Beute oder Feinden Ausschau halten. Wenn sie sich bewegen, kriechen sie langsam einen Zweig entlang. Faultierartig lockert das Chamäleon einen Vorderfuß auf der einen, einen Hinterfuß auf der anderen Seite, und beide werden langsam nach vorn bewegt, um ihren Griff am Zweig zu erneuern; dann folgen, ebenso langsam, die beiden anderen. Obwohl die meisten Chamäleons auf Zweigen leben, kann man das Stummelschwanzchamäleon oft am Erdboden finden.

Regelmäßig wechseln Chamäleons ihre Haut. Vorher trennt sich die alte Haut von der neuen unter ihr ab, so daß ein luftgefüllter Zwischenraum entsteht, der dem Chamäleon ein bleiches, durchscheinendes Aussehen gibt, als wenn es niedlich in Zellophan verpackt worden wäre. Dann reißt die alte Haut, zuerst kurz hinter dem Kopf, und die abfallenden Stücke enthüllen die neue, prächtige Haut.

Lange Schleuderzunge

Chamäleons fressen das Übliche wie andere kleine Reptilien, nämlich Insekten und andere kleine Wirbellose; die großen Arten

Oben: Porträt eines Zweistreifenchamäleons (Chamaeleo bitaeniatus), in 3000 m Höhe am Mt. Elgon, Kenia, aufgenommen.

Links: Chamäleon bei der Häutung. Zuerst bildet sich eine neue Haut unter der alten. Selbst die Augenlider häuten sich.

Oben: *Die Beute, die Spinne oben rechts, wird mit vorgestreckter Zunge anvisiert.*
Unten: *Muskeln schleudern die Zunge heraus.*

Unten: *Die Muskeln ziehen sich zusammen, die Zunge wird zurückgezogen. Trotz der großen Geschwindigkeit war die Spinne schneller.*

Links: Schnitt durch die Haut, vereinfacht. Der Farbwechsel hängt vor allem von den Melanophoren ab, die dunkle Pigmente in die oberen Schichten transportieren oder wieder abziehen.

Epidermis

Gelbe Zellen

Melanophoren

Reflektierende Zellen

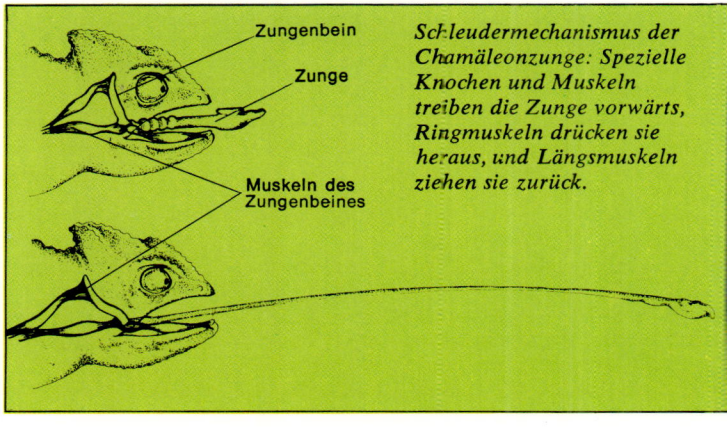

Zungenbein

Zunge

Muskeln des Zungenbeines

Schleudermechanismus der Chamäleonzunge: Spezielle Knochen und Muskeln treiben die Zunge vorwärts, Ringmuskeln drücken sie heraus, und Längsmuskeln ziehen sie zurück.

aber fangen auch kleine Vögel, Eidechsen und Säuger. Die Ähnlichkeit mit anderen Reptilien hört damit auf, denn die Fangmethode ist einzigartig, sieht man einmal von Fröschen und Kröten ab. Chamäleons fangen ihre Beute, indem sie ihre lange Zunge herausschleudern, das Opfer wird mit der Zungenspitze umschlungen, und dann wird die Zunge wieder eingeholt. Der ganze Vorgang geht so rasch, daß Elektronenblitzaufnahmen notwendig sind, um den Mechanismus zu zeigen. Man hat herausgefunden, daß eine 14 cm lange Zunge in $^1/_{16}$ Sekunde ausgeschleudert und in $^1/_4$ Sekunde wieder eingezogen werden kann. Ohne solche Hilfsmittel sieht man nur ein Chamäleon auf seinem Zweig, das seine Beute beobachtet oder sich ihr langsam nähert; ist es in Reichweite, dann richtet es beide Augen auf das Opfer und schaukelt von Seite zu Seite, um die Entfernung aus verschiedenen Blickwinkeln abzuschätzen. Dabei streckt es die Zungenspitze etwas aus dem Maul heraus, so daß es aussieht, als kaute es auf einem Kaugummi; dann verschwindet das Insekt plötzlich von dem Zweig, und man sieht, wie es in den Kiefern zerquetscht wird. Junge Chamäleons fangen im Alter von einem Tag an, Insekten zu fressen.

Wie das Chamäleon seine Zunge „abschießt", konnte durch sorgfältige, anatomische Untersuchungen geklärt werden. Zwei Mechanismen schleudern die Zunge heraus, beide sind mit mächtigen Muskeln ausgestattet. Im hinteren Teil des Kiefers liegt ein V-förmiger Knochen, dessen Spitze nach hinten gerichtet ist. Mit diesem Knochen ist das Zungenbein beweglich verbunden, über das die Zunge wie ein Handschuh gestülpt ist. Wenn das Chamäleon bereit ist, wird der V-förmige Knochen leicht nach vorne gezogen, so daß die Zungenspitze aus dem Mund gestreckt ist. Dann ziehen sich die ringförmigen Muskeln in der Zungenspitze blitzartig zusammen, so daß die Zunge in der gleichen Weise herausgetrieben wird wie ein Orangenkern, den man zwischen den Fingern drückt; gleichzeitig wird der V-förmige Knochen weiter nach vorne geschoben, so daß zusätzlicher Vortrieb entsteht.

Das Zungenende ist von klebrigem Schleim bedeckt, aber ein Insekt kann sich ohne weiteres auf dem Kopf eines Chamäleons ansiedeln und ohne Schwierigkeiten über die herausgestreckte Zunge laufen.

Fortpflanzung mit Problemen

Männliche Chamäleons besetzen Territorien und schützen sie vor anderen Männchen, die sie durch Imponierverhalten vertreiben. Die Lungen der Tiere haben Äste, die durch den ganzen Körper ziehen, und indem es seine Lungen mit Luft füllt, kann sich das Chamäleon zu recht beachtlicher Größe aufblähen. Weibchen ist es natürlich erlaubt, die Reviere zu betreten; die Männchen treiben sie und paaren sich mit ihnen, wenn sie nicht abgewehrt werden, weil sie bereits trächtig sind.

Manche Chamäleons legen Eier, andere bringen lebende Junge zur Welt. Das erste hat einige Nachteile für Chamäleons, die bis zu 50 Eier in einem Gelege absetzen, von denen jedes einen Durchmesser von etwa 1 cm hat. In Bäumen sind Verstecke für solch große Gelege selten, und das Chamäleon, das dick und unbeholfen ist, wenn es trächtig ist, muß zum Boden herabklettern

Augen, die sich unabhängig voneinander bewegen, und zeitlupenartiger Gang.

und ein Nest in den Boden graben. Eine häufige südafrikanische Art gräbt das Nest mit Kopf und Vorderbeinen; die lose Erde wird mit den Hinterbeinen weggeschaufelt. Es dauert lange, aber schließlich entsteht ein Loch, das fast so tief wie der Körper des Tieres lang ist. Dann schiebt sich das Weibchen rückwärts hinein und legt seine Eier, die es mit den Hinterbeinen in die richtige Lage bringt. Wenn es damit fertig ist, füllt es das Loch mit Sand, glättet ihn und tarnt das Nest mit Stöckchen, Gras und Blättern. Später schlüpfen die Jungen und kämpfen sich durch das Erdreich ins Freie.

Andere Chamäleons bringen lebende Junge zur Welt. Vor der Geburt bläht sich der Körper des Weibchens stark auf. Die Jungen werden in einer durchscheinenden Hülle geboren. Bei jeder Geburt preßt die Mutter ihre Kloake an den Zweig, auf dem sie sich niedergelassen hat, und die Membrane bleibt hier kleben. Nach kurzer Zeit befreit sich das Chamäleonkind und spaziert davon. Die Mutter zeigt kein Interesse für ihren Nachwuchs, abgesehen davon, daß sie Junge frißt, wenn sie hungrig ist.

Rascher Farbwechsel

Obwohl auch andere Reptilien, ebenso wie viele Fische und Kraken, ihre Farbe wechseln können, ist es das Chamäleon, das wegen seines raschen Farbwechsels berühmt ist. So gibt es Geschichten, nach denen ein Chamäleon rot wurde, als man es auf ein

rotes Kleid setzte, dann nach Grün wechselte, nachdem man es auf ein grünes Kleid gesetzt hatte, aber einen Schlag erlitt, als man es auf ein Schottenmuster setzte. Das ist natürlich stark übertrieben. Die Wahrheit ist, daß die meisten Chamäleonarten eine Grundfärbung und -zeichnung haben, die an ihr spezielles Biotop angepaßt ist, und ihre Färbung nicht dem Untergrund angleichen, sondern je nach Lichteinfall, Temperatur oder Stimmung wechseln. Daher dient der Farbwechsel zwei Zwecken: zur Tarnung und als Signal, das anderen Chamäleons die „Stimmung" mitteilt. Ein wütendes Chamäleon z. B. wird im Zorn schwarz. Wie der Farbwechsel gesteuert wird, ist noch nicht ausreichend bekannt. Es gibt Anzeichen dafür, daß dies über Nerven und auch durch Hormonausscheidungen geschieht.

Besser bekannt ist der Mechanismus des Farbwechsels. Die spezialisierten Farbzellen liegen in vier Lagen unter der durchsichtigen Haut. Die äußerste Schicht bilden die Xanthophoren, die gelbe Pigmente tragen, zusammen mit Erythrophoren, den Trägern roter Pigmente. Darunter sind zwei Lagen reflektierender Zellen; in der einen Schicht wird blaues, in der anderen weißes Licht reflektiert. Schließlich kommt eine Schicht von Melanophoren; sie ist die wichtigste und am kompliziertesten gebaut. Die Melanophoren enthalten ein dunkelbraunes Pigment, das Melanin, die gleiche Substanz, die für die Bräune der menschlichen Haut verantwortlich ist.

Wenn sich die Farbe der Haut ändert, so verändert sich die Größe der Farbzellen, so daß durch den wechselnden Anteil von Gelb, Rot und Dunkelbraun verschiedene Farbtöne und Muster entstehen. Die reflektierenden Schichten sorgen für zusätzliche Effekte. Die Melanophoren bestimmen den Grauton der Farben. Sind die Farben z. B. hell, dann ist alles Melanin in den Hauptkörpern zusammengezogen; verteilt es sich über die Zellfortsätze, werden die roten und grünen Töne dunkler.

Klasse	**Reptilia**
Ordnung	**Squamata**
Unterordnung	**Sauria**
Familie	**Chamaeleontidae**
Gattungen und Arten	*Chamaeleo chamaeleon*, Gewöhnliches Chamäleon; *Ch. dilepis*, Lappenchamäleon; *Ch. oweni*, Owen's Dreihornchamäleon; *Ch. jacksoni*, Jackson's Chamäleon; *Brookesia spp.*, Kurzschwanzchamäleon

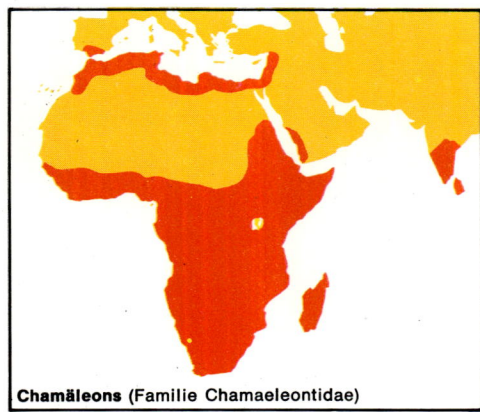

Chamäleons (Familie Chamaeleontidae)

Leguane

Zur Leguanfamilie gehören Echsen wie Anolis, Basilisken, Krötenechsen und viele andere. Mit der Meerechse wollen wir uns an anderer Stelle befassen, hier wollen wir uns mit dem Grünen, dem Wirtelschwanz-, dem Wüstenleguan und dem Drusenkopf, den größten Vertretern der Leguanfamilie also, auseinandersetzen.

Die Wirtelschwanzleguane gehören zu den primitivsten Formen dieser Familie. Sie tragen einen Rückenkamm, der vom Kopf bis etwa zur Mitte des mächtigen Schwanzes reicht. Eine Art, der Nashornleguan, hat zwei oder drei hornartige Schuppen auf dem Kopf und zwei große Auswüchse am Kinn. Wirtelschwanzleguane werden bis 1,20 m lang, etwa 1 m kleiner als der Grüne Leguan, der auf den Virgin Islands und den Kleinen Antillen eingebürgert wurde und hier die Wirtelschwanzleguane verdrängt hat. Die Heimat des Grünen Leguans ist Mittel- und Südamerika. Seine Farbe ist grün, er trägt einen ähnlichen Kamm wie der Wirtelschwanzleguan, und einen Kehlsack. Die Männchen sind größer als die Weibchen, ihre Kämme sind länger, und ihre Färbung spielt mehr ins Orangegelb-

Oben: Obwohl sich junge Leguane hauptsächlich von Insekten ernähren, scheint sich dieser mehr für die Nahrung älterer Tiere, für junge Knospen, zu interessieren.

liche. Die Männchen haben eine Reihe Poren an den Schenkelunterseiten.

Der Wüstenleguan bewohnt die Trockengebiete Nordamerikas. Er mißt 35 cm und ist cremefarbig mit braunen oder schwarzen Linien und Flecken. Der Drusenkopf von den Galapagos erreicht bis 1,60 m Länge. Er ist gelb mit braunen Flecken an Flanken und Beinen.

Gute Taucher

Der Grüne Leguan ist ein guter Kletterer; Erwachsene findet man fast nur in der Nähe von Bäumen im tropischen Regenwald, auf denen sie leben. Er kann von Baum zu Baum klettern, vorausgesetzt, daß sie ein gemeinsames Blätterdach bilden, denn er ist kein guter Springer. Leguane können sich jedoch aus 15 m Höhe von einem Zweig herabfallen lassen, ohne sich zu verletzen. Sie laufen dann sofort ins Gebüsch, fast ohne Atempause. Für ein Tier, das so schwerfällig aussieht, mit mächtigem Schwanz und seitwärts gestellten Beinen, ist der Leguan erstaunlich schnell und nur äußerst schwer zu fangen. Seine Sinne sind sehr wach, und wenn man keine Netze hat, ist die einzige Möglichkeit, ihn zu fangen, sich auf ihn zu werfen; und selbst dann ist ein vollerwachsener Leguan kaum zu bändigen. Er kann einem schwere Bisse und tiefe Kratzer beibringen. Leguane flüchten sich oft ins Wasser; sie siedeln am liebsten auf Bäumen, die überm Wasser hängen. Wenn sie gestört werden, lassen sie sich von dem Ast fallen, auf dem sie liegen, und tauchen unter. Sie schwimmen mit Hilfe von Schwanzschlägen unter Wasser und tauchen unter treibenden Wasserpflanzen an den Ufern wieder auf.

Die Grünen Leguane kommen bei schlechtem Wetter auf den Erdboden herab und verstecken sich unter Klötzen oder in Löchern; die anderen großen Leguane aber leben gewöhnlich am Boden und klettern nur gelegentlich auf Bäume. Der Wüstenleguan ist ein schneller Läufer, er läuft zweibeinig, auf den Hinterbeinen, herum.

Vegetarier

Als Erwachsene fressen die Grünen Leguane alle möglichen pflanzlichen Stoffe, einschließlich Pflanzenschößlingen, Früchten, Blüten und Blättern; die Jungen aber nehmen auch Insekten. Andere Leguane sind ebenfalls Vegetarier. Der Wüstenleguan bevorzugt den gelbblühenden Cresote-Busch, frißt aber auch andere Blüten. Wenn die Blütezeit vorüber ist, ernährt er sich von Insekten und Aas. Drusenköpfe fressen Kakteen, die größeren Arten nehmen auch kleine Nager.

Die Eier brauchen konstante Temperatur

Männliche Drusenköpfe von den Galapagos besetzen Reviere, die sie gegen andere Männchen verteidigen. Jedes hält auf einem Felsen Wache, und wenn ein anderes Männchen eindringt, klettert es von seiner erhöhten Stellung herab, marschiert langsam auf seinen Rivalen zu und baut sich vor ihm auf, hebt seine Schnauze und stößt ruckend mit dem Kopf auf und nieder. Wenn das den Eindringling noch nicht veranlaßt, wegzulaufen, bricht ein Kampf aus, bei dem jeder versucht, die lose Haut an den Flanken des anderen zu packen.

Der weibliche Drusenkopf lebt zusammen mit seinem „Gatten" in einem Bau oder in einem eigenen daneben. Leguane legen ganz allgemein ihre Eier in weit getrennte Nester; aber auf einer kleinen Insel vor Panama

Oben: Der Name Nashornleguan ist sehr treffend für dieses Tier.
Unten: Ein Drusenkopf von der Galapagos-Insel Barrington. Eingeborene preisen sein Fleisch, Ziegen zerstören seinen Lebensraum.

Links: Grüner Leguan beobachtet mit aufgeblasenem Kehlsack und aufgerichtetem Kamm einen Eindringling, bereit zu fliehen oder anzugreifen.

fand man Grüne Leguane, die dicht an dicht ihre Nester auf einem Sandstrand hatten. Jedes Weibchen verbrachte bis zu zwei Wochen am Strand. Während der ersten Tage prüft es den Sand und gräbt kleine Löcher, um einen geeigneten Platz zu suchen. Dann gräbt es einen 1 bis 2 m langen Tunnel, bis 60 oder 90 cm tief unter dem Boden. Da der Strand so übervölkert war, sah man, wie einige fremde Nester aufgruben und die Eier verstreuten. Die Eier werden am Boden des Baues abgelegt, der danach gefüllt wird. Die Weibchen brauchen einige Zeit, um das Loch zu füllen; sie füllen gleichzeitig benachbarte Löcher.

Der Grüne Leguan legt 20 bis 70 Eier. Sie sind kugelförmig, weiß und haben etwa 37 mm Durchmesser. Die Jungen schlüpfen nach drei Monaten, und man hat festgestellt, daß sie zur Entwicklung eine annähernd konstante Temperatur brauchen. Ein paar Grad zuviel oder zuwenig, und sie sterben ab. Obwohl die Weibchen ihre Eier nach dem Legen verlassen, sichern sie ihr Überleben, indem sie ihr Nest an einer geeigneten Stelle bauen. Sie wählen einen Platz, wo die Temperatur nur ein bis zwei Grad um 30° C schwankt. Die Jungen messen beim Schlüpfen etwa 25 cm und werden in einem Jahr 90 cm groß.

Die Leguane haben viele Feinde

Der Mensch und seine Haustiere sind die schlimmsten Feinde des Leguans. Sein Fleisch gilt an vielen Orten als schmackhaft. Auch Raubvögel sind gefährliche Feinde, weil sie Leguane beim Sonnen auf Bäumen fangen.

Aussterbende Leguane

Als Darwin 1835 die Galapagos besuchte, waren Drusenköpfe äußerst häufig. Darwin schrieb: „Ich kann kein besseres Zeugnis ihrer Häufigkeit geben, als festzustellen, daß wir auf James erst nach einiger Zeit einen Platz für unser Zelt finden konnten, der frei von ihren Bauten war." Später siedelten Menschen auf dieser Insel, die Hunde, Katzen, Schweine, Ratten, Ziegen und andere Tiere mitbrachten; die Leguanpopulation ist dadurch auf einen Bruchteil der früheren gesunken. Auf manchen Inseln allerdings, wo keine Ziegen vorkommen, gibt es immer noch zahlreiche Drusenköpfe; Ziegen zerstören nämlich die Vegetation. Auf einigen Inseln leben nur alte Leguane, die im Freien überleben können, während die Jungen in dem von den Ziegen kahlgefressenen Gelände dem Galapagos-Falken schutzlos ausgeliefert sind.

Klasse	**Reptilia**
Ordnung	**Squamata**
Unterordnung	**Sauria**
Familie	**Iguanidae**
Gattungen und Arten	*Conolophus subcristatus*, Drusenkopf; *Cyclura cornuta*, Nashornleguan; *Dipsosaurus dorsalis*, Wüstenleguan; *Iguana iguana*, Grüner Leguan

Meerechse

Die Meerechse hat eine einzigartige Lebensweise. Sie ist die einzige wirklich an das Meer gebundene Echse. Man findet sie nur auf den Galapagos-Inseln, etwa 1000 km westlich von Ecuador. Wegen ihres außergewöhnlichen Lebensraumes ist sie sehr interessant, ihre Gestalt ist nicht so aufregend. Frühe Besucher berichten von dem scheußlichen Aussehen der Meerechsen. Ein Bericht bezeichnet sie als die scheußlichsten Erscheinungen, die vorstellbar seien; der Verfasser, ein Kapitän der Britischen Marine, schreibt, daß „ihr Aussehen so abstoßend ist, daß kein Mann an Bord dazu bewegt werden konnte, sie zu essen". Meerechsen werden 120 cm lang. Sie sind kurzköpfig, Körper und Beine sind plump, die Zehen lang, ein Kamm zieht vom Nacken bis zum Schwanz. Der Schwanz ist seitlich abgeplattet und dient zum Schwimmen. Die meisten Meerechsen sind schwarz oder schwarzgrau, aber auf Hood im Süden des Galapagos-Archipels gibt es schwarz, orange und rot gesprenkelte, deren Vorderbeine und Kamm grün sind.

Ansammlungen von Echsen

Außerhalb der Fortpflanzungszeit schließen sich die Meerechsen zu großen Horden zusammen — manchmal sitzen sie sogar aufeinander —, wenn sie nicht im Meer auf Nahrungssuche gehen. Sie liegen auf den Lavafelsen, die das hervorstechende, aber wenig einladende Merkmal der Galapagos sind. In der Mittagshitze suchen sie Schutz unter Felsen, in Höhlen oder im Schatten der Mangroven. Zu Beginn der Fortpflanzungszeit besetzen die Männchen kleine Reviere, so klein, daß eines seinen Platz auf der Spitze eines Felsblockes, das andere am Fuß haben kann. Gelegentlich kommt es zu Kämpfen, aber im allgemeinen werden Streitigkeiten durch Scheinkämpfe geregelt. Ein Meerechsenmännchen bedroht einen Eindringling, indem es sich mit steifen Beinen aufstellt und mit aufgerissenem Maul seinen roten Rachen zeigt, wobei es mit dem Kopf wackelt. Läßt sich der Eindringling dadurch nicht vertreiben, rückt der Revierinhaber vor; die beiden stoßen sich mit ihren verknöcherten Köpfen, bis einer aufgibt und verschwindet.

Wenn sich die Meerechsen sonnen, spazieren große rote Krabben auf ihnen herum, die ab und zu anhalten und an ihrer Haut zupfen. Die Echsen wehren sich aus gutem Grund nicht dagegen, denn die Krabben entfernen Zecken.

„Es sind häßliche Kreaturen von schmutzig-schwarzer Färbung, dumm und schneckenartig in ihren Bewegungen. Die Länge eines ausgewachsenen Exemplares beträgt knapp 1 m, manche sind sogar 1,20 m lang." Darwin, 1890.

Lebensunterhalt durch Tauchen

Bei Niedrigwasser gehen die Echsen ins Wasser und fressen die Tange auf den Riffen und Stränden. Mit ihren scharfen Krallen halten sie sich an den Felsen fest, um nicht von der Brandung weggerissen zu werden, und arbeiten sich langsam vor, wobei sie Tangbüschel mit ihren Kiefern packen und sie durch Drehbewegungen abreißen; in gewissen Abständen fressen sie die Tange. Manche Meerechsen schwimmen durch die Brandung und tauchen draußen nach Tangen auf dem Meeresboden. Man hat festgestellt, daß sie bis in Tiefen von 12 m tauchen, gewöhnlich aber fressen sie in etwa 5 m Tiefe. Jeder Tauchvorgang dauert etwa 15 bis 20 Minuten; sie können aber viel länger unter Wasser bleiben. Darwin berichtet, daß ein Seemann der „Beagle" versuchte, eine zu ertränken, indem er sie an einem schweren Gewicht in das Wasser warf. Eine Stunde später wurde sie wieder herausgezogen und war recht munter.

Normalerweise fressen Meerechsen ausschließlich Wasserpflanzen, aber K. Angermeyer dressierte bei seinem Haus auf den Galapagos einige darauf, auf einen Pfiff zu erscheinen und ein Mahl aus Ziegenfleisch, Reis und Hafermehl zu sich zu nehmen.

Einfache Hochzeit

Wenn die Männchen ihre Reviere besetzt haben, schließen sich ihnen die Weibchen an. Sie können sich frei von Revier zu Revier bewegen, aber die Männchen schaffen sich bald Harems, und die Paarung findet ohne Störung durch andere Männchen statt. Die Hochzeit ist einfach: Das Männchen folgt einem Weibchen, wackelt mit dem Kopf, packt es dann am Nacken und umklammert es mit seinen Beinen.

Wenn die Männchen ihre Reviere aufgeben, versammeln sich die Weibchen an den Niststränden. Die Konkurrenz ist groß, und so brechen heftige Kämpfe um geeignete Plätze für die Nester aus. Jedes Weibchen scharrt mit allen vieren einen 60 cm tiefen Tunnel in den Sand.

Oben: Ein von Flechten bewachsenes Denkmal! — Die Meerechse zeigt sich der Kamera mit ihren metallischen Farben von ihrer besten Seite. Im Profil sieht man ihre kurze Schnauze und die Plumpheit ihrer Beine, gegen den blauen Himmel aber die rotgrüne Zeichnung dieses sonst eher grotesken Tieres in voller Pracht.

Unten: Die Meerechse ist die einzige moderne Echse, die im Meer nach Nahrung sucht. Sie ist Vegetarier und frißt ausschließlich Tange.

Nur zwei oder drei 8 cm lange Eier von 5 cm Durchmesser werden gelegt. Dann wird der Tunnel gefüllt und getarnt. Aus den Eiern schlüpfen nach etwa 110 Tagen 22 cm lange Leguane.

Neben dem Menschen sind Haie die größten Feinde ausgewachsener Meerechsen, doch bleiben die Meerechsen gewöhnlich in den Lagunen, die Haie nicht gern aufsuchen. Junge werden von Reihern, Möwen, Galapagosfalken und eingeführten Katzen gefangen.

Aufwärmen an Land

Als er auf den Galapagos war, stellte Darwin fest, daß es unmöglich war, Meerechsen ins Meer zu jagen. Sie ließen sich lieber fangen, als daß sie hineinsprangen, und wenn man sie ins Meer warf, schwammen sie schleunigst ans Ufer und klammerten sich dort fest. Das ist ein überraschendes Verhalten für ein ans Wasser gebundenes Tier, weil die meisten dieser Tiere, etwa Seeschildkröten oder Robben, sich bei Gefahr ins Meer in Sicherheit bringen. Darwin nahm an, die Meerechsen verhielten sich deshalb so merkwürdig, weil sie an Land keine natürlichen Feinde haben, während im Meer Haie auf sie warten. Wenn dem so wäre, so hieße das, daß Meerechsen sehr hungrig sein müßten, bevor sie auf Nahrungssuche gehen. — Neuerdings wurde eine andere Erklärung vorgetragen: Während des Sonnens regulieren Meerechsen ihre Körpertemperatur innerhalb eines Bereiches von 35 bis 37° C. Die Meerestemperatur um die Galapagos beträgt 10° C weniger, und so fliehen die Meerechsen nicht ins Meer, weil sie unterkühlt werden könnten.

Klasse	**Reptilia**
Ordnung	**Squamata**
Unterordnung	**Sauria**
Familie	**Iguanidae**
Gattung und Art	*Amblyrhynchus cristatus*

Skinke

Skinke haben keine Kragen oder Verzierungen, die man bei anderen Echsenfamilien findet. Sie zeigen alle die typische „Eidechsengestalt", mit langem Schwanz, und sehr oft sind die Beine reduziert oder fehlen völlig. Dies sind Anpassungen an ihre grabende Lebensweise, die für Skinke charakteristisch ist; viele verbringen den größten Teil ihres Lebens im Boden. Skinke sind gewöhnlich ziemlich klein, der größte ist der Riesenskink von den Salomonen, der 65 cm erreicht. Zur Skinkfamilie gehören etwa 800 Arten, man findet sie überall in den wärmeren Teilen der Welt. In den afrikanischen Urwäldern sind sie die häufigsten Echsen.

Bei den Skinken finden wir alle Übergänge von laufenden zu grabenden Formen. Die Mabuye von Rhodos und Kleinasien hat wohlentwickelte Beine und lebt vorwiegend oberirdisch. Der Gefleckte Walzenskink Südeuropas, Vorderasiens und Nordafrikas und der Spanische Walzenskink leben vorwiegend unterirdisch, haben aber noch recht gut entwickelte Beine, während bei der Erzschleiche Südwesteuropas nur noch kurze, dreizehige Stummelbeine vorhanden sind. Die hübsche Johannisechse hat ebenfalls nur noch kurze Beinchen. Sie bewohnt Osteuropa südlich von Budapest. Dem gesprenkelten Schlangenskink Griechenlands und der Türkei schließlich fehlen Beine völlig.

Andere Anpassungen an das Graben sind die glatte Oberfläche, die Ausbildung eines durchsichtigen Fensters über dem Auge und das in eine enge Röhre versenkte Trommelfell.

Verschiedene Biotope
Skinke findet man in verschiedenen Biotopen, sowohl am Boden als auch unter der Erdoberfläche, von feuchten Waldböden bis zum Wüstensand. Einige Arten leben auf Bäumen, aber nur eine zeigt Anpassungen an das Baumleben, nämlich der Salomonen-Riesenskink, der einen Greifschwanz hat. Manche Skinke, wie die Kielskinke (Tropidophorus), die nach den Kielen auf ihren Schuppen benannt sind, leben an Flußufern und tauchen bei Gefahr ins Wasser. Einige der Natteraugen leben zwischen Felsen am

Ein junger Eumeces skiltonianus. *Wie viele andere Eidechsen können auch Skinke ihre Schwänze abwerfen, wenn sie von Räubern bedroht werden. Die Jungen mancher Skinke, einschließlich des hier gezeigten, haben leuchtend blaue Schwänze als zusätzliche Sicherheitsvorkehrung. Werden sie angegriffen, dann bricht der Schwanz ab und zuckt dauernd. Als auffälligster Gegenstand im Gesichtsfeld konzentriert sich der Räuber auf ihn, und der Skink kann sich davonmachen, während der Räuber den Schwanz frißt. Bei fast allen Arten ist der Schwanz nur bei den Jungtieren blau, da sie den meisten Gefahren unterworfen sind.*

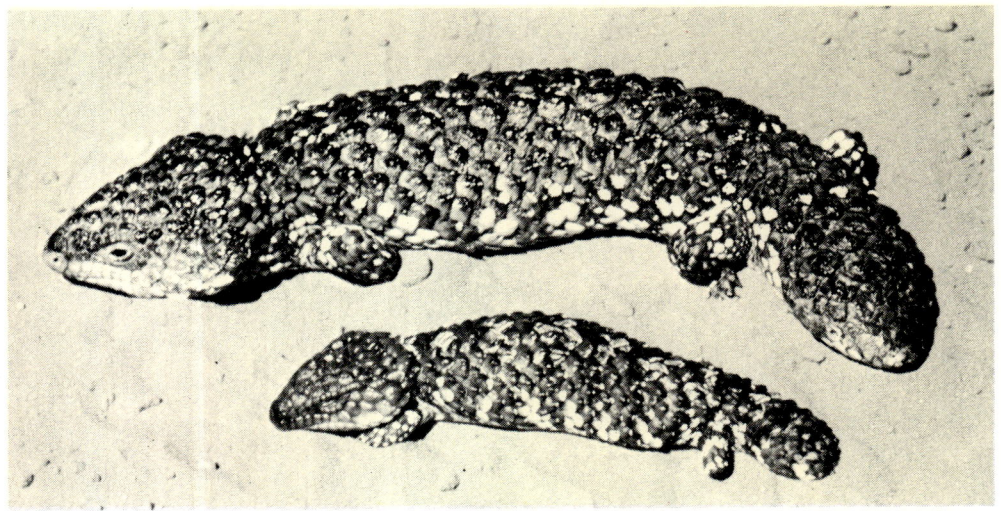

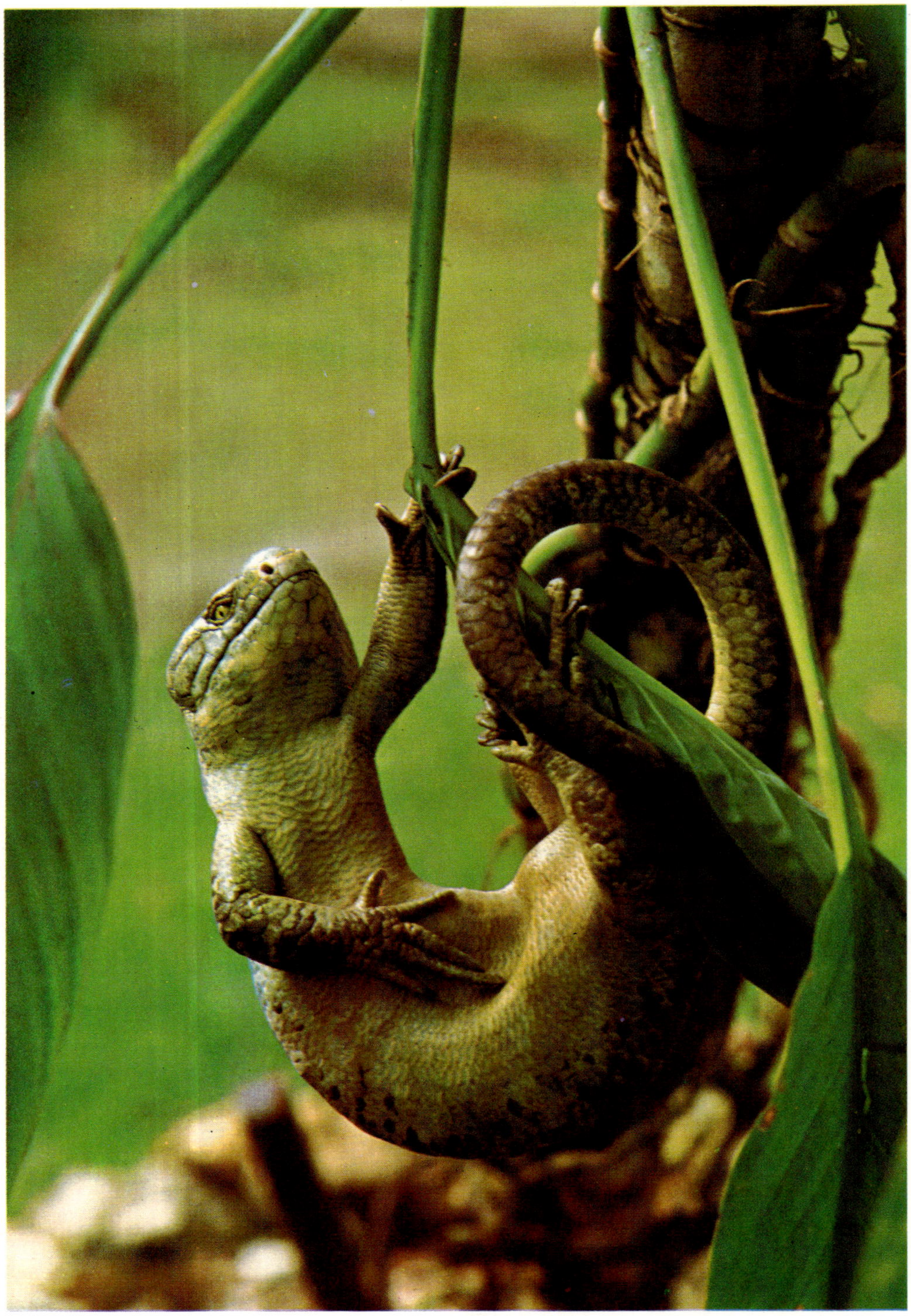

Links: 30 cm lange Tannenzapfenechse (Tiliqua rugosa) *mit ihrem riesigen, eben geborenen Jungen.*
Unten: Der größte Skink ist der mit einem Greifschwanz versehene Salomonen-Riesenskink.

Strand und fressen Meerestiere, etwa kleine Krabben und Meereswürmer.

An die Nahrung angepaßte Zähne

Die Hauptnahrung der Skinke bilden Insekten und andere kleine Tiere, einschließlich junger Mäuse und Vogeleier. Die insektenfressenden Skinke haben spitze Zähne, mit denen sie ihre hartschalige Beute zerbeißen; manche Skinke, die sich von Regenwürmern ernähren, haben nach hinten gekrümmte Zähne, die den Wurm am Entkommen hindern. Die größeren Skinke sind Vegetarier und haben breite, flache Mahlzähne.

Viele bringen lebende Junge zur Welt

Skinken fehlen die Lappen und Kämme, die andere Echsen benutzen, um ihre Überlegenheit über einen Rivalen zu demonstrieren. Bei manchen Skinken aber prangen die Männchen während der Fortpflanzungszeit in prächtigen Farben. Wenn sie sich treffen, kämpfen die Männchen heftig und können sich dabei verletzen. Die Paarung ist einfach: Das Männchen folgt dem Weibchen, das ihm erlaubt, es zu packen, wenn es paarungsbereit ist.

Etwa zwei Drittel der Skinke legen Eier; die anderen bringen lebende Junge zur Welt, die kurz bevor sie die Mutter verlassen aus den Eiern schlüpfen, wie etwa beim Walzenskink. Die Eier werden gewöhnlich unter Holzstücke oder Steine gelegt, und manche Skinke wie beispielsweise der Streifenskink aus Nordamerika bewachen ihre Eier. Das Weibchen ringelt sich um die Eier und bleibt bei ihnen, bis vier bis sechs Wochen später die Jungen schlüpfen.

Sandfische

Die wüstenbewohnenden Sandskinke *(Scincus)* werden Sandfische genannt, wegen der Art und Weise, in der sie durch den Sand zu schwimmen scheinen. Ihre Beine sind wohlentwickelt, werden aber in Bewegung eng an den Körper gelegt. Den Vortrieb besorgt der zusammengedrückte Schwanz, der an die Schwänze von Amphibien oder wasserbewohnenden Reptilien wie der Meerechse erinnert. Eine andere Anpassung ist die spatelartige Schnauze, die den Weg durch den Sand bahnt. Wie andere Echsen haben Skinke bewegliche Schädelknochen, ihr Kopf ist zum Graben durch zusammengewachsene Kopfschilder verstärkt.

Klasse	**Reptilia**
Ordnung	**Squamata**
Unterordnung	**Sauria**
Familie	**Scincidae**
Gattungen und Arten	*Corucia zebrata,* Salomonen-Riesenskink; *Eumeces fasciatus,* Streifenskink; *Ablepharus kitaibelii,* Johannisechse; *Chalcides chalcides,* Erzschleiche; *Ch. ocellatus,* Gefleckter Walzenskink; *Ophiomorus punctatissimus,* Gesprenkelter Schlangenskink; *Mabuya aurata,* Mabuye

Teju

Die Tejus sind eine Familie amerikanischer Eidechsen. Ihre etwa 200 Arten sind die neuweltlichen Gegenstücke zu unseren Echten Eidechsen (S. 293). Ihre Lebensweise ist sehr verschieden, man findet Tejus in den unterschiedlichsten Biotopen, von den Hochanden bis zum Meeresstrand.

Die größten Tejus sind der 120 cm lange Krokodilteju, der einen abgeplatteten Schwanz hat und amphibisch lebt, und der südamerikanische Bänderteju oder Salompenter, bis 140 cm lang. Abgesehen von diesen wenigen Giganten sind Tejus gewöhnlich 30 cm lang, die kleinsten messen nur 7 bis 10 cm. Die meisten Tejus ähneln unseren Eidechsen, aber manche haben ihre Beine fast völlig verloren und leben unterirdisch.

Die Vertreter dieser Familie sind in den amerikanischen Tropen besonders zahlreich; eine Art lebt in Mittelchile, weit im Süden; die Rennechsen sind über die Vereinigten Staaten mit Ausnahme des äußersten Nordens verbreitet; die Sechsstreifen-Rennechse ist der am besten bekannte Teju. Sie ist die kleinste nordamerikanische Art und wird bis 25 cm lang; der Schwanz nimmt die Hälfte ein. Die Haut ist dunkelbraun, mit sechs schmalen Streifen entlang dem Körper. Andere Rennechsen haben gelbliche Linien oder Flecken, doch sie verschwinden oft im Laufe des Wachstums. Das Männchen der Sechsstreifen-Rennechse hat einen bläulichen Bauch, das Weibchen einen weißlichen. Wie der Name sagt, können Rennechsen sehr schnell laufen, es wird berichtet, daß sie über kurze Strecken 30 km/h und mehr erreichen.

Sie leben im offenen Gelände

Wie es bei einem Mitglied einer hauptsächlich tropischen Familie zu erwarten ist, sind Sechsstreifen-Rennechsen nur bei warmem Wetter aktiv und bleiben an bewölkten Tagen in ihren Bauten. Dementsprechend machen sie eine längere Winterruhe durch als andere Eidechsen desselben Gebietes; sie

Peitschenschwänzig und langbeinig: Cnemidophorus maximus, *eine der zahlreichen Rennechsen aus der Tejufamilie.*

sind die Hälfte bis zwei Drittel des Jahres inaktiv. Rennechsen leben in Kolonien in offenen, sandigen Gebieten, aus denen sie verschwinden, wenn die Pflanzendecke durch Landwirtschaft zerstört wird. An warmen Tagen sieht man sie nach Futter suchen, sich sonnen, Rivalen jagen und bei der Paarung.

Jede Rennechse hat ein Wohngebiet von 600 bis 800 qm, in dem sie nach Nahrung sucht. Dieses Wohngebiet ist kein Revier, denn es wird nicht verteidigt, und die Wohngebiete mehrerer Rennechsen überlappen sich. Das häufige Jagen und Beißen, das man in einer Kolonie sehen kann, ist das Ergebnis einer sozialen Hierarchie. Ein oder zwei Tiere sind aggressiver als die anderen, die kleinsten Eidechsen haben am meisten zu leiden. In ihrem Wohngebiet hat jede Rennechse ihren Bau, den sie verteidigt. Sie kann sich eine eigene Höhle graben oder verlassene Mäuselöcher benutzen. Der Bau dient als Schutz vor Feinden und extremen Temperaturen.

Das Biotop der Sechsstreifen-Rennechse

ist typisch für die Mitglieder der Teju-Familie, wenn auch manche in Wüsten leben und andere, wie der Krokodilteju, amphibisch sind. Die Wurm- und Schlangentejus graben in moderndem Laub. Der Wühlteju hat winzige Beinchen, auf denen er schwerfällig laufen kann, aber er windet sich wie eine Schlange, wenn er gestört wird, oder treibt sich sogar mit einem Schwanzschlag nach vorn.

Die Zähne zeigen, was sie fressen

Tejus fressen die verschiedenartigste Nahrung. Das zeigt sich an ihren Zähnen. Die Vorderzähne sind immer konisch, doch die an den Seiten können konisch, gezähnelt oder abgeplattet sein. Der Krokodilteju besitzt abgeplattete Zähne, mit denen er Schnecken zermalmt. Die Rennechsen und die Ameiven Mittelamerikas haben gesägte Zähne und fressen vorwiegend Insekten. Die Sechsstreifen-Rennechse frißt sowohl aktive Insekten wie Grashüpfer als auch Bodeninsekten, die sie mit dem Geruchssinn aufspürt und ausgräbt. Die Großtejus fangen Insekten, Frösche und Eidechsen und vergreifen sich wegen der Eier und Küken gelegentlich an Geflügelställen. Sie fressen auch Früchte, und manche Tejus sind ausschließlich Vegetarier.

Blauschwänzige „Babies"

Die wenigen Tejus, deren Fortpflanzung untersucht wurde, legen Eier, und dies scheint bei allen der Fall zu sein. Genauer wurden die Sechsstreifen-Rennechse und eine Ameivenart untersucht. Die Männchen in einer Kolonie kämpfen gegeneinander und paaren sich mit jedem paarungsbereiten Weibchen. Beim Werben reibt das Männchen seine Hüften am Boden. Wenn er eine Partnerin gefunden hat, reibt er seine Hüften und Hinterbeine an ihr. Rennechsen produzieren ein bis zwei Gelege im Jahr; jedes enthält 1 bis 6 Eier. Die Jungen schlüpfen nach acht bis zehn Wochen.

Ungewöhnliche Tejus

Großtejus legen ihre Eier manchmal in Nester von Baumtermiten. Die Wände dieser Nester sind äußerst hart, und es muß sehr schwierig für das Tejuweibchen sein, sie zu durchbrechen. Es bleibt den jungen Tejus überlassen, wie sie hinauskommen, denn die Termiten reparieren den vom Weibchen angerichteten Schaden, und so werden die Eier rasch eingeschlossen.

Die Tejueier sind zweifellos im Inneren des Termitennestes sicher, während die meisten Reptilieneier vor Räubern kaum geschützt sind. Erwachsene Tejus werden ebenfalls von zahlreichen Räubern gefressen, beispielsweise von Schlangen und Koyoten; die Stacheltejus aus den tropischen Regenwäldern aber sind dadurch geschützt, daß ihr langer, rauher Körper wie ein abgefallenes Stöckchen aussieht. Außerdem werden sie bei Berührung stocksteif.

Klasse	**Reptilia**
Ordnung	**Squamata**
Unterordnung	**Sauria**
Familie	**Teiidae**
Gattungen und Arten	*Ameiva spp.*, Ameiven; *Bachia cophias*, Wühlteju; *Cnemidophorus sexlineatus*, Sechsstreifen-Rennechse; *Dracaena guianensis*, Krokodil- oder Panzerteju; *Tupinambis teyuixin*, Salompenter

Einer Schlange ähnlicher als einer Eidechse: Euspondylus. *Manche Tejus gleichen den Schlangen noch mehr, weil ihnen die Beine fehlen.*

Smaragdeidechse

Eine der größten europäischen Eidechsen! Das Männchen ist 45 cm lang, der Körper nimmt davon 13 cm ein. Noch größer sind die bis 60 cm lange Dreistreifen- eidechse und die bis 90 cm lange Perl- eidechse. Alle drei werden aber bei weitem vom Scheltopusik (S. 295) über- troffen. Die Perleidechse ist oft dunkel- grün mit gelben und schwarzen Tüpfeln. An den Seiten stehen blaue Augenflecken.

Der Kopf der Smaragdeidechse ist groß, die Beine sind kräftig, die Zehen, vor allem an den Hinterbeinen, sind lang. Die langen Zehen sind bei den größeren Männchen besonders ausgeprägt. Die Farbe wechselt, gewöhnlich ist sie smaragdgrün, bei den Männchen ist die Kehle oft blau. Die Riesensmaragd- eidechse ist meist grasgrün oder braun, oft mit drei gelben Längsstreifen, vor allem bei den Weibchen und stets bei den Jungen. Männchen kann man an der dickeren Schwanzwurzel erkennen.

Smaragdeidechsen sind von den Mittel- meerländern bis nach Südwestrußland verbreitet. Die sporadischen Vorkommen in Mitteleuropa dürften Relikte der warmen Nacheiszeit sein.

Sie lieben Feuchtigkeit

Smaragdeidechsen leben vor allem an Wald- rändern, auf Wiesen und an anderen Stel- len, wo der Boden nicht zu trocken ist. Man findet sie besonders an Flußufern und an feuchten Gräben. Sie klettern gut und gel- ten als gute Schwimmer, bei Störungen ge- hen sie bereitwillig ins Wasser und suchen auf dem Grunde Zuflucht. Sie jagen und sonnen sich am Tag, suchen aber bei zu großer Hitze den Schatten auf. Die Winter- ruhe dauert von Oktober bis März. Sie über- wintern in Erdlöchern, unter Wurzeln oder Pflanzenstreu. Die Winterruhe dauert in den nördlichen Teilen ihres Verbreitungsgebie- tes länger als im Süden.

Knack-Kiefer

Smaragdeidechsen fressen Insekten, Spin- nen, Regenwürmer und andere kleine Wir- bellose, aber auch kleinere Eidechsen und Nager. Manchmal gehen sie an Vogeleier, deren Schalen sie mit ihren kräftigen Kie- fern knacken, mit denen sie auch kräftige, aber ungiftige Bisse austeilen können. Ge- legentlich fressen sie Früchte.

Unterwürfige Weibchen

Die Fortpflanzungszeit beginnt im späten April und dauert bis Mai. Die Kehle des Männchens wird oft leuchtend blau; sie wird als Drohsignal bei den zahlreichen Kämpfen, die zwischen den Männchen ent- stehen, verwandt. Es benutzt dieses ein- schüchternde Signal aber auch gegenüber Weibchen, die das Signal nicht zurückgeben können und sich dadurch als Weibchen zu erkennen geben. Kurze Zeit nach der Paa- rung legt das Weibchen fünf bis 21 matt- weiße, ovale Eier, die etwa 18 mm lang sind, in weiche Erde. Nach zwei bis drei Mo- naten schlüpfen die 5 bis 8 cm langen, braunen Jungen, die zwei Reihen gelblicher

Oben: Smaragdeidechsen beim Kampf.   Unten: Die größte einheimische Eidechse.

Oben: Ein Schmetterlings-Mahl.   Unten: Männchen im Hochzeitskleid.

Flecken tragen. Bis zur Geschlechtsreife werden sie langsam grün.

Gefährdet durch Insektizide

Durch den Tierhandel sind sie kaum gefährdet, da der Fang lebender Smaragdeidechsen sehr schwierig und damit kommerziell kaum lohnend ist. Smaragdeidechsen sind außerordentlich schlaue Burschen. Dagegen leben bei uns im Kaiserstuhl Smaragdeidechsen nur noch in einem sehr kleinen Gebiet, in dem keine Insektizide verwandt werden dürfen. Durch Insektizide sind sie auch in fast allen anderen deutschen Weinbaugebieten verschwunden. Der Lebensraum der großen europäischen Eidechsen wird auch durch die starke Kultivierung, Industrialisierung und Zersiedelung der Landschaft immer mehr eingeengt. Im Unterschied zu vielen Mauereidechsen sind Smaragdeidechsen keine echten Kulturfolger.

Kleinere und größere Verwandte

Auch die anderen Eidechsen sind in Mitteleuropa selten geworden. Das gilt vor allem für die Mauereidechse, die bei uns fast ausschließlich auf die Weinbaugebiete beschränkt war und hier durch die massive und unkontrollierte Verwendung von Insektiziden fast völlig vernichtet wurde. Die Männchen sind braun, mit schwarzer Fleckenzeichnung. Der Bauch ist oft rot gefärbt. An den Seiten finden sich häufig eine Reihe blauer Schmuckflecken. Die Weibchen sind weniger schön. Die Mauereidechse wird bis 25 cm lang, erreicht diese Größe bei uns allerdings nicht. Einer kleinen Perleidechse ähnelt unsere häufigste Eidechse, die Zauneidechse, die bei uns an trockenen, sandigen Stellen, etwa an Bahndämmen, häufig ist. Sie ist über fast ganz Europa verbreitet und wird je nach Unterart 20 bis 32 cm lang. Das größte Verbreitungsgebiet aller Reptilien hat die bis 18 cm lange Bergeidechse. Der Rücken ist braun mit schwarzen Punkten, der Bauch beim Männchen oft rot. Im Gegensatz zu den anderen Eidechsen bringt die Bergeidechse lebende Junge zur Welt. Das ermöglicht ihr das Leben in Gebieten, die für andere Eidechsen zu kalt sind.

Von den echten Eidechsen (Lacertidae) ist die riesige Perleidechse Südfrankreichs, Spaniens und Portugals sicher die größte europäische Art. Noch größer wird wahrscheinlich die Simonyeidechse *(Gallotia simonyi)* von den Kanaren. Sie ist vor allem viel massiger gebaut als die Perleidechse. Man glaubte lange Zeit, sie sei ausgestorben, doch konnten Boehme und Bings kürzlich einen kleinen Bestand auf der Insel Hierro nachweisen.

Klasse	**Reptilia**
Ordnung	**Squamata**
Unterordnung	**Sauria**
Familie	**Lacertidae**
Gattungen und Arten	*Lacerta viridis,* Smaragdeidechse; *L. lepida,* Perleidechse; *L. trilineata,* Dreistreifeneidechse; *L. agilis,* Zauneidechse; *Podarcis muralis,* Mauereidechse; *Zootoca vivipara,* Bergeidechse

Blindschleiche

Die häufig mit den Schlangen verwechselte beinlose Blindschleiche ist in Wirklichkeit eine Eidechse. Sie besitzt noch Reste des Schulter- und Beckengürtels, ein Beweis dafür, daß ihre Vorfahren vierfüßig waren. Eine Blindschleiche hat bewegliche Augenlider wie andere Echsen auch und ist keineswegs blind. Ein weiteres Merkmal der Blindschleiche, das sie mit anderen Eidechsen teilt, sind die vorne zusammengewachsenen Unterkiefer, die Zunge ist gekerbt, nicht gegabelt wie bei den Schlangen. Große Blindschleichen sind etwa 30 cm lang, den Rekord hält ein 51,5 cm langes Weibchen.

Der Kopf der Blindschleiche ist klein und kurz, nicht so breit wie der „Hals", und beim Männchen größer als beim Weibchen. Erwachsene Männchen sind an der Oberseite und den Flanken mehr oder weniger eintönig gefärbt; sie können hell- oder dunkelbraun, grau, bronzefarben oder rötlich sein, eine Varietät ist sogar kupferfarben. Der Bauch ist dunkelgrau oder schwärzlich gesprenkelt. Das Weibchen hat entlang des Rückens oft eine dunkle Linie und zwei weitere an den Seiten. Dort finden sich oft auch blaue Augenflecken.

In Südosteuropa kann man gelegentlich einem großen, schlangenartigen, schwer gepanzerten Reptil begegnen: dem Scheltopusik, der größten europäischen Echse. Er ist ein Verwandter der Blindschleiche, wird aber weit größer, bis 1,40 m lang, und ist dann so dick wie ein Männerarm. Er ernährt sich vor allem von Gehäuseschnecken, die er mit seinen mächtigen Kiefern zermalmt. Sein Verbreitungsgebiet erstreckt sich von der Balkanhalbinsel bis zum Tien-Schan.

Langsame Tiere
Die Blindschleiche lebt in lichten Wäldern, Gärten und Heideland. Man sieht sie selten bei Tag, außer im Frühling und im späten Sommer und im Herbst. Sie verbringt den Tag unter flachen Steinen, Holzstücken, manchmal auch in Höhlen, die bis zu 30 cm tief sein können. Oft vergräbt sie sich völlig in der Erde; nur der Kopf schaut hervor.

Blindschleichen sind langsame Tiere. Wenn man eine aufstöbert, bleibt sie oft bewegungslos am Boden liegen, ohne Anstalten zur Flucht zu treffen; bestenfalls kriecht sie schwerfällig davon. Im allgemeinen bewegen sie sich langsam, nur gelegentlich schnell.

Im Oktober begibt sich die Blindschleiche in einem unterirdischen Bau, in einer Höhle neben einem großen Stein oder sogar unter einem Laubhaufen zur Ruhe. Bis zu 20 kann man in einem Winterquartier finden. Die größten liegen unten, die kleinsten oben.

Blindschleichen häuten sich etwa viermal im Jahr, je nachdem, wie das Wetter ist, und ob es ein gutes oder ein schlechtes Jahr für Nacktschnecken, die Hauptnahrung der

Die Blindschleiche (Anguis fragilis) ähnelt einer Schlange und wird deshalb oft getötet. Dabei vertilgt sie Gartenschädlinge wie kleine Schnecken.

Blindschleichen, war. Der Hautwechsel hängt damit zusammen, daß der wachsende Körper mehr Platz braucht. Sie häuten sich in einem Stück, genauso wie Schlangen. Die Blindschleiche kann ihren Schwanz abwerfen, der neue Schwanz ist aber weit kürzer.

Freund des Gärtners
Die Blindschleiche frißt Spinnen, Regenwürmer und kleine Insekten. Sie hat eine bemerkenswerte Vorliebe für Ackerschnecken (Agriolimax agrestris), die an Gartenpflanzen oft zur Plage werden. Sie werden in großen Mengen verzehrt, aber wo sie fehlen, frißt die Blindschleiche andere Nacktschnecken; die Beute wird in der Mitte gepackt und dann verschlungen. Auch Gehäuseschnecken werden von der Blindschleiche angenommen. Die Hauptjagdzeit ist kurz nach Sonnenuntergang und bei Regen, wenn auch die Nacktschnecken herauskommen, um zu fressen.

Ovovivipare Tiere
Die Paarung findet vom späten April bis Juni statt. Dann gibt es zahlreiche Kämpfe zwischen den Männchen. Jedes versucht, das andere am Kopf oder am Hals zu packen. Sobald ein Griff geglückt ist, rollen und ringeln sie sich heftig umeinander. Bei der Paarung hält das Männchen das Weibchen am Hals fest und windet seinen Körper um den ihren. Das Weibchen ist ovovivipar: die Jungen schlüpfen im Körper. Ganz selten werden die Eier auch einmal vor dem Schlupf der Jungen abgelegt. Die Jungen sind in einen häutigen Sack gehüllt, der von einem schwach entwickelten Eizahn durchlöchert wird, entweder bei der Geburt oder kurz danach. Würfe von sechs bis zwölf Jungen — gelegentlich hat man auch weniger als fünf oder bis zu 19 gezählt — kommen im späten August oder im September zur Welt; wenn das Wetter schlecht ist, kann die Geburt bis zum Oktober oder noch länger aufgeschoben werden. Die Jungen sind bis 9 cm lang, silbrig oder golden gefärbt, mit schwarzem Bauch und einem

schwarzen Mittelstreifen am Rücken. Sie sind sehr lebhaft und können von der Geburt an für sich selbst sorgen. Sie fangen Insekten, zeigen aber eine große Vorliebe für kleine Nacktschnecken.

Blindschleichen können in Gefangenschaft nachweislich 30 Jahre oder länger leben. Den Rekord hält ein Exemplar, das im Museum Kopenhagen 54 Jahre gehalten wurde.

Zahlreiche Feinde
Wahrscheinlich werden Tausende von Blindschleichen jedes Jahr von Menschen erschlagen, die sie für junge Ottern halten. Die Blindschleiche hat viele Feinde, besonders als Jungtier. Ihre Hauptfeinde sind Igel und Kreuzotter. Frösche, Kröten, Eidechsen und kleine Schlangen fressen Jungtiere, und Füchse, Dachse, Ratten und viele Vögel, vor allem Raubvögel, machen Jagd auf Blindschleichen jeden Alters.

Irreführendes Aussehen
Weil das schlangenartige Aussehen der Blindschleiche uns so leicht irreführen kann, ist es nicht auszuschließen, daß andere Tiere, die ihr in der Natur unverhofft begegnen, denselben Fehler machen. Leutscher berichtet davon, daß er einmal eine Blindschleiche in ein Terrarium mit drei zahmen Grasfröschen setzte. Sie machten wiederholte Versuche, den „Wurm" zu verschlingen. „Plötzlich fingen diese Frösche an, sich so zu verhalten, als seien sie außer sich vor Furcht. Sie versuchten um jeden Preis zu entkommen und sprangen wie verrückt gegen die Glaswände ihres Behälters." Er kam zu dem Schluß, daß die Frösche die Blindschleiche zuerst als schmackhaftes Mahl ansahen und sie dann mit einer Schlange verwechselten.

Klasse	**Reptilia**
Ordnung	**Squamata**
Unterordnung	**Sauria**
Familie	**Anguidae**
Gattungen und Arten	*Anguis fragilis*, Blindschleiche; *Ophiosaurus apodus*, Scheltopusik

Großköpfig, den Bauch nachschleifend, fett und häßlich, gehört das Gilatier zu den gefährlichsten Reptilien und ist eine der zwei giftigen Echsen. Überraschenderweise wird es von vielen Leuten als Haustier gehalten. Um es vor dem Aussterben zu schützen, ist es nun gesetzlich geschützt.

Krustenechse

Nur zwei der etwa 3000 Echsenarten sind giftig: das Gilatier (sprich: Hiela) und der Escorpion. Sie sehen sich ähnlich und leben in den Wüsten der südwestlichen USA und in den benachbarten Teilen Mexikos. Die erste ist nach der Gila-Wüste in Arizona benannt, wo sie häufig ist, die zweite nach einer mexikanischen Bezeichnung.

Das Gilatier wird bis 57 cm lang und bis zu 1500 g schwer. Es ist rosa und gelblich gefärbt, mit schwarzer Zeichnung. Der Escorpion, bis 80 cm lang, ist schwarz mit rosa und gelben Flecken. Das Gilatier hat vier bis fünf dunkle Bänder am Schwanz, der Escorpion sechs bis sieben. Beide haben einen kräftigen Körper, einen großen, stumpfen Kopf, mächtige Unterkiefer, kleine Augen, einen ungewöhnlich dicken Schwanz, kurze fünfzehige Beine und bemerkenswert kräftige Krallen.

Mal unersättlich, mal fastend

Diese Echsen kriechen sehr langsam herum, obwohl sie sehr schnell sein können und sich heftig zur Wehr setzen, wenn sie gefangen werden. Dabei zischen sie ununterbrochen.

Sie verbringen viel Zeit in ihren Bauten im Sand, die sie nur in der Regenzeit verlassen, und selbst dann hauptsächlich nachts. Als wenig bewegliche Tiere müssen sie mit langsamer Beute vorliebnehmen. Dazu gehören Jungvögel, junge Mäuse und Ratten und auch Eier von anderen Reptilien und von Vögeln. Sie finden ihre Beute durch den Geruchssinn, vor allem aber durch den „Geschmack". Sie nehmen mit ihrer Zunge Partikel vom Boden auf, die sie im Jacobsonschen Organ, einem Sinnesorgan, das auf chemische Reize reagiert, prüfen. Dieses Organ liegt im Gaumen. In Gefangenschaft fressen sie Insekten und Regenwürmer. Nach dem Verhalten gefangener Tiere erscheint es unwahrscheinlich, daß sie ihr Gift zum Töten von Beutetieren benutzen. Eier werden in den Kiefern zermalmt. Dann hebt die Echse den Kopf an, so daß der Inhalt in den Rachen fließt. Eine andere Methode besteht darin, die Eier zu zerbeißen; der Dotter wird mit der Zunge aufgeleckt. Dann wird der Kopf angehoben, damit der Dotter an der Zunge entlang in den Rachen laufen kann.

Solange sie aktiv sind, fressen Krustenechsen alles, was sie erbeuten können, und speichern den Überfluß als Fett im Körper und vor allem im Schwanz. Bei gutgenährten Exemplaren macht das Skelett nur einen geringen Teil des Gewichtes aus. Solche Tiere können lange Fastenzeiten überdauern. Der feiste Schwanz kann bis auf ein Fünftel seines ursprünglichen Gewichtes schrump-

fen; der übrige Körper besteht dann fast nur noch aus Haut und Knochen. Die Krustenechse kann ihr ursprüngliches Körpergewicht sehr rasch wiederherstellen, wenn sie genügend Nahrung findet. Ein Exemplar hatte eine dreijährige Trockenzeit überdauert, während der es keine Nahrung aufnehmen konnte. Es wurde gefangen, und nach sechs Monaten hatte sich der Schwanzdurchmesser verdoppelt, der Körper seine frühere Gestalt wieder angenommen.

Einfacher Giftapparat

Obwohl in Ober- und Unterkiefer gefurchte Zähne vorhanden sind, liegen die Giftdrüsen nur im Unterkiefer. Jede Drüse hat mehrere Ausfuhrgänge, die sich in eine Rinne zwischen Unterlippe und Zahnfleisch öffnen; von hier aus läuft das Gift in die Furchen der Zähne. Die Krustenechse kann nicht wie eine Viper zustoßen, sondern muß sich mit den Kiefern mit schraubstockartigem Griff festhalten und das Gift förmlich „hineinkauen". Wenn man von einer Krustenechse gebissen wird, ist das Hauptproblem, die kräftigen Kiefer zu lösen.

Eiablage im Sand

Die Paarung findet im Juli statt, die Eier werden ein paar Wochen später in ein vom Weibchen mit den Vorderbeinen gegrabenes Loch abgelegt und dann mit Sand bedeckt. Ein Gelege enthält 3 bis 15 ovale, lederige Eier, die etwa 4 bis 6 cm messen. Die etwa

Längsschnitt durch den Kopf des Gilatieres, der das Jacobsonsche Organ im Mundloch zeigt: Ein chemorezeptorisches Organ; Duftspuren gelangen durch die äußeren Nasenlöcher zu ihm, Partikel werden mit der Zunge aufgenommen und geprüft.

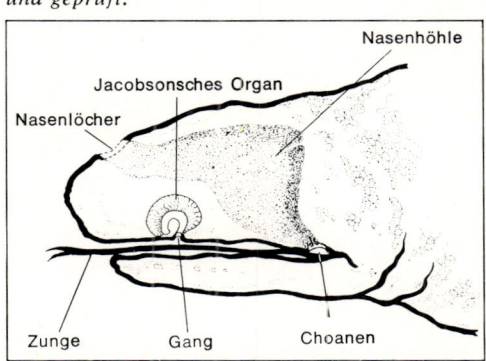

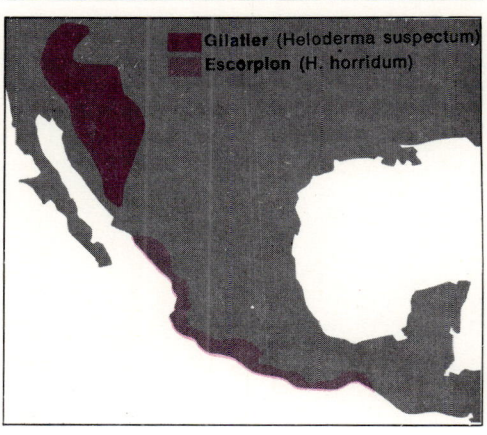

Die Krustenechse (Heloderma suspectum) ist in der Gila-Wüste Arizonas, USA, beheimatet.

8 bis 12 cm langen Jungen schlüpfen nach ungefähr vier Wochen. Sie sind auffälliger gefärbt als die Eltern.

Gesetzlich geschütztes „Untier"

Über die natürlichen Feinde der giftigen Krustenechsen ist wenig bekannt, aber um 1952 wurde das Gilatier so selten, daß man es schützen mußte. Es wurde massenhaft als Terrarientier gefangen.

Echsen mit schlechtem Ruf

Im deutlichen Gegensatz zur Popularität des Gilatieres als Terrarientier stehen zahlreiche Ammenmärchen, die ihm früher angedichtet wurden. Eines davon ist, es könne keine Exkrete abgeben. Deshalb sei es so giftig. Ein anderes behauptet, es könne Gift speien. In Wirklichkeit kann es höchstens beim Zischen ein wenig Gift versprühen.

Vor mehr als 400 Jahren schrieb ein Spanier, Francisco Hernandez, der Biß dieser Echse sei zwar giftig, aber nicht tödlich, sie beiße nur bei Bedrohung, und ihr Aussehen sei gefürchteter als ihr Biß. Obwohl seine Schriften verschollen waren, scheinen die ersten Wissenschaftler, die sie studiert haben, zu einer ähnlichen Ansicht gekommen zu sein, als sie dem Gilatier den Namen *Heloderma suspectum* gaben; sie waren sich nämlich nicht sicher, daß es giftig ist, sondern hatten nur den Verdacht. Sicherer waren sie beim Escorpion, den sie *H. horridum* nannten *(horridum = schrecklich).* Nun wissen wir, daß beide ein Nervengift haben, das Schwellungen, Bewußtlosigkeit, Erbrechen, Herzflattern, Atembeschwerden, Schwindel,

Anschwellen der Zunge und Drüsenschwellungen verursacht. Es treten jedoch nicht alle Symptome bei derselben Person auf. Das Schwellen und die Schmerzen hängen davon ab, wie das Gift injiziert wurde. Die Echse muß sich festbeißen und das Gift mit seitlichen Kieferbewegungen hineinkauen.

1956 veröffentlichten Bogert und del Campo die Ergebnisse ihrer gründlichen Untersuchungen über Bisse von Gilatieren. Sie stellten lediglich 34 Fälle fest, von denen höchstens acht einen tödlichen Ausgang hatten. Die meisten tödlichen Unfälle passierten mit kranken Menschen oder mit Betrunkenen. In mehreren Fällen gab es Anzeichen dafür, daß das Opfer mehrmals gebissen wurde, wie etwa bei einem Mann, der die Echse unter seinem Hemd, auf der bloßen Haut trug! Das kann auch die Todesfälle mit Betrunkenen erklären. Sie hänselten Krustenechsen und merkten wahrscheinlich nicht einmal, daß sie mehrmals gebissen wurden.

Klasse	**Reptilia**
Ordnung	**Squamata**
Unterordnung	**Sauria**
Familie	**Helodermatidae**
Gattung und Arten	*Heloderma horridum,* Escorpion; *H. suspectum,* Gilatier

Taubwaran

Taubwarane sind fleischfressende Echsen. Bis 1961 waren noch nicht einmal zehn dieser Echsen bekannt, alle aus Sarawak. Diese wenigen Tiere aber reichten aus, um zu zeigen, daß diese Eidechse für die Zoologen sehr interessant ist, obwohl Laien wohl kaum etwas Außergewöhnliches an ihr finden. Sie wurde nicht als echter Waran angesehen und deshalb in eine eigene Familie gestellt. Sie schien sogar einige Ähnlichkeit mit Schlangen zu haben.

Auf Grund dieses Interesses, und weil er so selten war, setzte das Museum von Sarawak eine Belohnung von 50 Dollar für Taubwarane aus — dies entspricht dem halben Monatslohn eines einfachen Arbeiters. Trotzdem fand man keinen weiteren Taubwaran, bis zum Januar 1961, als jemand einen bei Gartenarbeiten fing. Das Tier war 33 cm lang, vermutlich entspricht dies der Durchschnittsgröße. Das größte bekannte Exemplar mißt etwa 40 cm. Die Beine des Taubwarans sind klein, der Körper ist braun und mit Tuberkeln bedeckt. Andere Kennzeichen, die er mit manchen anderen Echsen teilt, sind die gegabelte Zunge, mit der er wie eine Schlange züngelt, und das durchsichtige Augenlid. Der Taubwaran hat seinen Namen bekommen, weil man das Ohr von außen nicht sehen kann; mit anderen Worten, das Trommelfell ist verdeckt.

Selten auf Grund seiner Lebensweise

Seit ein Gärtner in Sarawak ein Exemplar fand, wurden mehr als 60 weitere Tiere gesammelt, alle in der flachen Küstenebene von Sarawak. Einige konnten in Gefangenschaft gehalten werden, so daß man ihr Verhalten studieren konnte. Der erste lebte drei Monate, aber während dieser Zeit versetzte er seine Fänger mehrmals in Besorgnis, weil er sich tot stellte. Manchmal lag er mehrere Stunden lang wie tot am Boden und atmete kaum, wenn er aber berührt wurde, reagierte er, indem er sich an den Boden preßte, oder er wandte sich herum und machte sich davon.

Weitere Beobachtungen zeigten, daß Taubwarane nur nachts aktiv sind, gewöhnlich nach Mitternacht. Wie andere kurzbeinige Eidechsen, etwa Skinke, bewegt sich der Taubwaran durch Schlängelbewegungen, ähnlich einer Schlange. Manchmal bewegt sich das Tier auch durch Schläge der Hinterbeine vorwärts; die Vorderbeine schleift er dabei nach oder benutzt sie, um Hindernisse zu überklettern. Taubwarane schwimmen auch gut, sie bevorzugen anscheinend flaches Wasser, wo sie auf dem Grunde liegen. Sie können bis 36 Minuten unter Wasser bleiben.

Diese Beobachtungen geben einen Einblick in das Leben des Taubwarans. Man hat ihn entweder in Fischreusen oder beim Graben gefangen. Das Exemplar von 1961 lag

Der Taubwaran sieht nicht gerade aufregend aus — aber vielleicht ist er ein Bindeglied zwischen Schlangen und Echsen.

in 15 cm Tiefe. In Gefangenschaft sah man sie wühlen und ihre Köpfe in Spalten zwängen. Es scheint daher, daß Taubwarane nachtaktiv sind, im Untergrund leben, aber gelegentlich nachts an die Oberfläche kommen. Sie können wohl lange Zeit ohne Nahrung auskommen, vielleicht, weil sie ihren Stoffwechsel so stark herabsetzen können. Vermutlich verbringen sie einen großen Teil ihres Lebens im Erdboden. Da sie nur nachts an die Oberfläche kommen, ist es nicht überraschend, daß bisher nur so wenige gefunden wurden und daß sie den Eingeborenen unbekannt sind. Darüber hinaus sind sie durch ihre braune, schuppige Haut außerordentlich gut getarnt.

Da sie in flachen, häufig überfluteten Gebieten leben, ist es möglich, daß sie auf Überschwemmungen warten, bevor sie herauskommen; vielleicht werden sie aber auch durch die Flut herausgespült. Im Januar 1963 wurden z. B. in einem kleinen Fluß zwölf Exemplare während heftiger Überschwemmungen gefangen.

Ehe Taubwarane verhältnismäßig gut bekannt wurden, dachte man, sie seien vielleicht giftig. Das war naheliegend, weil man einmal annahm, sie seien mit den giftigen Krustenechsen nahe verwandt. Gefangengehaltene Exemplare machten jedoch keine Anstalten, zu beißen, wenn man mit ihnen hantierte; genaue Untersuchungen ergaben keine Hinweise auf einen Giftapparat.

Eierfresser

In Gefangenschaft nahmen Taubwarane neben Fischfleisch und Regenwürmern Schildkröten und Hühnereier als Nahrung an. Sie beißen die Eier an und saugen den Dotter mit kaum geöffnetem Mund aus.

Ein „missing link"

Der Grund für das große Interesse an Taubwaranen ist, daß sie ein „missing link" zu sein scheinen. Vor 1961 meinte ein berühmter Reptilienfachmann, es sei die Erfüllung eines Traumes, einmal einen Taubwaran lebend zu sehen. Die Erfüllung erbrachte wenig Bedeutsames; aber für die Anatomen sind die Taubwarane von großem Interesse.

Nach der Beschreibung des ersten Taubwaranes 1878 wurde er manchmal zu den Waranen, manchmal zu den Krustenechsen gestellt. Es scheint nun, daß er auch mit einigen ausgestorbenen Echsen nahe verwandt ist, und er könnte ein Verbindungsglied zwischen Schlangen und Echsen sein.

Es wurde stets angenommen, die Schlangen stammten von Echsen, die nach und nach ihre Beine verloren. Das ist ein Schritt, der bei den verschiedensten Echsenfamilien vollzogen wurde, wie etwa den Schleichen und den Doppelschleichen, obwohl diese Tiere nicht näher mit den Schlangen verwandt sind. Echsen, die früher als ziemlich eng mit den Schlangen verwandt angesehen wurden, sind die Warane, obwohl sie keineswegs direkte Vorfahren der Schlangen sind. Der Taubwaran scheint ein besserer „Kandidat" zu sein, weil er mehrere Merkmale mit den Schlangen teilt und weniger von den Merkmalen hat, die andere Echsen von den Schlangen trennen. Zu diesen Merkmalen gehören Übereinstimmungen in der Bezahnung und im Schädelbau, das Fehlen eines äußeren Ohres und die lange, gegabelte Zunge. Das durchscheinende, untere Augenlid kann ein „Vorläufer" der uhrglasartigen, durchsichtigen Augenhaut der Schlangen sein.

Klasse	**Reptilia**
Ordnung	**Squamata**
Unterordnung	**Sauria**
Familie	**Lanthanotidae**
Gattung und Art	*Lanthanotus borneensis,* Taubwaran

Anakonda

Die größten Schlangen gehören zu den Riesenschlangen, und vielleicht die größte überhaupt ist die Anakonda (Eunectes murinus). Wahrscheinlich ist die Größe keines anderen Tieres so übertrieben worden wie die der Anakonda. Der Name selbst soll aus dem Tamil stammen, von anai für Elefant und kolra für Mörder. Möglicherweise bezeichnet dieser Name ursprünglich einen Verwandten der Anaconda, den indischen Tigerpython. Längen von 42 m wurden für die Anakonda gemeldet; 13 m als Maximallänge wird oft in der Reiseliteratur angegeben. Der berühmte Entdecker Colonel Fawcett behauptete, einer über 20 m langen Anakonda begegnet zu sein, und wurde von der öffentlichen Meinung in London als „außerordentlicher Aufschneider" bezeichnet. Tatsächlich ist eine 6 m lange Anakonda ein großes Exemplar, obwohl anzunehmen ist, daß noch größere auftreten. Es ist schwierig, einen sicheren Nachweis für die größte Anakonda zu finden. 12,5 m Maximallänge wird von vielen Wissenschaftlern akzeptiert, aber nicht von allen. Vor langer Zeit setzte die Zoologische Gesellschaft von New York einen Preis von 5000 Dollar für eine 10 m lange Anakonda aus. Bisher hat noch niemand diesen Preis gewonnen.

Die Anakonda ist olivgrün mit großen, schwarzen Flecken entlang dem Körper und zwei hellen Längsstreifen am Kopf. Sie bewohnt das tropische Amerika östlich der Anden, vor allem das Amazonas- und das Orinokogebiet, und Guayana. Im Norden geht sie bis Trinidad. Die Art variiert stark in Größe und Färbung, was Anlaß zur Aufstellung zahlreicher Unterarten gab, doch dürfte es sich hierbei wohl vor allem um individuelle Varietäten handeln. Die nahe verwandte Eunectes notaeus von Paraguay ist als die Paraguay- oder Südliche Anakonda bekannt.

Lebt in den Strömen und Sümpfen des Dschungels

Von allen Boas — dies ist die Schlangenfamilie, zu denen die Anakonda gehört — ist die Anakonda am stärksten an das Wasser gebunden. Man findet sie anscheinend nie weit vom Wasser entfernt. Stilles oder träge fließendes Wasser wird raschen Flüssen vorgezogen. Diese Vorliebe ist der Grund dafür, daß die Art auf die Becken östlich der Anden beschränkt ist. Sümpfe sind ihr liebster Aufenthaltsort.

Anakondas haben in der Regel bestimmte Jagdreviere. Sie leben gewöhnlich allein, gelegentlich aber auch in Gruppen.

Sie sind hauptsächlich nachtaktiv. Am Tage liegen die Anakondas im Flachwasser oder sonnen sich auf Ästen, gewöhnlich über dem Wasser. An Land sind sie relativ langsam, aber im Wasser schwimmen sie sehr rasch. Oft lassen sie sich bewegungslos treiben, so daß sie von der Strömung flußabwärts verdriftet werden.

Die Anakonda ist wohl die größte Schlange. Sie kann 11 m lang werden. Sie tötet ihre Beute durch Umschlingung. Jedesmal, wenn das Opfer ausatmet, legt sie ihre Schlingen enger und erdrosselt es so.

Töten durch Erdrosseln

Anakondas lauern ihrer Beute gewöhnlich auf, wenn sie zum Trinken ans Ufer kommt, worauf die Anakonda rasch mit dem Kopf zustößt, das unglückliche Opfer packt und es unter Wasser zieht, so daß es ertrinkt. Bisweilen jagen Anakondas auch aktiv an Land nach Beute.

Die Tiere, die von der Anakonda am Ufer gefangen werden, sind kleine Hirsche, Pekaris und große Nager, beispielsweise Agutis, auch Vögel werden genommen. Fische machen einen großen Teil ihrer Nahrung aus, was für ein derart an das Wasser gebundenes Tier nicht überraschend ist. Erwähnenswert ist jedoch, daß auch Kaimane und Schildkröten gelegentlich angegriffen werden. Es gibt einen Bericht über eine über 8 m lange Anakonda, die einen fast 2 m langen Kaiman tötete. Der spezielle Kieferbau der Schlangen ermöglicht es der Anakonda, solche große Beutetiere zu verschlingen. Nach so einem Mahl, das die Anakonda für Wochen sättigen kann, ruht die Schlange eine Woche oder länger. Während dieser Zeit wird das Opfer verdaut. Gewöhnlich nimmt sie jedoch kleinere Tiere zu sich; die Spannen zwischen zwei Mahlzeiten sind dann kürzer.

Die meisten Schlangen sind in der Lage, Beutetiere zu verschlingen, deren Durchmesser größer als ihr eigener ist. Ober- und Unterkiefer sind nur lose verbunden, und das Gehirn ist durch massive Knochen vor Druck geschützt. Eine Klappe an der Luftröhre erlaubt es ihr, auch während des Schluckens zu atmen.

Die Beute wird auf dieselbe Art wie bei anderen Schlingern, zum Beispiel den Pythons, getötet. Die Beute wird nicht zerquetscht, sondern nur festgehalten. Jedesmal wenn die Beute ausatmet, werden die Schlingen um ihren Brustkorb enger, so daß die Lungen sich nicht ausdehnen können. Dadurch wird das Opfer am Einatmen gehindert, und es erstickt schließlich. Reiseberichte erzählen von Anakondaopfern, denen jeder Knochen im Körper gebrochen und die zu Brei zerquetscht wurden. In Wirklichkeit treten bei diesem Prozeß, einer Art Erdrosseln, kaum Knochenbrüche auf. Solche Berichte sind auf die Verwechslung von frischgetöteter mit wieder ausgewürgter Beute zurückzuführen, die mit Schleim überzogen ist, weil Anakondas ihre Beute einspeicheln, um sie besser schlucken zu können.

Fortpflanzung

Über das Fortpflanzungsverhalten der Anakonda ist wenig bekannt. Männchen der Paraguay-Anakonda scheinen durch den Geruch der Weibchen erregt zu werden. Die Männchen winden sich am Weibchen entlang, bezüngeln es heftig und legen dann den Kopf auf seinen Nacken. In dieser Stellung richten sie ihre Aftersporne auf, zwei klauenartige Fortsätze, die letzten sichtbaren Überreste der Hinterbeine. Die Sporne werden auf der Haut des Weibchens hin und her bewegt, und wenn die Kloakenregionen aufeinanderliegen, wird einer der Hemipenise eingeführt, und die Befruchtung kann stattfinden.

Wie andere Boas auch sind Anakondas lebendgebärend. Etwa zu Jahresanfang werden 20 bis 40, manchmal auch bis zu 100 Junge geboren. Jedes ist 60 bis 90 cm lang.

Anakonda und Mythologie

Es ist nicht überraschend, daß eine so große und bösartig aussehende Kreatur zum Objekt zahlreicher Märchen und Legenden wurde. Die südamerikanischen Indianer erzählen zahlreiche Legenden über die Anakonda: vom Glauben, daß sich die Anakonda bei Nacht in ein Boot mit weißen Segeln verwandelt, bis zum Mythos der Taruma, die glauben, von einer Anakonda abzustammen. Mehrere Faktoren haben zu den Geschichten von gigantischen Schlangen geführt. Einmal ist es immer schwierig, die Größe eines Objektes zu schätzen, wenn man kein Vergleichsobjekt von bekannten Ausmaßen hat, und zum anderen neigt man leicht zu Übertreibungen, wenn sich das Objekt bewegt oder wenn man einen Schock erlitten hat; und den kann man leicht bekommen, wenn man plötzlich vor einer Anakonda steht.

Anakondas sind ebenso wie alle anderen Riesenschlangen ungiftig. Neben der Größe wurde auch die Gefährlichkeit der Anakonda stark übertrieben. Fast alle großen, räuberischen Tiere stehen im Ruf, Menschenfresser zu sein. Viele Berichte darüber sind reine Ausgeburten der Phantasie.

Andere Berichte sind glaubwürdiger, enthalten aber keine Hinweise darauf, daß die Anakonda auf Menschen Jagd macht. Natürlich verteidigt sie sich, wenn man sie angreift, und auch wer über eine Anakonda stolpert, braucht sich wohl kaum zu wundern, wenn er kräftig gebissen wird. Über Todesfälle mit Anakondas gibt es bemer-

Oben: Anakondas bewegen sich relativ schwerfällig an Land, können aber sehr rasch schwimmen und lassen sich oft von der Strömung abwärts treiben.

Unten: Am Tage liegen Anakondas oft auf Ästen, die über das Wasser hängen, und lauern auf Beute. Kommt ein Tier ans Ufer, stoßen sie blitzschnell zu und umschlingen das Opfer.

kenswert wenig verbürgte Berichte. Blomberg, der auf vielen Forschungsreisen nach großen Anakondas suchte, hörte nur von zwei solchen Fällen. In einem Fall wurde behauptet, das Opfer, ein 13jähriger Junge, sei gefressen worden. Er verschwand, als er mit seinen Freunden badete. Als sie sein Fehlen bemerkten, tauchte einer seiner Freunde und suchte ihn. Er sah eine Anakonda. Der Vater des Jungen jagte dann die Anakonda und erlegte sie. Blomberg schreibt, daß der Körper des Jungen ausgewürgt worden sei, schreibt aber nicht, ob dies tatsächlich der Fall war, oder ob man dies nur vermutete. Der andere Unfall passierte einem Mann, der beim Schwimmen von einer Anakonda umschlungen und ertränkt wurde. Sein Körper wurde später gefunden und wies deutliche Merkmale auf, die durch einen heftigen Druck entstanden

waren; es gab aber keine Hinweise darauf, daß er verschlungen worden war.

Es gibt also zwei Berichte über den Tod von Menschen durch Anakondas; der eine ist zweifelhaft, in dem anderen wurde zwar jemand getötet, aber nicht gefressen. Tatsächlich gibt es kaum Anakondas, die groß genug sind, einen Menschen zu fressen.

Klasse	**Reptilia**
Ordnung	**Squamata**
Unterordnung	**Serpentes**
Familie	**Boidae**
Gattung und Arten	*Eunectes murinus, Anakonda* (Große Anakonda); *E. notaeus,* Paraguay- oder Südliche Anakonda

Pythons

Pythons sind das altweltliche Gegenstück zu den neuweltlichen Boas. Wie die Boas haben sie kleine Aftersporne, die letzten Reste der Hinterbeine. Die größten und am besten bekannten Arten gehören zur Gattung Python. Pythons leben nicht nur in Urwäldern und Steppen, sondern auch an Flüssen. Der afrikanische Felsenpython wird etwa 9,60 m lang, ist aber nicht so dick wie die Anakonda, sondern schlanker. Er bewohnt den größten Teil Afrikas. Der Felsenpython lebt in offenen Landschaften außerhalb der Wüsten. Andere afrikanische Pythons sind der Königs- und der Angolapython West-afrikas. In Südwestasien gibt es keine Pythons, mehrere Arten aber findet man von Indien bis China und Indonesien. Der Tigerpython wird etwa 10 m lang und ist von Indien bis China durch ganz Hinterindien einschließlich einiger Inseln verbreitet. Der bis 10 m lange Netz-python lebt östlich von Burma bis zu den Philippinen und Timor. Der Kurz-schwanzpython bewohnt die Malayische Halbinsel, Sumatra und Borneo, und der Timorpython lebt auf den indonesischen Inseln Timor und Flores.

Neben den Echten Pythons gibt es mehrere andere Gattungen in dieser Familie, einschließlich des Rautenpythons von Neuguinea und Australien. Von den australischen Pythons ist der bis 6,5 m lange Amethystpython der größte. Kleinere Formen verkörpern die austra-lischen Womas, die andere Schlangen fressen. Der Grüne Baumpython Neu-guineas jagt auf Bäumen. Der Westafrika bewohnende Erdpython des tropischen Regenwaldes verbringt sein Leben im Erdboden. Er jagt Nager und Spitz-mäuse.

Weltreisende

Die großen Pythons findet man häufig in Wassernähe, der Netzpython ist fast ein Wassertier. Sie bewohnen auch Dschungel

Grüner Baumpython liegt zu einer Spirale zusammengerollt da und wartet auf Beute. Er packt sein Opfer mit den vergrößerten Vorderzähnen. Mit seiner blattgrünen Färbung mit den gelben Flecken entlang dem Rücken und seinem Greifschwanz ist er hervorragend an das Leben in Bäumen angepaßt.

und klettern auf Bäume, mit Ausnahme des afrikanischen Felsenpythons, der offene Landschaften bevorzugt. Der Netzpython lebt auch gern in der Nähe menschlicher Siedlungen. Er war einmal ein regelmäßiger Bewohner Bangkoks, der sich am Tag ver-steckte und nachts herauskam, und auf Rat-ten, Katzen, Hunde und Geflügel Jagd machte. Ein Exemplar wurde im königli-chen Palast gefangen. Diese an den Men-schen gebundene Lebensweise dürfte die Ursache für sein häufiges Auftauchen in Frachtgut sein. Einer erreichte wohlbehal-ten London. Er ist aber auch durch eigene Kraft imstande, weite Reisen zu machen. Er durchschwimmt Meeresarme und war eines der ersten Reptile, das die Insel Krakatau im Indonesischen Archipel wieder besiedelte.

nachdem sie und sämtliche Lebewesen 1888 durch den Ausbruch des Vulkans zerstört worden waren.

Sie fressen nur lebende Beute

Pythons töten ihre Beute, indem sie sich um den Körper der Beute schlingen, so daß sie nicht mehr atmen kann. Pythons sind Lauerjäger. Der Python wartet auf seine Beute, stößt dann vor und packt sie mit den Kiefern, so daß er einen festen Halt hat und Schlingen um den Leib des Opfers legen kann. Die Speisekarte ist reichhaltig. Säuger werden bevorzugt, dicht gefolgt von Vögeln. Junge Pythons hat man aber schon in Fischfallen gefangen. Felsenpythons fressen kleine Antilopen wie Ducker, Gazellen, Impalas und Buschböcke. Ein großer Python kann Beutetiere von 60 kg Gewicht verschlingen, aber dies geschieht nur in Ausnahmefällen. Gewöhnlich fressen sie kleinere Tiere wie Hasen, Ratten, Tauben und Enten. Schakale und Affen werden manchmal gefressen, und ein knapp 6 m langer Felsenpython hat einmal einen Leoparden verschlungen, ohne beim Fang größeren Schaden zu nehmen. Manchmal rächen sich die Opfer an den Pythons. Man hat schon wel-

che gefunden, in deren Darmwand Stacheln von Stachelschweinen oder Antilopenhörner steckten. Gewöhnlich werden solche gefährlichen Fortsätze verdaut, bevor sie Schaden anrichten können.

Ein großes Tier sättigt einen Python lange Zeit, aber oft töten sie in rascher Folge mehrere kleine Beutetiere. Einem Felsenpython hat man zugetraut, in rascher Reihenfolge drei Schakale gefangen und gefressen zu haben, und ein kleiner Python wurde dabei beobachtet, wie er rasch hintereinander zwei Sperlinge tötete und den dritten mit dem Schwanz niederdrückte.

Es gibt ein paar verbürgte Berichte über Pythons, die Menschen angriffen, und einen glaubwürdigen Bericht über einen Python, der einen 14jährigen Malayenjungen angriff und verspeiste.

Die Weibchen bewachen die Eier

Die Tiere sind bei der Paarung weniger lebhaft als andere Schlangen. Das Männchen kriecht hinter dem Weibchen her und versucht, auf es zu klettern; manchmal richtet sich das Weibchen auf und schwingt hin und her. Die Aftersporne — die rückgebildeten Hinterbeine — auf beiden Seiten der Kloake

werden vom Männchen dazu benutzt, das Weibchen zu kratzen und es zu stimulieren, seinen Körper aufzurichten, so daß sich das Männchen um das Weibchen winden und einen Hemipenis einführen kann. Drei bis vier Monate nach der Paarung werden etwa 100 Eier abgelegt. Das Weibchen schichtet die Eier zu einem Haufen, windet sich um sie herum und brütet sie während der zwei bis drei Monate dauernden Reifezeit. Es verläßt sie nur gelegentlich zum Trinken und noch seltener zur Nahrungssuche. Die meisten Pythons bewachen ihre Eier hauptsächlich, aber der Tigerpython bebrütet sie regelrecht, indem er seine Körpertemperatur um ein paar Grad über der Lufttemperatur hält. Netzpythons sind 60 bis 75 cm lang, wenn sie schlüpfen; in den ersten Jahren wachsen sie rasch, etwa 60 cm jährlich. Ein Tigerpython verdreifacht seine Körperlänge fast in seinem ersten Lebensjahr. Pythons können über 20 Jahre alt werden.

Mutige Otter

Selbst die größten Schlangen haben Feinde. Junge Pythons haben viele Feinde; aber wenn sie heranwachsen, geht die Zahl der Tiere, die mit ihnen fertig werden können,

Linke Seite: Erdrosselt! Ein Flughund, den ein Amethyst-Python mit seinen Kiefern gepackt hat, wird von den Schlingen des Pythons erwürgt.

Oben links: Ein Rautenpython (Morelia spilotes) windet sich um seine Eier, die er kaum einmal verläßt. Die Temperatur innerhalb des Knäuels liegt um mehrere Grade über der Lufttemperatur.

Oben rechts: Nach einer Reifezeit von bis zu 80 Tagen schlüpft ein Königspython aus seinem Ei. Zu einem Gelege können mehr als 100 Eier gehören.

Links: Königspython (Python regius). Diese erwürgte Ratte ist zunächst durch einen kräftigen Schlag mit dem Kopf des Pythons betäubt worden.

los gemacht haben, denn sie erdrosseln ihn mit ihren Vorderteilen, wie sie ihn mit den hinteren schlagen." Abgesehen von der Unmöglichkeit, daß ein Elefant in dieser Weise attackiert wird, ist dies ein — wenn auch reichlich phantasievoller, ausgeschmückter — Bericht über die Art und Weise, wie Pythons ihre Beute fangen.

Klasse	**Reptilia**
Ordnung	**Squamata**
Unterordnung	**Serpentes**
Familie	**Pythonidae**
Gattungen und Arten	*Calabaria reinhardti,* Erdpython; *Chondropython viridis,* Grüner Baumpython; *Liasis amethystinus,* Amethystpython; *Morelia argus,* Rautenpython; *Python anchietae,* Angola-Python; *P. curtus,* Kurzschwanzpython; *P. molurus,* Tigerpython; *P. regius,* Königspython; *P. reticulatus,* Netzpython; *P. sebae,* Felsenpython; *P. timorensis,* Timorpython

zurück. Überreste von Pythons hat man in den Bäuchen von Krokodilen, Hyänen und Tigern gefunden. Corbett berichtet von einem 5 m langen Python, der von einem Otterpärchen getötet worden war, das ihn anscheinend von beiden Seiten angegriffen hatte. Durch ihre Wendigkeit entgingen sie seinen Zähnen. Wenn der Königspython aus Afrika belästigt wird, dann rollt er sich zu einem dichten Knäuel zusammen, in dessen Inneren gut geschützt der Kopf liegt.

Geschlagener Elefant

Sowohl der Tiger- als auch der Felsenpython waren den Griechen und Römern wohlbekannt, sie hatten ihren Platz in Legende und Religion. Sie sind zum Beispiel verantwortlich für eine der zahlreichen Drachenlegenden. Das Wort Drachen ist von einem griechischen Wort für Schlange abgeleitet, und die „Drachen" der Schriftsteller der Antike waren einfach große Schlangen. Es waren mittelalterliche Schriftsteller, die daraus Fabelwesen machten. E. Topsell hat uns eine hübsche Beschreibung davon gegeben, wie

Drachen Elefanten fangen. In seiner „Historie of Serpentes" von 1608 schreibt er, wie sie „sich in Bäumen verstecken, die ihren Kopf bedecken und den übrigen Körper wie ein Seil herabhängen lassen. Auf diesen Bäumen warten sie, bis der Elefant zum Fressen kommt und Zweige abweidet. Dann springen sie ihm plötzlich ins Gesicht und hacken ihm die Augen aus; mit ihren Schwänzen oder Hinterteilen schlagen und quälen sie den Elefanten, bis sie ihn atem-

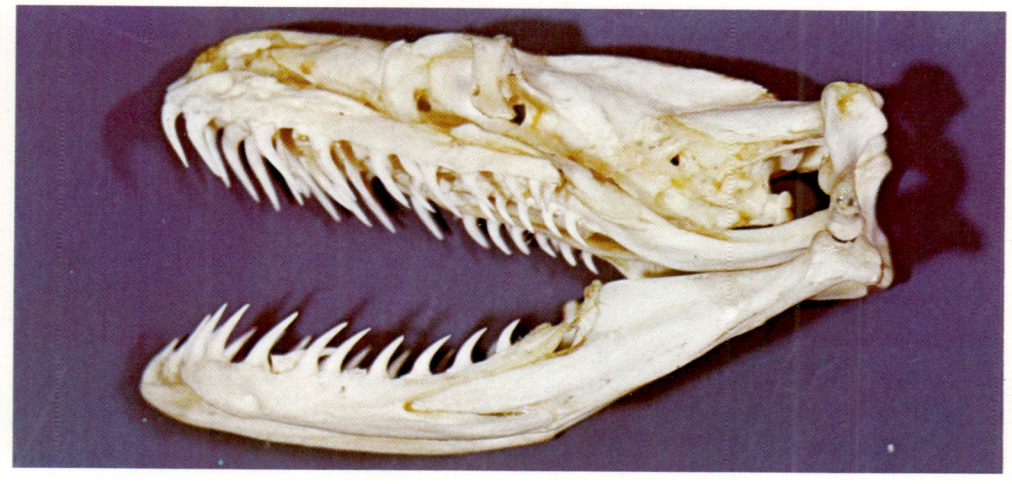

Rechts: Bei ungiftigen Schlangen sind die Kiefer mit Reihen annähernd gleichgroßer, hakenförmiger Zähne besetzt.

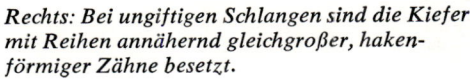

Eierschlangen

Viele Schlangen fressen Eier, aber nur die Indische und die Afrikanische Eierschlange leben fast ausschließlich von Eiern, und nur sie haben eine bemerkenswerte Vorrichtung, um an ihren Inhalt zu gelangen.

Die Afrikanische Eierschlange ist über ganz Afrika verbreitet, während die Indische Eierschlange ein kleines Verbreitungsgebiet in Nordindien hat. Beide sind schlank, mit stumpfen, runden Schnauzen und schmalem, nicht vom Rumpf abgesetztem Kopf.

Die Afrikanische Eierschlange ist in Afrika an vielen Orten häufig. Sie wird etwa 75 cm lang, ausnahmsweise auch länger, bis 1 m. Ihre Färbung wechselt von schiefergrau bis olivbraun, mit schwarzen oder roten Flecken, die manchmal ein Zickzackmuster bilden.

Eierschlangen sind vorwiegend nachtaktiv und verbringen einen großen Teil ihrer Zeit damit, in den Dächern der Bäume nach Vogelnestern zu suchen. Für den Menschen sind sie harmlos; allerdings besitzen praktisch alle Nattern, zu denen auch die Eierschlangen gehören, Giftdrüsen. Nur die Schlangen jedoch, die große, gefurchte Zähne haben, können das Gift auch in tiefere Gewebeschichten des Opfers bringen und so eine wirkliche Giftwirkung hervorrufen. Im Gegensatz zur Afrikanischen Eierschlange hat die Indische Eierschlange zwar gefurchte Zähne, bei beiden Arten sind die Zähne aber so schwach und ihre Anzahl ist so gering, daß sie einem Menschen keinen Schaden zufügen können. Außerdem stehen sie weit hinten im Kiefer.

Die Eier werden im Schlund zerbrochen

Eine Eierschlange, die etwa so dick wie ein menschlicher Finger ist, kann ein ganzes Hühnerei von mehr als 4 cm Durchmesser verschlingen. Es ist für Schlangen normal, daß sie Objekte verschlingen können, die dicker als sie selbst sind. Ihre Kiefer haben spezielle Gelenke, damit sie ihre Beute umschließen können (Anakonda, S. 299), und ihr Schlund kann sich stark dehnen, um sich dem Opfer anzupassen. Wenn sie ein Ei verschlingen, stehen die Schuppen an Hals und Nacken ab, während die Haut darunter sich derart streckt, daß sie nur noch so dick wie Seidenpapier ist.

Schlangen finden die Eier durch den Geruchssinn. Wenn sie ein Ei findet, untersucht die Schlange es vorsichtig mit der Zunge; faule Eier werden verschmäht. Wenn das Ei groß ist, mißt sie seine Größe, indem sie Kopf und Hals darüber schiebt. Wenn sie mit ihrem Fund zufrieden ist, windet sie sich um das Ei, um es festzuhalten, „gähnt" ein paarmal, und beginnt damit, es von einem Ende her zu verschlingen. Mit langsamen, bedächtigen Schlucken wird das Ei eingesogen. Nachdem sie das Ei verschluckt hat, was eine Viertelstunde dauern kann, bricht die Schlange es mit einem sehr eigenartigen Organ auf, das die Schale festhält und zersägt. Entlang der Oberseite des

Schlundes stehen etwa 30 sägezahnartige Wirbelfortsätze, die in die Speiseröhre ragen. Die ersten 17 oder 18 Zähne sind lang und messerartig, die nächsten breit und flach und die restlichen sechs oder sieben sind kräftige Pflöcke, die nach vorne gebogen sind. Das Ei wird von Schlundmuskeln gegen die „Säge" gedrückt, die sich um die Enden pressen. Die Schlange hebt dann ihren Kopf an und biegt ihn vor und zurück, so daß sich die „Zähne" durch die Schale sägen können, und der Inhalt des Eies ausfließt. Als nächstes biegt die Schlange ihren Hals nach oben, so daß die Schale gegen die flachen, mittleren „Zähne" gedrückt wird, die sie zu einer aufgerollten, kahnförmigen Wurst zusammendrückt. Der Inhalt des Eies wird heruntergeschluckt und eine Klappe am Mageneingang geschlossen, damit er im Magen bleibt, wenn sich die Schlange hin und her windet, um die Schale auszuspeien.

In den tropischen Regenwäldern haben die Eierschlangen immer etwas zum Fressen,

Oben: Ein großer Bissen: Nachdem sie ein paarmal das Maul aufgerissen hat, dehnt sie die Mundöffnung gewaltig aus, was ihr dadurch möglich ist, daß alle Kieferteile gelenkig miteinander verbunden sind, und beginnt, das Ei zu verschlingen. Das Ei wird dann gegen die „Säge" gepreßt, die Schale aufgesägt, so daß der Inhalt ausläuft. Nachdem der Inhalt des Eies in den Magen gelangt ist, wird die zusammengeballte Schale wieder ausgespien.

Rechte Seite:
Eine blaugraue Variation der Eierschlange. Die Färbung kann alle Schattierungen zwischen schiefergrau und olivbraun annehmen.

Unten: So geht die Schlange zu Werke, um ein Ei zu knacken: Diese „Zähne" sind in Wirklichkeit Fortsätze der Wirbelsäule, die durch die Speiseröhre wachsen.

da die Vögel hier das ganze Jahr über nisten; in Südafrika und Nordindien aber ist das Futterangebot jahreszeitlichen Schwankungen unterworfen. Es ist sehr wahrscheinlich, daß Eierschlangen hier mehr als die Hälfte des Jahres fasten und von Fett leben müssen, das sie während der Brutzeit der Vögel gespeichert haben.

Eiablage

Weil so vieles am Verhalten der Eierschlange einzigartig ist, hat man sich vor allem darum bemüht und sich um ihr Fortpflanzungsverhalten kaum gekümmert. Sie legen 12 bis 13 Eier. Die Jungen schlüpfen nach drei bis vier Monaten.

Die frischgeschlüpften Jungen messen 20 bis 25 cm. Es wäre interessant, zu wissen, ob sie auch schon in der Lage sind, Eier zu verschlingen, wenn sie noch so klein sind.

Sie geben sich den Anschein, gefährlich zu sein

Obwohl Eierschlangen nicht giftig sind, ist ihr Verhalten bei Gefahr geeignet, einen Feind abzuschrecken, der sie nicht näher kennt. Beim ersten Gefahrenzeichen bläht eine Eierschlange den Vorderteil ihres Körpers auf und zischt heftig. Dann rollt sie sich zusammen und stößt zu, als sei sie eine gefährliche Giftschlange.

Der Körper wird nicht spiralig zusammengerollt, sondern in parallele Bahnen gelegt, die C-förmig gebogen und dauernd in Bewegung sind, so daß die Schuppen rasseln, wenn sie aneinander gerieben werden.

Viele Masken

Die Afrikanische Eierschlange ist außerdem durch ihre Ähnlichkeit mit Giftschlangen geschützt. Das ist kein Zufall, denn durch ihr ganzes Verbreitungsgebiet von Ägypten bis zum Kap variiert sie sehr stark in der Färbung, wobei sie stets den verschiedenen Giftschlangen in jedem Gebiet angepaßt ist. In Ägypten ähnelt sie der Sandrasselotter, deren Gift das stärkste von allen Vipergiften ist. Auch diese Schlange rasselt, indem sie ihre Schuppen gegeneinanderreibt, in derselben Weise wie die Eierschlange. Weiter südlich, in Tansania, ahmt die Eierschlange die Jungen einer anderen Viper nach, und in der Südhälfte von Afrika werden drei Schlangen nachgeahmt. In Südwestafrika ist die Hornpuffotter das Vorbild, und in Südafrika kann man sie mit der Bergpuffotter verwechseln. In vielen Gebieten ähnelt sie Pfeilottern, die dieselben dunklen, viereckigen Flecken entlang dem Rücken haben.

Das Nachahmen von Giftschlangen kann die Eierschlange vor solchen Feinden wie Pavianen und Warzenschweinen schützen, kaum aber vor räuberischen Schlangen. Gegen den Menschen ist es ebenso von Nachteil, denn er hält sie für eine Giftschlange und erschlägt sie.

Klasse	**Reptilia**
Ordnung	**Squamata**
Unterordnung	**Serpentes**
Familie	**Colubridae**
Gattungen und Arten	*Dasypeltis scabra*, Afrikanische Eierschlange; *Elachistodon westermanni*, Indische Eierschlange

Königsnatter

Wie die meisten Angehörigen der großen Familie der Nattern ist auch die nordamerikanische Königsnatter dem Menschen ungefährlich. Königsschlangen fressen jedoch andere Schlangen, sogar giftige Arten, wie Klapperschlangen. Dieser Tatsache verdanken sie auch ihren Namen. Als weitere Besonderheit zeigen sie eine große Variabilität in der Färbung.

Die gewöhnliche Königsnatter, die auch unter dem Namen Kettennatter bekannt ist, wird etwa 1.80 m lang. Die im Osten der Vereinigten Staaten verbreitete Form ist glänzend schwarz, sie hat kreuzweise angeordnete gelbe oder weiße Streifen, so daß sich längs der Seiten ein kettenartiges Muster bildet. Die Unterseite ist schwarz mit gelben oder weißen Flecken. Der Kopf ist schmal, der Hals nur schwach angedeutet. Im Mississippital ist die Königsnatter grünlich, mit weißen oder gelben Sprenkeln. In Georgia, Alabama und Florida ist sie schwarz oder dunkelbraun mit gelben Sprenkeln. Die in Kalifornien vorkommenden Unterarten zeigen zwei Farbvariationen: eine mit gelben Ringen, eine mit gelben Streifen, die Grundfarbe ist bei beiden schwarz oder braun. Diese und andere Arten und Unterarten kommen in den ganzen Vereinigten Staaten vor, im Norden bis zum südlichen Kanada, im Süden bis nach Mexiko. Die bis gut 1 m langen Milchschlangen sind mit den Königsnattern eng verwandt.

Einige Königsnattern sind rot, gelb und schwarz geringelt und ähneln sehr stark den giftigen Korallenschlangen. Deshalb werden sie auch manchmal falsche Korallenschlangen genannt, ebenso wie manche anderen Nattern, wie die roten, schwarz geringelten Trugnattern der Gattung Erythrolamprus Südamerikas.

Schrecken der Schlangen

Königsnattern sind vor allem nachmittags und abends aktiv. Sie machen nicht nur Jagd auf andere Schlangen, sie leben auch von kleinen Säugetieren, vor allem Nagern, auch von Eidechsen und Fröschen, die sie in Wiesen und Waldgebieten fangen. Kommen ihnen andere Schlangen unter, werden sie sie fressen. Sie verbeißen sich am Hals, schlingen ihren Körper um den Körper des Opfers und töten es, indem sie es ersticken, genau wie Pythons und Boas ihre Beute töten. Königsnattern sind Schlangengiften gegenüber immun, sogar gegenüber dem Gift der Klapperschlangen. Wie gefährlich sie für andere Schlangen sind, sieht man am Verhalten einer Klapperschlange in Gegenwart einer Königsnatter. Anstatt ihren Körper zusammenzurollen, ihren Kopf zu erheben, um mit den Zähnen zuzustoßen und drohend zu rasseln, hält sie Kopf und Hals am Boden, hebt einen Teil ihres Körpers zu einer großen Schlinge und versucht, den Angreifer durch Schläge mit dieser Schlinge abzuwehren.

Oben: Königsnatter (Lampropeltis getulus splendida) mit deutlich erkennbaren schwarzen Flecken auf dem Rücken.

Unten: Milchnatter oder „Falsche Korallenschlange", wie sie auch genannt wird (Lampropeltis doliata amaura).

Die kleineren Milchschlangen Nordamerikas haben ähnliche Beutetiere, nehmen jedoch nur jüngere und kleinere Schlangen. Ihren Namen haben sie von dem angeblichen Brauch, Kühen die Milch abzunehmen. Dieselbe Geschichte wird auch sonst in der Welt von verschiedenen Schlangenarten erzählt. Sie ist nicht nur von vornherein unwahrscheinlich, sondern Bau und Arbeitsweise der Zähne einer Schlange machen es praktisch unmöglich, daß sie dem Euter einer Kuh Milch entnehmen könnte, ohne es ernsthaft zu verletzen.

Schön gezeichnete Jungschlangen

Die Paarung ist im Frühling, das Weibchen legt im Sommer zehn bis dreißig Eier mit pergamentartiger Schale. Manchmal werden sie auf den Erdboden gelegt, meist jedoch unter Blätter und Streu. Bei einigen Arten legt das Weibchen während der ersten Tage ihren Körper um die Eier, später aber verläßt es sie. Die Jungen schlüpfen in vier bis sechs Wochen, sie sind 18 bis 20 cm lang, wie die Eltern gefärbt, jedoch heller.

Schlangen fressen Schlangen

Es gibt viele Geschichten, und in den Zeitungen sind auch viele Fotos erschienen, wie Schlangen einander verschlingen. Das passiert in zoologischen Gärten, wenn zwei Schlangen dasselbe Futter nehmen wollen. Früher oder später geraten sie aneinander — und das Tier mit dem größeren Maul verschlingt das andere. In einem Fall hat eine etwa 95 cm lange Königsnatter eine ungefähr 1 m lange Kornnatter, eine knapp 40 cm lange Grasnatter und eine 12 cm lange junge Schlange gefressen, alle an einem Tag. Zweifellos kommt das auch in der freien Natur vor, wenn auch selten. Es gibt jedoch auch Schlangen wie die Schlingnatter (Coronella austriaca), die außer Fröschen, Eidechsen und Mäusen auch Schlangen frißt. Zu ihren Beutetieren gehört die zu den Eidechsen zählende Blindschleiche; doch Schlingnattern, die selbst nur etwa 45 cm messen, nehmen auch junge Schlangen. Zu den als Schlangenfresser berühmten Schlangen gehört auch die afrikanische Feilennatter (Mehelya). Sie schlägt ihre Beute genau wie die Königsnatter und scheint auch gegen Gift immun zu sein. Ein weiterer Schlangenfresser ist die Mussurana (Clelia clelia) aus dem tropischen Amerika. Eine fast 2 m lange Mussurana, die sehr dick war, hatte eine 1.80 m lange, giftige und sehr gefürchtete Lanzenotter verschlungen. Der berühmteste Schlangenfresser ist die Königskobra (Ophiophagus hannah) Südostasiens.

Wenn wir mehr darüber wüßten, würde sich zweifellos herausstellen, daß es unter den schlangenfressenden Schlangen Kanni-balismus gibt, wenn auch nur gelegentlich. Für schlangenfressende Schlangen sind Schlangen eben Schlangen, ganz gleich welcher Art. Es sind sogar noch verrücktere Fälle vorgekommen. Zum Beispiel der Fall der doppelköpfigen Königsnatter aus dem Zoo von San Diego („Dudly-Duplex"). Eines Nachts versuchte der eine Kopf den anderen zu verschlingen. Am nächsten Morgen wurde er vom Wärter befreit. Später aber versuchte der gekränkte Kopf sich zu rächen — mit tödlichen Folgen für alle beide und ihren gemeinsamen Körper.

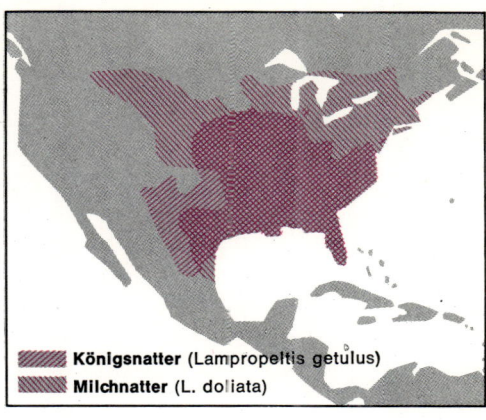

Königsnatter (Lampropeltis getulus)

Milchnatter (L. doliata)

Die Karte zeigt die Verbreitungsgebiete zweier Lampropeltis-Arten.

Klasse	**Reptilien**
Ordnung	**Squamata**
Unterordnung	**Serpentes**
Familie	**Colubridae**
Gattung und Arten	*Lampropeltis getulus,* Königs- oder Kettennatter; *L. doliata,* Milchnatter u. a.

Unten: Schlange mit zwei Köpfen, eine Mißgeburt.

Kobras

Die von Kipling in der Geschichte des kühnen Mungos Rikki-Tikki-Tavi verewigten Kobras der Gattungen *Naja* und *Ophiophagus sind große bis sehr große Schlangen.* Naja *kommt von dem Sanskrit-Wort „naga", Schlange. Mehrere Arten erreichen eine Durchschnittslänge von 2 bis 2,5 m, und die Königskobra ist mit 5,60 m Länge die größte Giftschlange überhaupt. Die Indische Kobra hat einen dunklen Körper mit mehreren hellen Ringen, und wie alle Kobras besitzt sie die charakteristische Haube hinter dem Kopf. Durch lange, bewegliche Rippen kann die Haube aufgestellt werden, ähnlich wie ein Schirm aufgespannt wird. Die Kobra richtet sich auf und stellt ihre Haube auf, wenn sie sich belästigt fühlt oder erregt ist, und bei der Indischen*

Meer über ganz Südasien bis nach Südchina, zu den Philippinen und bis nach Bali im Sunda-Archipel verbreitet ist. Die Zeichnung wechselt je nach Gegend. Im Westen hat die Haube die typische Brillenzeichnung, aber weiter östlich sind Monokelzeichnungen häufiger, und in Kaschmir und dem Kaspi-Gebiet zeigt die Haube schwarze Querbänder.

Es gibt etwa zehn Arten in Afrika, darunter die Schwarzweiße Kobra, die Kapkobra, die Speikobra und die Ägyptische Kobra, die auch in Asien vorkommt.

Manche Kobras, etwa die Ägyptische Kobra, sind Tagtiere, während andere, z. B. die Indische Kobra, sich am Tag in ihr Versteck unter einem Stein oder in einem Erdloch verkriechen und bei Nacht auf Jagd gehen. Manche leben nur in Wassernähe.

so stark. Es ist immer schwierig, die Gefährlichkeit einer Schlange abzuschätzen. Selbst dort, wo über Schlangenbisse Buch geführt wird, tauchen möglicherweise eine Reihe weniger schwerer Fälle nicht in den Berichten auf, und die Gefährlichkeit eines Bisses hängt sehr stark vom Gesundheitszustand des Opfers ab. Kinder, alte Menschen und Kranke sind besonders gefährdet, vor allem Leute mit schwachem Kreislauf. Die Indische Kobra wird von vielen Experten als eine der gefährlichsten Schlangen angesehen, der Biß kann schon nach 15 Minuten zum Tode führen. Für Indien wird die Zahl von 10 000 Toten pro Jahr angegeben. Schlangenbisse sind deswegen in Afrika und Asien so häufig, weil auf dem Land viele Leute barfuß herumlaufen. Manche Kobras, vor allem die afrikanische Speikobra, verteidigen sich, indem sie bis zu 3,5 m weit ihr Gift spucken. Sie zielen auf das Gesicht, und das Gift verursacht große Schmerzen und vorübergehende Blindheit.

Links: Die Kapkobra frißt sowohl Schlangen als auch Nager und verschmäht die eigenen Artgenossen nicht.

Rechts: Indische Kobra mit kompletter Maske. Die Haube einer Kobra funktioniert ähnlich wie ein Regenschirm

Kobra zeigt diese Haube dann die bekannte Brillenzeichnung. Das Muster steht auf dem Nacken, kann aber von oben gesehen werden, weil die gespannte Haut durchscheinend ist.

Eine andere wohlbekannte Art ist die Ägyptische Kobra, die auf altägyptischem Kopfschmuck mit aufgerichtetem Vorderkörper und gespreizter Haube abgebildet ist. Die Durchschnittslänge ausgewachsener Tiere beträgt 1,60 m bis 1,80 m, und es gibt Berichte über 3 m lange Exemplare, obwohl die größte sicher nachgewiesene Länge nur 2,4 m beträgt. Der Körper ist gelblich bis fast schwarz. Bei den helleren Formen treten oft dunkle Fleckenzeichnungen auf.

Kobras findet man in Afrika und Asien. Fossil sind sie auch aus Europa bekannt, vermutlich aus einer Zeit, als es wärmer war als heute. Es gibt zwei bis vier Arten in Asien. Eine davon ist die Indische Kobra, die vom Kaspischen

Starke Nervengifte

Das Gift der Kobras wird von Drüsen sezerniert, die dicht hinter den Augen liegen. Über Kanäle läuft es zu den Giftzähnen, die vorn im Oberkiefer stehen. Jeder Giftzahn ist am Vorderrand gefurcht, und bei manchen Arten liegen die Ränder der Furche übereinander, so daß eine Röhre entsteht, ähnlich einer Injektionsnadel; sie erinnert damit an die Zähne der Ottern. Die Kobra schnellt mit leicht geöffnetem Maul vor. Sobald die Zähne in das Fleisch des Opfers eindringen, wird Gift durch Muskeln, die die Giftdrüsen zusammendrücken, in die Zähne gepreßt. Wenn eine sehr aggressive Kobra diese Muskeln zu früh anspannt, tropft Gift aus ihrem Mund.

Kobragiftzähne sind ziemlich kurz, aber wenn sie zugestoßen hat, läßt sie nicht los und injiziert so große Giftmengen. Die Gefährlichkeit eines Bisses hängt sehr davon ab, wie lange die Kobra ihr Gift hineinkauen kann. Wenn sie sofort wieder weggerissen wird, ist die Bißwirkung gewöhnlich nicht

Kobragift hat eine andere Wirkung auf den Körper als das der Vipern, welches hauptsächlich auf das Kreislaufsystem wirkt, indem es das Körpergewebe zerstört. Auch das Kobragift enthält gewebezerstörende Bestandteile und verursacht Schwellungen und Blutzersetzung, aber die wichtigsten Bestandteile sind Nervengifte, die das Nervensystem zerstören; es verursacht Lähmungen, Erbrechen, Atembeschwerden und unter Umständen schließlich den Tod durch Herz- und Kreislaufkollaps.

Rattenfänger

Kobras fressen hauptsächlich Nager. Wegen der Ratten kommen sie in die Häuser. Das ist der Grund für viele Unfälle. Frösche, Kröten und Vögel werden ebenfalls gefressen. Die Kobras klettern auf Bäume, um die Nester zu plündern. Die Ägyptische Kobra dringt oft in Geflügelställe ein. Die Kap- und die Königskobra fressen häufig Schlangen, einschließlich ihrer eigenen Artgenossen, und die Schwarzweiße Kobra jagt Fische. Bei Nahrungsmangel fressen sie auch Heuschrecken und andere große Insekten.

Der Hochzeitstanz der Kobras

Vor der Paarung „tanzt" das Paar. Der Vorderkörper wird 30 cm oder mehr aufgerichtet und schwingt hin und her. Es kann eine Stunde dauern, bevor die Paarung stattfindet, bei der das Männchen einen Hemipenis in die weibliche Geschlechtsöffnung einführt. Hochzeitsmonate sind September und Oktober, die Eier werden einen Monat später abgelegt. Die Fortpflanzungszeit wechselt mit dem Verbreitungsgebiet der einzelnen Kobraarten. 8 bis 20 Eier werden in einem Loch am Boden oder unter einem Baum abgelegt. Das Weibchen kann die Jungen bewachen und ist während dieser Zeit sehr erregt und aggressiv. Vor allem die Königskobra greift dann auch ohne jede Provokation an. Frischgeschlüpfte Kobras messen etwa 25 cm.

Feinde

Daß Mungos Feinde der Kobras sind, ist allgemein bekannt, aber auch Genetten greifen sie an. Die Taktik des Mungos besteht darin, um die Kobra herumzuspringen und sie so dauernd in Bewegung zu halten. Dadurch ermüdet sie und kann ihren Körper auch nicht dauernd in Schlagstellung halten. Der Mungo ist durch seine Beweglichkeit geschützt. Er gewinnt den Kampf jedoch nicht immer. Kobras können sich auch scheintot stellen und warten, bis die Gefahr vorüber ist.

Der Bluff der Schlangenbeschwörer

Kobras, vor allem die Indische und die Ägyptische, sind die beliebtesten Akteure der Schlangenbeschwörer bei ihren Vorführungen. Es ist heute vielleicht allgemein bekannt, daß die Schlangen nicht auf die Musik reagieren, sondern auf die rhythmischen

Unten: Die berühmte Uräusschlange oder Ägyptische Kobra kann eine Länge von 2,40 m erreichen und ist viel kräftiger gebaut als die Indische.

Bewegungen des Schlangenbeschwörers. Die Flöte ist eher ein Dekorationsstück. Sie wird nicht von allen Gauklern benutzt, denn Schlangen können keine Schallwellen wahrnehmen.

Die Erklärung für die „Schlangenbeschwörung" ist, daß der Korb geöffnet wird, wodurch die Schlangen plötzlich dem gleißenden Tageslicht ausgesetzt sind. Halbblind und ziemlich verschüchtert richten sie sich in Verteidigungsstellung mit weitgespreizter Haube auf. Sie richten ihre Aufmerksamkeit auf das erste Objekt, das sie sehen können, auf den Schlangenbeschwörer oder seine Flöte, deren Bewegungen sie folgen. Oft „küßt" der Gaukler auch die Schlange oder nimmt sie in die Hand. Dies ist nicht so gefährlich wie es aussieht, weil man annimmt, daß die Kobra im vollen Tageslicht nicht genau zustoßen kann; häufig hat man ihr auch die Giftzähne ausgebrochen. Man sollte sich jedoch darauf nie verlassen.

Klasse	**Reptilia**
Ordnung	**Squamata**
Unterordnung	**Serpentes**
Familie	**Elapidae**
Gattungen und Arten	*Naja naja*, Indische Kobra; *N. haje*, Ägyptische Kobra oder Uräusschlange; *N. nivea*, Kapkobra; *N. nigricollis*, Speikobra; *N. melanoleuca*, Schwarzweiße Kobra; *Ophiophagus hannah*, Königskobra

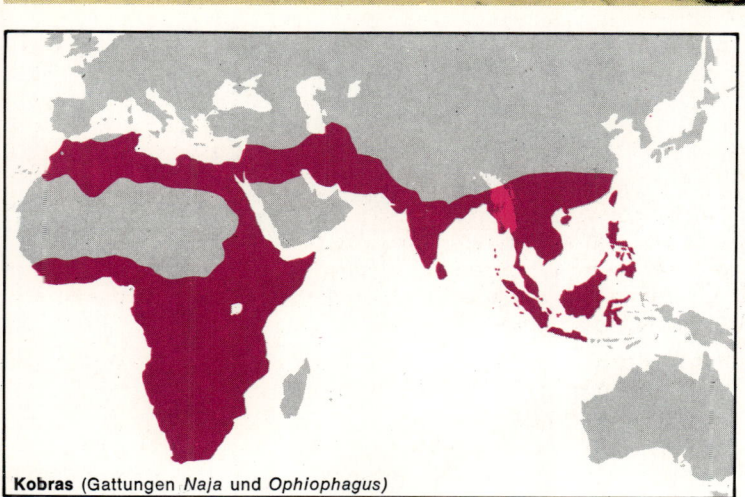

Kobras (Gattungen *Naja* und *Ophiophagus*)

Kobras „tanzen", weil sie sich aufrichten und ihre Verteidigungsstellung einnehmen, wenn sie plötzlich dem Sonnenlicht ausgesetzt werden. Erschrocken und halbblind richten sie ihre Aufmerksamkeit auf den ersten Gegenstand, der sich bewegt: Auf die Flöte oder die Hand des Gauklers.

Ottern

Die Kreuzotter gehört zur Familie der Ottern oder Vipern. Wie alle Mitglieder dieser Familie hat sie einen gedrungenen Körper, einen ziemlich kurzen Schwanz und einen breiten, deutlich vom Rumpf abgesetzten Kopf. Das Männchen wird gewöhnlich etwa 50 cm lang, das Weibchen ist etwas größer; die Maximallänge liegt bei 80 cm.

Färbung und Zeichnung variieren erstaunlich stark. Kreuzottern gehören zu den wenigen Schlangen, bei denen Männchen und Weibchen unterschiedlich gefärbt sind. Gewöhnlich sind die Männchen grau oder schmutziggelb, die Weibchen rot, rötlich oder braun. Beide Geschlechter tragen meist ein Zickzackband; bei den Männchen ist dies im allgemeinen schwarz, bei den Weibchen dagegen dunkelrot oder dunkelbraun. Daneben kommen aber auch völlig schwarze und alle möglichen anderen Spielarten vor. Oft tragen sie eine dunkle, V- oder X-förmige Zeichnung auf dem Kopf, daher auch ihr Name „Kreuzotter".

Neben der Kreuzotter kommen in Mitteleuropa noch drei weitere Vipern vor. Die Wiesenotter ähnelt einer kleinen Kreuzotter. Sie trägt eine dunkle Zickzack- oder Wellenzeichnung auf schmutziggrauem Grund und wird höchstens 50 cm lang. Bei der bis 75 cm langen Aspis- oder Juraviper ist die Schnauze aufgebogen. Auch bei ihr wechselt die Grundfarbe erheblich. An Stelle des Zickzackbandes trägt sie dunkle Querbinden. Die bis 90 cm lange Hornviper bekam ihren Namen nach dem lappigen, hornartigen Aufsatz auf der Schnauzenspitze. Sie ist oft sehr schön gezeichnet, mit rotem oder braunem Zickzackband auf hellem Grunde; daneben kommen aber düstergraue und alle möglichen anderen Farbvariationen vor. Sie wird auch als Sandotter bezeichnet.

Verbreitung und Lebensweise

Die Kreuzotter ist über fast ganz Europa verbreitet und außerdem quer durch Asien bis nach Sachalin. In Irland und im äußer-

Kreuzottern (Vipera berus). Die dunklere Färbung einer Otter auf diesem Foto beruht auf außergewöhnlich starker Entwicklung schwarzer Pigmente in der Haut.

Oben: Die Zunge der Kreuzotter sieht gefährlich aus, ist aber harmlos. Sie ist ein Organ des Geruchs- und Geschmackssinnes, das Duftstoffe aufnimmt und zur Prüfung in den Mund bringt.

sten Süden Europas fehlt sie. Man findet sie vor allem an trockenen Plätzen wie auf Sandflächen und auf der Südseite von Hügeln, wo sie sich oft sonnt, aber auch an feuchten Plätzen, und sogar im Wasser, vor allem in Mooren. Ihre Widerstandsfähigkeit gegen Kälte erlaubt es ihr, in Finnland bis fast zum Polarkreis vorzudringen. Im Winter begibt sie sich zur Ruhe. Diese beginnt, wenn die Temperatur im Schatten 9° C unterschreitet. Wenn die Temperatur über 8° C steigt, kommt sie wieder hervor, manchmal sogar bei Schnee, aber ein Kälteeinbruch treibt sie in ihr Winterquartier zurück. Die Dauer der Winterruhe hängt vom Klima ab: in Nordeuropa bis zu 275 Tage, im Süden unter Umständen nur 105 Tage.

Im Gegensatz zu vielen anderen Schlangen gräbt sie nicht, sondern sucht Höhlen oder Löcher als Winterquartier auf. Die Tiefe, in der sie überwintert, hängt ebenfalls vom Klima ab, genauso wie die Dauer der Ruheperiode. Oft findet man zahlreiche Exemplare zusammen an einem Ort, bis zu 40 Stück. Mit ihnen überwintern auch häufig Kröten und Eidechsen. Diese Zusammenballung verhindert einen Hitzeverlust; es ist aber nicht bekannt, wie die Ottern diese Massenquartiere finden.

Im Süden Europas sind die Kreuzottern im wesentlichen auf Höhenlagen beschränkt; hier treten in Westeuropa und Italien die auch im Schwarzwald vorkommende Aspisviper und in Südosteuropa ab Österreich die Hornviper an ihre Stelle. Beide bevorzugen trockenere und wärmere Biotope als die Kreuzotter. Man findet sie vor allem auf Schotterfeldern und überhaupt in steinigen Gebieten. Die Wiesenotter ist hauptsächlich in Steppengebieten Osteuropas von Nieder-

Eine schwarze Kreuzotter. Kreuzottern gibt es in allen Farben von gelb bis silbergrau und oliv (Männchen), und von rot bis gold und braun (Weibchen).

österreich an verbreitet; einige isolierte Vorkommen gibt es in Italien und Frankreich.

Es ist ungewiß, ob Ottern nacht- oder tagaktive Tiere sind. Ihre Augen sind typisch für Nachttiere, denn sie haben viele der sehr lichtempfindlichen Stäbchenzellen, so daß sie bei Nacht gut sehen dürften. Am Tag müssen sie geschützt werden, und die Schlitzpupille der Otter vermindert den Lichteinfall. Andererseits sind Ottern trotz dieser Anpassungen häufig am Tag aktiv. Die Paarung findet ausschließlich am Tage statt.

Mäusefresser
Die Hauptbeutetiere der Ottern sind Mäuse, Wühler, Spitzmäuse und Eidechsen. Junge Ottern ernähren sich zuerst von Insekten und Würmern, und die Wiesenotter bleibt dabei und ernährt sich während ihres ganzen Lebens hauptsächlich von Heuschrecken. Größere Beutetiere werden durch einen Biß getötet, bei dem das Gift der Schlange injiziert wird. Der Effekt hängt von der Größe des Beutetieres und Art und Größe der Otter ab. Eine Eidechse kann innerhalb weniger Minuten oder sogar nach 30 Sekunden tot sein; aber für den Menschen ist der Biß einer Kreuzotter selten tödlich. Aus den ersten 50 Jahren dieses Jahrhunderts sind nur sieben Todesfälle durch Schlangenbisse in England und Wales bekannt geworden, und in vier davon waren Kinder betroffen. In

Europa wird allerdings fast jeder Schlangenbiß mit Gegengiften behandelt; ohne ärztliche Behandlung können Bisse der Kreuzotter sicherlich gefährlich werden. Dagegen soll der Biß der Wiesenotter nicht schlimmer sein als ein Wespenstich. Gefährlicher sind dagegen die Bisse mancher südeuropäischer Arten. Der Biß der Aspisviper ist noch relativ harmlos; dagegen führt der Biß der Sandotter auch bei Serumbehandlung häufig zum Tode. Der Biß der größten europäischen Giftschlange, der bis 2 m messenden Levanteviper (Vipera lebetina), und auch der Biß der türkischen Bergotter (V. xanthina) dürften mindestens ebenso gefährlich sein. Sie kommen aber nur in einigen Randgebieten Europas vor. Trotz dieser Gefährlichkeit sollte man Vipern nicht verfolgen; sie beißen nur, wenn sie vom Menschen angegriffen werden, und sie vertilgen zahllose schädliche Nager.

Die Jagdmethode der Ottern besteht darin, daß sie der Fährte ihrer Beute folgen und dann zustoßen, wobei sie ihr Gift injizieren. Während das Gift wirkt, kann sich das Opfer vielleicht noch irgendwo verstecken. In diesem Falle wartet die Schlange eine Weile und folgt ihm später, um das tote Opfer zu fressen.

Der Tanz der Ottern
Die Paarungszeit dauert von Ende März bis zum frühen Mai, manchmal kann sie auch bis zum Herbst dauern. Im Norden Europas ist der Sommer zu kurz, um die Eier in einem Jahr reifen zu lassen, und so pflanzen sich die Tiere hier alle zwei Jahre fort.

Männchen und Weibchen (oben) der Kreuzotter sind fast immer unterschiedlich gefärbt.
Unten: Kreuzotter mit einen Tag alten Jungen.

Die Kreuzotter hat kein Trommelfell, also keine äußere Ohröffnung, kann aber Bodenerschütterungen mit ihrem Unterkiefer wahrnehmen.

Zum Beginn der Fortpflanzungszeit gibt es zahlreiche Rivalitätskämpfe zwischen den Männchen, die im „Tanz" der Ottern enden. Zwei Männchen stehen sich mit aufgerichtetem Vorderkörper gegenüber und schwingen von Seite zu Seite. Dann umschlingen sie sich und jedes versucht, den anderen zu Boden zu drücken. Sie versuchen nicht, den Gegner zu beißen. Schließlich gibt eines auf und verschwindet. Das Weibchen, das häufig in der Nähe wartet, akzeptiert jedes siegreiche Männchen, und das Männchen paart sich mit jedem willigen Weibchen. Es kriecht hinter dem Weibchen her und legt sich dann auf es, reibt sein Kinn, das eine besonders empfindliche Haut hat, an ihm, und wenn es seinen Hals erreicht hat, schlingt es sich darum herum, und die Paarung findet statt.

Ottern sind ovovivipar; das heißt die Jungen schlüpfen im Leib der Mutter. Die Jungen sind bei der Geburt in eine Haut gehüllt, die sie zerreißen. Der Eizahn, der bei anderen Tieren dazu benutzt wird, die Schale zu durchbrechen, ist bei den jungen Ottern zurückgebildet. Die Jungen kommen im August oder September zur Welt; gewöhnlich sind es 10 bis 14, von denen jedes 15 bis 20 cm lang ist. Sie sind selbständig, scheinen aber oft bei der Mutter zu bleiben.

Trotz ihres Giftes haben sie Feinde
Wie fast alle Tiere, auch wehrhafte, fliehen Ottern meist bei Gefahr, sie beißen gewöhnlich nur in Notwehr. Trotzdem ist der Mensch ihr Hauptfeind; vor allem die starke Urbanisierung, die ihre Biotope zerstört.

Füchse und Dachse töten Ottern, und man hat sie in den Mägen von Hechten und Aalen gefunden. Vielleicht ist es überraschend, daß der Igel ein gefährlicher Gegner der Ottern ist. Einer der Gründe dafür ist, daß er große Giftmengen vertragen kann, ohne Schaden zu nehmen. Er beißt die Otter und rollt sich dann zusammen, so daß die Schlange nur nach einem Stachelwall stoßen kann. Dies wiederholt sich solange, bis die Schlange tot ist. Dann frißt er sie.

Klasse	Reptilia
Ordnung	Squamata
Unterordnung	Serpentes
Familie	Viperidae
Gattung und Arten	Vipera berus, Kreuzotter; V. aspis, Aspis- oder Juraviper; V. ammodytes, Hornviper oder Sandotter; V. ursinii, Wiesenotter

Puffottern

Es gibt etwa neun Puffotterarten in Afrika, von der nur 30 cm langen Zwergpuffotter bis zur 2 m langen Gabunviper. Es sind gedrungene Schlangen mit kurzen Schwänzen. Der Kopf ist sehr deutlich vom Körper abgesetzt und von kleinen, dachziegelartig übereinander liegenden Schuppen bedeckt. Oberhalb der Nasenlöcher liegt eine tiefe Grube unbekannter Funktion. Bei vielen Arten bilden abstehende Schuppen auf dem Kopf ein „Horn", wie bei der Nashornviper. Nicht alle Puffottern werden auch tatsächlich als Puffottern bezeichnet, obwohl alle zur selben Gattung gehören. Man kann zwei Gruppen unterscheiden: einmal die äußerst bunten Gabun- und Nashornvipern des afrikanischen Regenwaldes, zum anderen die dunkelbraunen oder grauen Puffottern der Savannen. Eine von den letzteren, die gewöhnliche Puffotter, ist gelb bis braun mit dunklen gebogenen oder winkelförmigen Streifen. Sie ist von Marokko durch die Sahara bis zum Kap verbreitet und bewohnt auch Arabien. Die anderen haben weniger große Verbreitungsgebiete; eine Art ist beispielsweise auf die Berge der Kapprovinz beschränkt.

Sie verschmelzen mit ihrer Umgebung

Die in den Savannen und Wüsten lebenden Puffottern, die unauffällig gefärbt sind, neigen dazu, ihre Farbe dem Boden anzupassen, auf dem sie leben. Dasselbe gilt auch für die Gabun- und Nashornvipern, trotz ihrer prächtigen Zeichnung. Ihre Farbmuster sind gestaltsauflösend. Die Gabunviper hat ein prächtiges Muster von gelben, purpurnen und braunen Farbflecken, die geometrische Figuren bilden. Die Nashornviper, die noch prächtiger gefärbt ist, mit noch mehr Purpur, und außerdem auch noch mit blauen Abzeichen, trägt grüne, an den Seiten blau und schwarz gerandete Dreiecke. Aber beide Schlangen sind auf dem Teppich toter und grüner Blätter am Waldboden kaum zu erkennen. Die kleineren Puffottern leben auf Sandböden. Mehrere dieser kleinen Ottern können auf Büsche klettern, im allgemeinen aber bleiben Puffottern am Boden, wo sie vorwiegend nachts jagen.

Nicht aggressiv, aber tödlich

Der breite Kopf der Puffottern enthält die mächtigen Giftdrüsen. Obwohl ihr Biß nicht so rasch wirkt wie der einer Mamba oder Kobra, ist er genauso gefährlich. Glücklicherweise beißen diese Schlangen nur auf der Jagd oder in Notwehr, und man muß sie lange provozieren, bevor sie zustoßen. Man sagt, daß Afrikaner harmlose Gekkos mehr als die Gabunviper fürchten, und Lang berichtet von einem kleinen Jungen, der ein 1,50 m langes Exemplar hinter sich herzog, um es ihm im Lager zu verkaufen. Wenn ihr Gift auch langsam wirkt, so ist es trotzdem stark. Perkins, Kurator für Reptilien am Zoo von St. Louis, starb fast am Biß einer Gabunviper. Einige Jahre später,

Der attraktive, „gehörnte" Kopf der Nashornviper täuscht: Er enthält die Giftdrüsen.

1964, starb der Direktor des Zoos von Salt Lake City am Biß einer Puffotter, als er mit der Schlange hantierte. Bei einem Biß können Puffottern 15 Tropfen Gift abgeben. Vier Tropfen reichen aus, um einen Menschen zu töten. Aber gewöhnlich geben sie vorher ein warnendes Zischen von sich. Das Zischen entsteht dadurch, daß Luft aus den Lungen und der Luftröhre durch die Stimmritze gepreßt wird. Die Puffottern zischen besonders laut. Ihr Zischen erinnert mehr an das Schnauben eines Pferdes.

Sie winken der Beute

Die Nahrung der Puffotter wechselt je nach Art. Kleine Beutetiere, z. B. Frösche, werden gepackt und verschlungen, ohne daß Gift injiziert wird. Größere Beutetiere werden gebissen und können vielleicht noch fortlaufen und sterben dann. Die Schlange folgt später der Fährte, um das Opfer zu fressen. Die Beute wird von den Zähnen im Unterkiefer in den Mund gezogen. Hat ein Körperteil der Beute den Schlund erreicht, so ziehen die Schluckbewegungen der Körpermuskeln es weiter in die Schlange hinein. Die Schlange hebt den Kopf hoch, um diesen Prozeß zu beschleunigen. Manche Wissenschaftler behaupten, die langen Giftzähne, die bei einer 1,5 m langen Gabunviper 5 cm messen können, würden benutzt, um das Opfer in den Mund der Schlange zu ziehen. Südafrikanische Herpetologen stimmen dem nicht zu, glauben aber, daß die langen Giftzähne es der Schlange ermöglichen, ihr Gift in tiefe Gewebeschichten zu injizieren.

Die Gewöhnliche Puffotter und die Gabunviper fressen Mäuse und Ratten, Bodenvögel, Frösche, Kröten und Eidechsen. *Bitis inornata* frißt dasselbe, man weiß aber, daß sie auch Schlangen jagt. Die Büschelbraunenotter und die Hornpuffotter vergraben sich im Sand, so daß nur Augen und Schnauze hervorschauen, und lauern auf Eidechsen. Die Hornpuffotter läßt außerdem das Schwanzende aus dem Sand ragen und bewegt es, um ihre Opfer in ihren Schlagbereich zu locken.

Die Puffotter, ein Feind aller Kleintiere, hat selbst wenig Gegner, nur Raubvögel, Mangusten, Warzenschweine und den Menschen. Puffottern können große Fettmengen in ihrem Körper speichern; dieses Fett wird von afrikanischen Medizinmännern als Heilmittel gegen Rheumatismus verkauft.

Große Familien

Puffottern sind ovovivipar: die Jungen schlüpfen in der Mutter und kommen also lebend auf die Welt, oder sie winden sich kurz nach der Ablage aus der Eikapsel. Die Paarung findet in Südafrika gewöhnlich von Oktober bis Dezember statt, die Jungen kommen im März und April auf die Welt. Jungtiere einer 1 m langen Schlange sind bei der Geburt etwa 20 cm lang. Bei den kleineren Arten besteht ein Wurf aus acht bis 15 Jungen, bei den großen Puffottern aus 70 bis 80 oder mehr.

Sie wachsen trotz Fastens

Der Paradoxe Harlekinfrosch erhielt seinen Namen deshalb, weil es paradox ist, daß bei ihm die Kaulquappe viel größer ist als das Fröschchen, in das sie sich verwandelt. Die Frage ist, was mit dem restlichen Fleisch geschieht. Bei der jungen Puffotter ist es umgekehrt. Gleich nach der Geburt kann sie

Oben: Gemessene Hochzeit: Zwei Puffottern bei der Paarung, rechts das Männchen. Die Hochzeit findet gewöhnlich von Oktober bis Dezember statt. Sie haben eine innere Befruchtung, die Weibchen können Spermien speichern. Die meisten Reptilien legen Eier, doch Puffottern sind ovovivipar: das Weibchen behält die Eier im Leib, bis die Jungen schlüpfen. — Links: Zwergpuffotter (Bitis peringueyi). Charakteristische, durch „Überrollen" entstehende Spuren im Sand: parallele wellenförmige Linien.

kleine Mäuse töten und fressen; doch häutet sie sich erst einmal, bevor sie auf Nahrungssuche geht. Sie kann drei Monate ohne Nahrung auskommen. Die Fähigkeit zu fasten ist nicht ungewöhnlich; außergewöhnlich ist jedoch, daß sie während dieser Zeit noch um 25 % länger werden kann, und sich ihr Körperumfang vergrößert.

Klasse	**Reptilia**
Ordnung	**Squamata**
Unterordnung	**Serpentes**
Familie	**Viperidae**
Gattung und Arten	*Bitis arietans*, Gewöhnliche Puffotter; *B. atropos*, Bergpuffotter; *B. caudalis*, Hornpuffotter; *B. cornuta*, Büschelbrauenotter; *B. gabonica*, Gabunviper; *B. inornata*; *B. nasicornis*, Nashornviper; *B. peringueyi*, Zwergpuffotter

Grubenottern

Einige der am meisten gefürchteten Schlangen gehören zu den etwa 130 Arten Grubenottern (Familie Crotalidae), einschließlich solch gut bekannter Formen wie den Lanzenschlangen, den Klapperschlangen und Seitenwindern, auf die wir später zurückkommen. Hier wollen wir andere betrachten, nämlich Wassermokasin, Kupferkopf und Buschmeister und die asiatischen Grubenottern. Grubenottern sind eine vielgestaltige Gruppe, mit mehreren interessanten Spezialisten, was auch der Grund dafür ist, daß wir ihnen drei Kapitel widmen. An dieser Stelle, wo wir uns mit der Familie im allgemeinen befassen, wollen wir unsere Aufmerksamkeit auf das richten, was man als ihren sechsten Sinn bezeichnet hat: die beiden Gruben am Kopf, von denen sie ihren Namen haben.

Grubenottern sind wie die Vipern solenoglyph, d. h. sie haben Giftzähne, die nach hinten geklappt werden können und aufgestellt werden, wenn die Schlange sie braucht. Die meisten Grubenottern sind Landbewohner, manche leben auf Bäumen, einige wenige haben sich ans Wasser angepaßt und andere graben mehr oder weniger im Boden. Wassermokasins haben einen kräftigen Körperbau und werden bis 1,5 m lang. Wenn sie auch an Land leben, so flüchten sie doch ins Wasser, wenn sie gestört werden; sie jagen auch im Wasser. Sie sind schwarz bis oliv oder lohfarben mit großen Rautenflecken entlang dem Rücken. Der Kupferkopf, eine braune Schlange mit sanduhrförmigen Abzeichen am Rücken, wird bis zu 90 cm lang. Er lebt im felsigen Brachland, in Steinbrüchen und Haufen von moderndem Holz. Der Buschmeister ist die größte Grubenotter, bis 3,75 m lang, vorwiegend grau und braun mit großen Rautenflecken entlang dem Rücken. Er hat mächtige Giftdrüsen und ungewöhnlich lange Giftzähne. Seinen Gattungsnamen Lachesis bekam er nach der griechischen Schicksalsgöttin, die die Lebensdauer der Menschen bestimmte. Ein makabrer Scherz des Wissenschaftlers, der ihn beschrieb, denn der Buschmeister ist eine der gefährlichsten Schlangen. Bei den Grubenottern gibt es zwei Gruppen: baumbewohnende und bodenlebende; die ersteren haben Greifschwänze, die ihnen beim Klettern helfen. Die Himalaya-Grubenotter lebt in Höhen von 2100 bis 4800 m; manchmal findet man sie am Rande der Gletscher.

Die Lanzenottern bewohnen Südostasien und das tropische Amerika. Die asiatischen Grubenottern sind vor allem in den östlicheren Gebieten Asiens beheimatet; eine Art, die Halysotter, ist bis zur Wolgamündung verbreitet. Wassermokasin und Kupferkopf bewohnen die USA, und der Buschmeister ist von Costa Rica bis ins nördliche Südamerika verbreitet.

Bambusotter (Trimeresurus gramineus)

Warmblüter als Nahrung

Das Warnverhalten des Wassermokasins — er droht mit offenem Maul und zeigt dabei den weißen Rachen — führte zu seinem zweiten Namen „Cottonmouth" (Baumwollmund). Er zittert auch mit dem Schwanz, wie seine Verwandten, die Klapperschlangen, obwohl er keine Rassel hat. Abgesehen von ihren beiden Gruben unterscheiden sich Grubenottern kaum von den Vipern. Manche haben eine reichhaltige Speisekarte, wie der Wassermokasin, der Kaninchen, Bisamratten, Enten, Fische, Frösche, andere Schlangen, Vogeleier und Nistlinge frißt. Der Kupferkopf frißt kleine Nager, vor allem Mäuse, andere Schlangen, Frösche, Kröten und Insekten, einschließlich Raupen und Zikaden, und die Halysotter hat denselben Speisezettel. Im Gegensatz dazu ernährt sich der Buschmeister hauptsächlich von Säugern. Grubenottern neigen ganz allgemein dazu, warmblütige Tiere im stärkeren Maße als kaltblütige zu jagen, wie man es bei Schlangen mit einem hitzeempfindlichen Sinnesorgan auch erwarten muß. Sie haben auf jeder Seite eins dieser Organe; es liegt zwischen Nasenloch und Auge. Durch dieses Organ können Grubenottern der Wärmespur eines Tieres folgen.

Sie „sieht" Hitze

Jede Grube hat einen Durchmesser von 3 mm und ist 6 mm tief. Über dem Boden liegt eine Membran, die mit Wärmerezeptoren vollgepackt ist; 500 bis 1500 von ihnen stehen auf einem qmm. Diese Rezeptoren sind so empfindlich, daß sie Temperaturschwankungen von 0,002° C wahrnehmen können; mit ihrer Hilfe kann die Schlange Objekte lokalisieren, die nur 0,1° C wärmer oder kälter als die Umgebung sind. Anders ausgedrückt: Die Grubenotter kann die Wärme einer menschlichen Hand im Abstand von 30 cm spüren! Die Membran mit ihren Rezeptoren kann man mit einem Auge mit seiner Netzhaut vergleichen. Die überhängenden Ränder der Grube werfen „Hitzeschatten" auf die Membran, und so kann die Schlange die Richtung feststellen, aus der die Wärme kommt. Da sich die „Sehbahnen"

der beiden Gruben überlappen, sind sie ein Äquivalent zum räumlichen Sehen und ermöglichen es, Entfernungen abzuschätzen. Eine Grubenotter, die am Tag jagt, hat den Vorteil, daß sie der Wärmespur des Opfers durch das Unterholz folgen kann, wenn es außer Sichtweite ist. Sie könnte dies natürlich genauso mit dem Geruchsinn machen. Die Grubenorgane haben ihre große Bedeutung bei Nacht, wenn die Beute mit dem Geruchsinn aufgespürt wird, und die Grubenorgane den entscheidenden Schlag steuern. Das erste Experiment mit Grubenottern (1937) zeigte eindeutig, daß die Gruben Hitzedetektoren sind; weitere Untersuchungen haben erwiesen, wie empfindlich diese Organe sind.

Schlangen in kalten Zonen

Grubenottern bringen gewöhnlich lebende Junge zur Welt. Es gibt ein paar Ausnahmen, etwa den Buschmeister, aber der lebt in den Tropen. Grubenottern leben von der Wolga durch ganz Asien und in ganz Amerika. Vielleicht gibt es einen unmittelbaren Zusammenhang zwischen beiden Fakten: Der wichtigste Vorteil für die Lebendgebärenden gegenüber den Eierlegern ist, daß der Nachwuchs nicht nur gegen Feinde, sondern auch gegen niedrige Temperaturen geschützt ist, bis die Jungen sich weiterentwickelt haben. Irgendwann dürften Grubenottern die Beringstraße überquert haben. Diese liegt weit im Norden, und es war sicher viel einfacher für Schlangen, die lebende Junge gebären, in diesen Breiten zu überleben und so die Überquerung zu schaffen.

Klasse	**Reptilia**
Ordnung	**Squamata**
Unterordnung	**Serpentes**
Familie	**Crotalidae**
Gattungen und Arten	*Agkistrodon halys,* Halysotter; *A. himalayanus,* Himalaya-Grubenotter; *A. contortrix,* Kupferkopf; *A. piscivorus,* Wassermokasin

Klapperschlangen

Hierher gehören plumpe und gewöhnlich hochgiftige Schlangen, die wegen der Klapper oder Rassel an ihrem Schwanz wohlbekannt sind. Wenn sie gestört wird, zittert die Klapperschlange mit dem Schwanz, sie rasselt also, und dies ist ein Warnsignal: es heißt, daß die Schlange zum Zustoßen bereit ist. Klapperschlangen sind fast ausschließlich auf Nord- und Mittelamerika beschränkt, wo es 30 Arten und mehr als 60 Unterarten gibt; eine Art dringt nach Südamerika vor.

Es gibt zwei Gruppen Klapperschlangen, von denen jede eine eigene Gattung repräsentiert: Die Zwergklapperschlangen (Sistrurus) haben kurze, schlanke Schwänze und sehr kleine Klappern, sie überschreiten nie eine Länge von mehr als 60 cm, und die Eigentlichen Klapperschlangen (Crotalus), die gewöhnlich 1 bis 1,5 m lang sind, aber gelegentlich Längen von 2,40 m und mehr erreichen können. Die Waldklapperschlange der östlichen USA trägt winkelförmige Abzeichen auf dem Rücken. Bei der Prärieklapperschlange bilden diese Winkel unregelmäßige Rautenmuster. Mit den anderen Grubenottern teilen die Klapperschlangen die große Widerstandsfähigkeit gegen Kälte. Crotalus pusillus lebt in Mexiko in Höhen bis zu 4350 m.

Die Lautstärke wechselt mit der Größe

Die Rassel besteht aus einer Anzahl lose verbundener Hornringe. Ursprünglich war jeder dieser Ringe einfach die Schuppe, die das Schwanzende bedeckt. Bei den meisten Schlangen ist diese Schuppe ein Hohlkegel, der bei jeder Häutung mit dem restlichen Schuppenkleid gewechselt wird. Bei den Klapperschlangen ist sie größer, viel dicker und hat ein oder zwei Einschnürungen. Bei ihnen wird diese außer bei der ersten Häutung nicht abgeworfen, sondern bleibt lose an der neuen Haut hängen, und bei jeder Häutung kommt eine neue hinzu. Die Klapper wächst jedoch nicht unbegrenzt weiter. Die letzten Glieder brechen häufig ab, und so können Klapperschlangen gleichen Alters verschieden lange Klappern haben, je nachdem, wie stark das Ende der Klapper abgebröckelt ist. Bei wilden Klapperschlangen hat sie selten mehr als vierzehn Segmente, gleichgültig wie alt sie sind; aber Schlangen im Zoo, die ein ruhigeres Leben führen und ihre Klapper nicht an harten Objekten abstoßen, können bis zu 29 Hornringe in ihrer Klapper haben. Je länger die Rassel ist, desto stärker wird das Geräusch abgeschwächt. Am effektivsten sind Rasseln mit acht Segmenten; solche Rasseln machen

Drohende Klapperschlange. Zwischen den Windungen sieht man die große Klapper, ein einzigartiges Organ, das aus den hornigen Endschuppen des Schwanzes besteht, die bei der Häutung nicht abgeworfen werden. Daß Klapperschlangen sich im ersten Lebensjahr drei- oder viermal häuten, hat zu dem Märchen geführt, die Anzahl der Hornringe entspräche dem Alter. Die Rassel ist Warnsignal gegenüber großen Tieren, die Klapperschlangen gefährden.

den meisten Lärm. Die Lautstärke wechselt nicht nur mit der Größe der Schlange und der Länge der Rassel, sondern auch von Art zu Art. Bestenfalls kann man das Rasseln einige Meter weit hören.

Klapperschlangen sind nicht böse

Genau wie man Größe und Effektivität der Klapper nicht generalisieren kann, ist dies auch bei anderen Kennzeichen der Klapperschlange nicht möglich. Beispielsweise behauptet man, daß diese Schlangen Menschen angreifen und bösartig sind. Dies gilt nur für einige Arten. Ohne daß sie geärgert oder gequält wird, macht die Rote Diamantklapperschlange keine Anstalten, zuzustoßen, selbst wenn man sie in der Hand hält. Die Texasklapperschlange und die Diamantklapperschlange rasseln dagegen nicht nur, sondern verfolgen einen Eindringling auch und stoßen immer wieder nach ihm. Wie stark die Giftwirkung eines Bisses ist, hängt von vielen Faktoren ab: Von der Größe — die kleineren Tiere einer Art haben nicht die gleiche Giftmenge wie ein großes Exemplar — und auch davon, wann sie das letztemal ein Opfer gebissen haben; haben sie erst vor kurzem ihre Giftzähne gebraucht, so ist ihr Giftvorrat verringert. Es sind Fälle bekannt, in denen eine Schlange fast zwei Monate brauchte, um ihren Giftvorrat wieder zu ergänzen. Klapperschlangen derselben Art können in manchen Gebieten giftiger sein als in anderen. Prärieklapperschlangen aus den Ebenen sind etwa dreimal so giftig wie die aus Kalifornien und nur halb so giftig wie welche vom Grand Canyon.

Wasserdichte Haut

Klapperschlangen fressen gewöhnlich dieselben Tiere wie andere Grubenottern auch (S. 315), vor allem kleine, gleichwarme Tiere wie Nager, Baumwollschwanzkaninchen und junge Hasen. Junge Klapperschlangen und auch die Zwergklapperschlangen nehmen in größerem Maße wechselwarme Tiere an, wie Frösche, Salamander und Eidechsen. Man hat auch untersucht, wieviel Klapperschlangen trinken; die Ergebnisse gelten möglicherweise für alle Schlangen. Sie brauchen nicht soviel wie aktive oder gleichwarme Tiere, weil ihr Wasserverlust nicht sehr hoch ist. Sie brauchen etwa ein Zehntel der Wassermenge, die ein gleichgroßes Säugetier benötigt. Bei einem Test stellte man fest, daß der Wasserverlust am Kopf fast doppelt so hoch ist wie am ganzen übrigen Körper, und zwar hauptsächlich durch die Atmung. Man muß daher annehmen, daß die Haut fast wasserundurchlässig ist. Beim Trinken saugt die Klapperschlange das Wasser ein. Es gibt keine Hinweise darauf, daß sie es aufleckt, wie manchmal behauptet wird, oder daß sie Tau aufnimmt.

Zweijährige Tragzeit

Alle Klapperschlangen bringen lebende Junge zur Welt. Ob sie im Jahr ein- oder zweimal werfen, hängt vom Klima ab. Die Prärieklapperschlange bringt im südlichen Teil ihres Verbreitungsgebietes einmal im Jahr Junge zur Welt, im Norden aber kann es zwei Jahre dauern, bevor die Jungen geboren werden. Die Hochzeit findet im Frühling statt; ein Wurf kann zwischen ein und 60 Junge enthalten, je nach der Größe der Mutter; gewöhnlich sind es zehn bis 20.

Hohe Sterblichkeitsrate

Ihr Gift verhindert nicht, daß Klapperschlangen getötet und gefressen werden. Raubvögel jeder Art töten sie, auch Skunke und schlangenfressende Schlangen holen sich ihren Teil. Schweine, Hirsche und andere Huftiere zertreten sie, vor allem die Jungtiere, und viele sterben an der Kälte oder an Überhitzung oder verhungern. Tatsächlich überstehen nur wenige Junge aus einem Wurf das erste Jahr.

Scharfe Augen

Schlangen sind taub, obwohl es häufig so aussieht, als reagierten sie auf Laute. In Wirklichkeit ist das Ganze viel komplizierter, wie Klauber bei seinem berühmten Versuch feststellte. Er legte eine Klapperschlange unter einen Tisch und schlug zwei Stöcke zusammen; dabei sorgte er dafür, daß die Schlange weder seine Hände noch die Stöcke sehen konnte. Die Schlange reagierte scheinbar auf das Geräusch. Klauber war zuerst verwundert, fand aber rasch die Lösung des Rätsels. Er saß auf einem Stuhl und ließ seine Beine herunterhängen, und jedesmal, wenn er die Stöcke gegeneinanderschlug, bewegten sich seine Füße, und die Schlange reagierte auf diese Bewegung. So stellte er einen Schirm zwischen seinen Füßen und der Schlange auf, aber noch immer reagierte die Schlange, wenn er die Stöcke gegeneinander schlug; sie sah das Spiegelbild von seinen Füßen in einem Fenster!

Er stellte fest, daß seine Rote Diamantklapperschlange heftig auf Fußtritte auf einem 5 m entfernten Betonboden reagierte; sie reagierte auch dann darauf, wenn man sie auf eine Decke setzte. Er untersuchte dies näher. Er setzte die Schlange in einen Korb, den er mit einem Gummiband an einem Stock aufhängte, der an beiden Enden auf einem Kissen ruhte, um das Ganze gegen Bodenerschütterungen zu isolieren. Die Schlange reagierte trotzdem auf zusammengeschlagene Stöcke und auf das Radio. Tatsächlich reagierte sie auf die vom Radio ausgehende Hitze und auf Erschütterungen der Korbwände.

Klasse	**Reptilia**
Ordnung	**Squamata**
Unterordnung	**Serpentes**
Familie	**Crotalidae**
Gattung und Arten	*Crotalus adamanteus,* Diamantklapperschlange; *Cr. atrox,* Texasklapperschlange; *Cr. horridus,* Waldklapperschlange; *Cr. ruber,* Rote Diamantklapperschlange; *Cr. viridis,* Prärieklapperschlange

Diamantklapperschlange (Crotalus ssp.). *Mit Hilfe der Gruben können sie in ihrer Nähe befindliche Warmblüter feststellen (s. S. 315).*

Seitenwinder

Der Seitenwinder, der auch Gehörnte Klapperschlange genannt wird, hat seinen Namen wegen seiner eigenartigen Fortbewegungsmethode erhalten, die es ihm ermöglicht, sich über feinen Sand zu bewegen. Seitenwinder sind kleine Klapperschlangen, die Erwachsenen werden nur 45 bis 60 cm lang. Die Weibchen sind gewöhnlich größer als die Männchen, umgekehrt wie bei den anderen Klapperschlangen. Der Körper ist gedrungen und verjüngt sich zu einem schmalen Hals, dem ein breiter, pfeilspitzenförmiger Kopf aufsitzt. Über jedem Auge sitzt eine Schuppe, die zu einem Horn ausgezogen ist. Der Körper ist hellgrau oder hellbraun mit einer Reihe großer, dunkelbrauner Rückenflecken und kleineren an den Seiten. Am Kopf stehen zwei dunkle Wangenstreifen. Der Schwanz ist mit hellen und dunklen Bändern verziert, die Bauchseite ist weiß.

Der Seitenwinder bewohnt die südwestlichen USA und das nördliche Niederkalifornien. Dem Seitenwinder sehr ähnlich ist die Sandrasselotter (Echis carinatus) der Wüsten Afrikas und Asiens, die sich auch ähnlich bewegt, obwohl sie zu den Ottern (S. 310) gehört.

Sandschlange

Seitenwinder sind am häufigsten in Gegenden mit lockerem Treibsand; wenn man sie zwischen Steinen oder auf festem Sand findet, dann gewöhnlich nur in der Nähe solcher Gebiete. Obwohl auch andere Klapperschlangen in Wüsten leben und auch auf feinem, losem Sand vorkommen können, ist der Seitenwinder die typische Form solcher Biotope. Grubenottern können sich nur auf die übliche Art über den Sand schlängeln. Die ungewöhnlichen Rollenbewegungen des Seitenwinders geben ihm einen guten Halt auf lockerem Sand, und so kann er sich schneller bewegen.

Seitenwinder sind vorwiegend nachts aktiv, wenn die Temperaturen nicht so hoch sind, und auch ihre Beutetiere unterwegs sind. Den Tag verbringen sie in Mäuselöchern oder sie vergraben sich im Sand, gewöhnlich im Schutz von Creosote- oder Yuccapflanzen. Sie graben sich durch Rollbewegungen des Körpers ein, mit denen sie Sand auf ihren Körper werfen, bis sie wie eine Feder aufgerollt dicht über die Oberfläche ragen. Ihre Färbung tarnt sie sehr gut, wenn sie so halbvergraben daliegen.

Jagd auf Wüstentiere

Die flachen, tellerförmigen Mulden, die die Seitenwinder hinterlassen, findet man oft in der Nähe von Mäuse- oder Rattenbauten, weil die Seitenwinder wahrscheinlich solche Gebiete bevorzugen, in denen sie reichlich Nahrung finden. Ihre Hauptbeute besteht aus kleinen Nagern wie Weißfuß- und Stacheltaschenmäusen, Taschenspringern und Eidechsen wie etwa Seitenfleckenleguane und andere sandbewohnende Echsen. Manchmal fressen sie auch andere Schlangen, selbst kleinere Artgenossen, bisweilen auch kleine Vögel.

Der Seitenwinder ist eine kleine, gedrungene Klapperschlange, die vollkommen an das Leben in Wüsten angepaßt ist.

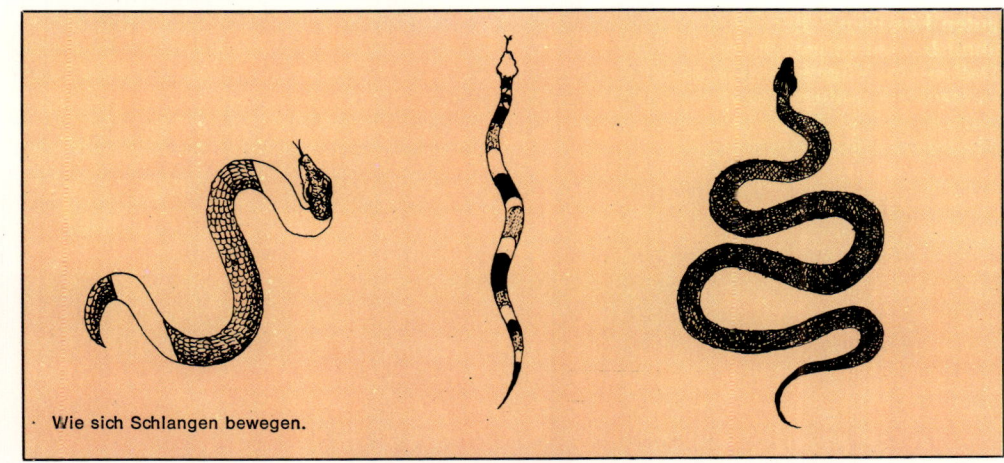

Wie sich Schlangen bewegen.

Links: Seitenwinden ähnelt der Bewegung eines Drahtknäuels, das den Boden entlang gerollt wird. Nur die weißen Flächen berühren den Boden.

Mitte: Bei der Schlängelbewegung gleitet der Körper in einer Reihe flacher Kurven dahin, die an jeder Unebenheit des Bodens Halt finden.

Rechts: Ziehharmonikabewegung: Der Schwanz verankert sich, Kopf und Hals stoßen vor; der Hals verankert sich, der restliche Körper zieht nach.

Im Fortpflanzungsverhalten unterscheiden sie sich nicht von anderen Klapperschlangen (S. 317). Die Hochzeit findet kurz nach der Winterruhe statt. Sie ist ovovivipar, d. h. die Jungen kommen lebend auf die Welt.

Seitenwinden

Viele Schlangen führen „seitenwindende" Bewegungen aus, wenn sie auf eine Glasscheibe gelegt werden. Sie werfen ihren Körper in Schlingen und „überrollen" sich dabei, um auf dem glatten Boden festen Halt zu bekommen. Der Seitenwinder und die Sandrasselotter und einige andere Wüstenschlangen Afrikas und Asiens bewegen sich fast stets auf diese Weise fort.

Bei der normalen Bewegung laufen bei Schlangen Wellen über den Körper, die ihn gegen den Boden drücken und die Schlange in entgegengesetzter Richtung zur Wellenbewegung vorantreiben. Seitenwinden ist ganz anders; der Seitenwinder wirft Schlingen

aus, und in Bewegung berührt er nur mit zwei Punkten des Körpers den Grund. Diese beiden Punkte bewegen sich nicht, während die erhobenen Teile in einem Winkel zur Wellenbewegung vorwärtsschnellen. Bewegt sich die Schlange weiter, dann werden die Körperteile unmittelbar dahinter aufgerichtet, so daß sich der Körper ähnlich einer Raupenkette bewegt. Wenn die Schlange nur noch mit der Schwanzspitze den Boden berührt, sucht sie mit dem Kopf einen neuen Halt, und so hinterläßt sie eine Reihe paralleler Spuren.

Klasse	**Reptilia**
Ordnung	**Squamata**
Unterordnung	**Serpentes**
Familie	**Crotalidae**
Gattung und Art	*Crotalus cerastes*

Vögel

Kein Zweifel — bei Laien sind die Vögel die beliebteste Gruppe innerhalb der Tierwelt, weil sie überall und leicht zu sehen sind, wegen ihrer Farben und ihres Gesanges. Aber auch die Zoologen haben ihnen mehr Aufmerksamkeit geschenkt, als man nach der Artenzahl erwarten sollte; deshalb ist es auch unwahrscheinlich, daß künftig noch neue Arten entdeckt werden.

Weil wir sie so gut kennen, ist auch ihre Systematik nur wenig umstritten. (Im Gegensatz zur Systematik anderer Gruppen, siehe z. B. Seite 67 oder Seite 159.) Man teilt die Vögel in 24 Ordnungen ein. Das ist mehr als bei jeder anderen Tierklasse.

Andererseits ist festzuhalten, daß es nur wenige, wenn überhaupt noch andere wichtige Tiergruppen gibt, die fossil so schwach vertreten sind wie die Vögel. Glücklicherweise gibt es die ausgesprochen gut erhaltenen Fossilien des ältesten bekannten Vogels, des Archaeopteryx, des sog. Urvogels, die dessen Abstammung von den Reptilien sehr klar ausweisen. Dieser Mangel an Fossilien liegt wahrscheinlich an der Lebensweise der Vögel, so daß Paläontologen oftmals gesagt haben: „Vögel liefern keine guten Fossilien." Bei den Fledertieren ist es ähnlich — nicht jedoch bei den Flugsauriern. Daß es von Vögeln nur ein paar wenige, weit verstreute Fossilien gibt, ist um so bedauernswerter, als die Vögel schon seit etwa 180 Millionen Jahren existieren.

Die Klasse der Vögel pflegte man in zwei Hauptabteilungen zu gliedern: die Ratitae und die Carinatae, wobei zur ersten Abteilung die großen, flügellosen Laufvögel gehören, wie Strauß, Emu, Kasuar, Nandu und Kiwi, und zur zweiten Abteilung alle übrigen. Heute werden diese beiden Bezeichnungen im allgemeinen nicht mehr verwendet, da man die heute lebenden Ratitae bzw. Laufvögel in vier Unterordnungen führt.

Von den verbleibenden 23 Ordnungen ist eine besonders umfangreich, sie enthält auch die meisten allgemein bekannten Vögel. Das sind die nach dem Haussperling, *Passer domesticus*, benannten Sperlingsvögel (Passeriformes). Diese, zuweilen auch einfach als Passeres bezeichnete Ordnung enthält über die Hälfte aller bekannten Vogelarten in 56 von den insgesamt 149 Familien, in die die „Carinatae" oder Kielbrustvögel, die flugfähigen Vögel, eingeteilt werden.

Die Sperlingsvögel (Passeriformes) werden wiederum in vier Unterordnungen gegliedert: die Eurylaimi oder Breitschnäbel, die Tyranni, zu denen u. a. Ameisenvögel und Buschschlüpfer gehören, die Menuridae oder Leierschwänze und die Oscines oder Singvögel. Zu den ersten drei dieser Aufzählung gehören nur 15 der 56 Familien und etwa 1040 der rund 5000 Arten der Sperlingsvögel.

Entwicklungsgeschichtlich gesehen kann man die Sperlingsvögel deshalb mit den Knochenfischen vergleichen, beide haben sich in — nach geologischen Maßstäben gemessen — verhältnismäßig kurzem Zeitraum entwickelt. Sie haben zahlreiche Arten ausgebildet, sind weltweit verbreitet, haben sich erfolgreich an die verschiedenen Lebensräume angepaßt, vor allem auch an Kulturlandschaften; sie nisten oder horsten an und auf Gebäuden und fressen vielfach auch Feldfrüchte und Abfälle. Wie die Knochenfische nutzen sie eine Vielfalt von Lebensräumen. Da sie in unseren Kulturlandschaften leben, vor allem auch den landbaulich genutzten Gebieten, kommen sie mit dem Menschen in vielfache Berührung; daher kommt es auch, daß sie eine Hauptrolle in der im zwanzigsten Jahrhundert aufgekommenen Vogelliebhaberei gespielt haben.

Man hat — zweifellos mit einem gewissen Recht — gesagt, der Mensch schätze und bevorzuge jene Tiere, die ähnliche Charakterzüge tragen wie er selbst. Das trifft für die Sperlingsvögel in hohem Maße zu. Den meisten Vögeln fehlt der Geruchssinn, und das gilt besonders für die Sperlingsvögel. Mit seltenen Ausnahmen sind die Vögel „Augentiere", wie der Mensch, d. h. das Gesicht ist ihr wichtigster Sinn. Vor allem aber machen sich die Sperlingsvögel durch ihren Gesang, manche auch durch ihr Geschrei, bemerkbar — ein Zug, den sie wie sonst keine andere Gruppe im Tierreich mit dem Menschen gemeinsam haben.

Möwen gehören zu den bekanntesten Seevögeln. Eine dieser Arten ist die Sturmmöwe.

Strauß

Der Strauß ist der größte lebende Vogel und auf Grund seiner außergewöhnlichen, auffälligen Erscheinung zugleich einer der bekanntesten. Große Männchen können bis 2.60 m Scheitelhöhe erreichen, wobei der Hals fast die Hälfte der Höhe ausmacht. Das Gefieder des Männchens ist schwarz, ausgenommen die weißen Schmuckfedern an den Flügeln und am Schwanz. Und auf Grund dieser Schmuckfedern sind seine Bestandszahlen zunächst stark dezimiert und später Straußenfarmen gegründet worden. Das Gefieder des Weibchens ist braun, die Federn werden zur Spitze hin heller. Der Kopf, der größte Teil des Halses und die Beine sind nackt, aber die Augenlider haben lange, schwarze Wimpern. Jeder Fuß hat zwei starke Zehen, die längere ist mit einer kräftigen Klaue bewaffnet.

Im Pliozän, vor einigen Millionen Jahren, gab es neun Straußenarten, aber heute lebt nur noch eine. Noch bis vor 200 Jahren gab es in weiten Gebieten Afrikas, Syriens und Arabiens in Wüsten und Strauchsteppen neun Unterarten. Heute sind viele ausgerottet, andere sehr selten geworden. Die asiatische Unterart wurde zuletzt 1941 festgestellt. In Ostafrika sind Strauße heute noch zahlreich, auch in Südaustralien, wo man sie eingeführt hat, leben sie noch in einigen Gegenden.

Merkwürdiges Familienleben

Strauße sind außerordentlich wachsam, ihr langer Hals erlaubt es ihnen, Feinde aus größerer Entfernung festzustellen. Deshalb ist es sehr schwierig, Strauße in der Wildnis zu beobachten, und bis vor kurzem beruhten unsere Kenntnisse auf der Beobachtung in Farmen und Zoos. Durch Teilbeobachtungen in der Natur sind allerlei falsche Vorstellungen über die Lebensweise dieser Tiere aufgekommen und zu Legenden geworden. Das Zoologenehepaar Sauer hatte nun den genialen Einfall, seinen Beobachtungsstand als Termitenhügel zu tarnen; so konnte es das Leben der Strauße in Südwestafrika studieren. Strauße und andere Tiere haben diesen Beobachtungsstand überhaupt nicht beachtet, so daß den Zoologen ein tiefer Einblick in das soziale Leben der Strauße gewährt wurde. Sie stellten fest, daß es in mancher Hinsicht wirklich so seltsam ist, wie die Legenden berichten.

Strauße leben in sehr trockenen Gebieten, sie durchstreifen auf der Nahrungssuche das offene Land, oftmals in ziemlich großen Rudeln. Während feuchterer Perioden teilt sich die Gruppe in Familien, einem Paar mit Küken und Jungtieren. Ein Hahn oder eine Henne führt den Trupp und entscheidet, wann man das Revier wechselt. Wenn der Trupp vertrautes Gebiet verläßt oder an eine Wasserstelle kommt, wo keine anderen Tiere trinken, treibt die Leittier die Jungvögel vor sich her, um einen eventuellen Angreifer aus der Deckung zu locken.

Sie fressen nahezu alles

Strauße leben vorzugsweise von Pflanzen, einschließlich Früchten, Samen und Blättern. Sie fressen auch kleinere Tiere, man sagt, sogar Eidechsen und Schildkröten. Sie stehen im Ruf, nahezu alles zu fressen, auch Metallstücke und Farbtuben. Das ist vielleicht übertrieben, sie verschlingen aber beträchtliche Mengen Sand, um ihre Verdauung zu fördern; man sagt, aus der Art der Sandkörner und Kiesel im Magen eines Straußes könne man die von ihm zurückgelegte Strecke genau feststellen.

Lockere Familienverhältnisse

Noch bis vor kurzer Zeit zweifelte man, ob Strauße polygam oder monogam veranlagt seien. Die Befürworter der Monogamie meinten, man habe noch niemals mehr als ein Männchen oder ein Weibchen an einem Nest oder als Führer eines Trupps gesehen. Heute weiß man, daß Strauße monogam sein können, in der Regel aber polygam sind. Das Ehepaar Sauer stellte fest, daß die gesellschaftliche Ordnung der Strauße recht anpassungsfähig ist und daß ein Männchen, das ein Weibchen mit Küken begleitet, durchaus nicht der Vater der Küken zu sein braucht.

Das Brutgeschäft kann zu jeglicher Jahreszeit stattfinden, das hängt von der Regenzeit ab. Zuerst wird die Rotfärbung der Männchen an Hals und Beinen intensiver, sie treiben einander im Kreis herum, mit ausgebreiteten Flügeln, wobei die weißen Schmuckfedern zur Schau gestellt werden. Später errichten sie außerhalb der gewohnten Nahrungsgründe besondere Territorien, wo sie mit den Weibchen zusammentreffen. Ein Hahn hat in seinem Harem gewöhnlich drei Hennen, es können aber auch bis zu fünf sein.

Das Balzspiel ist stark entwickelt. Der Hahn trennt eine Henne von der Gruppe, und das Paar frißt zusammen, wobei sich Kopf und Hals beider rhythmisch bewegen. Der Hahn läßt sich dann auf die Läufe nieder und breitet seine Flügel aus, um die weißen Schmuckfedern zu zeigen. Gleichzeitig bewegt er sich hin und her und verdreht den Hals korkenzieherartig. Die Henne läuft um ihn herum und nimmt schließlich Paarungsstellung ein.

Jede Henne legt sechs bis acht, etwa 15 cm lange und bis 1500 g schwere Eier. Die Hennen eines Harems legen alle in dasselbe Nest, das aus einer Bodenvertiefung mit etwa 3 m Durchmesser besteht. Es kann drei Wochen dauern, bis alle Eier gelegt sind, dann treibt die Haupthenne die anderen weg, und das Nest wird von ihr und dem Hahn behütet. Das Brutgeschäft besteht mehr darin, die Eier zu beschatten als sie warm zu halten. Gegen Ende der sechswöchigen Brutzeit werden die am weitesten entwickelten Eier am Rand des Nestes zusammengebracht — eine Maßnahme, die wahrscheinlich dazu dient, die Schlüpfzeiten so weit wie möglich aneinander anzugleichen.

Die Küken können kurz nach dem Schlüpfen laufen, und einen Monat später schon eine Geschwindigkeit von 50 Stundenkilometern erreichen. Wenn sie ihre Eltern verlassen, bilden sie große Scharen. Im Alter von vier bis fünf Jahren werden sie fortpflanzungsfähig.

Ein bizarres Geschöpf mit langem, nacktem Hals: Der Strauß ist der größte Vogel.

Sie laufen um ihr Leben

Erwachsene Strauße fürchten sich kaum vor Raubtieren. Sie sind sehr wachsam und können mit bis zu 65 Stundenkilometern Geschwindigkeit laufen. Eier und Küken jedoch können Schakalen und sonstigen Räubern zum Opfer fallen. Die Erwachsenen führen ihre Küken aus der gefährdeten Zone heraus und versuchen, den Feind durch „Schaustellungen" abzulenken, während sich die Küken zerstreuen.

Stecken Strauße den Kopf in den Sand?

Sehr verbreitet ist die Ansicht, der Strauß stecke bei drohender Gefahr den Kopf in den Sand. Dieses Verhalten — Gegenstand vieler Witze und Karikaturen — sagt man Leuten nach, die glauben ein Problem zu lösen, indem sie es einfach nicht beachten.

Links: Zu viele Eier? Gegen Ende der Brutzeit werden die am weitesten entwickelten Eier am Rande des Nestes zusammengerollt, um die Schlupfzeit einander bestmöglich anzugleichen.

Unten: Geburtstag. Straußenküken schlüpfen.

Wie so viele Redensarten, enthält auch diese ein Körnchen Wahrheit. Sie ist wahrscheinlich entstanden, weil es so schwierig ist, Strauße zu beobachten. Wenn ein Strauß im Nest sitzt, reagiert er auf irgendeine Störung dadurch, daß er den Kopf senkt, bis er den Hals waagerecht kurz über dem Boden hält. Der Strauß ist dann sehr gut getarnt, und der kleine Kopf ist leicht hinter einer Pflanze oder Bodenwelle zu verstecken.

Klasse	**Aves**
Ordnung	**Struthioniformes**
Familie	**Struthionidae**
Gattung und Art	Strauß, *Struthio camelus*

Rechts: Ein prächtiges Männchen hetzt zwei Weibchen, die sich eifrig anbieten.

Unten: Strauße auf dem Marsch. In großen Herden sind sie in der trockenen Jahreszeit auf Nahrungssuche.

Nandus

Der flugunfähige Nandu ist der größte amerikanische Vogel, seine Scheitelhöhe ist 1,40 bis 1,50 m, sein Gewicht 20 kg oder etwas darüber. Kopf und Nacken sind mit kurzen Federn bedeckt, das Körpergefieder ist weich, die Flügel sind länger als beim Strauß, dem er im übrigen ähnelt. Die langen, kräftigen Beine haben drei Zehen. Die Geschlechter unterscheiden sich wenig, doch sind die Männchen etwas größer.

Es gibt zwei Gattungen mit jeweils einer Art. Der Gewöhnliche Nandu ist der häufigste. Er ist an der Oberseite bräunlich grau, an der Unterseite weißlich und an den Flanken bläulich grau. An Kopf und Nacken finden sich schwarze Flecke. Es gibt auch eine weiße Spielart. Der Gewöhnliche Nandu kommt vom Osten Brasiliens bis zum mittleren Argentinien vor. Darwins Nandu ist kleiner, sein Gefieder ist bräunlich, mit weißen Flecken. Sein Verbreitungsgebiet erstreckt sich vom südlichen Peru bis Patagonien im südlichen Argentinien.

Flinke Nandus

Nandus leben in Gruppen von 20 bis 30, manchmal sind es auch mehr. Die älteren Männchen sind immer Einzelgänger. Ihr Lebensraum sind die weiten, offenen Landschaften der Pampas und die Hochflächen, wo sie bei Gefahr weglaufen oder sich zu Boden drücken können, wenn es ausreichend Deckung gibt. Wenn sie schnell laufen, halten sie den Hals waagerecht nach vorn. Sie sind äußerst beweglich und können die Richtung leicht wechseln. Sie balancieren mit einem Flügel und benutzen ihn wie ein Segel, wenn sie einen Haken schlagen.

Die Herden gehen manchmal mit Pampahirschen oder Guanakos zusammen, in Gebieten wo man ihnen nicht nachstellt sogar mit Rindern. Der Gewöhnliche Nandu ist jedoch nicht mehr so zahlreich wie früher.

Oben: Gewöhnlicher Nandu (Rhea americana), in seiner Heimat, der südamerikanischen Steppe. Vor Feinden flüchtet er, bei ausreichend Deckung drückt er sich zu Boden.

Rechts: Erste Annäherung: Männchen eines Gewöhnlichen Nandu sträubt seine Halsfedern vor zwei Weibchen.

Die Landwirtschaft hat sich ausgedehnt und seinen Lebensraum beschnitten, auch wird er oft gejagt. Die althergebrachte Jagdweise der südamerikanischen Indianer bestand darin, eine Gruppe Nandus einzukreisen. Als die Europäer das Pferd eingeführt hatten, wurden die Nandus vom Sattel aus mit Bolas erlegt: drei mit Riemen verbundene Steine wurden gegen die Jagdbeute geschleudert, damit sie sich mit den Beinen verfängt und zu Boden gerissen wird.

Nandus sind Allesfresser, sie zupfen Blätter und Früchte ab oder graben nach Wurzeln, sie fangen Insekten, Weichtiere, Würmer und Eidechsen. Auch haben sie eine Vorliebe für hell leuchtende Gegenstände, nach denen sie schnappen.

Die Hähne brüten

Zu Beginn der Fortpflanzungszeit kämpfen die Hähne miteinander. Sie bedrohen sich gegenseitig mit u-förmig herabgebogenem Hals. Es kommt zu Kämpfen, bei denen sie die Hälse umeinander drehen, sich beißen und stoßen. Wenn einer bezwungen ist, wird er vom Sieger mit ausgebreiteten Flügeln und S-förmig gebogenem Hals weggejagt.

Der siegreiche Hahn umwirbt die in kleinen Gruppen lebenden Hennen. Er kräuselt zuerst die Halsfedern und schließlich das ganze Gefieder. Dann läuft er mit ausgestrecktem Hals und ausgebreiteten Flügeln hin und her. Gleichzeitig ruft er und gibt einen Schrei von sich, der mehr demjenigen eines Säugetieres als eines Vogels gleicht. Dann nähert er sich einem Weibchen mit gesenktem Hals und ausgebreiteten Flügeln und läßt sich zum Boden nieder. Wenn das Weibchen auf dieses Verhalten eingeht, kommt es zur Paarung.

Hähne paaren sich mit mehreren Hennen und Hennen mit mehreren Hähnen. Nandus sind sowohl polygam als auch „vielmännig" (polyandrisch); da sich keine Paare bilden, sagt man am besten, sie leben in freier Liebe. Nestbau und Pflege der Eier und der Jungen sind ausschließlich den Männchen überlassen. Das Nest besteht nur aus einer flachen, mit Gras ausgekleideten Bodenmulde von etwa 1,50 m Durchmesser. Jedes Weibchen legt 11 bis 18 Eier in mehrere Nester, oder auch einfach auf den Boden, falls der Hahn die Nester noch nicht fertig hat. Der Hahn führt eine Henne nach der anderen zu seinem Nest, damit sie ihre Eier legen. Der Hahn beginnt zu brüten, und wenn sich dann noch Hennen nähern, begrüßt er sie, indem er zischt und zuschnappt. Die Hennen müssen beharrlich sein, bis sich der Hahn erhebt und ihnen erlaubt, weitere Eier zu legen.

Ein Hahn kann bis zu 80 Eier ausbrüten, doch sind es meist nur 10 bis 30. Die Küken schlüpfen nach 35 bis 40 Tagen und verlassen das Nest alsbald unter der Obhut des Hahnes. Sie bleiben durch leise, klägliche Rufe in Verbindung. Geht ein Küken verloren, schließt es sich einer anderen Gruppe an, so daß die Elternschaft einer „Familie" vollends durcheinandergebracht ist.

Wer sind ihre Verwandten?

Die großen flugunfähigen Vögel, wie Nandus, Strauße, Kiwis, Kasuare, Emus und die ausgestorbenen Moas und Madagaskarstrauße, werden oftmals als „Ratiten" zusammengefaßt. Da Fossilien fehlen, ist die Erforschung sehr erschwert. Es ist aber sicher, daß alle Laufvögel erst sekundär flugunfähig wurden. Die eigentlichen Laufvögel oder Straußenvögel (Ratiten) allerdings sind zweifellos nahe miteinander verwandt. Als Vorfahren kämen Vögel in Betracht, die in Aussehen und Lebensweise den Tinamus (Seite 329) ähneln. Die nächsten Verwandten der Nandus dürften die Tinamus und die echten Strauße sein.

Klasse	Aves
Ordnung	**Struthioniformes**
Familie	**Rheidae**
Gattungen und Arten	*Pterocnemia pennata*, Darwins Nandu; *Rhea americana*, Gewöhnlicher Nandu

Emu

Es wird oft gesagt, der Emu sei der zweitgrößte Vogel; das stimmt nicht ganz, denn die Kasuare (Casuarius) erreichen zwar nur eine Höhe von 1,50 m, werden aber bis 100 kg schwer. Der Emu erreicht eine Höhe von 1,50 bis 1,80 m; also ca. 75 cm weniger als der Strauß, und im Vergleich mit den vor einigen Jahrhunderten ausgerotteten Moas Neuseelands gar ist er ein Zwerg. Der Emu ist mit den Kasuaren verwandt und hat mit ihm das grobe, fädige Gefieder und die kleinen, unter den Federn verborgenen Flügel gemeinsam. Die Federn zeigen Doppelbildung, wie bei den Kasuaren; Afterschaft, das kleine Büschel an der Basis der Fahne bei vielen Vögeln, und Hauptschaft sind gleich lang. Die Federn sind auch daunenartig, wie bei Küken, denn die Äste haben keine Haken, die sie miteinander verbinden und versteifen.

Bevor sich die Europäer in Australien niederließen, gab es verschiedene Emuformen, doch mit einer Ausnahme sind sie alle ausgerottet worden. Einstmals hatten Tasmanien, Känguruh- und Flindersinsel und andere Inseln ihre eigenen Emuformen, doch sie wurden derartig schnell ausgerottet, daß nicht einmal mehr in jedes Naturkundemuseum ein Exemplar gelangt ist.

Abgesehen davon, daß das Weibchen ein wenig größer ist, sind Hahn und Henne schwer voneinander zu unterscheiden. In der Stimme jedoch unterscheiden sie sich deutlich. Der Hahn gibt gutturale Schreie von sich, während die Henne einen dröhnenden Ruf hat, der von einem großen, mit der Luftröhre verbundenen Luftsack erzeugt wird.

In der Trockenzeit Schädlinge

Der Emu lebt in den trockensten Gebieten Australiens, soweit nicht Zivilisation und Landwirtschaft ihn vertrieben haben; sein Lebensraum sind Wüsten, Hochebenen und Wälder — nicht aber die Regenwälder Nordost-Australiens, wo die Kasuare seinen Platz einnehmen. Außerhalb der Fortpflanzungszeit leben die Emus in kleinen Gruppen, die sich manchmal zu großen Herden zusammenschließen. Sie sind Nomaden, die das Land auf der Suche nach Nahrung und Wasser durchwandern. In der Trockenzeit werden sie zur Plage: Sie fallen in landwirtschaftliche Kulturen ein und trinken aus Wasserlöchern, die kaum für das Vieh ausreichen. Kein Wunder, daß die Landwirte auf sie schießen, sobald sie ihnen zu Gesicht kommen.

Genau wie ihre Verwandten können Emus gut laufen. Wenn sie bedrängt werden, erreichen sie auf kurze Strecken gut 60 Stundenkilometer, ihre Schrittlänge beträgt dann mehr als 2,50 m. Normalerweise aber laufen sie langsamer und legen dann weite Strecken zurück. Sie sind ungewöhnlich neugierig und untersuchen jegliche neue, ihnen noch unbekannte Gegenstände. Wie auch die Strauße verschlingen sie sonderbare Ge-

Oben: Der Emu — einer der größten Vögel. Die äußere Ohröffnung ist sichtbar, da Kopf und Hals nur von Daunenfedern bedeckt sind.

Unten: Außerhalb der Fortpflanzungszeit durchziehen die Riesenvögel das Land in kleinen Gruppen und suchen Futter und Wasser.

genstände: Schlüssel, Nägel, Flaschenverschlüsse, Münzen usw. Ein Emu soll den Inhalt einer Farbbüchse ausgetrunken und dann noch die Büchse gefressen haben. Ein anderer Emu war von einem glitzernden Fahrrad derart gefesselt, daß er dem Radfahrer über 6 km weit gefolgt ist. Emus folgen augenscheinlich aber auch dem Menschen selbst aus reiner Neugier.

Sie halten Schädlinge unter Kontrolle

Zum Speisezettel der Emus gehören die verschiedensten Früchte, Blätter, Gras und Insekten. In den Wintermonaten machen Insekten, vorzugsweise Raupen, die Masse der Nahrung aus. Zur Erntezeit fallen sie aber in Weizenfelder ein, so daß sie oftmals verfolgt werden. Der Verzehr von Insekten dürfte die Schäden aber weitgehend ausgleichen. Ein bei einer amtlichen Kampagne getöteter Emu hatte fast 3000 schädliche Raupen im Magen.

Der Hahn bewacht das Gelege

Der Emu pflanzt sich im Februar oder März, dem australischen Herbst, fort. Der Hahn baut das Nest von etwa 1,50 m Durchmesser, indem er aus Gras und Kräutern eine flache Mulde formt, gewöhnlich unter einem Baum oder Strauch. Nachdem die Henne ihre 8 bis 10 dunkelgrünen Eier gelegt hat, verläßt sie das Nest, und der Hahn brütet acht Wochen lang. Während dieser Zeit verläßt er das Nest nur selten; in jedem Fall aber deckt er die sowieso schon unauffälligen Eier mit Blättern ab, so daß sie nicht auffindbar sind.

Gegen Ende der acht Wochen werden die anfangs rauhschaligen Eier glatter und dunkler. Die Küken verlassen das Nest gleich nach dem Schlupf. Diese Miniaturausgaben der Alten sind blaß grau, mit auffälligen schwarzen Streifen. Der Hahn behütet die Küken, bis sie im Alter von 18 Monaten fast erwachsen sind. Die jungen Küken suchen ihr Futter selbst, vor allem Insekten.

Es ist aber eine Legende, wenn gesagt wird, Emus legten ein steriles Ei als Nahrung für die Küken oder als Nährboden für Fliegenmaden, von denen die frisch geschlüpften Küken leben könnten.

Speiseöl und Riesenomeletts

Natürliche Feinde sind Keilschwanzadler, die junge Emus greifen, und Nesträuber wie verschiedene Eidechsenarten, Säugetiere und Vögel, die unbewachte Nester überfallen. Der Haubenmilan jedoch soll die Hähne aus dem Nest jagen und dann Steine auf die Eier werfen, um sie aufzubrechen.

Die Vernichtung der Emus auf den verschiedenen Inseln geht auf Robbenjäger und die ersten Siedler zurück, die die Emus nicht nur wegen des Fleisches, sondern auch wegen des aus dem Körper zu gewinnenden Öles töteten. Etwa 18 Liter Öl kann man aus einem Emu gewinnen; es wurde für Leuchtzwecke und zum Einreiben benutzt. Soweit Eier gefunden wurden, hat man sie für Omeletts verwendet: abends in eine Schüssel geschlagen, über Nacht stehen gelassen, morgens das Öl abgeschöpft und dann das Omelett gebraten. Ein einziges Emuei von 600 bis 700 g reicht aus, um eine ganze hungrige Familie zu sättigen.

Der große Emukrieg

Ironischerweise werden Emu und Känguruh, die beiden australischen Wappentiere, auch als Schädlinge angesehen. Auf beide hatte man Kopfprämien ausgesetzt. Allein in Queensland sind innerhalb von zwei Jahren 121 768 Emus und 109 345 Eier vernichtet worden. Dieses Gemetzel hat jedoch auch noch eine erheiternde Seite. 1932 hatten einige Farmer die Regierung bedrängt, den Emus offiziell den Krieg zu erklären. Am 2. November belegte eine Batterie der Königlich Australischen Artillerie die Emus mit Maschinengewehrfeuer — doch die Emus gingen zur Guerillataktik über, zerstreuten sich in kleine Gruppen und machten so die Hoffnung zunichte, in Reih und Glied ganz eng zusammengedrängte Vögel mit Feuer belegen zu können. Man versuchte dann, die Emus aus dem Hinterhalt zusammenzutreiben und vor die Gewehrläufe zu bekommen. Als die Vögel reihenweise dastanden, eröffnete der Schütze das Feuer. Ein Dutzend Emus fielen — und dann versagte das Gewehr. Von da an stockte der Krieg, und nach einem Monat wurde die Offensive eingestellt.

Die Regierung hatte offenbar das Gefühl, sie hätte Steuergelder verschwendet, und forderte die Farmer auf, je 24 Pfund zur Deckung der Kosten beizutragen. Als Antwort erhielt sie von einem folgende Gegenrechnung:

Truppenverpflegung . . . . . 9 Pfund
Transport der Soldaten . . . 10 Pfund
Fahrzeugreparatur . . . . . 5 Pfund
24 Pfund.

Klasse	**Aves**
Ordnung	**Struthioniformes**
Familie	**Dromaiidae**
Gattung und Art	*Dromaius novaehollandiae,* Emu

Vier Tage altes Emuküken neben 700 g schwerem Ei. Der Hahn hütet die 8 bis 10 Küken 18 Monate. Sie leben hauptsächlich von Insekten.

327

Kiwi

Der Kiwi ist der kleinste unter den flug-unfähigen Laufvögeln, zu denen im übri-gen Emu, Kasuare, Strauße und Nandus gehören. Es gibt nur zwei Arten, beide leben in Neuseeland. Sie sind so groß wie das Haushuhn, ihr Körper ist rund, sie haben keinen Schwanz, die Beine sind kurz aber kräftig, die Füße haben drei Zehen, der lange, schlanke Schnabel hat vorn schlitzförmige Nasenlöcher. Ihre Größe bewegt sich zwischen derjenigen des Zwerghuhnes und des großen Haus-huhnes, ihr Gewicht zwischen 1,3 und 4 kg; die Hennen sind etwas größer als die Hähne. Die sehr kleinen, nur 5 cm langen Flügel sind völlig von dem strähnigen Gefieder verdeckt. Die Augen sind klein, der Kiwi hat aber an der Basis des Schnabels viele lange Borsten, die wahrscheinlich als Tastorgane dienen. Die Ohren sind groß und das wichtigste Sinnesorgan, um Gefahren wahrzu-nehmen.

Der Kiwi unterscheidet sich von den anderen lebenden Laufvögeln so stark, daß er wahrscheinlich nur entfernt mit ihnen verwandt ist. Er gehört mehr in die Verwandtschaft der ausgerotteten Moas Neuseelands. Diese Riesenvögel übertrafen auch den Strauß an Größe bei weitem. Die größte Form wurde 3 m hoch und wog 250 kg. Am Aussterben der Moas trägt wahrscheinlich der Mensch die Schuld; die letzten Moas wurden wohl erst um 1500 ausgerottet.

Watschelnder Nachtvogel

Der Kiwi ist in den Kaurifichtenwäldern mit ihren Baumfarnen und sumpfigem Grund zu Hause. Hier hält er sich tagsüber in Höh-lungen oder unter Stützwurzeln großer Bäu-me auf. Er ist sehr scheu und zieht sich bei Gefahr zurück; durch seine dunkelbraune Färbung ist er im Halbdunkel des Waldes doppelt schwer zu erkennen. Er kommt nachts heraus und watschelt breitbeinig um-her. Wenn er schnell läuft, watschelt er mit langen Schritten und hält den Schnabel aus-gestreckt nach vorn.

Speiseplan im Jahreslauf

Beim Fressen bewegt sich der Kiwi langsam vorwärts, wahrscheinlich ertastet er den Weg weitgehend mit den Schnabelborsten. Bei der geringsten Störung stürzt er schnell davon und sucht Deckung. Auf feuchtem Boden besteht seine Hauptnahrung aus Re-genwürmern, Insekten und ihren Larven. Die Spitze des Oberschnabels ragt über den Unterschnabel, so daß er von dem kurzen, dicken Nacken tief in den Boden getrieben werden kann. Der Vogel macht seine Beute vor allem mit der Nase aus. Wenn im Som-mer der Boden ausgetrocknet ist, pickt der Kiwi abgefallene Waldbeeren und frißt auch Blätter.

Sein Geruchssinn wurde getestet

Man hat schon immer angenommen, daß der Kiwi seine Nahrung mittels des Geruchs-sinnes findet, obwohl dieser Sinn bei den meisten Vögeln schwach ausgebildet ist.

Wenzel von der Universität Kalifornien hat über eine in Neuseeland ausgeführte Ver-suchsreihe berichtet. Mehrere Serien spitz zulaufender Aluminiumtuben wurden in zwei Kiwigehegen in den Boden versenkt. Der Versuch lief über drei Monate und be-stand darin, in die erste Tube Futter, in die zweite Erde und in die dritte einen starken Geruchsstoff zu füllen. Es wurden verschie-dene Geruchsstoffe verwendet, und der In-halt der Tuben wurde auf verschiedenste Weise abgewandelt. So konnte man zweifels-frei beweisen, daß der Kiwi etwa 10 bis 15 cm tief im Boden versenktes Futter rie-chen kann wie sonst kein anderer Vogel.

Ungewöhnlich große Eier

Über das Fortpflanzungs- und Brutverhalten ist wenig bekannt, obwohl man verschiedent-lich Nester des Kiwi aufgefunden hat. Er baut sein Nest in hohlen Baumstämmen oder zwischen den Wurzeln großer Bäume. Manchmal besteht es auch aus einem Loch am Hang, das der Vogel selbst erweitert. Die Henne legt nur ein oder zwei große, kalkweiße Eier, die etwa 12,5 cm lang sind und über 400 g wiegen; das entspricht einem Achtel des Körpergewichts. Wie bei Lauf-vögeln üblich, brütet der Hahn, und zwar 75 bis 80 Tage. Die Küken sind wie kleine Bälle aus weichen, haarähnlichen Federn, mit spindelrundem Schnabel. Sie bleiben nach dem Schlupf sechs Tage im Nest und werden so lange nicht gefüttert. Dann fol-gen sie ihren Eltern bei der nächtlichen Futtersuche und finden ihr Futter selbst, nachdem ihnen der Hahn geholfen hat, den Boden aufzulockern. Der Hahn ruft leise schnarrend, die Henne rauher. Der nur nachts ertönende Ruf besteht aus zwei Tö-nen und klingt wie „k-wie", wobei die Be-tonung auf der zweiten Silbe liegt.

In einem Naturschutzgebiet, wo Kiwis in Nistkästen gehalten wurden, hat man fest-gestellt, daß die Henne während der Brut-zeit in gewissen Abständen außen an den Kasten klopfte und der Hahn dann innen zurückklopfte. Das dürfte ein Verständi-gungsmittel der beiden Partner darstellen.

Wachsende Popularität

Die Bestandszahlen des Kiwi waren im vo-rigen Jahrhundert zurückgegangen. Die Maoris schätzten die Vögel als Delikatesse, und die Federn wurden in die Mäntel der Häuptlinge verwoben. Die ersten Siedler ha-ben den Kiwi dann gejagt. Auch unter Hun-den, Katzen, Wieseln und Iltissen und an-deren eingeführten Tieren hatte der Vogel zu leiden. Sein Lebensraum wurde zudem durch die sich entwickelnde Landwirtschaft beschnitten. Im Gegensatz zu den Bestands-zahlen ist die Popularität des Kiwi jedoch gestiegen. Sein Bild ist auf Briefmarken und Münzen und auf vielerlei Waren, von Schuhkreme bis zu Textilien, zu sehen.

Klasse	Aves
Ordnung	Struthioniformes
Familie	Apterygidae
Gattung und Arten	Apteryx australis, Gewöhn-licher Streifenkiwi; A. oweni, Fleckenkiwi

Der flugunfähige Kiwi Neuseelands geht mit langen Watschelschritten durch das Unterholz und sucht mit ausgestrecktem Schnabel Würmer.

Tinamus

Die Tinamus sehen wie Rebhühner aus. Es ist etwas verwirrend, daß sie den Hühnervögeln ähneln, aber näher mit den großen südamerikanischen Laufvögeln verwandt sind, den Nandus. Ihre Größe liegt zwischen der einer Wachtel (ca. 17 cm) und der eines Birkhuhnes (35 cm). Ihr Körper ist rundlich und massig, das am Bürzel wohlentwickelte Federkleid verdeckt oftmals die sehr kurzen Schwanzfedern. Die Flügel sind kurz und gerundet, die Beine sind kurz, der Sporn ist winzig oder fehlt ganz. Der Kopf ist klein und der Hals schlank. Das Federkleid ist düster, braun oder grau mit Flecken und Bändern, so daß Tinamus außerordentlich gut getarnt sind. Ähnlich wie Reiher und Papageien haben sie Puderdunen.

Der Perl- oder Schopftinamu ist groß, seine Länge beträgt etwa 35 cm. Wenn der Vogel erregt ist, zeigt er ein dunkles, gesprenkeltes Braun mit hoher Haube. Der Hochandentinamu hat ebenfalls eine Haube, die in der Erregung aufgerichtet sein kann. Einer der kleinsten Tinamus ist der nur etwas über 20 cm große Brauntinamu. Die Oberseite ist dunkelbraun, Wangen und Halsseiten sind grau, die Kehle ist weiß, die Unterseite geht allmählich in Grau über.

Die 43 Tinamuarten sind in der Neuen Welt vom südlichen Mexiko bis zum südlichen Chile und Argentinien einschließlich der Insel Trinidad zu Hause.

Perltinamu in grauem Federkleid.

Unfallgefährdete Vögel

Tinamus kommen in den verschiedensten Lebensräumen vor: von den feuchten Regenwäldern bis zur offenen Buschsteppe. Der Perl- oder Schopftinamu ist in den Anden in Höhen von über 3900 m anzutreffen. Sie halten sich meist am Boden auf und bleiben durch wohlklingende, flötenähnliche Töne miteinander in Verbindung. Sie fliegen nur auf, wenn sie erschreckt werden, dann sind sie mittels einiger Flügelschläge plötzlich in der Luft; aber sie fliegen niemals weit. Ihre Flugmuskulatur ist gut entwickelt, dennoch können sie offenbar nicht ausdauernd fliegen, weil Herz und Lungen nur klein sind. Ihr Steuerungsvermögen ist auch nur schwach ausgebildet, denn wenn sie aufgejagt werden, stürzen sie manchmal kopfüber in das Geäst und können dabei sogar zu Tode kommen. Die an sich guten Läufer ermüden schnell, und wenn sie getrieben werden, stolpern sie auch. Da Tinamus wegen ihres sehr schmackhaften Fleisches viel gejagt werden, ist es erstaunlich, daß die trägen Vögel überlebt haben; aber sie sind schwer zu entdecken, weil sie durch ihr düsteres Gefieder gut getarnt sind, sich bewegungslos am Boden aufhalten oder schnell durch das Unterholz geschickt entschlüpfen.

Vielfältige Ernährung

Tinamus leben hauptsächlich von Pflanzen, vor allem Samen und Früchten, sie fressen aber auch Insekten und andere kleine Wirbellose wie Raupen, Käfer und Grashüpfer. Gelegentlich hat man auch schon beobachtet, daß sie größere Tiere fressen, wie Mäuse. Zur pflanzlichen Nahrung gehören kleine Blätter, Blüten, Früchte, Samen und, wenn auch nur selten, Wurzeln.

Vater übernimmt Mutterpflichten

Außerhalb der Fortpflanzungszeit sind Tinamus Einzelgänger. In der Fortpflanzungszeit tauchen sie zu zweien oder dreien auf, und gegen Ende dieser Zeit bilden sich dann kleine Gruppen aus Eltern mit halberwachsenen Jungen. Ungewöhnlich ist, daß bei diesen im allgemeinen polygamen Vögeln die etwas größeren Hennen bei der Werbung die aktive Rolle spielen. Einige Arten leben in Paaren, wie der Perl- oder Schopftinamu. Bei ihnen ist das Verhältnis Männchen zu Weibchen 1 : 1, doch beim Gebänderten Tinamu kommen vier Hähne auf eine Henne. Eine Henne legt ihre Eier in mehr als ein Nest, umgekehrt können mehrere Hennen ihre Eier in nur ein Nest legen. Das ist möglich, weil die Hähne die Nester bauen und auch die Eier ausbrüten.

Beim Perl- oder Schopftinamu verläuft die Werbung recht einfach. Die Henne verteidigt ihr etwa 2,5 ha großes Revier recht aggressiv, und sie umwirbt den Hahn, indem sie ihm folgt. Beide fressen währenddem. Der Hahn erhebt seinen Bürzel und stellt einen auffälligen dunklen Fleck zur Schau. Der Gebänderte Tinamu hat ein ausgeprägteres Werbungsverhalten. Die Henne läuft hin und her, sie ruft, um den Hahn anzulocken, und während sie sich ihm nähert, senkt sie die Flügel und erhebt die Schwanz- und Bürzelfedern, um ihre schöne, ausgeprägte Zeichnung zur Schau zu stellen.

Der Hahn baut ein sehr einfaches Nest, eine nur ärmlich ausgekleidete Mulde am Boden. Er hat zwischen 1 und 12 Eiern auszubrüten, der Schlupf erfolgt in knapp drei Wochen. Der Hahn sitzt so fest auf dem Nest, daß man ihn abheben kann. Wenn dann die Küken das Nest verlassen haben, bleibt er bei ihnen und verteidigt sie.

Zweifelhafte Ehren

Wie auch Hühnervögel werden Tinamus wahrscheinlich sowohl von Greifen als auch von Raubtieren wie Füchsen und kleineren und mittleren Raubkatzen erbeutet. Jäger sehen den Tinamu als einen der besten Jagdvögel an — eine für Vögel immer unerfreuliche Situation. Tiefgefrorene Tinamus sind auch schon als „Südamerikanische Wachteln" nach den USA exportiert worden.

Sie ähneln den Nandus

Die Tinamus werden als eigene Ordnung (Tinamiformes) geführt. Sie sind mit keiner anderen Gruppe von Vögeln näher verwandt. Ihre Ähnlichkeit mit Perlhühnern, Rebhühnern und deren Verwandten ist nur äußerlich, nur eine Folge ähnlicher Lebensweise als Bodenvögel. Nach dem Körperbau scheinen Tinamus den Nandus am nächsten zu stehen, obwohl diese zu den flugunfähigen Ratiten gehören, wie auch die Strauße und Emus, die alle keinen Brustbeinkiel haben. Die Tinamus sind jedoch „Karinaten", d. h. sie haben einen wohl entwickelten Brustbeinkiel, wie die große Mehrheit der lebenden Vögel. Das Fortpflanzungsgebaren gleicht dem der Nandus: aggressive Hennen und brutpflegende Hähne. Es gibt noch Ähnlichkeiten im Bau des Gaumers und in der Form der Rhamphoteka, der hornigen Decke des Schnabels, auch die chemische Zusammensetzung der Eier ist ähnlich.

Klasse	**Aves**
Ordnung	**Tinamiformes**
Familie	**Tinamidae**
Gattungen und Arten	*Crypturellus soui*, Brauntinamu; *C. variegatus*, Gebänderter Tinamu; *Eudromia elegans*, Perltinamu; *Nothoprocta ornata*, Hochandentinamu

Königspinguin

Königspinguine und Kaiserpinguine, die miteinander eng verwandt sind, sehen sich ähnlich. Beide haben denselben würdevollen, aufrechten Gang und halten ihren langen, messerscharfen Schnabel hoch erhoben. Königspinguine sind allerdings etwas kleiner, sie erreichen nur 90 cm und nicht 1,20 m wie die Kaiserpinguine. Beider Oberseite ist blauschwarz, beider Unterseite weiß mit gelben und orangen Flecken am Hals, doch beim Königspinguin bestehen sie aus zwei kommaförmigen Teilen zu beiden Seiten des Halses; auch haben sie ein gelbes Brustlätzchen.

Die Königspinguine leben weiter nördlich als die größeren Kaiserpinguine, in den eisfreien subarktischen Meeren zwischen den Falklandinseln und den südlichen Sandwichinseln und der Heardinsel. Außerdem gibt es kleine Kolonien auf Staten Island, bei Kap Horn und auf den Falklandinseln. Die größten Kolonien finden sich auf den Inseln von Südgeorgien bis zu den Macquarie-Inseln und Marion.

Wovon sie im Meer leben

Wie andere Pinguine auch leben die Königspinguine außerhalb der Paarungszeit im Meer, sie schwimmen manchmal über große Entfernungen und tauchen an den Rändern des Packeises der Antarktis auf. Die sturmgepeitschten Wellen machen ihnen nichts aus, sie bringen sie höchstens gelegentlich vom Kurs ab. Ihr stromlinienförmiger, mit einer Fettschicht versehener Körper ist an das Leben in kalten Meeren angepaßt. Königs- und Kaiserpinguin können auch tief tauchen, um Tintenfische und Fische mit ihren scharfen Schnäbeln zu fangen. Ihre Augen haben starke Linsen, da die Lichtstrahlen im Wasser nicht so stark gebrochen werden wie in der Luft. Als Folge davon sind wasserbewohnende Tiere an Land allerdings kurzsichtig.

Lange Kindheit und Jugend

Königs- und Kaiserpinguine sind beide sehr große Vögel, beide haben die Sorge, ihre Küken, die nur langsam wachsen, in dem kurzen antarktischen Sommer durchzubringen. Der Kaiserpinguin hat das Problem gelöst, indem er mit der siebenmonatigen Aufzucht mitten im Winter einsetzt, so daß die Küken bis zum nächsten Winter selbständig werden. Der Königspinguin dagegen lebt weiter im Norden, wo das Meer nicht zufriert und die Erwachsenen im Meer für Nahrung sorgen können. Er legt die Eier deshalb nicht im Winter, sondern im Frühling oder Sommer; wenn die Küken nach siebeneinhalb Wochen schlüpfen, werden sie während des dann einsetzenden Winters gefüttert und werden im nächsten Sommer selbständig.

Kurz vor der Brutzeit kommen die Königspinguine zur Mauser an Land. Es dauert zwei Wochen, bis das neue, glänzende Gefieder erscheint. Dann ziehen sie sich wieder ins Meer zurück, um auf Nahrungssuche zu gehen und Reserven für die Brutzeit anzulegen. Wieder an Land, beginnt die Brautwerbung. Das Männchen streckt den Hals, trumpft mit dem Federkleid auf, wirft den Kopf zurück und läßt seinen Ruf ertönen, es schreit ähnlich wie ein Esel. Weibchen ohne Männchen hören den Ruf und folgen ihm; die beiden stellen einander vor, indem sie die Schnäbel auf- und abwärts bewegen. Sie machen sich dann gemeinsam auf den Weg, wiegen die Köpfe rhythmisch hin und her und zeigen einander die leuchtenden Farbflecken des Gefieders. Die Farben sind wichtig! — wenn sie schwarz überstrichen sind, hat ein Pinguin keine Chance, ein Weibchen zu bekommen.

Zuerst halten diese Partnerschaften nicht lange an. Das Männchen umwirbt noch andere Weibchen und ist mit einer Reihe möglicher Partnerinnen zusammen. Allmählich jedoch schenkt es einem bestimmten Weibchen seine Aufmerksamkeit, der Bund wird fester, und sie zeigen ein anderes Verhalten: nebeneinander stehend erheben sie die Schnäbel und stehen auf den Zehen, als ob sie sich in die Höhe streckten.

Königs- und Kaiserpinguin bauen kein Nest, sondern tragen das eine, große Ei mit den Füßen, wo es von einer Hautfalte geschützt wird. Das erste Ei wird im November gelegt, weitere bis April. Nach dem Legen geht das Weibchen auf Nahrungssuche und ersetzt die durch das Eierlegen abgegebenen Nährstoffe. Das Männchen bleibt beim Ei, bis das Weibchen zwei Wochen später zu-

Unter den großen Pinguinküken wirkt der kleine Scheidenschnabel (Chionis) wie ein Zwerg.

rückkommt. Von da an wechseln sich beide in der Sorge um Ei oder Küken ab und richten eine Art Pendelverkehr ein.

Mit der Zeit werden die Küken größer, sind allmählich auch mehr allein und tun sich zu „Kindergärten" zusammen, in denen sie herumwimmeln, während die Eltern fischen. Wenn die Eltern zurückkommen, finden sie ihr Küken durch Lautgebung wieder. Das Elterntier geht zum „Kindergarten", ruft — und unter Hunderten antwortet ein Junges. Sie gehen aufeinander zu, rufen dann vielleicht nochmals, um sich endgültig zu finden. Bei jeder Fütterung werden ein, zwei kg Futter überbracht; die Küken nehmen schnell zu, doch wenn der Winter einsetzt, werden die Fütterungen seltener, und die von ihrem dicken, wolligen Flaum geschützten Küken verlieren allmählich wieder an Gewicht. Im Frühling dann, wenn die Nahrung reichlicher wird, nehmen sie zu, verlieren die Daunen und bekommen das Federkleid der Erwachsenen.

Zwei Monate später begeben sich die Küken dann selbst ins Meer und lernen zu fischen. Das ist zeitlich aufeinander abgestimmt, denn jetzt gibt es reichlich Nahrung. Die jungen Königspinguine verbringen den größten Teil ihrer Jugend im Meer; wenn sie älter werden, halten sie sich mehr an Land auf und erproben sich mit in der Brautwerbung. Mit sechs Jahren kommen sie an Land, und die wirkliche Brautwerbung beginnt.

Trangewinnung

Feinde der Königspinguine sind die Seeleoparden. Sie liegen bei den Nistplätzen auf der Lauer, doch die Pinguine verfügen über ein Warnsystem. Wenn ein Königspinguin einen Seeleoparden sieht, flüchtet er eiligst wieder zur Küste. Er schlägt mit den Flügelflossen auf der Oberfläche des Wassers, das klatschende Geräusch macht die anderen Pinguine aufmerksam, und sie begeben sich alle laut schnatternd an Land. So werden nicht nur die Pinguine gewarnt,

auch der Seeleopard ist irritiert und wird wahrscheinlich nur schwache oder unachtsame Pinguine erwischen.

Eine Zeitlang war der Mensch der größte Feind. Als See-Elefanten und Pelzrobben selten geworden waren, töteten Robbenfänger die Pinguine wegen ihres Tranes, der zum Gerben verwendet wurde. Auch ihre Eier wurden geraubt und die Häute zu modischer Luxuskleidung verarbeitet.

Geringe Fortpflanzungsrate

Es dauerte nur ein paar Monate, und die Robbenfänger hatten die Bestandszahlen der Königspinguin-Kolonien so stark herabgedrückt, daß es sich nicht mehr lohnte, sie auszubeuten. Das liegt an der sehr geringen Fortpflanzungsrate. Wenn das Ei gelegt ist, braucht ein Elternpaar ein ganzes Jahr, um es auszubrüten, das Küken großzuziehen und Nahrung zu sammeln. Wenn das Junge dann selbständig ist, ist die Jahreszeit zu weit fortgeschritten, als daß es nochmals zur Fortpflanzung schreiten könnte. Das Paar verläßt also die Kolonie, um den Winter über auf Nahrungssuche zu gehen.

Ähnlich wie die Albatrosse (s. S. 334), die ebenfalls den ersten Winter im Nest verbringen, können Königspinguine nur alle zwei Jahre ein Junges aufziehen. Auch überleben nicht alle Küken den ersten Winter. Wenn das Ei zu spät im Sommer gelegt wurde, hat das Küken nicht genügend Zeit, ausreichend Fett für den Winter anzusammeln. Ohne die ihnen von Robbenjägern geschenkte „Aufmerksamkeit" jedoch gedeihen die Königspinguine; sie sind langlebig und haben genügend Nachwuchs.

Klasse	**Aves**
Ordnung	**Sphenisciformes**
Familie	**Spheniscidae**
Gattung, Art	*Aptenodytes patagonica*

Lappentaucher

Lappentaucher sind Wasservögel mit langem Hals und kurzem Schwanz. Die endständigen Hinterbeine verleihen ihnen ein unverwechselbares Aussehen. Viele Arten haben Schmuckfedern auf dem Kopf. Die Zehen sind nicht durch Schwimmhäute miteinander verbunden, jede Zehe hat einen hornigen Saum, der als Paddel dient. Die Füße werden sowohl im Wasser als auch in der Luft zum Steuern benutzt, der winzige Schwanz wäre dazu nicht zu gebrauchen.

Der größte Lappentaucher ist der knapp 50 cm lange Haubentaucher, dessen Verhalten bis ins einzelne erforscht ist. Abgesehen vom nördlichen Skandinavien kommt er in ganz Europa vor, in vielen Teilen Asiens, Afrikas, Australiens und Neuseelands. Die Oberseite ist hellbraun, die Unterseite weiß. Die schwarzen Federohren und — während der Brutzeit — die rostfarbenen und schwarzen Krausen an den Kopfseiten sind weitere Kennzeichen. Der Ohrtaucher ist an der Oberseite dunkler als der Haubentaucher. In der Brutzeit ist der Kopf glänzend schwarz, ein goldener Streifen läuft über die Augen hinweg, Hals und Seiten sind kastanienbraun. Sein Verbreitungsgebiet reicht von Island, den Färöerinseln und Schottland, über Teile Skandinaviens in einem breiten Gürtel durch Asien bis nach Nordamerika. Eine ebenfalls weitverbreitete Art ist der dunkle Zwergtaucher, die kleinste einheimische Form: Er brütet in Europa bis zum südlichen Schweden, in Asien bis Ostindien und in Japan, und schließlich in den meisten Teilen Afrikas.

Von den 18 Lappentaucherarten kommen zehn in der Neuen Welt vor. Im Gegensatz zu den eben erwähnten weitverbreiteten Arten sind andere auf enge Gebiete begrenzt. Eine kommt nur auf Madagaskar vor, eine andere nur in Neuseeland und eine dritte nur auf den Falklandinseln. Im Hochland Südamerikas gibt es zwei an bestimmte Seen gebundene Arten. Der flugunfähige Titicacataucher lebt nur auf dem Titicacasee, in 3200 m über dem Meer in den Anden, während der ebenfalls flugunfähige Atitlantaucher den Atitlansee in Guatemala bewohnt.

Sie lieben ihr Zuhause

Lappentaucher leben auf Seen und Talsperren, nur selten auf langsam fließenden Flüssen. Manche Arten bleiben das ganze Jahr über an ihrem Nistplatz, andere aber, wie der Haubentaucher, ziehen im Winter an die Küste. Im allgemeinen jedoch fliegen Lappentaucher nicht viel; zum Start müssen sie über die Wasseroberfläche laufen. Wenn sie gestört werden, suchen sie schnell Deckung oder tauchen unter. Wie die Kormorane und Schlangenhalsvögel können sie die Luft aus ihrem Gefieder herausdrücken und dann halb unterge-

Der Pinguintanz: Seltsame Werbungszeremonie. Männchen und Weibchen erheben sich über den Wasserspiegel und schütteln die Köpfe, mit Nestbaumaterial in den Schnäbeln.

Einladung zur Paarung: Das Männchen oder das Weibchen klettert auf das Nest, erhebt sich und bewegt den Kopf mit gebeugtem Hals hin und her.

Die Werbung ist fortgeschritten, das Weibchen begibt sich nochmals auf das Nest, die Paarungsstätte, und gibt dieses letzte Zeichen zur Paarung.

Die Paarung beginnt: Das Männchen springt auf das Weibchen. — Diese außergewöhnliche Fotofolge von G. Rüppel bestätigt die Beobachtungen von Huxley (1914) und Simmons (1955).

taucht schwimmen. Lappentaucher sind nicht gesellig, nur gelegentlich sieht man sie in kleinen Gruppen. Häufiger leben sie in Paaren, die ihr knapp 1 ha umfassendes Revier nicht verlassen. Der Haubentaucher schwimmt langsam im freien Wasser umher und taucht dann wiederholt nach Nahrung, der Zwergtaucher jedoch lebt sehr versteckt im Schilf und sonstigen Pflanzenwuchs. Er ist nur zufällig oder mit viel Geduld zu Gesicht zu bekommen.

Fressen Fische und Federn

Lappentaucher leben von Fischen, Wasserinsekten und Krebstieren, dazu kommen ein paar Molche, Kaulquappen und etwas pflanzliche Substanz, die sie beim Tauchen aufnehmen. Lappentaucher bleiben je nach Wassertiefe und Vorkommen von Beutetieren bis zu 30 Sekunden unter Wasser. Man hat aber auch schon beobachtet, daß sie bis zu 3 Minuten tauchen. Bei ruhigem, klarem Wasser können Lappentaucher ihre Beute bei ausgestrecktem Hals ausmachen, bei bewegtem Wasser jedoch, oder wenn sie nach kleinen Tieren suchen, schwimmen sie mit untergetauchtem Kopf, um dann plötzlich unterzutauchen und der Beute nachzujagen. Insekten nehmen sie von der Wasseroberfläche oder auch aus der Luft.

Fische werden lebend verschlungen, mit dem Kopf zuerst. Lappentaucher fangen gewöhnlich bis zu 13 cm lange Fische, größere können sie nur langsam schlucken. Zwergtaucher und andere Wasservögel verschlucken sich nicht selten an den Dornen von Groppen, die sie zu verschlingen suchen.

Eine seltsame Gewohnheit der Lappentaucher ist das Federfressen. Sie fressen ihre eigenen Federn, oder sie feuchten sie an und geben sie ihren Jungen. Im Magen wird daraus ein filzartiger Brei; man nimmt an, daß damit scharfe Fischgräten eingehüllt und leichter wieder ausgeschieden werden können.

Schwimmende Nester

Lappentaucher sind berühmt wegen ihrer auffälligen Hochzeitstänze. Beide Geschlechter sehen gleich aus, und beide sind bei der Werbung aktiv. Beim Haubentaucher reicht die Werbung vom einfachen Kopfschütteln bis zum Pinguintanz. Dabei tauchen beide unter und kommen mit Wasserpflanzen im Schnabel wieder hoch, dann erheben sich beide Brust an Brust und wiegen hin und her. Bei der Katzenpose senkt der Lappentaucher den Kopf, mit gespreizten Federohren, breitet die Flügel aus und dreht die Vorderenden dabei nach unten. Beim nordamerikanischen Westtaucher erheben sich beide über das Wasser und klatschen beide nebeneinander auf den Wasserspiegel mit vorwärts gebogenen Hälsen. Zum Schluß tauchen beide unter.

Die Werbung spielt sich zum Teil im Nest ab. Es besteht aus einem großen Haufen von Wasserpflanzen, den beide inmitten des Schilfs errichtet haben, manchmal treibt das Nest auch frei herum. Beide Eltern wechseln sich beim Ausbrüten der 3 bis 10 mattweißen oder blaugrünen Eier ab. Wenn sie gestört werden, decken sie die Eier oftmals mit Nestmaterial ab, ehe sie sich entfernen.

Die Eier der großen Lappentaucher brauchen einen Monat bis zum Schlupf, bei kleinen Arten dauert es drei Wochen. Sobald die Küken trocken sind, wird das Nest verlassen, und die Jungen werden eine Woche lang oder auch länger auf dem Rükken der Eltern herumgetragen. Sie werden gelegentlich mitgenommen, wenn das Elterntier taucht oder sich in die Luft erhebt. Die Jungen werden so vor ihrem schlimmsten Feind, dem Hecht, geschützt. Nach einer Untersuchung in Großbritannien war der Hecht die Hauptursache für Kükenverluste, dann kamen Fuchs, Otter, Reiher, Forelle und Aal.

Im Alter von sechs Wochen beginnen die Jungen, selbst zu tauchen, und mit zehn Wochen sind sie selbständig. Einige Arten bringen zwei Bruten im Jahr zustande, wobei dann das Männchen die erste und das Weibchen die zweite Brut betreut.

Schützt die Lappentaucher!

1860 waren in Großbritannien die Bestände an Haubentauchern auf 50 Paar abgesunken, weil ihre Federn damals große Mode an Damenhüten waren. Heute ist der Vogel jedoch nicht mehr selten. Dafür ist jetzt eine andere Art gefährdet: der Atitlantaucher. In Amerika lebten 1965 auf dem 16 mal 19 km großen Atitlansee nur noch 100 Paare. Die Ursache für den Niedergang scheint in der Einführung des Forellenbarsches als Sportfisch zu liegen. Man wollte dadurch das Gebiet bereichern, es gab jedoch einen Mißerfolg. Der etwa 4,5 bis

5,5 kg wiegende Forellenbarsch ist ein Raubfisch und lebt von denselben kleinen Fischen und Krebstieren wie auch der Lappentaucher; es sieht auch so aus, als nähme er junge Lappentaucher. Die Störung des sehr empfindlichen natürlichen Gleichgewichts im See spürt aber vor allem die Handelsfischerei, von der die umliegende Bevölkerung von 50 000 Menschen lebt.

Man will den Lappentaucher nun retten. Eine kleine Bucht ist durch Maschendraht abgetrennt worden, der Forellenbarsch ist dort weggefangen und der Lappentaucher eingeführt worden. Strenge Kontrollen gegen Wilderei haben dazu beigetragen, daß sich der Lappentaucher wieder vermehrt. Das ist ermutigend, aber teuer, und man darf gespannt sein, ob es gelingen wird, den Forellenbarsch unter Kontrolle zu halten, so daß beide, Lappentaucher und Mensch, mit ihrer Fischerei fortfahren können.

Die Steißfüße oder Lappentaucher sind hervorragend an das Leben auf und unter dem Wasser angepaßt. Die Beine sitzen ziemlich hinten an dem schlanken, stromlinienförmigen Körper. Er ist gut isoliert mit dichten Daunen und darüberliegenden wasserdichten Federn. Statt einfacher Schwimmhäute haben die Steißfüße weite Hautlappen um die Zehen, was die Fußfläche vergrößert und die Antriebskraft im Wasser erhöht. Die kunstvollen Balzspiele der Steißfüße sind eine Augenweide.

Klasse	**Aves**
Ordnung	**Podicipediformes**
Familie	**Podicipedidae**
Gattungen und Arten	*Podiceps auratus*, Ohrentaucher; *P. cristatus*, Haubentaucher; *P. ruficollis*, Zwergtaucher; *Podilymbus gigas*, Atitlantaucher, u. a.

Albatrosse

Eine Vogelfamilie aus der Ordnung der Röhrennasen. Die Albatrosse sind die größten Mitglieder dieser Ordnung und gehören zu den größten Flugvögeln. Sie sind etwa so groß wie Gänse, mit sehr langen, schlanken Flügeln. Die Flügelspanne des Wanderalbatros, des größten der 13 Arten, überschreitet manchmal 3,60 m. Das Gefieder ist schwarz und weiß oder, bei ein paar Arten, braun. Nur bei einigen Arten kann man Männchen und Weibchen auseinanderhalten.

Vögel der Hochsee

Neun Albatrosarten sind nur auf der südlichen Halbkugel verbreitet, sie brüten hauptsächlich auf einigen Inseln der südlichen Meere. Die anderen vier Arten kommen im Nordpazifik vor. Im Nordatlantik brütet keine der 13 Arten. Man hat allerdings in England fossile Überreste gefunden. Gelegentlich hat man sie in unseren Gebieten als Irrgäste festgestellt. Zu diesen wandernden Arten gehören Wander- und Schwarzbrauner Albatros, Gelbschnabel-, Graukopf- und Südlicher Rußalbatros. Ein Schwarzbrauner Albatros erschien 1860 in einer Basstölpel-Kolonie auf den Färöern und hat die Tölpel 30 Jahre lang auf ihren jährlichen Wanderzügen begleitet, bis er abgeschossen wurde. Ein anderer besuchte 1967 die Basstölpel-Kolonie an der schottischen Küste und kehrte auch 1968 zurück.

Der Kalmengürtel, das ist die Zone der Windstillen etwas nördlich des Äquators, ist wahrscheinlich einer der Gründe, warum so wenige Albatrosse im Nordatlantik auftauchen, denn Albatrosse brauchen zum Fliegen ständig Wind. Die schweren Vögel haben eine nur verhältnismäßig schwache Flugmuskulatur, sie können aber dennoch lange in der Luft bleiben und riesige Strekken zurücklegen; denn sie nutzen den Unterschied in der Windgeschwindigkeit an der Wasseroberfläche und in etwa 15 m Höhe, der durch den Reibungswiderstand beim Auftreffen der Luftströmung auf die Wasseroberfläche entsteht. Der Albatros segelt mit dem Abwind schnell auf die Oberfläche zu und gewinnt an Geschwindigkeit, um dann kurz über der Wasseroberfläche scharf in den Aufwind zu drehen und sich aufzuschwingen. Im Aufsteigen verliert er an Triebkraft, und seine Anfangsgeschwindigkeit — d. h. die Geschwindigkeit an der Wasseroberfläche — kann er nicht aufrechterhalten. Der Vogel steigt jedoch noch höher und gelangt in die Strömungen mit höherer Geschwindigkeit. Mit der Zeit sinkt

1. Gelbnasenalbatros (Diomedea chlororhyncha) beim Landen. Die große Flügelspanne befähigt ihn, stundenlang zu segeln.
2. Der Albatros nistet auf den Klippen, wo er leicht auffliegen kann. Das Küken wird von den Eltern mehrere Wochen lang behütet.
3. Später können beide Eltern 10 Tage lang auf Futtersuche gehen.
4. Der Schwarzbraune Albatros (Diomedea melanophrys) ist zwischen 30. und 40. Grad südl. Breite zu Hause, er brütet auf Inseln wie Tristan da Cunha u. a. In Großbritannien und selbst in der Arktis ist er als Irrgast aufgetaucht.

dann die Windgeschwindigkeit ab. Inzwischen hat der Albatros aber so viel Höhe gewonnen, daß er wieder hinabsegeln kann. So beruht sein Vorwärtskommen auf einer Abfolge von Zick-Zack-Bewegungen.

Der Hauptlebensraum der Albatrosse sind die südlichen Meere am Rande der Antarktis, wo fast immer so viel Wind weht, daß sie in der Luft bleiben können. Sie können zudem auch bei sanfter Brise segeln. Um die Geschwindigkeit zu erhöhen, schließt der Albatros die Flügel zum Teil; so setzt er den Luftwiderstand herab, ohne den Auftrieb nennenswert zu mindern.

Bei seiner großen Flügelspanne und den schwachen Flugmuskeln fällt dem Albatros der Start schwer. Bei ausreichend Wind — besonders an den Klippen mit den thermischen Aufwinden, wo die Vögel nisten — ist der Start nicht so schwierig. An stillen Tagen jedoch brauchen sie eine „Rollbahn", dann müssen sie laufen und mit den Flügeln schlagen, bis der Start gelingt.

Einige Arten sind an bestimmte Wohnräume gebunden, wie Bullers Albatros auf Neuseeland; andere, wie Wanderalbatros, Schwarzbrauner und Südlicher Rußalbatros, umkreisen die Erde, von den Tropen bis zur Antarktis.

Das Meer ernährt sie

Alle Albatrosse leben von Meerestieren, die an der Wasseroberfläche leben, wie Fische, Tintenfische und Krustentiere. Gelegentlich nehmen sie auch kleine Meeresvögel, vor allem aber mögen sie die Abfälle von Schiffen, und sie machen sich sofort darüber her, wenn ein Eimervoll über Bord gekippt wird. Man sagt, daß über Bord gegangene Seeleute von Albatrossen heftig angegriffen worden seien.

Nistplätze auf den Klippen

Die Nistplätze, wo sich die Albatrosse zu Zehntausenden versammeln, befinden sich meist hoch oben auf den Klippen, wo die Vögel leicht starten können. An ihren Brutplätzen halten sie mit äußerster Treue fest, und Albatrospopulationen haben selbst Vulkanausbrüche und Plünderungen durch den Menschen überlebt; die noch nicht fortpflanzungsfähigen Vögel, die unterwegs waren, sind später zur Fortpflanzung dorthin zurückgekehrt.

Albatrosse sind sehr langlebig: Ein als ausgewachsener Vogel beringter Albatros ist 19 Jahre später wieder gefangen worden; er muß dann mindestens 26 Jahre alt gewesen sein. Albatrosse werden erst mit vier bis sieben Jahren fortpflanzungsfähig; doch auch Jungvögel kehren schon an die Brutplätze zurück und „üben" sich in der Brautwerbung. Der Hochzeitstanz ist auffällig: Das Vogelpaar tanzt etwas grotesk und linkisch mit ausgebreiteten Flügeln, mit Schnabelklappern und nasalem Ächzen als „Begleitmusik". Zu Beginn der Brutzeit tanzen manchmal mehrere Männchen um ein Weibchen herum.

Das Weibchen legt ein einziges Ei in ein tassenförmiges Nest aus Schlamm. Es wird von beiden Eltern ausgebrütet; das dauert bei den kleineren Arten 65 Tage, bei den größeren bis zu 81 Tagen. Das Küken wird von den Alten einige Wochen lang bewacht. Dann wird es sich selbst überlassen. Die Eltern kommen alle zehn Tage zurück und füttern das Küken reichlich mit einem Brei aus vorgekautem Fisch und Tintenfisch. Die Jungen der kleineren Arten werden in zwei bis drei Monaten flügge, die der größeren Arten aber bleiben acht oder neun Monate in der Kolonie und verbringen dort die kühlere Jahreszeit bis zum nächsten Sommer. Die Eltern füttern sie die ganze Zeit über, so daß es nur alle zwei Jahre eine Brut gibt.

Die jungen Albatrosse verlassen die Nistplätze und segeln, von der Westdrift getrieben, um den Erdball herum. Bis sie dann einige Jahre später zur ersten Hochzeit zurückkehren, können sie den Erdball einige Male umkreist haben.

Keine natürlichen Feinde

Albatrosse haben auf ihren abgelegenen Inseln keine natürlichen Feinde. Eingeführte Raubtiere jedoch würden unter den dicht an dicht sitzenden Nestern arge Verwüstungen anrichten, denn die brütenden Albatrosse bleiben bei Störungen nur fest auf dem Nest sitzen und klappern mit dem Schnabel. Sie speien auch noch das Öl von verdauten Krustentieren und Fischen aus — was aber einen entschlossenen Räuber kaum entmutigen dürfte.

Des Matrosen Fluch

Die Albatrosse sind den Matrosen seit den Tagen Magellans bekannt. Der starre Gesichtsausdruck, mit dem sie den Schiffen über Meilen und Meilen folgen, hat ihnen die verschiedensten Spitznamen eingetragen, wie Mallemok (holländisch „stupide Möwe"), Gooney (englisch bzw. amerikanisch „stupide Person") oder Bakadori (japanisch „Hühnervogel").

Sie gelten als Vorboten für Wind und Sturm — kein Wunder, da sie sich bei ruhigem Wetter nur schwer in der Luft halten können. Sie werden aber auch als Wiederverkörperungen auf See gebliebener Matrosen angesehen, und es gilt als äußerst unheilbringend, sie zu töten.

Dennoch sind die Albatrosse nicht immer freundlich behandelt worden. Der Fang von Albatrossen mit beköderten Haken am Heck des Schiffes hat die Eintönigkeit des Lebens und der Kost gemildert. Schlimmer aber war noch, daß die Flügel von Albatrossen im 19. Jahrhundert beim Putzmacherhandwerk so beliebt waren, daß man selbst lebenden Vögeln die Flügel abgeschnitten hat. Die Kolonien im Nordpazifik haben den Hauptstoß dieser Mode abbekommen, die glücklicherweise zu Ende ging, bevor alle Vögel vernichtet waren.

Nach dem Zweiten Weltkrieg sind die Midway-Inseln im Pazifik, das Wohngebiet des Laysanalbatros, zum Flugstützpunkt gemacht worden. Die Albatrosse benutzen nicht nur die Rollbahnen der Luftflotte der USA, sondern schwingen sich auch in den darüber entstehenden thermischen Aufwinden in die Höhe — und werden damit zu einer ernsten Gefahr für die Flugzeuge. Als wirksamste Gegenmaßnahme hat sich erwiesen, die Dünen längs der Startbahnen einzuebnen, durch die die Aufwinde entstehen, die die Albatrosse zum Start brauchen.

Klasse	Aves
Ordnung	Procellariiformes
Familie	Diomedeidae
Gattungen und Arten	Diomedea sp., Phoebetria sp.

Pelikane

Der Pelikan ist meist nur aus dem Zoo bekannt, wo sein unbeholfenes Verhalten viele zum Lachen bringt. In der freien Natur jedoch ist er ein ausgezeichneter Flieger und Schwimmer.

Es gibt sieben Arten, von denen zwei in der Neuen und fünf in der Alten Welt vorkommen, jeweils in den tropischen und warmen Gebieten. Die Arten unterscheiden sich fast nur nach Größe, Färbung und Verbreitungsgebiet. Die Geschlechter sehen gleich aus, der Körper ist massig, die Beine sind kurz, die Füße sind mit Schwimmhäuten versehen. Der Hals ist lang, der Kopf klein, das dicke Federkleid rauh. Die Pelikane gehören mit 1,20 bis 1,80 m zu den größten lebenden Vögeln. Der auffälligste Zug ist der riesige Schnabel: der obere Teil ist abgeplattet, der untere Teil ist mit einem Hautsack versehen, der stark ausgedehnt werden kann. Er kann bis zu zehn Liter Wasser fassen und wird als Tauchnetz zum Fischen benutzt.

Außer beim Meerpelikan ist das Federkleid der Erwachsenen weiß, bei einigen Arten nach der Mauser mit etwas Rosa getönt, wie beim europäischen Rosapelikan. Die Jungen sind schwarz oder dunkel. Einige Arten haben Kämme, und bei einigen findet sich am Schnabel, am Hautsack und an den nackten Teilen des Gesichts etwas Gelb, Orange oder Rot. Der Braune oder Meerpelikan, das kleinste Mitglied der Familie, mit einer Flügelspanne von knapp 2 m und einem

Gewicht von 3,6 kg, hat einen weißen Kopf mit gelber Tönung. Der größere Rosapelikan hat 3 m Flügelspanne und wiegt knapp 11 kg.

In Europa leben zwei Pelikane, der Rosa- und der Krauskopfpelikan. Heute sind sie fast ausschließlich auf das Donaudelta beschränkt, doch im letzten Jahrhundert kamen sie noch bis Ungarn vor, und Plinius berichtet von Pelikanen an Elbe, Rhein und Schelde; dieses Vorkommen in römischer Zeit konnte durch Ausgrabungen bestätigt werden. Sehr ähnlich sind der afrikanische Rötelpelikan, der ostasiatische Graupelikan, der australische Brillenpelikan und der nordamerikanische Nashornpelikan, während der Braune oder Meerpelikan sehr viel kleiner ist und nicht weißgraue, sondern braune Farben aufweist. Auch im Verhalten unterscheidet er sich deutlich von seinen größeren Verwandten. Er verwendet seinen Schnabel nicht als Seiher, sondern stößt als Stoßtaucher nach Beutetieren. Er lebt auch nicht an Binnengewässern, sondern am Meer, nämlich an den amerikanischen Küsten.

Fischereigemeinschaft

Pelikane fressen hauptsächlich Fische, aber auch einige Krebstiere. Der Rosapelikan fischt beim Schwimmen an der Oberfläche oder beim Waten im flachen Wasser. Er stößt mit dem Kopf ins Wasser und benutzt seinen Hautsack als Tauchnetz zum Fischfang. Es kommt auch vor, daß eine ganze Schar von Pelikanen sich zusammentut, eine Linie bildet, nebeneinander herschwimmt und das Wasser heftig mit den

Flügeln schlägt, um Schwärme kleiner Fische an flache Stellen zu treiben, wo sie sie dann leicht sozusagen scheffeln können.

Gemeinsame Aufzucht

Pelikane sind sehr soziale Tiere. Alle Arten nisten in großen Kolonien von manchmal Zehntausenden. Die meisten Rosapelikane nisten auf abgelegenen Inseln in großen Binnenseen, meist auf dem Boden, gelegentlich aber auch auf niedrigen Bäumen. Auf dem Boden besteht das Nest manchmal nur aus einer Vertiefung; die Tiere tragen nur etwas Erde ab. Der Meerpelikan, der auf kleinen Inseln vor der Küste brütet, baut ein lockeres Nest aus Holzstückchen auf Mangrovebäumen, niedrigem Gebüsch oder auch auf dem Boden.

Die Brutzeit wechselt je nach Art, Ort und Jahr. In manchen tropischen Gebieten kann sie sich auch über das ganze Jahr erstrecken. Beide Eltern brüten ein bis vier kalkig weiße Eier in 29 bis 30 Tagen aus. Die Küken sind zunächst nackt und blind, bekommen aber schnell ein weiches Daunenkleid. Beide Eltern stopfen den Jungen vorgekaute Nahrung mit dem Schnabel in den offenen Mund. Doch schon ein paar Tage später sind die Küken kräftig genug, sich das Futter selbst mit dem Schnabel aus der Hauttasche ihrer Eltern zu nehmen. Noch ehe die Küken zwei Wochen alt sind, verlassen sie das Nest und bilden lärmende Gruppen, doch die Eltern ernähren sie noch eine Zeitlang. Die Jungen wachsen langsam heran und erwerben erst nach mehreren Jahren das Federkleid der Erwachsenen. Nur selten werden sie vor dem vierten Lebensjahr fortpflanzungsfähig. Pelikane sind langlebig. Der als verbürgt angesehene „Rekord" ist 52 Jahre. Es gibt jedoch weniger zuverlässige Angaben über noch wesentlich höhere Alterszahlen.

Die Jungvögel leben gefährlich

Erwachsene Pelikane haben wenig Feinde. Im Pazifik werden sie gelegentlich von Seelöwen getötet oder auch von Haien. Doch unter den Jungen ist die Sterblichkeitsrate sehr hoch. Wenn sie das Nest verlassen haben und in Scharen zusammenkommen, fallen viele von den Bäumen, stürzen ins Geäst und verfangen sich oder werden gar von plumpen Erwachsenen totgetrampelt. Wenn ein kleines Küken verletzt ist, kann es vorkommen, daß es von einem größeren aufgefressen wird. Die Alten tun wenig, um ihre Jungen zu schützen, und manchmal werden ganze Nistkolonien von Raubtieren ausgelöscht. Es ist zweifelhaft, ob auch nur die Hälfte der Jungvögel überlebt. Auch Fischer haben schon Pelikankolonien zerstört, weil sie ihnen zu viele Fische nehmen. Auf der Pelikaninsel in Florida hat 1911 eine Kolonie von Brutvögeln infolge eines Befalls mit Stechmücken den Nistplatz verlassen und 600 Nester mit Nestlingen zurückgelassen. In Peru werden beim Abbau des Guanos die Eltern oftmals vertrieben, so daß die Küken zur leichten Beute von Raubtieren werden. Heutzutage fallen Pelikankolonien häufig auch Drainierungsmaßnahmen im Zuge wasserbaulicher Programme zum Opfer.

Überlegene Flieger

Der Pelikan wird oft als unbeholfener Vogel beschrieben. Das ist genau so wenig begründet, als wenn man Enten oder Gänse als unbeholfen bezeichnet, nur weil sie watscheln und einen schweren Körperbau haben. Wenn es einem Pelikan mit viel Anstrengung und starken Flügelschlägen gelungen ist, in die Luft aufzusteigen, ist er ein ausgezeichneter und anmutiger Flieger, und auf dem Wasser ist er nicht weniger wendig. Der Kopf ist auf die Schultern zurückgelegt, der große Schnabel ruht vorn auf dem Hals — so segelt er mit wenig Anstrengung durch die Luft.

Pelikane scheinen diese Flugfähigkeit gar nicht zu brauchen, wenn man bedenkt, daß sie sich aus dem Wasser ernähren und überhaupt an das Leben im Wasser angepaßt sind. Sie fliegen mit rund 40 Stundenkilometern, und es gibt einen verbürgten Rekord, daß sie diese Geschwindigkeit über 12 km durchgehalten haben. Meist fliegen sie in Formation, entweder achteraus oder in V-Form, dabei schlagen alle Mitglieder der Gruppe die Flügel in vollkommenem Gleichklang. Der Anblick einer im Gleitflug, wie eine Schwadron von Flugbooten, niedergehenden Schar ist außergewöhnlich. Sie können auch, ähnlich wie Geier, thermische Aufwinde nützen, bis zu Höhen von 2400 m aufsteigen und dann stundenlang kreisen, indem sie abwechselnd mit den Flügeln schlagen und gleiten.

Symbol der Mildtätigkeit

Schon auf den ältesten bildlichen Darstellungen des Pelikans findet sich der Mythos von dem Elternvogel, der kein Futter für seine Jungen findet und seine Brust mit der Schnabelspitze durchbohrt, um die Nachkommenschaft mit eigenem Blut zu ernähren. Auf Grund dieses Glaubens ist der Pelikan zum Symbol für Mildtätigkeit und Mitleid geworden. Es gibt aber noch eine Version dieser Geschichte: Die jungen Pelikane haben ihre Eltern ins Gesicht geschlagen, worauf die Mutter zurückschlägt und sie tötet. Am dritten Tage danach schlägt sich die Mutter in die Seite, bis Blut hervortritt, über die Körper der Jungen fließt und sie wieder auferweckt.

Schöpfeimer zum Fischen: Rosapelikan mit riesigem Hautsack.

Diese beiden Geschichten könnten entstanden sein, weil die Eltern beim Füttern der Jungen den Schnabel gegen Hals und Brust drücken, um den Inhalt des Hautsackes den Jungen, die ihren Schnabel zum Fressen in den Hautsack der Eltern stecken, besser zugänglich zu machen. Die rote Schnabelspitze des Rosapelikans dürfte zum Entstehen der Legende beigetragen haben.

Klasse	**Aves**
Ordnung	**Pelecaniformes**
Familie	**Pelecanidae**
Gattung und Arten	*Pelecanus crispus*, Krauskopfpelikan; *P. erythrorhynchos*, Nashornpelikan; *P. occidentalis*, Meerpelikan; *P. onocrotalus*, Rosapelikan; *P. rufescens*, Rötelpelikan

Flamingos

Das Erscheinungsbild des schönen, aber bizarren Flamingos wirkt — ähnlich wie das der Giraffe — unwirklich, ja beinahe unglaublich. Hals und Beine sind verhältnismäßig länger als bei jedem anderen Vogel. Mit dem Kopf nach unten seiht er in brackigen oder salzigen Seen, hält sein empfindliches rosa Federkleid dabei aber immer makellos sauber.

Es gibt in der Alten und Neuen Welt vier oder fünf Arten. Das Gefieder ist rosa getönt, ausgenommen die schwarzen Flugfedern. Der Rosaflamingo wird 1,20 m groß, er kommt in Amerika und auf den Galapagos-Inseln und in der Alten Welt von Südeuropa bis Südafrika und in ganz Indien vor. Die zwei oder drei verbleibenden Arten sind in über 4000 m Höhe in Indien, Afrika und in den Anden, in Argentinien, Bolivien und Chile verbreitet. Der Andenflamingo ist in bestimmten Gebieten häufig, der James-Flamingo ist jedoch sehr selten; man hatte ihn schon für ausgestorben gehalten.

Riesige Gruppen schöner Watvögel

Flamingos sind gesellig, sie leben in nach Tausenden zählenden Gruppen. Eine Kolonie des Kleinen Flamingo, der zahlreichsten Art, in Ostafrika besteht aus mindestens 1 Million Paare. Flamingos nisten, fressen und wandern in Gruppen. Eine Gruppe von Flamingos, die in einem See watet oder schwimmt oder gar mit ausgestreckten Hälsen und Beinen in Keilformation mit langsamem Flügelschlag fliegt, dürfte zum Schönsten auf dieser Erde gehören.

Flamingos kommen auf Seen und Lagunen mit brackigem Wasser vor, sie fressen und pflanzen sich dort im flachen Wasser fort. Viele Flamingos sind Zugvögel. In den letzten Jahren hat man beobachtet, wie Rosaflamingos von der Camargue über das Mittelmeer südwärts gezogen sind, um in Afrika auf denselben Seen wie der Kleine Flamingo zu überwintern.

Kopfabwärts auf Futtersuche

Flache Seen und Lagunen sind der unabdingbare Lebensraum der Flamingos, weil sie dort die zur Ernährung notwendigen Mengen kleiner Wasserpflanzen und -tiere finden. Der Filtermechanismus, mit dem der Flamingo seine Nahrung dem Wasser entnimmt, ähnelt dem des Blauwales. Er watet mit gesenktem Hals und kopfabwärts durch das Wasser und streicht hin und her, um die Nahrung aus dem Wasser herauszuseihen. Oberer und unterer Teil des Schnabels sind mit Borsten besetzt, welche die in dem eingesaugten Wasser enthaltenen Nahrungspartikel festhalten. Die äußere Lage gröberer Borsten hält große Partikel ab, während winzige Algen wie Diatomeen von einem Borstenaufgebot im Inneren des Schnabels gesammelt werden. Sie werden dann zur Zunge weiterbefördert und verschlungen.

Stelzbeiniges Trio von Rosaflamingos. So balancieren sie auf festem Boden.

Die Ernährung des Rosaflamingo ist vielseitiger als die der anderen Arten; während die anderen Arten nur an der Oberfläche suchen, geht er mehr zum Grund hin. Sein Schnabel hat weniger Filterborsten, der Oberteil des Schnabels ist flacher; er bringt kleine Schnecken und Krebse hoch, nicht zuletzt auch Schlamm, aus dem er verwertbare organische Stoffe entnimmt. Rosaflamingo und Kleiner Flamingo fressen gemeinsam in gemischten Gruppen in den Seen Ostafrikas; die eben geschilderten Unterschiede in der Ernährungsweise reichen aus, um Futterneid nicht aufkommen zu lassen.

Nester auf Erdhügeln

In Ostafrika, dem Hauptwohngebiet der Flamingos, gibt es Kolonien von über 900 000 Paaren, in einem Fall hat man sogar über 1 Million Paare geschätzt. Manchmal werden bestimmte Kolonien einige Jahre gemieden. Es kann dann vorkommen, daß sie zwei Bruten schnell hintereinander hervorbringen.

Das Unberechenbare in der Fortpflanzung beruht weitgehend auf Veränderungen

Seltener Vogel in Gefangenschaft: James-Flamingo, Heimatgebiet in 4200 m ü. M. in den Anden. Sehr selten, galt als ausgestorben.

Rosaflamingos fliegen auf — ein atemberaubend
schöner Anblick!

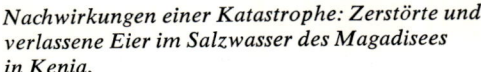

Nachwirkungen einer Katastrophe: Zerstörte und verlassene Eier im Salzwasser des Magadisees in Kenia.

In die untertassenförmige Mulde des Nestes wird ein einziges Ei gelegt, das einen Monat lang von beiden Eltern abwechselnd bebrütet wird. Die Küken bleiben zwei bis drei Tage im Nest, dann können sie laufen und schließen sich mit anderen zu Scharen zusammen. Mit zehn Tagen können sie schwimmen. Die Küken sehen Gänseküken recht ähnlich: mit grauen Daunen, geraden, noch nicht sichelförmigen Schnäbeln wie bei den Eltern. Wegen dieser Ähnlichkeit der jungen Flamingos mit Gänsen, auch weil das Flugbild der Erwachsenen dem der Gänse so ähnelt, stellt man sie heute in eine eigene Ordnung und nicht mehr zu den Storchenvögeln.

Bevor der Schnabel nicht seine charakteristische Form angenommen hat, können sich die jungen Flamingos nicht selbst ernähren, sie sind von ihren Eltern abhängig. Ein Elternvogel senkt seinen Schnabel, so daß das Küken die Schnabelspitze mit dem eigenen Schnabel erreichen kann. Die Alten geben eine milchartige Flüssigkeit ab. Die Eltern scheinen ihre eigenen Küken selbst innerhalb einer dichten, durcheinanderrennenden und -schwimmenden Schar zu erkennen. Die Alten sind immer in der Nähe und wehren Gefahren ab.

Viele Feinde

Hauptfeind der Flamingos ist der Seeadler, der sich Jungvögel aus den Gruppen herausgreift und wegträgt. Hyänen, Geparde und Schakale töten Nachzügler. Im römischen Altertum galten Flamingozungen als Delikatesse, und auch heute noch werden Flamingos von Eingeborenen gegessen. Eine Zeitlang stand ihr Gefieder in hohem Kurs, heute besteht die Hauptgefahr jedoch in der Bedrohung der Brutstätten, besonders durch niedrig fliegende Flugzeuge.

Wie sitzen Flamingos im Nest?

Wie sitzen Reiher oder Flamingos im Nest? Über diese Frage hat man eigenartigerweise lange gestritten, da die über Flamingos schreibenden Ornithologen der Vögel offenbar nie im Nest beobachtet hatten. 1697 meinte W. Dampier, der Flamingo stütze sich auf das Nest, ähnlich wie Jäger auf ihren Sitzstock. Selbst ein Jahrhundert später gab es noch die seltsame Ansicht, der Flamingo sitze rittlings auf dem Nest oder strecke die Beine nach hinten weg. Tatsache ist indes, daß der Flamingo wie jeder andere Vogel auch im Nest sitzt: mit untergeschlagenen Beinen, die „Knie" (das sind in Wirklichkeit die Fersen) klappen nach hinten, so daß die gefalteten Beine hinter dem sitzenden Vogel weggestreckt sind.

im Wasserstand der Seen. Die Nester bestehen nämlich aus 15 bis 35 cm hohen Schlammtürmchen, die an der Spitze eine Mulde für das Ei aufweisen. Der Wasserspiegel braucht sich nur um 30 oder 40 cm zu heben, und die Kolonie wird überschwemmt. Wenn andererseits der Wasserspiegel brackiger Seen sinkt, bilden sich dicke Ablagerungen, die die Beine der Küken verkleben, wenn sie ihre Nester verlassen. 1962 wurde der Natronsee in Kenia überflutet, und die Flamingos begaben sich zur Brut zum Magadisee. Tausende Küken kamen um, weil sich an ihren Füßen schwere Ringe aus Soda gebildet hatten. Durch eine Hilfsaktion konnten viele Küken ge-

rettet werden. Der Flamingo ist jedoch langlebig und bringt im Verlaufe seines Lebens viele Kükengenerationen hervor, so daß eine solche Katastrophe dennoch keine ernste Gefahr für das Überleben einer Population bedeutet.

Zu Beginn der Brutzeit widmen sich die Flamingos einer auffälligen Brautwerbung. In dicht zusammengedrängten Gruppen ziehen die Männchen mit hoch erhobenem Hals und zum Himmel gestrecktem Schnabel hin und her. Gleichzeitig erhebt sich ein Tumult aus Kehllauten; die Flamingos werfen den Kopf ruckartig zuckend hin und her, jedoch niemals im Gleichklang, so daß sich eine unstet flimmernde Szene ergibt.

Wandergebiet

Rosaflamingo (Ph. ruber)
Kleiner Flamingo (Ph. minor)
James-Flamingo (Ph. jamesi)
Andenflamingo (Ph. andinus)

Klasse	Aves
Ordnung	Phoenicopteriformes
Familie	Phoenicopteridae
Gattung und Arten	*Phoenicopterus ruber*, Rosaflamingo; *Ph. minor*, Kleiner Flamingo; *Ph. jamesi*, James-Flamingo; *Ph. andinus*, Andenflamingo; *Ph. chilensis*, Chileflamingo

Stockente

Es gibt viele Wildentenarten, die Stockente jedoch ist eine der bekanntesten und für viele die Wildente schlechthin. Von ihr stammen die meisten Hausenten ab. Sie ist ungefähr 60 cm lang und wiegt reichlich 1 kg. Das Männchen, der Erpel, ist von September bis Juni lebhaft gefärbt. Unterseite und größter Teil des Rückens sind grau. Kopf und Hals sind glänzend dunkelgrün, ein grüner Halsring trennt das Grün und das Braun der Brust. Er hat kleine, gekräuselte Schwanzfedern, sein Ruf ist tief und rauh. Das Weibchen ist braun gesprenkelt, es hat keine gekräuselten Schwanzfedern, der Ruf besteht in einem lauten Quaken. Ende Juni kommt der Erpel in die Mauser, er verliert sein buntes Prachtkleid, sein gesprenkeltes Gefieder ähnelt dann dem des Weibchens; er ist auch flugunfähig — bis er Ende August sein lebhaft gefärbtes Federkleid wiederbekommt. Männchen und Weibchen haben dunkle oder purpurrotblaue Spiegel mit weißem Rand.

Die Stockente brütet in Europa vom Polarkreis bis zum Mittelmeer, in Asien im Iran, in Tibet und Mittelchina, und in Nord- und Mittelamerika. Im gesamten Verbreitungsgebiet wandert sie nach Süden, nach Afrika, dem südlichen Asien und — in Amerika — nach Mexiko und Florida.

Einen eigenen Ententeich anlegen?

Wildenten werden von Gewässern jeder Art angezogen: von kleinen Teichen bis zu großen Seen, Flüssen, Strömen und Marschland; trotzdem kommen sie auch viel in trockenen Gebieten vor. Sowohl Wildgeflügelhalter als auch Vogelfreunde nützen dieses Verhalten; sie brauchen nur einen Teich mit einigen Inselchen oder Schwimmnestern anzulegen, um Stockenten zum Nisten anzuregen. Auch wenn Wasser verfügbar ist, halten sie sich viel auf dem Land auf; sie sind auf Futtersuche, stehen und sitzen herum, und gelegentlich putzen sie sich. An Land watscheln sie etwas ungeschickt, auf dem Wasser sind sie jedoch gute Schwimmer. Sie tauchen nur bei Gefahr. Sie fliegen mit schnellen Flügelschlägen und ausgestrecktem Hals: beim Start steigen sie steil auf.

Vielseitige Ernährung

Stockenten fressen sowohl bei Tag als auch nachts, hauptsächlich Blätter und Samen, Körner, Beeren, Eicheln, aber auch viele Kleintiere, wie Insekten und ihre Larven, Würmer, Kaulquappen, Froschlaich, kleine Frösche und kleine Fische. Sie gründeln im Schlamm, sei es an Land oder im Wasser.

Ritualisierte Brautwerbung

Im Herbst bilden sich Paare, und im Frühling ist dann die Hochzeit. Der Paarung geht das „Gesellschaftsspiel" voraus. Zur Einleitung schwimmt eine Ente schnell in eine Gruppe von Erpeln hinein — das ist das „Nickschwimmen". Sie schwimmt mit ausgestrecktem, flach über dem Wasser gehaltenem Hals und geneigtem Kopf. Die Erpel kommen daraufhin enger zusammen und beginnen ihre gemeinsame Brautwerbung, in Form des Sichschüttelns, des Grunzpfiffs, des „Kurzhoch" und „Abauf". Ähnliche Bewegungen sind bei der „gerichteten" Balz von Erpel und Ente noch besser zu beobachten.

Die Ente wählt einen Erpel, der die Gruppe verläßt und ihr folgt. Sie schaut zurück, um ihn anzuspornen, ebenfalls folgende Erpel wegzutreiben. Dieses „Ansporren" ist ritualisiert worden und wird selbst dann ausgeübt, wenn keine anderen Erpel da sind. Wenn sich zwei Erpel treffen, kommt es zum Antrinken, eine Friedensgeste, ein Zeichen dafür, daß sie sich nicht angreifen wollen. Bei der Geste des Zutzens hebt der Erpel einen Flügel leicht an, reibt mit dem Schnabel am Ende eines Flügels und erzeugt so ein raschelndes Geräusch. Beim Schütteln zieht er den Kopf zwischen die Schultern, so daß der weiße Ring verschwindet. Die Federn der Unterseite lockern sich auf, und der Erpel scheint hoch auf dem Wasser zu „reiten". Die Kopffedern richten sich auf, der grüne Schimmer verschwindet, der Kopf erhebt sich, so daß es so aussieht, als sitze er mit dem Schwanz auf dem Wasser, dann schüttelt er den Kopf auf und ab.

Beim Grunzpfeifen des Erpels stößt er den Schnabel fast senkrecht ins Wasser, wirft den Schnabel zurück, spritzt Wasser um sich herum und grunzt, wenn er wieder heruntergeht. Die nächste Bewegung ist gekennzeichnet durch das Kurzhoch (Kopf nach hinten, Steiß aufwärts); der Schnabel wird schnell ins Wasser gestoßen und wieder emporgerissen, und die Brust tief ins Wasser gehalten. Eine andere Verhaltensweise ist die folgende: Ein Erpel pfeift mit tiefer Stimme, während die übrigen eine Art Grunzen von sich geben.

Stockentenpaar macht sich auf in tiefere Gewässer. Das Männchen wird sein hübsches Gefieder nach der Brutzeit verlieren.

Bei der gerichteten Balz kommen neben den beschriebenen Verhaltensweisen auch noch andere vor, so das Scheinputzen des Erpels und das Pumpen, bei dem Tiere pumpende Auf- und Abbewegungen des Kopfes zeigen. Dann erfolgt die Paarung. Nach der Paarung kommt das sog. Aufreißen: der Erpel reißt unmittelbar nach der Begattung Kopf und Hals nach hinten, wobei er oft den Kopf des Weibchens mit dem Schnabel festhält.

Küken als Turmspringer

Das Nest besteht aus einer flachen Schale aus Gras, trockenen Blättern und Federn und ist mit Daunen ausgekleidet. Es kann sich am Boden befinden, meist aber unter Sträuchern oder auf geköpften Weiden, im verlassenen Nest größerer Vögel oder in hohlen Baumstämmen bis in 12 m Höhe. Bis zu 16, meist 10 bis 12, gräuliche, grüne oder grünlichgelbliche Eier werden von März bis Oktober gelegt und von der Ente allein in 22 bis 28 Tagen ausgebrütet. Wenn die Küken bald nach dem Schlupf trocken sind, ruft die Ente sie aus dem Nest und führt sie ins Wasser, oder, wenn kein Wasser in der Nähe ist, an eine Futterstelle. Manchmal ist der Erpel dabei, er kümmert sich aber nicht um die Kleinen. Selbst wenn das Nest 3 m hoch in einem hohlen Baumstamm ist, verlassen die Küken das Nest, sobald die Ente ruft: sie purzeln eins nach dem anderen herunter, ohne sich zu verletzen. Die Küken sind mit gelblichen, mit großen braunen Flecken gezeichneten Daunen bedeckt. Es dauert fast zwei Monate, bis sie ein Federkleid haben.

Gefahr durch die Mutter

Die natürlichen Feinde der Stockenten sind Raubvögel und sonstige Räuber, z. B. Füchse. Aber auf die Bestandszahlen haben sie sicherlich wenig Einfluß. Die Hauptverluste treten unter den Küken auf. Es kann vorkommen, daß eine Ente 12 Küken erbrütet und 14 Tage später nur noch eins übrig hat. Krähen, Ratten und selbst andere Enten greifen die Küken an. Vielleicht erdrückt die Ente selbst ein oder zwei oder setzt sich im Wasser auf sie drauf, so daß sie ertrinken. Ein andermal kann dieselbe Ente aber 12 Küken erbrüten und alle durchbringen.

Die Zunge als Saugrohr

Wenn Enten im Schlamm gründeln, tun sie etwa dasselbe wie Bartenwale, wenn sie ihr weites Maul öffnen und durch den Krill (Plankton arktischer und antarktischer Gebiete) schwimmen. Beide benutzen ein hochwirksames Filter: Quergestellte Platten im Schnabel der Enten entsprechen dabei den Barten der Wale. Wenn die Enten gründeln, wirkt die Zunge wie ein Kolben, der Wasser oder Schlamm einsaugt und wieder ausstößt. Nur die verdaulichen Teile werden von den Platten zurückgehalten; niemand weiß jedoch, wie das Sortieren vor sich geht. Man nahm an, Vögel hätten auf der Zunge keine Geschmacksknospen, d. h. Geschmackszellen. Stockenten jedoch haben 200 in Reihen längs der Zunge angeordnete Geschmacksknospen. Vielleicht sind sie es, die den Enten sagen, wie die verdaulichen von den unverdaulichen Partikeln zu trennen sind.

Klasse	**Aves**
Ordnung	**Anseriformes**
Familie	**Anatidae**
Gattung und Arten	*Anas platyrhynchos*

Die gehorsamen Kinder folgen gleich nach dem Schlupf, sobald sie trocken sind, dem Ruf der Mutter, ins Wasser zu kommen.

Schwäne

Die sechs Arten von Schwänen sind mit den Gänsen sehr eng verwandt. In der Ordnung der Entenvögel (Anseriformes) bilden Schwäne und Gänse eine Untergruppe, die von den verschiedenen Entengruppen getrennt ist. Zwischen den Gänsen, besonders zwischen den Pfeifgänsen und den Schwänen, vermittelt der Koskorobaschwan aus Südamerika.

Am bekanntesten ist der Höckerschwan, der in bestimmten Gebieten Europas und Asiens beheimatet ist, jedoch in viele Teile der Welt eingeführt wurde, u. a. in Nordamerika und Australien, wo er verwildert ist. Man nimmt an, daß die Römer ihn in Großbritannien eingeführt hatten. Der Höckerschwan ist 1,52 m lang und 22,5 kg schwer. Das Gefieder ist weiß, der Schnabel ist orange und hat am Ansatz einen auffälligen schwarzen Höcker. Zwergschwan und Singschwan sind zwei weitere in Europa und Asien beheimatete Arten. Der Zwergschwan brütet in der Tundra des nördlichen Rußland und in Sibirien und taucht im Winter an unseren Küsten auf. Der Singschwan brütet weiter südlich, jedoch auch in Nordskandinavien und Island, einige Paare brüten gelegentlich in Schottland. Beide Arten haben schwarze Schnäbel mit gelber Wurzel. Der Zwergschwan ist wesentlich kleiner als der Höckerschwan. In Nordamerika gibt es zwei Arten: den Pfeifschwan, mit schwarzem Schnabel, manchmal mit gelbem Fleck am Ansatz, und den größeren Trompeterschwan, mit ganz schwarzem Schnabel. Der Pfeifschwan brütet hauptsächlich nördlich des Polarkreises und wandert zu den südlichen Küsten der USA. Der Trompeterschwan brütete früher in weiten Teilen Nordamerikas, jetzt aber nur noch im Nordwesten der USA und im Südwesten Kanadas, wo es etwa 1500 geschützte Exemplare gibt. Vom Koskorobaschwan abgesehen, gibt es auf der Südhalbkugel nur den Schwarzen Schwan in Australien und den Schwarzhalsschwan in Südamerika, von Brasilien bis Tierra del Fuego und zu den Falklandinseln. Der Schwarze Schwan ist schwarz, mit weißen Schwingen und rotem Schnabel. Er ist in Neuseeland eingeführt worden. Beim Schwarzhalsschwan sind Kopf und Hals schwarz, mit weißen Augenstreifen und rotem Schnabel.

Höckerschwan beim Auffliegen. Der schwere Körper erhebt sich nur zögernd vom Wasser.

Der „stumme" Schwan

Im Englischen heißt der Höckerschwan „Der stumme Schwan". Mit anderen Arten verglichen ist er still, dennoch ist der Name irreführend, denn er hat mehrere Rufe. Wenn eine Schar Höckerschwäne auf einem Fluß schwimmt, kann man hören, wie sie sich ganz leise gegenseitig „angrunzen". Wird der Höckerschwan gestört oder muß er sich verteidigen, dann zischt er heftig. Das seufzende Geräusch beim Flug kommt von den Flügeln. Der Singschwan hat im Flug einen hellen, schmetternden Ruf, ansonsten mehrere dumpfe Laute. Der Zwergschwan gibt eine Reihe wohlklingender Rufe von sich, und der Trompeterschwan hat seinen Namen von dem posaunenartigen, von der langen Luftröhrenschleife erzeugten Ruf.

Gefahr durch Leitungskabel

Trotz ihres hohen Gewichtes sind Schwäne gute Flieger. Im Verhältnis zur Spannfläche der Flügel sind sie viermal so schwer wie Heringsmöwen oder Krähen; deshalb müssen sie schnell mit ihren Flügeln schlagen, um sich in der Luft halten zu können. Auch Auffliegen und Landen sind dadurch schwie-

1. Kopf des Singschwanes im Profil.
2. Schwanengesang? Der Klagelaut des Schwarzen Schwanes wird mit der langen Luftröhre erzeugt.
3. Nachdenklicher Schwan: Der Koskorobaschwan erinnert an Enten, aber auch an Gänse.
4. Schwarzhalsschwäne behüten ihre Jungen.
5. Ein Paar Zwergschwäne mit ihren Jungen.

rig, sie brauchen eine lange Anlaufstrecke, damit sie die Fluggeschwindigkeit erreichen, und eine entsprechend lange Strecke beim Landen. Sie können beim Fliegen auch nicht manövrieren, und eine Hauptursache für die hohe Sterblichkeitsrate in den technisierten Gebieten der Erde sind Zusammenstöße mit Überlandleitungen.

Sie fressen im Flachwasser

Schwäne leben vorzugsweise von Wasserpflanzen, sie fressen aber auch kleine Fische, Kaulquappen, Insekten und kleine Schnecken. An Land fressen sie Gras, genau wie Gänse, doch sie halten sich mehr an Wasserpflanzen am Grund der Gewässer, an die sie herankommen, indem sie — mit dem Schwanz in der Höhe — den langen Hals ins Wasser stecken. Ihr Wohngebiet beschränkt sich deshalb auf flache Gewässer; sie tauchen nur selten und sind nur gelegentlich auf tieferen Gewässern zu sehen.

Jahrhundertealte Kolonien

Schwäne nisten in Wassernähe. Die Männchen des Höckerschwans grenzen Territorien ab, sie verteidigen einen Abschnitt des Flusses und vertreiben andere Männchen und

Ein Paar des Höckerschwanes bessert sein Nest aus.

Jungschwäne daraus. Gegen Eindringlinge nehmen sie eine drohende Haltung ein: Sie legen den Hals zurück, kreuzen die Flügel über dem Rücken und drehen sich schnell im Kreis herum, indem sie die Schwimmfüße nicht wie beim normalen Schwimmen abwechselnd betätigen, sondern gleichzeitig, und zwar kräftig. Zwischen Männchen und Weibchen gibt es verschiedene Werbungsweisen: so stoßen sie sich gegenseitig mit dem Kopf oder bewegen ihn gemeinsam rhythmisch hin und her und tauchen ihn ins Wasser.

Höckerschwäne bilden Dauerehen und nisten alle Jahre im selben Territorium; es gibt heftige Kämpfe, wenn ein anderes Paar versucht, das Territorium zu besetzen. Das Nest besteht aus einer Anhäufung von Wasserpflanzen und Zweigen, es ist grob kreis- und kegelförmig und hat in der Mitte eine Mulde. Wilde Höckerschwäne nisten im Ried an kleinen Inseln in Teichen, halbwilde z. B. am Ufer von Parkteichen. Gelegentlich nisten Höckerschwäne auch in Kolonien.

In der Regel haben sie fünf bis sieben Eier, manchmal auch doppelt soviel; sie wer-den vom Weibchen ausgebrütet, das Männchen springt nur ein, wenn das Weibchen auf Futtersuche ist. Die kleineren Arten brüten vier Wochen, die größeren fünf Wochen und der Schwarze Schwan fünfeinhalb Wochen. Während das Weibchen die letzten Eier ausbrütet, führt das Männchen die ersten Jungschwäne zum Wasser. Die Familie bleibt zusammen, bis die Jungen mit vier bis fünf Wochen flügge werden.

Brutgebiete des Schwans

⬚ **Höckerschwan** (Cygnus olor)
⬚ **Zwergschwan** (C. columbianus bewickii)
⬚ **Pfeifschwan** (C. c. columbianus)
⬛ **Trompeterschwan** (C. cygnus buccinator)
⬛ **Singschwan** (C. c. cygnus)

Klasse	**Aves**
Ordnung	**Anseriformes**
Familie	**Anatidae**
Gattungen und Arten	*Coscoroba coscoroba,* Koskorobaschwan; *Cygnus atratus,* Schwarzer Schwan; *C. columbianus bewickii,* Zwergschwan; *C. c. columbianus,* Pfeifschwan; *C. cygnus buccinator,* Trompeterschwan; *C. c. cygnus,* Singschwan; *C. melanocoryphus,* Schwarzhalsschwan; *C. olor,* Höckerschwan

Kampfadler

Der Kampfadler ist der größte Adler des tropischen Afrikas. Wie viele andre Adler auch trägt er eine Haube. Er hat lange Schwingen und einen verhältnismäßig kurzen Schwanz, im Flug ist er nur mit einem anderen Adler zu verwechseln, mit dem Schlangenadler. Die Oberseiten sind dunkelgrau, mit hellgrauen Binden auf Flügeln und Schwanz. Die Unterseiten, einschließlich der Federhosen, sind weiß, mit schwarzen Binden und Tupfern. Der Schnabel ist schwarz, die mit langen, gebogenen Krallen bewaffneten Beine und Zehen sind blaugrau. Die Gesamtflügelspanne kann 2,40 m betragen. Die Flügelspanne der Weibchen ist etwas größer als die der Männchen, sie sind überhaupt etwas kräftiger gebaut; da sie an den Unterseiten auch stärker gefleckt sind als die Männchen, sind sie von ihnen leicht zu unterscheiden.

Der Kampfadler ist in Afrika vom Südrand der Sahara bis zum Kap verbreitet, jedoch nicht in den Regenwäldern.

Ein scheuer Adler

Ein Kampfadlerpaar bewohnt ein Gebiet von etwa 125 qkm, es segelt stundenlang ununterbrochen über der Landschaft, oftmals in großer Höhe, so daß es mit bloßem Auge nicht erkennbar ist. Kampfadler sind scheuer als andere Adler, sie meiden menschliche Siedlungen — zu ihrem Vorteil, denn

Unten: Kampfadler, der größte Adler des tropischen Afrika. — Rechts: Kampfadler wehrt durch seine Haltung Eindringlinge ab. — Rechte Seite: Halberwachsener Kampfadler mit weißer Brust.

sie werden verfolgt, weil sie Vieh rauben. Deshalb sind sie viel seltener als früher. Sie bewohnen Savannen, Halbwüsten und Steppen und andere offene Landschaften. In bewaldeten Gebieten nisten sie nur dann, wenn offene Landschaft unmittelbar angrenzt.

Er stößt auf die Beute herab

Kampfadler erkennen ihre Beute aus großer Höhe und stoßen dann in gezieltem Sturzflug darauf zu. Die Geschwindigkeit dieses Sturzfluges wird durch die Flügelstellung gesteuert. Bei nahezu waagerechter Stellung ist der Sturzflug flach und langsamer, in V-Stellung jedoch leisten sie weniger Widerstand, und der Adler stürzt in steilem Winkel herab.

Gewöhnlich erbeuten sie kleine Säuger und Vögel, die in offenen Landschaften leben; ihre Lieblingsbeute sind offenbar Bodenvögel wie Frankoline, Trappen und Perlhühner und Säugetiere wie Klippschliefer. Sie fressen sogar Impalakitze und manchmal Schakale, Schlangen und Eidechsen, nur selten jedoch Aas. Hausgeflügel, Lämmer und Zicklein werden oft genommen; doch L. Brown, ein Kenner der afrikanischen Adler, ist der Ansicht, der Kampfadler sei im ganzen genommen nützlich, die am Vieh angerichteten Schäden seien übertrieben dargestellt.

Die Nistplätze

Kampfadler bauen auf hohen Bäumen große Nester aus Stengeln, und zwar oftmals an Abhängen, so daß sie das Nest leicht anfliegen können. Das Männchen sammelt Stengel oder auch kleine Zweige, das Weibchen baut das 1,20 m tiefe und ebenso breite Nest. Sie benutzen Jahr für Jahr dasselbe Nest, das Weibchen braucht es nur auszubessern und mit ein paar frischen grünen Blättern auszukleiden. Manche Kampfadlerpaare haben zwei Nester, die sie jährlich abwechselnd benutzen.

Die Ausbesserung des Nestes kann einige Wochen dauern, und wenn es dann fertig ist,

wird ein einziges weißes oder hellgrünlichblaues Ei mit brauner Zeichnung gelegt. Das Legedatum schwankt zwischen November im Sudan und Juli in Südafrika. Die Weibchen brüten allein und hüten auch das Küken, wenn es nach ungefähr 45 Tagen schlüpft. Das Männchen bringt dem Weibchen etwa zwei Monate lang Nahrung, mit der es das Küken füttert. Später geht das Weibchen dann selbst auf Futterjagd für das Küken. Im Alter von etwa 100 Tagen macht das Küken seinen ersten Flug. In den ersten Tagen kehrt es zum Schlaf ins Nest zurück, danach bleibt es in der Nähe des Nestes. Junge, drei Jahre alte Kampfadler hat man in der Nähe des Nestes der Eltern gesehen.

Gegeneinander abgegrenzte Interessen

Im Laufe seiner bemerkenswerten Studien über afrikanische Adler hat L. Brown einen Berg entdeckt, auf dem fünf, und in einem Jahr sogar sechs Adlerarten nisteten.

An diesem Berg, dem „Adlerberg", kamen die verschiedenen Arten einander nicht ins Gehege, es gab keinen Futterneid. Die Kampfadler hielten sich an Bodenvögel der offenen Landschaft, während der Habichtadler die Vögel der bewaldeten Gebiete jagte. Der Gaukler fing Schlangen. Der Kaffernadler fraß Klippschliefer, die er in den Felsen jagte. Der Kronenadler erbeutete Ducker und Affen in den Wäldern, und der Haubenzwergadler nahm kleine Vögel von Bäumen. Obwohl sie eng beieinander hockten, brauchten sich die Adler somit nicht um das Futter zu streiten.

Klasse	**Aves**
Ordnung	**Falconiformes**
Familie	**Accipitridae**
Gattung und Art	*Polemaetus bellicosus*, Kampfadler

Geier

Der Name „Geier" war ursprünglich den großen, aasfressenden Greifvögeln der Alten Welt vorbehalten; doch nach der Entdeckung Amerikas ist die Bezeichnung auch auf die Kondore, Truthahngeier und andere Neuweltgeier angewandt worden. Sie ähneln einander in ihrer Erscheinung, vermutlich weil sie sich auf Grund ähnlicher Lebensweise gleichsinnig entwickelt haben.

Bei Geiern ist der Kopf nackt oder fast nackt, manchmal ist auch der Hals nackt — ein Vorteil für Vögel, die den Kopf regelmäßig in Kadaver stecken. Zum Unterschied von anderen Raubvögeln, die ihre Nahrung töten, haben Geier verhältnismäßig schwache Füße; sie sind besser zum Laufen als zum Ergreifen von Beute geeignet. Beide Gruppen der Geier haben schwere Körper, doch sie segeln stundenlang mit ihren langen, breiten Schwingen.

Es gibt etwa 15 Arten Altweltgeier. Mit Ausnahme einiger weniger ist ihr Gefieder dunkelbraun oder schwarz. Die nackte Haut an Kopf und Hals kann jedoch orange, rosa oder weiß sein. Weder der Kondor der Anden (bis 12 kg) noch der dunkle Mönchsgeier ist der größte flugfähige Vogel, sondern die bei uns heimische, bis 25 kg schwere Trappe. Der Mönchsgeier ist mit einer Spannweite von 2,87 m und 14 kg Gewicht der größte Greifvogel der Welt. Er ist von Spanien bis zur Mongolei verbreitet. Am anderen Ende der Skala steht der Schmutzgeier. Er hat eine Flügelspanne von über 1,50 m und ist fast ganz weiß, abgesehen von den schwarzen Schwingen. Der Schmutzgeier ist in Afrika, in Südeuropa, im Mittleren Osten und Indien zu Hause. Nur wenig größer ist der afrikanische Kappengeier: dunkelbraun, mit rosa Kopf und Hals. Die etwa sieben Gänsegeier und Truggeier sind wohl als die „typischen Geier" anzusehen. Sie kommen in ganz Südeuropa, Afrika und Asien vor, oftmals in großen Gruppen; sie nisten in Kolonien. Sie sind mittelgroß und haben am nackten Hals eine Krause aus langen Federn. Die verbleibenden Arten sind der Angolageier, mit befiedertem Hals und schwarzem und weißem Gefieder, der Wollkopfgeier, mit etwas Blau am Ansatz des Schnabels, und der Ohrengeier. Alle diese Arten leben in Afrika und haben kehllappenähnliche Hautfalten an Kopf und Hals. Der Asiatische Lappengeier schließlich hat einen hellroten Kopf und Hals. Mehr wie ein Adler sieht der Bart- oder Lämmergeier aus, bei dem Kopf und Hals befiedert sind. Er bewohnt Eurasien, gelegentlich auch die Alpen.

Fahlgeier verschlingen Zebrakadaver. Die meisten Geier sind nicht stark genug, einen Kadaver aufzureißen, und müssen warten, bis er sich zersetzt.

Zwerggänsegeier (Pseudogyps africanus).

Gesundheitspolizei in der Umgebung der Städte und Dörfer und folgt selbst der Landbevölkerung beim Pflügen und bei der Bodenbearbeitung, um Insekten und Würmer zu fressen.

Um in großen Höhen segeln zu können, nutzen die Geier die „Blasen" aus warmer Luft, die vom sich erwärmenden Boden aufsteigen. Solch eine „Blase" muß man sich vorstellen wie die in einem Rauchring eingeschlossene Luft, die schnell aufsteigt und sich schnell dreht. Die Geier segeln innerhalb dieses Ringes und nutzen die aufsteigende Luft, um sich obenzuhalten. Die Segelflieger nutzen dasselbe Prinzip. Daß die Geier von diesen Luftströmungen abhängig sind, kann man aus ihrem tagtäglichen Verhalten ableiten: Sie steigen morgens nicht auf, bevor sich der Boden nicht erwärmt hat und sich nicht Aufwinde bilden. Die leichteren Arten steigen vor den schwereren auf, die mehr Auftrieb benötigen.

Sie benutzen Werkzeuge
Es gibt nur wenige Beispiele dafür, daß Tiere Werkzeuge benutzen — ein Fink von den Galapagosinseln, der Schimpanse und der Seeotter sind die bekanntesten. 1966 konnte die Liste jedoch erweitert werden. Der Schmutzgeier wirft Steine auf Eier. J. Goodall hat dieses ausgeprägte Verhalten bei einer Population in Tansania beobachtet; es ist überraschend, daß es nicht schon früher festgestellt worden ist. Diese Geier zerbrechen die harten Schalen von Straußeneiern, indem sie sie gegen Felsen oder andere Eier werfen, oder aber Steine dagegen werfen. Wenn es in der nächsten Umgebung keinen Stein gibt, suchen sie im Umkreis von 50 m, fliegen mit dem Stein im Schnabel zurück und schleudern ihn mittels einer heftigen Abwärtsbewegung des Kopfes. Sie wiederholen das, bis die Schale zerbricht. Einem Geier gelang es, einen 900 g schweren Brocken zu werfen, und zwar wiederholt — keine Kleinigkeit für einen rabengroßen Vogel.

Was sie fressen
Geier erkennen die Kadaver aus großer Entfernung, indem sie das Verhalten anderer Geier und anderer aasfressender Tiere beobachten. Große Kadaver ziehen unter Umständen große Scharen von Geiern an. Trotz des kräftigen Schnabels fällt es vielen Geiern schwer, die Haut größerer Tiere aufzubrechen. Deshalb müssen sie warten, bis sich der Kadaver zersetzt oder bis andere Tiere ihn angreifen. Große Geier, wie der Ohrengeier, sind jedoch kräftig genug, das Fell aufzureißen, und obwohl sie Einzelgänger sind, gewinnen sie die Überhand gegenüber den gefräßigen Gänse- und Truggeiern. Diese wehren ihrerseits die kleineren Arten ab, die sich mit den Resten begnügen müssen.

Die raspelähnliche Zunge ermöglicht es den Geiern, Fleisch in das Maul zu ziehen, und der lange Hals erlaubt es ihnen, tief in größere Kadaver einzudringen; da sie am Hals keine Federn haben, brauchen sie kein blutverschmiertes Gefieder zu putzen. Geier leben jedoch nicht nur von Aas, die größten Arten schlagen manchmal Flamingoküken oder kleine Nagetiere, und der Angolageier frißt sowohl Ölpalmenkerne als auch Muscheln vom Strand, manchmal jagt er sogar im flachen Wasser nach kleinen Fischen.

Riesige Nester
Im Gegensatz zu den Kondoren und vielen anderen Raubvögeln, die ihre Eier auf den Boden oder in verlassene Nester anderer Vögel legen, bauen die Altweltgeier eigene Nester. Lämmergeier und Schmutzgeier nisten in Höhlen oder in Vertiefungen in Felsen, wie die Gänsegeier, die in Kolonien von über 100 Vögeln auf Klippen nisten. Der Zwerggänsegeier baut sein Nest oftmals auf Bäumen, auf großen Bäumen finden sich bis zu einem Dutzend Nester. Die großen Arten, der Kappen- und der Angolageier nisten einzeln auf Bäumen; ihre riesigen Nester sind aus Stengeln und Zweigen bestehende Schalen, die mit Blättern, Fellresten und Abfall ausgekleidet sind.

Gewöhnlich wird nur ein Ei gelegt, kleinere Arten legen zwei. Nur das Weibchen brütet. Die Brutzeit dauert je nach Größe des Vogels 46 bis 53 Tage. Die Küken bleiben bis zu viereinhalb Monaten im Nest. Das Männchen füttert das Weibchen während der Brutzeit, und dann füttern beide die Küken mit vorgekauter Nahrung.

Immer weniger Abfallvertilger
In allen landwirtschaftlich erschlossenen Gebieten und in Ländern mit moderner Hygiene gibt es weniger Aas als früher, und damit nimmt auch die Zahl der Geier ab. Obwohl sie heutzutage als Aasvertilger nicht mehr so unentbehrlich sind wie ehemals, tragen die Geier doch dazu bei, Viehkadaver und damit Infektionsquellen zu beseitigen. Leider wird dieser Punkt zu wenig beachtet; sie werden verfolgt, weil sie angeblich Vieh rauben, obwohl höchstens die größten Geier hier einen Versuch wagen könnten.

Sie nutzen die Aufwinde
Geier sind in trockenen, offenen Landschaften, wo sie mühelos mit den aufsteigenden Luftströmungen segeln können, am häufigsten. Auch in Gebirgen, in Höhen von über 6000 m, sind sie häufig. Aber nicht nur wegen der Luftströmungen bevorzugen sie diese Gebiete, auch weil sie dort Kadaver großer Tiere aus der Luft leicht feststellen können. Deshalb kommen Geier, ausgenommen der Kappengeier, in bewaldeten Gebieten nicht vor. Der Kappengeier hat das größte Verbreitungsgebiet, ist jedoch nicht der häufigste Geier Afrikas. Er bildet die

Klasse	Aves
Ordnung	**Falconiformes**
Familie	**Accipitridae**
Gattungen und Arten	*Aegypius monachus,* Mönchsgeier; *Gypohierax angolensis,* Angolageier; *Pseudogyps africanus,* Zwerggänsegeier; *Gyps coprotheres,* Fahlgeier; *G. fulvus,* Gänsegeier; *Necrosyrtes monachus,* Kappengeier; *Neophron percnopterus,* Schmutzgeier; *Sarcogyps calvus,* Lappengeier; *Torgos tracheliotus,* Ohrgeier; *Trigonoceps occipitalis,* Wollkopfgeier; *Gypaetus barbatus,* Bart- oder Lämmergeier

Huhn

Wenn wir sagen, jemand halte Hühner, dann meinen wir, er halte gezähmte Abkömmlinge des Bankivahuhnes, das den wissenschaftlichen Namen *Gallus gallus* trägt. Es ist in Süd- und Südwestasien, von den Vorbergen des Himalaja bis Java beheimatet. Man nimmt an, daß das Haushuhn vom Bankivahuhn abstammt; einige Wissenschaftler glauben allerdings, daß noch andere Wildhühner desselben Gebietes beteiligt sind, sie nennen das Haushuhn deshalb lieber *Gallus domesticus. Das Bankivahuhn lebt in Wäldern von Meereshöhe bis 1500 m ü. M.*

Der Hahn des Bankivahuhnes ist überwiegend rot und schwarz, die schwarzen Federn schillern grünlich. Die Henne ist braunrot und braun. Der Hahn hat einen hochgewölbten Schwanz, doppelte Kehllappen und einen gesägten Kamm. Der Schnabel ist kurz und dick, die Füße sind kräftig, die Zehen sind mit starken Krallen zum Scharren bewaffnet. Eine der vier Zehen ist nach hinten gerichtet, sie sitzt etwas höher als die übrigen; der Hahn hat einen langen Sporn. Die kurzen, abgerundeten Flügel befähigen zu einem kraftvollen, aber nicht ausdauernden Flug; kräftiges Flügelschlagen und Gleitflug wechseln miteinander ab. Die Nahrung des Huhnes besteht aus Blättern, Wurzeln, Knollen, Samen und Beeren, Würmern und Insekten. Das Nest wird am Boden errichtet. Die Küken können sofort nach dem Schlüpfen laufen, sie fressen hauptsächlich Insekten.

Die Stimme des Hahnes ist ein lautes Krähen, es zeigt den Besitz eines Revieres an. Er ist polygam und verteidigt sein Revier notfalls, indem er mit Schnabel und Sporn kämpft.

Seit Jahrtausenden Haustiere

Es ist möglich, daß das Bankivahuhn schon um 3200 v. Chr. gezähmt wurde; in Indien ist es aber zumindest schon seit 2000 v. Chr. als Haustier gehalten worden, in China, Ägypten und Kreta seit 1400 v. Chr., und nach Europa ist es um 700 v. Chr. gekommen.

Aus vorgeschichtlichen Belegen wie Tonscherben, Schmuckstücken, Münzen und Mosaiken ergibt sich, daß die Vögel vor allem für Kulthandlungen und als Opfertiere gehalten wurden, aber auch zum Hahnenkampf. Später schätzte man sie auch wegen der Eier. Nach Aristophanes (um 400 v. Chr.) haben alle Athener, selbst die ärmsten, Hühner als Eierlieferanten gehalten. Die Griechen haben auch den Kapaun oder kastrierten Hahn als Masttier erfunden. Doch ist der Verzehr von Hühnerfleisch in großem Umfang erst im 19. Jahrh. aufgekommen. Für die Landwirte waren die Hühner außerdem auch so etwas wie „Alarmglocken".

Mit der Eroberung Europas durch die Römer ist das Huhn dann immer weiter verbreitet worden; es scheint allerdings, daß es längs der großen Handelsstraßen schon vor dem Einzug der römischen Legionen be-

Hähne sind polygam und verteidigen ihre Reviere. Wenn nötig, kämpfen sie mit Schnabel und Sporn. Es gibt mehr als 100 Zuchtrassen, zur Erzeugung von Eiern oder Fleisch jedoch werden nur einige wenige Rassen verwendet. Die moderne Tierhaltung ist derartig spezialisiert, daß Hennen nur noch selten Gelegenheit zum Scharren haben; sie werden zu Tausenden in Tiefställen oder Käfigbatterien gehalten.

kannt war. Die Kelten Nordeuropas z. B. hatten es schon, bevor Caesar Britannien eroberte.

Zier- und Nutzgeflügel
Bei den modernen Züchtungen unterscheidet man Landhühner und Cochins. Von den Landhühnern gibt es rund 37 Rassen Nutz- und 24 Rassen Ziergeflügel, dazu kommen noch Kampfhähne. Die Nutzrassen kann man grob in Lege- und Masthühner unterteilen. Hier die Namen zweier bekannter Rassen: Weiße Leghorn und Rhodeländer. Von den Zierrassen ist der langschwänzige Yokohama sehr bekannt; er wird wegen seines langen Schwanzes, der 6 m erreichen kann, gezüchtet.

Die Hackordnung
Den Hühnern verdankt die Wissenschaft der Verhaltensforschung einen der bedeutendsten Fortschritte. 1922 erschien die erste Veröffentlichung über die Hackordnung. Sie ist durch Beobachtungen an haus- und landwirtschaftlich gehaltenen Hühnern entdeckt worden. Sie besagt kurz folgendes: Wenn ein Dutzend Hühner, die einander noch fremd sind, in einen Käfig gesperrt werden, beginnen sie gegeneinander zu kämpfen. Es bilden sich Gruppen. Ein Tier der Gruppe wird sich den anderen als überlegen erweisen, weil es stärker ist als seine Gegner, oder weil die anderen sich weigern, den Kampf aufzunehmen. Eine Henne wird überlegen sein, die anderen werden sich unterordnen.

Die Überlegenen bilden dann wieder eine Gruppe, aus der sich die eine Hälfte als überlegen und die andere Hälfte als unterlegen erweist. Zum Schluß bildet sich so etwas wie eine „Hierarchie" heraus. Wenn man die Hühner mit den Buchstaben A bis L bezeichnet, kann das dominierende Huhn (A) alle anderen picken, ohne daß sie zurückpicken. Das nächste Huhn (B) kann alle außer A picken, C kann D bis L, aber nicht A und B picken usw. Das Huhn L kann von allen anderen gepickt werden.

Dabei kann jedes Huhn seine Stellung innerhalb der Hackordnung wechseln, wenn es in einem Kampf mit einem dominierenden Huhn siegt; ohne eine derartige Herausforderung jedoch wird die „Hierarchie" oder Hackordnung von allen anerkannt.

Ähnliche Rangordnungen finden sich auch bei anderen Tieren, doch spielen solche, nur auf Körperstärke und Aggressivität aufbauenden Systeme bei den meisten sozialen Tieren nur eine untergeordnete Rolle; dasselbe gilt für den Menschen. In diesen Strukturen scheinen Erfahrung, verwandtschaftliche Bindungen und ähnliche Mechanismen weitaus wichtiger zu sein.

Hühner als Wahrsager
Die Hackordnung der Hühner ist zu einer bestimmten, weltanschaulich eingefärbten Richtung geworden. In früheren Kulturen haben die Hühner eine ähnliche Rolle gespielt. Hühner sind durch das Eierlegen zum Symbol der Fruchtbarkeit geworden; später wurde es auf Grund seines ausgeprägten Balzverhaltens auf den Hahn übertragen. Er wurde zum Symbol für erotische Kraft und Gesundheit.

Die Römer gingen noch einen Schritt weiter und benutzten die Hühner zur Wahrsagerei, zum *Oraculum ex tripudio*. Man sperrte Hennen mit Futter in einen Käfig. Wenn sie eifrig fraßen, war das ein gutes

Vorzeichen, wenn sie schlecht fraßen, ein schlechtes. Natürlich war dem Mißbrauch Tor und Tür geöffnet, man brauchte die Hühner nur vorher hungern zu lassen, um gute Vorzeichen zu erhalten.

Im ersten Punischen Krieg war ein Konsul mit seinen Hennen unzufrieden, weil sie nicht fressen wollten, er aber gute Vorzeichen brauchte. Er warf sie ins Meer und sagte: „Laßt sie trinken, wenn sie nicht fressen wollen." Er wurde dann in einer Seeschlacht besiegt. Das Volk schrieb diesen Schicksalsschlag seiner mangelnden Hochachtung vor den Hühnern zu.

Oben: Bankivahahn. Seine Heimat sind Wälder in 1500 m ü. M. Charakteristisch ist das schillernde Gefieder. — Darunter: Exotische Züchtung: Yokohama-Langschwanzhahn. Viele Rassen werden wegen der attraktiven Zeichnung des Gefieders gezüchtet.

Klasse	**Aves**
Ordnung	**Galliformes**
Familie	**Phasianidae**
Gattung und Art	*Gallus gallus*, Huhn

Sonnenralle

Die Sonnenralle ist ein großer, wenig bekannter Bewohner tropischer, südamerikanischer Wälder. Sie ist mit den Rallen, Kranichen und Trappen verwandt. Ihre Erscheinung ist jedoch reiherartig. Sie ist ungefähr 45 cm lang, mit langem, schlankem Hals, kleinem Kopf und langem Schnabel. Die hellorangen Beine sind ebenfalls lang und schlank, die Zehen haben keine Schwimmhäute. Flügel und Schwanz sind breit. Das Gefieder ist weich, wie bei Eulen, überwiegend braun und grau, mit schwarzen Binden, Streifen und Flecken. Der Oberkopf ist schwarz, über das Gesicht laufen zwei weiße Streifen. Quer über den Schwanz laufen zwei breite schwarze Bänder. Der Schnabel ist oben schwarz, unten gelb. Wenn Sonnenrallen ihre Flügel öffnen, wird auf dem Rücken eine kastanienbraune und orange Zeichnung mit weißen und schwarzen Flügelflecken sichtbar. Sonnenrallen kommen vom südlichen Mexiko bis Bolivien und Mittelbrasilien vor.

„Sonnenuntergang"

Sonnenrallen leben einzeln oder in Paaren an Flußufern oder in sumpfigem Waldland und waten wie Reiher auf Futtersuche durch flache Gewässer. In Gefangenschaft wiegen Sonnenrallen ähnlich wie Rohrdommeln seitlich hin und her; man sagt, sie paßten sich damit dem schwingenden Schilf an und würden unauffälliger. Sie verhalten sich auch lange Zeit völlig ruhig und stehen wie Reiher mit eingezogenem Kopf da. Sonnenrallen fliegen nur ungern, sie ziehen es vor, Flüsse laufend oder schwimmend zu überqueren. Wenn sie jedoch gestört werden, fliegen sie in Bäume. Sie fliegen sehr ruhig, wahrscheinlich auf Grund des weichen Gefieders; und mit ihren breiten Flügeln sehen sie aus wie gewaltige, flatternde Motten. Sonnenrallen sind in der Regel still, manchmal pfeifen oder rasseln sie jedoch leise.

Das Balzverhalten ist sehr auffällig. Der vordere Teil des Körpers wird gesenkt, der Kopf jedoch erhoben, die Flügel werden ausgebreitet und dabei Hinterende und Schwanz fächerförmig gehalten, so daß sich die ganze Schönheit der Zeichnung des Gefieders in einem Halbkreis zeigt. Das helle Kastanienbraun und das Orange des Rückens und der Flügel hat A. Skutch wie folgt beschrieben: „Die Sonne glüht dunkel inmitten des vom Sonnenuntergang getönten Himmels". Während des Balzspiels gibt die Sonnenralle rasselnde Laute von sich. Dieses Verhalten wird gleichzeitig als Drohgebärde benutzt.

Sonnenrallen fressen Insekten, Krebschen, kleine Fische und andere kleine Tiere, die im flachen Wasser längs der Ufer vorkommen. Ihre Ernährungsweise ähnelt derjenigen der Reiher; sie stochern langsam oder stehen regungslos da und schießen plötzlich mit dem Hals vor, um ihre Beute mit dem dolchähnlichen Schnabel zu packen.

Nester sind selten zu sehen

In der freien Natur sind nur selten Nester von Sonnenrallen zu sehen. A. Skutch beschreibt das 30 cm große Nest als Masse aus

Außergewöhnliche Aufnahme einer brütenden Sonnenralle auf ihrem Nest aus Moos und Schlamm.

rottendem Laub, Zweigen, Moos und Schlamm; es ist mit grünen Blättern ausgekleidet und thront auf ca. 5 cm starken Zweigen. Gewöhnlich sitzt es auf einem Baum, manchmal auch auf dem Boden.

Das Brutverhalten ist erstmals an Hand eines Paares beschrieben worden, das 1865 im Londoner Zoo nistete; auch hundert Jahre später ist dies noch die ausführlichste Darstellung. Das Paar baut das Nest aus Stroh, Gras, Schlamm und Ton auf einer bereitgestellten Grundfläche in 3 m Höhe. Das erste Ei wurde zerbrochen unter dem Nest aufgefunden, doch bald darauf wurde ein zweites gelegt und von beiden Eltern 27 Tage lang bebrütet. Das Küken ähnelte dem einer Schnepfe und wurde von beiden Eltern gefüttert, bis die Flügelfedern so weit gewachsen waren, daß es im Alter von 21 Tagen zum Boden fliegen konnte. Die Eltern fütterten weiter, und nach zwei Monaten wurde noch ein Ei gelegt und hauptsächlich vom Weibchen bebrütet, während das Männchen das erste Küken weiter fütterte. In der Natur dürfte das Gelege gewöhnlich aus zwei Eiern bestehen.

Bunte Gesellschaft

Die Ordnung der Kranichvögel, zu der auch die Sonnenralle gehört, enthält einige ungewöhnliche Vögel. Darunter die große Familie der Rallen, von denen einige flugunfähig sind, die Kampfwachteln, bei denen das Weibchen bei der Partnerwahl die führende Rolle spielt, die Stelzenrallen Madagaskars, die wahrscheinlich flugunfähig sind, die Kraniche, die Binsenhühner und die riesigen Trappen. Einige Kranichvögel sehen Vögeln ähnlich, die nicht zu dieser Ordnung gehören, wie die storchähnlichen Kagus, die straußenähnlichen Trappen und die reiherähnlichen Sonnenrallen. Trotz der Vielfalt äußerer Formen und Verhaltensweisen haben die Kranichvögel viele Gemeinsamkeiten im Bau des Skeletts und der Muskeln. Eines jedoch haben alle Angehörigen der Gruppe gemeinsam, sie bauen ihr Nest am Boden, und die Küken können sofort nach dem Schlupf laufen. Die Sonnenralle bildet eine Ausnahme, sie nistet auf Bäumen, und die Küken werden eine Zeitlang im Nest gefüttert, obwohl sie mit einem Daunenkleid und gut entwickelten Füßen schlüpfen.

Klasse	**Aves**
Ordnung	**Gruiformes**
Familie	**Eurypygidae**
Gattung und Art	*Eurypyga helias*, Sonnenralle

Austernfischer

Die Austernfischer sind große Watvögel, die in mehreren Gebieten der Erde vorkommen. Das Gefieder einiger Arten ist weiß und schwarz, das anderer Arten aber ganz schwarz. Am meisten verbreitet ist Haematopus ostralagus; er ist in Europa, auf den Kanaren, in Südafrika, Asien, Australien, Neuseeland und Nord- und Südamerika beheimatet. Die Oberseite ist überwiegend schwarz, die Unterseite weiß; er hat einen langen, roten Schnabel und rote Beine. Ähnlich ist der Amerikanische Austernfischer (H. palliatus), dessen Verbreitungsgebiet von New Jersey und Kalifornien bis Argentinien und Chile reicht. Eine andere Art, der ähnlich gefärbte Feuerland-Austernfischer, besiedelt den Süden von Südamerika. Der Australische Austernfischer (H. fuliginosus) bewohnt die Küsten Australiens; er ist ebenso schwarz gefärbt wie H. bachmani und H. ater, die im westlichen Nordamerika, südlichen Südamerika und Australien vorkommen. Der am meisten verbreitete, erstgenannte Haematopus ostralagus ist in manchen Regionen, wie auf den Kanaren, in Afrika und Amerika, ganz schwarz.

Vereinzelt im Binnenland

Austernfischer sind gewöhnlich an Felsküsten und Sandstränden, im Wattenmeer oder in Dünengebieten unmittelbar an der Küste anzutreffen, vereinzelt aber auch im Binnenland. Sie haben jahrhundertelang in Schottland genistet und brüten jetzt im nördlichen England. Außerhalb der Brutzeit sammeln sich die Austernfischer in riesigen Scharen, und diejenigen, die in sehr kalten Gebieten brüten, ziehen im Winter in wärmere Regionen.

Durch sein buntes Gefieder und seinen roten Schnabel ist der Austernfischer unverwechselbar; wenn er sich nicht bewegt, ist er überraschenderweise aber manchmal schwer zu erkennen. Oftmals gibt er sich durch Rufe zu erkennen, durch ein lautes, schrilles „tolät" oder ein kürzeres, schnelles „kewick kewick kewick". Er ist wachsam und läuft schnell weg oder fliegt weg, wenn man sich ihm nähert.

Wurmfresser

Wie ist der Austernfischer zu seinem Namen gekommen? In führenden Nachschlagewerken ist keine Rede davon, daß Austern zu seinem Speiseplan gehörten; das wäre auch verwunderlich, denn Austern kommen unterhalb der Ebbe-Flut-Linie vor, während der Austernfischer zwischen den Gezeitenlinien oder im Landesinnern seine Nahrung sucht. Bei uns ernährt er sich hauptsächlich von Pierwürmern. Miesmuscheln, Napfschnecken, Herzmuscheln, Plattmuscheln und Krabben bilden im übrigen ein Großteil seiner Nahrung. Pierwürmer zieht er sehr geschickt aus ihren Wohnröhren. Herzmuscheln gräbt er aus. Gelegentlich frißt er auch Insektenlarven und Vogeleier. Die Zusammensetzung hängt ganz vom Lebensraum ab: felsige oder sandige Küsten, Wiesen und Weiden, Ackerland usw.

Wie Austernfischer durch feste Schalen geschützte Weichtiere fressen, ist genau untersucht worden. Napfschnecken bricht er auf, indem er mit der Schnabelspitze hineinhackt. Kleine Napfschnecken werden losgelöst und große angehoben, so daß sie gelöst oder ausgekratzt werden können. Der Austernfischer kann dann seinen Schnabel hineinstecken und die kräftigen Muskeln, die die Schalen zusammenhalten, herunterreißen. Zum Öffnen zweischaliger Weichtiere wie Mies- oder Herzmuscheln werden verschiedene Wege beschritten. Wenn die Schalentiere mit Wasser bedeckt sind und die Schalen auseinanderklaffen, sticht der Austernfischer von oben hinein und zerstört den Schließmuskel, der die Schalen zusammenhält. Die Schalen fallen dann auseinander, und der Inhalt wird schnell weggepickt. Wenn die Schalentiere jedoch der Luft ausgesetzt und fest verschlossen sind, muß sich der Austernfischer den Weg nach innen freischlagen. Man hat Überreste von Miesmuscheln untersucht und festgestellt, daß der Austernfischer regelmäßig immer den unteren Rand zerschlägt; Untersuchungen haben bestätigt, daß diese Seite der Schale selbst bei größeren Exemplaren dünner ist als das obere Ende. Der Austernfischer trägt Mies- oder Herzmuscheln an eine feste Stelle im Sand, mit der Bauchseite nach oben, und fängt an zu hämmern. Wenn die Muschel umfällt, richtet er sie wieder auf, wenn sie versinkt, bringt er sie an eine festere Stelle. Durchschnittlich braucht der Austernfischer fünf Schnabelschläge, um eine Muschel zu öffnen, den Schnabel einzuschieben, den Schließmuskel zu zerschneiden und die beiden Hälften zu trennen. Herzmuscheln zerschlägt er in jeder beliebigen Stellung, denn

Austernfischer auf den Klippen, vor dem Abflug zu den Muschelbänken in der Gezeitenlinie. Der kräftige rote Schnabel und die roten Beine beleber als kräftige Farbblitze das schwarz-weiße Gefieder.

Haematopus moquini, *ein schwarzer Austernfischer aus Südafrika.*

ihre Schalen sind weicher als die der Miesmuscheln. Das Fleisch wird mit scherenartigen Bewegungen abgetrennt.

In manchen Gegenden werden Austernfischer als Schädlinge angesehen, weil sie an den Bänken der Herzmuschel Schäden anrichten. Jeder einzelne Austernfischer frißt je Gezeit durchschnittlich 336 Muscheln. Aus mehreren Tausend bestehende Scharen fressen in jedem Winter viele Millionen Muscheln. Sie sind jedoch nur einer unter mehreren Feinden der Muscheln, und es ist strittig, ob sie der Muschelfischerei wirklich großen Schaden zufügen. Auf den Färöern werden sie als nützlich angesehen, weil sie vor allem Insekten und andere Wirbellose in Wiesen und Weiden fressen.

Balz mit Pfeiftönen

Die Austernfischer treffen an ihren Nistgebieten in Gruppen ein und bilden dann Paare. Jedes Paar besetzt ein Revier, das es gegenüber den anderen verteidigt. Unter den verschiedenen Balzspielen ist eines besonders auffällig: Einige Paare oder auch nur ein einziges Paar läuft mit ausgestrecktem Hals

und offenem, zum Boden gerichteten Schnabel hin und her. Gleichzeitig ertönt ein Pfeifruf, der zwischen einem klaren „kliep kliep" und einem zitternden Trillern schwankt.

Das Nest besteht aus einer flachen Mulde im Kies, Sand oder Moor, nur manchmal ist es mit Steinen, Muschelschalen oder Pflanzenresten ausgekleidet. Das Gelege besteht gewöhnlich aus drei gelblichen oder hellbraunen Eiern mit dunkelbraunen Flecken oder Streifen. Beide Eltern bebrüten die Eier, aus denen nach 24 bis 27 Tagen die Küken schlüpfen. Sie verlassen das Nest nach ein, zwei Tagen und werden von beiden Eltern gefüttert. Nach ca. 5 Wochen sind sie flügge, werden aber noch 5 Wochen lang gefüttert.

Familientraditionen

M. Norton-Griffiths, der genau untersucht hat, wie Austernfischer Muscheln öffnen, hat auch festgestellt, daß einige Austernfischer immer in offene Muscheln hineinstechen, während andere die Schalen zerhämmern. Auch entwickeln junge Austernfischer dieselben Ernährungsgewohnheiten wie ihre Eltern. Das ist nicht überraschend, denn die

Küken gewöhnen sich an die Tiere, die ihnen die Eltern bringen. Die Küken lernen zunächst von den Eltern, wie sie mit scherenartigen Bewegungen Fleischreste aus offenen Schalen herauslösen. Später übernehmen sie von den Eltern geöffnete Schalentiere und schneiden sich das Fleisch selbst heraus. Gelegentlich öffnen sie dann selbst Muscheln, erst kleinere und mit zunehmender Erfahrung auch größere. Norton-Griffiths hat niemals festgestellt, daß krabbenfressende Küken sich an Muscheln heranwagen, und wenn ein muschelfressendes Küken auf eine Krabbe trifft, ekelt es sich vor ihr. Die Freßgewohnheiten sind so deutlich unterschieden, daß sich Miesmuschelfresser nur mit Miesmuschelfressern paaren und Herzmuschelfresser nur mit Herzmuschelfressern.

Klasse	**Aves**
Ordnung	**Charadriiformes**
Familie	**Haematopodidae**
Gattung und Art	*Haematopus ostralagus,* Austernfischer, u. a.

Papageitaucher

Der Papageitaucher, ein kleiner, etwa 30 cm langer Alk mit massigem, prächtig gefärbtem und bizarr geformtem Schnabel, ist vielleicht der beliebteste und bekannteste Meeresvogel. Die komische Wirkung des Schnabels wird durch die farbigen hornigen Platten über und unter den Augen verstärkt. Das Gefieder ist im wesentlichen genau so wie bei anderen Alken; die Oberseite ist schwarz, die Unterseite weiß, das Schwarz erstreckt sich als Kragen über den Hals. Die Beine sind hellorange, die Wangen aschgrau. Der dreieckige Schnabel hat rote, gelbe und blaue Streifen mit dicker, gelber Haut an den Schnabelecken. Außerhalb der Brutzeit werden die Grundteile der hornigen Decke des Schnabels einschließlich der blauen Teile und der gelben Haut abgeworfen; die Schnabelbasis wirkt schmaler und sieht dann hornfarben aus. Gleichzeitig wird die rote Spitze gelb. Der Schnabel junger Papageitaucher entspricht mehr der gewöhnlichen Form, er ist schmaler und einfach gefärbt, die innere Hälfte ist gräulich braun, die äußere rötlich braun.

Der Papageitaucher brütet an den Küsten des Nordatlantik von Grönland bis zum St. Lorenz-Golf im Westen, und von Spitzbergen und Nowaja-Semlja bis zu den Britischen Inseln und Nordfrankreich im Osten. Einige dringen im Süden bis zu den Kanaren und im Mittelmeer bis zur Adria vor. Man hat festgestellt, daß Jungvögel aus Großbritannien in amerikanischen Gewässern den Winter verbringen; doch nicht alle Papageitaucher wandern. Normalerweise sind sie den Winter über in der Baffin-Bai und in milden Wintern trotz der arktischen Temperaturen und der Polarnacht bei der Amsterdam-Insel nördlich von Spitzbergen anzutreffen. Der Hornlund, der im Nordpazifik beheimatete nahe Verwandte des Papageitauchers, hat fleischige Auswüchse über den Augen und unterscheidet sich in der Farbe des Schnabels. Er brütet zu beiden Seiten des Bering-Meeres. Ein anderer pazifischer Papageitaucher ist der Schopflund: Schwarz, nur das Gesicht ist weiß, oberhalb der Augen Büschelfedern, Schnabel rot und grün.

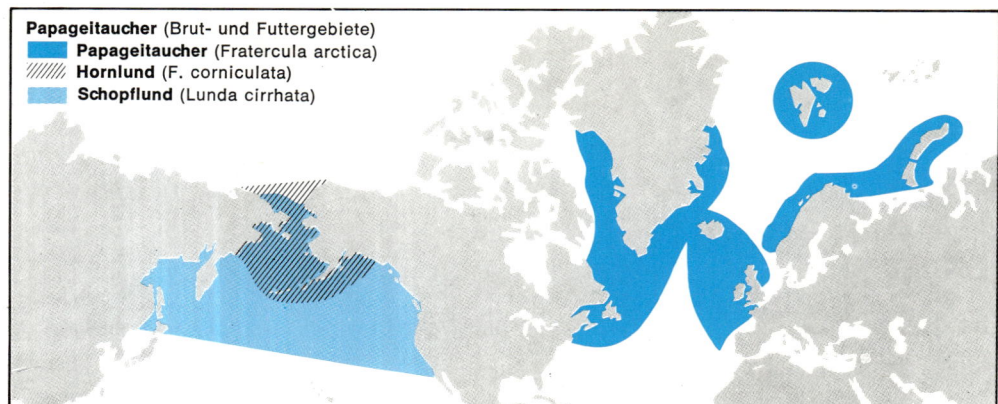

Diese beiden Papageitaucher widmen sich einem ritualisierten Balzspiel, dem Schnäbeln.

Ein einziges weißes, fein gezeichnetes Ei wird 40 bis 43 Tage bebrütet. Die Eltern teilen sich in die Aufgabe, doch in gewissen Abständen verlassen sie das Ei und paradieren gemeinsam außerhalb der Höhle. Beide Eltern füttern das Küken mit Fisch, doch im Alter von sechs Wochen wird es von den Eltern verlassen, die aufs Meer hinausfliegen, um sich zu mausern. Während dieser Zeit sind sie flugunfähig. Das Küken bleibt noch eine Woche im Nest, flattert dann an den Klippen herunter und paddelt ins Meer; und zwar nachts, wenn es durch Möwen und Skuas nicht so gefährdet ist. Bevor die Küken fliegen können, entgehen sie Gefahren, indem sie tauchen. Sieben Wochen ist für Alke eine sehr lange Entwicklungszeit; doch werden Papageitaucher im Schutz der Nisthöhlen aufgezogen, während Trottellummen, Tordalke und andere Alke an Kliffsimsen brüten, wo ihre Küken durch Möwen gefährdet sind. Diese Alke verlassen das Nest auch, bevor sie flugfähig sind, doch im Unterschied zu Papageitauchern bleiben sie noch in der Obhut der Erwachsenen.

Ratten und Öl
Eine gewisse Anzahl von Papageitauchern fällt Möwen und Raubmöwen zum Opfer; auf Foula z. B., einer Shetland-Insel, sind die Klippen manchmal nach Überfällen durch Raubmöwen mit Überresten von Papageitauchern übersät. Gefährlicher aber wird es, wenn Ratten in die Brutplätze eingeschleppt werden. Die Population auf der Insel Ailsa Craig an der Westküste Schottlands war gewaltig, bis 1889 von einem Schiffswrack aus Ratten an Land gingen; seitdem ist die Population zurückgegangen und jetzt nahezu ausgelöscht.

Neuerdings ist die Gefahr durch Ölverschmutzung hinzugekommen. Alke sind besonders gefährdet, weil sie sorglos tauchen und innerhalb von Ölflächen wieder auftauchen. Doppelt gefährdet sind sie, wenn sie während der Mauser flugunfähig sind.

Ernte an den Klippen
Schließlich gehört auch der Mensch zu den Feinden des Papageitauchers. Die Bewohner der Färöer, der Shetland-Inseln und anderer Inseln haben lange Zeit von Meeresvögeln gelebt. Auf St. Kilda (Hebriden), wo Meeresvögel den Hauptlebensunterhalt der Bewohner bilden, wurden mehr Papageitaucher getötet als sonstige Vögel, Tölpel und Sturmvögel eingeschlossen. Im Sommer waren sie das Hauptnahrungsmittel, sie wurden gebraten, die Federn wurden gesammelt und verkauft. Der Fang von Papageitauchern war gewöhnlich Aufgabe der Frauen. Hunde halfen dabei, die Nester auszumachen. Die Vögel wurden aus den Höhlen gejagt, mit Schlingen oder auch beim Anflug mit Netzen gefangen. Auf Foula (Shetland-Inseln) wurde die Steilküste, wo viele Papageitaucher nisteten, in Abschnitte eingeteilt, wo dann jeder seine „Ernte" einbringen konnte.

Nester auf den Klippen
Vom Frühling bis zum Ende der Brutzeit sind auch Papageitaucher unter den Massen von Alken, die an den Klippen ständig ab- und anfliegen. Während andere Alke, wie die Trottellumme, auf den Schenkeln herumrutschen, hat der Papageitaucher einen Watschelschritt. Wenn sie an den Klippen auffliegen, sacken sie zuerst steil ab; die Flügel sind offenbar zu klein, um sie zu tragen, erst allmählich wird der schnelle Flügelschlag wirksam. Beim Landen strecken sie die orangen Füße aus, um damit abzubremsen.

Wie sie die Fische stapeln
Papageitaucher leben von kleinen Fischen wie Sandaalen und Kabeljaularven, ferner von Krustentieren, Weichtieren und anderen Tieren des Planktons. Außerhalb der Brutzeit fliegen sie weit hinaus ins Meer. Sie tauchen dann nach Beutetieren; unter Wasser schwimmen sie mit den Flügeln. Wenn Papageitaucher ihre Küken füttern müssen, tragen sie den Fang im Schnabel zurück. An den Brutplätzen sind sie zutraulich, man kann gut beobachten, wie sie mit den quer im Schnabel gestapelten Fischen landen. In Ausnahmefällen können sie so bis zu 30 Fischen tragen. Wie sie die Fische stapeln, ist noch ein Rätsel. Wahrscheinlich wird jeder Fisch mit kurzem Schnabelbiß getötet; aber es ist schwer zu erkennen, wie sie die einzeln gefangenen Fische dann allesamt stapeln, ohne sie fallen zu lassen. Zunge und sägeartig gezackter Oberschnabel sind bei dem Manöver sicherlich behilflich. Es gibt Darstellungen, wie die Fische alle Kopf an Kopf und Schwanz an Schwanz oder abwechselnd Kopf an Schwanz gestapelt sind; sie beruhen auf Phantasie oder Zufall, denn die Fische nach bestimmtem Muster anzuordnen, wäre sehr schwierig und hätte zudem keinen praktischen Nutzen.

Langsame Entwicklung
Wenn Papageitaucher an den Brutplätzen ankommen, beginnen sie Höhlen zu graben oder vorhandene Höhlen zu säubern. Sie graben mit dem schweren Schnabel und scharren die lose Erde mit den Füßen heraus. Wenn sie kolonieweise graben, kann es zum Erdrutsch kommen. Manchmal übernehmen sie die Höhlen von Sturmtauchern oder Kaninchen.

Die Vögel kommen an den Brutplätzen schon in Paaren an und vollführen dann ihre Balzspiele. Der große, lebhaft gefärbte Schnabel dient als Signal, er wird drohend nach vorn gestoßen oder als Zeichen des Friedens hin und her bewegt. Die Paarung findet auf dem Wasser statt, nachdem das Männchen das Weibchen gejagt hat.

Klasse	**Aves**
Ordnung	**Charadriiformes**
Familie	**Alcidae**
Gattungen und Arten	*Fratercula arctica*, Papageitaucher; *F. corniculata*, Hornlund; *Lunda cirrhata*, Schopflund

Ringeltaube

Ein hübscher, ziemlich kräftig gebauter, etwa 40 cm langer Vogel mit etwa 45 cm Flügelspanne. Die Oberseiten sind bläulichgrau, die Flügeldecken dunkelgrau, Oberschwanzdecken und Schwingen schwarz. Die Brust ist weinrot und geht am Bauch, an den Seiten und unter dem Schwanz allmählich in Hellgrau oder Lavendel über. Bürzel und Kopf sind stärker blaugrau als der übrige Körper, die Halsseiten sind metallisch purpurrot und grün. Der Ansatz des Schnabels ist rosa, der übrige Schnabel ist gelb und wird zur Spitze hin allmählich braun. Der Ansatz des Schnabels erweitert sich über den Nasenlöchern zu einer Wachshaut. Beine und Füße sind rosa, mit hellvioletter Tönung. Die strohfarbenen Augen und die birnenförmige Iris geben dem Vogel ein munteres Aussehen. Die Ringeltaube unterscheidet sich von anderen Tauben durch den weißen Fleck an den Halsseiten, der allerdings bei jungen Vögeln noch fehlt, und durch die breite, weiße Flügelbinde. Männchen und Weibchen unterscheiden sich nicht, nur sind die Männchen meist etwas größer, und ihr Gefieder ist etwas heller.

Die typische Rasse der Ringeltaube ist in ganz Europa vertreten, nur nicht im hohen Norden. Ihr Verbreitungsgebiet reicht im Osten bis Rußland und im Süden bis zur Nordküste des Mittelmeeres und zu verschiedenen Mittelmeerinseln, von den Balearen bis Zypern und den Küsten des Schwarzen Meeres. In Nordwestafrika, auf den Azoren, auf Madeira, in Turkestan und jenseits des Kaspischen Meeres bis zum Iran, Kaschmir und Sikkim wird sie durch verwandte Formen vertreten.

Zum Kulturfolger geworden

Die Ringeltaube ist ursprünglich ein Waldvogel, doch da sich die landwirtschaftlich genutzten Flächen immer stärker ausgedehnt haben, mußte sie sich anpassen. Sie ist auch in Parks in den Städten, in Vorstadtgärten und in unbewaldeten Hügel- und Küstenlandschaften anzutreffen.

Vom Herbst bis zum Frühling und manchmal auch im Sommer bildet sie große Schwärme, aber auch Einzeltiere und kleinere Gruppen tauchen auf. In den Städten und Parks wird sie zutraulich, doch in der offenen Landschaft ist sie menschenscheu

Oben: Diese jungen Ringeltauben warten auf die Rückkehr der Eltern — und auf Nahrung. Während der ersten drei Tage werden sie mit Kropfmilch ernährt, dann besteht ihre Hauptnahrung aus reifen Getreidekörnern.
Links: Die freundlich dreinschauende Ringeltaube ist durch den weißen Fleck an den Halsseiten leicht von anderen Tauben zu unterscheiden. In der Kulturlandschaft kann sie schädlich werden. Die Zerstörung der Nester ist das wirksamste Mittel, die Bestandszahlen klein zu halten.

359

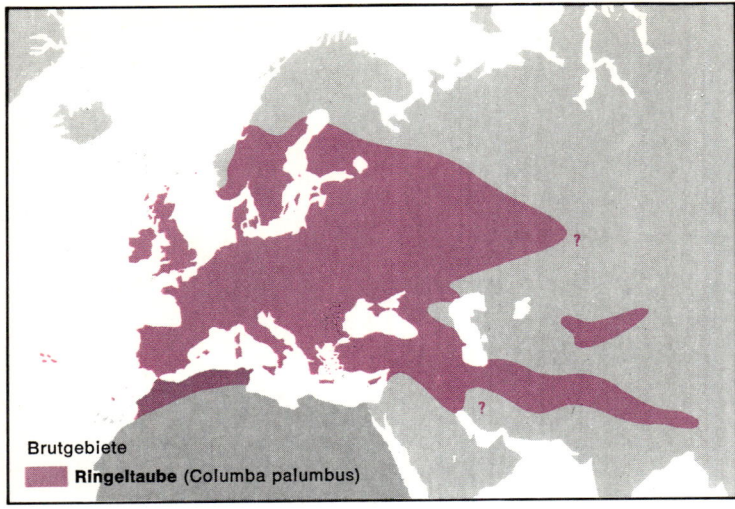

Brutgebiete
■ **Ringeltaube (Columba palumbus)**

Zwei gierige junge Ringeltauben beugen sich aus dem Nest, um von ihren geduldigen Eltern noch mehr Futter zu bekommen.

und fliegt bei der geringsten Störung mit lautem Flügelschlag weg. Normalerweise fliegt sie schnell, mit kräftigen, schnellen Flügelschlägen, gelegentlich segelt sie. Am Boden stolziert sie umher und bewegt den Kopf ständig vor und zurück. Sie läßt sich in Bäumen nieder, manchmal in großen Schwärmen.

Der Ruf der Ringeltaube ist das ganze Jahr über zu hören, vor allem aber im März und April; man sagt, er bestehe aus einer Folge von Lauten wie „ku-ku-ku", denen man gern die Worte „Du Struhkopf du-du" unterlegt. Der Warnruf besteht aus einem kurzen, scharfen „ruu".

Gefahr für die Landwirtschaft?
Ursprünglich lebte die Ringeltaube von Eicheln und Bucheckern, Samen, Nüssen und Beeren sowie den jungen Blättern vieler Bäume. Seit sich die Kulturflächen ausgedehnt haben, hat sie sich in vielen Gebieten, und zwar mit größeren Beständen, den Früchten der Kulturpflanzen zugewandt. Im Spätsommer und Herbst sind Körnerfrüchte die wichtigste Nahrung, in manchen Gegenden auch Erbsen und Bohnen. Im Winter sind die Vögel auf Klee, die Triebe von Rüben und anderes Grün angewiesen. Mit dem ausgeprägten Haken am Schnabelende kann die Ringeltaube die jungen Blätter dieser Pflanzen leicht greifen. Sie nimmt auch etwas tierische Nahrung, darunter Raupen, Würmer, Nackt- und Gehäuseschnecken und Insekten.

Die Ringeltaube braucht viel Wasser, sie trinkt begierig; sie nimmt nicht nur kleine Schlückchen wie die meisten anderen Vögel.

Schnäbeln und Gurren
Mit der Balz beginnen die Ringeltaubenpaare schon im Schwarm. Das Paar verläßt dann den Schwarm; am Boden oder im Geäst von Bäumen beugen sie sich einander zu, die Brust berührt den Boden oder den Ast, der Schwanz ist erhoben und ausgebreitet, währenddem gurren sie. Zwischen den Paarungen und dem Gurren unternehmen sie Hochzeitsflüge; dabei fliegen sie mit kräftigen Flügelschlägen steil hoch, segeln dann herab und fliegen mit steifgestellten Flügeln wieder auf und ab. Am höchsten Punkt klappt das Paar dann gewöhnlich

mehrere Male mit den Flügeln; die Flügel schlagen dabei kräftig nach unten, und nicht etwa, wie oftmals gesagt wird, gegeneinander. Die Paare besetzen in den Bäumen dann auch Reviere, die Männchen treiben Eindringlinge mit Drohgebärden weg oder sie greifen richtig an.

Kropfmilch für die Jungen
Die Brutzeit ist lang, gewöhnlich von April bis September. Auf den Britischen Inseln ist der Höhepunkt des Brutgeschäfts anscheinend in den Monaten Juli bis September, wenn es zur Fütterung der Jungen viel reifes Getreide gibt. Gewöhnlich haben Ringeltauben zwei bis drei Bruten. Das Nest bauen sie in ausnahmslos allen Baumarten oder in hohen Hecken, manchmal in alten Nestern von Krähen oder Sperbern oder in Eichhörnchennestern, gelegentlich auch in Bodennähe oder auf Felsvorsprüngen. In Städten werden Gebäude benutzt. Das Nest besteht aus locker ineinander gesteckten Zweigen, oftmals wird es mehrere Jahre nacheinander benutzt. Das Männchen schafft das Material herbei, das Weibchen baut. Gewöhnlich werden zwei, gelegentlich auch drei glänzend weiße Eier gelegt und von beiden Eltern etwa 18 Tage bebrütet.

Die Jungen haben beim Schlupf spärliche, gelbliche Dunen und werden während der ersten drei Tage wiederholt mit Kropfmilch ernährt. Danach besteht die Nahrung aus reifen Körnern mit etwas Grün, ergänzt durch Unkrautsamen und tierische Stoffe. Die Jungen bleiben rund 22 Tage im Nest und werden dann noch mindestens eine Woche lang gefüttert.

Ringeltauben werden in der freien Natur durchschnittlich nur 38 Monate alt. Als „Rekord" wurden 14 Jahre festgestellt.

Sie werden viel abgeschossen
Abgesehen vom Menschen haben erwachsene Ringeltauben nur wenige Feinde, doch die Eier werden von Rabenvögeln und Elstern genommen. Die Verluste unter den Jungvögeln entstehen vor allem durch Hunger, besonders wenn sie das Nest verlassen und gegenüber erwachsenen Vögeln bestehen müssen. In ausgesprochen harten Wintern sind die Verluste sehr hoch, doch die Bestände scheinen sich schnell zu erholen.

Da Ringeltauben zu Schädlingen an Kulturpflanzen geworden sind, hat sich die Forschung mit der Frage befaßt, wie man die Bestände kleinhalten könne. Das am meisten

verbreitete Verfahren ist immer noch, die Vögel abzuschießen; doch manche Jäger geben zu, daß es schwer sei, Ringeltauben zu schießen, weil das Schrot an den Federn abprallt. Das Abschießen hat offenbar keinen großen Einfluß auf die Bestandszahlen.

Zugvögel — ja oder nein?
Unsere Ringeltauben ziehen im Winter zum größten Teil nach Süden, während gleichzeitig Ringeltauben aus Nordeuropa zu uns kommen. Auch Teile der englischen Ringeltaubenpopulationen ziehen nach Süden. Auf Grund dieser Wanderbewegung ist es nicht verwunderlich, daß Ringeltauben die atlantischen Inseln besiedeln konnten. Merkwürdig ist aber, daß sich dort zwei neue Arten bilden konnten, die nebeneinander bzw. zusammen mit der Madeira-Ringeltaube (*C. p. maderensis*) vorkommen. Dieses gemeinsame Vorkommen bedeutet natürlich, daß sie verschiedene ökologische Nieschen besetzen. Als erste Form gelangte die Lorbeertaube (*C. junoniae*) nach den Kanarischen Inseln. Später gelangte eine andere Taubengruppe zu den Kanarischen Inseln und Madeira, aus der die Silberhalstaube (*C. trocaz*) entstand. Sie besiedelt die immergrünen Wälder dieser Inseln. Schließlich erreichte noch eine weitere Ringeltaubengruppe Madeira, aus der sich hier eine eigene Unterart der Ringeltaube entwickelte. Es wäre sicher lohnend, zu untersuchen, welche Unterschiede in der Lebensweise dieser drei Arten bestehen.

Klasse	**Aves**
Ordnung	**Columbiformes**
Familie	**Columbidae**
Gattung und Art	*Columba palumbus,* Ringeltaube

Aras

Die etwa 25 Aras gehören zu den größten und farbenprächtigsten Mitgliedern der Papageienfamilie. Sie sind im tropischen Amerika — vom südlichen Mexiko bis Paraguay — zu Hause. Sie haben große Hakenschnäbel. An den Wangen und um die Augen herum ist die Gesichtshaut nackt, von ein paar sehr kleinen, verstreuten Federn abgesehen.

Liebhaber schätzen wahrscheinlich am meisten den ca. 90 cm langen Hyazinthara, mit kobaltblauem Gefieder. Seine Heimat sind die Urwälder des Amazonasbeckens. Die kleineren Arten sind gewöhnlich grün.

Der Hellrote Ara hat gelbe Flügeldecken; Schwingen, Hinterrücken und äußere Schwanzfedern sind blau. Zwei Drittel der Länge von 90 cm werden vom Schwanz eingenommen. Heimatgebiet ist Mexiko bis Bolivien. Der Ararauna ist nur etwas kleiner, sein Verbreitungsgebiet reicht von Panama bis Paraguay. Oberkopf und Oberseite sind blau, die Unterseite einschließlich der Unterseite des Schwanzes ist gelb, an der Kehle hat er einen großen, schwarzen Fleck, der Schnabel ist schwarz, die weißen Gesichtsseiten sind mit schwarzen Wellenlinien gezeichnet. Der von Mexiko bis Brasilien beheimatete, 75 cm lange Soldatenara ist grün. Flugfedern, Bürzel und Oberschwanzdecken gehen in Blau über, die Stirn ist karmesinrot und die Oberseite des Schwanzes rot.

Pendelverkehr

Außerhalb der Brutzeit tun sich die Aras zu Schwärmen zusammen. Morgens verlassen sie ihre Ruheplätze und versammeln sich in einem Baum, um sich in der Morgensonne aufzuwärmen, bevor sie anfangen zu fressen. In der Mittagshitze suchen sie den Schatten auf, doch wenn die Sonnenstrahlen allmählich schwächer werden, begeben sie sich wieder auf Nahrungssuche. In der Abenddämmerung versammeln sie sich nochmals, meist in einem kahlen Baum, bevor sie sich schließlich an ihre Ruheplätze begeben.

Schnäbel wie Dampfhämmer

Die meisten Aras leben von Samen, Nüssen und Früchten; die größeren knacken selbst hartschalige Nüsse, wie Palmenfrüchte, mit dem Schnabel auf und ziehen die Kerne mit

Rendezvous auf Felipe Benadives Fountain: Hellroter Ara und Ararauna.

Hilfe der fleischigen Zunge heraus. Einzelheiten über ihre Ernährungsgewohnheiten in der freien Natur sind kaum bekannt; doch in Gefangenschaft nehmen sie außer dieser Grundnahrung auch Brot mit Butter und Keks, manche nehmen auch bereitwillig Fleisch. Es kann daher sein, daß sie in der freien Natur auch Insekten fressen. So erklärt es sich wenigstens teilweise, daß sie in Gefangenschaft Nistkästen und Holzleisten der Vogelkäfige in Stücke reißen; in der Natur würden sie auf diese Weise Insekten freilegen.

Verschämte Männchen

Der Hyazinthara nistet in Erdlöchern, die anderen Arten nisten in hohlen Bäumen, manchmal hoch über dem Boden. Sind die Eier gelegt, sind Aras aggressiv, sie wehren jeden ab, der sich dem Nest nähert; selbst zahme Aras wehren ihre Besitzer ab, die gern sehen möchten, was vor sich geht. Über das Brutverhalten des Ararauna hat Risdon 1965 auf Grund eigener Beobachtungen berichtet. Er fand wenig Unterschiede zwischen Männchen und Weibchen, nur „errötete" das Männchen, wenn es aufgeregt war, die Gesichtshaut wurde dunkelrosa. Die Weibchen erröteten selten, und wenn, dann war es kaum zu sehen. Wenn das Männchen errötete, neigte es den Kopf auf und ab, und die Pupillen zogen sich zusammen. Wenn Risdons Arapaar Anstalten zur Paarung machte, gab er ihm angerottetes Holz, das sie — typisch für Aras — kauten. Die Eier sind etwas größer als Taubeneier. Der Nestling ist im Alter von einer Woche noch nackt und blind. Die Flügelfedern bilden sich nach vier Wochen, der Schnabel wird dann dunkel, und die Augen öffnen sich. Das Gefieder wächst zuerst auf dem Rücken, dann am Schwanz und zuletzt an den übrigen Körperteilen. Mit zehn Wochen hat der junge Ara sein vollständiges Gefieder. In den dann folgenden drei Wochen verläßt er das Nest noch nicht, er setzt sich nur an den Eingang. Die Eltern ernähren ihn mit vorgekautem Futter. Mit 6 Monaten ist der junge Ara so groß wie seine Eltern und sieht ihnen gleich.

Mit seinem gewaltigen Schnabel könnte der Ara mit den meisten nicht allzu großen Räubern kämpfen. Sein Hauptfeind ist der Harpyië. Durch ihre Gewohnheit, gemeinsam zu fressen, und durch ihre grellen Farben sind Aras für die südamerikanischen Indianer mit ihren Blasrohren und Pfeilen eine leichte Beute.

Klasse	**Aves**
Ordnung	**Psittaciformes**
Familie	**Psittacidae**
Gattungen und Arten	*Anodorhynchus hyacinthinus*, Hyacinthara; *Ara ararauna*, Ararauna; *A. macao*, Hellroter Ara; *A. militaris*, Soldatenara

Rhapsodie in Blau: Hyazinthara.

Kuckucke

Der Kuckuck wird von gegensätzlichen Standpunkten betrachtet: Für die einen ist er der Vorbote des Frühlings, für die anderen Brutparasit. Von den vielen Kuckucksarten gibt nur der in Europa und Asien beheimatete Gewöhnliche Kuckuck den lauten, nachhaltigen Ruf von sich, der ihm seinen Namen eingetragen hat. Im Französischen heißt er coucou, im Russischen Kukuschka und im Japanischen Kak-ko.

Der Gewöhnliche Kuckuck hat an der Unterseite deutliche schwarz-weiße Querbänder, an Kopf und Hals ist er grau. Der Schwanz ist lang und die Flügel sind schmal, so daß der Kuckuck im Flug dem Sperber ähnelt. Er unterscheidet sich jedoch durch den längeren Hals, die Kopfform und einen hellen Streifen auf der Unterseite der Flügel.

Andere Arten sind vergleichsweise farbenprächtiger als der Gewöhnliche Kuckuck. Der Koromandelkuckuck hat einen elsterähnlichen Schwanz und ist an Kopf, Rücken und Schwanz schwarz. Der mit ihm verwandte Häherkuckuck ähnelt ihm in der Gestalt, hat an Flügeln und Rücken aber weiße Flecke. Der Smaragdkuckuck Südafrikas ist glänzend goldgrün, mit gelber Unterseite.

Die Brutparasiten unter den Kuckukken gehören zu zwei Unterfamilien; mit ihren Verwandten, den Madenhackern, Rennkuckucken und anderen Kuckucksvögeln bilden sie die Familien der Kuckucke. Eine Unterfamilie, zu der der Gewöhnliche Kuckuck gehört, ist in der Alten Welt von Westeuropa bis Polynesien beheimatet, während die anderen in der Alten und Neuen Welt zu Hause sind. Die erstere ist parasitisch: Das Weibchen legt ihre Eier in die Nester anderer Vögel. Durch dieses Verhalten sind die Kuckucke so bekannt geworden; es ist aber keineswegs Kennzeichen für alle Angehörigen der Kuckucksfamilien.

Weite Wanderungen

Viele Kuckucke wandern tausende Kilometer weit, von den Tropen bis in die Gemäßigte Zone. Der Gewöhnliche Kuckuck trifft bei uns Mitte bis Ende April ein und verläßt uns in der Zeit von Juli bis Anfang September. Jeder Vogel hat seine eigene Route nach Afrika, Genaues ist nicht bekannt. Der Bronzeglanzkuckuck Neuseelands wandert sogar noch weiter: 3200 km weit über das Meer bis zu den Salomoninseln. Wie die Vögel ihren Weg finden, ist um so rätselhafter, als die Jungvögel die Brutgebiete erst einige Wochen nach den Alten verlassen. Wandertrieb, Navigationsfähigkeit und Kenntnis des Wanderwegs müssen angeboren sein, denn die Jungen haben keinerlei Gelegenheit, von den Alten zu lernen.

Sie fressen vielerlei Schädlinge

Kuckucke fressen Insekten, besonders deren Larven, aber auch Würmer, Spinnen und Hundertfüßler. Die Käfer, Fliegen, Libellen,

Der Gast begehrt Aufnahme im Nest der Grasmücke. Wenn die Wirtseltern ausgeflogen sind, kommt der Kuckuck, hebt ein Ei an, frißt es auf oder wirft es hinaus und legt sein eigenes hinein.

Schmetterlinge und Motten sind zum Teil Schädlinge, z. B. stark behaarte Raupen, wie die des Prozessionsspinners und viele andere. Gelb- und Schwarzschnabel-Kuckuck Nordamerikas sind besonders nützlich, weil sie einen gefährlichen Blattschädling, eine Raupe, fressen. Manche Arten nehmen auch Früchte, z. B. eine in Asien und Australien vorkommende Art.

Sie geben die Kinder in Pension

Seit dem Altertum ist bekannt, daß der Gewöhnliche Kuckuck kein eigenes Nest baut, sondern die Eier in die Nester anderer Vögel legt. Das tun auch andere Kuckucksarten und einige anderen Vögel, z. B. Kuhstärling und Honiganzeiger. Man kann schwerlich den Ort und Zeitpunkt abpassen, um beobachten zu können, wie der Kuckuck ein Ei in das Nest von Wirtsvögeln legt. Dennoch weiß man heute recht gut, wie wunderbar es der Kuckuck versteht, seinen Nachkommen gute Überlebenschancen zu verschaffen, bis sie dann selbständig sind.

Das Weibchen beobachtet kleine Vögel beim Nestbau. Wenn das Nest fertig ist und das nichtsahnende Wirtspaar ein Ei gelegt hat, fliegt der Kuckuck in die Nähe. Wenn die Wirtsvögel ausgeflogen sind, wirft das Kuckucksweibchen ein Ei aus dem Nest oder frißt es auch auf, legt ganz schnell ein eigenes Ei an die Stelle und fliegt wieder ab, bevor die Wirtstiere zurückkommen.

In Australien und Neuseeland legt der Bronzeglanzkuckuck sein Ei in die Kugelnester von Zaunkönigen. Er drängt sich mit dem Kopf durch den Eingang und macht an der gegenüberliegenden Seite ein Loch, durch das er wieder hinauskrabbelt. Wenn

die Wirtsvögel zurückkommen, bessern sie lediglich das Loch im Nest aus.

Untersuchungen haben ergeben, daß Gelege mit Kuckuckseiern häufiger verlassen werden als normale Gelege, gewöhnlich aber wird das Kuckucksei angenommen. Der Schlupf erfolgt nach zwölfeinhalb Tagen, und oftmals schlüpft das Kuckucksküken vor den Nestgeschwistern. Diesen Vorteil nutzt es, um die anderen Eier und später schlüpfende Junge zu „exmittieren". Gerade diesem parasitischen Verhalten verdankt der Kuckuck offenbar seinen schlechten Ruf. Das Kuckucksküken manövriert sich in die Mitte des Nestes, so daß andere Eier oder andere Küken auf seinem Rücken, zwischen den Flügeln, zu liegen kommen; sie werden dann angehoben und hinausgeworfen. Es kommt vor, daß zwei Kuckucksweibchen ein fremdes Nest beobachten und beide ihr Ei hineinlegen. Ein paar Tage versuchen die Kuckucksküken, sich gegenseitig aus dem Nest zu stoßen, doch dann wachsen sie gemeinsam heran.

Wenn der junge Kuckuck seine Nestgenossen nicht heraussetzte, würden sie in jedem Fall sterben, denn der junge Kuckuck wachsen schnell, und die Wirtseltern müssen sich heranhalten, sie zu füttern. Nach drei Monaten verläßt er das zu klein gewordene Nest, die Wirtseltern füttern ihn aber weiter und müssen sich oftmals auf seinen Rücken setzen, um Insekten in den geöffneten Schnabel hineinfallen zu lassen.

Angepaßte Eifarbe

Untersuchungen von Gelegen mit Kuckuckseiern haben ergeben, daß sie den Eiern des Wirtes sehr ähnlich sind, und daß Kuckucke

Die Heckenbraunelle ist oft Stiefelter des Gewöhnlichen Kuckucks.

Grüngoldener Smaragdkuckuck.

in bestimmten Gebieten gewissen Wirtsnestern vor anderen den Vorzug geben. In Ungarn wird vor allem der Rohrsänger vom Kuckuck hereingelegt, und der Kuckuck legt grünliche Eier mit braunen und schwarzen Flecken, genau wie der Rohrsänger. In Finnland sind Kuckuckseier blau, genau wie die der Wirtsvögel Steinschmätzer und Gartenrotschwanz. Fast im gesamten Verbreitungsgebiet werden bestimmte Wirtsvögel bevorzugt und die Eier angepaßt. Die Wahrscheinlichkeit, daß die Wirtseltern das Nest verlassen, wird dadurch offenbar herabgesetzt. In Deutschland und auch auf den Britischen Inseln jedoch unterscheiden sich Kuckuckseier oft von den Eiern der Wirte, obwohl es Kuckuckseier in fast allen bei Singvögeln vorkommenden Farbmustern gibt (ökologische Rassen). Das beruht sicherlich darauf, daß der Kuckuck hier bei der Vielfalt der Landschaft, mit vielen kleinen, verschiedenen Lebensräumen, sich nicht an bestimmte Arten von Wirtsvögeln hat anpassen können.

Perfekte Täuschung

Bevor die Geheimnisse des Vogelzuges aufgeklärt waren, nahm man an, der Kuckuck werde im Winter zum Sperber; und selbst heute werden Kuckuck und Sperber häufig verwechselt, weil sie einander in Gestalt und Gefieder stark ähneln. Nicht nur Vogelkenner werden getäuscht, wenn der Kuckuck im Frühling zurückkommt; viele kleine Vögel hassen auf ihn, weil sie ihn für einen Sperber halten. Der Kuckuck macht sich diesen Irrtum anscheinend zunutze, denn er paßt sich in der Flugweise an den Sperber an, er flattert und segelt wie Raubvögel. Wiesenpieper und andere kleine Vögel hassen auf sie, wenn sie sich niederlassen. Gelegentlich sind Kuckucke an den Nestern von Wiesenpiepern niedergegangen und sind mit deren Eiern weggeflogen und haben sie gefressen. Es sieht fast so aus, als ob der Kuckuck besonders vor dem Eierlegen den Flug des Sperbers nachahmt, um die Eigentümer der Nester durch Vorspiegelung falscher Tatsachen wegzulocken, um sich dann einzuschleichen und sein eigenes Ei zu legen.

Das Ganze ist nicht endgültig bewiesen, doch man hat ein ähnliches Verhalten bei anderen Kuckucksarten beobachtet. Der Indische Habichtskuckuck ahmt deutlich den Sperber nach, um Vögel von ihrem Nest wegzulocken, und der Koel ahmt die Krähe, seinen Hauptwirtsvogel in Indien, nach. Das Männchen des Koels ist schwarz, fliegt über das Nest des Wirtsvogels und wird sofort von den Krähen weggejagt. Das tun sie offenbar nicht, um einen Parasiten abzuwehren, sondern um ihr Revier gegenüber anderen Krähen zu verteidigen. Währenddem dringt das Weibchen des Koels ins Nest ein und legt ihr Ei. Der junge Koel wirft seine „Geschwister" dann nicht aus dem Nest, er sieht wie eine Krähe aus und ist von seinen Nestgenossen schwer zu unterscheiden.

Auf Grund der Art, wie er Eigröße und Brutzeit angleicht und seine Eier an die Eier der Wirtsvögel in Farbe und Zeichnung anpaßt, ist der Kuckuck jedoch der verschlagenste aller brutparasitierenden Vögel.

Klasse	Aves
Ordnung	**Cuculiformes**
Familie	**Cuculidae**
Gattungen und Arten	*Cuculus canorus*, Gewöhnlicher Kuckuck; *C. varius*, Wechselkuckuck; *Clamator coromandus*, Koromandelkuckuck; *C. glandarius*, Häherkuckuck; *Chrysococcyx cupreus*, Smaragdkuckuck; *Chalcites lucidus*, Bronzeglanzkuckuck; *Coccyzus erythrophthalmus*, Schwarzschnabelkuckuck; *C. americanus*, Gelbschnabelkuckuck; *Eudynamis scolopacea*, Koel

Überwinterungsgebiet

Gewöhnlicher Kuckuck
(*Cuculus canorus*)

Schleiereule

Die Schleiereule ist nicht ganz so weiß, wie es im Schein der Abenddämmerung auf den ersten Blick aussieht. Die Oberseite ist rötlich orange, oftmals grau und weiß gesprenkelt. Unterseite und Gesicht sind reinweiß.

Die weit verbreitete Schleiereule erreicht bei uns etwa den Nordrand ihres Siedlungsgebietes. In Nordamerika reicht es bis Massachusetts, dem südlichen Ontario und Michigan, Iowa, Nebraska und dem nördlichen Kalifornien. Als Besucher tauchen Schleiereulen jedoch regelmäßig auch weiter nördlich auf.

In den verschiedenen Gebieten der Erde gibt es insgesamt zehn Arten. Sie unterscheiden sich von anderen Eulen in Einzelheiten des Körperbaues und durch die verhältnismäßig kleineren, innerhalb eines herzförmigen Gesichtsschleiers liegenden Augen.

Die typische Schleiereule ist weitverbreitet, sie kommt in den meisten Teilen Europas, Amerikas, Afrikas, Indiens, Südostasiens und Australiens vor. Es gibt etwa 32 Rassen.

Geisterhafte Erscheinung

Die Schleiereule hat wahrscheinlich zu vielen Geistergeschichten Anlaß gegeben. Sie wohnt oft in Kirchen oder unbewohnten Häusern; wer überrascht wird, bekommt sicherlich einen Schock, wenn sie als geisterhaftes Weiß im Dunkel der Nacht leise vorüberfliegt, oder wenn sie ihr unheimliches, langgezogenes Geschrei ertönen läßt. Wie andere Eulen auch, werden die Schleiereulen in Europa immer seltener; in Großbritannien sind sie seit Mitte der fünfziger Jahre sogar fast ausgestorben. Der Rückgang beruht darauf, daß sie an den Lebensraum des Menschen gebunden ist. Alte Gebäude und hohle Bäume lieferten früher Rast- und Nistplätze, und die Hauptbeute der Schleiereule waren Ratten und Mäuse, die sich ihrerseits von Kulturpflanzen ernährten. Seit dem Zweiten Weltkrieg aber hat sich die Landwirtschaft verändert. Verkommene Ställe und verfallene Bäume werden nicht mehr geduldet, mit der intensiven Wirtschaftsweise sind die typischen Örtlichkeiten verschwunden, in denen Schleiereulen häufig waren. Ein Hauptteil der Schuld am Rückgang trägt auch die intensivere Verwendung von Pflanzenschutzmitteln. Diese auf die Pflanzen ausgebrachten Gifte werden von kleinen Tieren, die von Kulturpflanzen leben, aufgenommen und sammeln sich dann an, wenn diese wiederum von Eulen gefressen werden, mit dem Ergebnis, daß die Schleiereule unfruchtbar wird und ihre Eier nicht mehr zum Schlupf kommen. Auch die Zerstörung der Wälder und Brachflächen durch den Menschen hat dazu geführt, daß viele Eulenarten immer seltener werden.

Manchmal sind Schleiereulen auch im hellen Tageslicht zu sehen, gewöhnlich jedoch erscheinen sie in der Dämmerung. Mit ihrem weißen Gefieder sind sie 4,50 bis 6 m über dem Boden, mit nicht schnellen, aber langen Flügelschlägen leicht zu erkennen. Sie haben bestimmte Wegstrecken, die sie Nacht für Nacht abfliegen, wo sie dann gelegent-

Das Blut zeigt an, daß diese Schleiereule soeben ihre Beute verspeist hat.

Elternpaar der Schleiereule mit drei Monate alten Küken.

lich niedergehen, um ihre Beute zu fangen. Sie nehmen die Beute mit zum Nest oder Ruheplatz, der am Gewölle aus unverdaulichen Knochen, Insektenkörpern und Fellresten zu erkennen ist; alles dies wird wieder ausgespieen und liegt als Gewölle am Rastplatz auf dem Boden. Das Gewölle der Schleiereule ist schwärzlich, es sieht wie lackiert aus, und es ist leicht vom gräulichen weichen Gewölle anderer Eulen zu unterscheiden.

Aus dem Gewölle lassen sich die Beutetiere bestimmen

Da die Schleiereule ihr Gewölle zurückläßt und es sich ansammelt, kann man an den Knochen und sonstigen Rückständen die Zusammensetzung der Beute sicher bestimmen. Vor einigen Jahren hat man in Polen eine große Zahl von Gewöllen untersucht. Dabei hat man die Rückstände von 16 000 Wirbeltieren aufgefunden und genau bestimmt. 95,5 % stammten von kleinen Säugetieren, 4,2 % von Vögeln und der Rest von Amphibien. In Großbritannien hat man ähnliche Anteile festgestellt. Überreste von Säugetieren erschienen nach der Häufigkeit in folgender Reihenfolge: Waldspitzmaus, Feld-Waldmaus, Erdmaus, Rötelmaus, Wanderratte, Hausmaus, Maulwurf, Fledermaus, selbst Kaninchen wurden genommen, einige Vogelarten, Insekten, vor allem Nachtschmetterlinge und Motten, gelegentlich Frösche und Fische. Diese genauen Untersuchungen beweisen, wie sinnlos es ist, die Schleiereule zu verfolgen. Sie nimmt nur selten Vögel und ist keinerlei Gefahr für Geflügel oder Fasane.

Sie jagen Nagetiere

Die große Zahl kleiner Säugetiere im Gewölle der Schleiereule zeigt, wie nützlich sie ist, denn diese Säuger leben von Kulturpflanzen. Eine amerikanische Untersuchung zeigt, auf welche Mengen die Schleiereule dabei kommt: In nur 20 Minuten hat sie 16 Mäuse, drei Taschenratten, eine Ratte und ein Eichhörnchen gefangen. Diese Menge von Tieren hat sie allerdings zur Fütterung ihrer Jungen benutzt.

Ein Nest aus Gewölle

Im April oder Mai und dann wieder im Juli kann man am Nistplatz der Schleiereule viele Reste von Beutetieren finden. Das ist zugleich ein Anzeichen dafür, daß sie brütet, denn das Männchen fängt zusätzlich Futter für das Weibchen. Schleiereulen bauen kein Nest, die Eier werden einfach auf eine Ansammlung von Gewölle gelegt. Gewöhnlich werden vier bis sieben Eier gelegt, es können aber auch nur drei oder auch elf sein. Das Weibchen brütet sie in fast fünf Wochen aus, es wird vom Männchen gefüttert.

Die Jungen schlüpfen zu verschiedenen Zeitpunkten, denn das Weibchen beginnt zu brüten, sobald das erste Ei gelegt ist; durch diesen gestaffelten Schlupf ist es leichter, ausreichend Nahrung heranzuschaffen. Die Küken verlassen das Nest nach neun bis zwölf Wochen und suchen sich eigene Reviere.

Jagd im Dunkeln

Früher nahm man an, Schleiereulen jagten mittels des Gesichtssinnes. Versuche haben jedoch bewiesen, daß sie ihre Beute auch bei völliger Dunkelheit fangen, wenn es ganz unmöglich ist, irgend etwas zu sehen. Eine zahme Schleiereule wurde in einen stockdunklen Raum gebracht, und eine Maus ließ man auf Laubstreu am Boden laufen. Nach kurzer Pause war die Schleiereule zum Boden herabgestoßen, und als man das Licht anschaltete, saß sie mit der Maus auf der Sitzstange. Der Versuch wurde siebzehnmal wiederholt und nur viermal ging es daneben, aber auch nur knapp. Um zu zeigen, daß die Schleiereule nicht mit dem Geruchssinn jagt, wurden Papierschnitzel durch den Raum gezogen; auch diese wurden gefangen.

Eine genaue Untersuchung der Ohren der Schleiereule zeigt, daß sie außerordentlich gut entwickelt sind; Hautlappen bilden „äußere Ohren", die unter den Federn verborgen sind. Diese Hautlappen sind nicht symmetrisch angeordnet, so daß die zu den Ohren gelangenden Klangwellen das einzelne Ohr auf einer anderen Wegstrecke erreichen. Der Klang kommt bei dem einen Ohr etwas früher an als bei dem anderen. Dank dieses geringfügigen Unterschiedes können Schleiereulen die Lage der Beute bestimmen.

Um kleine Tiere noch besser fangen zu können, sind die Flugfedern der Schleiereule an den Oberflächen und an den Enden mit Dunen besetzt. Dadurch wird das Geräusch der Flügelschläge so stark herabgesetzt, daß das Beutetier vor dem Angriff nicht gewarnt wird, es sei denn, es hat ein außergewöhnlich scharfes Gehör.

Oben: Schleiereule kehrt nach erfolgreichem Beuteflug zum Nest zurück.
Rechte Seite: Schleiereule mit Beute.

Landkarte:
Die Schleiereule ist einer der meistverbreiteten Landvögel der Erde. Außer in der Antarktis gibt es in jedem Erdteil irgendwelche Formen.

Schleiereule
(Tyto alba)

Klasse	Aves
Ordnung	**Strigiformes**
Familie	**Tytonidae**
Gattung und Art	*Tyto alba*, Schleiereule

Ziegenmelker

Der Ziegenmelker ist eher zu hören als zu sehen. Bald nach Sonnenuntergang beginnt er zu fliegen und bleibt dann die ganze Nacht über aktiv. Tagsüber ist er durch seine gute Tarnung weitgehend unsichtbar. Seinen Namen hat der Ziegenmelker bekommen, weil er nachts Viehherden umschwirrt und das Volk glaubte, er ernähre sich von Milch. Er wird auch Nachtschwalbe oder, auf Grund seines eigenartigen Gesangs, „ewige Spinnerin" genannt.

Der Ziegenmelker verbringt den Winter in Südafrika, den Sommer in Nordafrika, Europa und Asien. Er ist 26 cm lang, sein Gefieder ist grau, mit rötlichen, kastanienbraunen und schwarzen Balken und Streifen, sein Schnabel ist klein, die Mundöffnung jedoch sehr weit; sie ist mit Borsten besetzt. Das erwachsene Männchen hat weiße Flecken auf Schwanz und Flügeln.

Die 70 Arten ähneln einander in Gefieder und Verhalten, einschließlich des amerikanischen Poorwill und Wip-Poorwill. Der im westlichen Nordafrika und südlichen Europa verbreitete Rotnacken-Ziegenmelker hat einen rötlichen Kragen. Die in Südwestasien und Nordafrika verbreitete Art (Caprimulgus aegyptius) bewohnt Wüsten und ist sandfarben. Beim 27,5 cm langen Ruderflügelziegenmelker ist das innere Paar Schwungfedern zu 60 cm langen Anhängen ausgezogen.

Die in Australien verbreiteten Arten ähneln dem Europäischen Ziegenmelker, sind aber größer.

Gefieder als Tarnkappe

Der Europäische Ziegenmelker ist tagsüber auf dem Boden von Heiden, an Hängen mit Farnkraut und lichtem Baumbestand so gut wie unsichtbar. Man kann aber nicht sagen, das Gefieder sei an die Umgebung angepaßt, die Farben des Gefieders sind vielmehr derart umrißauflösend, daß das Auge getäuscht wird und der Vogel sich im Nichts aufzulösen scheint. Ganz gleich, ob der Ziegenmelker vor Kräutern, Flechten, Felsen oder Sandflächen erscheint — es ist immer nahezu unmöglich, ihn zu erkennen, und man kann fast auf ihn treten, bis er sich bewegt. Hinzu kommt noch, daß der Ziegenmelker die Augen schließt und Eindringlinge durch die Schlitze beobachtet, so daß seine großen Augen ihn nicht verraten. Im Gegensatz dazu erscheint nachts im Schein einer Fackel ein Paar rotglühender Augen, das ein großes Tier vortäuscht.

Oben: Europäischer Ziegenmelker. Tagsüber sitzt er regungslos im Bodenlaub, wo er durch sein braun und rötlichgelb gesprenkeltes Gefieder getarnt ist.

Rechts: Der starre Blick der großen Augen ist für Nachtvögel typisch (Caprimulgus pectoralis).

Poorwill, Wip-Poorwill und Falkennachtschwalbe brüten zweimal jährlich. Erst durch diese Fotos aber ist bewiesen worden, daß sich die Bruten zeitlich überlappen. Tagsüber brüteten die Eltern das zweite Ei aus, während sie das erste Küken versteckt hielten. Das zweite Ei wurde genau an dieselbe Stelle wie das erste gelegt.

1 *Das Ei wird offen am Boden abgelegt.*
2 *Beide Geschlechter brüten.*
3 *Die Küken schlüpfen im Daunenkleid.*
4 *18 Tage altes Küken neben dem zweiten Ei.*
5 *Küken droht dem Fotografen.*

1

2

3

4

5

Insektenjäger Nr. 1

Der Ziegenmelker wird mit Sonnenuntergang aktiv. Er fliegt ruhig, mit kräftigen, bedächtigen Flügelschlägen, zwischendurch segelt er majestätisch und macht drehende Bewegungen. Der charakteristische knarrende Ruf ist meist bei klarem Himmel zu hören. Bei schlechtem Wetter ist der Vogel still. Ziegenmelker thronen auf einem Ast und rufen dann gleichförmig.

Man meinte früher, der Ziegenmelker fliege mit aufgesperrtem Mund, und die Borsten dienten als Netz, um Insekten zu fangen oder zumindest ins Maul zu leiten. Das wird heute bezweifelt. Seine Nahrung besteht fast ganz aus Insekten, von Motten und großen Käfern bis zu Mücken; es gibt aber auch Berichte, er fange kleine Vögel — vielleicht zufällig. Ein Ziegenmelker hatte 500 Stechmücken im Magen. Ob die Borsten als Tastorgan dienen, ist zweifelhaft. An der Unterseite der dritten Zehe befinden sich Einkerbungen, mit denen der Vogel die Borsten durchkämmt und — so sagt man — die gefangenen Motten entfernt.

Hochzeit mit Pistolenschuß

Bei der Balz stechen die weißen Flecken an Flügeln und Schwanz des Männchens hervor. Dadurch erkennen sich die Geschlechter wahrscheinlich besser. Das Männchen fliegt in großen Kreisen um das Weibchen herum, es schlägt dabei mit den Flügeln oder hält sie steif und schräg über dem Rücken, mit niedergedrücktem und gefächertem Schwanz. Ab und zu schlägt es die Flügel zusammen — es klingt wie ein Pistolenschuß. Andere Ziegenmelker vollführen das Balzspiel mit ihren langen Federn. Die Flaggenflügel halten z. B. ihre Wimpelfedern senkrecht über den Rücken, während sie beim gewöhnlichen Flug hinterherschleppen. Ende Mai legt das Weibchen zwei längliche, kremigweiße, braun und purpur gezeichnete Eier. Es wird kein Nest gebaut. Die Eier liegen auf dem Boden, werden von Männchen und Weibchen 18 Tage lang bebrütet, wobei das Männchen in der Abend- und Morgendämmerung drankommt. Die Jungvögel werden von den Eltern 18 Tage lang gefüttert.

Feinde werden weggelockt

Werden sie am Nest gestört, versuchen die Eltern den Feind zu täuschen; sie schleppen sich am Boden entlang, als seien die Flügel gebrochen. Benutzen sie diese List nachts, klingt das Schlagen der Flügel am Boden unheimlich laut. Wenn die Jungen geschlüpft sind, wird dieses Verhalten dazu benutzt, die Aufmerksamkeit von den Jungen, die sich ganz still verhalten, abzulenken. Sollten sich die Eindringlinge jedoch den Jungen nähern, breiten die Eltern die Flügel weit aus, öffnen ihren Mund weit und stoßen nach ihnen — ein Bluff, der sie aus der Fassung bringen soll.

Eiertragende Eltern

Audubon, der berühmte amerikanische Ornithologe, beschreibt, wie eine amerikanische Ziegenmelkerart die Eier bei Gefahr mit dem Schnabel wegträgt. Ein Elternteil habe bei den gefährdeten Eiern gewartet, dann hätten beide Eltern je ein Ei in den Schnabel genommen und seien damit weggeflogen. Audubons Geschichte wurde lange angezweifelt, doch dasselbe Verhalten ist inzwischen bei anderen Ziegenmelkerarten beobachtet worden. Darüber hinaus wird sogar berichtet, daß sie ihre Küken zwischen den Beinen mit den Oberschenkeln festhalten und wegtragen, wie das von Schnepfen bekannt ist.

Geisterhafte Flüge

Nur wenige Vögel geben sich so verschieden wie Ziegenmelker. Ein Ziegenmelker kann einem im Halbdunkel lautlos, fast wie ein Geist, am Gesicht vorbeifliegen. Ein Paar kann über einem den Hochzeitsflug aufführen, wobei einen das Männchen, wenn es die Flügel in der hereinbrechenden Dunkelheit zusammenschlägt, heftig erschrecken kann. In Halbwüsten ist es nicht ungewöhnlich, wenn Ziegenmelker im Scheinwerferlicht eines Wagens am Boden liegen. Gewöhnlich ist es selbst in der hellsten Vollmondnacht unmöglich, den Flug des Vogels zu sehen oder zu verfolgen, wie er sich von einem Ast zum anderen bewegt.

Klasse	**Aves**
Ordnung	**Caprimulgiformes**
Familie	**Caprimulgidae**
Gattungen und Arten	*Caprimulgus ruficollis*, Rothalsziegenmelker; *C. europœus*, Europäischer Ziegenmelker; *C. aegyptius*; *C. indicus*; *C. macrurus*; *Eurostopodus mystacalis*; *E. guttatus*; *Macrodipteryx longipennis*, Flaggenflügel; *Scotornis climacurus*; *Semeiophorus vexillarius*, Ruderflügelziegenmelker

Kolibris

Es gibt rund 320 Arten dieser winzigen, schönen, in der Neuen Welt beheimateten Vögel. Der größte ist der 17,5 cm lange Riesenkolibri, ein Riese im Vergleich mit dem knapp 5 cm langen Hummelkolibri aus Kuba; dabei nehmen Schnabel und Schwanz die Hälfte seiner Länge ein, der Körper ist so groß wie eine Hummel. Kolibris sind in der Gestalt sehr verschieden, alle aber sind klein und haben den charakteristischen Flügelschlag, der den Summton hervorbringt. Ihr Gefieder ist glänzend, oftmals schillernd — daher Namen wie Rubin und Topas; auf Grund dieses schönen Gefieders wurden sie aber auch zu Tausenden getötet, und ihre Bälge nach Europa exportiert, wo sie in der Modeindustrie verwendet wurden. Eine Eigenart vieler Kolibris ist der lange, schmale, oftmals gerade oder auch gebogene Schnabel, wie beim Adlerkolibri. Der gerade Schnabel des Schwertschnabels ist so lang wie Kopf, Körper und Schwanz zusammen.

Kolibris sind am häufigsten in den Wäldern Südamerikas, ihr Verbreitungsgebiet reicht aber vom Süden Alaskas bis Tierra del Fuego. Einige Arten sind so selten, daß sie nur aus Massenexporten von Bälgen bekannt sind. Der Krummschwanz war nur nach einem 1840 entdeckten Exemplar bekannt und ist erst 40 Jahre später in einem kleinen Hochtal der Anden gefunden worden.

Die Ausdauer der Kolibris

Wenn man die Vielfalt der Lebensräume und des Nahrungsangebotes der südamerikanischen Wälder betrachtet, wundert es einen nicht, daß es dort so viele Kolibriarten gibt. Es ist aber ziemlich überraschend, daß Kolibris auch so weit im Norden, im Südosten Alaskas nämlich, und auch noch in den Anden brüten. Der Braune Kolibri brütet in Alaska und wandert im Winter nach Südamerika, eine für einen so kleinen Vogel unglaubliche Reise. Der Rubinkehlkolibri zieht ebenfalls von und nach Nordamerika und überfliegt bei jeder Reise den Golf von Mexiko. Im Gegensatz zu anderen Kolibris sammelt er vor jeder Reise eine Fettschicht an, die der Hälfte seines Körpergewichts entspricht. Normalerweise würde dieser Vorrat für diese Strecke aber nicht ausreichen, der Kolibri muß also besondere Methoden kennen, mit seinen Reserven sparsam umzugehen.

Ihre Geschwindigkeit

Die Flügel der Kolibris schlagen so schnell, daß man die einzelnen Bewegungen nicht mehr erkennen kann. Kleine Arten haben 50 bis 80 Flügelschläge je Sekunde, und bei der Balz sind noch höhere Zahlen festgestellt worden. Dieser schnelle Flügelschlag ermöglicht es den Kolibris, vorwärts und rückwärts zu schießen und ruckartig anzuhalten, um im Schwirrflug stehenzubleiben. Im Geradeausflug sind Geschwindigkeiten von 113 Stundenkilometern festgestellt worden. Zeitlupen-Filmaufnahmen haben ergeben, daß der Kolibri beim Auffliegen nicht wie andere Vögel hochspringt, sondern sich mit schnellen Flügelschlägen erhebt. Die Fotos zeigen sogar, daß der Vogel beim Start von einem Zweig diesen etwas mit hochzieht, bevor er ihn losläßt.

Kolibris brauchen für derartige Flugleistungen entweder ständige Energiezufuhr oder ausreichende Reserven. Selbst beim Ruhen ist ihr Energieumsatz 25mal so schnell wie bei Küken. Nachts, wenn sie nicht fliegen können, verfallen viele Arten in eine Kältestarre, um Energie zu sparen. In den Anden fällt die Körpertemperatur — der Außentemperatur entsprechend — von 38 °C auf 14 °C; der Energieumsatz wird auf ein Sechstel herabgesetzt.

Nektarsammler

Kolibris leben von Nektar und kleinen, weichen Tieren. Um Nektar zu saugen, halten sie vor der Blüte im Schwirrflug an und stecken den spitzen Schnabel in den Blütenkelch; wenn er zu lang ist, stechen sie ihn an der Basis an. Den Nektar saugen sie mit ihrer röhrenförmigen Zunge auf. Am Kopf haftet oftmals Pollen, den sie auf andere Blüten übertragen, die sie befruchten. Als Pollenüberträger ist der Kolibri für die Blüten des südamerikanischen Urwaldes deshalb genau so wichtig wie die Biene für den Klee. Kolibris werden von Röhren mit Zuckerwasser sofort angezogen, und sie werden so zahm, daß sie an einer in der Hand gehaltenen Röhre fressen.

Kleine Insekten fressen sie im Flug, Spinnen nehmen sie aus dem Netz. Die meisten Kolibris können mit Insekten nicht im Schnabel „hantieren", sie müssen sich deshalb auf die Insekten stürzen und so in den Mund hineinzwingen. Einige Kolibris picken Insekten und Spinnen von Blüten auf.

Winzige Jungvögel

Das Balzspiel der Kolibris entzieht sich genauer Beobachtung, weil es im dichten Blätterwerk sehr schnell verläuft. Die Männchen fliegen in Schleifen und singen in so hoher Tonlage, daß sie für menschliche Ohren kaum wahrnehmbar sind. Sie führen meist keine Ehen und paaren sich in der Luft mit mehreren Weibchen; doch bei ein paar Arten, wie bei Goulds Veilchenohr, hilft das Männchen bei der Aufzucht der Jungen. Das Nest besteht aus einer zerbrechlichen Mulde aus Moos, Flechten und Spinnweben an einem Zweig oder zwischen dem Blattwerk. Aus den zwei Eiern schlüpfen nach zwei bis drei Wochen winzige, nackte Küken. Sie werden von den Alten gefüttert, die im Schwirrflug seitwärts am Nest anhalten und mit dem Schnabel in den Schnabel der Küken Nektar übertragen. Die Küken wachsen sehr schnell und verlassen das Nest nach drei Wochen.

Schwirrflug

Beim Fressen stehen Kolibris im Schwirrflug an einer Stelle und fliegen dann sogar rückwärts. Das ist möglich, weil sich die Flügel nach allen Richtungen hin drehen können. Beim Schwirrflug hängt der Körper im Winkel von ca. 45°, so daß die Flügel rück- und vorwärts schlagen, und nicht auf und nieder. Jeder Flügelschlag verläuft in der Form einer 8. Beim Vorwärtsfliegen, also beim Abwärtsschlagen, werden die Flügel gekippt, so daß sie die Luft nach unten und den Vogel nach oben drücken. Am Ende des Flügelschlages klappen sie über, so daß die Rückseite des Flügels nach unten zeigt; beim Aufwärtsschlagen wird die Luft wieder nach unten gedrückt. Beim Rückwärtsfliegen werden die Flügel ganz leicht geklappt, so daß Luft ebenfalls nach vorn gedrückt und der Kolibri nach hinten getrieben wird.

Der Flug des Kolibris ist mit dem des Hubschraubers vergleichbar: Die Flügel drehen sich, um die Luft nach unten zu drücken, genau so wie das der Kolibri erreicht, indem er die Flügel rück- und vorwärts bewegt. Bei den meisten Vögeln wird die Kraft beim Abwärtsschlag aufgewandt, beim Aufwärtsschlag werden die Flügel nur zurückgeführt; der Kolibri dagegen führt beide Schläge kraftvoll aus. Seine Brustmuskeln machen ein Drittel seines Gesamtgewichts aus, und die Muskeln, die die Flügel aufwärts führen, sind halb so stark wie diejenigen, die die Flügel abwärts führen. Kolibriarten, die den Schwirrflug nicht ausführen können, haben für den Aufwärtsschlag vergleichsweise viel schwächere Muskeln.

Klasse	**Aves**
Ordnung	**Apodiformes**
Familie	**Trochilidae**
Gattungen und Arten	*Archilochus colubris*, Rubinkehlkolibri; *Ensifera ensifera*, Schwertschnabel; *Eutoxeres aquila*, Adlerkolibri; *Loddigesia mirabilis*, Krummschwanz; *Galypte helenae*, Hummelkolibri; *Patagona gigas*, Riesenkolibri; *Selasphorus rufus*, Brauner Kolibri

Kolibris
(Familie Trochilidae)

Die Kolibriarten sind sehr formenreich. Dieses Männchen der Viktoriasylphe (Lesbia victoriae) hat lange Schmuckfedern, die beim Kunstflug offenbar nicht stören. Der stark gegabelte 15 cm lange Schwanz an dem nur 5 cm langen Körper wirkt besonders schön, wenn die Viktoriasylphe bei ihren Manövern im Zickzack fliegt. Beim Weibchen ist die Kehle nicht so schillernd gefärbt.

Von oben: Männchen des samtroten Weißschwanz-Kastanienjägers (Boissonneana jardini) saugt gierig an Heliconia jaquinii, einem Bananengewächs. — Der Bogenschnäbler ist vollkommen darauf eingerichtet, Nektar aus Blüten zu saugen. — Der winzige Topas-Rubin-Kolibri (Chrysolampis mosquitus), eine schöne brasilianische Art, hat ungefähr 100 Flügelschläge je Sekunde.

Mausvogel

Mausvögel sind so groß wie Spatzen, haben jedoch bis 25 cm lange Schwänze. Der Schwanz besteht aus zehn verschieden langen Federn, die äußeren sind die kürzesten, die beiden inneren die längsten. Die Flügel sind kurz und gerundet. Der kräftige, kurze Schnabel ist gebogen. Alle Arten haben Federhauben. Die vierzehigen Füße sind stark; der erste und der vierte Zeh können sowohl nach vorn als auch nach hinten gerichtet werden.

Das Gefieder der Mausvögel ist im allgemeinen düster. Der Rotzügel-Mausvogel ist grau, mit grünlicher Tönung. Flügel und Schwanz sind dunkler als die Unterseite. Die Beine sind hellrosa und die Wangen karminrot. Der Blaunacken-Mausvogel ist gelblich braun, mit blauer Tönung; im Nacken findet sich ein blauer Fleck. Der Schnabel ist rot und schwarz. Die Fahnen der Schwanzfedern sind sehr schmal und verschwinden an den beiden langen Hauptschwanzfedern ganz. Andere Arten unterscheiden sich in den Farben, wie Weißkopf-, Blaurücken- und Weißrücken-Mausvogel.

Mausvögel bewohnen die Savannen und Steppen Afrikas südlich der Sahara.

Miniaturfasane

Mausvögel haben ihren Namen daher, daß sie wie Mäuse mit waagrechtem Körper und Schwanz die Äste entlang laufen. Dank ihrer scharfen Krallen, ihrer kräftigen Füße und des langen Schwanzes sind sie sehr beweglich, sie klettern zuweilen wie Schwanzmeisen kopfabwärts. Der Schnabel hilft gelegentlich beim Klettern, wie bei Papageien. Im Flug sehen sie mit ihren runden Flügeln und langen Schwänzen wie kleine Fasane aus. Auch der Flug selbst, wie sie abwechselnd flattern und segeln, ähnelt dem der Fasane.

Mausvögel leben in Schwärmen von 5 bis 30 Vögeln, die schwatzend von Baum zu Baum fliegen, wo sie sich dann oftmals gegenseitig putzen. Wenn sie gestört werden, fliegen sie meist nacheinander ab, nicht alle zusammen. Die Schwärme rasten gemeinsam, sie hocken nebeneinander auf einem Ast; oder sie sitzen auch an senkrechten Stämmen und lassen den langen Schwanz herunterhängen.

Sie schädigen Obstkulturen

Bei den Besitzern von Obstplantagen sind die Mausvögel sehr unbeliebt, so daß sie oftmals regelrecht bekämpft werden. Die Schwärme fressen Beeren und andere Früchte vollkommen ab, sie werden selbst mit großen Früchten leicht fertig, indem sie ein Loch hinein machen, die Frucht aushöhlen und die leere Schale übriglassen. Auch Knospen und zarte Blätter fressen sie. Die Mausvögel gehen ganz planmäßig vor, indem sie unten im Blattwerk anfangen und sich hocharbeiten. Wenn sie oben angekommen sind, fliegen sie zum nächsten Baum und fangen wieder unten an.

Sie fressen auch Insekten und Jungvögel. Mausvögel plündern so häufig Nester, daß andere Vögel auf sie hassen.

Das Nestpolster wird erneuert

Zu Beginn der Fortpflanzungszeit spalten sich die Schwärme in Paare auf. Bei der Balz sitzen zwei Mausvögel auf einem Zweig einander gegenüber und hüpfen auf und ab. Sie reiben sich auch die Schnäbel und putzen sich. Das Nest wird 2 bis 8 m über dem Boden in dichtem Blattwerk gebaut: ein Boden aus Zweigen und Stengeln auf einem Ast und darüber eine Schale aus Gras und Wurzeln. Die Auskleidung aus grünen Blättern wird erneuert, wenn sie verwelken. Die Nester sind oftmals nur ein paar Meter voneinander entfernt, vermutlich teilen sich manchmal zwei Paare ein Nest. Gewöhnlich werden 2 bis 4 weiße Eier, mit ein paar dunkelroten oder braunen Flecken oder Streifen, gelegt. Beide Eltern brüten zwei Wochen lang. Die Küken sind zuerst nackt, doch schon nach wenigen Tagen können sie das Nest verlassen und unter Zuhilfenahme von Schnabel und Flügeln über benachbarte Zweige kriechen. Nachts kehren sie ins Nest zurück, um sich aufzuwärmen, und verlassen es im Alter von drei Wochen. Die Eltern begleiten sie während der ersten paar Tage und füttern sie noch einen Monat.

Alptraum der Obstbauern: Gestreifter Mausvogel (Colius striatus) in Feigenkultur.

Wohin gehören sie?

Die Mausvögel bilden eine eigene Ordnung, die Coliiformes, da sie in Körperbau und Verhalten viele Eigenheiten zeigen und nur in wenigen Punkten mit anderen Vogelarten übereinstimmen. Man hatte schon gemeint, sie seien entfernte Verwandte der Meisen, weil sie ähnlich klettern und ihnen in der allgemeinen Erscheinung ähneln. Herz, Becken, Gaumen und andere Organe sind papageienartig, andere Körperteile aber wieder nicht.

Klasse	**Aves**
Ordnung	**Coliiformes**
Familie	**Coliidae**
Gattung und Arten	*Colius indicus*, Rotgesicht-Mausvogel; *C. leucocephalus*, Weißkopf-Mausvogel; *C. macrourus*, Blaunacken-Mausvogel

Quetzal

Der auch als Pfauentrogon bekannte Quetzal gilt als einer der schönsten Vögel. Von der Schnabel- bis zur Schwanzspitze mißt er 35 cm; doch wie beim Pfauenhahn sind die Deckfedern des Schwanzes außergewöhnlich lang, der Quetzal schleppt sie als bis zu ca. 1 m lange Schmuckfedern hinterher. Der Kopf, der zwei Federhauben trägt, der Hals, die Brust und die Flügeldecken schillern goldgrün. Die Flügeldecken sind Schmuckfedern, sie hängen über die karminrote Vorderbrust und den Bauch herab. Die Oberseite schimmert bläulich und grünlich, und die langen Deckfedern des Schwanzes schillern grün. Das Weibchen ist nicht so farbenprächtig, hat keine Federhauben, und die Deckfedern des Schwanzes sind viel kürzer.

Der Quetzal ist in den Wäldern Mittelamerikas beheimatet, vom südlichen Mexiko bis Panama, doch er wird jetzt immer seltener.

Oben: Quetzal — nicht nur der Name eines schönen Vogels, sondern auch Währungseinheit Guatemalas. — Rechts: Versteckte Schönheit! Die eigentlichen Schwanzfedern sind unter den bis 1 m langen, grün schillernden Deckfedern versteckt. Unter den goldgrün schimmernden Flügeldecken findet sich das Karminrot von Unterbrust und Bauch.

Auf den Schwanz achtgeben!

Die Gebirgswälder Mittelamerikas sind extrem feucht. Diese hohe Luftfeuchtigkeit begünstigt das Wachstum epiphytischer Pflanzen, sog. Baumaufsitzer; sie wachsen in reicher Fülle auf den Stämmen der hohen Bäume, die ein 30 m hohes Überdach bilden. Der Quetzal lebt innerhalb dieses überreichen Pflanzenwuchses und ernährt sich von Früchten und Beeren, die er im Flug abreißt. Er fliegt von seinem Rastplatz auf, faßt eine Beere mit dem Schnabel und kehrt an seinen Rastplatz zurück. Das Männchen hat die seltsame Gewohnheit, rückwärts vom Rastplatz wegzufliegen; bei normalem Abflug würden die langen Schwanzfedern zerreißen. Das Weibchen trifft diese Vorsichtsmaßnahme nicht.

Im allgemeinen bleibt der Quetzal in der Tiefe des Waldes, doch manchmal kommt er zum Fressen auf Lichtungen. Im Wald verrät er seine Position durch die Gewohnheit, schnell mit dem Schwanz zu fächern, so daß blitzartig weiße Stellen aufscheinen. Beim Fliegen ruft er laut, und in der Fortpflanzungszeit verfügt das Männchen über eine Reihe tiefer, kräftiger Rufe und Melodien, die mit dem schönen Gefieder wetteifern. Es hat auch einen Balzflug, bei dem es über dem Blätterdach des Waldes kreist und laut ruft.

Unzugängliche Nester

Der Quetzal nistet in Höhlen in Baumstämmen; dabei vergrößert er vorhandene Spechthöhlen oder gräbt eigene Höhlen aus. Der kurze, stumpfe Schnabel ist aber besser zum Verzehr von Obst als zum Meißeln von Holz geeignet, deshalb kann der Quetzal seine Höhlen nur in faulenden Bäumen errichten. Männchen und Weibchen arbeiten gemeinsam, sie beißen und reißen Streifen weichen Holzes heraus, bis eine etwa 30 cm tiefe Höhle mit ca. 10 cm breitem Einflugloch fertig ist.

Die zwei hellblauen Eier werden auf den Boden der Höhle gelegt; beide Eltern brüten abwechselnd. Nach guatemaltekischem Volksglauben hat die Höhle zwei Eingänge, so daß das Männchen brüten kann, ohne den Schwanz zu verletzen: Er kommt angeblich auf der einen Seite hinein und brütet, während der Schwanz draußen herabhängt, und fliegt dann nach der anderen Seite ab. In Costa Rica soll der Quetzal eine andere Lösung gefunden haben: Er sitzt auf den Eiern und läßt den Schwanz draußen herabhängen. (Hier hat die Höhle nur einen Eingang.) Da die Nester schwer zugänglich sind, hat kaum jemals ein Mensch den Vorgang beobachtet. Aber wir wissen heute, daß der Quetzal beim Brüten den Schwanz senkrecht gegen die Wand der Höhle gepreßt hält; er ist um den Rücken herumgeschlungen und hängt ein paar cm aus dem Eingang heraus.

Die nach 17 bis 18 Tagen schlüpfenden Jungen sind nackt und blind, während der ersten paar Tage werden sie von den Eltern gewärmt. Die Eltern halten die Höhle auch sauber und entfernen Eierschalen und Kot. Die Küken werden mit Insekten und anderen kleinen Tieren gefüttert, bis sie fast zwei Wochen alt sind. Dann bringen die Eltern Früchte, vor allem aus der Familie der Lorbeergewächse, später Schnecken, kleine Frösche und Eidechsen. Mit etwa einem Monat werden die Jungen flügge.

Die Federschlange

In Anbetracht der Schönheit des Quetzal ist es nicht überraschend, daß er zum Wappenvogel Guatemalas geworden ist. Er erscheint nicht nur auf den Briefmarken, sondern auch auf der Nationalflagge, und die Währungseinheit ist der Quetzal. Eine hübsche Geschichte erzählt, gefangene Quetzals stürben bald an gebrochenem Herzen. Diese Wertschätzung hat ihn aber nicht vor dem Federnhandel geschützt. Nachdem die Europäer ihn entdeckt hatten, wurde er bald so selten, daß ihn einige zum Sagenvogel machten; doch im 19. Jahrh. wurde er wiederentdeckt, und nur die Unzugänglichkeit seiner Höhle hat ihn vor dem Schicksal vieler anderer Geschöpfe bewahrt, nämlich ausgerottet zu werden.

Vor der Spanischen Eroberung stand der Quetzal bei den Azteken Mexikos in hohem Ansehen, und in ihrer Mythologie gibt es eine Federschlange: quetzalcoatl. Nur der Adel durfte Quetzalfedern tragen. Die langen Schmuckfedern wurden lebenden Quetzals abgenommen, die dann freigelassen wurden, damit die Schmuckfedern nachwachsen — und sie für Nachwuchs sorgen.

Klasse	Aves
Ordnung	Trogoniformes
Familie	Trogonidae
Gattung und Art	Pharomachrus mocino, Quetzal

Eisvögel

Die über 80 Eisvogelarten leben überwiegend in den Tropen. Sie sind stämmig gebaut, mit langem Schnabel, ganz kurzem Schwanz und oftmals glänzendem Gefieder; der Gewöhnliche Eisvogel ist ein gutes Beispiel dafür. Er lebt in weiten Teilen Europas und Asiens, südlich bis Nordafrika, östlich bis zu den Salomoninseln und Japan. Er ist einer der schönsten Vögel: 16,5 cm lang, mit 3,5 cm langem, dolchartigem Schnabel, blau oder grün schillernder Oberseite.

Die Unterseite ist kastanienbraun, die Beine sind rot, am Hals finden sich weiße Flecken. Der in Afrika und Südwestasien beheimatete Graufischer ist als Eisvogel verhältnismäßig düster gefärbt, dennoch aber mit seinem weißen und schwarzen Gefieder bezaubernd.

Wie viele Eisvögel hat er eine Haube. Auch der Amazonas-Grünfischer hat eine Haube, seine Oberseite ist glänzend grün, seine Unterseite weiß, das Männchen hat eine kastanienbraune Haube. Der den Süden der USA bewohnende Texas-Grünfischer sieht ähnlich aus. Bei einigen Arten ist das Gefieder des Weibchens prächtiger gefärbt. In Australien und Neuseeland kommt eine gelb gefärbte Art vor.

Rechts oben: Ein Eisvogel aus Südasien. — Mitte links: Rieseneisvogel (Megaceryle maxima) — grell leuchtender Farbfleck an einem Flußlauf. — Mitte rechts: Graukopfliest (Halcyon leucocephala) wartet auf vorbeifliegende Insekten. Frißt auch Käfer, Heuschrecken und kleine Reptilien. — Rechts unten: Der in Afrika häufige Zwerghaubenfischer (Corythornis cristata) lebt von Fischen, niederen Wassertieren und Fliegen.

Ein Farbtupfer

Eisvögel tauchen meist nur als Farbtupfer auf, die mit schwirrenden Flügeln flach über dem Wasser dahinfliegen und dann darin untertauchen. Wenn man Glück hat, kann man sie auf einem Ast oder Felsen hocken sehen, oder auch an der Uferwand, und ihre Farben bewundern. Eisvögel ähneln einander in Gestalt und Verhalten und ebenso in den Ernährungs- und Fortpflanzungsgewohnheiten; es gibt allerdings einige Arten, die nur selten oder gar nicht zum Wasser kommen. Selbst der so stark an Ströme und Flüsse gebundene Gewöhnliche Eisvogel nistet zuweilen weit vom Wasser entfernt.

Da Tausende exotischer Vögel geschlachtet und ihre wertvollen Bälge und Federn nach Europa und Nordamerika exportiert wurden — die Federn wurden in der Modeindustrie verwendet —, ist es nicht überraschend, daß der blendend schöne Eisvogel der Verfolgung nicht entging. Später wurden die Eisvögel dann abgeschossen, weil man sie fälschlich verdächtigte, Jung- und Satzforellen zu fressen. Heute bedroht die Verschmutzung der Gewässer ihr Dasein. Und schließlich erleiden die Populationen der Eisvögel in harten Wintern immer große Verluste.

Sie jagen am Land und im Wasser

Der Eisvogel wartet auf einem Rastplatz, dann stürzt er herab, fängt die Beute und kehrt zum Rastplatz zurück. Der Gewöhnliche Eisvogel fliegt an, schwebt einen Augenblick über dem Wasser und taucht dann. Wenn er einen kleinen Fisch oder ein Insekt gefangen hat, „fliegt" er ohne Unterbrechung mit den Flügeln durch das Wasser und dann wieder heraus. Größere Tiere schlägt er am Ansitz gegen einen Ast, um sie zu überwältigen, oder er wirft sie auch erneut ins Wasser, um sie nochmals, und zwar dann in der richtigen Stellung, zu fangen und zu verschlingen. Der Gewöhnliche Eisvogel nimmt hauptsächlich wirtschaftlich unwichtige oder sogar schädliche Fische wie Stichling, Gründling und Weißfisch, auch kleine Barsche und Forellen. Wegen der beiden letztgenannten wird der Eisvogel verfolgt. Er frißt aber auch Wasserkäfer, Libellenlarven und Wasserwanzen, die ihrerseits kleine Fische töten. Kleine Frösche, Kaulquappen und Teichschnecken werden ebenfalls genommen.

Die Mehrzahl der Eisvögel jedoch lebt hauptsächlich von Kleintieren, sie jagen dabei genau wie der Gewöhnliche Eisvogel von einem Ansitz aus. Sie schießen auf die Beute herab, oder sie fangen Insekten im Flug wie der Fliegenschnäpper. Der im Gebiet von den Molukken bis Nordostaustralien vorkommende Paradiesliest jagt in der Laubstreu feuchter Wälder nach Eidechsen, Hundertfüßlern und Insekten, indem er darauf herabschießt und seinen Schnabel manchmal in den weichen Boden gräbt. Der 35 cm große, in Indien lebende Gurial, mit seinem scharlachroten Schnabel, fängt sowohl Fische als auch Frösche, Eidechsen, Krabben und Insekten. Er räubert auch die Nester anderer Vögel aus, nimmt sogar Jungvögel aus Nestern in Baumhöhlen — aber seiner Art gemäß kehrt er mit der Beute an den Rastplatz zurück. Ein Eisvogel Neuguineas aber macht hier eine Ausnahme: er gräbt mit seinem abgeplatteten Schnabel nach Regenwürmern.

Eisvogel (Alcedo atthis) *vor vielversprechender Mahlzeit.*

Höhlenbrüter

Eisvögel nisten in Höhlen; diejenigen Arten, die Fische jagen, vor allem in Uferwänden in Wassernähe, die übrigen Arten in Baumhöhlen oder verlassenen Termitenbauten.

Die Eisvögel graben ihre Nisthöhle, indem sie immer wieder an eine Stelle in der Uferwand fliegen und jedesmal mit dem Schnabel etwas Erde lockern. Sobald sie einen Sims gebildet haben, auf dem sie sitzen können, graben sie dann schneller, bis die Höhle 45 bis 90 cm lang ist. Die sechs oder sieben rundlichen, weißen Eier werden auf den Boden der Höhle gelegt und drei Wochen bebrütet. Währenddem sammelt sich ein Haufen aus Fischknochen und

Kot um die Eier herum an — ein schmutziger Gegensatz zu dem prächtigen Federkleid der Vögel. Bevor Ron und Rose Eastman 1966 ihre preisgekrönte Arbeit über das Leben der Eisvögel veröffentlicht hatten, hatte man angenommen, die Jungen würden mit Fischstückchen gefüttert. Die beiden Forscher haben mit außerordentlicher Geduld und Geschicklichkeit jedoch herausgebracht, daß die Jungen in der Nisthöhle ganze Fische verschlingen, die fast so groß sind wie sie selbst; die Knochen werden später ausgespien. Die Küken schlüpfen nackt, die Federkiele brechen erst auf, kurz bevor sie, drei bis vier Wochen nach dem Schlupf, das Nest verlassen, so daß sie stachlig wie Igel aussehen.

Klasse	**Aves**
Ordnung	**Coraciiformes**
Familie	**Alcedinidae**
Gattungen und Arten	*Alcedo atthis*, Eisvogel; *Ceryle rudis*, Graufischer; *Chloroceryle amazona*, Amazonas-Grünfischer; *C. americana*, Texas-Grünfischer; *Clytoceyx rex*, Froschschnabel; *Halcyon chelicuti*, Streifeneisvogel; *H. sancta*, Götzenliest; *Pelargopsis capensis*, Gurial; *Tanysiptera galatea*, Paradiesliest

Bienenfresser

Die farbenprächtigen Bienenfresser gehören zu den auffälligsten Vögeln der Alten Welt. Sie sind je nach Art 15 bis 35 cm lang. Bei den meisten Arten herrscht das Grün im Gefieder vor, dazu kommen Gelb, Blau und Einschläge von Rot. Selbst die weniger lebhaft gefärbten Arten zeigen einige Farbflecke. Der Europäische Bienenfresser brütet gelegentlich bei uns, vor allem im Süden Mitteleuropas. Seine Oberseite ist kastanienbraun und goldfarben, Brust und Bauch sind grünlich, die Kehle ist hellgelb, und der Schwanz ist grünlichbraun. Durch den gebogenen Schnabel und die von der Schwanzmitte ausgehenden langen Federn ist er leicht von anderen einheimischen Vögeln zu unterscheiden. Auch sein Flug ist charakteristisch. Bienenfresser-Schwärme kreisen ausdauernd umher, schneller Flügelschlag und Segelflug mit ausgestreckten Flügeln wechseln einander ab; dabei zwitschern sie ständig lebhaft, aber etwas eintönig.

Tropische Arten

In vielen Gebieten der Tropen vermitteln Schwärme von Hunderten, ja Tausenden von Bienenfressern ein eindrucksvolles Bild, wenn sie anmutig über ihren Brutkolonien kreisen und segeln.

Sie bewohnen vorzugsweise tropische Gegenden, ein paar Arten leben auch im gemäßigten Klima, und einige Arten wandern. Der australische Scharlachspint wandert nach Neuguinea und Celebes, und die auf Madagaskar vorkommende Art wandert im Winter nach Mittelafrika.

1946/47 begann der Europäische Bienenfresser, sein Wohngebiet von der Camargue in Südfrankreich, Norditalien, Jugoslawien, Ungarn und Rumänien ausgehend nach Norden auszudehnen. 1948 brüteten sie in der Tschechoslowakei; auch in Dänemark, Belgien und Nordfrankreich brüteten in den fünfziger Jahren einige Paare.

Sie graben Erdhöhlen

Das Nest besteht aus einer Erdhöhle, das die Bienenfresser mit Schnabel und Füßen in sandige Böschungen an Flußufern oder Straßen graben. In Afrika errichten sie ihre Nester manchmal in den Bauten von Erdferkeln. Die Erdhöhle hat 5 bis 8 cm Durchmesser und ist 50 bis 150, gelegentlich auch 250 cm lang — je nach Festigkeit des Bodens. Zuerst fliegen sie wiederholt mit halb geöffnetem Schnabel an die Wand; wenn die Höhlung so groß ist, daß der Vogel dort landen kann, gräbt er schneller. Das Aushöhlen dauert zehn bis vierzehn Tage; die Erdhöhle endet in einer, meist seitlich abgesetzten Kammer. Die Vögel errichten in der Höhle kein Nest; aus den unverdaulichen Rückständen von Insekten bildet sich ein Gewölle, auf das sie die Eier legen. Die Erdhöhlen werden alle Jahre wieder benutzt, sie werden nur etwas ausgebessert, und die Überbleibsel ihrer aus Insekten bestehenden Mahlzeiten werden entfernt.

In der Camargue treffen die Bienenfresser im April oder Anfang Mai aus Afrika ein und brüten von Ende Mai bis Juni. Die Erdhöhlen sind gewöhnlich nach Süden gerichtet und so vor der Härte des Mistral geschützt. Bevor das Paar seine Eier legt, sichert es sich in einem Baum einen ständigen Rastplatz. Warum sich dieses Revierverhalten nicht auch bei der Futtersuche und beim Nestbau zeigt, ist unbekannt. Offenbar sollen Balz und Paarung ungestört verlaufen, denn sobald die Eier gelegt sind, hören Kämpfe und Drohverhalten auf.

Es werden vier bis zehn weiße Eier gelegt. Die Eier von Höhlenbrütern sind meist weiß, anscheinend weil sie nicht zum Schutz vor Räubern, besonders Reptilien, getarnt zu werden brauchen. Man hat auch gesagt, die Eier des Bienenfressers seien weiß, damit sie das Licht besser reflektieren und in der Höhle besser erkennbar sind. Das dürfte in einer gekrümmten und somit stockdunklen Höhle aber nutzlos sein. Die Eier werden 22 Tage lang bebrütet, die Vögel wechseln sich alle 10 bis 30 Minuten ab. Das Weibchen brütet im allgemeinen in der Nacht, das Männchen schläft in einem Baum. Während der Brutzeit sorgt das Männchen für Futter; die Küken werden dann von beiden Eltern gefüttert. Die Befiederung bildet sich im Verlauf von rund drei Wochen. Jede einzelne Feder steckt in einer Membran, die aufplatzt, wenn die Feder ausgewachsen ist. Eine ungewöhnliche Erscheinung! Die Küken entfernen sich einige Meilen vom Nest, kehren gewöhnlich aber zum Übernachten zurück. Die Bienenfresser verlassen Europa im September.

Insektenfresser

Bienenfresser leben von Insekten, die sie im Flug fangen; sie fliegen kreisend umher oder warten auf Sitzstangen oder Telegraphendrähten. Ihre Hauptnahrung besteht aus Libellen, Käfern, Schmetterlingen, Wespen und Bienen. In Afrika gelten sie als nützlich, weil sie Riesenmengen von Heuschrecken fressen. Die unverdaulichen Teile scheiden sie als Gewölle wieder aus.

Der karminrote Scharlachspint des Sudans sitzt auf dem Rücken von Trappen und fliegt auf, um Insekten zu fangen, die von diesen großen Vögeln aufgestört werden. Man hat viel daran herumgerätselt, was Bienenfresser fangen, wenn sie in Flüssen plötzlich tauchen und mit Beute im Schnabel wieder wegfliegen. Vermutlich fangen sie Insekten oder Krebschen.

Reptilien sind ihre Hauptfeinde

In Südfrankreich sind der Schwarze Milan, die Eidechsennatter und die Perleidechse die wichtigsten Feinde der Bienenfresser. Wahrscheinlich sind im gesamten Verbreitungsgebiet des Vogels Schlangen und Eidechsen seine schlimmsten Feinde; sie kriechen in die Erdhöhlen und rauben Eier, Junge und auch Erwachsene.

Scharlachspinte mit Insekten im Schnabel. Sie fangen sie im Flug nach längerer Jagd oder nach kurzem, schnellem Auffliegen vom Rastplatz aus.

Bienenfresser wehren sich im Schwarm gemeinsam gegen Menschen, Raubvögel und Schlangen; sie stoßen herab und vertreiben sie von ihren Brutkolonien.

Warum werden Bienenfresser nicht gestochen?

Bienenfresser tragen ihren Namen mit Recht; in einigen Gebieten der Erde werden sie von Imkern als Schädlinge verfolgt. Heutzutage nimmt man allerdings an, daß sie mehr schädliche Insekten als Honigbienen fressen. Nichtsdestoweniger bilden stechende Insekten, wie Bienen und Wespen, einen beträchtlichen Anteil ihrer Nahrung, und man fragt sich, warum die Bienenfresser nicht gestochen werden.

An einem australischen Schmuckspint hat man Untersuchungen angestellt. Wenn man

ihm Wespen gab, nahm er sie mit der Schnabelspitze an der Taille der Wespe auf. Dann schlug er den Kopf der Wespe ein- oder zweimal gegen die Sitzstange und packte sie dann mehr am Abdomen, genau hinter dem Stachel, und rieb sie kräftig an der Sitzstange. Auf diese Weise wurde der Stachel in der Regel herausgezogen oder das Gift herausgequetscht. Danach wurde die Wespe an der Taille gepackt, gegen die Sitzstange geklatscht und schließlich verschlungen.

Dieser Ablauf war immer derselbe, auch wenn man dem Vogel Bienen gab; andere Insekten jedoch verschlang er sofort. Der Bienenfresser konnte also stechende Insekten erkennen, sein immer gleiches Verhalten läßt jedoch vermuten, daß es angeboren ist. Es wäre aber interessant zu wissen,

Schwärme aus Hunderten, ja Tausenden von fliegenden oder rastenden Bienenfressern sind ein eindrucksvoller Anblick. Dies sind nur Ausschnitte aus einer Nistkolonie.

ob der Bienenfresser erst aus schmerzhaften Erfahrungen lernen muß, ob ein Insekt giftig ist oder nicht, oder ob auch diese Kenntnis angeboren ist.

Klasse	**Aves**
Ordnung	**Coraciiformes**
Familie	**Meropidae**
Gattung und Arten	*Merops apiaster*, Europäischer Bienenfresser; *M. nubicus*, Scharlachspint; *M. ornatus*, Schmuckspint

Spechte

Kein anderer Vogel ist an das Leben auf Bäumen so gut angepaßt wie der Specht. Es gibt 209 in den bewaldeten Gebieten der ganzen Erde verbreitete Arten: nur auf Madagaskar, in Australien und auf ozeanischen Inseln kommen sie nicht vor. Sie sind bis 55 cm lang und gewöhnlich lebhaft gefärbt, mit schwarzer, weißer, grüner oder roter Zeichnung. Ein paar Arten haben Hauben. Der Schnabel ist gerade und zugespitzt, die Beine sind kurz, zwei Zehen sind nach hinten gerichtet, der Schwanz besteht aus spitzen Federn mit steifen Schäften.

Die 15 Arten Grün- und Grauspechte bewohnen die Wälder Europas und Asiens von den Britischen Inseln bis Borneo und Java. Der Grünspecht ist 30 cm lang, mit grünem Gefieder, an der Unterseite ist er heller, mit hellgelbem Bürzel und roter Kopfplatte. Das Männchen hat unter den Augen einen rot-schwarzen Streifen, das Weibchen einen rein schwarzen. Die 30 Arten Buntspechte sind in Nordamerika, Europa und Asien verbreitet; sie sind schwarz oder grau, mit weißen Flecken, Streifen oder Sprenkeln. Bei den Männchen ist der Oberkopf oftmals rot. Auch die Dreizehenspechte, die eine Zehe weniger haben als die anderen Arten, sind weltweit verbreitet. Die amerikanischen Kaiserspechte (Campephilus imperialis) sind die größten Spechte und bewohnen Wälder mit sehr alten, hohen Bäumen. Da diese Wälder abgeholzt werden, läuft auch der fast ebenso große und nahe verwandte Elfenbeinschnabel Gefahr auszusterben. Dieselbe Größe erreicht unser Schwarzspecht.

Ausgesprochene Baumkletterer

Spechte sieht man gewöhnlich nur, wie sie als farbiger Blitz in den Bäumen verschwinden. Sie leben einzeln und sind an ihrem charakteristischen wellenförmigen Flug leicht zu erkennen: mit drei bis vier kräftigen Flügelschlägen fliegen sie auf und segeln dann abwärts. Am besten sind sie aber an ihrem grellen oder klingelnden Ruf zu erkennen, oder wenn sie mit dem Schnabel an toten Ästen und Stämmen hämmern.

Spechte hüpfen die meiste Zeit über spiralförmig um die Baumstämme herum und suchen sie nach Insekten ab. Wenn sie einen Baum abgesucht haben, fliegen sie an den Fuß des nächsten, und der Vorgang beginnt von neuem. Beim senkrechten Klettern werden die Spechte durch ihre beiden nach hinten gerichteten Zehen unterstützt, auch durch die scharfen Krallen und die steifen Schwanzfedern, die sie als Stütze benutzen.

Oben: Weibchen des afrikanischen Fleckenspechts (Campethera abingoni). Unten: Großer Buntspecht (Dendrocopus major).

Der in den Wäldern Europas häufige Kleinspecht (Dendrocopus minor) *ist nur selten zu sehen.*

Auf Insektensuche

Die Nahrung der Spechte besteht weitgehend aus Insekten und ihren Larven. Grün- und Grauspecht jagen auch oftmals am Boden nach Ameisen, und manchmal greifen sie Bienenstöcke an. Einige nordamerikanische Arten fangen Insekten im Flug. Im übrigen fressen sie Insekten, die sie aus Rissen und Spalten der Rinde herauspicken oder aus dem Holz herausbohren. Der spitze Schnabel ist ein ausgezeichneter Meißel; die Schädeldecke ist verstärkt, damit sie die Erschütterungen beim Hämmern aushalten kann. Der Specht hämmert abwechselnd von rechts und von links, genau wie Waldarbeiter beim Fällen eines Baumes die Axt führen. Die Insekten werden dann mittels des zweiten nützlichen „Werkzeuges" herausgeholt — der außergewöhnlich langen Zunge. Der Grünspecht kann sie 15 cm weit aus dem Schnabel herausstrecken. Die Zunge ist mit Muskeln verbunden, die um Rückseite und Decke des Schädels herumgreifen. Bei vielen Arten ist die Zunge mit Widerhaken versehen, mit Borsten besetzt oder klebrig.

Einige Arten fressen Früchte und Samen oder trinken Pflanzensaft. Große Buntspechte sammeln in besonders angelegten Höhlen oder natürlichen Höhlungen Kiefern- und Fichtenzapfen. In der „Spechtschmiede" entfernen sie die Schuppen von den Zapfen und fressen dann die Samen. Durch diesen Übergang zu pflanzlicher Nahrung im Herbst und Winter können sie auch in unwirtlichen Gegenden überleben.

Nisthöhlen

Mit Ausnahme einiger afrikanischer Arten, die in Bodenhöhlen oder Ameisenbauten nisten, hausen die Spechte in Baumhöhlen. Sie bohren einen Stamm an und treiben die Höhle dann bis zu 30 cm tief hinunter. Das Nest wird nicht ausgepolstert, die zwei bis acht weißen Eier liegen am Boden der Höhle. Die Jungen schlüpfen nach elf bis zwölf Tagen und werden nach zwei bis drei Wochen flügge, je nach Größe der Art. Die Eltern brüten und füttern später die Küken abwechselnd.

Erzwungener Umzug

Eine Nisthöhle mit 10 bis 15 cm Durchmesser kann einen Baum derartig schwächen, daß er eingeht. F. K. Truslow hat beobachtet, was bei einer Nisthöhle des amerikanischen Schwarzspechtes im Everglade National Park passierte. Der Baum spaltete sich am Einflugloch zur Höhle, man sah, daß die Wand des Stammes nur noch 6 bis 12 mm stark war. Truslow wartete ab — das Weibchen brütete, war aber ausgeflogen. Zehn Minuten später kam es zurück, verschwand in der Höhle und erschien wieder mit einem Ei im Schnabel. Es flog etwa 70 m weit weg, ohne das Ei zu verlieren. Alle drei Eier wurden auf diese Weise abtransportiert. Leider weiß man nicht, wie diese ungewöhnliche Geschichte weiterging, weil der Beobachter nicht feststellen konnte, was mit den Eiern geschah. Jedenfalls ist dies einer der wenigen Berichte darüber, wie Vögel ihre Eier dadurch gerettet haben, daß sie sie wegtrugen.

Klasse	**Aves**
Ordnung	**Piciformes**
Familie	**Picidae**
Gattungen und Arten	*Campephilus principalis*, Großer Elfenbeinschnabel; *Dendrocopus major*, Großer Buntspecht; *D. minor*, Kleinspecht; *Dryocopus martius*, Schwarzspecht; *Jynx torquilla*, Wendehals; *Dendrocopus medius*, Mittelspecht; *Picoides tridactylus*, Dreizehenspecht; *Picus viridis*, Grünspecht; *P. canus*, Grauspecht

Leierschwanz

Im Jahre 1798 hatten Forschungsreisende in den Gebirgswäldern Ostaustraliens einen Vogel entdeckt, den sie Berg-fasan, Eingeborenenfasan oder auch Paradiesvogel nannten. Erst in den Jahren nach 1820 bekam er den Namen Leierschwanz.

Der Hahn ist etwa so groß wie ein Zwerghuhn, mit kräftigen Beinen und Füßen. Das aschbraune Gefieder ist an den Schwingen rötlich getönt. Der 60 cm lange Schwanz besteht aus 16 Federn: die beiden großen Außenfedern sind breit und eigenartig gebogen, sie haben zusammen die Gestalt einer Leier, die übrigen, dazwischen liegenden Federn sind feine, spitzenartige Schmuckfedern. Das Gefieder der Henne ist ähnlich, jedoch mit gewöhnlichem Schwanz. Die Hähne bekommen den charakteristischen Schwanz erst mit drei Jahren.

Einzigartiges Verhalten

In den Bergwäldern mit ihren steilen Fels-hängen, schnell fließenden Bächen und hohen Baumfarnen vollführt der Leierschwanz sein schon fast legendäres Balzspiel. Im Herbst errichtet der Hahn ein Revier von rund 20 000 qm. Mit seinen kräftigen Beinen und Füßen scharrt er große Wälle aus Erde und Laub zusammen und zeigt darauf sein Balzspiel. Es kann vorkommen, daß ein Hahn bis zu einem Dutzend solcher Reviere hat. Zur Eröffnung der „Vorstellung" ruft er von einem Baumstamm, einem der unteren Äste eines Baumes aus, dann fliegt er auf den Erdwall und beginnt mit lauter, durchdringender Stimme zu singen. Nach einigen Minuten entfaltet er die Schwanz-federn, die er solange wie eine Pfauen-schwanzschleppe gehalten hatte. Er richtet die Schwanzfedern auf und schlägt sie über den Kopf hinweg nach vorn, so daß ein Baldachin entsteht; die beiden Außenfedern bilden den Rahmen. Unter diesem schim-mernden Baldachin halb verborgen, beginnt er zu tanzen und einander überstürzende, sprudelnde Laute auszustoßen. Die Stimme wird immer höher — und erlischt dann plötz-lich. Der Schwanz wird in die Normalstel-lung zurückgeschwungen, der Vogel verläßt den Wall — die „Vorstellung" ist beendet. Manchmal schüttelt er die Schwanzfedern auch heftig, während sie baldachinförmig vornüber gebogen sind, und gibt trommel-artige Laute von sich.

Über dieses Verhalten ist viel geschrieben worden; es soll angeblich der Henne gelten, doch vieles spricht dafür, daß es nur den Besitz des Revieres anzeigen soll.

Einzelkinder

Brutzeit ist von April bis Mai, die Henne braucht dann allein drei bis vier Wochen zum Bau eines großen Nestes aus Stengeln, das sie mit Moos auspolstert. Der Hahn ist polygam, er beteiligt sich nicht am Nestbau. Das überdachte Nest wird auf dem Boden, einem Felsvorsprung, einem Baumstumpf oder in einer hochgelegenen Astgabel errich-tet. Die Henne verläßt das Nest für einige Tage und legt dann ein gräulichpurpurrotes Ei von der Größe eines Hühnereies. Sie ver-

läßt das Nest nochmals für einige Tage, brü-tet dann aber ununterbrochen sechs Wochen lang. Das Küken hat Daunen, nach zehn Tagen beginnt das Gefieder zu wachsen, und erst sechs Wochen nach dem Schlupf verläßt es das Nest. Währenddem füttert die Henne mit Insekten und Schnecken. Die Alten scharren genau wie Hühner mit Füßen und Krallen nach Samen, Insekten und anderen kleinen Wirbellosen.

Handel mit Leierschwanzfedern

Erwachsene Leierschwänze haben kaum na-türliche Feinde. Allerdings dürfte der jetzt in Australien ausgestorbene Beutelwolf Jagd auf Leierschwänze gemacht haben. Heute ist

In den Wäldern bei Sherbroke, ca. 40 km von Melbourne entfernt, ist der wunderbare Gesang des Leierschwanzes zu hören.

der eingeführte Rotfuchs als Feind anzu-sehen. Als Nesträuber sind Schlangen, große Eidechsen und Vögel wie der Kookaburra gefährlich. Der einzige weitere Feind ist der Mensch; doch der Leierschwanz steht jetzt unter Naturschutz. Gleich nach der Entdek-kung des Vogels war eine riesige Nachfrage nach seinen herrlichen Schwanzfedern ent-standen; noch Anfang unseres Jahrhunderts wurden sie in den Straßen von Sydney kör-beweise verhökert. Der australische Ornitho-

loge Chisholm berichtet, 1911 habe ein Händler in Sydney 498 Schwänze verkauft und ein anderer 800 exportiert. Andere Ornithologen nennen für jene Zeit Zahlen von 2000 innerhalb von drei Jahren, obwohl der Export verboten war. Glücklicherweise ist der Leierschwanz seit vielen Jahren geschützt, so daß seine Zukunft nicht gefährdet ist.

Ein Künstler hat sich geirrt
In Australien wird der Leierschwanz auf Stempeln, Siegeln und Briefmarken dargestellt, und zwar mit senkrecht nach oben gehaltenem Schwanz. So hält der Vogel den Schwanz jedoch nur einen Augenblick, wenn er ihn nach vorn schwingt, um den Baldachin zu bilden. Hatte der Künstler als Vorlage nur einen Schwanz im Atelier, den er an der Wand senkrecht aufstellte? Traditionen sterben jedoch nur langsam aus; noch heute zeichnen Künstler den Leierschwanz mit dieser unnatürlichen Schwanzstellung.

Falscher Alarm
Die Berühmtheit des Leierschwanzes verdankt er jedoch nicht nur seinem Schwanz, sondern ebenso auch seiner Stimme. Wer ihn jemals in den von Farnkraut bedeckten Sumpflandschaften Ostaustraliens mit der schönen, kräftigen Stimme hat singen hören, rühmt den Gesang des Leierschwanzes. Er ist auch ein vollendeter Spötter. Man hat ihn sogar als Australiens Spottdrossel bezeichnet. Ein australischer Zoologe behauptet sogar, als Spötter käme in der ganzen Welt kein anderer Vogel an den Leierschwanz heran. Er ahmt nicht nur die Gesänge und Rufe vieler Singvögel, den Chorgesang von Kakadus und das Tschilpen des Sperlings nach, sondern auch verschiedene Geräusche wie den Peitschenknall. Offenbar lernen Jungvögel diese Gesänge von ihren Eltern. Man vermutet sogar, daß sie den Gesang inzwischen ausgestorbener Vögel von Generation zu Generation vererbt haben. Ungewöhnlich sind auch die aus solchen Melodien bestehenden Wechselgesänge.

Leierschwanz unter seinem „Baldachin" — den nach vorn geschlagenen Schwanzfedern.

Leierschwänze ahmen aber, wie gesagt, auch sonstige Geräusche nach, wie Kettengerassel, das Geräusch einer Kreissäge oder auch menschliche Stimmen. Chisholm berichtet, daß in der australischen Provinz Victoria eine Sägemühle drei Sirenentöne als Signal bei Unfällen und sechs als Katastrophenalarm hatte. Eines Tages hörte man sechs Sirenentöne, und alles lief zusammen. Ein Leierschwanz hatte die nicht selten vorkommenden drei Sirenentöne bei Unfällen gehört, hatte sie nachgeahmt und laufend wiederholt.

Klasse	**Aves**
Ordnung	**Passeriformes**
Familie	**Menuridae**
Gattung und Art	*Menura novaehollandiae*, Leierschwanz

Stieglitz

Der Stieglitz ist ein sehr hübscher, 13 cm langer Vogel. Seinen zweiten Namen Distelfink bekam er nach seiner Hauptnahrungspflanze. Seine Oberseite ist gelblich braun, die Unterseite heller. Der Kopf ist lustig schwarz, weiß und rot gezeichnet. Die Flügel sind schwarz mit gelben Balken, die Flugschwingen haben weiße Spitzen. Auch der gegabelte Schwanz hat weiße Spitzen. Der kurze, konische Schnabel ist typisch für Samenfresser.

Bei jungen Stieglitzen ist der Kopf noch nicht schwarz-weiß-rot gefärbt, er ist mit Punktlinien oder Streifen an Kopf, Oberseite und Brust gezeichnet; von dem gelben Flügelbalken abgesehen, sieht er einigen nahe verwandten Finkenvögeln sehr ähnlich, wie dem Zeisig (Carduelis spinus). Der Zeisig ist etwa gleich groß, hat aber mehr Gelb im Gefieder. Im Sommer lebt er in Fichtenwäldern, im Winter in Erlen an Flußläufen. Ein weiterer Verwandter ist der Berghänfling (Carduelis flavirostris). Der Girlitz (Serinus serinus) ähnelt dem Zeisig in Aussehen und Verhalten; er ist ebenfalls mit dunklen Streifen gezeichnet. Entwicklungsgeschichtlich gesehen zeigen diese drei Arten sozusagen mit dem gestreiften Gefieder das Jugendkleid des Stieglitz. Der Stieglitz ist in ganz Europa bis West- und Südwestasien verbreitet, ebenso in Nordafrika.

Stieglitz-Schwärme

Der Stieglitz ist ein prächtiger Vogel, der zu bestimmten Jahreszeiten auf einmal auftaucht, besonders im Spätsommer, wenn die Samenstände verschiedener Kräuter reifen. Außerhalb der Brutzeit rottet er sich zu kleinen Schwärmen zusammen. Durch sein wohlklingendes, melodiöses Zwitschern und die auffällige, farbenfreudige Zeichnung erregt er Aufmerksamkeit. Wenn er nicht auf Nahrungssuche ist, thront er hoch oben in den Bäumen, besonders gern an den äußersten Zweigenden. Im Gegenlicht, wenn die farbige Kopfzeichnung nicht auffällt, hält man ihn für irgendeinen aus dem halben Dutzend kleiner Finkenvögel. Die Schwärme übernachten in Bäumen, im Winter bevorzugen sie Eichen und Buchen, besonders innerhalb von Hecken, die ihr Herbstlaub erst sehr spät verlieren. Wie andere Finken fliegt er wellenförmig oder nur immer kurze Strecken. Durch sein melodisches, wohlklingendes Zwitschern wurde der Stieglitz, ähnlich wie der verwandte Hänfling, zum beliebten Käfigvogel.

Er lebt von Samen

Stieglitze suchen ihre Nahrung nur selten am Boden, obwohl sie vor allem im Sommer auch Insekten fressen. Ihre Hauptnahrung sind Distelsamen und überhaupt die Samenstände von Korbblütlern. Sie fressen auch Fichten- und Birkensamen und fliegen Erlen wegen der Blütenkätzchen an, oft in Gesellschaft mit Zeisigen und Grünlingen. Man hat auch schon beobachtet, wie sich ein Stieglitz auf einen abgeblühten Löwenzahnstengel

Für seine Kunststücke mit Schnüren ist der Stieglitz schon seit Jahrhunderten berühmt und volkstümlich.

setzt und ihn herunterbiegt, ihn an der abgebogenen Stelle anzwickt, den Blütenstand dann mit den Füßen am Boden festklemmt und die Samen frißt. Er praktiziert das immer wieder so.

Produktives Weibchen

Die Brutzeit beginnt Anfang Mai. Das Männchen läßt in der Balz die goldgelben Flügelbalken aufblitzen und wiegt hin und her.

Der Ernst des Lebens beginnt: Junger Stieglitz hat das Nest verlassen.

Der Nestbau ist allein Sache des Weibchens. Das Nest wird aus Wurzeln, Gras, Wolle, Moos und Flechten verwoben und mit der Wolle von Distelblüten ausgepolstert. Es sitzt gewöhnlich ziemlich weit außen an einem Zweig, manchmal auch in einer Hecke. Es gibt Beispiele dafür, daß Stieglitze die Bindfäden von Sortenschildern in Obstanlagen aufgeknotet und mit beim Nestbau verwendet haben. Die fünf bis sechs bläulichweißen, mit roten Streifen und Punkten gezeichneten Eier sind 12 bis 18 mm groß, sie werden nur vom Weibchen 12 bis 13 Tage bebrütet. Es wird vom Männchen gefüttert, bis dann beide Eltern weitere 12 bis 13 Tage lang die Jungen mit vorverdauter Nahrung versorgen. Es gibt manchmal drei Bruten im Jahr.

Tricks mit Schnüren

Beim Brutverhalten war eben von aufgeknoteten Bindfäden die Rede; das mag erstaunlich klingen, liegt aber im Rahmen der allgemein bekannten Fähigkeiten des Stieglitzes. Der Verhaltensforscher W. H. Thorpe berichtet, daß seit dem 16. Jahrh. schon Stieglitze in Käfigen gehalten wurden, so daß das Volk ihre Fähigkeiten bewundern konnte. Die Käfige waren so eingerichtet, daß die Stieglitze bestimmte Funktionen ausüben mußten, um an Futter und Wasser heranzukommen. An der einen Seite befand sich ein an einem Bindfaden aufgehängter Behälter mit Samen. Der Stieglitz mußte mit dem Schnabel an dem Faden ziehen und die Schlinge mit dem Fuß festhalten, dann mit dem Schnabel an einer zweiten Schlinge ziehen und diese mit dem anderen Fuß festhalten, um so an den Samen zu kommen. An einem anderen Faden hing ein Fingerhut voll Wasser, an das er nur auf dieselbe Weise herankommen konnte.

Kanarienvögel und andere Käfigvögel hat man zu ähnlichen Kunststücken gebracht. Aber nicht nur Käfigvögel haben Kunststücke vollbracht. 1957 wurde aus Norwegen und Schweden von Nebelkrähen berichtet, die den Fischern Köder und Fische von den in Löchern im Eis ausgelegten Angelleinen stahlen. Die Krähe nahm die Angelschnur in den Schnabel, ging rückwärts und zog sie aus dem Loch heraus, dann ging sie auf der Schnur zum Wasser zurück, so daß sie nicht zurückrutschen konnte, um schließlich am Rande des Eises den Fisch oder Köder zu greifen.

Klasse	Aves
Ordnung	Passeriformes
Familie	Fringillidae
Gattung und Art	Carduelis carduelis, Stieglitz

Prachtfinken

Die Prachtfinken sind eine Gruppe kleiner, farbenprächtiger, samenfressender Vögel; sie sind auch beliebte Ziervögel. Mit den Sperlingen und Webern verwandt, bilden sie zusammen mit den Schnurvögeln, dem Japanischen Möwchen, mit Reis- und Zebrafink, Munias und einigen anderen eine Unterfamilie. Leider haben einige voneinander abweichende volkstümliche Namen, so daß die Namensgebung der Prachtfinken etwas verwirrend ist.

Die Vögel sind gewöhnlich nur 10 cm lang, die Oberseiten vieler Arten sind mit Bändern reizvoll gezeichnet. Die als Astrild, Wellenastrild oder auch Gewöhnlicher Astrild bezeichneten Arten sind braun, mit zarten Bändern. Die Augen sind mit einem scharlachroten Fleck umrandet, Wangen und Kehle sind rot, das Männchen ist an der Unterseite rosa getönt. Sie sind in vielen Gebieten Afrikas verbreitet; auf St. Helena und in Brasilien sind sie eingeführt worden. Bei anderen Prachtfinken ist die Namensgebung ähnlich verwirrend. So heißt der Grauastrild auch einfach Prachtfink. Der nur 8,5 cm lange Heuschreckenastrild taucht in dichten Schwärmen auf. Sein Gefieder ist fast schwarz, mit etwas Rot an Wangen und Kehle. Der kleinste ist das Orangebrüstchen, mit karminrotem Augenstreifen und karminrotem Bürzel; die Kehle ist gelb und geht nach der Unterseite zu in Scharlachrot über, die Seiten haben gelbe Balken. Prachtfinken sind in Afrika südlich der Sahara verbreitet, ausgenommen einige Arten, wie Tigerfink und Dornastrild, die in Südasien bzw. Australien verbreitet sind.

Getreidefresser

Außerhalb der Brutzeit sind Prachtfinken recht gefräßig. Sie leben in Gruppen, die manchmal nur aus ein paar Vögeln bestehen; andere bestimmte Arten aber, wie der Heuschreckenastrild, bilden riesige Schwärme. Sie halten ständig durch schrille oder auch weiche, sanfte, ausgesprochen monotone Rufe miteinander Fühlung, damit der Schwarm zusammen bleibt. Sie fressen Gräsersamen und Getreide und sind deshalb auf Wiesen in Flußnähe und auf Feldern anzutreffen, oftmals zusammen mit anderen Samenfressern wie Webern. In Sierra Leone folgen ihnen Ratten auf dem Fuße, welche die heruntergefallenen Samen und Körner fressen. Im allgemeinen sind Prachtfinken nicht so zahlreich, als daß sie gefährliche Schädlinge werden könnten. Sie fressen auch Insekten und Termiten.

Zweitwohnung oder List?

Typische Prachtfinken unterscheiden sich von nahverwandten Arten durch ihre kugelförmigen Nester mit tunnelartigem, vorspringendem Eingang; sie ähneln sehr den Nestern der Sperlinge und Weber. Die Nester bestehen aus Grasstengeln und Blütenköpfen, die zu einer unordentlichen Masse verwoben und an senkrechten Stielen be-

Der aparte westafrikanische Schwarzschwanz-Schönbürzel (Estrilda perreini).

festigt sind; oder sie sitzen am Boden zwischen Gras oder Kräutern. Einige Prachtfinken schmücken ihre Nester mit Papier, feuchter Erde, Federn oder sonstigen Dingen. Eigenartig sind bei den echten Prachtfinken die zusätzlichen Nester, die sich in der Nähe oder auch über oder neben dem Nest befinden. Sie werden als Schlafnester benutzt. D. Goodwin meint, sie sollten Raubvögel irreführen, so daß sie das wirkliche Nest übersehen.

Der Nestbau ist Sache des Weibchens; das Männchen hilft dabei, das Nest mit Federn auszuschmücken und zu polstern. Beide Geschlechter bebrüten die vier bis sechs weißen Eier, aus denen nach zwei Wochen die Küken schlüpfen. Die Eltern füttern die Küken mit vorverdauten Samen und Körnern, wenn die Jungen ihren Schnabel in den der Alten stecken und um Nahrung betteln. Nach 16 bis 17 Tagen werden die Jungen flügge.

Unerbetene Gäste

Viele Prachtfinken werden von den nahe verwandten Witwen parasitiert. Die Witwen legen ihre Eier in die Nester der Prachtfinken, und die jungen Witwen werden mit den Prachtfinken aufgezogen. Aber nicht alle Witwen sind Parasiten. Eine Prachtfinkenart, das Goldbrüstchen, dreht den Spieß in gewisser Weise um: Es legt seine Eier in die Nester anderer Weber, doch erst wenn sie

das Nest verlassen haben. Diese beenden ihre Brutzeit im März, wenn die Brutzeit der Goldbrüstchen beginnt. Diese übernehmen die Nester und kleiden sie frisch aus.

Klasse	**Aves**
Ordnung	**Passeriformes**
Familie	**Ploceidae**
Gattungen und Arten	*Estrilda astrild*, Wellenastrild; *Ortygospiza locustella*, Heuschreckenastrild; *Amandava perreini*, Schwarzschwanz-Schönbürzel; *E. troglodytes*, Grauastrild; *E. melpoda*, Orangebäckchen; *Amandava subflava*, Goldbrüstchen; *Aegintha temporalis*, Dornastrild

Säuger

Obwohl Säuger, wie die Vögel, Abkömmlinge primitiver Reptilien sind, unterscheiden sich die beiden Formen sehr deutlich in Körperbau und Verhalten. Beide sind gleichwarme oder „warmblütige" (homoiotherme) Tiere und atmen durch Lungen; aber während alle Vögel Eier legen, bringen die Weibchen der Säugetiere gewöhnlich lebende Junge zur Welt. Darüber hinaus ist der Vogelkörper mit Federn bedeckt, der des Säugers dagegen mit Haaren. Abgesehen vom Menschen sind Säuger relativ stille Tiere, obwohl alle Stimmen haben, die vor allem in der Paarungszeit zu hören sind. Bei den Vögeln ist das Gesicht der Hauptsinn, bei den Säugern jedoch der Geruch, mit Ausnahme der Primaten (Halbaffen, Affen und Mensch), die in erster Linie Augentiere sind.

Eines der Merkmale von Vögeln, das darauf hinweist, daß sie Abkömmlinge von Reptilien sind, ist das Vorhandensein von Schuppen auf ihren Körpern. Es ist wahr, daß diese auf die Beine und Füße beschränkt sind, aber da sie so deutlich an die entsprechenden Strukturen der Reptilien erinnern, beseitigt dies auch die letzten Zweifel an der nahen Verwandtschaft zwischen Vögeln und Reptilien. Auch bei Säugern treten gelegentlich Schuppen auf, zum Beispiel beim Pangolin oder Schuppentier. Als Cook Australien entdeckte und damit den Weg für die Kolonisation dieses Kontinents bahnte, konnte er nicht ahnen, daß ein Ergebnis dieser Kolonisation die Zoologen dieser Zeit vor ein Problem stellen sollte. Es wäre schwer, jemanden davon zu überzeugen, daß Säuger von den Reptilien abstammen, wenn es nicht die Schnabeltiere von Australien und die Schnabeligel von Neuguinea und Australien gäbe, die die ersten Siedler entdeckten.

Beide sind zweifelsohne Säuger. Sie tragen beide ein Haarkleid, und ihre Weibchen nähren die Jungen in den ersten Lebenstagen mit Milch. Aber beide legen Eier, was unter Säugern einmalig ist. Darüber hinaus zeigen sie im Bau mancher Knochen, in bestimmten anderen Merkmalen des Skelettes, aber auch in der Anatomie ihrer Fortpflanzungs-, Exkretions- und Verdauungssysteme Reptilienmerkmale.

Ebenfalls in Australien, aber nicht nur hier, sondern auch auf einigen benachbarten Inseln und in Amerika, leben die Beuteltiere, die für die meisten von uns durch das Känguruh verkörpert werden. Sie sind zweifellos Säuger, aber sie haben sich nur wenig weiterentwickelt als die eierlegenden Säuger. Auch sie besitzen eine Reihe unzweifelhaft reptilienartiger Merkmale.

Von dem Punkt, wo wir über das Schlagwort „Von der Amöbe zum Menschen" gesprochen haben, bis hierher haben wir in diesem Buch einen weiten Weg durch das Reich der Tiere zurückgelegt. Obwohl dieses Schlagwort im Prinzip noch brauchbar und als Gedächtnisstütze nützlich ist, gilt es heute nicht mehr. Wie es dazu kam, wirft ein interessantes Licht auf die Klassifizierung der Säugetiere.

Der Mensch hat immer seine eigene Art an die Spitze der Pyramide gesetzt, die das Tierreich bildet. Folgerichtig begann man mit den primitivsten, den eierlegenden Säugern und endete mit den Primaten, also den Säugern mit dem höchstentwickelten Gehirn, zu denen auch der Mensch gehört, wenn man ein System der Säuger entwarf. Diese Klassifikation war allgemein anerkannt und wurde jahrzehntelang gebraucht.

1945 veröffentlichte der berühmte Zoologe Simpson eine Monographie, in der er eine neue Säugetiersystematik vorschlug. Die revolutionäre Idee dieser Arbeit war, die Spezialisierung des ganzen Körpers zu bewerten, und nicht nur die Hirnentwicklung. Das Ergebnis sehen wir hier:

DAS SYSTEM DER SÄUGETIERE:

Klasse Säuger   6000 Arten
Unterklasse Prototheria
Ordnung Monotremata
   (Kloakentiere)
Unterklasse Theria
Teilklasse Metatheria
Ordnung Marsupialia
   (Beuteltiere)
Teilklasse Eutheria
Ordnung Insectivora
   (Spitzmäuse, Maulwürfe, Igel, Tanreks)
Ordnung Dermoptera (Riesengleitflieger)
Ordnung Chiroptera (Fledertiere)
Ordnung Primates
   (Halbaffen, Affen, Mensch)
Ordnung Edentata
   (Ameisenbären, Gürteltiere, Faultiere)
Ordnung Pholidota (Pangoline)
Ordnung Lagomorpha (Hasentiere)
Ordnung Rodentia (Nager)
Ordnung Carnivora
   (Hunde, Bären, Katzen, Robben etc.)
Ordnung Tubulidentata (Erdferkel)
Ordnung Hyracoidea (Klippschliefer)
Ordnung Probiscoidea (Elefanten)
Ordnung Sirenia (Seekühe)
Ordnung Perissodactyla
   (Pferde, Esel, Nashörner, Tapire)
Ordnung Artiodactyla
   (Schweine, Flußpferde, Kamele, Hirsche, Rinder, Ziegen, Schafe etc.)
Ordnung Cetacea
   (Wale, Delphine, Tümmler)

Herde von Chapmanzebras an einem Wasserloch.

Schnabeltier

Heute gilt das Schnabeltier als ein ungewöhnliches Tier von merkwürdigem Aussehen; aber man kann sich leicht vorstellen, was es für ein Aufsehen erregte, als es entdeckt wurde. Diese Kreatur sah so fremdartig aus, daß ein Zoologe es mit dem Namen paradoxus *bedachte, und ein Paradoxon ist es auch mit seinem Entenschnabel, seinem Säugerfell und seinen Schwimmfüßen.*

Bekannt als Schnabeltier oder auch als Platypus ist es eines der wenigen australischen eierlegenden Säugetiere; die anderen sind die Ameisenigel und Langschnabeligel. Das Schnabeltier ist etwa 60 cm lang, einschließlich des 15 cm langen Schwanzes, der dem eines Bibers ähnelt. Es wiegt etwas über 2 kg, die Männchen sind etwas größer als die Weibchen. Der Schnabel ist die langausgezogene, empfindliche Schnauze und ist weicher als ein Entenschnabel, nicht so hart, wie man meist glaubt.

Obwohl es so bizarr aussieht, ist das Schnabeltier hervorragend an seine amphibische Lebensweise angepaßt. Die Beine sind kurz, mit starken Krallen und durch Schwimmhäute verbundenen Zehen. Die Schwimmhäute an den Vorderbeinen können zurückgezogen werden, so daß die Krallen zum Graben und Laufen gebraucht werden können. Die Öffnung zum Innenohr und das Auge liegen in einer beweglichen Hautfalte auf beiden Seiten des Kopfes. Diese Falte kann verschlossen werden, wenn das Schnabeltier taucht. Er hat keine äußeren Ohren und taucht blind und taub. Junge haben Zähne, aber diese werden bald durch Hornleisten ersetzt.

Durch die dicke, schlaffe Haut erscheint der Körper größer, als er in Wirklichkeit ist. Das Haarkleid besteht aus der dichten Unterwolle und glänzenden, langen Grannenhaaren. Die Farbe an der Oberseite wechselt von sepiabraun bis schwarz. Die Unterseite ist silbern mit gelblichem oder rosa Anstrich. Weibchen kann man an der rötlichen Tönung des Pelzes erkennen. Erwachsene Männchen tragen an jeder Ferse einen hohlen Stachel, der mit einer Giftdrüse verbunden ist. Das Gift kann für den Menschen sehr schmerzhaft sein, ist aber nicht tödlich.

Das Schnabeltier wurde 1796 entdeckt, also erst fast 200 Jahre, nachdem das erste Känguruh von einem Europäer gesehen wurde. Dies ist nicht so merkwürdig wie es auf den ersten Blick scheint, denn aquatische Tiere bekommt man nur selten zu sehen, vor allem dann, wenn sie wie das Schnabeltier nächtlich leben.

Heraus aus dem Bau und hinein in den Fluß! Unter Wasser ist das Schnabeltier blind und taub; so verläßt es sich hauptsächlich auf den Tastsinn, der besonders in seinem weichen, gummiartigen Schnabel gut entwickelt ist.

Das Verbreitungsgebiet ist in der Karte eingezeichnet. Die Westgrenze bilden der Leichhardt River in North Queensland und der Murray, Onkaparinga und Glenelg in Südaustralien. Man findet sie in allen möglichen Binnengewässern, von Eisbächen in 1500 m Höhe bis zu Seen und warmen Flüssen im Flachland.

Kräftiger Appetit

Wie viele andere kleine gleichwarme Tiere ist das Schnabeltier ein gieriger Fresser und braucht wahrscheinlich im Verhältnis zu seinem Körpergewicht mehr Nahrung als jedes andere Säugetier. Es frißt hauptsächlich am frühen Morgen und am späten Abend. Seine Nahrung bilden Krebse, Würmer und andere kleine Wassertiere. Es sucht mit dem Schnabel nach ihnen und nimmt gleichzeitig Sand und Schlamm auf, die anscheinend beim Zerkleinern der Nahrung eine Rolle spielen. Am Tage ruht das Schnabeltier in seinem Bau, den es in die Ufer gräbt. Nachts kommt es heraus und sucht am Boden des Flusses nach Nahrung.

Eierlegende Säugetiere

Fortpflanzungszeit ist von August bis November; die Paarung findet im Wasser statt. Ihr geht ein langes und eigenartiges Liebesspiel voraus. Unter anderem ergreift das Männchen den Schwanz des Weibchens, und die beiden schwimmen langsam im Kreis herum. Das Weibchen gräbt einen vielfältig gewundenen Bau in das Ufer, der 7,50 bis 11 m, ja sogar 20 m lang sein kann. Er liegt in etwa 30 bis 45 cm Tiefe. An seinem Ende befindet sich die Bruthöhle, die mit nassem Gras und Blättern ausgekleidet ist. Das Weibchen transportiert Blätter und Gräser mit dem Schwanz. Gewöhnlich werden zwei weichschalige, weiße Eier von etwa 12 mm Durchmesser gelegt. Oft kleben sie aneinander, so daß sie nicht wegrollen können, und das feuchte Gras und Laub sorgt dafür, daß sie nicht austrocknen. Bevor das Weibchen zurückkehrt, um seine Eier abzulegen — etwa 2 Wochen nach der Paarung — verschließt es den Tunnel an mehreren Stellen mit Erde. Diese Verschlüsse können bis 20 cm dick sein und werden mit Hilfe des Schwanzes errichtet. Während der Brutzeit von sieben bis zehn Tagen verläßt es kaum einmal das Nest, aber wenn es dies tut, werden die Zwischenwände wieder errichtet. Möglicherweise handelt es sich um eine Schutzmaßnahme, aber tatsächlich haben die Schnabeltiere heute kaum noch Feinde. Wahrscheinlich handelt es sich hier in erster Linie um einen Schutz gegen klimatische Faktoren.

Die jungen Schnabeltiere sind nackt und blind; die Augen öffnen sich erst nach elf Wochen. Die Mutter hat keine Zitzen; die Milch durchdringt Ritzen am Bauch, wo sie von den Jungen aufgeleckt wird. Mit knapp vier Monaten ist das Junge entwöhnt; dann sucht es zum erstenmal das Wasser auf.

Kaninchen als Konkurrent

Früher wurde das Schnabeltier wegen seines biberartigen Pelzes heftig bejagt; heute ist es streng geschützt. Sehr oft fällt es den Fischreusen zum Opfer. Wenn das Schnabeltier in eine eindringt, kommt es nicht wieder heraus und ertrinkt, weil es nicht länger als fünf Minuten unter Wasser bleiben kann. Das in Australien eingebürgerte Kaninchen bedroht das Schnabeltier in anderer Hinsicht. Wo Kaninchen zu viele Bauten gegraben haben, kann das Schnabeltier seine Jungen nicht aufziehen, weil es feste Erde für seine Bruthöhlen braucht. Glücklicherweise steht es nun unter strengem Schutz der australischen Regierung; sein Bestand ist zurückgegangen, aber gesichert.

Kreatur voller Gegensätze

Zum Glück für die alten Naturwissenschaftler war bei der Entdeckung des Schnabeltieres noch völlig unbekannt, daß es — als Paradoxon — Eier legt und gleichzeitig, wie andere Säuger auch, die Jungen säugt. 1884 sezierte Caldwell, der nach Australien gekommen war, um die Schnabeltiere zu studieren, ein Weibchen, das bereits ein Ei gelegt hatte und ein zweites Ei in seinem Inneren trug. Zitternd vor Aufregung überraschte er die Mitglieder der British Association for the Advancement of Science, die gerade in Montreal tagten, mit dem lakonischen Telegramm „Monotremes oviparus, ovum meroblastic" (Monotremen [Kloakentiere] eierlegend, Eier mit unvollständiger Furchung).

Lange vorher, 1799, gelangte der erste Balg nach London und in die Hände von Shaw, der damals Assistent an der Abteilung Naturgeschichte des Britischen Museums war. Shaw konnte kaum glauben, daß dieser Balg echt sei. Zu dieser Zeit bastelte man alle möglichen Tierteile zu Phantasielebewesen wie der „Indischen Seejungfrau" zusammen; man verband den Balg eines Affen mit dem Schwanz eines großen Fisches. Es ist daher nicht überraschend, daß Shaw glaubte, jemand habe den Schnabel einer Ente an einen Vierfüßler geklebt. Er versuchte, den Schnabel zu entfernen, und noch heute kann man an diesem Balg die Spuren seiner Pinzette erkennen.

Klasse	**Mammalia**
Ordnung	**Monotremata**
Familie	**Ornithorhynchidae**
Gattung und Art	*Ornithorhynchus anatinus,* Schnabeltier

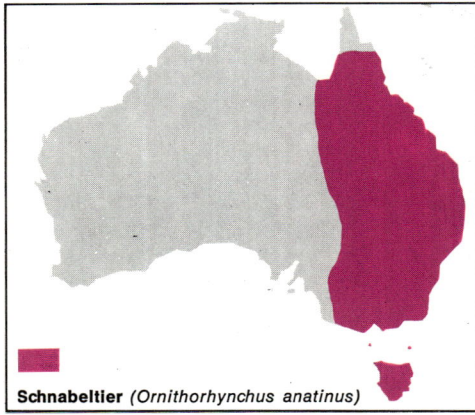

Schnabeltier (*Ornithorhynchus anatinus*)

Unten: Im Wasser benutzt das Schnabeltier die kräftigen, mit Schwimmhäuten versehenen Vorderbeine zum Schwimmen und die Hinterbeine als Ruder. An Land dienen die Vorderbeine vor allem zum Graben.

Känguruhs

Am besten von allen Känguruhs sind das Rote und das Graue Riesenkänguruh bekannt. Das Graue Riesenkänguruh wird 1,80 m, manchmal auch bis 2,10 m hoch und bis zu 100 kg schwer. Der Kopf ist klein, die Vorderbeine sind geradezu winzig im Vergleich zu den mächtigen Hinterbeinen. Der kräftige Schwanz wird bis 1,20 m lang. Die Farbe wechselt; gewöhnlich ist es grau mit weißlicher Unterseite. Der Nasenspiegel ist zwischen den Nasenlöchern behaart. Die Grauen Riesenkänguruhs leben in lichten Wäldern und fressen Laub. Das Rote Riesenkänguruh ähnelt dem Grauen in Größe und Körperbau, aber das Männchen trägt ein rotes Fell, das Weibchen ist rauchblau, und sein Nasenspiegel ist weniger behaart. Anders als das Graue lebt es in Steppen und ernährt sich in stärkerem Maße von Gras. Sie leben in Gruppen von etwa zwölf Tieren.

Die 51 Arten Känguruhs, Wallabies und Wallaruhs bilden die Familie Macropodidae (macropodus = Großfuß). Nur zwei werden als Riesenkänguruhs bezeichnet, doch gibt es zahlreiche Ratten-, Baum- und Hasenkänguruhs. Ein weiteres Großkänguruh ist das Euro oder Felsen-Großkänguruh. Es ist nicht möglich, die Unterschiede zwischen einem Känguruh und einem Wallaby kurz darzustellen, abgesehen davon, daß das erstere größer ist. Eine Faustregel besagt, daß die Hinterfüße von Känguruhs über 25 cm lang sind.

Das Rote Riesenkänguruh ist in ganz Australien verbreitet. Das Graue besiedelt hauptsächlich Ostaustralien. Es gibt drei Unterarten, die früher als eigene Arten betrachtet wurden; im Südwesten, auf der Känguruhinsel und in Tasmanien. Das Euro lebt zwischen Felsen, vor allem in der Küstenregion. Es hat kürzere und gedrungenere Hinterbeine als das Rote und das Graue Riesenkänguruh.

Weite Sprünge

Beim Fressen, wenn sie sich langsam bewegen, schaukeln die Känguruhs auf ihren kleinen Vorderbeinen und ihrem kräftigen Schwanz und schwingen die Hinterbeine nach vorn. Dann heben sie Arme und Schwanz an und beenden die Bewegung. Wenn sie sich schnell bewegen, benutzen sie ausschließlich die Hinterbeine; der Schwanz wird fast waagerecht getragen und hält das Gleichgewicht. Dabei werden auch Hindernisse überwunden, mit Sprüngen bis zu 8 m Länge. Gewöhnlich tragen sie die Sprünge nicht mehr als 1,5 m hoch; aber es gibt auch Berichte, nach denen sie 3 m hohe Zäune übersprungen haben. Ihre Höchstgeschwindigkeit wurde oft diskutiert. Sie scheinen imstande zu sein, über eine Strecke von 300 m eine Geschwindigkeit von mehr als 40 km zu erreichen; aber manche meinen, sie könnten noch viel schneller laufen.

Sie konkurrieren mit Schafen

Känguruhs fressen hauptsächlich bei Nacht; während der Tageshitze ruhen sie. Weil das Rote Känguruh hauptsächlich Gras frißt, gilt es als gefährlicher Konkurrent der Schafe, die in der australischen Wirtschaft eine große Bedeutung haben. Dadurch, daß der Mensch die Grasflächen vergrößert hat, sorgte er auch für ein Anwachsen der Känguruhbestände. Das Känguruh verdrängt das Schaf, für das die Weiden bestimmt sind, nicht nur auf Grund seiner Zahl, sondern vor allem auch wegen seiner Lebensweise. Schafe verschmähen manche Grasarten; wo die Schafe geweidet haben, steigt der Anteil dieser Gräser rasch an, und so fördern letzten Endes die Schafe die Zunahme der Känguruhs. Känguruhs graben auch gelegentlich nach Wurzeln. Sie können lange Zeit ohne Wasser auskommen, was vermuten läßt, daß sie ursprünglich Tiere der Wüsten und der Halbwüsten waren; aber wo Tränken für Schafe angelegt werden, trinken Känguruhs den Schafen das Wasser weg, wenn man sie nicht aussperrt.

Känguruhs sind ein Problem

Seitdem der Beutelwolf ausgestorben ist, haben Känguruhs nur wenig natürliche Feinde. Der eingebürgerte Dingo fordert durchaus seinen Teil, aber er wird überall abgeschossen, sobald man ihn sieht. Durch das Zurückgehen natürlicher Feinde, das Anlegen neuer Weideflächen und durch die Fähigkeit

Gruppe Roter Riesenkänguruhs liegt faul in der Nachmittagssonne. Die mächtigen Hinterbeine und der lange Schwanz sind deutlich zu sehen.

des Känguruhs, sich zu fast jeder Zeit fort-pflanzen zu können, entstand ein Problem, vor allem für die Schafzüchter. Das Einzäunen der Weideflächen, die oft Tausende von Morgen groß sind, ist teuer, und Känguruhs bringen es fertig, sich an irgendeinem schwachen Punkt unter dem Zaun durchzuquetschen. So schießt man sie ab. In einem Jahr wurden auf neun Schafzüchtereien von 4400 qkm Fläche 140 000 Känguruhs geschossen, und man hätte doppelt soviel töten müssen, um das Gebiet von ihnen frei zu halten. Ein anderes Problem ist das Überspringen von Straßen; dadurch verursachen die Känguruhs oft Unfälle mit erheblichen Kosten und gefährden die Autofahrer.

Bohnengroße Kinder
Die Art und Weise, wie Känguruhs auf die Welt kommen und den Beutel erreichen, wurde ein gutes Jahrhundert diskutiert. 1959/60 wurden alle Zweifel beseitigt, als der Geburtsvorgang beim Roten Riesenkänguruh an der Universität Adelaide gefilmt wurde. Etwa 33 Tage nach der Paarung begann das Weibchen, seinen Beutel zu reinigen. Es hielt ihn mit den Vorderpfoten auf und leckte ihn aus. Dann nahm es die „Geburtsstellung" an. Es sitzt auf der Schwanzwurzel, die Beine und der Schwanz sind nach vorne gestreckt. Dann leckt es an der Geburtsöffnung oder Kloakentasche. Das Kind, nur 18 mm lang, erscheint mit dem Kopf zuerst und hält sich mit den Krallen an den Vorderbeinen im Pelz der Mutter fest. Zu dieser Zeit sind die Hinterbeine sehr kurz.

In drei Minuten zieht es sich bis zum Beutel empor, schlüpft in ihn hinein und packt mit dem Mund eine der vier Zitzen. Beim Grauen Riesenkänguruh verläuft die Geburt in ähnlicher Weise, nur steht das Weibchen dabei mit weit nach hinten gestrecktem Schwanz. Das neugeborene Känguruh, das noch wenig entwickelt ist, wiegt bei der Geburt weniger als 1 g. Es bleibt acht Monate lang im Beutel; dann wiegt es mehr als 4 kg. Es wird noch sechs Monate lang gesäugt, nachdem es den Beutel verlassen hat; es steckt seinen Kopf in den Beutel und saugt an einer Zitze. Mittlerweile ist gewöhnlich schon ein zweites Junges geboren worden, das im Beutel hockt. In Gefangenschaft haben Rote Riesenkänguruhs schon 16 Jahre lang gelebt.

Das Einfachste wurde übersehen
Es dauerte lange Zeit, bis die ersten Berichte über die Känguruhgeburt bestätigt wurden. 1629 entdeckte der niederländische Kapitän Pelsaert, der auf die Abrolhos-Inseln vor Südwestaustralien verschlagen wurde, daß Wallabies ihre Kinder in einem Beutel tragen. Er dachte, sie würden auch dort geboren. Auch die Uraustralier glauben das. 1830 beobachtete Collie, Schiffsarzt auf einer Sloop, die im Cockburn-Sund in Westaustralien lag, die Geburt und sah, daß das Junge genauso geboren wird wie bei anderen Säugern auch, und daß es ohne Hilfe der Mutter in den Beutel gelangte. Später wurden alle möglichen Hpyothesen vorgebracht: Die Mutter sollte das neugeborene Junge mit ihren Vorderpfoten oder mit den Lippen hoch-

Der Spurt des Känguruhs durch das flache Gewässer zeigt die geschmeidige Sprungbewegung.

heben und in den Beutel setzen, ja andere behaupteten sogar, das Junge würde aus der Zitze der Mutter knospen. 1883 stellte sich der berühmte Anatom Owen auf die Seite derjenigen, die behaupteten, die Mutter beförderte das Junge mit ihren Lippen in die Tasche, obwohl Hope 1882 Collie bestätigt hatte. 1913 schrieb Goerling einen Brief an eine australische Zeitung und beschrieb, wie er ein Junges dabei beobachtet hatte, ohne Hilfe der Mutter die Strecke zwischen der Geburtsöffnung und dem Beutel zurückzulegen. Bis 1923 wurde diese Ansicht jedoch nicht allgemein anerkannt. Dann beobachtete und beschrieb Hornaday, Direktor des New Yorker Zoos, die Geburt. Schließlich wurde 1959 bis 1960 der gesamte Geburtsvorgang von Sharman, Merchant, Pilton und Clark an der Universität von Adelaide gefilmt, so daß das Problem ein für allemal aus der Welt geschafft wurde.

Klasse	**Mammalia**
Ordnung	**Marsupialia**
Familie	**Macropodidae**
Gattungen und Arten	*Macropus giganteus,* Graues Riesenkänguruh; *Osphranter robustus,* Euro, Wallaruh oder Felsen-Großkänguruh; *Megaleia rufa,* Rotes Riesenkänguruh

Koala

Der Koala ist wahrscheinlich das Lieblingstier der Australier. Er sieht aus wie ein Teddybär. Lange Zeit glaubte man, der Koala sei nahe mit den Wombats verwandt und stellte ihn in eine eigene Familie, in die der Beutelbären (Phascolarctidae), zu den Wombatartigen. Nun zählt man ihn zu den Kletterbeutlern (Phalangeridae), zu denen auch die Kuskus gehören. Im Verhalten ähnelt der Koala dem Plumplori und den Faultieren, zwei nicht näher mit ihm verwandten Tieren, die sich aber ebenso schwerfällig wie er fortbewegen.

Der Koala ähnelt einem kleinen Bären mit buschigen Ohren, kleinem Auge, mit senkrechter Schlitzpupille und einer hervorragenden, schnabelartigen Schnauze. Er wird 60 cm lang und über 16 kg schwer. Vom Schwanz ist nur noch ein winziger Stummel vorhanden. Er hat einen dicken, aschgrauen Pelz mit einem Anflug von Braun an der Oberseite, gelblichweiß am Hinterteil und weiß an der Unterseite. Futter kann er in seinen Backentaschen speichern, und der Beutel des Weibchens öffnet sich nach hinten. Er hat Greifbeine. An den Vorderfüßen können die ersten beiden Zehen den anderen gegenübergestellt werden, an den Hinterbeinen nur der erste Zeh. Am Hinterfuß sind der zweite und der dritte Zeh auch durch eine Haut verbunden.

Baumkletterer

Der Koala lebt vorwiegend auf Bäumen, nur gelegentlich kommt er auf den Boden herab, nämlich um Erde zu fressen. Anscheinend fördert das Fressen von Erde die Verdauung. Manchmal wandert er schwerfällig von einem Baum zum anderen. Jagt man ihn von seinem Baum herab, so versucht er, so schnell wie möglich auf einen anderen zu klettern. Selbst an glatten Stämmen läuft er hoch und klammert sich mit allen vieren in den obersten Zweigen fest. Obwohl die Beine nur kurz sind, ist ihre Kraft groß, und an den Zehen stehen mächtige Krallen. Beim Klettern spreizt er die Vorderbeine im Winkel von 45° ab, die Hinterbeine stehen senkrecht unter dem Körper. Er klettert in kleinen Hüpfern, bei denen er jeweils etwa 10 bis 20 cm gewinnt. Am Tage ruht er zusammengerollt in einer Astgabel. Baumhöhlen sucht er nie auf. Koalas sind friedliche Tiere, haben aber schrille, unangenehme Stimmen; ihre Rufe erinnern an das Geräusch einer Säge, die man durch ein dünnes Brett zieht. Neben den Beutelflughörnchen sind sie die lautesten Rufer der australischen Tierwelt.

Eifrige Fresser

Bei Nacht klettert der Koala auf die obersten Zweige, um die zarten Schößlinge des Eukalyptus zu fressen, die seine einzige Nahrung bilden. Von den vielen Eukalyptusarten werden aber nur zwölf gefressen. Grzimek schreibt, daß Koalas wie Hustenbonbons stark nach Eukalyptus riechen. Sie sind jedoch in ihrer Ernährung noch stärker spezialisiert. Die einzelnen Populationen nehmen nur bestimmte Eukalyptusarten. Koalas der Ostküste leben nur auf dem Gefleckten und dem Manna-Eukalyptus, die in Viktoria dagegen ausschließlich auf dem Rötlichen Eukalyptus. Selbst auf diesen Bäumen können sie nicht wahllos jedes Blatt fressen. In manchen Monaten enthalten die alten Blätter, manchmal auch die jüngeren an Astspitzen, Blausäure, ein tödliches Gift. Sie müssen sie dann verlassen und andere Bäume aufsuchen. Es werden immer mehr Eukalyptusbäume gefällt; so engt man die Lebensmöglichkeiten der Koalas mehr und mehr ein. Beim Schutz des Koalas besteht eine der Hauptschwierigkeiten darin, daß in seinen Schutzgebieten genügend Bäume von der richtigen Art vorhanden sein müssen. Koalas sollen auch Misteln und Buchsbaumblätter fressen, und ein Koala wurde in Gefangenschaft dazu gebracht, an Milch und Brot zu gehen. Ohne Eukalyptusblätter können sie jedoch nicht lange überleben.

Junge auf dem Rücken

Hinderlich beim Schutze des Koalas ist auch seine geringe Fortpflanzungsrate. Gewöhnlich lebt er als Einzelgänger oder in kleinen Gruppen. Zur Fortpflanzungszeit bilden die alten Männchen Harems, die sie bewachen. Die Tragzeit beträgt 25 bis 35 Tage, und gewöhnlich wird nur ein etwa 18 mm langes und 6 g schweres Junges geboren. Mit sechs Monaten ist es vollkommen behaart, bleibt aber noch ein weiteres halbes Jahr bei der Mutter, nachdem es den Beutel verlassen hat. Es reitet huckepack auf ihr, wie man auf zahlreichen hübschen Fotos sehen kann. Zur Entwöhnung erhält es von der Mutter vorverdaute Nahrung. Mit vier Jah-

Koala mit Jungem auf „seinem" Eukalyptus.

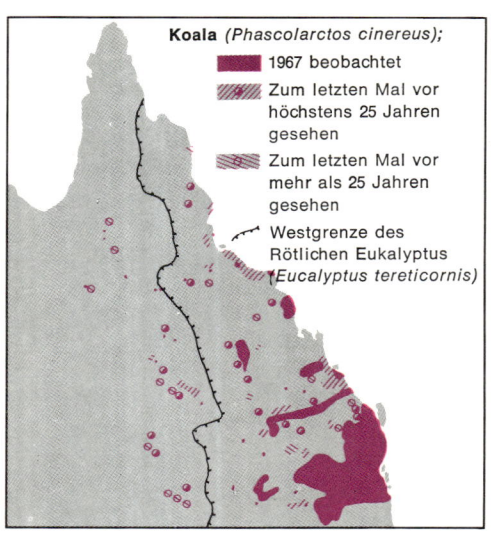

Koala (*Phascolarctos cinereus*);

    1967 beobachtet

//// Zum letzten Mal vor höchstens 25 Jahren gesehen

\\\\ Zum letzten Mal vor mehr als 25 Jahren gesehen

⌐ Westgrenze des Rötlichen Eukalyptus (*Eucalyptus tereticornis*)

ren ist der junge Koala geschlechtsreif. Koalas können ein Alter von 20 Jahren erreichen.

Erbarmungslose Verfolgung

Vor noch nicht einmal 100 Jahren gab es Millionen Koalas, vor allem in Ostaustralien. Heute sind es nur noch ein paar Tausend. Von 1887—1889 und von 1900 bis 1903 wüteten Seuchen unter ihnen, die zahllose Tiere dahinrafften. Das war zu einer Zeit, als es ein beliebter „Sport" war, auf diese lebende Zielscheibe zu schießen. Oft brauchte man mehrere Schüsse, um ein Tier zu töten, welches währenddem wie ein Baby kläglich schrie, eine Tatsache, die dann viele australische Tierschützer veranlaßte, diesen Sport als den rohesten überhaupt zu verdammen. Zu allen Zeiten wurden Koalas ein Raub der Flammen bei Waldbränden und Opfer der Kultivierung von Neuland.

Darüber hinaus gab es einen Markt für Koalafelle; ihr Pelz ist sehr dick und widerstandsfähig. 1908 wurden allein in Sydney fast 58 000 Koalafelle verkauft. 1920 bis 1921 wurden insgesamt 205 679 Felle verkauft, und 1924 wurden mehr als zwei Millionen exportiert. Dann erhob sich die öffentliche Meinung dagegen, und rasch wurden Anstrengungen gemacht, die restlichen Populationen zu schützen und Schutzgebiete zu errichten, um ihre Zukunft zu sichern.

Klasse	**Mammalia**
Ordnung	**Marsupialia**
Familie	**Phalangeridae**
Gattung und Art	*Phascolarctos cinereus*, Koala

Koala kauert an einem Telegraphenmast, auf einer östlich von Australien gelegenen Insel. — Rechte Seite: Ein Jahr alter Koala, der seine Mutter bald verlassen und sich einen eigenen Eukalyptusbaum suchen wird.

Spitzmäuse

Spitzmäuse sind die kleinsten Säugetiere, und, an ihrer Größe gemessen, wohl die wildesten. Ihre Vorfahren gehören vermutlich zu den ältesten Säugetieren.

Die 265 Arten sind über die ganze Welt mit Ausnahme der Polargebiete, Australiens und des größten Teils Südamerikas verbreitet. Man unterscheidet Rotzahn- und Weißzahnspitzmäuse. Zu den Rotzahnspitzmäusen gehören die Waldspitzmaus von Europa und Asien, die einschließlich des 4 cm langen Schwanzes zehn Zentimeter lang wird, und die über 17 cm lange Wasserspitzmaus mit 7,5 cm langem Schwanz. An das Wasserleben ist sie durch Borstensäume an den Zehen und am Schwanz sehr gut angepaßt. Die Zwergspitzmaus ist unsere kleinste Art, die Alpenspitzmaus findet man besonders in den Gebirgen. Bei der nordamerikanischen Kurzschwanzspitzmaus (Blarina brevicauda) *sind die Speicheldrüsen zu Giftdrüsen umgebildet. Zu den Weißzahnspitzmäusen gehört die größte Art, die bis 29 cm lange Riesenspitzmaus* (Praesorex goliath), *aber auch die kleinste Form, die Etruskerspitzmaus* (Suncus etruscus). *Sie wird höchstens 8 cm lang und wiegt nicht mehr als 2 g. Die Riesenspitzmaus bewohnt Westafrika, die Etruskerspitzmaus Südeuropa und weite Teile Asiens und Afrikas. Bei uns kommen von dieser Gruppe u. a. vor: die Feldspitzmaus, die Hecken, Felder und Gärten besiedelt, und die Hausspitzmaus, die besonders in Ortschaften häufig ist. An das Leben in den kaspischen Wüsten hat sich die Scheckenspitzmaus* (Diplomesodon pulchellum) *angepaßt.*

Spitzmäuse ähneln sich im Erscheinungsbild und im Verhalten. Sie sind mäuseähnlich, aber mit kleinen Augen und Ohren und einer spitzen Schnauze mit vielen langen Tasthaaren. Das Fell ist meist grau oder braun am Rücken und weißlich an der Unterseite.

Dreistundenrhythmus

Spitzmäuse leben als Einzelgänger in Bauten im Gras, zwischen Blättern oder in Höhlen nahe der Oberfläche, wo man sie selten zu sehen bekommt, und sie sich nur durch ihr helles Quieken verraten. Es gibt Hinweise darauf, daß Spitzmäuse Ultraschallaute für Echopeilung benutzen, aber nicht in dem Maße wie Fledermäuse. Die Wald- und die Zwergspitzmaus und wahrscheinlich auch andere haben einen Dreistundenrhythmus; abwechselnd ruhen und fressen sie. Nachts sind sie aber innerhalb dieses Dreistunden-Zeitraums länger aktiv. Spitzmäuse sind ziemlich kurzlebig. Bei der Waldspitzmaus und den meisten anderen sind fünfzehn Monate alte Tiere bereits Greise.

Rascher Stoffwechsel

Je kleiner ein Tier ist, desto größer ist seine Oberfläche im Verhältnis zur Körpermasse, und desto mehr Wärme verliert es durch Abstrahlung. Dies kann nur durch erhöhte Nahrungsaufnahme ausgeglichen werden,

Die Nase am Boden: Die Spitzmaus ist stets unterwegs und sucht nach Insekten.

und deshalb müssen kleine Tiere dauernd auf Futtersuche sein, um den Hitzeverlust auszugleichen — und auch den Energieverlust durch die Nahrungssuche. Ein Resultat davon ist, daß es nicht lange ohne Futter überleben kann, deshalb auch der Dreistundenrhythmus. Eine Spitzmaus stirbt, wenn sie zwei oder drei Stunden lang keine Nahrung bekommt, und je niedriger die Temperatur ist, desto kürzer ist die Zeitspanne, die sie hungern kann.

Falsche Vorstellungen

Ihre Empfindlichkeit gegenüber Kälte und Hunger führt zu einem anderen Problem, das oft mißdeutet wurde. Man hat oft behauptet, Spitzmäuse würden an Schock sterben. Naturwissenschaftler des 19. und des frühen 20. Jahrhunderts berichteten von Spitzmäusen, die starben, als man ein Gewehr neben ihnen abfeuerte oder auch nur eine aufgeblasene Papiertüte neben ihnen zerplatzen ließ. In Wirklichkeit sind Spitzmäuse zäh und überleben so ziemlich alles, solange sie gut gefüttert werden.

Spitzmäuse sind in erster Linie Insektenfresser, aber sie überwältigen jedes Tier, das ihnen nicht zu groß ist, etwa Schnecken, Würmer, Eidechsen und Mäuse. Sie fressen auch Aas, einige Arten auch pflanzliche Nahrung, etwa Nuß- und Sonnenblumenkerne. Spitzmäuse nehmen täglich etwa dreiviertel ihres Lebendgewichtes auf, bei Kälte allerdings viel mehr.

Hohe Sterblichkeitsrate

Zwischen Frühling und Herbst bringt jedes Weibchen mindestens zwei Würfe zur Welt. Die Tragzeitdauer ist unbestimmt, sie kann 13, aber auch 21 Tage betragen. Ein Wurf enthält vier bis acht Junge, die etwa 0,3 g wiegen. Die Augen der Jungen öffnen sich nach 18 bis 21 Tagen, und zwei Tage später sind sie bereits entwöhnt. Die Kindersterblichkeit ist wahrscheinlich sehr hoch, trotz der Moschusdrüsen, die die meisten Spitzmäuse besitzen. Sie entlassen einen üblen Duft. Hauskatzen zum Beispiel fangen zwar Spitzmäuse, fressen sie aber nicht; wahrscheinlich halten sie sie für ungenießbar. Raubvögel fressen sie jedoch, vor allem manche Eulenarten, und auch Füchse und Wiesel machen Jagd auf sie.

Singkämpfe

Man hat lange geglaubt, Spitzmäuse seien nicht nur sehr wild — stets bereit, ihre Zähne zu gebrauchen, wenn man sie belästigt —, sondern auch äußerst streitsüchtig untereinander. Frühe Wissenschaftler berichteten, wie sie zwei Spitzmäuse beobachteten, die wild quiekend in tödlichem Kampfe ineinander verbissen waren. Crowcroft dagegen hat einwandfrei beobachtet, daß zwei aufeinandertreffende Spitzmäuse so lange aufeinander zugehen, bis sich ihre Tasthaare berühren, und dann quieken. In der Regel tritt einer von beiden, gewöhnlich der Eindringling, den Rückzug an. Geschieht dies nicht, dann richten sich beide auf den Schenkeln auf, wobei sie weiter quieken. Weicht noch immer keiner zurück, so werfen sich beide auf den Rücken, quieken noch lauter und winden sich hin und her. Gewöhnlich kommt dabei die Schnauze eines Exemplars mit dem Schwanz des anderen in Kontakt, und dieser wird mit den Zähnen gepackt. Wenn sie mit dem Zappeln fortfahren, findet schließlich auch die zweite Spitzmaus den Schwanz der anderen, packt ihn, und die beiden winden sich in enger „Umarmung". Selten verletzen sie sich dabei, und wenn, dann sind die Wunden nicht schwer. Weil ein ständiges, reichhaltiges Futterangebot so wichtig ist, kann es leicht zu örtlicher Übervölkerung kommen, und diese „Singkämpfe" sind der beste Weg, um die Population gleichmäßig zu verteilen, so daß eine optimale Futterausnutzung möglich ist.

Klasse	**Mammalia**
Ordnung	**Insectivora**
Familie	**Soricidae**
Gattungen und Arten	*Sorex araneus,* Waldspitzmaus; *S. minutus,* Zwergspitzmaus; *S. alpinus,* Alpenspitzmaus; *Neomys fodiens,* Wasserspitzmaus; *Crocidura russala,* Hausspitzmaus; *Cr. leucodon,* Feldspitzmaus; *Cr. suavolens,* Gartenspitzmaus; *Suncus etruscus,* Etruskerspitzmaus

Das blutstarrende Maul und die messerartigen Zähne des Vampirs.

Vampir

Unser Vampir hat mit dem Vampir der Horrorfilme wenig gemein — außer daß beide Blut trinken. In einer Hinsicht ist er schlimmer als der legendäre Vampir: Er ist ein Überträger der Tollwut, einer überall gefürchteten Seuche. Der Vampir des tropischen und subtropischen Südamerika ernährt sich ausschließlich vom Blut von Säugern und Vögeln. Anders als der mannsgroße Vampir der Schauergeschichten ist er nur 6 bis 8 cm lang. Das Gewicht eines ausgewachsenen Tieres beträgt je nach Art 15 bis 45 g. Das Fell zeigt bräunliche Schattierung. Ein Schwanz fehlt. Die Ohren sind klein, die Schnauze ist kurz und konisch, ohne einen echten Nasenaufsatz. Statt dessen finden sich nackte Polster an der Schnauze, mit U-förmigen Rinnen an der Spitze. Die oberen Schneidezähne sind groß

und rasiermesserscharf, und damit hervorragend geeignet, kleine Wunden zu schlagen, ohne daß es dem Opfer größere Schmerzen verursacht. Die muskulöse, gefurchte Zunge paßt über eine Kerbe in der Unterlippe, wodurch eine Röhre gebildet wird; durch sie wird das Blut eingesogen.

Es gibt drei Gattungen, jede mit einer Art. Der Gewöhnliche Vampir, die häufigste und am weitesten verbreitete Art, ist an ihren spitzen Ohren, dem langen Daumen und der unbehaarten Schwanzflughaut zu erkennen. Er ist von Nordmexiko bis nach Mittelchile, Mittelargentinien und Uruguay verbreitet und heute eines der häufigsten und meist verbreiteten Säugetiere Ostmexikos.

Die zweite Art, Diaemus youngi, ist weniger häufig. Die Ränder seiner Flügel und die Flügelhaut sind weiß. Er hat einen ausgesprochen kurzen Daumen, der

nur etwa $1/8$ so lang ist wie der dritte Finger. Diaemus youngi ist die einzige Fledermaus mit 22 Dauerzähnen. Diese Art ist hauptsächlich auf die Tropen Südamerikas von Venezuela und den Guayanas bis Peru und Brasilien beschränkt; man hat ihn aber auch schon auf Trinidad und in Mexiko gefunden.

Diphylla ecaudata, kleiner als die gewöhnliche Art, ist wenig bekannt. Er hat kürzere, abgerundete Ohren, einen kurzen Daumen und weicheres Fell. Die Schwanzflughaut ist behaart. Er besitzt 26 Zähne; die äußeren Schneidezähne im Unterkiefer sind fächerförmig und bestehen aus sieben Abschnitten. Das ist einzigartig unter Fledermäusen und erinnert an den unteren Schneidezahn der Riesengleitflieger (Ordnung Dermoptera). Diese Art findet man in Ost- und Südmexiko, Mittelamerika und in Südamerika bis nach Brasilien.

Die Jungen bleiben im Versteck
Über das Fortpflanzungsverhalten von *Diaemus* und *Diphylla* ist fast gar nichts bekannt. Der Gewöhnliche Vampir bringt nach einer Tragzeit von 90 bis 120 Tagen ein Junges zur Welt. Sie pflanzen sich zu jeder Jahreszeit fort, und es ist möglich, daß sie im Jahr mehr als ein Junges bekommen. Die Jungen werden nicht von der Mutter herumgetragen, wie bei den meisten anderen Fledermäusen, sondern bleiben im Versteck, während die Mutter auf Nahrungssuche geht.

Verzweifelte Maßnahmen
Nicht durch das Blutsaugen an Mensch und Tier sind sie so gefährlich, sondern durch die von ihnen übertragenen Seuchen. Oft kommt es an den Wunden auch zu Sekundärinfektionen. Vampire können Tollwut übertragen, oft mit tödlichen Folgen für Tier

Zwergfledermaus, nur 3,5 cm lang.

Links: Gewöhnlicher Vampir (Desmodus rotundus), die am weitesten verbreitete der drei Vampirarten. Kennzeichen: spitze Ohren, langer Daumen, unbehaarte Schwanzflughaut.

Die Opfer werden im Schlaf attackiert
Am Tage ruhen die Vampire in Höhlen, stillgelegten Minen, hohlen Bäumen, Felsspalten und Ruinen. Kolonien des Gewöhnlichen Vampirs können aus 2000 Tieren bestehen, aber gewöhnlich sind es ungefähr 100. Beide Geschlechter findet man am selben Ruheplatz, und oft teilen sie ihn mit anderen Fledermäusen. Sie sind sehr lebhaft, laufen rasch auf den Füßen und Daumen über den Boden oder an den senkrechten Seitenwänden entlang. Kurz nach Einbruch der Dunkelheit verlassen die Fledermäuse ihre Verstecke. Ihr Flug ist langsam und lautlos; meist fliegen sie nur 1 m über dem Boden. Die Fledermäuse überfallen ihre Opfer im Schlaf, manchmal lassen sie sich daneben nieder und krabbeln zu ihm hin, ähnlich großen Spinnen. Rasch beißen sie ein flaches Loch mit ihren scharfen Zähnen, an einer Stelle, wo keine Haare oder Federn sind. Sie schneiden nur ein kleines Stück Haut ab, so daß nur eine flache, kleine Wunde entsteht, aus der sie Blut saugen, ohne ein Geräusch zu verursachen und das Tier damit zu wecken. Im Gegensatz zu anderen Fledermäusen klammern sie sich nicht mit den Krallen an, sondern ruhen auf ihren Daumen und Fußsohlen so sanft, daß selbst ein Mensch durch den Besuch eines Vampirs nicht immer geweckt wird. Der Gewöhnliche Vampir kann so große Blutmengen aufnehmen, daß

er eine Zeitlang kaum imstande ist, zu fliegen.

Der Gewöhnliche Vampir fällt ausschließlich Großtiere wie Pferde, Rinder und Menschen an. Vieh wird im allgemeinen am Nacken oder am Bein gebissen, der Mensch meist in die große Zehe. *Diaemus* greift, soweit bekannt ist, ausschließlich Vögel an, die er im Nacken oder an der Ferse ansticht, und *Diphylla* dürfte ebenfalls hauptsächlich Vögel besuchen, vielleicht auch Säuger.

In Gefangenschaft hat man Vampire mit Blut ernährt. Einer lebte 13 Jahre lang in einem Laboratorium in Panama.

Echopeilung bei Vampiren
Wie die meisten Fledermäuse orientieren sich Vampire durch Echopeilen und orten so auch ihre Beute. Da ihre Futterquellen groß und relativ unbeweglich sind, haben sie nicht solche Probleme wie die insektenfressenden oder die fischfressenden, um ihre Beute zu finden. Wie bei den früchtefressenden Fledermäusen, deren Nahrung ebenfalls unbeweglich ist, ist ihr Echolot sehr schwach, nur $1/1000$ so stark wie das der insekten- und fischfressenden Arten. Es ist bemerkenswert, daß Hunde nur sehr selten von Vampiren attackiert werden, wahrscheinlich weil sie viel empfindlichere Ohren haben als Rinder und so die Ultraschalltöne der Fledermäuse empfangen können.

und Mensch. Sie können die Krankheit auch auf harmlose Fledermäuse übertragen, die dann ebenfalls andere Tiere anfallen. Allein in Mexiko muß man jährlich Tausende Stück Vieh gegen diese Krankheit impfen. Für nicht geimpfte Tiere verläuft die Seuche stets tödlich.

Die verschiedensten Bekämpfungsmaßnahmen wurden angewandt, einschließlich des Sprengens ihrer Höhlen. Auch Flammenwerfer und Giftgase hat man verwendet. Sie stellten sich als höchst wirkungslos heraus, und außerdem wurden zahllose harmlose Fledermäuse mit ihnen zusammen vernichtet. Die einzige Lösung dürften biologische Bekämpfungsmaßnahmen sein wie Sterilisation, Zerstörung der Lebensräume der Vampire, und artspezifische chemische Bekämpfungsmittel. In Mexiko-City wurde deshalb ein Vampir-Forschungszentrum errichtet.

Klasse	**Mammalia**
Ordnung	**Chiroptera**
Familie	**Desmodontidae**
Gattungen und Arten	*Desmodus rotundus,* Gewöhnlicher Vampir; *Diaemus youngi; Diphylla ecaudata*

Schimpanse

Als einer der großen Menschenaffen und der geistig höchststehende, ist der Schimpanse eines der populärsten und am besten bekannten Tiere. Wissenschaftler haben seine geistigen Fähigkeiten untersucht und mit denen des Menschen verglichen. Allen ist der Schimpanse als Clown in Zirkusdressuren bekannt. Aber trotz all unserem Wissen über seine Fähigkeiten in Labor und Zirkus wurde sein Verhalten in Freiheit erst in jüngster Zeit genau untersucht; die Resultate scheinen bemerkenswerter als all das, was von gefangen gehaltenen Tieren her bekannt ist.

Eine genauere Beschreibung des Schimpansen können wir uns ersparen. Im Gegensatz zu den „Tieraffen" fehlt ihm der Schwanz, ebenso wie den anderen Menschenaffen auch. Die Arme sind länger als die Beine, und gewöhnlich laufen sie auf allen vieren. Sie können aber auch aufrecht gehen. Dabei sind die Knie nicht durchgedrückt. Aufgerichtet sind sie 1—1,5 m groß. Das Haar ist lang und grob, gewöhnlich schwarz bis auf einen weißen Fleck am Rumpf. Gesicht, Ohren, Hände und Füße sind nackt und gewöhnlich fleischfarben, das Gesicht manchmal auch schwarz.

Familien im Urwald
Der Schimpanse bewohnt die tropischen Regenwälder Afrikas bis in die Savannen hinein, von Guinea bis Angola. Die Nächte verbringen sie auf den Bäumen, wo sie sich für jede Nacht ein Nest aus Zweigen und Schlingpflanzen bauen, leben aber tagsüber hauptsächlich am Boden. Wenn sie auch normalerweise auf allen vieren laufen, so können sie auch auf drei Beinen balancieren und mit dem vierten eine Frucht festhalten, oder in einem komischen Watschelgang aufrecht mit einem Armvoll Früchten durch die Gegend stolzieren.

Schimpansen leben in kleineren Gruppen, die gelegentlich 40 Tiere zählen können. Die Bindungen zwischen den Tieren der Gruppe sind locker. Die Sozialstruktur ist nicht so fest wie bei den Pavianhorden. Die Anzahl der Tiere eines Trupps ändert sich dauernd, weil Tiere den Trupp verlassen oder wieder zu ihm zurückkehren. Die einzige Dauerbeziehung in ihrem Sozialleben ist die zwischen der Mutter und ihren Kindern. Sie kann mit zwei oder drei Kindern verschiedenen Alters zusammenleben, denn die Jungen bleiben mehrere Jahre bei ihr. Gewöhnlich besteht ein Trupp aus drei bis sechs Tieren; in futterreichen Gebieten schließen sie sich jedoch zu größeren Verbänden zusammen. Wenn ein Weibchen in Hitze ist, leisten ihm die Männchen mehrere Tage lang Gesellschaft.

In den Verbänden bildet sich eine Rangordnung der Männchen heraus; die rangniederen respektieren die ranghohen Männchen. Der Rang hängt vom Alter ab. Ein Schimpanse steigt von dem Zeitpunkt an, wo er erwachsen wird und den Schutz der Mutter verläßt, allmählich in der Stufenleiter auf. Der Rang des Männchens wird zum Teil durch ritualisierte Kämpfe bestimmt, bei denen die Tiere zum Beispiel mit den Füßen

auf den bretterartigen Stützwurzeln der Urwaldbäume trommeln. Dieses Verhalten wird manchmal auch ausgelöst, wenn die Tiere durch ein ranghohes Männchen frustriert wurden, das sein Futter nicht mit den anderen teilt. Die Schimpansen nehmen aber einem rangtieferen Tier kein Futter weg.

Erste Hilfe und Zuneigung
Wenn sich zwei Schimpansen wiedersehen, begrüßen sie sich in geradezu „menschlicher" Weise: Sie berühren sich gegenseitig oder ergreifen die Hände des anderen, oder sie küssen sich sogar. Die Ankunft eines ranghohen Männchens ist für die anderen das Signal, zu ihm zu eilen und ihm ihre Aufwartung zu machen. Die Mitglieder einer Gruppe verbringen viel Zeit damit, sich und die anderen zu „lausen". Die Mütter durchkämmen vorsichtig das Fell der Babies auf der Suche nach Fremdkörpern, und je älter die Kinder werden, desto mehr Zeit verbringen die Mütter damit. Schmutz, Kletten, Hautstücke und Zecken werden entfernt und Splitter mit den Fingern oder den Lippen herausgezogen. Solches Sozialverhalten kann zu weiteren Verhaltensweisen gegenseitiger Hilfe führen. Einmal beobachtete man ein gefangen gehaltenes Weibchen, das sich wimmernd einem Männchen näherte. Beide setzten sich gegenüber, dabei hielt das Männchen den Kopf des Weibchens mit einer

Hand fest, während es mit der anderen das untere Augenlid herabstreifte. Nach kurzer Untersuchung entfernte er ein Sandkorn aus ihrem Auge, was ihr spürbare Erleichterung brachte.

Fressen auch Fleisch
Etwa sieben Stunden am Tag verbringen sie auf der Futtersuche in Bäumen oder am Boden. Schimpansen untersuchen alles, was nach Nahrung aussehen könnte. Baumhöhlen durchsuchen sie nach Insekten und rauben Jungvögel und Eier aus Nestern; aber in der Hauptsache besteht ihre Nahrung aus Früchten, Blättern und Wurzeln. Reifende Feldfrüchte, Bananen oder Wildfeigen lieben sie besonders, und sie werden in den Plantagen manchmal zur Plage. Ein großes Schimpansenmännchen kann bei einer Mahlzeit 50 Bananen verschlingen.

Bis vor kurzem dachte man, Schimpansen nähmen an tierischer Nahrung nur Insekten und gelegentlich Vögel und kleine Nager zu sich. Neuerdings stellte man fest, daß sie auch größere Tiere jagen, und manche Individuen eine Vorliebe für Fleisch zeigen. Man hat gesehen, wie sie junge Buschböcke und Flußschweine fingen, aber auch Guerezaaffen und Paviane. Lawick-Goodall, die englische Naturforscherin, die mehrere Jahre lang das Freileben der Schimpansen in Afrika studierte, gibt eine sehr anschauliche

Ein dringendes Problem? — Nachdenklicher Schimpanse.

Oben links und rechts: Zwei junge Schimpansen.

Links: Pfiffig dreinblickendes Schimpansenkind. Mit ihren Lippen können Schimpansen mehrere Dutzend Laute formen.

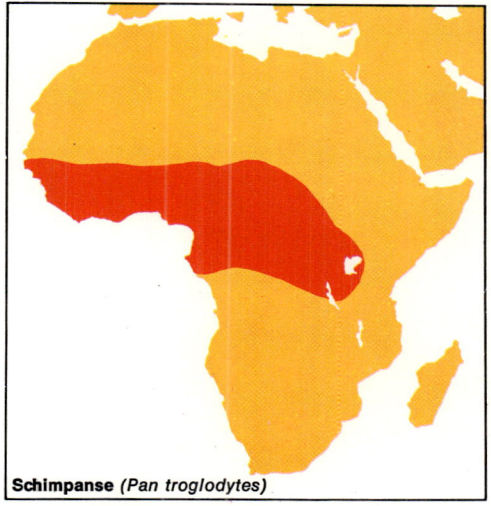

Schimpanse (Pan troglodytes)

Beschreibung von einem Schimpansen, der einen jungen Pavian fing und ihn tötete, indem er ihn an den Hinterbeinen festhielt und mit dem Kopf gegen den Boden schmetterte.

Gehorsame Kinder

Schimpansen leben nicht in Ehen. Wird ein Weibchen brünstig, dann sammeln sich die Männchen um es und springen in den Ästen herum. Jedes Männchen paart sich mit ihm, unabhängig von der Ranghöhe. Es bleibt mehrere Tage lang brünstig, dann verlieren die Männchen das Interesse an ihm.

Nach etwa 230 Tagen wird ein einziges Junges geboren; Zwillinge sind selten. Wenn es das erste Junge des Weibchens ist, weiß es zuerst nicht, was es damit machen soll, aber durch ein Wechselspiel von Instinkt, Beobachtung anderer Mütter und Erfahrung beginnt es bald, für das Junge zu sorgen. Zwei Jahre lang ist das Junge völlig von der Mutter abhängig. Zuerst trägt sie es auf den Armen, wenn es größer wird, trägt sie es huckepack.

Das Maß, in welchem die Schimpansenmutter für ihr Kind sorgt, wechselt erstaunlich. Manche sind ideale Mütter, die hingebungsvoll für ihr Kind sorgen und es dauernd liebkosen und küssen. Andere sind überzärtlich, und die Kinder werden „verzogen", andere wieder vernachlässigen ihre Kinder. Der Standard von Pflege und Erziehung ist jedoch, alles in allem, beispielhaft. Die Kinder werden gewöhnlich nicht gezüchtigt, sie folgen der Mutter augenblicklich. Wenn sie den Rücken der Mutter verlassen, haben sie völlige Freiheit und können ohne Furcht auf ranghohen Männchen herumklettern.

Die Jungen werden unterschiedlich lange herumgetragen. Manchmal sitzen sie noch mit vier Jahren auf dem Rücken der Mutter. Zu dieser Zeit kann die Mutter bereits ein weiteres Junges haben, und das ältere muß dann mehr und mehr für sich selbst sorgen, man hat aber schon beobachtet, wie Schimpansen Junge fütterten, die sechs oder sieben Jahre alt waren.

Schimpansen benutzen Werkzeuge

Der Mensch wird manchmal als „Werkzeugmacher" bezeichnet, um ihn von anderen Tieren zu unterscheiden. Es ist schwer zu entscheiden, wann unsere Vorfahren den Übergang vom „Affen" zum „Menschen" vollzogen haben, oft setzt man die Grenze zwischen Werkzeugmachern und denen, die keine Werkzeuge herstellen, an. Der aufrechte Gang und die Sprache werden von anderen als die Grenze angenommen.

Werkzeuge kann man als zusätzliche „Organe" ansehen, die speziellen Aufgaben dienen. Nur wenige Tiere benutzen Werkzeuge. Der eigentliche Unterschied zwischen Mensch und Tier aber ist, daß der Mensch nicht nur eine Vielzahl von Werkzeugen benutzt, sondern sie auch selbst herstellt. Das heißt, wenn man eine Nuß mit einem Stein öffnet, so ist dies Werkzeuggebrauch; stellt man dagegen aus einem Stein ein Beil her, so ist dies Werkzeugherstellung.

Abgesehen vom Menschen benutzen Schimpansen am häufigsten Werkzeuge. Man hat gesehen, daß sie Steine und Klumpen als Wurfgeschosse verwendeten, wenn man ihren Käfig neben den eines Leoparden stellte. Sie lernen rasch, wie man mit Werkzeugen umgeht, die andere Tiere gewöhnlich mehr oder weniger instinktiv benutzen. Schimpansen können zwei Stangen ineinanderstecken, und sie stellen mehrere Kisten aufeinander, wenn sie ein Bündel Bananen auf anderem Wege nicht erreichen können.

Beobachtungen an wilden Schimpansen durch Lawick-Goodall und andere zeigten, daß sie ebenfalls die verschiedensten Werkzeuge benutzen, etwa Stöcke, die sie in die Nester von Ameisen, Termiten und Bienen bohren und dann mit den anhaftenden Insekten oder dem Honig wieder zurückziehen und abschlecken. Mit Steinen zerbrechen sie Nüsse und sie verwenden sie als Wurfgeschosse gegen lästige Menschen und Paviane. Sie kauen Blätter und verwenden die so entstandene Masse als Schwamm, mit dem sie Wasser aus Baumhöhlen aufsaugen. Dann drücken sie den Schwamm aus und lassen das Wasser in ihren Mund laufen. An Blättern wischen sie sich auch die Lippen und die Hände nach den Mahlzeiten ab.

Interessant ist vor allem, daß sie einige ihrer Werkzeuge selber herstellen. Brauchen sie einen Stock zum Anbohren von Insektennestern, dann reißen sie die Blätter ab. Auch die „Schwammherstellung" ist eine Art von Werkzeugfertigung. Daher ist der Mensch nicht der einzige Werkzeughersteller. Schließlich zeigten Beobachtungen an wilden Schimpansen, daß Schimpansen eine reiche Tradition haben; die Kinder lernen von den Erwachsenen, wie man Werkzeuge benutzt.

Klasse	**Mammalia**
Ordnung	**Primates**
Familie	**Pongidae**
Gattung und Art	*Pan troglodytes*

*Schimpansenmütter tragen ihre Jungen während
der ersten Lebensmonate auf dem Rücken.*

Jungtiere (oben links) bleiben 5 Jahre bei der Mutter und werden erst mit 10 bis 12 Jahren geschlechtsreif. Orangs können 40 Jahre alt werden.

Orang-Utan

Der Orang-Utan ist einer unserer bemerkenswertesten Verwandten. Innerhalb der Menschenaffen, der Überfamilie, zu der die Eigentlichen Menschenaffen und der Mensch zählen, nimmt er eine vermittelnde Stellung ein; er ist zwar nicht so nahe mit dem Menschen verwandt wie Gorilla und Schimpanse, steht ihm aber näher als die Gibbons.

Aufgerichtet ist der männliche Orang-Utan 1,80 m hoch; er kann mehr als ein Mensch wiegen. Weibchen werden nur 1,20 m hoch und wiegen nur halb soviel wie die Männchen. Die Arme sind anderthalbmal so lang wie die Beine, Hände und Füße sind lang und schmal und dienen zum Greifen; der Daumen und die große Zehe sind kurz. Die Haut ist rauh und dunkelgrau, das rötliche Haar spärlich, so daß man die Haut an vielen Stellen sehen kann. Das Männchen trägt große Backenwülsten unbekannter Funktion und einen Bart; das übrige Gesicht ist haarlos. Der Gesichtsausdruck wechselt stark, und man kann sie — wie Menschen — an ihren Gesichtszügen erkennen. Beide Geschlechter haben einen Kehlsack; beim Männchen ist er sehr groß und bedeckt als schwabbeliges Gebilde Hals und Brust. Die Stirn ist hoch und gerundet, die Kiefer springen vor. Bei Jungtieren hat das Gesicht einen bläulichen Schimmer.

Orang-Utans findet man auf Borneo und Sumatra. Die Unterschiede zwischen den beiden Rassen sind gering; bei den Männchen sind sie ausgeprägter als bei den Weibchen. Die Tiere von Borneo sind dunkelbraun, und die Männchen sehen mit ihren mächtigen Backenwülsten und einer mächtigen Wamme, die durch den Kehlsack gebildet wird, grotesk aus. Die Tiere von Sumatra sind schlanker und heller, und Männchen können sehr menschenähnlich aussehen, mit kleinen Backenwülsten und kleinem Kehlsack, einem langen, schmalen Gesicht und langem Schnurrbart.

Waldmenschen

Der Orang-Utan ist ein Tier des tropischen Regenwaldes. Er lebt vor allem im Tiefland, sogar im Sumpfwald, man findet ihn aber auch in 1800 m Höhe in den Bergen Borneos. Sie sind in erster Linie Baumbewohner. Mit ihren Armen schwingen sie sich von Ast zu Ast, können aber auch ihre Beine zu Hilfe nehmen oder aufgerichtet einen Ast entlang laufen, wobei sie sich mit den Armen an einem höheren Ast festhalten. Die Dayaks in Borneo erzählen, daß große alte Männchen zu schwer werden, um in den Bäumen zu leben und zum Bodenleben übergehen.

Auf der Erde laufen Orangs auf allen vieren, mit eingebogenen Beinen, die Hände zusammengepreßt oder flach auf den Boden gelegt. Damit unterscheiden sie sich deutlich von Gorilla und Schimpanse, die beim Laufen die Füße flach auf den Grund setzen, auf den Knöcheln laufen und auch die Hände mit den Knöcheln aufsetzen. In Gefangenschaft lernen Orang-Utans schnell, wie man aufrecht geht, aber da die Beinmuskeln nur unzureichend entwickelt sind, bereitet es ihnen Schwierigkeiten.

Einzelgänger

Am Abend errichtet der Orang ein Nest, etwa zehn bis zwanzig Meter über dem Erdboden. Oft befindet sich über dem Nest eine Art Dach, das den Orang vor Regen schützt — eine solche Decke fehlt den Nestern der Schimpansen und Gorillas. In anderer Hinsicht ist das Nest weniger kunstvoll gebaut als das der anderen Menschenaffen. Die Bauzeit beträgt nur fünf Minuten, und gewöhnlich baut er für jede Nacht ein neues Nest.

Manchmal benutzen sie ein Nest noch einmal, oder sie halten ein Mittagsschläfchen darin.

Im Gegensatz zu Gorillas und Schimpansen bilden Orangs keine großen Gruppen. Manchmal wandern mehrere Weibchen zusammen mit ihren Jungen und bilden so etwas ähnliches wie die „Kindergärten" der Schimpansen. Ein Männchen kann sich einer solchen Gruppe anschließen, aber erwachsene Männchen leben meist allein. „Teenager" beiderlei Geschlechts wandern häufig zu zweit oder zu dritt. Es ist möglich, daß Orang-Männchen territorial sind, ähnlich wie Gibbon-Familien, und sich durch Rufe zu erkennen geben. Der Kehlsack wird mit Luft gefüllt, so daß das Tier schreckenserregend anschwillt, dann leert er sich und es entsteht ein Ton, der als ein „lautes, klingendes, anschwellendes Dröhnen" beschrieben wurde. Innerhalb der Gruppe „unterhalten" sie sich durch schmatzende Laute, die von den Lippen erzeugt werden. Der furchterregendste Laut, den ein Orang von sich geben kann, ist ein Brüllen, das mit einem hohen Ton beginnt und tiefer und immer tiefer wird, wenn sich der Kehlsack mit Luft füllt. Das Brüllen kann man in der Nacht bis kurz vor der Dämmerung hören, und man sagt, daß sie dieses Brüllen auch von sich geben, wenn sie verletzt werden. Die Dayaks erzählen, daß die Orang-Männchen miteinander kämpfen, und Verletzungen häufig seien.

Da in den tropischen Regenwäldern stets Nahrung vorhanden ist, gibt es keine festen Fortpflanzungszeiten. Die Tragzeit beträgt neun Monate. Bei der Geburt wiegt das Junge 1750 bis 2000 g und ist an Rücken und Kopf nur spärlich behaart. Zuerst hängt es sich im Fell der Mutter fest, gewöhnlich umschlingt es ihre Hüfte, aber wenn es etwas älter ist, läuft es selbständig hinter ihr her, manchmal wandert es auf den Zweigen entlang, wobei es sich an den Rumpfhaaren der Mutter festhält. Mit etwa fünf Jahren trennen sich die Jungen von der Mutter und bilden „Teenager-Gruppen".

Oben: Der alte „Waldmensch". Ein Orang-Utan-Männchen mit seinen mächtigen Backenwülsten. Rechts: Sumatra-Orang-Utan mit Jungem.

Zankapfel

Der Mensch ist der Hauptfeind der Orangs. Orangs lieben die saftigen, schlecht riechenden Duriafrüchte, und dasselbe gilt auch für den Menschen. So werden diese Früchte oft zum Zankapfel. Ein Orang reagiert auf einen menschlichen Eindringling, indem er heftig mit den Lippen schmatzt, Zweige abbricht und sie rasch hintereinander herunterwirft. Dies reicht oft, um einen Menschen zu verscheuchen. Ein Dayak berichtete kürzlich, daß er ohne Grund von einem riesigen Männchen angegriffen wurde, dem er plötzlich am Erdboden gegenüberstand. Der Orang-Utan hat wenig andere Feinde. Es gibt keine Tiger auf Borneo — die Dayaks behaupten, sie hätten diese vor etwa 1000 Jahren ausgerottet — und nur wenige auf Sumatra. Leoparden kommen nur auf Sumatra vor.

Zoos gefährden die Orang-Utans

Das Verbreitungsgebiet des Orang-Utans wurde immer mehr eingeengt. In der Eiszeit, also vor einigen hunderttausend Jahren, gab es Orangs im Norden bis nach China, und im Süden bis Java. Heute bewohnt er ganz Borneo — die größte und am dünnsten besiedelte Insel Indonesiens — und den Norden Sumatras. Es scheint, daß die Zerstörung der Waldgebiete und die dichte Besiedlung durch den Menschen für den Orang sehr ungünstig sind, und man

befürchtet nun, daß er in Freiheit völlig aussterben könnte. Ein Grund für seinen Rückgang ist die geringe Fortpflanzungsrate. Ein Weibchen bringt etwa alle vier Jahre ein Junges zur Welt, und gewöhnlich nicht, bevor das ältere sie verlassen hat. Es ist möglich, daß Weibchen im Durchschnitt nur drei oder vier Junge während ihres ganzen Lebens zur Welt bringen.

Die größte Bedrohung ist — leider — der Fang für die Zoos. Jeder Zoo wünscht sich einen jungen Menschenaffen, um seine Besucher zu belustigen, und Orangs sind am leichtesten zu bekommen. Viele skrupellose Privatzoos, vor allem in den USA, zahlten hohe Preise für Orang-Babies, und es gab einen lukrativen Handel mit ihnen in Südostasien. Man fängt die Jungtiere, indem man die Mütter abschießt. Der Händler kümmert sich nicht besonders um das Wohl des Jungen, weil er es gewöhnlich für einen sehr niedrigen Preis vom Jäger kauft. Viele Jungen sterben daher. In Singapur ist es nun verboten, Orangs zu besitzen, aber in anderen südostasiatischen Häfen geht der Handel weiter. Es gibt jetzt eine Liste der vom Aussterben bedrohten Tiere, die nach einem internationalen Vertrag nicht mehr in die Staaten eingeführt werden dürfen, die den Vertrag abgeschlossen haben. Zu diesen Staaten gehört auch die USA. Solche Tiere dürfen nur noch mit besonderer Erlaubnis, gewöhnlich ausschließlich für Forschungszwecke, eingeführt werden. Dies

könnte zur Verbesserung der Lage beitragen. Die Waldvernichtung ist allerdings immer noch ein Problem.

1963 schätzte B. Harrison, die zusammen mit ihrem Mann, der damals Völkerkundler und Kurator des Sarawak-Museums war, in Borneo arbeitete, daß nur noch 2000 Orangs in Sabah, 1000 in Indonesisch Borneo, 700 in Sarawak und 1000 auf Sumatra lebten. Von diesen schien nur die Sabah-Population einigermaßen geschützt. Eine andere Schätzung gab 1964 für Sumatra nur 100 Orangs an. Die Harrisons begannen in Sarawak mit einem Programm der Wiedereinbürgerung von Orang-Utan-Kindern, die illegal gehandelt worden waren. Dabei konnten sie einen gewissen Erfolg verzeichnen. Es gibt etwa 300 Orangs in den Zoologischen Gärten, und in manchen Zoos werden sie gezüchtet. Die meisten Zoos, die Orang-Utans züchten, halten nun die Sumatra- und Borneo-Orang-Utans voneinander getrennt; dadurch kann vielleicht die Unterart von Sumatra erhalten werden.

Klasse	**Mammalia**
Ordnung	**Primates**
Familie	**Pongidae**
Gattung und Art	*Pongo pygmaeus pygmaeus,* Borneo-Orang-Utan; *P. p. abeli* Sumatra-Orang-Utan

Faultiere

Faultiere sind groteske Säugetiere, die fast ihr ganzes Leben lang kopfunter an Zweigen hängen. Zusammen mit den Ameisenbären und den Gürteltieren bilden sie eine hauptsächlich auf Südamerika beschränkte Säugerordnung, die als die Edentata („die Zahnlosen") bezeichnet wird. Tatsächlich sind die Ameisenbären die einzigen „Zahnlosen", die wirklich keine Zähne haben. Faultiere haben dagegen Backenzähne, auf jeder Seite neun; sie wachsen dauernd nach. Im Körperbau zeigen sie deutliche Anpassungen an ihre hangelnde Lebensweise. Faultiere hängen sich mit Hilfe ihrer mächtigen, Fleischhaken ähnlichen Klauen fest, und ihre Füße und Zehen haben jede andere Funktion verloren; die Zehen sind mehr oder weniger verwachsen. Die Vorderbeine sind länger als die Hinterbeine, das Becken ist schmal. Die bei anderen Säugern gut entwickelte Rückenmuskulatur ist bei den Faultieren schwach. Der Kopf kann um 270° gedreht werden, so daß er fast „aufrecht" getragen werden kann, während der übrige Körper „verdreht" ist. Der Scheitel befindet sich am Bauch und nicht, wie bei anderen Tieren, am Rücken. Die einzelnen Haare sind gefurcht und gewöhnlich mit einzelligen Algen besetzt, die das Faultier grün färben.

Die etwa fünf Faultierarten gehören zu zwei verschiedenen Gruppen. Die Zweizehenfaultiere oder Unaus sind etwa 60 cm lang und haben einen Stummelschwanz. Die Dreizehenfaultiere oder Ais sind etwas größer, ihnen fehlt aber ein Schwanz. Faultiere leben in Wäldern, die Dreizehenfaultiere von Honduras bis Nordargentinien, die Zweizehenfaultiere von Venezuela bis Brasilien.

Sie bewegen sich im Zeitlupentempo

Über das Verhalten der Faultiere ist, ähnlich wie von anderen nächtlichen südamerikanischen Tieren, nur wenig bekannt. Allerdings zeigen Faultiere nur wenig typische Verhaltensweisen; sie leben im Zeitlupentempo. Ihre Bewegungen in den Zweigen sind so langsam, daß man oft behauptet, Faultiere verbrächten ihr ganzes Leben auf einem Baum. Sie fressen, schlafen, paaren sich, gebären und säugen ihre Jungen mit dem Rücken nach unten, wenn sie auch nicht die ganze Zeit von den Zweigen herabhängen. Manchmal sitzen sie in einer Astgabel. Beim Schlafen legen sie den Kopf auf die Brust; im Geäst sind sie nur schwer zu erkennen.

Gelegentlich suchen Faultiere den Boden auf, wahrscheinlich um einen anderen Baum zu erreichen, wenn sie nicht über Äste oder Schlingpflanzen von einem Baum zum anderen kommen können. Sie können gerade auf allen vieren stehen, aber sie können nicht laufen. Sie kriechen auf dem Bauch und ziehen sich mit den Armen vorwärts. Sie können allerdings gut schwimmen.

Trotz ihrer schneckenartigen Fortbewegungsweise können sie sich durchaus wehren, indem sie mit den klauenbewehrten Ar-

Oben: Ein Zweizehenfaultier frißt sich — hängend — langsam durchs Blätterdach. Fast sein ganzes Leben hängt das Faultier mit dem Kopf nach unten im Geäst. In dieser Stellung frißt, schläft und gebiert es. Im Geäst ähnelt es einem Blätterbüschel. — Unten: Zu nichts anderem als zum Hangeln ausgerüstet, kriecht ein Ai mühsam über den Boden.

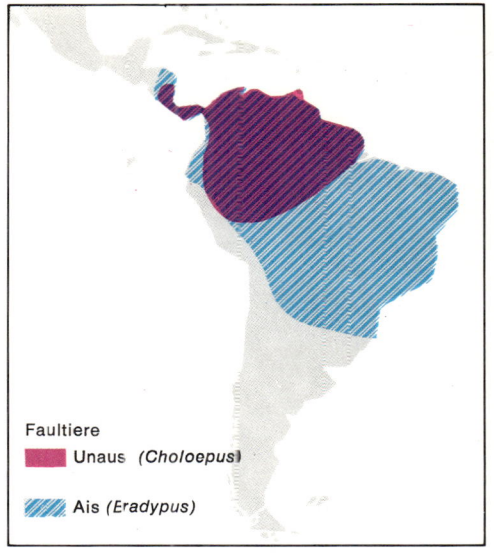

Faultiere

█ Unaus *(Choloepus)*

▨ Ais *(Eradypus)*

men zuschlagen oder den Angreifer durch Bisse vertreiben. Man hat oft gesagt, dies sei eine gute Verteidigungsmethode gegen ihre Hauptfeinde, Jaguar und Ozelot, denn Faultiere schlagen und beißen blitzartig zu. Vor allem aber sind sie durch ihre Tarnung mit Grünalgen und durch die schwerfällige Fortbewegungsweise, durch die sie wie ein Büschel Blätter aussehen, vor Feinden geschützt.

Pflanzenfresser

Faultiere fressen hauptsächlich Blätter und Schößlinge, manchmal auch Früchte, die sie mit ihren Klauen zum Mund führen können. Ihre Mägen sind geteilt, wie die von Wiederkäuern, zum Beispiel Kuh oder Schaf.

Ein Junges

Nach einer Tragzeit von 17 bis 26 Wochen wird zu Beginn der Trockenzeit ein Junges geboren. Es hängt sich sofort mit seinen Klauen im Brusthaar der Mutter fest und bleibt dort, bis es erwachsen ist. In Gefangenschaft wurden Faultiere 11 Jahre alt.

Merkwürdige Gäste

Als sei es noch nicht genug, daß im Pelz des Faultieres Algen leben, findet man darin auch noch andere Gäste: Motten, die der Kleidermotte sehr ähneln. Auf den Faultierarten hat man drei verschiedene Mottenformen gefunden. Sie sind etwa 8 mm lang, mit abgeflachtem Körper und können sehr rasch durch das dichte Fell laufen. Dadurch sind sie schwer zu sammeln, zumal der Sammler gleichzeitig den Bissen und Schlägen des Faultieres ausweichen muß. Bisher hat noch niemand herausgefunden, warum die Motten im Faultierpelz leben. Sie fressen dort nicht, und weder Eier noch Raupen der Motten hat man je dort gefunden. Die Raupen dürften auf Pflanzen leben, an denen die Eier abgelegt werden.

Klasse	**Mammalia**
Ordnung	**Edentata**
Familie	**Bradypodidae**
Gattungen und Arten	*Choloepus didactylus,* Unau; *Bradypus tridactylus,* Ai; andere

Oben rechts: Ein Faultierhaar zeigt die einzelligen Algen, die das Faultier grün färben. Links: Unau oder Zweizehenfaultier am oberen Amazonas.

Pangoline

Pangoline werden auch Schuppen- oder Tannenzapfentiere genannt, wegen ihrer großen, dachziegelartig übereinander liegenden, braunen Schuppen, die Kopf, Rumpf und Schwanz bedecken. Ihr Körper ist gestreckt und läuft in einen langen Schwanz aus. Die Unterseite ist weich und behaart.

Die Schnauze ist spitz, mit einer engen Mundöffnung am Ende, die Kiefer sind zahnlos. Die lange Zunge kann etwa 30 cm weit herausgestreckt werden. Der Pangolin hat kleine Augen und verdeckte Ohren. Die Beine sind kurz, und die fünfzehigen Füße tragen kräftige Grabklauen. In Afrika gibt es vier Pangolinarten, in Südasien drei.

Der Riesenpangolin von Äquatorialafrika wird 1,80 m lang, der Steppenpangolin ist nur wenig kleiner. Andere afrikanische Arten sind der Langschwanz- und der Weißbauchpangolin, beide etwa 90 cm lang. Die größte asiatische Form ist der 1 m lange Indische Pangolin. Der Chinesische Pangolin von Nepal, Südchina, Hainan und Formosa und der Javanische Pangolin bleiben etwas kleiner.

Mit der klebrigen Zunge, die aus dem Maul herausschnellt, nimmt der Pangolin Ameisen auf.

Bodenbewohner und Baumkletterer

Die meisten dieser eigenartigen Schuppentiere erklettern Bäume. Dabei benutzen sie die scharfen Krallen und ihren Schwanz, den sie entweder um einen Ast winden und sich dann sogar daran herabhängen lassen, oder als Stütze verwenden. Der Riesen- und der Indische Pangolin leben am Boden; die indische Art flüchtet jedoch manchmal auf Bäume, wenn sie gejagt wird. Alle Pangoline sind hauptsächlich nachts aktiv, die Bodenbewohner ruhen in verlassenen Höhlen anderer Tiere, die Baumbewohner in Baumhöhlen. Auf dem Boden laufen sie auf den Fußrändern oder auf den Knöcheln. Dabei werden die langen Krallen nach innen gebogen. Manchmal laufen sie mit halbaufgerichtetem Körper auf den Hinterbeinen. Dabei ist der Schwanz hochgestellt und dient als Gegengewicht.

Ameisenfresser

Diese Haltung, bei der der halb oder völlig aufgerichtete Körper vom Schwanz abgestützt wird, nimmt der Pangolin auch ein, wenn er mit seinen mächtigen Klauen ein Termitennest aufbricht und die Abteilungen des Baues mit seiner langen Zunge untersucht. Die Zunge ist klebrig, sie wird aus dem Mund herausgeschnellt und dann wieder zurückgezogen. Dabei werden die Termiten aufgenommen; auch Ameisen, und zwar sowohl die Imagines als auch die Puppen und Larven frißt er. Die zähe Haut am Kopf schützt den Pangolin vor den Angriffen der Termitensoldaten und den Bissen der Ameisen. Nasenlöcher und Ohröffnungen können geschlossen werden, die Augen sind durch dicke Lider geschützt. Ameisen, die über den Körper krabbeln, werden abgeschüttelt; die gefressenen Tiere werden von den muskulösen Wänden des Magens und durch kleine Steinchen, die der Pangolin verschluckt, rasch zerkleinert. Baumbewohnende Pangoline fressen hauptsächlich Baumameisen. Pangoline trinken, indem sie die Zunge mit großer Geschwindigkeit ausstoßen und wieder einziehen.

Pangoline leben gewöhnlich nicht lange in Gefangenschaft, höchstens ein paar Wochen. Sektionen an toten Tieren ergaben, daß der Verdauungstrakt stark von Parasiten befallen war. Ein Exemplar lebte mehr als vier Jahre im Zoo von New York von kleingehacktem, rohem Fleisch, gekochten Sämlingen, Milch und Ameisenpuppen. Zusätzlich erhielt er gelegentlich rohe Eier, Lebertran und Vitaminpräparate. Es hat aber den Anschein, daß Ameisen und Termiten für Pangoline lebensnotwendig sind. Jetzt scheinen sich bessere Erfolge in der Haltung einzustellen.

Die Jungen reiten huckepack

Über das Fortpflanzungsverhalten der Pangoline ist nur sehr wenig bekannt, weil sie sich in Gefangenschaft kaum halten, geschweige denn züchten lassen. Gewöhnlich bringen sie eins, selten zwei Junge zur Welt, vermutlich jedes Jahr. Die Schuppen werden erst zwei Tage nach der Geburt hart. Später hockt das Junge auf der Mutter und hält sich an ihrem Schwanz fest.

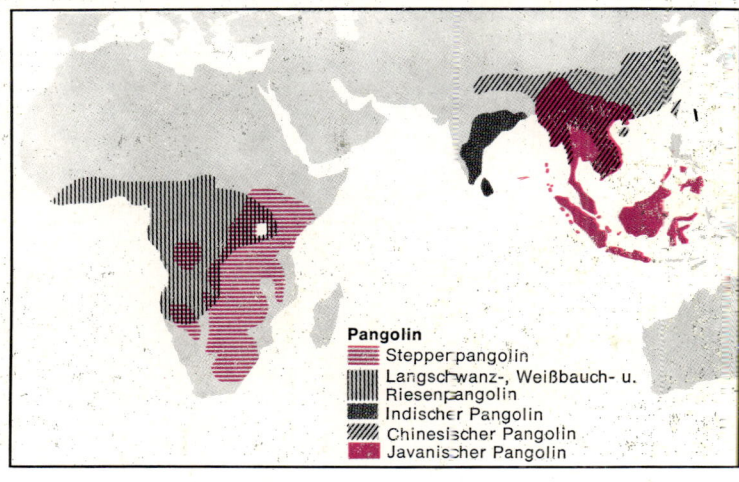

Oben: Jungtier des Weißbauch-Pangolins hält sich am Schwanz der Mutter fest.

Pangolin
Steppenpangolin
Langschwanz-, Weißbauch- u.
Riesenpangolin
Indischer Pangolin
Chinesischer Pangolin
Javanischer Pangolin

„Ameisenbäder"

Der Hauptfeind der Pangoline ist wahrscheinlich der Mensch. Raubtiere, wie Leoparden, untersuchen sie manchmal, scheinen aber von den Schildern abgeschreckt zu werden. In manchen Gegenden werden sie wegen ihres Fleisches gejagt, und ihre Schuppen werden als Amulette für Verzierungen und in der Volksmedizin gebraucht. In Afrika läßt man Kinder in die Bauten kriechen, die ein Seil um den Schwanz des Pangolins binden, damit man ihn herausziehen kann. Wenn er angegriffen wird, rollt er sich zusammen. Berührt man seinen Körper auch nur leicht, dann läßt er seine großen Schuppen blitzartig an den Körper schnellen. Vielleicht dient dies zur Abschreckung. Man sagt, bei Belästigung spritzten sie dem Feind ihren unangenehm riechenden Harn entgegen.

Es gibt Berichte, nach denen Pangoline Ameisen unter ihre Schuppen kriechen lassen, die Schuppen dann blitzschnell anlegen und so die Ameisen töten, um sie dann zu fressen. Wahrscheinlicher ist, daß der Beobachter den Pangolin berührte oder ihn erschreckte, und der Pangolin deshalb seine Schuppen anlegte. Daß sie in Ameisenhaufen baden, ist wahrscheinlich. In manchen Gegenden glaubt man, daß sich die Pangoline in Ameisennester legen und die Ameisen unter ihre Schuppen bis zur weichen Haut krabbeln lassen. Von allen möglichen Tieren wird berichtet, daß sie in Ameisennestern baden. Man glaubt, das Prickeln der Ameisensäure auf der Haut bereite ihnen Vergnügen. Der Tiersammler Webb vertrat die Ansicht, die Pangolinhaut absorbiere die Ameisensäure, und dies sei zum Wohlbefinden des Pangolins lebenswichtig. Diese Hypothese dürfte allerdings kaum haltbar sein.

Ein Fabelwesen

Pangolinhäute gelangten aus Afrika und Asien schon sehr früh nach Europa und waren bereits den Römern und auch den Wissenschaftlern der Neuzeit seit dem 16. Jahrh. bekannt. Jeder rätselte, was das für ein Tier sein könnte. Die Araber nennen ihn abu-Khirfa, „Vater der Baumrinde", die Inder bajurkit, „Dschungelfisch", die Chinesen lungli, „Drachenkarpfen", und die Römer bezeichneten ihn als „Landkrokodil". Der Name „Pangolin" kommt von dem malaiischen Wort peng-goling, der Roller; er erinnert daran, daß sich der Pangolin bei Gefahr zusammenrollt. Pangolinhäute waren den europäischen Naturforschern ein Rätsel, bis Cuvier zu Anfang des 19. Jahrh. feststellte, daß es sich um ein Säugetier handelt.

Oben: Der Langschwanzpangolin hat Ähnlichkeit mit einem Tannenzapfen.
Unten: Steppenpangolin, Naiwascha, Kenia.

Klasse	**Mammalia**
Ordnung	**Pholidota**
Familie	**Manidae**
Gattungen und Arten	*Manis crassicaudata,* Indischer Pangolin; *M. javanica,* Javanischer Pangolin; *M. gigantea,* Riesenpangolin; *M. longicaudata,* Langschwanzpangolin, *M. pentadactyla,* Chinesischer Pangolin; *M. temmincki,* Steppenpangolin; *M. tricuspis,* Weißbauchpangolin

Hasen

Der Feldhase Europas gehört zur Gattung Lepus, *Hasen. Seine Verwandten sind der Schneehase der Tundren, Taigas und der Alpen, der Kaphase Südrußlands und die Esels- oder Antilopenhasen Nordamerikas, von denen es dort eine ganze Reihe von Arten gibt, darunter den Kalifornischen Eselshasen und den Präriehasen. Der Kalifornische Eselshase bewohnt die Wüsten und Halbwüsten der südwestlichen USA bis nach Mexiko, der andere die nördlichen Prärien bis nach Oregon. Der Schneehase besiedelte während der Eiszeit weite Teile Europas. Als die Eismassen zurückgingen, wanderte er nach Norden in die Tundra und Taiga ab, konnte sich aber in den Alpen halten, wo er heute baumlose, steinige Gebiete des Krummholzgürtels besiedelt. Im Winter trägt er*

Der Präriehase der westlichen USA ist an die Grassteppe gut angepaßt: große Ohren, mit denen er Feinde von weit her hören kann, und mächtige Hinterbeine, die ihm bis zu 80 km/h ermöglichen.

ein weißes Fell. Der Feldhase besiedelt offene Biotope der gemäßigten Zonen Eurasiens und Nordwestafrikas, von der Wald- bis zur Wüstensteppe.

Er flüchtet in weiten Sprüngen

Im Gegensatz zu den Kaninchen legen die Hasen keine unterirdische Bauten an. Die einzige Ausnahme ist der Präriehase, der im Winter Höhlen unter dem Schnee anlegt und sich so vor Kälte, aber auch vor Eulen und anderen Räubern schützt. Gewöhnlich schützen sich Hasen vor der Entdeckung, indem sie sich in der spärlichen Vegetation niederkauern. Am Tag liegen sie im Schatten in ihren Sassen und kommen in der Dämmerung hervor. Jeder Hase hat mehrere Sassen, Mulden im Boden, die von Pflanzen beschattet und geschützt werden, in seinem Wohngebiet. Aufgeschreckt flüchten Hasen mit hoher Geschwindigkeit in bis

6 m langen Sätzen. Sie können eine Geschwindigkeit von 80 km/h erreichen. Oft springen sie ein bis anderthalb Meter hoch, um zu sichern.

Wasser von Kakteen

Hasen fressen hauptsächlich Gräser und Kräuter wie Klee und Kreuzblütler, und sie können zur Plage werden, wenn sie sich zu stark vermehren. Um Feldfrüchte und Weiden vor ihnen zu schützen, müssen die Bestände durch die Jagd kontrolliert werden. Die Eselshasen fressen in den trockeneren Teilen ihres Lebensraumes Kakteen und Dornbüsche. So können sie fast ihren ganzen Wasserbedarf decken. Um einen stacheligen Kaktus zu fressen, nagt der Eselshase vorsichtig um eine stachelbestandene Fläche herum und löst so das Mittelteil heraus; dann steckt er seinen Kopf in das Loch und labt sich am wasserhaltigen, fleischigen Inneren.

407

Sie werden im Freien geboren

Die Dauer der Fortpflanzungsperiode wechselt in den Regionen. Im Norden ist sie kürzer. Die Männchen rennen hin und her und kämpfen gegeneinander. Sie richten sich auf, manchmal knurren sie auch und schlagen sich mit den Vorderbeinen. Sie beißen sich sogar und reißen Fell- oder sogar Fleischstücke aus dem Gegner. Gelegentlich teilen sie mit den Hinterläufen wilde Schläge aus; ein gutgezielter Schlag kann den Gegner schwer verwunden. Der Kampf dauert, bis einer der Gegner Fersengeld gibt.

Die Junghasen kommen in einer offenen Mulde zur Welt, die zwischen Büschen oder im Grase liegt und mit Haaren von der Häsin ausgepolstert ist. Die Würfe bestehen meist aus drei bis sechs Jungen. Oft werden die Häsinnen noch während der Tragzeit erneut begattet. Die Jungen wiegen 60 bis 180 g und können schon kurz nach der Geburt stehen und laufen, bleiben aber etwa vier Wochen im Nest.

Schwierigkeiten bei der Wärmeregulation

Große Ohren sind typisch für Wüstentiere, etwa für Wüstenfüchse. Man nimmt allgemein an, daß sie nicht nur zum Hören, sondern auch zur Wärmeabstrahlung dienen, um eine Überhitzung des Körpers zu verhindern. Es gibt jedoch einen Einwand gegen diese Theorie. Wenn die Ohren Wärme abstrahlen können, dann können sie auch Wärme absorbieren. Das Problem konnte nun gelöst werden, da man erkannte, daß ein klarer Himmel weniger Wärme abstrahlt und Wärme aufnimmt. Im Steppenklima, im Wohngebiet des Präriehasen, kann die Temperatur bei klarem Wetter 10 bis 15 °C betragen, so daß von den Ohren Wärme abgestrahlt werden kann, wenn die Körpertemperatur des Präriehasen an den Ohren 38 °C beträgt. Nur geringe Temperaturunterschiede sind nötig, um eine Wärmeabstrahlung zu ermöglichen. Bei dem großen Temperaturgefälle zwischen Luft und Ohren ist somit ein starker Wärmeabfluß möglich.

Eselshasen verlassen sich völlig auf die Wärmeabstrahlung, um ihre Körpertemperatur herabzusetzen, weil sie, wie wir sahen, nicht genügend Wasser aufnehmen, um die Körpertemperatur durch Schwitzen herabsetzen zu können. Bei großer Hitze nutzen Eselshasen auch das kleinste bißchen Schatten aus, und in ihren Sassen ist die Bodentemperatur niedriger als die Luft- oder die Körpertemperatur; so dienen diese ebenfalls zur Wärmeregulation.

Die Regulation der Körpertemperatur ist für den Eselshasen trotzdem sehr schwierig. An einem heißen Tag ist es für zwei Männer ein leichtes, einen Eselshasen bis zur Erschöpfung zu jagen. Indem sie ihn immer wieder aufschrecken und im offenen Gelände halten, treiben sie ihn zum Zusammenbruch durch Überhitzung — und können ihn schließlich fangen.

Klasse	**Mammalia**
Ordnung	**Lagomorpha**
Familie	**Leporidae**
Gattung und Arten	*Lepus europeus*, Feldhase; *L. timidus*, Schneehase; *L. californicus*, Kalifornischer Eselshase; *L. townsendi*, Präriehase

Links: Immer auf der Hut! Präriehase kauert in der spärlichen Vegetation. — Rechts: Porträt des Kalifornischen Eselshasen, der seinen Namen den riesigen Löffeln verdankt. Im Gegensatz zum Präriehasen wird er im Winter nicht weiß.

Biber

Der Biber ist der zweitgrößte Nager, an Größe wird er nur noch vom Capybara oder Riesennager übertroffen. Gedrungen, mit einem dunkelbraunen Pelz, wird er bis 1 m lang, einschließlich des 30 cm langen, nackten Schwanzes. Er kann 15 bis 38 kg schwer werden. Die Schnauze ist kurz, die Ohren sind klein. An jeder Pfote sitzen fünf Zehen; die Vorderpfoten sind mit starken Krallen besetzt, die zum Graben, zum Tragen und zum Fressen dienen. Die Hinterfüße sind mit Schwimmhäuten versehen. An jedem Hinterfuß befindet sich eine Doppelkralle, mit der die Tiere das Fell kämmen und wasserabstoßendes Öl im Pelz verteilen. Das Öl dient nicht nur als Wasserschutz, sondern auch zusammen mit dem dichten Unterkleid und langen, dichten Grannenhaaren als Kälteschutz. Wenn Biber tauchen, werden Nasenlöcher und Ohren durch Klappen verschlossen, und sie können bis zu einer Viertelstunde unter Wasser bleiben. Der Schwanz dient als Steuer und wird manchmal auch wie ein Propeller als Fortbewegungsmittel verwendet. Er dient auch als Stütze, wenn sich der Biber auf den Hinterbeinen aufstellt, um an Bäumen zu nagen oder die Vorderbeine zum Tragen von Schlamm oder Steinen für seine Bauten benutzt.

Es gibt nur eine Biberart. Der Biber muß einmal in ganz Europa sehr häufig gewesen sein, auch in England, wo man noch heute Knochen von ihm findet. Auf dem europäischen Kontinent lebt er noch in geringen Beständen in Skandinavien, in den russischen Flüssen, in der Elbe und im Rhonetal. Wo er geschützt wird, werden die Bestände wieder größer.

In Amerika besiedelte er früher ein riesiges Gebiet, von Nordkanada bis zur mexikanischen Grenze. Heute sind die Bestände stark zurückgegangen.

Kleine Architekten

Biber leben in lockeren Kolonien, die aus einer Familieneinheit von bis zu zwölf Tieren bestehen, einschließlich der Eltern. Biber leben in Dauerehe. Als Bau dient ihnen eine Erdhöhle im Flußufer, deren Eingang unter Wasser liegt, oder eine Burg in ihrem „Biberteich", einem Stausee, der durch ihre Dammbauten entsteht, die den Fluß über die Ufer treten lassen. Die Burg wird aus Stöcken und Schlamm errichtet, oft an einer Gruppe junger Bäume; der Eingang liegt unter der Wasseroberfläche. In der Burg befindet sich eine Hauptkammer, die oberhalb der Wasseroberfläche liegt und durch einen „Schornstein" für die Entlüftung mit der Außenwelt verbunden ist. Oberhalb der Burg werden Nebendämme angelegt. Ein weiterer Hilfsdamm verläuft gewöhnlich unterhalb des Hauptdammes. Junge Bäume werden gefällt, entlaubt und dorthin transportiert, wo sie gebraucht werden; und wenn es notwendig ist, werden Kanäle angelegt, um die Stämme zum Teich zu transportieren.

Oben: Biber im Herbst. Der Schwanz stützt den Körper zusammen mit den Beinen, so daß der Biber sich aufrichten und an Zweigen nagen kann. — Unten: Eine Biberburg. Sie wird aus Ästen und Schlamm errichtet. Der Biber staut den Fluß auf, so entsteht der See.

Schwimmender Biber. Bei Gefahr kann er augenblicklich untertauchen, indem er einfach den Schwanz, der hier ausgestreckt ist, herunterdrückt. Unter Wasser werden Ohren und Nasenlöcher durch Klappen verschlossen — und der Biber kann bis zu 15 Minuten unter Wasser bleiben.

Intelligenz der Biber

Viele Leute sind überzeugt, daß Biber außerordentlich intelligent sind, vor allem, weil ihre Dämme ein so schönes Beispiel für den Wasserbau darstellen. Die Struktur des Biberhirnes spricht für höhere geistige Fähigkeiten als bei anderen Nagern. Andererseits sind manche der Verhaltensweisen des Bibers, die uns „intelligent" erscheinen, rein instinktiv. Sie sind das Resultat angeborener Verhaltensweisen.

Die Burg ist ein kegelförmiger Haufen aus halb- bis zweimeterlangen Zweigen und Ästen, die durch Schlamm und Steine miteinander verbunden sind. Die obere Hälfte ragt aus dem Wasser hervor. Vom architektonischen Standpunkt aus kann so eine Burg kaum beeindrucken. Sie hat eine Hauptkammer, gerade oberhalb der Wasseroberfläche, einen oder mehrere Tunnel, die von der Kammer zu den unter der Wasseroberfläche liegenden Ausgängen führen, gut isolierte Wände und einen Schornstein oder Entlüftungsschacht zur Temperaturregulation des Inneren und für den Gasaustausch. Beim Zerlegen einer Biberburg erhält man folgenden Eindruck: sie besteht aus mehr oder weniger waagrecht liegenden Stöcken, die einen Haufen bilden, vermischt mit einer Schlammschicht, die etwa 30 cm unterhalb der Spitze aufhört. Haben die Biber einen solchen Haufen errichtet, dann bahnen sie sich den Weg ins Innere und legen die Hauptkammer und die Nebeneingänge an. Durch das Fehlen der Schlammschicht im

Oberteil der Burg entstehen hier Zwischenräume, die eine Ventilation ermöglichen. In diesen Burgen sind die Biber praktisch vor Räubern sicher.

Die Dämme sind klassische Beispiele für die Kunst des Wasserbaus. Biberdämme brechen nicht häufiger als vom Menschen angelegte Dämme. Die Gründe dafür sind, daß die Biberdämme elastisch sind, ständig repariert und überwacht und von Nebendämmen unterstützt werden. Die Bauten werden deutlich an die jeweiligen Verhältnisse angepaßt.

Man behauptet oft, Biber seien beim Bäumefällen nicht nur sehr geschickt, sondern gingen dabei auch „überlegt" vor, da sie die Bäume so fällen, daß sie in Richtung des nächsten Gewässers fallen. Dies ist nicht der Fall. Es kommt sogar vor, daß Biber von dem fallenden Baum getötet werden.

Biber können durch ihre Dammbauten lästig werden. In einem kleinen See in New York, der durch einen künstlichen Damm aus Stein und Beton aufgestaut worden war, siedelte sich eine Familie Biber an. Diese beobachtete man dabei, wie sie den Damm mit Ästen und Schlamm „reparierten", obwohl er seinen Zweck erfüllte. Der Wasserstand des Sees schien völlig auszureichen, trotzdem bauten die Biber einen Hilfsdamm oberhalb des Sees, mit dem Ergebnis, daß das anliegende Land überflutet wurde.

Vieles weist darauf hin, daß die Fähigkeiten des Bibers mehr das Ergebnis einer Evolution angeborener Verhaltensweisen als

ein Zeichen für außergewöhnliche Intelligenz sind. Man muß dabei jedoch Abstriche machen. Junge Biber bleiben zwei Jahre bei ihren Eltern. Während dieser Zeit dürften sie eine ganze Menge lernen, indem sie dem Beispiel der Eltern folgen. Es erscheint daher gerechtfertigt, von einer Tradition zu sprechen, und dies wäre ein deutlicher Hinweis auf eine überdurchschnittliche Intelligenz.

Es gibt noch weitere Hinweise auf angeborene Verhaltensweisen. Bis vor ein paar Jahren wurden die Biber im Rhonetal gejagt; sie bauten deshalb nur noch Erdhöhlen in den Uferterrassen. Dann wurden sie unter Naturschutz gestellt, und kurze Zeit später begannen sie wieder, ihre Burgen und Dämme zu errichten. Biber können zwanzig Jahre alt werden, aber hier kehrten sie zu einer Verhaltensweise zurück, die jahrhundertelang durch die Verfolgung unterdrückt worden war.

Espen und Weiden als Nahrung

Biber fressen Rinde, hauptsächlich von Espen und Weiden, von den kleineren Ästen, die sie beim Fällen entfernen. Zweige und Äste werden rund um die Burg gehortet. Man hat immer geglaubt, sie dienten als Wintervorrat für die ganze Familie. Neuere Untersuchungen haben gezeigt, daß der größte Teil von den Jungen gefressen wird; die älteren Biber leben hauptsächlich von ihren Fettvorräten und fressen während des Winters nur wenig.

Lebensgeschichte

Die Biber, die in Einehe leben, paaren sich im Januar und Februar. Die Tragzeit beträgt 65 bis 128 Tage, und im April, Mai oder Juni werden zwei bis acht, manchmal auch mehr, Junge geboren. Die Jungen sind von weichen Haaren bedeckt, ihre Augen sind bereits geöffnet. Bei der Geburt wiegen sie knapp 500 g und sind einschließlich des 8 cm langen Schwanzes 45 cm lang. Im Alter von einem Monat beginnen sie, feste Nahrung zu suchen und zu fressen, aber erst nach sechs Wochen sind sie entwöhnt. Die Jungen bleiben zwei Jahre lang bei ihren Eltern. Mit zwei bis drei Jahren sind sie geschlechtsreif.

Feinde

Wie alle Nager werden Biber von allen Raubtieren gejagt, die etwa so groß oder größer wie sie selbst sind. Daher gehören Vielfraß, Luchs, Koyote, Wolf, Rotluchs, Puma und Bär zu ihren Feinden. Wenn sie einen Räuber sehen, schlagen sie Alarm. Mit ihren kellenförmigen Schwänzen peitschen sie die Wasseroberfläche mit einer solchen Gewalt, daß man es einen Kilometer weit hören kann.

Die Ausrottung des Bibers in Europa

Biber waren in Mitteleuropa einmal sehr häufig; Namen wie Bebra, Biberach, Bibersee, Biberstein und Bibermukle zeigen das. Sie wurden teils wegen ihres Pelzes, teils wegen der Sekrete ausgerottet, mit denen sie ihre Reviere markieren. Diese, als Bibergeil bekannt, wurden im 16. Jahrh. als Heilmittel gegen alle Gebrechen gepriesen — das Schlimmste, was einem Tier widerfahren kann. Die Biber wurden wegen diesem „Medikament" erbarmungslos abgeschlachtet. Die Analyse ergab, daß Bibergeil Salizin enthält, eines der Bestandteile von Aspirin.

Auch das frühere Vorkommen von Bibern auf den Britischen Inseln ist durch zahlreiche Ortsnamen belegt, wie Beverley, Beverege und Beversbrook in England (Beaver ist das englische Wort für Biber), Losleathan in Schottland und Llostlydan in Wales. Die beiden letztgenannten bedeuten „Breitschwanz". Der Wert des Biberfelles kann durch die Preise abgeschätzt werden, die ein walisischer Fürst, Howel Dha, im 10. Jahrh. für Pelzwerk festsetzte: Ein Biberfell war fünfmal soviel wert wie ein Marderfell und fast siebenmal soviel wie ein Otter-, Fuchs- oder Wolfsfell. Dies führte zweifellos zur raschen Ausrottung des Bibers und zur völligen Vernichtung der Biberbestände Frankreichs und Mitteleuropas mit Ausnahme de-

rer im Rhonetal und an der Mittelelbe. Im 16. Jh. versuchte Henri IV. von Frankreich, die wirtschaftliche Bedeutung seines Landes zu vergrößern, indem er — angeregt durch die große Nachfrage nach Biberfellen für Hüte, Besatz, Futter und Schuhwerk — Pelzjäger nach Neuschottland und Neufundland sandte. Die Briten gewannen schließlich diese Geldquellen, vor allem durch die Hudson-Bay-Kompanie. Und es war die Suche nach immer neuen Jagdgebieten, die schließlich zur Erschließung Kanadas führen sollte.

Profitdenken gegen Naturschutz

Mit der Ankunft der ersten Siedler in Amerika wurde der Biber zum Fleisch- und Pelzlieferanten für die Weißen. Rasch entwickelte sich ein Biberpelzhandel zwischen Indianern und Weißen. Die Indianer hatten klugerweise nur die erwachsenen Tiere gejagt, so daß sie den Bibern nur wenig Schaden zufügten. Der lebhafte Pelzhandel mit England, der immer mehr aufblühte, weckte rasch die Habgier, und nach kurzer Zeit begannen weiße Jäger, auf die Biber Jagd zu machen. Sie töteten jedes Tier, das sie erwischen konnten.

Innerhalb von etwa 150 Jahren wurde der Biber in den Küstenregionen der Oststaaten ausgerottet und in den anderen Gebieten bedrohlich reduziert. Allerdings entwickelten sich die einzelnen Gebiete sehr unterschiedlich. An manchen Stellen blieben die Bestände ziemlich unverändert erhalten. Biber sind in tiefen Strömen weniger leicht zu fangen als in flachen, seichten Bergflüssen. Weil der nordamerikanische Kontinent mehr und mehr erschlossen wurde, ging der Handel unvermindert weiter.

Biber wurden nicht nur aus Gewinnsucht

getötet. Bisweilen wurden die Tiere schädlich, entweder durch ihre Übergriffe auf Bauholz in besiedelten Gebieten, oder wenn sie eine Vorliebe für Getreide zeigten. An manchen Orten wurden sie auch zu einer Bedrohung der Uferböschungen. Trotzdem erkannte man bald, daß es nur schädlich sein konnte, wenn sie total ausgerottet würden. Bereits 1866 wurden sie im Staate Maine gesetzlich geschützt. Zu Beginn unseres Jahrhunderts war ihr Bestand wieder so angewachsen, daß man ihn unter Kontrolle halten mußte, um die Pflanzungen zu schützen.

Seit dieser Zeit wurden im steigenden Maße sowohl in den USA als auch in Kanada Maßnahmen getroffen, um die Biber zu erhalten. Sie gingen sowohl von privaten Grundbesitzern als auch von öffentlichen Körperschaften und den Landes- und Bundesregierungen aus. In manchen Fällen wollte man nur ein interessantes Tier erhalten. In anderen Fällen hatte man erkannt, daß die Bauten der Biber dazu beitragen, die Wasserreserven im Lande zu erhalten und die Forellenbäche zu schützen. Man stellte fest, daß es mit Hilfe von festgesetzten Jagdzeiten, begrenzten Abschußraten und Lizenzen nicht nur möglich ist, zunehmende Populationen von Bibern zu erhalten, sondern durch den Überschuß auch einen Gewinn zu erzielen. Folglich bürgerte man sie in Gebieten wieder ein, in denen sie früher ausgerottet worden waren.

Die Bedeutung des Bibers für die Wasserwirtschaft mag der Bericht einer amerikanischen Wasserversorgungs-Gesellschaft erhellen: „An fast allen Gebirgsflüssen sollten sie (die Biber) geschützt und gefördert werden. Eine Serie von Biberteichen und Biberdämmen entlang dem Hauptstrom eines Bergflusses würde während der gefährlichen Hochwasserzeit große Wassermengen zurückhalten und die Strömungsgeschwindigkeit einigermaßen konstant halten, so daß während der trockensten Zeiten der Wasservorrat in den Tälern stark ansteigen würde. Biberteiche halten nicht nur das Wasser, sondern verteilen es auch durch die umgebende Erde über große Entfernungen, wirken ebenso wie ein riesiger Schwamm als auch wie ein Staubecken. Eine Serie von Teichen erhöht auch die Fischbestände und bildet ein sicheres Rückzugsgebiet für Forellen."

Biber *(Castor fiber)*
- Europäische Unterarten
- Amerikanische Unterart

Der Biber war im 19. Jahrh. in Europa und Amerika in Gefahr auszusterben. Er wurde jedoch streng geschützt. Die Bestände wachsen wieder so stark an, daß sie in einigen Gebieten eingedämmt werden müssen.

Dieser Biber hat sich zu weit von seinem sicheren Wohngewässer entfernt. Die Flucht mißlang, er muß nun auf Leben und Tod mit dem hungrigen Koyoten kämpfen.

Klasse	**Mammalia**
Ordnung	**Rodentia**
Familie	**Castoridae**
Gattung und Art	*Castor fiber*, Biber

Wühlmäuse

Possierliche Hirschmaus bei einer kleinen Zwischenmahlzeit.

Die Wühlmäuse sind die wohl artenreichste Säugerfamilie, wenn auch die systematische Stellung vieler Formen ungenügend geklärt ist. Vielleicht gibt es mehr als 2000 Arten. Aber auch abgesehen von der Artenzahl sind die Wühlmäuse oder Wühler eine der bedeutendsten Säugergruppen. Zahlreiche Arten sind gefürchtete Getreideschädlinge, vor allem die echten Wühlmäuse, wie unsere Feldmaus und die Hamster. Andere Arten sind eher nützlich, wie etwa die Hirschmäuse, weil sie auch zahlreiche Schadinsekten vernichten. Nur die Echten Mäuse (Muridae), zu denen unsere Hausmaus, Haus- und Wanderratte gehören, kommen den Wühlern an wirtschaftlicher Bedeutung nahe.

Auch in Größe und Formenvielfalt gibt es bei den Wühlern große Unterschiede. Manche Formen sind weit kleiner als die Hausmaus, während die Bisamratte 51 cm lang und 1,5 kg schwer werden kann.

Wühlmäuse

Die meisten Wühlmausarten kann man sofort als Vertreter dieser Familie erkennen: gedrungene, bodenwohnende Formen mit kurzen Ohren und kurzem Schwanz und meist unscheinbarer Zeichnung; andere aber sehen eher wie Mäuse aus, so etwa die Neuweltmäuse Amerikas oder die hübschen Rennmäuse *(Gerbillus)* der Trockengebiete der Alten Welt. Diese Formen leben vor allem an der Oberfläche, und eine Reihe von Neuweltmäusen besiedeln sogar Bäume und bauen dort ihre Nester. Andere Wühlmäuse haben sich an das Leben im Wasser angepaßt. Hierzu zählt die einheimische Schermaus oder Wasser „ratte", die allerdings auch oft weitab vom Wasser vorkommt, im Wald, auf Wiesen und Äckern, und die ursprünglich nordamerikanische Bisamratte, die ganz deutliche Anpassungen an das Wasserleben zeigt: Der Körper ist stromlinienförmig, der Schwanz hat sich zu einem seitlich abgeplatteten Ruderschwanz umgebildet, und die Zehen sind mit dichtem Schwimmborstensaum besetzt. Wühlmäuse sind fast weltweit verbreitet; sie fehlen nur in der australischen Region. Zu den Wühlmäusen zählen die einzigen bodenständigen Landsäuger der Galapagos-Inseln.

Massenvermehrung und „Selbstmörder"

Berühmt und berüchtigt sind die Wühler durch ihre Massenvermehrungen. Da sie fast alle eine sehr hohe Vermehrungsrate haben, und die meisten Arten sich mehrmals im Jahr fortpflanzen, kann es bei andauernd günstigen Bedingungen zu den sogenannten „Mäusejahren" kommen. In solchen Jahren hat man in einem Landkreis in 14 Tagen 500 000 Feldmäuse gefangen, und die Dichte einzelner Wühlerarten kann dann auf drei Exemplare je qm ansteigen. Auch die natürlichen Feinde der Kleinnager — Schlangen, Greife, Eulen, Spitzmäuse, Füchse, Marder und Hauskatzen — können mit diesem plötzlichen „Segen" nicht fertig werden. Von der Fruchtbarkeit der Wühler kann man sich ein gutes Bild bei der wohl bestbekannten Art, dem Syrischen Goldhamster, machen. Dieser kleine Verwandte unseres etwa meerschweinchengroßen Feldhamsters bewohnt Steppengebiete Südosteuropas und Vorderasiens. Bis 1930 war über dieses Tier praktisch nichts bekannt. Dann fing Abaroni ein Weibchen mit 12 Jungen. Innerhalb eines Jahres erzielte das Ehepaar Abaroni aus einem Männchen und drei Weibchen 150 Junge! Bereits 1931 gab es Goldhamster in Großbritannien, 1938 in Amerika, 1945 in Deutschland. Heute ist er in Millionen von Exemplaren in menschlichen Haushalten und Laboratorien verbreitet; und alle diese Tiere gehen sehr wahrscheinlich auf die von Abaroni gefangenen zurück. Aber auch andere Zahlen vermitteln ein deutliches Bild von der Fruchtbarkeit dieser Tiere: Man hat errechnet, daß theoretisch aus einem einzigen Paar Wühlmäuse im Laufe eines Jahres 2500 Nachkommen hervorgehen könnten!

Bei diesen Massenvermehrungen sind die Lebensbedingungen für die Wühler im betreffenden Gebiet natürlich bald erschöpft. Bei den bekannten Lemmingen kommt es dann zu Massenwanderungen. Beim Berglemming kann man zwei Wanderungen unterscheiden, eine im Frühjahr und eine im Herbst. Die große Vermehrungsfähigkeit dieser Tiere beruht darauf, daß die Jungtiere bereits nach etwa 20 Tagen paarungsfähig sind und schon nach 40 Tagen 1 bis 12 Junge zur Welt bringen. Lemminge sind mutige Tierchen, die auf ihren Wanderungen sogar Hunde und Menschen angehen, obwohl sie nur ganze 15 cm messen, einschließlich des kurzen Schwanzes. Man hat oft behauptet, die Lemminge stürzten sich am Ende ihrer Wanderungen ins Meer, begingen also Selbstmord. Wahr daran ist, daß Lemminge recht gute Schwimmer sind und bei ihren Wanderungen ohne weiteres Flüsse und Fjorde durchschwimmen, wobei tatsächlich eine Reihe der Tiere ertrinken. Dabei kann es vorkommen, daß sie auf ihren Wanderungen das offene Meer erreichen. Anscheinend können sie zwischen einem Fjord und der offenen See nicht unterscheiden. Die Tiere ertrinken dann. Nach Kalela ist die biologische Bedeutung dieser Wanderungen wohl darin zu sehen, daß die Tiere nach geeigneten Lebensräumen suchen. Bei diesen Zügen gelangen diese hochnordischen Wühler auch in südliche Gebiete, in denen sie nicht zu leben vermögen.

Faunenfälschung

Zu den berühmtesten und berüchtigtsten Wühlmäusen zählt die Bisamratte. Diese großen Nager bewohnten ursprünglich die Wasserläufe und Seen Nordamerikas; sie galten dort als wichtiges Pelztier. Im 19. Jahrhundert waren die USA noch so dünn besiedelt, daß der Schaden, den Bisamratten in Deichen und Uferbefestigungen anrichteten, im Vergleich zu ihrem Nutzen in der Pelzwirtschaft bedeutungslos war. Auf Grund dieses Nutzens siedelte ein böhmischer Fürst 1905 Bisamratten auf seinem Gut an. Die Folgen waren katastrophal. Von hier aus besiedelten sie innerhalb von 70 Jahren ganz Mitteleuropa bis Jugoslawien. In den dicht besiedelten Gebieten Europas wurden diese Ratten in Wasserbauten und Deichen zu außerordentlich gefährlichen Schädlingen. Die Bestände müssen daher dauernd von Bisamfängern kontrolliert werden — ein nicht gerade billiges Verfahren. Das Beispiel der Bisamratte zeigt sehr deutlich die Unsinnigkeit der Faunenverfälschung. Durch das Aussetzen exotischer Tierarten werden fast immer bodenständige Tiere in ihrem Bestand bedroht, oder aber es werden volkswirtschaftliche Schäden angerichtet, deren Ausmaß vorher gar nicht abzusehen ist.

Klasse	**Mammalia**
Ordnung	**Rodentia**
Familie	**Cricetidae**
Gattungen und Arten	*Cricetus cricetus*, Hamster; *Mesocricetus auratus*, Goldhamster; *Peromyscus maniculatus*, Hirschmaus; *Lemmus lemmus*, Lemming; *Clethrionomys glareolus*, Rötelmaus; *Arvicola terrestris*, Schermaus; *Ondatra zibethica*, Bisamratte; *Microtus arvalis*, Feldmaus

Wühlmaus putzt und trocknet ihr Fell.

Taschenratten

Der Name dieser kleinen, hamsterähnlichen Tiere ist von ihren vom Gesicht bis zu den Schultern reichenden Backentaschen abgeleitet. In ihnen bewahren die Tiere Futter auf, zum Reinigen stülpen sie sie um.

Es gibt 30 Taschenrattenarten, ihre Größe schwankt zwischen 8,5 und 32,5 cm, die Länge des Schwanzes zwischen 3,5 und 13,5 cm. Das Fell ist gewöhnlich dick und weich, an der Unterseite ist es dünner. Im Flachland lebende Arten haben ein etwas kürzeres, gröberes Haarkleid. Die Farbe des Felles variiert zwischen fast schwarz über alle Brauntöne bis schmutzigweiß. Albinos sind nicht selten. Manche Arten haben charakteristische weiße Flecken.

Der Körper ist an eine grabende Lebensweise angepaßt. Der Schädel ist groß und eckig, der Körper untersetzt und nach dem Schwanz hin spitz zulaufend. Ohren und Augen sind klein; die Augen werden ständig durch eine trübe Flüssigkeit feuchtgehalten, damit sich kein Schmutz festsetzen kann. Die Beine sind kurz und kräftig, besonders die mit Grabklauen ausgerüsteten Vorderbeine. Der Schwanz ist fast nackt und dient als Tastorgan. Taschenratten krümmen den Schwanz, so daß sich die Schwanzspitze leicht über den Boden erhebt; der Schwanz dient als Tastorgan, wenn sie sich in ihren Röhren schnell rückwärts bewegen.

Alle Taschenratten haben lange, gebogene Nagezähne; dahinter sind die Lippen geschlossen, damit beim Graben keine Erde in das Maul gelangt. Taschenratten kommen vom westlichen Kanada bis nach Panama vor. Sie wandern nicht weit, manche Arten kommen nur örtlich vor, das Verbreitungsgebiet ist oftmals auf bestimmte, durch Gebirgszüge abgegrenzte Täler beschränkt.

Grabende Einzelgänger

Diese Einzelgänger unter den Nagern leben fast immer unterirdisch, nur selten kommen sie zur Futtersuche an die Oberfläche. Jede Taschenratte hat ihr eigenes System von Röhren; nur zur Paarungszeit kommen sie zusammen. Jungtiere, die ihre Eltern verlassen haben, sind an der Oberfläche anzutreffen; in Trockenperioden oder nach Überschwemmungen, wenn sie neue Wohngebiete suchen müssen, findet man dort auch Erwachsene.

Die einzelnen Baue sind oftmals recht ausgedehnt und an fächerförmigen Erdwällen am Eingang erkennbar. Zum Schutz gegen Räuber, und um Temperatur und Luftfeuchtigkeit auszugleichen, sind sie sorgfältig mit Erde abgedeckt. Es gibt zwei Typen von Röhrensystemen: lange, flache Systeme, die vor allem zur Futteraufnahme dienen, und tiefe, die zum Wohnen dienen: mit besonderen Kammern zur Aufbewahrung von Futter, zum Nestbau und zur Ablagerung von Kot. Auch viele andere Tiere benutzen diese Taschenratten-Röhren.

Taschenratten graben mit ihren kräftigen oberen Schneidezähnen, mit diesen gekrümmten Nagezähnen lockern sie festen und steinigen Boden. Die Nagezähne wachsen ständig nach, so daß die sich abnutzende Oberfläche ersetzt wird. Sie wachsen bis zu 50 cm jährlich. Taschenratten halten keinen Winterschlaf, bleiben jedoch längere Zeit über inaktiv. Wenn dann der Schnee schmilzt und sich auf den Wiesen im Schnee ein Gewirr von kreuz und quer verlaufenden Gängen abzeichnet, kann man erkennen, daß die Tiere im Winter in mehreren Ebenen gegraben haben. Die Röhren sind bei 5 bis 7,5 cm Durchmesser bis zu 12 m lang.

Unterirdisch lebende Vegetarier

Die Grundnahrung der Taschenratten besteht aus Knollen, Zwiebeln und Wurzeln, die sie von ihrer sicheren Röhre aus erreichen können. Gelegentlich kommen sie nachts oder bei trübem Wetter zur Futtersuche an die Oberfläche; häufiger aber kann man beobachten, wie Taschenratten Pflanzen ruckweise in die Röhren hineinziehen.

Über Fortpflanzung und Werbungsverhalten der Taschenratten ist wenig bekannt; doch wenn der Boden geeignet ist und die Nahrung ausreicht, vermehren sich die Tiere sehr schnell. Ein Weibchen kann im Jahr einen oder auch mehr Würfe haben, die Zahl der Jungen schwankt zwischen zwei und elf. Sie wiegen bei der Geburt etwa 2,5 g, sind blind und fast nackt. Die Jungen verlassen die Mutter meist mit etwa zwei Monaten. Mit drei Monaten sind sie fortpflanzungsfähig.

Sicherheit im Untergrund

Der beste Schutz gegen Feinde ist ihre unterirdische Lebensweise. Beim Kampf mit Artgenossen bilden die lockere, weite Haut und das dicke Fell am Kopf einen gewissen Schutz. Räubern wie Koyoten, Dachsen und Skunks gelingt es manchmal, Baue von Taschenratten aufzugraben; und wenn jene an die Oberfläche kommen, machen Eulen und Greife kurzen Prozeß. Schlangen und Marder verfolgen Taschenratten bis in ihre Röhren. Am gefährlichsten aber ist der Mensch.

Da Taschenratten Kulturfrüchte fressen, Deiche unterhöhlen und zur Bodenerosion beitragen, können sie sehr schädlich sein. Andererseits haben sie eine wichtige Aufgabe, weil sie den Boden lockern, durchlüften und mit organischen Stoffen durchmischen. Sie verbessern auch den Wasserhaushalt des Bodens, denn nach starkem Schneefall sickert das Schmelzwasser tief in das Röhrensystem ihrer Baue ein, anstatt in den nächsten Bach abzufließen.

Alle Arten von Schlingen und Fallen werden angewandt, um die Populationen von Taschenratten klein zu halten, und in Mexiko ist der *tucero*, dessen Aufgabe es ist, Taschenratten zu jagen, ein geachtetes Mitglied der dörflichen Gemeinschaft.

Schlanker, spitz zulaufender Körper

Wer sich in Röhren bewegen muß, braucht einen spitz zulaufenden Körper; grabend lebende Tiere haben deshalb im allgemeinen ein schmales Becken; andererseits erleichtert ein breites Becken die Geburten. Junge Taschenrattenweibchen haben ein enges Becken. Wie bei anderen Säugetieren sind die Beckenknochen zusammengewachsen und gewähren beim Gebären einen nur zu schmalen Durchgang. Messungen nach der Geburt haben jedoch gezeigt, daß sich der Durchlaß vergrößert und eine leichte Geburt erlaubt. Während der Schwangerschaft haben Hormone einen Teil der Knochensubstanz aufgelöst.

Klasse	**Mammalia**
Ordnung	**Rodentia**
Familie	**Geomyidae**
Gattungen	*Geomys, Thomomys, Pappogeomys, Cratogeomys, Orthogeomys, Heterogeomys, Macrogeomys, Zygogeomys*

Mexikanische Taschenratte (Crategeomys castanops) am Eingang zu ihrem Bau. Die Art bewohnt die Halbwüsten der südlichen USA und des nördlichen Mexiko.

Stachelschweine

Die Stachelschweine gehören zwei völlig verschiedenen, nur weitläufig miteinander verwandten Gruppen an. Allerdings zählen beide, die amerikanischen Baumstachler und die altweltlichen Stachelschweine, zu den Nagetieren. Beide Gruppen entwickeln sich unabhängig voneinander aus unbestachelten Nagern. Als Modell für ein Urstachelschwein können die Langschwanzstachler (Trichys) Südostasiens gelten; sie ähneln einer großen Ratte und haben nur ganz kurze, weiche Stacheln. Bei beiden Stachelschweingruppen wurden die Stacheln als Abwehrwaffen entwickelt, in höchster Perfektion wohl bei den Echten Stachelschweinen (Hystrix) und den nordamerikanischen Baumstachlern (Erethizon).

Am bekanntesten sind die europäischen Arten. Das Europäische Stachelschwein wird etwa 76 cm lang, mit 11 cm langem Schwanz. Es bewohnt Italien und Teile

Afrikas. Östlich schließt sich an das Verbreitungsgebiet dieser Art das des Weißschwanzstachelschweines an, das den Kaukasus und Asien von Kleinasien bis Südindien besiedelt. Es wird etwas größer als das Europäische Stachelschwein. Bei beiden Arten sitzen zahlreiche lange Stacheln am Körper, sie werden nach hinten zu länger. Der Urson hat viel kürzere Stacheln, an der Unterseite fehlen sie völlig. Er bewohnt Nordamerika.

Kein Winterschlaf

Obwohl der Urson in Nordamerika bis nach Alaska geht, hält er keinen Winterschlaf. Nur bei extrem schlechtem Wetter bleibt er in seinem Unterschlupf. Oft leben mehrere Ursons gemeinsam in einer Höhle, vor allem im Winter. Die Stachelschweine der Alten Welt haben diese Probleme nicht; sie besiedeln nur die tropischen und warmen Zonen. Obwohl auch die Langschwanzstachler *(Trichys)* gelegentlich auf Bäume gehen, kommt der Name Baumstachler oder Baumstachel-

schweine nur den amerikanischen Ursons und Coendus zu. Sie sind echte Baumtiere, mit kurzen, kräftigen Gliedmaßen, gebogenen Kletterkrallen und dementsprechend guter Kletterfähigkeit. Einige Formen haben sogar einen Greifschwanz.

Dagegen bewohnen die Stachelschweine der Alten Welt echte Wälder und Steppen. Sie sind Bodentiere, die vor allem in der Dunkelheit aktiv sind. Tagsüber halten sie sich in selbstgebauten Höhlen auf, oder in Felshöhlen oder den aufgegebenen Bauten anderer Tiere. Entsprechend ihrer nächtlichen Lebensweise ist der Gesichtssinn schlecht, Gehör und Geruch sind jedoch sehr gut entwickelt.

Salzliebhaber

In der Ernährung unterscheiden sich Stachelschweine und Baumstachler nicht grundsätzlich voneinander. Beide leben vorwiegend von Pflanzen. Stachelschweine verzehren Knollen, Wurzeln, Rinde, Kräuter, auch Disteln, Blätter und Früchte. Da sie auch zahlreiche Kulturpflanzen fressen, sind sie bei

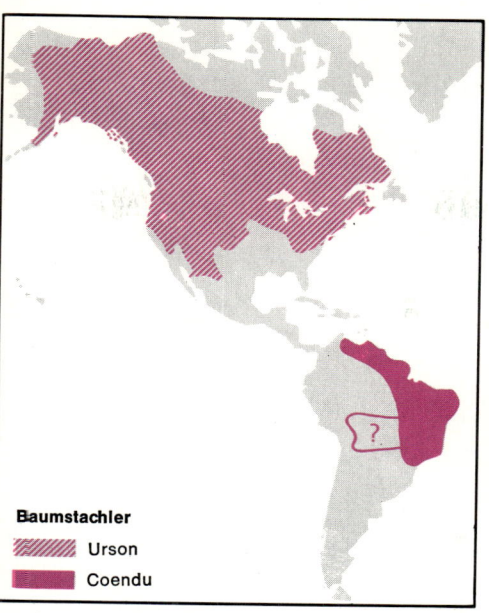

Baumstachler

⫽⫽⫽ Urson

▬ Coendu

Links: Auf gefährlichem Pfad: Südamerikanischer Coendu sucht Rinden, Stengel, Blätter, Blatttriebe.
Rechts oben: Afrikanisches Stachelschwein der Gattung Hystrix.

Bauern nicht gerade beliebt. Die Nahrung wird mit den Nagezähnen gepackt und mit den Pfoten festgehalten. Bei der Nahrungsaufnahme spielen die Tastborsten, die an den Augen und an der Schnauze sitzen, eine wichtige Rolle.

Entsprechend seines nördlichen Verbreitungsgebietes wechselt die Nahrung des Ursons mit der Jahreszeit. Im Frühjahr frißt er die Kätzchen der Weiden und Pappeln, später wendet er sich den zarten Blättern der Espen und den Schößlingen der Lärchen zu. Im Sommer ernährt er sich von Laub und Zweigen, im Winter vor allem von Nadelbaumtrieben. Seine Hauptnahrung im Winter stellt jedoch die Baumrinde dar. Obwohl der durch Baumstachler angerichtete Schaden gering ist, wird der Urson in Amerika verfolgt.

Merkwürdig ist die Angewohnheit der Ursons, alle möglichen Gegenstände zu benagen, wie etwa Glasgefäße, Stiefel, Sättel, Axtstiele, ja sogar die Steuerräder von Autos wurden schon von Ursons zernagt. Der Grund dafür ist ihre Vorliebe für Salz, das sich durch menschlichen Schweiß an den Gegenständen abgelagert hat.

Die Coendus oder Greifstachler Südamerikas fressen ebenfalls Rinde und Blätter, aber auch Früchte, wie etwa Bananen, und gelegentlich auch Getreide.

Wohl entwickelte Junge

Die Ursons paaren sich im Herbst. Beim Paarungsspiel reiben die Tiere ihre Nasen aneinander; oft uriniert das Männchen auf das Weibchen. Nach 215 Tagen Tragzeit wird ein einziges Junges geboren, das bei der Geburt bereits gut entwickelt ist, mit offenen Augen, langen Haaren und kurzen, weichen Stachelborsten. Nach zwei Tagen kann es bereits klettern. Schon nach zehn Tagen werden sie entwöhnt, im zweiten Lebensjahr werden sie geschlechtsreif.

Bei den Stachelschweinen belecken sich Männchen und Weibchen bei der Paarung. Das Weibchen klappt den Schwanz über den Rücken nach vorn, woraufhin das Männchen aufsitzt. Nach etwa sechs bis acht Wochen werden ein bis vier Junge geboren, die wie beim Urson bereits wohl entwickelt sind. Die Eltern betreuen ihre Jungen.

Wenige Feinde

Die Stacheln der Baumstachler und Stachelschweine sind wirksame Waffen. Bei den Stachelschweinen kommen sehr unterschiedliche Stachelformen vor: Borstenstacheln, breite Stilettstacheln und die bis 40 cm langen, „typischen" Stachelschweinstacheln. Eigenartige Gebilde sind die Rasselbecher, die am Schwanzende der Stachelschweine sitzen. Bei den typischen Stachelschweinen handelt es sich um gestielte, hohle Hornbecher. Bei Erregung werden sie geschüttelt und aneinandergeschlagen, so daß ein surrendes Geräusch entsteht. Mit diesem Surren werden Feinde gewarnt. Gleichzeitig werden die Stacheln aufgerichtet. Läßt sich ein Angreifer dadurch nicht abweisen, so wendet sich das Stachelschwein gegen den Gegner. Die Stacheln lösen sich sehr leicht aus der Haut des Stachelschweines und können sogar gegen den Angreifer geschleudert werden. Bei vielen Arten sind sie ebenso wie bei den Ursons mit Widerhaken versehen, so daß sie sich immer tiefer in den Feind einbohren. So können auch anfangs harmlose Verletzungen für den Räuber sehr gefährlich werden, da sich die Stacheln in innere Organe einbohren können.

Die Stacheln des Ursons sind weit kürzer als die der Stachelschweine, aber mindestens so gefährlich. Dasselbe gilt für die Coendus. Der Urson verwendet seine kurzen, mit Widerhaken besetzten Stacheln in etwas anderer Weise als die Stachelschweine; er schlägt seinen mit Stacheln besetzten Schwanz lautlos gegen den Feind.

Klasse	**Mammalia**
Ordnung	**Rodentia**
Familie	**Erethizontidae**
Gattungen und Arten	*Erethizon dorsatum*, Urson; *Coendou prehensilis*, Coendu
Familie	**Hystricidae**
Gattung und Arten	*Hystrix cristata*, Europäisches Stachelschwein; *H. leucura*, Weißschwanz-Stachelschwein

Bären

Es gibt sieben Bärenarten, von denen der früher auch bei uns beheimatete Braunbär in einigen seiner Formen die größte Art darstellt: Der Kodiakbär Alaskas (Ursus arctos middendorffi) kann bis 3 m lang und bis 780 kg schwer werden; nicht viel kleiner sind die Braunbären Kamtschatkas. Der Braunbär besiedelte ursprünglich Nordamerika von der Tundra bis nach Mexiko und die nördlichen Gebiete der Alten Welt, von Kamtschatka bis zu den Britischen Inseln und bis Marokko, Kleinasien und China. Heute sind sie in Nordamerika außerhalb Kanadas und Alaskas bis auf etwa 300 Tiere ausgerottet. In Europa sind Bären im Osten noch ziemlich zahlreich. Im übrigen Europa gibt es noch in Schweden, den Pyrenäen, den Alpen und Abruzzen einige hundert Braunbären.

Im äußersten Norden Europas kommt als zweite Form der Eisbär vor. Kleiner als Braun- und Eisbär sind die Schwarzbären. In Nordamerika lebt der Barribal, der etwa 1,80 m lang und bis 150 kg schwer wird, in Süd- und Ostasien der etwas kleinere Kragenbär. Er ist durch eine Y-förmige, weiße Zeichnung auf der Brust gekennzeichnet. In Indien vertritt der eigenartige Lippenbär — der Bhalu des Dschungelbuches von Kipling — den Braunbären. Er gleicht eher einem riesigen Faultier und wird etwa so groß wie der Kragenbär. Die kleinsten Bären sind der Malayenbär Inselindiens und der stark abweichende Brillenbär der Anden. Ebenso wie der Braunbär sind heute auch fast alle anderen Arten vom Aussterben bedroht oder in weiten Teilen ihres Verbreitungsgebietes gefährdet.

Im großen und ganzen harmlos

Bären sind gute Baumkletterer, sie sind stark und reagieren schnell. Dem Menschen gegenüber verhalten sie sich friedlich, es sei denn, sie werden gereizt, in die Enge getrieben oder verletzt — oder überfreundlich behandelt. In Naturschutzgebieten oder Nationalparks, wo sie mit dem Menschen vertraut sind und um Futter betteln, dürfen deshalb die Besucher ihre Autos nicht verlassen. Bären sind Einzelgänger, auf der Suche nach Nahrung unternehmen sie weite Wanderungen. Nur zur Paarung kommen sie zusammen, danach trennen sich die Partner wieder. Der Braunbär hält keinen regelrechten Winterschlaf, sondern nur eine Winterruhe, nachdem er sich im Herbst ein Fettpolster angefressen hat. Im Winter frißt er nicht und verläßt die Höhle nur selten.

Allesfresser

Insekten, Beeren und Früchte, Eier und Küken von Vögeln, die am Boden nisten, Nagetiere und Aas bilden die Grundnahrung, auch junges Rotwild und kranke Tiere werden genommen. Den Barribal hat man auch schon mit Stacheln von Baumstachlern im Maul tot aufgefunden. Manchmal werden Bären zu Viehräubern.

Zwei Barribal-Welpen. Sie bleiben bis zum Alter von sechs Monaten bei der Mutter.

Der Lebenslauf

In der Regel besteht der Wurf aus zwei oder drei Welpen, manchmal aus vier, sehr selten aus fünf. In den nördlichen Breiten werden sie im Januar und Februar geboren. Die 400 bis 500 g schweren Neugeborenen sind blind und zahnlos; sie sind nackt, wenn wir von einigen spärlichen Haaren absehen. Die Mutter setzt nach der Geburt ihre Winterruhe noch zwei Monate lang fort, nachdem sie sich darangemacht hat, die Nabelschnüre durchzubeißen. Die Jungen saugen und schlafen währenddem. Sie bleiben insgesamt mindestens sechs Monate bei der Mutter, die sich nur alle zwei Jahre paart.

Der Ursprung des Teddybären

Im Jahre 1902 fing Theodore (Teddy) Roosevelt — Präsident der USA und begeisterter Naturfreund — bei einem Jagdausflug einen Welpen des Barribal, den er als Haustier aufzog. Morris Michton, ein Puppenfabrikant aus Brooklyn, benutzte diesen Bären als Modell für den ersten Teddybären. Der Präsident genehmigte diesen Namen.

Der Mensch liebt besonders diejenigen Tiere, bei welchen er eigene Eigenschaften wiederfindet, z. B. Vögel, die sprechen können, oder Tiere, die aufrecht gehen wie Pinguine, Eulen und Bären. Bären gehen zwar nur gelegentlich auf zwei Beinen; das tut der Zuneigung des Menschen aber keinen Abbruch, zumal Bären auch aufrecht sitzen, z. B. auf einem Stuhl. Bären können „die Hand geben", wenn sie um Futter betteln. Und schließlich erkennt sich der Mensch im Bären wieder, wenn dieser auf dem Rücken ausgestreckt daliegt.

Bären scheinen auch intelligent zu sein. Man hat niemals genau untersucht, ob sie intelligenter sind als ihre nahen Verwandten, die Katzen und Hunde. Wir wissen aber, daß die Welpen mindestens ein halbes Jahr bei der Mutter bleiben, oft sogar bis zur Geburt des nächsten Wurfes. Wenn Junge lange bei den Eltern bleiben, können sie ihnen viel abschauen, und wenn sie ausgesprochen lange bei ihnen bleiben, sogar Überliefertes erfahren.

Bären sind Einzelgänger; wenn die Umstände sie dazu zwingen, z. B. im Bärengehege eines Zoos, können sie jedoch ohne viel Mißhelligkeiten miteinander zusammen leben. Das beweist, daß sie von Grund auf harmlos sind.

Trotz der Vergleiche, die man zwischen Mensch und Bär anstellen kann, und trotz der Vorliebe des Menschen für den Teddybären, ist die Tatsache nicht zu übersehen, daß der Bär lange aus allen möglichen Gründen gejagt worden ist. 1953 sind in Britisch Kolumbien 700 Bären getötet worden: wegen der Felle für den traditionellen Helmschmuck der königlichen Garde anläßlich der Krönung von Königin Elisabeth II. Ein amerikanischer Schriftsteller bemerkte dazu trocken, der Bär habe Glück, daß es in Großbritannien nur selten Krönungsfeierlichkeiten gibt.

Klasse	**Mammalia**
Ordnung	**Carnivora**
Familie	**Ursidae**
Gattungen und Arten	Ursus arctos, Braunbär; Euarctos americanus, Barribal; E. thibetanus, Kragenbär; Thalarctos maritimus, Eisbär, u. a.

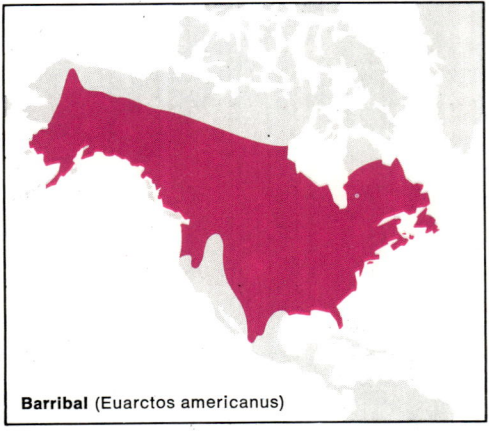

Barribal (Euarctos americanus)

418

Rotfuchs mit zwei Welpen kommt von der Jagd zurück. Bei nächtlicher Jagd lernen die Welpen, sich zu verteidigen und zu versorgen.

Rotfuchs

Kopf und Körper des Rotfuchses sind 60 cm lang, der Schwanz hat eine Länge von über 40 cm; in einzelnen Gegenden, in Schottland z. B., gibt es Exemplare, die diese Maße weit übertreffen. Die Schulterhöhe ist 35 cm. Rüde und Fähe sehen fast gleich aus; die Fähe ist etwas kleiner, und ihr Kopf wirkt schmaler, weil der Backenbart des Rüden fehlt. Das Fell ist oben sandfarben, rost- oder rotbraun und an der Unterseite weiß. Rückseiten der Ohren und Vorderseiten der Beine sind schwarz, können aber auch braun sein; das kann sich beim Haarwechsel ändern. Die Färbung wechselt aber nicht nur von Tier zu Tier, sondern bei ein und demselben Tier auch von Jahreszeit zu Jahreszeit. In Schottland sind die Füchse z. B. mehr grau gefärbt als im übrigen Europa. Bei vollem Haarkleid heißt der Schwanz des Fuchses Standarte; die Spitze ist weiß, kann aber auch schwarz sein. Das Gewicht variiert stark, es beträgt beim Rüden durchschnittlich 6,75 kg, bei der Fähe 5,5 kg.

Die spitze Schnauze, die aufgerichteten Ohren und die sich schnell bewegenden Augen mit den länglichen Pupillen verleihen dem Fuchs den listigen Zug, durch den so viele Geschichten über seine Schlauheit entstanden sind. Während des Haarwechsels im Juli/August verliert der Fuchs das typische Aussehen, er wirkt dann mager, langbeinig, mit schlankem Schwanz.

Der Rotfuchs ist in ganz Europa verbreitet, in Asien südlich bis Mittelindien, in Afrika bis zum Nordwesten des Erdteils. Er kommt auch auf den Britischen Inseln vor, ausgenommen Orkney, und auf den meisten Inseln des Mittelmeeres. In Zentralasien lebt er in Höhen bis ca. 4200 m. Es gibt mehrere Spielarten, wie den Kreuzfuchs und den Silberfuchs mit glänzend schwarzem Fell mit weißen Ringeln auf den Grannenhaaren.

Der Fuchs als Baumkletterer

Die sprichwörtliche Schlauheit des Fuchses beruht auf seiner Anpassungsfähigkeit. Er bevorzugt bewaldete oder parkartige Landschaften, kommt aber auch in den verschiedensten anderen Landschaftsformen vor. Heutzutage ist er sogar in bewohnten Gebieten oder gar in der Nähe von Großstädten anzutreffen, wo er wahrscheinlich Ratten und Mäuse fängt und in Mülltonnen nach Fleischabfällen sucht. Der Fuchs lebt ganz überwiegend am Boden, es gibt aber auch Beispiele dafür, daß er auf Bäume klettert! Das kommt vor, wenn Bäume halb umgefallen sind oder Äste heruntergebrochen sind und bis zum Boden herabreichen, so daß der Fuchs leicht hinaufklettern kann. Es gibt aber einen bestätigten Fall, wo ein Fuchs seinen Schlafplatz über 4 m hoch in einem Baum hatte, ohne daß Äste zum Boden herabgereicht hätten. Füchse sind weitgehend Nachttiere, sie sind aber auch oft am Tage zu sehen. Außerhalb der Brunstzeit leben Rüde und Fähe einzeln. Meist halten sie sich im Bau auf; er besteht jedoch mehr aus einer Vertiefung im Boden als aus einer Höhle. Sie graben ihn selbst oder benutzen Dachsbaue, aber auch Kaninchenhöhlen.

Füchse verfügen über eine Vielfalt von Rufen; am bekanntesten ist ihr Bellen im Winter und das Kreischen der Fähe, besonders in der Paarungszeit. Entgegen der bisher herrschenden Meinung ist jetzt bewiesen, daß auch der Rüde gelegentlich kreischt.

Hühnerdieb?

Über den Fuchs als Hühnerdieb ist viel geschrieben worden. Er soll um Gehöfte herumschleichen und Gelegenheiten abpassen, um Geflügel zu erwischen. Zweifellos raubt der Fuchs schon einmal Hühner oder auch Lämmer; aber das kommt nur gelegentlich vor. Wenn eine Fähe ihren Welpen zeigt, wie sie Geflügel fangen können, werden sie das selbstverständlich nachmachen. Füchse sind aber keineswegs gewohnheitsmäßig Geflügelräuber; es gibt genügend Beispiele, daß Füchse wiederholt Geflügelfarmen oder auch Privathäuser mit Geflügelhaltung aufgesucht haben, ohne die Tiere zu belästigen.

Aussagekräftiger sind Untersuchungen über den Mageninhalt von Füchsen. Kaninchen sind selten darin zu finden; die Hauptnahrung der Füchse besteht aus Ratten, Mäusen und Wühlern. Auch Igel, Eichhörnchen, Frösche, selbst Schnecken und Käfer werden gefressen, daneben auch allerlei pflanzliche Stoffe. Von Vögeln werden Birkhühner und Fasane genommen. Füchse entdecken auch Fleischabfälle oder Aas, wenn es 60 cm tief vergraben ist. Sie suchen auch Mülltonnen auf, und neuerdings sind sie an Verschiebebahnhöfen zu Aasfressern geworden; sie suchen dort offenbar nach Resten aus Speisewägen oder fangen Ratten, die von derartigen Abfällen leben.

Jungfüchse in der Schule

Paarungszeit ist von Ende Dezember bis Februar. Die Tragzeit beträgt 51 bis 52 Tage. Etwa im April gebiert die Fähe ihren aus gewöhnlich vier Welpen bestehenden Wurf. In den ersten zehn Tagen sind sie blind; während der ersten vier Wochen bleibt die Fähe immer bei ihnen, der Rüde sorgt in dieser Zeit für Nahrung. Im Alter von etwa einem Monat kommen die Welpen abends heraus; man kann dann sehen, wie sie alle zusammen mit den Eltern spielen. Dieses Spielalter erstreckt sich über mehrere Wochen.

Bei halbwilden Tieren hat man beobachtet, daß der Rüde auch noch Futter heranschafft, wenn die Welpen entwöhnt sind, und daß sie es ihm selbst aus dem Maul nehmen; oder die Fähe nimmt das Futter, und die Welpen übernehmen es dann. Die Welpen müssen nach dem Futter springen, die Eltern halten es im Maul und bewegen den Kopf hin und her und auf und ab. So lernen die Welpen, ihre Glieder zu bewegen und Sinne und Bewegungen miteinander zu koordinieren. Während dieser Zeit spielt der Rüde eine wichtigere Rolle als die Fähe.

Später nimmt die Fähe die Jungen nachts mit auf die Jagd. Im Alter von zwei Monaten verlassen die Welpen dann ihre Eltern, mit sechs Monaten sind sie ausgewachsen, und im ersten Winter werden sie fortpflanzungsfähig.

Ist der Fuchs „listig"?

Füchsen sagt man nach, sie wendeten zielbewußt eine Kriegslist an, sie täuschten, um ihr Ziel zu erreichen. Eine bestimmte Geschichte vor allem soll das belegen: Ein Fuchs sieht einige Kaninchen beim Grasen. Da er weiß, daß sie sofort wegstürzen, wenn sie ihn bemerken, fängt er in noch sicherer Entfernung an, herumzutollen und ihre Aufmerksamkeit zu erregen. Er jagt dann z. B. nach seinem Schwanz, wie das Kätzchen manchmal tun, während die Kaninchen von dem Schauspiel gefesselt werden und zuschauen. Der Fuchs fährt mit den Spielen pausenlos fort, obwohl er weiß, daß er beobachtet wird, nähert sich seinen Zuschauern dabei aber Stück um Stück — bis er plötzlich einen Satz macht und es ihm gelingt, das ihm nächste Kaninchen zu erwischen.

Es gibt zu viele glaubwürdige Berichte über dieses Verhalten des Fuchses, als daß man an der Sache selbst zweifeln könnte. Nur ist die folgende Erklärung sicherlich zutreffender als die übliche: Füchse sind spielerisch veranlagt. Wie viele andere Säugetiere fangen sie plötzlich an, ohne besonderen Anlaß oder Grund, herumzulaufen und zu spielen; sie tollen umher, schlagen Purzelbaum usw. Kaninchen und Vögel sehen diese Possen und schauen aus Neugier zu. Wenn nun der Fuchs hungrig ist, wird die Neugier für den Zuschauer gefährlich. Es ist möglich, daß der Fuchs auf diese Weise gespielt hat, und Vögel und Kaninchen daran Gefallen gefunden haben, und daß der Fuchs dann diese Taktik absichtlich wieder angewandt hat. Auf diese Weise aus der Erfahrung zu lernen, dürfte im Rahmen der Intelligenz des Fuchses liegen. Das „Täuschen" dürfte jedoch nicht von vornherein eine Kriegslist darstellen.

Klasse	**Mammalia**
Ordnung	**Carnivora**
Familie	**Canidae**
Gattung und Art	*Vulpes vulpes*, Rotfuchs

Großer Panda

Der Sprung aus dem Dunkel der Anonymität zu weltweitem Ruhm ist diesem schwarz-weißen, bärenähnlichen Raubtier in weniger als einem Jahrhundert gelungen. Der Große Panda wird auch Bambusbär genannt, die Chinesen nennen ihn bei-schung, das heißt Weißer Bär. In der westlichen Welt wurde er erstmals 1869 durch den französischen Jesuitenpater David bekannt.

Der Große Panda ist untersetzt, der Körper ist 1,80 m lang, einschließlich des Stummelschwanzes, das Gewicht beträgt 135 kg. Der dicke, dichte Pelz ist weiß, ausgenommen die schwarzen Beine, Ohren und Schultern, nicht zu vergessen auch die schwarzen Augenflecke. Die Füße tragen fünf bekrallte Zehen. Die Backenzähne sind breit, der Schädel ist hoch, mit mächtigen Kämmen, an denen kräftige Muskeln befestigt sind, die zum Kauen der Bambusschößlinge benötigt werden. Er lebt in den feuchten Bambuswäldern im Bergland von Osttibet und der Provinz Szetschuan in Südwestchina.

Lebensweise: unbekannt

Außerhalb der Paarungszeit ist der Große Panda Einzelgänger. Er lebt gewöhnlich am Boden, geht jedoch auch auf Bäume, wenn er von Hunden verfolgt wird. Er ist das ganze Jahr über aktiv. Viel mehr ist über seine Lebensweise nicht bekannt, denn das geheimnisvolle Tier lebt in unzugänglichen Gebieten. Als erstmals ein lebender Bambusbär in einen Zoo gelangte, nahm man an, er lebe nur von Bambusschößlingen. Es stellte sich jedoch heraus, daß er täglich zehn bis zwölf Stunden frißt und zwar auch andere Pflanzen, wie Gräser, Enzian, Iris und Krokus, aber auch etwas tierische Nahrung, wie kleine Nager, Vögel und Fische, die er mit den Tatzen aus dem Wasser herausholt.

Paarungsverhalten: unbekannt

Über das Paarungsverhalten ist wenig bekannt. Man hat vergeblich versucht, zwischen An-an, dem Männchen des Moskauer Zoos, und Chi-chi, dem Weibchen des Londoner Zoos, eine Paarung zustande zu bringen. 1966 hatte man Chi-chi nach Moskau gebracht, es kam aber nicht zur Paarung; auch der Besuch von An-an in London im Jahre 1968 blieb ohne Ergebnis. Man nimmt an, daß sich Bambusbären im Frühling paaren und im Januar des nächsten Jahres ein oder zwei Junge geboren werden. Die Jungen wiegen bei der Geburt 1,35 kg. In chinesischen Zoos sind einige zur Welt gekommen. Am 9. September 1963 bekamen Li-li und Pi-pi im Pekinger Zoo ein männliches Junges, Ming-ming, und am 4. Sept. 1964 folgte, von denselben Eltern, das weibliche Jungtier Ling-ling. Ein drittes Junges, wiederum ein Männchen, wurde am 10. Oktober 1965 von Chiao-chiao geboren.

Chinesische Mutterliebe: Trotz aller Bemühungen ist die Zucht des Großen Panda in London und Moskau nicht geglückt. Die Bambusbären der Zoos in China vermehren sich jedoch erfolgreich.

Bambusschößlinge sind nicht die einzige Nahrung des Großen Panda.

Schlechte Behandlung

Pater David, ein erfahrener Zoologe, war 1869 in einem chinesischen Bauernhaus in Szetschuan auf das Fell eines ihm unbekannten Tieres gestoßen. Er schickte es nach Paris und ließ später noch weitere Felle folgen. Doch erst 1937 bekam man außerhalb Chinas erstmals einen lebenden Großen Panda zu Gesicht. Th. und R. Roosevelt hatten in den Jahren nach 1920 ein Exemplar geschossen. 1936 dann haben zwei andere Amerikaner, Ruth und William Harkness, zusammen mit dem Tierfänger T. Smith einige Bambusbären gefangen; die Tiere sind mit einer Ausnahme bald gestorben. Im Jahre 1967 gab es folgende Pandas in verschiedenen zoologischen Gärten: etwa 16 in China, An-an in Moskau und Chi-chi in London.

Die Art ist jetzt geschützt. Früher wurde der Bambusbär jedoch von den einheimischen Chinesen gejagt. Die Tierfänger des Westens waren kaum besser; das Schicksal von Chi-chi beweist das. Im Jahre 1957 wurde H. Demmer, der damals in Nairobi lebte, von einem amerikanischen Zoo beauftragt, über den Tausch einiger ostafrikanischer Tiere gegen einen Bambusbären zu verhandeln. Er kam mit seiner Ladung im Pekinger Zoo an und durfte sich einen von drei Bambusbären aussuchen. Seine Wahl fiel auf Chi-chi, den jüngsten, ein Weibchen. Er übernahm das Tier am 5. Mai 1958; es war am 5. Juli 1957 von chinesischen Tierfängern im Alter von schätzungsweise sechs Monaten gefangen worden. Chi-chi wurde nach Peking gebracht und Tag und Nacht von einem chinesischen Mädchen gepflegt. Als Demmer Chi-chi übernommen hatte, hatten die USA gerade die diplomatischen Beziehungen zur Volksrepublik China abgebrochen, so daß sie automatisch unter die Bestimmungen über verbotene Importe fiel. Demmer nahm Chi-chi im Sommer 1958 mit auf eine Rundreise zu verschiedenen europäischen Zoos und traf am 16. September im Londoner Zoo ein.

Kein Wunder, daß sich Chi-chi nach solchen Reisestrapazen weigerte, sich zu paaren und fortzupflanzen! Sie starb am 21. Juli 1972.

Der Londoner Zoo hat jetzt zwei drei Jahre alte Bambusbären, Ching-Ching und Chia-Chia, die der damalige Premierminister Heath bei seinem Besuch in Peking zum Geschenk erhalten hatte. Präsident Nixon ist 1972 auf ähnliche Weise geehrt worden. Tokio besaß 1974 zwei Bambusbären, Korea und Paris besaßen je einen.

Klasse	**Mammalia**
Ordnung	**Carnivora**
Familie	**Ailuridae**
Gattung und Art	*Ailuropoda melanoleuca,* Großer Panda

Waschbär auf einem Baum

Waschbären

Die Waschbären gehören zu den volkstümlichsten Tieren Nordamerikas. Sie sind die „coons" oder „racoons" der Wildwestgeschichten. Dank ihrer Anpassungsfähigkeit haben sie trotz der grundlegenden Veränderungen der Landschaft überlebt, durch ihre Intelligenz, Reinlichkeit und ihre Nettigkeit haben sie sich zudem noch beliebt gemacht. Kopf und Körper sind zusammen 40 bis 60 cm lang, der Schwanz mißt 20 bis 40 cm, das Gewicht beträgt 20 kg. Das Fell ist grau bis schwarz, der Schwanz ist schwarz geringelt, über den Augen stehen auffällige schwarze „Masken". Die Füße haben lange Zehen, mit den Vorderpfoten sind sie äußerst geschickt.

Die Waschbären sind mit den Kinkajus und Coatis verwandt. Es gibt sieben Arten; die bekannteste ist von Kanada bis Mittelamerika verbreitet, sie wurde in Deutschland eingebürgert. Der Krabben-Waschbär ist im südlichen Costa Rica, in Panama und den nördlichen Gebieten Südamerikas verbreitet.

Gelehrige Tiere
Der Waschbär lebte ursprünglich in bewaldeten und parkartigen Landschaften; doch nachdem die Wälder in den USA gerodet wurden, hat er sich an offene Landschaften angepaßt. Er ist Einzelgänger, jeder hat ein Wohngebiet von etwa 2 ha, mit einer Wohnhöhle in einem hohlen Baum oder in Felshöhlungen. Der Waschbär ist überwiegend nachtaktiv, dabei ein guter Kletterer und Schwimmer. Im nördlichen Teil seines Verbreitungsgebietes trägt er einen dicken Pelz, in Kälteperioden hält er dort Ruhezeiten ein. In den südlichen Gebieten jedoch ist er das ganze Jahr über aktiv. Wo die Wälder abgeholzt worden sind, hat er sich in Fuchsbauen oder Feldscheunen eingenistet, selbst in die Städte hat er sich vorgewagt, wo er in Veranden und unter Vordächern unterschlüpft und Abfalltonnen nach Nahrung durchsucht.

Durch seine Gewohnheit, Mülltonnen zu durchstöbern, macht er sich weniger beliebt; nicht nur wegen des dann herumliegenden Unrates, sondern weil er die Tonnen ganz wegschleppt. Man erzählt, er habe Stricke, mit denen Mülltonnen festgebunden waren, nicht durchgebissen, sondern regelrecht aufgeknotet. Das zeigt, wie geschickt er ist.

Allesfresser
Waschbären nehmen eine Vielfalt pflanzlicher und tierischer Nahrung zu sich. In dieser Anpassungsfähigkeit besteht wahrscheinlich das Geheimnis, selbst bei völligem Wandel der Umwelt zu überleben. Waschbären sind in erster Linie Räuber; sie leben von Würmern, Insekten, Fröschen und anderen kleineren Tieren. In Sümpfen und Bächen suchen sie nach Krebsen und an der Küste nach Schalentieren. Eier und Küken von Vögeln, sowohl von Boden- als auch Baumbrütern, werden geräubert, manchmal plündern Waschbären auch Hühner-, Enten- und Gänsefarmen. Nicht zuletzt werden sie zu landwirtschaftlichen Schädlingen, denn sie fallen in Getreidefelder ein, reißen die Ähren

ab und lassen sie halb zerfressen herumliegen. Auch Früchte, Beeren und Nüsse gehören zu ihrer Kost.

Väter ohne Pflichten

Waschbären paaren sich im Januar oder Februar, jedes Männchen paart sich mit mehreren Weibchen und überläßt es ihnen dann, den Nachwuchs aufzuziehen. Nach 60 bis 70 Tagen Tragzeit kommen von April bis Juni drei oder vier Junge zur Welt. Sie wiegen bei der Geburt etwa 130 g und haben ein fusseliges Fell; die charakteristische Gesichtsmaske ist bereits vorhanden. Die Augen der Jungen öffnen sich nach 18 Tagen, und nach etwa zehn Wochen verlassen sie mit der Mutter das Nest zu ersten Ausflügen. Sie lernen dabei, sich selbst zu versorgen, so daß die Ausflüge allmählich ausgedehnter werden; doch die Jungen bleiben insgesamt ein Jahr in der Obhut der Mutter. Waschbären werden mindestens 13 Jahre alt.

Waschbären als Währungseinheit

Waschbären sind mutige Tiere. Wenn sie mit Hunden gejagt werden, können sie sich durchaus zur Wehr setzen, zumal wenn es ihnen gelingt, den Hund ins Wasser zu locken und ihn unterzutauchen. Indianer und Weiße haben Waschbären mit Fallen gefangen und gejagt, zum einen wegen ihres widerstandsfähigen, strapazierfähigen Felles, zum anderen weil sie Ernteschädlinge sind. Vor allem aber ging es um das Fell; im 17. Jahrhundert schon hat man versucht, durch Steuern und Strafen einen zu starken Export von Waschbärfellen zu unterbinden. Eine Zeitlang dienten die Felle auch als Währungseinheit: Als Tennessee besiedelt wurde, bekam der Sekretär des Gouverneurs als Jahresgehalt 500 Waschbärenfelle, während die Abgeordneten als Tagesspesen je Tag drei Felle bezogen. Heutzutage sind die Felle nicht mehr wertvoll, soweit sie

nicht plötzlich zur Mode werden, wie nach einem Film über die Erschließung der Wildnis („King of the Wild Frontier") die Waschbären-Fellmützen.

Warum so eigen beim Fressen?

In seinem *Systema naturae* hatte Linné den Waschbären *Ursus lotor* (später dann *Procyon lotor*) genannt, was soviel heißt wie „der waschende Bär". Der Name bezeugt das seltsame Verhalten der Waschbären, ihre Nahrung vor dem Fressen zu „waschen". Dieses scheinbar hygienische Verhalten der Tiere ist auch in die Folklore und volkstümliche Geschichten eingegangen; doch erst in jüngster Zeit hat man versucht, es wissenschaftlich zu erklären.

Die erste wissenschaftliche Untersuchung darüber stammt von M. Lyall-Watson vom Londoner Zoo. Als erster zeigte er, daß Waschbären das Futter nicht regelrecht waschen, sondern nur untertauchen. Lyall-Watson meinte, man könnte höchstens davon sprechen, daß die Tiere das Futter eintunken. Er hat dann einer Anzahl von Waschbären die verschiedensten Dinge zu fressen gegeben. Tierische Stoffe wurden mehr eingetunkt als pflanzliche; doch Regenwürmer, die am ehesten hätten gesäubert werden müssen, wurden kaum „gewaschen". Bei einer anderen Versuchsserie stellte sich heraus, daß Größe, Form und Geruch eine gewisse Rolle spielten; als am wichtigsten erwies sich jedoch, ob die Nahrung vom Lande oder aus dem Wasser kam; je näher es vom Wasser stammte, um so wahrscheinlicher war es, daß es „gewaschen" wurde.

Lyall-Watson kam schließlich zu einer Erklärung dafür, daß die Tiere ihr Futter nur in Gefangenschaft „waschen". In der freien Natur leben Waschbären von Nahrung, die sie am Land oder im Wasser finden. In Gefangenschaft bekommen sie ihr Futter nur an Land; sie versuchen deshalb, die ursprünglichen Nahrungsgewohnheiten nach-

zuahmen, indem sie das Futter ins Wasser werfen und dann danach suchen. Dieses Verhalten ist als „Waschen" mißdeutet worden. Ein sinngemäßes Verhalten ist bei Katzen festzustellen: Wenn man ihnen z. B. eine tote Maus gibt, werfen sie sie oftmals weg und stürzen sich dann darauf; sie tun so, als ob sie die Maus jagten.

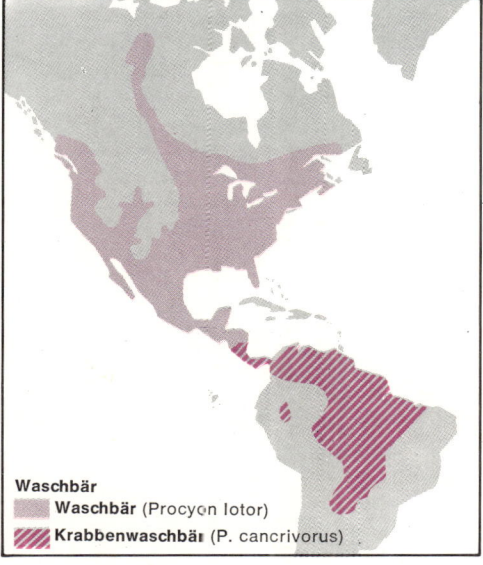

Klasse	**Mammalia**
Ordnung	**Carnivora**
Familie	**Procyonidae**
Gattung und Arten	*Procyon lotor*, Waschbär; *P. cancrivorus*, Krabbenwaschbär

Waschbär badet nichtsahnend im flachen Wasser, während ein Puma auf ihn lauert.

Otter

Die verschiedenen Otterarten ähneln einander alle in Aussehen und Lebensweise. Sie haben alle einen langgestreckten Körper, mit kurzen Füßen und gedrungenem Schwanz; an der Basis ist er etwas breiter, am Ende zugespitzt. Unter dem Schwanz sitzt ein Paar Duftdrüsen. Der flache Kopf endet vorn in einer breiten Schnauze, die mit zahlreichen Schnurrhaaren besetzt ist. Die kleinen Ohren sind fast ganz im Fell versteckt. Der schlanke, rehbraune Pelz besteht aus einem wasserdichten Unterfell und aus einer äußeren Schicht langer, steifer Grannenhaare; am Ansatz sind sie grau, an der Spitze braun. Die Kehle ist weißlich, die Unterseite hellbraun. Die Füße haben fünf Zehen, die bei den meisten Arten bekrallt sind; die Vorderfüße sind klein, die Hinterfüße groß und mit Schwimmhäuten versehen.

Der Europäische Fischotter ist in ganz Europa und Teilen Asiens verbreitet, bis nach Japan und den Kurilen; ähnliche Arten bewohnen Amerika und das tropische Asien und Afrika. Der Otter ist einschließlich Schwanz 1,20 m lang, kann jedoch auch 1,65 m erreichen; er wiegt bis 12 kg. Das Weibchen ist kleiner als das Männchen. Der in Indien und Südostasien beheimatete Zwergotter ist viel kleiner, der Fingerotter West- und Südafrikas jedoch größer; er bewohnt Marschen und lebt von Fröschen und Krebsen. Der Riesenotter Brasiliens, die größte Art, wird 1,95 m lang und hat einen seitlich abgeplatteten Schwanz.

Scheue Tiere

Die meisten Otter leben in Familienverbänden. Sie sind sehr scheu und tauchen blitzschnell unter, so daß nur ein Wasserwirbel zurückbleibt. Auf dem Land verschwinden sie in der Pflanzendecke. Ihre Fähigkeit, sich an die Umgebung anzupassen, wird durch den schlangenartigen Körperbau unterstützt; und durch den Wechsel der Farbschattierungen des Pelzes, der wiederum durch die Bewegungen der Deckhaare gefördert wird. Der Pelz sieht glatt und weich aus, wenn er feucht ist jedoch dürr und stachelschweinartig.

Otter halten keinen Winterschlaf. Sie fischen unter dem Eis und kommen zum Atmen immer wieder an ihre Löcher.

Meisterschwimmer

Wenn der Otter an der Oberfläche schwimmt, zeigt sich ein charakteristisches Bild: im Abstand von 12 bis 20 cm je ein Buckel. Das sind Kopf, Rücken und Schwanzende. Wenn er sich von der Strömung treiben läßt, ist unter Umständen nur der Kopf zu sehen. Gelegentlich schwimmt der Otter mit an den Körper angelegten Vorderfüßen und sehr schnell schla-

Links: Mutter und Kind Fischotter nehmen ein Sonnenbad an Land.

genden Hinterfüßen. Dann bildet sich an der Wasseroberfläche etwas Schaum und Kielwasser mit Buckelwellen. So schwimmt er auch manchmal beim Tauchen, in der Regel hat er dann jedoch alle vier Füße am Körper angelegt und schwimmt mit schlängelnden Bewegungen von Rumpf und Schwanz, ähnlich wie ein Aal. Wenn er große Fische verfolgt, springt er unter Umständen aus dem Wasser heraus und taucht dann wieder, nach Art der Delphine.

Seine Schwimmkünste zeigt der Otter aber am besten beim Manövrieren. An der Oberfläche wälzt er sich, untergetaucht dreht sich um die eigene Achse und beschleunigt mittels Schwanzschlägen. Er kann auch beim schnellen Schwimmen fast auf der Stelle wenden, indem er Schwanz und Hinterteil als Ruder benutzt; oder er schwimmt in engem Kreis rundum und erzeugt dabei Strudel, die den Grund aufwühlen. Diese Taktik benutzt er, um kleine Fische aufzustöbern, die unter überhängenden Uferböschungen Zuflucht gesucht haben.

An der Oberfläche streckt er den Hals aus und dreht den flachen, reptilienartigen Kopf nach allen Seiten, um die Lage zu erkunden, bevor er an der Oberfläche weiterschwimmt oder an Land geht.

Otter sind Nomaden, sie fischen in einem Fluß oder See und schwimmen dann weiter, um die nächste Mahlzeit irgendwo anders zu halten. Sie sollen in einer Nacht bis zu 25 km zurücklegen können. Otter sind manchmal auch weit vom nächsten Gewässer entfernt anzutreffen. Auf dem Land bewegen sie sich mit gekrümmtem, buckelartigem Rücken fort. Ein beliebtes Kunststück ist es auch, sich einige Male zu überschlagen und dann ein, zwei Meter auf dem Bauch entlangzurutschen. An Steilhängen gleiten sie 12 bis 15 m weit. An schlammigen oder schneebedeckten Hängen wird das Rutschen zur reinsten Schlittenfahrt; sie rutschen immer wieder herunter und machen ein Spiel daraus.

Der Otter lebt in Seen und Flüssen, besonders in kleinen Flüssen, die in große Seen oder ins Meer münden. Besonders liebt er Gewässer ohne Pflanzenwuchs, dort wo er vom Menschen nicht gestört wird. Wenn es wenig zu fressen gibt, taucht er auch im Meer auf.

Er bevorzugt Aale und Krebse

Die Kost des Europäischen Otters ist vielseitig zusammengesetzt, sie besteht aus Fischen, kleinen Wirbellosen und Muscheln, Vögeln, kleinen Säugern, Fröschen und auch aus pflanzlichen Stoffen. An Fischen bevorzugt er anscheinend Aale und langsam schwimmende Fische, aber auch Lachse und Forellen verschmäht er nicht.

Otterfamilien spielen Seeschlange

Die Paarung findet im Wasser statt. Paarungszeit ist das ganze Jahr über, mit einem Höhepunkt im Frühling und Frühsommer. Nach etwa 61 Tagen Tragezeit werden zwei oder drei Welpen geboren, ausnahmsweise auch vier oder fünf; sie sind blind und zahnlos, mit seidigem, dunklem Haarkleid. Man weiß nicht, wann sich die Augen öffnen; auf Grund verläßlicher Angaben spätestens 35 Tage nach der Geburt. Die Welpen bleiben während der ersten acht Wochen im Nest; ihre Mutter verlassen sie erst kurz vor der nächsten Paarung.

Junge Otter können gleich schwimmen, wie sich an künstlich aufgezogenen Tieren gezeigt hat. Die Anzeichen sprechen jedoch dafür, daß ihnen die Mutter gut zureden oder sie gar ins Wasser schubsen muß, damit sie erstmals schwimmen. Manchmal begeben sich auf dem Rücken der Mutter zum ersten Mal ins Wasser, gewöhnlich aber schwimmen sie hinter ihr her. Wenn auch nur sehr selten, so kommt es doch vor, daß mehrere Familien hintereinander herschwimmen. Dann ist eine ganze Reihe von Buckeln zu sehen, und da der führende Otter in gewissen Abständen den Kopf aus dem Wasser hebt und sich ab und zu umblickt, sieht das ganze Gebilde wie eine Seeschlange aus.

Otter als Seeungeheuer

Angeblich soll jeder Schuljunge den Otter erkennen können. Das stimmt nur, soweit sich der Otter typisch verhält; er ist aber ein „Schauspieler" und kann allerlei Verhaltensweisen vortäuschen. Maxwell hat Anfang unseres Jahrhunderts berichtet, wie vier Männer Loch Arkaig (Schottland) im Dampfboot überquerten, als in unmittelbarer Nähe des Bootes ein „Ungeheuer" auftauchte, an der Oberfläche einen Riesenwirbel erzeugte — und dann wieder untertauchte. Alle standen vor einem Rätsel. Bis man dann einen Einheimischen, einen Jäger, der mit auf dem Boot war, fragte. Er habe keinen Zweifel, sagte er, das „Ungeheuer" sei ein Otter.

Das Ungeheuer von Loch Morar bei Loch Arkaig wird seit jeher beschrieben als „gekentertes Boot, das drei kleine gekenterte Boote abschleppt". Das entspräche genau dem Bild eines Otterweibchens, dem drei Welpen folgen. Der Kanadische „Ogo-Pogo" soll auf Otter beruhen, die hintereinander herschwimmen.

In einem Falle zumindest, in Kenia, ist bewiesen, daß es sich bei dem „Ungeheuer" um Otter handelte. Als Präsident Theodore Roosevelt 1911 auf dem Naiwascha-See in Kenia auf einem Jagdausflug war, tauchten die drei Buckel des dortigen Ungeheuers auf. Roosevelt feuerte einmal, zwei Buckel verschwanden, und einer blieb an der Oberfläche. Der Balg dieses Otters wurde dem Amerikanischen Naturkundlichen Museum in New York übermittelt.

Klasse	**Mammalia**
Ordnung	**Carnivora**
Familie	**Mustelidae**
Gattungen und Arten	*Amblonyx cinerea*, Zwergotter; *Aonyx capensis*, Fingerotter; *Lutra lutra*, Fischotter; *Pteronura brasiliensis*, Riesenotter

Tiger

Die anmutige Körperhaltung und die ausgeprägte Zeichnung machen den Tiger, eine der größten Großkatzen, zu einem der prächtigsten Tiere. Große Männchen erreichen 2,70 bis 2,85 m, einschließlich des etwa 90 cm langen Schwanzes. Die Schulterhöhe beträgt 90 cm oder darüber, das Gewicht etwa 200 kg. Weibchen sind rund 30 cm kürzer und wiegen etwa 45 kg weniger. Die Rassen unterscheiden sich beträchtlich in der Größe, vom kleinen, ausgestorbenen Balitiger bis zum riesigen Sibirischen Tiger, der 3,60 m Gesamtlänge erreichen kann. Die Grundfarbe des Felles ist rehbraun bis fuchsrot; im Süden des Verbreitungsgebietes wird sie immer dunkler, der Balitiger war der düsterste. Die Unterseite ist weiß. In Indien kommen sehr selten einmal weiße Tiger vor. Das Fell ist mit schwarzen bis schwarzbraunen Querringen gezeichnet; diese miteinander kontrastierenden Farben gewähren in Wäldern die denkbar beste Tarnung.

In kalten Gebieten wie Sibirien und Persien ist das Fell dick und zottig, in warmen Gebieten wird es dichter und kürzer. Um das Gesicht herum ist das Haar länger als am übrigen Körper, bei erwachsenen Männchen bildet sich ein Backenbart.

Der Tiger war einst über weite Teile Eurasiens verbreitet. Heute kommt er nur noch in Asien vor, wo es einige geographische Rassen gibt, die sich nach Größe, Färbung und Zeichnung unterscheiden.

Einzelgänger

Der Tiger ist kein tropisches Tier, sondern bewohnt Wälder und Rohrdschungel von der Taiga Sibiriens bis zum tropischen Regenwald. Außergewöhnliche Hitze kann er jedoch nicht vertragen. Während der Tageshitze liegt er dann in hohem Gras, in Höhlen, in Ruinen oder sogar an sumpfigen Stellen oder in flachem Wasser.

Der Tiger ist ein ausgezeichneter Schwimmer; bei Hochwasser schwimmt er auf Nahrungssuche von einer Insel zur anderen. Im Gegensatz zu den meisten anderen Katzenartigen ist er kein guter Kletterer. Es gibt hier jedoch einen gegenteiligen Bericht: in einem einzigen Sprung von 5,40 m hat ein Tiger einen Menschen von einem Baum heruntergeholt. Der Geruchssinn ist ausgezeichnet entwickelt: mit ihm vor allem wird die Beute ausgemacht. Stillsitzende Tiere scheint er aber selbst in nächster Nähe nicht wahrzunehmen.

Der Tiger verfügt über eine Reihe von Rufen: vom lauten „wuuf", wenn er überrascht oder verärgert ist, bis zum volltönenden Brüllen, wenn er gestört wird oder zum Angriff bereit ist.

Stolzer Einzelgänger im Blitzlicht. — Rechte Seite: Gelöstes Transportproblem: Das hilflose Tigerkind wird genauso wie ein Hauskätzchen getragen.

Je stärker, desto mehr Beutetiere

Der Tiger schlägt Rotwild, Antilopen, Schweine und kleinere Tiere wie Affen und Stachelschweine. Bei Hochwasser nimmt er Fische und Schildkröten, und, wenn sie Schwärme bilden, auch Heuschrecken. Gelegentlich greift er größere Tiere wie Arnis an, indem er sie von hinten anspringt und ihnen das Genick bricht. Bei Futtermangel raubt er Vieh; alte oder verletzte Tiere, die zum Jagen zu schwach sind, fallen auch Menschen an. Gewöhnlich lebt er jedoch von Wild, das er jagt; es ist interessant, daß in Indien die Tiger ein Waldgebiet verlassen haben, wo es keine freilebenden Beutetiere mehr gab, wo jedoch noch ausreichend Vieh herumlief.

Der Tiger pflegt seine Beute zuerst anzuschleichen, ehe er sein Opfer mit einem Satz anspringt, an der Schulter mit einer Tatze packt und an der Gurgel greift; er drückt sie dann nach oben, wobei er dem Tier oftmals das Genick bricht. Mit der Beute zieht er sich an einen abgeschiedenen Ort zurück. Wenn das nicht möglich ist und er sie auch an Ort und Stelle nicht verstecken kann, muß er sich mit seiner Mahlzeit beeilen und den Rest des Kadavers den Hyänen, Geiern und anderen Aasfressern überlassen.

Kleine, gestreifte Junge

Nur wenn die Tigerin läufig ist, kommt es zur Paarung. Kenner sind der Ansicht, diese Periode würde nicht einmal zwei Wochen anhalten. Während dieser Zeit läßt der Tiger keine anderen Männchen an sie herankommen, er kämpft um das Weibchen, unter Umständen bis zum Tode. In Indien wechselt die Paarungszeit, in Malaya dauert sie von November bis März, in Sibirien ist sie im Dezember. Weibchen werden mit drei Jahren fortpflanzungsfähig, dann haben sie alle drei Jahre einen Wurf, manchmal öfter, manchmal aber auch nur alle vier Jahre. Nach 105 bis 113 Tagen Tragezeit werden drei bis vier Junge geboren, gelegentlich auch bis zu sechs. Die Sterblichkeitsrate unter den Jungen ist sehr hoch, gewöhnlich erreichen nur zwei die Geschlechtsreife. Die Jungen sind blind und hilflos und wiegen 1 bis 1,5 kg, sie sind jedoch gleich bei der Geburt wie die Erwachsenen gestreift. Nach 14 Tagen öffnen sich die Augen, die Jungen wachsen dann schnell und werden bis zur achten Woche gesäugt. Mit sieben Monaten können sie selbst Beute schlagen, sie bleiben jedoch bis zum Alter von zwei Jahren bei der Mutter, die sie das Jagen lehrt. Mit drei Jahren sind sie ausgewachsen.

Der Mensch als Tigerjäger

Der Tiger hat nur wenige natürliche Feinde, der Mensch jedoch hat ihn von jeher gejagt; zuerst die Eingeborenen, später die Großwildjäger. Vor allem in Indien hatten die Eroberung durch die Briten und die Einführung der Feuerwaffen für den Tiger katastrophale Folgen. Allein 1877 sind in Indien 1579 Tiger abgeschossen worden. Heute drücken der Mangel an Beutetieren und die Zerstörung der natürlichen Wohngebiete die Bestandszahlen noch mehr herab, so daß von acht Rassen sieben auf der Liste der vom Aussterben bedrohten Tiere stehen. Und eine bereits ausgerottet wurde.

Normalerweise nicht gefährlich

Vor dem Menschen hat der Tiger eigenartigerweise Respekt und Furcht. Sogar wenn er von neugierigen Menschen oder von Jägern ständig belästigt wird, reagiert er in der Regel nicht, bis seine Geduld nahezu erschöpft ist. Normalerweise kann sich der Mensch ohne gefährdet oder behindert zu werden in das Wohngebiet eines Tigers begeben; es sind mehrere Fälle bekannt, wo sich Tiger Menschen, die still an ihrem Zelt saßen, genähert haben und vorbeigelaufen sind, ohne ihnen etwas zu tun; dabei war sicher, daß die Tiger die Menschen gesehen hatten. Menschen sind auch meilenweit von Tigern verfolgt, aber nicht angegriffen worden; die Tiger haben sie anscheinend durch ihre Territorien „geleitet". Nur wenn er bei der Ausübung seiner natürlichen Jagd gestört wird, wird der Tiger gefährlich; insbesondere wenn er angeschossen wird. Ver-

Im Gegensatz zu anderen Mitgliedern der Katzenfamilie geht der Tiger gern ins Wasser, er ist auch ein guter Schwimmer. Bei Hochwasser kommt es vor, daß der Tiger von Fischen und Schildkröten lebt und schwimmend nach gestrandeten Tieren sucht. Große Hitze kann er nicht vertragen, dann sucht er gern das Wasser auf.

wundete, ihrem Schicksal überlassene Tiger, die nicht mehr jagen können, werden ebenso wie von Natur aus benachteiligte Exemplare zu Menschenfressern und Viehräubern. Eine der häufigsten Ursachen für Verletzungen sind Stacheln von Stachelschweinen. Wenn der Stachel in die Tatzen oder äußeren Gliedmaßen eindringt, kann der Tiger seine natürlichen Beutetiere oder auch Vieh nicht mehr niederreißen und töten. Unter Umständen durchdringen die Stacheln sogar seine Tatze, so daß er verhungern muß. Auch hohes Alter kann der Grund dafür sein, daß Tiger Vieh oder Menschen anfallen. Wenn aber ein Tiger erst einmal aus irgendeinem Grund zum Menschenfresser und Viehräuber geworden ist, hat er alle Menschen gegen sich: Ganze Dörfer machen sich dann auf und ruhen nicht, bis er getötet ist, selbst in Gebieten, wo er durch Gesetz „geschützt" ist.

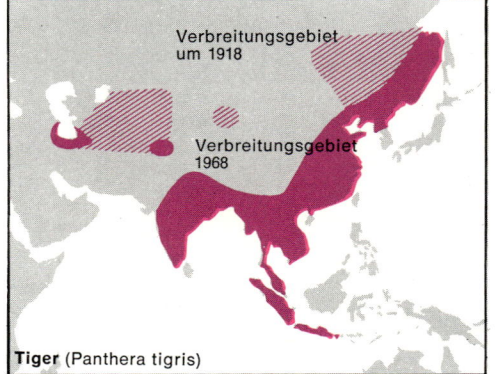

Verbreitungsgebiet um 1918

Verbreitungsgebiet 1968

Tiger (Panthera tigris)

Klasse	**Mammalia**
Ordnung	**Carnivora**
Familie	**Felidae**
Gattung und Art	*Panthera tigris*

Löwe

Löwen waren früher im südlichen Europa, im südlichen Asien bis Nord- und Mittelindien sowie in ganz Afrika verbreitet. In Europa ist der Löwe zwischen 80 und 100 n. Chr. ausgestorben. Um 1884 gab es in Indien nur noch ein Dutzend im Girforst, im ganzen übrigen Asien, z. B. im Iran und Irak, sind sie bald danach ausgerottet worden. Seit Anfang unseres Jahrhunderts standen die Löwen im Girforst unter Schutz, und vor einigen Jahren hat man ihren Bestand mit 300 geschätzt. Eine Zählung aus dem Jahre 1968 ergab jedoch nur 170. Auch in Nord- und Südafrika, ausgenommen der Krüger-Nationalpark, sind sie vernichtet.

Die Körperlänge des Löwen beträgt etwa 2.80 m, davon sind rund 0.90 m Schwanz, seine Schulterhöhe ist 1.10 m, sein Gewicht bis zu 250 kg. Die Löwin ist kleiner. Das Fell des Löwen ist sandfarben, die Mähne des Männchens gelb bis schwarz, üppig oder nur angedeutet, in manchen Gebieten kommen auch Löwen ohne Mähne vor.

Rechts: Ein „schattiges Unternehmen". Löwin entflieht der Hitze.
Rechts außen: Ein Löwe sucht einen höher gelegenen Ruheplatz.
Unten: Stolz im Busch — Löwinnen mit Jungen.

Das Leben im Rudel und der Jagdtrieb

Löwen leben in offener Landschaft mit Buschwerk, Baumgruppen oder Schilf. Als einzige Katzen bilden sie Gruppen oder Rudel bis zu 20 oder gar bis zu 30, sie bestehen aus einem oder mehreren älteren Männchen und einer Anzahl Löwinnen mit Jungtieren oder Neugeborenen. Die Mitglieder eines Rudels arbeiten beim Auflauern und Beschleichen der Beute zusammen, sie verteidigen sich auch gemeinsam. Jagende Löwen wird man in der Regel nicht brüllen hören, es soll jedoch vorkommen, daß sie brüllen oder vielmehr grunzen, um beim Anschleichen in Fühlung zu bleiben. Löwen können Geschwindigkeiten von etwa 60 km je Stunde erreichen, jedoch nur auf kurze Strecken. Sie können aus dem Stand bis zu 3.50 m hoch und 12 m weit springen. Löwen klettern gewöhnlich nicht auf Bäume,

Löwinnen springen jedoch gelegentlich auf niedrigere Äste, um sich zu sonnen; aber sowohl Löwinnen als auch Löwen klettern manchmal auf Bäume, um die in einer Astgabel von einem Leoparden versteckte Beute zu erreichen. Es gibt auch einen Bericht, nach dem eine Löwin einen Leoparden gejagt hat, offenbar um ihn zu töten; der Leopard ist aber entkommen, weil ihm die Löwin in die Spitze des Baumes zu den schwächeren Ästen, die ihr Gewicht nicht mehr trugen, nicht folgen konnte.

Keine 100%igen Fleischfresser

Obwohl Löwen in erster Linie Fleischfresser sind, nehmen sie doch auch hin und wieder Früchte zu sich. Normalerweise beziehen Löwen neben Eiweiß, Fett, Kohlehydraten und Mineralsalzen die notwendigen Vitamine aus den Eingeweiden ihrer pflan-

zenfressenden Beutetiere. Es ist deshalb typisch, daß Löwen zuerst die Eingeweide fressen und sich vom Hinterteil her in Richtung zum Kopf vorarbeiten. In Gefangenschaft gedeihen Löwen am besten und sie pflanzen sich am erfolgreichsten fort, wenn sie zusätzlich zu rohem Fleisch Vitamine bekommen. Die Löwin schlägt zwar oft die Beute, der Löwe aber beginnt bei der Mahlzeit und nimmt sich den größten Teil (daher der Ausdruck „Löwenanteil"), dann folgt die Löwin und zuletzt kommen die Jungen dran. Antilopen und Zebras bilden in der Regel den Hauptteil der Beutetiere, es sind aber auch vielerlei andere Tiere

Vor dem Kampf: Ein paar plantschende, von Wasser umgebene Löwen eröffnen eine feuchte Kraftprobe.

darunter, von Rohrratten bis zu Elefanten und Flußpferden, Giraffen, Büffeln und sogar Straußen.

Ein Überblick aus dem Krüger-Nationalpark zeigt, daß sich die Beute wie folgt zusammensetzte: Gnu, Impala, Zebra, Wasserbock, Kudu, Giraffe, Büffel. Eine andere Liste sah wie folgt aus: Wasserbock, Gnu, Kudu, Giraffe, Rappenantilope, Sassaby, Zebra, Büffel, Riedbock, Impala. Ältere oder verletzte Löwen, die keine wendigen Tiere mehr schlagen können, wenden sich Stachelschweinen und kleineren Nagern, Schafen und Ziegen zu, oder werden gar Menschenfresser und greifen vorzugsweise Frauen und Kinder an. Daß Löwen Menschen angreifen, kann jedoch auch zur Gewohnheit werden; so hat ein kleineres Löwenrudel am Tsavo-Nationalpark den Bau der Ugandabahn aufgehalten, weil es die Arbeiter angriff. Hunde werden zwar getötet, aber nicht gefressen.

Märchen von der Stärke des Löwen

Eine bekannte Geschichte berichtet, ein Löwe habe eine Viehherde in einer Koppel angefallen, eine Kuh getötet, sie ergriffen und sei mit ihr über die Einzäunung gesprungen. Ivy erklärt im Juniheft 1960 von *African Wild Life,* warum das unmöglich ist. Löwen, die auf eine Viehkoppel treffen, brechen nicht in die Koppel ein. Es sei allenfalls möglich, daß ein Löwe einen Sprung wagt, ein Tier tötet und es unter dem Zaun hindurchzieht, wo die übrigen Mitglieder des Rudels warten.

Löwen jagen ganz still, und zwar ist es meist das Weibchen, das das Beutetier tötet. Es wird gewöhnlich angesprungen und das Genick mit den Vorderpranken gebrochen. Oder der Löwe packt es mit seinen Zähnen an der Kehle oder erdrosselt es mit den Vordertatzen. Eine andere Methode ist, das Opfer von hinten anzuspringen und niederzureißen. Löwen töten Flußpferde, indem sie ihnen das Fleisch mit den Klauen zerfetzen. Sie töten und fressen auch Krokodile. Hauptsächlich aber fressen sie Aas, besonders wenn es frisch ist. Noch nicht einmal Tiere der eigenen Art verschmähen sie.

Natürliche Geburtenkontrolle

Löwen werden im Alter von zwei Jahren fortpflanzungsfähig, sind aber erst mit sechs

Auf festem Boden: Ein Löwe stellt sich auf die Hinterbeine und wendet sich an seinen gleichwertigen Gegner. Das Scharmützel beginnt.

Jahren ausgewachsen. Die Männchen sind polygam. Vor und während der Paarung wird heftig gebrüllt, und es kann Kämpfe mit anderen Männchen geben. Die Tragzeit beträgt 105 bis 112 Tage, ein Wurf besteht aus zwei bis fünf Jungen. Die Zahl der Jungen hängt stark vom Ernährungszustand der Mutter ab. Je schlechter er ist, desto weniger Junge werden geboren. Auf diese Weise wird die Populationsdichte reguliert. Die Jungen haben ein geflecktes Fell und sind blind, die Augen öffnen sich nach zwei bis drei Wochen. Sie werden nach drei Monaten entwöhnt, dann lernen sie zu jagen, mit einem Jahr können sie dann selbständig Beute schlagen.

Gefahren für den König der Tiere

Der Löwe hat kaum natürliche Feinde, oft kommt es aber zu Unfällen, besonders bei jüngeren, unerfahrenen Tieren. Ein Zebrahengst kann treten und dem Löwen die Zähne ausschlagen, so daß er sich mit Kleintieren begnügen muß. Die Rappenantilope kann es mit einem einzelnen Löwen aufnehmen und auch andere Antilopen haben schon gelegentlich Löwen mit ihren Hörnern aufgespießt. Eine Büffelherde kann einen Löwen zu Tode trampeln.

Klasse	**Mammalia**
Ordnung	**Carnivora**
Familie	**Felidae**
Gattung und Art	*Panthera leo,* Löwe

Das lohfarbene Fell — ausgezeichnetes Tarnkleid des Löwen.

Walroß

Seit den Tagen der Wikinger ist das Walroß bejagt worden, und zwar fast bis zur Ausrottung. Dennoch hat es überlebt, und in letzter Zeit sind dank strenger Schutzmaßnahmen die Bestandszahlen einiger Herden sogar wieder langsam angestiegen. Die drei Unterarten, Pazifisches Walroß, Atlantisches Walroß und Laptewseewalroß, unterscheiden sich nur geringfügig. Bullen des Pazifischen Walrosses sind meist 3,30 bis 3,45 m lang, manchmal auch 4 m, und wiegen ca. 1 t; wenn sie im Winter eine starke Speckschicht, den „Blubber", haben, können sie aber bei 4 m Länge 1600 kg Gewicht erreichen. Die Bullen des Atlantischen und des Laptewseewalrosses sind durchschnittlich etwas über 3 m lang und rund 800 kg schwer, können aber auch auf 3,60 m Länge und 1250 kg Gewicht kommen. Die Kühe aller Unterarten sind kleiner, sie werden 2,55 bis 2,75 m lang und 550 kg schwer, große Exemplare der pazifischen Unterart erreichen fast 3,75 m und 800 kg.

Das Walroß ist schwer gebaut, erwachsene Bullen haben im Winter manchmal 400 kg Speck. Kopf und Schnauze sind breit, der Hals ist kurz; beim Pazifischen Walroß ist die Schnauze betont breit. Die wenigen Backenzähne sind einfach gebaut, doch die oberen Eckzähne sind verlängert, sie bilden die Stoßzähne, aus denen Ersatzelfenbein gewonnen wird; sie können 90 cm lang werden, bei der pazifischen Unterart sogar noch etwas länger. Bei dieser Unterart sitzen die Nasenlöcher etwas höher. Auffällig sind die Bartborsten, besonders an den Mundrändern, wo sie 10 bis 12 cm lang werden können. Die ruderartigen Vorderflossen können ein Viertel der Körperlänge ausmachen. Die „Schwanzflossen" sind 15 cm kürzer, sie sind sehr breit, aber nicht sehr kräftig.

Die Haut des Walrosses ist zäh, runzlig und beim Bullen mit rosa, bei der Kuh mit rötlichbraunem, kurzem Haar bedeckt. Vom mittleren Alter ab wird es spärlich, ältere Bullen sind so gut wie haarlos, ihre Haut weist tiefe Falten auf.

Das Pazifische Walroß ist hauptsächlich in den Gewässern um Alaska und um Kamtschatka verbreitet. Die bei Alaska beheimateten Herden wandern im Herbst, um dem arktischen Eis zu entgehen, südwärts: in die Bering-See und in die Bristol-Bai; im Frühling, wenn das Eis bricht, ziehen sie wieder nach Norden.

Das Atlantische Walroß ist spärlich verbreitet: von den arktischen Gebieten Kanadas ostwärts bis zum westlichen Grönland, mit kleinen Gruppen an der Ostküste Grönlands, bei Spitzbergen.

Walroßbulle der Pazifischen Art mit schönen, langen Stoßzähnen. Sie werden vielseitig gebraucht, u. a. zur Verteidigung und zum Ausgraben von Muscheln.

dem Franz-Josef-Land, in der Barents- und Kara-See. Auch sie wandern im Winter südwärts.

Auch in der Laptewsee an der sibirischen Küste gibt es Walrosse. Diese Herden werden als dritte Unterart angesehen. Sie wandern im Winter nicht.

Sie „gehen" auf den Zähnen

Walrosse schließen sich zu Herden aus Kühen, Kälbern und Jungbullen bis zu 100 Tieren zusammen. Außer in der Paarungszeit bilden die erwachsenen Bullen eigene Herden. Sie leben vorzugsweise in flachen Küstengewässern und suchen an abgelegenen, felsigen Abschnitten der Küste, auf Inseln oder Treibeis Schutz. Seit der Mensch sie verfolgt, halten sie sich jedoch wenn möglich von den Küsten fern und bevorzugen das Treibeis, oftmals weit draußen im Meer. Normalerweise sind sie friedlich, bei Gefahr jedoch bereit, den Kampf aufzunehmen. Augenscheinlich widmen sie sich sehr der Aufzucht der Jungen, denn wenn eins getötet wird, gerät die Mutter in Raserei, und die übrigen schließen sich an.

Walrosse können sich an Land so schnell wie der Mensch bewegen. Jägern, die eine Herde aufstöbern, können die gewaltigen Stoßzähne gefährlich werden. Walrosse haben auch Boote mit ihren Stoßzähnen aufgespießt. Sie benutzen sie als Angriffs- und Verteidigungswaffen, graben damit aber auch Nahrung aus und halten Luftlöcher im Eis damit offen. Schließlich benutzen sie sie als Enterhaken, um sich am Eis hochzuziehen und die Vorderflossen auf das Eis zu bekommen. Die Hornschicht auf der Innenfläche der Vorderflossen verhindert, daß die Tiere abrutschen. Walrosse benutzen ihre Stoßzähne auch, um sich auf dem Eis vorwärtszuziehen; schon der Name der Familie Odobenidae weist darauf hin; er bedeutet „die auf den Zähnen Gehenden".

Walrosse liegen gern in der Sonne, sie schlafen dicht aneinandergedrängt, die Stoßzähne liegen dann auf dem Körper des Nachbarn. Wenn das Wasser nicht zu kalt ist, können Walrosse im Wasser aufrecht schlafen, indem sie die Luftsäcke unter dem Schlund aufblähen.

Riesige Schweine

Im Mittelalter hat man das Walroß mit verschiedenen Seeungeheuern in Zusammenhang gebracht. Im 13. Jahrh. hieß es „Walelefant"; vom Walroß kam man auch auf „Seepferd" und „Seekuh". Es wurde beschrieben als „riesiges Schwein, das mittels der Stoßzähne die Klippen wie eine Leiter erklettert und dann von der Spitze aus ins Meer zurückrutscht".

Sie graben Muscheln

Die Nahrung der Walrosse besteht hauptsächlich aus Muscheln, die sie mit ihren Stoßzähnen aus dem Schlamm graben, und Schnecken. Die Barthaare helfen beim Aufspüren von Schalentieren. Muscheln werden ganz verschlungen; im Magen von Walrossen hat man aber noch keine Schalen aufgefunden, man weiß nicht, wie sie damit fertigwerden. Walrosse nehmen allerdings große Mengen von Kieseln und Steinen auf, um die Nahrung im Magen damit zu zerkleinern. Sie tauchen in flachen Gewässern bis etwa 50 m tief, ausnahmsweise auch bis 90 m tief. Wie sie den Druck in solchen Tiefen aushalten, ist nicht bekannt; aber wahrscheinlich genauso wie andere Robben.

Es kommt vor, daß Walrosse, gewöhnlich erwachsene Bullen, zu Räubern werden und junge Ringel- und Bartrobben fressen; auch nehmen sie gelegentlich Walkadaver. Wenn sie erst Fleisch gekostet haben, ziehen sie es Muscheln unter Umständen vor.

Die Jungen als „Mitfahrer"

Paarungszeit ist meist von Ende April bis Anfang Juni. Nach einem Jahr gebiert die Kuh auf dem Treibeis ein Junges. Die Geburten erfolgen alle zwei Jahre. Das Kalb ist 1 m lang, wiegt 50 kg und hat kurzes, graues Haar. Es kann, wenn zuerst auch etwas unbeholfen, sofort schwimmen und folgt der Mutter ins Wasser. Nach ein, zwei Wochen kann es gut schwimmen und tauchen. Trotzdem „reitet" es eine Zeitlang auf dem Rücken der Mutter mit und hält sich mit den Flossen fest. Nach ein, zwei Monaten wird das silbergraue Haar durch einen dichteren, dunkleren Pelz aus steifen, braunen Haaren ersetzt. Die Kuh säugt das

Junge eineinhalb bis zwei Jahre, sie bleiben jedoch auch nach der Entwöhnung noch einige Monate zusammen. Die Jungen wachsen schnell, Männchen werden mit fünf bis sechs, Weibchen mit vier bis fünf Jahren fortpflanzungsfähig.

Tote im Gedränge

1936 wurde eine große Herde von Schwertwalen angegriffen und auf der St.-Lawrence-Insel an Land getrieben. Sie drängten sich am Strand derart zusammen, daß sie sich übereinandertürmten und 200 erstickt oder erdrückt wurden.

Der Mensch als Schlächter

Von jeher hat der Mensch Walrosse gejagt. Eskimos und andere Völkerstämme waren immer darauf angewiesen, ihre Bedürfnisse an Fleisch, Speck, Öl, Kleidung, Bootsbezügen und Schlittengeschirren zu befriedigen. Doch erst als die habgierigen Europäer in die Arktis kamen, begann die Ausrottung. Vom 15. Jahrhundert an nutzten sie die Eigenart der Walrosse, sich herdenweise am Strand zu versammeln; innerhalb weniger Stunden wurden sie massenweise abgeschlachtet. Ab 1861, als die Walrosse selten geworden waren, kamen Walfänger aus Neuengland und begannen mit der Harpunenjagd. Später benutzten sie Gewehre, und die Eskimos machten das nach. Viele Kadaver fielen ins Meer und konnten nicht geborgen werden. Noch schlimmer waren die Elfenbeinjäger, die die Tiere wegen der Stoßzähne töteten und den Kadaver einfach liegen ließen.

In den Jahren nach 1930 war der Weltbestand an Walrossen auf unter 100 000 zusammengeschrumpft. Die Schutzgesetze sind inzwischen verschärft worden. Das Pazifische Walroß dürfte jetzt vor der Ausrottung bewahrt sein, das Atlantische ist aber noch gefährdet.

Klasse	**Mammalia**
Ordnung	**Carnivora**
Familie	**Odobenidae**
Gattung	*Odobenus rosmarus divergens*, Pazifisches Walroß; *O. r. rosmarus*, Atlantisches Walroß; *O. r. laptevi*, Laptewseewalroß

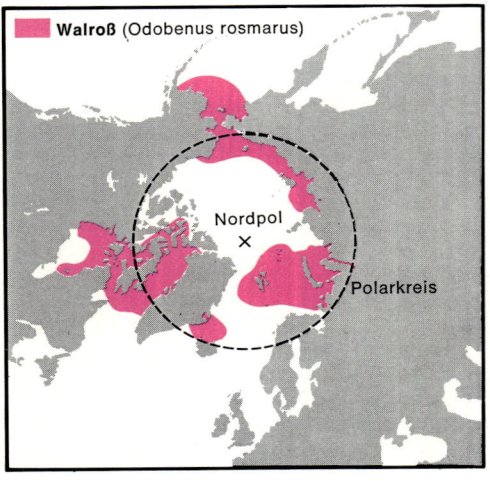

Walroß (Odobenus rosmarus)

Nordpol ×

Polarkreis

Erdferkel

Der massige Körper dieses afrikanischen Säugetieres ist 1,90 m lang, der Schwanz nimmt rund ein Drittel dieser Länge ein, die Schulterhöhe ist etwas über 60 cm. Die zähe, graue Haut des Erdferkels ist so spärlich behaart, daß es oftmals nackt erscheint; ausgenommen sind hier Beine und Hinterteil. Der Kopf ist lang und schmal, die Ohren ähneln Eselohren; die Schnauze erinnert an die eines Schweines. Der Schwanz ist an der Basis breit und verjüngt sich. Die Füße haben sehr starke Klauen, vier an den Vorder- und fünf an den Hinterfüßen.

Verbreitung und Lebensweise

Das Erdferkel hat so kräftige Gliedmaßen und so scharfe Klauen, daß es sehr schnell in der Erde graben kann, z. B. wenn es an seinem Bau gestört wird und einen neuen errichtet. Beim Graben sitzt es auf Hinterfüßen und Schwanz, stößt die Erde mit den kräftigen Vorderfüßen unter dem Körper nach hinten weg und verteilt sie mit den Hinterfüßen.

Normalerweise ist die Erdhöhle des einzeln lebenden Erdferkels 2,70 bis 3,60 m lang; die am Ende liegende Schlafkammer ist so groß, daß sich das Tier darin umdrehen kann. Jedes Erdferkel hat mehrere Baue, die einige Kilometer voneinander entfernt sein können. Verlassene Baue werden von Warzenschweinen und anderen Tieren übernommen.

Das Erdferkel ist in ganz Afrika südlich der Sahara bis in den Regenwald hinein verbreitet; dennoch kann es Jahre dauern, bis man eins zu Gesicht bekommt, da es nachtaktiv ist und verborgen lebt. Im Gegensatz zu anderen grabenden Tieren legt es auf Nahrungssuche jedoch lange Strecken zurück.

Termitenfresser

Die Hauptnahrung des Erdferkels besteht aus Termiten. Mit seinen kräftigen Klauen an den Vorderfüßen kann es die Wand von Termitenbauten aufreißen, was selbst für den Menschen mit der Spitzhacke nicht ganz einfach ist. Seine Methode besteht darin, mit den Klauen ein kleines Loch in die Wand zu reißen; durch diese Störung werden die Termiten aufgeschreckt, das Erdferkel führt seine schlanke, über 40 cm lange Zunge ein und nimmt die Insekten auf. Vor Angriffen der Termiten ist es dabei durch seine zähe Haut geschützt, außerdem kann es seine Nasenlöcher dicht schließen, und schließlich werden die Insekten noch von einer Reihe steifer Borsten abgewehrt.

Das Erdferkel nimmt Termiten aber nicht nur aus dem Nest, sondern auch aus sich zersetzendem, verrottendem Holz und wenn sie sich auf dem Marsch befinden. Es frißt auch andere weichhäutige Insekten und Früchte. Im Gegensatz zu dem in mancher Hinsicht ähnlichen Schuppentier (Seite 404), das einen Muskelmagen hat und mit Hilfe von Grit auch Insekten mit harten Schalen bewältigen kann, wird das Erdferkel mit Ameisen nicht fertig.

Lebenslauf

Das eine Junge (Zwillinge sind selten) wird im Hochsommer im Bau der Mutter geboren; von der dritten Lebenswoche ab beglei-

Oben: Die Nase des Erdferkels ist zum Schutz gegen Termiten mit Borsten besetzt. Unten: Junges Erdferkel.

tet es die Mutter bei der Futtersuche. Danach geht es mit der Mutter von Bau zu Bau, mit sechs Monaten fängt es an, selbst zu graben.

Graben als Verteidigungsmittel

Hauptfeinde des Erdferkels sind der Mensch, Hyänenhunde, Pythons, Löwen, Geparde und Leoparden, während Warzenschweine sich nur an die Jungen heranwagen. Wenn es Verdacht hegt, sitzt es ähnlich wie ein Känguruh auf dem Hinterteil, um die Lage besser überblicken zu können. Bei akuter Gefahr flüchtet es in den nächsten Bau oder gräbt schnell einen neuen. Wenn das Erdferkel in die Enge getrieben wird, wendet es dem Angreifer den Hintern zu und schlägt mit Schwanz und Hinterfüßen oder läßt sich gar auf den Rücken fallen, um mit allen vieren zu kratzen.

In einem Fall, bei dem ein Erdferkel von einem Löwen getötet worden war, hat man den Boden nach allen Richtungen hin untersucht, um festzustellen, ob der Termitenfresser dem Räuber einen zähen Kampf ge-

liefert hatte. Hauptverteidigungsmittel des Erdferkels sind jedoch Flucht und vor allem die überragende Fähigkeit zu graben.

Letzte Überlebende

Die Zoologen hatten Schwierigkeiten, das Erdferkel systematisch einzuordnen. Zuerst stellten sie es zusammen mit Schuppentieren und Faultieren in die Ordnung der Zahnarmen (Edentata), weil es keine Schneide- und Eckzähne hat. Heute bildet es selbst eine Ordnung, die Ordnung der Röhrenzähner (Tubulidentata). Jeder Zahn ist von zahllosen Röhrchen durchzogen. Die Zähne sind überhaupt außergewöhnlich, sie haben keine Wurzel und keinen Zahnschmelz.

Das Erdferkel vertritt damit eine eigene entwicklungsgeschichtliche Linie, es hat keine nahen Verwandten. Man könnte auch sagen, es bilde das letzte Glied einer Sackgasse, eines Seitenarmes. Obwohl man in Nordamerika, Asien, Europa und Afrika einige wenige fossile Erdferkel aufgefunden hat, geben sie keinen Aufschluß über die Ahnen oder die Verwandten des Erdferkels.

Klasse	Mammalia
Ordnung	Tubulidentata
Familie	Orycteropodidae
Gattung und Art	*Orycteropus afer,* Erdferkel

Erst einen Tag alt! Das Junge ist sechs Monate lang von der Mutter abhängig, bis es eine eigene Höhle graben kann.

Elefanten

Das größte lebende Landtier, der Elefant, ist mit zwei Arten vertreten, dem Indischen und dem Afrikanischen Elefanten. In verhältnismäßig jüngerer geologischer Zeit gab es viele Arten, in sechs fast weltweit verbreiteten Familien. Nur in Australien und der Antarktis kamen sie nicht vor. Der Afrikanische Elefant soll bis 4 m hoch und bis 12 000 kg schwer werden.

Elefanten haben einen wuchtigen Körper, einen großen Kopf, einen kurzen Hals und gedrungene, säulenartige Beine. Die kurzen, breiten Füße haben an der Sohle ein elastisches Polster und hufartige Zehen; der Indische Elefant hat an allen Füßen fünf Zehen, der Afrikanische hinten drei und vorne meist vier. Die Knochen haben keine Markhöhlen sondern sind spongiös. Das hervorstechende Merkmal der Elefanten ist die als Rüssel ausgebildete Nase. Der Rüssel führt Nahrung und Wasser zum Maul, er verspritzt beim Baden Wasser über den Körper oder beim Staubbad auch Staub, er hebt Nahrung und sonstige Gegenstände an und ist schließlich Geruchsorgan. Auf jeder Seite findet sich nur ein Schneidezahn, der zum Stoßzahn ausgebildet ist.

Die Hauptunterschiede beider Arten sind folgende: Ohren und Rüssel des Afrikanischen Elefanten sind größer, seine Stirn ist niedriger, er hat eine sattelförmige Rückenlinie und am Ende des Rüssels zwei „Finger" (der Indische Elefant hat nur einen).

Der Afrikanische Elefant kommt in den meisten Teilen Afrikas südlich der Sahara vor, in Savannen und Dornbuschsteppen, Wäldern, Flußtälern und Halbwüsten. Er lebt in Herden aus Kühen und Jungtieren, die von einer älteren Kuh geführt werden. Die Bullen leben einzeln oder in Bullenherden, nur zur Paarung kommen sie mit den Kühen zusammen. Der Indische Elefant ist außer in Indien in Sri Lanka (Ceylon), Hinterindien, Südchina, Borneo und Sumatra verbreitet.

Treiben Hautpflege

Die Elefanten wurden früher mit den Nashörnern und Flußpferden als „Dickhäuter" zusammengefaßt. Alle haben eine dicke, nur spärlich behaarte Haut, alle pflegen ihre Haut, indem sie sich suhlen. Elefanten tauchen beim Baden fast völlig unter und bespritzen sich mit dem Rüssel mit Wasser. Sie lieben auch Staubbäder, und bei Wassermangel suhlen sie sich in Schlamm. Zumindest der Afrikanische Elefant beherrscht die Kunst, in Trockenzeiten Wasser aufzufinden, meisterhaft; er bohrt Löcher, indem er seinen Rüssel als Ahle benutzt. Die Umweltansprüche beider Arten sind verschieden.

Nach langem Arbeitstag wird der Elefant zum täglichen Bad geführt.

Von daher sind auch Unterschiede im Verhalten erklärlich. Der Afrikanische Elefant sucht in der Mittagssonne Schatten und kühlt sich, indem er mit seinen großen Ohren fächert; auf Grund der riesigen Oberfläche der Ohren wird viel Körperwärme abgegeben. Der Indische Elefant mit seinen kleineren Ohren hält sich deshalb meist im Schatten auf.

Sie schlafen im Stehen

Wie schläft der Elefant? Das ist seit langem eine viel diskutierte Frage. Beide Arten können im Stehen schlafen, sie können sich aber auch auf die Seite legen. Beim Hinlegen vollführt der Elefant ähnliche Bewegungen wie das Pferd, doch er tut etwas, was das Pferd nie tun wird: er benutzt ein „Kopfkissen", indem er pflanzliche Stoffe zusammenzieht. Wenn er im Stehen schläft, hat er die normale Zahl von Atemzügen, im Liegen nur

Oben: Das Kleine ist bei der Geburt 90 cm groß und wiegt 90 bis 100 kg. Es saugt an den zwischen den Vorderfüßen der Mutter befindlichen Zitzen.

halb soviel. Man hat einmal 17 Elefanten beobachtet und festgestellt, daß sie gewöhnlich nachts fünf Stunden schlafen, und zwar in zwei gleichlangen Zeitabschnitten, davon 20 Minuten im Stehen, die übrige Zeit im Liegen.

Gefahren durch Übervölkerung

Die Kost des Elefanten ist rein pflanzlich, sie besteht aus Gras, Blattwerk und Zweigen sowie Früchten. Die Nahrung wird mit dem Rüssel gegriffen und zum Maul geführt. Afrikanische Elefanten drücken kleinere Bäume mit dem Kopf zu Boden, um an das obere Blattwerk heranzukommen. In den afrikanischen Nationalparks, wo die Elefanten geschützt sind, wachsen die Bestandszahlen so stark an, daß die Tiere die Vegetation gefährden; man muß deshalb einen Teil abschießen. Anderenfalls liefen alle Gefahr, zu verhungern.

Bei natürlichen Voraussetzungen ziehen die Herden von einem Gebiet zum andern; das ist schon jahreszeitlich bedingt, nämlich nach der Reife bestimmter Früchte. Sie legen dabei große Entfernungen zurück, so daß sich die Vegetation während ihrer Abwesenheit erholen kann.

Die Backenzähne des Elefanten weisen breite Mahlflächen zum Zerkauen von Pflanzenfasern auf. Der Verschleiß an Zähnen ist beträchtlich. Der Elefant „verbraucht" in seinem Leben auf jeder Seite im Ober- und Unterkiefer 7, insgesamt also 28 Zähne. Die 4 Milchzähne werden bald abgeworfen. Es folgen dann nach dem Prinzip des Transportbandes auf jeder Seite im Ober- und Unterkiefer im Verlauf des Lebens 6 Zähne. Wenn ein Zahn abgenützt ist, wächst der nächste nach, stößt den Stumpf des alten heraus und nimmt seine Stelle ein. Wenn die letzten Zähne abgenutzt sind, muß der Elefant verhungern, falls er nicht künstlich ernährt wird.

Geräusche aus dem Bauch

Großwildjäger und Zoologen haben lange Zeit über einen bestimmten Zug im Verhalten des Elefanten gestaunt: seine lauten Blähungen. In Anbetracht der riesigen Futtermengen wunderte man sich jedoch nicht über Lautstärke und Fortdauer der Geräusche. Was viel mehr verwunderte war die Tatsache, daß der Elefant die Geräusche augenblicklich stoppen kann, sobald sich jemand nähert. In den letzten Jahren hat man festgestellt, daß die Geräusche mit der Verdauung nichts zu tun haben. Wenn Elefanten untereinander außer Sichtweite sind, behalten sie das Rumoren bei. Wenn einer jedoch irgendeine Gefahr nahen sieht, hört er damit auf. Durch die plötzliche Stille werden die anderen aufmerksam und „schweigen" ebenfalls. Erst wenn die Gefahr vorüber ist, nehmen sie es wieder auf — und zeigen einander dadurch an, daß alles in Ordnung ist.

Willkürliches Trompeten

Das Trompeten der Elefanten ist so laut wie der Ton des Blasinstrumentes, allerdings weniger rein. Vom Mittelalter ab schon ist der Elefant auf Bildern immer mit trompetenförmigem Rüssel dargestellt worden. Die Künstler waren stets von Reiseberichten über das Trompeten der Elefanten beeinflußt.

Elefanten als „Hebammen"

Der Paarung geht ein leidenschaftliches Liebesspiel voraus. Bulle und Kuh schlingen die Rüssel umeinander und streicheln einander Kopf und Schultern mit dem Rüssel. Die Tragezeit beträgt meist etwa 22 Monate. Das eine Junge — Zwillinge sind selten — ist etwa 90 cm hoch und wiegt etwa 90 kg. Jäger und Zoologen haben öfter beobachtet, wie sich eine Elefantenkuh ins Dickicht zurückzieht und von einer anderen begleitet wird. Bald danach kommen beide mit einem Jungen zurück. Niemand weiß, ob die zweite Kuh nur zusieht, wenn das Kalb geboren wird. Es kann bald nach der Geburt laufen und schon nach zwei Tagen mit der Herde gehen.

Verzweifelte Kraftproben

So große und kräftige Tiere haben kaum Feinde. In Indien können Tiger und in Afrika Löwen gelegentlich Junge nehmen. Die Kraft, die Elefanten bei der Verteidigung aufbringen, läßt sich an verschiedenen

Geschichten über ihr Zusammentreffen mit Eisenbahnzügen abschätzen. In allen Berichten wird festgestellt, daß der Lokomotivführer die Maschine anhält, der Elefant aber wiederholt versucht, es mit der Lokomotive aufzunehmen und sich dabei verletzt. Andere Berichte zeigen, wie Elefanten zusammenhalten. Jäger haben beobachtet, wie zwei Elefanten einem angeschossenen Tier geholfen haben, fortzukommen: an jeder Seite stützte es einer, damit es aufrecht gehen konnte. In einem anderen Fall versuchten Elefanten gemeinsam, nachts den toten Körper eines Mitgliedes ihrer Herde mitzuschleppen — eine erfolglose Rettungsaktion. 1951 berichtete J. F. Cumming in der Johannesburger Zeitung *Star*, er habe gesehen, wie einige Elefanten für einen toten Kameraden ein Grab gruben!

Fürchten sie Mäuse?

Der alte Glaube, Elefanten fürchteten sich vor Mäusen, widerspricht ihrer Furchtlosigkeit vor großen Tieren. Lupton schrieb in einem 1595 veröffentlichten Buch über allerlei Kuriositäten, Elefanten haßten vor allem Mäuse. Diese Vorstellung besteht auch heute noch; sie wird zweifellos durch Geschichten wie die folgende genährt: In einem Zoo sei ein Elefant an einem Blutsturz gestorben, weil sich eine Maus in seinem Rüssel verfangen habe.

1938 haben die amerikanischen Zoologen Benedict und Lee Versuche mit Ratten und Mäusen angestellt und das Verhalten von Zoo-Elefanten getestet. Sie haben die Nager ins Futterheu gesteckt und sie auch im Elefantenhaus freigelassen. Die Dickhäuter zeigten keinerlei Reaktion, selbst wenn die Tiere ihnen über die Füße liefen oder den Rüssel hinauf kletterten. Auch bei weißen Mäusen gab es keine Reaktion. Es passierte jedoch etwas, als eine Ratte über ein am Boden liegendes Stück Papier lief. Das ungewohnte Geräusch des raschelnden Papieres veranlaßte den nächststehenden Elefanten zu trompeten — und im Nu fielen alle anderen in den Chor ein.

Klasse	**Mammalia**
Ordnung	**Proboscoidea**
Familie	**Elephantidae**
Gattungen und Arten	*Elephas maximus*, Indischer Elefant; *Loxodonta africana*; Afrikanischer Elefant

Rechts: Afrikanische Elefanten. Mutter mit Kind auf der Flucht.

Links: Gespreizte Ohren und erhobener Kopf dieses Bullen zeigen, daß er bereit ist, einem Angriff zu begegnen. — Oben: Hier begrüßen sich Afrikanische Elefanten mit ihren Rüsseln. — Unten: Gezähmter Afrikanischer Waldelefant.

Zebras

Zebras unterscheiden sich von Pferden und Eseln durch ihre Streifenzeichnung. Ihre Mähne ist glatt und aufrecht. Der Schwanz ist nur am Ende dichter behaart. Die harten, warzenähnlichen Knoten („Kastanien") finden sich nur an den Vorderfüßen, nicht aber, wie bei Pferden, an den Hinterfüßen. Von den Pferden und Eseln unterscheiden sich die Zebras auch im Schädelbau und den Zähnen. Heute leben in Afrika noch drei Zebraarten.

Am weitesten verbreitet und allgemein bekannt ist das Steppenzebra, es kommt von Zululand im Südosten und der Etoschapfanne in Südwestafrika bis zum südlichen Somaliland und südlichen Sudan im Norden vor. Bei dieser Art reichen die Streifen bis unter den Bauch, an den Seitenflanken werden sie breiter, die hinteren Streifen sind zum Steiß hin abgebogen und bilden ein Y-förmiges Muster. Obwohl die Rassen der südlichen und nördlichen Teile des Verbreitungsgebietes ganz verschieden aussehen, sind die Unterschiede nur gering. Das Aussehen der Tiere ändert sich ganz allmählich vom Süden zum Norden, sie gehören aber alle zur gleichen Art. Die südlichste Form war das Quagga, bei dem nur das Vorderfell gestreift war. Es ist ebenso ausgestorben wie das Burchellzebra. Dieses lebte einst im Kapland, im Oranje-Freistaat und den benachbarten Gebieten; die Grundfarbe war eher gelblich als weiß, die Beine waren weiß und ungestreift, die Streifen reichten nicht bis unter den Bauch, und zwischen den breiten Streifen waren hellere, schmutziggraue Streifen, sogenannte Schattenstreifen, eingeschaltet.

Weiter im Norden kommt eine als Chapmanzebra bekannte Rasse heute noch vor. Es hat eine hellere Grundfarbe als das echte Burchellzebra, die Beine sind meist bis unter den Knien gestreift, und die Schattenstreifen sind noch vorhanden. Zu dieser Rasse zählen alle heute noch im Gebiet vom Zululand bis zum Sambesi lebenden Zebras; in der Etoschapfanne leben allerdings noch

einige, die fast keine Beinstreifen haben und den „echten" Burchellzebras sehr ähneln. Vom unteren Sambesi bis Malawi und Sambia lebt das Selouszebra, das sehr dicht gestreift ist.

Nördlich des Sambesi ist das Böhmzebra verbreitet. Die Grundfarbe ist weiß, die Streifen reichen bis zu den Hufen herunter, und es hat so gut wie keine Schattenstreifen. Das Böhmzebra ist kleiner als die südlichen Rassen, es mißt etwa 1.25 m, wiegt 110 bis 125 kg und hat eine kleinere Mähne. Im Norden des Verbreitungsgebietes ist die Mähne überhaupt verschwunden.

In Süd- und Südwestafrika lebt das Bergzebra. Es ist etwas kleiner als das Steppenzebra und hat am Hals eine auf-fällige Wamme. Die Streifen enden kurz vor dem weißen Bauch. Die Grundfarbe ist weißlich, und obwohl die hinteren Seitenstreifen wie beim Burchellzebra zum Steiß hin abgebogen sind, setzen sich auch die senkrechten Streifen fort, so daß ein Gittereffekt entsteht. Die südliche Rasse, das breitgestreifte Kap-Bergzebra, ist nahezu ausgestorben, es gibt nur noch ein paar in privatem Besitz. Die in Südwestafrika vorkommende Rasse, Hartmanns Bergzebra, ist noch ziemlich häufig. Es ist größer und hochbeiniger als das Kap-Bergzebra, hat schmalere Streifen und eine rötlich-gelbe Grundfarbe.

Die dritte Art ist das Grevyzebra, sein Verbreitungsgebiet umfaßt Somaliland, das östliche Äthiopien und das nördliche Kenia. Ein prachtvolles, großes Zebra! Der Bauch ist weiß und ungestreift. Am Hinterende laufen die Streifen der Flanken, des Steißes und der Beine aufeinander zu — es sieht so aus, als ob sie sich vereinigten.

An einem Wasserloch: Eine Herde Chapmanzebras. Diese Rasse hat gestreifte Beine und eine hellere Grundfarbe als das jetzt ausgerottete echte Burchellzebra.

Streitbare Hengste

Die Steppenzebras sind sehr gesellig, sie leben in Herden. Gruppen von ein bis sechs Stuten mit ihren Fohlen bilden eine Gemeinschaft unter der Führerschaft eines Hengstes, der sie beschützt und andere Hengste abwehrt. Manchmal verschwindet das männliche Tier einfach — aus nicht erkenntlichen Gründen —, und ein anderes nimmt seine Stelle ein. Die überzähligen Hengste leben einzeln in größeren Junggesellenrudeln. Steppenzebras sind ziemlich zahm, vor dem Menschen fürchten sie sich nicht mehr als die Gnus, mit welchen sie zusammenleben. Bei Gefahr ertönt ihr Alarmruf, der mit einem Wiehern endet. Dann flüchtet die Gruppe, den Gnus hinterher.

Bergzebras sollen wilder sein als Steppenzebras, sie leben in Gruppen von bis zu zehn Tieren; wo es reichlich Futter gibt, bilden sie manchmal auch größere Herden. In den rauhen, zerklüfteten Bergen haben sie offenbar regelmäßig benutzte Pfade, auf denen sie einzeln, hintereinander laufen. Der Schrei des Bergzebras wird als tiefes, näselndes Wiehern beschrieben, das sich vom Schrei des Steppenzebras stark unterscheidet.

Auch das Grevyzebra bildet Familien und Junggesellengruppen, die größten und stärksten Hengste, die bis 450 kg wiegen, bleiben aber allein und beherrschen ein Territorium von etwa 2,5 qkm.

Niedrige Fortpflanzungsquoten

Das neugeborene Fohlen hat braune Streifen, ist kurz gebaut und hochbeinig, genau wie ein Pferdefohlen. Es kommt nach einer Tragezeit von 370 Tagen zur Welt, wiegt 30 bis 34 kg und ist etwa 85 cm groß. Die Stuten kommen zwei Wochen nach der Geburt wieder in Hitze, aber nur 15 % nehmen ein zweites mal auf; normalerweise hat eine Stute alle drei Jahre ein Fohlen. Sie werden nach etwas über einem Jahr geschlechtsreif, pflanzen sich aber im allgemeinen erst mit etwa zwei Jahren fort. Junge männliche Tiere verlassen die Gruppe im Alter von 1 bis 3 Jahren und schließen sich dem Junggesellenrudel an. Mit fünf oder sechs Jahren versuchen viele von ihnen, junge weibliche Tiere zu treiben; wenn es ihnen gelingt, gründen sie eine neue Gruppe.

Löwen müssen sich vorsehen

Der Mensch jagt das Zebra immer noch wegen des Fleisches, in Schutzgebieten allerdings kaum noch. Das Zebra ist mit dem Gnu zusammen das bevorzugte Beutetier der Löwen. Da das Zebra gefährlich werden kann, muß es das Löwenrudel schlagartig töten; jüngere Löwen sind von Hengsten, die den Kampf aufgenommen haben, schon getötet worden.

Oben: In Reih und Glied. Eine Reihe von Grevyzebras. Große, hübsch gezeichnete Tiere, die an den großen Ohren und den engen Streifen erkennbar sind. — Rechts: Das braungestreifte Zebra kann schon zwei Stunden nach der Geburt davonspringen. Dank langer Beine und kurzen Körpers können junge Zebras, bevorzugte Beute des Löwen, hohe Geschwindigkeiten erreichen.

Das ausgestorbene Quagga

Diese Unterart war bis vor 150 Jahren in Südafrika außerordentlich stark verbreitet. Inzwischen ist es völlig ausgerottet worden. Das Quagga ähnelte dem Burchellzebra, es war nur an Kopf und Hals deutlich braun und weißlich gestreift. Längs der Flanken gingen die Streifen allmählich in eine einheitlich braune Fläche über, manchmal reichten sie nur gerade bis hinter die Schultern, manchmal bis zu den Schenkeln. Die Beine und der Bauch waren weiß. Der bellende, hohe Schrei, von dem es seinen Namen hatte, war dem Schrei des Burchellzebras ziemlich gleich.

Die frühen Entdecker trafen auf das Quagga im Südwesten bis zum Swellendamm und den Gebieten um Kapstadt. Die Buren schätzten das Quagga nur als Nahrung für ihre Hirten vom Stamm der Hottentotten. Ihre „Jagd" bestand darin, daß sie mit Wagenkolonnen in die Steppe hinaus fuhren und alles abknallten, was in Sichtweite war. Dann luden sie ungezählte Tierkadaver auf die Wagen und ließen den Rest der toten und sterbenden Tiere einfach verrotten. Als es in der Kapprovinz kein Wild mehr gab, wurde das Verfahren im Oranje-Freistaat wiederholt. Um 1820 war das Verbreitungsgebiet der Quaggas schon ernstlich beschnitten; die großen Herden, die die weiten Ebenen des Großen Fischflusses, die „Quagga Flats", durchstreift hatten, waren nahezu verschwunden. Ein paar hielten sich noch weitere 20 Jahre in den ausgedehnten Gebieten des Ostens der Kapprovinz und des Oranje-Freistaates. Die letzten freilebenden wurden 1858 bei Aberdeen/Kapprovinz und 1861 bei Kingwilliamstown abgeschossen. Es ist seltsam, feststellen zu müssen, daß sich kein Mensch auch nur über die Gefahr, in der sie geschwebt hatten, klargeworden war. Zoologische Gärten, die nach Ersatz für ihre gestorbenen Quaggas suchten, waren sehr überrascht zu hören: „Es gibt keine mehr".

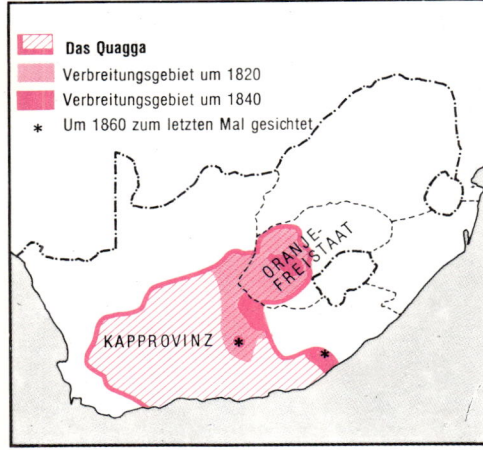

Das Quagga
Verbreitungsgebiet um 1820
Verbreitungsgebiet um 1840
* Um 1860 zum letzten Mal gesichtet

ORANJE FREISTAAT
KAPPROVINZ

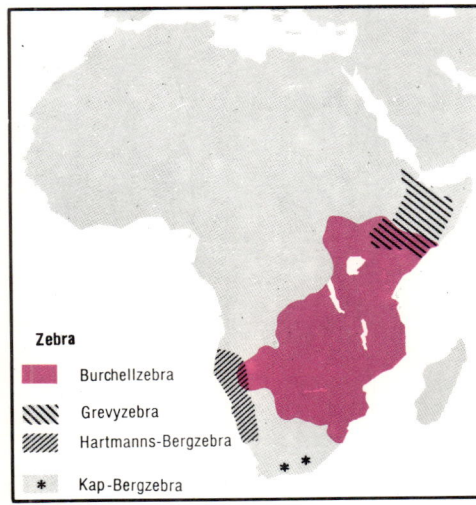

Zebra
Burchellzebra
Grevyzebra
Hartmanns-Bergzebra
* Kap-Bergzebra

Stamm	**Mammalia**
Ordnung	**Perissodactyla**
Familie	**Equidae**
Gattung u. Arten	*Equus quagga quagga,* Quagga; *E. quagga burchelii,* Burchellzebra; *E. q. antiquorum,* Chapmanzebra; *E. q. boehmi,* Böhmzebra; *E. q. selousi,* Selouszebra; *E. zebra zebra,* Kap-Bergzebra; *E. z. hartmannae,* Hartmanns Bergzebra; *E. grevyi,* Grevyzebra

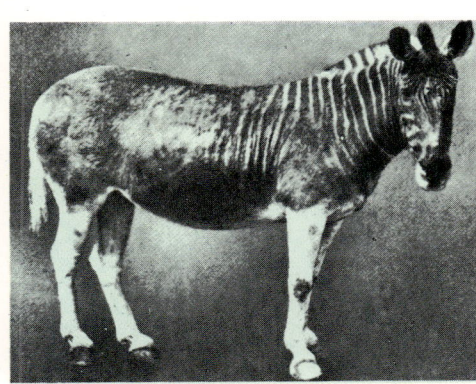

Links: Ausgerottet! Das Quagga ist von den ersten weißen Siedlern Südafrikas in großer Zahl abgeschossen worden.

Flußpferde

Das mit den Schweinen weitläufig verwandte Flußpferd wetteifert mit dem Breitmaulnashorn um den Platz als drittgrößtes Landtier. Es kann eine Länge von etwa 4,20 m, eine Schulterhöhe von 1,45 m und ein Gewicht von 4000 kg erreichen. Der gewaltige Körper wird von vier kurzen, säulenartigen Beinen getragen, jeder Fuß endet mit vier hufartigen Nägeln. Flußpferde treten im Schlamm einen charakteristischen Wechsel aus: mit zwei tiefen Spuren der Hufe und dazwischen einer vom Bauch hervorgerufenen Vertiefung. Die Augen sitzen hoch oben an dem abgeflachten Kopf, die Ohren sind klein, die schlitzartigen Nasenlöcher befinden sich hoch oben an der Schnauze. Der Körper ist nackt, nur an der Schnauze, in den Ohren und an der Spitze des kurzen Schwanzes finden sich ein paar Borsten. Unter der Haut sitzt eine dicke Speckschicht, in der Haut befinden sich Poren, die eine ölige, rosa Flüssigkeit ausscheiden. Das Maul ist mit großen, gewöhnlich 75 cm, manchmal aber auch bis 1,50 m langen Hauern bewaffnet.

Das einst an den Flüssen in ganz Afrika und Vorderasien bis Palästina zahlreiche Flußpferd ist heute nördlich von Chartum und südlich des Sambesi ausgerottet, von einigen Exemplaren in geschützten Gebieten wie im Krüger-Nationalpark abgesehen.

Das Zwergflußpferd ist eine eigene Art, es ist in Liberia, Sierra Leone und Teilen des südlichen Nigeria an Strömen des Urwaldes verbreitet. Es wird 1,50 m lang, erreicht 80 cm Schulterhöhe und wird knapp 300 kg schwer. Der Kopf ist verhältnismäßig klein. Es lebt in Paaren.

Anstandsregeln

Der wissenschaftliche Name hat dieselbe Bedeutung wie der deutsche. Er besagt schon, daß das Flußpferd meist im Wasser lebt. Zum Äsen aber kommt es an Land, vorzugsweise nachts. Es kann über vier Minuten lang untertauchen. Tagsüber sonnt es sich träge auf Sandbänken oder liegt faulenzend im Wasser; nur Augen, Ohren und Nüstern schauen aus dem Wasser, allenfalls noch der Rücken und die oberen Partien des Kopfes. Wo Flußpferde stark verfolgt werden, halten sie sich im Ried auf. Die aus 20 bis 100 Tieren bestehenden Gruppen leben in Territorien: in der Mitte die von den Kühen und jungen Kälbern bewohnte Krippe mit besonderen Zufluchtsgebieten, darum herum das von einem erwachsenen Bullen bewohnte Gebiet. Die Krippe befindet sich auf einer Sandbank mitten im Fluß oder an einer erhöhten Stelle am Ufer des Flusses oder Sees. Von den Territorien der Bullen führen Wechsel zu den Weiden, jeder Wechsel ist mit Kot markiert. Die Kühe haben eigene, aber weniger „exklusive" Wechsel.

Die Einrichtung der Territorien wird durch bestimmte Verhaltensregeln aufrechterhalten, die in gewisser Weise Vereinssatzungen ähneln. Außerhalb der Paarungszeit darf die Kuh den Bullen kurz besuchen, und er darf den Besuch erwidern, aber nur zu den Bedingungen der Kuh. Er darf beim Betreten der Krippe keinerlei Aggression zeigen. Sollte sich eine Kuh erheben, muß er sich niederlegen. Erst wenn sie sich wieder niederlegt, darf er wieder aufstehen. Wenn ein Bulle diese Regeln nicht beachtet, wird er von den erwachsenen Kühen, die ihn alle gemeinsam angreifen, hinausgetrieben.

Matriarchat der Flußpferde

Lange Zeit hatte man angenommen, die Gruppen der Flußpferde würden vom ältesten Bullen angeführt. In Wirklichkeit handelt es sich um ein Matriarchat. Verläßt z. B. ein junger Bulle die Krippe, muß er außerhalb des Umkreises der Krippe eine neue Zufluchtsstätte suchen und sich dann — um sich mit einer Kuh paaren zu können — den Zugang zum inneren Ring erkämpfen. Sollte er von einem älteren Bullen besiegt werden, darf er sich unter dem vereinten Schutz der Kühe in die Krippe zurückziehen, um hier Zuflucht zu suchen.

Das charakteristische „Gähnen" hat nichts mit dem Schlaf zu tun, es ist eine feindliche Geste, eine Herausforderung zum Kampf. Die Kämpfe sind heftig, die Rivalen erheben sich aus dem Wasser, die riesigen Mäuler sind weit geöffnet; sie versuchen, sich mit den Stoßzähnen zu beißen. Es gibt fürchterliche, klaffende Wunden, das verletzte Tier fällt vor Schmerz schreiend ins Wasser zurück. Doch die Wunden verheilen schnell. Das Ziel des Kampfes ist, dem Gegner die Vorderfüße zu brechen. Das ist tödlich, denn er kann dann an Land nicht mehr äsen.

Nächtliche Wanderungen

Flußpferde fressen vorzugsweise nachts, sie kommen dann an Land, um zu grasen. Gewöhnlich wagen sich die Tiere nicht weit vom Wasser weg; sie können aber auch bis zu 30 km zurücklegen. Gelegentlich sind Flußpferde schon in die Außenbezirke großer Städte geraten; dabei wurden zwei in der Morgendämmerung bei Nairobi von einem Kraftfahrer überrascht. Sie bewiesen ihm, daß sie über 45 Stundenkilometer erreichen konnten.

Kinderkrippen

Zur Paarungszeit begibt sich die Kuh aus ihrem Territorium und sucht sich einen Bullen, der ihr mit „Ehrerbietung" in ihr

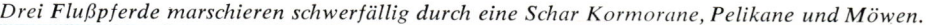
Drei Flußpferde marschieren schwerfällig durch eine Schar Kormorane, Pelikane und Möwen.

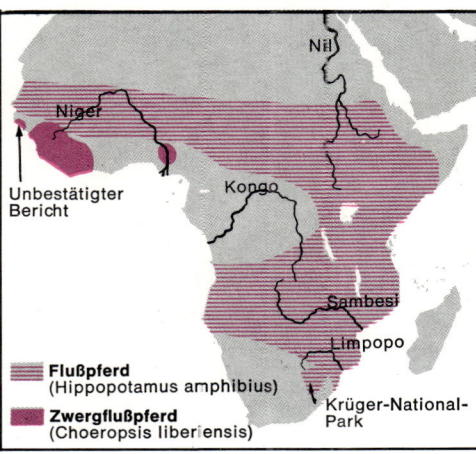

„Traurig" dreinblickendes Zwergflußpferd (Choeropsis liberiensis) *aus Westafrika. Aus Hautdrüsen scheidet es eine farblose, klebrige Flüssigkeit aus, daher sieht es wie eingeölt aus.*

Gebiet folgen muß. Das 90 cm lange, knapp 30 kg schwere Kleine wird nach 210 bis 265 Tagen geboren, und zwar meist im Wasser. Es kann 5 Minuten nach der Geburt schon schwimmen oder laufen. Außerhalb der Krippe wird die Ordnung der Herde durch Kämpfe geregelt. Die Kühe erziehen die Jungen daher entsprechend. Das ist einer der seltenen Fälle planmäßiger Erziehung im Tierreich. Kurz nach der Geburt wird das Kleine mit an Land genommen, und zwar zu Ausflügen außerhalb der gewohnten Wechsel. Der Nachwuchs muß auf gleicher Höhe mit der Kuh gehen, vermutlich damit sie ihn besser beobachten kann. Wenn die Kuh schneller läuft, muß er mitziehen, wenn sie anhält, muß er auch anhalten. An Land ist die etwas leichtere Kuh beweglicher als der Bulle, sie kann das Kleine deshalb besser schützen. Im Wasser ist der Bulle mit seinen längeren Stoßzähnen im Vorteil; das Junge muß deshalb in unmittelbarer Nähe der Mutter bleiben, damit sie es vor angriffslustigen Bullen schützen kann. Wenn es später auf die Weide geht, muß das Kleine der Mutter auf den Fersen bleiben. Da der Nachwuchs einige Jahre bei der Mutter bleibt, kann es vorkommen, daß mehrere Junge mit ihr gehen. Sie gehen dann dem Alter nach hintereinander her, die älteren ziehen die jüngeren mit auf.

Unbedingter Gehorsam!
Die Jungen müssen gehorchen, sonst werden sie von der Mutter gestoßen, unter Umständen bringt sie ihnen sogar Verletzungen bei.

Sie straft solange, bis sie sich unterordnen, um sie dann abzulecken und zu streicheln.

Babysitting war bei den Flußpferden schon immer üblich, sie haben es darin sogar zu einer gewissen Kunst gebracht. Wenn eine Kuh die Krippe zum Fressen oder zur Paarung verläßt, gibt sie ihr Kleines einer anderen Kuh, die vielleicht schon einige andere beaufsichtigt, in Obhut. Das wird noch dadurch erleichtert, daß Kühe mit etwa gleichaltrigem Nachwuchs in der Krippe beieinanderbleiben.

Junge Flußpferde spielen mit gleichaltrigen: die jungen Kälber spielen eine Art Versteck oder schlagen im Wasser mit steifen Beinen Purzelbaum; die jungen Bullen spielen ähnlich, liefern sich aber auch Scheingefechte.

Nur wenige Feinde
Der wichtigste Feind ist der Mensch. An Land springt gelegentlich der Löwe das Flußpferd von hinten an und zerreißt ihm mit seinen Klauen das Hinterteil. Aber selbst das kommt nur sehr selten vor.

Das wanderlustige Flußpferd
Bei vielen Tieren tritt zuweilen aus unerfindlichem Grund Wanderlust auf. Huberta ist der Name eines Flußpferdes, das über 1500 km wanderte und dadurch berühmt wurde. Es verließ 1928 die St.-Lucia-Bai im Zululand und wanderte, bis es 1931 in der Kapprovinz ankam. Tagtäglich suhlte sie sich in einem Fluß oder See. Die Zeitungen berichteten über Hubertas Route, so daß diese

Reise gut dokumentiert ist. Währenddem kam sie mit keinem anderen Flußpferd in Berührung. Huberta wurde zum Volksliebling. Es wurde ein eigenes Gesetz zu ihrem Schutz erlassen. Im April 1931 wurde sie jedoch von einem Schießwütigen erlegt. Es stellte sich heraus, daß Huberta ein Bulle war. Wir werden somit nie erfahren, wie weit „sie" wohl noch gewandert wäre.

Klasse	**Mammalia**
Ordnung	**Artiodactyla**
Familie	**Hippopotamidae**
Gattungen und Arten	*Hippopotamus amphibius,* Flußpferd; *Choeropsis liberiensis,* Zwergflußpferd

Kamele

Es gibt zwei Kamelarten: das Dromedar oder einhöckerige Kamel und das eigentliche Kamel oder Trampeltier. Das Dromedar ist nur als Haustier bekannt, während es wilde Trampeltiere wohl auch heute noch in der Gobi gibt.

Kamele haben lange Beine und einen langen Hals, grobes Haar sowie einen Quastenschwanz. Ihre Füße haben zwei Zehen mit Hufen und zähen Sohlenpolstern. Der Körper ist 3 m lang, der Schwanz etwa 45 cm, die Schulterhöhe beträgt 1,80 m, das Gewicht etwa 500 kg.

Lebensweise

Die wilden Kamele der Gobi sind tagsüber aktiv, sie leben in Gruppen von einem halben Dutzend: ein Hengst und fünf Stuten. Die Tiere sind äußerst scheu; sobald ein Störenfried auftaucht, flüchten sie in ihrem typischen Paßgang — er beruht darauf, daß sich Vorder- und Hinterbein einer Seite gleichzeitig bewegen. Daß sie so scheu sind, dürfte mit daher kommen, daß sie früher verfolgt worden sind.

Dromedare an einem Wasserloch in der Wüste. Wenn sie genug getrunken haben, können sie tagelang in der Wüste aushalten; wenn sie wasserspeichernde Pflanzen fressen können, sogar wochenlang. Das Wasser wird vor allem dem Körpergewebe entzogen, so daß das Blut flüssig bleibt.

Es wird oft behauptet, das Kamel könne nicht schwimmen. Aus Berichten ist zu schließen, daß sie zwar ungern ins Wasser gehen, daß sie jedoch schwimmen können.

An das Leben in der Wüste angepaßt

Beim Kamel ist alles, d. h. sowohl die äußerlich sichtbaren Züge als auch die Körperfunktionen, an das Leben in der Wüste angepaßt. Die Augen werden durch starken Tränenfluß vor dem vom Wind herangeblasenen Sand geschützt. Die Nasenlöcher sind mit Muskeln besetzt, so daß sie ganz oder teilweise geschlossen werden können, um Sand abzuhalten. Durch den langen Hals und die langen Beine ist die Oberfläche des Körpers im Verhältnis zum Volumen recht groß; das erleichtert die Wärmeabgabe.

Das Kamel ist noch durch weitere Einrichtungen vor Überhitzung geschützt; sie tragen gleichzeitig dazu bei, daß es der Trockenheit widerstehen und bei einem Mindestmaß an Fressen und Trinken körperlich viel leisten kann. In vielen Reiseberichten, die die Durchquerung von Wüsten schildern, spiegelt sich dies wider. Manche mögen übertrieben sein; was daran wahr ist, ist aber erstaunlich genug. Bei einem Marsch durch Somalia gab es acht Tage lang kein Wasser. Bei einer Reise über 850 km in Nordaustralien mußten die Tiere 34 Tage dursten; die meisten Kamele starben, doch einige, die taufeuchte Pflanzen fressen konnten, überlebten.

Wüstenreisen werden meist im Winter unternommen, zu einer Jahreszeit also, während welcher selbst der Mensch ohne zu trinken auskommen kann, wenn er weit-

gehend von saftigen Früchten und Gemüsen lebt. Schmidt-Nielsen hat Kamele bei Reisen im Winter in der Wüste untersucht und festgestellt, daß sie einige Wochen marschieren konnten, ohne zu trinken, obwohl sie ständig durch Haut, Atem, Urin und Kot Wasser abgaben. Normalerweise leben Kamele jedoch von Wüstenpflanzen mit hohem Wassergehalt.

Können Kamele Wasser speichern?

Es gibt viele Geschichten, nach denen Reisende in der Wüste Kamele getötet und das in ihrem Magen enthaltene Wasser getrunken haben. Daher rührt die immer noch nicht gestorbene Legende, Kamele könnten im Magen Wasser speichern. Plinius (23 bis 70 n. Chr.) hat sie in die Welt gesetzt. Zwei berühmte französische Forscher, Buffon (1707 bis 1788) und Cuvier (1769 bis 1832), haben sie übernommen. Die britischen Zoologen Owen (1804 bis 1892) und Lyddeker (1849 bis 1915) haben sie unterstützt.

1801 hat der britische Zoologe G. Shaw geschrieben, daß ein Kamel vier Mägen und zusätzlich noch einen Sack, ein Wasserreservoir, besitzt. E. Home, ein schottischer Arzt, hat ein Kamel zerlegt und 1806 die berühmt gewordene Zeichnung veröffentlicht, nach der es in den ersten beiden Magenteilen „Wassertaschen" geben soll. Die Zeichnung ist dann in vielen Büchern abgedruckt worden und hat die Legende untermauert. Erst die in der Sahara ausgeführten Untersuchungen von Schmidt-Nielsen und seinen Mitarbeitern aus den Jahren 1953/1954 haben Klarheit gebracht. Diese Taschen sind mit einer übelriechenden Suppe, einem Futter-

brei, angefüllt. Trinken könnte ihn höchstens ein fast verdurstender Mensch, der dem Wahnsinn nahe ist.

Eine weitere Leistung des Kamels, die die Legende mit aufrechterhalten hat, ist seine Fähigkeit, innerhalb 10 Minuten 120 Liter Wasser zu trinken. Das tut es aber nur, wenn der Körper nach starker Austrocknung seine Reserven wieder auffüllen muß. In diesen 10 Minuten verwandelt sich das Kamel aus einem abgemagerten Tier, dessen Rippen zu sehen sind, in ein normales Lebewesen. Das Wasser bleibt nicht im Magen, es wandert in das Gewebe. Nach ausgiebigem Trinken sieht das Kamel etwas „geschwollen" aus.

Kamele können Wassermengen in Höhe von 25 % ihres Körpergewichtes abgeben, ohne Erschöpfung zu zeigen. Wenn der Mensch nur 12 % seines Körpergewichtes an Wasser verliert, ist er stark mitgenommen, weil das Wasser dem Blut entzogen wird. Das Blut wird dickflüssig, das Herz muß mehr Pumparbeit leisten. Kamele aber geben das Wasser aus dem Körpergewebe ab, das Herz wird nicht belastet; ausgemergelte Kamele können deshalb genausoviel leisten wie bei normaler Verfassung. Wie der Mechanismus beim Kamel im einzelnen verläuft, ist nicht bekannt. Der einzige Unterschied zwischen dem Blut des Kameles und dem anderer Säugetiere besteht darin, daß seine Blutkörperchen oval und nicht rund sind.

Der Höcker

Im Höcker ist Fett eingelagert. Man hat oftmals vermutet, es könne in Wasser verwandelt werden, der Höcker bilde somit eine Wasserreserve. Der Höcker des Dromedares kann bis etwa 45 kg Fett enthalten; da es im Verhältnis 1 : 1 aus Wasser besteht, kann der Höcker über 20 Liter Wasser enthalten. Um diese Wassermenge freizusetzen, braucht das Tier aber Sauerstoff, es müßte intensiver atmen und würde dadurch schon soviel Wasser verbrauchen, wie es aus dem Fett gewinnen könnte. Das Fett ist vielmehr eine Energiereserve. Weitere physiologische Anpassungen des Kameles bestehen darin, daß es im Sommer weniger Urin abgibt, und daß es vor allem wenig schwitzt. Der Mensch hat eine gleichmäßige Körpertemperatur von etwa 37° C. Das Kamel hat am frühen Morgen 34° C und erreicht gegen Mittag 40° C. Das Fell schützt vor der Tageshitze und wärmt das Tier in den kühlen Nächten der Wüste.

Bei allen diesen Vorteilen, die das Kamel genießt, sollte man annehmen, daß es im Wesen ausgeglichen ist. Jedermann wird aber zugeben, daß es bis zu einem gewissen Grad bösartig ist. Brehm schreibt, es sei unwillig, stur, widersetzlich, mißtrauisch und bis zu einem gewissen Grad bösartig, es könne dem Menschen auch unangenehme Verletzungen beibringen. Ein altes Scherzwort besagt, es gäbe keine wilden, aber auch keine zahmen Kamele.

Die Fähigkeit zu beißen, hängt mit der ungewöhnlichen Bezahnung zusammen. Bei der Geburt hat es oben und unten sechs Schneidezähne, auf jeder Seite einen Eckzahn, dann einen Prämolar oder Vorbackenzahn, dann kommt vor den Backenzähnen eine Lücke. Junge Kamele verlieren sehr bald die Schneidezähne im Oberkiefer, bis auf einen, den äußeren, der dann eine ähnliche Form wie der Eckzahn annimmt. Mit diesen Zähnen können sie erhebliche Wunden schlagen, schlimmer als Hunde.

Fortpflanzung

Das Kleine ist ein Ebenbild der Eltern, ausgenommen die Schneidezähne und das weiche Fell; Knieschwielen und Buckel fehlen ihm noch. In der Regel wird nur ein Junges geboren, Zwillinge sind Ausnahmen, die Tragzeit beträgt 370 bis 440 Tage. Sein einziger Laut besteht aus einem weichen *baa*. Nach einem Tag kann es schon laufen. Trotzdem wird es erst mit vier Jahren völlig selbständig; mit fünf Jahren wird es fortpflanzungsfähig. Als Höchstalter gelten 50 Jahre.

Wo kommt das Kamel her?

Die Urheimat der Kamele ist Nordamerika, wo man viele Fossilien gefunden hat: große und kleine, mit kurzem oder langem Hals, wie die Giraffenkamele. Das kleinste war so groß wie ein Hase, das größte hatte 4,50 m Schulterhöhe. Es entstanden dort viele Arten, und es kam zu Wanderbewegungen: eine südwärts, nach Südamerika, eine nordwestwärts über das Gebiet der heutigen Landbrücke der Beringstraße nach Asien. Die vielen Arten sind in den 45 Millionen Jahren ausgestorben, übriggeblieben sind nur die südamerikanischen Lamas und die altweltlichen Kamele.

Ein paar Arten hatten Osteuropa erreicht und sind dann ausgestorben. Am Ende der Eiszeit sind die letzten nordamerikanischen Kamele ausgestorben. Schon vor etwa 4000

Im Sandsturm werden die Augen von den langen Wimpern geschützt.
Die Nüstern können geschlossen werden, um den Sand abzuhalten.

Seit dem Altertum dienen Kamele als Tragtiere.
Sie können etwa 200 kg über weite Strecken tragen.

Jahren wurde das Wildkamel Asiens zum Haustier gemacht.

Die erste Darstellung eines Dromedares findet sich auf Keramiken aus der sechsten Dynastie Altägyptens (etwa 3500 vor Chr.). Vielleicht gab es damals noch Wildformen des Dromedars in Ägypten, oder aber die Darstellungen sind durch Karawanen aus Arabien angeregt worden. Von da an taucht das Kamel öfter auf, z. B. auf Baudenkmälern in Assyrien aus den Jahren 1115 bis 1102 v. Chr. Als die Königin von Saba König Salomon 955 v. Chr. in Jerusalem besuchte, brachte sie Kamele mit. Der Name dürfte aus dem Semitischen kommen: *gammal* oder *hammal* heißt soviel wie „Lastträger".

Das Haus-Dromedar entstand wahrscheinlich in Arabien. Jedenfalls tauchte es auch im Altertum zuerst im Zusammenhang mit den Arabern auf.

Verwilderte Kamele

Das Kamel oder Trampeltier ist heute nur in Asien verbreitet, doch die meisten der 3 Millionen Dromedare leben in Afrika. Einige sind jedoch in weit entfernte Länder eingeführt worden. 1622 wurden einige in die Toskana gebracht, wo sie bis 1945 in sandigen Gebieten bei Pisa gelebt haben. Davor hatten Araber halbwilde Kamele auf den Flächen am Guadalquivir in Spanien angesiedelt, die dort bis 1829 lebten. Im 17. Jahrh. haben die spanischen Eroberer

Kamele nach Südamerika mitgenommen; diese sind jedoch ausgestorben. 1701 wurden Kamele nach Virginia gebracht, auch 1856 wurden nochmals welche in die USA eingeführt. Überlebende waren 1915 noch wild in den Wüsten von Arizona und Texas anzutreffen. Kamele wurden auch nach Nordaustralien verpflanzt, auch dort sind sie verwildert.

In Lehrbüchern steht immer wieder, es gäbe keine ursprünglich wilden Kamele. In der chinesischen Literatur werden sie jedoch seit dem 5. Jahrh. erwähnt, auch Marco Polo berichtet darüber. 1879 hat dann N. Przewalski über Wildkamele geschrieben, die am Lobsee, südöstlich der Gobi, leben. Einheimische hatten ihm erzählt, noch zwei Jahr-

Kamelherde eines arabischen Karawanenführers. Miniatur aus dem Werk des Dichters Harari, etwa 12. Jahrhundert.

zehnte vor seinem Besuch seien sie zahlreich gewesen, doch sie hätten sie wegen der Felle und des Fleisches gejagt. Auch in der Gobi sollte es noch wilde Kamele geben; niemand konnte jedoch sagen, ob sie wirklich wild oder nur verwildert waren. 1945 hat der sowjetische Zoologe Bannikow sie wiederentdeckt; 1955 hat dann eine Filmgesellschaft aus der Mongolei einige Aufnahmen von den Tieren geschossen.

Diese Kamele in der Gobi sind zweihöckrig, die Höcker sind jedoch klein. Es sind schnelle Tiere mit schlanken Beinen, kleinen Füßen, ohne Knieschwielen. Ihr Fell ist kurzhaarig, die Ohren sind kleiner als bei den Haustieren, das Fell ist bräunlich-rot.

Der Film aus der Mongolei zeigt, daß das Kamel der Gobi sich vom Trampeltier und Dromedar unterscheidet. Man darf sicherlich annehmen, daß es der Urahn zumindest einer der beiden zahmen Formen ist.

Klasse	**Mammalia**
Ordnung	**Artiodactyla**
Unterordnung	**Tylopoda**
Familie	**Camelidae**
Gattungen und Arten	*Camelus dromedarius*, Dromedar; *C. bactrianus*, Trampeltier

Oben: Das Dromedar pumpt Wasser, während sein Besitzer gemütlich schläft.
Unten: Reitkamele sind eine Rasse des Dromedars. Sie können am Tag bis 175 km zurücklegen.

Unten: Bei Kamelen bilden sich an Knien und anderen Gelenken durch das Niederknien zum Beladen Schwielen.

Ren

*Die Zoologen sehen das Ren Nord-
europas und das Karibu Nordamerikas
als Rassen derselben Art an. Das Hausren des europäischen und asiatischen
Nordens ist die domestizierte Form des
Wildrens, das heute noch in Norwegen
und Finnland lebt. Es hat 1,10 m
Schulterhöhe, ein guter Hirsch wiegt etwa
100 kg. Das Ren ist wohl das zahmste
Haustier überhaupt, ein Kind soll eine
ganze Herde leiten können. Die Zähmung hat im 5. Jahrhundert begonnen,
als man die Tiere als Köder bei der Jagd
auf Wildrens benutzte. Die Jäger hatten
vier oder fünf gezähmte Tiere an der
Leine, standen selbst mitten zwischen den
Rens, näherten sich einer Herde von
Wildrens ohne sie groß zu stören und
schossen dann auf kurze Entfernung mit
Pfeilen. Von einem sibirischen Völker-
stamm ist bekannt, daß er in der Brunft-
zeit wilde Hirsche mit zahmen Hirsch-
kühen angelockt und dann abgeschossen
hat. Mit der Zeit brachten die Kühe
genügend Kitze, um Herden aufzubauen.
Auf diesem Wege ging die Zähmung
nach und nach vonstatten.*

Rens bringen nur Nutzen

Für die Lappen und die Völkerschaften des
Nordens der UdSSR ist das Ren genauso
wichtig wie das Rind früher für die Völker
der gemäßigten Zone. Es befriedigt alle Bedürfnisse. Die Haut liefert weiches Leder
zur Bekleidung, für Kissen und Vorhänge.
Das Ren gibt Milch, Käse und Fleisch. Die
Sehnen dienen zum Nähen von Booten, die
Knochen als Nadeln. Die durchscheinenden
Därme eignen sich als „Fensterscheiben",
zum Einfüllen von Wurstgut und als Saiten
für Streichinstrumente.

Rens werden auch als Trag- oder Zugtiere
benutzt. Sie sind zudem sehr wirtschaftlich,
weil sie es im Freien aushalten und keinen
Stall brauchen; sie brauchen auch nicht gefüttert zu werden, denn sie graben unter dem
Schnee nach Rentierflechten. Die Verwendung von Renprodukten geht heute jedoch
zurück, vor allem wo Städte in erreichbarer
Nähe sind, und man Industrieerzeugnisse
und Konserven bekommen kann.

Der Mensch als Parasit

Das Ren ist genau wie die Völker, die es
domestizierten, Nomade. Eine der wertvoll-
sten Eigenschaften des Rens ist seine Fähigkeit, auch im Schneesturm nicht vom Weg
abzukommen. Diese Fähigkeit in Verbindung mit weiteren Vorzügen und das No-
madentum des Rens haben dazu geführt,
daß einige Wissenschaftler den Menschen
als Parasiten des Rens ansehen. In dieser
Verbindung zwischen Tier und Mensch erhält das Tier wenig mehr als etwas Schutz —
ein Vorteil, der dadurch mehr als wettgemacht wird, daß der Mensch einen Teil der
Tiere wegen ihres Fleisches tötet. Die Vorteile hat im übrigen allein der Mensch.

Die Leistungen des Rens als Zugtier sind
in nicht ebenem oder gefrorenem Gelände

*Das Hausren der arktischen Gebiete Skandi-
naviens wird von den Lappen vielfältig genützt.*

größer als die des Pferdes oder Hundes. Es zieht 150 kg bei 12 bis 13 Stundenkilometern und mit Durchschnittsleistungen von 40 bis 55 km bzw. Höchstleistungen von 120 bis 160 km täglich. Bei einem in Schweden alle Jahre veranstalteten Rennen haben Rens einen Schlitten mit Fahrer in 14,5 Minuten 8 km gezogen. Bei einem Rentierfest, das man am Weihnachtstag auf der Halbinsel Kola feiert, wird eine Meile (1,6 km) in 2,5 Minuten zurückgelegt. Bei Nome in Alaska wird bei einem alle Jahre stattfindenden Rennen eine Strecke von 10 Meilen (16 km) immer wieder in weniger als einer halben Stunde bewältigt.

Warum haben die Kühe Geweihe?

Mit gezähmten Tieren kann man bequem Versuche anstellen. Die 1962/1963 von Espmark an der Universität Stockholm ausgeführten Versuche geben vielleicht eine Antwort. 16 Rens wurden markiert und in einem Gehege gehalten; gleichzeitig wurden frei grasende Tiere beobachtet. Die Rangordnung wechselt in Verlauf eines Jahres. Im allgemeinen kann man jedoch sagen: je größer das Geweih, desto höher steht das Tier in der Rangordnung. Während der Brunft sind die ausgewachsenen, fortpflanzungsfähigen Hirsche die ranghöchsten. Nach der Brunft werfen die Hirsche vor den Kühen die Geweihe ab, dann steigen die Kühe in der Rangordnung. Im übrigen hat das Kalb immer denselben Rang wie die Mutter. Wie wichtig das Geweih ist, hat sich erwiesen, als man einigen Hirschen das Geweih abnahm; sie sanken in der Rangordnung ab. Man hat auch einen Hirsch kastriert. Nach allen Erfahrungen bei anderen Tieren war zu erwarten, daß er in der Rang-

ordnung absinkt. Das geschah aber nicht. Allem Anschein nach wissen sich kampferfahrene Hirsche in der Rangordnung zu behaupten; sie wissen aus Erfahrung, was die eigene Kraft wert ist.

Im Winter bleiben die Kälber bei der Mutter und fressen in dem „Krater", den sie im Schnee gebildet hat. Wenn die Mutter kein Geweih hat, haben andere Mitglieder der Herde eine Chance, beide vom „Krater" wegzujagen, so daß das Kalb verhungern muß.

Berühmte Reise

1890 wurde eine Herde von 171 Rens von Sibirien nach Alaska gebracht, um Eskimos vor dem Hungertod zu retten. Die Herde wuchs stark an; doch dann wurden allerlei Fehler gemacht, die Weidegründe waren zu mager. Mitte 1940 war der Bestand auf 120 000 abgesunken, nachdem er noch zehn Jahre vorher fast eine Million betragen hatte. 1929 führte die kanadische Regierung Rens in Nordwestkanada ein, um der Eskimobevölkerung bessere Lebensmöglichkeiten zu geben. Eine Herde von 3400 Tieren verließ den Kotzebue-Sund unter der Leitung des Lappen Bahr, der fünf Jahre später 2370 Tiere an der Mündung des Mackenzie ablieferte. Die Reise führte durch unbekannte Gebiete, über einen Gebirgszug und durch mehrere Flußfurten und Seitenarme von Seen. Wölfe griffen die Herde an den Flanken an und nahmen ständig ihren „Wegezoll". Im Sommer wurde die Herde von Stechmücken geplagt und im Winter von Schneestürmen. Bei der Ankunft waren nur 20 % der ursprünglichen Herde vorhanden, die übrigen waren während der Reise geboren.

Es sieht ein wenig so aus, als habe das Ren den Lappen gezähmt.

Klasse	**Mammalia**
Ordnung	**Artiodactyla**
Familie	**Cervidae**
Gattung und Art	*Rangifer tarandus*, Ren

Schon nach etwa einer Stunde kann das Junge stehen und auch bald der Mutter folgen.

Elch

Der Elch erreicht eine Körperlänge von beinahe 3 m und wird fast 900 kg schwer. Er hat lange Beine, die Schulterhöhe beträgt 2,30 m. Nur der Bulle trägt vielzackige, glatte Schaufeln; die Geweihauslage kann bis 2 m betragen. Beim Kopf fallen die langen Ohren und die breite, überhängende Oberlippe auf; an der Kehle trägt der Elch eine Wamme. Elche bewohnen die Taigas Eurasiens und Nordamerikas, ihr Verbreitungsgebiet reicht südlich bis Neuengland, Polen und Nordchina.

Sie äsen Triebe und Blätter

Elche leben als Einzelgänger, nur im Winter schließen sich mehrere zusammen. Sie fühlen sich in feuchten Wäldern mit Weiden und Weichhölzern wohl. Im Sommer halten sie sich viel in Seen und Flüssen auf; so entkommen sie gleichzeitig einigermaßen den Mücken- und Fliegenschwärmen. In den Gewässern fressen sie Wasserpflanzen, an Land Triebe, Blätter und Rinden, besonders Weidenrinden.

Die Kälber bleiben zwei Jahre bei der Mutter

Die Bullen werfen ihre Schaufeln im Dezember ab. Im April/Mai beginnen neue zu wachsen, im August sind sie ausgewachsen. Jährlinge haben 15 bis 20 cm lange Spieße. Bei zwei Jahre alten Bullen wachsen Gabeln, und mit fünf Jahren handförmige Schaufeln mit drei bis vier Enden.

In der Brunstzeit, von September bis Oktober, kämpfen die Bullen gegeneinander, bringen sich aber kaum Verletzungen bei. Bei diesen Kämpfen versuchen sie, die Gegner mit den Schaufeln seitwärts wegzustoßen. Wenn es ihnen gelingt, versuchen sie, mit einem zweiten Stoß nachzusetzen; dabei können sich die Enden zwischen die Rippen schieben und Verletzungen verursachen. Nur selten verhaken sich die Schaufeln.

Die Bullen bleiben manchmal bei der Kuh, bis das Kalb zehn Tage alt ist. Die Tragezeit dauert 240 bis 270 Tage. Bei der ersten Geburt hat die Kuh meist nur ein Kalb, später in der Regel Zwillinge; Drillinge sind selten. Mit zehn Tagen fangen die Kälber an, der Mutter zu folgen. Zwei Jahre lang bleiben die Kälber bei der Mutter, dann sind sie erwachsen. Elche können 20 Jahre alt werden. Hauptfeinde der Jungen sind Bären, Wölfe und Vielfraße.

Bezeichnend für Elche ist, daß sie einen Teil des Jahres über Einzelgänger sind. Wie wir gehört haben, bleibt die Mutter bei den neugeborenen Kälbern. Im Laufe der Wochen geht die Mutter allmählich etwas weiter weg, die Kälber folgen ihr aber auf den Fersen. Wenn im Frühling das neue Kalb oder die neuen Kälber ankommen, bleiben die älteren Kälber noch bei der Mutter, halten sich jedoch mehr abseits. Bei der nächsten Brunst, im September oder Oktober, schließen sich ein Bulle und eine oder mehrere Kühe, möglicherweise mit ihren Kälbern, dem Kalb, seinen Geschwistern und seiner Mutter an. Ist das nun zweijährige Kalb ein Bulle, wird es Abstand halten müssen, sonst betrachtet es der Bulle, der die Mutter umwirbt, als Rivalen. Wenn sich der Bulle entfernt, um gegen echte Rivalen zu kämpfen, kehrt es zur Mutter zurück — und entfernt sich wieder, wenn der Bulle zurückkommt. Kuhkälber werden von der eigenen Mutter als Rivalen angesehen und auf Abstand gehalten, wenn der Bulle, ihr Partner, in der Nähe ist. Auf diese Weise lernen die Kälber, für einige Zeit allein zu leben. Es scheint also, daß Elchkälber von Natur aus gesellig sind, durch Erziehung jedoch ungesellig werden.

Klasse	**Mammalia**
Ordnung	**Artiodactyla**
Familie	**Cervidae**
Gattung und Art	*Alces alces*, Elch

Im Frühjahr ist das Geweih des Elchbullen noch nicht voll entwickelt.

Giraffe

Die Giraffe, das höchste Tier der Erde, ist wegen seiner langen Beine und seines langen Halses bekannt. Ältere Bullen können 5,40 m Scheitelhöhe erreichen. Die Kühe sind kleiner. Der Kopf verjüngt sich zu den behaarten Lippen, die Zunge ist sehr lang. Am Kopf sitzen zwei bis fünf mit Haut überwachsene Knochenzapfen: zwei an der Stirn, in der Mitte ein Buckel und bei manchen Rassen weiter hinten noch ein Paar kleinerer Knochenzapfen. Der Rücken fällt von den hohen Schultern steil ab und endet in einem langen Quastenschwanz. Das Fell ist mit unregelmäßigen, kastanienbraunen, großflächigen Flecken auf lederfarbenem Grund auffällig gemustert, so daß ein Netz oder ein Geflecht heller Linien entsteht.

Die einzelnen Rassen unterscheiden sich hauptsächlich in der Färbung und in der Anzahl der Knochenzapfen. Nach überwiegender Auffassung gehören sie jedoch alle zur selben Art.

Die Giraffe ist in den trockenen Savannen und Buschsteppen südlich der Sahara verbreitet: vom Sudan und Somalia südwärts bis Südafrika und westwärts bis zum nördlichen Nigeria. Früher war sie viel weiter verbreitet, in vielen Gebieten ist sie jedoch ihres Felles wegen ausgerottet worden.

Lockere Sozialstruktur

Giraffen leben in Herden mit verhältnismäßig lockerer Sozialstruktur. Die Bullen bilden Gruppen und leben offenbar mehr in bewaldeten Gebieten, ältere Bullen sind Einzelgänger; Kühe und Kälber halten sich mehr in Savannen auf. Die Bullen besuchen diese Rudel zur Paarung.

Giraffen bewegen sich nicht allzuviel; solange sie nicht gestört werden, gehen sie gemütlich im Paßgang daher. Wenn sie langsam gehen, setzen sie die Beine ähnlich wie die Pferde: das rechte Hinterbein berührt den Boden einen Augenblick, nachdem das rechte Vorderbein abgehoben hat; kurz danach vollführen die linken Beine dieselbe Bewegung. Beim Gehen ruht der Körper somit meist auf drei Beinen. Wenn sich die Bewegung zum Galopp steigert, werden beide rechte Hufe gleichzeitig aufgesetzt, dann folgen beide linke Beine; die Fortbewegung wird dann mehr zum Paßgang.

Der lange Hals erlaubt es der Giraffe nicht nur, hoch oben an Bäumen im Blattwerk zu weiden; die weit oben am Kopf sitzenden Augen schauen wie von einem Wachtturm nach Feinden aus. Darüber hinaus wirken der lange Hals und der schwere Kopf beim Laufen auch als Gegengewicht.

Rangkämpfe

Bei den Rangkämpfen stehen zwei Bullen nebeneinander und verbleuen sich gegenseitig mit den Köpfen, indem sie die Hälse langsam aber kräftig gegeneinander schwingen. Die Schläge können schwere Verletzungen herbeiführen; es kommt allerdings nur selten dazu. Diese Kämpfe sind anscheinend ritualisiert, um die Rangordnung festzustellen; sie werden nur von Bullen ausgeführt.

Nicht völlig stumm

Lange Zeit hat man allgemein angenommen, Giraffen seien völlig stumm, obwohl sie einen ungewöhnlich großen Kehlkopf haben. Im Laufe der letzten 25 Jahre ist man aber darauf gekommen, daß die Kälber wie Rindskälber blöken, daß die Kühe einen ähnlich wie „wää-rää" klingenden Laut von sich geben und die Bullen, manchmal auch die Kühe, heiser grunzen oder husten. Nichtsdestoweniger haben manche Zoowärter von Giraffen noch niemals einen Laut zu hören bekommen; es bleibt somit ein Rätsel, wozu der große Kehlkopf dient, wenn so wenig Gebrauch davon gemacht wird. Einige Zoologen nehmen an, die Giraffe gebe Ultraschallaute von sich.

Geregelter Blutdruck

Beim Fressen werden Blätter mit der langen Zunge und den beweglichen Lippen ergriffen. Die Giraffen fressen an Sträuchern und Bäumen rundherum in bestimmter Höhe, die Pflanzen nehmen dadurch die Form einer Sanduhr an. Die Akazie ist Hauptnahrungspflanze, aber auch einige andere Sträucher und Bäume werden bevorzugt.

Wenn Wasser verfügbar ist, trinken Giraffen regelmäßig, sie können aber auch lange ohne zu trinken auskommen. Sie spreizen die Vorderbeine kräftig, um mit dem Kopf zum Wasser hinunterzukommen, oder aber sie beugen die Knie und spreizen die Beine nur leicht.

Lange hat man auch am Kopfblutdruck der Giraffe herumgerätselt. Einige Zoologen haben behauptet, sie müsse den Kopf langsam heben und senken, damit das Blut nicht plötzlich in den Kopf strömt. Die Blutgefäße haben jedoch Klappen, im Kopf befinden sich zusätzliche Gefäße; dadurch gibt es beim Heben und Senken des Kopfes, ganz gleich wie schnell dies geschieht, keinen Blutandrang.

Mutterschaft zu unbestimmten Zeiten

Giraffen paaren sich anscheinend das ganze Jahr über, dabei dürfte es je nach Wohngebiet Unterschiede geben. Die Tragezeit ist 420 bis 468 Tage. Es wird nur ein Kalb geboren, mit 1,80 m Gesamthöhe und 55 kg Gewicht. Schon eine Stunde nach der Geburt kann es laufen. Was die Säugezeit angeht, so gehen die Ansichten auseinander; sie soll 9 Monate betragen; es gibt jedoch auch Beobachtungen, nach denen das Kalb schon im Alter von einer Woche geweidet und dann nicht mehr gesäugt hat. Sicher ist jedenfalls, daß zwischen Mutter und Kind nur lockere Bindungen bestehen. Giraffenmilch ist sehr fettreich, die Jungen wachsen schnell. In Gefangenschaft werden Giraffen oftmals über 20 Jahre alt.

Hufe als Verteidigungswaffen

Giraffen haben nur wenig Feinde. Ein Löwe könnte ein Kalb nehmen, oder mehrere Löwen zusammen könnten ein erwachsenes Tier töten. Das kommt jedoch nur sehr selten vor, denn die Schläge mit den langen Beinen und schweren Hufen können tödlich wirken.

Ein Symbol des Friedens

In ganz Afrika finden sich Felszeichnungen, auf denen Giraffen dargestellt sind, darunter besonders eindrucksvolle bei Fezzan in der Sahara. Die Giraffe muß danach um 500 v. Chr. auch in Nordafrika verbreitet gewesen sein. Einige Zeichnungen sind in Lebensgröße oder noch größer; manche stellen dar, wie Giraffen mit Fallen gefangen wurden, andere zeigen typische Züge aus dem Verhalten des Tieres, u. a. die Rangkämpfe. Die Zeichnungen stellen auch Strauße, Dibatags und Gerenuks dar. Giraffen kommen auch vor auf den Drehscheiben zum Mahlen von Malachit und Hamatit, aus denen Damen von Rang im Alten Ägypten ihre Augenschatten herstellten.

Griechische und römische Schriftsteller erwähnen das Tier, aus römischer Zeit sind auch einige bildliche Darstellungen erhalten geblieben; doch bis zum 7. oder 8. Jahrh. nach Chr. finden sich die wichtigsten Belege dann in der arabischen Literatur. In der Beschreibung von Zakariya al-Qaswini in seinen *Wundern der Schöpfung* aus dem 13. Jahrh. spiegelt sich die damalige Auffassung wider, „die Giraffe gehe aus der Kamelstute, der männlichen Hyäne und dem Wildrind hervor". Durch die Araber kam eine Giraffe nach Indien und dann nach China, wo sie 1414 in den Kaiserlichen Zoologischen Gärten in Peking eintraf. Für die Chinesen war sie ein Symbol der Friedfertigkeit und des Friedens. Die Araber haben diese Deutung übernommen, so daß das Geschenk einer Giraffe unter Herrschern als Zeichen des Friedens und Wohlwollens galt.

Klasse	**Mammalia**
Ordnung	**Artiodactyla**
Familie	**Giraffidae**
Gattung und Art	*Giraffa camelopardalis,* Giraffe

Bizarre Gestalten im afrikanischen Hochland. Drei Giraffen vor dem bleichen Himmel bei Sonnenuntergang. In vielen Gebieten sind sie ihres Felles wegen ausgerottet worden; ihr Verbreitungsgebiet ist deshalb viel kleiner als früher.

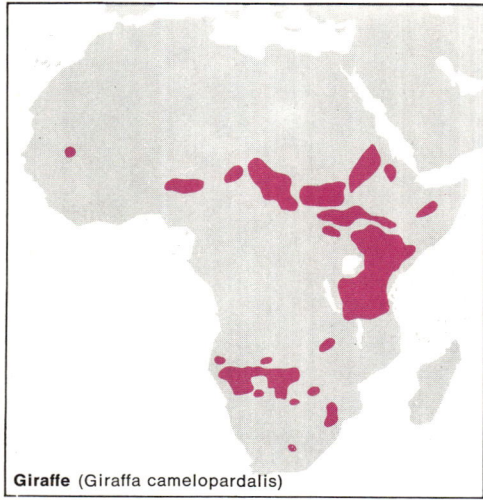

Giraffe (Giraffa camelopardalis)

Impala

Die Impalas gehören zu den anmutigsten Antilopen. Sie haben 75 bis 100 cm Rückenhöhe, wiegen 65 bis 75 kg und sind kastanienbraun gefärbt, an den Flanken etwas heller, mit scharf abgesetztem weißem Bauch. Der Bock hat leierartige, gerippte, 50 bis 75 cm lange Hörner. Das Weibchen ist nicht gehörnt. Hals und Gliedmaßen sind schlank und zierlich. Die Impalas nehmen in der Familie der Hornartigen eine besondere Stellung ein. Früher waren die Meinungen geteilt, ob sie verwandtschaftlich den Gazellen oder den Wasserböcken näherstehen. Neuerdings ist Gentry im Rahmen einer Untersuchung von Schädel, Zähnen und Hörnern zu dem Schluß gekommen, die Impalaantilope stünde verwandtschaftlich den Kuhantilopen am nächsten.

Bevölkerungsdichte

Die Impalas bewohnen ein großes Gebiet Ost- und Südafrikas. Sie lieben offenbar die Nähe des Wassers und meiden offene Landschaften; sie sind vor allem in Busch- und Dornbuschsteppen anzutreffen, weniger in Gebieten mit geschlossener Pflanzendecke. Ihr Verbreitungsgebiet ist zerrissen, denn sie wagen sich weder in offene noch in dicht

Drei weibliche Impalaantilopen trinken am Fluß ihres Wohngebietes. Impalas irren selten weit vom Wasser ab, sie meiden auch offene Grassteppen und dicht bewaldete Gebiete.

bewachsene Landschaften. Daher kommt es auch, daß sie in den meisten Teilen des Krüger-Nationalparkes vertreten sind, im Norden des Parkes aber fehlen.

Je nach den Verhältnissen kann die „Bevölkerungsdichte" einige wenige bis etwa 80 Exemplare je qkm betragen; gewöhnlich sind es 20 bis 25. Wie bei den meisten afrikanischen Huftieren sammeln sich die Herden in der Trockenzeit an den Wasserstellen. In der feuchten Jahreszeit leben die Tiere mehr verstreut und nehmen entferntere

Wohngebiete in Besitz; sie können bis 25 km von Wasserstellen entfernt sein. Impalas grasen und weiden an Sträuchern und Bäumen, in den meisten Gebieten halten sie sich jedoch an das Gras.

In der Regenzeit kommen die Jungen

Paarungszeit ist zu Beginn der trockenen Jahreszeit. Die Jungen werden nach einer Tragezeit von 180 bis 210 Tagen zu Beginn der Regenzeit, wenn es am meisten zu fressen gibt, geboren. Jede Kuh bekommt ein Junges.

In Rhodesien kommen die ersten Jungen Anfang Dezember zur Welt, die meisten Geburten finden zwischen dem 15. Dezember und dem 1. Januar statt. Zwei Jahre alte Kühe, die zum ersten Mal Junge bekommen, gebären später als die älteren. Die Jungen wachsen schnell, sie werden gewöhnlich vor der nächsten Brunft entwöhnt. In der Brunft werden fast alle Weibchen trächtig, mindestens 97 % der älteren und 85 % der zweijährigen.

Die Brunft beginnt, wenn die Böcke Ende Mai oder Anfang Juni ihre Territorien begründen. Überzählige Böcke schließen sich kleineren Gruppen von Weibchen an. Die Jährlinge bilden eigene kleine Gruppen. Die Weibchen leben das ganze Jahr über in Herden zusammen; gegen Ende der Setzzeit bestehen die Herden einschließlich der Jungen aus etwa 100 Tieren. Bei Fort Tull in Rhodesien sind auch schon Herden von 200 bis 300 gezählt worden. Diese großen Herden bleiben von Januar bis Mai zusammen, nur wenige Böcke schließen sich an; im Mai teilen sie sich in kleinere Gruppen auf, die dann durch die Territorien der Böcke ziehen und von ihnen gedeckt werden. Nach der Brunft bilden sich erneut Gruppen von Böcken, doch die nach Geschlechtern und Jahrgängen gemischten Gruppen überwiegen.

Der hübsche Impalabock läßt seinen Blick über die Strauchsteppe gleiten.

Impalaweibchen in voller Flucht.

Anfang Dezember verkleinern sich die Gruppen auf zehn oder noch weniger Tiere; die Weibchen sondern sich bis zur Geburt der Jungen ab.

Hauptfeind ist wahrscheinlich der Leopard. In Impalabeständen wird auch oft gewildert, doch werden die Bestandszahlen dadurch nicht ernstlich gefährdet.

Flucht im Zickzack

Impalaböcke werden in der Brunft recht aggressiv, besonders wenn sie ihre Territorien begründen. Sie liefern sich dann Kämpfe und jagen sich. Wenn sie ihre Territorien begründet haben, begeben sie sich an die Wasserlöcher, die als Niemandsland gelten. Das Auffälligste am Verhalten der Impalas ist ihre Reaktion bei drohender Gefahr. Die ganze Gruppe vollführt so etwas wie ein Schauspringen: Sie springen geradeaus oder springen plötzlich nach der Seite, sie springen bis 3 m hoch, rund herum und in alle Richtungen. Was hat dieses Verhalten für einen Sinn? Es soll den Angreifer offenbar verwirren, z. B. eine Großkatze, die versucht, aus der Herde ein bestimmtes Tier herauszugreifen. Die durcheinander springenden Impalas haben damit anscheinend Erfolg, der Angreifer hat Schwierigkeiten, ein bestimmtes Tier auszuwählen.

Eine ganze Reihe von Tieren verhält sich Raubtieren gegenüber ähnlich. Anstatt den Abstand zum Angreifer zu vergrößern, schlagen sie Haken, um ihn irrezumachen.

Klasse	**Mammalia**
Ordnung	**Artiodactyla**
Familie	**Bovidae**
Gattung und Art	*Aepyceros melampus,* Impala

Nashörner

Die Bestände an Nashörnern nehmen stark ab; nicht etwa weil sie lebende Fossilien wären, sondern weil der Mensch sie ausrottet. Wie seine Verwandten, das Pferd und der Tapir, trägt das Nashorn das auf einen Fuß entfallende Körpergewicht auf einer einzigen Zehe; es hat allerdings an jedem Fuß noch zwei kleinere Zehen. Von seinen Verwandten unterscheidet es sich durch seinen massigen Körperbau, seine dicke, nackte oder nur spärlich behaarte Haut und ein oder zwei Hörner auf der Nase.

Die fünf Arten unterscheiden sich voneinander stärker als z. B. Pferde von Zebras. Die asiatischen Nashörner haben als Erwachsene einen gewissen Haarwuchs. Das Horn bzw. die Hörner sind kurz, die Haut ist gefaltet, so daß es aussieht, als wären die Tiere mit Panzerplatten bekleidet. Diese Arten haben lange untere Eckzähne. Indische Panzernashörner werden bis zu 1,90 m hoch und 2,5 t schwer. Das Java-Nashorn dagegen wird etwa 1,45 m hoch und bis 2 t schwer; seine Haut ist nicht so stark gefaltet. Beide haben nur ein kurzes Horn, beim Weibchen kann es auch fehlen.

Das Sumatra-Nashorn wird 1,30 m hoch und nur 340 bis 900 kg schwer. Bei ihm befinden sich lediglich an der Vorderseite des Körpers ausgeprägte Hautfalten; es ist das ganze Leben lang deutlich behaart und hat zwei sehr kurze Hörner. Beide, Java- und Sumatra-Nashorn, kamen früher in weiten Teilen Südostasiens vor. Heute ist das Sumatra-Nashorn nur noch an wenigen Orten seines früheren Verbreitungsgebietes anzutreffen; das Java-Nashorn kommt nur noch in einem kleinen Schutzgebiet vor.

Die afrikanischen Nashörner sind unbehaart, Ohrränder und Augenlider ausgenommen; Kälber des Breitmaulnashorns allerdings sind bis zum Alter von vier Monaten behaart.
Von den asiatischen Nashörnern unterscheiden sich die afrikanischen auch durch ihre zwei langen Hörner und die weit weniger stark gefaltete Haut, außerdem fehlen ihnen die Schneidezähne.
Beide Arten sind Savannenbewohner.
Das Spitzmaul- oder Schwarze Nashorn erreicht 1,60 m Schulterhöhe; die Oberlippe springt über die Unterlippe.
Das Breitmaul- oder Weiße Nashorn erreicht bis 2 m Schulterhöhe. Es hat einen Schulterbuckel und ein breites, eckiges Maul.

Duftmarken
Alle Nashörner sind kurzsichtig, haben aber einen ausgezeichneten Geruchs- und Gehörssinn. Ihren Dung setzen sie möglichst in Gemeinschaftshaufen ab; jedes einzelne Tier, das vorbeikommt, kotet auf dem Haufen, bis er 1,20 m Höhe und etwa 6 m Durchmesser erreicht hat.

Spitzmaulnashörner sind Einzelgänger: 80 % der Erwachsenen und 50 % der entwöhnten Kälber sieht man allein. Die Größe des Areals eines Tieres hängt von der Umgebung ab. Im fruchtbaren Ngorongorokrater umfaßt es durchschnittlich etwa 15 qkm, in der trockeneren Olduvaischlucht dagegen 20 bis über 30 qkm. Der Tsavopark ist ein Steppengebiet; dort leben Nashörner nomadisch, ohne feste Areale.

Nashörner sind vor allem morgens und abends aktiv. Am Abend wälzen sie sich gern im Schlamm, um sich abzukühlen. Im Ngorongorokrater kommen sie Tag für Tag zur selben Zeit zum Suhlen. Im Tsavopark dagegen geht das Spitzmaulnashorn nur alle vier bis sechs Tage zum Suhlen, es legt dann weite Strecken zurück, und zwar auf fest ausgetretenen Pfaden.

Gesellschaftliche Feinheiten
Nashörner haben Areale, die sich stark überlappen. Wenn sich zwei Bullen oder zwei Kühe treffen, können sie sich vorübergehend zusammenschließen. Bullen nähern sich Kühen mit kurzen, bedachtsamen Schritten. Die

Kühe kommen den Bullen manchmal entgegen oder fordern sie sogar heraus; der Bulle dreht sich dann um die eigene Achse, galoppiert davon und nähert sich erneut. Das kann ein paar Stunden dauern. Wenn ein völlig fremdes Tier in ein Areal kommt, wird der Neuankömmling unter Umständen von den „Einheimischen" mit gesenktem Kopf, rollenden Augen, angelegten Ohren und erhobenem Schwanz bedroht. Eines der Tiere rollt wiederholt seine Lippen und gibt grunzende, stöhnende Laute von sich; das fremde Tier dagegen bleibt ruhig. Ein Bewohner des Areals kämpft dann mit ihm. Wenn sich der Fremdling zurückzieht, wird er unter Umständen 1 bis 2 km weit verfolgt. Oder aber er darf sich im Areal niederlassen.

Breitmaul- und Spitzmaulnashorn

Das Spitzmaulnashorn geht an Triebe und Zweige langsam wachsender Sträucher, z. B. von Mimosen und Dornbüschen, die es mit der Oberlippe abreißt. Meist frißt es nachts. Es ist ein leicht erregbares Tier. Wenn es mit erhobenem Kopf galoppiert, kann das eine Herausforderung sein. Im letzten Augenblick senkt es den Kopf dann, um zuzustoßen. Nashörner können etwa 55 Stundenkilometer erreichen.

Bullen des Breitmaulnashorns sind geselliger und längst nicht so wild und roh. Kühe sind weniger gesellig, etwa jedes zweite Tier wird nur von seinem Kalb begleitet. Breitmaulnashörner leben im Tiefland. Sie er-

nähren sich ausschließlich von Gras, sind wenig scheu und wurden deshalb im größten Teil ihres Wohngebietes ausgerottet. Werden sie aufgestört, schlagen sie den Schwanz zu einer Schlinge über dem Rücken zusammen und trollen sich davon — mit 30, höchstens 40 Stundenkilometern.

Ein Jahr lang in der Kinderstube

Es kann vorkommen, daß Bullen mit Kuhkälbern kämpfen. Bullen des Spitzmaulnashorns fordern Jungkühe heraus. Der Bulle hält dann im Abstand von 4 bis 5 m plötzlich an, und die beiden stoßen sich mit den Hörnern. Beim Breitmaulnashorn, das an sich weniger aggressiv ist, können Kämpfe zwischen Bullen tödlich ausgehen.

Die Tragzeit schwankt zwischen 455 und 547 Tagen. Die Geburt dauert etwa 15 Minuten. Schon nach etwa einer Stunde kann das Junge stehen. Das Kalb fängt nach einer Woche an zu grasen, wird aber mindestens ein Jahr lang gesäugt. Die Weibchen sind mit drei, die Bullen mit sieben Jahren geschlechtsreif. In Gefangenschaft haben Nashörner ein Alter von 45 Jahren erreicht.

Zähne und Hörner als Angriffswaffen

Hauptfeind der Nashörner ist der Mensch. Sonst haben sie kaum Feinde. Afrikanische Nashörner greifen mit ihren langen Hörnern an, sie stoßen das Opfer mehrere Male. Asiatische Nashörner dagegen kämpfen mehr mit den Eckzähnen.

Spitzmaulnashörner in der Steppe.

Die Hörner bestehen aus röhrenförmigen, verhornten Fasern, die von der Haut der Nase ausgeschieden werden und sich fest miteinander verbinden. Als Rekordlängen wurden bei Hörnern gemessen: beim Spitzmaulnashorn 1,40 m und beim Breitmaulnashorn 1,65 m.

Klasse	**Mammalia**
Ordnung	**Perissodactyla**
Familie	**Rhinoceratidae**
Gattungen und Arten	*Ceratotherium simum*, Breitmaul- o. Weißes Nashorn; *Dicerorhinus sumatrensis*, Sumatra-Nashorn; *Diceros bicornis*, Spitzmaul- oder Schwarzes Nashorn; *Rhinoceros sondaicus*, Java-Nashorn; *R. unicornis*, Indisches Panzernashorn

Großtümmler

Während der zwanzig Jahre ab der Mitte unseres Jahrhunderts ist der Großtümmler, ein Vertreter der Delphinfamilie, in den Meeresaquarien zum „Star" geworden. Er ist bis 3,60 m lang, wiegt ca. 200 kg, ist an der Oberseite schwarz, an der Unterseite weiß, mit knolligem Kopf und lang ausgezogener Schnauze. Die Stirn des Männchens tritt stärker hervor als die des Weibchens. Die mittelgroßen Brustflossen laufen spitz zu, die hohe Rückenfinne hat eine nach hinten gerichtete Spitze. Der Großtümmler hat im Ober- und Unterkiefer rechts und links je 20 bis 22 konisch geformte Zähne. Er ist wie ein Fisch an das Leben im Wasser in jeder Hinsicht angepaßt. Der Tümmler ist aber ein Säugetier, und da er voll entwickelte Junge, die gesäugt werden, zur Welt bringt, hat er sogar einen Zug mit dem Menschen gemeinsam.

Der Großtümmler ist an der Atlantikküste von Florida bis Maine der häufigste Wal. Bei uns kommt er in der Bucht von Biskaya, im Mittelmeer und in der Nordsee vor, ebenso an der Küste Westafrikas südlich bis Dakar. Nahe Verwandte bevölkern alle anderen Meere.

Gemeinschaftsschulen

Großtümmler leben in Schulen mit Angehörigen beider Geschlechter und aller Altersklassen. Augenscheinlich gibt es kein Leittier, unter den männlichen Tieren gilt jedoch eine Rangordnung entsprechend der Körpergröße. Wenn das Nahrungsangebot reichlich ist, sind die Schulen groß, wenn es knapp wird, teilen sie sich. Bei Gefahr rotten sich die Tümmler zusammen. Sie helfen auch verletzten Angehörigen der Schule, indem rechts und links ein Tümmler mit dem Kopf unter die Brustflossen fährt und den Verletzten zum Atmen an die Oberfläche bringt. Innerhalb der Schulen bleiben sie durch Lautgebung miteinander in Verbindung.

Nachts schlafen sie, tagsüber sind sie aktiv, doch nach jedem Futterzug folgt ein Schläfchen. Die Weibchen schlafen an der Wasseroberfläche, nur das Atemloch bleibt draußen und öffnet und schließt sich unwillkürlich rhythmisch, ähnlich wie bei gestrandeten Delphinen. Die Männchen schlafen etwa 30 cm unter der Oberfläche und kommen zum Atmen regelmäßig an die Oberfläche.

Das wichtigste Organ zum Schwimmen ist die waagerechte Fluke; sie schlägt beim Schwimmen auf- und abwärts, nur gelegentlich bewegt sie sich seitlich. Die Fluke arbeitet also ganz anders als die sich seitlich bewegende Schwanzflosse der Fische. Die Brustflossen helfen beim Steuern und Gleichgewichthalten. Auch die Rückenfinne dient als Gleichgewichtsorgan, entscheidend sind hier jedoch die verhältnismäßig hoch oben im Körper liegenden Lungen.

Die Tiefe, bis zu welcher Großtümmler tauchen, ergibt sich aus den Rückständen von Fischen in ihrem Magen. Sie gehen bis etwas über 20 m herunter und können bis 15 Minuten untertauchen. Die Aufnahmefähigkeit ihrer Lungen ist halb so groß wie

Zahmer Delphin springt 9 m hoch aus dem Wasser und schnappt genau den vom Wärter gehaltenen Fisch. Die kleinen Augen sind also auch außerhalb des Wassers recht brauchbar.

bei Landtieren, doch nützen sie sie voll aus; Landtiere dagegen, auch der Mensch, nutzen die Aufnahmefähigkeit nur zur Hälfte und tauschen mit jedem Atemzug nur 10 bis 15 % der Luft aus; Delphine jedoch bis zu 90 %.

Zum Leben im Meer geschaffen

Die Lungen des Tümmlers werden beim Tauchen zusammengedrückt; es würde somit Luft in die Bronchien gepreßt, und es könnte kein Gasaustausch stattfinden, wenn dies nicht durch Klappen verhindert würde. Der Tümmler hat in den Bronchien 25 bis 40 solcher Klappen, die den Druck in den Lungen regeln, je nachdem ob das Tier taucht, in bestimmter Wassertiefe schwimmt oder an die Oberfläche steigt.

An der Oberfläche beträgt die Zahl der Pulsschläge des Großtümmlers 110 je Minute; wenn er untertaucht, fällt sie auf 50 und beginnt wieder anzusteigen, wenn er sich der Oberfläche nähert. Der Abfall der Pulsschläge ist mit dem Blutkreislauf in der Weise geregelt, daß in erster Linie die wichtigsten Organe, also Herz und Gehirn, mit Sauerstoff versorgt werden. Auf diesem Weg wird auch die Tauchzeit verlängert, das Tier braucht nicht so häufig zum Atmen an die Oberfläche zu kommen.

Wale und Delphine haben den „Blubber" als Isolierschicht, sie verfügen jedoch nicht über Schweißdrüsen und können auch nicht keuchen, so daß sie andere Mittel brauchen, um überschüssige Körperwärme abzugeben. Schwanzfluke und Brustflossen fühlen sich immer etwas wärmer an als der übrige Körper; ihre Temperatur schwankt überhaupt in weiterem Bereich. Die Fettschicht, der „Blubber", ist an Fluke und Brustflossen auch viel dünner. Kurz gesagt, Wale und Delphine regeln ihre Körpertemperatur über Fluke und Brustflossen.

Delphine können nicht besonders gut sehen. Sie können ihre Augenlider jedoch bewegen, die Augen auch schließen, ja sogar zwinkern. In Meeresaquarien springen sie aus dem Wasser heraus und schnappen genau nach den vom Wärter hingehaltenen Fischen. Die Gesichtsfelder der beiden Augen überschneiden sich sogar, so daß sie wahrscheinlich bis zu einem gewissen Grad räumlich sehr sehen können. Ihr Geruchssinn ist jedoch sehr schwach, wenn überhaupt vorhanden.

Neben Geschmacks- und Tastsinn ist das Gehör der wichtigste Sinn der Tümmler, es ist besonders auf hohe Tonlagen eingestellt. Hier wird der Tümmler wahrscheinlich nur von der Fledermaus übertroffen. Tümmler können die Impulse von Echolotgeräten wahrnehmen; sie reagieren auf Schwingungen von 120 Kilohertz und darüber, während der Mensch höchstens bis 30 Kilohertz wahrnehmen kann. Auf dem Meer meiden Großtümmler Boote, die zum Tümmlerfang benutzt wurden, während sie sich durch andere Boote nicht stören lassen. Offenbar unterscheiden sich die Boote nach dem Motorengeräusch.

Ernährung

Fische bilden einen großen Teil ihrer Nahrung, sie nehmen aber auch Tintenfische, bei denen sie den Schulp wieder ausspeien und nur die verdaulichen Teile verschlingen. Außerdem fressen sie Krebse. In Gefangenschaft fressen Großtümmler täglich 10 kg Fisch.

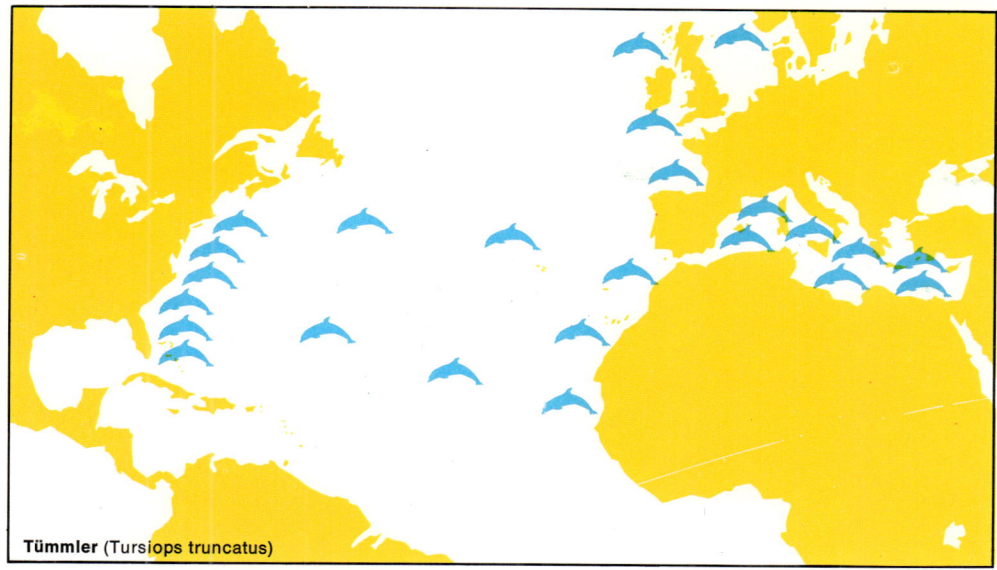

Tümmler (Tursiops truncatus)

Die Kiefer der Großtümmler sind dicht mit Zähnen bestückt, so daß sie Tintenfische, ihre Hauptnahrung, gut fangen können.

Naturgeschichte

Großtümmler werden mit 5 bis 6 Jahren fortpflanzungsfähig. Paarungszeit ist von Frühling bis Sommer, die Tragezeit beträgt 11 bis 12 Monate, die Geburten erfolgen hauptsächlich von März bis Mai. Das Junge wird mit dem Schwanz zuerst geboren, es steigt sofort an die Oberfläche, um zu atmen. Dabei wird es oftmals von der Mutter unterstützt, die es vorsichtig mit der Schnauze hält. Unmittelbar vor der Geburt bewegt sich das Weibchen nur noch ganz langsam; bei der Geburt sind zwei andere Weibchen bei ihm, auf jeder Seite eines, vor allem zum Schutz vor Haien, die von dem bei der Geburt verlorengehenden Blut angezogen werden. Die Angaben über die Entwöhnung der Jungen schwanken zwischen 6 und 18 Monaten.

Während der ersten zwei Wochen bleibt das Junge bei der Mutter. Es kann aber bald nach der Geburt schwimmen. Von der dritten Woche ab wagt es sich etwas weiter weg, versucht auch Fische zu jagen, ist jedoch zunächst wenig erfolgreich. Es stürzt dann zur Mutter zurück — oder zur „Tante". Das ist ein anderes Weibchen, das sich der Mutter anschließt und mit um das Junge kümmert und als einzige sich dem Nachwuchs nähern darf.

Die Zähne ruhen bei den Jungen noch im Zahnfleisch. Sie beginnen während der ersten Lebenswochen zu wachsen, doch die Jungen versuchen erst mit fünf Monaten zu fressen; manche brauchen sogar noch länger, bis sie feste Nahrung zu sich nehmen. Selbst dann kann es noch Schwierigkeiten geben. In Gefangenschaft hat einmal ein Junges in diesem Alter die erste Mahlzeit wieder hochgebracht; die Mutter hat ihm dann mit der Schnauze den Bauch massiert.

Gesäugt wird unter Wasser. Die kleinen Zitzen liegen in Vertiefungen am Hinterteil der Mutter. Sie schwimmt zum Säugen langsamer, das Junge legt sich an die Seite und nimmt eine Zitze zwischen Zunge und Gaumen. Die Mutter preßt dann mittels Muskeldruck die Milchdrüsen, und die Milch spritzt in das Maul des Jungen. Es muß sich beeilen, denn alle halbe Minute muß es zum Luftschlucken an die Oberfläche. Beim Großen Tümmler wird bei einer Fütterung neunmal kurz gesaugt, jeweils ein paar Sekunden lang. In den ersten zwei Wochen wird das Junge zweimal stündlich gesäugt, und zwar Tag und Nacht; im Alter von sechs Monaten jedoch nur noch sechsmal täglich.

Können Delphine sprechen?

Noch bis vor kurzem glaubte man, Wale, Braunwale und Delphine seien mehr oder weniger stumm. Walfischfänger waren allerdings entgegengesetzter Ansicht. Bald nach dem Zweiten Weltkrieg sind Große Tümmler zuerst in USA, später auch in Europa, z. B. in Duisburg, Nürnberg, Hamburg und Zürich, und in Japan in riesigen Meeresaquarien gehalten worden; man stellte allmählich fest, daß sie über einen ganzen „Wortschatz" von Tönen verfügen. Ein paar Jahre später kam man zu der aufsehenerregenden Meinung, Wale könnten die menschliche Stimme nachahmen, ja sogar in sehr hoher Tonlage schnatternd mit dem Menschen sprechen. Diese hochgespannten Erwartungen dürften sich nicht erfüllt haben; immerhin hat man die Geräusche, die Wale von sich geben, genauer kennengelernt.

Schon länger war bekannt, daß die Tiere aus dem Atemloch Luft abgeben können, während sie noch untergetaucht sind: An den aufsteigenden Luftblasen ist das unmittelbar erkennbar. Bei diesem Vorgang werden auch Laute erzeugt; die vielen Taschen in der Umgebung des Atemloches spielen dabei eine Rolle, obwohl sie in erster Linie als Sicherheitsventile dienen, die verhindern, daß Wasser in das Atemloch eindringt.

Es war auch bekannt, daß einige Wale über weite Entfernungen hinweg durch die Schreie in Not befindlicher Artgenossen angezogen werden. Der Mensch hat dann Pfeifen benutzt, die ähnliche Laute erzeugen, und die Wale angelockt. Schon der römische Naturforscher Plinius hat im 1. Jahrh. nach Chr. davon gewußt; und noch in der Gegenwart haben Völkerstämme an den Küsten des Schwarzen Meeres das Verfahren angewandt. Des weiteren hat A. Grimble über „Delphinrufe" berichtet. Er beschreibt, wie die einheimische Bevölkerung dort Wale von weither zur Küste lockt. Diese Tatsachen belegen den ausgezeichneten Gehörsinn der Delphine und Schweinswale und ihre Fähigkeit, sich untereinander durch Laute zu verständigen.

Auch Unterwassermikrophone und unmittelbare Feststellungen in Meeresaquarien haben bestätigt, daß diese Wale über eine Vielfalt von Lauten verfügen. Sie sind als Pfeifen, Kreischen, Knacken, Knarren, Singen und Klagen beschrieben worden. Wenn zwei Delphine, die zusammen gelebt haben, getrennt werden, verständigen sie sich miteinander; wenn ein Junges von der Mutter getrennt wird, ruft es nach ihr. Delphine, die dazu abgerichtet sind, nach Futter zu springen, richten an ihre Wärter bestimmte Laute.

Dies alles sind jedoch nur die auch für unsere Ohren aufnehmbaren Geräusche. Die „Sprache" vieler Delphine bewegt sich im Bereich des Ultraschalls. Ein Forscher hat einmal, allerdings wenig überzeugend, geäußert, sie könnten uns mit Schimpfnamen belegen, ohne daß wir davon wüßten!

Oftmals aber schon ist die Meinung geäußert worden, daß der Mensch Wale weniger grausam abschlachten würde, wenn sie vor Schmerz schreien könnten. Genau das können sie aber verschiedenen Berichten zufolge. In den Becken von Marineland in Florida hat man durch die dicken Glaswände hindurch gehört, wie frisch gefangene Große Tümmler vor Mißbehagen und Angst schrill jammern. Auf dem Meer hat man ähnliche Schmerzensschreie von verletzten oder verwundeten Walen, Schweinswalen und Delphinen gehört.

Klasse	**Mammalia**
Ordnung	**Cetacea**
Familie	**Delphinidae**
Gattung und Art	*Tursiops truncatus*, Tümmler

Großtümmler springen in Formation aus dem Wasser heraus. Die Szene zeigt zugleich, was die waagerechte Fluke als Schwimmorgan leistet.

Delphine versuchen, sich durch Ultraschall mittels Knacklauten zu finden. Sie sprechen in Pfeiftönen miteinander, gelegentlich mit Grunz- und Schnarrlauten. 1965 haben T. G. Lang und H. A. P. Smith die Lautskala der Delphine untersucht. Zwei frisch gefangene Delphine, Doris und Dash, wurden in getrennten, durch Unterwassersprechanlagen miteinander verbundenen Becken gehalten. Man konnte die Unterhaltung der beiden abhören. Die ersten vier von insgesamt 16 Zwei-Minuten-Perioden sind hier wiedergegeben. Sie zeigen, wie die Tiere bei eingeschalteten Mikrophonen miteinander „sprachen" und bei abgeschalteter Anlage gelegentlich Laute von sich gaben.

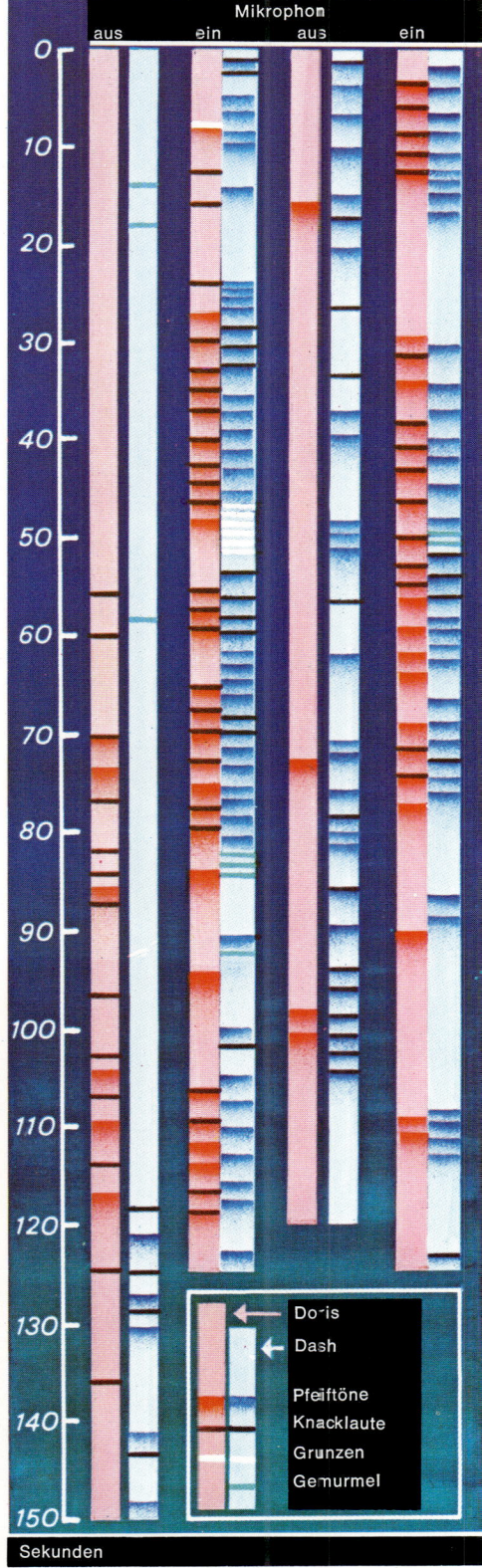

Mikrophon
aus ein aus ein

Doris
Dash

Pfeiftöne
Knacklaute
Grunzen
Gemurmel

Sekunden

Schwertwal

Der Schwertwal ist mit dem Kleinen Schwertwal und dem Grindwal nahe verwandt. Wegen seiner Gefräßigkeit hat er einen sehr schlechten Ruf. Als Wal ist der Schwertwal verhältnismäßig klein: Kühe erreichen höchstens 4,50 m, ältere Bullen allerdings 9 m. Er gehört zu den Arten, bei denen der Größenunterschied zwischen den Geschlechtern beträchtlich ist. Die Farben sind auffällig und markant: beide Geschlechter sind ähnlich gezeichnet, am Rücken schwarz und an der Unterseite weiß. Das Weiß neigt manchmal etwas zum Gelblichen hin. Das Kinn ist weiß, genau über und hinter dem Auge sitzt ein ovaler weißer Fleck. Ein weiterer weißer Fleck gerade hinter der Rückenfinne kann von Tier zu Tier in Form und Farbton wechseln. Das Weiß der Unterseite erstreckt sich bis zum Schwanz, auch über die Flanken zwischen Rückenfinne und Schwanz. Die breiten, abgerundeten Brustflossen sind ganz schwarz, die Fluke ist jedoch an der Unterseite weiß. Sehr auffällig ist die hochstehende Rückenfinne, die gewöhnlich 60 cm groß ist, bei alten Bullen jedoch 1,80 m erreichen kann. Die ältesten Bullen haben auch sehr lange Brustflossen; sie können ein Fünftel der Gesamtlänge ausmachen; bei Kühen und Jungtieren entsprechen sie nur ein Neuntel der Körperlänge.

Schwertwale kommen in allen Weltmeeren vor, am zahlreichsten sind sie jedoch in der Arktis und Antarktis, wo ihre Hauptbeutetiere, Wale und Robben, besonders häufig sind. Auch in der Nordsee sind sie nicht selten. Besonders an den nördlichen Küsten stranden immer wieder Tiere. Im Zweiten Weltkrieg kam das häufiger vor, wahrscheinlich auf Grund der Tätigkeit von Unterseebooten.

Unbarmherzige Jäger

Schwertwale fressen alles, was im Meer herumschwimmt, darunter Wale, Delphine, Robben, Pinguine, Fische und Tintenfische. Sie greifen sogar den riesigen Blauwal an. Oftmals jagen sie in Rudeln von bis zu 40 oder gar noch mehr Tieren. Wenn sie einen großen Wal angreifen, arbeiten sie angeblich als Team: Die ersten beiden packen die Schwanzfluke, damit der Wal nicht mehr schlagen kann; andere greifen dann den Kopf an und versuchen, die Lippen zu zerbeißen. Allmählich erlahmt der Wal.

Schwertwale haben sich bei Walfängern aber nicht nur dadurch unbeliebt gemacht, daß sie Wale fangen, sie rauben auch die Zunge von Walen, die erlegt sind und am Walfang-Mutterschiff liegen und verarbeitet werden sollen. Sie nehmen sogar die Zunge von Walen, die bereits ins Fangboot gezogen worden sind, so daß man Posten mit Gewehr aufgestellt hat, um die Plünderei durch Schwertwale zu beenden.

Schwertwale fressen auch Robben und Schweinswale. Es gibt mehrere Berichte, nach denen sich im Magen von Schwertwalen ganze Robben befunden haben. Als Höchstzahl werden in einem Fall die Reste von 13 Schweinswalen und 14 Robben, in einem anderen Fall von 32 Robben im Magen eines Schwertwales angegeben. An den Pribilof-Inseln in der Bering-See lauern Schwertwale oftmals jungen Seebären auf, die zum ersten Mal ins offene Meer hinausschwimmen. Vermutlich enden auf diese Weise viele Jungtiere, bevor sie das erste Lebensjahr vollendet haben.

Schwertwale haben einmal vor einer Insel mit einer Kolonie von Kegelrobben gekreuzt. Als die Wale näherkamen, sind die Robben auf die Insel geflüchtet, obwohl in der Nähe Menschen standen, die den Vorgang beobachteten. Die sichere Gefahr durch die Schwertwale fürchteten die Kegelrobben also mehr als die mögliche Gefahr durch die Menschen. Wenn Schwertwale Grauwale angreifen, sollen diese einen Schock erleiden, auf dem Rücken dahintreiben, unfähig, irgendwelche Anstrengungen zur Flucht zu unternehmen.

Kälber von über 2 m

Über die Fortpflanzungsgewohnheiten der Schwertwale ist sehr wenig bekannt. Sie sollen ihre Jungen nach einer Tragezeit von 16 Monaten im November und Dezember bekommen. Das schließt man aus gestrandeten trächtigen Tieren. Das Kalb ist bei der Geburt rund 2 m lang. Die Kühe säugen die Jungen genau wie andere Wale, wielange ist jedoch unbekannt.

Sie leben in Rudeln

Schwertwale jagen gemeinsam in Rudeln aus Bullen und Kühen. Sie sind außerordentlich neugierig und interessieren sich für alles, was nur irgendwie eßbar aussieht. Über ihre Streifzüge innerhalb der Meere ist nichts bekannt. Man weiß auch nicht, wieweit sich die Populationen verschiedener Meere miteinander vermischen. In der Antarktis tauchen sie oft in der Nähe von Walfängern auf, wahrscheinlich weil diese eine bequeme Futterquelle bilden. Ansonsten ist über ihre Lebensweise wenig bekannt.

Der Schwertwal hat keine echten Feinde. Einige werden wahrscheinlich von wütenden Walfängern getötet. Für Walfänger sind sie nicht wertvoll.

Von Schwertwalen gejagt ...

Am bekanntesten ist die Geschichte von Herbert Ponting, dem offiziellen Fotografen der von Kapitän Scott geleiteten Britischen Antarktisexpedition *Terra Nova* des Jahres 1911. Während die Ladung des Schiffes aufs Eis gebracht wurde, erschienen in der Nähe einige Schwertwale. Ponting wollte ein paar Aufnahmen machen und trug die in damaligen Zeiten umfangreiche Fotoausrüstung über das Treibeis. Als er über das Eis ging, stießen die Schwertwale längsseits nach und folgten ihm dann, als er die Scholle überquerte, und kippten sie von unten her um. Ponting gelang es grade noch, sich auf dem festen Eis vor den Schwertwalen in Sicherheit zu bringen.

Pontings Erlebnis muß schreckenerregend gewirkt haben. Dennoch kann man nicht sagen, daß Schwertwale ausgesprochene Menschenfresser sind. Taucher, die mit Schwertwalen zusammengetroffen sind, sind nicht belästigt worden; in Gefangenschaft werden sie völlig zahm. Selbst mit viel kleineren Tümmlern und Delphinen, die in der Natur ihre Hauptbeute bilden, kann man sie ohne weiteres zusammen halten!

Klasse	**Mammalia**
Ordnung	**Cetacea**
Familie	**Delphinidae**
Gattung und Art	*Orcinus orca*, Schwertwal

Linke Seite und unten: Schwertwale zeigen ihre Kraft und Schönheit. Sie stehen im Ruf, Menschen anzufallen. In Meeresaquarien gehaltene Schwertwale sind jedoch friedfertig, manche fressen sogar aus der Hand.

Grauwal (Eschrichtius glaucus).

Grauwal

Einstmals ist der Grauwal auch im Atlantik vorgekommen, denn im verlandeten Gebiet der Zuidersee sind Überreste gefunden worden. Heute gibt es nur noch auf beiden Seiten des nördlichen Pazifik Populationen.

Er ist insofern ein recht ungewöhnlicher Wal, als er sowohl mit den Furchenwalen (Familie Balaenopteridae), zu denen das größte Tier, der bis 34 m lange Blauwal, gehört, als auch mit den Glattwalen (Familie Balaenidae) gemeinsame Züge aufweist. Mit rund 13 m Länge und 20 t Gewicht kommt er den Glattwalen in der Größe gleich. Die Schwanzfluke ist länger und feiner gestaltet als bei den Glattwalen, jedoch plumper als die der Furchenwale. Anstelle der Rückenfinne hat er vor dem Schwanz eine Reihe von 8 bis 10 Höckern. An der Kehle hat der Grauwal zwei bis drei, selten vier Furchen, während die Furchenwale 40 bis 100 aufweisen und sie bei den Glattwalen ganz fehlen.

Wie schon der Name andeutet, ist der Grauwal schiefergrau, er kann aber auch schwärzlich sein. Am Bauch ist er, wie bei Meerestieren die Regel, heller als auf dem Rücken. Viele Grauwale haben halbmondförmige Narben oder Flecken auf der Haut, besonders am Rücken. Diese stammen von Neunaugen oder Entenmuscheln.

Träge Schwimmer

Grauwale schwimmen sehr langsam, nur mit 2 bis 3 Knoten, bei Gefahr beschleunigen sie auf 6 bis 7 Knoten; Finnwale dagegen schwimmen mit 20 Knoten. Im frühen Frühjahr wandern die Grauwale an der Küste Nordamerikas entlang. Um 1840 hat man die Züge auf 25 000 Tiere geschätzt, doch danach wurden sie im gesamten Küstengebiet bejagt. Um 1875 hat man nur selten mehr als 50 Grauwale gleichzeitig gesehen, obwohl sie vorher zu Tausenden vorkamen. In den nördlichen Meeren sind sie von Es-

kimos in der Bucht von Vancouver und im Gebiet der Königin Charlotte-Insel von Indianern von Booten aus und weiter südlich von den alten Nantucket-Walfängern aus Neuengland gejagt worden.

Hundefutter oder Touristenattraktion?

Um 1936 wurde der Weltbestand an Grauwalen auf nur noch 100 bis 200 geschätzt. Dann haben sich die Regierungen Amerikas, Japans und Rußlands verständigt und den Grauwal gesetzlich geschützt. Diese Schutzgesetze haben zusammen mit der verhältnismäßig hohen Fortpflanzungsrate dazu geführt, daß der Grauwal heute wieder wachsende Populationen aufweist. Man schätzt den Bestand jetzt auf 5000 bis 10 000. Trotzdem ist die Zukunft des Grauwales ungewiß, denn die mexikanische Regierung plant, Grauwale zu töten, wenn sie in mexikanischen Gewässern auftauchen, um die Kadaver zu Hundefutter zu verarbeiten. Das ist ein sehr kurzsichtiger Plan, denn am Tourismus wäre viel mehr zu verdienen. Alljährlich beobachten Tausende, wie die Grauwale, die von der Beringstraße kommend nach Süden wandern, in den flachen, geschützten Küstengewässern Kaliforniens und Mexikos ihre Kälber bekommen.

Riesige Siebe

Wie auch der Blauwal seiht der Grauwal mittels der im Maul stehenden Barten Nahrung aus dem Meer. Auf diese Weise fängt er Krebstiere und Weichtiere.

Zur Fortpflanzung nach Süden!

Die Grauwale verbringen die Sommermonate im hohen Norden, vor allem in der Bering-See, wo sie in gemischten Herden leben. Wenn der Sommer allmählich zur Neige geht, ziehen sie südwärts und nähern sich gleichzeitig der Küste, so daß man sie in Kalifornien nur wenige Kilometer vor der Küste sehen kann. Hier trennen sich die Herden: die Kühe werden von einer älteren Kuh in die flachen, küstennahen, gut geschützten Buchten und Lagunen geführt, wo sie ihre Kälber bekommen. Sie werden meist Ende Januar geboren. Bei 4,50 m Länge wiegen sie etwa 700 kg. Gewöhnlich gibt es nur ein Kalb, doch kommen auch Zwillingsgeburten vor. Die Kälber saugen 9 bis 10 Monate. Mit dem nahenden Frühling beginnt

die Rückwanderung. Die Bullen, die in tieferen Gewässern gewartet haben, vereinigen sich mit den Kühen und den neugeborenen Kälbern, und die Herden wandern wieder in die nördlichen Meere, wo in dem kälteren Wasser reichlicher Nahrung zu finden ist.

Ritterliche Bullen

Es ist schon öfter festgestellt worden, daß es bei Grauwalen recht einseitige Treueverhältnisse gibt. Wenn eine Kuh verletzt ist oder sonstwie in Schwierigkeiten gerät, bleiben ein oder auch mehrere Bullen bei ihr, halten sie an der Oberfläche, wo sie atmen kann, und schützen sie vor Schwertwalen. Doch wenn ein Bulle in eine ähnliche Lage gerät, schwimmen die Kühe weg.

Nach dem Menschen gefährden Schwertwale die Grauwale am meisten. Wenn eine kleine Schule von Grauwalen von einer größeren Gruppe von Schwertwalen angegriffen wird, sind sie so verängstigt, daß sie sich an die Oberfläche begeben und mit dem Bauch zuoberst dahintreiben und so doppelt verletzbar sind. Die Gewohnheit der Grauwale, sich während der Fortpflanzungszeit in Küstennähe zu begeben, schützt sie wahrscheinlich vor den Angriffen der Schwertwale, die tiefere Gewässer bevorzugen. Grauwale kommen zuweilen so nahe an die Küste, daß sie auf Grund laufen. Man hat einmal einen Grauwal beobachtet, wie er in der Brandung lag und ähnlich wie eine Robbe spielte. Grauwale werden bei sinkendem Wasser auch ans Land gespült; offenbar ohne Schaden zu nehmen — mit der nächsten Flutwelle werden sie wieder herausgetragen. Das ist ungewöhnlich, denn für die meisten anderen Wale ist das Stranden tödlich.

Klasse	**Mammalia**
Ordnung	**Cetacea**
Familie	**Eschrichtidae**
Gattung und Art	*Eschrichtius glaucus,* Grauwal

Bildnachweis

AFA: F. G. H. Allen, E. H. Herbert, Geoffrey Kinns, A. C. Wheeler — Heather Angel — Toni Angermayer — R. Apfelbach — Ardea Photographics: K. W. Fink, Clem Haagner — Atlas: Drogesco — Australian News and Information Bureau — M. E. Bacchus — Barnaby's Picture Library — Bavaria Verlag: S. Berkeman, W. Harstrick, Helmut Heinpel, B. Leidmann, W. Rohdich, Dr. F. Sauer, H. W. Silvester, A. Sycholt — S. Beaufoy — S. C. Bisserôt — R. Boardman — K. Boldt — Michael Boorer — British Antarctic Survey — British Museum, Natural History — Alice Brown — Fred Bruemmer — Ralph Buchsbaum — Kent Burgess — Jane Burton — Robert Burton — H. R. Bustard — Colin Butler — N. A. Callow — Camera and Pen International — Camera Press — Carolina Biological Supply Co. — James Carr — Centre de Documentation du CRNS — A. Christiansen — John Clegg — Bruce Coleman: D. and J. Bartlett, S. C. Bisserôt, Jane Burton, R. I. M. Campbell, M. P. L. Fogden, Jeff Foott, M. Freeman, N. Myers, Fritz Prenzel, James R. Simon, J. van Wormer — F. Collet — Dolly Connelly — J. A. L. Cooke — Gene Cox — Ben Cropp — Gerald Cubitt — Cyr Colour Agency — Daily Telegraph: P. Morris — Peter David — W. T. Davidson — R. B. Davies — T. Dennett — Colin Doeg — G. T. Dunger — Herman Eisenbeiss — André Fatras — Douglas Faulkner — Forestry, Fish and Game Commission, U.S.A. — Harry und Claudy Frauca — J. B. Free — Carl Gans — G. S. Giacomelli — John Goddard — E. Grave — Hans Gundel — W. D. Haacke — H. Hansen — R. A. Harris und K. R. Duff — Bruce Hayward — Robert C. Hermes — Peter Hill — M. J. Hirons — E. S. Hobson — W. Hoflinger — E. O. Hoppe — Eric Hosking — Chris Howell-Jones — David Hughes — G. E. Hyde — Jacana: Y. A. Bertrand, Brosset, A. R. Devez, J. und M. Fievel, Gerard, W. Schraml, P. Summ, B. Tollu, J. P. Varin, P. und C. Vasselet, J. Vasserot, B. G. Vienne, A. Visage — Roy Jarris — Michael Johns — Palle Johnsen — Peter Johnson — Keystone Press Agency — E. F. Kilian — G. E. Kirkpatrick — H. Klingel — A. B. Klots — Paolo Koch — A. Kress — H. V. Lacey — Yves Lanceau — Leonard Lee Rue III — Henning Lender — D. B. Lewis — E. Lindsey — H. A. E. Lucas — Wolfgang Lummer — Michael Lyster — Kendall McDonald — Malcolm McGregor — Steve McGutcheon — Mansell Collection — Aldo Margiocco — Marineland, Florida, U.S.A. — John Markham — Meston — Micro-colour International — Walter Miles — Carl Mils — Lorus und Margery Milne — G.Mundey — N. Myers — Natural History Museum — N. H. P. A.: A. Anderson, F. Baillie, D. Baglin, A. Bannister, F. Blackburn, J. Blossom, N. A. Callow, J. M. Clayton, S. Dalton, E. Elkan, B. Hawkes, L. Jackman, E. A. Janes, C. McDermot, W. J. C. Murray, K. B. Newman, L. H. Newman, Brian O'Donnell, L. Perkins, G. Pizzey, T. Stack, M. W. F. Tweedie, Gordon F. Woods — Natural Science Photos: D. Brown, G. Kinns, J. N. Wood — Oschwald-Anthony-Verlag — Oxford Scientific Films — Ram Panjabi — Klaus Paysan — B. Pengilley — Photographic Library of Australia — Photo Library Inc. — Photo Research: D. Bartlett, J. Burton, R. Campbell, C. Ciapanna, J. Dermid, P. Jackson, R. Kinne, N. Myers, R. T. Peterson, D. C. Pike, M. Quarishy, D. Robinson, H. W. Silvester, V. Serventy, J. Simon, Tomanek, S. Trevor, H. E. Uible, J. van Wormer — Picturepoint — Graham Pizzey — Joyce Pope — Popperfoto — G. Puppell — Roebild — Root/Okapia — Seaphot: P. Vine — Walter Scheilhauer — Friedel Schox — H. Schrempp — Philippa Scott — Gunter Senfft — M. Severn — Shell Photographs — E. Slater — M. F. Soper — South African Tourist Corporation — A. J. Southward — Spectrum Colour Library — Helmut Stellrecht — W. M. Stephens; John Tashjian am Arizona Sonard Desert Museum, Fort Worth Zoo, San Diego Zoo, Steinhart Aquarium, Tacoma Aquarium, Vancouver Aquarium — Ron Taylor — Ronald Thompson — Sally Anne Thompson — Tierbilder Okapia — Time Life Inc. — William Vandivert — John Visser — J. J. Ward — Peter Ward — John Warham — Constance P. Warner — A. N. Warren — Birgit Webb — We-Ha — Alison Wilson — D. P. Wilson — M. A. Wilson — Gene Wolfsheimer — John Norris Wood — Zoological Society, London